성 경 으 로 돌 아 가 자

성경
까놓고 보기

바로 알고 바로 믿고 바로 살자

목차

시작하는 말

우리는 정말 성경을 정확무오한 하나님의 말씀으로 믿고 있는가? 예수님은 성경에 기록된 말씀이 일점일획까지 다 이루어질 것이라고 말씀하셨는데 우리는 정말 예수님이 말씀하신 그대로 성경을 정확무오한 하나님의 말씀이라고 믿고 있는가? 만약 성경이 하나님의 말씀이 아니고 그냥 사람들이 쓴 사람들의 말이라면 교회가 봉사단체로 전락하든 비즈니스 센터로 전락하든 아무런 문제가 되지 않습니다.

그러나 만약에 성경이 온 우주와 인간을 창조하신 창조주 하나님의 말씀이라면 문제는 심각하게 달라집니다. 그리고 만약 성경을 정말 정확 무오한 하나님의 말씀으로 믿고 있다면 우리는 여기서 정말 솔직하게 성경을 까놓고 보아야 할 필요성을 느낍니다. **성경이 하나님의 말씀이라는 것과 그 말씀이 정확무오한 말씀라는 것이 얼마나 두렵고 무서운 말씀인지를 전혀 깨닫지 못한 채 우리는 지금까지 성경은 정확무오하고 영원불변한 하나님의 말씀이라고 너무 쉽게 말하고 너무 쉽게 믿고 또 겁없이 가르쳐 왔습니다. 그런데 우리가 정확무오하고 영원불변한 하나님의 말씀이라고 믿고 있는 바로 그 성경이 오늘 우리 말세시대의 교회들에게 이렇게 말씀하고 있습니다; "말세시대에는 하나님의 말씀을 들을 수 없는 말씀의 기근이 있을 것과 사람이 바른 교훈 즉 바른 교리(sound doctrine)를 받지 아니할 것이며 또 자기의 사욕을 좇을 스승을 많이 두고 그 귀를 진리에서 돌이켜 허탄한 이야기를 좇아갈 것이라."** 성경에 기록된 이런 말씀을 우리는 정말 하나님의 정확무오한 말씀으로 믿고 있습니까? 만약 성경이 하나님의 정확무오한 말씀이라는 것을 믿는다고 하면서 말세시대의 교회에 대하여 언급하신 성경 말씀을 받아들이지 않고 오늘 우리 시대의 교회들도 하나님의 말씀을 전파하는 참된 교회라고 우긴다면 우리는 우리가 믿는 하나님을 거짓말쟁이로 만드는 것이고 그리고 진리의 말씀인 성경을 거짓의 책으로 만드는 것이며 우리의 믿음을 스스로 모순에 빠트리게 되는 것입니다. 그렇다고 무작정 성경을 하나님의 정확무오한 말씀으로 정말 믿고 말세시대의 교회에 대한 성경 말씀을 그대로 하나님의 말씀이라고 믿는다면 그리스도인이라고 자처하는 우리 모두에겐 엄청난 충격이 아닐 수 없습니다. 왜냐하면 성경 말씀이 정말 정확무오한 하나님의 말씀이라면 오늘 우리 시대의 교회들은 하나님의 말씀이 없는 가짜 교회가 되는 것이고 가짜 교회에서 배운 우리들은 다 가짜 그리스도인이 되기 때문입니다. 그러면 우리는 어떻게 할 것인가? 이 책은 이 문제를 심각하게 다루기 위해서 쓰여졌습니다.

이 책에서는 지금까지 교회들이 꺼려 하고 듣기 싫어하고 믿기 싫어하여 들춰내지 않았던 성경에 기록된 모든 말씀들을 샅샅이 꺼내어 까놓고 파헤칠 것입니다. '성경 솔직히 까놓고 보기'를 통해서 "성경을 정확무오한 하나님의 말씀으로 믿는다"는 것이 무엇을 의미하는지를 우리는 확실히 밝혀내야 할 것입니다. 요즘 우리 시대의 교회들이 지니고 있는 믿음이 정말 성경에서 말하는 믿음인지, 교회에서 가르치는 말씀들이 정말 성경에 있는 하나님의 말씀인지, 오늘 우리 시대의 교회가 정말 성경에서 말하는 교회인지를 밝혀내야 할 것입니다. 우리가 정말 성경을 정확무오한 하나님의 말씀으로 믿는다면 우리는 성경이 무엇을 말씀하는지 정확하고 올바르게 알아야 할 의무가 있고 권리가 있고 필요가 있기 때문입니다. 정말 성경대로 바로 알고, 바로 믿고, 성경대로 바로 살기를 원하는 모든 사람들에게 이 책은 아주 좋은 길잡이가 될 것임을 확신합니다.

성경은 정말 말세시대의 교회들에 대하여 말씀하고 있는가?

"(11) 주 여호와께서 가라사대 **보라 날이 이를지라** 내가 기근을 땅에 보내리니 양식이 없어 주림이 아니며 물이 없어 갈함이 아니요 여호와의 말씀을 듣지 못한 기갈이라 (12) 사람이 이 바다에서 저 바다까지, 북에서 동까지 비틀거리며 **여호와의 말씀을 구하려고 달려 왕래하되 얻지 못하리니**"(아모스 8:11-13)

아모스서는 약 2,500년 전에 기록된 책입니다. 하나님은 아모스 선지자를 통해서 전 세계 어느 곳에서도 하나님의 말씀을 들을 수 없는 날이 이를 것이라고 말씀하면서 그때는 양식이 없는 기근이 아니고 하나님의 말씀이 없는 기근이 있을 것이라 말씀하셨습니다. 그러면 그때는 어느 때일까요? 여기서 '그때' 즉 그 기근의 때는 언제입니까? 마태복음 24장을 보면 말세의 징조에 대

하여 예수님께서 직접 말씀하여 주셨는데 그 징조들 중에 하나가 기근입니다;

"(3) 예수께서 감람 산 위에 앉으셨을 때에 제자들이 조용히 와서 가로되 우리에게 이르소서 어느 때에 이런 일이 있겠사오며 **또 주의 임하심과 세상 끝에는 무슨 징조가 있사오리이까** (4) 예수께서 대답하여 가라사대 너희가 사람의 미혹을 받지 않도록 주의하라 (5) 많은 사람이 내 이름으로 와서 이르되 나는 그리스도라 하여 많은 사람을 미혹케 하리라 (6) 난리와 난리 소문을 듣겠으나 너희는 삼가 두려워 말라 이런 일이 있어야 하되 끝은 아직 아니니라 (7) **민족이 민족을, 나라가 나라를 대적하여 일어나겠고 처처에 기근과 지진과 역병(한글성경에는 역병이 누락되었음)이 있으리니**"(마 24:3-7)

7절에서 보시는 대로 말세가 되면 민족이 민족을, 나라가 나라를 대적하여 전쟁이 세계 이곳저곳에서 일어나게 되고 지진과 같은 자연재앙과 전염병이 전 세계 곳곳에서 일어나게 되기 때문에 식량생산이 급격하게 줄어들어 양식이 모자라는 기근이 닥치게 됩니다. 우리는 지금 세계 도처에서 그 시작을 조금씩 맛보고 있는 중입니다. 아모스서 8장에서 **"보라 날이 이를지라 내가 기근을 땅에 보내리니 양식이 없어 주림이 아니며 물이 없어 갈함이 아니요 여호와의 말씀을 듣지 못한 기갈이라(a famine of hearing the words of the Lord)"**이 말씀의 의미는 세상의 끝이 되면 성경에 기록된 하나님의 말씀을 들을 수 없는 말씀의 기근이 양식의 기근보다 훨씬 더 심하게 될 것이라는 뜻입니다. 즉 말세시대에는 교회에서 하나님의 말씀이 사라질 것을 예언하고 있는 말씀입니다. 12절에 기록된 대로 바다 건너 어느 외국 나라에 가보아도 하나님의 말씀을 들을 수 없을 것이라는 말입니다. 그렇다면 지금 전 세계에 이렇게 많은 교회들이 있는데 하나님의 말씀을 들을 수가 없다니 이보다 더 엄청난 충격은 없습니다.

그러면 오늘날 이 세상에 이렇게 많은 교회들이 매 주일마다 성경말씀을 선포하고 있는데 왜 우리는 하나님의 말씀을 들을 수 없다는 건가요? 정확 무오하고 영원불변한 하나님의 말씀인 성경이 잘못될 리가 없다면 도대체 오늘날의 교회들은 매 주일 무슨 말씀을 전파하길래 하나님은 우리가 하나님의 말씀을 들을 수 없다고 하실까요? 그렇다면 지금까지 우리가 교회에서 듣고 배운 성경말씀은 하나님의 말씀이 아니라는 것이 됩니다. 더 놀라운 것은 말세에 우리가 교회에서 하나님의 말씀을 들을 수 없게 되는 그 이유까지도 하나님은 벌써 약 2,000년 전에 디모데후서 3장과 4장을 통해서 자세하게 말씀해 주셨습니다.

"(1) 네가 이것을 알라 **말세에 고통하는 때가 이르리니** (2) 사람들은 자기를 사랑하며 돈을 사랑하며 자긍하며 교만하며 훼방하며 부모를 거역하며 감사치 아니하며 거룩하지 아니하며 (3) 무정하며 원통함을 풀지 아니하며 참소하며 절제하지 못하며 사나우며 선한 것을 좋아 아니하며 (4) 배반하여 팔며 조급하며 자고하며 쾌락을 사랑하기를 하나님 사랑하는 것보다 더하며 (5) 경건의 모양은 있으나 경건의 능력은 부인하는 자니 이같은 자들에게서 네가 돌아서라"(딤후 3:1-5)

이 말씀은 누가 읽어도 정말 놀랍도록 오늘 우리시대의 풍조를 잘 보여주고 있습니다. 그러니까 우리는 지금 말세의 고통하는 시대를 살아가고 있는 것입니다. 사람들이 자기를 사랑하는 이기주의와 돈을 사랑하는 금전만능주의, 엄청난 교만으로 주변 사람들을 짓밟고 제압하는 시대가 되었고, '동방예의지국'이라던 한국인들마저 부모를 거역하고 대적하고 감사하지 아니합니다. 도리어 배은망덕하며, 하나님을 믿는다고 열심히 교회에 다니면서도 매일의 삶에서는 거룩하게 살지 아니할 뿐 아니라 오히려 불신자들보다 더 탐욕적으로 세속적으로 추악하고 음탕하게 살기 때문에 이제는 '예수 믿으라'는 말만 들어도 사람들은 식상합니다. 참으로 부끄러운 일이지만 하나님의 풍성한 사랑으로 구원을 받았다고 주장하는 사람들이 사랑 없이 원한을 품고 서로 보복하고 고소하여 수많은 교회들이 교회 안에서 혹은 법정에서 저희들끼리 싸워 세상 신문에 조롱거리가 되고 있습니다. 절제하지 못해서 마약과 성과 폭식과 게임에 중독이 되고, 사나워져서 폭동과 폭력이 난무하고, 입술로는 하나님을 믿는다고 하면서도 매일의 삶에서는 하나님보다 세상의 안일과 쾌락을 더 사랑하는 쾌락주의 삶에 빠져서 매주 성경책을 들고 교회에 다니는 겉모습만 보면 경건하게 보이는 것 같은데 실제로 그들의 매일 삶 속에서는 하나님을 닮아가는 경건함과 세상을 내려놓는 거룩함은 찾아볼 수 없고 오히려 세상의 온갖 더러운 욕망과 세속적인 성공과 출세욕으로 충만한 삶을 살고 있습니다. 세상을 다 버리고 십자가를 지고 나를 따라오라는 예수님의 말씀과는 180도 반대로 오늘날 사람들이 교회에 다니는 목적은 이 세상에서 더 많이 성공하고 더 높이 출세하고 더 잘 먹고 더 잘 살고 더 많이 쾌락을 누리기 위해 섭니다. 그래서 성경이 하나님의 말씀이라고 앵무새처럼 입에서는 줄줄 외우고 있으면서도 **"누구든지 세상과 벗이 되고자 하는 자는 하나님과 원수가 되게 하는 것이니라"**(약 4:4)는 말씀과 **"너희가 하나님과 재물을 겸하여 섬기지 못하느니라"**(마 6:24)하신 하나님의 말씀은 아예 듣기도 싫어하고 보기도 싫어하고 아예 전하지도 아니합니다. 이 사람들은 이 세상과 그 안에 있는 것들을 사랑하면 독생자 예수를 구세주로 주신 하나님 아버지의 사랑 즉 구원을 받지 못한다는 하나님의 준엄한 경고의 말씀에 귀를 틀어 막고 듣기를 거부하는 말세시대의 사람들입니다; **"(15) 이 세상이나 세상에 있는 것들을 사랑치 말라 누구든지 세상을 사랑하면 아버지의 사랑이 그 속에 있지 아니하니 (16) 이는 세상에 있는 모든 것이 육신의 정욕과 안목의 정욕과 이생의 자랑이니 다 아버지께로 좇아 온 것이 아니요 세상으로 좇아 온 것이라 (17) 이 세상도, 그 정욕도 지나가되 오직 하나님의 뜻을 행하는 이는 영원히 거하느니라"**(요일 2:15-17)

여기서 '아버지의 사랑'이란 '우리 죄인들을 구원하시기 위해서 독생자를 주신 하나님 아버지의 구원의 은혜'를 의미합니다. 그러니까 세상을 사랑하는 사람들에게 아버지의 사랑이 없다는 말은 독생자 예수를 통하여 주시려는 구원이 그들에게는 없다는 말입니다.

말세시대의 사람들은 자기들의 탐욕을 만족시켜 줄 달콤한 설교말씀을 전하는 교회로 몰려들게 되고 자연히 목사들은 사람들을 더 많이 모으기 위해서 진리의 말씀을 변질시켜 사람들의 탐욕을 채워줄 귀에 듣기 좋은 말씀을 전파하게 됩니다. 하나님은 말세에 일어날 이런 모든 일들을 미리 아시고 약 2,000년 전에 신약성경에 기록해 두셨습니다. 참으로 놀라운 일입니다; **"(3) 때가 이르리니 사람이 바른 교훈(sound doctrine)을 받지 아니하며 귀가 가려워서 자기의 사욕을 좇을 스승을 많이 두고 (4) 또 그 귀를 진리에서 돌이켜 허탄한 이야기를 좇으리라"**(딤후 4:3-4)

하나님께서 사도 바울을 통해서 주신 말씀대로 오늘 이 말세시대에는 사람들이 바른 교훈 즉 올바른 성경교리를 받기 싫어하고 자기들의 욕심을 만족시켜 줄 스승을 많이 두고 있습니다. 진리의 말씀은 듣기 싫어하고 사람들의 귀를 즐겁게 해줄 거짓되고 헛된 달콤한 설교를 듣기 위해서라면 먼 거리의 교회도 마다하지 않고 여기저기 찾아다닙니다. 그것도 모자라서 아예 인터넷에 들어가서 이 세상에서 잘 먹고 잘 살고 출세하게 해주는 달콤한 설교를 잘하는 유명한 여러 목사들의 설교에 빠져들고 있습니다: "**때가 이르리니 사람이 바른 교훈(sound doctrine)을 받지 아니하며 귀가 가려워서 자기의 사욕을 좇을 스승을 많이 두고 또 그 귀를 진리에서 돌이켜 허탄한 이야기를 좇으리라**". 2,000년 전에 사도 바울을 통해서 주신 하나님의 말씀이 지금 우리 시대의 교회에서 그대로 이루어지고 있습니다. 그러므로 예수님은 말세에는 이 세상에서 믿음을 거의 찾아볼 수 없을 것이라고 누가복음에서 이렇게 말씀하셨습니다; "**그러나 인자가 올 때에 세상에서 믿음을 보겠느냐 하시니라**"(눅 18:8) 얼마나 충격적인 말씀입니까? 예수님의 말씀은 항상 진리의 말씀이고 정확 무오하기 때문에 예수님의 이 말씀을 그대로 믿는다면 **우리가 사는 이 말세시대에는 아무리 교회가 많아도 구원을 받을 믿음을 지닌 사람들을 찾아보기 힘들다는 말입니다.** "아니 이렇게 믿는 사람들이 전 세계에 수없이 많은데 믿음을 찾아보기 힘들다니…" 그렇다면 이 세상 대부분의 교회들은 다 가짜 교회요 가짜 성도로서 구원받을 사람들이 거의 없다는 말이 됩니다. 그렇다면 이것은 오늘 우리에게 엄청난 충격일 수밖에 없습니다. 그래서 필자가 만나본 열심 있는 그리스도인이라는 사람들에게 이런 말씀들을 언급해 보면 대부분은 "말도 안 되는 소리"라고 단호히 거부합니다.

그런데 문제는 이렇게 말씀하신 분이 다른 사람이 아니고 바로 우리가 구세주로 믿는 예수님이라는 데에 있습니다. 예수님을 우리의 구주와 왕으로 믿는다는 우리가 감히 "말도 안 되는 소리"라며 예수님께 대항할 수 있겠습니까? 예수님의 말씀은 정확 무오하고 영원 불변한 진리이며 성경에 기록된 말씀 일점 일획까지도 다 이루어질 것이라고 굳게 믿고 있는 우리가 감히 예수님의 말씀을 틀렸다고 대항하거나 거부할 수 있겠습니까? 만약 우리가 **"인자가 올 때에 세상에서 믿음을 보겠느냐"** 하신 예수님의 말씀을 믿지 않고 예수님이 재림하시는 말세시대에도 믿는 사람들이 무척 많다고 주장한다면 우리는 예수님을 거짓말쟁이로 만드는 것이 되고 진리의 말씀인 성경말씀을 거짓의 말씀이 되게 하는 것입니다.

그러면 어떤 사람들은 이렇게 질문합니다. "그 말씀은 말세시대의 교회에 관한 말씀입니다. 말세시대에는 당연히 그렇게 되겠지요. 그렇지만 지금 우리가 살고 있는 이 시대가 정말 그 말세시대라는 증거가 있습니까? 지금 이 시대가 말세라는 성경적인 증거라도 있습니까?"

그러면 성경은 지금 이때가 말세인 것을 정말 말해 주고 있는가?

지금 이때가 말세인 것을 증명하기 위해서 우리는 먼저 '말세'라는 단어부터 정리할 필요가 있습니다. 성경에서는 예수님이 처음 오셨을 때를 벌써 말세라고 기록하고 있습니다; **"옛적에 선지자들을 통하여 여러 부분과 여러 모양으로 우리 조상들에게 말씀하신 하나님이 이 모든 날 마지막에는 아들을 통하여 우리에게 말씀하셨으니 이 아들을 만유의 상속자로 세우시고 또 그로 말미암아 모든 세계를 지으셨느니라"**(히 1:1-2)

그러니까 2,000년 전에 예수님이 이 세상에 오셨을 때를 '이 모든 날 마지막' 즉 말세라고 말하고 있습니다. 또 요한1서 2장 18절에서도 초대교회 당시를 벌써 말세라고 부르면서 많은 적그리스도들이 나타났다고 말하고 있습니다; **"아이들아 이것이 마지막 때라 적그리스도가 이르겠다 함을 너희가 들은 것과 같이 지금도 많은 적그리스도가 일어났으니 이러므로 우리가 마지막 때인 줄 아노라"**

이것은 인류 역사를 거시적으로 보고 아담 때부터 예수님의 재림 때까지를 크게 세 부분으로 나누어 보면 이해가 됩니다. 즉 아담 때부터 아브라함 때까지 약 2,000년을 인류 역사의 초기라고 한다면 아브라함 때부터 예수님의 초림까지 약 2,000년을 중기라고 볼 수 있고, 예수님의 초림부터 재림까지 약 2,000년을 말기라고 보면 말세는 2,000년 전부터 시작되었습니다. 그러나 우리가 여기서 말세교회를 논할 때에는 말기 중에서도 맨 끝부분인 예수님의 재림이 가까운 때를 말하는 것입니다. 예수님께서 마태복음 24장에서 말세의 징조를 말씀하실 때에 예수님의 재림 때를 언급하셨기 때문입니다. 인류 역사의 말기의 시작은 예수님의 초림이지만 말기의 끝은 예수님의 재림입니다. 24장 3절에 보면 **"또 주의 임하심과 세상 끝에는 무슨 징조가 있사오리이까"**라고 제자들이 질문하였고 예수님은 바로 재림과 세상 끝을 동일시하는 그 질문에 대답하셨습니다. **그러므로 우리가 지금 말세교회를 논할 때에는 말기 중에서도 맨 끝부분인 예수님의 재림이 가까운 때를 말하려는 것입니다.**

예수님의 재림이 가까운 말세의 징조에 대해서는 마태복음 24장이나 디모데후서 3장에서 쉽게 발견할 수 있습니다. 예를 들어서 마태복음 24:3-8절[(3) 예수께서 감람 산 위에 앉으셨을 때에 제자들이 종용히 와서 가로되 우리에게 이르소서 어느 때에 이런 일이 있겠사오며 또 주의 임하심과 세상 끝에는 무슨 징조가 있사오리이까 (4) 예수께서 대답하여 가라사대 너희가 사람의 미혹을 받지 않도록 주의하라 (5) 많은 사람이 내 이름으로 와서 이르되 나는 그리스도라 하여 많은 사람을 미혹케 하리라 (6) 난리와 난리 소문을 듣겠으나 너희는 삼가 두려워 말라 이런 일이 있어야 하되 끝은 아직 아니니라 (7) 민족이 민족을, 나라가 나라를 대적하여 일어나겠고 처처에 기근과 지진과 역병이 있으리니 (8) 이 모든 것이 재난의 시작이니라]과 디모데후서 3:1-5[(1) 네가 이것을 알라 말세에 고통하는 때가 이르리니 (2) 사람들은 자기를 사랑하며 돈을 사랑하며 자긍하며 교만하며 훼방하며 부모를 거역하며 감사치 아니하며 거룩하지 아니하며 (3) 무정하며 원통함을 풀지 아니하며 참소하며 절제하지 못하며 사나우며 선한 것을 좋아 아니하며 (4) 배반하여 팔며 조급하며 자고하며 쾌락을 사랑하기를 하나님 사랑하는 것보다 더하며 (5) 경건의 모양은 있으나 경건의 능력은 부인하는 자니 이같은 자들에게서 네가 돌아서라]에서 찾아볼 수 있습니다.

다니엘서에도 말세의 징조에 관한 말씀을 찾아볼 수 있습니다; "다니엘아 **마지막 때까지** 이 말을 간수하고 이 글을 봉함하라 **많은 사람이 빨리 왕래하며 지식이 더하리라**"(단 12:4) 우리말 성경에는 많은 사람이 빨리 왕래한다고 번역되어 있으나 히브리 성경에는 **"말세에는 많은 사람들이 이곳저곳을 왕래하며 지식이 증가할 것이라"**고 기록되어 있습니다. 지금 우리 시대에는 전 세계의 수많은 사람들이 세상 여러 나라들을 여행하고 있는데 이것은 인류 역사에서 지금까지 볼 수 없었던 현상입니다. 1900년대 초부터 자동차와 비행기라는 교통수단의 발달로 인하여 공중으로 육지로 매일 수많은 사람들이 여행을 다니고 있습니다. 또 **"말세에는 지식이 증가할 것"**이라고 하였는데 지금 컴퓨터와 인터넷으로 인하여 엄청나게 많은 전문지식까지 누구나 쉽게 접할 수 있는 시대가 되었습니다. 이상의 징조들만 보아도 지금이 말세지말인 것을 충분히 알 수 있지만, 그러나 이런 말씀들은 어떤 특정한 시간을 콕 짚어서 말세라고 말해 주지는 않습니다.

그런데 놀랍게도 에스겔서 38장에 보면 어떤 정확한 때를 말세라고 짚어 주는 말씀이 있습니다; **"(8) 여러 날 후 곧 말년(말세)에 네가 명령을 받고 그 땅 곧 오래 황무하였던 이스라엘 산에 이르리니 그 땅 백성(이스라엘 백성)은 칼을 벗어나서 열국(많은 나라들)에서부터 모여 들어 오며 이방에서부터 나와서 다 평안히 거하는 중이라"**(에스겔 38:8)

이 말씀은 지금부터 약 2,500년 전에 에스겔 선지자를 통해서 주신 말씀입니다. 이 말씀을 보면 말세가 되면 그동안 전 세계 여러 나라에 흩어졌던 이스라엘 민족이 오랫동안 폐허가 되었던 이스라엘 땅으로 돌아오게 된다는 말입니다. 이스라엘 백성은 주후 70년 예루살렘이 로마 군에 의하여 멸망을 당한 후에 로마 제국 전역으로 흩어졌다가 로마 제국이 멸망한 후에는 유럽 전역으로 흩어졌다가 그 후 전 세계로 흩어져 살았습니다. 본토에서 쫓겨나 약 1,900년 동안 나라 없이 전 세계에 흩어져 살다가 1947년 유엔의 결정으로 본토에 돌아와 국가를 재건하였습니다.

그러면 주후 70년에 이스라엘이 멸망한 후에 본토에서 추방당한 후 약 1,900년 동안 전 세계로 흩어져서 가는 곳마다 평안히 거할 곳을 찾지 못하고 수많은 환란과 핍박 속에서 잔혹한 죽임을 당했던 이스라엘 백성들은 어떻게 다시 본토로 돌아올 수 있었습니까? 에스겔서38장 8절에 기록된 대로 이스라엘 백성들이 말세에 본토로 돌아가게 될 것이라는 예언은 어떻게 이루어진 것입니까? 유태인들이 가나안 본토에서 추방된 이후 가나안 땅은 주인 없는 땅이 되어 이스라엘의 만년 적국이었던 블레셋(팔레스타인 사람들)이 들어와 약 1,900년을 살아오다가 근대에는 영국 등의 나라에 식민통치를 받기도 했었습니다. 그러나 놀라운 것은 에스겔서 38장 8절의 말씀처럼 말세가 되면 이스라엘 민족을 다시 예전의 땅으로 돌아오게 하신다는 약속의 말씀입니다.

그러면 이러한 하나님의 약속은 어떻게 이루어졌습니까? 유럽에서 600만이나 학살당한 유태인이 무슨 힘이 있어서 1,900년 동안 잃어버린 땅을 다시 찾을 수 있었습니까? 전 세계에 흩어져 있었기 때문에 그들은 정부를 조직할 수도 없었고 군대를 조직할 힘도 없었습니다. 그저 백성들 각자가 살아남기에 전전긍긍하던 사람들이었습니다. 그런 그들이 어떻게 본토로 다시 돌아와 국가를 세우고 군대를 조직하여 지금처럼 막강한 나라를 세울 수 있었습니까?

하나님은 성경에 기록된 약속의 말씀을 일점일획까지 그대로 이루시는 분입니다. 2차 대전 후에 미국이 중심이 되어 UN이라는 국제 조직을 만들게 됩니다. 유엔 회원국들이 모여 전후 문제를 처리하던 중 2차 대전 중에 가장 참혹한 희생을 당한 유태인들을 위하여 1947년 11월 29일 유태인의 본토 회복을 결정하였습니다. 전 세계에 흩어져서 약 1,900년 동안 나라 없이 고통 속에서 살아오던 비참한 유태인들에게 가나안 본토로 돌아와서 국가를 세울 수 있도록 결정한 것입니다. 전 세계 이 나라 저 나라에 흩어져서 온갖 환란을 당하며 마지막으로는 600만 명이나 죽임을 당하여 스스로의 힘으로는 도저히 본토를 회복할 수도 없는 절망적인 상황에 처해 있던 이스라엘 백성이었습니다. 그런 이스라엘 백성에게 하나님의 약속을 이행하기 위하여 하나님은 하나님의 방법으로 유엔이라는 국제기구를 만들어 이스라엘 백성이 본토로 돌아올 수 있게 하신 것입니다. 한 나라가 1,900여 년 전에 잃어버린 국토를 다시 찾는다는 것은 인류 역사에 그 전례가 없는 사건입니다. 유엔의 결정에 따라 유엔군을 파견하여 그곳에 살고 있었던 팔레스타인들을 가자지구(본래 그들의 땅)와 요단강 서편에 있는 땅 웨스트 뱅크(서안 지구)에서 살게 하고 나머지 땅은 유태인들에게 주었습니다. 참으로 하나님은 성경에 기록된 하나님의 말씀을 일점일획까지 정확하게 이루시는 분입니다.

여러 나라에서 본토로 돌아온 약 50만 명의 유태인들은 그 이듬해 1948년에 국가를 수립하고 1949년 5월 11일에는 유엔 회원국이 되었습니다. 1,900여 년 동안 없어졌던 나라가 갑자기 나타나서 1991년 9월에야 유엔에 가입한 대한민국보다 먼저 유엔 회원국이 된 것입니다. 성경에 기록된 말씀은 이토록 정확하게 이루어지는 무서운 말씀입니다. 우리는 성경에 기록된 한마디 한마디가 다 이루어질 것이라는 예수님의 말씀을 명심하면서 두렵고 떨리는 마음을 가지고 성경에 무슨 말씀이 기록되어 있는지 한 마디 한 마디 빠트리지 않고 자세히 살펴보아야 합니다.

유엔의 결정에 반대하는 아랍 나라들이 그들의 형제나라 팔레스타인을 돕기 위하여 네 차례의 전쟁을 치르었으나 이스라엘에 번번이 패하였고 이스라엘은 오늘날과 같은 막강한 나라를 재건하게 된 것입니다. 여기서 우리가 주목해야 할 것은 전 세계에 흩어졌던 이스라엘 백성들이 말세가 되면 본토로 돌아오게 될 것이라는 에스겔 38장 8절의 말씀입니다. **주후 70년에 이스라엘이 멸망하면서 그 땅에서 추방당했던 이스라엘 백성들이 로마제국으로 흩어지고 그 후에 로마제국의 멸망과 함께 유럽으로 흩어졌다가 전 세계로 흩어져 살았습니다. 우리는 여기서 그런 이스라엘 백성이 2차 대전이 끝난 후 1947년 유엔의 결정에 의해서 본토로 돌아왔다는 사실에 주목해야 합니다. 그리고 그들이 본토로 돌아올 때를 에스겔서 38장 8절은 말세라고 기록하고 있다는 점입니다. 다시 말해서 하나님은 유태인이 본토로 돌아오는 때를 콕 짚어서 말세라고 가르쳐 주신 것입니다.** 유태인이 본격적으로 돌아와 국가를 세운 것은 1947년이었습니다. 그러나 이스라엘 백성들이 1947년에 돌아오기 전에 이스라엘 땅 근처 나라에 흩어져 살고 있었던 소수의 유태인들은 1900년대 초부터 팔레스타인 사람들이 살고 있었던 이스라엘 본토에 몰래 들어와 키부츠를 세우고 농사를 지으면서 밤에는 지하에서 무기를 만들어 팔레스타인 사람들과 싸우면서 그들의 본토에 들어와 살기 시작했습니다. 그러니까 이스라엘 백성들이 본토에 돌아와 살기 시작한 것은 1900년대 초부터이고 따라서 말세시대는 1900년대 초부터 시작된 것입니다.

그러므로 오늘 우리가 살고 있는 시대는 1900년대 초부터 시작된 말세시대입니다. 따라서 1900년대 초 이후의 교회들은 말세시대의 교회입니다. 그리고 이 말세시대에는 말씀이 없는 기근이 있을 것이라고 하나님은 말씀하셨고 말세의 고통하는 때에는 "(3) 사람이 바른 교훈(sound doctrine)을 받지 아니하며 귀가 가려워서 자기의 사욕을 좇을 스승을 많이 두고 (4) 또 그 귀를 진리에서 돌이켜 허탄한 이야기를 좇으리라"(딤후 4:3-4)고 하였고 예수님은 "그러나 인자가 올 때에 세상에서 믿음을 보겠느냐 하시니라"(눅 18:8)라고 말씀하셨습니다.

이상과 같은 성경말씀에 따르면 오늘 우리 시대의 교회는 말세교회가 분명하고, 우리는 말세교회에서 하나님의 말씀을 들을 수 없다는 충격적인 사실에 직면하게 되는 것입니다. 즉 우리가 주일마다 교회에서 듣는 설교말씀은 더 이상 성경에서 말하는 하나님의 말씀이 아니라는 끔찍한 현실을 받아들여야 한다는 말입니다. 이제 우리는 이처럼 명백한 증거 앞에서 말세에 관한 이런 말씀들을 인정하고 지금 우리 시대의 교회가 말세시대의 교회라는 엄연한 사실을 받아들이지 않을 수 없습니다.

만약 우리가 말세교회에 대한 이와 같은 하나님의 준엄한 말씀을 거부하거나 얼렁뚱땅 못 본 척 넘어간다면 우리는 우리 스스로를 속이고, 우리가 구주로 믿는 예수님을 부정하는 딜레마에 빠지게 됩니다. 그리고 성경이 하나님의 정확무오하고 영원불변한 진리의 말씀이라는 것을 부정하는 것이 되고 맙니다. 그리고 다시 한번 말씀드리지만 우리는 결국 우리가 믿는 하나님을 거짓말쟁이로 만들게 되는 것입니다.

그러므로 말세교회에서는 하나님의 말씀을 들을 수 없다고 하나님께서 직접 말씀하셨으니 그 말씀은 진리이고 전혀 하자가 없습니다. 그러니까 문제가 하나님께 있는 것이 아니고 오늘 우리에게 문제가 있는 것이라면 우리는 우리의 말세교회들이 잘못되었다는 것을 인정해야 합니다. 그러므로 이제부터 우리가 할 일은 우리가 믿고 전한 말씀들이 어떻게 해서 무엇이 어디에서부터 잘못되었는지를 파헤쳐서 그 잘못된 모든 것들을 찾아내어 바로잡고 고쳐야 할 것입니다. 그러면 이제 잘못된 것들을 바로잡고 고치기 전에 어떻게 해서 우리가 듣고 배우고 믿고 전한 말씀들이 잘못되었는지를 먼저 증명해야 할 것입니다. 잘못된 것들이 무엇인지를 먼저 증명한 후에야 그것들을 바로잡고 고칠 수 있을 것입니다.

서론

그러면 오늘의 말세교회들이 성경을 잘못 알고 잘못 믿고 잘못 살고 잘못 가르치고 있다는 것을 어떻게 증명할 수 있는가?

우리가 지금까지 믿고 전했던 말씀들이 잘못되었다는 것을 객관적으로 누구나 인정할 수 있게 증명하는 일은 생각보다 그렇게 어려운 일은 아닙니다. 우리 시대의 교회가 성경을 잘못 알고 잘못 믿고 잘못 살고 잘못 전파하고 있는 실제의 예를 들어보겠습니다. 중학교 1학년 정도의 수학실력만 있으면 간단히 증명할 수 있습니다.

오늘날 우리는 그 어느 시대보다 설교 홍수시대를 살아가고 있습니다. 사실 설교는 대단히 위험한 것입니다. 설교자가 성경을 잘못 이해하고 그것을 하나님의 말씀으로 선포할 때 그 설교를 듣는 수많은 사람들을 지옥으로 보내기 때문입니다. 사람들은 성경말씀보다도 설교자의 설교를 듣는 것을 더 좋아하고 설교자의 말을 그대로 믿고 따르기 때문에 사실 이 세상에서 설교보다 더 위험한 것은 없습니다. 원자폭탄은 사람의 육신 밖에 망하게 하지 못하지만 설교는 사람의 영혼까지 망하게 하기 때문입니다. **"너희가 사람의 계명으로 교훈을 삼아 가르치니 나를 헛되이 경배하는도다 하였느니라"**(마 15:9)

하나님의 말씀을 그대로 전파하지 않고 사람들을 기쁘게 하기 위하여 변질시킨 말씀을 전파하면 그들이 매주 드린 예배가 다 헛된 예배라는 말입니다. 설교는 이렇게 위험한 것입니다. 그런데도 주일마다 전 세계에는 수많은 사람들이 설교를 들으려고 교회당으로 몰려들고 있습니다. 참으로 위험한 일입니다. 이제 우리는 이 책에서 성경을 샅샅이 그리고 낱낱이 까놓고 살펴볼 것입니다. 그러면 성경이 말하고 있는 죄, 용서, 사랑, 은혜, 구원, 믿음 그리고 교회 등등 여러 면에서 우리가 지금까지 성경을 올바르게 이해하지 못하고 있었음을 깨닫게 될 것입니다. 무엇이 문제일까요? 도대체 어디가 어떻게 잘못된 것일까요? 오늘 우리의 교회들이 가짜 교회가 된 것은 바로 성경말씀을 잘못 이해하는 데서 기인한 것입니다.

구약성경은 다 예수님에 대하여 증거하는 책이라[**"너희가 (구약)성경에서 영생을 얻는 줄 생각하고 성경을 연구하거니와 이 (구약)성경이 곧 내게 대하여 증언하는 것이니라"(요 5:39)**]고 예수님께서 친히 가르쳐 주셨습니다. 사실 39권으로 구성된 구약성경은 예수님께서 이 세상에 오시기 전에 선지자들을 통해서 기록된 책들로써 예수님의 이 세상에서의 삶과 사역의 내용을 미리 예언한 책이고 신약성경의 4 복음서는 구약성경이 예언한 예언의 성취입니다. 그리고 하나님이 지구 땅에 오셔서 직접 전해주신 4복음서의 말씀들을 들고 나가서 제자들이 예루살렘과 온 유대와 사마리아와 땅끝, 즉 당시의 땅끝으로 여겨졌던 스페인에 이르기까지 로마제국의 여러 나라에서 복음을 전했던 내용들을 기록한 것이 바로 신약성경의 나머지 책들입니다. 그러니까 4복음서에는 신구약성경의 핵심이며 우리가 구원을 얻고 천국에 들어갈 때까지 구원받은 사람들이 살아가야 할 필요한 모든 내용들이 기록되어 있습니다. 예수님이 승천하신 지 약 40년 후부터 기록된 신약성경은 27권으로 구성되어 있어서 신구약성경 모두는 66권입니다. 그러므로 예수님 없이 신구약성경을 올바로 이해할 수도 없고 신약성경 없이 구약성경을 이해할 수도 없고 구약성경 없이 신약성경을 올바로 이해할 수도 없다는 것은 우리가 이미 다 잘 아는 사실입니다.

성경에 기록된 말씀들은 이와 같이 서로 연결되어 있어서 서로 충돌함이 없이 잘 조화되고 있습니다. 또한 성경은 1,600년이라는 긴 시간 동안에 서로 다른 시대에 살았던 수십 명의 사람들이 하나님으로부터 말씀을 받아 기록한 것입니다. 그러니까 성경을 기록한 사람들은 서로 다른 시대에 살았기 때문에 성경을 쓰기 위하여 서로 만나서 회의를 한 적이 없다는 말입니다. 서로 만나서 회의를 한 적도 없는 사람들이 쓴 성경의 내용이 서로 충돌하지 않고 상호 잘 조화가 되는 것은 성경의 저자가 수십 명의 사람들이 아니고 한 분 하나님이라는 것을 보여주는 것입니다. 즉 성경을 자세히 읽고 서로 대조해 보면 천지창조, 구원, 교회, 종말 등 그 어떤 주제에 대하여 말할 때에도 조금이라도 서로 충돌하거나 모순되지 않으며 오히려 정확하게 일치하고 조화되고 상호 보완되고 있음을 알 수 있습니다. 그러므로 우리가 성경을 올바로 이해하기 위해서는 해당 구절의 전후 문맥을 잘 살펴야 할 뿐만 아니고 성경 전체에 여기저기 흩어져 있는 다른 구절의 말씀들과 일치하는지를 확인해야 합니다.

설교자들이 많은 힘을 기울여 성경을 올바로 해석하려고 몸부림치고 있지만 그럼에도 불구하고 성경을 잘못 해석하는 그 근본원인은 바로 성경의 모든 말씀들이 유기적으로 상호 연결되어 있다는 점을 모르기 때문에 한두 구절이나 몇 구절만 가지고 자기 나름 대로 해석하고 있기 때문입니다. 그러므로 많은 교파가 생겨나게 되었고 각 교파마다 서로 다른 교리를 주장하고 믿게 되는 것입니다. 오늘날 각 교파가 믿고 있는 교리와 오늘날 교회들이 전하는 말씀이 잘못되었다는 것을 객관적으로 증명하기 위해서 수학문제 하나를 보여드리겠습니다. 성경의 올바른 해석은 마치 연립 부등식 문제를 푸는 것과 같기 때문입니다. 누구나 쉽게 이해할 수 있는 중학교 1학년 정도의 수학 연립부등식 문제입니다. 이해하기 쉽도록 일차 부등식을 예로 들어보겠습니다.

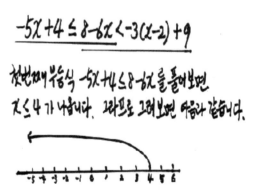

이 문제는 연립 부등식이므로 두 개의 부등식이 하나의 문제로 되어 있는 상태입니다. 왼쪽에 밑줄이 있는 부분이 첫째 부등식이고 오른쪽에 밑줄이 있는 부분이 둘째 부등식입니다. 그러므로 이 두 개의 부등식 값을 만족시킬 때에만 정답을 도출할 수 있는 것입니다. 하나의 부등식 값만 도출해서는 정답이 되지 못합니다.

그러면 왼쪽에 있는 첫째 부등식을 풀어봅니다. 마이너스 5x에 4를 더한 것이 8에서 6x를 뺀 것보다 같거나 작아야 합니다. 그래서 이것을 계산해 보면 x는 4를 포함한 그보다 작은 모든 수가 답이 되는 것입니다. 그러니까 이 첫 번째 부등식만 풀어보면 x는 4와 그보다 작은 모든 수가 답이 되는 것입니다. 도표에서 화살표가 보여주는 대로 엄청나게 많은 수가 답이 되는 것입니다. 4를 포함해서 그보다 작은 수들 3과 2와 1은 물론이고 마이너스1부터 마이너스 무한대까지의 모든 수가 다 답이 되는 것입니다. 그러나 이것은 정답이 아닙니다. 우리는 겨우 문제의 반밖에 풀지 못한 것입니다. 나머지 반을 풀어서 합해 보아야 정답을 찾을 수 있습니다.

그러면 오른쪽 밑줄이 있는 두 번째 부등식을 풀어야 합니다. 두 번째 부등식은 8에서 6x를 뺀 것이 x마이너스2를 마이너스3에 곱하고 거기에 9를 더한 것보다 작아야 하는 것입니다. 아래에서 보는 대로 이 문제를 풀어보면 x값은 마이너스3분의 7보다 큰 모든 수가 답이 됩니다.

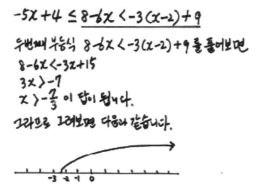

그러니까 도표에서 보는 것처럼 여기 두 번째 부등식만 보면 x는 마이너스 3분의 7보다 큰 모든 수가 답이 되는 것입니다. 엄청나게 많은 수입니다.

그런데 문제는 연립부등식이므로 두 개의 부등식을 다 만족시킬 수 있는 값을 구해야 하는 것입니다. 그러니까 두 부등식을 다 만족시킬 수 있는 x값은 4를 포함하여 그보다 작은 모든 수와 마이너스 3분의 7보다 큰 모든 수로 그 범위가 좁아집니다. 그래서 이것을 다시 그래프로 그려보면 다음과 같습니다. 사선들이 촘촘히 그려진 부분에 있는 수들만이 정답이 되는 것입니다.

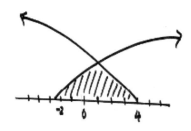

다시 한번 말씀드립니다. 첫 번째 부등식만 보면 4보다 같거나 작은 모든 수가 다 답입니다. 그리고 두 번째 부등식만 보면 마이너스 3분의 7보다 큰 모든 수가 다 답입니다. 문제 하나씩만 보면 답이 무척 많습니다. 그러나 이 두 개의 부등식을 만족시키는 x값을 구하는 것이 문제이기 때문에 그 많은 답을 다 버리고 오직 4보다 같거나 작은 수들 중에서 마이너스 3분의 7보다 큰 숫자들만 답이 되는 것입니다. 즉 마이너스 2.333과 플러스4까지 그 사이에 있는 수들만 정답이 되는 것입니다. **다시 말해서 마이너스 2.333보다 큰 모든 수가 아니고 4라고 하는 제한이 있습니다. 4 이상의 큰 수는 아니라는 것입니다.**

그러면 이상의 것을 염두에 두면서 이제는 성경에 있는 연립부등식을 풀어보겠습니다. 요한복음 3장 16절에 보시면 이렇게 기록되어 있습니다; **"하나님이 세상을 이처럼 사랑하사 독생자를 주셨으니 이는 저를 믿는 자마다 멸망치 않고 영생을 얻게 하려 하심이니라"**

요 3:16 〈𝑥(롬 10:9-12) 〈 마 7:21-23

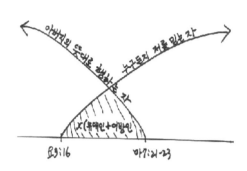

요한복음 3장 16절은 세상의 모든 기독교인들이 애송하는 말씀입니다. 요한복음 3장 16절만 보면 독생자 예수님을 믿는 모든 사람들은 다 구원을 받는다는 것처럼 보입니다. 그래서 전 세계의 교회들이 지난 2,000년 동안 외쳐 온 최고의 말씀입니다. 그래서 전 세계에는 예수님을 구주로 믿고 주여 주여 하는 사람들이 수억 명에 달합니다. 그들은 자신들이 구원을 받았고 천국에 간다고 굳게 믿고 있습니다. 그런데 마태복음 7장 21절부터 23절까지 보시면 "나더러 주여 주여 하는 자마다 다 천국에 들어갈 것이 아니요 오직 내 아버지의 뜻대로 행하는 자라야 하리라"고 제한선을 그어 두셨습니다. 무서운 것은 마태복음 7장 21~23절까지의 말씀입니다: "(21) 나더러 주여 주여 하는 자마다 다 천국에 들어갈 것이 아니요 다만 하늘에 계신 내 아버지의 뜻대로 행하는 자라야 들어가리라 (22) 그 날에 많은 사람이 나더러 이르되 주여 주여 우리가 주의 이름으로 선지자 노릇 하며 주의 이름으로 귀신을 쫓아 내며 주의 이름으로 많은 권능을 행하지 아니하였나이까 하리니 (23) 그 때에 내가 그들에게 밝히 말하되 내가 너희를 도무지 알지 못하니 불법을 행하는 자들아 내게서 떠나가라 하리라"

22절에 보면 **'그날에'**라고 하였는데 그날은 마지막 백보좌 심판을 하는 날입니다. 그 심판하는 날에 많은 사람들이 예수님께 이렇게 말한다는 것입니다: **"주여 주여 우리가 주의 이름으로 선지자 노릇 하며 주의 이름으로 귀신을 쫓아 내며 주의 이름으로 많은 권능을 행하지 아니하였나이까"** 그러면 여기서 주의 이름으로 선지자 노릇하고 주의 이름으로 귀신을 내어 쫓아내며 주의 이름으로 많은 권능을 행한 사람들이 누구이겠습니까? 교회의 영적 지도자들입니다. 그런데 그렇게 훌륭한 사람들을 예수님은 도무지 모르신다고 하시면서 불법을 행하는 자들아 내게서 떠나가라고 하셨습니다. 심판하는 자리에서 예수님으로부터 떠나가라고 하면 그들이 갈 곳은 어디입니까? 그들이 갈 곳은 지옥밖에 없습니다. **교회의 수많은 영적 지도자들이 천국에 가지 못하고 지옥에 갈 것이라고 예수님이 직접 말씀하신 것입니다. 충격입니다.** 더 충격적인 것은 그들의 가르침을 받고 평생 동안 교회에 출석했던 그 수억 명의 사람들은 다 어디로 가겠습니까? 그래서 예수님께서 **"소경이 소경을 인도하면 둘 다 구덩이에 빠진다"**(마 15:14)고 말씀하신 것입니다. 오늘날 물질만능주의에 빠져서 헤어나오지 못하는 현대인들이 몇 사람이나 주님의 말씀에 순종하여 세상을 버리고 예수님을 믿고 따르고 있습니까? 필자가 지난 수십 년 동안 여러 나라에서 말씀을 전하면서 "예수님을 믿고 따르는 것이 무엇을 의미하는 것인지 아십니까?" 하면서 위의 말씀들을 전하면 "이 세상에서 좀 잘 먹고 잘살려고 예수 믿는 거지 세상을 다 버리고 고난의 십자가를 지려면 뭣하러 예수 믿어? 안 그래도 힘든 세상인데"라고 대꾸하며 떠납니다.

위의 그래프에서 보는 대로 믿는 모든 사람들 중에서 아버지의 뜻대로 순종하는 삶을 사는 사람들만 영생을 얻게 된다는 말입니다. 로마서 10장 9절부터 10절까지 보시면 유대인이나 이방인이나 상관없이, 믿고 하나님 말씀대로 순종하며 사는 사람들입니다. 그러니까 평생 동안 주여 주여 하면서 교회를 출석했던 사람들도 하나님의 말씀대로 순종하는 삶을 살지 않은 사람들은 천국에 들어갈 수 없다는 말씀입니다. **야고보서 2장 26절에 기록된 대로 "행함이 없는 믿음은 죽은 믿음"**이기 때문입니다. 그러니까 성경에서 말하는 믿음으로 구원이라는 말씀은 오늘 우리 시대의 교회들이 생각하는 것처럼 그렇게 단순하고 쉬운 것이 아니고 많은 조건들이 붙어있는 아주 어려운 것이기에 천국으로 들어가는 문은 좁고 협착해서 찾는 이가 적다고 예수님이 직접 말씀해 주셨습니다. **만약 믿고 구원받는 것이 우리가 생각하는 것처럼 그렇게 쉽고 간단한 것이라면 요한복음 3장 16절에 있는 말씀만 종이 한 장에 간단히 적어 주시면 될 것을 왜 하나님은 그렇게 두꺼운 성경책에 많은 것들을 기록하셨겠습니까? 하나님은 성경책에 믿고 구원받는다는 것이 무엇을 의미하는 것인지를 여러 가지 많은 조건들과 구원의 실제의 예를 들어 설명해 놓았습니다.** 우리는 중요한 거래에서 계약서에 서명하기 전에 반드시 계약서에 기록된 모든 항목들을 빼놓지 않고 자세히 읽은 후에 서명을 해야 합니다. 만약 그렇지 않고 처음 몇 항목만 읽고 그냥 서명을 하게 되면 나중에 큰 낭패를 당하게 될 것입니다. 마찬가지로 하나님께서 그렇게 두꺼운 성경책을 우리에게 주셨을 때에는 구원에 필요한 모든 조건들이 많이 있기 때문에 그것들을 구약성경과 신약성경 이곳저곳에 낱낱이 기록해 두신 것입니다.

오늘 말세시대의 교회들은 유감스럽게도 많은 교파들로 갈라져 있습니다. 성경은 한 권밖에 없는데 각 교파마다 자기들의 구미에 맞는 몇 구절들만 뽑아가지고 "이것이 구원이다, 이것이 교회이다"라고 각기 다른 교리를 만들어 믿고 있기 때문에 이렇게 수많은 교파들이 생겨난 것입니다. 그러므로 성경은 하나인데 교파마다 구원론이 다르고 교회론이 다르고 성령론이 다르고 말세론이 다른 것입니다. 그러므로 우리가 성경에서 몇 구절만 뽑아가지고 "이렇게 하면 구원을 받는다"라고 잘못 믿고, 잘못 살고, 잘못 가르치면 우리 자신들은 물론이고 우리가 전하는 잘못된 말씀을 듣고 따라온 모든 사람들을 지옥불에 떨어지게 하는 엄청난 죄를 짓게 되는 것입니다; **"화 있을진저 외식하는 서기관들과 바리새인들이여 너희는 천국 문을 사람들 앞에서 닫고 너희도 들어가지 않고 들어가려 하는 자도 들어가지 못하게 하는도다"** (마 23:13) 성경말씀을 잘못 깨달아서 본의 아니게 위선자의 삶을 살게 되었던 바리새인들처럼 종교적인 열심으로 바다 건너 해외에까지 가서 선교하여 많은 사람들을 데려다가 배나 더 지옥자식들이 되게 하는 일을 우리는 하지 말아야 합니다; **"화 있을진저 외식하는 서기관들과 바리새인들이여 너희는 교인 하나를 얻기 위하여 바다와 육지를 두루 다니다가 생기면 너희보다 배나 더 지옥 자식이 되게 하는도다"**(마 23:15)

또한 믿는다는 사람들 중에서 하나님 말씀대로 올바른 믿음을 가지고 순종하면서 사는 사람들은 아주 소수가 될 것이라는 것까지도 성경은 상세하게 가르쳐 주고 있습니다. 마태복음 22장 8~14절까지 보면 **"청함을 받은 자는 많되 택함을 입은 자는 적으니라"**고 기록되어 있습니다. 따라서 하나님의 통치에 순종하면서 살아가는 소수의 참 믿는 사람들이 모이는 교회의 크기도 아주 적은 수의 사람들이 모이는 작은 교회라고 가르쳐 주고 있습니다; **"(31) 오직 너희는 그의 나라를 구하라 그리하면 이런 것을 너희에게 더하시리**

라 (32) 적은 무리여 무서워 말라 너희 아버지께서 그 나라를 너희에게 주시기를 기뻐하시느니라"(눅 12:31-32)

여기 31절의 말씀은 마태복음 6장 33절의 말씀과 동일한 말씀입니다. 즉 "너희는 먼저 그의 나라와 그의 의를 구하라." 여기서 "그의 나라를 먼저 구하라"고 하였는데 신약성경이 기록된 그리스어로는 '바실레이아'이며 뜻은 '왕의 절대적인 통치'를 의미합니다. 그러니까 우리를 죄에서 구원하시고 나서 우리의 삶을 통치하시는 예수 그리스도의 통치에 복종하는 삶을 살라는 뜻입니다. 예수님은 우리의 그리스도로 오셨습니다. 그리스어 '그리스도'는 히브리어 '메시아'입니다. '메시아'는 '구원자'이며 '왕'이라는 뜻입니다. 예수님께서 그냥 우리를 사탄의 손에서 구원만 해주시고 그냥 내버려 두시면 우리는 다시 사탄의 밥이 됩니다. 그래서 우리를 사탄의 통치에서 건져낸 후에 우리의 삶을 통치하시는 왕이 되신 것입니다. 그러므로 예수님을 통해서 구원받은 사람들은 이제 예수님을 왕으로 모시고 그의 통치에 복종하는 삶을 살아야 한다는 말입니다. "(31) 오직 너희는 그의 나라(바실레이아)를 구하라 그리하면 이런 것을 너희에게 더하시리라 (32) 적은 무리여 무서워 말라 너희 아버지께서 그 나라를 너희에게 주시기를 기뻐하시느니라"(눅 12:31-32)

그러므로 누가복음 12장 31~32절에서 우리의 모든 말과 생각과 행동과 우리 삶의 모든 영역에서 왕 되신 예수 그리스도의 통치에 복종하는 삶을 추구해야 한다는 말입니다. 그리고 그렇게 세상을 내려놓고 예수님의 통치에 복종하며 사는 사람들은 소수의 사람 즉 적은 무리가 될 것이며 그 나라를 즉 천국을 그들에게 주시기를 하나님은 기뻐하신다는 말입니다. 그러므로 누구든지 저를 믿는 모든 자가 구원을 받는 것이 아니고 그중에서 아버지의 뜻대로 순종하며 사는 소수의 사람들만 구원받아 천국에 들어가게 된다는 말입니다.

이것을 다시 부등식으로 써보면 이렇습니다.

요 3:16 〈 χ(롬 10:9-12) 〈 마 7:21-23 = 마 22:8-14(눅 12:31-32)

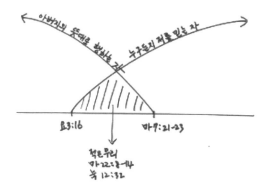

"하나님이 세상을 이처럼 사랑하사 독생자를 주셨으니 이는 저를 믿는 자마다 멸망치 않고 영생을 얻게 하려 하심이니라"(요 3:16)

자 그러면 이 말씀을 올바로 이해하기 위해서 이제는 조금 더 상세히 살펴보겠습니다. 여기서 보면 '누구든지 저를 믿는 자(whoever believes in him)'는 멸망치 않고 영생을 얻는다고 하였습니다. 요한복음 3장 16절의 말씀만 보면 예수님을 믿는다고 주장하는 모든 사람들이 다 구원을 받는다는 것이 맞는 것처럼 보입니다. 그런데 성경말씀에서 그와 관련된 말씀들을 몇 군데 더 찾아보아야 '믿는 자마다'가 누구인지를 더 정확하게 깨닫게 됩니다. 자 그러면 여기서 '누구든지 저를 믿는 자'라는 말씀과 관련된 말씀은 어디에 있습니까? 로마서 10장 9–12절에서 찾아볼 수 있습니다:

"(9) 네가 만일 네 입으로 예수를 주로 시인하며 또 하나님께서 그를 죽은 자 가운데서 살리신 것을 네 마음에 믿으면 구원을 얻으리니 (10) 사람이 마음으로 믿어 의에 이르고 입으로 시인하여 구원에 이르느니라 (11) 성경에 이르되 누구든지 저를 믿는 자는 부끄러움을 당하지 아니하리라 하니 (12) 유대인이나 헬라인이나 차별이 없음이라 한 주께서 모든 사람의 주가 되사 저를 부르는 모든 사람에게 부요하시도다"

즉 여기서 '누구든지 저를 믿는 자'는 유대인이든지 이방인이든지 상관없이 믿는 모든 자를 지칭하는 것이라고 가르쳐 줍니다. 즉 국적을 초월하여 모든 믿는 자를 지칭한다는 말입니다. 한국인이든지 일본인이든지 미국인이든지 상관없이 믿는 모든 자를 포함한다는 말입니다. 그리고 '누구든지 저를 믿는 자'를 '저를 부르는 모든 사람'이라는 다른 용어로 표현하고 있음도 우리는 발견하게 됩니다. 즉 관련된 말씀을 찾아보니까 그 의미를 좀더 자세하게 파악할 수 있게 되는 것입니다. 그러면 '믿는 자마다' 혹은 '저를 부르는 모든 사람'이라고 할 때에 '믿는 자' 혹은 '저를 부르는 모든 자'는 누구를 지칭하는 말입니까? 그 관련된 말씀을 찾아보면 '믿는 자'가 누구인지 더 구체적으로 밝혀지게 됩니다. 마태복음 7장 18~23절에서 찾아볼 수 있습니다.

"(18) 좋은 나무가 나쁜 열매를 맺을 수 없고 못된 나무가 아름다운 열매를 맺을 수 없느니라 (19) 아름다운 열매를 맺지 아니하는 나무마다 찍혀 불에 던지우느니라 (20) 이러므로 그의 열매로 그들을 알리라 (21) 나더러 주여 주여 하는 자마다 천국에 다 들어갈 것이 아니요 다만 하늘에 계신 내 아버지의 뜻대로 행하는 자라야 들어가리라 (22) 그 날에 많은 사람이 나더러 이르되 주여 주여 우리가 주의 이름으로 선지자 노릇하며 주의 이름으로 귀신을 쫓아내며 주의 이름으로 많은 권능을 행치 아니하였나이까 하리니 (23) 그 때에 내가 저희에게 밝히 말하되 내가 너희를 도무지 알지 못하니 불법을 행하는 자들아 내게서 떠나가라 하리라"

여기서 보면 '저를 부르는 모든 사람' 즉 다른 용어로 말하면 '누구든지 저를 믿는 자'가 어떤 사람인지를 주님께서 더욱 구체적으로 보여주고 있습니다. 즉 입술로만 주여 주여 하는 사람은 '저를 부르는 모든 사람'의 그룹에 속하지 않는다는 뜻입니다. 다른 용어로 말하면 입술로만 주여 주여 하는 사람은 '누구든지 저를 믿는 자'에 포함되지 않는다는 뜻입니다. 그러니까 진정으로 믿는 사람이라면 '아버지의 뜻대로 순종하며 살아가는 사람'이어야 한다는 뜻입니다. 결국 믿는다고 주장하는 모든 사람이 다 믿는 사람이 아니고 믿는다고 하는 그 사람들 중에서 오직 아버지의 뜻대로 순종하며 살아가는 사람들만이 진정으로 믿는 사람들이라는 뜻입니다.

그러면 '누구든지 믿는 자는 구원을 받는다'는 말씀과 '주여 주여 하는 자마다 다 천국에 들어갈 것이 아니요'라는 말씀 이 두개의 부등식을 다 만족시키려면 어떤 사람이 참으로 믿는 사람입니까? 참으로 믿는 사람들은 자기의 공로가 아닌 전적인 하나님의 은혜로 죄를 용서받고 의롭다 함을 받아 하나님의 자녀로 다시 태어난 사람들입니다. 그러므로 그들은 전적으로 하나님께 빚진 사람들이기 때문에 마음과 뜻과 모든 힘을 다하여 하나님을 사랑하며 순종하는 삶을 살 수밖에 없게 되고 그래서 그 순종의 결과로 그들은 하나님의 자녀다운 선하고 의롭고 거룩하고 경건한 열매를 일상의 삶 속에서 나타내는 사람들입니다. 그래서 **"좋은 나무가 나쁜 열매를 맺을 수 없고 못된 나무가 아름다운 열매를 맺을 수 없느니라 (19) 아름다운 열매를 맺지 아니하는 나무마다 찍혀 불에 던지우느니라 (20) 이러므로 그의 열매로 그들을 알리라"**고 주님께서 말씀하신 것입니다. 즉 사람이 참 믿음을 가졌다는 증거는 그의 삶 속에서 선한 열매가 행동으로 나타나야 한다는 말입니다. 그러니까 **'행함이 없는 믿음은 죽은 것이니라'**(약 2:26)는 말씀과 일치하는 것입니다. 그러므로 이것을 연립부등식으로 써서 그래프로 그려보면 앞에서 본 그대로 참 믿는 자 x값은 다음과 같습니다.

요 3:16 〈 x (롬 10:9-12) 〈 마 7:21-23 = 마 22:8-14(눅 12:31-32)

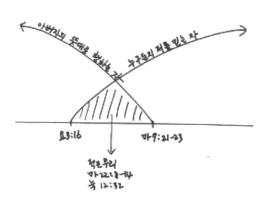

위의 부등식을 풀어보면 교회에 다니면서 믿는다고 하는 모든 사람들이 다 천국에 들어가는 진짜 성도가 아니고 그중에서 얼마는 진짜 성도가 되고 나머지는 다 가짜 성도라는 것이 분명해집니다. 그렇다면 과연 얼마나 많은 사람들이 진짜 성도이고 얼마나 많은 사람들이 가짜 성도인지를 어떻게 알 수 있습니까? 예수님께서 이에 대하여 말씀하신 적이 있는지를 찾아보면 됩니다. 마태복음 22장 8-14절까지 보시면 예수님께서 분명하게 말씀하셨습니다; "(8) 이에 종들에게 이르되 혼인 잔치는 예비되었으나 청한 사람들은 합당치 아니하니 (9) 사거리 길에 가서 사람을 만나는 대로 혼인 잔치에 청하여 오너라 한대 (10) 종들이 길에 나가 악한 자나 선한 자나 만나는 대로 모두 데려오니 혼인자리에 손이 가득한지라 (11) 임금이 손을 보러 들어올쌔 거기서 예복을 입지 않은 한 사람을 보고 (12) 가로되 친구여 어찌하여 예복을 입지 않고 여기 들어왔느냐 하니 저가 유구무언이어늘 (13) 임금이 사환들에게 말하되 그 수족을 결박하여 바깥 어두움에 내어 던지라 거기서 슬피 울며 이를 갊이 있으리라 하니라 (14) 청함을 받은 자는 많되 택함을 입은 자는 적으니라"

여기서 보면 만나는 대로 아무나 다 데려오라고 하였습니다. 그래서 만나는 대로 모두 데려오니 혼인자리에 사람들이 가득하였습니다.(10절) 그런데 임금이 들어와서 그 많은 사람들을 둘러보면서 예복을 입지 않은 사람 한 사람을 불러내어 수족을 결박하여 바깥 어두움에 던져 버렸습니다. 이 예복에 대한 자세한 설명은 추후에 하겠습니다. 여기서 예복을 입지 않은 사람이란 입술로는 주여 주여 하면서 예수님을 구주로 믿는다며 교회에 출석하는 사람이었지만 아버지의 뜻대로 행하지 않은 사람입니다. 그래서 믿음을 행함으로 증명하지 못한 사람이기 때문에 믿음으로 얻는 의의 예복을 입지 못한 사람입니다. 그러면 이렇게 의의 예복을 입지 못하여 바깥 어두움 즉 지옥불에 던져질 가짜 성도들이 얼마나 될 것이라고 예수님께서 말씀하셨습니까? 소수의 몇 사람? 14절을 보면 **'청함을 받은 자는 많되 택함을 입은 자는 적으니라'**고 말씀하셨습니다. 즉 천국에 들어갈 수 있는 '믿음'이라는 '은혜의 무료 티켓을 받고 교회에 초청을 받은 사람은 많았지만 그 믿음을 날마다의 삶 속에서 아버지의 뜻을 행하여 행동으로 증명함으로써 하나님의 자녀로 인정을 받아 뽑힌 사람은 아주 소수라는 것입니다. 여기 '적다'는 표현으로 'a few(적지만 그래도 꽤 되는)'라는 단어를 사용하지 않고 **'few(있긴 있지만 거의 없는)'라는 표현을 사용한 것은 참 믿음을 가지고 천국에 뽑혀 들어갈 수 있는 사람이 극히 적다는 것을 보여줍니다.** 누가복음 12장 32절에서도 주님은 교회가 아주 적은 수의 사람으로 구성되는 것을 칭찬하셨습니다; **"적은 무리여 무서워 말라. 너희 아버지께서 그 나라를 너희에게 주시기를 기뻐하시느니라."** 그러니까 주여 주여 하면서 믿는 사람들 중에서 아버지의 뜻대로 행하는 진짜 성도는 매우 소수이며 따라서 진짜 성도로 구성되는 교회는 아주 적은 무리의 사람이라는 말입니다. 이것을 다시 부등식으로 써보면 이렇습니다.

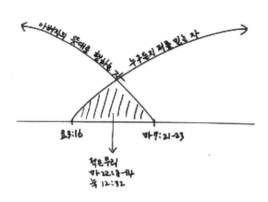

요 3:16 〈𝒙(롬 10:9-12) 〈 마 7:21-23 = 마 22:8-14(눅 12:32)

　그러면 이번에는 마태복음 7장 21~23절에서 예수님이 언급하신 '내 아버지의 뜻대로 행하는 자'는 어떤 사람들인지를 살펴보겠습니다. 마태복음 16장 24절에 보시면 예수님께서 이렇게 말씀하셨습니다; "누구든지 나를 따라오려거든 자기를 부인하고 자기 십자가를 지고 나를 따를지니라." 그렇습니다. 아버지의 뜻대로 행하는 자는 자기를 부인하고 자기 십자가를 지고 예수님을 따르는 사람입니다. 또 마태복음 6장 24절에 보시면 "너희가 하나님과 재물을 겸하여 섬기지 못하느니라"고 말씀하셨습니다. 이 세상과 천국을 다 소유할 수 없다는 말입니다. 둘 중에 하나는 버려야 한다는 말입니다. 즉, 주님을 믿고 천국에 들어가기를 원한다면 세상을 내려놓아야 한다는 말입니다. 그러니까 세상의 부귀영화를 사랑하는 자기 자신을 부인하지 아니하고는 결코 주님을 따르지 못한다는 말입니다. 그래서 주님을 따르려면 자기 십자가를 지고 따라오라고 하신 것입니다. 세상을 버리고 예수님을 따르는 사람이 바로 아버지의 뜻을 행하는 사람이란 말입니다. 또 마태복음 10장 37절에 보시면 더 무서운 말씀이 기록되어 있습니다; "아비나 어미를 나보다 더 사랑하는 자는 내게 합당치 아니하고 아들이나 딸을 나보다 더 사랑하는 자도 내게 합당치 아니하고 또 자기 십자가를 지고 나를 좇지 않는 자도 내게 합당치 아니하니라." 주님을 믿고 천국에 들어가기를 원한다면 심지어 자기 부모형제까지도 주님보다 더 사랑해서는 안 된다는 말입니다. 이렇게 하는 사람이 아버지의 뜻을 행하는 사람이란 말입니다. 가정을 파괴하는 사이비 이단 교주가 하는 말처럼 들리지 않습니까? 대단히 충격적인 말씀입니다. 그런데 이 말씀은 다른 어느 누구도 아닌 우리가 구주로 믿는 예수님께서 직접 하신 말씀입니다. 당신은 그래도 이런 예수님을 따르겠습니까? 우리는 예수님을 너무 많이 오해하고 있습니다. 우리는 성경말씀을 너무 많이 오해하고 있습니다.

그래서 주님께서는 '멸망으로 인도하는 문은 크고 넓어 그리로 들어가는 자가 많다'고 경고하시면서 천국으로 인도하는 문은 좁고 길이 협착하여 찾는 이가 적다고 말씀하셨습니다; **"(13) 좁은 문으로 들어가라 멸망으로 인도하는 문은 크고 그 길이 넓어 그리로 들어가는 자가 많고 (14) 생명으로 인도하는 문은 좁고 길이 협착하여 찾는 이가 적음이니라"** 이 말씀을 보아도 주님을 믿고 따르는 길은 참으로 어려운 길이며 그래서 그렇게 믿고 따르는 참 성도는 아주 소수가 될 것임을 보여주고 있습니다.

오늘 우리가 생각하는 것처럼 세상의 즐길 것 다 즐기면서 세계관도 가치관도 하나도 변하지 않고 삶도 전혀 변하지 않은 채 세상 사람들과 똑같이 안일한 삶을 살아가면서 그냥 입술로만 예수 믿는다고 고백하며 한주일에 한두 번 교회에만 열심히 출석하고 이따금 봉사도 하러 가고 선교도 하러 가면 구원받아 천국에 들어가는 것이 아니라는 말입니다.

실제로 주님을 믿고 성도가 되어 주님을 따르는 것은 참으로 어려운 것이라는 것을 성경을 자세히 읽어보면 누구나 알 수 있습니다. **로마서 8장 17~18절**에 보시면 이렇게 기록되어 있습니다. **"(17) 자녀이면 또한 후사 곧 하나님의 후사요 그리스도와 함께한 후사니 우리가 그와 함께 영광을 받기 위하여 고난도 함께 받아야 될 것이니라 (18) 생각건대 현재의 고난은 장차 우리에게 나타날 영광과 족히 비교할 수 없도다"** 이게 얼마나 끔찍한 말씀입니까? 오늘날 누가 이런 말씀을 받아들이기 위해서 교회에 다닙니까? 그래서 심지어 어떤 목사는 주일 설교 본문에 이 구절이 들어가 있어서 설교 도중에 그 구절을 한번 읽더니 "여러분 약속합니다. 다음부터는 절대로 이런 구절을 택하지 않겠습니다. 다시 약속합니다. 절대로 이런 구절을 택하지 않겠습니다.

이삼십 년 전까지는 이런 말씀이 그래도 통했지만 지금 이 시대에 누가 이런 말씀을 가지고 설교하겠습니까? 다시는 이런 말씀을 설교에 사용하지 않겠습니다. 약속합니다. 죄송합니다." 그 목사님이 교인들에게 마치 죽을 죄를 지은 것같이 '다시는 그렇게 하지 않겠다'고 몇 번이나 약속하는 것을 들으면서 충격을 받았습니다. 말세 교회는 사람을 즐겁게 하는 설교를 할 것이라는 성경 말씀이 다시 한번 가슴 깊이 새겨졌습니다.

또 히브리서 12장 6~8절까지 보시면 이렇게 기록되어 있습니다; "(6) 주께서 그 사랑하시는 자를 징계하시고 그의 받으시는 아들마다 채찍질하심이니라 하였으니 (7) 너희가 참음은 징계를 받기 위함이라 하나님이 아들과 같이 너희를 대우하시나니 어찌 아비가 징계하지 않는 아들이 있으리요 (8) 징계는 다 받는 것이거늘 너희에게 없으면 사생자요 참 아들이 아니니라" 주님을 바로 믿고 따르는 진짜 성도마다 다 고난이 있을 것이라고 말씀하십니다. 성경에 나타난 믿음의 조상들은 다 그렇게 살아간 증인들입니다. 그리고 주님을 믿고 따라간다고 하면서 이 세상에서 고난이 없이 만사형통하는 삶을 살아가는 사람이라면 그는 하나님의 자녀가 아니고 사생아라고 말씀하십니다. 이 세상에서 죄악과 타협함이 없이는 아무도 평안하고 만사형통하는 삶을 살 수가 없기 때문입니다. 다시 말해서 아버지의 뜻대로 행하는 사람들은 이런 고난과 역경을 피할 수 없다는 말입니다.

이것을 다시 연립부등식으로 써보면 이렇습니다.
요 3:16 〈 ϰ (롬 10:9-12) 〈 마 7:21-23(마 7:18-20 + 약 2:26 + 마 16:24 + 마 10:37 + 마 6:24 + 롬 8:17-18 + 히 12:6-8) = 마 22:8-14(눅 12:31-32)

이것을 말로 풀이하면;
믿는 모든 사람들 〈 천국에 들어갈 진짜 성도(유대인 + 이방인) 〈 내 아버지 뜻대로 행하는 자들(좋은 열매를 맺은 자들 + 행함으로 믿음을 증명한 자들 + 자기를 부인하고 십자가를 지고 따른 자들 + 부모·형제·자매보다 예수님을 우선으로 한 자들 + 세상을 내려놓고 주님을 따른 자들 + 고난과 역경을 무릅쓰고 주님을 따른 자들) = 예복을 입어 뽑힌 소수의 사람들(작은 교회)

이상에서 살펴본 대로 예수님을 믿고 구원받기 위해서는 아주 많고 어려운 조건들을 다 만족시켜야 되는 것입니다. 그러므로 예수님을 믿고 구원받기 위해서는 우리 자신을 부인하고 십자가를 지고 주님을 따라야 한다고 예수님께서 직접 말씀해 주신 것입니다. 그리고 예수님을 믿고 천국에 가기 위해서는 좁고 험한 길을 가야 하는 고난의 길이고 그래서 찾는 이가 적다고 말씀하신 것입니다.

그런데도 자기가 믿고 싶은 것만을 믿으려는 오늘 우리 시대의 사람들은 성경에 있는 이 부등식을 올바로 보지 못하고 요한복음 3장 16절 같은 몇몇 구절만 보기 때문에 믿는 모든 사람들이 다 천국에 간다고 쉽게 믿고 있는 것입니다. 예수를 믿는다는 것이 무엇을 의미하는지를 모르고 있는 것입니다. 그저 교회에 잘 다니기만 하면 다 믿고 구원받은 사람이라고 착각하고 있는 것입니다. 얼마나 큰 착각이며 오해인지 모릅니다. 말세교회의 그 수억명의 사람들이 영적 지도자들의 잘못된 말을 믿고 평생 동안 열심히 교회에 출석하였는데 죽고 나서 보니 천국이 아니고 지옥불이었습니다. 얼마나 큰 충격이겠습니까? 예수님께서 마태복음 7장에서 하신 말씀을 다시 한번 되새겨 보시기 바랍니다; **"(21) 나더러 주여 주여 하는 자마다 다 천국에 들어갈 것이 아니요 다만 하늘에 계신 내 아버지의 뜻대로 행하는 자라야 들어가리라 (22) 그 날에 많은 사람이 나더러 이르되 주여 주여 우리가 주의 이름으로 선지자 노릇 하며 주의 이름으로 귀신을 쫓아내며 주의 이름으로 많은 권능을 행하지 아니하였나이까 하리니 (23) 그 때에 내가 그들에게 밝히 말하되 내가 너희를 도무지 알지 못하니 불법을 행하는 자들아 내게서 떠나가라 하리라"**

하나님께서 우리에게 주신 성경은 하나뿐인데 그 성경을 각자 입맛에 맞게 해석하다 보니까 지금과 같은 수많은 교파들이 만들어졌고 각 교파마다 다 다른 믿음을 갖게 된 것입니다. 그리고 각 교파가 믿고 있는 교리들을 성경에 기록된 다른 말씀들과 연결해 보면 서로 맞지 않고 충돌하고 있는 것을 발견하게 됩니다. 이것은 여러 교파들 중에서 단 한 교파도 성경과 일치하는 교파가 없다는 것을 증거하는 것입니다. 그러니까 성경은 하나인데 그 성경을 하나님의 말씀으로 믿는다는 교회들이 여러 종파로 교파로 갈라진 것 자체가 잘못된 것이며 오늘 우리 시대의 교회들이 비성경적인 교회라는 것을 스스로 반증하고 있는 것입니다. 하나님의 말씀인 성경은 교회도 하나이어야 하고 믿음도 하나이어야 한다고 단호하고도 분명한 어조로 말씀하고 있습니다: **"(4) 몸(교회)이 하나요 성령도 한 분이시니 이와 같이 너희가 부르심의 한 소망 안에서 부르심을 받았느니라 (5) 주도 한 분이시요 믿음도 하나요 세례도 하나 (6) 하나님도 한 분이시니 곧 만유의 아버지시라 만유 위에 계시고 만유를 통일하시고 만유 가운데 계시도다"(엡 4:4-6)**

성경을 읽을 때 우리의 생각이나 견해를 붙이지 않고 성경 그대로 읽고 믿으면 누가 읽어도 같은 내용이고 누가 읽어도 같은 믿음을 갖게 되는 것입니다. 그러므로 이제 우리는 우리가 속한 교파의 교리에서 미련없이 신속하게 벗어나서 오직 성경에 기록된 말씀만 믿고 따라야 할 것입니다. 이 길만이 우리가 가짜 교회, 가짜 믿음, 가짜 그리스도인에서 탈출할 수 있는 유일한 길인 것입니다. 각 교파가 정한 교리와 신조는 하나님의 말씀이 아니고 오직 성경만이 유일한 하나님의 정확무오하고 영원불변한 하나님의 말씀이기 때문입니다.

성경을 오해하여 잘못 해석하는 원인은 교파 외에도 많이 있습니다. 기복주의, 지성주의, 신비주의 등등 같은 교파 안에서도 개개인의 취향에 따라 성경을 자기 기호에 맞게 해석하는 일이 만연되어 있습니다. 아프리카 선교사로 있을 때 휴가차 한국에 가는 길에 비행기를 갈아타는 영국에서 한 한인 교회로부터 설교 초청을 받고 주일 설교를 하였습니다. 마태복음 13장에 있는 씨뿌리는 비유에 대하여 말씀을 전했습니다. 예배가 끝나고 교인들과 인사하기 위해서 예배실 문에서 줄 서서 나오는 사람들과 한 사람씩 악수를 하고 있었습니다. 그런데 어떤 분이 "선교사님, 수고 많으셨습니다. 그런데 선교사님께서 그 씨뿌리는 비유의 배경이 되는 당시의 농업상황을 좀 연구하셨더라면 더 좋은 설교를 하실 수 있었을 텐데…" 하면서 점잖게 웃으셨습니다. 그래서 "저는 예수님께서 말씀하신 씨뿌리는 비유를 그대로 읽고 예수님께서 그 비유에 대하여 직접 해석해 주신 것을 그냥 쉽게 설명하였을 뿐입니다. 그러면 예수님은 그 당시 농업에 대하여 무지하셨기 때문에 그렇게 잘못 해석해 주신 것입니까?"라고 대답하였더니 그분 뒤에 서있는 사람들은 킥킥 웃고 그분은 얼굴이 우락부락해지더니 어찌할 바를 몰라 그냥 밖으로 뛰어나가셨습니다. 너무 황당해서 "저분은 영국에서 뭐 하시는 분이냐?"고 줄서 있는 사람들에게 물었더니 "그분은 한국에서 이곳에 안식년 차 오셔서 몇 달 전부터 이 교회에 나오기 시작하셨는데 한국에서 무슨 해설성경을 집 필하신 신학자라고 하면서 늘 자랑하셔서 우리는 그냥 그분을 많이 배운 분 이라는 정도로 알고 있습니다"라고 말했습니다. 그분은 지성주의에 빠져 성 경을 올바로 이해하지 못하고 있었던 것입니다. 한국에서 휴가를 마치고 아 프리카로 돌아가는 길에 그 교회에서 주일 예배를 드렸습니다. "지난번 그분 은 오늘 안 보이시네요"라고 사람들에게 말했더니 사람들 말이 "그때 그 일 이후로 그분은 우리 교회에 한 번도 오시지 않았습니다"라며 웃었습니다. 지 성주의에 빠진 사람들은 성경을 있는 그대로 보지 못합니다. 뭔가 남들보다 더 색다르게 해석하려고 몸부림칩니다. 그래서 자기들의 설교가 다른 사람 들의 설교보다 더 깊고 더 지적이고 더 기발한 설교라고 칭찬을 듣고 싶어서 성경 본문이 뜻하는 본래의 내용을 왜곡하게 되는 것입니다.

누가복음 15장에는 예수님께서 회개가 무엇인지를, 그리고 한 사람의 죄 인이 회개하고 돌아올 때 하나님 아버지께서 얼마나 기뻐하시는지를 탕자의 비유를 통해서 누구나 쉽게 잘 이해할 수 있도록 아주 평이하고 단순하게 잘 설명해 주고 있습니다. 그러나 지성주의에 빠진 사람들은 어떻든지 남들 과는 차별되는 기발한 설교를 만들기 위해서 본래의 내용을 변질시키고 맙 니다. "여러분 보통 사람들은 여기 탕자가 둘째 아들 한 명이라고 생각합니 다. 그러나 본문 내용을 잘 보시면 두 명의 탕자에 대하여 말씀하고 있습니 다. 한 명은 집 밖으로 나갔다가 돌아온 둘째 아들이고 또 한 명은 집 안에 있는 큰아들입니다. 왜냐구요? 집을 나갔던 탕자 동생이 돌아와서 큰 잔치 를 벌이는 것을 보고 아버지께 항의하는 이 큰아들도 탕자이며 바로 이 큰 아들이 바리새인이라는 것을 예수님께서 이 비유를 통해서 보여주시려는 것 입니다. 그러니까 바로 바리새인들이 집 안에 있는 탕자라는 것을 보여주시 기 위해서 예수님은 의도적으로 바리새인들 들으라고 이 비유를 말씀하신 것입니다" 그러면 사람들은 "아 역시 우리 목사님은 지성적이야 성경을 보는 각도가 다른 목사님들과는 다르다구. 오늘도 새로운 것을 또 깨달았네" 하 면서 목사님을 존경하게 됩니다. 이것이 얼마나 탕자의 비유를 왜곡하고 있 는지를 사람들은 잘 모릅니다. 누가복음 15장 31절에 보면 불평하는 큰아들에게 아버지는 이렇게 말씀하고 있습니다; **"아버지가 이르되 얘 너는 항상 나와 함께 있으니 내 것이 다 네 것이로되"** 이 말씀이 무슨 뜻입니까? 이 말씀의 뜻은 아주 간단하고 명확합니다. 즉 "너는 항상 나와 함께 천국에 있는 내 아들이다. 따라서 이 천국에 있는 것이 다 너의 소유다" 예수님께서 바리새인들을 천국의 백성, 즉 하나님의 아들들이라고 여기신 적이 있으셨습니까? 예수님은 바리새인을 향하여 "독사의 새끼들아"라고 비난하셨으며 마태복음 23장에서는 바리새인들을 일곱 번이나 "화 있을진저"라며 저주하셨습니다. 예수님은 단 한 번도 바리새인들을 하나님의 자녀들이라고 말씀하신 적이 없었습니다. 여기 탕자의 비유에서 아버지가 큰아들에게 **"아버지가 이르되 얘 너는 항상 나와 함께 있으니 내 것이 다 네 것이로되"**라고 말씀하신 것을 보면 이 큰아들은 결코 탕자가 아니고 바리새인이 아닙니다. 하나님께서 문자로 기록된 성경을 인간들에게 주신 목적은 누구든지 다 잘 이해할 수 있게 하는 것입니다. 그래서 성경은 아주 쉬운 평이한 단어들을 사용한 것입니다. 예수님께서 이 세상에 계셔서 친히 인간들에게 말씀하실 때도 지성인들과 상류층 인사들이 쓰는 고급 언어를 사용하지 않으셨습니다. 서민들이 읽어도 다 이해할 수 있는 언어로 기록된 이렇게 쉬운 성경말씀을 어렵게 만들어서 설교하는 사람들이 누구입니까? 많이 배웠다는 목회자들입니다. 설교자가 많이 배우면 배운 사람일수록 그의 설교는 더욱 어렵습니다. 그래서 예수님께서는 이렇게 말씀하셨습니다: **"(25) 그때에 예수께서 대답하여 이르시되 천지의 주재이신 아버지여 이것을 지혜롭고 슬기 있는 자들에게는 숨기시고 어린 아이들에게는 나타내심을 감사하나이다 (26) 옳소이다 이렇게 된 것이 아버지의 뜻이니이다 (27) 내 아버지께서 모든 것을 내게 주셨으니 아버지 외에는 아들을 아는 자가 없고 아들과 또 아들의 소원대로 계시를 받는 자 외에는 아버지를 아는 자가 없느니라"(마 11:25-27)**

그렇습니다. 세상의 지식과 세속적인 세계관과 가치관으로 오염되지 않은 어린아이는 그냥 성경에 기록된 진리 그대로를 받고 이해하게 되지만 세상의 지식으로 세뇌되고 오염된 지혜롭고 슬기 있는 많이 배운 사람들에게는 성경에 기록된 말씀이 이해되지 않습니다. 예수님이 원하시는 대로 기록된 성경말씀을 받지 않기 때문에 그 사람들은 평생 교회를 다니지만 하나님을 알 길이 없는 것입니다. 그러나 당시에 고등교육을 받은 최고의 지성인 사도 바울은 그렇게 하지 않았습니다; "형제들아 내가 너희에게 나아가 하나님의 증거를 전할 때에 말과 지혜의 아름다운 것으로(with eloquence or superior wisdom) 아니하였나니 내가 너희 중에서 예수 그리스도와 그의 십자가에 못 박히신 것 외에는 아무것도 알지 아니하기로 작정하였음이라"(고전 2:1-2) 사도 바울은 당시에 최고의 지성인으로서 그리스 철학 지식을 사용하여 유창한 달변으로 사람들을 설득시킬 수 있었지만 그는 예수님은 그리스도(메시아)라는 것과 죄인들을 구원하시기 위하여 하나님이 인간이 되어 십자가를 지셨다는 것만 증거하였습니다. 사도 바울은 하나님의 말씀을 변질시키지 않고 그대로 전하기 위하여 자기가 지닌 고등한 세상 지식을 오물처럼 다 버리고 오직 십자가 복음만을 순수하게 증거하였습니다. 그는 최고의 지성인이었으나 하나님의 말씀을 올바로 증거하기 위하여 지성주의를 과감하게 던져 버렸습니다. 그러면 그들이 다 지성인들인데 왜 사도 바울은 하나님의 말씀을 증거하기 위하여 세상적인 지성과 지식을 다 버리고 오늘의 지성인 목사님들은 왜 세상적인 지성과 지식을 가지고 하나님의 말씀을 왜곡하고 변질시키는 것입니까? 이유는 한 가지밖에 없습니다. 오늘날 그 알량한 지성과 지식으로 감히 성경말씀을 왜곡하고 변질시키는 어쭙잖은 목사님들과는 근본적으로 그 소속이 다르기 때문입니다. 당시의 지성인 사도 바울은 구원받은 하늘에 속한 사람이기에 하나님의 말씀을 전하는 것이고 오늘의 지성인 목사님들은 구원받지 못한 세상에 속한 사람들이기에 세상의 말을 전하는 것입니다; "(5) 그들은 세상에 속한 고로 세상에 속한 말을 하매 세상이 그들의 말을 듣느니라 (6) 우리는 하나님께 속하였으니 하나님을 아는 자는 우리의 말을 듣고 하나님께 속하지 아니한 자는 우리의 말을 듣지 아니하나니 진리의 영과 미혹의 영을 이로써 아느니라"(요일 4:5-6)

영어권 예배에 출석하는 인도네시아 부부가 성경공부에 들어왔습니다. 하나님의 우주 창조에 대하여 공부하면서 진화론은 하나님을 알지 못하는 과학자들이 만들어낸 하나의 종교라고 말했더니 신학생인 그 남편이 말을 끊었습니다. "신학교 교수님은 성경에 기록된 처음 3일은 24시간의 하루가 아니고 수억 년이 되는 긴 시간이라고 말씀하셨습니다. 하나님께서 넷째 날에 별과 태양과 달을 만드셨기 때문에 넷째 날부터 하루가 24시간이 된 것이라고 배웠습니다." 하면서 가방에서 책을 꺼내어 보여주었습니다. 신학자들 중에서도 진화론을 진리라고 믿고 성경을 진화론에 맞추어 보려고 노력하는 사람들이 있습니다. 진화론은 하나님의 존재를 부정하는 무신론 신앙입니다. 그런 것을 신학자들이 믿고 학생들을 가르치고 있으니 오늘의 교회가 말세 교회임을 입증하는 것입니다. 참으로 안타깝고 통탄스러운 오늘의 교회 현실입니다. 그래서 대답해 주었습니다. 창세기 1장 11~12절을 보면 하나님은 셋째 날에 각종 채소와 나무들을 만드셨다고 하였는데 하루가 수억 년이면 그 채소들과 나무들이 어떻게 태양 없이도 수억 년 동안 죽지 않고 살아남을 수가 있겠습니까? 하루가 24시간이 아니면 불가능한 일입니다." 또 진화론 과학자들은 멀리 떨어진 별들로부터 오는 빛이 지구까지 도달해서 우리 인간이 그 별을 볼 수 있으려면 수억 년 이상의 시간이 걸리기 때문에 성경에서 말하는 6일 창조는 비과학적이고 말도 안 되는 옛날이야기라고 주장합니다. 이 문제를 이해하기 위한 한 가지 간단한 대답은 하나님께서 아담을 만드실 때 난자와 정자를 만드신 후에 어느 자궁에 넣어서 잉태하게 한 다음 9개월을 기다려서 아기 아담을 창조하시지 않았다는 사실입니다. 하나님은 아담을 다 성장한 성인 아담으로 만드셨다는 사실입니다. 채소도 나무도 다 씨를 만든 다음에 싹을 나게 한 다음에 다 자랄 때까지 기다려서 창조하신 것이 아니고 처음부터 다 성장한 식물로 만드셨습니다. 마찬가지로 별들도 지구도 태양도 달도 다 완성된 모습으로 만드셨습니다. 먼 별에서 오는 빛들도 다 지구에 도착한 상태로 만드셔서 직접 아담이 별들을 볼 수 있게 만드신 것입니다. 그 어마어마한 크기의 별들을 만드시는 하나님께서 왜 그 별빛이 당장에 지구에 도착할 수 있게 못 하시겠습니까? 그래서 예수님은 스스로 지혜롭고 슬기 있다고 생각하는 지성인들에게는 하나님의 말씀을 숨기시고 세상 지식에 오염되지 않은 어린아이 같이 순수한 마음을 가진 사람들에게만 하나님의 말씀을 깨닫게 해주시는 것입니다; "(25) 그 때에 예수께서 대답하여 이르시되 천지의 주재이신 아버지여 이것을 지혜롭고 슬기 있는 자들에게는 숨기시고 어린아이들에게는 나타내심을 감사하나이다 (26) 옳소이다 이렇게 된 것이 아버지의 뜻이니이다 (27) 내 아버지께서 모든 것을 내게 주셨으니 아버지 외에는 아들을 아는 자가 없고 아들과 또 아들의 소원대로 계시를 받는 자 외에는 아버지를 아는 자가 없느니라"(마 11:25-27) 그러므로 죄인들을 구원하시기 위해서 하나님이 인간으로 오셔서 십자가를 지시고 죽으셨다는 것과 그 십자가 복음을 믿으면 구원을 받아 천국에 간다는 십자가

복음이 세상의 지성인들에게는 유치원생들이나 믿을 만한 동화 이야기고 참으로 유치하고 미련하게 보이는 것입니다. 그래서 성경은 이 모든 것을 미리 다 아시고 이렇게 말씀하고 있습니다; **"하나님의 지혜에 있어서는 이 세상이 자기 지혜로 하나님을 알지 못하는 고로 하나님께서 전도의 미련한 것으로 믿는 자들을 구원하시기를 기뻐하셨도다"**(고전 1:21) 따라서 어린아이와 같이 순수한 마음을 지니지 못하면 아무도 성경에 기록된 하나님의 말씀의 진의를 깨닫지 못하게 되는 것입니다. 이와 같이 지성주의에 빠진 사람들에 의하여 지금까지 성경말씀이 수없이 왜곡되고 변질되어서 수많은 사람들로 하여금 하나님의 말씀을 깨닫지 못하게 되었습니다.

또한 성경말씀은 기복주의자들에 의하여 왜곡되고 변질되어 기독교를 무당종교로 전락시켰습니다. 한국의 최고 명문대 교수님이 안식년으로 미국에 오셨다가 필자가 목회하는 교회에 오셔서 말씀을 들었습니다. 예배 후에 식사 시간에 그 교수님은 정색을 하면서 "저는 하나님 믿으면 복을 받아서 부자 된다는 것을 확실히 믿습니다. 아브라함도 애굽에서 나올 때 부자가 되었다고 성경에 분명히 기록되어 있습니다. 아브라함이 복의 근원이 된다고 하지 않았습니까?" 한국 최고 명문대 교수님께서 그런 말씀을 하시는 것에 무척 황당하고 실망하였습니다. 그래서 아브라함이 애굽에서 나올 때 부자가 된 이유를 차분하게 잘 설명해 드렸습니다. 즉 창세기 12장에 기록된 대로 아브라함은 하나님이 명하신 가나안 땅에 와 보았지만 사람들로부터 환영도 받지 못했고 마땅히 거할 곳을 찾으면서 남방으로 내려가고 있었는데 엎친 데 덮친 격으로 그 땅에 기근까지 들어 당시의 최대 강국이며 부국이었던 애굽으로 가고 싶었습니다. 그래서 가나안 땅에 거하라고 명령하신 하나님께 불순종하면서 가나안 땅을 버리고 문명이 발달하고 당시의 강대부국인 애굽으로 들어갔습니다. 아브라함은 자기 부인이 워낙 미인이라서 자기가 죽게 될까 봐 자기를 남편이라고 하지 말고 오빠라고 하라고 믿음 없는 말을 하였습니다. 아내를 빼앗기더라도 잘사는 나라에서 평안하게 살고 싶었던 믿음 없는 아브라함이었습니다. 예상한 대로 애굽의 왕은 아브라함의 부인이 아브라함의 누이인 줄 알고 아브라함의 부인을 자기 아내로 맞이하려고 애굽 왕이 아브라함에게 많은 가축과 예물을 주고 아브라함의 부인을 데려갔습니다. 믿음이 없어서 자기 아내를 팔아서 얻은 부정한 재물로 부자가 된 아브라함이었습니다. 하나님께서 애굽 왕에게 노하시고 재앙을 내리심으로 애굽 왕은 아브라함을 불러 왜 진작 당신의 아내라고 말하지 않았냐고 하면서 꾸중하고 아브라함의 아내와 함께 왕이 가졌던 많은 소유를 주어 아브라함을 애굽에서 쫓아내었던 것입니다. 그러니까 아브라함이 애굽에서 나올 때에 부자가 된 것은 그가 믿음이 좋아서 하나님이 복을 주신 것이 아니고 믿음이 없어서 아내를 팔아 얻은 불의의 재물 때문이었습니다: "(9) 점점 남방으로 옮겨갔더라 (10) 그 땅에 기근이 들었으므로 아브람이 애굽에 거류하려고 그리로 내려갔으니 이는 그 땅에 기근이 심하였음이라 (11) 그가 애굽에 가까이 이르렀을 때에 그의 아내 사래에게 말하되 내가 알기에 그대는 아리따운 여인이라 (12) 애굽 사람이 그대를 볼 때에 이르기를 이는 그의 아내라 하여 나는 죽이고 그대는 살리리니 (13) 원하건대 그대는 나의 누이라 하라 그러면 내가 그대로 말미암아 안전하고 내 목숨이 그대로 말미암아 보존되리라 하니라 (14) 아브람이 애굽에 이르렀을 때에 애굽 사람들이 그 여인이 심히 아리따움을 보았고 (15) 바로의 고관들도 그를 보고 바로 앞에서 칭찬하므로 그 여인을 바로의 궁으로 이끌어들인지라 (16) 이에 바로가 그로 말미암아 아브람을 후대하므로 아브람이 양과 소와 노비와 암수 나귀와 낙타를 얻었더라 (17) 여호와께서 아브람의 아내 사래의 일로 바로와 그 집에 큰 재앙을 내리신지라 (18) 바로가 아브람을 불러서 이르되 네가 어찌하여 나에게 이렇게 행하였느냐 네가 어찌하여 그를 네 아내라고 내게 말하지 아니하였느냐 (19) 네가 어찌 그를 누이라 하여 내가 그를 데려다가 아내를 삼게 하였느냐 네 아내가 여기 있으니 이제 데려가라 하고 (20) 바로가 사람들에게 그의 일을 명하매 그들이 그와 함께 그의 아내와 그의 모든 소유를 보내었더라"(창 12:9-20) 중학교 1학년 독해실력만 되어도 누구나 알 수 있는 이렇게 단순하고 명백하게 기록된 내용을 물질에 눈이 먼 말세의 기복주의자들은 창세기 12장의 내용을 변질 왜곡시켜서 지금도 많은 사람들을 지옥으로 인도하고 있습니다. 그 교수님은 이 말씀을 듣고 이웃 교회로 가시고 다시는 나타나지 않았습니다.

이런 기복신앙은 한국뿐만이 아니고 전 세계적인 현상입니다. 어느 날 알버쓴이라는 식료품 가게에 가서 식품을 고르고 있었는데 한 백인 할머니께서 시력이 안 좋으셔서 그런지 필자를 보더니 텍사스주에 그 유명한 아무개 목사님이 아니냐며 아주 반가워하시는 것이었습니다. 그 목사님은 죄나 회개나 지옥이라는 단어는 자기 입에서 절대로 나오지 않게 하겠다고 약속하고 목회를 시작하여 단기간에 미국 최대의 교회 목사가 된 유명한 사람입니다. 그의 설교는 텔레비전에 자주 나오기 때문에 많은 미국인들이 그의 설교를 듣고 있습니다. 그의 설교를 자주 텔레비전에서 들으셨던 이 할머니는 시력이 좋지 않아서인지 비쩍 마르고 눈이 쑥 들어간 저를 그 목사님으로 착각하였던 것입니다. 그래서 저는 "그 목사님은 아니지만 제가 목사인 것은 맞습니다"라고 말했더니 주저 없이 그 자리에서 자기에게 축복기도를 해달라는 것이었습니다. 기복신앙에 빠진 그 할머니가 너무 애처로워 보였습니다. 그래서 하나님을 바로 알고 바로 믿고 바로 사는 참 그리스도인이 되게 해달라고 기도해 드렸습니다. 알버쓴 식료품 가게에서 기도를 하기는 난생처음이었습니다.

또 필자가 새로 이사 온 이웃에는 고등학교 교사로 일하다가 은퇴한 50대 후반의 백인 부부가 살고 있었습니다. 필자가 목사인 것을 알고 자기들은 개신교의 한 교파 교회에 다니는 크리스천이라고 직접 찾아와서 자신들을 소개하였습니다. 동네에 어려운 일을 당한 사람이 있으면 부부가 같이 가서 돌본다고 자랑스럽게 자신들을 소개하였습니다. 한 일 년쯤 지났는데 갑자기 그 집 앞 마당에 있는 큰 나무 아래 돌로 만든 불상이 놓여 있었습니다. 얼마 후에 그 부인이 아프다는 말을 듣고 문병을 갔더니 묻지도 않았는데 그 부인은 "우리는 기독교의 여호와 하나님만 믿을 뿐 아니라 불교의 부처님도 믿기로 결정했습니다. 더 많은 신을 믿으면 더 많은 복을 받게 될 테니까요" 더 이상 할 말을 잃고 씁쓸한 마음으로 돌아왔습니다.

또한 신비체험주의에 빠진 사람들에 의하여도 성경은 왜곡되고 변질되고 있습니다. 요한복음 13장 34절을 보면 **"새 계명을 너희에게 주노니 서로 사랑하라 내가 너희를 사랑한 것 같이 너희도 서로 사랑하라"**고 기록되어 있습니다. 서로 사랑하라는 것을 친히 모범으로 보여주시기 위하여 예수님은 저녁을 잡수시는 도중에 일어나서서 대야에 물을 담아 다가 제자들의 발을 씻겨주신 것입니다; **"(4) 저녁 잡수시던 자리에서 일어나 겉옷을 벗고 수건을 가져다가 허리에 두르시고 (5) 이에 대야에 물을 담아 제자들의 발을 씻기시고 그 두르신 수건으로 씻기기를 시작하여"** 그리고 제자들의 발을 다 씻기신 후에 **"(14) 내가 주와 또는 선생이 되어 너희 발을 씻겼으니 너희도 서로 발을 씻기**

는 것이 옳으니라 (15) 내가 너희에게 행한것 같이 너희도 행하게 하려 하여 본을 보였노라"고 말씀하셨습니다. 그런데 오늘의 교회는 주님이 되시고 선생님이 되신 예수님께서 제자들의 발을 씻겨 주신 것처럼 서로 사랑하라는 이 숭고한 말씀을 너무 많이 왜곡하고 변질시키고 있습니다. 꽤 오래전에 기독교의 한 신문에서 보았는데 한국에는 소위 '세족식'이라는 것이 유행하고 있다고 합니다. 수련회에 가서 어떤 장로님이 평신도들의 발을 씻어주고 신비한 체험을 하였다면서 해마다 세족식을 하는 것이 좋다고 권하는 글이었습니다. 예수님께서 제자들의 발을 씻겨 주신 것은 일 년에 몇 번 정기적으로 사람들의 발을 씻어주라는 그런 종교적인 의식이 아닙니다. 더구나 요즘 같은 세상에 남의 발을 씻어주는 것은 성폭행으로 오해를 받을 수도 있는 위험한 행위입니다. 누가 씻겨주지 않아도 자기 발 정도는 다 깨끗하게 잘 관리할 줄 아는 시대입니다. 주님께서 제자들의 발을 씻겨 주신 것은 일상의 삶 속에서 믿는 형제들끼리 서로 극진히 아끼고 존경하고 섬기며 사랑하라는 의미입니다. 당시 중동의 풍습은 슬리퍼를 신고 흙먼지 길을 걸어 다녀야 하였기 때문에 자기 집에 온 손님을 대접하는 것 중에 가장 먼저 해야 할 일이 발 씻을 물을 주는 것이었고 손님을 더 극진히 대접하는 사람들은 마치 종이 주인을 섬기는 마음으로 손님의 발을 직접 씻어주는 것이었습니다. 그러므로 주가 되시고 선생이 되신 예수님께서 종처럼 제자들의 발을 씻겨 주신 것은 극진한 사랑과 섬김을 표현하는 것이었습니다. 제자들의 발을 씻겨 주신 주님께서 오늘 우리들에게 바라시는 것은 세족식을 하고 신비를 체험했다는 그런 헛소리를 하라는 것이 아니고 일상의 삶 속에서 자신을 낮추어 사람들을 돌보고 섬기는 사랑의 삶을 실천해야 한다는 말입니다. 제발 서로 사랑하라는 이 고상한 의미가 성도들의 발을 씻어주는 그런 종교적인 신비체험으로 전락되게 하지 말아야 합니다.

또 고린도후서 12장에 보면 사도 바울이 삼층천에 들어간 말씀을 왜곡하고 변질시켜서 많은 사람들을 혼란에 빠지게 하고 있습니다; "(1) 무익하나마 내가 부득불 자랑하노니 주의 환상과 계시를 말하리라 (2) 내가 그리스도 안에 있는 한 사람을 아노니 십 사 년 전에 그가 세째 하늘에 이끌려 간 자라 (그가 몸 안에 있었는지 몸 밖에 있었는지 나는 모르거니와 하나님은 아시느니라)(3) 내가 이런 사람을 아노니 (그가 몸 안에 있었는지 몸 밖에 있었는지 나는 모르거니와 하나님은 아시느니라)(4) 그가 낙원으로 이끌려가서 말할 수 없는 말을 들었으니 사람이 가히 이르지 못할 말이로다 (5) 내가 이런 사람을 위하여 자랑하겠으나 나를 위하여는 약한 것들 외에 자랑치 아니하리라"(고후 12:1-5) 신비체험주의자들은 이 말씀은 사도 바울이 입신하여 신비를 체험한 것이라고 주장하면서 이것을 가지고 많은 사람들을 속여 자신들의 이익을 챙기고 있습니다.

남아공에서 사역을 할 때에 한 한국인 부부가 어린 딸을 오순절 교회에서 운영하는 기독교 학교에 보냈습니다. 그 학교는 매주 월요일 마다 목사님이신 교장선생님께서 설교한 다음에 몇몇 학생들을 강단으로 불러내고 좀 떨어진 곳에서 두 손을 들고 몇 마디 기도를 하면 학생들이 뒤로 쓰러진다는 것입니다. 학생들에게 입신을 체험하게 해준다는 것입니다. 어느 날 방과 후에 그 딸이 집에 돌아와서 부모님께 이렇게 말했다고 합니다; 교장 선생님이 앞으로 나오라고 해서 강단으로 올라갔는데 교장 선생님이 두 손을 들고 뭐라고 기도하니까 자기 옆에 있는 학생들이 뒤로 쓰러지더랍니다. 그런데 자기는 그냥 서 있으니까 그 교장 선생님이 자기를 향해서 손을 들더니 또 뭐라고 기도를 했는데 자기는 쓰러지지 않았다는 것입니다. 그랬더니 그 교장 선생님이 오셔서 자기 이마를 밀어서 자기는 뒤로 넘어졌다고 말하면서 엄마에게 그 교장 선생님이 왜 그러는 거냐고 묻더랍니다. 그래서 그 부모님에게 말해 주었습니다. 성령님은 멀쩡하게 서있는 사람을 쓰러트리는 분이 아니고 쓰러져서 죽어가는 사람을 일으켜 살려주시는 분이십니다. 당시 CNN TV에서 미국의 베니 힌이라는 목사가 강단에서 사람들을 쓰러트리는 것을 직접 보여주면서 그 목사는 그 방법으로 수많은 환자들을 치유한다고 주장하는데 CNN 기자들이 추적한 결과 그 목사는 금전적으로 엄청난 액수를 벌고 있다는 뉴스를 본 것을 그 부모에게 전해주었습니다. 사도 바울은 삼층천을 체험한 이후에 다른 사람들에게도 자기가 체험한 것을 공유하기 위해서 멀쩡한 사람들을 쓰러트린 적이 없었습니다. 한국에 있는 기도원들에 가보면 수없이 많은 신비체험 이야기를 쉽게 들을 수 있습니다. 불행하게도 오늘 이 시대의 기독교는 더 이상 성경에서 말하는 기독교가 아닙니다.

필자가 한국에 있었을 때 필자가 출석하던 교회에는 여의도에 있는 오순절 신학교에 다니는 여자 전도사님이 주일학교를 맡고 있었습니다. 그분의 말에 따르면 자기 신학교에서는 방언을 하지 못하면 졸업을 할 수 없다고 합니다. "그러면 많은 학생들이 학교를 졸업하지 못하겠네요?"라고 대꾸하였더니 그래서 그런 사람들을 위하여 방언을 가르쳐 주기 때문에 다 졸업할 수 있다고 합니다. 그러면서 방언에 대하여 그렇게 강하게 강조하는 이유는 방언을 하지 못하는 사람들은 구원을 받을 수 없다는 그들의 교리 때문이라는 것입니다. 그 여전도사의 말에 의하면 방언은 구원받은 증거라는 것입니다. 고린도전서 12장 28~30절을 보면 그들이 믿는 교리가 얼마나 잘못된 것인지를 금방 알 수 있습니다: **"(28) 하나님이 교회 중에 몇을 세우셨으니 첫째는 사도요 둘째는 선지자요 세째는 교사요 그 다음은 능력이요 그 다음은 병 고치는 은사와 서로 돕는 것과 다스리는 것과 각종 방언을 하는 것이라 (29) 다 사도겠느냐 다 선지자겠느냐 다 교사겠느냐 다 능력을 행하는 자겠느냐 (30) 다 병 고치는 은사를 가진 자겠느냐 다 방언을 말하는 자겠느냐 다 통역하는 자겠느냐"**(고전 12:28-30) 이와 같이 방언은 모든 사람들이 다 받는 것이 아니라고 성경에 버젓이 써 있는 데도 은사체험주의자들은 성경말씀을 왜곡하고 변질시켜서 많은 사람들을 속이고 있는 것입니다. 또 고린도전서 14장에는 **"(27) 만일 누가 방언으로 말하거든 두 사람이나 많아야 세 사람이 차례를 따라 하고 한 사람이 통역할 것이요 (28) 만일 통역하는 자가 없으면 교회에서는 잠잠하고 자기와 하나님께 말할 것이요"**(고전 14:27-28)라고 기록하고 있습니다. 그럼에도 불구하고 공적인 교회 모임에서 방언으로 기도하는 교회들이 얼마나 많습니까? 차츰 성경에 이런 말씀이 기록되어 있는 것을 발견한 교회들은 예배시간에 방언을 계속하기 위하여 방언 통역하는 사람들을 세웁니다.

필자가 라이베리아 수도 몬로비아에서 사역할 때 영국 선교사로부터 들은 웃지 못할 이야기 하나가 아직도 잊히지 않습니다. 남미에서 사역하는 영국 선교사가 안식년을 맞아 영국에 돌아와 있을 때 여러 교회로부터 초청을 받고 선교사역을 보고하고 있었을 때였답니다. 이 영국 선교사가 어느 교회의 초청을 받고 그 교회에서 설교하게 되었습니다. 담임 목사로부터 소개를 받고 강단에 서서 설교하기 전에 먼저 스페인어로 요한복음 3장 16절을 암송하였습니다. 자기가 스페인어로 선교하고 있다는 것을 사람들로 하여금 실감나게 하기 위해서였습니다. 그런데 갑자기 교인 중에서 한 남자가 일어나더니 영어로 이상한 말을 하더랍니다. 선교사님은 당황해서 그 사람에게 왜 갑자기 그런 말씀을 하셨느냐고 물었습니다. 그랬더니 그 사람이 "방금 선교사님께서 방언하신 것을 제가 영어로 통역하였습니다"라고 대답하더라는 것입니다. 선교사님은 한동안 아무 말도 못 하고 서 있다가 "저는 지금 방언을 한 것이 아니고 요한복음 3장 16절을 스페인어로 암송하였습니다"라고 말했습니다. 이것은 그 교회가 그동안 방언을 말하는 사람들과 통역하는 사람들에 의하여 얼마나 오랫동안 속아왔는지를 단적으로 보여주는 사건이었습니다.

이와 같이 각 종파에 의해서 성경이 무참히 왜곡되고 변질된 이후에도 지성주의와 기복주의와 신비체험주의에 의해서 지금까지 성경말씀이 교회 강단이라는 곳에서 매 주일마다 예수의 이름으로 난도질 당하고 있다는 것을 우리는 알아야 합니다. 성경은 천국으로 가는 길을 가르쳐 주는 안내서인데 오늘의 교회들은 성경을 지옥으로 가는 길을 가르쳐 주는 안내서로 변질시키고 있는 것입니다. 지금도 전 세계에서는 매 주일마다 수많은 교회들이 하나님을 예배한다면서 찬송하고 기도하고 설교하고 있습니다만 하나님께는 매 주일이 하나님께서 기뻐하시고 영광을 받으시는 날이 아니고 오히려 견딜 수 없는 고통의 날이 되어온 지 오래 되었습니다; **"(11) 여호와께서 말씀하시되 너희의 무수한 제물이 내게 무엇이 유익하뇨 나는 숫양의 번제와 살진 짐승의 기름에 배불렀고 나는 수송아지나 어린양이나 숫염소의 피를 기뻐하지 아니하노라 (12) 너희가 내 앞에 보이러 오니 이것을 누가 너희에게 요구하였느냐 내 마당만 밟을 뿐이니라 (13) 헛된 제물을 다시 가져오지 말라 분향은 내가 가증히 여기는 바요 월삭과 안식일과 대회로 모이는 것도 그러하니 성회와 아울러 악을 행하는 것을 내가 견디지 못하겠노라"**(사 1:11-13) 주일날이 하나님을 고통스럽게 하는 날이 되었다는 것을 성경을 바로 알지 못하는 오늘의 교회는 알 길이 없습니다. 그러나 지금까지 살펴본 이런 잘못된 해석들은 앞으로 이 책에서 다룰 더 중요한 이슈 즉 구원교리, 교회교리 성도의 삶의 교리에 비하면 그저 지엽적인 문제에 불과합니다.

우리는 지금까지 연립부등식을 통하여 오늘날 말세교회들이 전하는 말씀이 성경에 있는 하나님의 말씀이 아니고 사람들을 즐겁게 하기 위하여 인간들이 변질시킨 사람의 교훈이라는 사실을 증명하였습니다. **"너희가 사람의 계명으로 교훈을 삼아 가르치니 나를 헛되이 경배하는도다 하였느니라."** 마태복음 15장 9절의 이 예수님의 말씀을 경고로 삼으면서 다음 본론에서는 과연 성경은 우리가 구원을 받는 데에 필요한 여러 주제들에 대하여 어떻게 말씀하시는지 낱낱이 파헤쳐 볼 것입니다.

본론

1. 성경이 말하는 하나님은 누구인가?
성경은 정말 하나님의 말씀인가?

하나님

신은 존재하는 것일까? 지구상에 가득 찬 저 수많은 생명체들은 어디서 왔으며 '나'라는 존재는 무엇이며 어디서 왔으며 나는 왜 여기에 있으며 나의 존재의 의미와 목적은 무엇인가? 나는 누구이며 내가 살고 있는 이 세상은 도대체 무엇이며 어떻게 생겨난 것인가? 내가 죽은 다음에 나는 어디로 가게 되는가? 신이 존재한다면 천국과 지옥도 존재하는 것인가? 내가 죽은 다음에 나는 신과 대면하게 될 것인가? 아니면 죽음 다음에는 아무것도 없는 것인가? 나의 존재와 우주의 존재를 생각해 볼 때, 그리고 인생의 삶과 죽음의 문제를 생각해 볼 때 누구나 신의 존재 여부에 대하여 고뇌하게 됩니다. 인간은 누구나 어려서부터 이 문제를 가지고 번민해 왔습니다.

그러면 성경은 하나님에 대해서 무엇이라고 말하고 있습니까?

우리는 성경이 정말 하나님의 말씀인지를 알기 위해서 먼저 성경이 하나님 자신에 대해서 어떤 분이라고 말씀하시는지를 살펴볼 것입니다. 왜냐하면 성경이 만약 사람들에 의해서 쓰여진 책이라면 하나님에 대하여 정확하게 기술하지 못했을 것이기 때문입니다.

하나님은 영적인 존재

(요 4:24) 하나님은 영이시니 예배하는 자가 신령과 진정으로 예배할지니라.

여기 요한복음 4장 24절에서 **성경은 하나님을 영적인 존재라고 말씀하고**

있습니다. 영이라고 하면 우리 눈으로 볼 수도 없고 손으로 만질 수도 없습니다. 필자와 성경공부를 하는 그룹에서 한 사람이 이렇게 말했습니다. "아시는 바와 같이 이 자리에 모인 분들은 대부분 다 과학자들입니다. 우리는 무엇이든지 실험을 통해서 진리 여부를 결정합니다. 그런데 하나님은 영이니까 볼 수도 없고 만질 수도 없는 분이라면 우리는 그런 하나님을 실험할 수 없기 때문에 하나님의 존재 여부를 확인할 수가 없습니다. 결국 목사님도 다른 목사님들처럼 따지지 말고 그냥 믿으라는 말 아닙니까?" 상당히 충격적인 질문이었습니다. 이런 질문을 전에는 받아본 적이 없었기 때문이었습니다. 그래서 잠시 마음을 가다듬고 차분히 설명을 이어 나갔습니다.

하나님은 영이시기 때문에 우리의 손으로 만질 수도 없고 우리의 육신의 눈으로 볼 수도 없습니다. 그러나 우리의 눈으로 보이지 않는다고 해서 그분이 존재하지 않는다고 말할 수 없습니다. 사실 우리 눈에 보이는 이 세상은 오직 우리가 지닌 다섯 개의 감각을 통해서 감지한 결과에 불과합니다. 그런데 이 다섯 개의 감각장치들 즉 시각, 청각, 후각, 미각, 촉각 등은 그 성능이 제한되어 있습니다. 예를 들어서 우리의 눈은 아주 가깝고 작은 물체를 볼 수 없고 또 먼 거리에 있는 물체를 볼 수 없습니다. 그래서 현미경과 망원경이라는 것을 만들어 사용하고 있는 것입니다. 우리의 청각도 제한되어 있어서 아주 작은 소리도 들을 수 없고 아주 큰 소리도 들을 수 없습니다.

그러므로 만약 우리가 더 성능이 좋은 장치를 지닌 다섯 개의 감각장치로 세상을 보고 듣고 냄새를 맡고 맛보고 만진다면 이 세상은 우리가 지금 보고 있는 세상과는 전혀 다르게 보이고 다르게 느껴질 것입니다. 즉 만약 우리의 눈동자가 X-레이 물질로 만들어졌다면 이 세상의 물질들을 투과해서 볼 수 있기 때문에 상자 안의 물건들도 쉽게 볼 수 있을 것이며, 또 만약 우리의 몸이 X-레이 물질로 만들어졌다면 단단한 물체도 부드럽게 느껴질 것이며 우리의 몸이 아무런 저항을 받지 않고 그 단단한 물체를 통과할 것입니다. 그러므로 우리의 오감을 통해서 현재 우리가 보고 느끼는 이 세상이 본래의 참 실체는 아닌 것입니다. 영어로 표현하자면 What they look like is not necessarily what they are. 우리는 사실 오감을 통해서 실체의 극히 일부분을 파악하고 있을 뿐입니다. 우리의 눈으로 보이지 않는다고 해서 존재하지 않는다고 말할 수 없는 것입니다. 그러므로 우리의 오감을 통해서 하나님이 보이지 않고 우리 손에 만져지지 않는다고 해서 하나님이 존재하시지 않는다고 말하는 것은 지극히 비과학적인 사고입니다.

하나님은 영이시기 때문에 공간에 제한을 받지 않으시는 분입니다. 하나님은 지금 여기 이 자리에 계시면서 동시에 저 멀리 한국 땅 서울에도 계시기 때문에 오늘 여기서 드리는 기도도 들으시고 동시에 서울에서 드리는 기도도 들으시는 분입니다. 우리는 지금 육신에 갇혀 있기 때문에 공간을 초월하여 이곳과 저곳에 동시에 거할 수 없지만 하나님은 영이시기 때문에 공간을 초월하여 어느 곳이나 다 계시는 분이십니다. 그러나 공간에 갇혀 있는 우리 인간에게 공간을 초월하여 존재하시는 하나님의 존재는 도무지 이해될 수 없는 개념입니다.

하나님은 영원하신 존재
(느 9:5) 너희 무리는 마땅히 일어나 영원부터 영원까지 계신 너희 하나님 여호와를 송축할지어다.

느헤미야서 9장 5절에서 하나님은 영원부터 영원까지 계시는 분이라고 기록하고 있습니다. 즉 **성경은 하나님을 영원하신 존재라고 말하고 있습니다.** '영원하다'라는 말은 시작도 없고 끝도 없다는 뜻입니다. 그러니까 하나님은 시간을 초월하여 존재하시는 분이라는 말입니다. 육신에 속한 우리 인간은 시간의 제한 속에 살고 있기 때문에 시간의 제한이 없는 영원한 세계를 결코 이해할 수 없습니다. 결국 위의 두 가지를 종합해 보면 하나님은 시간과 공간을 초월하여 계시는 존재입니다. 그러므로 하나님의 존재는 우리 인간에게는 도저히 이해될 수 없는 차원의 존재입니다. 아래 그림에서 보는 바와 같이 하나님의 존재와 그의 세계는 동서 사방팔방 위아래 그 어느 방향으로 끝이 없는 무한과 영원입니다.

무 공간
영원
무 시간

하나님은 자존하시는 존재

(출 3:14) 하나님이 모세에게 이르시되 나는 스스로 있는 자니라 또 이르시되 너는 이스라엘 자손에게 이같이 이르기를 스스로 있는 자가 나를 너희에게 보내셨다 하라.

출애굽기 3장 14절에 보면 하나님은 "스스로 있는 자"라고 기록하고 있습니다. 즉 성경은 **하나님을 자존하시는 존재라고 말씀하고 있습니다.** 다시 말해서 하나님은 누구에 의하여 만들어지신 분이 아니라는 말입니다. 하나님은 처음부터 스스로 존재하시는 분입니다. 그렇게 때문에 그분이 하나님이십니다. 만약 그분이 누구에 의하여 만들어졌다면 그분은 하나님이 아닙니다. 그분을 만드신 분이 하나님이십니다. 그러니까 아무도 만들 수 없는 그 궁극적인 존재가 바로 성경이 말하는 하나님이십니다. 자존하시는 존재이신 하나님도 우리에게는 결코 이해될 수 없는 개념입니다.

하나님은 전능하신 존재

(계 1:8) 주 하나님이 가라사대 나는 알파와 오메가라 이제도 있고 전에도 있었고 장차 올 자요 전능한 자라 하시더라.

요한계시록 1장 8절에서는 하나님을 전능하신 분으로 묘사하고 있습니다. 즉 하나님은 능치 못한 일이 없으신 분입니다. 창세기 1장 1절에 보면 "태초에 하나님이 천지를 창조하시니라"고 기록되어 있습니다. 하나님은 이 온 우주와 지구를 창조하셨을 뿐 아니라 지금까지 그 큰 우주 안에 있는 수많은 별들을 공중에 띄워 질서정연하게 운행하고 계십니다. 저 수없이 많은 큰 별들을 공중에 띄우고 일정한 궤도를 따라 돌게 하는 일은 엄청난 에너지가 필요한 일입니다. "또 그로 말미암아 모든 세계를 지으셨느니라 이는 하나님의 영광의 광채시요 그 본체의 형상이시라 그의 능력의 말씀으로 만물을 붙드시며(The Son is the radiance of God's glory and the exact representation of his being, sustaining all things by his powerful word)"(히 1:2-3) 뿐만 아니라 또 지구상에 살고 있는 우리 인간을 포함한 모든 생명체들을 창조하시고 친히 관리하시는 전능하신 분이십니다. "우리가 그를 힘입어 살며 기동하며 존재하느니라(For in him we live and move and have our being)"(행 17:28) 우리 인간의 두뇌로는 도저히 이해할 수 없는 분입니다.

하나님은 완전하신 존재
(마 5:48) 그러므로 하늘에 계신 너희 아버지의 온전하심 같이 너희도 온전하라.

마태복음 5장 48절에서는 하나님을 완전하신 분으로 묘사하고 있습니다. 하나님은 지적으로도 완전하십니다. 그분은 모든 것을 다 아시는 분입니다. 모르는 것이 없는 분이십니다. 우리 인간은 아무리 많은 학식을 쌓았다 해도 아는 것보다는 모르는 것이 더 많은 존재입니다. 하나님은 정서적으로도 완전하십니다. 우리 인간의 기분은 변덕스러워서 정서적으로 불안하기만 합니다. 하나님은 의지적으로도 완전하신 분입니다. 한때는 의기가 충천하다가도 또 한순간에는 갑자기 낙심하고 좌절하여 절망하는 우리 인간과는 차원이 다릅니다. 하나님은 도덕적으로도 완전하신 분입니다. 그분은 항상 거룩하시고 성결하십니다. 그분은 의로우셔서 부정한 것이 조금도 없으셔서 실수하시거나 잘못하는 일이 전혀 없으십니다. 또한 선하셔서 악이 조금도 없으십니다.

빛이신 하나님
(요일 1:5) 우리가 그에게서 듣고 너희에게 전하는 소식은 이것이니 곧 하나님은 빛이시라 그에게는 어둠이 조금도 없으시다는 것이니라.

요한1서 1장 5절에는 하나님을 빛이라고 하셨습니다. 요한복음 1장 9절과 10절에서는 예수님은 참 빛이시며 이 세상을 창조하셨다고 기록하고 있습니다: "(9) 참 빛 곧 세상에 와서 **각 사람에게 비추는 빛이 있었나니** (10) 그가 세상에 계셨으며 **세상은 그로 말미암아 지은 바 되었으되** 세상이 그를 알지 못하였고". 하나님은 빛이시기 때문에 조금도 어둠이 없으시고 항상 아름답고 찬란하게 빛나시는 흠과 티가 없으신 분이십니다.

사랑이신 하나님

(요일 4:8) "사랑하지 아니하는 자는 하나님을 알지 못하나니 이는 하나님은 사랑이심이라."

또한 **하나님은 사랑이십니다.** 그렇기 때문에 전능함에서 오는 그 근엄과 위엄 속에도 언제나 따뜻한 온기가 넘쳐납니다. 그러나 하나님의 사랑은 우리가 생각하는 사랑처럼 모든 불의와 부정까지도 다 받아주는 그런 방탕과 조잡이 아니고 아주 의롭고 거룩하고 성결하고 엄격하면서도 따뜻하고 규모 있는, 조금도 흠과 티가 없는 완전한 사랑입니다: "(4) 사랑은 오래 참고 사랑은 온유하며 시기하지 아니하며 사랑은 자랑하지 아니하며 교만하지 아니하며 (5) 무례히 행하지 아니하며 자기의 유익을 구하지 아니하며 성내지 아니하며 악한 것을 생각하지 아니하며 (6) 불의를 기뻐하지 아니하며 진리와 함께 기뻐하고 (7) 모든 것을 참으며 모든 것을 믿으며 모든 것을 바라며 모든 것을 견디느니라"(고전 4:4–7) 참으로 안타깝게도 오늘 우리 시대의 말세교회들은 이토록 고귀하고 성결하고 의로우신 하나님의 사랑을 대단히 오해하고 마구 오용(abuse)하고 있습니다.

자유의지의 하나님

(고후 3:17) 주는 영이시니 주의 영이 계신 곳에는 자유함이 있느니라.

하나님은 자유의지를 지니신 분입니다. 그분은 모든 일을 그분이 원하시는 대로 하십니다. 그분의 의지는 누구에 의해서도 좌지우지되지 않습니다.

그분은 모든 일을 그분이 원하시는 대로 계획하시고 실행하십니다. 그분에게는 언제나 자유함이 있습니다. 아무도 그분의 뜻을 꺾을 수 없습니다. 그분은 누구에게도 예속되지 않았기 때문입니다.

우리는 지금까지 성경이 말하는 하나님이 어떤 분인지를 살펴보았지만 우리 인간은 그런 하나님을 도저히 이해할 수 없는 것입니다. **그러면 우리 인간은 왜 하나님의 존재를 이해할 수 없는 것입니까?**

위에 표시된 직선은 1차원의 세계를 그려본 것입니다. 1차원적인 존재는 앞으로 가고 뒤로 가는 개념 밖에는 모릅니다. 좌로나 우로 가는 개념이 없기 때문에 추격자를 피해서 도망할 때에도 좌로나 우로 피할 생각을 전혀 할 수 없는 존재입니다. 앞으로 가거나 뒤로 가거나 할 때는 거리에 따라 시간이 많이 걸릴 수도 있고 적게 걸릴 수도 있습니다. 그러니까 1차원의 세계는 직선과 시간이 결부된 세계입니다.

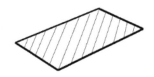

위에 표시된 것은 2차원의 세계를 나타냅니다. 2차원적인 존재는 앞으로 가다가 오른쪽이나 왼쪽으로 방향을 전환할 수 있는 존재입니다. 즉 위에서 보는 대로 직선으로 가다가(가로) 오른쪽이나 왼쪽으로 가면(세로) 가로와 세로가 있는 면적이 됩니다. 1차원의 세계는 직선이지만 2차원의 세계는 면적입니다. 즉 가로와 세로가 있는 면적입니다. 그리고 가로와 세로로 움직일 때는 시간이 걸리기 때문에 2차원의 세계는 면적과 시간이 있는 세계입니다. 그래서 2차원적인 존재는 전후 좌우로 움직이며 면적 안에서만 활동할 수 있는 존재입니다. 하지만 2차원적인 존재는 위로 혹은 아래로 내려가는 상하 개념이 없는 존재입니다.

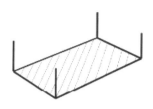
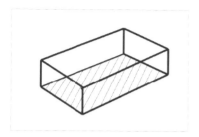

　3차원적인 존재는 앞으로 뒤로, 그리고 좌로 우로 움직일 뿐만 아니라 위로 아래로도 움직일 수 있는 존입니다. 그러니까 가로와 세로와 높이까지 있는 부피 즉 공간(space)의 세계입니다. 물론 3차원의 세계에서도 앞으로 뒤로 좌로 우로 그리고 위로 아래로 움직일 수 있는 세계이므로 시간이 포함되어 있습니다. 즉 3차원의 세계는 공간과 시간으로 구성된 세계입니다. 우리 인간은 지금 바로 이 3차원의 세계에 살고 있는 존재입니다. 즉 공간과 시간으로 구성된 세계에 살고 있는 것입니다. 즉 우리 인간은 공간과 시간에 갇혀 있는 3차원의 세계에 살고 있는 것입니다.

　"그러면 3차원 다음 4차원의 세계는 어떻게 그릴 수 있겠습니까?"라고 그 과학자들에게 질문을 하였더니 한동안 침묵 속에서 머리를 굴리더니 한 분이 이렇게 말했습니다. "그러면 목사님은 그리실 수 있습니까?" "제가 그것을 그릴 수 있다면 저는 3차원의 존재가 아니고 4차원의 존재가 되겠지요" 1차원의 존재가 2차원의 세계를 도저히 이해할 수 없고 2차원의 존재가 3차원의 세계를 이해할 수 없듯이 3차원의 존재인 우리 인간은 여러분뿐만 아니라 이 세상의 그 어떤 사람도 4차원의 세계를 도저히 그릴 수 없습니다". 우리의 생각과 모든 행동은 이 공간과 시간 안에 갇혀서 이 3차원의 세계를 뛰어넘지 못하는 존재이기 때문입니다. **그러므로 3차원에 갇혀 있는 우리 인간으로서는 시간과 공간을 초월하여 무한 차원의 존재이신 하나님을 도저히 이해할 수 없는 것입니다.**

우주

우리 인간이 살고 있는 이 우주는 무엇인가? 밤하늘에 보이는 저 수많은 별들과 우리 지구는 어떻게 생겨난 것인가? 이것은 우리 인간이 아주 오랫동안 질문하고 고뇌해 온 문제입니다. 진화론 과학자들은 아무것도 없는 진공 상태에서 갑자기 빅뱅(대폭발)이 터져서 이렇게 크고 정교한 우주가 탄생했다고 주장합니다. 아무것도 없는, 즉 공기도 가스도 없고 아무런 에너지가 없는 진공 상태에서는 절대로 폭발이 일어날 수 없습니다. 폭발이 일어나면 있던 것도 다 불타고 부서져서 없어지게 됩니다. 대폭발이 일어났는데, 이렇게 정교하고 질서 있게 돌아가는 천체가 생겨날 수 없습니다. 그리고 빅뱅, 즉 대폭발이 있었으면 아메바 같은 생명체는 더더욱 생겨날 수 없습니다. 그런데 아메바가 진화해서 물고기들이 되고 물고기들이 악어와 같은 양서류 동물로 진화되고 양서류 동물들이 육지에 살면서 여러 종류의 동물로 진화되고 그중에 공룡이 공중으로 날고 싶어서 높은 바위에서 자꾸 뛰어내렸더니 등에서 날개가 나와서 시조새가 되고 그래서 공중의 새들이 나타났고 오랜 세월이 지나면서 고릴라가 인간으로 진화했다는 진화론은 개구리에게 키스를 했더니 왕자님이 되었다는 동화와 뭐가 다릅니까? 이 진화론을 고릴라들에게 들려주면 고릴라들이 먼저 까무러칠 일입니다. 이런 진화론은 학교 교과서에서만 존재하는 것이고 실제로 우리가 사는 세상에서는 존재하지 않습니다. 말세를 맞이한 현대인들은 어려서부터 진화론으로 세뇌되어서 이 세상은 저절로 생겨난 것이고 하나님은 존재하지 않는다는 것을 진리로 믿고 있습니다.

그러면 성경은 우주에 대하여 무엇이라고 말하고 있는가?

(고전 2:7) 오직 비밀한 가운데 있는 하나님의 지혜를 말하는 것이니 곧 감취었던 것인데 하나님이 우리의 영광을 위하사 만세 전(Before time began)에 미리 정하신 것이라.

고린도전서 2장 7절에서는 '만세 전', 즉 '시간이 시작하기 전'이라는 표현을 사용하고 있습니다. 다시 말해서 시간이 없었던 때가 있었다는 말입니다. 하나님께서 이 우주를 창조하시기 전에는 '시간'이라는 것이 없었다는 말입니다.

(창 1:1) 태초(In the beginning)에 하나님이 천지를 창조하시니라.

창세기 1장 1절을 보시면 하나님은 시간과 공간을 창조하신 분이십니다. '태초에'라는 말은 영어에 'In the beginning'이라는 말이 보여주듯이 하나님은 '시작 시간(beginning time)'을 만드신 것입니다. 고린도전서 2장 7절에서 본 'before time began'이라는 말에서 알 수 있듯이 시간이 만들어지기 전에는 시간이 없었던 때가 있었다는 것을 보여줍니다. 즉, 하나님께서 시간을 만드시기 전에 영원한 하나님의 세계에는 시간이 존재하지 않는다는 것을 보여주는 말씀입니다. 시간이 없는 영원한 나라에 시간이라는 물질을 만들어 제한된 시간동안 흘러가게 하셨습니다. 그러므로 성경에서 '시작 시간(beginning time)'과 '마지막 시간(말세 – End time)'에 대하여 언급하고 있는 것은 참으로 자연스러운 일입니다.

아래 그림에서 보는 대로 시간과 공간이 들어 있는 커다란 둥근 공 바깥쪽에는 시간과 공간이 없는 영원하고 무한한 하나님의 세계입니다. 그림에서 '시작 시간'이라고 표시된 부분의 왼쪽 그 커다란 둥근 공 바깥에는 시간이 없는 'before time began'의 영역입니다. 아래 그림에서 '끝 시간'으로 표시된 오른쪽 바깥의 커다란 둥근 공의 바깥에도 역시 시간과 공간이 없는 영원 차원의 세계로서 예정된 시간이 다 끝나면 최후의 심판인 백보좌 심판과 함께 이 우주가 사라지는 것입니다. 시간과 공간이 들어 있는 커다란 둥근 공은 우리가 속한 우주입니다. 그리고 이 우주 밖에는 시간적으로도 공간적으로도 끝이 없는 영원한 차원의 신의 영역입니다. 우리가 속한 이 커다란 둥근 공 같은 우주는 동서 사방팔방이 위아래가 다 영원 차원의 하나님의 세계에 둘러싸인 것입니다. 우리는 하나님께 완전히 포위당한 상태입니다. 우리 인간이 아무리 과학을 발전시켜서 로켓을 타고 저 높은 우주 꼭대기로 올라갈지라도 혹은 저 밑으로 내려갈지라도 동서남북 어디로 가든 이 우주는 하나님께 둘러싸여 있어서 우리는 도저히 하나님으로부터 피할 수 없는 존재입니다.

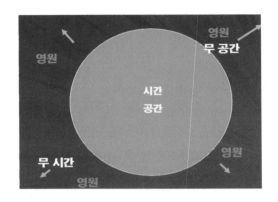

1절을 다시 보시면 "태초에 하나님이 천지를 창조하시니라"고 기록하고 있습니다. 즉 시작 시간을 만들어 흘러가게 하신 다음에는 천지를 만들어 그 시간 안에 섞어 놓은 것입니다. 시간과 공간을 섞어 놓은 것이 바로 우리가 속한 우주입니다.

(창 1:16) "하나님이 두 큰 광명체를 만드사 큰 광명체로 낮을 주관하게 하시고 작은 광명체로 밤을 주관하게 하시며 또 별들을 만드시고"

창세기 1장 16절에 보면 하나님은 이 우주 안에 태양과 달과 많은 별들을 만들어 넣으셨습니다. 아래 그림에서 보시는 대로 하나님은 끝이 없는 무한 차원의 영원세계의 한 모퉁이에 시간과 공간이라는 제한된 조그마한 우주를 만드시고 그 안에 태양을 비롯한 수많은 별들을 만들어 집어넣으셨습니다. 그러니까 이 우주는 시간의 태엽이 다 풀릴 때까지만 존재하는 것입니다.

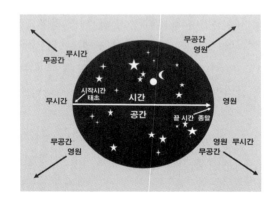

저 시간과 공간 속에 하나님은 과연 얼마나 많은 별들을 만들어 집어넣으셨을까요? 도시의 불빛이 없는 먼 시골에 가서 밤하늘을 보면 엄청나게 많은 별들을 볼 수 있습니다.

수세기 전에 망원경이 만들어지기 전까지 우리 인간은 밤하늘의 별들을 볼 때 그것들이 다 낱개의 별(single star)인 줄 알았습니다. 그러나 천체 망원경을 통해서 보니까 별 하나처럼 보였던 별이 커다란 성운(constellation)이라는 것을 알게 되었습니다. 성운이란 수없이 많은 별들이 함께 모여서 맨 가운데를 중심축으로 하여 회전하고 있는 별무리입니다. 우리의 맨눈으로 보면 한 개의 별로 보이지만 망원경으로 그 별을 보면 아래 사진에서 보는 것처럼 약 1,000억 개에서 2,000억 개의 별들로 구성된 성운입니다.

예전에는 미국 애리조나주 사막에 있는 세계에서 제일 큰 천체 망원경으로 성운 사진을 찍었으나 1990년 이후에는 나사에서 지구 궤도로 쏘아 올린 허블 천체 망원경(Hubble Space Telescope)을 사용해서 지상에서의 기후변화에 상관없이 365일 1년 내내 훨씬 더 선명한 사진을 찍을 수 있게 되

었습니다. 2년 전에는 제임스 웹이라는 천체 망원경(James Webb Space Telescope)을 우주에 보내서 지금까지 보지 못했던 더 많은 성운들을 찾아 내고 있습니다.

지금까지 천문학자들의 연구 결과에 따르면 한 성운이 약 1,000억 개에서 2,000억 개의 별들로 구성되었다고 하는데 지금까지 발견된 성운의 수는 무려 1,000억 개에 이릅니다. 그러나 과학자들은 지금까지 발견한 것이 아마도 실제로 존재하는 것의 100억분의 1쯤 되는 것으로 추측하고 있으니, 이 것은 하나님이 창조하신 우주가 얼마나 방대한 것인지 그 끝을 찾을 수 없다는 말입니다. 아래 사진은 성운들의 사진입니다. 깊은 우주의 한 곳에 포커스를 맞추어 확대해 보니까 또 저렇게 많은 성운들이 보이는 것입니다. 인간이 만든 카메라의 성능의 한계 때문에 우리는 아직도 우주의 끝을 찾아내지 못하고 있습니다. 아래 사진에서 크게 보이는 성운들은 우리에게 좀더 가까이 있는 성운들이고 아주 작은 점처럼 보이는 성운들은 거리가 훨씬 더 멀리 떨어져 있기 때문에 하나의 점처럼 작게 보이는 것입니다. 그런데 별 하나처럼 보이는 저 작은 점 하나가 사실은 1,000억 개에서 2,000억 개의 별들이 모여 있는 성운인 것입니다. 그리고 성운들 사이에는 거대한 공간들이 있습니다.

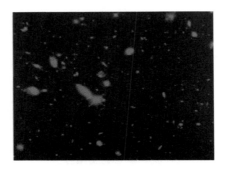

창세기 1장 1절에서 "태초에 하나님이 천지를 창조하시니라"고 하셨는데 여기 '천지'는 '하늘들과 지구(the heavens and the earth)'입니다. 그러면 '하늘들'이란 무엇인가? 지금까지 발견된 1,000억 개의 성운들 사이에는 위의 사진에서 보는 대로 거대한 공간이 있는데 이는 각 성운에서 볼 때 하늘

입니다. 그러므로 각 성운에서 다른 성운들을 볼 때 그 성운들은 높은 하늘에 떠 있는 별들의 무리입니다. 또 각 성운들은 보통 1,000억 개에서 2,000억 개의 태양처럼 불타는 별들로 구성되어 있습니다. 그런데 그 불타는 별들 사이에도 거대한 공간들이 있어서 각 별에서 보면 높은 하늘에 많은 별들이 보입니다. 그래서 지구에서 밤하늘을 보면 우리 성운 안에 들어있는 많은 별들이 하늘에 떠 있는 것처럼 보이고 그 별들 사이에는 아주 멀리 떨어져 있는 다른 성운들이 하나의 별처럼 보입니다. 거리가 너무 멀기 때문에 1,000억 개에서 2,000억 개의 별들로 구성된 그 거대한 성운들이 마치 한 개의 별처럼 보이는 것입니다. 그러나 천체 망원경을 통해서 보면 그 낱개처럼 보이는 별들이 수천억 개의 별들로 구성된 성운인 것입니다.

우리 지구가 속한 성운에서 가장 가까운 곳에 위치한 성운이 안드로메다 성운입니다. 성운이 중심부를 축으로 하여 회전하고 있기 때문에 성운의 중심부에는 많은 별들이 모여 두터운 층을 이루고 있습니다. 그러나 성운의 가장자리로 갈수록 별들의 수가 적고 따라서 성운의 두께가 얇아집니다. 이러한 모습을 우주에 흩어진 수많은 성운들 가운데서 측면으로 찍힌 성운의 사진에서 볼 수 있습니다.

안드로메다 성운: 수천억 개의 불타는 별들이 성운의 가운데를 중심으로 회전하고 있는 모습. 사진에서 보는 바와 같이 성운의 중심에는 더 많은 별들이 모여 있습니다. 이 성운은 지구가 속한 성운에서 가장 가까이에 있는 성운입니다.

지구에서 볼 때 측면으로 보이는 성운의 모습. 역시 중심부에는 더 많은 별들이 모여 있습니다.

저 하얀 점들이 태양처럼 불타는 별들입니다. 우리 지구는 불타는 태양의 둘레를 돌고 있는 불타지 않는 아홉 개의 아주 작은 별들 중에 하나입니다. 아래에서 보는 대로 지구는 태양에서 세 번째로 돌고 있는 작은 행성에 불과합니다. 이렇게 작은 아홉 개의 별들은 불타고 있지 않기 때문에 성운 안에 있는 다른 별들처럼 사진에 찍히지도 않습니다. 태양의 크기는 지구의 약 130만 배입니다. 성운 사진에서 아주 작은 점으로 보이는 태양에 비할 때 우리 지구는 너무도 미세한 먼지에 불과합니다. 태양처럼 불타는 수천억 개의 별들이 모여 있는 저 거대한 성운이 우리의 맨눈으로 볼 때는 그저 작은 하나의 별처럼 보이는 것입니다.

1977년 나사는 태양계의 혹성들을 관찰하기 위하여 보이저 1호와 2호를 쏘아 올렸습니다. 그 중에서 보이저 2호는 11년 만인 1988년 10월에 71억 8천 km를 달려 태양계의 끝인 명왕성(Pluto)을 통과하면서 태양계에 대한 마지막 탐사를 마치고 지금도 계속 우주를 향해 항해 중입니다. 우리 지구(earth)는 지구가 속한 성운의 중심에서 밖으로 약 3분의 2 정도 되는 곳에 위치하는 태양계에 속한 혹성인데 지구로부터 명왕성까지 가는 데만도 11년이 걸린 것입니다.

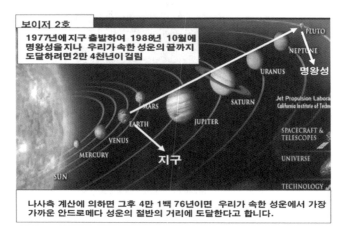

보이저 2호

1977년에 지구 출발하여 1988년 10월에 명왕성을 지나 우리가 속한 성운의 끝까지 도달하려면 2만 4천년이 걸림

PLUTO
NEPTUNE
명왕성
URANUS
SATURN
Jet Propulsion Labora
California Institute of Tec
MARS
EARTH
JUPITER
SPACECRAFT &
TELESCOPES
VENUS
지구
UNIVERSE
MERCURY
SUN
TECHNOLOGY

나사측 계산에 의하면 그후 4만 1백 76년이면 우리가 속한 성운에서 가장 가까운 안드로메다 성운의 절반의 거리에 도달한다고 합니다.

그런데 나사의 제트분사연구소의 보이저 계획 책임자에 따르면 보이저 2
호는 명왕성을 지난 후 2만 4,000년이면 우리 지구가 속한 성운의 맨 끝에
도달하게 될 것이라고 하였습니다. 성운의 중심축에서 바깥쪽으로 3분의 2
거리에 있는 지구에서부터 나머지 3분의 1 거리에 있는 성운의 변두리에 도
달하는 데 2만 4,000년이 걸린다면 우리가 속한 성운이 얼마나 큰지 상상
해 보시기 바랍니다.

　위의 그림에서 보는 바와 같이 우리 지구는 성운의 중심부에서 바깥쪽으
로 3분의 2의 거리에 위치한 태양을 돌고 있는 혹성입니다. 지구에서부터
성운의 끝에까지 도달하는 데 2만 4,000년이 걸린다면 성운의 크기가 얼
마나 거대한 것인지 상상할 수 있습니다. 나사 측 계산에 의하면 그 후 4만
176년이면 우리 성운에서 가장 가까운 곳에 위치한 안드로메다 성운에 속한
'로스 248'이라는 어두운 별에 1.65광년의 거리로 접근하게 된다는 것입니
다. 즉 우리가 속한 성운에서 가장 가까운 성운 안드로메다 성운으로 가는
길의 절반까지 가는 데 4만년이 걸린다는 말입니다. 그러니 한 성운과 또 다
른 성운의 거리도 이와 같이 먼 거리인데 이런 성운들이 현재 1,000억 개 이
상 발견되었으니 하나님이 창조하신 이 우주는 도대체 얼마나 방대한 것입
니까?

　결국 우리 인간의 힘과 두뇌로는 우주는 고사하고 우리가 속한 성운 하
나조차도 조사할 능력이 없는 무능하고 무지한 존재라는 것을 고백할 수밖
에 없습니다. 생각해 보십시오. 우리 지구가 속한 성운은 천억 개의 성운 중

에 하나입니다. 그리고 우리가 속한 성운에는 약 1,000억 개에서 2,000억 개의 태양처럼 불타는 별들로 구성되어 있습니다. 그리고 태양의 부피는 우리 지구의 130만 배입니다. 그러니까 우리 지구는 얼마나 작은 별입니까? 지구에서도 우리 대한민국은 미국 국토의 100분의 1밖에 안 됩니다. 그런 대한민국 안에는 5,000만 명이 살고 있습니다. 다시 말해서 우리가 살고 있는 지구는 얼마나 작은 먼지이며 그중에서도 우리 한반도는 얼마나 작은 땅이며 그 안에서 우글거리는 우리 인간의 존재는 얼마나 작은 세균 같은 미미한 존재입니까? 거기서 우리가 박사가 되고 교수가 되고 대통령이 되고 억만장자가 된다는 것이 하나님 앞에서 얼마나 시시하고 의미 없는 것들입니까? 우리가 다른 사람들보다 얼굴이 조금 잘나고 피부색깔이 조금 더 밝고 지능지수가 남보다 조금 더 높다고 해서 남들을 깔보고 짓밟고 억누르는 교만하고 무례한 행위가 얼마나 가증스럽고 불쌍한 일입니까? 하나님이 창조하신 이 방대한 우주를 대할 때 우리 인간의 존재는 너무나 왜소하고 미미하기만 합니다. 그런데 우리 인간이 얼마나 교만합니까? 그 알량한 작은 머리로 하나님이 없다고 우기면서 진화론을 주장하는 한심하고 어리석은 저 과학자들…. 이것이 다른 사람의 얘기가 아니고 바로 우리 인간의 악하고 슬프고 어리석은 자화상입니다.

이 사진은 화가가 그린 우리 지구가 속한 성운입니다. 우리가 속한 성운을 사진 찍으려면 최소한 우리 성운에서 가장 가까운 안드로메다 성운 정도의 거리까지는 밖으로 나가야 하기 때문에 우리는 우리 지구가 속한 우리 성운을 사진 찍지 못합니다. 지구가 돌고 있는 태양은 우리가 속한 성운의 중심에서 밖으로 약 3분의 2 정도의 거리에 있습니다.

보이저 1호가 토성을 지나서 먼 우주로 가고 있을 때 나사의 과학자 중에 한 사람이 보이저 1호를 뒤로 돌려서 우리 지구를 볼 수 있게 하자고 제안했을 때 연료 손실을 이유로 반대하는 사람들이 있었지만 결국은 보이저 1호를 돌려서 지구 쪽을 향하게 했습니다. 그때 찍은 아래 사진에서 보이는 것처럼 토성을 둘러싸고 있는 테 아래에 희미하고 작은 하얀 점이 우리가 살고 있는 지구입니다. 저 작은 별 지구를 보자마자 나사의 과학자들은 일제히 환성을 질렀습니다. 그러나 우리 인간들이 바로 저 망망한 우주에 떠 있는 저 작은 별 지구에 살고 있는 미미한 존재라는 생각이 드는 순간 그 자리는 갑자기 침묵의 자리로 바뀌었습니다. 얼마 동안 아무 말도 하지 못했습니다. 우리 인간이 누구인지를 깨닫는 순간 숙연해진 것입니다.

토성의 테 아래로 보이는 희미하고 작은 하얀 점이 지구

코페르니쿠스가 지동설을 주장한 이후에 천문학을 연구하는 사람들이 많아지면서 태양 주변을 돌고 있는 것이 지구 하나뿐만이 아니고 수성에서부터 명왕성에 이르기까지 모두 9개 행성이 태양을 중심으로 돌고 있다는 것을 알게 되었습니다. 그런데 최근 수십 년 동안 태양계의 행성들을 탐사하기 위하여 많은 우주선을 발사하다 보니까 아래 그림에서 보이는 것처럼 화성(Mars)과 목성(Jupiter) 사이에는 크고 작은 수많은 소행성(asteroid)들이 있다는 것을 알게 되었습니다. 이 소행성들은 불타지 않는 돌덩이들로서 평균 크기가 대략 축구장만 하다고 합니다.

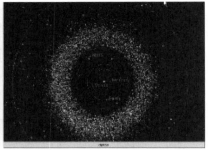

위의 그림에서 보는 바와 같이 화성과 목성 사이에는 소행성의 수가 엄청나게 많습니다. 이 소행성 중의 하나가 2009년 7월에 목성에 충돌하였는데 거대한 폭발을 일으키면서 태평양 크기만 한 흔적을 남겼다고 합니다. 그 소행성의 크기는 지름이 200~500미터로 추정된다고 합니다. 아래는 우주 선이 찍은 실제 소행성 사진입니다.

소행성

　　이토록 많은 소행성들의 존재가 발견된 이래 천문학자들은 이 소행성들이 지구에 충돌하는 것을 방지하기 위해서 소행성들의 움직임을 면밀히 추적하고 있습니다. 미국 정부는 많은 예산을 나사에 투입하여 소행성들이 지구에 충돌하기 전에 우주에서 파괴하는 것을 목표로 연구하고 있습니다. 이에 돈벌이에 머리 잘 굴리는 영화제작사에서는 〈Deep Impact〉라는 영화를 만들었습니다. 영화의 내용은 소행성들 중의 하나가 지구로 향하는 것을 깨닫고 미국과 러시아가 공동으로 우주선을 쏘아 올려서 우주에서 그 소행성을 폭파시키는 시키는 것이었습니다. 그러나 그 소행성은 폭파되지 않고 두 조각으로 갈라져 지구를 향해서 떨어지는 것입니다. 그중의 하나가 대서양에 떨어져 거대한 쓰나미가 뉴욕에서부터 오하이오주까지 덮치는 엄청난 피해를 입힙니다. 우주선에 있는 우주인들은 지상의 가족들과 마지막 작별 인사를 하고 나머지 성운이 지구에 떨어지기 전에 성운과 충돌하여 자폭함으

64

로써 지구를 구한다는 얘기입니다. 나사는 소행성을 더 자세히 연구하기 위해서 2007년 1월에 우주선을 발사하여 그해 독립기념일인 7월 4일에 목표한 소행성에 착륙하는 데에 성공하였습니다. 그런데 그 우주선의 이름을 'Deep Impact'라고 명명하였습니다. 수년 전에도 우주선을 또 한번 발사하여 소행성을 폭파하는 실험을 하였습니다.

이와 같이 소행성들에 대한 연구가 진행되는 동안에 지구를 아슬아슬하게 스쳐 간 소행성들이 여럿 있습니다. 텔레비전에도 뉴스로 등장할 정도로 소행성들이 자주 지구를 스쳐 가고 있습니다. 앞으로 지구를 스쳐 갈 소행성들도 속속 예측되고 있습니다. 그러나 소행성들의 수가 너무 많아서 그 하나하나의 움직임을 다 추적한다는 것은 불가능합니다. 그래서 최근에도 예상하지 못했던 소행성들이 지구를 아슬아슬하게 가까이 지나가는 일들이 생겨 천문학자들의 가슴을 쓸어내리기도 하였습니다.

그런데 놀랍게도 성경 요한계시록 8장 10~11절에 보면 인류의 종말 대환난 때에 이런 소행성들이 지구에 떨어져 많은 사람들이 죽게 될 것이라고 기록되어 있습니다. 요한계시록은 주후 90년경에 쓰인 책입니다. 그러니까 지금부터 약 1,900여 년 전에 기록된 책입니다; "(10) 셋째 천사가 나팔을 부니 횃불 같이 타는 큰 별이 하늘에서 떨어져 강들의 삼분의 일과 여러 물샘에 떨어지니 (11) 이 별 이름은 쓴 쑥이라 물의 삼분의 일이 쓴 쑥이 되매 그 물이 쓴 물이 되므로 많은 사람이 죽더라"(계 8:10-11)

"횃불 같이 타는 큰 별이 하늘에서 떨어져 강들의 삼분의 일과 여러 물샘에 떨어지니" 소행성이 지구 대기권에 진입하면 공기와 부딪히면서 불이 붙게 되기 때문에 횃불 같이 타는 큰 별이라고 묘사하고 있습니다. 강들의 삼분의 일과 여러 물샘에 떨어진다고 하였으니 이는 한 개가 아니고 많은 소행성들이 지구의 여러 곳에 떨어진다는 말입니다. 하나님의 말씀인 성경이 소행성들이 지구에 떨어져 많은 사람들이 죽게 될 것이라 하였으니 아무리 인간들이 우주선을 쏘아 올려 소행성들을 막아보려고 해도 그 많은 소행성들을 다 막을 수가 없는 것입니다. 현대 과학자들이 최근에 겨우 발견한 소행성들의 존재를 성경은 1,900여 년 전에 벌써 언급하고 그것들이 지구에 떨어질 것이라고 기록하고 있습니다. 성경이 하나님의 말씀이라는 것을 또다시 증명하고 있는 것입니다. 과학이 발달하면 할수록 성경이 하나님의 말씀이라는 것을 점점 더 증명하게 되는 것입니다.

지구를 포함한 행성들이 태양을 중심으로 회전하고 있습니다. 지구는 태양으로부터 수성과 금성 다음으로 멀리 떨어져서 태양 주위를 돌고 있습니다. 그런데 지구의 공존면은 태양의 적도에 대하여 23.5도 정도로 기울어져 있습니다. 그러므로 지구의 북반구가 태양을 정면으로 바라볼 때는 북반구가 여름이 됩니다. 그러나 그 반대로 겨울에는 지구의 남반구가 태양빛을 더 많이 받기 때문에 남반구는 여름이 되고 북반구는 겨울이 되는 것입니다. 그러므로 지구의 기울기가 4계절을 만드는 것입니다. 그리고 지구는 태양을 중심으로 1년에 한 번 공전할 뿐 아니라 매일 한 바퀴씩 자전도 합니다. 자전하기 때문에 지구의 한쪽 면은 태양을 면하게 되어 낮이 되고 나머지 절반 다른 쪽은 태양 빛을 받지 못하기 때문에 밤이 되는 것입니다.

진화론 과학자들은 빅뱅(대폭발)에 의해서 이런 태양과 지구가 만들어졌다고 주장하고 믿고 있습니다. 교과서에 기록된 것을 그냥 달달 외우지 말고 잘 생각해 보십시오. 어떻게 대폭발을 통해서 태양이 만들어지고 지구가 만들어져서 그것도 23.5도 기울어져서 태양을 질서 있게 돌면서 4계절을 만들어내고 밤과 낮을 만들어냅니까? 23.5도 기울어진 것도 다 우연히 저절로 된 일이라고요? 잘 생각해 보세요. 대폭발이 일어나려면 엄청난 가스가 필요합니다. 그러면 그 엄청난 가스는 어디서 온 겁니까? 누가 만든 겁니까? 또 폭발이 일어나면 있던 것도 다 없어집니다. 재밖에는 남는 것이 없습니다. 그런데 지구보다 130만 배나 더 큰 태양 같은 별들이 우리가 속한 성운 하나에만 해도 그 안에 1,000억 개에서 2,000억 개가 됩니다. 그런데 그런 성운이 지금까지 발견된 것만 해도 1,000억 개가 넘습니다. 그런 어마어마한 크기의 별들이 어떻게 저 공중에서 떨어지지 않고 서로 부딪치지도 않고 질서정연하게 각자 자기 궤도를 정확하게 돌고 있습니까? 저 수많은 별들이 공중에서 떨어지지 않고 돌려면 엄청난 에너지가 필요합니다. 그 에너지는 다 어디서 나옵니까? 우리가 모조 태양계를 만들어서 공중에서 돌게 하려고 해도 엄청난 에너지의 배터리를 사용해야 되고 얼마 돌지 못하고 떨어지고 맙니다. 우리는 지금까지 진화론이라는 이단 종교에 세뇌되고 속아온 것입니다. 이런 것이 다 우연히 그렇게 되었다고 정말 믿습니까? 누군가가 계획적으로 만들지 않았다면 이런 일들은 도저히 우연히 일어날 수 없는 것입니다. 진화론은 과학이 아니고 진화론자들이 만들어낸 사이비 종교입니다.

그러면 성경은 이에 대하여 무엇이라고 말씀하고 있습니까?

위에서 살펴본 대로 진화론자들은 이 모든 천체들이 그냥 우연히 저절로 떠서 돌고 있다고 주장합니다. 그러면 그 천체들을 공중에 띄워서 질서정연하게 돌게 하는 그 엄청난 에너지는 어디서 왔을까요? 히브리서 1장 3절을 보면 **"이는 하나님의 영광의 광채시요 그 본체의 형상이시라 그의 능력의 말씀으로 만물을 붙드시며(sustaining all things by his powerful word)"**라고 기록되어 있습니다. 또 골로새서 1:16~17절을 보면 이렇게 기록되어 있습니다; **"만물이 그에게서 창조되되(by Him all things were created)** 하늘과 땅에서 보이는 것들과 보이지 않는 것들과 혹은 왕권들이나 주권들이나 통치자들이나 권세들이나 만물이 다 그로 말미암고 그를 위하여 창조되었고 또한 그가 만물보다 먼저 계시고 **만물이 그 안에 함께 섰느니라(in Him all things hold together)"**

그러면 하나님은 어떻게 이 엄청난 천체를 지금까지 떨어뜨리지 않고 계속 운영할 수 있으십니까? 창세기 1장 1절에 보시면 **"태초에 하나님이 천지를 창조하시니라"**고 기록하고 있습니다. 우주 안에 있는 모든 땅덩어리와 그 안에 있는 것들을 만드셨다는 말씀입니다.

그런데 중요한 것은 1장 3절입니다. '빛이 있으라 하시니 빛이 있었고', 이것은 놀라운 말씀입니다. 현대과학은 에너지가 태양빛에서 나온다는 것을 최근에 와서야 발견하였지만 성경은 수천 년 전에 정확하게 기록하고 있습니다. 천지를 창조하신 하나님께서 첫 날에 빛을 창조하셨기 때문에 모든 만물들에게 에너지와 생명을 공급할 수 있었고 천체가 각기 자기 궤도를 따라 움직일 수 있게 되었으며 지구에는 각종 생명체들이 번식할 수 있었던 것입니다. 빛이 에너지와 생명의 근원임을 아시는 하나님이셨기 때문에 빛을 먼저 창조하셨던 것입니다. 아니 성경은 "하나님은 빛이라"고 하셨습니다. 하나님이 바로 생명과 에너지의 원천이 되시는 것입니다. 하나님이 빛을 창조하시지 않았다면 우주 만물은 움직이지도 못하고 생명체도 없는 죽음과 어둠의 그것이었을 것입니다. 그러므로 첫날에 빛을 창조하기 전의 상태는 2절에 기록된 대로 땅이 혼돈하고 공허하며 흑암이 깊음 위에 있었던 것입니다. 그러니까 생명과 에너지의 근원인 빛을 창조하시기 전에는 땅에 생명과 에너지도 없는 혼돈하고 공허한 상태였음을 보여주는 것입니다.

　필자가 남아공에 있을 때 TV에서 한 대학강좌가 있었습니다. 그날은 에너지가 어디서 오는가에 대한 강좌였습니다. 강사로 나온 한 대학교수가 벽에 걸린 큰 시계추를 손으로 건드려 움직이게 하였습니다. 멈춰 있었던 시계추가 좌우로 움직이기 시작했습니다. 그는 강의를 시작했습니다. '여러분, 시계추는 절대로 스스로 움직이지 못합니다. 지금 시계추가 얼마 동안 움직일 수 있었던 것은 내 손으로 시계추를 한 번 밀어주었기 때문입니다. 즉 내가 에너지를 주었기 때문에 시계추가 움직일 수 있었던 것입니다. 그러면 내가 시계추를 움직이게 할 수 있었던 에너지는 어디서 온 것입니까? 나는 음식을 먹었기 때문에 그 음식에서 에너지를 얻었습니다. 그러면 그 음식은 어디서 에너지를 얻었습니까? 채소는 태양빛을 받아서 탄소동화작용을 통해서 성장하면서 사람에게 필요한 여러 가지 양분을 만들었습니다. 결국 에너지는 태양에서 온 것입니다. 태양빛에서 나오는 에너지 때문에 이 지구에는 각종 생명체들이 생존할 수 있는 것입니다. 그래서 사람들이 식물을 먹고 에너지가 생겨서 두뇌도 활동하고 육신도 활동할 수 있기 때문에 수력발전소나 원자력 발전소 같은 것을 고안해 내고 또 실제로 만들 수 있었던 것입니다. 물이 댐에서 떨어지는 낙차를 이용해서 큰 에너지를 얻게 되는데 그 에너지를 mechanical energy로 바꾸어 여러 가지 기계들을 돌리기도 하고 또 electrical energy로 바꾸어 냉장고나 각종 전자제품을 작동할 수 있는 것입니다. **그러므로 우리가 사용하는 모든 에너지는 태양 빛에서 나오는 것인데 그 에너지의 원천이 되는 태양은 어떤 에너지에 의해서 만들어졌는지는 아무도 모릅니다'라고 결론을 맺는** 것이었습니다. 그때 저는 혼잣말로 '당신은 모르지만 나는 참 잘 알고 있지요'라고 중얼거렸습니다. 그렇습니다. 현대 과학자들은 에너지가 태양 빛에서 나온다는 것을 최근에서야 알았지만 그들은 그 태양이 어디서 나왔는지는 사실 모르는 것입니다.

성경만이 에너지가 어디서 나왔고 생명이 어디서 나왔는지를 가장 정확하게 가르쳐 주고 있는 것입니다. 성경이 하나님 말씀이라는 것을 여기서도 다시 한 번 확실하게 증명해 주는 것입니다. 다시 말하지만 현대과학은 에너지가 태양 빛에서 나온다는 것을 최근에 와서야 발견하였지만 성경은 수천 년 전에 정확하게 기록하고 있습니다. 천지를 창조하신 하나님께서 첫날에 빛을 창조하셨기 때문에 모든 만물들에게 에너지와 생명을 공급할 수 있었고 천체가 각기 자기 궤도를 따라 움직일 수 있게 되었으며 지구에는 각종 생명체들이 번식할 수 있었던 것입니다. 빛이 에너지와 생명의 근원임을 아시는 하나님이셨기 때문에 빛을 먼저 창조하셨던 것입니다.

요한복음 1장 4절에 보면 **"그 안에 생명이 있었으니 이 생명은 사람들의 빛이라"**고 기록하고 있습니다. 예수님 안에 생명이 있다고 하였습니다. 예수님이 이 세상 만물의 생명을 창조하신 분이십니다. 그런데 예수님 안에 있는 이 생명이 사람들의 빛이라고 하였습니다. 하나님이 사람을 창조하실 때 흙으로 육신을 만드시고 육신 안에는 하나님의 형상을 닮은 영을 불어넣으셨습니다. 인간의 육신에게 생명을 주는 빛은 태양빛이라고 하는 물리적인 빛입니다. 인간의 육체가 지니고 있는 생물학적 생명을 유지하게 해주는 것은 태양빛이라는 물리적인 빛입니다. 그러나 하나님의 형상을 닮은 인간의 영의 생명을 유지하게 해주는 것은 인간의 영혼의 태양이신 예수님이십니다. 예수님은 변화산에서 태양같이 빛나시는 모습을 제자들에게 보여주셨고 요한계시록 21장 23절에 보시면 천년왕국에서는 해와 달이 더 이상 필요 없는데 그것은 하나님의 영광이 비취고 어린양 예수님이 그 등이 되어 비출 것이라고 기록하고 있습니다. 이와 같이 예수님은 우리 영혼의 빛으로서 인간의 생명을 영원하게 유지하게 해주시는 생명의 원천이 되십니다. 예수님은 인간 육체를 포함한 지구에 존재하는 모든 물리적인 생명체를 위하여 태양을 만드셔서 적외선과 자외선을 비롯 각종 물리적인 빛을 비추게 하셨습니다. 그리고 인간의 영혼의 생명을 위해서는 예수님께서 직접 영혼을 비추시는 태양빛이 되어 주신 것입니다. 그래서 말라기 4장 2절에 보시면 예수님을 **"치료하는 광선을 발하는 의로운 해"**라고 기록하고 있습니다. 현대의학이 방사선을 치료에 사용하기 수천 년 전에 성경은 벌써 치료하는 광선에 대하여 언급하고 있습니다. 현대과학의 치료하는 광선은 육신에 국한되지만 성경에서 말하는 치료하는 광선은 영과 육의 모든 것을 치료하는 광선입니다. 이와 같이 성경은 생명의 기원이 빛이신 하나님이라고 말씀하고 있습니다.

그러면 현대과학이 주장하는 생명이란 무엇입니까?

현대과학은 진화론에 그 기초를 두고 있습니다. 진화론에서는 생명체를 비롯한 모든 우주만물이 다 우연에 의해서 생겼다고 주장합니다. 우리가 아는 대로 생명은 결코 우연히 생기지 않습니다. 우연히 생긴다는 것은 과학적이 아닙니다. 우연을 주장하고 있는 진화론은 처음부터 마지막까지 비과학적입니다. 우리가 살고 있는 지구에는 각종 생명체들로 가득 차 있습니다. 공기 중에도 생명체들이 무수히 떠다니고 물에도 생명체들이 우글거리고 한 줌의 흙 속에도 무수한 생명체들이 득실거리고 있습니다. 들에도 산에도 길가에도 무수히 많은 생명체들이 서식하고 있습니다. 왜 유독 지구에만 생명체들로 가득 차 있을까요? 태양에서 지구까지의 거리가 생명체가 살기에 가장 적당한 거리이기 때문일까요? 그러면 지구와 비슷한 거리에서 지구를 돌고 있는 달에는 왜 생명체가 단 한 마리도 존재하지 않을까요? 그것은 달에는 공기층도 없고 오존층도 없기 때문입니다. 그러니 낮에는 수백 도로 온도가 올라가도 밤에는 수백도 영하로 떨어져서 생명체가 살 수 없습니다. 지구에는 오존층과 공기층이라는 것이 지구를 감싸고 있기 때문에 자외선이나 적외선 같은 고주파광선이 오존층과 공기층을 통과하면서 적절하게 여과되어서 생명체가 살기에 적합한 환경을 만들어주고 있습니다. 지구를 돌고 있는 달은 지구와 가장 비슷한 위치에서 돌고 있으나 왜 그런 오존층과 공기층이 없을까요? 왜 지구에만 생명체들이 존재하는 데 필요한 환경이 만들어져 있을까요? 그러면 왜 달에는 물도 없고 공기도 없고 대기권도 없는 것일까요? 왜 지구에만 이런 것들이 존재하는 것일까요? 이것들이 다 우연일까요?

지구에는 산소와 질소의 비율이 생명체가 살기에 적합하게 조성되어 있습니다. 그래서 지구 곳곳에는 생명체들이 생존할 수 있습니다. 현재 산소의 비율이 21%이기 때문에 인간이 쾌적하게 살고 있다고 합니다만 만약 산소의 비율이 25%까지만 올라가도 누가 담배에 불을 붙이기만 해도 폭발하게 되어서 지구는 불덩어리가 되고 만다고 합니다. 또 78%나 되는 질소의 비율을 조금만 낮추어도 인간은 다 질식해서 죽고 만다고 합니다. 최후의 심판 때에는 하나님께서 지구를 불로 심판하신다고 하셨는데 사실 지구는 70% 이상이 물로 되어 있는데 물을 산소와 수소로 분해하면 지구는 성냥불 하나에도 불바다가 되고 마는 것입니다. 이와 같은 산소와 질소의 비율도 다 우연히 저절로 이루어진 것일까요? 또 달은 지구의 6분의 1 정도밖에 되지 않는 작은 땅덩어리이고 태양은 지구의 130만 배나 더 큰 불덩어리인데 우리 지구에서 보면 달이나 해나 똑같은 크기로 보입니다. 물론 달이 지구를 완전히 원형으로 돌고 있지 않기 때문에 평소보다 조금 더 크게 보일 때도 있기는 합니다. 거대한 태양과 작은 달이 똑같은 크기로 보일 수 있도록 지구와 달의 거리와 지구와 태양의 거리를 적절하게 유지하게 된 것도 우연히 이루어진 것일까요? 일식을 생각해 보십시오. 지구에서 볼 때 해와 달이 똑같은 크기이기 때문에 달이 해를 완전히 포개어 가리고 있습니다. 이것도 우연히 이루어진 일일까요? 달이 태양과 지구 사이에서 일직선으로 만날 수 있도록 지구 궤도를 돌고 있는 것도 우연히 이루어진 것일까요? 달이 조금만 다른 궤도로 돌고 있다면 일식은 불가능합니다. 이런 것들이 다 우연일까요? 창조자가 그 정확한 거리를 맞추어 놓지 않았으면 이런 일은 도저히 불가능한 일입니다. 뿐만 아니라 만약 달이 지구에 조금만 더 가까이 위치해 있으면 밀물과 썰물에서 빚어지는 간만의 차이가 심해져서 하루에도 두 번씩 쓰나미 같은 높은 파도가 육지를 덮쳐 해변에는 항상 큰 재앙을 초래할 것입니다. 이 모든 것이 그저 우연히 그렇게 그런 거리에 놓여 지게 되었다고 주장하는 진화론은 대단히 비과학적인 사고입니다.

진화론자들이 주장하는 이론 중에서 가장 중요한 근거가 되는 것은 바로 '오랜 시간'입니다.

그들은 이 우주와 그 안에 존재하는 생명체들이 오랜 시간을 거치면서 우연히 그리고 저절로 생겨났다고 주장합니다. 즉 오랜 시간이 지나면서 생명체가 우연히 생겨나고 오랜 시간이 지나면서 생명체가 진화된다는 이론입니다. 45억 년 전에 지구가 저절로 생겨난 후에 오랜 시간이 지나면서 아메바 같은 원시 생명체가 생겨 난 후에 또 오랜 시간이 경과하면서 여러 가지 바다 생물과 육지 생물들로 진화하였다가 마지막에는 인간으로 진화하게 되었다는 진화론은 결코 과학이 아니고 이단 종교의 교리일 뿐입니다. **시간이 아무리 오래 걸려도 누가 만들지 않으면 아무 것도 만들어지지 않습니다.** 아래 사진을 보십시오. 기계식으로 만들어진 단순한 손목시계입니다. 복잡한 현대의 첨단 기계에 비하면 아주 단순한 기계입니다. 시와 분과 초 단위를 알려주기 위하여 몇 개의 톱니바퀴가 서로 맞물려 돌아가는 단순한 기어 장치에 불과합니다. 그런데 이렇게 부속품이 몇 개 되지 않는 단순한 손목시계도 그냥 저절로 만들어지지 않습니다. 아무리 수억 년을 기다려도 돌들이 쇠가 되고 쇠가 크고 작은 톱니바퀴 같은 부속품으로 변하고 그 부속품들이 자발적으로 제자리에 모여들어 손목시계로 만들어지지 않습니다. 수억 년이 아니고 영원한 시간을 기다려도 절대로 손목시계가 저런 디자인으로 스스로 만들어지지 않습니다. **저렇게 단순한 손목시계도 저절로 만들어지지 않는데 하물며 우리 인간처럼 복잡한 두뇌조직과 내장조직과 근육조직과 신경조직으로 이루어진 인간이 오랜 시간이 지났기 때문에 저절로 만들어졌다는 진화론의 이야기는 속임수입니다. 잘 생각해 보십시오. 손목시계보다 훨씬 더 복잡한 인간의 두뇌가 어떻게 우연히 만들어질 수 있겠습니까? 아무리 오랜 시간이 걸려도 누가 만들지 않으면 아무것도 만들어지지 않습니다.**

　진화론에 의하면 아무것도 없는 무에서 우연히 우주만물이 생겼다는 것입니다. 그리고 그 우연히 생긴 것들이 수백억 년의 오랜 시간이 지나면서 필요에 따라 더 고등한 동물로 진화하였다는 것입니다. 한 20여 년 전에 필자와 성경을 공부하는 중에 물리학 박사과정을 밟고 있었던 한 학생이 내게 이런 질문을 하였습니다. "목사님, 최근 한 과학실험에서 완전히 빈 진공에 열을 가했더니 무엇인가가 생겼다는 것이 입증되었다고 합니다. 그러니 진화론에서 주장하는 대로 무에서 유가 우연히 존재한다는 것이 맞는 것이 아닙니까?" 아주 진지하게 묻는 것이었습니다. 그래서 제가 그 학생에게 되물었습니다. "'완전히 빈 진공'까지는 좋았는데 그 '열'이라는 에너지는 어디서 온 것이며 누가 만든 것입니까?" 그 학생은 "아 참" 하면서 머리를 긁었습니다. 진화론에 의하면 오랜 시간을 걸쳐 진화하면서 복잡한 인간의 두뇌, 우리 지능으로 다 헤아릴 수 없는 생명의 신비도 다 우연히 생겼다는 것입니다. 저하늘에 떠 있는 수많은 별들도 그냥 우연히 생겼다는 것입니다. 지구보다 백만 배나 더 큰 태양도 그냥 우연히 생기고 아무 목적도 없이 불타고 있다고 주장하는 것입니다. 지성인 여러분, 생명은 결코 우연히 생기지 않습니다. 생물학에서 발견한 원리 중 하나는 생명은 반드시 생명으로부터만 생긴다는 것입니다. **이와 같이 진화론이 주장하는 생명관은 우연발생과 진화입니다. 얼마나 비과학적인 논리입니까! 우리 현대인들은 지금까지 이 진화론에 모두 속아왔습니다.**

아래 사진은 파리의 머리 모습입니다. 이 파리의 두 눈 사이 한 가운데를 위에서 아래로 선을 그어보면 완전하고 정확한 기하학적인 대칭입니다. 이런 색깔과 디자인은 결코 우연의 산물이 아닙니다. 또 눈의 색깔과 가로와 세로로 그어진 섬세한 점선들과 미학적인 아름다운 조화를 보십시오. 누군가가 아주 치밀하게 계획하고 설계하지 않았으면 이런 디자인은 결코 저절로 우연히 만들어지지 않습니다. 뿐만이 아닙니다. 그 기능을 생각해 보면 이보다 더 최첨단기술은 없습니다. 배터리를 사용하지 않고도 이 작고 가벼운 생명체는 자유자재로 날아다닙니다. 하나님은 파리보다 더 작고 가벼운 모기도 만들어 날아다니게 하셨습니다. 오늘날의 최첨단 과학으로도 도저히 이해할 수 없는 기술입니다. 현대과학이 아무리 나노과학을 발전시켜도 이렇게 작은 모기를 자유자재로 날아다니게 할 수 없습니다. 구글 이미지에 들어가서 'eyes of a fly'를 입력해 보면 파리의 머리 사진 하나만 살펴보아도 이런 생명체가 그냥 우연히 저절로 생겨날 수 없다는 것을 우리는 알 수 있습니다. 누군가가 디자인을 하지 않으면 이런 모양의 생명체가 절대로 그리고 결코 우연히 저절로 만들어지지 않습니다.

그러면 성경은 생명에 대하여 무엇이라고 말하고 있습니까?

성경은 분명히 생명의 근원이 하나님이라고 선포하고 있습니다. 시편 36장 9절을 보십시오. **"대저 생명의 원천이 주께 있사오니"** 창세기 1장에 보면 만물과 모든 생명체를 창조하신 분이 하나님이심을 선포하고 있습니다. 하나님은 사람을 흙으로 창조하셨고 코에 생기를 불어넣어 인간이 생령이 되었다고 기록하고 있습니다. 현대과학은 세포의 염색체 속에 들어 있는 DNA라고 하는 물질의 분자구조를 발견하면서 생물의 형질이 어떻게 유전되는가를 최근에 알게 되었습니다. 그런데 성경은 2,000년 전에 쓰여진 고린도전서 15장 37~38절에서 이미 언급하고 있습니다. **"또 너의 뿌리는 것은 장래 형체를 뿌리는 것이 아니요 다만 밀이나 다른 것의 알갱이뿐이로되 하나님이 그 뜻대로 저에게 형체를 주시되 각 종자에게 그 형체를 주시느니라."** 즉, 식물의 씨앗 속에 그 생물의 형체를 결정하는 유전인자가 들어 있음을 말하고 있는 것입니다.

또한 **하나님은 생명체를 창조하실 때 각 종자(종류)를 따라 창조하셨습니다.** 창세기 1장 11절과 12절[**(11) 하나님이 이르시되 땅은 풀과 씨 맺는 채소와 각기 종류대로 씨 가진 열매 맺는 나무를 내라 하시니 그대로 되어 (12) 땅이 풀과 각기 종류대로 씨 맺는 채소와 각기 종류대로 씨 가진 열매 맺는 나무를 내니 하나님이 보시기에 좋았더라**]에서는 풀과 채소와 나무를 다 종류대로 창조하셨다고 기록하고 있으며 21절과 24~25절[**(21) 하나님이 큰 바다 짐승들과 물에서 번성하여 움직이는 모든 생물을 그 종류대로, 날개 있는 모든 새를 그 종류대로 창조하시니 하나님이 보시기에 좋았더라 (24) 하나님이 이르시되 땅은 생물을 그 종류대로 내되 가축과 기는 것과 땅의 짐승을 종류대로 내라 하시니 그대로 되니라 (25) 하나님이 땅의 짐승을 그 종류대로, 가축을 그 종류대로, 땅에 기는 모든 것을 그 종류대로 만드시니 하나님이 보시기에 좋았더라**]에서는 바다의 모든 생물과 공중의 모든 생물과 육지의 모든 생물을 종류대로 지으셨다고 기록하고 있습니다.

진화론자들이 진화론을 증명하기 위해서 만든 소위 '라이거'라는 동물이 있습니다. 사자의 몸에 호랑이의 얼룩이 있는 동물입니다. 진화론자들은 사자의 정자와 호랑이의 난자를 수정해서 새로운 동물 라이거를 만들어 보려고 시도해 보았지만 수정이 될 수가 없었습니다. 그래서 숫사자의 정자와 암사자의 난자를 인공으로 수정해서 그것을 암호랑이의 자궁에 넣어서 출산시킨 것이 '라이거'입니다. 그러니까 라이거는 사실 사자입니다. 사자가 호랑이의 자궁에서 자랐기 때문에 사자 몸에 호랑이 무늬를 지니게 되었을 뿐 라이거는 사자일 뿐입니다. 사자의 정자와 호랑이의 난자가 수정이 되지 않는 것은 성경에 기록된 대로 하나님께서 생물들을 종류대로 창조하시고 각 생물의 종자마다 그 생물의 형체를 결정하는 유전인자를 넣어 주셨기 때문에 다른 종류의 생물로 진화될 수 없는 것입니다. **또한 그들이 만든 라이거는 더 이상 그 후손을 만들어 내지 못한다는 것이 확인되었습니다. 그러니까 진화론은 거짓이라는 것이 명확하게 증명된 것입니다. 그러므로 아메바에서 많은 물고기들로 진화되었다는 것도 물고기들이 뭍짐승으로 진화되었다는 것도 고릴라가 인간으로 진화되었다는 것도 다 새빨간 거짓이라는 것이 증명된 것입니다.**

　꿀벌은 꽃에서 꿀을 모읍니다. 꿀벌이 사과나무의 많은 꽃들에 앉아서 꿀을 수집할 때 꿀벌 발에 묻어 있던 수술 꽃가루가 암술머리에 묻어서 수정이 이루어져 사과라는 과일이 열리게 되는 것입니다. 그런데 꿀벌은 사과나무의 꽃에만 앉는 것이 아니고 배나무 꽃에서도 꿀을 수집하고 복숭아꽃에서도 꿀을 수집합니다. 그러니까 꿀벌이 여러 종류의 나무꽃에 앉아서 꿀을 수집하기 때문에 꿀벌의 다리에는 사과나무의 수술 꽃가루만 묻는 것이 아니고 배나무의 수술 가루도 복숭아나무의 수술 가루도 묻게 됩니다. 그러므로 꿀벌이 사과나무의 꽃에 앉을 때는 사과나무의 암수머리에 사과 수술 가루도 묻고 배 수술 가루도 묻고 복숭아 수술 가루도 묻게 됩니다. 그러면 배나무 꽃의 수술 가루가 사과나무의 암술머리에 닿았을 때 수정이 되어 사과와 배의 중간 과일이 열리게 됩니까? 아닙니다. 지금까지 수천 년 동안 그런 일은 절대로 일어나지 않았습니다. 왜냐하면 사과나무와 배나무는 그 종류가 다르기 때문에 지난 수천 년 동안 수없이 많이 배나무의 수술 가루가 사과나무의 암술머리에 닿았어도 결코 수정이 되지 않았기 때문입니다. 하나님께서 각 종류대로 창조하셨기 때문에 같은 종 안에서는 수정이 되지만 다른 종과는 절대로 수정이 이루어지지 않는 것입니다. 만약에 다른 종들 사이에서 수정이 이루어졌다면 지금까지 수없이 많은 새로운 종류의 과일들이 만들어졌을 것이며 동물들도 수없이 많은 새로운 동물들이 만들어졌을 것입니다. 그러니까 고릴라는 처음에 창조될 때부터 지금까지 고릴라이고 인간은 처음 만들어질 때부터 지금까지 인간일 수밖에 없다는 것을 확실하게 증명해 주는 증거입니다. 진화론은 교과서에만 존재하는 최고의 거짓말이며 현실 세상에서는 전혀 존재하지 않는 허구입니다.

진화론은 오랜 시간이 지나면서 생명체가 우연히 생겨나고 오랜 시간이 지나면서 생명체가 진화된다는 이론입니다. 그러면 그들이 과학적 진리라고 주장하는 진화론은 과연 어떤 것입니까?

다음은 미국 중학교 지구과학 교과서에 실린 내용입니다. 진화론 과학자들은 지구에 존재하는 생명체들이 어느 시대에 나타났는지를 자기들이 추측하고 상상해서 시대별로 구분해서 다음과 같은 도표를 만들어 놓았습니다. 즉 원생대(Precambrian), 고생대(Palaeozoic Era), 중생대(Mesozoic Era) 그리고 신생대(Cainozoic Era)로 구분하였습니다. 진화론 과학자들의 주장에 따르면 대략 45억 년 전에 지구가 생겨났다는 것입니다. 그런데 그후 오랜 세월이 지나면서 지구에 바닷물이 생겼다는 것입니다. 빅뱅이라는 대폭발이 일어나면 남는 것은 재밖에 없어야 하는데 거기서 수많은 별들과 지구가 만들어졌다는 것도 과학적으로 말이 안 되는 거짓말인데 더구나 그 지구에 저절로 바닷물이 생겼다는 것입니다.

원생대에서는 지구가 생겨난 후 오랜 세월이 지나서 약 30억 년 전에는 바닷물에 아메바라는 아주 작은 생명체가 저절로 생겨났다는 것입니다. 이건 과학이 아니고 동화나 신화입니다. 현대 생물학에서는 도저히 받아들일 수 없는 이론입니다. 생물학에서는 모든 생명체는 반드시 생명체에서 나온다는 것을 확인하였습니다. 비생명체에서는 절대로 생명체가 나올 수 없다는 것을 알게 되었습니다. 그런데 진화론 과학자들은 한 수 더 떠서 이렇게 자연적으로 발생한 아메바들이 오랜 시간이 지나면서 고생대(2억 5,000만 년 전~2억 4,500만 년 전까지)에서는 여러 가지 물고기들과 해초들로 진화하였다는 것입니다. 그리고 또 오랜 시간이 지나서 중생대(2억 4,500만 년 전~6,500만 년 전)에서는 바다의 물고기들 중에서 육지로 나가고 싶어서 바다와 육지에서 살 수 있는 양서류들 즉 거북이나 악어 같은 파충류 동물들로 진화하였고 나중에는 아예 육지로 들어가서 사는 사자, 코끼리, 공룡 등의 포유동물들로 진화하게 되었다는 것입니다. 또 오랜 시간이 지나면서 육지 동물로 진화한 동물들 중에서 공중으로 날고 싶은 동물들이 바위에 올라가서 자꾸 뛰어내렸다는 것입니다. 예를 들어 공룡이 바위에서 천번 만번 뛰어내리다 보니까 등에서 날개가 나오게 되어 시조새가 되어 공중에 나는 새들로 진화하게 되었다는 것입니다. 이것이 과학시대를 살아가는 오늘날 미국 중학교 교과서에 버젓이 기록되어 있습니다. 이런 것이 과학이고 학문입니까? 아니면 꾸며낸 설화입니까? 이것은 동화로 친다고 해도 저질의 수준에 속하는 동화인데 이것을 진화론 과학자들은 과학이라고 주장하고 가르치고 있으며 현대인들은 초등학교 때부터 대학에 이르기까지 이 진화론으로 세뇌되어 아무도 이상하게 생각하지 않고 진리로 받아들이고 있습니다. 우주와 그 안의 모든 생명체들이 저절로 생겼다는 진화론은 철저하게 무신론입니다. 진화론을 거부하면 학문을 할 수 없고 박사 학위도 받을 수 없습니다. 그래서 교회에서는 하나님이 천지를 창조하신 창조주 하나님이라며 찬송하고 기도하는 사람들이 학교에서는 아무렇지도 않게 진화론이 진리라고 학생들을 가르치고 있는 현실입니다. 어떤 장로님은 "진화론은 과학이고 신앙은 종교인데 왜 과학과 종교를 결부시키느냐"며 화를 버럭 냅니다. 충격입니다. 정신을 바짝 차리고 생각해 보면 아무것도 없는 상태에서 빅뱅이 일어난다는 이론도 비과학적이고 빅뱅을 통해서 이 거대하고 질서 있게 움직이고 있는 우주가 생겨났다는 것도 비과학적이고 그 우주 안에 생명체들이 저절로 생겨났다는 것도 비과학적이고 또 그 생명체들이 진화하였다는 이론도 다 비과학적입니다.

또 오랜 시간이 지나서 신생대(6,500만 년 전부터)에서는 육지의 동물들이 여러 동물로 진화하다가 고릴라가 인간으로 진화하였다는 것입니다. 그리고 공룡 같은 거대한 동물들은 신생대로 넘어오기 전에 있었던 빙하기 때 다 멸종하였고 인간은 빙하시대 이후에 고릴라로부터 진화하였기 때문에 공룡과 인간은 같은 시대에 살지 않았다고 진화론자들은 주장합니다.

그러면 성경은 공룡에 대하여 무엇이라고 말씀하고 있습니까?
창세기 1장에는 "**하나님 보시기에 좋았더라**"라는 말이 여러 번 기록되어 있습니다. 다시 말해서 하나님은 지구를 인간이 살기에 가장 적합하게 이상적으로 창조하셨다는 말씀입니다. 창세기 1장 6절과 7절을 보시기 바랍니다; **"(6) 하나님이 이르시되 물 가운데에 궁창이 있어 물과 물로 나뉘라 하시고 (7) 하나님이 궁창을 만드사 궁창 아래의 물과 궁창 위의 물로 나뉘게 하시니 그대로 되니라"(창 1:6-7)** 궁창 위의 물과 궁창 아래의 물로 나누었다고 기록하고 있습니다. 여기서 궁창의 정확한 번역은 'sky'입니다. 'sky'는 저 대기 중에 있는 파란 하늘을 의미하는 것으로서 저 하늘 위에 물을 두셨다는 말입니다. 궁창 아래의 물은 바다와 강물을 의미합니다. 이것을 그림으로 보시면 다음과 같습니다.

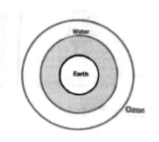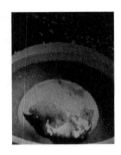

노아 홍수 이전의 지구는 마치 온실과 같습니다. 지구 전체가 투명한 물로 덮여 있습니다. 그리고 물 층과 지구 사이에는 공기를 가득히 채워 넣었습니다. 그러니까 지구를 공기라는 담요로 덮고 그 위에 물이라는 투명한 담요로 덮은 것입니다. 그러므로 태양에서 발산되는 x선이나 자외선 같은 고주파 방사선이 물 층과 공기층을 여과해서 지구에 들어오기 때문에 지구에 생명체가 살기에 아주 이상적인 환경이 조성된 것입니다. 또한 태양빛이 물 층을 통과할 때 빛이 분산되어 북극과 남극에 상관없이 골고루 따듯한 기온을 만들어 줍니다. 지구 전체는 모두 아열대 지방과 같이 온화하고 고주파 광선 같은 유해한 물질이 없어 사람들이 건강하게 오래 살 수 있는 쾌적한 환경이었습니다. 하나님 보시기에 좋았습니다.

진화론 과학자들은 동식물의 화석(fossil)이 수십만 년 전에 생성되었다고 주장하고 있습니다. 그러나 사실 화석은 노아 홍수로 인하여 생성된 것임을 알 수 있습니다. 창세기 7장 11절에 보면 "그날에 큰 깊음의 샘들이 터지며 하늘의 창들이 열려 사십 주야를 비가 땅에 쏟아졌더라"고 기록하고 있습니다. 큰 깊음의 샘물이 터졌다는 것은 화산폭발이 있었음을 보여주며 여기서 화석이 생겨난 것입니다. 이 홍수로 인하여 지구 전체가 물로 뒤덮였습니다. 40주야를 내린 물은 궁창 위의 물이 땅으로 쏟아진 것이었습니다. 현재의 대기권은 이 궁창 위의 물이 땅으로 쏟아졌기 때문에 없어지고 오존층만이 지구를 둘러싸고 있습니다. 그러니까 노아 홍수 전에는 태양에서 지구로 유입되는 유해한 고주파 방사선이 물 층을 통과하면서 적당량이 제거되고 또 태양으로부터 오는 열을 물 층이 분산시켜 지구의 전역을 따뜻하게 해주는 역할을 했습니다. 따라서 2장 5~6절을 보시면 홍수 전의 환경은 심한 바람도 없이 안개만 땅에서 올라와 온 지면을 적셨으며 온도의 급격한 변화가 없는 사시사철 따뜻한 기후에 인체에 해로운 X선과 같은 고주파 방사선이 차단되었기 때문에 노아 이전 사람들이 900세 이상 장수한 것은 결코 이상한 일이 아니었습니다.

홍수 이전의 환경에서는 사람의 수명만 길었을 뿐 아니라 공룡과 같은 거대한 동물들도 살 수 있었습니다. 현재 공룡 화석은 상당수가 발견되고 있어서 과거 엄청난 크기의 공룡이 지구상에 살고 있었음을 증거하고 있습니다. 공룡과 같은 거대한 동물들이 지구상에 살기 위해서는 최소한 두 가지 조건이 필요합니다. 거대한 동물들은 온도변화에 약하기 때문에 기후의 변화가 심하지 않아야 하며 둘째로 거대한 육체를 유지하기 위해서는 풍부한 식물이 있어야 합니다. 노아 홍수 이전의 환경은 바로 이런 조건을 만족시켜 줍니다.

욥기 40장 15~19절을 보면 이렇게 기록되어 있습니다; "**(15) 이제 소 같이 풀을 먹는 하마를 볼지어다 내가 너를 지은 것 같이 그것도 지었느니라 (16) 그것의 힘은 허리에 있고 그 뚝심은 배의 힘줄에 있고 (17) 그것이 꼬리 치는 것은 백향목이 흔들리는 것 같고 그 넓적다리 힘줄은 서로 얽혀 있으며 (18) 그 뼈는 놋관 같고 그 뼈대는 쇠 막대기 같으니 (19) 그것은 하나님이 만드신 것 중에 으뜸이라 그것을 지으신 이가 자기의 칼을 가져 오기를 바라노라.**"

우리 한글 성경에는 '하마'로 번역되어 있었는데 최근에 '베헤못'으로 개정되었습니다. 이 동물의 꼬리가 백향목이 흔들리는 것 같다고 표현한 것을 보면 꼬리가 아주 작은 하마가 아닌 것을 금방 알 수 있습니다. '공룡'이라는 단어는 1842년에 영국의 고생물학자가 파충류 중에서 거대한 이 동물에 붙인 이름으로서 한글 성경이 처음 번역되었던 당시 한국에서는 아직 현대 학교 교육이 시작되지 않았기 때문에 공룡이라는 단어를 들어보지도 못한 상황에서 하마라고 번역했던 것입니다. 그리고 꼬리가 백향목이 흔들리는 것 같고 하나님이 만드신 것 중에 으뜸이라고 한 것을 보면 이 동물이 공룡인 것을 금방 알 수 있습니다. 하나님께서 욥에게 이 동물을 언급하신 것을 보면 공룡이 인간과 같은 시대에 살고 있었음을 성경은 보여주고 있는 것입니다. 그리고 세계의 여러 강 바닥에 인간의 발자국과 공룡의 발자국이 함께 있는 것이 발견되었다는 것은 진화론이 얼마나 허구인가를 잘 보여주는 것입니다.

또한 최근 1998년에 시베리아에서 발견된 맘모스 공룡의 배에서 아열대 식물이 검출됨으로써 당시의 시베리아도 따뜻한 지방이었음을 말해 줍니다. 노아 홍수의 급격한 변화와 먹이의 감소는 공룡의 멸종의 원인이 되었을 것입니다. 노아 홍수 당시 전 세계를 덮었던 물은 홍수 후에 급격한 온도 강하에 의하여 양극 지방의 빙하로 변했습니다. 창세기 1장에서는 사시와 일자와 연한을 이루라고 하셨지만 노아 홍수 이후에는 추위와 더위와 여름과 겨울이 추가로 언급되어 있습니다.(창 8:21-22) 그러니까 홍수로 궁창 위의 물이 다 땅으로 내려오기 전 그러니까 노아 홍수 이전의 환경은 인간이 살기에 추위와 더위가 없는 쾌적한 환경이었습니다. 정말 하나님 보시기에 좋았습니다.

인간이 건강해지고 장수하는 데는 어떤 음식을 섭취하느냐가 또한 중요합니다. 창세기 1장 29절에 보면 씨 맺는 모든 채소와 씨 가진 열매 맺는 모든 나무를 식물로 주셨습니다. 육식을 식물로 주신 것은 노아 홍수 이후의 일입니다; **"(3) 모든 산 동물은 너희의 먹을 것이 될지라 채소 같이 내가 이것을 다 너희에게 주노라 (4) 그러나 고기를 그 생명 되는 피째 먹지 말 것이니라"(창 9:3-4)** 암과 같은 병을 예방하기 위하여 현대인들이 채식을 선호하는 것은 이상한 일이 아닙니다. 육식을 먹지 않고 채식을 먹었던 노아 홍수 이전 사람들이 900년 이상을 살았던 것에 비하여 노아 홍수 이후에는 평균수명이 120년으로 급강하한 이유는 물 층이 없어져서 기후가 거칠게 변한 것과 육식을 하게 됨으로 인간의 육신이 빨리 노화하게 되는 또 하나의 이유가 되는 것입니다.

　창세기 1장 30절을 보면 동물에게도 푸른 풀을 식물로 주셨기 때문에 동물들은 유순하였고 맹수가 되지 않았습니다. 공룡같이 거대한 동물들도 채식 동물이었습니다. 인류 역사의 끝에 예수님의 재림으로 나타날 천년왕국 즉 새 하늘과 새 땅에서는 '이리와 어린양이 함께 먹을 것이며 사자가 소처럼 짚을 먹을 것이며'(사 65:25)라고 기록하고 있습니다. 이리가 양과 함께 먹는다는 것은 채식동물이 될 것을 암시하는 말씀입니다. 사자가 소처럼 짚을 먹게 된다는 말씀에 주의하시기 바랍니다. 새 하늘과 새 땅은 에덴동산처럼 회복된 곳으로서 하나님이 창조하신 에덴동산은 정말 낙원이었습니다. 정말 하나님 보시기에 좋았습니다.

　창세기 1장 26절부터 보면 마지막 날인 여섯째 날에 사람을 만드셨습니다. 먼저 하늘과 땅과 별들과 강과 바다와 다양한 종류의 동물들과 온갖 종류의 식물들을 지으시어 인간이 살기에 쾌적한 환경을 만드신 후에 사람을 지으셨습니다. 만약에 먹을 것도 없이 나무도 풀도 없이 삭막한 환경에 사람을 먼저 지으셨다면 얼마나 넌센스였겠습니까? 더구나 찬란하고 영광스러운 하나님의 형상대로 사람을 지으시고 그들에게 복을 주시고 땅과 그 안에 있는 모든 생물을 정복하고 다스리라고 하였습니다. 상상해 보십시오. 아름다운 낙원에 영광이 찬란하게 빛나는 인간이 하나님과 숲 속을 거닐며 데이트하는 모습을 상상해 보십시오. 31절에 기록된 대로 "하나님이 그 지으신 모든 것을 보시니 보시기에 심히 좋았더라." 완전하신 하나님께서 심히 좋아하실 정도라면 얼마나 아름답고 좋은 것이었을까요?

　베드로후서 3장 7절을 보시기 바랍니다. **"이제 하늘과 땅은 그 동일한 말씀으로 불사르기 위하여 간수하신 바 되어 경건치 아니한 사람들의 심판과 멸망의 날까지 보존하여 두신 것이니라."** 그렇습니다. 물질세계의 창조는 인간 창조의 완성을 위해서 임시로 만들어 놓은 장소입니다. 그것은 시작과 끝이 있는 제한된 공간입니다. 그것은 시작하는 시간이 있고 끝나는 시간이 있는 제한된 시간입니다. 그러므로 우리가 살고 있는 이 물질세계는 우리가 영원히 살 수 있는 곳이 아닙니다. 애벌레가 나비로 완성되기 위하여 잠시 머무는 고치와 같은 것입니다. 그러므로 이 허무하고 유한한 세상에다 우리 인생의 모든 것을 걸어서는 안 될 것입니다. 이 세상은 우리 인생의 최종 목적지가 아닙니다. 하나님께서 창조하신 우주는 정말 하나님 보시기에 좋은 아름답고 완전한 세상이었습니다. 그러나 인간의 죄로 인하여 이처럼 피폐하고 험악한 세상으로 변질되었습니다. 그러나 하나님은 낙심하지 아니하십니다. 인간을 완전(perfect)하게는 창조하셨으나 아직 완성(completion)된 것은 아니기 때문입니다. 이 파괴된 물질세계에 창조주 하나님께서 친히 오셔서 죄값을 지불하심으로써 인간과 만물을 새롭게 하시는 일을 시작하신 것입니다. 창조주 그리스도는 그의 첫 번째 오심으로 우리의 영을 새롭게 하셨고(성령으로 거듭남), 그의 두 번째 오실 때에는 우리의 육신까지 새롭게 하여 영원히 썩지 않을 부활의 몸을 주실 것입니다. 죄인 인간은 예수 그리스도를 구주로 영접하여 죄사함을 받아야 합니다. 그리고 날마다 하나님의 말씀에 순종하여 성화의 삶을 살아야 합니다. 그리하여 주님 재림하실 때는 부활의 새 몸을 받아 잃어버린 하나님의 형상을 되찾고 하나님의 나라에 들어가 영생복락을 누려야 할 것입니다.

진화론자들이 만들어 놓은 지구의 연대는 믿을 수 있는 것인가요?

진화론자들은 무슨 근거로 지구가 45억 년 전에 생겨났다고 주장합니까? 진화론자들이 추측으로 정해 놓은 지구의 연대는 과학적인 실험의 결과일까요?

진화론을 진리라고 믿는 과학자들은 항상 하나님을 보여주면 믿겠다는 것입니다. 과학은 실험을 통해서 진실 여부를 증명해야 하기 때문에 눈에 보이고 손으로 만질 수 있는 것이어야 한다는 것입니다. 하나님은 보이지 않는 허상이기 때문에 자기들이 실험할 수 없다는 것입니다. 쉽게 말하면 하나님이 눈에 보이지 않아서 하나님이 존재하지 않는다는 것입니다. 그래서 과학자들은 하나님을 보여주면 당장에 믿겠다고 서슴없이 말하는 것입니다.

과학은 실험을 통해서 진실 여부를 증명해야 한다면 진화론은 결코 과학이 아닌 신앙이며 미신입니다. 왜냐하면 진화론에 따르면 지구의 나이는 대략 45

억 년에서 50억 년이라고 주장하는데 우리 인간은 그 긴 시간을 살지 못하기 때문에 그 진실 여부를 조사하여 증명할 수가 없기 때문입니다. 그래서 진화론자들에게 "진화론을 실험을 통해서 증명했습니까?"라고 질문하면 자기들은 증명하지 못했다고 말합니다. "그러면 증명되지 않은 진화론을 왜 과학적인 진리라고 주장합니까?"라고 물으면 자기들을 가르치신 유명한 교수님들이 그렇게 가르쳤기 때문에 진리로 받아들인다는 것입니다. "그러면 그 유명한 교수님들은 실험을 해서 증명했습니까?"라고 물으면 "너무 긴 시간이기 때문에 그들도 실험하지는 못했을 것이라"고 궁색한 대답을 합니다.

그러나 비록 실험은 할 수 없어도 연대측정 방법을 개발하여 지구의 연대뿐 아니라 지구에 존재했던 생명체들이나 물체들의 연대를 알 수 있다고 주장합니다. 그래서 지금까지 사람들은 서적을 통해서나 혹은 텔레비전을 통해서 무슨 수억 년 된 동물의 뼈가 발견되었다는 뉴스를 들을 때 그냥 진리처럼 받아들이고 아무도 의심하지 않습니다. 왜냐하면 우리는 초등학교 때부터 진화론 사상으로 세뇌되어 왔기 때문입니다. 그래서 많은 사람들은 연대측정 방법이 얼마나 부정확한 것인지를 알지 못하고 있습니다. 여기에 연대측정에 대한 이동영 박사님의 짧은 글을 소개합니다.

※ 방사선 탄소(C-14) 시계방법
생물체의 연대측정 방법에는 역사적 고고학적 방법 이외에 방사선 탄소방법이 유일하다. 이 방법의 원리는 첫째 C-14는 대기 중에 있는 질소(78%)가 우주선의 작용에 의해서 생성되고, 둘째 생성된 C-14는 산소와 반응, 이산화탄소(CO_2)를 만들어 동식물들의 구조 속에 들어가며, 셋째 일단 그 생명이 죽으면 C-14는 더 이상 생성되지 않고 조직 속에서 점점 붕괴하여 없어지며, 넷째 현존하는 동식물 속에 있는 C-14의 양이 과거에 살았던 동식물들 속에 들어 있는 양과 같다는 가정하에서 C-14의 반감기를 5,600년으로 잡아 화석이나 오래된 다른 물질들의 연대를 산출하는 방법이다. C-14 방법으로는 최고 약 4만 5천 년까지 추정할 수 있다.

여기서 이 측정법의 문제를 다루기 전에 우선 몇 가지 의문점들을 살펴보자.
첫째, 질소에 대한 우주선의 작용이 과거나 현재나 똑같아서 항상 일정한 양의 C-14를 생성된다고 볼 수 있는가?

둘째, C-14의 반감기 5,600년은 정확히 측정된 것인가?(필자 주: 동식물 속에 들어간 이산화탄소가 다 없어지기까지 5,600년이 걸린다는 것은 아무도 실험할 수도 없고 오직 상상으로 가정한 것입니다.)

셋째, C-14의 붕괴 속도가 시간과 환경에 무관하게 항상 일정한가?

넷째, 대기 중의 질소의 양이 과거나 현재에나 같다고 보는가?

다섯째, C-14 측정 방법은 정밀하며 항상 같은 결과를 얻을 수 있는가? 등의 확증과 검증되지 않은 부분들이 내재해 있는 방법이다.

예를 들어서 살아 있는 달팽이 껍질을 떼어서 C-14 방법으로 측정한 연대는 2,300년으로 산출되었고, 살아 있는 고목의 나이를 측정한 결과는 1만 년, 그리고 갓 잡은 물개가 1,300년, 죽은 지 30년 된 물개가 4,600년이나 오래된 것으로 추정되는 등 많은 오차를 가지고 있음을 주목해야 한다. 앞에서 간단하게 설명한 바와 같이 설정한 가설들이 보장될 수 없기 때문에 측정오차는 그 범위가 매우 크게 되는 것이다. 그러나 아직도 많은 사람들은 C-14 연대측정 방법은 잘 검증된 것으로 그 결과들을 받아들이고 있음을 쉽게 볼 수 있다.

※ 기타 방사선 동위원소 방법

오랜 연대를 측정하는 대표적 방법은 방사선 동위원소인 우라늄(U238)을 사용하는 방법이다. 우라늄 U238은 14단계를 거쳐서 안정적인 납(Pb206)으로 된다. 이 붕괴 과정을 이용하여 오래된 연대를 추정하는 것이다. 그 밖에 K-Ar 방법 및 Th-Pb 방법 등도 있지만 C14 방법에서 소개하였듯이 유사한 가정으로부터 출발하기 때문에 부정확하기는 마찬가지이다. C14 방법으로는 최고 4만 5,000년까지 추정할 수 있는 것으로 보지만 K40-Ar40과 U238-Pb206 방법들은 모두 30억 년까지 측정 가능한 것으로 알려져 있다. 우라늄 U238의 반감기가 45억 년임을 이용해 진화론에서 지구의 나이를 45억 년 이상으로 추정한다. (필자 주: 우라늄이 납이 될 때까지 14단계를 거쳐야 된다고 했는데 우라늄이 납이 되는 데까지 45억 년이 걸린다고 하였으니 이는 누구도 실험해 볼 수 없는 긴 기간이므로 지금까지 아무도 45억 년 동안 관찰해서 우라늄이 납으로 변한 것을 눈으로 확인한 사람이 없습니다. 또한 우라늄이 납이 되기까지 14단계를 거쳐야 한다는 이론도

다 가설일 뿐 아무도 14단계를 거쳐서 우라늄으로 납을 만든 사람이 없습니다. 그렇게 하려면 그들의 주장대로 45억 년이 걸려야 하기 때문입니다. 그러므로 현재 지구에는 납이 존재하고 있으니까 최소한 45억 년이 되었을 것이라는 진화론자들의 터무니없는 가설일 뿐 전혀 과학이 아닙니다. 문제는 사람들이 그들의 말을 아무 의심 없이 진리로 믿고 있다는 점입니다.

그러나 창조를 믿는 과학자들은 방사선 동위원소들을 이용한 연대측정에는 받아들이기 어려운 가정들이 많이 내포되어 있으므로 정확성이 없는 추정으로 본다. 참고문헌 (1), (2) 및 (3)에 기술된 바와 같이 약 200년 전의 것으로 알고 있는 하와이의 용암과 또 다른 용암을 측정해 보니 몇십억 년 전의 것으로 추정되었고, 같은 방법으로 콜로라도의 광산침전물에 대해서 측정한 연대들 사이에는 1억 년 이상의 차이를 나타냈다. 캄브리안기에 형성된 암석이라고 주장하는 암석을 측정한 결과는 다른 방법으로 얻은 값과 무려 2억 년의 차이를 보였다. 그리고 아폴로호가 달에서 채취해 온 월석을 U238-Pb206 및 Th232-Pb206으로 분석한 결과 달의 나이가 200만 년에서 280억 년까지 다양하였다. 앞에서 여러 가지 예에서 보였듯이 과학적 방법들로 얻어진 연대들이 지극히 비과학적이고 신빙성이 없는 이유는 한마디로 잘못된 가정들 때문이다. 보다 사실에 가까운 가정을 설정하여 연대를 측정하기 전에는 현존하는 방사선시계 방법은 정밀하지 못함을 알 수 있다. 수천 년까지의 젊은 연대는 나무의 나이테를 통하여 실증할 수 있어서 비교적 정확하지만 몇만 년 단위만 되어도 과학이나 역사적으로 입증할 수 없는 일련의 가정을 바탕으로 얻은 연대이므로 정확성을 기대할 수 없는 것이다. 그동안 진화론자들은 자기들에게 유리한 자료들을 선택해서 발표하였으며 생물 교재에서도 마치 진화론이 과학적으로 증명된 것처럼 일방적으로 제시해 오고 있다. 따라서 지구나 생명의 기원이 매우 오래되었을 것이라고 많은 사람들이 믿고 별로 저항 없이 받아들이고 있다.)

그러면 성경은 하늘에 떠 있는 별들에 대하여 무엇이라고 기록하고 있습니까?
(사 13:10) 하늘의 별들과 별 떨기가 그 빛을 내지 아니하며 해가 돋아도 어두우며 달이 그 빛을 비취지 아니할 것이로다.

예수님보다 약 600여 년 전에 살았던 이사야 선지자가 쓴 글을 보시기 바랍니다. 이사야서 13장 10절을 보면 '별들'과 '별떨기'라는 말을 구별하여 기록하고 있습니다. '별들'이란 낱개의 별들을 의미하는 것이고 '별떨기(별무더기)'란 영어성경에서 보시는 대로 'constellations' 즉 '성운'이라는 말입니다. 그러니까 '별떨기'라는 말, 즉 성경은 벌써 낱개의 별과 구별하여 '성운'의 존재를 예수님보다 600여 년 전의 이사야 시대에 언급하고 있습니다. 현대과학이 최근에 발견한 성운의 존재를 성경은 벌써 예수님보다 600여 년 전에 살았던 이사야 선지자를 통해서 말씀하고 있는 것입니다. 이것은 성경이 우주를 직접 창조하신 하나님의 말씀이라는 것을 보여주는 확실한 증거입니다.

(욥 26:7) 그는 북편 하늘을 허공에 펴시며 땅(지구)을 공간에 다시며

욥은 아브라함과 동시대의 사람으로서 예수님보다 약 2,000년 전에 살았던 인물입니다. 욥의 글에는 지구가 허공 중에 떠 있음을 말하고 있습니다. 중세 시대만 해도 사람들은 지구표면은 평평하고 지구 밑에는 큰 기둥으로 떠받쳐 있는 것으로 이해하였습니다. 그래서 바다 끝에는 물이 폭포처럼 밑으로 떨어진다고 믿었습니다.

중세 사람들이 생각했던 평평한 지구

그러나 하나님의 말씀은 지구가 공중에 떠 있는 사실을 지금부터 4,000년 전에 말하고 있는 것입니다. 욥기 26장 7절을 보시면 하나님은 '땅(지구)을 공간에 다시며(띄우다)'고 기록하고 있습니다. 우리 인간은 중세 이후에야 겨우

지구가 공중에 떠 있다는 사실을 발견하였는데 성경은 이같이 4,000년 전에 욥을 통해서 말씀하고 있습니다. **성경이 하나님의 말씀임을 증명해 주는 놀라운 말씀입니다.**

(사 40:22) 그는 땅 위 궁창(둥근 지구 위)에 앉으시나니 땅의 거민들은 메뚜기 같으니라(He sits enthroned above the circle of the earth).

또 예수님보다 600여 년 전에 살았던 이사야 선지자가 쓴 글에도 지구가 둥글다는 사실을 확실하게 보여주고 있습니다. 이사야서 40장 22절에 보시면 하나님은 땅 위 궁창에 앉으셨다고 기록하고 있는데 여기서 땅 위 궁창에 앉으셨다는 말은 둥근 지구 위에 앉으셨다는 의미입니다. 영어성경의 표현이 잘 보여주고 있습니다. "He sits enthroned above the circle of the earth(둥근 지구 위에)." 참으로 놀라운 일입니다. 2,600여 년 전에 지구가 둥글다는 것을 기록한 성경, 그리고 4,000년 전에 지구가 공중에 떠 있다는 것을 기록한 성경은 누가 보아도 하나님의 말씀임에 틀림없습니다. 이 말씀들은 성경이 하나님의 말씀임을 입증하는 또 하나의 증거일 뿐입니다.

또 누가복음 17장 34-35절을 보십시오. "(34) 내가 너희에게 이르노니 그 밤에 두 남자(사람)가 한 자리에 누워 있으매 하나는 데려감을 당하고 하나는 버려 둠을 당할 것이요 (35) 두 여자가 함께 매를 갈고 있으매 하나는 데려감을 당하고 하나는 버려 둠을 당할 것이니라."

이것은 예수님께서 재림하실 때 밤에 두 사람이 자고 있었는데 그 중에서 예수님을 믿은 한 사람은 휴거하고 믿지 아니하는 다른 한 사람은 휴거하지 못할 것이며 또 두 여자가 낮에 매를 가는 일을 하고 있었는데 예수 믿은 한 여자는 휴거하고 믿지 아니하는 다른 한 여자는 휴거하지 못할 것이라는 상황을 말씀하는 것입니다. **여기서 밤에 자는 사람들과 낮에 일하는 사람들의 상황을 동시에 언급하신 것은 예수님께서는 지구가 둥글다는 것을 아셨기 때문입니다.** 아래 그림에서 보는 것처럼 예수님 재림의 순간에 지구의 한쪽은 낮이 되고 다른 한쪽은 밤이 된다는 것을 자연스럽게 말씀하신 것입니다. 그러니까 지금부터 2,000년 전에 예수님께서 하신 말씀 중에서도 지구가 둥글다는 것을 자연스럽게 보여주고 있습니다. 우주와 지구를 직접 창조하신 분이시니까 지구가 둥글다는 것을 당연히 자연스럽게 말씀하신 것입니다. 그러나 우리 인간들은 지구가 둥글다는 것을 겨우 수백 년 전에야 알게 되었습니다.

또 고린도후서 12장 2절에 사도 바울이 가 보았다는 '셋째 하늘'은 무엇입니까? "(2) 내가 그리스도 안에 있는 한 사람을 아노니 그는 십사 년 전에 **셋째 하늘**에 이끌려 간 자라(그가 몸 안에 있었는지 몸 밖에 있었는지 나는 모르거니와 하나님은 아시느니라)."

창세기 1장 1절에 "In the beginning God created the heavens and the earth"라고 기록되어 있는데 여기서 하나님은 'heavens' 즉 '하늘들'과 지구를 창조하셨다고 하였습니다. 사도 바울이 본 '셋째 하늘'은 'third heaven'입니다. 그러면 이 '셋째 하늘'은 무엇이겠습니까? 지구에서 볼 때 지구를 둘러싸고 있는 대기, 즉 우리가 지상에서 보고 있는 저 파란 공간이 바로 첫째 하늘입니다. 사도 바울의 영이 지구를 빠져나갈 때 첫째로 본 하늘입니다. 그런데 좀 더 나아가서 지구가 속한 성운을 빠져나가 보니까 성운과 성운 사이에 있는 거대한 공간 즉 '둘째 하늘'에 들어가게 된 것입니다. 그 후 수많은 성운들이 있는 우주의 끝(아래 그림에서 공 밖으로 나가면)을 지나서 성운들이 더 이상 없는 영원 차원에 들어가게 되었으니 그것이 '셋째 하늘'이었습니다. 즉 시간과 공간이라는 우주를 벗어난 후에 시간과 공간이 없는 영원 차원에 들어가 천국을 경험한 것입니다. 이처럼 2,000년 전에 하나님은 벌써 사도 바울을 통해서 아래 그림에서 볼 수 있는 우주의 구조를 '셋째 하늘'이라는 표현으로 보여주신 것입니다. **성경이 하나님의 말씀이라는 것**

을 또다시 증명해 주는 구절입니다. 과학이 발달하면 발달할수록 성경에 기록된 내용들이 점점 더 진리로 드러나는 것입니다.

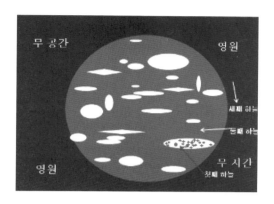

이상에서 살펴본 대로 수천 년 전에 선지자들에 의하여 기록된 내용들이 현대과학에 의하여 증명되고 있습니다. 그러면 그 선지자들이 과학자들이었습니까? 그들은 다만 "여호와께서 내게 말씀하시기를" 하면서 하나님께서 지시하신 내용들을 기록했을 뿐입니다. 그러니까 성경의 저자는 하나님이시고 따라서 성경은 하나님의 말씀입니다.

성경은 수천 년 전에 기록되었지만 하나님과 인생과 우주에 대하여 가장 정확한 정보(information)을 지니고 있습니다. 성경은 만고불변의 진리입니다. 성경을 통해서 우리는 하나님이 어떤 분이신지를 알게 되고 우리 인생이 누구인지를 알게 되며 인생이 어디로 와서 어디로 가는지를 알게 됩니다. 그러므로 우리는 이 성경이 무엇을 말하고 있는지에 귀를 기울여야 합니다. 이 성경 안에 우주만물의 모든 비밀이 담겨 있으며 우리 인생의 살 길이 있기 때문입니다. 그리고 더욱 충격적인 것은 이 성경이 믿는 자는 영원한 천국으로 가게 된다는 말씀과 불신자는 영원한 지옥불에 던져진다고 선포하고 있기 때문입니다. 우리가 도저히 그리고 더 이상 그냥 무시하고 지나칠 수 없는 두려운 말씀입니다.

더 충격적이고 심히 두려운 것은 교회에 다니는 "평신도들뿐 아니라 그들을 가르치는 영적 지도자들까지도 지옥불에 던져질 것이라"고 우리가 구주로 믿

는 사랑의 예수님께서 직접 말씀하셨다는 점입니다;

"(21) 나더러 주여 주여 하는 자마다 천국에 다 들어갈 것이 아니오 오직 내 아버지의 뜻대로 행하는 자라야 들어가리라 (22) 그 날에 많은 사람이 나더러 이르되 주여 주여 우리가 주의 이름으로 선지자 노릇 하며 주의 이름으로 귀신을 쫓아내며 주의 이름으로 많은 권능을 행하지 아니하였나이까 하리니 (23) 그 때에 내가 그들에게 밝히 말하되 내가 너희를 도무지 알지 못하니 불법을 행하는 자들아 내게서 떠나가라 하리라."(마 7:21-23)

물고기에게 물과 공간으로 구성된 어항은 하나의 세계입니다. 물고기는 어항 밖에 있는 세계에 대해서 깨달을 길이 없습니다. "어항 밖에는 무한히 터진 공간이 있으며 사람들이 자동차를 타고 다니며 비행기를 타고 다닌다"고 말하면 물고기는 그런 세계를 전혀 이해하지 못할 것입니다. 물이 없이도 숨을 쉬며 살 수 있는 그런 세계를 물고기는 전혀 이해하지 못할 것입니다. 하나님은 인간을 만들어 시간과 공간으로 구성된 우주 속에 집어넣으셨습니다. 우주가 우리 인간에게는 끝을 발견할 수 없을 만큼 광활하고 거대하지만 하나님께서 무한한 세계에서 보실 때에는 우주는 하나의 작은 어항과 같습니다. 그리고 우리 인간은 어항 속에 갇힌 물고기와 같습니다. 시간과 공간 밖에 시간을 초월하고 공간을 초월한 무한한 하나님의 세계와 하나님의 존재를 우리의 제한된 지혜와 지식으로 이해한다는 것은 도저히 불가능합니다. 하나님이 우리에게 계시로 가르쳐 주시지 아니하면 우리 인간은 아무것도 알지 못합니다. 성경은 삼위일체의 하나님께서 이 우주 만물과 인생을 창조하셨다고 가르쳐 주고 있습니다. 하나님과 우주와 인생을 바로 이해하기 위해서 하나님이 주신 이 정보를 믿음으로 받아들이는 길밖에는 다른 길이 없습니다. **성경은 이와 같이 하나님과 우주와 우리 인생에 대하여 가장 정확한 정보를 제공하는 하나님의 말씀입니다.** 성경은 하나님이 어떤 분이시며 우리가 어디서 왔고 어디에 있고 어디로 갈 것인지에 대하여 정확하게 말씀하고 있습니다. 또 우리가 살고 있는 이 세상이 어떻게 만들어졌고 앞으로 어떻게 될 것까지도 말씀해 주고 있습니다. 이 하나님의 말씀인 성경에서 우리는 인생과 우주와 하나님에 대한 모든 해답을 발견하게 될 것입니다.

시편 139편 1절부터 16절까지 보십시오. (1) 여호와여 주께서 나를 감찰하시고 아셨나이다. (2) 주께서 나의 앉고 일어섬을 아시며 멀리서도 나의 생각을 통촉하시오며 (3) 나의 길과 눕는 것을 감찰하시며 나의 모든 행위를 익히 아시오니 (4) 여호와여 내 혀의 말을 알지 못하시는 것이 하나도 없으시니이다. (5) 주께서 나의 전후를 두르시며 내게 안수하셨나이다. (6) 이 지식이 내게 너무 기이하니 높아서 내가 능히 미치지 못하나이다. **(7) 내가 주의 신을 떠나 어디로 가며 주의 앞에서 어디로 피하리이까 (8) 내가 하늘에 올라갈지라도 거기 계시며 음부에 내 자리를 펼지라도 거기 계시니이다. (9) 내가 새벽 날개를 치며 바다 끝에 가서 거할지라도, (10) 곧 거기서도 주의 손이 나를 인도하시며 주의 오른손이 나를 붙드시리이다.** (11) 내가 혹시 말하기를 흑암이 정녕 나를 덮고 나를 두른 빛은 밤이 되리라 할지라도 (12) 주에게서는 흑암이 숨기지 못하며 밤이 낮과 같이 비취나니 주에게는 흑암과 빛이 일반이니이다. (13) 주께서 내 장부를 지으시며 나의 모태에서 나를 조직하셨나이다. (14) 내가 주께 감사하옴은 나를 지으심이 신묘막측하심이라 주의 행사가 기이함을 내 영혼이 잘 아나이다.

우리는 시간과 공간이라는 작은 어항 같은 곳에 갇혔기 때문에 우리가 아무리 과학을 발전시켜서 저 하늘 꼭대기 우주의 끝을 간다 할지라도 거기에도 하나님이 계시기 때문에 우리가 어떻게 하나님을 피할 수가 있겠습니까? **그래서 시편 기자는 "(7) 내가 주의 신을 떠나 어디로 가며 주의 앞에서 어디로 피하리이까 (8) 내가 하늘에 올라갈지라도 거기 계시며 음부에 내 자리를 펼지라도 거기 계시니이다"라고 고백할 수밖에 없었던 것입니다.**

시편 14편 1절에 기록된 대로 오직 어리석은 사람만이 하나님이 없다고 주

장할 것입니다. "어리석은 자는 그 마음에 이르기를 하나님이 없다 하도다."(시 14:1) 시간과 공간이라는 3차원의 세계에 갇혀 있는 우리가 무한 차원의 하나님과 우주의 기원을 알기 위해서는 하나님이 계시해 주신 말씀을 믿고 받아들이는 길밖에 없는 것입니다. 왜냐하면 우리는 피조된 우주가 너무 커서 우주의 본질을 자세히 조사해 보기는커녕 단순히 그 우주의 크기를 알아보기 위해서 우주의 끝을 가보는 것조차도 불가능한 왜소한 존재이기 때문입니다.

그래서 히브리서 11장 3절은 이 점을 분명히 하고 있습니다.
"믿음으로 모든 세계가 하나님의 말씀으로 지어진 줄을 우리가 아나니……"

그렇습니다. 오직 믿음으로 하나님이 우리에게 주신 말씀을 받아들이는 것만이 우주에 대하여 하나님에 대하여 정답을 얻을 수 있는 유일한 길입니다. 하나님은 시시한 우리에게 거짓말하실 필요가 전혀 없으신 분이십니다. 다시 말하지만 하나님은 우리 인간이 누구인지, 우주의 기원이 무엇인지, 하나님이 누구이신지에 대하여 사실을 말씀하셨고 정답을 가르쳐 주신 분이십니다. 믿음으로 하나님의 말씀을 받아들이는 길만이 하나님과 우주와 인생에 대한 정답을 얻을 수 있는 유일한 길입니다.

누가 당신의 출생 시간을 결정했습니까? 당신이 정했습니까? 누가 당신의 출생 장소를 결정했습니까? 누가 당신의 피부 색깔을 결정했습니까? 당신이 정했습니까? 당신이 그렇게 원했습니까? 당신의 의견이 조금이라도 반영되었습니까? 당신은 왜 백인이 아니고 흑인도 아니고 한국인입니까? 당신이 그렇게 정했습니까? 당신의 성은 누가 정했습니까? 당신이 그렇게 정했습니까? 당신의 얼굴 모양을 당신이 결정했습니까? "나는 이런 얼굴로 태어나고 싶다" "나는 이런 나라에 태어나고 싶다"든지 하는 당신의 의견이 조금이라도 반영되었습니까? **이와 같이 나는 내 존재에 대해서조차 아무것도 할 수 없는 무력한 존재입니다. 내가 내 존재 하나조차 어떻게 할 수 없는 존재인데 어떻게 내가 하나님 없이 살아갈 수 있다고 교만할 수 있겠습니까?** 어떤 사람은 자기 잘생긴 것 가지고 무척 잘난 체합니다. 마치 자기가 자기 얼굴을 잘 나게 만들기나 한 것처럼 말입니다. 어떤 사람은 자기 지능이 뛰어나다고 아주 잘난 체합니다. 마치 자기가 자기 지능을 뛰어나게 만든 것처럼 말입니다. 이것이 얼마나 악하고 어리석은 짓입니까?

진화론은 과학이 아니고 과학자들이 만들어낸 믿음(종교)이라는 것을 다음 유튜브 비디오가 잘 보여주고 있습니다. 꼭 참고하시기 바랍니다.

진화론 vs 하나님(한글 자막) 35분

지금까지 인류 역사에서 수많은 종교 서적들과 과학 서적들이 있어 왔지만 이렇게 우주에 대하여 생명의 기원에 대하여 수천 년 전에 정확하게 기록한 책은 성경밖에 없다는 이 충격적인 사실을 우리는 인정해야 합니다. 이상에서 살펴본 대로 우리는 성경이 정말 하나님의 말씀이라는 것을 분명하게 확인하게 되었습니다. 그리고 더 소름 끼치는 것은 예수님은 성경에 기록된 일점일획까지도 다 이루어질 것이라고 말씀하신 점입니다. 또 한 가지 우리가 명심해야 할 것은 "우리 인간도 하나님께서 창조하신 피조물이라"는 것을 바로 이 성경이 말하고 있는 것입니다. 그리고 우리 인간을 더 공포에 떨게 하는 것은 하나님의 말씀인 이 성경이 우리 인간을 죄인들이라고 정죄하고 있으며 죄인들을 영원히 꺼지지 않는 지옥불에 던질 것이라고 경고하고 있다는 점입니다. 성경에 기록된 말씀이 다 진리이고 기록된 그대로 이루어지는 것이 사실이라면 인간에 대해서 기록한 성경 말씀도 기록된 그대로 이루어질 것이므로 우리는 더이상 이 문제를 그냥 무시하고 안일하게 넘어갈 수 없는 심각한 위기에 처해 있는 것입니다.

불행 중 한 가지 다행한 것은 이 성경이 어느 특정한 사람들에게만 주어진 것이 아니라 바로 우리 모두의 손 안에 있어서 우리가 원하면 언제든지 성경을 직접 읽어보고 하나님의 뜻이 무엇인지 직접 깨닫고 확인할 수 있다는 점입니다. 그러므로 이제부터 우리는 하나님의 말씀인 이 성경을 낱낱이 파헤쳐서 과연 우리 인간이 어디서 왔으며, 왜 무엇 때문에 무슨 목적으로 지금 여기에 있으며, 장차 어디로 가게 될 것인지를 성경에서 찾아내야 할 것입니다. 더구나 이 성경이 "말세시대의 교회에서는 우리가 하나님의 말씀을 들을 수 없게 될 것이라"고 말하고 있으므로 우리는 더 이상 사람들이 자기들 교파의 입맛에 맞게 해석한 설교의 말을 듣지 말고 우리가 직접 이 성경에서 하나님의 말씀을 매일 듣고 이 성경에 기록된 말씀대로 순종하며 살아야 할 것입니다. 이것이 바로 알고 바로 믿고 바로 사는 비결입니다. 부디 예수님께서 말씀하신 다음의 말씀들을 명심하시기 바랍니다; "(7) 사람의 계명으로 교훈을 삼아 가르치니 나를 헛되이 경배하는도다 하였느니라 (8) 너희가 하나님의 계명은 버리고 사람의 유전을 지키느니라"(막 7:7-8) "(15) 화 있을진저 외식하는 서기관들과 바리새인들이여 너희는 교인 한 사람을 얻기 위하여 바다와 육지를 두루 다니다가 생기면 너희보다 배나 더 지옥 자식이 되게 하는도다"(마 23:15)

2. 성경은 인간에 대하여 무엇이라고 말하고 있는가?

"인간은 무엇인가?" "나는 도대체 누구인가?" "이 세상은 무엇이며 나는 왜 여기에 살고 있는가?" "내 존재의 의미와 목적은 무엇인가?" 이런 질문을 자문해 보지 않은 사람은 아무도 없을 것입니다. 진화론자들이 이 질문에 대해서 연구하고 고안해 낸 답이 겨우 '고릴라가 자신들의 조상이라'는 것… 스스로 과학자라고 자부하는 사람들이 연구한 결과가 '자신들이 고릴라의 후손이라'는 것… 또 이 세상의 사람들이 초등학교 때부터 대학에 이르기까지 그들의 말을 진리라고 배우고 믿고 가르치고 있는 이 참혹한 현실… 이런 것들이 오늘 우리를 슬프게 하는 것들입니다.

그러면 하나님의 말씀으로 증명된 성경은 과연 인간에 대하여 무엇이라고 말씀하고 있습니까? 다음의 구절들을 읽어보면 하나님이 인간을 흙으로 지으셨고 하나님의 형상대로 창조하셨다고 기록하고 있습니다: **"하나님이 자기 형상 곧 하나님의 형상대로 사람을 창조하시되 남자와 여자를 창조하시고"**(창 1:27) **"여호와 하나님이 흙으로 사람을 지으시고 생기를 그 코에 불어넣으시니 사람이 생령이 된지라"**(창 2:7) 필자가 남아공에서 **"하나님이 사람을 흙으로 지으셨다"**는 말씀을 전하고 있었는데 60대로 보이는 한 의사 선생님께서 버럭 화를 내시면서 '멀쩡하게 생긴 사람이 이 아프리카까지 와서 이 무식한 아프리카 사람들을 희롱하느냐?'며 호통을 치셨습니다. "어떻게 인간의 몸이 흙으로 만들어질 수 있느냐?"는 것입니다. 진화론으로 세뇌당하신 의사 선생님으로선 당연한 반응입니다. "지금 우리의 몸과 흙은 전혀 다른 물질로 보입니다. 그러나 우리의 몸이 죽고 나면 무엇으로 변합니까? 다 흙으로 돌아갑니다. 우리의 몸과 흙은 다른 물질이 아니고 같은 물질입니다. 한국말에 '신토불이'라는 말이 있습니다. 즉 우리의 몸과 흙은 서로 다른 것이 아니라는 뜻입니다"라고 대답해 줄 수밖에 없었습니다.

본래의 인간
인간을 하나님의 형상대로 지으셨다는 것은 무엇을 의미합니까?

창세기 1장 26~27절에 보면 "하나님이 가라사대 우리의 형상을 따라 우리의 모양대로 우리가 사람을 만들고… 하나님이 자기 형상 곧 하나님의 형상대로 사람을 창조하시되 남자와 여자를 창조하시고"라고 기록하고 있으며 2장 7절에는 "여호와 하나님이 흙으로 사람을 지으시고 생기를 그 코에 불어넣으시니 사람이 생령이 된지라"라고 기록되어 있습니다. 그러면 사람이 하나님의 형상으로 지으심을 받았다는 말은 무엇을 의미하는 것입니까?

첫째로 사람이 하나님의 형상으로 지으심을 받았다는 말은 사람을 **영적인 존재**로 지으셨다는 말입니다. 하나님은 영이시기 때문에 사람도 영을 소유한 영적인 존재로 지었다는 말입니다. "이스라엘에 관한 여호와의 말씀의 경고라 여호와 곧 하늘을 펴시며 땅의 터를 세우시며 **사람 안에 심령(the spirit of man – 사람의 영)을 지으신 자가 가라사대**(who forms the spirit of man within him)"(슥 12:1) 여기 한글 성경에는 '심령'이라고 번역되었는데 히브리어 성경에는 '루아흐' 즉 '영(spirit)'이라는 뜻입니다. 그러니까 하나님은 우리의 육신을 흙으로 만드신 후에 그 육신 안에 '사람의 영(루아흐)'을 만들어 집어넣으신 것입니다.

둘째로 사람이 하나님의 형상으로 지으심을 받았다는 말은 사람을 **영원한 존재**로 지으셨다는 말입니다. 하나님은 영원하신 분이시기 때문에 인간도 영원한 존재로 지으신 것입니다. "하나님이 모든 것을 지으시 되 때를 따라 아름답게 하셨고 **또 사람에게 영원을 사모하는 마음을 주셨느니라**(He has also set eternity in the hearts of men) 그러나 하나님의 하시는 일의 시종을 사람으로 측량할 수 없게 하셨도다"(전 3:11) 한글 성경에는 사람에게 **"영원을 사모하는 마음을 주셨다"**고 기록되어 있는데 영어 성경에는 **"사람의 마음 안에 영원성을 집어넣으셨다"**라고 기록되어 있습니다. 영어 성경에서는 'hearts'라고 번역되어 있는데 히브리 성경에는 '벨리빰'이라고 기록되어 있습니다. 그 뜻은 '속사람, 마음, 의지, 심장' 등을 의미하는 단어입니다. 즉 인간 존재의 속 중심에 '영원성'을 집어넣으셨다는 말입니다. 다시 말해서 하나님이 영원한 존재인 것처럼 인간도 영원한 존재로 지으셨다는 말입니다. 인간은 영원하신 하나님의 형상대로 지음을 받았기 때문에 본인이 원하든 원치 않든 영원히 살게 되어 있습니다. 인간은 하나님처럼 영원한 존재로 지어졌기 때문에 인간은 죽은 후에도 그 존재가 없어지지 아니한다고 성경은 분명히 언급하고 있습니다. 성경은 인간이 천국에 가든지 지옥에 가든지 영원히 살게 될 것을 말하고 있습니다.

셋째로 사람이 하나님의 형상으로 지으심을 받았다는 말은 사람을 **도덕적인 존재**로 지으셨다는 말입니다. "(23) 오직 심령으로 새롭게 되어 (24) **하나님을 따라 의와 진리의 거룩함으로 지으심을 받은** 새 사람을 입으라(and to put on the new self, created to be like God in true righteousness and holiness)"(엡 4:23-24) '하나님을 따라'가 아니고 '하나님처럼'입니다. 그리고 '의와 진리의 거룩함'이 아니고 '참된 의와 거룩함(in true righteousness and holiness)'입니다. 하나님은 도덕적으로 선하시고 거룩하시고 의로우시고 완전하신 분이시기 때문에 인간을 하나님의 형상으로 지으셨다는 말은 인간도 하나님처럼 거룩하고 의로운 도덕적인 존재로 지어졌음을 의미하는 것입니다. 비록 죄로 인해서 인간의 심성 안에 악이 존재하게 되어 흉악한 죄악을 저지르는 중에도 인간은 양심의 가책을 떨쳐버리지 못합니다.

넷째로 사람이 하나님의 형상으로 지으심을 받았다는 말은 사람을 **지성적인 존재**로 지으셨다는 말입니다. "새 사람을 입었으니 이는 **자기를 창조하신 자의 형상을 좇아 지식에까지 새롭게** 하심을 받는 자니라"(골 3:10) 하나님은 모든 것을 다 아시는 지적인 존재이기 때문에 인간도 하나님을 닮은 지적인 존재로 지으셨습니다. 그러므로 인간이 처음 하나님의 형상대로 지음을 받았을 때에는 지식적으로도 탁월한 인간이었습니다. 그러나 죄로 인하여 하나님의 형상이 망가져 인간은 그 탁월한 지능을 잃어버리고 극히 소량의 지능을 소유하고 있을 뿐입니다. 지상에 존재하는 다른 동물들을 보십시오. 인간보다 더 크고 힘이 센 동물들도 있지만 그들은 지금까지 연필 하나도 만들지 못했습니다. 유일하게 우리 인간만이 이처럼 거대한 문명을 발전시킬 수 있었습니다. 이것은 인간이 하나님의 형상대로 지음을 받은 존재라는 것을 보여주는 또 하나의 증거입니다.

마지막으로 사람이 하나님의 형상으로 지으심을 받았다는 말은 사람을 **자유의지를 지닌 존재**로 지으셨다는 말입니다. 고린도후서 3장 17절을 보십시오. **"주는 영이시니 주의 영이 계신 곳에는 자유함이 있느니라**(Where the Spirit of the Lord is, there is freedom)."** 로마서 8장 21절을 보십시오. "그 바라는 것은 피조물도 썩어짐의 종노릇 한 데서 해방되어 **하나님의 자녀들의 영광의 자유에** 이르는 것이니라." 하나님이 자유의지를 가진 존재이신 것처럼 인간도 하나님의 형상대로 지음을 받았기 때문에 인간도 영광스런 자유를 가진 존재로 창조되었습니다. 인간은 하나님께 자동적으로 순종하도록 로봇으로 만들어지지 않았습니다. 스스로 생각하고 스스로 결정할 수 있는 자유의지를 주셨습니다. 하나님을 배반할 수 있는 자유의지까지 주신 것입니다.

그러나 자유에는 항상 책임이 따르며 책임을 다하지 못할 때 그 대가는 항상 값비싼 것입니다. 인간은 그 자유를 가지고 하나님을 배반하는 데 사용하였으며 그것은 인간의 힘으로는 도저히 갚을 수 없는 무한대의 대가를 요구하는 것이었습니다. 만약 하나님께서 인간에게 자유를 주시지 않았다면 인간이 이렇게 사탄의 노예가 되어 영원한 죄인으로서 고통을 겪는 일은 없었을 것입니다. 그러나 아무리 하나님의 고상한 도덕과 지성을 다 받고 하나님과 함께 천국에서 영원히 하나님과 함께 사는 존재로 지음을 받았다고 해도 우리 인간에게 자유의지가 없이 기계적으로 하나님의 노예가 되어 산다면 그것은 결코 하나님이 원하시는 행복한 존재도 고상한 존재도 될 수 없습니다. 그래서 하나님은 인간이 이 자유를 가지고 하나님을 배반하는 데에 사용하여 사탄에게 자유를 빼앗기고 사탄의 노예로 고통당하실 것도 미리 다 아시면서도 인간에게 자유를 부여하신 것입니다. 그렇지 않으면 인간은 한낱 기계적인 존재밖에 될 수 없으며 하나님과 함께 영원한 교제를 나눌 영광스러운 존재가 될 수 없기 때문입니다. 그래서 하나님은 이 문제를 해결하기 위하여 하나님 스스로가 인간의 몸을 입으시고 이 땅에 오셔서 십자가에서 값비싼 대가를 지불하실 것도 미리 다 계산하시고 인간을 창조하셨던 것입니다.

그리스도 안에 있는 참으로 거듭난 그리스도인들은 에덴에서 잃었던 그 자유를 다시 찾은 사람들입니다. 이제 참 그리스도인들은 자유인이 되었습니다. 사탄에게 빼앗겼던 그 자유를 그리스도께서 우리의 죄값을 대신 지불하시고 다시 찾아서 우리에게 돌려주셨기 때문입니다. 이제 우리는 죄와 사탄으로부터 해방되었을 뿐 아니라 우리가 원하는 것을 무엇이든지 할 수 있는 자유인이 된 것입니다. 이제부터 우리는 하나님의 형상대로 지음을 받은 사람들로서 자유를 올바르게 사용해야 합니다. 고린도전서 10장 23절을 보십시오. "모든 것이 가하나 모든 것이 유익한 것이 아니요, 모든 것이 가하나 모든 것이 다 덕을 세우는 것이 아니니(Everything is permissible, but not everything is beneficial. Everything is permissible, but not everything is constructive)"라고 하였습니다. 이제 우리에게는 무엇이든지 허용되었습니다. 술을 마시든지 마약을 먹든지 사람을 죽이든지 모든 것이 허용되었습니다. 다만 그것이 천국에서 하나님과 함께 영원히 살아야 할 하나님의 형상을 닮은 인간으로서 유익하고 영광이 되는지 여부를 깨닫고 다시 얻은 자유를 올바로 사용해야 한다는 말입니다. 주님께서 십자가에서 우리 죄값을 지불하심으로써 우리로 하여금 이제는 먹든지 마시든지 무엇을 하든지 하나님의 영광을 위해서 할 수 있는 성숙한 자유인이 되게 하신 것입니다. 갈라디아서 5장 1절에도 보면 "그리스도께서 우리로 자유케 하려고 자유를 주셨으니 그러므로 굳세게 서서 다시는 종의 멍에를 메지 말라"고 하였습니다. 또 13절에 보면 "너희가 자유를 위하여 부르심을 입었으나 그 자유로 육체의 기회를 삼지 말고 오직 사랑으로 서로 종 노릇하라"고 하였습니다. 그러니까 그리스도께서 십자가에서 이루신 이 고귀한 자유의 가치를 깨닫고 이 자유를 다시는 육체의 기회로 삼지 않을 수 있는 사람들만이 천국에서 하나님을 배반하지 않고 영원히 하나님과 함께 영광스러운 교제를 나눌 수 있는 것입니다.

인간과 동물의 차이점은 무엇입니까?

(창 2:19) 여호와 하나님이 흙으로 각종 들짐승과 공중의 각종 새를 지으시고 아담이 어떻게 이름을 짓나 보시려고 그것들을 그에게로 이끌어 이르시니 아담이 각 생물을 일컫는 바가 곧 그 이름이라

(창 2:7) 여호와 하나님이 흙으로 사람을 지으시고 생기를 그 코에 불어넣으시니 사람이 생령이 된지라

위의 두 구절의 말씀을 보면 인간도 동물도 다 흙으로 만드셨습니다. 그런데 전도서 3장 21절에 보면 **"인생의 혼은 위로 올라가고 짐승의 혼은 아래 곧 땅으로 내려가는 줄을 누가 알랴"**라고 기록하고 있습니다. 여기서 인생의 혼과 짐승의 혼은 다같이 히브리어 '루아흐'로서 '영'이라는 뜻입니다. 그러면 다 똑같은 영을 지니고 있는데 왜 인간의 영만 위로 올라가고 짐승의 영은 땅으로 내려갑니까? 그것은 인간의 영은 하나님의 형상을 닮게 창조되었기 때문입니다; **"하나님이 자기 형상 곧 하나님의 형상대로 사람을 창조하시되 남자와 여자를 창조하시고"**(창 1:27) 동물들은 하나님의 형상으로 창조되었다는 말씀이 성경 어디에도 없습니다. 그러나 동물에게도 흙으로 만들어진 육신에 영(루아흐)를 집어넣으신 것은 흙으로 만들어진 육신만 가지고는 생각하고 의사를 전달하고 감정을 느끼게 하고 살아서 움직이게 하는 생명체의 기능을 할 수가 없기 때문입니다. 데살로니가전서 5장 23절을 보면 '영(루아흐)'을 좀더 상세히 구분해서 기록하고 있습니다; **"평강의 하나님이 친히 너희를 온전히 거룩하게 하시고 또 너희의 온 영과 혼과 몸이** 우리 주 예수 그리스도께서 강림하실 때에 흠 없게 보전되기를 원하노라"(살전 5:23) 이 구절에서는 인간이 영과 혼과 육신으로 구성되었음을 상세하게 보여주고 있습니다. 그러니까 흙으로 만들어진 우리의 육신 안에 '사람의 영(루아흐)'을 만들어 집어넣으셨다는 스가랴 12장 1절의 말씀만 보았을 때는 인간은 영과 육신으로 구성된 존재입니다; "이스라엘에 관한 여호와의 말씀의 경고라 여호와 곧 하늘을 펴시며 땅의 터를 세우시며 **사람 안에 심령(the spirit(루아흐) of man – 사람의 영)**을 지으신 자가 가라사대(Who forms **the spirit of man** within him)"(슥 12:1)

그런데 데살로니가전서 5장 23절에서는 '영(루아흐)'를 더 상세하게 '영(프뉴마)'과 '혼(프쉬케)'로 나누어 기록하였습니다. 그러니까 하나님께서 인간의 육신 안에 불어넣어 주신 영(루아흐)은 영(프뉴마)과 혼(프쉬케)입니다. 여기서 '혼(프쉬케)'이 하는 기능이 바로 생각하고 의사를 전달하고 감정을 느끼게 하는 것입니다. 그러므로 동물들은 그 '영(루아흐)'을 가지고 땅에서 육신을 움직이고 생각하고 판단하고 의사를 소통하고 슬픔과 기쁨을 느낄 수 있는 생명체로서 혼(프쉬케)의 기능은 할 수 있지만 하나님을 닮게 창조되지 않았기 때문에 그들의 영을 가지고는 영이신 하나님과 소통할 수 없는 것입니다. 즉 짐승에게 주신 영(루아흐)은 짐승의 육신이 땅에서 생명체로서 살아가는 데 필요한 혼(프쉬케)의 기능만 허락하신 것입니다. 왜냐하면 **"영혼 없는 몸은 죽은 것"**(약 2:26)이기 때문입니다. 그러나 인간에게 주신 '영(루아흐)'은 육신이 땅에서 살아가는 데 필요한 생명체로서의 기능인 혼(프쉬케)뿐만 아니라 영이신 하나님과 교제하는 데 필요한 영(프뉴마)을 주신 것입니다. 그래서 데살로니가전서 5장 23절에서는 인간을 영과 혼과 육으로 구성된 존재로 묘사하고 있는 것입니다.

그러므로 짐승은 존재의 근원이 흙 하나밖에 없지만 인간은 존재의 근원이 두 가지입니다. 즉 흙과 하나님을 닮게 창조된 영입니다. 그러나 짐승은 존재의 근원이 흙이기 때문에 아래 그림에서 보는 토끼처럼 흙에서 나는 것만 먹으면서 흙에 근거를 두고 살면 됩니다. 그리고 죽은 다음에는 흙으로 돌아가면 되는 존재입니다. 그러나 인간은 존재의 근원이 두 가지, 즉 흙과 하나님을 닮게 창조된 영이기 때문에 육신은 땅에서 나는 육신의 양식(떡)을 먹으며 땅에 근거를 두고 살아야 하지만 영은 영이신 하나님이 주시는 영의 양식(하나님의 말씀)을 먹으며 하나님께 근거를 두고 하나님과 교제하는 삶을 살아야 하는 존재입니다. 아담 이후 죄인 인간들이 지금까지 짐승처럼 살아오게 된 원인은 죄로 인하여 영이신 하나님과의 관계가 단절된 상태에서 육신이 땅의 것만을 먹고 땅과 관계하며 살아왔기 때문입니다. 그러므로 창살 너머 우리 안에 갇힌 짐승들을 보려고 동물원에 가지 마십시오. 그들은 더 큰 우리 안에 갇힌 악한 짐승인 우리 인간들을 창살 너머로 내다보면서 고통하며 탄식하고 있기 때문입니다; **"피조물들이 다 이제까지 함께 탄식하며 함께 고통하는 것을 우리가 아나니"**라고 기록된 로마서 8장 22절 말씀대로 아담·하와가 범죄한 이후 만물이 다 하나님의 저주를 받고 지금까지 고통하며 탄식하고 있는 것입니다.

그러므로 예수님은 이렇게 말씀하셨습니다; **"예수께서 대답하여 가라사대 기록되었으되 사람이 떡으로만 살 것이 아니요 하나님의 입으로 나오는 모든 말씀으로 살 것이라 하였느니라 하시니"**(마 4:4) 다시 말해서 짐승은 땅에 뿌리를 내리고 땅에서 나는 것을 먹고 살면 되지만 우리 인간의 육신은 땅에 뿌리를 내리고 땅에서 나는 것을 먹고 살아야 하지만 인간의 영은 하나님께

뿌리를 내리고 하나님이 주시는 영의 양식인 하나님의 말씀을 먹고 살아야 하는 것입니다: "그러므로 너희가 그리스도 예수를 주로 받았으니 그 안에서 행하되 (7) 그 안에 뿌리를 박으며 세움을 입어 교훈을 받은 대로 믿음에 굳게 서서 감사함을 넘치게 하라"(골 2:6-7) 그러니까 우리의 육신은 비록 땅을 딛고 땅에서 나는 것을 먹고 살아야 하지만 하나님의 형상을 닮게 창조된 우리의 영은 우리를 구원하러 오신 그리스도 예수님께 뿌리를 내리고 하나님으로부터 영의 양식을 공급받아야 한다는 말씀입니다.

하나님의 사랑의 대상 인간
성경은 인간에 대한 하나님의 위대한 사랑 이야기

동물과는 달리 하나님은 왜 인간을 하나님의 형상대로 창조하셨을까요? 그것도 인간을 하나님의 명령에 자동적으로 복종할 수 있도록 로봇으로 만들지 않으시고 인간에게 하나님을 거역할 수 있는 자유의지를 주셨을까요? 성경은 하나님과 인간과의 깨어진 관계를 회복하기 위한 관계회복에 대하여 말씀하고 있습니다. 성경은 창세기의 처음부터 요한계시록의 마지막까지 인간에 대한 하나님의 위대한 사랑에 대해 기록한 책입니다.

하나님이 아담에게 선악과를 따 먹지 말라고 하신 뜻은 무엇입니까?

하나님께서 아담에게 선악과를 따 먹지 말라고 하신 것은 선악과에 무슨 독이 있어서 따 먹지 말라고 하신 것이 아닙니다. 이것은 하나님과 인간과 맺은 사랑의 언약을 나타내는 것입니다.

"(8) 여호와 하나님이 동방의 에덴에 동산을 창설하시고 그 지으신 사람을 거기 두시고 (9) 여호와 하나님이 그 땅에서 보기에 아름답고 먹기에 좋은 나무가 나게 하시니 동산 가운데에는 생명나무와 선악을 알게 하는 나무도 있더라 (10) 강이 에덴에서 발원하여 동산을 적시고 거기서부터 갈라져 네 근원이 되었으니 (11) 첫째의 이름은 비손이라 금이 있는 하월라 온 땅에 둘렀으며 (12) 그 땅의 금은 정금이요 그곳에는 베델리엄과 호마노도 있으며 (13) 둘째 강의 이름은 기혼이라 구스 온 땅에 둘렀고 (14) 셋째 강의 이름은 힛데겔이라 앗수르 동편으로 흐르며 넷째 강은 유브라데더라 (15) 여호와 하나님이 그 사람을 이끌어 에덴동산에 두사 그것을 다스리며 지키게 하시고 (16) 여호와 하나님이 그 사람에게 명하여 가라사대 동산 각종 나무의 실과는 네가 임의로 먹되 (17) 선악을 알게 하는 나무의 실과는 먹지 말라 네가 먹는 날에는 정녕 죽으리라 하시니라"(창 2:8-17)

하나님은 에덴이라고 하는 아름답고 신비한 낙원을 만드셨습니다. 동산 한가운데서 강물이 발원하여 네 개의 강이 사방으로 흘러가게 함으로써 땅을 골고루 적시게 하였습니다. 동산에는 각종 나무가 실과를 맺게 하였습니다. 그리고 동산 한가운데는 선악을 알게 하는 나무를 한 그루 두어 먹지 못하게 하셨으며 또한 먹으면 영원히 사는 생명실과를 심어 놓아 인간이 하나님과 영원히 교제할 수 있게 하셨습니다. 그러니까 에덴동산은 순전히 영적인 하나님의 나라도 아니었고 오늘날 우리가 사는 물질세상도 아니었습니다. 참으로 에덴동산은 이 물질세상과 영적인 영광스럽고 찬란한 하나님의 나라가 함께 어우러진 신비한 낙원이었습니다. 이러한 신비한 낙원에 하나님은 아담과 하와를 두셨습니다. 그리고 생명실과를 비롯한 각종 나무의 실과는 마음대로 먹되 선악과는 먹지 말라고 하셨습니다; "(16) 여호와 하나님이 그 사람에게 명하여 이르시되 동산 각종 나무의 열매는 네가 임의로 먹되 (17) 선악을 알게 하는 나무의 열매는 먹지 말라 네가 먹는 날에는 반드시 죽으리라 하시니라"(창 2:16-17)

그러면 하나님은 왜 아담에게 선악과를 따 먹지 말라고 하셨습니까? 하나님이 독재자이시기 때문입니까? 하나님은 인간을 어떻게 대우하고 있습니까? 예레미야 3장 14절을 보시기 바랍니다. "나 여호와가 말하노라 **배역한 자식들아 돌아오라 나는 너희 남편임이니라.**" 마치 사랑하는 남편이 아내를 사랑하는 그런 자세로 하나님은 인간을 대하고 있습니다. 출애굽기 20장 3절과 5절을 보시기 바랍니다. "**너는 나 외에는 다른 신들을 네게 있게 말지니라. … 그것들에게 절하지 말며 그것들을 섬기지 말라 나 여호와 너의 하나님은 질투하는 하나님인즉…**" "**나 외에 다른 신을 있게 말지니라**" 하시면서 '하나님은 질투하는 하나님이라'고 묘사하고 있습니다. 하나님이 인간을 질투하시는 것은 인간을 지극히 사랑하시기 때문입니다. 사랑하지 아니하면 질투할 필요가 없습니다. 만약 어떤 남편이 자기 아내에게 "나는 마음이 넓은 대장부이기 때문에 당신이 다른 남자를 사랑해도 나는 아무렇지도 않으니까 다른 모든 남자들과 가까이 지내라"라고 말한다면 그 남자는 자기 아내를 사랑하지 않는다는 말입니다. 만약 하나님이 우리 인간에게 "나 외에 다른 신들을 섬겨도 좋다"라고 말했다면 하나님은 우리 인간에 대하여 관심이 없다는 것을 보여주는 것입니다. 아내를 사랑하는 남편만이 나 외에 다른 남자들을 사랑하지 말라고 아내에게 말할 수 있는 것입니다. 하나님은 우리를 지극히 사랑하시기 때문에 나 외에 다른 신들을 섬기지 말라고 하셨고 나는 질투하는 하나님이라고 말씀하실 수 있는 것입니다. **그러므로 결국 하나님이 인간에게 요구하시는 것은 무엇입니까? 마태복음 22장 37절과 38절을 보십시오. "예수께서 가라사대 네 마음을 다하고 목숨을 다하고 뜻을 다하여 주 너의 하나님을 사랑하라 하셨으니 이것이 크고 첫째 되는 계명이요.**" 하나님이 우리에게 요구하시는 것은 다른 것이 아니고 마음을 다하고 목숨을 다하고 뜻을 다하여 주 너의 하나님을 사랑하라는 것입니다. 그가 우리를 마치 남편이 아내를 사랑하는 것같이 사랑하시기 때문에 우리가 하나님을 목숨 바쳐 사랑하기를 원하시는 것입니다.

하나님이 에덴동산 한가운데에 생명나무와 선악을 알게 하는 나무를 심어놓고 선악과를 따 먹지 말라고 하신 것이 무슨 뜻인지 호세아 6장 7절에도 잘 나타나 있습니다. "**저희는 아담처럼 언약을 어기고 거기서 내게 패역을 행하였느니라.**" 즉 아담이 선악과를 따 먹은 것은 하나님과의 언약을 어긴 것이라고 말씀하고 있습니다. 그러면 하나님과 아담 사이에 맺은 언약은 어떤 언약이었습니까? 열왕기상 8장 23절을 보시기 바랍니다. **"가로되 이스라엘 하나님 여호와여 상천하지에 주와 같은 신이 없나이다 주께서는 온 마음으로 주의 앞에서 행하는 종들에게 언약(covenant of love)을 지키시고 은혜를 베푸시나이다."** 우리 한글 성경에는 **'사랑'**이라는 단어가 누락되어 있습니다. 하나님이 인간과 맺은 언약은 사랑의 언약이었습니다. 이처럼 성경은 하나님과 인간과의 관계를 남편과 아내의 사랑의 관계로 비유하고 있는 위대한 사랑 이야기입니다.

하나님의 요구

그러므로 인간이 하나님과의 사랑의 언약을 깨트리고 하나님을 떠나 사탄을 좇아 살기 때문에 하나님은 인간을 창녀라고 부르는 것입니다. 에스겔 16장 32절을 보시기 바랍니다. **"그 지아비 대신에 외인과 사통하여 간음하는 아내로다."** 구약성경을 보면 하나님은 인간을 창녀라고 부르면서 **"나는 네 본남편이니 내게 돌아오라"**[렘3:14]고 계속하여 선지자들을 통하여 부르시고 계십니다.

아가서를 보십시오. 솔로몬과 술람미 여인의 사랑 이야기가 진하게 그려져 있습니다. 여기서 솔로몬은 그리스도를 상징하고 술람미 여인은 천한 우리 인간을 상징합니다. 그러므로 아가서를 통하여 하나님께서 우리에게 보여주시고자 하는 것은 영광스런 하나님께서 천하고 보잘것없는 우리 인간을 마치 신랑이 신부를 사랑하듯이 사랑하신다는 것입니다.

호세아서에 보면 호세아 선지자와 창녀 고멜 이야기가 있습니다. 하나님은 선지자 호세아에게 더러운 창녀 고멜을 데려다 아내로 삼으라고 말씀하십니다. 고멜은 아이를 셋이나 낳은 후에 남편 호세아를 버리고 다시 외간 남자에게 도망하였습니다. 그러나 하나님은 호세아가 가서 값을 지불하고 아내 고멜을 다시 데려다가 아내로 삼으라고 명령하셨습니다. 무엇을 상징하는 얘기입니까? 여기서 더러운 창녀 고멜은 본남편인 하나님을 버리고 사탄을 좇아가 창녀가 된 우리 죄인들을 상징합니다. 그리고 값을 지불하면서까지 고멜을 다시 데려다 아내로 삼아주는 호세아 선지자는 우리의 죄값을 지불하시고 우리를 다시 데려다가 아내로 삼아주시기 위하여 창녀가 사는 지구 땅까지 오셔서 은 삼십에 팔려 십자가에서 죄의 값을 대신 지불하신 예수 그리스도를 상징합니다. 하나님은 이와 같이 하나님을 버리고 사탄을 좇아가 창녀가 된 인간들에게 선지자들을 보내셔서 본남편인 하나님께 돌아오라고 하셨으나 창녀인 인간은 하나님께 돌아오지 아니하였습니다.

옛날 에덴동산에서 하나님의 말씀을 불신하고 사탄의 말을 믿고 사탄을 따라가 사탄의 창녀가 된 인간이 사는 이 작은 지구 땅에 하나님께서 친히 인간의 육신을 입고 나타나셨습니다. 그리고 자신을 본래의 신랑으로 비유하고 창녀들이 회개하고 돌아와서 용서를 받고 신랑 되신 그리스도의 신부가 될 것을 요구하고 있습니다. 옛날 선지자 예레미야를 통해서 하셨던 그 말씀 "배역한 자식들아 돌아오라 나는 너희 남편임이니라"(렘 3:14) 그대로 어서 속히 사탄의 창녀로 살고 있는 죄인 인간들에게 본남편인 하나님께 돌아오라는 말씀입니다.

그러므로 신약 성경에서는 계속해서 예수님 자신을 신랑으로 비유하고 구원받은 사람들의 공동체인 교회를 신부라고 부르고 있습니다; "남편들아 아내 사랑하기를 그리스도께서 교회를 사랑하시고 그 교회를 위하여 자신을 주심 같이 하라"(엡 5:26) 이와 같이 신약성경에서는 그리스도를 신랑으로 비유하고 회개하고 돌아온 사람들을 그의 신부로 비유하고 있는 것은 십자가의 대속 죽음으로 그 깨어진 사랑의 언약을 회복하시고 아직도 죄인 인간이 신랑 되신 하나님께 돌아오기만을 기다리고 있는 것입니다. 호세아 선지자가 창녀 고멜을 다시 데려오려고 창녀가 사는 땅으로 가서 그 값을 지불하고 데려온 것처럼 하나님은 마침내 하나님 스스로 인간의 육신을 입으시고 이 작은 지구 갈릴리 땅에 찾아오셔서 사탄의 창녀가 된 인간의 죄값을 지불하기 위하여 형극의 십자가 형벌을 자처하러 오신 것입니다. 목숨 바친 핏빛 사랑입니다. 그래서 예수님의 첫 번째 사역도 다른 사역이 아니고 가나의 혼인집을 방문하신 것입니다;

"(1) 사흘 되던 날에 갈릴리 가나에 혼인이 있어 예수의 어머니도 거기 계시고 (2) 예수와 그 제자들도 혼인에 청함을 받았더니 (3) 포도주가 모자란 지라 예수의 어머니가 예수에게 이르되 저희에게 포도주가 없다 하니 (4) 예수께서 가라사대 여자여 나와 무슨 상관이 있나이까 내 때가 아직 이르지 못하였나이다 (5) 그 어머니가 하인들에게 이르되 너희에게 무슨 말씀을 하시든지 그대로 하라 하니라 (6) 거기 유대인의 결례를 따라 두세 통 드는 돌 항아리 여섯이 놓였는지라 (7) 예수께서 저희에게 이르시되 항아리에 물을 채우라 하신 즉 아구까지 채우니 (8) 이제는 떠서 연회장에게 갖다주라 하시매 갖다 주었더니 (9) 연회장은 물로 된 포도주를 맛보고 어디서 났는지 알지 못하되 물 떠온 하인들은 알더라 연회장이 신랑을 불러 (10) 말하되 사람마다 먼저 좋은 포도주를 내고 취한 후에 낮은 것을 내거늘 그대는 지금까지 좋은 포도주를 두었도다 하니라 (11) 예수께서 이 처음 표적을 갈릴리 가나에서 행하여 그 영광을 나타내시매 제자들이 그를 믿으니라"(요 2:1–11)

　예수님은 이 땅에 계실 때 여러 가지 표적을 행하셨습니다. 죽은 나사로를 살리기도 하시고 바다의 풍랑을 꾸짖어 잔잔하게도 하셨고 귀신을 내어쫓으시기도 하셨고 많은 질병을 말씀 한마디로 고치기도 하셨습니다. 이 표적들을 행하심으로써 예수님이 천지를 창조하시고 친히 통치하시는 하나님이심을 보여주려는 것이었습니다. 그런데 그 많은 표적들 중에서 제일 처음으로 행하신 표적은 물을 포도주로 만드는 것이었습니다. 그것도 혼인잔치 집에서 말입니다. 혼인 집에서 물로 포도주를 만드는 기적을 베푸신 것은 다분히 의도적인 것이었습니다. 잔칫집에 포도주가 모자랐습니다. 예수님의 어머니 마리아는 예수님에게 포도주가 모자란다고 말했습니다. 마리아는 예수님이 포도주를 더 만들어줄 수 있는 신적인 능력이 있음을 잘 알고 있었기 때문입니다. 어머니 마리아의 마음 속 의도를 잘 알고 있으면서도 예수님은 "내 때가 아직 이르지 못하였나이다"라고 대답하였습니다. 사실 마리아는 단순히 손님들이 마실 포도주를 의미하면서 예수님께 부탁하였습니다. 그러나 예수님께서 "내 때가 아직 이르지 못하였나이다"라고 대답하신 이유는 3년 후에 십자가에서 흘리실 자신의 피를 상징하는 포도주를 의미하였기 때문입니다. 어머니 마리아는 그 말의 뜻을 이해하지 못한 채 "너희에게 무슨 말씀을 하시든지 그대로 하라"고 하인들에게 당부해 놓았습니다.

　그 잔칫집 입구에는 유대인의 결례를 따라 두세 통 드는 물 항아리 여섯이 있었습니다. 이 항아리들은 정결예식을 위한 유대인의 전통에 따른 것으로서 사람들이 그 잔칫집에 들어갈 때에 손을 씻음으로써 정결케 된다는 예식입니다. 식사 전에 손을 씻고 먹는 것도 정결예식에서 나온 전통이었습니다. 제자들이 먹기 전에 손을 씻지 않았다고 비난을 받을 때 예수님은 입으로 들어가는 것이 사람을 더럽게 하는 것이 아니고 입에서 나오는 것이 사람을 더럽게 하는 것이라고 대꾸하셨습니다. 여기서 예수님은 우리 인간의 죄가 인간의 속 중심에 거하고 있음을 지적하는 것입니다. 항아리에 있는 물로 손을 아무리 깨끗이 씻는다고 해도 인간의 내면에 존재하는 죄가 깨끗이 씻어지지 않는다는 것을 지적하시는 것입니다. 물을 사용하는 그런 종교적인 정결 의식으로는 인간의 죄가 씻어지지 않기 때문에 인간을 위하여 대속 죽음을 죽으시기 위하여 예수님께서 이 땅에 오셨던 것입니다. 예수님은 자신이 이 땅에 오신 목적이 창녀가 된 죄인 인간의 죄를 씻어 정결한 처녀로 만들어 어린양의 혼인잔치에 자기의 신부로 데리고 들어간다는 것을 분명하게 선포하기 위해서 첫 표적으로 혼인잔치 집에서 물을 포도주로 변화시키는 표적을 보여주셨던 것입니다.

가나의 혼인 집에서 신랑 신부가 결혼하는 아름다운 장면을 멀찍이 지켜보면서 예수님은 먼 훗날 저 천국 어린양의 혼인잔치에서 정결한 신부를 맞이할 기쁨으로 3년 후에 있을 자신의 십자가 대속 죽음을 생각하고 계셨던 것입니다. 예수님께서는 당신이 3년 후에 십자가에서 흘리실 당신의 피를 생각하면서 물로 포도주를 만드셨건만, 예수님의 그 심오한 의미를 깨닫지 못한 채 그 포도주를 마시며 흥겨워하는 저 떠들썩한 잔칫집 손님들을 보시면서 예수님의 심정은 어떠하셨는지 생각해 보신 적이 있으십니까?

그로부터 3년 후에 십자가를 지시기 바로 전날 포도주를 제자들에게 따라 주시면서 이것은 내가 너희를 위하여 흘리는 내 피라고 말씀하시면서 에덴동산에서 깨어진 사랑의 언약을 회복하는 새 언약임을 가르쳐 주셨습니다; "(23) 내가 너희에게 전한 것은 주께 받은 것이니 곧 주 예수께서 잡히시던 밤에 떡을 가지사 (24) 축사하시고 떼어 이르시되 이것은 너희를 위하는 내 몸이니 이것을 행하여 나를 기념하라 하시고 (25) 식후에 또한 그와 같이 잔을 가지시고 이르시되 이 잔은 내 피로 세운 새 언약이니 이것을 행하여 마실 때마다 나를 기념하라 하셨으니 (26) 너희가 이 떡을 먹으며 이 잔을 마실 때마다 주의 죽으심을 그가 오실 때까지 전하는 것이니라"(고전 11:23-26)

우리는 예수님의 이 깊은 사랑의 의미를 깨닫지 못하면서도 진정한 그리스도인이 되었다고 착각하고 있습니다. 아니 주님의 그 숭고한 사랑의 의미를 깨달았다는 사람들이 자기 맘대로 저토록 욕심스럽고 수선스럽게 세상 풍조를 따라 세속적으로 살아갈 수 있겠습니까? 부디 더는 그 숭고한 십자가의 사랑을 함부로 떠벌리지 마십시오. 진정 오늘 우리 시대의 교회들은 예수님을 너무 많이 오해하고 있는 것입니다.

그러므로 하나님이 목숨 바쳐 죄인 인간을 사랑하신 것처럼 하나님도 인간에게 목숨 바친 사랑을 요구하고 계십니다; "(36) **예수께서 이르시되 네 마음을 다하고 목숨을 다하고 뜻을 다하여 주 너의 하나님을 사랑하라** 하셨으니 (37) 이것이 크고 첫째 되는 계명이요"(마 22:37-38)

그리고 이 사랑의 불사신 그리스도는 부활하신 후에도 **'네가 나를 사랑하느냐?'**고 세 번씩이나 물으셨던 것입니다; "(15) 그들이 조반 먹은 후에 예수께서 시몬 베드로에게 이르시되 요한의 아들 시몬아 **네가 이 사람들보다 나를 더 사랑하느냐** 하시니 이르되 주님 그러하나이다 내가 주님을 사랑하는 줄 주님께서 아시나이다 이르시되 내 어린양을 먹이라 하시고 (16) 또 두 번째 이르시되 요한의 아들 시몬아 **네가 나를 사랑하느냐** 하시니 이르되 주님 그러하나이다 내가 주님을 사랑하는 줄 주님께서 아시나이다 이르시되 내 양을 치라 하시고 (17) 세 번째 이르시되 요한의 아들 시몬아 **네가 나를 사랑하느냐** 하시니 주께서 세 번째 네가 나를 사랑하느냐 하시므로 베드로가 근심하여 이르되 주님 모든 것을 아시오매 내가 주님을 사랑하는 줄을 주님께서 아시나이다 예수께서 이르시되 내 양을 먹이라"(요 21:15-17)

하나님이 우리 인간에게 요구하시는 것은 다른 것이 아닙니다. 하나님에 대한 사랑 그것입니다. 이와 같이 제자 시몬 베드로에게 주님의 양 떼를 맡기실 때에도 주님을 사랑하는지를 세 번이나 물으셨던 것입니다. 하나님을 사랑하는 사랑이 동기가 되지 않으면 우리가 주님을 위해서 아무리 크고 위대한 목회를 한다고 해도 아무 소용이 없기 때문입니다. **하나님이 우리에게 요구하시는 것은 다른 것이 아닙니다. 하나님에 대한 진실한 사랑 그것입니다. 그래서 '네 마음을 다하고 목숨을 다하고 뜻을 다하여 주 너의 하나님을 사랑하라'고 하신 것입니다.**

또 마태복음 25장 1–12절을 보면 등은 준비했지만 기름을 준비하지 못한 사람들은 신랑의 혼인잔치에 들어갈 수 없다고 말씀하고 있습니다. 즉 '등'이라고 하는 껍데기는 준비했으나 '기름'이라는 알맹이를 준비하지 못한 사람은 알곡이 되지 못하고 쭉정이가 되었기에[(12) 손에 키를 들고 자기의 타작마당을 정하게 하사 알곡은 모아 곳간에 들이고 쭉정이는 꺼지지 않는 불에 태우시리라(마 3:12)] 천국의 혼인 잔치에 들어갈 수 없음을 말씀하고 있습니다. 즉, 교회를 평생 들락거려도 성령으로 거듭나지 못해서 성령님을 소유하지 못하고 세상을 버리지 못한 사람들[(9) 만일 너희 속에 하나님의 영(성령)이 거하시면 너희가 육신에 있지 아니하고 영에 있나니 누구든지 그리스도의 영(성령)이 없으면 그리스도의 사람이 아니라"(롬 8:9)]은 그리스도의 신부가 될 수 없기 때문에 어린양의 혼인잔치에서 신랑 되신 예수님을 맞이할 수 없다는 말입니다; "(1) 그때에 천국은 마치 등을 들고 신랑을 맞으러 나간 열 처녀와 같다 하리니 (2) 그중의 다섯은 미련하고 다섯은 슬기 있는 자라 (3) 미련한 자들은 등을 가지되 기름을 가지지 아니하고 (4) 슬기 있는 자들은 그릇에 기름을 담아 등과 함께 가져갔더니 (5) 신랑이 더디 오므로 다 졸며 잘새 (6) 밤중에 소리가 나되 보라 신랑이로다 맞으러 나오라 하매 (7) 이에 그 처녀들이 다 일어나 등을 준비할새 (8) 미련한 자들이 슬기 있는 자들에게 이르되 우리 등불이 꺼져가니 너희 기름을 좀 나눠 달라 하거늘 (9) 슬기 있는 자들이 대답하여 이르되 우리와 너희가 쓰기에 다 부족할까 하노니 차라리 파는 자들에게 가서 너희 쓸 것을 사라 하니 (10) 그들이 사러 간 사이에 신랑이 오므로 준비하였던 자들은 함께 혼인잔치에 들어가고 문은 닫힌지라 (11) 그 후에 남은 처녀들이 와서 이르되 주여 주여 우리에게 열어주소서 (12) 대답하여 이르되 진실로 너희에게 이르노니 내가 너희를 알지 못하노라 하였느니라"(마 25:1–12)

성경의 맨 끝 요한계시록에도 보면 인간이 마침내 천국에 들어가는 구원의 클라이막스를 어린양의 혼인잔치로 묘사하고 있습니다; "(6) 우리가 즐거워하고 크게 기뻐하며 그에게 영광을 돌리세 어린양의 혼인 기약이 이르렀고 그의 아내가 자신을 준비하였으므로 (7) 그에게 빛나고 깨끗한 세마포 옷을 입도록 허락하셨으니 이 세마포 옷은 성도들의 옳은 행실이로다 하더라 (8) 천사가 내게 말하기를 기록하라 어린양의 혼인 잔치에 청함을 받은 자들은 복이

있도다 하고 또 내게 말하되 이것은 하나님의 참되신 말씀이라 하기로"(계 19:7-9) **"선악과를 먹으면 정녕 죽으리라"**고 하신 하나님의 말씀은 믿지 아니하고 **"너희가 그 실과를 먹으면 하나님처럼 될 것이다"**라는 사탄의 말을 믿음으로써 **에덴동산에서 깨어진 사랑의 언약을 회복하기 위하여 하나님은 그토록 많은 선지자들을 보내시어 창녀가 된 인간들이 하나님께 돌아오도록 부르셨지만 그래도 죄인들이 회개하고 돌아오지 않으므로 마침내 독생자 그리스도를 보내셔서 십자가에서 목숨 바친 사랑을 보여주셨고 성령님을 보내시어 그의 신부들을 성결하게 하시며 마침내는 그리스도께서 재림하셔서 깨어진 사랑의 언약을 회복하시고 그의 신부들을 데리고 어린양의 혼인잔치에 들어가시기까지 창세기부터 요한계시록까지 성경 전체는 인간에 대한 하나님의 위대한 사랑의 고백입니다.**

이상에서 살펴본 대로 이제 우리는 하나님께서 왜 우리 인간을 하나님의 형상대로 창조하셨는지 그 이유를 깨닫게 되었습니다. 하나님은 우리에게 독재를 행하기 위하여 창조하시지 않았습니다. 하나님은 우리 인간을 사랑의 대상으로 삼기 위하여 창조하셨습니다. 우리 인간이 하나님을 버리고 사탄을 좇아간 창녀가 되었음에도 우리를 포기하지 아니하시고 목숨까지 바친 그 희생적 사랑으로 끈질기게 우리를 사랑하시는 하나님의 위대한 사랑을 우리는 오늘 이렇게 우리의 두 눈으로 성경에서 확실하게 볼 수 있는 것입니다. 하나님의 말씀인 성경을 통해서 오늘 우리는 이처럼 추악한 창녀의 모습으로 사망 가운데서 비참하게 살아가고 있다는 사실을 깨닫는 것입니다.

그러므로 성경은 항상 사탄이 통치하는 이 어둠의 세상을 사랑하는 인간을 창녀, 간음하는 여인으로 칭하고 있는 것입니다; **"(4) 간음한 여인들아 세상과 벗된 것이 하나님과 원수 됨을 알지 못하느냐 그런즉 누구든지 세상과 벗이 되고자 하는 자는 스스로 하나님과 원수 되는 것이니라"**(약 4:4) 세상의 부귀영화, 쾌락을 따라가는 것이 하나님과 원수가 되는 것이라고 경고의 말씀을 주셔도 오늘 우리 시대의 교회들은 귀를 틀어막고 몸부림치며 들으려 하지 않습니다. 오직 귀 있는 자만 들을 것입니다. 오직 주님의 양들만 성경의 말씀을 듣고 따를 것입니다; **"(26) 너희가 내 양이 아니므로 믿지 아니하는도다 (27) 내 양은 내 음성을 들으며 나는 그들을 알며 그들은 나를 따르느니라"** (요 10:26-27)

사도 바울은 자기의 전도사역을 중매에 비유하였습니다. 고린도후서 11장 2~3절을 보기 바랍니다; "내가 하나님의 열심으로 너희를 위하여 열심내노니 내가 너희를 정결한 처녀로 한 남편인 그리스도께 드리려고 중매함이로다. 뱀이 그 간계로 이와를 미혹케 한 것같이 너희 마음이 그리스도를 향하는 진실함과 깨끗함에서 떠나 부패할까 두려워하노라.(고후 11:2-3)

위의 말씀에서 보듯이 세상의 부귀영화와 쾌락을 따라 살던 우리가 회개함으로 죄를 용서받고 정결한 처녀가 되어야 신랑 되신 그리스도와 함께 어린양의 혼인잔치로 비유된 천국에 들어갈 수 있는 것입니다. 사도 바울은 이미 구원받은 성도들이 그 진실함과 깨끗함에서 떠나 다시 세상을 사랑하는 일에 빠질까 봐 심히 걱정하고 있는 모습입니다. 그러므로 예수님을 믿는다고 하면서도 아직도 우리가 세상을 사랑하는 삶을 살게 되면 우리는 다시 창녀가 되고 하나님의 원수가 되어 구원을 잃어버리게 되는 것입니다; "(15) 이 세상이나 세상에 있는 것들을 사랑하지 말라 누구든지 세상을 사랑하면 아버지의 사랑이 그 안에 있지 아니하니 (16) 이는 세상에 있는 모든 것이 육신의 정욕과 안목의 정욕과 이생의 자랑이니 다 아버지께로부터 온 것이 아니요 세상으로부터 온 것이라 (17) 세상도, 그 정욕도 지나가되 오직 하나님의 뜻을 행하는 자는 영원히 거하느니라"(요일 2:15-17)

이제 주님께서 원하시는 것은 우리가 일상의 삶에서 그리스도 안에서 순종하는 삶을 살아 신랑 되신 예수께서 오실 때 어린양의 혼인잔치에 들어갈 수 있는 정결한 처녀로 준비되는 것입니다. 참으로 영광스러운 주님께서 다시 오실 때 우리는 찬란하게 빛나는 영광스러운 부활의 몸을 입고 성결한 그리스도의 신부로서 저 영원한 천국에 들어가 영생 복락을 누리게 될 것입니다. 지금 여기서 성령으로 거듭난 사람은 영은 거듭나서 구원받았지만 육신은 아직 거듭나지 않았기에 육신은 아직도 죽은 상태입니다; "(10) 또 그리스도께서 너희 안에 계시면 몸은 죄로 말미암아 죽은 것이나 영은 의로 말미암아 살아 있는 것이니라"(롬 8:10)

그러나 주님께서 마지막 나팔 소리와 함께 재림하실 때에는 주님 홀로 재림하시지 않고 거듭나서 구원받은 성도들의 영들이 주님과 함께 공중으로 재림하게 되고("(13) 형제들아 자는 자들에 관하여는 너희가 알지 못함을 우리가 원하지 아니하노니 이는 소망 없는 다른 이와 같이 슬퍼하지 않게 하려 함이라 (14) 우리가 예수께서 죽으셨다가 다시 살아나심을 믿을진대 **이와 같이 예수 안에서 자는 자들(구원받은 성도들의 영들)도 하나님이 그와 함께 데리고 오시리라**"(살전 4:13-14))

그 마지막 나팔이 울릴 때 지상에서는 흙으로 돌아갔던 성도들의 죽은 몸이 부활하여 휴거하여 공중으로 올라가서"(16) 주께서 호령과 천사장의 소리와 **하나님의 나팔 소리로 친히 하늘로부터 강림하시리니 그리스도 안에서 죽은 자들(구원받은 성도들이 죽어 땅에 묻혀 있었던 육신들)**이 먼저 일어나고(부활하고) (17) 그 후에 우리 살아남은 자들(예수님 재림하실 때 살아 있는 성도들)도 그들과 함께 **구름 속으로 끌어 올려 공중에서 주를 영접하게 하시리니** 그리하여 우리가 항상 주와 함께 있으리라"(살전 4:16-17) 먼저 천국에 들어가 있었던 영과 재림 당시에 부활하여 휴거한 육신이 공중에서 결합함으로써 비로서 우리 인간은 영광스러운 하나님의 형상을 닮은 인간으로 최종 완성(completion)되어 주님과 영원히 함께 살게 되는 것입니다. 그러므로 에덴동산에서의 인간 창조는 인간 창조의 시작이었고 하나님의 형상을 닮은 인간 창조의 완성은 주님의 재림으로 완성되는 것입니다.

이상에서 살펴본 대로 창세기부터 요한계시록에 이르기까지 성경 전체의 내용은 인간에 대한 하나님의 위대한 사랑 이야기(God's great love story for men)입니다. 목숨까지 바쳐 인간을 사랑하신 하나님은 우리 인간도 하나님을 사랑하되 마음을 다하고 목숨을 다하고 뜻을 다하여 하나님을 사랑하기를 요구하십니다. 바리새인들과 이스라엘 사람들은 종교적인 열심으로 하나님을 섬겼습니다. 그러나 그들의 종교가 그들의 눈을 가려서 그들이 그토록 오랫동안 기다렸던 메시아를 알아보지 못하고 십자가에 못 박아 죽일 수밖에 없었습니다. 이사야 1장 11~14절을 보십시오. **"(11) 여호와께서 말씀하시되 너희의 무수한 제물이 내게 무엇이 유익하뇨 나는 숫양의 번제와 살진 짐승의 기름에 배불렀고 나는 수송아지나 어린양이나 숫염소의 피를 기뻐하지 아니하노라. (12) 너희가 내 앞에 보이러 오니 이것을 누가 너희에게 요구하였느냐 내 마당만 밟을 뿐이니라 (13) 헛된 제물을 다시 가져오지 말라 분향은 내**

가 가증히 여기는 바요 월삭과 안식일과 대회로 모이는 것도 그러하니 성회와 아울러 악을 행하는 것을 내가 견디지 못하겠노라 (14) 내 마음이 너희의 월삭과 정한 절기를 싫어하나니 그것이 내게 무거운 짐이라 내가 지기에 곤비하였느니라" 이와 같이 종교는 인간을 구원하지 못합니다. 종교는 인간을 멸망시키는 것입니다. 기독교는 종교가 아니고 하나님과의 관계 회복입니다. 기독교가 종교로 변질될 때 수많은 사람들을 지옥불에 떨어뜨리게 됩니다. 우리시대의 교회들은 어서 속히 기독교 종교에서 해방되어 하나님과의 개인적인 관계를 회복해야 합니다.

마태복음 7장 21~23절에서 예수님께서 직접 하신 말씀입니다. "(21) 나더러 주여 주여 하는 자마다 다 천국에 들어갈 것이 아니요 다만 하늘에 계신 내 아버지의 뜻대로 행하는 자라야 들어가리라 (22) 그 날에 많은 사람이 나더러 이르되 주여 주여 우리가 주의 이름으로 선지자 노릇 하며 주의 이름으로 귀신을 쫓아내며 주의 이름으로 많은 권능을 행하지 아니하였나이까 하리니 (23) 그 때에 내가 그들에게 밝히 말하되 내가 너희를 도무지 알지 못하니 불법을 행하는 자들아 내게서 떠나가라 하리라" 여기서 '내가 너희를 도무지 알지 못하니'라는 말씀은 평생을 주님을 위해서 수고했다는 영적 지도자들이 하나님과의 개인적이고 인격적인 관계를 수립한 적이 없다는 뜻입니다. 그들이 예수의 이름으로 어마어마한 일을 행했으나 그것이 바로 종교적으로 하나님을 섬긴 것입니다. 하나님은 우리와의 관계회복을 원하십니다. 성경은 종교에 대하여 말하고 있지 않습니다. 성경은 창세기부터 요한계시록에 이르기까지 하나님과 인간과의 깨어진 관계를 회복하기 위한 관계회복에 대하여 말씀하고 있습니다.

죄에 빠진 인간

(1) 여호와 하나님의 지으신 들짐승 중에 뱀이 가장 간교하더라 뱀이 여자에게 물어 가로되 하나님이 참으로 너희더러 동산 모든 나무의 실과를 먹지 말라 하시더냐 (2) 여자가 뱀에게 말하되 동산 나무의 실과를 우리가 먹을 수 있으나 (3) 동산 중앙에 있는 나무의 실과는 하나님의 말씀에 너희는 먹지도 말고 만지지도 말라 너희가 죽을까 하노라 하셨느니라 (4) 뱀이 여자에게 이르되

너희가 결코 죽지 아니하리라 (5) 너희가 그것을 먹는 날에는 너희 눈이 밝아 하나님과 같이 되어 선악을 알 줄을 하나님이 아심이니라 (6) 여자가 그 나무를 본즉 **먹음직도 하고 보암직도 하고 지혜롭게 할 만큼 탐스럽기도 한 나무인지라** 여자가 그 실과를 따 먹고 자기와 함께 한 남편에게도 주매 그도 먹은지라 (7) 이에 그들의 눈이 밝아 자기들의 몸이 벗은 줄을 알고 무화과나무 잎을 엮어 치마를 하였더라 (8) 그들이 날이 서늘할 때에 동산에 거니시는 여호와 하나님의 음성을 듣고 **아담과 그 아내가 여호와 하나님의 낯을 피하여 동산 나무 사이에 숨은지라** (9) 여호와 하나님이 아담을 부르시며 그에게 이르시되 네가 어디 있느냐 (10) 가로되 내가 동산에서 하나님의 소리를 듣고 **내가 벗었으므로 두려워하여 숨었나이다** (11) 가라사대 누가 너의 벗었음을 네게 고하였느냐 내가 너더러 먹지 말라 명한 그 나무 실과를 네가 먹었느냐 (12) 아담이 가로되 하나님이 주셔서 나와 함께 하게 하신 여자 그가 그 나무 실과를 내게 주므로 내가 먹었나이다 (13) 여호와 하나님이 여자에게 이르시되 네가 어찌하여 이렇게 하였느냐 여자가 가로되 뱀이 나를 꾀므로 내가 먹었나이다 (14) 여호와 하나님이 뱀에게 이르시되 네가 이렇게 하였으니 네가 모든 육축과 들의 모든 짐승보다 더욱 저주를 받아 배로 다니고 종신토록 흙을 먹을지니라 (15) 내가 너로 여자와 원수가 되게 하고 너의 후손도 여자의 후손과 원수가 되게 하리니 여자의 후손은 네 머리를 상하게 할 것이요 너는 그의 발꿈치를 상하게 할 것이니라 하시고 (16) 또 여자에게 이르시되 내가 네게 잉태하는 고통을 크게 더하리니 네가 수고하고 자식을 낳을 것이며 **너는 남편을 사모하고 남편은 너를 다스릴 것이니라** 하시고 (17) **아담에게** 이르시되 네가 네 아내의 말을 듣고 내가 너더러 먹지 말라 한 나무 실과를 먹었은즉 땅은 너로 인하여 저주를 받고 너는 종신토록 수고하여야 그 소산을 먹으리라 (18) 땅이 네게 가시덤불과 엉겅퀴를 낼 것이라 너의 먹을 것은 밭의 채소인즉 (19) 네가 얼굴에 땀이 흘러야 식물을 먹고 필경은 흙으로 돌아 가리니 그 속에서 네가 취함을 입었음이라 너는 흙이니 흙으로 돌아갈 것이니라 하**시니라** (20) 아담이 그 아내를 하와라 이름하였으니 그는 모든 산 자의 어미가 됨이더라 (21) 여호와 하나님이 아담과 그 아내를 위하여 가죽옷을 지어 입히시니라 (22) 여호와 하나님이 가라사대 보라 이 사람이 선악을 아는 일에 우리 중 하나 같이 되었으니 그가 그 손을 들어 생명나무 실과도 따 먹이고 영생할까 하노라 하시고 (23) **여호와 하나님이 에덴동산에서 그 사람을 내**

어 보내어 그의 근본된 토지를 갈게 하시니라 (24) 이같이 하나님이 그 사람을 **쫓아내시고** 에덴동산 동편에 그룹들과 두루 도는 화염검을 두어 생명나무의 길을 지키게 하시니라.(창 3:1-24)

사탄의 유혹

미국의 어느 기독교 여론조사기관의 보고서에서 교회에 출석하는 사람들 중에 사탄의 존재를 믿지 않는 사람들도 상당수 있다는 것을 읽어본 적이 있습니다. 또 다른 여론조사 결과는 미국 목사님들의 절반 정도가 지옥의 존재를 믿지 않는다고 합니다. 목사님들이 지옥의 존재를 부인하는 설교를 하니 사탄의 존재를 믿지 않는 사람들이 상당수 존재하는 것은 결코 이상한 일이 아닙니다. 많은 사람들이 하나님의 존재는 믿어도 사탄의 존재는 믿지 않는다는 것입니다. 그러므로 요즘 세상에 사탄에 대해서 지옥에 대해서 설교하면 무식하고 어리석은 구시대의 목사로 무시당하게 됩니다. 성경이 정말 하나님의 정확무오한 진리의 말씀이라고 믿는다면 성경에서 언급한 사탄의 존재와 그의 활동에 대해서도 성경에 쓰여진 그대로 믿어야 합니다. 성경을 자세히 살펴보면 성경이 사탄의 존재와 사탄의 활동에 대하여 상당히 많은 부분을 할애하고 있음을 발견하게 됩니다. 사탄에 관한 내용은 성경의 처음 부분에서부터 마지막 부분에 이르기까지 성경 전역에서 찾아볼 수 있습니다. 만약 사탄이 존재하지 않는다면 죄와 구원에 대하여 말할 필요조차 없습니다. 인간이 이와 같이 비참하게 죄인이 된 것도 사탄의 미혹에 걸려들었기 때문입니다. 또한 우리가 진짜 그리스도인이라면 우리도 날마다의 생활에서 사탄과 싸워야 하는 영적 전쟁에 직면하고 있기 때문에 사탄이라는 적을 잘 알지 못하면 우리는 날마다의 영적 전쟁에서 승리할 수 없습니다. 성경은 사탄에 대하여 무엇이라고 말씀하고 있습니까? 인간을 유혹한 사탄은 어떤 존재입니까?

사탄은 자기 위치를 떠난 자입니다. 유다서 1장 6절을 보시면 **"또 자기 지위를 지키지 아니하고 자기 처소를 떠난 천사들을 큰 날의 심판까지 영원한 결박으로 흑암에 가두셨으며"**라고 기록하고 있습니다. 사탄은 본래 천사장이었으나 자기 지위를 떠나 하나님처럼 높아지기 위하여 부하 천사들을 데리고 하나님의 권위에 대항하다가 어둠으로 떨어져 장차 심판을 받고 영원한 지옥 형벌을 받게 된 자 곧 루시퍼입니다. 우리 인간이 자기보다 높은 권위에 불복종하고 그 권위에 도전하고 피를 흘려서라도 그 권세를 빼앗아 자기가 그 자리를 차지하려는 본성을 가지고 있는 것도 다 사탄의 통치를 받고 사탄의 영향을 받고 살아왔기 때문입니다. 자기의 자리와 위치를 지키지 않고 감히 하나님의 권세를 빼앗아 자기가 하나님이 되려고 시도했던 사탄은 최후의 심판 때까지 여기 흑암의 세계인 공중에 가두셨습니다. 하나님이 정해주신 위치를 떠날 때 우리도 사탄처럼 비참해지는 것입니다. 우리 각자에게는 하나님이 주신 위치가 있습니다. 자기의 위치와 분수를 지키지 못할 때 하나님께 범죄하게 되며 불행하게 되는 것입니다.

사탄은 공중 권세를 잡은 자입니다. 에베소서 2장 2~3절을 보면 "(2) 그때에 너희가 그 가운데서 행하여 이 세상 풍속을 좇고 공중의 권세 잡은 자를 따랐으니 곧 지금 불순종의 아들들 가운데서 역사하는 영이라 (3) 전에는 우리도 다 그 가운데서 우리 육체의 욕심을 따라 지내며 육체와 마음의 원하는 것을 하여 다른 이들과 같이 본질상 진노의 자녀이었더니"라고 기록하고 있습니다.

이 어두운 세상의 통치자로서 자기가 놓은 죄의 올무에 걸려 붙잡힌 인류를 볼모로 잡고 인류를 계속 죄 속에 가두어 자기와 함께 지옥에 떨어지게 함으로써 하나님을 괴롭히려는 것이 사탄이 노리는 전략입니다. 사탄은 죄에 빠진 인류를 인질로 잡고 사람들로 하여금 하나님이 싫어하시는 일만 골라서 하도록 사람들의 마음과 생각과 행동과 언어 등 사람들의 삶을 통치하고 있는 자입니다. 그래서 예수 그리스도의 통치 아래 있는 우리 그리스도인들도 예수님을 구주로 영접하기 전에는 사탄의 통치를 받으면서 사탄이 시키는 대로 육체의 욕심과 우리 마음의 원하는 대로 하나님을 대항하는 삶을 살았던 사람들이었습니다. 예수 그리스도의 보혈의 권세로 공중권세를 잡은 사탄 마귀의 통치에서 해방된 우리 그리스도인은 이제 말과 생각과 행동과 비즈니스와 삶의 모든 영역에서 하나님의 통치에 순종하면서 하나님의 자녀답게 바로 살아야 합니다. 예수 믿는 사람들과 믿지 않는 사람들과의 차이는 사탄의 통치를 받고 사느냐 아니면 왕 되신 그리스도의 통치를 받고 사느냐 하는 것입니다. 그런데 그리스도인들이 믿지 않는 불신자들로부터 비난을 받는 이유 중 하나는 그리스도인들이라고 하는 사람들의 삶이 사탄의 통치를 받는 사람들의 삶과 전혀 다르지 않기 때문입니다.

사탄은 비난하는 자입니다. 계시록 12장 9~10절을 보십시오. "(9) 큰 용이 내어 쫓기니 옛 뱀 곧 마귀라고도 하고 사단이라고도 하는 온 천하를 꾀는 자라 땅으로 내어 쫓기니 그의 사자들도 저와 함께 내어 쫓기니라 (10) 내가 또 들으니 하늘에 큰 음성이 있어 가로되 이제 우리 하나님의 구원과 능력과 나라와 또 그의 그리스도의 권세가 이루었으니 **우리 형제들을 참소하던 자 곧 우리 하나님 앞에서 밤낮 참소하던 자가 쫓겨났고**"

여기서 보는 대로 사탄은 하나님 앞에서 우리 믿는 자를 밤낮으로 참소하는 자입니다. 그러므로 사탄은 겁 없이 하나님의 교회와 성도들을 밤낮으로 쉬지 않고 비난합니다. 그러므로 우리 믿는 사람들은 성령으로 거듭나서 주 안에서 형제와 자매 된 사람들을 비난하고 정죄하지 않도록 주의해야 합니다. 주 안에 있는 형제와 자매를 비난하는 일은 사탄의 사람들이 하는 일입니다. 참으로 믿고 거듭난 사람들은 성령으로 충만해야 하는데 성령의 지시하심과 성령의 통치를 받는 사람은 구원받은 하나님의 사람들을 비난하거나 정죄하지 않습니다. 또한 참 하나님의 사람들은 다른 사람들에게 비난을 받을 때에도 낙심할 필요가 없습니다. 오히려 우리가 주님을 섬길 때에 주위 사람들로부터 온갖 미움과 핍박과 비난을 받는다면 낙심하지 말고 기뻐하고 즐거워하십시오. 주님께서 이렇게 말씀하셨습니다. 누가복음 6장 22절과 23절을 보시기 바랍니다; "(22) 인자를 인하여 사람들이 너희를 미워하며 멀리하고 욕하고 너희 이름을 악하다 하여 버릴 때에는 너희에게 복이 있도다. (23) 그날에 기뻐하고 뛰놀라 하늘에서 너희 상이 큼이라 저희 조상들이 선지자들에게 이와 같이 하였느니라."

사탄은 미혹하는 영입니다. 요한복음 8장 44절을 보십시오. "**너희는 너희 아비 마귀에게서 났으니 너희 아비의 욕심을 너희도 행하고자 하느니라. 저는 처음부터 살인한 자요 진리가 그 속에 없으므로 진리에 서지 못하고 거짓을 말할 때마다 제 것으로 말하나니 이는 저가 거짓말쟁이요 거짓의 아비가 되었음이라**"

사탄은 거짓말쟁이입니다. 사탄은 진리를 왜곡하는 자입니다. 그는 사람들을 미혹하여 하나님의 말씀을 변질시키거나 불신하도록 합니다. 사탄은 아담으로 하여금 하나님의 말씀을 불신하게 하여 죄의 함정에 빠뜨렸고 오늘도 끊임없이 우리를 미혹하고 있습니다. 사탄은 지금도 여러 가지 세상의 부와 권세와 쾌락을 미끼로 삼아 우리가 하나님의 말씀을 불신하도록 유혹합니다. 사탄은 성경의 어떤 부분은 중요하지 않으니까 그냥 무시해도 괜찮다고 속삭이기도 합니다. 말세에는 사람들이 미혹의 영과 귀신의 가르침을 좇을 것이라고 성경은 경고하고 있습니다. 디모데전서 4장 1절을 보십시오. **"그러나 성령이 밝히 말씀하시기를 후일에 어떤 사람들이 믿음에서 떠나 미혹케 하는 영과 귀신의 가르침을 좇으리라 하셨으니"** 날마다 말씀과 기도에 열심하지 않으면 누구라도 사탄의 유혹에 쉽게 미혹을 당하게 됩니다. 사탄은 거짓말쟁이이기 때문입니다. 폴 데이빗 트립은 말씀의 전쟁이라는 그의 저서에서 이 부분을 잘 설명하고 있습니다. 즉 하나님과 인간과의 최초의 소통은 다른 수단이 아니고 바로 말씀이라는 언어 수단이었습니다. 인간은 이 언어를 가지고 하나님과 대화할 수 있었으며 그 때부터 인간이 사용한 언어는 하나님이 주신 언어였습니다. 그런데 아담이 사용했던 언어는 하나님이 사용하셨던 진리의 언어였습니다. 하나님은 우주를 창조하실 때 진리의 말씀을 사용하셨습니다. 다시 말해서 하나님이 사용하신 말씀은 현재 이 우주를 창조하시고 지탱하시고 운행하시는 원동력이며 원리입니다. 즉, 우주 만물의 창조와 생존법칙이 바로 하나님의 말씀으로 되어졌습니다. 그러므로 하나님의 말씀이 바로 우주만물의 기원과 생존원리를 지탱하는 진리입니다. 하나님이 말씀하신 것은 항상 진리이십니다. 오늘도 천하 만물이 하나님께서 말씀하신 대로 각기 그 궤도를 따라 각기 그 원리를 따라 질서정연하게 움직이며 생존하고 번식하고 있습니다. 그것은 하나님께서 그의 능력의 말씀으로 만물을 붙드시고 있기 때문입니다. 히브리서 1장 3절을 보십시오. **"이는 하나님의 영광의 광채시요 그 본체의 형상이시라. 그의 능력의 말씀으로 만물을 붙드시며"** 그렇습니다.

그런데 우주 만물을 창조하신 하나님은 인간에게 진리의 말씀만 주신 것이 아니라 이와 같이 그 진리에 대한 올바른 해석도 함께 주셨습니다. **"동산 각종 나무의 실과는 네가 임의로 먹되 (17) 선악을 알게 하는 나무의 실과는 먹**

지 말라 네가 먹는 날에는 정녕 죽으리라 하시니라." 바로 선악을 알게 하는 나무의 실과를 먹지 말아야 한다는 올바른 해석도 함께 주신 것입니다. 즉, 하나님은 우리에게 진리를 말씀하실 뿐 아니라 진리에 대한 올바른 해석까지도 가르쳐 주신 것입니다. 다시 말해서 하나님은 시간과 공간을 창조하시고 그 안에 우주만물을 창조하셨고 인간을 만들어 그 우주만물 안에 두셨습니다. 인간도 하나의 피조물로서 피조세계에서 우주만물과 함께 생존할 수 있도록 인간 생존에 필요한 가장 정확한 원리를 가르쳐 주신 것입니다. 우리가 어떤 제품을 사면 먼저 그 제품의 사용법을 읽고 그 제품을 사용법대로 사용할 때 그 제품이 제대로 작동합니다. 만약 그 제품을 만든 사람이 제시한 사용법을 무시하고 우리 마음대로 사용하면 그 제품은 고장나고 맙니다. 마찬가지입니다. 우주만물은 하나님이 말씀으로 창조하셨고 우리 인간도 하나님이 만드신 존재입니다. 그러므로 피조된 우리 인간이 하나님이 만드신 우주만물들과 함께 제대로 존재하려면 창조주가 제시한 사용방법대로 움직여야 제대로 작동이 되는 것입니다. 즉, 하나님이 선악과를 따 먹지 말라고 하였으면 따 먹지 말아야 했습니다. 참으로 에덴동산에는 한 가지 언어 즉 하나님이 주신 언어 진리의 언어밖에 없었을 때는 그렇게 평화롭고 그렇게 자유롭고 그렇게 행복한 낙원이었습니다. 에덴동산에는 그때까지 만해도 진리도 하나였고 해석도 하나밖에 없었습니다. 하나님이 주신 진리의 말씀과 하나님이 주신 올바른 해석 한 가지밖에 없었습니다. 에덴동산에는 한 가지 해석 즉 하나님의 관점에서 본 한 가지의 세계관, 한 가지의 가치관밖에 없었습니다. 그러므로 에덴에 살고 있던 아담과 하와와 모든 피조물들이 다 행복했습니다. 그들이 하나님과 커뮤니케이션하는 데 아무런 문제가 없었습니다. 그들이 사용하는 진리의 언어는 날마다 자유와 생명과 평화를 창출하였습니다.

그러면 인간이 오늘날 이처럼 비참하게 된 원인은 무엇입니까? 창세기 3장 1-5절까지 보면 에덴동산에는 또 다른 '말'을 사용하는 침입자가 있었습니다. 사탄이었습니다. 그리고 사탄도 인간과 소통하는 데에 처음부터 '언어'라는 수단을 사용하였습니다; "(1) 여호와 하나님의 지으신 들짐승 중에 뱀이 가장 간교하더라 뱀이 여자에게 물어 가로되 하나님이 참으로 너희더러 동산 모든 나무의 실과를 먹지 말라 하시더냐 (2) 여자가 뱀에게 말하되 동산 나무의 실과를 우리가 먹을 수 있으나 (3) 동산 중앙에 있는 나무의 실과는 하나님의 말씀에 너희는 먹지도 말고 만지지도 말라 너희가 죽을까 하노라 하셨느니라 (4) 뱀이 여자에게 이르되 너희가 결코 죽지 아니하리라 (5) 너희가 그것을 먹는 날에는 너희 눈이 밝아 하나님과 같이 되어 선악을 알 줄을 하나님이 아심이니라"

"뱀이 여자에게 물어 가로되" 사탄도 처음부터 '언어'를 사용하였습니다. 침입자 사탄도 인간과 커뮤니케이션을 할 때 언어를 사용하였습니다. "(4) 뱀이 여자에게 이르되 너희가 결코 죽지 아니하리라 (5) 너희가 그것을 먹는 날에는 너희 눈이 밝아 하나님과 같이 되어 선악을 알 줄을 하나님이 아심이니라." 그런데 사탄이 사용한 언어는 하나님의 진리에 대하여 완전히 정반대가 되는 거짓의 언어였습니다. 사탄은 거짓의 언어를 사용할 뿐 아니라 하나님이 해석한 것과 정반대가 되는 잘못된 해석을 제시하였습니다. 여기서 보듯이 사탄도 언어를 사용하였습니다. 그러나 사탄이 사용한 언어는 진리의 언어가 아니고 거짓의 언어였습니다. 그리고 사탄은 하나님의 진리를 대항하는 해석을 제시하였습니다. 에덴동산에서 이처럼 언어가 파괴용 무기로 사용된 적이 없었습니다. 그러니까 인간과 커뮤니케이션하는 데에 하나님만 말씀(word)을 사용한 것이 아닙니다. 사탄도 말(word)을 사용했습니다. 그런데 하나님은 말씀 안에서 창조와 생명과 평화를 이루어 내셨지만 사탄은 말로서 파괴와 죽음과 긴장을 초래했습니다. 다 같은 말이지만 하나님의 말씀은 진리였고 사탄의 말은 거짓이었습니다. 하나님은 처음부터 '진리의 언어'를 말씀하셨지만 사탄은 처음부터 '거짓의 언어'를 말하였습니다. 하나님의 말씀은 진리로서 창조를 이루는 언어이지만 사탄의 말은 거짓으로서 파괴와 멸망을 일삼는 언어였습니다. 하나님의 말씀은 생명을 가져오는 진리의 언어였지만 사탄의 말은 죽음을 가져오는 거짓의 언어였습니다. 하나님은 올바른 해석을 주셔서 아담을 진리 안에서 살도록 인도하셨지만 사탄은 잘못된 해석을 가르쳐서 아담을 파멸과 죽음에 이르도록 유도하였습니다. 하나님은 올바른 해석을 가르쳐 주셔서 인간으로 하여금 올바른 세계관과 가치관을 가지고 살게 하셨지만 사탄은 잘못된 해석을 가르쳐서 인간으로 하여금 잘못된 세계관과 가치관을 가지고 살게 하였습니다.

사탄이 거짓된 언어를 들여오기 전 에덴동산에는 그때까지 만해도 진리도 하나였고 해석도 하나밖에 없었습니다. 하나님이 주신 진리의 말씀과 하나님이 주신 올바른 해석 한 가지밖에 없었습니다. **그러나 사탄이 가져온 거짓말과 잘못된 해석 때문에 지금까지 우리 인간은 혼란 속에서 하나님이 누구이신지를 알지 못하고 우리 인간 자신이 누구인지 알지 못하고 방황하고 있습니다. 그래서 아담 이후에 지금까지 우리 인류는 사탄에 속아 거짓되고 잘못된 해석을 가지고 우주의 창조주가 없다고 주장하며 우주가 스스로 우연히 생기고 진화되었으며 우리 인간도 먼지에서, 고릴라에서 진화한 것이라고 우기면서 하나님을 대항하며 진리를 거스리며 살아왔습니다. 바로 그 사탄의 거짓말 때문에 우리 인간은 이런 혼란과 무지와 속임수 속에서 무신론적인 문학이나 음악이나 미술이나 철학이나 과학 등을 개발하게 되었고 그것들을 진리로 믿고 있는 것입니다.**

우리가 배운 철학이라는 것이 무엇입니까? 철학이란 하나님께서 세우신 진리에 대하여 인간이 만든 하나의 해석입니다. 신의 존재유무에 대하여 인간이 만든 하나의 해석입니다. 인생이 무엇인지에 대하여 인간이 만든 하나의 해석입니다. 그런데 골로새서 2장 8절에 보면 이런 철학을 속임수라 하였고 기껏해야 초등학문이라고 하였습니다. 그렇습니다. 철학이란 이 세상과 인생과 하나님에 대한 잘못된 해석입니다. 그러면 과학이란 무엇입니까? 이것도 하나님께서 창조하신 우주에 대하여 사탄에게 속은 인간이 만든 하나의 해석입니다. 현대과학이 내린 해석은 진화론입니다. 현대과학의 진화론이 내린 해석에 의하면 하나님은 없다는 것입니다. 모든 생명체는 빅뱅을 통해서 저절로 생겼다는 것입니다. 먼지에서 미생물에서 고등생명체로 진화하였다는 것입니다. 현대과학의 진화론이란 사탄에 속은 인간이 만든 하나의 해석으로서 아주 지극히 잘못된 해석입니다. 결국, 오늘날 우리가 공부하는 정치, 경제, 사회, 교육, 종교, 예술 등, 인문과학, 사회과학, 자연과학 같은 모든 학문들은 결국 하나님이 창조하신 창조물에 대한 해석에 불과한 것입니다. 그리고 그런 해석은 어쩌다 바른 해석을 내렸다 해도 기껏해야 초등학문 수준이거나 아니면 잘못 해석한 속임수입니다. 그래서 우리 인간이 가지고 있는 모든 지식체계나 사상체계나 가치체계 등은 결국 사탄이 가져온 거짓과 잘못된 해석에서 근거한 것입니다. 그러므로 하나님이 주신 진리의 언어를 버리고 사탄이 가르쳐준 거짓의 언어를 우리의 공식언어로 사용하고 있는 우리 인간이 하나님이 진리의 언어로 우리에게 진리를 말씀하실 때 깨달을 수가 없는 것입니다. 요한복음 8장 43~45절을 보십시오; "(43) 어찌하여 **내 말을 깨닫지 못하느냐 이는 내 말을 들을 줄 알지 못함이로다** (44) **너희는 너희 아비 마귀에게서 났으니** 너희 아비의 욕심을 너희도 행하고자 하느니라 저는 처음부터 살인한 자요 **진리가 그 속에 없으므로 진리에 서지 못하고 거짓을 말할 때마다 제 것으로 말하나니 이는 저가 거짓말장이요 거짓의 아비가 되었음이니라** (45) 내가 진리를 말하므로 너희가 나를 믿지 아니하는도다"

참으로 사탄의 언어는 에덴동산에서 하나님이 세우신 모든 질서를 깨트리고 혼돈을 가져왔습니다. 아담·하와 때부터 지금까지 우리 인류는 하나님의 언어인 진리의 언어와 올바른 해석을 배척하고 사탄의 언어인 거짓의 언어와 잘못된 해석을 받아드렸습니다. 그래서 사탄의 거짓 언어를 사용하는 인간의 혀는 생의 바퀴를 불사르고 쉬지 아니하는 악이요 죽이는 독이 되었습니다. 야고보서 3장 6절, 8절을 보십시오; "(6) **혀는 곧 불이요 불의의 세계라** 혀는 우리 지체 중에서 온 몸을 더럽히고 생의 바퀴를 불사르나니 그 사르는 것이 지옥불에서 나느니라 (8) **혀는 능히 길들일 사람이 없나니 쉬지 아니하는 악이요 죽이는 독이 가득한 것이라**"

참으로 흑암의 공중권세를 잡은 사탄의 나라에서 죄의 포로로서 살아가는 우리 인간은 태어나서 죽을 때까지 사탄의 거짓언어를 공식언어로 사용해야 하기 때문에 수없이 많은 사람들을 속이며 찌르고 아프게 하고 죽이는 독살스러운 말로 상처를 주며 살아왔습니다. 사탄은 처음부터 살인한 자로서 진리가 그 속에 없으므로 진리에 서지 못하고 거짓을 말할 때마다 제 것으로 한다고 하였습니다. 즉 사탄의 언어는 거짓말입니다. 한국인의 언어는 한국어이고 일본인이 사용하는 언어는 일본어이듯이 사탄이 사용하는 공식언어는 거짓말이라는 언어입니다. 그런데 우리 인류가 아담 이후에 사용해온 공식언어는 바로 사탄의 언어인 거짓말입니다. 그러므로 사탄의 언어를 사용하는 우리 인간이 하나님의 언어인 진리를 이해할 수가 없는 것입니다. 아무리 유식하고 지위가 높은 사람이라도 하나님의 언어인 진리를 깨달을 수가 없는 것입니다. 전혀 배우지 않은 외국어처럼 들리기 때문입니다. 그래서 예수님이 **"무릇 진리에 속한 자는 내 소리를 듣느니라"**고 말씀하셨을 때 당시의 지성인이요 총독이라는 높은 지위에 있는 빌라도조차도 **"진리가 무엇이냐?"**고 물을 수밖에 없었던 것입니다.

그러므로 사탄이 거짓언어를 가지고 우리 인간을 미혹하는 수법은 예전이나 지금이나 변함이 없습니다. 다음의 도표를 보십시오. 아담을 미혹할 때나 예수님을 미혹할 때나 지금 우리를 미혹할 때나 다 똑같은 수법으로 미혹하고 있습니다. 우리는 사탄의 이러한 전략을 잘 알고 철저하게 대처해야 합니다. 사탄에 대한 더 자세한 내용은 책 뒤에 있는 '부록 2-1'을 참조하시기 바랍니다.

사탄이 사용하는 유혹의 수단

창 3장(아담)	마 4장(예수님)	창 3장	요일 2장(우리들)
너희가 그것을 먹으면(3:5)	돌이 떡덩이가 되게하라(4:3)	먹음직도 하고(3:6)	육신의 정욕(2:16)
너희가 결코 죽지 아니하리라(3:4)	발이 돌에 부딪히지 않게 하리로다(4:6)	보암직도 하고(3:6)	안목의 정욕(2:16)
너희가 하나님같이 되리라(3:5)	천하만국과 영광을 네게 주리라 (4:8-9)	지혜롭게 할 만큼 탐스러운(3:6)	이생의 자랑(2:16)

사탄이 육신의 정욕과 안목의 정욕과 이생의 자랑을 가지고 아담을 유혹했을 때 아담은 그것들을 사랑하다가 시험의 올무에 걸려 넘어졌습니다. 그러나 예수 그리스도는 똑같은 시험을 받았을 때에 이기심으로써 우리를 죄에서 건지실 하나님이심을 보여주셨습니다. 사탄은 오늘도 똑같은 시험으로 우리를 유혹하고 있습니다. 그러므로 요한1서 2장 15~16절의 말씀에 항상 주의하시기 바랍니다. **"이 세상이나 세상에 있는 것들을 사랑치 말라. 누구든지 세상을 사랑하면 아버지의 사랑이 그 속에 있지 아니하니 이는 세상에 있는 모든 것이 육신의 정욕과 안목의 정욕과 이생의 자랑이니 다 아버지께로**

좇아온 것이 아니요 세상으로 좇아온 것이라" 어떤 사람이 "아담이 선악과를 따 먹은 것이 왜 죄인가"라고 제게 물었습니다. 참 중요한 질문이라고 생각합니다. 여러분도 한번 잘 정리를 해보시기 바랍니다.

　첫째는 하나님의 진리의 말씀을 믿지 않고 사탄의 거짓말을 믿었기 때문입니다. 하나님을 불신하고 그의 권위를 묵살한 것입니다. 하와는 따 먹지 말라는 하나님의 진리의 말씀을 불신하고 따 먹어도 괜찮다고 거짓말하는 사탄의 거짓말을 더 믿었기에 선악과를 따 먹을 수 있었습니다. 아담은 선악과를 먹으라고 말하는 자기 아내 여자의 말을 따 먹지 말라는 하나님의 말씀보다 더 존중하고 믿었기 때문에 선악과를 먹을 수 있었습니다. 만약 아담이 자기 아내보다도 하나님의 말씀을 더 믿었다면 결코 선악과를 먹지 않았을 것입니다. 그러므로 창세기 3장 17절에서 하나님이 아담을 저주한 이유를 분명히 밝혔습니다. "네가 네 아내의 말을 듣고 내가 너더러 먹지 말라 한 나무 실과를 먹었은즉"(창 3:17) 즉 아담은 자기 아내의 말을 하나님의 말씀보다 더 믿었던 것입니다. 그 이후 오늘날까지 아담의 후손인 우리 인류는 하나님의 말씀보다도 사람들의 말과 사상을 더 믿고 따르고 있습니다. 저 도서관에 있는 넘쳐나는 책들을 보십시오. 하나님을 대항하고 무시하는 내용들로 가득 차 있으며 젊은이들은 날마다 학교에서 하나님을 대항하는 무신론 사상을 배우고 있습니다. 이와 같이 하나님의 말씀은 도처에서 무시당하고 짓밟히고 있습니다.

　둘째는 사랑의 언약을 어겼기 때문입니다. 앞에 본래의 인간에서 이미 다루었으므로 자세한 설명은 생략합니다. "너희는 아담처럼 언약을 어기고 거기서 내게 패역을 행하였느니라"(호 6:7) 하나님을 버리고 사탄을 따라간 우리 인생을 "그 지아비 대신에 외인과 사통하여 간음하는 아내로다"(겔 16:32) 즉, 우리 인간은 하나님을 버리고 사탄을 좇아간 창녀라고 책망을 받고 있습니다.

　셋째는 선과 악을 구별하는 기준의 주체가 바뀌었습니다. 선과 악의 기준은 오직 하나님이십니다. 하나님이 창조의 주인이시기 때문에 하나님이 선하다고 하신 것이 다 선한 것이고 하나님이 악하다고 하신 것은 다 악한 것입니다. 그런데 선악과를 따 먹었다는 것은 이제 사람들이 선과 악의 기준을 정하는 주체가 되었다는 말입니다. 창세기 3장 22절에 보면 **"여호와 하나님이 가라사대 보라 이 사람이 선악을 아는 일에 우리 중 하나 같이 되었으니** 그가 그 손을 들어 생명나무 실과도 따 먹이고 영생할까 하노라 하시고"라고 기록 되어 있습니다. 여기서 '사람이 선악을 아는 일에 우리 중 하나 같이 되었으 니'라는 말씀의 뜻이 무엇입니까? 지금까지는 하나님께서 선과 악의 기준을 정하시고 시행하셨는데 이제는 사람들이 선과 악의 기준을 정한다는 말입 니다. 그러면 사람들이 선악을 아는 일에 우리 중 하나 같이 된 것이 무엇이 잘못입니까?

하나님은 완전하시기 때문에 선과 악이나 옳고 그른 것을 정확하게 구별 하셔서 결코 실수함이 없으십니다. 그러나 인간은 피조물이기 때문에 많은 지식도 의도 거룩함도 하나님보다 부족하기 때문에 선과 악을 바로 구별할 수가 없습니다. 오늘날 우리 인생이 많은 문제 가운데 있는 것은 바로 이 선 과 악의 기준이 각자에게 있기 때문입니다. 국가마다 선과 악에 대한 기준 에 다릅니다. 개인마다 선과 악의 기준이 다릅니다. 다들 자기 기준으로 남 을 보니까 자기는 항상 옳고 남은 항상 잘못되게 보이는 것입니다. 부부지간 의 문제도 다 각각 자기 기준으로 선과 악을 판단하니까 상대방이 잘못되게 보이는 것입니다. 교회 안에서 일어나는 문제도 다 자기 기준으로 선과 악을 판단하기 때문에 상대방을 비난하고 비판하게 되는 것입니다. 우리 인생에 일어나는 이 모든 문제들은 오직 하나님이 정하신 선과 악의 기준으로 해결 할 때만 문제들이 해결됩니다. 다른 사람들이 다 이렇게 하니까 우리도 이렇 게 해야 한다는 식으로 해결하면 안 됩니다. 우리는 하나님을 믿는 사람들 이니까 모든 문제의 해결 기준이 하나님의 말씀이어야 합니다. 우리가 다 선 악과를 따 먹은 죄인이기 때문에 하나님의 말씀을 문제 해결의 기준으로 삼 지 않고 친인척관계나 선후배관계나 세상의 풍조를 기준으로 문제를 해결하 려는 것입니다. 아무리 이 세상의 것이 옳게 보여도 하나님의 말씀이 문제해 결의 기준이 되어야 하는 것입니다.

아담·하와가 선악과를 따 먹은 결과로 우리 인간 세상에는 착한 사람들 이 억울하게 당하고 힘없는 사람들이 누명을 뒤집어쓰고 물러나는 일이 수 도 없이 많습니다. 지금도 이 세상은 뒤죽박죽입니다. 수많은 사람들이 상처를 주고받고 서로 정죄하며 비방하며 다 자기만 옳다는 것입니다. 그래서 불가불 최후의 심판이 있는 것입니다. 그때는 하나님께서 가장 공정하고 정확하게 선과 악을 구별하시고 심판하셔서 모든 것이 적나라하게 드러날 것입니다. 의인은 천국으로 악인은 지옥으로 영원히 분리시킬 것입니다.

그러면 하나님이 인간을 마치 남편이 아내를 사랑함 같이 그렇게 열렬하게 사랑하신다면 인간은 지금 왜 이렇게 전쟁과 죽음과 질병과 기아와 자연재해로 고통스러운 삶을 살아야 합니까? 아담이 저지른 죄는 무엇입니까? 창세기 2장 17절을 보면 "선악을 알게 하는 나무의 실과는 먹지 말라 **네가 먹는 날에는 정녕 죽으리라** 하시니라"고 하나님은 분명하게 아담·하와에게 말씀하셨습니다. 창세기 3장 4절을 보면 "뱀이 여자에게 이르되 **너희가 결코 죽지 아니하리라**"고 사탄이 말했습니다. 여기서 아담과 하와는 하나님의 말씀을 믿지 아니하고 오히려 사탄의 말을 믿고 하나님이 주신 자유의지를 가지고 하나님의 명령에 불순종하고 선악과를 따 먹었습니다. 그러니까 하나님의 말씀을 믿지 아니하고 사탄의 말을 믿고 따라 감으로서 인간은 죄인이 된 것이었습니다. 즉 하나님을 믿지 않은 것이 죄입니다. **여기서 우리는 하나님과 인간 사이에 맺었던 사랑의 언약은 인간이 하나님을 믿지 아니함으로써 파기되었다는 것을 알 수 있습니다. 그래서 왜 하나님께서 죄인이 된 인간을 구원하시는 조건으로 하나님에 대한 믿음을 요구하시는지를 우리는 깨달아야 합니다.**

그러면 사탄이 아담·하와를 유혹하기 위하여 사용한 무기는 무엇이었습니까? 창세기 3장 6절을 보십시오. "여자가 그 나무를 본즉 **먹음직도 하고 보암직도 하고 지혜롭게 할 만큼 탐스럽기도 한** 나무인지라 여자가 그 실과를 따 먹이고 자기와 함께한 남편에게도 주매 그도 먹은지라" 사탄이 아담·하와를 유혹하기 위하여 사용한 무기는 바로 '육신의 정욕(먹음직도 하고)'과 '안목의 정욕(보암직도 하고)'과 '이생의 자랑(지혜롭게 할 만큼)'이었습니다. 이 세 가지로 아담과 하와를 성공적으로 유혹하여 죄를 짓게 함으로써 인간과 하나님과의 관계를 끊어 놓았습니다.

그런데 사탄은 오늘 우리 인간들에게도 똑같은 무기를 가지고 유혹하고 있습니다. 그래서 하나님은 사도 요한을 통하여 이렇게 말씀하셨습니다. 요한1서 2장 15~17절을 보십시오; "(15) 이 세상이나 세상에 있는 것들을 사랑하지 말라 누구든지 세상을 사랑하면 아버지의 사랑이 그 안에 있지 아니하니 (16) 이는 세상에 있는 모든 것이 육신의 정욕과 안목의 정욕과 이생의 자랑이니 다 아버지께로부터 온 것이 아니요 세상으로부터 온 것이라 (17) 이 세상도, 그 정욕도 지나가되 오직 하나님의 뜻을 행하는 자는 영원히 거하느니라" 그러므로 예수님을 믿는다고 하면서도 이 세상의 부귀영화, 쾌락을 사랑하는 사람들은 아버지의 사랑이 그 안에 있지 아니하다고 경고하고 있는 것입니다. '아버지의 사랑'은 "요한복음 3장 16절에서 언급하신 '독생자를 주신 사랑'을 의미하는 것으로서 아버지의 사랑이 그 안에 있지 않다는 말은 독생자 예수님이 주시는 구원이 없다는 말입니다. 결국 이 세상을 버리지 않고는 아무도 예수님을 믿고 따를 수 없다는 말입니다. 이 세상에서 잘 먹고 잘 살고 출세하고 성공하려는 자기의 모든 세상적 욕망을 버리는 것이 자기를 부인하는 것이며 이것은 누구에게나 참으로 고통스러운 십자가입니다. 그런데 우리가 우리를 구원해 주신 구주라고 믿고 있는 사랑 많으신 예수님께서 누가복음 9장 23절에서 이렇게 말씀하셨습니다; "또 무리에게 이르시되 아무든지 나를 따라오려거든 자기를 부인하고 날마다 제 십자가를 지고 나를 따를 것이니라" 그래서 예수님은 마태복음 19장 23~24절에서 이렇게 말씀하셨던 것입니다; "(23) 예수께서 제자들에게 이르시되 내가 진실로 너희에게 이르노니 부자는 천국에 들어가기가 어려우니라 (24) 다시 너희에게 말하노니 낙타가 바늘귀로 들어가는 것이 부자가 하나님의 나라에 들어가는 것보다 쉬우니라 하시니"

우리가 정말 천국에 들어갈 참 믿음을 지니고 있다면 우리는 마땅히 세상을 내려놓아야 할 것이라고 성경은 누누이 명령하고 있습니다. 오늘 말세시대의 기독교인들은 이 세상을 내려놓고 주님을 따르는 사람들입니까? 아니면 이 세상에서 더 많은 것을 얻으려는 목적으로 하나님을 믿는 사람들입니까? 우리는 지금까지 예수님을 너무 많이 오해하였습니다.

로마서 5장 19절을 보십시오. "한 사람의 순종치 아니함으로 많은 사람이 죄인 된 것같이 한 사람의 순종하심으로 많은 사람이 의인이 되리라" 또 로마서 5장 12절의 말씀도 보십시오. "이러므로 **한 사람으로 말미암아 죄가 세 상에 들어오고 죄로 말미암아 사망이 왔나니** 이와 같이 **모든 사람이 죄를 지었으므로 사망이 모든 사람에게 이르렀느니라**"

  인류가 시작된 그 까마득하게 먼 옛날에 한 사람 아담이 죄를 지었는데 왜 오늘날 많은 사람이 죄인이 되는 것입니까? 우리는 아담을 본적도 없는 사람들인데 왜 우리가 그 아담 때문에 죄인이 되는 것입니까? 그것은 아담·하와가 죄를 짓고 에덴동산에서 쫓겨나서 공중권세를 지닌 사탄이 통치하고 있는 여기 흑암의 세상에 들어온 이후에 아담·하와의 후손들이 태어났기 때문입니다. 본래 아담·하와는 하나님의 사랑의 대상으로 창조되어서 하나님과 그들의 관계는 마치 하나님은 본남편이고 아담·하와는 그의 신부 같은 관계였습니다. 그러나 에덴동산의 침입자 사탄의 유혹에 속아 사탄을 따라간 인간을 하나님을 '창녀'라고 부르시면서 수천 년 동안 선지자들을 보내어 **"배역한 자식들아 돌아오라 나는 너희 남편임이니라"**(렘 3:14)고 외치신 것입니다. 구약 성경에서 하나님이 죄인 인간을 어떻게 부르시고 있는지 생각해 보십시오. **"그 지아비(본남편) 대신에 외인(사탄)과 사통하여 간음하는 아내로다"**(겔 16:32)

  구약성경만이 아닙니다. 요한복음 8장 44절을 보십시오. **"너희는 너희 아비 마귀에게서 났으니 너희 아비의 욕심대로 너희도 행하고자 하느니라 그는 처음부터 살인한 자요 진리가 그 속에 없으므로 진리에 서지 못하고 거짓을 말할 때마다 제 것으로 말하나니 이는 그가 거짓말쟁이요 거짓의 아비가 되었음이라"** 여기서 예수님도 우리 죄인 인간들의 아비를 사탄이라고 말씀하고 있습니다. 즉 에스겔서에서 말씀하신 대로 아담·하와는 그 지아비 즉 본남편인 하나님을 버리고 외인(사탄)과 사통하여 간음하는 아내가 되어 그 사이에서 태어난 아담·하와의 모든 후손들을 향하여 예수님은 "너희 인간들의 아비는 마귀 사탄이라"고 하신 것입니다.

  이와 같이 아담·하와가 죄를 짓고 하나님으로부터 쫓겨나서 사탄의 창녀가 된 후에 사탄이 통치하는 여기 흑암의 나라에서 태어난 우리 인간은 태어날 때부터 하나님과 원수관계로 태어난 것입니다. 그러므로 한 사람 아담의 죄 때문에 우리 인간 모두가 죄인이 되고 하나님과 원수가 된 것입니다. 그래서 아무리 평생 동안 교회를 다녔어도 거듭나지 못하고 아직도 마귀의 자녀들로 살아가는 말세 기독교인들에게 성경에 기록된 하나님의 말씀을 전하면 들으려 하지 않고 오히려 강하게 거부하는 것입니다. 참으로 충격적입니다. 하나님을 믿는다고 그렇게 교회에 열심히 다니고 성경은 하나님의 정확 무오한 진리의 말씀이라고 외치는 사람들인데 성경에 있는 하나님의 이런 말씀을 자세히 전해 주면 여지없이 강하게 반발하고 거부하는 것을 쉽게 만나봅니다. 성경에 있는 말씀을 거부하면서 예수님을 믿는다고 우기는 그런 사람들은 분명히 고린도 교회의 한 파에 속한 사람들처럼 '다른 예수' '다른 복음' '다른 영'을 믿고 있는 것입니다: "만일 누가 가서 우리가 전파하지 아니한 **다른 예수**를 전파하거나 혹은 너희가 받지 아니한 다른 영을 받게 하거나 혹은 너희가 받지 아니한 다른 복음을 받게 할 때에는 너희가 잘 용납하는구나"(고후 11:4) **그래서 그런 사람들에게 "하나님께 속한 자는 하나님의 말씀을 듣나니 너희가 듣지 아니함은 하나님께 속하지 아니하였음이로다"(요 8:47)라고** 예수님께서 직접 말씀하신 것입니다.

죄의 값
죄의 결과는 무엇입니까?
죄의 결과(1) 사망

하나님은 에덴동산을 창조하시고 동산 한가운데에는 생명나무와 선악을 알게 하는 나무도 심어놓고(창 2:9) 그곳에 인간 아담과 하와를 살게 하셨습니다.(창 2:8) 그 에덴동산은 하나님과 인간이 함께 거닐던 낙원이었습니다; "(8) 그들이 그날 바람이 불 때 동산에 거니시는 여호와 하나님의 소리를 듣고 아담과 그의 아내가 여호와 하나님의 낯을 피하여 동산 나무 사이에 숨은지라 (9) 여호와 하나님이 아담을 부르시며 그에게 이르시되 네가 어디 있느냐 (10) 이르되 내가 동산에서 하나님의 소리를 듣고 내가 벗었으므로 두려워하여 숨었나이다"(창 3:8-10)

창세기 2장 17절을 보면 "선악을 알게 하는 나무의 실과는 먹지 말라 **네가**

먹는 날에는 정녕 죽으리라 하시니라"고 기록되어 있습니다. 로마서 **6장 23절**에 기록된 대로 '죄의 삯은 사망'입니다. 그런데 아담과 하와는 하나님이 주신 자유의지를 가지고 하나님의 명령에 불순종하고 선악과를 따 먹었습니다. 그러면 하나님께서는 말씀하신 대로 아담과 하와를 죽였습니까? 아닙니다. 창세기 3장 24절을 보면 하나님은 아담과 하와를 죽이지 않으시고 에덴동산에서 그들을 쫓아내셨습니다; **"이같이 하나님이 그 사람을 쫓아내시고 에덴동산 동편에 그룹들과 두루 도는 화염검을 두어 생명나무의 길을 지키게 하시니라"**(창 3:24)

그러면 **"네가 먹는 날에는 정녕 죽으리라"**라고 하신 뜻은 무엇입니까? **'죄의 삯은 사망'**이라는 뜻은 무엇입니까? 하나님은 인간보다 먼저 천사들을 창조하셨습니다. 천사들도 인간들처럼 자유의지를 지닌 존재로 창조되었습니다. 그 자유의지를 가지고 천사들의 일부가 자기들의 본분을 지키지 아니하고 감히 자기들을 만드신 창조주 하나님께 대항하였습니다. 유다서 1장 6절을 보십시오; **"또 자기 지위를 지키지 아니하고 자기 처소를 떠난 천사들을 큰 날의 심판까지 영원한 결박으로 흑암에 가두셨으며"**(유 1:6) 그래서 하나님은 범죄한 천사의 우두머리 사탄을 비롯한 그의 추종자 천사들을 용서치 아니하시고 대심판의 날까지 흑암의 세상에 던져 가두었습니다. 베드로후서 2장 4절에는 이렇게 기록되어 있습니다; **"하나님이 범죄한 천사들을 용서치 아니하시고 지옥에 던져 어두운 구덩이에 두어 심판 때까지 지키게 하셨으며"** 유다서에는 그 범죄한 천사들을 '흑암'에 던졌다고 기록하고 있고 베드로후서에서는 '지옥'에 던졌다고 기록하고 있습니다. **그러니까 아담·하와가 에덴에서 쫓겨난 이후 지금까지 우리 인간이 살고 있는 이 세상은 사탄과 그의 추종자들이 하나님으로부터 쫓겨나서 살고 있는 그 흑암의 세상으로서 사탄이 통치하고 있는 흑암의 세상 즉 지옥이라는 말입니다.** 하나님은 아담·하와에게 에덴동산 가운데 있는 선악과를 따 먹지 말라고 명령하셨습니다. 따 먹으면 정녕 죽으리라고 말씀하셨습니다. 그 후 아담·하와가 하나님의 말씀을 불신하고 오히려 사탄이 하는 말을 믿고 선악과를 따 먹었을 때 그들은 하나님으로부터 쫓겨나서 사탄이 살고 있는 이 흑암의 지옥으로 떨어지게 된 것입니다. **그러니까 여기서 하나님께서 말씀하신 '정녕 죽으리라'는 이 죽음은 하나님으로부터의 분리를 의미하는 것이었습니다.** 하나님께서 에덴동산에서 언급하신 '사망'이란 죽어서 존재가 없어지는 것을 의미하는 것이 아니었고 인간이 하나님으로부터 분리되는 것을 의미하는 것이었습니다. **그래서 에베소서 2장 1~3절에 보면 인간이 죽어서 없어진 것이 아니라 하나님으로부터 분리되어 사탄이 살고 있는 어둠의 세상으로 떨어져서 사탄의 노예가 되어 살고 있는 것을 보여주고 있습니다.**

에덴동산에서 뱀의 유혹에 속은 인간은 하나님으로부터 분리된 그 순간부터 오늘날까지 이 어둠의 세상으로 떨어져서 사탄의 노예로 살아온 것입니다; "(1) 너희의 허물과 죄로 죽었던 너희를 살리셨도다 (2) **그때에 너희가 그 가운데서 행하여 이 세상 풍속을 좇고 공중의 권세 잡은 자를 따랐으니 곧 지금 불순종의 아들들 가운데서 역사하는 영이라 (3) 전에는 우리도 다 그 가운데서 우리 육체의 욕심을 따라 지내며 육체와 마음의 원하는 것을 하여 다른 이들과 같이 본질상 진노의 자녀이었더니**"(엡 2:1-3) 2절에 **"곧 지금 불순종의 아들들 가운데서 역사하는 영이라"**는 말은 지금도 공중권세를 잡은 사탄은 불순종의 아들들, 즉 예수님을 믿지 않고 예수님이 말씀에 순종하지 않는 불신자들을 통치하고 있는 영이라는 말입니다. 우리 그리스도인들도 예수 믿기 전에는 공중권세를 잡은 사탄의 노예가 되어 우리 육신의 소욕을 만족시키기 위하여 이 세상 풍조를 추구하며 살았던 사람들로서 하나님의 진노의 대상이었습니다.

그러나 인류의 종말이 되면 우리 그리스도인들은 하나님의 은혜로 구원을 받아 천국으로 들어가게 되고 **구원받지 못한 사람들은 대심판을 받고 사탄과 함께 영원한 지옥불에 던져지는데 요한계시록 20장 14~15절에 보면 지옥불에 던져지는 것을 둘째 사망이라고 기록하고 있습니다; "사망과 음부도 불 못에 던지우니 이것은 둘째 사망 곧 불못이라** (15) **누구든지 생명책에 기록되지 못한 자는 불 못에 던지우더라."**(계 20:14-15) **그러니까 인간이 선악과를 따먹고 하나님으로부터 첫 번째 분리되어 이 흑암의 세상으로 떨어진 것이 바로 첫째 사망의 세계인 것입니다.** 그리고 인류의 종말에 있을 대심판에서 심판을 받고 다시 한번 더 멀리 하나님으로부터 분리되어 지옥불로 떨어지는 것을 성경은 둘째 사망이라고 부르고 있는 것입니다. 그러니까 우리가 현재 살고 있는 이 세상은 첫째 사망의 세계이며 지옥불은 둘째 사망의 세계인 것입니다. 다른 말로 표현하면 우리가 살고 있는 이 세상은 제1단계 지옥이고 대심판 후에 있을 지옥불은 제2단계 지옥인 것입니다. 그래서 위에서 언급한 대로 베드로후서에서는 타락한 천사들이 지옥에 던져졌다고 기록한 것입니다. 아래의 그림을 참고하시면 이해가 될 것입니다. 에덴동산에서 이 흑암의 세계로 떨어지는 화살표가 바로 첫째 사망 즉 첫째 분리이고 이 흑암의 세상에서 지옥불로 떨어지는 것을 표시한 화살표가 둘째 사망 즉 둘째 분리입니다.

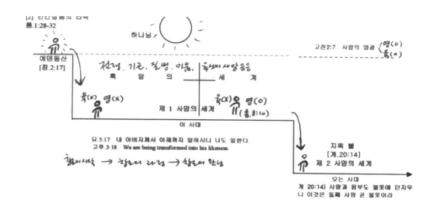

위의 그림에서 보듯이 죄를 지은 아담·하와가 에덴동산에서 쫓겨나서 사탄이 통치하는 흑암의 세상으로 던져지는 것이 첫째 사망입니다. 선악과를 따 먹으면 정녕 죽으리라고 말씀하셨는데 그들은 죽지 않고 에덴동산에서 쫓겨났습니다. 즉 성경에서 '죽음'이라는 것은 '없어지는 것'이 아니고 '하나님과의 분리'를 의미하는 것입니다. 왜냐하면 하나님은 인간을 하나님의 형상대로 창조하셨기 때문에 영원하신 하나님처럼 인간도 영원히 존재하도록 창조되었기 때문입니다. 영원한 존재로 창조된 인간이기 때문에 천국으로 가든지 지옥으로 가든지 인간은 영원히 존재하게 되어있습니다. 공중권세를 잡은 사탄이 통치하는 이 세상은 늘 전쟁과 기근과 질병과 미움과 육신의 죽음 등등이 있습니다. 아담·하와가 하나님으로부터 쫓겨나서 이 흑암의 세상에 떨어져 사탄의 노예가 되고 창녀가 된 후로 인간은 영적으로도 육적으로도 하나님과 분리된 것입니다.

위의 그림에서 육신도 (x), 영도 (x)로 표시된 사람이 바로 하나님과 영적으로도 육신적으로 분리되었다는 것을 표시한 것입니다. 사탄의 노예와 창녀가 된 이 죄인 인간들을 구원하시기 위하여 하나님께서 직접 인간의 육신을 입으시고 이 세상에 오신 분이 예수님이라고 성경은 가르쳐 주고 있습니다. 인간의 죄값을 지불하고 사탄에 잡혀 있는 죄인 인간들을 해방시키기 위해서 예수님은 십자가에서 우리의 죄를 대신 짊어지시고 죽으심으로써 죄인 인간들이 회개하고 다시 하나님께로 돌아올 수 있는 길을 만들어 주신 것입니다.

그러므로 예수님께서 가르쳐 주신 복음의 말씀대로 회개하고 죄 용서를 받으면 성령을 받아 영이 거듭나게 되어 영은 구원을 받게 되지만 육신은 아직 구원받지 못한 상태입니다. (위의 그림에서 육신은 [x] 영은 [o]로 표시된 인간) 로마서 8장 10절에 보면 우리가 구원을 받았으면 우리의 영이 거듭나서 다시 살았기 때문에 예수님이 우리 안에 들어와 거하시지만 육신은 아직도 죽은 상태라고 기록되어 있습니다. 그러니까 성령으로 거듭난 참 그리스도인들은 아직은 반만 구원받은 상태입니다. 그러면 우리의 육신은 언제 구원받게 됩니까? 성경은 우리의 육신이 예수님의 재림 때에 구원을 받아 부활하고 휴거하게 될 것이라고 기록하고 있습니다. 로마서 8장 23절에 보면 성령의 거듭나게 하는 역사로 구원을 얻은 참 그리스도인은 육신도 구원받게 될 그날을 탄식하며 기다린다고 기록하고 있습니다; "그뿐 아니라 또한 **우리 곧 성령의 처음 익은 열매를 받은 우리까지도** 속으로 탄식하여 **양자 될 것 곧 우리 몸의 속량을 기다리느니라**"(롬 8:23)

그러니까 성령의 거듭나게 하는 역사로 얻은 영의 구원은 구원의 완성이 아니고 오직 구원의 첫 열매에 불과합니다. 즉 주님께서 재림하실 때에 얻게 될 육신의 구원, 즉 부활의 몸까지 받아야 비로소 하나님의 형상으로 지어진 인간으로 완성되는 것입니다. 예수님 재림하실 때에 함께 내려온 구원받은 영(살전 4:14절 – "예수 안에서 자는 자들도 하나님이 저와 함께 데리고 오시리라")과 땅에서 휴거하여 올라온 부활의 몸(살전 4:16~17절; "주께서 호령과 천사장의 소리와 하나님의 나팔 소리로 친히 하늘로부터 강림하시리니 그리스도 안에서 죽은 자들이 먼저 일어나고 그 후에 우리 살아 남은 자들도 그들과 함께 구름 속으로 끌어 올려 공중에서 주를 영접하게 하시리니 그리하여 우리가 항상 주와 함께 있으리라")이 결합하여 드디어 하나님의 형상을 닮은 영광스러운 인간으로 완성되는 것입니다.(위의 그림에서 영도 [o] 육신도 [o]

로 표시된 사람) 고린도전서 2장 7절을 보십시오; **"오직 은밀한 가운데 있는 하나님의 지혜를 말하는 것으로서 곧 감추어졌던 것인데 하나님이 우리의 영광을 위하여 만세 전에 미리 정하신 것이라"**(고전 2:7) 여기에서 보는 대로 하나님은 만세 전에(before time began) 즉 이 세상(공간과 시간)을 창조하시기 전에 하나님을 닮은 '영광스러운 인간'을 만드실 계획을 세우신 것입니다. 그런데 인간이 자유의지를 가지고 하나님의 말씀을 믿지 아니하고 사탄의 말을 믿고 타락하여 이렇게 비참한 인간이 되었던 것입니다. **그러면 사람들은 질문합니다. "모든 것을 다 아시는 하나님께서 인간이 사탄에게 속아 이렇게 비참하게 될 것을 모르셨습니까? 만약 미리 아셨다면 왜 인간을 창조한 것입니까?"** 그렇습니다. 하나님은 우주와 인간을 창조하시기 전부터 다 알고 계셨습니다. 하나님께서 인간을 하나님의 형상을 닮게 창조하시는 일은 에덴동산에서 완성되는 것이 아니었습니다. 에덴동산에서 인간을 하나님의 형상을 닮게 창조하신 것은 완성이 아니고 그 시작에 불과한 것입니다. 오늘 우리 시대의 교회들은 하나님의 창조가 6일 동안에 다 완성되었다고 믿고 있습니다. 그러나 성경은 하나님의 창조사역이 지금까지 계속되고 있음을 말하고 있습니다.

요한복음 5장 17절에 보면 **"예수께서 저희에게 이르시되 내 아버지께서 이제까지 일하시니 나도 일한다"**라고 기록되어 있습니다. 사람들이 흔히 오해하는 것 중에 하나는 하나님께서 6일 동안에 창조를 모두 완성하시고 제 7일에 쉬셨다는 것입니다. 그런데 여기 요한복음 5장 17절에서 예수님께서 말씀하신 것을 보면 성부 하나님도 아직까지 일하시고 성자 하나님도 아직까지 일하고 계십니다. 창조가 아직 끝나지 않았다는 말입니다. 창세기 1장 1절에 '태초에'라는 말로 시작한 창조사역은 지금까지도 계속되고 있습니다. 하나님은 전지전능하신 분이십니다. 다시 말해서 인간을 창조하시기 전부터 인간이 사탄에게 미혹을 당하여 타락하게 될 것도 미리 다 아셨습니다. 6일 동안에 창조를 다 완성해 놓으시고 제 7일에 편히 쉬고 계시는데 느닷없이 사탄이 와서 인간을 타락시키니까 하나님께서 '아차' 하시고 허둥지둥 인간 구원을 위해서 구원사역을 뒤늦게 시작하신 분이 아니십니다. 하나님은 인간을 창조하실 때 하나님의 형상을 닮게 창조하셨습니다. 그래서 인간을 자유가 없는 로버트로 만들지 아니하셨습니다. 하나님을 배반할 수 있는 자유까지 주시면서 인간을 창조하셨던 것입니다. 인간을 자유가 없는 로봇 (robot)으로 만들어서 무조건 하나님이 원하시는 대로 기계적으로 순종하게 만들어 놓으면 하나님과 인간이 진정한 사랑의 교제를 나눌 수 없기 때문입니다. 그러면 인간을 하나님의 형상대로 만들 필요조차 없어지는 것입니다.

하나님은 에덴에서 인간을 창조하실 때 하나님을 배반할 수 있는 자유까지 주신 데에는 크신 뜻과 목적이 있었습니다. 그 자유를 잘못 사용해서 사탄에게 속아 사탄의 노예가 되어 비참한 인생을 살게 하면서 자유를 잘못 사용할 때 오는 그 고통스러운 결과를 체험하게 하는 것입니다. 그리고 하나님은 계속 하나님의 종들 즉 선지자들을 보내어 인간이 죄인임을 깨우쳐 주고 회개하고 하나님께 돌아오게 하는 장기적인 계획을 창조 전에 미리 다 계획하셨습니다. 그 계획이란 장차 하나님의 때에 죄인 인간을 사탄의 손에서 구원하기 위하여 하나님이 직접 인간으로 성육신하여 인간의 죄를 대신하여 죽으실 것도 선지자들을 통해서 미리 다 알려 주시고 구약성경에 기록해 놓으셨습니다. 그리고 때가 차므로 성육신 하신 예수님이 오셔서 십자가에서 대속 죽음을 죽으심으로 자기가 죄인임을 깨닫고 회개한 사람들을 구원하시고 양육하시는 일을 성령님께 맡기시고 승천하신 것입니다. 그러나 구원 사역은 예수님의 초림으로 끝나지 않고 재림 후에 최후의 심판을 통해서 알곡은 모아 곡간(천국)에 들이고 쭉정이는 모아 불에(지옥) 던지는 사역을 마칠 때까지 계속되는 것입니다.

그러니까 하나님은 하나님의 형상을 닮은 인간을 하루라는 짧은 시간에 창조하시지 않았습니다. 아주 길고 긴 시간이 걸리는 총체적이고 장기적인 계획을 가지고 인간을 창조하셨습니다. 인간에게 하나님을 배반할 수 있는 자유의지까지 주신 것은 하나님께서 인간을 진심으로 사랑하시는 것처럼 인간도 그 자유를 가지고 하나님을 진심으로 사랑하기를 원하셨기 때문입니다. 강압에 의해서가 아니라 자의에서 우러나오는 진실된 사랑으로 하나님을 사랑하기를 원하셨던 것입니다. 구약성경을 보면 하나님은 종종 자신을 남편으로 비유하시고 인간을 그의 아내로 비유하시는 것을 쉽게 발견할 수 있습니다. 그래서 본남편인 하나님을 버리고 외간 남자인 사탄을 따라간 인간을 창녀라고 부르십니다. **"나는 너희 남편임이라"**(렘 3:14)고 하나님 자신을 '본남편(호 2:7)'이라고 칭하시기를 주저하지 않으십니다. 에스겔서 16장 32절에서는 심지어 "그 지아비 대신에 외인과 사통하여 간음하는 아내로다"라고 적나라하게 말씀하고 계십니다. **하나님**은 아담·하와에게 "선악과를 따 먹지 말라. 따 먹으면 정녕 죽으리라"고 말씀하셨습니다. 그러나 **사탄**은 "선악과를 따 먹어도 죽지 않는다"고 말했습니다. 아담·하와는 하나님의 말씀을 믿지 않고 사탄의 말을 믿었습니다. 하나님의 말씀을 믿지 않고 사탄의 말을 믿고 따라간 인간을 하나님 대신에 외인을 따라간 간음한 아내라고 책망하고 계십니다. 그래서 예수님은 요한복음 8장 44절에서 "너희는 너희 아비 마귀에서 났으니"라고 말씀하시면서 아담의 후손들인 오늘 우리 인간을 사탄의 후손으로 치부하고 있는 것입니다.

사탄이 와서 아담·하와를 유혹하여 죄와 사망에 빠지게 하였습니다. 그렇다고 해서 하나님의 계획이 무너지는 것은 아닙니다. 이러한 사탄의 방해 작업이 있을 것을 하나님은 미리 다 아시면서도 인간을 만드셨습니다. 고린도전서 2장 7절에서 보시는 대로 '하나님이 우리의 영광을 위하여 만세 전(before time began – 즉 시간과 공간이 만들어지기 전 창조 이전)에 미리 정하신 것'입니다. 무슨 말이냐 하면 하나님은 아무리 사탄이 와서 인간을 유혹할지라도 결국에는 하나님의 형상을 닮은 영광스러운 인간으로 만드실 수 있다는 말입니다. 그래서 하나님은 사탄의 유혹에 빠져 사탄의 포로가 된 인간을 에덴동산에서 쫓아내시고 사탄이 통치하는 어둠의 세상에 던져버렸습니다. 그리고 아담·하와를 에덴에서 쫓아내시기 직전에 하나님께서 어떻게 인간을 구원하여 내실 것인지도 미리 가르쳐 주셨습니다. 창세기 3장 15절에서 보십시오. 여자의 후손, 즉 동정녀에게 나실 메시아를 통해서 사탄의 머리를 쳐서 인간을 유혹한 사탄을 멸하실 것을 알려주셨습니다. 그리고 사탄은 여자의 후손(동정녀로 탄생한 그리스도)의 발꿈치를 상하게 할 것이라는 것도 미리 알려주셨습니다. 그러니까 동정녀 탄생으로 오실 그리스도께서 십자가에서 죽으심으로써 인간을 구원하실 것이라는 것을 미리 아담·하와에게 알려주신 것입니다. 그리고 무화과 나무 잎사귀로 자신들의 죄와 수치를 가리고 나무 뒤에 숨어있었던 아담·하와를 위해서 하나님은 죄 없는 동물을 죽여 가죽옷을 만들어 입혀 주셨습니다. 그들의 죄를 덮어주기 위해서 죄 없는 동물을 죽여 가죽옷을 만들어서 그들에게 입혀 주신 것입니다. 이것은 "장차 하나님께서 죄 없는 어린양으로 오셔서 대신 희생당하심으로써 인간의 죄를 덮어주신다"는 것을 미리 보여주신 것입니다. 그래서 하나님은 구약시대 내내 선지자들을 보내셔서 장차 메시아가 와서 인간을 대신하여 죽을 것이라는 것을 가르치셨고 그 메시아를 구세주로 왕으로 믿고 순종할 것을 가르쳐 왔습니다.

그리고 마침내 하나님이 정하신 때가 차므로 성부 하나님께서 성자 하나님을 인간의 육신을 입혀 죄 없는 하나님의 어린양으로 이 세상에 보내셨습니다. 하나님은 살생이 전혀 없었던 에덴동산에서 인간의 죄 때문에 죄 없는 동물을 죽여서 그 가죽으로 아담과 하와의 죄를 덮어주셨습니다. 바로 그 하나님께서 아담에게 약속하신 대로 성자 하나님을 보내어 십자가에서 하나님의 어린양으로 대신 죽게 하시고 그 그리스도로 옷 입게 하여 인간을 죄와 사망에서 구원하시는 것입니다. 갈라디아서 3장 27절에 **"누구든지 그리스도와 합하여 세례를 받은 자는 그리스도로 옷 입었느니라"**라고 기록하였습니다. **아담·하와가 자기들의 죄를 위해서 대신 죽은 동물의 가죽옷을 입었던 것처럼 우리 믿는 사람들은 우리들의 죄를 위하여 대신 죽으신 어린양 예수님을 옷 입은 것입니다.** 예수님은 바로 이 일을 위하여 이 세상에 오셨고 세례 요한은 이를 잘 알고 있었기에 이렇게 증거하고 있습니다. **"보라 세상 죄를 지고 가는 하나님의 어린양이로다"**(요 1:29) 성부, 성자, 성령 하나님은 인간을 하나님의 형상으로 만들어 천국에서 영원토록 하나님과 함께 사랑하며 살아갈 수 있도록 하나님의 영광스러운 형상으로 인간을 창조하셨던 것입니다. 그리고 인간을 기계적으로 하나님께 순종하는 로봇으로 만들지 아니하시고 하나님처럼 지적으로 도덕적으로 영적으로 그리고 거기에 자유의지까지 부여하셨던 것입니다. **하나님은 사탄이 와서 인간을 유혹하여 죄에 빠지게 할 것을 미리 다 아시기 때문에 이런 장기적이고 총체적인 후속계획까지 다 마련하셨던 것입니다. 그래서 사탄의 유혹으로 타락한 인간을 에덴에서 내어 쫓으실 때에도 하나님은 낙심하지 아니하시고 미리 계획하신 대로 구원계획을 발표하시고 그 후 수많은 선지자들을 보내셔서 가르쳐 주시다가 때가 차므로 하나님 스스로 인간의 육신을 입으시고 대속제물로 나타나셨던 것입니다.**
예수님은 인간을 죄에서 구원하여 하나님의 형상을 닮은 인간으로 완성하기 위하여 오신 것입니다. 종교에 빠져서 자기들을 구원하러 오신 구세주 예수님을 알아보지 못하는 사람들에게 "내 **아버지께서 이제까지 일하시니 나도 일한다**"라고 말씀해 주신 것입니다. 그렇습니다. 인간창조는 에덴동산에서 끝난 것이 아닙니다. 다시 말씀드리지만 에덴동산에서의 인간 창조는 창조의 시작에 불과한 것입니다. 인간을 창조하시고 '**보시기에 좋았더라**'고 말씀하셨습니다. 흠 없이 완전하게 잘 만들어 놓으셨습니다. 그러나 완전하다는 것은 완성을 뜻하는 것은 아닙니다. 하나님은 자신을 토기장이에 비유하셨고 인간을 토기에 비유하셨습니다; "**그러나 여호와여, 이제 주는 우리 아버지시니이다 우리는 진흙이요 주는 토기장이시니 우리는 다 주의 손으로 지으신 것이니이다**"(사 64:8) 토기장이는 흙으로 그릇을 만듭니다. 완전하게 자기가 원하는 모양으로 잘 만들었습니다. 보기에 좋았습니다. 그러나 그것이 완전하게는 만들어졌지만 아직 완성이 된 것은 아닙니다. 수천도의 뜨거운 불가마에 며칠 동안 구워야 합니다. 그리고 그 중에서 원래 모양대로 잘 구워진 것들만 골라서 유약을 바르면 드디어 완성이 되는 것입니다.

마찬가지로 인간을 에덴동산에서 완전하게 만드시고 보시기에 좋았다고 하셨지만 그것은 아직 완성이 아니었습니다. 사탄의 불시험에서 우리의 자유의지가 시험을 받아야 했습니다. 거기서 그 불가마 속에서 선지자들을 통하여 하나님의 말씀을 듣고 성령 하나님의 역사하심으로 죄를 회개하고 자기를 창조하신 창조주 하나님께 돌아와야 합니다. 그리고 그리스도의 대속의 피로 씻김을 받고 영적으로 거듭나서 하나님의 자녀가 되어야 합니다. 그리고 날마다의 생활에서 성령님의 통치를 받아 거룩하고 성결하게 성화되어가야 합니다. 그런 사람들은 예수님께서 재림하실 때에 부활의 몸을 받고 하나님을 닮은 인간으로 최종 완성되는 것입니다.

구원받고 죽은 성도들의 영들은 천국에 있다가 주님께서 재림하실 때에 주님과 함께 공중으로 내려옵니다; "우리가 예수께서 죽으셨다가 다시 살아나심을 믿을진대 이와 같이 **예수 안에서 자는 자들도 하나님이 그와 함께 데리고 오시리라**"(살전 4:14)

구원받은 성도들이 죽으면 그들의 영은 천국으로 가지만 그들의 육신은 흙으로 돌아가게 됩니다. 주님께서 재림하실 때까지 흙으로 돌아갔던 육신들이 예수님의 재림하실 때에는 다시는 죽지 않는 찬란하게 빛나는 영광스런 몸으로 부활하여 공중으로 올라가서 주님과 함께 내려온 자기의 영과 합해져서 비로소 하나님의 형상을 닮은 영광스런 존재로 최종 완성되어 주와 함께 영원히 살게 되는 것입니다; "(16) 주께서 호령과 천사장의 소리와 **하나님의 나팔 소리로 친히 하늘로부터 강림하시리니 그리스도 안에서 죽은 자들(구원받고 죽은 자들의 육신)이 먼저 일어나고(부활)** (17) 그 후에 우리 살아남은 자들(재림 당시에 대환난에서 살아남은 거듭난 성도들)도 **그들과 함께 구름 속으로 끌어올려(휴거) 공중에서 주를 영접하게 하시리니** 그리하여 우리가 항상 주와 함께 있으리라(살전 4:16–17)

그때 그들의 몸은 예수님께서 왕권을 가지고 재림하실 때에 지니실 찬란하게 빛나는 영원한 몸과 같을 것입니다. 마태복음 16장 28–17장 2절까지 보면 예수님께서 변화산에서 제자들에게 미리 재림시의 예수님의 모습을 보여주셨습니다; "진실로 너희에게 이르노니 여기 섰는 사람 중에 죽기 전에 인자가 그 **왕권을 가지고 오는 것을 볼 자들도 있느니라**"고 말씀하신 후 일주일 만에 변화산에서 해같이 빛나는 몸을 제자들에게 보여주셨습니다. 빌립보서 3장 21절에서는 우리의 낮은 몸을 예수님의 영광의 몸의 형체와 같이 변케 하실 것이라고 기록되어 있습니다; "그가 만물을 자기에게 복종케 하실 수 있는 자의 역사로 **우리의 낮은 몸을 자기 영광의 몸의 형체와 같이 변케 하시리라**" 그때 하나님의 형상으로 최종 완성될 인간은 "**다시 사망이 없고 애통하는 것이나 곡하는 것이나 아픈 것이 다시 있지 아니합니다**"(계 21:4) 요한1서 3장 2절에서도 예수님이 다시 나타나실 때에는 참 믿는 성도들이 예수님과 같아질 것이라고 기록되어 있습니다; "그가 **나타내심이 되면 우리가 그와 같을 줄을 아는 것은** 그의 계신 그대로 볼 것을 인함이니(But we know that **when he appears, we shall be like him,** for we shall see him as he is.)

이러한 총체적인 계획을 이미 만세 전에 계획하시고 하나님의 시간표에 따라서 지금까지 성삼위 하나님께서 쉬지 않으시고 인간창조사역을 계속하고 계신 것입니다. 그래서 고린도후서 3장 18절에서는 이렇게 말씀하고 계십니다. **"저와 같은 형상으로 화하여 영광으로 영광에 이르니"** 영어로 보면 더 정확하게 그 의미를 파악할 수 있습니다. "We are being transformed into his likeness." 즉 우리는 하나님의 형상으로 현재 변화되어 가고 있는 중입니다. 즉 창조 때부터 지금까지 성삼위 하나님께서 쉬지 않고 인간창조사역을 진행하고 계시기 때문에 인간창조 이후에 우리는 지금도 하나님의 형상으로 계속 변화되어 가고 있는 중이란 말입니다. **그래서 마침내 주님께서 재림하실 때에는 영적으로 구원받은 거듭난 성도들이 부활의 몸까지 받아 육신적으로도 거듭나게 되어 하나님의 형상을 닮은 인간으로 최종 완성되어 천국에서 영광스러운 존재가 되어 하나님과 함께 영원한 영광을 누리게 될 것입니다.**

토기장이가 불가마에서 구운 토기를 꺼낼 때 깨어지거나 모양이 일그러진 것들은 다시 사용할 수가 없기 때문에 유약을 바르지 않고 그냥 깨트려 버립니다. 마찬가지로 사탄의 노예가 되어 사는 사람들이 하나님의 말씀을 듣고도 회개하지 않고 하나님께 돌아오지 않아서 하나님의 형상대로 구워지지 않은 사람들은 영원히 불지옥에 던져 버리시는 것입니다.

우리가 예수님을 영접하여 하나님의 자녀가 되고 날마다 성령님의 통치에 복종하는 삶을 살아 성화되어가고 있다면 우리는 지금 하나님의 형상으로 점점 완성되어가고 있는 중입니다. 주님이 다시 오실 때에는 영광스러운 부활의 몸까지 받아 하나님의 형상을 닮은 인간으로 최종 완성되는 것입니다. 참으로 성부 성자 성령 하나님은 지금도 인간창조의 완성을 위하여 계속하여 일하고 계십니다. 그리고 우리는 지금도 하나님의 형상으로 만들어져 가고 있는 과정에 있는 것입니다. 우리는 지금 영만 거듭난 상태입니다. 아직도 육신은 죄 가운데 죽어 있는 상태입니다; "그리스도께서 너희 안에 계시면 몸은 죄로 인하여 죽은 것이나 영은 의를 인하여 산 것이니라"(롬 8:10) 그러나 주님께서 다시 오실 때에는 우리의 육신까지 거듭나게 되어 부활의 몸을 입을 때 우리는 하나님의 형상을 닮은 완전한 인간으로 완성되는 것입니다. 그리하여 천국에서 하나님과 영원히 살게 될 때에 다시는 하나님을 배반하는 일이 없게 될 것입니다. 그러므로 성령의 역사로 영이 거듭난 참 성도들은 우리 육신이 거듭나게 될 주님 재림의 때를 애타게 기다리는 것입니다; "이뿐 아니라 또한 우리 곧 성령의 처음 익은 열매(성령의 역사로 영이 거듭남)를 받은 우리까지도 속으로 탄식하여 양자 될 것 곧 우리 몸의 구속을 기다리

느니라."(롬 8:23)

주님께서 다시 오실 그날 그 재림의 날까지 영만 구원받은 참 그리스도인들은 구원받지 못한 육신의 소욕을 따라 살지 말고 영의 소욕을 따라 살아야 하는 것입니다. 로마서 8장 11~14절을 보면 거듭나서 영이 구원받은 사람들이 어떻게 살아야 하는지를 잘 가르쳐 주고 있습니다; "(11) **예수를 죽은 자 가운데서 살리신 이의 영(성령)이 너희 안에 거하시면** 그리스도 예수를 죽은 자 가운데서 살리신 이가 **너희 안에 거하시는 그의 영(성령)으로 말미암아 너희 죽을 몸도 살리시리라(부활)** (12) 그러므로 형제들아 **우리가 빚진 자로되 육신에게 져서 육신대로 살 것이 아니니라** (13) **너희가 육신대로 살면 반드시 죽을 것이로되 영으로써 몸의 행실을 죽이면 살리니** (14) 무릇 **하나님의 영으로 인도함을 받는 사람은 곧 하나님의 아들이라**" 여기서 보는 대로 성령으로 거듭나서 영이 구원받은 참 그리스도인들도 구원받지 못한 육신에게 지면 반드시 다시 죽을 것이라고, 즉 받은 구원을 잃게 될 것이라고 분명하게 경고하고 있습니다.

그러므로 성령으로 거듭나서 구원받은 영은 그동안 사랑하고 추구했던 세상을 초개와 같이 던져 버리고 하나님과 동행하는 삶을 살기 원하지만 아직 구원받지 못한 육신은 사탄의 유혹을 받아 사탄이 주는 세상의 부귀영화와 쾌락을 추구하려고 하기 때문에 구원받은 사람은 영적 전쟁의 삶을 살아야 하고 이 영적 전쟁에서 승리하기 위하여 자신의 육신을 쳐서 복종시키는 선한 싸움을 계속 싸워야 합니다. 로마서 7장 18, 19, 22, 23, 24절을 보면 영은 구원받은 사도 바울의 처절한 영적 싸움의 모습을 볼 수 있습니다; "(18) 내 속 곧 **내 육신에 선한 것이 거하지 아니하는 줄을 아노니 원함은 내게 있으나 선을 행하는 것은 없노라** (19) **내가 원하는 바 선은 행하지 아니하고 도리어 원하지 아니하는 바 악을 행하는도다** (22) **내 속사람(거듭난 영)으로는 하나님의 법을 즐거워하되** (23) **내 지체(거듭나지 않은 육체) 속에서 한 다른 법이 내 마음의 법과 싸워 내 지체 속에 있는 죄의 법으로 나를 사로잡는 것을 보는도다** (24) 오호라 나는 곤고한 사람이로다 이 사망의 몸에서 누가 나를 건져내랴"
사도 바울은 이와 같이 자신의 영은 구원받았으나 육신은 구원받지 못했음을 깨닫고 그 육신을 쳐서 복종시키기 위하여 최선을 다해 몸부림치는 사람이었습니다; "(25) 이기기를 다투는 자마다 모든 일에 절제하나니 그들은 썩을 승리자의 관을 얻고자 하되 우리는 썩지 아니할 것을 얻고자 하노라 (26)그러므로 나는 달음질하기를 향방 없는 것 같이 아니하고 싸우기를 허공을 치는 것 같이 아니하며 (27) 내가 내 몸을 쳐 복종하게 함은 내가 남에게 전파한 후에 자신이 도리어 버림을 당할까 두려워함이로다"(고전 9:25-27) 사도 바울은 구원받지 못한 자기의 육신이 이 세상의 유혹을 따라가려고 하기 때문에 그의 육신을 쳐서 복종시키는 선한 싸움을 계속하였음을 고백하고 있는 것입니다. **그의 육신과의 싸움에서 지면 얻었던 구원을 다시 잃어버려 자기 자신이 버림을 당할 것을 사도 바울은 너무도 잘 알고 두려워하고 있었습니다.** 그래서 허공을 치는 헛된 싸움을 하지 않기 위해서 최선을 다해 싸웠던 것입니다. 마침내 그 길고 험악한 영적 싸움을 마치면서 사도 바울은 그의 인생의 마지막 순간에 디모데후서 4장 6~8절에서 이렇게 고백하였습니다; "(6) 전제와 같이 내가 벌써 부어지고 나의 떠날 시각이 가까웠도다 **(7) 나는 선한 싸움을 싸우고 나의 달려갈 길을 마치고 믿음을 지켰으니** (8) 이제 후로는 나를 위하여 의의 면류관이 예비되었으므로 주 곧 의로우신 재판장이 그날에 내게 주실 것이며 내게만 아니라 주의 나타나심을 사모하는 모든 자에게도니라" 또 빌립보서 2장 12절에 보면 "두렵고 떨림으로 너희 구원을 이루라"고 하였습니다. 영어 성경에 보면 "continue to work out your salvation with fear and trembling"라고 하였습니다. 'continue to work out your salvation'라는 말은 **계속해서 구원을 이루어 가라**는 뜻입니다. 즉 우리가 받은 구원은 아직 완성이 아니라는 뜻입니다.

요한계시록 20장 14~15절에 기록된 대로 생명책에 기록되지 못한 사람들은 불 못에 떨어지게 되는데 그 못에 떨어지는 것을 둘째 사망이라고 하였습니다; "(14) 사망과 음부도 불 못에 던져지니 **이것은 둘째 사망 곧 불 못이라** (15) 누구든지 **생명책에 기록되지 못한 자는 불 못에 던져지더라**" 하나님은 죄인 인간을 구원하시기 위하여 아담이 죄를 지었을 때 곧 바로 지옥불에 던지지 아니하시고 지옥불 전 단계인 이 흑암의 세계로 아담을 보내어 아담과 그 후손들이 이 흑암의 세계에서 복음을 듣고 다시 하나님께로 돌아올 수 있도록 기회를 주신 것입니다. 그러나 우리 죄인을 구원하러 오신 예수님께서 회개하고 구원을 얻으라고 하신 말씀을 거부하고 끝까지 사탄의 통치를 따라 세상의 풍조를 따라 사는 사람들은 최후의 심판을 받고 이 세상보다 더 깊은 지옥불에 던져지는데 이것을 성경은 둘째 사망이라고 부르고 있습니다. 그러니까 둘째 사망이라는 말은 두 번째로 하나님으로부터 분리되는 것을 말합니다.

첫 번째 분리는 에덴동산에서 이 흑암의 세상으로 떨어진 것을 말하고 두 번째 분리는 이 세상에서 지옥불로 떨어지는 것을 의미합니다. 그러니까 우리가 지금 살고 있는 이 흑암의 세상은 첫째 사망의 세계, 즉 1단계 지옥이고 지옥은 둘째 사망의 세계로서 이 세상보다 훨씬 더 어둡고 참혹한 2단계 지옥입니다. 지금 우리가 살고 있는 1단계 지옥은 죄의 결과로 이 흑암의 세상에서 사탄의 노예로 살면서 전쟁과 기근과 질병과 육신의 죽음 같은 많은 고통과 슬픔과 억울함이 있는 세상입니다. 그러나 이것들이 인간의 죄에 대한 마지막 형벌이 아닙니다. 여기서 회개하고 하나님께로 돌아오지 않는 사람들에게는 훨씬 더 무섭고 참혹하고 영원한 형벌 즉 영원히 꺼지지 않는 지옥불에 던져져서 사탄과 함께 영원토록 고통을 당하게 되는 것입니다. 천사들이 어떻게 흑암의 땅으로 떨어지게 되었는지는 책 뒤에 있는 '부록 3'을 참고하시기 바랍니다.

죄의 결과(2) 인간성품의 타락

첫 번째 죄의 결과는 사망, 즉 하나님과의 분리라는 것을 앞에서 살펴보았습니다. 죄가 빚은 또 하나의 결과는 인간성품의 타락입니다; "(20) **창세로부터 그의 보이지 아니하는 것들 곧 그의 영원하신 능력과 신성이 그가 만드신 만물에 분명히 보여 알려졌나니** 그러므로 그들이 핑계하지 못할지니라 (21) 하나님을 알되 하나님을 영화롭게도 아니하며 감사하지도 아니하고 **오히려 그 생각이 허망하여지며 미련한 마음이 어두워졌나니** (22) 스스로 지혜 있다 하나 어리석게 되어 (23) **썩어지지 아니하는 하나님의 영광을 썩어질 사람과 새와 짐승과 기어다니는 동물 모양의 우상으로 바꾸었느니라** (24) 그러므로 하나님께서 그들을 마음의 정욕대로 더러움에 내버려 두사 그들의 몸을 서로 욕되게 하게 하셨으니 (25) 이는 **그들이 하나님의 진리를 거짓 것으로 바꾸어 피조물을 조물주보다 더 경배하고 섬김이라** 주는 곧 영원히 찬송할 이시로다 아멘 (26) **이 때문에 하나님께서 그들을 부끄러운 욕심에 내버려 두셨**

으니 곧 그들의 여자들도 순리대로 쓸 것을 바꾸어 역리로 쓰며 (27) 그와 같이 남자들도 순리대로 여자 쓰기를 버리고 서로 향하여 음욕이 불 일듯 하매 남자가 남자와 더불어 부끄러운 일을 행하여 그들의 그릇됨에 상당한 보응을 그들 자신이 받았느니라 (28) 또한 그들이 마음에 하나님 두기를 싫어하매 하나님께서 그들을 그 상실한 마음대로 내버려 두사 합당하지 못한 일을 하게 하셨으니 (29) 곧 모든 불의, 추악, 탐욕, 악의가 가득한 자요 시기, 살인, 분쟁, 사기, 악독이 가득한 자요 수군수군하는 자요 (30) 비방하는 자요 하나님께서 미워하시는 자요 능욕하는 자요 교만한 자요 자랑하는 자요 악을 도모하는 자요 부모를 거역하는 자요 (31) 우매한 자요 배약하는 자요 무정한 자요 무자비한 자라 (32) 그들이 이 같은 일을 행하는 자는 사형에 해당한다고 하나님께서 정하심을 알고도 자기들만 행할 뿐 아니라 또한 그런 일을 행하는 자들을 옳다 하느니라"(롬 1:20-32)

인간이 하나님의 말씀을 믿지 못하고 사탄의 거짓말을 믿고 사탄을 따라 살다 보니까 21~22절이 보여주는 대로 스스로 지혜 있다고 자랑하는 과학자들의 심성도 타락하여 어두워지고 어리석게 되어서 동물 고릴라가 자기들의 조상이라는 진화론을 신봉하며 무신론을 주장하는 것입니다. 20절에서처럼 상식적으로 생각해보아도 이 거대한 우주가 질서 있게 움직이고 그 오묘한 생명의 비밀들을 생각해 보면 전능하신 하나님이 우주 만물을 창조하셨다는 것을 누구나 다 알 수 있는 것인데 하나님의 진리를 거짓 것으로 바꾸어 진화론을 믿는 것입니다. 그러므로 죄인 인간들은 타락하여 삐뚤어진 성품 때문에 자기를 창조하신 창조주 하나님을 경배하지 않고 이 세상을 더 사랑하는 것입니다. 또 27절에서 보여주는 대로 동성끼리 음욕이 불타는 인간 심성의 타락을 보여주고 있습니다. 말세시대에는 소돔과 고모라처럼 되리라는 예수님의 말씀대로 지금 우리 시대에는 동성애가 전 세계적으로 만연하는 구역질 나는 세계에서 살고 있습니다. 인간이 마음에 하나님 두기를 싫어하기 때문에 하나님은 그들의 심성을 타락한 그대로 내버려 두셔서 세상은 온통 불의, 추악, 탐욕, 악의로 가득하고 시기, 살인, 분쟁, 사기, 악독이 가득하고 수군수군하고 비방하고 하나님을 미워하고 교만하고 자랑하고 악을 도모하고 부모를 거역하고 우매하고 배약하고 무정하고 포악한 무자비한 사람들로 가득 차게 되었습니다.

더 한심하고 답답한 것은 하나님을 믿는다는 오늘 우리 시대의 교회들이 거리로 뛰쳐나가서 낙태 반대, 동성연애 반대 시위를 하는 것입니다. 또 어떤 교인들은 동성연애자들에게는 음식이나 물건을 팔지 않는다고 상점 앞에 자랑스럽게 써 붙여 놓기도 합니다. 또 어떤 교인은 동성연애자들에게 결혼 증서를 발부하지 않아서 미국 뉴스에 연일 초점이 되기도 하였습니다. 그리고 이런 운동에 적극적으로 나서는 교회들과 교인들은 자기들은 아주 성경적인 믿음을 가진 진짜 교회라고 믿고 자랑스럽게 이런 운동을 전개하고 있습니다.

성경에 따르면 동성연애도 죄이고 낙태도 죄 맞습니다. 그런데 동성연애나 낙태를 하는 사람들은 하나님을 믿지 않는 사람들이고 그 사람들의 죄는 동성연애나 낙태에 국한되지 않습니다. 하나님을 믿지 않는 사람들은 먼저 하나님을 믿지 않는 불신앙의 죄를 짓고 있는 사람들이고 그 외에도 살인, 강간, 절도, 사기 등 수도 없이 많은 죄를 짓고 사는 사람들입니다. 그런데 왜 동성연자들과 낙태하는 사람들에게만 음식이나 물건을 팔지 않는 것입니까? 교회에 다니는 사람들이 장사할 때 꼭 그리스도인들에게만 음식과 물건을 팔고 교회에 다니지 않는 사람들에게는 안 팝니까? 교회에 다니지 않는 사람들은 하나님을 믿지 않는 가장 큰 죄를 짓고 사는 사람들인데 왜 그 사람들에게는 음식과 물건을 팝니까? 동성연애 반대한다고 거리로 뛰쳐나간 교회들은 왜 하나님을 믿지 않는 저 수많은 죄인들이 교회에 출석하지 않는데도 거리로 뛰쳐나가서 하나님 믿지 않는 것을 항의하면서 외치지 않습니까? 교회가 세상 사람의 죄를 징계할 권한이 있습니까? 교회가 세상 사람들에게 복음을 전할 사명은 부여받았지만 그들을 징계하고 심판할 권한은 받지 않았습니다. 방금 위에서 살펴본 대로 그 사람들은 하나님도 그들을 상실한 채로 그냥 내버려둔 사람들입니다; **"(26) 이 때문에 하나님께서 그들을 부끄러운 욕심에 내버려 두셨으니 곧 그들의 여자들도 순리대로 쓸 것을 바꾸어 역리로 쓰며 (27) 그와 같이 남자들도 순리대로 여자 쓰기를 버리고 서로 향하여 음욕이 불 일듯 하매 남자가 남자와 더불어 부끄러운 일을 행하여 그들의 그릇됨에 상당한 보응을 그들 자신이 받았느니라 (28) 또한 그들이 마음에 하나님 두기를 싫어하매 하나님께서 그들을 그 상실한 마음대로 내버려 두사 합당하지 못한 일을 하게 하셨으니"(롬 1:26-28)**

진정 거듭난 하나님의 교회는 세상 사람들이 짓는 죄에 대하여 정죄할 권한이 없습니다. **하나님께서도 그들을 그 상실한 마음대로 내버려 두셨습니다.** 하나님의 교회가 가진 권한은 성령으로 거듭나서 주 안에서 형제와 자매가 된 자기 교회의 참 성도들이 죄를 지었을 때 그들을 훈계하고 징계할 의무가 있는 것입니다. 오늘날 교회 안에서 온갖 사치와 탐욕과 폭력과 사기와 절도와 부정과 음란과 이혼과 동성연애와 낙태가 행해지고 있음에도 징계는커녕 한량없으신 하나님의 사랑으로 다 덮어주면서 왜 엉뚱하게 교회 밖의 사람들의 죄 그것도 동성연애와 낙태 같은 특정한 죄만 문제 삼고 그들을 징계하려는지 이해가 되지 않습니다. 물론 말세의 가짜 교회 안에 있는 사람들을 성경의 잣대로 징계하면 지도자들부터 평신도에 이르기까지 교회에 남아 있을 사람이 하나도 없으니까 아예 엄두도 못 내는 거겠지요.

여하튼 교회 밖의 사람들이 동성연애를 하든 낙태를 하든 절도와 간음을 하든 교회는 그들을 치리하거나 징계할 아무런 권한이 없는 것입니다. 그것은 하나님께서 하실 일입니다. 교회는 교회 안에 있는 참 성도들이 죄짓지 않고 바로 경건하게 살아갈 수 있도록 훈계하고 징계해야 할 의무와 권한이 있는 것입니다. **고린도전서 5장 9~13절을 보십시오:** "(9) 내가 너희에게 쓴 편지에 음행하는 자들을 사귀지 말라 하였거니와 (10) 이 말은 이 세상의 음행하는 자들이나 탐하는 자들이나 속여 빼앗는 자들이나 우상 숭배하는 자들을 도무지 사귀지 말라 하는 것이 아니니 만일 그리하려면 너희가 세상 밖으로 나가야 할 것이라 (11) 이제 내가 너희에게 쓴 것은 **만일 어떤 형제라 일컫는 자가 음행하거나 탐욕을 부리거나 우상 숭배를 하거나 모욕하거나 술 취하거나 속여 빼앗거든 사귀지도 말고 그런 자와는 함께 먹지도 말라 함이라** (12) 밖에 있는 사람들을 판단하는 것이야 내게 무슨 상관이 있으리요마는 교회 안에 있는 사람들이야 너희가 판단하지 아니하랴 (13) 밖에 있는 사람들은 하나님이 심판하시려니와 이 악한 사람은 너희 중에서 내쫓으라"

11절에 '**만일 어떤 형제라 일컫는 자가**'라는 말은 성령으로 거듭나서 주 안에서 형제가 된 사람을 의미합니다. 이런 사람이 죄를 지을 때는 그런 사람과는 사귀지도 말고 먹지도 말고 13절에 기록된 대로 '**너희 중에서 즉 교회에서 내쫓으라**'고 말씀하셨습니다. 그러나 13절에 보면 교회 '**밖에 있는 사람**

들은 하나님이 **심판하시려니와**'라고 분명하게 교회 밖의 사람들의 죄는 하나님이 심판하신다고 말씀하셨고 12절에서는 '**교회 안에 있는 사람들이야 너희가 판단하지 아니하랴**'라고 분명하게 교회는 교회 안에 있는 사람들을 훈계하고 징계할 의무와 권리가 있음을 말씀하고 있습니다. 참 하나님의 교회는 자기 교회 안에 있는 참 성도들을 말씀 안에서 잘 챙겨서 모쪼록 세상 죄악에 빠지지 않고 경건하고 거룩하고 의롭게 살아갈 수 있도록 양육해야 할 의무가 있는 것입니다. 위에서 언급한 이런 일들이 일어나고 있는 것은 말세 교회가 하나님의 말씀이 없는 가짜 교회라는 것을 스스로 증거하고 있는 것입니다.

죄의 결과(3) 죽을 때까지 노동

창세기 3장 17~19절까지 보시기 바랍니다; "(17) 아담에게 이르시되 네가 네 아내의 말을 듣고 내가 너더러 먹지 말라 한 나무 실과를 먹었은즉 **땅은 너로 인하여 저주를 받고 너는 종신토록 수고하여야 그 소산을 먹으리라 (18) 땅이 네게 가시덤불과 엉겅퀴를 낼 것이라 너의 먹을 것은 밭의 채소인즉 (19) 네가 얼굴에 땀이 흘러야 식물을 먹고 필경은 흙으로 돌아가리니** 그 속에서 네가 취함을 입었음이라 너는 흙이니 흙으로 돌아갈 것이니라 하시니라."

그러니까 하나님의 말씀을 믿지 아니하고 사탄의 거짓말을 믿고 따라감으로써 인간은 하나님과의 그 영광스러운 관계를 상실하게 되었고 에덴동산에서 쫓겨나서 공중권세를 잡은 사탄이 통치하는 이 흑암의 세계로 떨어져서 사탄의 노예로 살아가게 되었습니다. 결국 인간은 죄 때문에 하나님으로부터 쫓겨나서 이 저주받은 흑암의 땅에서 종신토록 땀 흘려 수고해야 겨우 식물을 먹고 살다가 육신이 흙으로 돌아가는 육신의 죽음으로 인생을 마감하게 되었습니다. 그때부터 인간은 먹고 마시고 입는 것과 살고 죽는 것이 인생 최대의 과제로 떠오르게 되었습니다. 그러나 죄를 범하기 전에는 그런 것들은 다 인간이 존재하는 데 필요한 기본적인 것들로서 무료로 제공되었습니다. 그때 그 낙원에서 인간이 해야 할 일은 하나님과의 영광스러운 관계를 즐기기만 하면 되는 영원한 삶이었습니다. 그러나 죄를 범한 후에는 하나님과의 영광스러운 관계는 사라지고 저주받은 땅에서 저주받은 인간이 사탄의 노예로 살면서 생존 그 자체를 위해서 종신토록 이마에 땀을 흘리는 수고를 해야 겨우 생존하는 비참한 존재로 전락하게 된 것입니다. 그 이후 인간은 의식주의 문제와 생로병사의 문제로 전전긍긍하면서 이 저주받은 땅에서라 조금이라도 더 오래 살아보려고 몸부림치는 비참한 인간으로 전락하게 된 것입니다. 왜냐하면 이 땅에서의 비참한 삶이 끝이 나면 그 다음에는 이 세상보다 더 험악한 둘째 사망의 세계인 지옥불에 떨어져서 영원토록 고통받는 삶을 살아야 하기 때문입니다.

   하나님께서 에덴에서 범죄한 인간을 즉시 영원한 지옥불에 던져버리지 아니하시고 1단계 지옥인 이 세상으로 보내신 것은 두 번째로 영원히 지옥불에 던져버리기 전에 인간이 하나님과의 관계를 회복하고 하나님께로 다시 돌아올 수 있는 기회를 주시기 위함이었습니다. 그래서 이 흑암의 세상에서 사탄의 통치 아래서 죄의 노예로 살아가는 죄인 인간의 죄를 대신 담당하시려고 십자가에서 대속 죽음을 죽으시려고 하나님께서 직접 인간의 육신을 입으시고 이 땅에 오셨던 것입니다. 그래서 의식주의 문제와 생로병사의 문제로 고통하고 있는 인생들에게 주님은 이렇게 말씀하셨습니다: "(31) **그러므로 염려하여 이르기를 무엇을 먹을까 무엇을 마실까 무엇을 입을까 하지 말라** (32) **이는 다 이방인들이 구하는 것이라** 너희 천부께서 이 모든 것이 너희에게 있어야 할 줄을 아시느니라 (33) **너희는 먼저 그의 나라와 그의 의를 구하라**(seek first his kingdom and his righteousness) **그리하면 이 모든 것을 너희에게 더하시리라**"(마 6:31-33) 즉, 의식주의 문제에 연연하지 말고 하나님의 나라(나라 = 바실레이아(왕의 통치) 즉 우리의 말과 생각과 행동과 사업과 학업과 인간관계 등등의 삶의 모든 영역에서 내 삶의 왕 되신 하나님의 통치에 복종하는 삶을 추구하며 기도하라는 것입니다. 안타깝게도 오늘 우리 시대의 교회들은 이방인들(불신자들)처럼 잘 먹고 잘살고 성공하고 출세하는 것을 추구하며 기도하고 있습니다. 하나님의 통치가 자기 일상의 삶에서 이루어지도록 추구(seek)하는 사람들에게는 땅에서 나그네로 사는 데 필요한 일용할 양식을 주시고 약속하신 천국으로 데려가 하나님의 나라에서 영원토록 살게 하여 주시겠다는 말씀입니다. 참으로 예수님은 **이 땅 위에서 잘살아 보려고 "썩는 양식을 위하여 일하지 말고 저 천국에서 하나님과 함께 살기 위하여 영생하도록 있는 양식을 위하여 일하라**"(요 6:27)고 말씀하십니다.

　진정 천국에 들어가기를 원하는 참 성도라면 디모데전서 6장 5~11절의 말씀을 잘 묵상하고 순종해야 합니다; "(5) 마음이 부패하여지고 진리를 잃어버려 **경건을 이익의 방도로 생각하는 자들**의 다툼이 일어나느니라 (6) 그러나 **자족하는 마음이 있으면 경건은 큰 이익이 되느니라** (7) 우리가 세상에 아무 것도 가지고 온 것이 없으매 또한 아무 것도 가지고 가지 못하리니 (8) **우리가 먹을 것과 입을 것이 있은즉 족한 줄로 알 것이니라** (9) **부하려 하는 자들은 시험과 올무와 여러 가지 어리석고 해로운 욕심에 떨어지나니 곧 사람으로 파멸과 멸망에 빠지게 하는 것이라** (10) 돈을 사랑함이 일만 악의 뿌리가 되나니 이것을 탐내는 자들은 미혹을 받아 믿음에서 떠나 많은 근심으로써 자기를 찔렀도다 (11) 오직 너 하나님의 사람아 이것들을 피하고 의와 경건과 믿음과 사랑과 인내와 온유를 따르며"

　이상의 설명을 다시 한번 정리하면서 영어권 사람들을 위하여 그려 놓은 다음 그림을 잘 묵상하면서 우리 인간이 어디서 와서 지금 어디에 있으며 장차 어디로 가는지를 잘 살펴보시기 바랍니다. 다음 그림에서 보는 대로 **성령으로 거듭나서 영은 구원받았으나 육신은 아직 구원받지 못한 사람[Man S(o), B(x)]**은 주님께서 공중으로 재림하실 때 휴거하여 천국으로 올라가게 되어 만세 전에 하나님이 계획하셨던 대로 영광스런 인간이 됩니다.(고전 2:7) 즉 **하나님의 형상을 닮은 인간으로 최종 완성된 인간 Man S(o), B(o)이 됩니다. 즉 영(Spirit)도 구원받아서 (o) 육신(Body)도 구원받아서 (o)가** 된 것입니다. 그러나 땅에 살았을 때 **예수님을 구주로 믿지 않던 사람들 즉 영도 육신도 구원받지 못한 사람들 Man S(x), B(x)은 예수님의 재림 후에 있을 최후의 심판 때에 둘째 사망인 불지옥으로 던져지는 것입니다.** 아담(Adam)이 에덴동산에서 이 흑암의 세상으로 떨어지는 것이 첫째 사망(하나님으로부터 첫 번째 분리)이고 이 세상에서 불지옥으로 떨어지는 것이 둘째 사망(하나님으로부터 더 멀리 그리고 영원히 멀어지는 두 번째 분리)입니다. 이 도표를 머리에 새기고 아직 땅에 있을 동안에 십자가의 복음을 믿고 예수님을 구주와 왕으로 모시고 그의 통치에 복종하는 삶을 사는 길만이 우리 인간이 이 사망의 세계에서 벗어나 영원한 천국에서 살게 될 것입니다.

지금까지 우리는 하나님의 말씀인 성경은 인간에 대하여 무엇이라고 말씀하는지를 살펴보았습니다. 인간에 대하여 말씀하신 성경 말씀을 통해서 우리는 이제 우리 인간이 어디서 왔으며 지금 어디에 있으며 장차 어디로 가게 될 존재인지를 알게 되었습니다. 즉 인간은 하나님이 창조하심으로 생겨났으며 하나님을 불신하는 죄 때문에 하나님으로부터 분리되어 사탄이 통치하는 이 어두움의 세상, 즉 제1 사망의 세상에 떨어져 살고 있다는 것과 장차는 천국 아니면 지옥으로 가야 하는 형편에 놓여 있음을 알게 되었습니다. 우리는 이제 천국으로 갈지 지옥으로 갈지를 결정해야만 하는 상황에 놓여 있습니다.

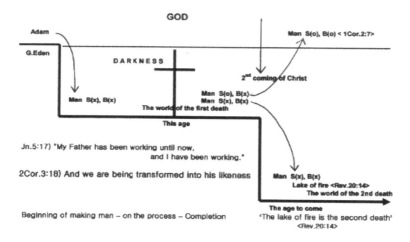

3. 성경은 예수 그리스도에 대하여 무엇이라고 말하고 있는가?

지금까지 인류 역사에서 많은 종교의 창시자들이 나타나서 저마다 진리라고 하는 것을 가르쳤습니다. 그러나 그들 중 아무도 자기가 이 우주를 창조하고 인간을 직접 창조한 하나님이며 또 자기가 죄인 인간을 구원하러 온 구세주라고 주장한 사람은 없었습니다. 석가모니도 모하메드도 공자도 자신들이 인간과 우주를 창조한 하나님이라고 주장하지 않습니다. 예수님만이 유일하게 자신이 인간과 우주를 창조한 하나님이라고 주장하면서 예수님 자신이 인간을 구원하기 위해서 왔다고 주장하고 있습니다. 요한복음 10장 26-33절을 보십시오; "(26) 너희가 내 양이 아니므로 믿지 아니하는도다 (27) **내 양은 내 음성을 들으며 나는 그들을 알며 그들은 나를 따르느니라** (28) **내가 그들에게 영생을 주노니 영원히 멸망하지 아니할 것이요** 또 그들을 내 손에서 빼앗을 자가 없느니라 (29) 그들을 주신 **내 아버지는 만물보다 크시매** 아무도 아버지 손에서 빼앗을 수 없느니라 (30) **나와 아버지는 하나이니라 하신대** (31) 유대인들이 다시 돌을 들어 치려 하거늘 (32) 예수께서 대답하시되 내가 아버지로 말미암아 여러 가지 선한 일로 너희에게 보였거늘 그 중에 어떤 일로 나를 돌로 치려 하느냐 (33) 유대인들이 대답하되 선한 일로 말미암아 우리가 너를 돌로 치려는 것이 아니라 **신성모독으로 인함이니 네가 사람이 되어 자칭 하나님이라 함이로라**" 또한 요한복음 14장 6절에서 예수님은 "**나는 길이요 진리요 생명이니 나로 말미암지 않고는 아무도 내 아버지께 올 자가 없느니라**"고 말씀하셨습니다. 다시 말해서 예수님 자신만이 인간을 죄와 사망에서 구원하실 유일한 구세주라고 주장하고 있습니다. 우리는 그의 주장을 어떻게 받아들일 수 있습니까? 과연 성경은 우리가 믿을 수 있는 증거를 제시하고 있나요? 성경은 정말 우리가 예수님을 그리스도(메시아)로 믿을 만한 충분한 증거를 제시하고 있습니까?

성경에서 그 증거를 찾기 위해서 우리는 먼저 예수님은 구약성경에 대하여 무엇이라고 말씀하셨는지를 살펴보겠습니다. 요한복음 5장 39절에 보면 예수님이 이렇게 말씀하셨습니다; "**너희가 (구약)성경에서 영생을 얻는 줄 생각**

하고 성경을 상고하거니와 이 (구약)성경이 곧 내게 대하여 증거하는 것이로다"

구약성경은 예수님이 이 지구 땅에 오시기 전에 기록된 책으로서 이스라엘 사람들은 그 구약성경을 공부하면서 구약성경에 예언된 메시아가 나타나기를 오랫동안 기다려 왔습니다. 그러므로 예수님이 이 세상에 오셨을 때에는 구약성경(창세기부터 말라기까지 39권)만 있었고 신약성경은 아직 기록되지 않을 때였습니다. 신약성경 27권은 예수님께서 이 세상에 계실 때에 가르치셨던 말씀들을 대략 주후 50년에서 90년 사이에 그의 제자들이 기록한 책들입니다.

여기서 예수님은 우리가 구약성경을 바로 이해할 수 있는 아주 중요한 말씀을 주셨습니다. 즉 예수님은 구약성경이 예수님에 관하여 기록한 책들이라고 주장하고 있습니다. 이 말씀을 이해하기 위해서 먼저 누가복음 24장 44~49절을 보겠습니다; "(44) 또 이르시되 **내가 너희와 함께 있을 때에 너희에게 말한 바 곧 모세의 율법과 선지자의 글과 시편에 나를 가리켜 기록된 모든 것이 이루어져야 하리라** 한 말이 이것이라 하시고 (45) 이에 저희 마음을 열어 성경을 깨닫게 하시고 (46) 또 이르시되 **이같이 그리스도가 고난을 받고 제삼일에 죽은 자 가운데서 살아날 것과** (47) **또 그의 이름으로 죄 사함을 얻게 하는 회개가 예루살렘으로부터 시작하여 모든 족속에게 전파될 것이 기록되었으니** (48) 너희는 이 모든 일의 증인이라 (49) 볼지어다 내가 내 아버지의 약속하신 것을 너희에게 보내리니 너희는 위로부터 능력을 입히울 때까지 이 성에 유하라 하시니라"(눅 24:44-49)

누가복음 24장에서, 부활하신 예수님께서는 낙심한 제자들에게 나타나셔서 십자가에 못 박히셨던 손과 발을 보이시고 또한 생선 한 토막까지 잡수시는 것을 보여주심으로써 자신이 유령이 아니고 부활한 예수님 이심을 보여주십니다. 여기서 "내가 너희와 함께 있을 때에 너희에게 말한 바"라는 말의 뜻은 예수님께서 십자가에 못 박히시기 전 3년 동안 제자들과 함께 있었을 때에 제자들에게 말씀하셨다는 것을 의미합니다. 다시 말해서 예수님은 십자가에 못 박히시기 전 3년 동안 다음 절에 나오는 내용을 가르치셨다는 말입니다.

44절을 다시 보십시오. "곧 **모세의 율법과 선지자의 글과 시편에 나를 가리**

켜 기록된 모든 것이 이루어져야 하리라 한 말이 이것이라 하시고" 여기서 예수님은 세 권의 책, 즉 ① 모세의 율법과 ② 선지자의 글과 ③ 시편을 언급하셨는데, 이것은 바로 유대인이 지니고 있었던 구약성경 전체를 말하는 것입니다. **히브리어로 된 유대인의 구약성경은 옛날이나 지금이나 모세의 책과 선지자의 책과 시가서 등 모두 세 권으로 구성되어 있습니다.** 오늘날 우리 성경에 있는 창세기, 출애굽기, 레위기, 민수기, 신명기 등 다섯 권이 히브리어 성경에는 모세의 책이라는 이름 아래 한 권으로 되어있습니다. 또 우리 성경에 있는 욥기, 시편, 잠언, 전도서, 아가서, 그리고 다니엘서가 히브리어 성경에는 시가서라는 이름 아래 한 권으로 되어 있고 그리고 구약성경의 나머지는 모두 선지자의 책이라는 이름 아래 한 권으로 되어 있습니다. 예수님께서 이 땅에 오시기 전 수백 년 동안 유대인들은 그리스 제국의 통치를 받으면서 헬라어(그리스어)를 사용하였습니다. 그 결과 유대인의 신세대들은 점차 모국어인 히브리어를 잊어버리게 되어 조상 대대로 물려받은 히브리어 구약성경을 잘 이해하지 못하게 된 것입니다. 그래서 그리스제국이 무너지고 로마제국의 지배를 받고 있었던 때에 70명의 유대인 학자들이 로마제국의 3대 도시였던 알렉산드리아에 모여 히브리어로 된 구약성경을 헬라어(그리스어)로 번역하면서 세 권으로 된 히브리어 구약성경을 내용별로 세분하여 모두 39권으로 재편한 것인데 이것이 바로 소위 '70인 경'이라는 것입니다. 즉, 모세의 책을 창세기, 출애굽기 등 다섯 권으로 나누고 선지자의 책은 이사야서, 예레미야서 등등 각 책을 기록한 선지자들의 이름을 붙여주었고 그리고 시의 형태로 기록된 시가서도 세분하여 욥기서, 시편서, 잠언서 등등으로 세분하여 히브리어 구약성경 세 권을 모두 39권으로 만들어 신세대들이 이해하기 쉽게 편집한 것입니다.

그러니까 위에서 예수님께서 언급하신 모세의 율법과 선지자의 글과 시편은 구약성경 전체, 즉 창세기부터 시작하여 말라기까지를 총괄하는 것입니다. **그런데 여기서 우리가 주목해야 할 것은 이 구약성경 전체가 '나를 즉, 예수님을 가리켜 기록되었다'는 점입니다.** 44절을 다시 보십시오; **"곧 모세의 율법과 선지자의 글과 시편에 나를 가리켜 기록된 모든 것이 이루어져야 하리라 한 말이 이것이라 하시고"** 다시 말해서 **구약성경 전체가 장차 오실 예수님에 관하여 기록한 예언서라는 말입니다.** 그러니까 예수님께서 십자가에서 죽으시기 전에 3년 동안 제자들과 함께 계셨을 때에 예수님은 제자들에게 구약성경 전체가 예수님에 대하여 기록된 예언서라고 가르쳤다는 말입니다. 그리고 구약성경에 예언된 대로 모든 것이 이루어질 것이라고 제자들에게 누누이 가르쳤다는 말입니다. 3년 동안 귀가 닳도록 들었으니 머리에는 지식적으로 남아있었을 것입니다. 그러나 마음이 닫혀 있었기 때문에 머리에 들어간 지식이 아무 소용이 없었던 것입니다. 그래서 예수님께서 구약의 예언대로 대속 죽음을 죽으셨으나 제자들은 낙심하고 절망하여 다시 물고기나 잡으려고 갈릴리 바닷가로 돌아간 것입니다. 다음 절을 보면 예수님께서 그들의 마음을 열어 성경을 깨닫게 하십니다; **"(45) 이에 저희 마음을 열어 성경을 깨닫게 하시고"** 바로 이것입니다. 예수님은 여기서 제자들의 마음을 열어주신 다음에 지난 3년 동안 가르쳐 주셨던 구약성경의 핵심 내용을 다시 한번 정리해 주심으로써 제자들이 비로소 예수님이 누구이신지를 깨닫게 하려는 것이었습니다. **그러면 예수님께서 정리해 주신 구약성경의 핵심 내용은 무엇이었습니까?**

"(46) 또 이르시되 이같이 **그리스도가 고난을 받고 제삼일에 죽은 자 가운데서 살아날 것과** (47) 또 그의 이름으로 죄 사함을 얻게 하는 회개가 예루살렘으로부터 시작하여 모든 족속에게 전파될 것이 기록되었으니"

이것이 바로 구약성경을 올바로 이해할 수 있는 비밀의 열쇠입니다. 즉, 구약성경 전체의 내용은 예수님에 관한 내용이며 예수님에 대한 내용은 크게 세 가지로 기록되어 있다는 것입니다. **예수님은 구약성경 전체를 다음 세 가지로 요약해 주셨습니다;**

첫째, 그리스도가 고난을 받게 된다는 것, 즉 그리스도가 죽으신다는 것
둘째, 제삼일에 부활하신다는 것
셋째는 그의 회개의 복음(그의 이름으로 죄 사함을 얻게 하는 회개)이 예루살렘으로부터 시작하여 땅끝 모든 족속에게 전파될 세계선교에 관한 것

그러니까 예수님께서 이 세상에 육신으로 오시기 아주 오래전에 기록된 구약성경에 예수님에 관한 이런 세 가지의 내용이 미리 기록되어 있었다는

말씀입니다. 얼마나 놀라운 일입니까! 구약성경 전체는 바로 예수님이 오셔서 죽으실 것과 사흘 만에 다시 살아나실 것과 예루살렘의 유대인으로부터 시작하여 세상 모든 민족들에게 회개의 복음이 전파될 것이라는 세계선교에 대하여 기록하고 있다는 것입니다. 예수님께서 이 세상에 육신으로 오시기 아주 오래전에 기록된 구약성경에 이런 내용이 미리 기록되었다는 것입니다. 얼마나 놀라운 일입니까! 구약성경 전체는 바로 예수님이 오셔서 죽으실 것과 사흘 만에 다시 살아나실 것과 예루살렘의 유대인으로부터 시작하여 세상 모든 민족들에게 회개의 복음이 전파될 것이라는 세계선교에 대하여 기록하고 있다는 것입니다. 이 내용을 제자들에게 3년 동안이나 가르쳐 주셨지만 제자들은 마음이 닫혀 있었기 때문에 깨닫지 못해서 예수님께서 십자가에서 죽으셨을 때 절망하고 갈릴리 어부로 돌아갔던 것입니다.

우리는 구약성경을 예수님께서 가르쳐 주신 대로 이해하고 있습니까? 이것은 어느 유명한 신학자의 해석이 아니고 바로 우리 예수님의 구약 해석입니다. 우리 예수님의 해석보다 더 정확한 해석이 어디에 있겠습니까? 예수님은 구약성경의 내용을 세 가지로 짧게 요약해 주신 것입니다. 이 세 가지가 바로 구약성경의 내용이라고 예수님이 가르쳐 주신 것입니다. 오늘 우리는 구약성경을 이 세 가지 내용으로 이해하고 있습니까? 창세기부터 말라기까지의 내용이 예수님에 관한 내용이라고 예수님이 친히 해석해 주신 것입니다. 과연 오늘의 설교자들은 구약성경에서 이런 예수님을 전파하고 있습니까? 우리는 구약성경을 공부하는 성경공부나 구약성경을 내용으로 하는 목사님들의 설교에서 이 예수님을 만나고 있습니까? 우리가 사복음서에서 발견하는 예수님의 삶과 사역은 바로 이 구약성경에서 예수님에 대하여 예언한 예언들의 성취인 것입니다. 그러니까 구약성경 전체가 예수님에 관한 복음서입니다. 그러면 신약성경은 무엇입니까? 4복음서에는 예수님의 삶과 그가 전한 말씀들이 기록되어 있습니다. 나머지 서신들은 사도들이 예수님의 말씀을 가지고 나가서 자기들의 삶과 목회현장에 그대로 적용했을 때 일어난 일들을 기록한 책들입니다. 그러니까 구약성경이나 신약성경이나 모두 다 예수님에 대해서 기록한 말씀입니다. 그러므로 요한복음 5장에서 예수님은 이렇게 말씀하셨던 것입니다; "**(39) 너희가 성경에서 영생을 얻는줄 생각하고 성경을 상고하거니와 이 성경이 곧 내게 대하여 증거하는 것이로다 (40) 그러**

나 너희가 영생을 얻기 위하여 내게 오기를 원하지 아니하는도다 (46) **너희가 모세를 믿었더면 또 나를 믿었으리니 이는 그가 내게 대하여 기록하였음이라** (47) **그러나 그의 글도 믿지 아니하거든 어찌 내 말을 믿겠느냐 하시니라**"

오늘 우리가 가지고 있는 구약성경도 신약성경도 모두 다 예수님에 관하여 기록한 내용입니다. 그러므로 어느 성경공부나 어느 설교에서도 예수님이 마땅히 전파되어야 하는 것입니다. 그러면 이제부터 우리는 구약성경 세 권, 즉 모세의 글과 선지자의 글과 시편이 정말 예수님에 관하여 기록하였는지 살펴보는 것입니다.

구약에 예언된 예수 그리스도

구약성경 전체에서 예수님에 대한 내용을 설명하면 500페이지 이상의 책한 권의 내용입니다. 그러므로 여기서는 구약성경 세 권에서 몇 가지만 뽑아서 살펴보겠습니다. 세 권 중에서 먼저 모세의 글(모세의 책 또는 모세 5경)에 기록된 예수님에 관한 내용부터 살펴봅니다.

모세의 글(창세기·출애굽기·레위기·민수기·신명기)

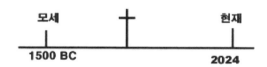

"내가 너로 여자와 원수가 되게 하고 너의 후손도 **여자의 후손**과 원수가되게 하리니 **여자의 후손은 네 머리를 상하게 할 것이요 너는 그의 발꿈치를 상하게 할 것이니라** 하시고"(창 3:15)

여자의 후손

아담·하와가 선악과를 따 먹은 후에 두려워하여 숨어있을 때 하나님께서 그들에게 오셔서 **"네가 먹지 말라고 한 그 나무의 실과를 먹었느냐?"**고 아담에게 질문하셨을 때 아담은 "**하나님이 주셔서 나와 함께 있게 하신 여자 그녀가 그 나무 열매를 내게 주므로 내가 먹었나이다**"라고 대답했습니다. 아담은 자기의 죄를 회개하지 않고 여자와 여자를 자기에게 주신 하나님까지 비난하였습니다. 그래서 하나님은 "**네가 어찌하여 이렇게 하였느냐**"고 하와에게 물었습니다. 하와도 회개하지 않고 "**여자가 이르되 뱀이 나를 꾀므로 내가 먹었나이다**"라고 뱀을 비난하였습니다. 그래서 이번에는 하나님께서 뱀에게 말씀하셨습니다; "내가 너로 여자와 원수가 되게 하고 너의 후손도 **여자의 후손과 원수가 되게 하리니 여자의 후손은 네 머리를 상하게 할 것이요 너는 그의 발꿈치를 상하게 할 것이니라** 하시고"(창 3:15)

여기서 '내가'는 하나님이시고 '너'는 사탄이며 '여자의 후손'은 예수 그리스도를 가리키는 말입니다. 다시 말해서 '**여자의 후손**'이란 **동정녀 탄생으로 오실 그리스도를 지칭하는 말입니다.** 지상에 태어난 인생들 중에서 남자의 피를 받지 않고 태어난 사람은 예수 그리스도밖에 없으십니다. 그러니까 지상에 태어난 사람들은 모두 남자의 후손입니다. 예수님만이 여자의 후손으로 태어나셨습니다. 또한 여자의 후손이 사탄의 머리를 상하게 할 것이라 하였는데 머리를 상하게 한다는 것은 치명적인 것으로서 여자의 후손으로 태어나신 그리스도께서 사탄을 멸망시킬 것을 예언적으로 보여주는 말씀입니다. 또한 "**너(사탄)는 그의 발꿈치를 상하게 할 것이니라**"는 말은 사탄이 그리스도의 발꿈치를 상하게 한다는 뜻으로서 다른 말로 표현하면 그리스도께서 십자가를 지시고 죽으시지만 그리스도는 부활하시기 때문에 비록 사탄이 인간의 죄를 가지고 그리스도를 십자가에 못 박을지라도 그것은 그리스도의 발꿈치를 상할 정도의 상처를 입히는 정도밖에 안 된다는 말씀입니다. **그러므로 창세기 3장 15절의 말씀은 하나님께서 장차 오실 그리스도를 여자의 후손인 동정녀 탄생으로 세상에 보내어 '사탄을 멸망시키겠다'는 최초의 약속입니다.**

가죽옷(Garments of skin)

"여호와 하나님이 아담과 그 아내를 위하여 **가죽옷**(garments of skin = 가죽으로 만든 예복)**을 지어입히시니라.**"(창 3:21) 범죄하기 전의 아담과 하와는 영광스럽고 찬란한 빛을 발하는 하나님의 형상을 닮은 아름다운 인간이었습니다. 그러나 범죄한 후에는 그 찬란한 빛이 사라지고 오늘날의 우리들처럼 못생기고 징그러운 몸으로 변질되었습니다. 그들은 부끄러워서 본능적으로 무화과나무 이파리로 몸을 가릴 수밖에 없었습니다. 그러나 나무 잎사귀로는 그들의 죄가 가려지지 않습니다. 그래서 창세기 3장 7절에 보시면 하나님은 범죄한 아담과 하와를 위하여 가죽옷(garments)을 지어 입혔습니다. 그런데 가죽옷을 만들기 위해서는 죄 없는 동물이 대신 죽어야 했습니다. 인간의 죄 때문에 에덴동산에서 최초의 살생이 발생한 것입니다. 이것이 죄인 인간을 위해서 하나님이 시행하신 인류 역사상 최초의 동물제사입니다. 마태복음 22장 11~13절을 보십시오.

(11) 임금이 손을 보러 들어올쌔 거기서 **예복을 입지 않은 한 사람을 보고**

(12) 가로되 친구여 **어찌하여 예복을 입지 않고 여기 들어왔느냐** 하니 저가 유구무언이어늘

(13) 임금이 사환들에게 말하되 **그 수족을 결박하여 바깥 어두움에 내어 던지라 거기서 슬피 울며 이를 갈이 있으리라** 하나라

여기서 '예복'은 창세기에서 쓰여진 똑같은 의미의 'garments'입니다. 예복이 뭐 그렇게 중요하길래 예복입지 않은 사람이 지옥불에 던져져서 슬피 울며 이를 갈아야 합니까? 이 비유에서 예복은 무엇입니까? 로마서 13장 14절을 보면 **'오직 주 예수 그리스도로 옷 입고'**라고 기록되어 있고 또 갈라디아서 3장 26~27절을 보시면 **'누구든지 그리스도와 합하여 세례를 받은 자는 그리스도로 옷입었느니라'**라고 기록되어 있습니다. **이 비유에서 보시는 대로 혼인잔치에 들어온 사람이 입어야 할 그 예복은 바로 예수 그리스도였습니다.** 그러므로 이제 우리는 예복을 입지 않은 사람이 왜 바깥 어두움에 던져졌는지 알게 되었습니다. 그 사람은 예수님을 입지 않았던 것입니다. 청함을 받고 예배모임에는 열심히 잘 참석했으나 성령으로 거듭나지 못했기 때문에 그리스도께서 그 사람 안에 거할 수 없는 사람입니다. 참으로 누구든지 그리스도와 합하여 세례를 받은 사람은 그리스도를 옷 입은 사람들입니다. '그리스도와 합하여 세례를 받는다'는 말은 물세례를 받는다는 의미가 아닙니다: **"(3) 무릇 그리스도 예수와 합하여 세례를 받은 우리는 그의 죽으심과 합하여 세례를 받은 줄을 알지 못하느냐 (4) 그러므로 우리가 그의 죽으심과 합하여 세례를 받음으로 그와 함께 장사되었나니** 이는 아버지의 영광으로 말미암아 그리스도를 죽은 자 가운데서 살리심과 같이 우리로 또한 새 생명 가운데서

행하게 하려 함이라 (5) **만일 우리가 그의 죽으심과 같은 모양으로 연합한 자가 되었으면 또한 그의 부활과 같은 모양으로 연합한 자도 되리라**"(롬 6:3-5)

성경이 말하는 진짜 세례는 나의 옛사람이 예수와 함께 죽어 장사된 것입니다. 그래야만이 부활하신 예수님처럼 먼저 우리의 영이 다시 살아 거듭나게 되는 것입니다. 그리고 예수님의 재림 때에는 우리의 육신까지도 거듭나서 부활하게 되는 것입니다. 어리석은 말세 교회들은 여러 종파로 갈라져서 "머리에 물을 뿌리는 것이 세례다" 아니다 "물속에 푹 잠겼다가 다시 나오는 것이 진짜 세례다"라고 서로 싸우는 것입니다. 성경에서 말하는 진짜 세례는 죄인인 나의 옛사람이 죽고 영으로 거듭난 새 사람이 예수 그리스도의 통치 안에서 순종하면서 살아가는 사람이며 그 사람이 예수님을 옷 입은 사람입니다; **"누구든지 그리스도와 합하여 세례를 받은 자는 그리스도로 옷입었느니라"**

종교적으로 교회에 멤버가 된다든지 어느 종파에 속한다든지 목사나 장로나 집사 직분을 갖는다고 해서 구원받는 것이 아닙니다. 그리스도를 믿는다는 것은 그리스도를 입는 것이요, 그리스도와 연합하는 것이요, 그리스도의 사람이 되는 것입니다. 갈라디아서 2장 20절을 보십시오. **"내가 그리스도와 함께 십자가에 못 박혔나니 그런즉 이제는 내가 산 것이 아니요 오직 내 안에 그리스도께서 사신 것이라 이제 내가 육체 가운데 사는 것은 나를 사랑하사 나를 위하여 자기 몸을 버리신 하나님의 아들을 믿는 믿음 안에서 사는 것이라"**

그러면 하나님께서 아담과 하와에게 만들어 입히신 가죽옷은 무엇을 의미하는지를 우리는 알게 되었습니다. 그 가죽옷은 먼 훗날 하나님의 어린 양으로 오셔서 우리 죄를 대속하기 위하여 희생제물이 되실 예수 그리스도에 대한 예표였습니다. 죄 없는 동물이 아담·하와를 대신해서 희생당하고 그 가죽으로 그들의 수치스러운 죄의 몸을 덮어주는 옷이 된 것처럼 먼 훗날 예수님이 우리 죄인들을 대신하여 죽으시고 우리의 죄악을 덮어주는 의의 옷이 된다는 말입니다. 그러므로 예수님을 그리스도로 영접한다는 말은 예수님을 입는다는 말이며 예수님을 입음으로써 우리의 죄가 다 가려지고 덮어진다는 말입니다. 하나님께서 아담·하와에게 가죽으로 만든 예복을 입히신 후부터 인간은 동물제사를 드리게 되었고 그 동물제사는 먼 훗날 하나님이 정하신 때에 하나님이 직접 희생양으로 오셔서 인류의 죄를 대속하시기 위해 죽으실 것을 미리 보여주는 예표였습니다. 아담 이후 이 동물제사는 자손 대대로 계속되어 노아가 방주에서 나온 후에도 동물제사를 드렸고 노아의 세 아들들의 후손들이 아시아와 아프리카와 유럽으로 흩어진 후에도 동물제사는 계속되었습니다. 다만 그들이 하나님을 떠났기 때문에 동물제사의 의미는 변질되었고 한국에서조차 돼지를 죽여 귀신에게 드리는 풍습이 남아 있는 것입니다. 이스라엘 백성도 구약시대 내내 동물제사를 드려왔습니다. 아담 후 수천 년이 지난 후에 세례 요한은 요단강가에서 예수님을 보고 이렇게 말했습니다. **"보라 세상 죄를 지고 가는 하나님의 어린양이로다"**(요 1:29) 세례 요한은 아담 이후 수천 년 동안 예표와 그림자로서의 동물제사가 끝나고 이제는 하나님이 보내신 어린양 예수가 우리 인간의 죄를 대속할 진짜 대속제물이라는 것을 깨달은 것입니다.

가인과 아벨의 제사

"아담이 그 아내 하와와 동침하매 하와가 잉태하여 가인을 낳고 이르되 내가 여호와로 말미암아 득남하였다 하니라 (2) 그가 또 가인의 아우 아벨을 낳았는데 **아벨은 양치는 자이었고 가인은 농사하는 자이었더라** (3) 세월이 지난 후에 **가인은 땅의 소산으로 제물을 삼아 여호와께 드렸고** (4) **아벨은 자기도 양의 첫 새끼와 그 기름으로 드렸더니 여호와께서 아벨과 그 제물은 열납하셨으나** (5) **가인과 그 제물은 열납하지 아니하신지라** 가인이 심히 분하여 안색이 변하니"(창 4:1-5)

가인은 제사로 무엇을 드렸으며 아벨은 제사로 무엇을 드렸습니까? 하나님께서 왜 아벨의 제사는 받으시고 가인의 제사는 받지 않으셨습니까? **정답은 히브리서 11장 4절에 나와 있습니다:** "**믿음으로** 아벨은 가인보다 더 나은 제사를 하나님께 드림으로 **의로운 자**라 하시는 증거를 얻었으니" 아벨은 믿음으로 가인보다 더 나은 제사를 드렸다고 했는데 여기서 아벨이 믿은 것은 무엇입니까? 아담·하와는 가죽옷을 받아 입은 이후 그 자녀들 앞에서 하나님이 가르쳐 주신 동물제사를 매년 시행하였습니다. 우리 인간의 죄를 대신하여 장차 메시아가 오셔서 대신 죽으실 것이라는 것을 동물제사를 통하여 미리 가르쳐 준 것입니다. 가인과 아벨은 어려서부터 부모님이 동물제사 드리는 것을 보고 그 제사의 의미를 배우며 자랐습니다. 장성해서 부모로부터 독립한 후에는 이제 그들 스스로 제사를 드려야 했습니다.

창세기 4장 3절에 **"세월이 지난 후에 가인은 땅의 소산으로 제물을 삼아 여호와께 드렸고"**라고 기록하고 있습니다. '세월이 지났다'는 말은 그들이 장성하여 부모를 떠나 독립하여 이제는 하나님 앞에 독자적으로 제사를 드리게 된 것입니다.

가인은 그동안 청소년이었을 때에는 부모 밑에서 반항하지 못하고 동물제사에 참여해 왔지만 이제는 성년이 되어 모든 것을 자기 스스로 판단하고 결정할 나이가 되었습니다. 부모님이 가르쳐 주신 동물제사에 대한 교리적 의미를 가인은 믿을 수가 없었던 것입니다. '하나님께 마음과 정성만 다하면 되지 꼭 동물로 제사를 드려야 한다는 것은 독선적이다'라고 생각했을지 모릅니다. 마치 오늘날 많은 종교인들이 꼭 예수님만이 구원에 이르는 유일한 길이라고 가르치는 기독교를 독선적이라고 생각하는 것처럼 말입니다. 그래서 가인은 자기 농장에서 기른 땅의 소산인 곡물을 바쳤습니다. 이에 반하여 아벨은 어려서부터 부모님이 가르쳐 주신 동물제사의 대속적 의미를 의심치 않고 믿었기에 장성한 이후에도 동물을 바쳤습니다. 그가 바친 이 동물은 앞으로 먼 훗날에 오실 예수 그리스도에 대한 예표였습니다. **"믿음으로 아벨은 가인보다 더 나은 제사를 드렸고 의롭다고 칭함을 받았다"**는 말은 아벨은 부모님이 가르쳐 주신 동물제사의 대속적 의미를 그대로 믿었다는 것을 보여줍니다. 참으로 아벨은 믿음으로 의롭다 함을 받았습니다. 신약 로마서에서 가르치는 말씀과 아무런 차이가 없습니다. 그러니까 구약시대에도 신약시대에도 인생이 하나님 앞에서 의롭다 함을 받고 죄에서 구원받는 길은 오직 예수 그리스도를 믿는 믿음입니다. 구약시대에는 동물제사를 드리면서 장차 오실 메시아가 자신들의 죄를 위하여 대신 죽으실 것을 믿고 의롭다 함을 받게 된 것이고, 신약시대의 사람들은 이미 오신 메시아가 자신들의 죄를 위하여 대신 죽으신 것을 믿고 의롭다 함을 받는 것입니다. 그러니까 신약시대의 사람들이건 구약시대의 사람들이건 다 메시아를 믿는 믿음으로 구원을 얻는 것입니다.

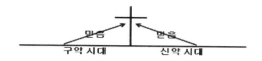

이상에서 살펴본 대로 하나님의 대속희생을 통해서 믿음으로 죄인을 구원하시려는 계획은 아담·하와 때부터 있었던 교리입니다. 구약의 동물제사도 모두 장차 어린양으로 오셔서 희생을 당하실 예수 그리스도를 미리 보여주는 예표에 불과한 것이었습니다. 행위가 아니고 믿음으로 구원을 얻는다는 이신득의의 신앙은 이렇게 아담·하와 때부터 전파된 진리입니다. 그래서 예수님께서 "너희가 이 성경을 상고하지만 이 성경이 다 나를 대하여 기록한 것이니라"고 말씀하신 것입니다.

아브라함의 믿음

(1) 그 일 후에 하나님이 아브라함을 시험하시려고 그를 부르시되 아브라함아 하시니 그가 가로되 내가 여기 있나이다 (2) **여호와께서 가라사대 네 아들 네 사랑하는 독자 이삭을 데리고 모리아 땅으로 가서 내가 네게 지시하는 한 산 거기서 그를 번제로 드리라** (3) 아브라함이 아침에 일찍이 일어나 나귀에 안장을 지우고 두 사환과 그 아들 이삭을 데리고 번제에 쓸 나무를 쪼개어 가지고 떠나 하나님의 자기에게 지시하시는 곳으로 가더니 (4) **제삼일에 아브라함이 눈을 들어 그곳을 멀리 바라본지라** (5) 이에 아브라함이 사환에게 이르되 너희는 나귀와 함께 여기서 기다리라 내가 아이와 함께 저기 가서 경배하고 너희에게로 돌아오리라 하고 (6) **아브라함이 이에 번제 나무를 취하여 그 아들 이삭에게 지우고** 자기는 불과 칼을 손에 들고 두 사람이 동행하더니 (7) 이삭이 그 아비 아브라함에게 말하여 가로되 내 아버지여 하니 그가 가로되 내 아들아 내가 여기 있노라 **이삭이 가로되 불과 나무는 있거니와 번제할 어린양은 어디 있나이까** (8) 아브라함이 가로되 아들아 **번제할 어린양은 하나님이 자기를 위하여 친히 준비하시리라** 하고 두 사람이 함께 나아가서 (9) 하나님이 그에게 지시하신 곳에 이른지라 이에 아브라함이 그곳에 단을 쌓고 나무를 벌여놓고 그 아들 이삭을 결박하여 단 나무 위에 놓

고 (10) 손을 내밀어 칼을 잡고 그 아들을 잡으려 하더니 (11) 여호와의 사자가 하늘에서부터 그를 불러 가라사대 아브라함아 아브라함아 하시는지라 아브라함이 가로되 내가 여기 있나이다 하매 (12) 사자가 가라사대 그 아이에게 네 손을 대지 말라 아무 일도 그에게 하지 말라 네가 네 아들 네 독자라도 내게 아끼지 아니하였으니 내가 이제야 네가 하나님을 경외하는 줄을 아노라 (13) **아브라함이 눈을 들어 살펴본즉 한 숫양이 뒤에 있는데 뿔이 수풀에 걸렸는지라 아브라함이 가서 그 숫양을 가져다가 아들을 대신하여 번제로 드렸더라 (14) 아브라함이 그 땅 이름을 여호와 이레라 하였으므로 오늘까지 사람들이 이르기를 여호와의 산에서 준비되리라 하더라 (15) 여호와의 사자가 하늘에서부터 두 번째 아브라함을 불러** (16) 가라사대 여호와께서 이르시기를 내가 나를 가리켜 맹세하노니 네가 이같이 행하여 네 아들 네 독자를 아끼지 아니하였은즉 (17) 내가 네게 큰 복을 주고 네 씨로 크게 성하여 하늘의 별과 같고 바닷가의 모래와 같게 하리니 네 씨가 그 대적의 문을 얻으리라 (18) **또 네 씨로 말미암아 천하 만민이 복을 얻으리니** 이는 네가 나의 말을 준행하였음이니라 하셨다 하니라 (19) 이에 아브라함이 그 사환에게로 돌아와서 함께 떠나 브엘세바에 이르러 거기 거하였더라(창 22:1-19)

창세기 12장 2~3절을 보면 하나님은 아브라함에게 다음과 같은 약속을 주셨습니다; "**(2) 내가 너로 큰 민족을 이루고 네게 복을 주어 네 이름을 창대케 하리니 너는 복의 근원이 될지라 (3) 너를 축복하는 자에게는 내가 복을 내리고 너를 저주하는 자에게는 내가 저주하리니 땅의 모든 족속이 너를 인하여 복을 얻을 것이니라 하신지라**"(창 12:2-3) 아브라함은 하나님으로부터 이 메시지를 분명히 받았지만 그 메시지의 의미를 바로 깨닫지 못했기 때문에 많은 시행착오를 범했습니다. 즉 "아브라함을 통해서 큰 민족을 이루게 해주시겠다"는 하나님의 약속을 믿고 가나안 땅에까지 왔는데 오랜 시간이 지나도 자녀가 하나도 없었습니다. 그래서 하인 중에 하나인 다메섹 엘리에셀을 아들로 입양하려 했습니다.(창 15:2-3) 그러나 "**네 몸에서 날 자가 네 후손이 될 것이라**"(창 15:4)는 하나님의 말씀을 듣고 아브라함은 더 기다렸습니다. 또다시 오랜 시간을 기다려 보았지만 자녀가 없었습니다. 아브라함은 드디어 하녀 하갈을 통해서 이스마엘을 낳았습니다.(창 16:16) 참 믿음이 없었던 아브라함은 하나님의 깊은 뜻을 알 수가 없었고 그래서 인간적인 방법으로 아들

이스마엘을 낳았습니다. 아브라함의 이런 불신앙은 결국 먼 훗날에까지 그의 후손들에게 엄청난 재앙을 불러옵니다. 창세기 16장 11~12절을 보면 하녀 하갈이 낳을 아들 이스마엘이 어떤 사람이 될 것을 하나님이 보여주셨습니다: **"여호와의 사자가 또 그에게 이르되 네가 임신하였은즉 아들을 낳으리니 그 이름을 이스마엘이라 하라 이는 여호와께서 네 고통을 들으셨음이니라 그가 사람 중에 들나귀 같이 되리니 그의 손이 모든 사람을 치겠고 모든 사람의 손이 그를 칠지며 그가 모든 형제와 대항해서 살리라 하니라"** 이 하나님의 말씀이 무섭도록 정확하게 이루어져서 이스마엘의 후손인 아랍 사람들과 이삭의 후손인 이스라엘 사람들은 지금까지 수천 년 동안 싸워왔습니다. 지금도 아랍 사람들이 이스라엘 백성을 대항하여 싸우며 세계 여러 곳에서 테러를 자행하는 것은 바로 아브라함의 믿음 없는 행동 때문이었습니다.

그러나 백세에 초자연적인 방법으로 약속의 씨 이삭을 낳고 난 후부터는 아브라함의 믿음이 새로운 단계로 도약하는 것을 보게 됩니다. 아브라함은 늙었고 사라는 경수가 끊어진 상태에서 이삭을 낳은 이 기적을 통하여 아브라함은 하나님의 능력을 체험할 수 있었고 **'네 몸에서 날 자가 네 후사가 되리라'** 는 약속을 지키시는 하나님의 신실하심을 보았던 것입니다. 사실 하나님은 사라의 경수가 끊어져서 아기를 낳을 수 없는 불가능한 상태가 될 때까지 기다리신 것입니다. 그 불가능한 상태에서 약속의 아들을 주시기 위함이었습니다. 이것은 바로 장차 메시아로 오셔서 인간을 구원하실 예수님이 아기를 낳을 수 없는 처녀 마리아를 통해서 탄생하게 될 것을 미리 보여주는 예표였습니다. 그래서 예수님은 요한복음 5장 39절에서 **"너희가 성경에서 영생을 얻는 줄 생각하고 성경을 상고하거니와 이 성경이 곧 내게 대하여 증거하는 것이로다"** 라고 말씀하신 것입니다. 이삭이 불가능한 상태에서 기적적으로 출생한 것을 보면서 아브라함은 이제 어떤 일이 있어도 하나님이 자기를 통해서 큰 민족을 이루시고 자기 이름을 창대케 하시고 자기를 복의 근원으로 삼아주신다는 약속이 이루어질 것을 믿게 된 것입니다.

2절에 보면 하나님은 아브라함에게 독자 이삭을 데리고 모리아 땅으로 가서 거기서 하나님이 지시하시는 한 산에서 이삭을 번제로 드리라고 하였습니다. 백세에 기적으로 얻은 이 아들이 아브라함에게는 얼마나 귀중하였겠습니까? 아마도 자기 목숨보다 더 귀하게 여겼을 것입니다. 그런데 이 아들을 죽여서 번제로 바치라니 이 얼마나 황당했겠습니까? 도대체 하나님이 어떤 분이시길래 이렇게 비인격적이고 잔인한 일을 명령하시는 것입니까? 자기 목숨 하나 건지려고 자기 부인을 누이라고 거짓말하고 다녔던 옛날의 이기적인 아브라함 같았으면 어떤 핑계를 만들어서라도 하나님의 명령에 거부했을 것입니다. 하나님이 약속하신 땅 가나안에 가보아도 별 볼 일 없다고 애굽으로 도망갔던 옛날의 아브라함, 자기를 통하여 큰 민족을 이루고 자기 이름이 창대하게 되게 하기 위하여 엘리에셀을 양자로 삼으려고 하고 하녀를 통하여 이스마엘을 낳는 등 할 수 있는 한 인간적인 방법을 다 시도했던 옛날의 아브라함 같았으면 이렇게 잔인한 하나님의 명령에 순종할 수 없었을 것입니다.

그러나 이삭의 아버지 아브라함은 이제 완전히 다른 사람으로 변화되어 있습니다. 그는 이제 하나님을 전적으로 신뢰하는 성숙한 믿음의 사람으로 변화되어 있는 것입니다. 어떠한 상황에서도 하나님을 신뢰하는 믿음의 사람으로 성장한 것입니다. 3절을 보면 아브라함은 하나님의 명령에 아무런 질문도 없이 아침에 일찍이 일어나 이삭을 데리고 하나님이 지시하시는 산으로 떠났습니다. 제삼일에 그 지역에 가까이 도착했을 때 하인들을 그곳에서 기다리게 하고 자기 아들 이삭에게 번제에 쓸 나무를 지고 가게 하고 자기는 불과 칼을 들고 제사할 산으로 올라갔습니다. 여기 이삭이 자기를 불태워 죽일 나무를 등에 지고 모리아 산으로 올라가는 모습은 장차 2,000년 후에 예수님께서 자기를 죽여 매달게 될 나무 십자가를 지고 갈보리 동산으로 올라가는 모습을 미리 보여주는 예표입니다. 아브라함은 하나님이 지시한 처소에 이르자 그곳에 제단을 쌓고 나무를 그 위에 펴놓았습니다. 그리고는 갑자기 자기 아들 이삭을 결박하여 단 나무 위에 놓고 그 아들을 살해하려고 칼을 들어 내리치려 하였습니다. 이때 하나님의 사자가 아브라함을 불러 그 아이에게 손을 대지 못하도록 막았습니다. 아브라함의 믿음을 인정해 주신 것입니다. 만약에 하나님의 사자가 막지 않았다면 아브라함은 정말 이삭을 죽여 제물로 바쳤을 것을 하나님은 알고 계셨기 때문입니다. 비로소 아브라함은 정말 하나님을 믿는 성숙한 믿음의 사람이 된 것입니다. 자기의 독생자까지 아끼지 않고 하나님께 드릴 수 있는 그런 믿음의 사람으로 성장한 것입니다. 16~18절을 보면 하나님께서 드디어 아브라함의 믿음에 만족해하시면서

'하나님께서 약속하신 것을 꼭 이루어 주시겠다'고 재확인해 주십니다: "(16) 가라사대 여호와께서 이르시기를 내가 나를 가리켜 맹세하노니 네가 이같이 행하여 네 아들 네 독자를 아끼지 아니하였은즉 (17) 내가 네게 큰 복을 주고 네 씨로 그게 성하여 하늘의 별과 같고 바닷가의 모래와 같게 하리니 네씨가 그 대적의 문을 얻으리라 (18) **또 네 씨로 말미암아 천하만민이 복을 얻으리니** 이는 네가 나의 말을 준행하였음이니라 하셨다 하니라."

그리스도의 대속 희생을 믿은 아브라함

아브라함의 믿음이 이렇게 원숙한 차원에 이르게 된 것은 단순히 순종하였기 때문만은 아닙니다. 믿음이 성숙한 차원에 이르려면 순종이 절대적으로 중요한 요소이지만 그가 믿는 믿음의 내용이 어떤 것인가 하는 것 또한 중요한 것입니다. 잘못된 믿음을 가지고 순종한다면 그것은 맹종이요 이단적인 믿음이기 때문입니다. 그러면 아브라함이 믿었던 믿음의 내용은 어떤 것이었습니까? 아브라함이 가졌던 믿음이 무엇인지를 알기 위해서 우리는 8절의 말씀을 주의 깊게 관찰해야 합니다. 우리 한글 성경에는 "**번제할 어린양은 하나님이 자기를 위하여 친히 준비하시리라**"고 대충 번역되어 있습니다. 그러나 이것은 정확한 번역이 아닙니다. 킹 제임스 영어 성경에는 이렇게 번역되어 있습니다: (KJV)(창 22:8) And Abraham said, **My son, God will provide himself a lamb for a burnt offering:** so they went both of them together. 아브라함은 여기서 "**하나님이 자기 자신을 희생양으로 바치실 것이라**"고 말했습니다. 예수님이 이 땅에 오시기 2,000년 전에 살았던 아브라함은 여기서 하나님이 친히 인간이 되어 희생양으로 오실 것을 믿었다는 사실입니다. 아브라함은 예수님이 이 땅에 오시기 2,000년 전에 하나님이 희생양으로 친히 오실 것을 믿었다는 말씀입니다. 그러면 아브라함은 어떻게 먼 훗날에 오실 예수 그리스도를 믿을 수 있었겠습니까? 갈라디아서 3장 8절에 보시면 "**먼저 아브라함에게 복음을 전하되 모든 이방이 너로 말미암아 복을 받으리라**"고 하였습니다. 하나님께서 먼저 아브라함에게 복음을 전하셨다는 뜻이 무엇입니까?

사실 하나님이 동정녀로 탄생하여 메시아 이 세상에 오셔서 우리 죄인을 위하여 대신 희생당하심으로써 우리 죄인들이 용서를 받는다는 복음의 메시지는 이미 에덴동산에서 아담·하와에게 약속하신 것이었습니다. 즉 창세기 3장 15절에서 메시아가 여자의 후손으로 오실 것을 언급하셨고 아담·하와에게 동물을 죽여 가죽옷을 지어 입혔을 때부터 하나님이 죄인을 위하여 대신 죽으실 것이라는 놀라운 복음이 전파되었습니다. 그 복음은 아담의 자손들에게 전파되어 아벨은 그 복음을 믿고 동물을 잡아 희생제사를 드렸고 가인은 그 복음을 믿지 않아서 곡식으로 드렸을 때 히브리서 11장 4절은 **"믿음으로 아벨은 가인보다 더 낳은 제사를 드렸다"**고 기록하고 있습니다. 바로 이 그리스도의 대속 죽음의 복음은 대대로 전해져서 노아도 이 복음을 믿고 동물 제사를 드렸었고 아브라함도 이 복음을 믿고 동물제사를 드렸습니다.

사실 아브라함은 이삭을 낳기 전까지는 이 그리스도의 대속 죽음의 복음을 그저 교리로만 지식으로만 알고 믿었습니다. 그러나 이제 초자연적인 방법으로 이삭을 낳고 난 후부터는 그의 영적인 눈이 열리기 시작하였습니다. 복음을 머리에서 가슴으로 믿게 되었고 교리지식에서 실제생활로 믿게 되던 것입니다. 그러므로 비록 이삭을 죽여 번제로 바치라는 하나님의 명령을 따라 이삭을 제물로 바치러 산으로 올라가고 있었지만 하나님은 어떤 방법으로든지 이삭을 다시 살려내실 것이라는 믿음이 있었습니다. **히브리서 11장 17~19 절을 보면 성경은 아브라함이 하나님께서 이삭을 다시 살려내실 줄을 믿었으며 실제로 아브라함은 자기가 믿은 대로 아들을 죽은 자 가운데서 돌려받았다고 기록하고 있습니다; "아브라함은 시험을 받을 때에 믿음으로 이삭을 드렸으니 저는 약속을 받은 자로되 그 독생자를 드렸느니라. 저에게 이미 말씀하시기를 네 자손이라 칭할 자는 이삭으로 말미암으리라 하셨으니 저가 하나님이 능히 죽은 자 가운데서 다시 살리실 줄로 생각한지라 비유컨대 죽은 자 가운데서 도로 받은 것이니라"** 사실 아브라함은 하나님이 어떻게 이삭을 다시 살려내실지는 구체적으로 잘 모르고 있었지만 자기가 지금까지 믿어왔던 그리스도의 대속 죽음과 연관이 있을 것을 확신했던 것입니다. 즉 하나님의 독생자로 오실 그리스도의 대속 죽음과 연관이 있을 것을 확신했기 때문입니다. 그래서 아브라함은 **"하나님이 자기 자신을 희생양으로 바치실 것이라"**고 담대하게 이삭에게 말할 수 있었던 것입니다.

13절과 14절에 보시면 아브라함은 이삭 대신에 수풀에 걸려있는 숫양을 한 마리 잡아다가 번제로 드렸고 **그 땅 이름을 여호와 이레**라고 명명하였다고 하였습니다. **"아브라함이 그 땅 이름을 여호와 이레라 하였으므로 오늘까지 사람들이 이르기를 '여호와의 산에서 준비되리라**(on the mountain of the Lord it will be provided) **하더라."**(창 22:14) 아브라함이 이삭을 제물로 바치는 사건 이후로 아브라함이 이삭을 바쳤던 그 모리아 산을 이스라엘 사람들은 "여호와의 산"이라고 불렀고 그 "여호와의 산에서 대속제물이 제공될 것이라"고 믿었다는 말입니다.

이삭이 번제할 제물은 어디 있느냐고 물었을 때 아브라함은 **"하나님이 자기 자신을 희생양으로 바치실 것이라"**고 대답했습니다. 아담 때부터 전래되어 왔던 동물제사 교리에 의하면 아브라함이 드렸던 동물제사는 언제인지는 모르지만 먼 훗날에 하나님이 오셔서 죄인 인간을 대신하여 죽으실 대속 죽음에 대한 예표였습니다. 혹시 "하나님이 약속하신 그 때가 되어서 이삭이 바로 하나님이 인간으로 오신 그리스도가 아닌가"라고 생각할 수도 있었을 것입니다. 생각해 보면 이삭은 초자연적인 방법으로 출생한 신비한 존재이기도 하였습니다. 만약 이삭이 바로 하나님이 인간으로 오신 그분이라면 아브라함은 이삭의 죽음에 대하여 염려할 필요가 없었을 것입니다. 그래서 주저함이 없이 칼을 들어 이삭을 죽이려 하였으나 하나님이 막으셨고 이삭 대신 하나님이 준비하신 양을 대신 희생제물로 드리게 된 것이었습니다. 그러니까 여기서 아브라함이 깨달은 것은 이삭은 그리스도가 아니고 다만 그리스도를 상징하는 그림자에 불과했다는 것이었습니다. 그래서 아브라함은 이삭 대신 하나님이 준비하신 양을 대신 희생제물로 드렸습니다. 그리고 이삭 대신 하나님이 희생양을 준비하신 그 모리아 동산을 여호와의 산이라고 명명하면서 먼 훗날 바로 이 여호와의 산에서 하나님의 어린양으로 보내실 그리스도가 대속제물로 제공될 것이라고 아브라함은 사람들에게 선포하며 말씀을 가르쳤던 것입니다. 그러므로 아브라함 때부터 이스라엘 사람들은 '여호와의 산(모리아 산)에서 대속제물(it)이 제공될 것이다(will be provided)'라고 믿고 있었던 것입니다.

이와 같이 아브라함은 2,000년 후에 오실 하나님의 독생자를 미리 내다보고 믿었습니다. 그래서 아브라함은 바로 그 모리아 산에서 먼 후일에 하나님이 인간의 죄를 대신 지시고 친히 희생양으로 바쳐질 것을 믿고 그 곳을 '여호와 이레'라고 명명하였고 아브라함은 그 복음을 그의 후손들에게 설명하였기에 그 후로 사람들은 그 산에서 하나님이 희생양을 준비할 것이라고 믿었던 것입니다. 구약의 사람들은 바로 그 산을 여호와의 산이라고 불렀고 그 산에서 하나님이 희생양을 준비하실 것이라고 믿었다는 말씀입니다.

아브라함 때로부터 약 1,000년이 지난 후에 바로 아브라함이 이삭 대신 하나님이 준비하신 숫양을 바쳤던 그 모리아 땅에 솔로몬 왕이 성전을 건축하였습니다.[(대하 3:1) 솔로몬이 예루살렘 모리아 산에 여호와의 전 건축하기를 시작하니] 다시 말해서 아브라함이 이삭 대신 하나님의 준비하신 희생양을 바쳤던 모리아 땅에 그로부터 1,000년 후 다윗 시대에는 예루살렘성이 건설되었고 그로부터 다시 1,000년 후에는 하나님의 독생자 예수 그리스도께서 오셔서 바로 예루살렘 성문 밖 그러니까 모리아 산중에서도 하나님이 특별히 아브라함에게 지명하신 한 산, 바로 아브라함이 이삭 대신 하나님이 준비해 놓으셨던 숫양을 바쳤던 바로 그곳, 소위 갈보리 동산에서 예수님이 십자를 지심으로 우리를 대신한 희생제물이 되신 것입니다. 얼마나 놀라운 예언의 실현입니까?

그러니까 아브라함은 초자연적으로 이삭을 낳은 후에 장차 오실 그리스도께서 동정녀로 탄생하실 것과 하나님이 우리 죄를 위하여 대신 희생을 당하실 것을 믿는 믿음으로까지 성장하게 된 것입니다. 아프리카 가나에서 이 내용을 강의할 때에 한 학생이 "정말 아브라함이 예수님의 대속 죽음이 갈보리 동산에서 이루어질 것을 믿었을까요?"라고 질문하였습니다. 그러나 이것은 어느 누구의 해석이 아니고 바로 우리가 구주로 믿는 예수님이 증거하신 말씀입니다. **아브라함이 그리스도의 대속 죽음을 믿었다는 것을 예수님께서 친히 증거하셨고 예수님은 바로 그 모리아 산(갈보리 동산)에서 십자가를 지셨습니다.** 요한복음 8장 56절을 보십시오; **"너희 조상 아브라함은 나의 때 볼 것을 즐거워하다가 보고 기뻐하였느니라(Your father Abraham rejoiced at the thought of seeing my day; he saw it and was glad)"** 참으로 아브라함의 믿음은 갈보리 동산에서 십자가를 지실 하나님의 독생자이신 예수님을 믿는 믿음이었습니다. 아브라함은 여호와의 산에서 준비될 것을 확실히 믿었고 2,000년 후에 바로 그 자리에서 그리스도께서 정말 십자가를 지신 것입니다. 아브라함의 믿음은 하나님의 독생자이신 성자 하나님이 그리스도로 오셔서 대속 희생을 당하게 될 것을 믿는 믿음이었습니다. 성경은 오늘 우리도 아브라함과 같은 믿음을 가져야 구원을 얻는다고 하였습니다.

모리아 산에서 이삭이 희생당하게 되어 있었습니다. 그러나 하나님은 이삭 대신 희생당할 숫양을 한 마리 준비해 두셨습니다. 그리고 그 숫양이 모리아 산에서 이삭 대신 희생당하게 하셨습니다. 그리고 이것은 오늘 죄인인 우리가 마땅히 이삭처럼 죽어야 할 운명에 처해 있지만 그리스도께서 바로 그 모리아 산인 예루살렘 갈보리 동산에서 우리 대신 죽어 희생양이 되신 것을 보여주는 말씀입니다. 아브라함으로부터 2,000년 후에 요한복음 1장 29절에서 세례 요한은 예수님에 대하여 이렇게 말했습니다. **"보라 세상 죄를 지고 가는 하나님의 어린양이로다."** 그렇습니다. 아브라함이 믿고 선포했던 대로 예수님은 세상 사람들의 죄를 지시고 대신 희생당하기 위하여 하나님이 보내신 어린양으로서 예루살렘 땅에 나타나셨습니다. 그리스도로 오신 예수님은 이렇게 선언하셨습니다. **나는 길이요 진리요 생명이니 나로 말미암지 않고는 아무도 내 아버지께 올 자가 없느니라.** 이 길밖에는 구원이 없습니다. 아무 생각없이 성경을 읽으면 이것은 그냥 아브라함과 이삭 이야기라고 생각할 수 있지만 퍼즐처럼 구성된 성경의 여러 구절들을 잘 맞추어 보면 이것은 분명히 예수님에 관한 이야기였습니다. 그러므로 예수님께서 이 구약성경이 다 나에 대하여 증거하는 것이라고 말씀하셨던 것입니다.

선지자의 글

그러면 이제는 선지자의 글들 중에서 예수님에 관하여 기록된 말씀들 몇 가지를 살펴보겠습니다. 선지자가 쓴 글들이 많이 있지만 이사야 선지자가 쓴 기록들을 살펴보겠습니다.

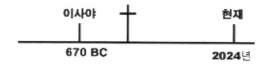

(14) 그러므로 주께서 친히 징조로 너희에게 주실 것이라 보라 처녀가 잉태하여 아들을 낳을 것이요 그 이름을 임마누엘이라 하리라(사 7:14)

이사야 선지자는 예수님보다 670년 전에 태어난 선지자였습니다. 그러니까 지금부터 약 2,600여 년 전에 활동했던 선지자였습니다. 그가 하나님으로부터 받아 적은 것이 바로 이사야서입니다. 이사야 선지자는 장차 나타날 메시아는 처녀의 몸에서 탄생할 것이라고 예언하였습니다. 놀랍도록 정확하게 이루어진 말씀입니다. 성경에 기록된 말씀은 한마디도 떨어지지 않고 다 이루어질 것입니다.

(6) 이는 한 아기가 우리에게 났고 한 아들을 우리에게 주신 바 되었는데 그 어깨에는 정사를 메었고 그 이름은 기묘자라, 모사라, 전능하신 하나님이라, 영존하시는 아버지라, 평강의 왕이라 할 것임이라 (7) 그 정사와 평강의 더함이 무궁하며 또 다윗의 위에 앉아서 그 나라를 굳게 세우고 지금 이후 영원토록 공평과 정의로 그것을 보존하실 것이라 만군의 여호와의 열심이 이를 이루시리라(사 9:6-7)

그리고 9장에서는 그 처녀에게서 태어날 아이는 **장차 통치자가 되실 왕**(정사를 메었고)이 될 것이고 **카운셀러(Wonderful counselor = 즉 성령님**을 우리 번역은 기묘자라 모사라)가 되어 우리 인생의 길을 지도할 것입니다. 그리고 그 처녀에게서 태어날 아이는 **전능하신 하나님(mighty God)**이시며 **영존하시는 아버지(Everlasting Father)**라고 하였으며 **평강의 왕(Prince of peace = 평화의 왕자, 즉 하나님의 아들 예수님)**습니다. 즉 동정녀 탄생으로 태어날 아이는 바로 성삼위 하나님이라는 말입니다. 평화의 왕자이신 성자 예수님이 인간의 육신을 입고 이 세상에 오셨지만 성령 하나님도 성부 하나님도 항상 예수님과 함께 계신다는 것을 보여주는 말씀입니다. 그래서 예수님께서 "**너희가 상고하는 이 성경이 다 나를 대하여 기록한 것이니라**"고 말씀하신 것입니다.

"(3) **그는 멸시를 받아서 사람에게 싫어 버린 바 되었으며 간고를 많이 겪었으며 질고를 아는 자라** 마치 사람들에게 얼굴을 가리우고 보지 않음을 받는 자 같아서 멸시를 당하였고 우리도 그를 귀히 여기지 아니하였도다 (4) **그는 실로 우리의 질고를 지고 우리의 슬픔을 당하였거늘 우리는 생각하기를 그는 징벌을 받아서 하나님에게 맞으며 고난을 당한다 하였노라** (5) **그가 찔림은 우리의 허물을 인함이요 그가 상함은 우리의 죄악을 인함이라 그가 징계를 받음으로 우리가 평화를 누리고 그가 채찍에 맞음으로 우리가 나음을 입었도다** (6) **우리는 다 양 같아서 그릇 행하며 각기 제 길로 갔거늘 여호와께서는 우리 무리의 죄악을 그에게 담당시키셨도다** (7) 그가 곤욕을 당하여 괴로울 때도 그 입을 열지 아니하였음이여 마치 도수장으로 끌려가는 어린양과 털 깎는 자 앞에 잠잠한 양같이 그 입을 열지 아니하였도다 (8) 그가 곤욕과 심문을 당하고 끌려갔으니 그 세대 중에 누가 생각하기를 그가 산 자의 땅에서 끊어짐은 마땅히 형벌 받을 내 백성의 허물을 인함이라 하였으리요 (9) 그는 강포를 행치 아니하였고 그 입에 궤사가 없었으나 **그 무덤이 악인과 함께 되었으며 그 묘실이 부자와 함께 되었도다** (10) 여호와께서 그로 상함을 받게 하시기를 원하사 질고를 당케 하셨은즉 그 영혼을 속건제물로 드리기에 이르면 그가 그 씨를 보게 되며 그 날은 길 것이요 또 그의 손으로 여호와의 뜻을 성취하리로다"(사 53:3-10)

동정녀 탄생으로 오실 메시아가 이 땅에서 사람들에게 고난과 핍박과 멸시를 당하고 마침내 우리 죄인의 죄를 대신 지시고 십자가에서 못에 찔려 죽으실 것을 미리 예언하고 있는 말씀입니다. 그리고 악인들인 강도들과 함께 십자가에 못 박히실 것을 미리 아셨고(그 무덤이 악인과 함께 되었으며) 또 그의 시체가 아리마대 사람 부자 요셉의 무덤에 안치될 것(그의 묘실이 부자와 함께 되었도다)도 미리 다 아시고 기록하였습니다. 이처럼 예수님이 이 세상에 오시기 600여 년 전에 예수님이 어떻게 이 세상에 오실 것과 예수님의 누구이신지와 예수님의 사역과 죽으심까지 상세하게 성경에 기록된 것을 보면 성경이 하나님의 말씀인 것을 다시 한 번 깨닫게 되고 예수님이 정말 메시아로 오신 것을 증명할 수 있는 것입니다.

시가서(욥기·시편·잠언·전도서·아가서·다니엘서)

지금까지는 모세의 글과 선지자의 글들 중에서 예수님에 관해서 기록된 말씀들을 살펴보았습니다. 마지막으로 시가서의 글에서 예수님에 관한 말씀들을 살펴보겠습니다. 시편 22장과 23장과 24장을 살펴볼 것입니다. 이 시편의 글들은 예수님이 이 땅에 오시기 1,000년 전에 다윗이 쓴 것입니다. 하나님은 다윗의 시들을 통해서 예수님이 그의 양들을 위하여 갈보리 동산 위에 못 박혀 죽으심으로써 선한 목자가 되어 그의 양들을 이끌고 사망의 골짜기를 통과하여 재림의 동산 시온산에 올라가 천국 문으로 들어가는 모습을 생생하게 미리 보여주고 계십니다. 잘 보십시오. 여기서 두 개의 동산이 나오는데 하나는 22장에 그려진 갈보리 동산이고 또 하나는 24장에 그려진 재림의 동산입니다. 그리고 갈보리 동산과 재림의 동산 사이에는 사망의 골짜기가 있습니다. 먼저 22장을 보겠습니다.

"(1) **내 하나님이여 내 하나님이여 어찌 나를 버리셨나이까** 어찌 나를 멀리하여 돕지 아니하옵시며 내 신음하는 소리를 듣지 아니하시나이까. (2) 내 하나님이여 내가 낮에도 부르짖고 밤에도 잠잠치 아니하오나 응답지 아니하시나이다 (3) 이스라엘의 찬송 중에 거하시는 주여 주는 거룩하시니이다 (4) 우리 열조가 주께 의뢰하였고 의뢰하였으므로 저희를 건지셨나이다. (5) 저희가 주께 부르짖어 구원을 얻고 주께 의뢰하여 수치를 당치 아니하였나이다 (6) 나는 벌레요 사람이 아니라 사람의 훼방거리요 백성의 조롱거리니이다 (7) **나를 보는 자는 다 비웃으며 입술을 비쭉거리고 머리를 흔들며 말하되** (8) **저가 여호와께 의탁하니 구원하실 걸, 저를 기뻐하시니 건지실 걸 하나이다** (9) 오직 주께서 나를 모태에서 나오게 하시고 내 모친의 젖을 먹을 때에 의지하게 하셨나이다 (10) 내가 날 때부터 주께 맡긴 바 되었고 모태에서 나올 때부터 주는 내 하나님이 되셨사오니 (11) 나를 멀리하지 마옵소서 환난이 가깝고 도울 자 없나이다 (12) **많은 황소가 나를 에워싸며 바산의 힘센 소들이 나를 둘렀으며** (13) **내게 그 입을 벌림이 찢고 부르짖는 사자 같으니이다** (14) **나는 물같이 쏟아졌으며 내 모든 뼈는 어그러졌으며 내 마음은 촛밀 같아서 내 속에서 녹았으며** (15) **내 힘이 말라 질그릇 조각 같고 내 혀가 잇틀에 붙었나이다 주께서 또 나를 사망의 진토에 두셨나이다** (16) **개들이 나를 에워쌌으며 악한 무리가 나를 둘러 내 수족을 찔렀나이다** (17) 내가 내 모든 뼈를 셀

수 있나이다 저희가 나를 주목하여 보고 (18) **내 겉옷을 나누며 속옷을 제비 뽑나이다**"(시 22:1–18)

1절을 보십시오; "**내 하나님이여 내 하나님이여 어찌 나를 버리셨나이까?**" 이것은 그때로부터 1,000년 후에 예수님이 인간의 육신으로 오셔서 갈보리 동산 십자가 위에서 부르짖을 말씀(마 27:46 – 엘리 엘리 라마 사박다니 = '내 하나님이여 내 하나님이여 어찌 나를 버리셨나이까?' '내 하나님이여 내 하나님이여 어찌 나를 버리셨나이까?')을 다윗을 통해서 미리 보여주신 놀라운 예언의 말씀입니다. 또 7절에 보면 "**나를 보는 자는 다 비웃으며 입술을 비쭉거리고 머리를 흔들며 말하되 (8) 저가 여호와께 의탁하니 구원하실 걸, 저를 기뻐하시니 건지실 걸 하나이다**"라고 기록되어 있는데 그 후 1,000년 후에 기록된 마태복음 27장 39, 43절을 보면 예수님이 십자가 위에 못 박혀 있는 모습을 보고 사람들이 예수님을 희롱하는 내용이 기록되어 있는데 1,000년 전에 시편에 기록된 내용과 똑같습니다; "**(39) 지나가는 자들은 자기 머리를 흔들며 예수를 모욕하여 (43) 저가 하나님을 신뢰하니 하나님이 저를 기뻐하시면 이제 구원하실지라**"

또 12~13절에 보면 "**많은 황소가 나를 에워싸며 바산의 힘센 소들이 나를 둘렀으며 (13) 내게 그 입을 벌림이 찢고 부르짖는 사자 같으니이다**"라고 기록되어 있는데 여기 '많은 황소와 바산의 힘센 소들'은 예수님을 십자가에 밧줄로 묶고 망치를 들고 못 박으려는 로마의 힘센 군인들을 미리 보여주는 것입니다. 또 15절에 "**내 힘이 말라 질그릇 조각 같고 내 혀가 잇틀에 붙었나이다 주께서 또 나를 사망의 진토에 두셨나이다**"라는 말씀은 예수님께서 십자가에 못 박히신 후에 피와 물이 온 몸에서 다 흘러나온 모습을 질그릇 조각 같고 혀가 잇틀에 붙었다고 표현한 것입니다. 그리고 그 시체가 무덤에 묻히게 될 것을 "사망의 진토에 두셨나이다"라고 표현한 것입니다. 또 시편 22장 16절에 보시면 "**악한 무리가 나를 둘러 내 수족을 찔렀나이다**"라고 기록되어 있는데 이것도 그때로부터 1,000년 후에 오실 예수님께서 손과 발이 못에 박힐 것을 미리 보여주는 놀라운 말씀입니다. 어떻게 1,000년 전에 예수님이 십자가에서 손과 발이 못에 박힐 것을 미리 알고 기록할 수 있겠습니까? 이것은 성경이 하나님의 말씀이라는 것이 분명하게 드러나는 증거이며 예수님이 정말 구세주인 것이 밝히 드러나는 증거입니다.

그리고 17~18절에 보시면 **"저희가 나를 주목하여 보고 내 겉옷을 나누며 속옷을 제비 뽑나이다"**라고 기록하고 있는데 이것도 마태복음 27장 35절에 기록된 대로 그대로 성취되었습니다; **"(35) 저희가 예수를 십자가에 못 박은 후에 그 옷을 제비뽑아 나누고"** 얼마나 놀라운 예언의 성취입니까? 예수님이 이 세상에 오시기 1,000년 전에 어떻게 이렇게 예수님께서 십자가를 지시는 내용을 저렇게 상세하고 정확하게 기록할 수 있겠습니까? 예수님께서 말씀하신 대로 구약성경은 정말 예수님에 대하여 증거하는 책입니다.

그러므로 시편 22장을 통하여 우리는 예수님이 이 땅에 오시기 1,000년 전부터 예수님께서 갈보리 동산에서 십자가를 지시는 모습을 생생하게 미리 볼 수 있었던 것입니다. 이스라엘 백성들은 이 시편의 말씀을 예수님이 오시기 아주 오래전부터 공부하며 암송하였지만 이 시편이 말씀이 메시아 예수님에 관한 말씀인 줄을 모르고 늘 회당에서 공부하고 암송했던 것입니다. 그래서 예수님은 요한복음 5장 39절에서 너희가 상고하는 이 성경말씀이 다 나에 관해서 기록한 것이라고 말씀하셨던 것입니다. 그리고 누가복음 24장 44-47절에 기록된 것과 같이 구약성경이 '나 예수의 죽을 것'과 '제삼일에 부활할 것'과 '회개의 복음이 예루살렘부터 시작하여 땅끝까지 전파될 것'을 기록하고 있다고 예수님은 3년 동안 제자들에게 가르치신 것입니다. 참으로 성경은 하나님의 말씀이며 예수님이 구세주임을 확실하게 증거하는 말씀입니다. 시편 22장은 장차 오실 예수님이 십자가를 지실 갈보리 동산을 1,000년 전에 미리 보여주신 것입니다.

그리고 갈보리 동산에서 그의 양들을 위하여 목숨을 버리신 예수님은 사흘 만에 부활하여 선한 목자가 되시어 그의 말씀을 알아듣고 그대로 순종하고 따르는 그의 양떼를 이끌고 험한 사망의 골짜기에서 푸른 초장으로 잔

잔한 물가로 인도하시는 모습이 23장에 한편의 그림처럼 잘 그려져 있습니다. 24장에는 재림의 동산이 그려져 있는데 이 두 산 사이에 있는 골짜기를 사망의 골짜기라고 부르시는 이유는 이 골짜기는 세상의 부귀영화와 쾌락을 가지고 인간을 유혹하는 마귀 사탄이 공중권세를 잡은 광야 같은 이 세상이기 때문입니다. 갈보리 동산에서 예수님을 구주로 영접하고 주님의 백성이 된 사람은 누구나 다 이 사망의 골짜기를 통과해야만 저 여호와의 산 재림의 동산에 오를 수 있는 것입니다. 마치 죄악세상 애굽에서 마귀를 상징하는 바로 왕의 노예가 되었던 이스라엘 백성들이 예수님의 십자가 죽음을 상징하는 유월절 양의 죽음으로 해방되어 저 약속의 땅 가나안에 들어가기 위해서 그 중간에 있었던 광야를 통과해야 했던 것처럼 말입니다. 그 광야는 전쟁의 위협과 모압 여인들의 유혹과 단조로운 음식 만나와 물이 부족한 곳이었습니다.

그러나 체구가 거대한 아낙 자손들과의 전쟁이 두려워서 애굽으로 돌아가려고 선한 목자 되신 예수님을 상징하는 모세의 인도를 거부했던 이스라엘 백성들은 저 약속의 땅 가나안에 들어가지 못하고 다 광야에서 죽었습니다. 생명의 떡이시며 생명의 물이 되신 예수님을 상징하는 만나와 반석에서 나오는 물을 감사하지 아니하고 오히려 마늘과 부추와 고기를 먹을 수 있었던 애굽에서의 노예생활을 그리워하여 선한 목자 되신 예수님을 상징하는 모세의 인도를 거부하였던 이스라엘 백성들은 저 약속의 땅 가나안에 들어가지 못하고 다 광야에서 죽었습니다. 선한 목자 되신 예수님을 상징하는 모세가 주는 하나님의 말씀을 따라 경건하게 살지 아니하고 육신의 정욕을 따라 모압 여인들의 유혹에 빠졌던 이스라엘 백성들은 저 약속의 땅 가나안에 들어가지 못하고 다 광야에서 엎드러져 죽임을 당했습니다. 오직 끝까지 믿음을 가지고 모세를 따랐던 여호수아와 갈렙 그리고 광야에서 태어났던 20세 미만의 어린 자녀들 만이 약속의 땅 가나안에 들어갈 수 있었습니다. 구약의 이 사건을 거울로 삼아 오늘 우리들은 이 사망의 골짜기에서 멸망하지 않기 위해서 선한 목자 되신 예수님께 잘 순종하며 따라가야 합니다. 이 세상의 부귀영화와 쾌락과 세상에 대한 모든 욕심과 욕망을 다 내려놓고 오직 하늘에서 주시는 만나와 반석에서 나오는 생수로 만족하면서 저 약속의 땅 천국에 들어가기 위하여 선한 목자 되신 예수님의 말씀에 순종하여 경건하고 의롭고 검소하게 살아가는 우리가 되어야 합니다.

시편 23장 1~6절을 보시기 바랍니다; **"(1) 여호와는 나의 목자시니 내게 부족함이 없으리로다 (2) 그가 나를 푸른 풀밭에 누이시며 쉴 만한 물가로 인도하시는도다 (3) 내 영혼을 소생시키시고 자기 이름을 위하여 의의 길로 인도하시는도다 (4) 내가 사망의 음침한 골짜기로 다닐지라도 해를 두려워하지 않을 것은 주께서 나와 함께 하심이라 주의 지팡이와 막대기가 나를 안위하시나이다 (5) 주께서 내 원수의 목전에서 내게 상을 차려 주시고 기름을 내 머리에 부으셨으니 내 잔이 넘치나이다 (6) 내 평생에 선하심과 인자하심이 반드시 나를 따르리니 내가 여호와의 집에 영원히 살리로다"**

양떼를 이끄시는 선한 목자가 바로 여호와 하나님이시기 때문에 내가 부족함이 없는 것입니다.(1절) 이 험한 사망의 골짜기에서도 선한 목자 되신 예수님은 나를 푸른 초장에 누이시며 쉴 만한 물가로 인도하여 주십니다.(2절) 그가 죄로 죽었던 나에게 새 생명을 주시고 자기의 영화로운 이름을 위하여 날마다 나를 의의 길로 인도하여 주십니다.(3절) 그러므로 내가 아무리 이 죄와 사망이 넘치는 무서운 골짜기를 지날 때에도 두려워하지 아니하는 것은 선한 목자 되신 예수님이 항상 나를 인도하시기 때문입니다. 그리고 한 손에는 주의 지팡이로 나를 공격해 오는 저 원수 마귀 늑대들을 물리쳐 주시고 또 다른 한손에는 막대기를 가지고 내가 곁길로 나아가 죄를 지으려 할 때마다 나를 쳐서 징계하여 주시기 때문입니다.(4절) 선한 목자 예수님께서 저 원수 사탄의 목전에서 보란 듯이 나에게 상을 차려주시사 새 언약의 포도주로 내 죄를 씻어주시고 성령의 기름을 내게 부어 나를 하나님의 자녀로 삼아주시니 내 잔이 차고 넘칠 뿐입니다.(5절) 나의 생애 내내 이 사망의 음침한 골짜기를 다 지나도록 예수님의 선하심과 인자하심으로 나를 인도하시리니 나는 정녕 여호와의 집 저 천국에 들어가 영생복락을 누리게 될 것입니다.(6절)

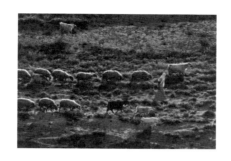

　그리고 선한 목자 되신 예수님의 인도하심으로 이 사망의 음침한 골짜기를 다 지나고 나면 마침내 우리는 저 재림의 동산에 도달하게 될 것입니다. 시편 24장을 보십시오: **"(3) 여호와의 산에 오를 자가 누구며 그의 거룩한 곳에 설 자가 누구인가 (4) 곧 손이 깨끗하며 마음이 청결하며 뜻을 허탄한 데에 두지 아니하며 거짓 맹세하지 아니하는 자로다 (5) 그는 여호와께 복을 받고 구원의 하나님께 의를 얻으리니 (6) 이는 여호와를 찾는 족속이요 야곱의 하나님의 얼굴을 구하는 자로다 (셀라) (7) 문들아 너희 머리를 들지어다 영원한 문들아 들릴지어다 영광의 왕이 들어가시리로다 (8) 영광의 왕이 누구시냐 강하고 능한 여호와시요 전쟁에 능한 여호와시로다 (9) 문들아 너희 머리를 들지어다 영원한 문들아 들릴지어다 영광의 왕이 들어가시리로다 (10) 영광의 왕이 누구시냐 만군의 여호와께서 곧 영광의 왕이시로다(셀라)"**

　"여호와의 산에 오를 자가 누구며 그 거룩한 곳에 설 자가 누군고?"(3절) 즉 주님이 재림하실 그 여호와의 동산에 올라가서 주님과 함께 그 거룩한 곳 천국에 들어갈 수 있는 사람은 어떤 사람일까요? **"곧 손이 깨끗하며 마음이 청결하며 뜻을 허탄한 데에 두지 아니하며 거짓 맹세치 아니하는 자로다. 저는 여호와께 복을 받고 구원의 하나님께 의를 얻으리니 이는 여호와를 찾는 족속이요 야곱의 하나님의 얼굴을 구하는 자로다."**(4-6절) 그렇습니다. 바로 이런 사람들이 선한 목자 되신 예수님의 십자가 피로 죄 씻음을 받고 성결하게 되어 속사람이 거듭나서 더 이상 헛된 세상의 부귀영화를 추구하지 아니하고 오직 여호와 하나님만 바라보고 그의 말씀을 따라서 경건하고 의롭게 살아가는 주님의 양떼들입니다. 7절부터 보시면 선한 목자 되신 예수님께서 왕의 왕으로 재림하시어 천국 문으로 들어가려는 순간이 그려져 있습니다. "문들아 너희 머리를 들지어다. 영원한 문들아 들릴지어다. 영광의 왕이 들어가시리로다."(7) 영원한 문은 천국의 문입니다. 왕의 왕의 왕으로 재림하신 영광의 왕이 그의 양떼를 데리고 천국 문으로 들어가는 모습입니다. 10절까지 보시면 7절의 내용이 두 번 반복하여 장엄하고 영광스럽게 그려져 있습니다. 요한계시록 14장 1-5절에도 하늘에 있는 여호와의 산 시온 산에 재림하신 어린양 예수와 함께 땅에서 구속함을 받은 사람들만이 알고 부를 수 있는 아름답고 신비한 노래로 찬양하는 모습이 그려져 있습니다. 바로 이 구원받은 성도들이 신랑 되신 예수 그리스도의 신부가 되어 어린양의 혼인잔치에 들어가게 되는 것입니다. 그러므로 선한 목자 되신 예수님께서 그의 양떼를 데리고 여호와의 산 위에 그 영원한 문 앞에 이르게 되면 문지기가 그 문을 열어주고 선한 목자 되신 주님께서는 그의 양들의 이름을 하나씩 불러 저 천국 문으로 데리고 들어가시는 것입니다.

그러나 착각하지 마십시오. 오직 갈보리 동산에서 주님을 만나 성령으로 거듭난 주님의 양만이 주님의 음성을 알아듣고 주님을 따라 비로소 저 천국에 들어가는 것입니다; "내 양은 내 음성을 들으며 나는 그들을 알며 그들은 나를 따르느니라"(요 10:27) 재림의 주님과 함께 영원한 문으로 들어가는 것이 바로 "내가 여호와의 집에 영원히 거하리로다"라는 시편 23장의 마지막 절이 이루어지는 순간입니다. 과연 우리는 주님의 음성을 알아듣고 주님의 말씀을 기꺼이 순종하며 따라가는 주님의 양이 되었습니까? 주님의 양이 되려면 반드시 먼저 갈보리 동산에 올라가서 십자가를 지신 주님을 만나야만 합니다. 먼저 죄를 회개하고 성령으로 거듭나서 주님을 구주와 왕으로 영접하여 죄의 옛사람은 예수님과 함께 십자가에서 죽어야만 부활하신 예수님과 함께 새 생명으로 거듭나서 주님의 양이 되어 선한 목자의 음성을 알아듣게 되고 주님의 말씀을 따라 세상을 내려놓고 자기를 부인하고 자기 십자가를 지고 주님을 따를 수 있게 됩니다. 아직도 이 세상의 번쩍이는 것에 현혹되어 방황하고 있습니까? 부디 회개하고 성령으로 거듭나서 갈보리 동산에서 주님을 만나셔서 이 세상을 과감히 내려놓고 이 음침한 사망의 골짜기를 다 통과하여 저 여호와의 동산에 올라가서 영원한 문으로 들어갈 수 있게 되기를 소원합니다. 제발 죄악세상을 사랑하다가 광야에서 죽었던 이스라엘 백성들처럼 되지 마십시오.

이상에서 살펴본 대로 시편 24장은 예수님이 재림하셔서 구원받은 성도들을 데리고 천국으로 들어가는 여호와의 산입니다. 이 아름답고 찬란한 동산을 예수님이 이 세상에 오시기 1,000년 전에 성경에 기록해 두셨습니다. 그래서 예수님은 요한복음 5장 39절에서 "너희가 영생을 얻는 줄 생각하고 구약성경을 상고하거니와 이 성경이 곧 내게 대하여 증거하는 것이로다"라고 말씀하셨던 것입니다. 신약성경은 물론이고 구약성경도 모두 예수님에 대한 기록입니다.

아래 그림에서 보는 대로 갈보리 동산(시편 22장)과 여호와의 산 재림의 동산(시편 24장) 사이에 있는 사망의 골짜기에서 오늘도 선한 목자 되신 예수님은 그의 양떼들을 푸른 초장으로 잔잔한 물가로 인도하고 계십니다.

우리는 예수님이 오시기 전에 기록된 구약성경이 예수님에 대하여 증거한 말씀이라는 것을 살펴봄으로써 예수님이 정말 죄인을 구하러 오신 구세주임을 확인하였습니다.

4. 성경은 이스라엘에 대하여 무엇이라고 말하고 있는가?

이스라엘을 부르신 목적

지난 1과에서는 하나님께서 이 온 우주를 창조하신 것과 성경이 하나님의 말씀이라는 것을 확증하였습니다. 2과에서는 인간이 어디로부터 와서 지금 어디에 있으며 장차 어디로 가게 될 것인지를 성경에서 확인하였습니다. 3과에서는 예수님이 인간을 구원하러 오신 메시아(그리스도)임을 확증하였습니다. 그러면 사람들이 종종 질문합니다. "다 좋습니다. 성경이 하나님 말씀인 것도 받아들일 수 있고 예수님이 죄인들을 구원하러 오신 구세주 메시아라는 것도 받아들일 수 있습니다. 그러나 성경은 이스라엘의 역사를 기록한 이스라엘의 역사이며 성경에서 말하는 하나님은 이스라엘을 택하시고 이스라엘의 하나님이라고 말하고 있습니다. 우리 같은 미국사람들이나 한국사람들에게 예수님은 무슨 상관이 있습니까? 왜 우리가 이스라엘의 하나님을 믿어야 합니까?" 참 좋은 질문이라고 생각합니다. 하나님께서 왜 이스라엘 백성을 택하셨는지, 하나님께서 이스라엘 백성을 택한 목적을 살펴보겠습니다.

창세기 1장에서 11장까지는 한 하나님과 한 민족과의 관계임을 보여줍니다. 그러나 11장에 기록된 바벨탑 사건 이후에는 한 하나님과 많은 민족과의 관계로 바뀐 사실을 알 수 있습니다. 이제 한 하나님이 여러 민족을 상대하셔야 하는데 여기서 한 하나님이 여러 민족을 상대하시는 방법으로 아브라함을 부르신 것입니다. 야벳의 후손들이 유럽인들과 인도인들이 되었고 셈의 후손들이 중동과 아시아인들이 되었고 함의 후손들이 아프리카와 중동의 아시아인들이 되었음을 살펴볼 수 있습니다. 그런데 창세기 12장부터는 구약성경 전부가 거의 아브라함의 후손들인 이스라엘 사람들에 대하여 기록하고 있습니다. 그래서 어떤 사람들은 성경은 이스라엘의 역사이며 기독교의 하나님은 이스라엘의 하나님인데 우리 한국인이 기독교의 하나님과 무슨 상관이 있느냐고 질문하는 사람들도 있습니다. 그러나 창세기를 잘 보면 하나님은 지상의 모든 민족의 하나님이심을 알 수 있습니다. 또한 예수님의 복음을 듣지 못했던 유럽이나 아시아나 아프리카에 살았던 사람들은 어떻게 되는 것이냐고 질문하는 사람들도 많이 있습니다.

그러니까 12장부터는 이제 한 하나님이 여러 민족들을 상대하셔야 하는데 여기서 한 하나님이 여러 민족들을 상대하시는 방법으로 아브라함을 부르시는 것입니다. 즉 하나님은 이제 여러 민족들과 일일이 상대하지 아니하시고 아브라함의 후손인 이스라엘 민족을 제사장 나라, 즉 하나님과 다른 모든 민족들 사이에서 중보자로 일하는 종의 민족으로 삼으셔서 이스라엘 민족이 하나님의 종이 되어 세상에 흩어진 모든 민족들에게 하나님의 말씀을 전하게 하는 것입니다.

가인의 후손 - 하나님을 떠난 불신자의 계보

창세기 4장에서 가인이 아벨을 죽인 후에 하나님을 떠나서 가인과 가인의 후손들이 죄악 된 세상 나라를 건설하는 것을 볼 수 있습니다. 가인은 하나님을 떠난 사회를 건설하였습니다. 하나님을 떠난 사회가 세속 사회이며 세속 사회가 바로 사탄이 기뻐하는 사회입니다. 하나님의 통치를 떠난 인간 가인이 세운 나라가 바로 사탄이 통치하는 세상 왕국입니다. 그러면 하나님을 떠난 가인이 세운 세상 나라의 특징은 무엇입니까? 4장 19절에 보면 "라멕이 두 아내를 취하였으니"라고 기록되어 있습니다. 즉 이 세상 나라에서는 처음으로 일부다처제가 시작되었습니다. 인간을 한 남자와 한 여자로 지으시고 일부일처제의 가족제도를 세우신 하나님의 창조 질서에 정면으로 대항하는 사탄의 문화입니다. 가정과 사회를 파괴하며 온갖 불행을 초래하게 하는 이 일부다처제도는 그 후 오랫동안 인간사회를 괴롭혀 왔습니다.

4장 21~22절을 보면 하나님을 떠나 가인이 세운 이 세상 나라에서는 인간 문명이 시작되었습니다. 21절에 수금과 통소(harp and flute)를 만들었다는 것은 그들이 인류 역사의 초기에 벌써 악기를 제조했다는 것을 보여줍니다. 이것은 벌써 그 사회에 향락문화가 시작되었다는 것을 증거하는 것입니다. 하나님을 떠난 사회의 특징은 동서고금을 막론하고 쾌락을 추구하는 것입니다. 쾌락은 항상 대중문화라는 매체를 타고 급속히 번집니다. 오늘날에도 사탄이 인간을 죄악 속에 계속 묶어두기 위하여 사용하는 최고의 무기는 바로 대중문화입니다. '지금 우리는 21세기에 살고 있으며 동성연애는 하나의 대중문화이니까 남자가 남자와 결혼하여 한 가정을 꾸미는 것도 현대 문화의 한 패턴으로 받아들여야 한다' '옷을 벗는 것은 이 시대의 모든 사람들이 하는 하나의 대중문화이니까 나도 해도 괜찮아' 이것이 바로 대중문화를 사용하여 인간으로 하여금 하나님의 말씀을 무시하게 하고 인간을 죄 가운데서 멸망시키려는 사탄의 전략입니다.

22절에는 동과 철로 각양 날카로운 기계를 만들었다고 기록하고 있습니다. 이는 인류 역사의 초기에 벌써 기계문명과 함께 산업사회가 시작되었음을 보여주는 것입니다. 하나님을 떠난 인간사회의 특징은 과학문명을 발전시켜 하나님을 대항하려는 데에 있습니다. 사탄은 현대의 첨단과학을 인간이 하나님을 대항하는 강력한 도구로 사용하게 하고 있습니다. 하나님이 보시기에는 가소로운 첨단과학을 가지고 감히 하나님의 창조를 부인하고 있습니다. 또한 생명과학에 도전하여 생명 창조의 주인이신 하나님께 도전하고 있습니다. 이 것은 우리의 시대가 말세지말임을 보여주는 강력한 증거일 뿐입니다.

4장 23절에서는 가인이 세운 이 세상 나라에는 범죄가 증가한다는 것을 보여주고 있습니다. 가인은 한 사람을 죽였으나 라멕은 두 사람을 죽였습니다. 결국 인간이 하나님을 떠나서 세운 나라에서 그들이 이룩한 문화라는 것은 일부다처제, 즉 가정파괴를 무릅쓰고라도 자기의 성적 욕망을 채우려는 성적 타락, 그리고 악기의 발달에서 볼 수 있는 사치와 향락문화와 인간 이성을 자랑하는 기계문명, 즉 하나님을 부인하는 오늘날의 과학만능주의 그것입니다. 거기에 살인·강도와 같은 범죄와 폭력이 난무하는 사회 그것입니다. 하나님을 떠난 사회가 만들어낼 수 있는 아주 전형적인 사탄의 왕국의 모델입니다. 소돔·고모라가 그랬고 오늘 우리가 살고 있는 세상도 그렇게 되어가고 있습니다.

하나님을 떠난 문화와 문명, 하나님을 떠난 정치·경제·사회·예술·과학, 하나님을 떠난 어떠한 사회제도도 궁극적으로는 인간을 파멸시키게 됩니다. 하나님이 제외된 어떠한 문명과 문화와 사회·교육제도도 인간에게 참된 번영과 평화를 가져다주지 못합니다.

이상에서 살펴본 대로 가인과 그의 후손들은 하나님을 떠나 자기 소견대로 살아갔던 불신앙의 사람들로서 그들이 만들어낸 삶의 방식, 즉 그들의 문화와 문명은 반 신앙적이고 하나님을 대항하는 문화, 문명이었습니다. 5장을 보면 아담의 계보가 이러하니라 하면서 가인과 그 후손의 이름은 아예 빼버리고 셋의 후손들의 이름만 기록하였습니다. 우리도 하나님을 떠나 살면 우리의 이름이 생명책에 기록되지 못할 것입니다.

셋의 후손 - 믿음의 후손들

창세기 4장에서 하나님을 떠난 가인과 가인의 후손들이 죄악 된 문화를 발전시키면서 사탄의 왕국을 건설하는 것을 살펴보았습니다. 그러나 5장에서는 하나님의 말씀에 순종하여 믿음으로 살아가려는 성도들의 경건한 삶의 모습이 보입니다. 25절에 보면 가인에 의해서 죽은 믿음의 사람 아벨 대신 하나님은 아담과 하와에게 셋을 주셨습니다. 믿음의 사람 아벨 대신으로 주신 셋이라는 것을 보니 셋은 분명 아벨처럼 믿음의 사람이었습니다. 그래서 26절에 보면 그의 아들 에노스 때에는 **"사람들이 비로소 여호와의 이름을 불렀다"**라고 기록하고 있습니다. "사람들이 여호와의 이름을 불렀더라"는 말은 셋과 그의 후손들이 하나님을 경외하고 예배하는 경건한 믿음의 사람들이었음을 보여주는 것입니다. 그들이 여호와의 이름을 부른 것은 죄로 파괴된 하나님과의 관계를 회복하기 위한 신앙의 행동이었습니다. 가인과 가인의 후손들은 하나님이 준비하신 대속 죽음을 통한 구원계획을 거부하고 하나님을 떠나 세상 나라를 세워 자기 마음대로 살았습니다. 그러나 아벨과 셋의 후손들은 하나님이 준비하신 구원계획을 믿음으로 받아들이고 하나님과 동행하는 삶을 택하기 위하여 여호와의 이름을 불렀습니다.

5장 1절부터 보면 아담의 계보가 기록되어 있는데 가인과 그의 후손들의 이름은 족보에서 제외되었습니다. 가인과 그의 후손들처럼 하나님을 떠나 자기 멋대로 세상을 따라 사는 사람들은 하나님의 백성 족보인 생명책에 기록되지 못할 것입니다. 그러니까 5장의 족보에 기록된 사람들은 믿음의 사람들이었음을 알 수 있습니다. 그런데 여기 나타난 믿음의 사람들 중에서도 특별히 다른 사람들과 달리 두드러진 믿음의 사람이 바로 5장 21절에 기록된 '에녹'이라는 사람입니다. 다른 사람들의 경우 다 "몇 년을 향수하고 죽었더라"라고 기록하고 있습니다. 그러나 에녹에 대해서는 죽었다는 말이 없이 "에녹이 하나님과 동행하더니 하나님이 그를 데려가시므로 세상에 있지 아니하였더라"라고 24절에 기록하고 있습니다. 히브리서 11장 5절에 보시면 에

녹을 "하나님을 기쁘시게 하는 증거를 얻은 자"라고 평가하고 있고 "믿음으로 에녹은 죽음을 보지 않고 옮기웠으니"라고 기록하고 있습니다. 그러니까 에녹은 육신의 죽음을 경험하지 않고 그대로 휴거한 최초의 사람이었습니다. 그러면 그가 어떻게 죽음을 보지 않고 승천할 수 있는 사람이 될 수 있었겠습니까? 이에 대한 대답은 '에녹이 하나님과 동행하더니'라는 말과 같이 그는 하나님께 절대 복종하는 삶, 즉 하나님과 동행하는 삶을 살았던 사람입니다. 다음의 도표를 보시기 바랍니다.

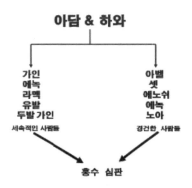

그때 이후 지금까지 인류 역사는 이 두 가지의 서로 다른 삶의 방식의 싸움이었습니다. 하나는 하나님의 구원계획을 거부하고 이 세상과 그 안에 있는 것들을 사랑하여 세상의 패턴을 따라 부와 명예와 권세와 쾌락을 좇아사는 삶의 방식이고 또 하나는 하나님의 구원계획을 믿음으로 받아들이고 세상의 가치관을 버리고 하나님과 동행하며 하나님을 기쁘시게 하는 삶을사는 방식입니다. 즉 이 세상은 하나님을 따르는 삶의 방식과 하나님을 대항하는 삶의 방식의 대결 구도입니다. 성경은 하나님을 대항하는 무리들을 주관하는 자를 사탄이라고(엡 2:1) 하였고 이 세대는 사탄이 주관하는 왕국이며 불신자들은 사탄의 통치권 아래 종속된다고 하였습니다. 성경은 이것들을 '이 세상'이라고 부르고 있습니다. 즉, '이 세상'이란 하나님을 떠난 모든 정치, 경제, 교육, 사회, 제도, 종교, 문화, 문명을 총칭하는 것으로 이 세상을 사랑하는 것이 하나님과 원수가 된다고 경고하고 있습니다.

세속화 신앙

(1) 사람이 땅 위에 번성하기 시작할 때에 그들에게서 딸들이 나니 (2) 하나님의 아들들이 사람의 딸들의 아름다움을 보고 자기들의 좋아하는 모든 자로 아내를 삼는지라 (3) 여호와께서 가라사대 나의 신이 영원히 사람과 함께 하지 아니하리니 이는 그들이 육체가 됨이라 그러나 그들의 날은 백이십 년이 되리라 하시니라 (4) 당시에 땅에 네피림이 있었고 그 후에도 하나님의 아들들이 사람의 딸들을 취하여 자식을 낳았으니 그들이 용사라 고대에 유명한 사람이었더라 (5) 여호와께서 사람의 죄악이 세상에 관영함과 그 마음의 생각의 모든 계획이 항상 악할 뿐임을 보시고 (6) 땅 위에 사람 지으셨음을 한탄하사 마음에 근심하시고 (7) 가라사대 내가 창조한 사람을 내가 지면에서 쓸어버리되 사람으로부터 육축과 기는 것과 공중의 새까지 그리하리니 이는 내가 그것들을 지었음을 한탄함이니라 하시니라 (8) 그러나 노아는 여호와께 은혜를 입었더라 (창 6:1-8)

하나님의 아들들과 사람의 딸들

"(1) 사람이 땅에서 번성하기 시작할 때에 그들에게서 딸들이 나니 (2) 하나님의 아들들이 사람의 딸들의 아름다움을 보고 자기들의 좋아하는 모든 자로 아내를 삼는지라."

여기서 하나님의 아들들은 누구이며 사람의 딸들은 누구입니까? 어떤 주석가들은 여기 '하나님의 아들들'은 타락한 천사들로서 인간과 결혼하여 '네피림', 즉 거인을 낳았다고 해석합니다. 요사이 나타나는 거인들의 유골들이 그 증거라고 주장하기도 합니다. 그러나 그 거대한 유골들은 고대의 사람들이 거인이었음을 보여주는 것입니다. 노아 홍수 이전의 사람들이 보통 900년 이상을 살았던 것처럼 그들의 골격도 지금 우리들과는 비교할 수 없이 거대하였음을 증거하는 것입니다. 노아 홍수 이후에는 사람의 평균수명이 120년이라고 성경은 기록하고 있습니다. 그러나 평균수명보다 훨씬 더 오래 산 사람들도 많이 있었습니다. 그러니까 노아 홍수 이후에도 거대한 체구를 지닌 거인들이 많이 있었다는 말입니다. 노아시대보다도 훨씬 후인 모세시대 이후 가나안 땅에도 거인 아낙 자손들이 살고 있었음을 성경은 보여주고 있습니다. 그러므로 거대한 유골이 '네피림'이라고 주장하는 것은 설득력이 없습니다. 왜냐하면 노아 홍수 때에 노아의 가족을 제외한 모든 사람들은 네피림을 포함해서 모두 멸망당했기 때문입니다. 그러므로 가나안 땅의 거인 아낙 자손들은 노아의 후손들인 것입니다. 성경을 잘 보시면 타락한 천사들을 하나님의 아들들이라고 부른 적이 없으며 타락한 천사들이 하나님의 아들들이 될 수도 없습니다. 그뿐만 아니라 천사들은 영적인 존재로서 육신을 가진 인간과 결혼할 수 없습니다. 성경은 천사들이 결혼하지 않는다는 것을 증거하고 있습니다: **"부활 때에는 장가도 아니 가고 시집도 아니 가고 하늘에 있는 천사들과 같으니라"**(마 22:30) **"무릇 하나님의 영으로 인도함을 받는 그들은 곧 하나님의 아들이라"**(롬 8:14) **"너희가 다 믿음으로 말미암아 그리스도 예수 안에서 하나님의 아들이 되었으니"**(갈 3:26)

'네피림'은 본래 그 의미가 '타락한 자'라는 뜻입니다. 그들은 용사였으며 당대의 유명한 사람들이었습니다. 그들이 사람들에게는 유명한 사람으로 출세한 사람들이었으나 하나님 보시기에는 타락한 죄인들이었습니다. 이들은 아담의 평범한 후손이며 천사와 인간의 합작물이 아닙니다. 그러므로 여기서 하나님의 아들들은 하나님을 섬겼던 셋의 후손들, 즉 믿음의 사람들이었습니다.(롬 8:14, 갈 3:26) 그리고 사람의 딸들은 하나님을 떠나 자기 소욕을 따라 살았던 가인의 후손들이었음을 알 수 있습니다. 가인에서 두발가인에 이르기까지 세월이 흐르면서 세속사회의 문명은 점점 발달하여 가고 인구도 늘었습니다. 또한 하나님을 섬기며 경건하게 살았던 아벨의 후손들도 노아 시대에 이르기까지 세월이 흐르면서 인구가 늘었습니다. 이와 같이 양쪽 사회의 인구가 팽창하면서 두 사회의 교류가 시작되었습니다.

노아 시대에 와서 믿음의 사람들인 셋의 후손들이 문명이 고도로 발달한 가인의 후손들과 접촉하면서 하나님에 대한 신앙을 버리고 번쩍이고 화려한 세속문명과 타락한 쾌락문명을 사랑하여 저들의 신앙이 세속화되고 물질과 안일과 쾌락을 좇아갔습니다. 셋의 후손들 중에서 노아의 가족들을 제외하고 모든 사람들이 가인의 후손이 세운 고도로 발달한 문명사회에 들어가 그들과 함께 살았습니다. 그러므로 자연히 그들의 경건했던 신앙이 세속에 물들게 되었던 것입니다. 그러므로 하나님이 홍수를 보내어 심판하사 인간을 지면에서 쓸어버리게 되었습니다.

창세기 6장 3절에 보면 **"나의 신이 영원히 사람과 함께하지 아니하리니 이는 그들이 육체가 됨이라"**고 하였습니다. 그들이 육체가 됨이라는 말이 무슨 뜻입니까? 인간은 본래 영과 육을 가진 존재로 지어졌습니다. 가인의 후손들은 이미 하나님을 떠나 육신의 정욕을 따라 사는 사람들이었으나 셋의 후손들은 죄 중에도 늘 회개하며 하나님을 예배하며 경건하게 살아가는 영에 속한 사람들이었습니다. 믿음으로 의롭게 된 그들의 기도가 있어서 그동안 하나님께서 죄악 세상을 심판하지 아니하시고 오랫동안 참아오셨습니다. 그러나 이제는 셋의 후손들까지 세속화되어 아직도 하나님의 이름을 부르며 예배는 드리지만 육신의 정욕을 따라 돈과 명예와 지위와 쾌락을 따라 사는 일에 몰두하고 있는 상황이 되었습니다. 그러므로 영을 포기하고 육신을 따라 사는 사람들과 영이신 하나님이 함께하실 수가 없었습니다. 그러므로 하나님은 인간이 육체가 됨을 한탄하시고 그들을 지면에서 쓸어버리시기로 작정하신 것입니다.

은혜를 입은 노아

⑼ 노아의 사적은 이러하니라 노아는 의인이요 당세에 완전한 자라 그가 하나님과 동행하였으며 ⑽ 그가 세 아들을 낳았으니 셈과 함과 야벳이라 ⑾ 때에 온 땅이 하나님 앞에 패괴하여 강포가 땅에 충만한지라 ⑿ 하나님이 보신즉 땅이 패괴하였으니 이는 땅에서 모든 혈육 있는 자의 행위가 패괴함이었더라 ⒀ 하나님이 노아에게 이르시되 모든 혈육 있는 자의 강포가 땅에 가득하므로 그 끝날이 내 앞에 이르렀으니 내가 그들을 땅과 함께 멸하리라 ⒁ 너는 잣나무로 너를 위하여 방주를 짓되 그 안에 간들을 막고 역청으로 그 안팎에 칠하라 ⒂ 그 방주의 제도는 이러하니 장이 삼백 규빗, 광이 오십 규빗, 고가 삼십 규빗이며 ⒃ 거기 창을 내되 위에서부터 한 규빗에 내고 그 문은 옆으로 내고 상 중 하 삼층으로 할지니라 ⒄ 내가 홍수를 땅에 일으켜 무릇 생명의 기식 있는 육체를 천하에서 멸절하리니 땅에 있는 자가 다 죽으리라 ⒅ 그러나 너와는 내가 내 언약을 세우리니 너는 네 아들들과 네 아내와 네 자부들과 함께 그 방주로 들어가고 ⒆ 혈육 있는 모든 생물을 너는 각기 암수 한 쌍씩 방주로 이끌어들여 너와 함께 생명을 보존케 하되 ⒇ 새가 그 종류대로, 육축이 그 종류대로, 땅에 기는 모

든 것이 그 종류대로 각기 둘씩 네게로 나아오리니 그 생명을 보존케 하라 (21) 너는 먹을 모든 식물을 네게로 가져다가 저축하라 이것이 너와 그들의 식물이 되리라 (22) 노아가 그와 같이 하되 하나님이 자기에게 명하신 대로 다 준행하였더라(창 6:9-22)

믿음을 가졌던 셋의 후손들이 이 세상에 빠져서 세속화될 때 노아는 세상이 물로 망할 것이라는 하나님의 말씀을 믿고 전파했습니다. 그러므로 노아는 하나님과 동행하는 사람이 된 것입니다.(9절) 세속화된 세상에서 하나님을 믿는다는 사람들이 세상의 번영을 믿을 때 노아는 하나님의 심판을 믿었습니다. 참으로 노아는 하나님과 동행하는 사람이 된 것입니다. 믿는다는 사람들이 다 세상의 번영을 추구할 때 하나님의 심판을 믿고 심판의 메시지를 전파하는 당시의 노아는 얼마나 힘들고 고독하였겠습니까?

우리가 지금까지 살펴본 대로 인류 역사는 두 가지의 서로 다른 삶의 방식의 싸움이었습니다. 가인의 후손의 삶은 죄를 회개하지 않고 도리어 하나님을 떠나서 자기의 소견대로 자기의 정욕대로 자기의 교만을 좇아 살아가는 사람들의 삶의 방식이었습니다. 셋의 후손들은 하나님의 주권을 인정하고 하나님의 통치를 받고 살아가려는 사람들이었습니다. 그러나 믿음의 사람 셋의 후손들이 하나님을 떠난 가인의 후손들이 사는 문명세계에 빠져 세속화함에 따라 하나님은 홍수심판을 통해 인류를 지면에서 쓸어버리셨습니다. 결국 노아 부부와 그의 세 아들의 가족들을 포함 모두 8명만 살아남았습니다. 창세기 10장과 11장에서는 이 세 아들들의 후손들의 이름들과 바벨탑 사건이 기록되어 있는데, 내용을 보면 큰아들 야벳의 후손들은 북쪽 즉 유럽 땅으로 옮겨 갔고 둘째 아들 셈의 후손들은 동쪽 아세아 땅으로 옮겼으며 막내 아들 함의 후손들은 이디오피아(구스), 미스라임(이집트), 리비아(붓) 그리고 팔레스타인 땅(가나안)으로 옮겨 갔습니다. 즉 노아의 세 아들들은 유럽과 아시아와 아프리카로 흩어져 살았습니다. 야벳과 셈과 함은 노아와 함께 믿음이 있었기 때문에 노아 홍수 때 구원을 받았으나 세월이 지나서 그들의 후손들이 믿음이 없어서 바벨탑을 쌓은 이후 유럽과 아시아와 아프리카로 흩어져 살 때 그 후손들은 다 하나님을 떠나 이 세상은 불신앙으로 가득찬 세상이 되었습니다. 셈의 후손인 아브라함의 부친 데라까지 벌써 우상을 섬기는 일에 빠지기 시작하므로 하나님은 데라의 아들 아브라함마저 우상 숭배로 전락할까 봐 아브라함을 불러내신 것입니다; "여호수아가 모든 백성에게 이르되 이스라엘 하나님 여호와의 말씀에 옛적에 너희 조상들 곧 아브라함의 아비, 나홀의 아비 데라가 강 저편에 거하여 다른 신들을 섬겼으나"(수 24:2) 사실 야벳과 셈과 함의 후손들이 다 하나님을 떠나서 우상을 섬길 때 끝까지 하나님을 섬긴 마지막 믿음의 계보는 셈의 후손들 중에서 바로 데라가 속한 계보입니다.

창세기 11장 10~26절을 보십시오; "(10) **셈의 족보는 이러하니라 셈은 백 세 곧 홍수 후 이 년에 아르박삿을 낳았고** (11) 아르박삿을 낳은 후에 오백 년을 지내며 자녀를 낳았으며 (12) 아르박삿은 삼십오 세에 셀라를 낳았고 (13) 셀라를 낳은 후에 사백삼 년을 지내며 자녀를 낳았으며 (14) 셀라는 삼십 세에 에벨을 낳았고 (15) 에벨을 낳은 후에 사백삼 년을 지내며 자녀를 낳았으며 (16) 에벨은 삼십사 세에 벨렉을 낳았고 (17) 벨렉을 낳은 후에 사백삼십 년을 지내며 자녀를 낳았으며 (18) 벨렉은 삼십 세에 르우를 낳았고 (19) 르우를 낳은 후에 이백구 년을 지내며 자녀를 낳았으며 (20) 르우는 삼십이 세에 스룩을 낳았고 (21) 스룩을 낳은 후에 이백칠 년을 지내며 자녀를 낳았으며 (22) 스룩은 삼십 세에 나홀을 낳았고 (23) 나홀을 낳은 후에 이백 년을 지내며 자녀를 낳았으며 (24) 나홀은 이십구 세에 **데라를 낳았고** (25) 데라를 낳은 후에 백십구 년을 지내며 자녀를 낳았으며 (26) **데라는 칠십 세에 아 브람**과 나홀과 하란을 낳았더라"

여기 셈의 족보에서 보는 대로 셈의 후손들이 참 많이 있는데 그중에서 하나님을 믿는 믿음을 지킨 계보는 데라가 속한 계보 하나뿐입니다. 그러니까 아시아와 유럽과 아프리카로 흩어진 수많은 사람들 중에서 여호와 하나님을 믿는 계보는 데라가 속한 계보 하나뿐입니다. 그런데 데라까지 우상을 섬기기 시작하게 됨으로 하나님은 아브라함을 부르신 것입니다.

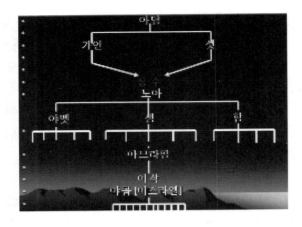

그러면 하나님이 아브라함과 그의 후손 이스라엘을 부르신 목적은 무엇입니까?

(1) 여호와께서 아브람에게 이르시되 너는 너의 본토 친척 아비 집을 떠나 내가 네게 지시할 땅으로 가라 (2) 내가 너로 큰 민족을 이루고 네게 복을 주어 네 이름을 창대케 하리니 **너는 복의 근원이 될지라** (3) 너를 축복하는 자에게는 내가 복을 내리고 너를 저주하는 자에게는 내가 저주하리니 **땅의 모든 족속이 너를 인하여 복을 얻을 것**이니라 하신지라"(창 12:1-3)

첫째, 아브라함이 복의 근원이 된다는 뜻은 무엇입니까?

2절을 보면 "내가 너로 큰 민족을 이루고 네게 복을 주어 네 이름을 창대케 하리니 너는 복의 근원이 될지라"

그러면 아브라함의 후손이 정말 큰 민족을 이루었습니까? 지금 세계에서 제일 큰 민족은 중국인들입니다. 아브라함의 후손들인 이스라엘 사람들의 인구는 얼마 되지 않습니다. 이스라엘은 사실 소수민족입니다. 2절을 보시면 하나님이 아브라함에게 복을 주어 복의 그 이름이 창대케 되어 복의 근원이 되게 한다고 하셨는데 아브라함이 받은 복은 무엇입니까? 기복주의자들은 아브라함이 여기서 받은 복을 물질적이고 세상적인 것으로 해석하는데 그것은 잘못된 해석입니다. 창세기 12장에 기록된 대로 아브라함은 하나님이 명하신 가나안 땅에 와 보았지만 사람들로부터 환영도 받지 못했고 마땅히 거할 곳을 찾으면서 계속 남방으로 내려가고 있었는데 엎친 데 덮친 격으로 그 땅에 기근까지 들어 당시의 최대 강국이며 부국이었던 애굽으로 가고 싶었습니다. 그래서 하나님이 거하라고 명하신 가나안 땅을 버리고 애굽으로 들어갔습니다. 아브라함은 자기 부인이 워낙 미인이라서 자기가 죽게 될까 봐 자기를 남편이라고 하지 말고 오빠라고 하라고 믿음 없는 말을 하였습니다. 아내를 빼앗기더라도 잘사는 나라에서 평안하게 살고 싶었던 믿음 없는 아브라함이었습니다. 예상한 대로 애굽의 왕은 아브라함의 부인이 아브라함의 누이인 줄 알고 아브라함의 부인을 자기 아내로 맞이하려고 애굽 왕이 아브라함에게 많은 가축과 예물을 주고 아브라함의 부인을 데려갔습니다. 믿음이 없어서 자기 아내를 팔아서 부자가 된 아브라함이었습니다. 하나님께서 애굽 왕에게 노하시고 재앙을 내리심으로 애굽 왕은 아브라함을 불러 왜 진작 당신의 아내라고 말하지 않았냐고 하면서 꾸중하고 아브라함의 아내와 함께 왕이 가졌던 많은 소유를 주어 아브라함을 애굽에서 쫓아내었던 것입니다. 그러니까 아브라함이 애굽에서 나올 때에 부자가 된 것은 그가 믿음이 많아서 하나님이 복을 주신 것이 아니고 믿음이 없어서 아내를 팔아 얻은 불의의 재물이었습니다; "(9) **점점 남방으로 옮겨갔더라** (10) **그 땅에 기근이 들었으므로 아브람이 애굽에 거류하려고 그리로 내려갔으니** 이는 그 땅에 기근이 심하였음이라 (11) **그가 애굽에 가까이 이르렀을 때에 그의 아내 사래에게 말하되 내가 알기에 그대는 아리따운 여인이라** (12) **애굽 사람이 그대를 볼 때에 이르기를 이는 그의 아내라 하여 나는 죽이고 그대는 살리리니** (13) **원하건대 그대는 나의 누이라 하라 그러면 내가 그대로 말미암아 안전하고 내 목숨이 그대로 말미암아 보존되리라 하니라** (14) 아브람이 애굽에 이르렀을 때에 애굽 사람들이 그 여인이 심히 아리따움을 보았고 (15) **바로의 고관들도 그를 보고 바로 앞에서 칭찬하므로 그 여인을 바로의 궁으로 이끌어들인지라** (16) **이에 바로가 그로 말미암아 아브람을 후대하므로 아브람이 양과 소와 노비와 암수 나귀와 낙타를 얻었더라** (17) 여호와께서 아브람의 아내 사래의 일로 바로와 그 집에 큰 재앙을 내리신지라 (18) **바로가 아브람을 불러서 이르되 네가 어찌하여 나에게 이렇게 행하였느냐 네가 어찌하여 그를 네 아내라고 내게 말하지 아니하였느냐** (19) 네가 어찌 그를 누이라 하여 내가 그를 데려다가 아내를 삼게 하였느냐 네 아내가 여기 있으니 이제 데려가라 하고 (20) 바로가 사람들에게 그의 일을 명하매 **그들이 그와 함께 그의 아내와**

그의 모든 소유를 보내었더라"(창 12:9-20) 중학교 1학년 독해 실력만 되어도 누구나 알 수 있는 이렇게 단순하고 명백하게 기록된 내용을 물질에 눈이 먼 말세 교회들은 창세기 12장의 내용을 변질 왜곡시켜서 지금도 많은 사람들을 지옥으로 인도하고 있습니다.

"내가 너로 큰 민족을 이루고 네게 복을 주어 네 이름을 창대케 하리니 너는 복의 근원이 될지라."

여기서 그가 받은 복은 물질이나 건강이나 장수가 아닙니다. 명예나 지위나 쾌락도 아닙니다. 우리 한글 성경에는 복의 근원이 되라고 번역되어 있으나 사실은 'You will be a blessing'이라는 뜻입니다. '너희들이 복이 될 것이다', 즉 이스라엘 백성들이 세상 사람들에게 복이 될 것이라는 말씀입니다.

성경은 아브라함이 받은 복을 무엇이라고 설명하고 있습니까? 갈라디아서 3장 8~9절을 보시기 바랍니다. "또 **하나님이 이방을 믿음으로 말미암아 의로 정하실 것을 성경이 미리 알고 먼저 아브라함에게 복음을 전하되 모든 이방이 너를 인하여 복을 받으리라 하였으니 그러므로 믿음으로 말미암은 자는 믿음이 있는 아브라함과 함께 복을 받느니라**"고 하였습니다. 즉 아브라함이 받은 복은 **복음을 듣고 믿음으로 구원을 받은 것이었습니다. 아브라함에게 먼저 복음을 전하여 구원을 받게 하신 것이 그가 받은 복이었습니다. 그리고 아브라함과 그 후손인 이스라엘 민족을 통하여 세상에 흩어진 모든 이방 민족들에게 복음을 전파하여 아브라함이 받은 똑같은 구원의 복을 받게 하려는 것이 하나님의 뜻이었습니다. 그래서 아브라함이 세상 사람들에게 복이 될 것이라는 말입니다.** 그리고 아브라함이 큰 민족을 이루고 그의 이름이 창대케 된다는 말은 아브라함과 같이 복음을 듣고 믿음으로 구원을 받은 사람들이 전 세계에 많아질 것이라는 말입니다. **로마서에 보면 아브라함의 육신의 후손이 아브라함의 자손이 아니고 아브라함과 같은 믿음을 가진 사람들이 아브라함의 후손이라고 하였습니다. 그래서 성경은 아브라함을 믿음의 조상이라고 부르고 있습니다.**

둘째, 하나님은 처음부터 땅의 모든 민족에게 관심을 갖고 계십니다.
11장의 바벨탑 이후에 유럽과 아시아와 아프리카 땅으로 흩어진 모든 사람들을 구원하시기 위하여 아브라함을 부르신 것입니다. **하나님께서 아브라함을 부르신 목적은 아브라함과 그의 후손을 하나님의 종의 나라로 택하셔서 그 종의 나라를 통하여서 아시아와 유럽과 아프리카 등 전 세계로 흩어진 모든 민족에게 복음을 증거하여 그들도 아브라함처럼 구원을 받게 하시려는 것이었습니다.** 그러므로 하나님이 아브라함의 후손 이스라엘 백성을 택하신 것은 아브라함과 그의 후손인 이스라엘 백성만을 구원하신다는 뜻이 아닙니다. 이처럼 하나님은 인류 시작의 처음부터 지금까지 모든 인류에 대하여 관심을 가지셨습니다. 하나님은 결코 편협하신 분이 아니십니다. 구약시대에는 이스라엘 민족만을 구원하시다가 신약시대에는 이방의 모든 민족을 구원하시기로 어느 날 갑자기 마음을 바꾸신 분이 결코 아니십니다. 우리는 선교하면 항상 신약성경의 사도행전 1장 8절이나 마태복음 28장 20절을 연상하곤 합니다만 사실 세계선교의 명령은 그보다 훨씬 전인 아브라함 시대로 거슬러 올라가야 합니다. 오늘 말씀은 분명히 땅의 모든 족속이 너를 인하여 즉 **"아브라함을 인하여 복을 얻을 것이니라"**고 말씀하고 있습니다. 하나님은 이와 같이 구약 초기시대부터 세계의 모든 민족에 대하여 관심을 가지시고 그들의 구원을 위해 일하셨습니다.

셋째, '너를 인하여'라는 말씀에 귀를 기울여야 하겠습니다.
"또 하나님이 이방을 믿음으로 말미암아 의로 정하실 것을 성경이 미리 알고 먼저 아브라함에게 복음을 전하되 모든 이방이 너를 인하여 복을 받으리라 하였으니 (9) 그러므로 믿음으로 말미암은 자는 믿음이 있는 아브라함과 함께 복을 받느니라"(갈 3:8-9)

'너를 인하여'는 아브라함과 그의 후손인 이스라엘 민족을 의미합니다. 아브라함이 가졌던 믿음으로 땅의 모든 민족이 구원을 얻으려면 모든 민족에게 나가서 복음을 전할 사람이 필요합니다. 그 복음 전할 사람으로서 하나님은 아브라함과 그의 후손 이스라엘 민족을 부르셨던 것입니다. 그래서 이스라엘은 하나님과 땅의 모든 민족들 사이에서 하나님의 일을 수행하는 제사장 나라로, 세계 만민에게 복음을 전파하는 종의 나라로서 부르심을 받은 것입니다. 그래서 **로마서 3장 2절에 보면 하나님은 이스라엘 민족에게 하나님의 말씀을 맡겨 주셨다고 하였습니다. 하나님께서 이스라엘을 택하신 목적은**

아래 그림에서 보는 것처럼 아브라함과 그의 후손 이스라엘 백성을 통해서 셈의 후손인 아시아와 야벳의 후손인 유럽과 함의 후손인 아프리카 등 전 세계로 흩어진 모든 민족에게 복음을 증거하여 그들도 아브라함처럼 구원을 받게 하시려는 것이었습니다.

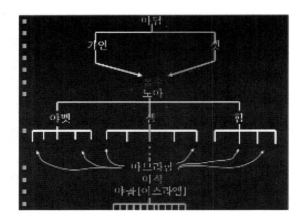

그러나 이스라엘 민족이 하나님의 말씀을 불순종하여 복음을 전 세계에 전파하지 아니함으로써 신약시대에 와서 하나님은 불순종하는 이스라엘 민족을 약속의 땅에서 뿌리째 뽑아내어 전 세계에 흩어서 지난 2000년 동안 나라 없이 방황하게 하셨고 그동안 불순종한 이스라엘 대신에 아브라함처럼 믿음을 가진 이방인들을 불러 교회를 세우시고 그들을 제사장 나라로 세우시고 오늘날 전 세계의 모든 민족에게 복음을 전할 사명을 주셨습니다. **즉 구약시대에는 하나님이 아브라함을 통하여 이스라엘 민족을 불러 세계선교의 대사명을 주셨으나 신약시대에는 아브라함의 믿음을 가진 이방 교회를 불러 땅끝까지 나가 복음을 전할 사명을 명하셨습니다.** 이상의 말씀을 종합해서 결론을 내리면 성경에 기록된 하나님은 이스라엘 백성만의 하나님이 아니고 전 세계 모든 백성들의 하나님이십니다.

하나님은 구약시대 초기부터 아니 창조 초기부터 인류 전체의 구원을 위하여 일하셨습니다. 구약시대에도 유럽과 아시아와 아프리카에 흩어진 모든 민족들에게 복음으로 구원하시기 위하여 이스라엘을 먼저 불러 선교의 사명을 주셨으나 이스라엘이 불순종함으로써 유럽과 아시아와 아프리카의 사람들이 복음을 듣지 못하고 죽었습니다. 그래서 하나님은 불순종한 이스라엘을 온 세상에 1,900년 동안이나 전 세계에 흩어버리시고 대신 이방인 교회를 세워 땅끝 모든 민족들에게 복음 전할 사명을 주신 것입니다.

로마서 3장 1~2절을 보십시오; **"그런즉 유대인의 나음이 무엇이며 할례의 유익이 무엇이뇨. 범사에 많으니 첫째는 저희가 하나님의 말씀을 맡았음이니라"** 이와 같이 하나님은 이스라엘 백성을 종의 나라로 택하시고 하나님의 말씀, 즉 구원의 복음을 그들에게 주어 전 세계로 나가 그 구원의 복음을 전파하게 하신 것이 이스라엘을 택하신 목적이었습니다.

이스라엘 백성이 가나안 땅에 들어가기 전 아직 모세와 함께 광야에 거하고 있을 때 하나님께서 중요한 명령을 이스라엘 백성들에게 주셨습니다; "(3) 모세가 하나님 앞에 올라가니 여호와께서 산에서 그를 불러 가라사대 너는 이같이 야곱 족속에게 이르고 이스라엘 자손에게 고하라 (4) 나의 애굽 사람에게 어떻게 행하였음과 내가 어떻게 독수리 날개로 너희를 업어 내게로 인도하였음을 너희가 보았느니라 (5) 세계가 다 내게 속하였나니 **너희가 내 말을 잘 듣고 내 언약을 지키면 너희는 열국 중에서 내 소유가 되겠고 (6) 너희가 내게 대하여 제사장 나라가 되며 거룩한 백성이 되리라** 너는 이 말을 이스라엘 자손에게 고할지니라 (7) 모세가 와서 백성의 장로들을 불러 여호와께서 자기에게 명하신 그 모든 말씀을 그 앞에 진술하니 (8) **백성이 일제히 응답하여 가로되 여호와의 명하신대로 우리가 다 행하리이다"**(출 19:3-8) 하나님은 이스라엘 백성들이 하나님의 말씀을 잘 순종하면 세상의 열국(많은 나라들) 중에서 하나님의 소유가 되고 제사장 나라가 되게 해주겠다고 약속하셨습니다. **제사장 나라가 되게 해주겠다는 말은 하나님과 죄인 이방 나라들 사이에서 중보 역할을 하는 하나님의 종의 나라가 되게 해주겠다는 뜻입니다. 다시 말해서 이스라엘 백성들은 하나님이 세우신 제사장 나라로서 하나님의 말씀을 이방나라들에게 전파하는 하나님의 종의 나라가 되어야 한다는 말입니다.** 여기에 이스라엘 백성들은 하나님의 명령에 복종하겠다고 약속했습니다.

또 신명기 28장 1절을 보면 이스라엘 백성이 하나님이 주신 세계복음화의 명령에 잘 순종하면 세계민족 위에 뛰어나게 되는 복을 주신다고 약속하셨습니다. "네가 네 하나님 여호와의 말씀을 삼가 듣고 내가 오늘날 네게 명하는 그 모든 명령을 지켜 행하면 네 하나님 여호와께서 너를 세계 모든 민족 위에 뛰어나게 하실 것이라." 그러나 이 명령에 불순종하면 저주를 받을 것이라고 경고하셨습니다; "네가 만일 네 하나님 여호와의 말씀을 순종하지 아니하여 내가 오늘날 네게 명하는 그 모든 명령과 규례를 지켜 행하지 아니하면 이 모든 저주가 네게 임하고 네게 미칠 것이니"(신 28:15) "여호와께서 너로 네 대적 앞에 패하게 하시리니 네가 한 길로 그들을 치러 나가서는 그들의 앞에서 일곱 길로 도망할 것이며 네가 또 세계 만국 중에 흩음을 당하고"(신 28:25) "(63) … 너희가 들어가 얻는 땅에서 뽑힐 것이요 (64) 여호와께서 너를 땅 이 끝에서 저 끝까지 만민 중에 흩으시리니 … (65) 그 열국 중에서 네가 평안함을 얻지 못하며 네 발바닥을 쉴 곳도 얻지 못하고 오직 여호와께서 거기서 너의 마음으로 떨고 눈으로 쇠하고 정신으로 산란케 하시리니 (66) 네 생명이 의심나는 곳에 달린 것 같아서 주야로 두려워하며 네 생명을 확신할 수 없을 것이라 (67) 네 마음의 두려움과 눈의 보는 것으로 인하여 아침에는 이르기를 아하 저녁이 되었으면 좋겠다 할 것이요 저녁에는 이르기를 아하 아침이 되었으면 좋겠다 하리라"(신 28:63-67)

이스라엘 백성들은 하나님의 명령에 복종하겠다고 약속하였으나 그후 가나안 땅에 들어가서 살 때에 하나님의 명령에 불순종하면서 하나님께서 보내신 선지자들을 돌로 쳐서 죽이고 하나님의 제사장 나라로서 하나님의 말씀을 이방 나라에 전파하기는커녕 오히려 하나님의 종들을 죽이고 이방나라들의 풍습과 종교를 따라 우상을 섬기는 민족이 되었습니다. **오래 참으셨던 하나님은 마침내 마지막 선지자 말라기를 통해서 더 이상 성전에서 제물을 바치지 말라고 명령하시면서 이스라엘 민족을 버리시고 이방 민족들을 구원하실 것을 선포하십니다; "(10) 만군의 여호와가 이르노라 너희가 내 단 위에 헛되이 불사르지 못하게 하기 위하여 너희 중에 성전 문을 닫을 자가 있었으면 좋겠도다 내가 너희를 기뻐하지 아니하며 너희 손으로 드리는 것을 받지도 아니하리라 (11) 만군의 여호와가 이르노라 해 뜨는 곳에서부터 해 지는 곳까지의 이방 민족 중에서 내 이름이 크게 될 것이라 각처에서 내 이름을 위하여 분향하며 깨끗한 제물을 드리리니 이는 내 이름이 이방 민족 중에서 크게 될 것**

임이니라"(말 1:10-11)

　　말라기 선지자보다 400년 후에 오신 예수님도 하나님의 택하신 백성인 이
스라엘 백성이 하나님의 사람들답게 거룩한 열매를 맺는 삶을 살지 못했기
때문에 이스라엘 백성을 버리고 이방 나라의 백성들을 구원하시겠다고 선포
하셨습니다: "그러므로 내가 너희에게 이르노니 하나님의 나라를 너희는 빼앗
기고 그 나라의 열매 맺는 백성이 받으리라"(마 21:43) 하나님은 이와 같이 택
하신 백성일지라도 하나님의 자녀다운 거룩한 열매를 맺는 삶을 살지 못하
고 세상적인 삶을 살았던 이스라엘 백성들을 가차 없이 버려 천국에 들어가
지 못하게 하시고 대신 이방인들을 택하신 것입니다. 한번 얻은 구원은 절대
로 다시 잃을 수 없다고 굳게 믿고 있는 말세 교회들에게는 너무도 충격적인
말씀입니다. 택한 백성은 절대로 구원을 잃지 않는다고 배우고 믿고 가르쳐
왔던 우리들에게는 너무나 큰 충격의 말씀이 아닐 수 없습니다. 우리 말세
교회들은 너무나도 성경을 잘 알지 못하고 자기네들이 믿고 싶은 것만 골라
서 믿다 보니까 많은 교파들이 생겨나게 되었고 그래서 구원론도 서로 다르
고 교회론도 서로 다르고 말세론도 서로 다를 수밖에 없는 것입니다. 하나님
이 주신 성경은 하나뿐인데 교파마다 서로 다른 교리를 주장하면서 자기들
의 교리가 옳다고 우기고 있는 것입니다. 예수님은 마태복음 8장에서도 같
은 말씀을 하셨습니다. "(11) 또 너희에게 이르노니 동서로부터 많은 사람이
이르러 아브라함과 이삭과 야곱과 함께 천국에 앉으려니와 (12) 나라의 본 자
손들(이스라엘 백성들)은 바깥 어두운데 쫓겨나 거기서 울며 이를 갊이 있으리
라"(마 8:11-12)

　　다음 말씀은 예수님께서 십자가를 지시기 며칠 전에도 이스라엘 백성이
멸망하여 본토에서 쫓겨나 전 세계로 흩어질 것을 미리 아시고 하신 말씀입
니다: "(37) 예루살렘아 예루살렘아 선지자들을 죽이고 네게 파송된 자들을 돌
로 치는 자여 암탉이 그 새끼를 날개 아래에 모음 같이 내가 네 자녀를 모으려
한 일이 몇 번이더냐 그러나 너희가 원하지 아니하였도다 (38) 보라 너희 집이
황폐하여 버려진 바 되리라 (39) 너희에게 이르노니 이제부터 너희는 찬송하리
로다 주의 이름으로 오시는 이여 할 때까지 나를 보지 못하리라 하시니라"(마
23:37-39)

그러면 세계를 복음화하라는 하나님의 명령에 불순종한 이스라엘 백성들에게 주어진 저주의 예언은 어떻게 성취되었습니까? 이를 위하여 약 1,900년 동안 이스라엘 백성들이 겪었던 고난의 자취를 찾아보면 이스라엘 백성들이 언제 어떻게 전 세계로 흩어져서 어떤 고난과 환란을 겪었는지 알 수 있습니다.

예수님께서 승천하신 지 40년 후인 주후 70년에 예루살렘은 멸망당했습니다. 주후 68년에 가이사랴에서 약 2만 명의 유태인들이 학살당했고 다마스커스에서는 1만 명의 유태인들이 매일 처형당했습니다. 주후 70년에는 로마군대에 의해서 수도 예루살렘성이 9개월간 포위당하던 동안에 성 안에서 죽은 사람이 11만 6,000명이었습니다. 그리고 예루살렘성이 함락당할 때는 백십만 명이 죽임을 당했습니다. 주후 115년에는 로마의 하드리안 황제가 통치하던 때에 985개의 마을이 파괴됐고 58만 명의 유태인들이 학살당했으며 그때부터 유태인들의 예루살렘성 방문 금지령이 선포되었습니다.

주후 379~395년에는 데오도시우스 황제가 로마제국 전역에 흩어진 유태인들을 핍박하였습니다. 주후 1066년에는 스페인의 그라나다에서 약 4,000명의 유태인이 아랍인들에 의해 살해당했습니다. 주후 1290년에는 영국의 에드워드 1세가 그해 11월 1일까지 영국 내에 거주하는 유태인들에게 추방명령을 내려 약16만 5,000명이 추방당했습니다. 주후 1298년에는 약 10만 명의 유태인이 프랑코니아 바바라니아에서 살해되었습니다. 주후 1306년 9월에는 불란서의 필립 대제가 약 1만 명의 유태인을 추방하였습니다.

주후 1348~1349년에는 유럽에 흑사병이 유행할 때에 유태인들이 우물에 독약을 넣었다는 누명을 씌워 약 백만 명의 유태인이 유럽에서 죽었고 많은 사람들이 유럽 밖으로 추방당하여 전 세계로 흩어졌습니다. 주후 1492년 8월에는 스페인에서 약 30만 명의 유태인이 추방당했습니다. 주후 1496년에는 포르투갈에서 유태인을 추방하였습니다. 주후 1560년에는 체코에서 약 3,000명의 유태인이 사는 집들을 불태웠습니다. 17세기 중반에는 제1차 유태인에 대한 핍박이 있었습니다. 주후 1648~1658에는 폴란드와 러시아와의 전쟁 중에 약 40만의 유태인이 죽었습니다.

1753년에는 영국에서 유태인 귀화령 발표와 1776년에 미국독립 그리고

1791년의 프랑스 혁명으로 유태인이 숨통을 트기 시작하여 유럽 내 유태인이 약 1,600만 명까지 증가했으나 곧 최후의 대학살을 만나게 됩니다. 주후 1818년에 우크라이나에서 유태인에 대한 대학살이 있었고 **2차 세계대전 동안에는 독일 나치에 의하여 약 600만 명의 유태인이 살해당했습니다.**

이상에서 살펴본 대로 신명기 28장에서 불순종하는 이스라엘 백성에게 주셨던 저주의 예언이 소름이 끼칠 정도로 그대로 이루어진 것입니다. 이스라엘에 대한 예언이 정확하게 성취된 것만 보아도 성경이 하나님의 정확무오한 진리의 말씀이라는 것을 다시 한번 확인하게 되는 것입니다. 이와 같은 예언의 성취를 볼 때에 성경에 기록된 천국과 지옥에 관한 말씀도 어김없이 그대로 이루어질 것입니다. 그러나 오늘 우리 시대의 사람들은 천국과 지옥에 대하여 너무도 가볍게 생각하여 그냥 교회만 열심히 다니면 다 천국에 들어간다고 믿고 있으며 심지어는 교회에 다니지 않는 사람들도 자기들의 부모나 가족들이 죽으면 다 천국에 가 있다고 편하게 생각합니다. 하나님께서 까무러치실 일입니다.

이와 같이 성경말씀은 문자 그대로 이루어지는 준엄한 말씀입니다. **예수님께서는 "진실로 너희에게 이르노니 천지가 없어지기 전에는 율법의 일점일획이라도 반드시 없어지지 아니하고 다 이루리라"**(마 5:18)라고 말씀하셨습니다. 우리는 성경에 기록된 말씀을 적당히 읽고 넘어가서는 안 됩니다. 성경에 기록된 천국과 지옥에 관한 말씀뿐만 아니라 시시하게 보이는 한 말씀, 한 말씀이 그대로 다 이루어질 것입니다.

그러면 주후 70년에 이스라엘이 멸망한 후에 본토에서 추방당한 후 약 1,900년 동안 전 세계로 흩어져서 가는 곳마다 평안히 거할 곳을 찾지 못하고 수많은 환란과 핍박 속에서 잔혹한 죽임을 당했던 이스라엘 백성들은 어떻게 다시 본토로 돌아올 수 있었습니까?

성경 말씀은 이스라엘 백성들이 죄 때문에 전 세계 땅끝까지 흩어져서 갖은 고난과 환란과 핍박과 죽음을 당하게 될 것만 기록한 것이 아니고 **말세가 되면 그들을 다시 본토로 데려오실 것이라는 말씀까지 기록하고 있습니다.**

참으로 놀라운 말씀입니다.

이사야 11장 11~12절을 보면 땅 사방에서 유태인의 흩어진 사람들을 다시 모으겠다고 말씀하십니다; "여호와께서 열방을 향하여 기호를 세우시고 **이스라엘의 쫓긴 자를 모으시며 땅 사방에서 유다의 이산한 자를 모으시리니**" 예레미야 30장 10~16절에도 흩어졌던 이스라엘 백성들을 다시 모으신다는 말씀이 기록되어 있습니다; "**그러므로 나 여호와가 말하노라 내 종 야곱아 두려워 말라 이스라엘아 놀라지 말라 내가 너를 원방에서 구원하고 네 자손을 포로된 땅에서 구원하리니 야곱이 돌아와서 태평과 안락을 얻을 것이라** 너를 두렵게 할 자 없으리라 나 여호와가 말하노라 내가 너와 함께하여 너를 구원할 것이라 내가 너를 흩었던 그 열방(여러 나라들)은 진멸한다 할지라도 너는 진멸하지 아니하리라 그러나 내가 공도로 너를 징책할 것이요 결코 무죄한 자로 여기지 아니하리라 나 여호와가 말하노라 네 상처는 고칠 수 없고 네 창상은 중하도다 네 송사를 변호할 자가 없고 네 상처를 싸맬 약이 없도다 너를 사랑하던 자가 다 너를 잊고 찾지 아니하니 이는 네 허물이 크고 네 죄가 수다함을 인하여 내가 대적의 상하게 하는 그것으로 너를 상하게 하며 잔학한 자의 징계하는 그것으로 너를 징계함이어늘 어찌하여 네 상처를 인하여 부르짖느뇨 네 고통이 낫지 못하리라 네 죄악의 큼과 죄의 수다함을 인하여 내가 네게 이 일을 행하였느니라 그러나 무릇 너를 먹는 자는 먹히며 무릇 너를 치는 자는 다 포로가 되며 너를 탈취하는 자는 탈취를 당하며 무릇 너를 약탈하는 자는 내가 그로 약탈을 당하게 하리라**"

예레미야 31장 8절에서는 북편 땅에서부터 그리고 땅끝에서부터 이스라엘 사람들을 다시 본토로 데려올 것을 기록하고 있습니다; "**보라 내가 그들을 북편 땅에서 인도하며 땅끝에서부터 모으리니 그들 중에는 소경과 절뚝발이와 잉태한 여인과 해산하는 여인이 함께하여 큰 무리를 이루어 이곳으로 돌아오되**"

이상의 말씀들은 이스라엘 백성들이 흩어졌던 먼 나라들로부터 본토로 돌아올 것을 예언해 주고 있으나 그들이 언제 돌아오게 될 것인지는 밝히지 않았습니다. 그러나 놀랍게도 에스겔서는 이스라엘 백성들이 돌아오게 될 시점을 정확하게 말씀해 주고 있습니다. 에스겔서 38장 8절을 보시기 바랍니다: "⑧ **여러 날 후 곧 말년(말세)에 네가 명령을 받고 그 땅 곧 오래 황무하였던 이스라엘 산에 이르리니 그 땅 백성은 칼을 벗어나서 열국(많은 나라들)에서부터 모여 들어오며** 이방에서부터 나와서 다 평안히 거하는 중이라"(겔 38:8) 여기에서 그 땅 백성 즉 이스라엘 백성이 **칼을 벗어나서** 즉 많은 환란과 핍박과 죽음을 당했던 그 칼에서 벗어나서 여러 나라로부터 이스라엘 본토로 모여 들어와서 평안히 거하게 될 것이라는 예언의 말씀입니다. 그러면 에스겔서 38장에 기록된 대로 이스라엘 백성들이 말세에 본토로 돌아가게 될 것이라는 예언은 어떻게 이루어진 것입니까?

유태인들이 가나안 본토에서 추방된 이후 가나안 땅은 주인 없는 땅이 되어 이스라엘의 만년 적국이었던 블레셋(팔레스타인 사람들)이 들어와 약 1,900년을 살아오는 동안에 13세기부터는 오스만투르크 제국에 의하여 약 500년간 통치를 받았습니다. 오스만의 오랜 통치에서 벗어나려는 아랍국가들은 영국에 도움을 요청하였고 오스만제국을 제거하고 싶었던 영국과 프랑스는 그 요청을 빌미로 영국은 팔레스타인(가나안) 지역을 통치하고 프랑스는 레바논 지역을 통치하는 등 중동지역은 서구열강의 각축장이었습니다. 유럽의 여러 나라에서 박해를 받던 유태인들 중에서 유대인 독립국가를 꿈꾸는 사람들이 모여서 모금을 하고 영국이 통치하고 있는 팔레스탄인 땅에 몰래 들어와서 팔레스타인 지주들로부터 땅을 매입하기 시작하여 팔레스타인 땅 여러 곳에 기브츠라는 농장을 만들어 낮에는 농사를 짓고 밤에는 지하에서 무기를 만들면서 1900년대부터 벌써 독립운동이 서서히 시작된 것입니다. 나치의 유태인 대학살 이후에는 더 많은 유태인들이 영국의 묵인하에 팔레스타인 땅으로 들어오게 되면서 아랍과 영국의 정치관계가 복잡해지는 가운데 영국은 팔레스타인에서 철수하게 되고 결국은 이스라엘과 팔레스타인 문제를 유엔이 떠맡아 결정하기에 이르게 된 것입니다. 성경의 하나님을 모르는 사람들은 이스라엘의 독립을 서구 열강과 아랍과의 정치적인 복합관계에서 생긴 것이라고 설명합니다. 그들은 이 모든 국제간의 정치적인 사건들이 다 하나님의 이스라엘에 대한 약속의 성취라는 것을 알지 못합니다. 이런 일들은 다 우연히 일어난 일이 아니고 성경에 기록된 약속의 말씀을 성취하기 위한 것이었습니다. 에스겔서 38장 8절의 말씀처럼 말세가 되면 이스라엘 민족을 다시 예전의 땅으로 돌아오게 하신다는 그 약속의 말씀을 성취하기 위한 것이었습니다.

유럽에서 600만이나 학살당한 유태인이 무슨 힘이 있어서 1,900년 동안 잃어버린 땅을 다시 찾을 수 있었습니까? 전 세계에 흩어져 있었기 때문에 그들은 정부를 조직할 수도 없었고 군대를 조직할 힘도 없었습니다. 그저 백성들 각자가 살아남기에 전전긍긍하던 사람들이었습니다. 그런 그들이 어떻게 본토로 다시 돌아와 국가를 세우고 군대를 조직하여 지금처럼 막강한 나라를 세울 수 있었습니까?

하나님은 성경에 기록된 약속의 말씀을 일점일획까지 그대로 이루시는 분입니다. 2차 대전 후에 미국이 중심이 되어 UN이라고 하는 국제조직을 만들게 됩니다. 영국은 자국의 이익을 위하여 팔레스타인을 통치하였지만 결과적으로 보면 영국은 유태인들이 팔레스타인에 들어와서 기반을 잡을 수 있도록 도와주는 일을 하게 되었고, 당시 아랍과의 복잡한 관계 때문에 결국 팔레스타인에서 철수하고 말았습니다. 영국이 떠나면서 유엔 회원국들이 모여 팔레스타인 문제를 처리하던 중 2차 대전 중에 가장 참혹한 희생을 당한 유태인들을 위하여 1947년 11월 29일 유태인의 본토회복을 결정하였습니다. 전 세계에 흩어져서 약 1,900년 동안 나라 없이 고통 속에서 살아오던 비참한 유태인들에게 가나안 본토로 돌아와서 국가를 세울 수 있도록 결정한 것입니다. 전 세계 이 나라 저 나라에 흩어져서 온갖 환란을 당하며 마지막으로는 600만 명이나 죽임을 당하여 스스로의 힘으로는 도저히 본토를 회복할 수도 없는 절망적인 상황에 처해 있던 이스라엘 백성이었습니다. 그런 이스라엘 백성에게 하나님의 약속을 이행하기 위하여 하나님은 하나님의 방법으로 유엔이라는 국제기구를 만들어 이스라엘 백성이 본토로 돌아올 수 있게 하신 것입니다. 그때부터 지금까지도 유태인들이 전 세계에서 돌아오고 있는 것입니다. 한 나라가 1,900여 년 전에 잃어버린 국토를 다시 찾는다는 것은 인류 역사에 그 전례가 없는 사건입니다.

유엔은 결정에 따라 유엔군을 파견하여 그곳에 살고 있었던 팔레스타인들을 가자지구(본래 그들의 땅)와 요단강 서편에 있는 땅 웨스트 뱅크(서안 지구)에서 살게 하고 나머지 땅은 유태인들에게 주었습니다. 참으로 하나님은 성경에 기록된 하나님의 말씀을 일점일획까지 정확하게 이루시는 분입니다. 영국의 통치하에서 먼저 팔레스타인 땅에 돌아와 있었던 유태인들과 여러 나라에서 본토로 돌아온 사람들 약 50만 명의 유태인들은 그 이듬해 1948년에 국가를 수립하고 1949년 5월 11일에는 유엔회원국이 되었습니다. 유엔의 결정에 반대하는 아랍 나라들이 그들의 형제나라 팔레스타인을 돕기 위하여 4차례의 전쟁을 겪었으나 이스라엘에 번번히 패하였고 이스라엘은 오늘날과 같은 막강한 나라를 재건하게 된 것입니다. 이와 같이 성경말씀은 문자 그대로 이루어지는 준엄한 말씀입니다. **예수님께서는 "진실로 너희에게 이르노니 천지가 없어지기 전에는 율법의 일점 일획이라도 반드시 없어지지 아니하고 다 이루리라"**(마 5:18)라고 말씀하셨습니다. 우리는 성경에 기록된 말씀을 적당히 읽고 넘어가서는 안 됩니다. 성경에 기록된 천국과 지옥에 관한 말씀뿐만 아니라 시시하게 보이는 한 말씀, 한 말씀이 그대로 다 이루어질 것입니다.

다시 한번 말씀드리지만 여기서 우리가 주목해야 할 것은 전 세계에 흩어졌던 이스라엘 백성들이 말세가 되면 본토로 돌아오게 될 것이라는 에스겔 38장 8절의 말씀입니다. **주후 70년에 이스라엘이 멸망하면서 그 땅에서 추방당했던 이스라엘 백성들이 로마제국으로 흩어지고 그 후에 로마제국의 멸망과 함께 유럽으로 흩어졌다가 전 세계로 흩어져 살았습니다. 우리는 여기서 그런 이스라엘 백성이 2차 대전이 끝난 후 1947년 유엔의 결정에 의해서 본토로 돌아왔다는 사실에 주목해야 합니다. 그리고 그들이 본토로 돌아올 때를 에스겔서 38장 8절은 말세라고 기록하고 있다는 점입니다. 다시 말해서 하나님은 유태인이 본토로 돌아오는 때를 콕 짚어서 말세라고 가르쳐 주신 것입니다.** 유태인이 본격적으로 돌아와 국가를 세운 것은 1947년이었습니다. 그러나 이스라엘 백성들이 1947년에 돌아오기 전에, 유럽에서 핍박을 받던 유태인들 중에서 유태인 국가를 재건하려는 뜻을 세우고 벌써 1900년대 초부터 팔레스타인 사람들이 살고 있었던 이스라엘 본토에 몰래 들어와 조금씩 땅을 매입하면서 키부츠를 세우고 농사를 지으면서 밤에는 지하에서 무기를 만들어 팔레스타인 사람들과 싸우면서 그들의 본토에 들어와 살기 시작했습니다. 그러니까 이스라엘 백성들이 본토에 돌아와 살기 시작한 것은 1900년대 초부터이고 따라서 말세시대는 1900년대 초부터 시작된 것입니다.

그러므로 오늘 우리가 살고 있는 시대는 1900년대 초부터 시작된 말세시대입니다. 따라서 1900년대 초 이후의 교회들은 말세시대의 교회입니다. 그리고 이 말세시대에는 말씀이 없는 기근이 있을 것이라고 하나님은 말씀하셨고 말세의 고통하는 때에는 "사람이 바른 교훈(sound doctrine)을 받지 아니하며 귀가 가려워서 자기의 사욕을 좇을 스승을 많이 두고 (4) 또 그 귀를 진리에서 돌이켜 허탄한 이야기를 좇으리라"(딤후 4:3-4)고 하였고 예수님은 "그러나 인자가 올 때에 세상에서 믿음을 보겠느냐 하시니라"(눅 18:8)라고 말씀하셨습니다.

1900년대 이후 우리는 말씀이 변질되고 말씀이 기근인 말세 교회 시대를 살아가고 있기 때문에 성경에 기록된 이런 놀라운 말씀들을 깨달을 수 없었던 것입니다. 성경은 이스라엘 백성들이 본토로 돌아오는 것을 약속하는 것으로 끝나지 않습니다. 이스라엘 백성들이 본토로 돌아온 이후부터 예수님의 재림 때까지 이스라엘 백성들에게 일어날 일들도 기록하고 있습니다.

1,900여 년 동안 전 세계에 흩어졌던 유태인들이 가나안 땅 본토로 돌아가서 그들의 국가를 건설하는 것을 1947년 11월 29일에 유엔이 허락하였습니다. 언어도 다르고 풍습도 다른 여러 나라에서 모인 유태인 약 50만 명이 어려움 가운데서 이스라엘 국가를 1,900여 년 만에 다시 건설하게 된 것입니다. 그리고 2년 후인 1949년 5월 11일에 유엔에 가입하였습니다. 아랍 나라들은 유엔의 결정에 반발하면서 1952년에 이스라엘을 침공하였습니다. 아직 군대를 만들지 못한 이스라엘 사람은 아랍인들의 무기를 빼앗아 싸우면서 제1차 중동 전쟁에서 승리하는 기적을 이루어 내었습니다. 아랍 나라들은 정신을 가다듬고 재무장하여 4년 후인 1956년에 또다시 전쟁을 일으켜 이스라엘을 침공했으나 100시간 만에 참패하였습니다.

이와 같이 제1차, 제2차 중동 전쟁에서 패배한 아랍 나라들은 소련제 무기로 재무장한 아랍 연합군을 파견하여 1967년 5월에 이스라엘 영토를 둘러싸고 전쟁 발발 후 24시간 내에 이스라엘을 세계지도에서 지워버리겠다고 선전포고를 하였습니다. 소위 '6일 전쟁'이라고 불리우는 제3차 중동 전쟁을 일으켰습니다. 당시 세계는 미국과 소련의 대결구도로 냉전시대에 있었습니다. 이집트의 나세르 대통령을 지도자로 세운 아랍 동맹국들의 군대들이 이스라엘 영토를 완전히 포위하였습니다. 나세르 대통령은 전쟁이 시작되면 24시간 내에 이스라엘을 세계지도에서 지워버리겠다며 매일 이스라엘을 위협하였습니다. 그러나 이스라엘은 아무런 대꾸도 없이 잠잠하였습니다. 이번에는 이스라엘이 전쟁에서 패배할 것처럼 여겨졌습니다. 그러나 전쟁이 발발하면 미국과 서방 세계는 이스라엘을 지원할 것이고 소련은 아랍 나라들을 지원하게 될 것이므로 당시 전 세계는 3차 세계대전이 일어나는 것으로 알고 공포에 떨었습니다. 1967년 5월 22일 나세르 대통령은 아카바만을 봉쇄하였습니다. 5월 30일에는 이스라엘을 침공하기 위해 8만 명의 군대들이 가자 지구에 진입했습니다. 그들은 소련제 미사일들과 로켓들과 900대의 탱크와 800대의 전투기로 무장하였습니다. 경상남북도만한 작은 땅 이스라엘을 공격하기에는 충분하고도 남을 만큼의 무기들이었습니다. 이에 비하여 이스라엘은 350대의 전투기와 1만 명의 정규군과 23만 명의 예비군이 전부였습니다. 연일 되풀이되는 아랍 동맹국의 협박에 이스라엘이 계속 침묵하고 있으므로 아랍 동맹국들은 이번에는 이스라엘이 벌벌 떠는 줄로 알고 기고만장하여 카이로에 모여 미리 승전축하 모임까지 가졌습니다.

  그러나 6월 5일 이스라엘은 전투기들을 지중해로 낮게 띄워 레이다망을 피하고 가자지구에 배치된 전투기와 탱크들과 로켓들을 무참하게 파괴하고 전투를 시작하였습니다. 당시 가자지구에 배치된 전투기들과 탱크들과 로켓들은 전부 이스라엘 영토를 향해서 전진배치 되어 있었는데 이스라엘은 지중해로 나가서 가자지구 후면으로 들어가서 공격하였습니다. 가자 지구에 있었던 아랍 군인들은 이스라엘의 국경 쪽으로만 신경을 쓰고 있었는데 갑자기 뒤쪽에서 공습을 당하여 공격 한번 해보지도 못하고 처참하게 무너진 것입니다. 이집트에서는 공군기지에 대기하고 있던 수백 대의 전투기들이 이스라엘의 기습공격으로 한 대도 사용하지 못하고 파괴되었습니다. 이 공습을 기점으로 이스라엘은 북쪽 레바논으로, 동북쪽 시리아 골란 고원으로 동쪽 서안지구(west bank) 그리고 남서쪽 이집트 땅 시내 반도를 향해 일제히 공격을 시작하였습니다. 아직까지도 군사 미스터리로 남아 있는 것은 이렇게 갑작스러운 공격을 받고도 아랍 동맹국 군인들은 상당시간 동안 상부로부터 공격명령을 받지 못하고 있었다는 점입니다. 이스라엘은 북쪽 레바논의 국토에 진입하여 레바논 국토의 약 5분의 1정도 되는 땅을 오랫동안 점령하다가 2000년대 초반이 되어서야 돌려주었습니다. 미국의 소리(Voice of America)에 의하면 이집트 땅 시내 반도를 진격할 때에는 이스라엘의 군부대가 이집트의 군대에 완전히 둘러싸여 전멸을 당할 상황이었으나 갑자기 사막에 폭풍이 몰아쳐서 이집트 군대와 무기들이 모래에 파묻혀 이스라엘 군대는 손쉽게 수에즈 운하를 향해 진격하는 기적이 있었다고 합니다. 또한 이스라엘 한 장교의 간증에 따르면 본인이 골란 고원 전투에서 부상을 당하고 쓰러져서 죽어가고 있을 때 갑자기 하늘에서 한줄기 빛이 비추면서 '너는 죽지 않고 살아날 것이다'라는 음성을 들었는데, 그때 갑자기 시리아 군인 두 명이 나타나서 자기에게 총을 겨누자 그대로 죽는 줄만 알았답니다. 그런데 그 군인들이 갑자기 돌아가고 그리고 잠시 후에 이스라엘 군인들에게 발견되어 후방으로 후송되어서 병원에서 치료를 받고 있었는데 전쟁이 끝나고 2주 후에 유엔에서 조사관들이 병원에 와서 그 장교에게 놀라운 이야기를 들려주었다고 합니다. 그 조사관들이 시리아 군인들에게 "당신들은 이스라엘 장교를 죽일 수 있는 기회가 있었는데 왜 죽이지 않고 돌아갔느냐?"고 물었을 때 그들은 그들이 이스라엘 장교를 죽이려 총을 겨누고 있었는데 갑자기 하늘에 수많은 천사들이 나타나서 자기들에게 총을 겨누고 있는 것을 보면서 황급히 발길을 돌렸다는 것입니다. 또 시내 반도에서 격전 중에 이스라엘의 한 병사가 길을 잃고 자기 부대를 찾아 헤매다가 길을 잘못 들어 이집트 군인들이 모여 있는 곳으로 들어가고 말았습니다. '나는 죽었구나'라고 생각하는 순간 수천 명의 이집트 군사들이 자기를 보더니 갑자기 손을 들고 항복하여서 이스라엘 병사 한 명이 수천 명의 이집트 군인들을 이끌고 이스라엘 부대 쪽으로 돌아왔다는 도저히 믿어지지 않는 기적도 있었습니다. 부대에 있던 이스라엘 병사들은 수천 명의 이집트 병사들이 손을 들고 이스라엘 병사 한 명을 따라오는 것을 보고 놀라서 "너희들은 어떻게 한 명의 병사에게 포로가 되어 왔느냐?"고 묻자 이집트 병사들은 이 사람 한 명이 아니고 수천 명의 천사들이 이 사람과 함께 있다고 말했다는 것입니다. 그렇게 작은 나라 이스라엘이 그 거대한 여러 나라들과 싸워서 그것도 6일 만에 승리한 것은 하나님의 도우심이 없이는 도저히 불가능한 것이었습니다. 우리가 구약성경을 보면 이스라엘이 주변 나라들과 싸울 때 하나님의 도우심으로 말도 안 되게 이스라엘이 이겼다는 기사들을 많이 보게 됩니다. 꼭 동화 속에 나오는 꾸며낸 이야기들처럼 들렸습니다. 그러나 1967년에 있었던 이 기적 같은 전쟁을 필자가 당시에 직접 뉴스를 통해서 듣고 보면서 구약성경 의 내용이 동화 이야기가 아니고 실제로 하나님의 역사였다는 것을 실감하 였습니다. 그로부터 며칠 후에는 수에즈 운하를 넘어 이스라엘군이 이집트 의 수도 카이로로 진격하면서 나세르 대통령이 항복함으로써 6일 만에 전쟁 을 끝내는 기적 같은 전쟁 승리였습니다. 구약성경에서나 있을 법한 그런 전 쟁이었습니다.

이스라엘은 6일간의 전쟁에서 이스라엘 국토보다 훨씬 더 큰 시내 반도를 차지하였고 수에즈 운하, 시리아의 골란 고원 그리고 예루살렘과 여리고를 차지하였습니다. 아랍 군대는 9명의 장성과 10명의 대령과 2,000명의 시리 아 군인들과 8,000명의 요르단 군인들과 2만 명의 이집트 군인들이 죽었습 니다. 이에 반하여 이스라엘은 679명의 군인이 사망하였습니다. 이 전쟁을 위해서 아랍 나라들은 1,500 밀리언 달러를 사용하였고 이스라엘은 100 밀 리언 달러를 사용하였습니다.

이스라엘기적,6일전
쟁,3차중동전쟁.mp4

6일 전쟁에서 전 세계에 대망신을 당한 아랍 나라들은 이를 악물고 전선 을 재정비하여 1973년 10월 6일부터 25일까지 이스라엘 침공 전쟁에 나섰습 니다. 특히 이집트는 이스라엘에 빼앗긴 영토 수에즈 운하와 시나이 반도를 다시 찾을 목적으로 시나이 반도 깊숙이 침공하면서 전쟁을 선도하였으나 결국에는 뜻을 이루지 못하고 전쟁은 끝나고 말았습니다. 이 전쟁 이후 아 랍 나라들은 오일을 무기화 하여 이스라엘과 수교하는 나라들에게는 오일 을 팔지 않겠다고 선언하였고, 그 이후 이스라엘은 시리아 땅 골란고원을 아 직까지 돌려주지 않고 있으며, 가자지구와 서안지구를 식민통치하면서 지금 에까지 이르고 있는 상황입니다. 이집트는 수에즈 운하와 시나이 반도를 돌 려받기 위해서 이스라엘을 정식 국가로 인정하고 수교를 맺음으로써 전쟁에서 잃은 땅을 몇 년에 걸쳐서 조금씩 돌려받게 되었습니다. 이에 아랍 나라들이 이집트를 배신자로 규정하고 반발하게 되었습니다.

1981년 10월 6일 전쟁기념 열병식에서 텔레비전으로 생중계를 하고 있는 동안에 이슬람주의자 군인들이 대통령석을 향하여 사격을 하였고 사다트 대통령과 그 주변에 있던 사람들이 무참하게 사살당하였습니다. 이 네 차례에 걸친 전쟁을 통해서 아랍 나라들은 더 이상 이스라엘을 이길 수 없음을 깨닫게 되었고 더 이상의 전쟁을 포기하자 여러 테러 단체들이 속속 자생하면서 지금까지 이스라엘에 대항하고 있는 상황입니다. 예레미야 30장에서 이스라엘 백성들이 다시 본토로 돌아올 것이라는 말씀과 함께 16절에 기록된 이 말씀은 충격적으로 다가옵니다; **"그러나 무릇 너를 먹는 자는 먹히며 무릇 너를 치는 자는 다 포로가 되며 너를 탈취하는 자는 탈취를 당하며 무릇 너를 약탈하는 자는 내가 그로 약탈을 당하게 하리라"**(렘 30:16)

4차 중동 전쟁 이후 이스라엘은 수십 년 동안 학문적으로나 경제적으로나 기술적으로나 군사적으로나 여러 분야에서 많은 발전을 이룩하면서 평안하게 잘사는 선진국으로 성장하여 많은 나라들의 부러움을 사고 있습니다. 인구수도 엄청 작은 이스라엘은 전체 노벨상의 3분의 1을 독식할 정도로 선진국이 되어 평화롭게 잘사는 나라가 된 것입니다. 말세에 본토로 돌아와서 평안하게 살게 될 것이라는 성경의 말씀이 무섭게 느껴지는 순간입니다. 그러나 이스라엘에 대한 성경의 예언은 이것으로 끝나지 않습니다. (더 자세한 내용은 책 뒤에 있는 '부록4-1'를 참조하기 바랍니다.)

하나님은 하나님의 통치를 떠나 사탄의 통치 아래서 멸망하는 인류를 구원하여 하나님의 통치 아래로 다시 데려오기 위하여 이스라엘 민족을 먼저 구원의 복음으로 구원하시고 그 구원의 복음으로 세상에 흩어진 모든 민족을 구원하기 위하여 이스라엘 민족을 제사장 나라로 부르신 것입니다. 그러나 이스라엘 민족은 구약시대 내내 하나님의 말씀을 불순종하였고 복음을 전 세계에 전파하지 아니하였습니다. 그러므로 신약시대에 와서 하나님은 불순종하는 이스라엘 민족을 약속의 땅에서 뿌리째 뽑아내어 전 세계에 흩어서 1,900년 동안 나라 없는 고통 속에 살게 하셨고 그동안 불순종한 이스라엘 대신 아브라함처럼 믿음을 가진 이방인들을 불러 교회를 세우시고 그들을 제사장 나라로 세우시고 오늘날 전 세계의 모든 민족에게 복음을 전할 사명을 주셨습니다. 즉 아래의 그림에서 보는 대로 구약시대에는 하나님이 아브라함의 후손인 이스라엘이라는 한 나라를 불러 세계선교의 대사명을 주셨으나 신약시대에는 아브라함의 믿음을 가진 이방 교회를 불러 땅끝까지 나가 복음을 전할 사명을 명하셨습니다. 오늘날 우리 교회들은 이와 같은 하나님의 세계선교의 열정을 바로 이해하고 구약의 이스라엘이 범했던 죄를 범하지 말아야 하겠습니다. 예수님은 하나님의 통치를 세계 모든 민족에게 확장하기 위하여 그의 제자들에게 천국복음을 세상 모든 민족에게 전파하라고 명령하신 것입니다.

그러니까 4과 결론으로 하나님은 이스라엘 민족만을 구원하시는 이스라엘만의 하나님이 아니고 처음부터 세계 모든 민족을 구원하시는 세계 모든 사람들의 하나님이십니다.

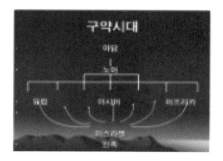 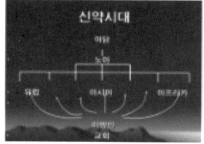

마태복음 28장 18~20절을 보십시오.
"(18) 예수께서 나아와 일러 가라사대 하늘과 땅의 모든 권세를 내게 주셨으니 (19) 그러므로 너희는 가서 모든 족속으로 제자를 삼아 아버지와 아들과 성령의 이름으로 세례를 주고 (20) 내가 너희에게 분부한 모든 것을 가르쳐 지키게 하라 볼지어다 내가 세상 끝날까지 너희와 항상 함께 있으리라 하시니라"

5. 성경은 구원에 대하여 무엇이라고 말하고 있는가?

성경이 말하는 구원

우리는 지금까지 1과에서 4과까지의 내용을 살펴보면서 성경이 정말 하나님의 말씀이라는 것을 확인하였습니다. 그렇다면 성경 말씀은 진리이며 영원불변한 것입니다. 그러므로 우리가 할 일은 이제부터 그 말씀을 잘 들어야 하고 절대 복종해야만 합니다. 그렇지 않으면 우리는 성경에서 말하는 구원도 받을 수 없고 성경에서 말하는 천국에도 들어가지 못할 것이기 때문입니다.

그러면 이제부터 우리는 본격적으로 성경 말씀이 구원에 대해서는 무엇이라고 말씀하시는지를 살펴볼 것입니다. 하나님은 실언하시는 분이 아니라(민 23:19)고 하셨습니다. 하나님은 거짓말하실 수 없는 분이라(히 6:18)고 하셨습니다. 그러므로 성경에 기록된 말씀 일점일획까지 다 이루어질 것이라(마 5:18 – 진실로 너희에게 이르노니 천지가 없어지기 전에는 율법의 일점일획이라도 반드시 없어지지 아니하고 다 이루리라)고 하셨습니다. 성경의 마지막 결론으로 요한계시록 마지막 장에서는 이 말씀에 더하지 말고 빼지도 말라(계 22:18-19 – 내가 이 책의 예언의 말씀을 듣는 각인에게 증거하노니 만일 누구든지 이것들 외에 더하면 하나님이 이 책에 기록된 재앙들을 그에게 더하실 터이요 만일 누구든지 이 책의 예언의 말씀에서 제하여 버리면 하나님이 이 책에 기록된 생명 나무와 및 거룩한 성에 참예함을 제하여 버리시리라)고 경고하셨습니다.

예수님조차도 자신의 말씀을 전하지 아니하시고 자기를 보내신 아버지의 말씀을 그대로 전하셨습니다;
"나를 사랑하지 아니하는 자는 내 말을 지키지 아니하나니 너희의 듣는 말은 내 말이 아니요 나를 보내신 아버지의 말씀이니라"(요 14:24)
예수께서 대답하여 가라사대 "내 교훈은 내 것이 아니요 나를 보내신 이의 것이니라"(요 7:16)
"그의 명령이 영생인 줄 아노라 그러므로 나의 이르는 것은 내 아버지께서

내게 말씀하신 그대로 이르노라 하시니라"(요 12:50)

예수님은 하나님이시기 때문에 자신의 말씀과 생각을 전하셔도 될 터인데 자신의 말씀을 전하지 않고 오직 자기를 보내신 아버지의 말씀만을 그대로 전하셨다고 강조하셨습니다. 보냄을 받은 자로서 올바른 자세를 보여주신 것입니다. 하나님이신 성령님도 자신의 말씀을 전하지 않고 오직 자신을 보내신 예수님이 명하신 말씀만(요 16:13)을 전하셨다고 기록되어 있습니다. 사도들도 예수님으로부터 보고 들은 것을 그대로 전했습니다.(요일 1:1-3, 갈 1:6-10)

예수님의 마지막 명령도 "내게 들은 모든 것을 가르쳐 지키게 하라"(마 28:19-20)고 하셨습니다. **그러므로 우리도 성경말씀을 전할 때 내 개인의 생각을 덧붙이지 말고, 즉 성경말씀을 해석하지 말고 성경에 기록된 말씀을 그대로 전해야 합니다.** 개인의 생각과 해석을 덧붙이면 성경에 기록된 재앙을 더할 것이라고 경고하셨고 성경의 말씀에서 한마디라도 빼면 약속한 천국에 들어가지 못한다고 엄히 경고하신 점을 명심해야 합니다.

지금부터 배우게 될 구원에 관한 말씀도 교회에 관한 말씀도 그리스도인의 삶에 관한 말씀도 우리는 성경에 기록된 그대로 믿고 순종해야 합니다. 그러면 하나님의 말씀인 성경은 과연 구원에 대하여 무엇이라고 말씀하고 있습니까? 성경은 하나밖에 없는데 현시대의 교회들은 각 교파마다 다른 구원론을 주장하고 각기 자기 교파의 교리대로 믿어야 구원을 받는다고 가르치고 있습니다. 우리는 어느 교파의 교리를 믿어야 할까요? 우리는 사람들이 만든 교파의 교리를 믿어야 할까요? 아니면 성경에 기록된 하나님의 말씀을 믿어야 할까요?

그러면 성경에서 말하는 구원은 무엇일까요? 구원도 교회도 성도의 삶도 모두 성경에 기록된 그대로 믿고 순종할 때 참된 구원을 받게 되고 참된 교회가 될 수 있고 참 성도답게 살게 되고 마침내는 저 천국에 들어갈 수 있게 되는 것입니다. **과연 성경은 구원을 받기 위해서 우리가 어떻게 해야 된다고 말씀하고 있을까요?**

성경에서 말하는 구원(1부)

죄의 결과들

성경은 우리 인생이 어디서 와서 어디로 가는지를 말해줄 뿐만 아니라 우리 인생이 왜 이처럼 비참한 삶을 살다가 죽어야 하는지 그 원인을 상세하게 잘 설명해 주고 있습니다. 창세기 1장 26절과 27절을 보면 인간은 하나님의 형상으로 창조되었습니다. 예수님께서 변화산에서 보여주신 하나님의 형상은 태양처럼 찬란하게 빛나는 영광스러운 존재였습니다. 아담·하와의 몸도 범죄하기 전에는 하나님처럼 빛나는 영광스러운 몸이었음을 알 수 있습니다. 그래서 창세기 2장 25절에는 **"아담과 그 아내 두 사람이 벌거벗었으나 부끄러워 아니하더라(they felt no shame)"**고 기록되었습니다. 즉 범죄하기 이전의 아담·하와는 찬란하게 빛나는 영광스러운 몸을 가지고 있었기에 수치심이 없었다는 말입니다. 그러나 그들이 범죄한 후에는 창세기 3장 7절을 보면 **"이에 그들의 눈이 밝아 자기들의 몸이 벗은 줄을 알고 무화과나무 잎을 엮어 치마를 하였더라"** 그들은 자기들의 몸에 변화가 일어난 것을 깨닫게 된 것입니다. 범죄하기 전에는 찬란하게 빛나던 영광스러운 몸이 범죄한 후에는 갑자기 그 찬란한 빛이 사라지고 오늘 우리의 몸같이 낮고 천한 몸이 된 것입니다. 너무 수치스럽고 징그럽게 보여서 순간적으로 그들은 그들의 몸을 나무 이파리로 가릴 수밖에 없었던 것입니다. 그래서 11절을 보면 하나님께서 이렇게 말씀하셨습니다; **"누가 너의 벗었음을 네게 고하였느냐? 내가 너더러 먹지 말라 명한 그 나무 실과를 네가 먹었느냐?"** 사실 아무도 그들이 벗었다는 것을 그들에게 가르쳐 주지 않았습니다. 그런데도 그들은 그들의 몸이 벗은 줄 알게 되었습니다. 그것은 하나님의 말씀을 불신하고 사탄의 말을 믿고 금지된 선악과를 따 먹이고 범죄한 후에 그 죄의 결과로 하나님의 형상인 찬란한 영광스러운 빛이 그들의 몸을 떠나게 된 것입니다. 그 이후로 우리 인간은 이렇게 낮고 천한 몸을 지니고 살게 되었고 옷으로 몸을 가리고 살아야 하는 존재가 되었습니다. 그리고 죄로 인한 수치심을 지니고 사는 존재가 되었고 누가 가르쳐 주지 않는 데도 할 수만 있으면 우리의 죄를 가리고 덮으려고 하는 본능을 지니고 살게 된 것입니다. 그리고 속으로는 항상 죄책감과 양심의 가책을 느끼며 살아가는 가엾은 존재가 된 것입니다. 죄책감과 양심의 가책, 이런 것들이 다 죄의 결과들이며 우리 인간이 죄인임을 증거해 주는 것입니다.

그러므로 우리가 성령으로 영이 거듭나서 참 하나님의 자녀가 되면 주님 재림 때에는 우리의 육신까지 부활의 몸으로 거듭나서 영과 육이 다 구원을 받아 하나님의 영광스러운 형상으로 완성되는 것입니다. 그래서 빌립보서 3장 20절과 21절을 보면 이렇게 기록되어 있습니다: "오직 우리의 시민권은 하늘에 있는지라. 거기로서 구원하는 자 곧 **주 예수 그리스도를 기다리노니(재림)** 그가 만물을 자기에게 복종케 하실 수 있는 자의 역사로 **우리의 낮은 몸을 자기 영광의 몸의 형체와 같이 변케 하시리라.**" 주님께서 재림하실 때에는 우리의 이 낮고 천하게 된 몸을 하나님의 찬란하게 빛나는 그 영광스러운 몸과 같이 변케 하여 주신다는 말씀입니다.

아담·하와가 죄를 짓고 나서 첫 번째로 행한 것은 하나님의 낯을 피하여 동산 나무 사이에 숨은 것이었습니다: "(8) 그들이 날이 서늘할 때에 동산에 거니시는 여호와 하나님의 음성을 듣고 **아담과 그 아내가 여호와 하나님의 낯을 피하여 동산 나무 사이에 숨은지라 (9) 여호와 하나님이 아담을 부르시며 그에게 이르시되 네가 어디 있느냐"**(창 3:8-9) 죄를 지은 인간은 누구나 죄책감을 지니게 됩니다. 그래서 아담과 하와는 하나님을 피하여 숨을 수밖에 없었습니다. 그때부터 아담·하와의 후손 인간들은 본능적으로 죄책감을 지니고 태어났습니다. 그뿐만이 아닙니다. 범죄하기 전에는 그들이 하나님을 피할 수 있다고 생각할 수 없었습니다. 그러나 범죄한 후에는 그들이 하나님으로부터 피하여 숨을 수 있다고 생각하여 숨었습니다. 이것은 범죄한 후에 그들이 자기 자신에 대한 인식을 잃어버렸음을 보여주는 것입니다. 어떻게 그들이 하나님을 피하여 숨을 수 있겠습니까? 그들은 정말 자기 자신이 누구인지를 망각하게 된 것입니다. 그 때부터 인간들은 자기가 누구인지, 어디서 왔는지 어디로 가게 될 것인지를 알지 못하게 되었습니다. 그러므로 오늘날 인간들은 자기들이 고릴라의 후손이라고 우기고 있는 비참한 상태로 전락하게 된 것입니다. 그래서 9절에서 하나님은 아담에게 **"네가 어디 있느냐?"**고 묻고 있는 것입니다. 이것은 하나님이 아담이 어디 있는지를 몰라서 묻는 것이 아니고 아담이 지금 자기가 어디에 있는지를 모르기 때문에 묻는 것이었습니다. 참으로 그때부터 우리 인간은 우리가 누구이며 어디에서 왔으며 어디로 가는지를 모르고 살아가는 비참하고 어리석은 존재가 되었습니다.

또한 아담·하와가 숨으면 하나님이 어떻게 그들을 찾지 못하시겠습니까? 그들이 나무 뒤에 숨었다는 것은 그들이 하나님에 대한 인식을 잃어버렸다는 것을 보여주는 것입니다. 그러므로 그의 후손 인간들은 하나님이 누구이신지, 어떤 분이신지를 모르고 자기들 마음대로 살아오면서 하나님이 존재하지 않는다는 무신론을 주장하고 있는 것입니다. 그래서 지금 이 첨단과학 시대에 누가 하나님을 얘기하면 아주 촌스럽고 시대에 뒤떨어지는 사람으로 여기고 아예 상대조차 해주지 않습니다. 우리가 누구인지를 모르고 하나님이 누구 인지를 모르는 그 자체가 죄의 결과물인 것입니다.

또 10절에 보면 **"두려워하여 숨었나이다"**라고 기록하고 있습니다; "(10) 가로되 내가 동산에서 하나님의 소리를 듣고 내가 벗었으므로 **두려워하여 숨었나이다"** 범죄하기 전에는 에덴동산에서 하나님과 함께 거닐면서 두려움이란 것이 전혀 없었습니다. 그러나 죄를 지은 후에는 두려움이란 것이 생겼습니다. 그 이후로 아담의 후손 인간들은 태어날 때부터 두려움을 지니고 태어나게 되었습니다. 누가 가르쳐 주어서 두려움을 배운 것이 아니고 본능적으로 두려움을 지니고 태어났습니다. 건강에 대한 두려움, 직장에 대한 두려움, 장래에 대한 두려움 등등 수많은 두려움과 염려를 가지고 살아가는 우리 인생이 되었습니다. 이 모든 질병과 두려움과 염려도 죄 때문에 생긴 결과들이었습니다. 즉 우리 인간이 죄인이기 때문에 이런 두려움과 근심 속에서 살아야 하는 것입니다.

창세기 3장 11-13절을 보면 죄를 지은 아담·하와는 다른 사람을 비난 원망하였습니다; "(11) 이르시되 누가 너의 벗었음을 네게 알렸느냐 내가 네게 먹지 말라 명한 그 나무 열매를 네가 먹었느냐 (12) **아담이 이르되 하나님이 주셔서 나와 함께 있게 하신 여자 그가 그 나무 열매를 내게 주므로 내가 먹었나이다** (13) 여호와 하나님이 여자에게 이르시되 네가 어찌하여 이렇게 하였느냐 **여자가 이르되 뱀이 나를 꾀므로 내가 먹었나이다"** (창 3:11-13) 아담은 자기가 선악과를 먹은 것은 바로 하나님과 하와 때문이라는 것입니다; **"하나님이 주셔서 나와 함께 있게 하신 여자 그가 그 나무 열매를 내게 주므로 내가 먹었나이다"** 즉 하나님과 하와를 비난하고 원망하는 말이었습니다. 하나님이 하와를 아담에게 주시지 않았다면 먹지 않았을 텐데 하나님이 주신 여자 때문에 선악과를 먹고 자기가 이렇게 비참한 존재가 되었다는 것입니다. 자기가 죄를 짓고도 회개하기는커녕 오히려 하나님과 하와를 원망하고 있는 것입니다. 하나님께서 얼마나 기가 차셨겠습니까? 그래서 이번에는 하와에게 물었습니다. 죄인 하와도 똑같은 대답을 하였습니다; "네가 어찌하여 이렇게 하였느냐 **여자가 이르되 뱀이 나를 꾀므로 내가 먹었나이다**" 죄인은 다 똑같습니다. 자신의 죄를 인정하지 않고 뱀이 꼬여서 먹을 수밖에 없었다는 것입니다. 우리 인간들이 바로 저 사람들의 자손입니다. 일이 잘못되면 자신의 잘못을 인정하지 않고 항상 다른 사람들을 비난하고 원망하고 정죄합니다. 이런 것들이 우리 인간의 본성들이 되었습니다. 두려움과 비난과 원망과 정죄 이런 것들도 다 죄가 빚어낸 결과들인 것입니다. 이런 것들에 얽매여 살고 있는 우리 인간이 죄인이라는 것을 잘 드러내 주는 것입니다.

17절부터 19절에 보면 아담·하와가 죄를 지은 이후에는 땅이 저주를 받게 되었고 인간은 종신토록 노동을 해야 겨우 생존하게 되었습니다. 얼굴에 땀이 흐르도록 노동을 해야 겨우 생존하다가 결국에는 죽어 흙으로 돌아가야 하는 저주를 받은 존재가 되었습니다; "(17) **아담에게 이르시되 네가 네 아내의 말을 듣고 내가 너더러 먹지 말라 한 나무 실과를 먹었은즉 땅은 너로 인하여 저주를 받고 너는 종신토록 수고하여야 그 소산을 먹으리라 (18) 땅이 네게 가시덤불과 엉겅퀴를 낼 것이라 너의 먹을 것은 밭의 채소인즉 (19) 네가 얼굴에 땀이 흘러야 식물을 먹고 필경은 흙으로 돌아가리니 그 속에서 네가 취함을 입었음이라 너는 흙이니 흙으로 돌아갈 것이니라 하시니라**"(창 3:17-19) 워낙 처음에 하나님께서 인간을 만드실 때에는 죽으라고 만드신 것이 아니었습니다. 그러므로 인간의 육신이 죽는다는 것은 결코 자연스러운 일이 아니고 죄 때문에 부자연스럽게 생겨난 일입니다. 그리고 그 짧은 인생에서 죽을 때까지 얼굴에 땀이 흘러야 할 정도로 힘들게 노동을 해야 겨우 생존할 수 있는 비참한 존재로 전락한 것입니다. 그리고 인간의 죄 때문에 땅까지 저주를 받아서 땅이 가시덤불과 엉겅퀴를 내게 되어 인간의 노동을 더욱 어렵게 만들었습니다. 세월이 지나면서 인간의 죄악이 점점 더 관영 할수록 하나님은 이 세상에 질병과 자연재해의 강도를 점점 더 높여갑니다. 범죄하기 전에는 하나님의 사랑의 대상으로 창조된 아담·하와가 하나님과 함께 에덴 낙원을 거닐며 살 때에는 그들이 영원히 존재하는 데에 필요한 생명실과를 비롯해서 모든 것이 무료로 제공되었는데 죄를 지은 이후에 인간은 이렇게 생존을 위한 경쟁과 투쟁을 해야 하고 그 과정에서 부자가 가난한 자의 노동을 착취하고 가난한 노동자들은 노동조합을 만들어 부자들을 대항하여 싸우면서 서로 미워하고 음모하고 염탐하고 죽이고 죽는 폭력적인 사회로 발전해온 것입니다. 이러한 경쟁과 투쟁은 한 지역사회에 국한되지 않고 국가를 넘어서 온 세상 모든 나라에까지 파급되어 국가 간의 치열한 경쟁과 투쟁은 전쟁까지 유발하게 되는 것입니다. 이 모든 것이 다 죄의 결과로 빚어진 것이며 우리가 죄인인 것을 증거하는 것입니다.

또한 23절과 24절을 보면 하나님께서 아담·하와를 에덴동산에서 쫓아내셨습니다; "(23) 여호와 하나님이 에덴동산에서 **그 사람을 내어보내어** 그의 근본된 토지를 갈게 하시니라 (24) 이같이 **하나님이 그 사람을 쫓아 내시고** 에덴동산 동편에 그룹들과 두루 도는 화염검을 두어 생명나무의 길을 지키게 하시니라.(창 3:23-24) 하나님의 사랑의 대상으로 영원히 하나님과 함께 사는 존재로 창조된 인간이 죄 때문에 하나님으로부터 쫓겨나서 하나님으로부터 분리되었습니다. 그때부터 하나님이 떠난 인간의 심령 깊은 곳에는 이 세상 어느 것으로도 채울 수 없는 깊고 커다란 공허가 생겼습니다. 인간의 심령 깊은 곳에 생긴 그 큰 공허 때문에 인간은 불가피하게 고독한 존재가 되었습니다. 그래서 인간은 혼자 있어도 고독하고 군중 속에 있어도 저마다 고독할 수밖에 없는 존재가 되었습니다. 어떤 사람들은 재물로서 그 공허를 메꾸어 보려고 발버둥치며 평생을 재물을 모으는 일에 고독하게 보내지만 물질로서 채워질 수 없는 그의 공허가 그를 더욱 고독하게 해줍니다. 또 어떤 이들은 쾌락으로서 그 공허를 메꾸어 보려고 합니다. 또 어떤 이들은 많은 학문과 지식으로서, 또 어떤 이들은 종교와 철학으로서 그 공허를 메꾸어 보려고 합니다. 지금까지의 인류 역사에서 인간이 이룩한 모든 찬란한 문화와 문명, 그리고 학문과 예술도 결국 인간의 고독에서 나온 절규요, 몸부림에 불과합니다. 그러나 그 어떤 것들로도 인간의 심령 깊은 곳에 있는 그 무한한 공허를 메꿀 수가 없습니다. 그 공허를 세상의 것으로 채우려고 하면 할수록 인간은 더욱 고독해질 수밖에 없습니다. 왜냐하면 하나님이 떠나셔서 생겨진 그 공허는 하나님으로만 채워질 수 있기 때문입니다. 그러므로 이 세상에서 참으로 고독하지 않은 인생은 아무도 없습니다. 나이 어린 아이들로부터 백발이 성성한 노인들에 이르기까지 이 세상에서 아무도 함께 가줄 수 없는, 정말 혼자만이 걸어가야 할 고독한 길을 가야 하는 우리 인생입니다. 부모님도 친구도 남편도 아내도 자녀들도, 아무리 가까이 사랑하는 사람이라도 함께 가줄 수 없는, 정말 이 세상에서 자기 혼자만이 걸어가야 하는 그런 고독한 길을 걸어야 할 때 우리는 얼마나 힘들어 합니까? 인생의 외로움과 고독, 그것은 함께 있어야 할 하나님과 함께 있지 못하는 데서 비롯된 것입니다. 그래서 그 고독을 해결하기 위해서 사람들은 별 특별한 일도 아닌데 어제 만났던 그 사람들을 오늘도 또다시 만나야 하고, 어제 얘기했던 그 시시한 얘기들을 오늘도 또 되풀이해야만 하는 것입니다. 그런 똑같은 일이라도 되풀이하지 아니하면 우리 인생은 정말 고독해서 견딜 수 없는 것입니다. 결국 인간의 고독도 바로 죄의 결과이며 우리 인간이 죄인이라는 것을 증거하는 것입니다.

이것만이 아닙니다. 죄 때문에 아담·하와가 하나님으로부터 거절당하고 쫓겨난 후부터 인간은 거절감의 상처를 안고 살게 되었습니다. 친구들 몇 사람이 저쪽에서 다정하게 이야기하는 것만 보아도 왠지 자기는 소외감을 느끼게 되고 배신당했다고 오해하게 됩니다. 그래서 쉽게 상처를 받게 되고 괴로워하며 인간관계가 꼬이게 되는 것이 오늘 우리 인생의 아픈 현실입니다. 이런 거절감에서 오는 상처는 아담·하와가 하나님으로부터 거절당하고 쫓겨난 이후 인간의 심성 깊은 곳에 그 뿌리를 내렸기 때문입니다. 이런 거절감의 상처도 결국은 죄의 결과이며 우리가 죄인이라는 것을 증거하는 것입니다.

창세기 4장 4-8절을 보면 죄가 인간에게 질투와 분노와 살인을 유발하게 되었음을 알 수 있습니다: "(4) 아벨은 자기도 양의 첫 새끼와 그 기름으로 드렸더니 여호와께서 아벨과 그의 제물은 받으셨으나 (5) 가인과 그의 제물은 받지 아니하신지라 **가인이 몹시 분하여** 안색이 변하니 (6) 여호와께서 가인에게 이르시되 네가 분하여 함은 어찌 됨이며 안색이 변함은 어찌 됨이냐 (7) 네가 선을 행하면 어찌 낯을 들지 못하겠느냐 선을 행하지 아니하면 죄가 문에 엎드려 있느니라 죄가 너를 원하나 너는 죄를 다스릴지니라 (8) 가인이 그의 아우 아벨에게 말하고 그들이 들에 있을 때에 **가인이 그의 아우 아벨을 쳐죽이니라**"(창 4:4-8) 하나님께서 아벨의 제사만 받고 자기의 제사는 받지 않음을 보고 몹시 질투하여 미움과 분노를 유발하게 되었고 결국은 아벨을 살해하게 되었습니다. 질투와 미움과 분노와 폭력과 살인 이 모든 것들이 다 죄가 빚어낸 결과물인 것입니다. 겉으로는 아무리 선하게 보이는 사람들이라도 그들의 마음 속에는 누구나 다 이런 무섭고 잔인한 죄성들이 깊이 뿌리를 내리고 있는 것입니다. 아담 이후 우리가 다 죄인의 유전자를 지니고 태어났기 때문입니다.

이상에서 살펴본 대로 죄책감, 두려움, 자기자신에 대한 인식의 상실과 하나님에 대한 인식의 상실에서 오는 무지함, 힘겨운 노동과 피곤함과 미움과 질투와 살인과 생존경쟁과 폭력과 전쟁, 두려움과 염려, 육신의 질병과 죽음, 그리고 영원한 고독과 거절감에서 오는 상처 이 모든 것들은 다 죄의 결과들이었습니다. 우리 중에 아무도 이 모든 것에서 벗어나지 못하는 것은 우리가 다 죄인이라는 것을 입증하는 것입니다. 참으로 미움과 슬픔과 질병과 고통과 전쟁과 자연재앙과 죽음 이 모든 것들은 다 우리 인간의 죄의 결과로 생긴 것들입니다. 이 세상에 태어난 사람들 중에서 이 모든 것들로부터 해방된 사람은 아무도 없습니다. 그러므로 로마서 3장 10절에서 이렇게 말씀하고 있습니다; **"기록한 바 의인은 없나니 하나도 없으며"** 이 말씀은 단 한 사람도 예외 없이 모두가 다 죄인이라는 말씀입니다.

우리가 2과에서 살펴본 대로 아담·하와가 범죄한 후에 그들은 죄인이 되었고 하나님의 원수가 된 상태에서 에덴동산에서 쫓겨나 하나님의 원수 사탄이 살고 있는 이 흑암의 세상으로 떨어져 살면서 사탄의 통치를 받고 사는 노예가 되고 사탄의 창녀가 되었습니다. 그러므로 아담과 하와로부터 이 흑암의 세상에서 태어난 인간들은 모태에서부터 죄인이 되고 하나님과는 원수관계로 태어나게 되었습니다. 그래서 예수님은 우리 인간을 향해서 **"너희는 너희 아비 마귀에게서 났으니"**(요 8:44)라고 말씀하셨습니다. 즉 하나님의 사랑의 대상으로 창조된 인간이 사탄에게 속한 노예가 되었고 아담·하와는 사탄의 거짓말에 놀아난 창녀가 되어 아담의 후손들은 마귀의 자식들이 되었다고 예수님께서 말씀하신 것입니다. 그러므로 아담·하와 이후에 태어난 인간들은 모두 모태에서부터 죄인으로 태어난 것입니다.

다윗은 **"내가 죄악 중에 출생하였음이여, 모친이 죄 중에 나를 잉태하였나이다"**라고 고백하고 있습니다.

결국 에베소서 2장 1-3절까지 보면 우리 인간은 사탄의 노예로 살다가 하나님의 진노의 심판을 받아야 할 존재라고 기록되어 있습니다; **"(1) 너희의 허물과 죄로 죽었던 너희를 살리셨도다 (2) 그때에 너희가 그 가운데서 행하여 이 세상 풍속을 좇고 공중의 권세 잡은 자를 따랐으니 곧 지금 불순종의 아들들 가운데서 역사하는 영이라 (3) 전에는 우리도 다 그 가운데서 우리 육체의 욕심을 따라 지내며 육체와 마음의 원하는 것을 하여 다른이들과 같이 본질상 진노의 자녀이었더니"**(엡 2:1-3) 그러면 하나님의 심판을 받게 된 인간이 받게 될 형벌은 무엇입니까? 요한계시록 20장 10절과 15절을 보면 영원한 지옥형벌이 될 것이라고 기록하고 있습니다; **"(10) 또 저희를 미혹하는 마귀가 불과 유황 못에 던지우니 거기는 그 짐승과 거짓 선지자도 있어 세세토록 (영원토록) 밤낮 괴로움을 받으리라 … (15) 누구든지 생명책에 기록되지 못한 자는 불못에 던지우더라"**

지금까지 우리는 최초의 인간 아담·하와의 죄가 빚어낸 우리 인생의 무지함과 비참함과 처참한 현실이 무엇인지를 살펴보았습니다. 우리 인생은 어디서 왔으며, 왜 이렇게 많은 고통이 있으며, 왜 우리 인생은 죽어야 하는가? 죽은 다음에는 무엇이 있는 것인가? 아담·하와 이후 우리 인생들은 이 무지함과 비참함과 처참한 고통 속에서 번민하고 고뇌하면서 이런 고통에서 탈퇴하고자 수많은 종교들과 철학사상들을 만들어 내었습니다. 아담 이후부터 지금까지 인생은 이 질문에 답을 얻기 위해서 부단히 노력해 왔습니다. 철학도 문학도 예술도 과학도 종교도 결국은 이 질문에 답을 얻기 위한 고통스러운 몸부림들이었습니다. 인도의 힌두교와 힌두교를 바탕으로 생겨난 불교 등을 비롯 대부분의 종교들은 그저 선하고 착하게 살면 사후에 좋은 세상으로 가겠지 하는 막연한 교리를 만들어 내었습니다.

인도의 어린 왕자 싯다르타는 어느 날 지나가는 장례행렬을 보면서 '왜 사람은 죽는가, 인생이란 무엇인가?'에 대해서 깊이 고민하게 되었고 마침내는 이 문제를 해결하기 위하여 속세를 버리고 산속으로 들어가 도를 닦기 시작했다고 합니다. 먼 훗날 그가 깨달은 것은 힌두교의 교리를 더 변형하고 발전시킨 허무주의 철학이었습니다. 요약해 보면 대충 이렇습니다.

모든 만물은 누가 만든 것도 아니고 누가 다스리는 것도 아니라는 것입니다. 창조자도 없고 통치자도 없다는 것입니다. 만물은 그냥 스스로 있었고 전생의 업보에 따라서 영원히 윤회할 뿐이라는 것입니다. 예를 들자면 자기가 전생에 개로 살았을 때에 선한 일을 많이 했으면 다음 생에서는 개보다 더 고등한 존재로 태어난다는 것입니다. 전생에 악한 일을 많이 했으면 개보다 더 하등 동물로 태어난다는 것입니다. 그래서 모든 만물은 전생의 업보에 따라서 돌이 되기도 하고 나무가 되기도 하고 새가 되기도 하고 인간이 되기도 한다는 것입니다. 이렇게 해서 윤회의 한 바퀴를 도는 데 걸리는 시간이 1겁이라고 하는 아주 긴 시간이라고 합니다.

　그러나 돌로 태어나든지 나무로 태어나든지 새로 태어나든지 인간으로 태어나든지 존재하는 모든 것은 필연적으로 '생로병사'를 거칠 수밖에 없다는 것입니다. 즉, 태어나고 늙고 병들고 죽는 이 고통스러운 삶의 과정을 피할 수 없다는 것입니다. 그래서 무엇으로 태어나든지 존재한다는 것은 어쩔 수 없이 비참하고 고통스럽다는 것입니다. 그런데 이 비참하고 고통스러운 존재가 영원히 윤회하기 때문에 고통과 비참도 영원할 수밖에 없다는 것입니다. 그러므로 아무리 선한 일을 많이 한다 할지라도 이 윤회라는 굴레에 묶여 있는 한 존재한다는 것은 고통스러울 뿐이라는 것입니다. 그러므로 이 고통과 비참의 굴레에서 벗어나는 길은 이 윤회라는 고통스러운 굴레를 벗어나야 한다는 것인데 이렇게 윤회의 굴레에서 벗어나는 것을 '해탈'이라고 합니다. 그러니까 해탈이란 윤회의 굴레에서 벗어나는 것인데 이 윤회의 굴레에서 벗어나려면 존재하지 말고 없어져야 한다는 것입니다. 왜냐하면 다음 생에서 다시 어떤 존재로 태어나게 되면 또다시 '생로병사'라는 고통에 빠져야 하기 때문입니다. 그래서 존재에서 비존재로 되기 위해서는 자기가 없어지는 길밖에 없다는 것입니다. 자기가 없어지려면 아무런 죄를 짓지 않기 위해서 이 더러운 세상을 떠나 깊은 산속에 들어가 무소유로 살아야 하고 개미 한 마리도 죽여서는 안 되고 그래서 육식을 금하고 초식만 먹어야 한다는 것입니다. 이렇게 해서 자기가 없어지는 것을 '무아'라고 하는데 이것을 원어로는 '니르바나'라고 합니다. 여기서 영어의 '닐(nill)' 즉 'zero'라는 '0'의 개념이 나온 것입니다. 싯다르타의 이론에 따르면 이와 같이 자기가 없어지는 '니르바나'의 세계에 들어갈 때 더 이상 자기라는 것이 존재하지 않기 때문에 윤회라는 고통의 굴레에서 영원히 벗어나게 되고 따라서 누구의 지배도 받지 않고 누구를 다스리지도 않는 '천상천하 유아독존'이라는 세계에 들어가게 되는데 이것이 바로 싯다르타가 주장하는 구원입니다. 즉, 불교에서의 구원은 존재하지 않고 영원히 없어지는 것입니다. 이와 같이 싯다르타가 세운 원래의 불교는 사실 종교가 아니고 인도의 허무주의 철학 사상입니다. 즉, 이 세상을 만든 창조주도 없고 다스리는 통치자도 없이 만물은 스스로 있었고 스스로 영원히 윤회하는 것으로서 선에 대해서 상을 줄 옥황상제도 없고 악에 대해서 벌을 줄 염라대왕도 없고 따라서 천국도 없고 지옥도 없다는 것입니다. 여기서 윤회설의 모순이 드러납니다. 윤회설에 의하면 전생에 자기가 행한 선과 악의 행실에 따라서 다음 생에 어떤 존재로 태어나는 것이 결정된다고 하는데 선과 악을 심사해줄 신이 없기 때문에 스스로 모순을 안고 있는 것입니다. 좌우간 정통불교를 추종하는 사람들에 의하면 오늘날 우리 주변에서 우리가 쉽게 볼 수 있는 소위 소승불교나 대승불교 등 각 나라에 전파된 불교의 각 종파들은 샤머니즘과 섞여 만들어진 불교의 이단들로서 원래 석가모니가 만든 사상에 없는 옥황상제나 염라대왕이라는 존재를 만들어 놓고 복을 달라고 절하는 것은 본래의 불교와는 아무 관계가 없는 미신 종교라는 것입니다. 이와 같이 불교의 교리를 한마디로 정의하면 '이 세상에서 꺼져라'입니다. 결국 석가모니가 주장하는 구원은 열반(니르바나 = zero)에 들어가는 것, 즉 자기의 존재가 없어져서 완전히 아무것도 존재하지 않는 제로(zero) 상태로 들어가는 허무주의에 불과합니다. 석가모니는 인생이 고통과 슬픔과 죽음으로 가득 차 있다는 것을 알았지만 그것이 죄의 결과라는 것을 깨닫지 못했기 때문에 지금까지 수많은 사람들을 잘못 인도했던 것입니다. 한국 불교계에서 최고의 지성인이며 최고의 존경받는 성철 스님도 죽기 직전이 되어서야 자신이 평생 믿었던 불교 교리에 속았다는 것을 깨닫고 천추의 한이 되는 글을 써서 일간신문 이곳저곳에 실려 당시 한국 사회에 큰 화제가 되기도 하였습니다. 성철 스님이 죽은 후에 불교 TV에서 어떤 스님은 사실 석가모니는 지옥에 있다고 공개적으로 말했습니다. 유튜브를 참조하면 자세히 알 수 있습니다.

성철스님 천수의 한
고백[내 인생을 잘못

한 스님의 충격적인
실제 육성 증언! _ 부처

그러면 성경은 우리가 어떻게 구원을 받을 수 있다고 말씀하고 있는가?

우리의 선한 행위와 공로로?

이사야 64장 6절을 보면 "대저 우리는 다 부정한 자 같아서 우리의 의는 다 더러운 옷(걸레) 같으며"라고 기록되어 있습니다. 이 말씀은 우리 인간이 속세를 떠나서 평생 동안 산속에서 무소유로 아무런 나쁜 일을 하지 않고 좋은 일을 많이 하려고 하여도 앞에서 살펴본 대로 우리 안에 깊이 뿌리 박힌 죄성 때문에 우리가 행하는 선이나 의는 하나님 보시기에는 더러운 걸레 같다고 하였습니다. 그러므로 우리가 선이나 의를 행하여 구원을 받으려고 하는 것은 어려운 일이 아니고 불가능한 일입니다. 하나님은 완전하신 분이시고 그 완전하신 하나님이 정하신 선과 의의 기준은 죄인인 인간이 도달하기에는 전혀 불가능한 경지입니다. 그래서 예수님은 마태복음 5장 20-24절에서 이렇게 말씀하셨습니다; "(20) 내가 너희에게 이르노니 너희 의가 서기관과 바리새인보다 더 낫지 못하면 결단코 천국에 들어가지 못하리라 (21) 옛사람에게 말한 바 살인치 말라 누구든지 살인하면 심판을 받게 되리라 하였다는 것을 너희가 들었으나 (22) 나는 너희에게 이르노니 형제에게 노하는 자마다 심판을 받게 되고 형제를 대하여 라가라 하는 자는 공회에 잡히게 되고 미련한 놈이라 하는 자는 지옥불에 들어가게 되리라 (23) 그러므로 예물을 제단에 드리다가 거기서 네 형제에게 원망들을 만한 일이 있는 줄 생각나거든 (24) 예물을 제단 앞에 두고 먼저 가서 형제와 화목하고 그 후에 와서 예물을 드리라" (마 5:20-24)

예수님께서는 우리의 의가 서기관과 바리새인의 의보다 더 낫지 못하면 절대로 천국에 들어가지 못한다고 말씀하셨습니다. 여기서 예수님이 천국에 들어가는 의의 기준을 서기관과 바리새인의 의보다 더 높아야 한다고 하신 이유는 사실 당시 서기관과 바리새인들의 의의 수준은 대단히 높은 것이었습니다. 그들은 먼저 그들의 일생을 하나님께 헌신한 사람들이었습니다. 그리고 기도를 많이 하는 사람들이었습니다. 그리고 십일조를 부대로 가져 다가 바친 사람들이었습니다. 또 가난한 자들을 많이 구제하는 선한 사람들이었습니다. 오늘 우리 시대의 교인들이 생각하는 것보다 훨씬 더 철저하게 하나님을 섬긴 사람들이었습니다. 그들은 도덕적으로도 깨끗한 사람들이었습니다. 간음이나 도적질이나 남의 것을 착취하는 사람들이 아니었습니다. 그들은 안식일을 철저히 지켜서 안식일에는 닭이 알을 낳아도 먹지 않았습니다. 안식일에는 떨어진 단추도 달지 않았습니다. 그러나 예수님께서 그들을 "독사의 새끼들아"라고 저주하신 이유는 하나님은 겉으로 나타난 그들의 행위를 보시는 것이 아니라 그들의 속중심을 보시기 때문입니다. 그들은 기도를 많이 하는 사람들이었지만 마음속 동기는 사람들에게 칭찬을 받기 위해서입니다. 그래서 그들은 길모퉁이에 서서 오랫동안 기도하다 보니까 같은 말을 되풀이하는 중언부언의 기도를 하게 된 것입니다. 그들은 십일조는 많이 드렸지만 "의(justice)와 자비(mercy)와 신(faithfulness)"(마 23:23)은 버렸다고 하였습니다. 그들은 가난한 사람들을 많이 구제하였으나 나팔을 불어서 모든 사람들에게 자기들의 선행을 알리기 위한 동기로 구제하였습니다. 그들은 실제로 간음한 적은 없으나 마음속으로는 음란한 마음을 품었던 사람들이었습니다. 예수님은 그들이 끌고 온 간음한 여인들을 돌로 쳐야 한다고 주장하는 바리새인들에게 죄 없는 자가 먼저 돌로 치라고 하셨을 때 그들은 모두 양심의 가책을 받고 돌아갔습니다. 그들은 아무 일을 하지 않음으로써 안식일을 철저하게 지킨다고 믿었기에 안식일에 병자를 고치시는 예수님을 비난하였습니다. 그들은 안식일의 주인이 예수님이신 줄을 알지 못하고 맹목적으로 종교적으로 안식일을 지켰던 것입니다. 이와 같은 서기관과 바리새인들의 의보다 더 높은 수준의 의를 행하지 않으면 아무도 하나님 나라에 들어갈 수 없다고 예수님께서 직접 말씀하여 주셨습니다. 그래서 예수님은 그들이 이해하기 쉽게 예를 들어가며 차근차근 설명해 주셨습니다.

"옛사람에게 말한 바 살인치 말라 누구든지 살인하면 심판을 받게 되리라." 구약의 율법에서는 살인하는 사람은 심판을 받게 된다는 말입니다. 그러나 신약에서 예수님이 말씀하신 하나님 나라의 법은 형제에게 화를 내기만 하여도 심판을 받게 되고 형제를 욕하고 멸시만 하여도 지옥불에 들어가게 된다는 말씀입니다. 그러니까 구약의 법은 사람의 외적인 결과만을 보고 심판하는 약한 법인 데 반하여 신약에서 말하는 하나님 나라의 법은 사람의 깊은 내면의 생각까지도 감찰하는 피할 수 없는 엄한 법입니다. 구약에서는 마음속으로는 얼마든지 미워하면서도 겉으로는 사랑하는 척하면 되었지만 신약에서 말하는 하나님 나라의 법은 미워하기만 하여도 살인죄가 된다고 주님은 말씀하십니다. 어떤 사람들은 구약의 하나님은 벌을 주시는 엄한 하나님이시지만 신약의 하나님은 죄를 용서해 주시는 사랑의 하나님이라고 합니다. 그러나 이런 말은 하나님의 말씀을 잘 모르는 사람들이 하는 잘못된 말입니다. 그러므로 형제에게 분노하고 화를 버럭버럭 내고 입에 담지 못할 욕설을 퍼붓고 사람들 앞에서 면박을 주고 멸시를 한 사람이 드리는 예배는 하나님께서 받으실 수 없다는 말입니다. 하나님은 우리의 생각과 마음의 깊은 곳을 감찰하시는 분이십니다. **"하나님의 말씀은 양날이 선 칼보다도 더 예리하여 우리의 영과 혼과 골수까지를 찔러 쪼갠다"**고 하셨습니다. 그러니까 말씀이신 예수님은 우리의 영과 혼과 육신의 모든 깊은 것까지도 다 감찰하여 우리의 죄악을 드러내신다는 말씀입니다.

(7) 또 간음치 말라 하였다는 것을 너희가 들었으나 (28) 나는 너희에게 이르노니 여자를 보고 음욕을 품는 자마다 마음에 이미 간음하였느니라 (29) 만일 네 오른눈이 너로 실족케 하거든 빼어 내버리라 네 백체 중 하나가 없어지고 온 몸이 지옥에 던지우지 않는 것이 유익하며 (30) 또한 만일 네 오른손이 너로 실족케 하거든 찍어 내버리라 네 백체 중 하나가 없어지고 온 몸이 지옥에 던지우지 않는 것이 유익하니라 (31) 또 일렀으되 누구든지 아내를 버리거든 이혼 증서를 줄 것이라 하였으나 (32) 나는 너희에게 이르노니 누구든지 음행한 연고 없이 아내를 버리면 이는 저로 간음하게 함이요 또 누구든지 버린 여자에게 장가드는 자도 간음함이니라(마 5:27-32)

구약 율법에서의 간음죄는 실제로 육체적으로 간음을 하였을 때에만 간음죄로 적용되었습니다. 그러나 예수님께서 우리에게 가르쳐 주신 하나님 나라의 법에 따르면 여자를 보고 음욕을 품기만 하여도 마음에 이미 간음한 것이 됩니다. 사람의 모든 행동은 먼저 마음에서 시작되다가 나중에는 행동으로 옮기게 되는 것입니다. 그러므로 마음에 나쁜 생각을 품을 때부터 범죄가 시작되는 것입니다. 그래서 형제를 마음으로 미워하기만 해도 하나님 나라의 법은 살인죄로 적용하는 것입니다. 왜냐하면 마음속에 있는 미움이 자라서 결국은 살인하게 되는 것이기 때문입니다. 그래서 하나님의 나라의 법은 욕심이 자라서 죄가 되고 죄가 자라서 사망에 이르게 된다고 말씀하는 것입니다.

　그러면 여자를 보고 마음에 음욕을 품는 것이 벌써 간음죄라고 하셨는데 그러면 어떻게 이런 죄를 짓지 않고 살 수 있을까요? 지금은 소돔 고모라 시대보다 훨씬 더 타락한 세상입니다. 아침에 일어나서 눈에 보이고 귀에 들리는 모든 것이 음란한 것들입니다. 인터넷에 들어가 보아도 텔레비전을 보아도 신문을 보아도 잡지를 보아도 길거리를 걸어가 보아도 언제 어디에서나 음란한 모습들이 즐비합니다. 그래서 요새는 초등학교 어린 아이들까지도 다 성에 빠져들어가고 있습니다. 정치·사회·교육·종교 지도자들까지도 성문제에 말려드는 시대가 되어가고 있습니다. 또 32절에 보시면 음행한 연고 없이 이혼하는 사람도 간음죄를 짓는 것이라고 하였습니다. 또 간음죄로 이혼당한 사람과 재혼하는 것도 간음죄를 짓는 것이라고 하였습니다. 요즘 불륜 때문에 이혼하는 사람들이 얼마나 많습니까? 하나님 나라의 법에 따르면 그들이 다 간음죄를 짓는 것입니다. 또 불륜으로 이혼한 사람과 재혼하는 사람들이 얼마나 많습니까? 그들이 다 간음죄를 짓는 것입니다. 그런데 예수님을 구주로 믿는다고 하는 사람들이 불륜으로 이혼하고 얼마나 많은 사람들이 예수 믿는다고 하면서 불륜으로 이혼당한 사람과 재혼하고 있습니까? 오늘날의 교회들은 교회 다니는 사람들이 이혼을 하든 재혼을 하든 상관하지 않습니다. 교회에만 빠지지 않고 잘 출석하면 다 천국가는 것으로 믿고 있습니다. 세상에서 성적으로 음란한 생활을 해도 상관하지 않습니다. 하나님 말씀에 불순종하는 삶을 살아도 전혀 개의치 않습니다. 교회당의 자리만 가득 채워지면 그것이 부흥이고 성공한 교회입니다. 히브리서 13장 4절에 이렇게 기록되어 있습니다; **"(4) 모든 사람은 혼인을 귀히 여기고 침소를 더럽히지 않게 하라 음행하는 자들과 간음하는 자들을 하나님이 심판하시리라."**

　그러므로 우리 인간의 선한 행실과 의로운 삶으로 구원을 받는다는 것은 어려운 것이 아니고 불가능한 것입니다. 그러므로 로마서 3장 9-10절과 20절에서 이렇게 말씀하셨습니다; **"(9) 그러면 어떠하뇨 우리는 나으뇨 결코 아니라 유대인이나 헬라인이나 다 죄 아래 있다고 우리가 이미 선언하였느니라 (10) 기록한 바 의인은 없나니 하나도 없으며 … (20)그러므로 율법의 행위로 그의 앞에 의롭다 하심을 얻을 육체가 없나니 율법으로는 죄를 깨달음이니라"** 그러므로 하나님께서 율법을 주신 것은 그것을 지켜서 구원을 받게 하려는 것이 아닙니다. 죄인 인간이 아무리 율법을 지키려고 발버둥쳐도 결국 지키지 못하기 때문에 율법을 통해서 우리 인간이 죄인이라는 것을 스스로 깨닫게 하려는 것이 율법을 주신 목적이라고 성경이 가르쳐 주고 있습니다. 결론적으로 말해서 우리가 아프리카에 가서 불쌍한 사람들을 많이 구제하고 좋은 일을 많이 하다가 죽었다고 해도 우리의 그러한 선한 행실과 의로는 도저히 구원을 받을 수 없다는 결론입니다.

마태복음 19장 16-30절에 보면 선함으로 구원을 얻을 수 없다는 것을 예수님께서 실증적으로 보여주고 있습니다. 마태복음 19장 16절에 보면 어떤 사람이 예수님께 와서 '내가 무슨 선한 일을 하여야 영생을 얻으리이까?'라고 물었습니다. 이 사람은 재물을 많이 쌓아놓은 부자 청년이었습니다. 이 청년에게도 물질적으로 풍족하다는 것이 그의 삶의 모든 것을 다 풍요하게 해주는 것은 아니었나 봅니다. 보통 다른 사람들과 마찬가지로 이 청년도 '무슨 선한 일을 하여야 영생을 얻으리이까?'라고 물었습니다. 아마 이 청년도 다른 부자들처럼 재물을 모으는 과정에서 죄를 꽤나 많이 지은 것같습니다. 영생을 얻기 위해서는 어떤 선한 일을 해야 한다고 믿고 있는 것이 우리 인간이 지니고 있는 보편적인 생각입니다. 그래서 우리 인간에게는 선한 일을 해야 용서를 받는다는 보상심리가 작용하는 것입니다. 인간이 만든 각종 종교를 잘 살펴보십시오. 다들 하나같이 선한 일을 해야 사후에 좋은 곳에 간다고 막연하게 주장하고 있습니다. 이것은 우리 인간이 죄인이라는 것을 스스로 증거하고 인정하는 모습이기도 합니다

그런데 예수님은 죄인 인간이 아무리 선한 일을 많이 해도 결코 구원을 받을 수 없다는 것을 잘 아시기 때문에 '어찌하여 선한 일을 내게 묻느냐? 선한 이는 오직 하나님 한 분뿐이시니라.'고 말씀하시면서 선한 일을 행함으로 구원을 받으려는 인간의 얄팍한 생각을 단호하게 배격하셨습니다. 생각해보십시오. 우리 인간이 얼마나 선해져야 하나님께서 요구하시는 완전한 선함에 도달할 수 있겠습니까? 제가 미시간에서 목회할 때에 어떤 분이 이렇게 말씀하셨습니다. '죄, 회개, 천국, 지옥 이런 말씀하시지 말고 선한 일 많이 하고 착하고 고상하게 살라고 설교하면 이 교회에 나올 사람 많이 있습니다.' 정말 그럴까요? 정말 구원을 받을 만큼 그렇게 선하고 완전한 삶을

살라고 설교하면 그렇게 살 수 있는 사람이 이 세상에 단 한 사람이라도 있을까요? 그것은 어려운 일이 아니고 불가능한 일입니다. 예수님께서 오늘 본문에서 그 부자청년에게 선한 행실로는 구원을 받을 수 없다는 것을 깨닫게 하기 위해서 '네가 생명에 들어가려면 계명들을 지키라'고 다음과 같이 말씀하셨습니다; '살인하지 말라, 간음하지 말라, 도적질하지 말라, 거짓 증거하지 말라, 네 부모를 공경하라, 네 이웃을 네 몸과 같이 사랑하라.' 보통 사람들과 마찬가지로 선에 대한 얄팍한 기준을 가지고 있었던 이 부자 청년은 '이 모든 것을 내가 지키었나이다. 아직도 무엇이 부족하니이까?' 라고 겁 없이 대답하였습니다. 예수님께서 얼마나 기가 막히셨겠습니까? 위에 언급한 계명 중에서 단 하나도 제대로 지키지 못한 이 부자 청년의 모습이 바로 오늘 우리의 소경됨과 무지함을 보여주는 것입니다. 머리 끝에서 발 끝까지 죄로 가득 찬 추악한 인간이면서도 고아원 몇 번 갔다 오고 가난한 사람들에게 몇푼 집어주고는 선한 일을 했다고 자부하고 자기는 선한 사람이라고 착각하면서 사는 것이 오늘 우리들의 모습입니다. 이런 무지한 부자 청년에게 '하나님 나라의 법에 따르면 형제를 미워하는 자마다 벌써 살인죄를 범하는 것이고 여자를 보고 음욕을 품기만 해도 벌써 간음하는 죄를 범하였는데 네가 살인죄를 짓지 않았다?'고 '네가 간음하지 않았다? 고 하시면서 일일이 따지지 않으셨습니다. 그럴 필요가 없으셨습니다. 대신 '네 소유를 다 팔아 가난한 자들에게 주라. 그리고 와서 나를 좇으라.'고 단호하게 말씀하셨습니다. '네 이웃을 네 몸과 같이 사랑하라.'는 계명 하나도 지키지 못하는 인간이라는 것을 깨우쳐 주시기 위함이었습니다. 두 말할 필요도 없이 재물이 많은 이 청년은 한 마디 대꾸도 하지 못한채 근심하며 돌아갔습니다. 그래도 이 청년은 예수님의 말씀을 진지하고 정직하게 받아들였기 때문에 예수님을 떠날 수밖에 없었습니다. 이 모든 계명을 다 지켰다고 당당하게 대답했던 이 부자 청년은 '네 이웃을 네 몸과 같이 사랑하라.'는 계명 하나도 지키지 못한 죄인이라는 것을 스스로 증거하고 있는 것입니다. 예수님은 선을 행함으로 구원을 얻으려는 사람들의 얄팍한 사상을 단호히 거부하신 것입니다. 예수님을 오해하지 마십시오. 오늘도 예수님은 선을 행함으로 영생을 얻겠다는 사람들에게 '네 소유를 다 팔아 가난한 자에게 주라. 그리고 와서 나를 좇으라.'고 단호하게 말씀하고 계십니다. 만약 예수님의 이 말씀을 이 부자청년처럼 정직하고 진지하게 받아들였다면 현재 교회에 출석하는 대부분의 사람들은 벌써 교회를 떠난 지 오래 되었을 것입니다. 그러나 오늘날 교회에 출석하는 사람들에게 예수님의 말씀은 전혀 중요하지 않습니다. 자기를 부인하고 십자가를 지고 나를 따라 오라든지, 세상을 버리고 나를 따라 오라든지 하는 예수님의 말씀은 그냥 오래된 성경책에 쓰여진 죽은 고전에 불과하고 오직 이 세상에서 잘먹고 잘살고 성공하는 비결과 처세술을 가르쳐주고 사람들의 귀를 즐겁게 해주는 목사님의 유창한 설교가 그들에게는 중요한 것입니다. 그런 설교가 있는 곳에는 수천 수만명의 사람들이 모여들지만 죄와 회개와 천국과 지옥에 대하여 설교하거나 세상을 내려놓고 십자가를 지고 주님을 따르라 고 설교하는 곳에는 사람들을 찾아보기 힘든 시대가 바로 오늘의 시대입니다.

인간의 죄는 어느 정도의 죄입니까?

오늘 우리 말세시대의 교회 사람들은 죄를 너무 가볍게 생각합니다. 문제는 하나님도 우리의 죄를 그렇게 가볍게 여기시는가 하는 것입니다. 하나님은 인간의 죄를 어느 정도의 심각한 죄로 여기실까요? 하나님은 죄인 인간을 지옥불에 던져 영원토록 고통을 당하게 하실 정도로 심각한 죄로 다루십니다. 100년이나 1,000년 정도가 아니고 영원토록 그것도 불지옥 속에서 고통을 당하게 하실 정도로 우리 인간의 죄를 심각한 죄로 다루십니다. 그래서 우리의 그 크나큰 죄값을 지불하기 위해서는 하나님의 생명을 희생해야만 했습니다.

하나님이 오셔서 죽으셔야만 인간의 죄가 용서될 만큼 인간의 죄를 우리가 상상하는 것보다 훨씬 더 무거운 죄로 다루십니다. 하나님이 오셔서 죽으셔야만 나의 죄가 용서될 수 있다면 하나님께서 나의 죄를 얼마나 크게 생각하시는지 알 수 있습니다. 그런데 오늘 우리 시대의 교회는 "하나님께서 나의 죄를 위하여 대신 죽으셨다"는 말을 아무 생각없이 너무 쉽고 무책임하게 내뱉고 있습니다. 오늘 우리 시대의 교회는 예수님의 십자가 죽음이 오늘 우리 시대의 교회에 의하여 얼마나 무참하게 짓밟히고 있는 지조차 알지 못하고 있습니다. 교회당이라는 곳에 십자가를 걸어놓고 사람들이 그 십자가 밑에서 얼마나 많은 죄를 짓고 있는지 모르고 있습니다. 매 주일 그 십자가 밑에서 하나님의 말씀을 감히 자기 입맛에 좋은 대로, 사람들의 귀에 듣기 좋은 대로 변질시키며 마구 난도질을 해대고 있는 것이 얼마나 크고 무서운 죄인지 전혀 알지 못하고 있습니다. 예배를 드리러 나왔다는 사람들이 창녀처럼 야하게 노출한 가슴에 십자가 목걸이를 부적처럼 장식처럼 걸고 오는 사람들이 얼마나 많습니까? 오늘날처럼 예수님의 십자가가 하나의 화려한 장식품으로 전락한 것은 인류 역사에서 없었던 일입니다. 하나님께서 우리의 죄를 얼마나 심각하게 다루시는지를 알지도 못한 채 예수님께서 우리 죄를 위해 죽었다고 너무나 쉽게 무책임하게 말하고 있는 오늘 우리들은 우리의 죄가 얼마나 심각한 것인지를 전혀 알지 못하고 있습니다. 우리 죄 때문에 하나님께서 오셔서 십자가에서 그 무서운 형벌을 받고 죽으셨다는 것을 정말 믿는다면 우리가 어떻게 감히 얼굴을 들고 하나님 앞에 떳떳이 나올 수 있겠습니까? 우리 죄 때문에 하나님께서 오셔서 십자가에서 그 무서운 형벌을 받고 죽으셨다는 것을 정말 믿는다면 우리가 아직도 이 죄악세상에 빠져 살 수 있겠습니까? 하나님께서 버리라고 하신 죄악세상을 날마다 사랑하고 추구하면서 뻔뻔스럽게 매 주일 감히 하나님을 예배하러 나올 수 있겠습니까? 한 주간 동안에도 죄악세상에서 어떻게 하면 더 잘 먹고 더 잘 살고 더 높이 출세하려고 발버둥치다가 한 주일에 한 번 예배하러 나온 우리가 하나님 앞에서 감히 얼굴을 들 수나 있겠습니까? 그래서 하나님은 이렇게 말씀하셨습니다; **"(11) 여호와께서 말씀하시되 너희의 무수한 제물이 내게 무엇이 유익하뇨 나는 숫양의 번제와 살진 짐승의 기름에 배불렀고 나는 수송아지나 어린양이나 숫염소의 피를 기뻐하지 아니하노라 (12) 너희가 내 앞에 보이러 오니 이것을 누가 너희에게 요구하였느냐 내 마당만 밟을 뿐이니라 (13) 헛된 제물을 다시 가져오지 말라 분향은 내가 가증히 여기는 바요 월삭과 안식일과 대회로 모이는 것도 그러하니 성회와 아울러 악을 행하는 것을 내가 견디지 못하겠노라"**(사 1:11-13)

오늘날 말세 교회의 교인들은 하나님의 아들 예수님을 날마다 다시 십자가에 못 박아 현저히 욕을 보이고 있는 줄을 전혀 알지 못합니다. 참으로 오늘날 우리 죄인 인간들은 우리의 죄가 얼마나 심각한 것인지를 전혀 깨닫지 못하고 있습니다. 가만히 생각해 보십시오. 도대체 우리의 죄가 얼마나 중하길래 하나님은 우리 죄인들을 그 무서운 불지옥에 던져 넣고 그것도 100년 1,000년도 아니고 영원토록 고통을 받게 하십니까? **"(10) 또 저희를 미혹하는 마귀가 불과 유황 못에 던지우니 거기는 그 짐승과 거짓 선지자도 있어 세**

세토록 밤낮 괴로움을 받으리라 … (15) 누구든지 생명책에 기록되지 못한 자는 불못에 던지우더라"(계 20:10,15) 우리의 가족들이나 친구들이나 교우들이 죽으면 사실 그 사람들이 천국이 아닌 지옥불에 떨어져서 영원한 고통의 형벌이 시작된 것도 모르고 목사님은 장례식에서 그 사람들이 천국에 갔다고 온갖 찬사를 남발하고 고인의 가족들과 교우들은 고인이 생전에 교회에 열심히 다녔으니까 당연히 그들이 천국에 간 줄 알고 위로를 받습니다. 그러나 우리를 슬프게 하는 것은 멀지 않은 장래에 지옥에서 우리가 그들을 만나게 된다는 것을 아는 사람은 우리 중에 거의 없다는 사실입니다. 일생을 다 바쳐 주의 이름으로 복음을 전한 유명한 목사님들도, 주의 이름으로 귀신을 내어 쫓은 신령한 목사님들도, 주의 이름으로 많은 권능을 행한 능력 있는 목사님들도 천국에 들어가지 못하고 지옥불에 던져질 것이라고 우리 예수님께서 직접 말씀해 주셨는데도 사람들은 교회만 열심히 다녔으면 다 천국에 갔을 것이라고 믿고 있는 것입니다; "(21) 나더러 주여 주여 하는 자마다 천국에 다 들어갈 것이 아니요 다만 하늘에 계신 내 아버지의 뜻대로 행하는 자라야 들어가리라 (22) 그 날에 많은 사람이 나더러 이르되 주여 주여 우리가 주의 이름으로 선지자 노릇하며 주의 이름으로 귀신을 쫓아 내며 주의 이름으로 많은 권능을 행치 아니하였나이까 하리니 (23) 그 때에 내가 저희에게 밝히 말하되 내가 너희를 도무지 알지 못하니 불법을 행하는 자들아 내게서 떠나가라 하리라"(마 7:21-23) 그러면 그렇게 훌륭하시고 존경받으신 목사님들도 지옥으로 떨어지는데 그 목사님들 밑에서 말씀을 배운 우리들은 어디로 가겠습니까? 그래서 예수님은 소경이 소경을 인도하면 둘 다 구덩이에 빠진다고 경고하셨던 것입니다.

지옥으로 가는 멸망의 길은 쉽고 넓고 지옥문은 넓어서 그리로 들어가는 사람들이 많다고 예수님께서 직접 경고하셨습니다. 그러나 천국으로 가는 길은 좁고 험해서 찾는 사람이 적다면서 좁은 문으로 들어가라고 명하셨습니다. 자기를 부인하고 세상의 부귀영화와 쾌락을 버리고 가야 하는 힘들고 좁은 길이 천국으로 가는 길이라고 가르쳐 주시면서 좁은 문으로 들어가라고 말씀하셨습니다; "(13) 좁은 문으로 들어가라 멸망으로 인도하는 문은 크고 그 길이 넓어 그리로 들어가는 자가 많고 (14) 생명으로 인도하는 문은 좁고 길이 협착하여 찾는 자가 적음이라"(마 7:13-14) 그러니까 세상 사람들처럼 세상에서 즐길 것 다 즐기고 성공하고 출세하는 누구나 쉽게 다닐 수 있는 넓은 문 교회에 다니는 사람들은 아무도 천국에 들어가지 못한다는 말씀입니다. 이 세상의 모든 것을 버리고 자기 자신까지 버려야 다닐 수 있는, 너무 힘들어서 찾는 사람이 매우 적은 좁은 문 교회에 다니는 사람들만이 천국에 들어갈 수 있다는 말입니다; **"(15) 이 세상이나 세상에 있는 것들을 사랑하지 말라 누구든지 세상을 사랑하면 아버지의 사랑이 그 안에 있지 아니하니 (16) 이는 세상에 있는 모든 것이 육신의 정욕과 안목의 정욕과 이생의 자랑이니 다 아버지께로부터 온 것이 아니요 세상으로부터 온 것이라 (17) 이 세상도, 그 정욕도 지나가되 오직 하나님의 뜻을 행하는 자는 영원히 거하느니라"**(요한 1서 2:15-17)

끈질기고 무서운 죄의 파괴력

쌍둥이로 태어났던 에서와 야곱 중에서 야곱은 부모님을 도와 장막에서 하나님을 섬기는 일을 도왔으나 에서는 하나님께 관심이 없이 오직 세상을 사랑하여 헷 족속의 사람들과 어울려 사냥을 즐기며 살다가 헷 족속의 두 여자와 결혼하여 부모의 근심이 되었습니다.(창 25:27-34, 26:34-35) 장자로 태어난 에서가 하나님 섬기는 일에 관심이 없고 세상 사람들과 어울려 사는 것을 염려한 쌍둥이 어머니는 야곱을 설득하여 함께 형 에서를 속여 팥죽 한 그릇으로 장자권을 탈취하고 또 함께 아버지 이삭을 속여 장자가 받을 축복을 받아내는 데에 성공하였습니다. 그 후 두 형제는 갈라져서 야곱은 하나님을 섬기며 살았고 에서는 세상으로 나가서 크게 성공하여 에돔 왕국의 설립자가 되었습니다. 창세기 36장 9-14절을 보십시오; **"(9) 세일 산에 거한 에돔 족속의 조상 에서의 대략이 이러하고 (10) 그 자손의 이름은 이러하니라 에서의 아내 아다의 아들은 엘리바스요 에서의 아내 바스맛의 아들은 르우엘이며 …"** 9절을 보면 에서는 세일 산으로 가서 에돔 족속의 시조가 되었습니다. 세상을 사랑하여 가나안 땅을 버리고 세상으로 들어가 삶의 터전을 마련한 에서는 크게 성공하여 그의 후손들은 막강하게 번창하고 에서는 에돔 족속의 시조가 되었고 후일에 에돔은 그 주변에서 가장 막강하고 거만한 왕국이 되었습니다. 15-19절을 보면 에서의 후손들 중에서 많은 족장들이 나왔습니다. 15-16절만 보겠습니다; **"(15) 에서 자손중 족장은 이러하니**

라 에서의 장자 엘리바스의 자손에는 데만 족장, 오말 족장, 스보 족장, 그나스 족장과 (16) 고라 족장, 가담 족장, 아말렉 족장이니 이들은 에돔 땅에 있는 엘리바스로 말미암아 나온 족장들이요 이들은 아다의 자손이며" 또 31-39절을 보면 에서의 후손들 중에서 많은 왕들이 나왔습니다. 몇 절만 보겠습니다; "(31) 이스라엘 자손을 다스리는 왕이 있기 전에 에돔 땅을 다스리는 왕이 이러하니라 (32) 브올의 아들 벨라가 에돔의 왕이 되었으니 그 도성의 이름은 딘하바며 (33) 벨라가 죽고 보스라 사람 세라의 아들 요밥이 그를 대신하여 왕이 되고 (34) 요밥이 죽고 데만 족속의 땅의 후삼이 그를 대신하여 왕이 되고"

이들은 이스라엘 백성들이 즉 야곱의 열두 아들들로 구성된 이스라엘 백성들이 먼 훗날 가나안 땅에 들어와 왕을 세우기 훨씬 전에 왕들이 되었던 사람들입니다. 그러니까 야곱의 후손들은 400년 동안 애굽에 가서 종노릇 하고 있는 동안에 에서의 후손들은 벌써 번창하여 세일 산을 중심으로 그 변방에 많은 왕국을 건설하고 번영하였다는 말입니다.

이상에서 보는 대로 에서는 하나님을 버리고 세상으로 나가서 크게 성공하고 번성하였습니다. 열두 아들 데리고 고생만 죽도록 하다가 애굽에 가서 400년이나 노예가 된 초라한 야곱과 야곱의 후손들과 비교해 보면 에서와 그 후손들은 정말 크게 성공하고 번창하였습니다. 그런데 과연 에서와 에서의 후손들의 삶은 정말 복된 삶이었으며 하나님께 영광이 되는 삶이었습니까? 출애굽기 17장 8-11절을 보겠습니다; "(8) 때에 아말렉이 이르러 이스라엘과 르비딤에서 싸우니라 (9) 모세가 여호수아에게 이르되 우리를 위하여 사람들을 택하여 나가서 아말렉과 싸우라 내일 내가 하나님의 지팡이를 손에 잡고 산꼭대기에 서리라 (10) 여호수아가 모세의 말대로 행하여 아말렉과 싸우고 모세와 아론과 훌은 산꼭대기에 올라가서 (11) 모세가 손을 들면 이스라엘이 이기고 손을 내리면 아말렉이 이기더니" 야곱의 열두 아들들로 구성된 이스라엘 백성들이 애굽에서의 종살이를 마치고 하나님의 명령을 받고 홍해를 건너 광야에서 가나안 땅으로 가려고 할 때에 제일 먼저 나타나서 이스라엘 백성들이 가나안으로 들어가는 것을 막고 전쟁을 치룬 나라가 바로 에서의 후예인 아말렉 족속입니다. 이스라엘 백성들은 전쟁에서 싸우고 모세는 기도로 싸워야 하는 치열한 영적 전쟁을 치러야만 했습니다. 여기 나타난 아말렉 족속은 바로 에서의 후손 중에 하나입니다. 창세기 36장 15-16절을 다시 보겠습니다: **"(15) 에서 자손 중 족장은 이러하니라** 에서의 장자 엘리바스의 자손에는 데만 족장, 오말 족장, 스보 족장, 그나스 족장과 **(16) 고라 족장, 가담 족장, 아말렉 족장이니 이들은 에돔 땅에 있는 엘리바스로 말미암아 나온 족장들이요** 이들은 아다의 자손이며"

에서의 후손들 중에서 우리가 꼭 주목해야 할 한 족속이 있는데 그것은 바로 아말렉입니다. 먼 훗날 사울이 이스라엘의 초대 왕이 되었을 때 하나님은 사울 왕에게 이렇게 명령했습니다. 사무엘상 15장 2-3절을 보겠습니다: **"(2) 만군의 여호와께서 이같이 말씀하시기를 아말렉이 이스라엘에게 행한 일 곧 애굽에서 나올 때에 길에서 대적한 일을 내가 추억하노니 (3) 지금 가서 아말렉을 쳐서 그들의 모든 소유를 남기지 말고 진멸하되 남녀와 소아와 젖먹는 아이와 우양과 약대와 나귀를 죽이라 하셨나이다"** 2절에서 보는 대로 하나님은 아말렉이 이스라엘 백성들에게 한 행동을 아직도 기억하실 뿐 아니라 3절에서는 아예 아말렉 족속을 완전히 진멸하라고 명령하셨습니다. 하나님이 얼마나 노하셨으면 남녀노소와 젖 먹는 아이와 우양과 약대와 모든 소유를 남기지 말고 진멸하라고 하셨겠습니까? 하나님은 지금 이스라엘 백성을 통하여 전 세계에 흩어진 모든 민족을 구원하시기 위하여 이스라엘을 약속의 땅 가나안으로 인도하시는 중입니다. 가뜩이나 믿음이 약한 죄인들인 이스라엘 백성들을 옆에서 격려해 주어도 이스라엘 백성들이 하나님께 불순종하려는 판인데 그들의 길을 막고 방해하며 전쟁까지 치르는 아말렉이니 하나님께서 가만 두시겠습니까? 사실 아말렉 뒤에는 사탄이 조종하고 있었습니다. 세상을 사랑하여 하나님의 약속을 거부하고 세상으로 나가서 출세하고 성공하여 막강한 왕국을 이룬 에서의 왕국 에돔 왕국의 한 족속인 아말렉을 사용하여 사탄은 하나님의 일을 방해하고 있는 것입니다. 그러니까 하나님을 떠난 에서와 에서의 후손인 아말렉은 사탄의 도구가 되어 하나님의 백성을 훼방하려고 하나님의 명령을 받고 가는 이스라엘 민족을 대항하여 싸우는 것입니다.

그러므로 하나님은 이스라엘 왕국의 첫 번째 왕이 세워지자 제일 먼저 명령하신 것이 아말렉부터 진멸하라는 것입니다. 이스라엘의 초대 왕으로서 사울이 수행해야 할 제일 중요한 첫째 사명은 사탄의 도구로 사용되고 있는 아말렉을 진멸하는 것이었습니다. 그러나 이에 대하여 사울 왕은 어떤 자세를 취했습니까? 사무엘상 15장 7-9절을 보겠습니다; **"(7) 사울이 하윌라에서부터 애굽 앞 술에 이르기까지 아말렉 사람을 치고 (8) 아말렉 사람의 왕 아각을 사로잡고 칼날로 그 모든 백성을 진멸 하였으되 (9) 사울과 백성이 아각과 그 양과 소의 가장 좋은 것 또는 기름진 것과 어린양과 모든 좋은 것을 남기고 진멸키를 즐겨 아니하고 가치 없고 낮은 것은 진멸하니라"** 사울은 남기지 말고 철저하게 진멸하라는 하나님의 명령에 순종하지 않고 아말렉의 왕 아각 가족을 포로로 잡고 아말렉의 소유도 다 멸하지 않고 좋은 것들을 탈취하였습니다. 사무엘상 15장 17-21절을 보겠습니다; **"(19) 어찌하여 왕이 여호와의 목소리를 청종치 아니하고 탈취하기에만 급하여 여호와의 악하게 여기시는 것을 행하였나이까 (20) 사울이 사무엘에게 이르되 나는 실로 여호와의 목소리를 청종하여 여호와께서 보내신 길로 가서 아말렉 왕 아각을 끌어왔고 아말렉 사람을 진멸하였으나 (21) 다만 백성이 그 마땅히 멸할 것 중에서 가장 좋은 것으로 길갈에서 당신의 하나님 여호와께 제사하려고 양과 소를 취하였나이다"**

사울은 책망을 받을 때에 회개하지 않고 말도 안 되는 변명만 늘어놓고 있습니다. 여호와께 제사하기 위해서 그렇게 했다는 것입니다. 불순종의 결과는 무엇입니까? 사무엘하 1장 6-10절을 보겠습니다; **"(8) 내게 이르되 너는 누구냐 하시기로 내가 대답하되 나는 아말렉 사람이니이다 한즉 (9) 또 내게 이르되 내 목숨이 아직 내게 완전히 있으므로 내가 고통에 들었나니 너는 내 곁에 서서 나를 죽이라 하시기로 (10) 저가 엎드러진 후에는 살 수 없는 줄을 내가 알고 그 곁에 서서 죽이고 그 머리에 있는 면류관과 팔에 있는 고리를 벗겨서 내 주께로 가져왔나이다"** 사울이 하나님이 멸하라고 하신 죄의 악한 세력을 철저하게 멸하지 않은 결과는 그 죄악이 끝까지 살아서 오히려 사울을 망하게 하였습니다. 사울은 자기가 진멸하지 않은 아말렉의 손에 죽었습니다. 우리 속에 있는 죄악을 철저하게 멸하지 않으면 언젠가는 그 죄악이 결국 우리를 멸하게 될 것이라는 하나님의 경고입니다.

그뿐만이 아닙니다. 사울이 진멸하지 않은 아말렉 족속의 왕 아각 왕가의 사람들은 사울이 죽은 후 먼 훗날에까지 살아 남아서 이스라엘을 진멸하려고 하였습니다. 에스더 3장 1절부터 보면 아각 사람 하만이 바발론에 포로로 끌려온 이스라엘 백성들을 진멸하려고 무서운 음모를 꾸밉니다. 사울 왕이 남겨두었던 아각 왕가의 사람들이 살아남아서 바벨론에까지 와서 이스라엘 민족을 진멸하려고 합니다. 즉 에서의 후손이 끝까지 이스라엘 민족을 진멸하려고 하였습니다. 사탄은 끊임없이 세상으로 간 에서의 후손을 도구로 사용하여 하나님의 백성을 쫓아다니면서까지 끝까지 진멸하려고 합니다. 죄가 얼마나 끈질기고 무서운 것입니까?

이것뿐만이 아닙니다. 이로부터 또 수백 년이 지난 후에 예수님께서 인류를 구원하시기 위하여 이 땅에 오셨을 때에도 예수님을 죽이기 위하여 두 살 이하의 모든 어린 아기를 죽이라고 명령한 헤롯 왕도 에돔 족속의 후손이었습니다. 헤롯 왕가는 약 100년이 넘도록 이스라엘 왕좌를 계승하였는데 충격적이게도 헤롯의 가문은 이스라엘 민족이 아닌 에돔 족속입니다. 헤롯은 이두메인 즉 에돔 족속으로 헤롯 안티파터 2세의 둘째 아들이었습니다. 즉 에돔 왕국의 창시자 에서의 후손이었습니다. 에서의 후손은 이처럼 인류의 구주이신 예수님까지 죽이려고 하였습니다. 즉 전 인류를 지옥으로 끌고 가려는 사탄의 몸부림입니다. 얼마나 소름끼치는 일입니까! 그러니까 사울 왕이 진멸하지 않은 죄의 세력이 끝까지 살아남아서 이스라엘 백성과 하나님의 일을 멸하려고 한 것입니다. 우리는 죄와 사탄이 얼마나 무섭고 악한 세력인가를 여기서 분명히 알아야 합니다. 우리도 죄를 숨기고 회개하지 않으면 우리 속에 남아있는 그 죄들이 언젠가는 우리를 지옥불에서 망하게 한다는 사실을 명심해야 합니다. 오늘날에도 죄와 사탄은 호시탐탐 기회를 엿보며 하나님의 백성과 교회와 주님의 일을 방해하고 멸하려고 하는 것입니다. 죄의 심각성과 그 파괴력을 알지 못하는 오늘의 교회들은 사탄의 간악한 전략에 속아 진정한 회개 없는 '오직 믿음으로 구원'이라는 '잘못된 은혜의 복음'을 전파하고 있는 것입니다.

야곱과 에서는 쌍둥이로서 아브라함과 이삭의 후손으로 하나님의 약속을 받은 복된 사람들이었습니다. 특히 에서는 장자로서 아브라함과 이삭의 대를 이을 영적 후계자로 태어났습니다. 그러나 야곱은 하나님을 택하고 에서는 세상을 택하였습니다. 그 결과 야곱의 후손들은 계속하여 하나님의 백성으로서 하나님의 도구로 쓰여졌습니다. 에서와 에서의 후손들은 세상으로 나가서 성공했지만 계속 하나님을 대항하고 하나님의 사업을 방해하는 사탄의 도구로 사용되었습니다. 부족해도 야곱처럼 하나님께 속한 사람이 되어야 합니다. 성공하겠다고 하나님을 버리고 세상으로 나간 에서가 되지 말아야 합니다. 세상으로 나가서 크게 성공한 에서와 그의 후손은 대대로 사탄의 도구로 사용되고 있습니다. 세상을 따라 살면 결국 하나님을 대항하는 삶을 살게 되는 것입니다.

결론적으로 그 무서운 지옥불에서 영원토록 형벌을 받아야 할 만큼 우리의 죄는 심각한 것이고, 그래서 하나님이 오셔서 죽으셔야만 우리의 죄가 용서될 만큼 우리의 죄는 크고 심각한 죄입니다. 그러나 안타깝게도 성경이 말하는 죄의 심각성을 전혀 깨닫지 못하고 그 거룩하고 숭고하고 지엄한 십자가의 복음을 듣기 좋고 사람들의 귀를 즐겁게 하는 싸구려 약장수 복음으로 전락시키고 변질시켜 듣는 사람들이 성경이 말하는 참된 믿음에 이르지 못하게 하여 오늘도 우리 시대의 교회는 저 수많은 사람들을 데리고 함께 지옥으로 가고 있는 것입니다. 오늘의 교회는 사람들을 지옥으로 인도하는 넓은 문 교회로 변질된 것입니다. 성경에서 말하는 교회는 주님 말씀대로 순종하며 사는 것이 너무 힘들어서 찾는 사람들이 아주 적은 좁은 문 교회입니다. 그러면 성경이 말하는 참된 믿음이란 무엇입니까?

믿음 없이는 불가능한 구원

앞에서 살펴본 대로 우리의 선행과 의로운 행실로는 도저히 구원을 얻을 수 없다는 것을 살펴보았습니다. 그것은 어려운 것이 아니고 불가능한 것이라고 말씀드렸습니다. 그러므로 우리 인간의 의로는 구원을 얻을 수 없다는 것을 아시는 하나님께서 고안하신 구원의 길은 행함이 아니고 믿음이었습니다; **"(27) 그런즉 자랑할 데가 어디냐 있을 수가 없느니라 무슨 법으로냐 행위로냐 아니라 오직 믿음의 법으로니라 (28) 그러므로 사람이 의롭다 하심을 얻는 것은 율법의 행위에 있지 않고 믿음으로 되는 줄 우리가 인정하노라"**(롬 3:27-28) 사실 인간이 하나님과의 관계가 끊어져서 이렇게 흑암의 세상에 쫓겨나서 사탄의 노예로 살게 된 원인은 아담·하와가 에덴동산에서 하나님을 불신하고 사탄을 믿고 따라갔기 때문입니다. 즉 인간이 하나님과 헤어져서 원수관계가 된 것은 하나님에 대한 불신 때문이었습니다. 그러므로 하나님과의 관계를 회복하려면 하나님을 신뢰하는 믿음을 회복해야 하는 것입니다. 그래서 하나님께서는 하나님과의 관계회복의 조건으로 믿음을 요구하신 것입니다.

그러면 어떻게 우리 인간이 하나님에 대한 믿음을 회복할 수 있습니까? 그냥 믿는다고 말로 하면 될 수 있을까요? 오늘 우리 시대의 말세 교회가 알지 못하는 부분 중에 하나가 바로 이것입니다. 그냥 말로 하나님을 믿는다고 고백하면 구원받은 것으로 잘못 알고 있습니다. 그래서 사람들이 하나님을 믿는다고 입에 힘을 주어 말합니다. "나는 정말 하나님을 믿습니다." 그러나 그것은 성경이 말하는 믿음이 아닙니다. 즉 하나님이 원하시는 믿음이 아닙니다. 왜냐하면 그런 믿음은 귀신(마귀)들도 가지고 있는 믿음이라고 성경이 일러주고 있습니다: **"네가 하나님은 한 분이신 줄 믿느냐? 잘하는도다 귀신들도 믿고 떠느니라"**(약 2:19) 왜냐하면 우리가 구원을 받기 위해서 하나님을 믿는다고 할 때 그 믿음은 우리의 죄와 밀접한 관계가 있기 때문입니다. 우리의 죄 때문에 하나님과의 관계가 단절되었고 하나님과 원수관계가 된 것입니다. 그리고 우리의 죄는 회복불능의 죽을 죄의 병에 걸려 있어서 우리 인간의 그 어떤 선한 행실과 의로운 행실로도 우리를 죄와 사망에서 구원할 수 없게 되었습니다: **"(12) 여호와께서 이와 같이 말씀하시니라 네 상처는 고칠 수 없고 네 부상은 중하도다 (13) 네 송사를 처리할 재판관이 없고 네 상처에는 약도 없고 처방도 없도다 (15) 너는 어찌하여 네 상처 때문에 부르짖느냐 네 고통이 심하도다 네 악행이 많고 네 죄가 허다하므로 내가 이 일을 너에게 행하였느니라"**(렘 30:12, 13, 15) 그러므로 인간의 힘으로는 도저히 스스로를 죄에서 벗어나서 하나님과의 관계를 회복할 수 있는 만큼의 완전한 의인이 될 수 없기 때문에 우리 인간은 불지옥에서 영원토록 형벌을 받을 수밖에 없는 상태입니다.

그러므로 죄의 문제를 먼저 해결하지 않고는 아무도 하나님을 믿는 믿음을 소유할 수 없다는 말입니다. 우리가 하나님을 믿는다고 할 때 그 '믿음'은 다른 말로 하면 '영접하는 것'입니다: **"영접하는 자 곧 그 이름을 믿는 자들에게는 하나님의 자녀가 되는 권세를 주셨으니"**(요 1:12) 즉 성경은 '영접하는 것'과 '믿는다는 것'을 동일시하고 있습니다. 무슨 말이냐 하면 성경에서 말하는 믿음이란 그냥 추상적인 것이 아니고 실제적인 행위입니다. 다시 말해서 '우리가 하나님을 믿는다'고 할 때 그 믿음은 그냥 입술로 하는 말 서비스가 아니라는 말입니다. 실제로 하나님과 나는 원수 관계였기 때문에 지금까지 하나님은 내 인생의 밖에 계셨습니다. 그런데 내 인생의 밖에 계셨던 예수님(하나님)을 내 안으로 모셔 들이는 실제적인 행위가 바로 성경에서 말하는 믿음입니다. 즉 성경이 말하는 믿음은 내 인생의 밖에 계셔서 나와 아무 관계가 없었던 하나님(예수님)을 내 안에 모셔 들이는 행위입니다. 조금 더 상세히 설명하면 예수님을 나의 인생의 구주와 왕으로 영접하기 전에는 사탄이 보낸 악령들이 내 안에 거하면서 내 인생을 다스리고 있었는데 성령님이 오셔서 내 안에 있는 악령들을 몰아내고 나를 사탄의 통치에서 해방시킨 후에 예수님이 내 안에 들어오셔서 나의 왕으로 내 인생을 통치하는 것입니다; **"(28) 그러나 내가 하나님의 성령을 힘입어 귀신(악령)을 쫓아내는 것이면 하나님의 나라가 이미 너희에게 임하였느니라 (29) 사람이 먼저 강한 자를 결박하지 않고서야 어떻게 그 강한 자의 집에 들어가 그 세간을 강탈하겠느냐 결박한 후에야 그 집을 강탈하리라"(마 12:28-29)**

28절의 말씀의 뜻은 "예수님께서(내가) 성령을 너희에게 보내어 너희 안에서 너희를 통치하던 사탄이 보낸 귀신(악령)을 쫓아내고 나면 그때부터는 하나님이 너희 안에 들어와 거하시면서 너희의 왕이 되어 "하나님의 나라(**'하나님의 나라'는 왕의 통치를 의미합니다. 여기 '나라'는 그리스어로 '바실레이아'인데 그 뜻은 '왕의 통치'입니다**)가 너희에게 임한 것이다"라는 말입니다. 29절은 28절을 이해하기 쉽게 만든 보조 설명입니다. 여기서 강한 자는 사탄을 의미하고 강한 자의 집은 이 세상을 의미합니다. 그리고 강한 자의 집에 있는 강한 자의 세간(원어의 뜻은 소유물)은 사탄이 포로로 소유하고 있는 죄인 인간들을 의미합니다. 그러므로 29절의 뜻은 사탄을 먼저 결박한 후에 사탄의 소유물로 잡혀 있는 죄인 인간들을 사탄의 통치에서 해방시킨다는 의미입니다. 아담과 하와가 사탄의 포로로 잡힌 이후에 사탄은 그의 부하 귀신(악령)들을 각 사람 안에 거하게 하여 지금까지 죄인 인간들을 통치해 왔습니다. 그리고 우리 인간의 연약한 힘으로는 도저히 사탄의 통치에서 벗어날 수가 없기 때문에 예수님께서 죄인 인간들을 사탄의 통치에서 해방시켜서 예수님(하나님)의 통치 아래로 데려오기 위해서 성령님을 보내어 먼저 강한 자 사탄을 결박하게 하신 것입니다.

　지금까지의 내용을 정리하자면 예수님을 믿는다는 말은 예수님을 구주와 왕으로 영접하여 내 안에 거하게 하는 것입니다. 그러니까 예수님을 믿는다는 사람 안에는 반드시 예수님이 그 사람 안에 들어와 있어야 하는 것입니다. 여기서 예수님이 우리 안에 들어오신다는 말은 사실상 예수님이 보내신 성령님이 우리 안에 들어와 거하신다는 말입니다. 예수님은 십자가 사역을 마치신 후에 승천하셔서 재림 때까지 하나님 아버지의 보좌 우편에 계시고 그동안에는 성령님을 우리 안에 보내셔서 거하게 하십니다; "내가 떠나가지 아니하면 보혜사(성령님)가 너희에게로 오시지 아니할 것이요. 내가 가면 그를 너희에게로 보내리니"(요 16:7) 만약 예수님이 그 사람 안에 들어와 있지 않으면 그 사람이 아무리 예수님을 믿는다고 말해도 그 믿음은 참 믿음이 아닙니다. 다른 말로 하면 만약 성령님이 그 사람 안에 들어와 계시지 않으면 그 사람이 아무리 예수님을 믿는다고 고백하고 찬송하며 평생 동안 예수님을 예배하였다고 하여도 그 사람의 믿음은 참 믿음이 아닙니다. 성령님이 그 사람 안에 거주하지 않으면 그 사람은 그리스도의 사람이 아닙니다; "누구든지 그리스도의 영(성령)이 없으면 그리스도의 사람이 아니니라"(롬 8:9) 그런데 예수님이 내 안에 왕으로 들어와 거하시려면 나를 사로잡고 나의 왕으로 나를 통치하는 사탄을 먼저 결박한 후에야 나를 사탄의 통치에서 벗어나게 할 수 있습니다. 그러나 나는 사탄의 통치에서 벗어날 힘이 없으므로 예수님이 보내주시는 성령님이 오셔서 사탄을 결박하여 내 안에 있는 사탄의 부하들인 악령(귀신)들을 몰아내야만 나는 사탄의 통치에서 벗어나 예수님을 내 안에 모셔 들여 나의 구주와 왕으로 모시고 그의 통치에 복종하며 살 수가 있는 것입니다. 즉 예수님을 나의 구주와 왕으로 영접하는 것이 예수님을 믿는다는 의미입니다. 그러니까 성령님이 오셔서 내 안에 거하고 있는 사탄이 보낸 부하 악령들(귀신들)을 먼저 쫓아내지 않으면 예수님은 절대로 내 안으로 들어오시지 않습니다. 즉 내 안에 사탄의 악령들이 거하고 있는 한 예수님은 결단코 내 안에 들어오시기를 원하지 아니하십니다. 그리고 예수님이 내 안에 들어오시는 것을 원치 아니 하시면 나는 예수님을 영접할 수가 없는 것입니다. 다른 말로 하면 나는 예수님을 구주로 믿을 수가 없는 것입니다. 예수님을 구주로 믿는다는 것은 예수님을 구주로 영접하는 것과 동일한 의미이기 때문입니다.(요 1:12)

그러니까 우리가 아무리 예수님을 구주와 왕으로 믿는다고 고백하여도, 영접한다고 고백하여도 성령님이 오셔서 우리를 사탄의 손아귀에서 해방시키지 않으면 우리는 아직도 사탄의 통치 아래 있으며 우리 안에는 사탄이 보낸 악령(귀신)들이 거하고 있는 것입니다. 사탄이 내 안에 거하는 한 예수님(실제로는 성령님)은 절대로 내 안에 들어오실 수 없습니다. 그러므로 우리가 예수님을 믿는다고 목사도 되고, 장로도 되고, 집사도 되고, 혹은 평신도로 평생을 살아도 성령님이 내 안에 거하시지 않는 한 그 믿음은 성경에서 말하는 믿음이 아닙니다.

회개 없이는 불가능한 믿음

그러니까 내가 예수님을 구주와 왕으로 믿는 믿음을 가지려면 성령님이 오셔서 나를 사탄의 통치에서 벗어나게 해주어야 합니다. 그러면 내가 어떻게 해야 성령님이 오셔서 나를 사탄의 통치에서 해방시켜서 내가 예수님을 구주와 왕으로 믿을(영접할) 수 있게 되겠습니까?

사도행전 2장 37-38절을 보십시오. "(37) 저희가 이 말을 듣고 마음에 찔려 베드로와 다른 사도들에게 물어 가로되 **형제들아 우리가 어찌할꼬** 하거늘 **(38) 베드로가 가로되 너희가 회개하여 각각 예수 그리스도의 이름으로 세례를 받고 죄 사함을 얻으라 그리하면 성령을 선물로 받으리니**"(행 2:37-38)

여기서 사람들이 사도들의 설교를 들은 후에 "우리가 어떻게 해야 합니까?"라고 질문했을 때 베드로는 사람들에게 예수님을 구주와 왕으로 믿으십시오(영접하십시오)라고 말하지 않았습니다. 베드로의 대답은 분명합니다. **"회개하고 죄를 용서받으십시오. 그러면 성령님을 받으실 것입니다"**라고 대답했습니다. 즉 예수님을 구주와 왕으로 믿는 것(예수님을 구주와 왕으로 영접하는 것)이 먼저가 아니고 죄를 회개하여 용서를 먼저 받아야 예수님께서 성령님을 선물로 보내주신다는 말입니다. 다시 말해서 **우리가 죄를 먼저 회개하여야 죄 용서를 받게 되고 그러면 성령님이 오셔서 우리를 사탄의 통치에서 해방시켜 우리 안에 있는 모든 악령(귀신)들을 몰아내고 우리 안을 깨끗하게 소제하여** 주십니다. 그 깨끗하게 청소된 우리 안에 성령님이 들어오셔서 리의 영을 다시 태어나게 해주심으로 우리가 성령으로 거듭난 새 영을 받게 되면 드디어 예수님의 통치가 우리 안에서 시작되는 것입니다.

성령님이 들어오셔서 귀신을 쫓아내어 주셔서 우리 안이 깨끗하게 되었고 성령님이 우리 영을 거듭나게 하여 주셔서 하나님의 자녀가 된 후에 왕 되신 예수님의 통치에 불복종하는 삶을 살게 되면 성령님을 근심케 하다가 결국은 성령님이 떠나게(성령 소멸- 살전 5:19) 되어 빈 집이 되고 맙니다. 그러면 쫓겨났던 귀신이 일곱 귀신을 데리고 들어와 거하게 되어 나중 형편이 전보다 더 악하게 된다고 성경은 말씀하고 있습니다; "(43) 더러운 귀신이 사람에게서 나갔을 때에 물 없는 곳으로 다니며 쉬기를 구하되 쉴 곳을 얻지 못하고 (44) 이에 이르되 내가 나온 내 집으로 돌아가리라 하고 와 보니 그 집이 비고 청소되고 수리되었거늘 (45) 이에 가서 저보다 더 악한 귀신 일곱을 데리고 들어가서 거하니 그 사람의 나중 형편이 전보다 더욱 심하게 되느니라 이 악한 세대가 또한 이렇게 되리라"(마 12:43-45) 나중 형편이 예수 믿기 전보다 더 심하게 된다는 말은 성령으로 거듭난 후에 하늘의 빛을 얻고 성령의 은사도 받았었고 성령에 참여했던 사람이 다시 불순종하는 삶을 살게 되면 이 사람은 다시 회개할 기회가 없다고 성경이 밝히 말씀하고 있습니다; "(4)한 번 빛을 받고 하늘의 은사를 맛보고 성령에 참여한 바 되고 (5) 하나님의 선한 말씀과 내세의 능력을 맛보고도 (6) 타락한 자들은 다시 새롭게 하여 회개하게 할 수 없나니 이는 그들이 하나님의 아들을 다시 십자가에 못 박아 드러내 놓고 욕되게 함이라"(히 6:4-6)

그러므로 예수님을 구주와 왕으로 믿기 위해서는 죄의 회개가 먼저이며 필수입니다. 진정한 회개 없이는 아무도 예수님을 구주와 왕으로 믿을 수가 없는 것입니다. 진정한 회개 없는 믿음은 성경이 말하는 믿음이 아닙니다. 즉 회개가 믿음의 전제조건입니다.

그러므로 예수님께서 이 세상에 오셔서 3년간의 공생애의 사역을 시작하실 때 제일 처음 하신 설교는 "회개하라 천국이 가까웠느니라"였습니다; "이때부터 예수께서 비로소 전파하여 가라사대 회개하라 천국이 가까웠느니라 하시더라."(마 4:17) 예수님은 "나를 믿으라. 그리하면 구원을 받으리라"라고 그의 사역을 시작하지 않으셨습니다. 왜냐하면 회개 없이는 예수님을 믿을 수가(영접할 수가) 없기 때문입니다. 마가복음 1장 15절에서는 회개가 믿음보다 먼저임을 예수님께서 직접 분명히 밝히고 있습니다; "가라사대 때가 찼고 하나님 나라가 가까웠으니 **회개하고 복음을 믿으라** 하시더라." 즉 죄를 회개하고 난 후에 예수님의 십자가 복음을 믿으라는 것입니다. 사도행전 3장 19-20절을 보면 우리가 회개를 하여 죄 용서함을 받으면 예수님을 우리에게 보내주신다고 더욱 확실하고 분명하게 말씀하고 있습니다; **"(19) 그러므로 너희가 회개하고 돌이켜 너희 죄 없이 함을 받으라 이같이 하면 유쾌하게 되는 날이 주 앞으로부터 이를 것이요 (20) 또 주께서 너희를 위하여 예정하신 그리스도 곧 예수를 보내시리니"**

이 말씀에서 알 수 있듯이 우리가 죄를 회개해야만 하나님은 예수님을 우리에게 보내주신다고 하였습니다. 바꿔 말하면 우리가 죄를 회개하지 않으면 초림의 예수님이든 재림의 예수님이든 하나님은 우리에게 예수님을 보내주시지 않는다는 말입니다. 하나님께서 예수님을 우리에게 보내주시지 않으면 우리가 어떻게 예수님을 영접할 수가(믿을 수가) 있겠습니까? 그러므로 성경은 이렇게 회개가 믿음의 필수 전제조건임을 말하고 있습니다. 그러므로 회개 없는 믿음이 불가능합니다. 요즘의 말세 교회에서는 회개라는 말 자체를 꺼려합니다. "회개하라"고 설교하면 그것은 사람들을 죄인 취급하는 것이기 때문에 그런 설교하는 교회에는 사람들이 모이지 않기 때문입니다. 그러므로 오늘 우리 시대의 교회 강단에서 '죄' '회개' '지옥' 같은 단어는 사라진 지 이미 오래되었습니다. 다시 말해서 우리 시대의 교회는 성경이 말하는 믿음을 전하지 않는 가짜 교회가 된 것입니다.

성경은 하나님이 원하시는 제사(예배)도 통회하는 회개이어야 한다고 가르쳐 주고 있습니다. 세상에서 성공가도를 달리고 있는 일류 성악가의 아름다운 목소리로 드리는 독창과 성가대와 오케스트라로 드리는 예배가 아니고 자기가 지은 죄를 진심으로 뉘우치며 가슴을 치며 감히 얼굴을 들지 못하고 통회하며 회개하는 그런 진정한 회개가 하나님께서 원하시는 예배라고 성경은 가르쳐 주고 있습니다; **"(17) 하나님께서 구하시는 제사는 상한 심령이라 하나님이여 상하고 통회하는 마음을 주께서 멸시하지 아니하시리이다"(시 51:17) "(13) 세리는 멀리 서서 감히 눈을 들어 하늘을 쳐다보지도 못하고 다만**

가슴을 치며 이르되 하나님이여 불쌍히 여기소서 나는 죄인이로소이다 하였느니라"(눅 18:13)

    그러므로 죄를 회개하지 않은 사람들이 드리는 예배를 하나님은 단호하게 거절하십니다: "(11) 여호와께서 말씀하시되 너희의 무수한 제물이 내게 무엇이 유익하뇨 나는 숫양의 번제와 살진 짐승의 기름에 배불렀고 나는 수송아지나 어린양이나 숫염소의 피를 기뻐하지 아니하노라 (12) 너희가 내 앞에 보이러 오니 이것을 누가 너희에게 요구하였느냐 내 마당만 밟을 뿐이니라 (13) 헛된 제물을 다시 가져오지 말라 분향은 내가 가증히 여기는 바요 월삭과 안식일과 대회로 모이는 것도 그러하니 성회와 아울러 악을 행하는 것을 내가 견디지 못하겠노라"(사 1:11-13) 얼마나 무서운 말씀입니까? 이 말씀을 보면 매 주일 예배 때마다 하나님은 우리 죄악 때문에 그 고통을 견디지 못하고 계십니다. 주일 예배가 하나님을 기쁘시게 해드리는 것이 아니고 오히려 하나님을 고통스럽게 하는 예배가 되었습니다. 오늘 우리 시대의 교회는 주일에는 교회당 안에서 주의 이름으로 주님의 십자가를 짓밟고, 주중에는 가정에서 직장에서 일터에서 주님의 십자가를 짓밟으며 하나님의 영광을 가리고 있다는 것을 우리는 전혀 알지 못하고 있습니다. 그것이 얼마나 무서운 죄인지를 우리는 전혀 알지 못하고 있습니다. 오늘 우리 시대의 교회의 한 목사로서 책임을 통감하며 눈물로서 절규합니다.

믿기 전에 먼저 회개하여야 성령님을 보내주시는 이유
    예수님께서 이 세상에 오신 것은 의인을 찾으러 오신 것이 아니고 죄인들을 회개시키러 오셨기 때문입니다. 누가복음 5장 32절에서 예수님은 분명하게 말씀하셨습니다: "내가 의인을 부르러 온 것이 아니요 죄인을 불러 회개시키러 왔노라" 의로우신 예수님께서 의인을 찾으러 오신 것이 아닌 이유는 너무도 뻔합니다. 이 세상에는 의인이 하나도 없기 때문입니다; "(10) 기록된 바 의인은 없나니 하나도 없으며 (11) 깨닫는 자도 없고 하나님을 찾는 자도 없고 (12) 다 치우쳐 함께 무익하게 되고 선을 행하는 자는 없나니 하나도 없도다 (13) 그들의 목구멍은 열린 무덤이요 그 혀로는 속임을 일삼으며 그 입술에는 독사의 독이 있고 (14) 그 입에는 저주와 악독이 가득하고 (15) 그 발은 피

흘리는 데 빠른지라 (16) 파멸과 고생이 그 길에 있어 (17) 평강의 길을 알지 못하였고 (18) 그들의 눈 앞에 하나님을 두려워함이 없느니라 함과 같으니라"(롬 3:10-18)

의사가 환자를 진단할 때 먼저 입을 "아" 하고 벌리라고 하고 입안을 깊숙이 들여다봅니다. 마찬가지로 하나님도 우리 인간의 죄의 병을 진단하실 때 먼저 우리 입안을 들여다보십니다. 그리고 참혹한 진단 결과를 보십니다. "(13) 그들의 목구멍은 열린 무덤이요 그 혀로는 속임을 일삼으며 그 입술에는 독사의 독이 있고 (14) 그 입에는 저주와 악독이 가득하고 (15) 그 발은 피 흘리는 데 빠른지라 (16) 파멸과 고생이 그 길에 있어 (17) 평강의 길을 알지 못하였고 (18) 그들의 눈 앞에 하나님을 두려워함이 없느니라 함과 같으니라"

그리고 의사는 환자의 눈을 까뒤집어 봅니다. 마찬가지로 예수님도 우리의 눈을 까뒤집어 보십니다. 그리고 안목의 정욕이라는 진단을 내리십니다; "(15) 이 세상이나 세상에 있는 것들을 사랑하지 말라 누구든지 세상을 사랑하면 아버지의 사랑이 그 안에 있지 아니하니 (16) 이는 세상에 있는 모든 것이 육신의 정욕과 안목의 정욕과 이생의 자랑이니 다 아버지께로부터 온 것이 아니요 세상으로부터 온 것이라 (17) 이 세상도, 그 정욕도 지나가되 오직 하나님의 뜻을 행하는 자는 영원히 거하느니라"(요일 2:15-17) 사실 하와가 범죄하게 된 것도 선악과를 눈으로 보았더니 "보암직도 하여" 따 먹게 되었습니다.(창 3:6) 우리는 눈으로 보는 것을 조심해야 합니다. 사탄은 예수님을 시험할 때에도 눈으로 짓는 죄를 사용하였습니다; **"마귀가 또 그를 데리고 지극히 높은 산으로 가서 천하 만국과 그 영광을 보여 이르되 만일 내게 엎드려 경배하면 이 모든 것을 네게 주리라"**(마 4:8-9) 사탄은 똑같은 방법으로 이 세상의 번쩍이는 부귀영화를 우리에게 보여주어 날마다 우리의 눈을 유혹하고 있습니다. 하나님의 사람 다윗도 우리아의 아내 밧세바가 목욕하는 것을 눈으로 보고 참지 못하여 범죄하게 되었고 그 결과 다윗이 죽을 때까지 그 집에 칼이 떠나지 않는 무서운 벌을 받아야 했습니다; **"(2) 저녁 때에 다윗이 그의 침상에서 일어나 왕궁 옥상에서 거닐다가 그 곳에서 보니 한 여인이 목욕을 하는데 심히 아름다워 보이는지라 (3) 다윗이 사람을 보내 그 여인을 알아보게 하였더니 그가 아뢰되 그는 엘리암의 딸이요 헷 사람 우리아의 아내 밧세바가 아니니이까 하니 (4) 다윗이 전령을 보내어 그 여자를 자기에게로 데려오게 하**

고 그 여자가 그 부정함을 깨끗하게 하였으므로 더불어 동침하매 그 여자가 자기 집으로 돌아가니라(삼하 11:2-4) (10) 이제 네가 나를 업신여기고 헷 사람 우리아의 아내를 빼앗아 네 아내로 삼았은즉 칼이 네 집에서 영원토록 떠나지 아니하리라 하셨고"(삼하 12:10) 그 이후에 다윗의 딸 다말이 다윗의 아들 암논에 의하여 강간을 당하고 그 일 이후에도 그의 아들들 사이에서 계속 죽이고 죽는 일이 발생하였으며 마침내는 그의 아들 압살롬이 반란을 일으켜 아버지 다윗은 도망하게 되는 수치를 당하게 되고 궁궐에 남아 있던 다윗의 첩들은 백성들이 보는 대낮에 압살롬에 의하여 강간을 당하게 되는 엄청난 벌을 받아야 했습니다. 마침내 다윗의 부하는 다윗의 아들 압살롬을 죽이게 됨으로써 다윗의 가슴은 찢어질 대로 찢어지는 아픔과 고통을 겪어야 했습니다. 다윗이 눈으로 범한 죄가 이처럼 처절하게 다윗의 가정을 파멸시켰습니다. 참으로 죽을 때까지 다윗의 집에는 평안이 없었고 끝까지 하나님이 보내신 칼이 떠나지 아니하였습니다. 하나님은 우리의 죄를 이렇게 무섭게 다루십니다.

마지막으로 의사는 청진기를 가슴에 대고 심장박동을 들어봅니다. 마찬가지로 하나님도 인간의 눈과 목구멍과 혀와 입술로 짓는 이 악독한 죄가 다 어디서 나오는지 살펴보기 위해서 사람의 마음 속을 들여다보십니다. 그리고 참담한 결과를 보십니다: "(25) 화 있을진저 외식하는 서기관들과 바리새인들이여 잔과 대접의 겉은 깨끗이 하되 그 안에는 탐욕과 방탕으로 가득하게 하는도다 (26) 눈 먼 바리새인이여 너는 먼저 안을 깨끗이 하라 그리하면 겉도 깨끗하리라 (27) 화 있을진저 외식하는 서기관들과 바리새인들이여 회칠한 무덤 같으니 겉으로는 아름답게 보이나 그 안에는 죽은 사람의 뼈와 모든 더러운 것이 가득하도다"(마 23:25-27)

예수님은 결국 최종 진단을 내리십니다: "(9) 만물보다 거짓되고 심히 부패한 것은 사람의 마음이라 누가 능히 이를 알리요마는 (10) 나 여호와는 심장을 살피며 폐부를 시험하고 각각 그의 행위와 그의 행실대로 보응하나니"(예레미야 17:9-10) 그리고 무서운 경고를 발하십니다: "(28) 나는 너희에게 이르노니 음욕을 품고 여자를 보는 자마다 마음에 이미 간음하였느니라 (29) 만일 네 오른 눈이 너로 실족하게 하거든 빼어 내버리라 네 백체 중 하나가 없어지고 온 몸이 지옥에 던져지지 않는 것이 유익하며"(마 5:28-29) 무시무시한 경고의 말씀입니다. 오늘 우리 시대의 교회는 예수 믿으면 세상에서 잘된다는 온 갖 달콤한 말로 많은 사람들을 속이고 있으나 성경은 이렇게 무시무시한 말씀으로 가득 차 있습니다.

결론적으로 우리의 육신의 소욕은 이렇게 육신의 정욕과 안목의 정욕과 이생의 자랑을 추구하는 데에 있습니다. 인간 스스로의 힘으로는 아무도 이 육신의 소욕을 이길 수 없습니다. 오직 성령님이 오셔서 도와주셔야만 이 육신의 소욕을 이길 수 있습니다; **"(16) 내가 이르노니 너희는 성령을 따라 행하라 그리하면 육체의 욕심을 이루지 아니하리라 (17) 육체의 소욕은 성령을 거스르고 성령은 육체를 거스르나니 이 둘이 서로 대적함으로 너희가 원하는 것을 하지 못하게 하려 함이니라 (18) 너희가 만일 성령의 인도하시는 바가 되면 율법 아래에 있지 아니하리라 (19) 육체의 일은 분명하니 곧 음행과 더러운 것과 호색과 (20) 우상 숭배와 주술과 원수 맺는 것과 분쟁과 시기와 분냄과 당 짓는 것과 분열함과 이단과 (21) 투기와 술 취함과 방탕함과 또 그와 같은 것들이라 전에 너희에게 경계한 것 같이 경계하노니 이런 일을 하는 자들은 하나님의 나라를 유업으로 받지 못할 것이요"(갈 5:16-21)**

이 말씀에서 보듯이 성령님이 오셔서 우리 안에 거하시지 않으시면 우리는 결코 하나님의 나라에 들어갈 수 없습니다. 그런데 회개하여 죄용서를 받지 아니하면 우리 안에 아직도 악령들과 죄로 더러워져 있기 때문에 그 더러운 곳에 거룩하신 성령님이 들어오실 수 없는 것입니다. 그러므로 우리가 죄를 회개하면 성령님이 오셔서 우리 안에 거하는 사탄의 악령들을 몰아내어 주시고 악령들로 인해서 더러워진 우리의 심령을 흰 눈같이 깨끗하게 하여 주심으로써 우리의 죄가 용서되는 것입니다. 그리고 그 정결하게 된 우리의 심령 안에 성령님께서 들어오셔서 거주하시면서 우리가 저 천국에 들어갈 수 있도록 다시는 죄악으로 더럽혀지지 않고 오히려 하나님을 닮아가는 거룩한 삶, 성화의 삶을 살 수 있도록 우리를 도와주십니다.

그러므로 사도행전 5장 31절에서는 회개해야 죄 용서를 받는다고 말씀하고 있습니다; "이스라엘로 **회개케 하사 죄 사함을 얻게 하시려고** 그를 오른

손으로 높이사 임금과 구주를 삼으셨느니라" 또 고린도후서 7장 10절에서는 회개가 우리를 구원에 이르게 한다고 말씀하고 있습니다: "하나님의 뜻대로 하는 근심은 후회할 것이 없는 **구원에 이르게 하는 회개를** 이루는 것이요" 사도행전에서도 회개가 구원을 얻게 한다고 말씀하고 있습니다: "저희가 이 말을 듣고 잠잠하여 하나님께 영광을 돌려 가로되 그러면 하나님께서 **이방인에게도 생명 얻는 회개를 주셨도다** 하니라"(행 11:18) 이 말씀들을 보면 결국 회개가 우리에게 영생 즉 구원을 가져다 주는 것입니다. 그러니까 회개 없는 믿음은 우리에게 구원을 주지 못하는 것입니다. 그래서 베드로후서에서도 하나님은 아무도 멸망하지 않기 위해서 모든 사람들이 다 회개하기를 원하신다고 기록되어 있습니다: "주의 약속은 어떤 이들이 더디다고 생각하는 것 같이 더딘 것이 아니라 오직 주께서는 너희를 대하여 오래 참으사 **아무도 멸망하지 아니하고 다 회개하기에 이르기를 원하시느니라**"(벧후 3:9) 여기서도 하나님은 사람들이 믿음을 갖기를 원하신다고 하지 않으시고 회개하기를 원하신다고 하셨습니다. 왜냐하면 회개 없이는 믿음을 가질 수 없기 때문입니다.

사도 바울은 다메섹에서부터 복음을 전하기 시작하여 예루살렘과 유대의 온 땅과 로마제국의 전역을 다니면서 복음을 전했습니다. 그런데 그가 전한 복음은 다름 아닌 회개의 복음이었습니다: "(20) 먼저 다메섹에와 또 예루살렘에 있는 사람과 유대 온 땅과 이방인에게까지 **회개하고 하나님께로 돌아가서 회개에 합당한 일을 행하라 전파하므로** (21) 유대인들이 성전에서 나를 잡아 죽이고자 하였으나"(행 26:20-21) 이 말씀에 의하면 사도 바울이 평생동안 전한 복음의 내용은 회개하고 하나님께 돌아가서 회개한 사람답게 다시는 죄짓지 말고 하나님의 자녀다운 삶을 살라는 내용이었습니다. 오늘 우리 시대의 교회가 전하는 설교와는 전혀 다른 내용이었습니다. "주의 약속은 어떤 이들이 더디다고 생각하는 것 같이 더딘 것이 아니라 오직 주께서는 너희를 대하여 오래 참으사 **아무도 멸망하지 아니하고 다 회개하기에 이르기를 원하시느니라**"(벧후 3:9) 이 말씀을 다시 보면 하나님은 지금도 사람들이 회개하고 하나님께 돌아오기를 기다리고 계신다는 뜻입니다. 그런데 오늘 우리 시대의 교회는 '회개'라는 단어조차 사용하기 싫어합니다. 만약 우리 시대의 교회들이 "회개하고 하나님의 자녀가 된 후에는 하나님의 자녀답게 회개의 합당한 열매를 맺는 삶을 살아야 한다" 설교하면 대부분의 사람들이 더 이상 교회에 나타나지 않을 것을 잘 알고 있기 때문에 죄, 회개, 심판, 지옥 이런 단어들을 아예 설교에서 제거하여 버린 것입니다.

앞에서 살펴본 대로 사도행전 3장 19-20절에서는 우리가 회개해야 예수님을 우리에게 보내주신다고 하신다는 말씀을 명심해야 하겠습니다; **"(19) 그러므로 너희가 회개하고 돌이켜 너희 죄 없이 함을 받으라 이같이 하면 유쾌하게 되는 날이 주 앞으로부터 이를 것이요 (20) 또 주께서 너희를 위하여 예정하신 그리스도 곧 예수를 보내시리니"** 회개하지 않은 사람들에게는 예수님을 보내지 아니하시기 때문에 회개 없이 예수님을 믿는다는 사람들은 예수님이 없는 가짜 크리스천이 되는 것입니다. 그러므로 먼저 죄를 회개하지 아니하면 예수님을 구주로 영접하는(믿는) 것은 불가능한 것을 우리는 분명히 깨달아야 하는 것입니다. 그러므로 예수님도 제자들도 모두 믿기 전에 먼저 회개해야 한다고 말씀하신 것입니다. **"제자들이 나가서 회개하라 전파하고"**(막 6:12) 제자들이 예수님의 명령을 받아 난생 처음으로 복음을 전하러 나갔습니다. 그들은 거기서 "예수를 믿고 구원받으십시오"라고 하지 않고 "회개하라"고 전파하였습니다.

성경은 종교를 얘기하지 않고 하나님과의 관계회복을 말하고 있습니다. 아담이 하나님을 불신함으로 빚어진 죄로 인하여 인간이 에덴동산에서 쫓겨난 후 사탄이 왕으로 있는 흑암의 세계로 떨어져 살게 된 후 인간은 줄곧 하나님과 원수관계에 있게 되었습니다. 그러므로 원수관계에 있는 하나님과 인간이 다시 화해하고 하나님과 함께 살기 위해서는 죄를 지은 인간이 먼저 잘못을 인정하고 뉘우치고 죄를 회개해야 하는 것입니다. 믿는다는 말은 영접한다는 말임을 잊지 마십시오. 그러므로 회개하지 않은 상태에서는 하나님을 영접할 수(믿을 수)가 없는 것입니다. 아래 그림이 보여 주듯이 이 세상에는 예수님을 믿는다고 고백하는 사람들이 수도 없이 많이 있으나 그 중에서 오직 죄를 회개하고 죄 용서를 받은 사람들에게만 예수님을 보내주셔서 그들이 예수님을 영접할 수 있게(믿을 수 있게) 해주시는 것입니다.

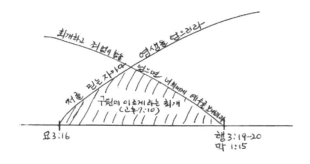

결론적으로 예수님은 먼저 회개하고 그 다음에 복음을 믿으라고 말씀하셨다는 것을 기억하시기 바랍니다; "가라사대 때가 찼고 하나님 나라가 가까웠으니 **회개하고 복음을 믿으라** 하시더라"(막 1:15) 그리고 사도 바울도 먼저 하나님께 대한 회개를 먼저 전한 다음에 예수님에 대한 믿음을 전파하였다는 것을 꼭 명심하시기 바랍니다; "**유대인과 헬라인들에게 하나님께 대한 회개와 우리 주** 예수 그리스도께 대한 믿음을 증거한 것이라"(행 20:21)

죄 용서의 근거와 칭의의 근거

우리가 아무리 진실하게 죄를 행동으로 회개한다고 해도 우리의 그 억만 죄값이 지불되지 않으면 우리의 죄는 용서되지 않습니다. 그러므로 하나님 아버지께서는 독생자 예수님을 보내시어 우리의 죄값을 대신 지불하게 하신 것입니다. 그러나 오늘의 교회는 죄 용서의 근거로 예수님의 대속 죽음만을 믿고 있습니다. 즉 우리의 죄값을 지불하기 위하여 예수님께서 대신 죽으셨다는 것을 강조하고 있습니다. 그러나 성경은 우리의 죄값을 지불하기 위하여 예수님의 대속의 삶과 대속의 죽음 이 두 가지를 다 말씀하고 있습니다; "**인자가 온 것은 섬김을 받으려 함이 아니라 도리어 섬기려 하고 자기 목숨을 많은 사람의 대속물로 주려 함이니라**"(마 20:28) 여기서도 알 수 있듯이 예수님의 섬기는 삶과 죽음 두 가지를 언급하고 있습니다. 하나님께서 우리 인간에게 주신 계명은 성경에 가득 차 있습니다. 그 많은 계명들을 간단하게 열 가지로 요약한 것이 바로 '십계명'입니다. 예수님은 그 십계명을 간단하게 두 계명으로 요약하여 주셨습니다. 그것이 바로 마태복음 22장 37-40절에 기록된 말씀입니다; "**(37) 예수께서 이르시되 네 마음을 다하고 목숨을 다하고**

뜻을 다하여 주 너의 하나님을 사랑하라 하셨으니 (38) 이것이 크고 첫째 되는 계명이요 (39) 둘째도 그와 같으니 네 이웃을 네 자신 같이 사랑하라 하셨으니 (40) 이 두 계명이 온 율법과 선지자의 강령이니라"(마 22:37-40)

십계명의 처음 네 계명들은 다 하나님을 사랑하라는 계명들입니다. 나머지 여섯 개의 계명들은 다 인간들을 사랑하라는 계명들입니다. 우리는 목숨을 다하여 하나님을 사랑하지 못하며 우리 이웃을 내 자신과 같이 사랑하지 못하기 때문에 우리는 하나님이 주신 계명에 불순종한 죄인으로 증명되는 것입니다. 우리를 대신하여 이 두 가지 계명을 다 순종하기 위해서 예수님은 대속의 죽음뿐만 아니라 대속의 삶까지도 살아야 하는 것입니다. 회개를 통하여 죄의 용서를 받았다는 것이 곧 의롭게 되는 것은 아닙니다. 먼저 회개를 통하여 죄의 용서를 받은 후에 예수님을 믿어야(영접해야) 의롭다 하심을 얻게 되는 것입니다; **"곧 예수 그리스도를 믿음으로(영접함으로)말미암아 모든 믿는 자에게 미치는 하나님의 의니 차별이 없느니라"(롬 3:22)** 우리가 아무리 진정한 회개를 하여도 우리를 대신하여 죽으신 예수님의 대속의 죽음과 우리를 대신하여 의롭게 살아주신 대속의 삶이 없다면 우리는 죄의 용서도 받을 수 없고 의롭다고 칭함을 받을 수도 없는 것입니다. 그러므로 바로 예수님의 대속의 죽음과 대속의 삶이 우리의 죄를 용서하고 우리를 의롭게 하는 근거가 되는 것입니다. 그러므로 진정으로 회개하여 죄의 용서를 받고 나서 예수님을 구주와 왕으로 믿은(영접한) 사람은 죄의 용서와 함께 의롭다고 칭함까지 얻게 되는 것입니다. 레위기서에 기록된 다섯까지 제사가 바로 예수님의 대속 죽음과 대속의 삶을 세세하게 보여주는 놀라운 말씀입니다. (더 자세한 내용은 책 뒤에 있는 〈부록 9-1〉을 참고하시기 바랍니다.)

그래서 예수님은 이렇게 말씀하신 것입니다; **"너희가 성경(구약성경)에서 영생을 얻는 줄 생각하고 성경(구약성경)을 상고하거니와 이 성경(구약성경)이 곧 내게 대하여 증거하는 것이로다"(요 5:39)**

그러면 성경이 말하는 회개는 무엇인가?
그러면 먼저 죄를 회개해야만 예수님을 구주로 믿을 수 있다면 성경이 말하는 회개는 과연 무엇입니까? 어떻게 하는 것이 하나님이 받으시는 회개입니까? 교회에 출석한 지 6개월 되었다고 학습문답을 받으라 하고 또 6개월 지났다고 세례문답을 받으라고 합니다. 미리 교리에 관한 질문서를 받고 한 주일 동안 열심히 암송한 다음에 목사님과 장로님들 앞에서 교리 질문에 대답하고 주기도문과 사도신경을 틀리지 않고 암송하고 교단의 법과 교회의 법을 따르겠다고 서약하면 합격하고 주일에 여러 사람들 앞에서 "나는 죄인임을 인정하고 회개합니다. 그리고 예수님을 구주로 영접합니다"라고 고백하면 물세례를 받게 됩니다. 그리고 목사님은 이 사람들이 그리스도인이 되었다고 성삼위의 하나님 이름으로 선포합니다. 아니 그 간단한 문제를 가지고 구두시험에 합격하면 그리스도인이 된다고요? 사기도 이런 왕사기는 없습니다. 예수님이 언제 이렇게 가르치셨습니까? 사도 바울이 언제 어디서 이렇게 가르치셨습니까? 도대체 성경 어디에서 이런 방법으로 시험을 쳐서 구원을 받는다고 기록하고 있습니까? 아니 천국에 들어가는 것이 하버드 대학에 들어가는 것보다 그렇게 훨씬 쉽다고요? 오늘 우리 시대의 교회가 얼마나 무서운 죄를 짓고 있는지를 우리는 전혀 알지 못하고 있습니다.

지금까지 우리는 예수님을 구주로 믿으려면(영접하려면) 먼저 회개가 필수 조건이라는 것을 살펴보았습니다. 그래서 예수님은 어떻게 회개하는지에 대하여도 자세히 말씀해 주셨습니다. 바로 누가복음 15장에 기록된 탕자의 비유가 그것입니다. 예수님은 회개의 3단계에 대하여 비유로 설명해 주셨습니다.

회개의 첫 단계는 자기가 죄인임을 깨닫는 것입니다

누가복음 15장 12절부터 보면 우리에게 참된 회개가 무엇인지를 가르쳐 주시기 위해서 예수님이 직접 말씀하신 탕자의 비유가 기록되어 있습니다. 이 비유에서 둘째 아들은 이 세상의 부귀영화와 쾌락을 즐기고 싶어서 아버지께 요청하여 자기가 받을 유산을 미리 받고 아버지를 떠나 먼 세상 나라로 들어가서 살았습니다. 아버지의 간섭이 없는 그곳에서 그는 떵떵거리며 마음껏 먹고 마시며 친구들과 즐기며 행복하게 살았습니다. 부와 명예와 인기와 쾌락을 마음껏 즐기며 살았습니다. 먹음직도 하고 보암직도 하고 지혜롭게 할 만큼 탐스러운 것(창 3:6)들이 참으로 많았습니다. 참으로 아버지를 떠나서 사는 이 세상은 육신의 정욕과 안목의 정욕과 이생의 자랑(요일

2:15-17)으로 가득 차 있었습니다. 탕자는 이 세상의 모든 것을 마음껏 즐기는 일에 재산과 시간과 에너지 등등 그가 가진 모든 것들을 탕진하였습니다. 그러나 뜻하지 않게 그의 인생의 행복한 시간은 다 지나가고 이제는 그의 인생에 예기치 않았던 흉년이 찾아왔습니다. 결국 그는 먹고 살기 위해서 돼지 치는 하인이 되어 먼 들판으로 나가서 돼지우리 간에서 돼지들과 함께 살면서 돼지가 먹는 음식이라도 배불리 먹고 싶었으나 그나마 그것도 여의치 않았습니다. 그는 드디어 그가 지금까지 잘못 살아온 것을 깨달았습니다. 먼저 누가복음 15장 17-19절을 보겠습니다; **"(17) 이에 스스로 돌이켜 가로되 내 아버지에게는 양식이 풍족한 품군이 얼마나 많은고 나는 여기서 주려 죽는구나 (18) 내가 일어나 아버지께 가서 이르기를 아버지여 내가 하늘과 아버지께 죄를 얻었사오니 (19) 지금부터는 아버지의 아들이라 일컬음을 감당치 못하겠나이다 나를 품군의 하나로 보소서 하리라 하고"**(눅 15:17-19) 바로 이 말씀에서 보는 대로 회개의 첫 단계는 자기가 죄인임을 깨닫는 것입니다. 여기 이 탕자는 자기가 죄인이라는 것을 절박하게 인식하고 위기의식을 느끼고 있습니다. 아버지께로 돌아가서 회개하지 않으면 자기는 여기서 죽을 수밖에 없다는 것을 그는 진정으로 깨닫게 되었습니다. 그냥 오늘 우리 시대의 교회처럼 "아 그럼요 당연히 제가 죄인이지요, 세상 사람들이 다 죄인인데 저도 당연히 죄인이지요. 예, 목사님 저 죄인 맞습니다. 그리고 예수님이 저를 위해서 죽은 것을 믿고 영접합니다" 여기 탕자가 지닌 죄인 인식은 그런 식의 추상적이고 막연한 죄인 인식이 아닙니다. 교회에 출석하는 많은 사람들은 이렇게 생각합니다. "내가 뭐 그렇게 큰 죄인이야? 아니 내가 한국법을 어겼어, 아니면 미국법을 어겼어? 나만큼만 바르게 살라고 해. 나는 법 없어도 살 사람이라고…." 이런 얘기를 들을 때마다 저는 혼자 속으로 "맞아요. 당신은 법이 없어야 살 사람이지요"라고 대꾸하곤 하였습니다. 많은 사람들이 너무도 쉽고 가볍게 자신들이 죄인이라고 생각하면서 예수님의 십자가 보혈로 구원을 받았다고 확신있게 말합니다. 정말 너무도 잘못된 확신으로 일생을 낭비하고 있습니다. 우리 인간들의 죄가 우리가 생각하는 것처럼 그렇게 가벼운 죄라면 하나님이 오셔서 죽으실 필요도 없으시고 또 우리 인간을 그 무섭고 영원한 지옥불에 던지실 필요도 전혀 없는 것입니다.

한국의 법이나 미국의 법 같은 세상 나라의 법은 마치 구멍이 큰 그물 같아서 대부분의 사람들은 그런 엉성한 그물에 걸리지 않고 다 통과합니다. 그런데 양심의 법은 그런 그물보다 구멍이 훨씬 작고 조밀해서 대부분의 사람들은 다 양심의 법에 걸리고 맙니다. 그러니까 양심의 법으로 보면 모든 사람들이 다 죄인입니다. 그런데 하나님 나라의 법은 양심의 법의 그물보다 구멍이 훨씬 더 작고 조밀해서 이 세상 어떤 사람도 그 그물에 걸리지 않고 통과할 수 있는 사람이 없습니다. 하나님 나라의 법을 적용하면 여자를 보고 음욕만 품어도 벌써 간음죄를 지은 것이 되고 형제를 미워하기만 하여도 벌써 살인죄를 지은 것이 됩니다. 누가 하나님의 법 앞에서 죄인이 아니라고 우길 수 있겠습니까? 교회에 다니는 사람들의 대부분이 성경에서 말하는 죄의 심각성을 전혀 깨닫지 못하고 교회에 다니고 있습니다. 자기가 심각한 죄인임을 인식하지 못하면 아무도 진정한 회개를 할 수가 없는 것입니다.

그러므로 예수님께서 지상에 계실 때 사람들이 죄인임을 인식시키기 위해서 많은 시간을 할애하셨습니다: **"(39) 예수께서 이르시되 내가 심판하러 이 세상에 왔으니 보지 못하는 자들은 보게 하고 보는 자들은 소경이 되게 하려 함이라 하시니 (40) 바리새인 중에 예수와 함께 있던 자들이 이 말씀을 듣고 이르되 우리도 소경인가 (41) 예수께서 이르시되 너희가 소경이 되었더라면 죄가 없으려니와 본다고 하니 너희 죄가 그대로 있느니라"**(요 9:39-41)

예수님은 그들의 죄 때문에 눈이 어두워진 죄인임을 깨우쳐 주시려고 하셨으나 그들은 자신들이 죄인이라는 것을 깨닫지 못했습니다. 자기들은 하나님의 택하심을 받은 하나님의 거룩한 백성이므로 당연히 천국에 들어갈 것이라고 믿고 있었는데 자기들을 죄인 취급하는 예수님이 너무 황당하게 여겨졌습니다. 그래서 "우리도 소경인가?" 하면서 예수님의 말씀을 조소하는 투로 대꾸하였습니다. 그래서 예수님께서는 안타까운 마음으로 대답하셨습니다: **"너희가 소경이 되었더라면 죄가 없으려니와 본다고 하니 너희 죄가 그대로 있느니라"** 그러니까 이 말씀을 쉽게 풀이하면 이렇습니다: "너희가 소경인 것을 깨닫고 소경이라고 인정한다면 죄를 회개하고 죄 용서를 받게 되겠지만 아직도 너희 자신들이 본다고 우기고 있으니 너희 죄가 용서받지 못하고 그대로 있는 것이다" 예수님은 소경 한 사람을 고쳐 주시면서도 인간들이 영적 소경이 된 죄인이라는 것을 깨우쳐 주시려 하셨으나 그들은 자기들이 얼마나 심각한 죄인인지를 전혀 깨닫지 못했습니다.

마태복음 9장 11-13절을 보십시오; "**(11) 바리새인들이 보고 그의 제자들에게 이르되 어찌하여 너희 선생은 세리와 죄인들과 함께 잡수시느냐 (12) 예수께서 들으시고 이르시되 건강한 자에게는 의사가 쓸 데 없고 병든 자에게라야 쓸 데 있느니라 (13) 너희는 가서 내가 긍휼을 원하고 제사를 원하지 아니하노라 하신 뜻이 무엇인지 배우라** 나는 의인을 부르러 온 것이 아니요 죄인을 부르러 왔노라 하시니라"(마 9:11-13) 심각한 죽을 병에 걸렸는데도 자기가 병들었는지 알지 못하고 건강하다고 생각하는 사람들에게는 의사가 필요 없습니다. 예수님은 이와 같이 기회가 되는 대로 사람들이 죄의 심각한 죽을 병에 걸렸다고 일깨워 주시고 있으나 그들 스스로가 건강하다고 생각하기 때문에 건강하다고 생각하는 너희들에게는 "영적 의사인 내가 필요 없을 것이라"고 안타까운 마음으로 말씀해 주셨습니다. 그러면서 "**너희는 가서 내가 긍휼을 원하고 제사를 원하지 아니하노라 하신 뜻이 무엇인지 배우라**"고 중요한 말씀을 하셨습니다. 이 말씀을 쉽게 풀이하면 "나 하나님이신 예수는 너희가 죄인인 줄 깨닫고 내게 와서 회개할 때 너희 죄를 용서하고 자비를 베푸는 것을 원한다. 그러나 너희가 죄인인 줄도 깨닫지 못하고 내게 와서 나를 예배(제사)하는 것을 나는 원하지 않는다." 그런 뜻입니다. 이사야 1장에서도 그런 말씀이 있는 것을 지난 번에 살펴보았습니다; "**(11) 여호와께서 말씀하시되 너희의 무수한 제물이 내게 무엇이 유익하뇨 나는 숫양의 번제와 살진 짐승의 기름에 배불렀고 나는 수송아지나 어린양이나 숫염소의 피를 기뻐하지 아니하노라 (12) 너희가 내 앞에 보이러 오니 이것을 누가 너희에게 요구하였느냐 내 마당만 밟을 뿐이니라 (13) 헛된 제물을 다시 가져오지 말라 분향은 내가 가증히 여기는 바요 월삭과 안식일과 대회로 모이는 것도 그러하니 성회와 아울러 악을 행하는 것을 내가 견디지 못하겠노라 (14) 내 마음이 너희의 월삭과 정한 절기를 싫어하나니 그것이 내게 무거운 짐이라 내가 지기에 곤비하였느니라 (15) 너희가 손을 펼 때에 내가 내 눈을 너희에게서 가리고 너희가 많이 기도할지라도 내가 듣지 아니하리니 이는 너희의 손에 피가 가득함이라**"(사 1:11-15) 이 말씀에서도 인간들은 자기들이 얼마나 심각한 죄인인 줄도 모르고 정기적으로 하나님을 예배한답시고 제물을 가지고 나아오니 하나님께서는 고통스러워 견딜 수 없다고 하시면서 더 이상 예배하러 오지 말라고 명령하십니다. 죄를 회개하지 않은 사람들이 드리는 예배는 예배가 아니고 하나님을 고통스럽게 괴롭히는 것입니다.

그러므로 시편 51편 16-17절에서는 하나님께서 받으시는 예배가 무엇인지를 가르쳐 주고 계십니다; **"(16) 주께서는 제사를 기뻐하지 아니하시나니 그렇지 아니하면 내가 드렸을 것이라 주는 번제를 기뻐하지 아니하시나이다 (17) 하나님께서 구하시는 제사는 상한 심령이라 하나님이여 상하고 통회하는 마음을 주께서 멸시하지 아니하시리이다"**(시 51:16-17) 하나님이 원하시고 찾으시는 예배는 이처럼 우리가 죄인임을 깨닫고 아픈 마음으로 통회하고 자백하고 회개하는 것이라고 성경은 가르쳐 주고 있습니다. 그것이 하나님이 원하시고 받으시는 예배이건만 오늘 우리 시대의 교회의 예배는 성경을 변질시켜 사람들 듣기 좋은 온갖 아름다운 말과 성악가들의 아름다운 목소리로 부르는 찬양소리와 각종 악기소리와 이 세상의 복을 받기 위하여 욕심스러운 목소리로 부르짖는 아멘 소리로 가득차고 요란하고 소란스러운 죄인들의 광란의 축제입니다. 마치 모세가 시내산에서 내려올 때에 금송아지를 만들어 놓고 광란의 춤을 추고 노래하는 이스라엘 백성들(출 31:15-20)을 연상케 하는 오늘 우리 시대의 교회의 예배입니다. 우리가 하나님을 예배하기 전에 먼저 죄인임을 깨닫고 회개하여 죄 용서를 받아야 하나님의 자녀가 되고 하나님을 예배할 자격이 주어지는 것입니다. 그러므로 예수님은 기회가 되는 대로 인간들이 죄인이라는 것을 깨우쳐 주시려고 하신 것입니다. 죄인임을 깨닫지 못하면 그 누구도 회개를 할 수가 없기 때문입니다. 이처럼 회개의 첫 단계는 자기가 죄인임을 절실히 깨닫는 것입니다.

　그래서 하나님은 우리가 회개하기 전에 진정으로 죄인임을 깨닫기를 원하시고 기다리십니다. 창세기에 나오는 요셉이 자기를 죽이려 했었고 자기를 애굽 상인에게 노예로 팔아버린 형제들을 알아보았으면서도 바로 용서하지 않고 형제들이 진심으로 자기들의 죄를 인식하고 있는지를 알아보기 위해 여러 번 형들을 힘들게 하면서 시험하였습니다. 그래서 어떤 사람들은 요셉이 너무 깐깐하다고 생각합니다. 우리 한국 사람들 같으면 오랜 만에 보는 형들을 보고 급한 감정을 참지 못하고 그냥 단번에 형들을 끌어안고 "내가 당신들의 동생 요셉입니다" 하고 울면서 "다 용서한다"고 너무 쉽게 말했을 것입니다. 그리고 나중에 시간이 지나고 나서 관계가 틀어지면 과거에 형들의 죄를 다시 들먹이며 싸울 것입니다. 죄의 문제를 회개로 분명히 해결하지 않고 그냥 받아들이면 항상 나중에 곪아 터지게 됩니다. 구약성경이 다 예수님에 대하여 증거하는 것이라(요 5:39)고 예수님께서 말씀하신 대로 여기 요셉도 장차 오실 예수님에 대한 예표였습니다. 그러므로 구약의 요셉 이야기를 통해서 우리는 예수님께서 우리가 어떤 죄인인지를 올바로 깨닫기를 원하신다는 것을 깨달아야 합니다. (이 요셉에 대한 더 자세한 설명은 책 뒤에 있는 〈부록 5-1〉을 참고하기 바랍니다.)

회개의 두 번째 단계는 죄에서 과감히 떠나 하나님께로 돌아가는 것입니다

누가복음 15장 20절에서 잘 보여주고 있습니다; **"이에 일어나서 아버지께로 돌아가니라 아직도 상거가 먼데 아버지가 저를 보고 측은히 여겨 달려가 목을 안고 입을 맞추니"(눅 15:20)** 여기서 탕자는 자기가 죄인임을 깨달은 후에 과감히 죄의 자리를 박차고 일어나서 아버지께로 돌아갔습니다. 다시는 세상으로 나가지 않고 아버지와 함께 아버지 집에서 살았습니다. 회개는 바로 죄를 떠나는 실제적인 행동입니다. '아무리 자기가 죄인임을 진실하게 깨달았다'고 해도 죄에서 떠나는 과감한 실제 행동이 없으면 죄인임을 깨달은 것이 아무 소용이 없어집니다. 죄를 떠나는 일은 결단코 쉬운 일이 아닙니다. 진정으로 회개하기를 원한다면 아무리 힘들어도 죄에서 떠나야 합니다. 정말 뼈를 깎는 고통을 견디면서 죄를 떠나야만 합니다. 죄를 떠나는 행동이 없이 입술로만 죄인이라고 회개하는 것은 거짓 회개이며 하나님은 절대로 속지 않으십니다. 이와 같이 회개의 두 번째 단계는 죄에서 과감히 떠나 하나님께로 돌아가는 것입니다.

입술로만 회개하는 것은 진정한 회개가 아닙니다. 성경이 말하는 진정한 회개는 죄에서 떠나는 것이고 죄에서 떠난다는 것은 흑암에서 떠나 빛 가운데 사는 것을 의미합니다. 흑암에서 떠나 빛 가운데 사는 것을 삶에서 행동으로 보여주는 것만이 진짜 회개이기 때문에 예수님의 피가 그 사람의 죄를 깨끗하게 용서해주시는 것입니다. **곧 하나님은 빛이시라. 그에게는 어두움이 조금도 없으시니라. 6만일 우리가 하나님과 사귐이 있다 하고 어두운 가운데 행하면 거짓말을 하고 진리를 행치 아니함이거니와 7저가 빛 가운데 계신 것 같이 우리도 빛가운데 행하면 우리가 서로 사귐이 있고 그 아들 예수의 피가 우리를 모든 죄에서 깨끗하게 하실 것이요 [요일 1:5-7]** 하나님은 빛이시기에 그에게는 어둠이 조금도 없으시다고 하였습니다. 그러므로 회개하였다는 우리가 어둠[죄] 가운데 행하면 우리는 거짓말쟁이가 되고 하나님과 사귐이 없는 것이 드러나고 마는 것입니다. **빛이신 하나님과 동행하는 사람만이 하나님과 사귐[교제]이 있는 사람이고 오직 그런 사람들에게만 예수님의 피가 우리를 모든 죄에서 깨끗하게 하실 것이라고 성경이 분명하게 말씀하고 있습니다.** 오늘 우리시대의 교회는 예수님의 피를 너무 많이 오해하고 있습니다. 주님의 보혈의 공로만 믿으면 다 구원을 받는다고 맹신하고 있는데 예수님의 피가 교회에 나와서 예수님을 믿는다고 하는 모든 사람들의 죄를 깨끗하게 하는 것이 아니라는 말입니다. 예수님의 피는 오직 진정으로 회개하여 빛 가운데 살아가는 사람들의 죄만 깨끗하게 하여 주신다고 성경이 분명하게 말씀하고 있습니다. 이것이 바로 회개하면 죄 용서를 받는다는 말입니다. 이렇게 죄 용서를 받은 사람만이 하나님께 죄를 고백하면서 하나님이 받아 주시기를 구할 수 있게 되고 하나님은 성령을 보내어 주시어 거듭나게 하심으로서 새생명을 주시고 하나님의 자녀로 받아 주시게 됩니다.

회개의 세 번째 단계는 하나님 앞에서 죄인임을 고백하며 용서를 구하는 것입니다

누가복음 15장 21절이 잘 보여주고 있습니다; **"아들이 가로되 아버지여 내가 하늘과 아버지께 죄를 얻었사오니 지금부터는 아버지의 아들이라 일컬음을 감당치 못하겠나이다 하나"**(눅 15:21) 탕자는 죄악 생활을 과감히 청산하고 아버지 앞에 돌아와서 자기는 죄인이라고 고백하였습니다. 탕자는 아버지의 아들로서의 지위를 포기하고 그냥 품군의 하나로 받아달라고 간청하고 있는 것입니다. 참으로 탕자는 죄의 자리에서 떠나기 전에 아버지께 어떻게 고백할 것인지를 이미 결정하였습니다; **"(19) 지금부터는 아버지의 아들이라 일컬음을 감당치 못하겠나이다 나를 품군의 하나로 보소서 하리라"** 죄를 회개한 탕자는 더 이상 아버지 앞에서 당당할 수가 없는 것입니다. 아들의 지위를 포기하고 이제는 하인으로서 어떤 명령이든 순종할 각오가 되어 있다는 결연한 자세입니다. 참으로 하나님께 회개하는 사람은 여기 탕자처럼 더 이상 하나님 앞에 당당할 수가 없는 것입니다. 이제는 하나님께서 무엇을 명령하시든지 무조건 순종하겠다는 단호한 결단과 행위입니다.

이 회개의 세 단계가 바로 예수님이 가르쳐 주신 진정한 회개입니다. 이제 탕자의 삶은 완전히 바뀌었습니다. 그의 세계관과 가치관이 완전히 바뀌어졌습니다. 그는 그가 추구했던 이 세상의 부귀영화와 쾌락을 완전히 다 버렸습니다. 그의 세상에 대한 꿈과 야망을 다 버린 것입니다. 그는 이제 이 세상을 추구하고자 하는 자기 자신을 부인하고 하인처럼 살겠다는 자기 십자가를 지고 아버지의 명령을 따라 살기로 한 것입니다. 참으로 탕자는 완전히 새 사람이 되었고 새 삶을 살게 되었습니다. 그는 용서를 받고 아들의 지위를 다시 인정받았지만 아버지의 그 자비와 사랑에 보답하기 위해서 최선을 다해서 아버지께 순종하고 충성하는 하인의 삶을 사는 새 사람으로 변화된 것입니다. 이것이 성경이 말하는 진정한 회개입니다. 이것이 예수님이 요구하시는 진정한 회개입니다.

진정한 회개의 실제 예들

그러면 회개했다는 것을 우리는 어떻게 증명할 수 있습니까? 성경은 실제로 회개한 사람들의 예를 보여주고 있습니다. 여러 사람 앞에서 입술로 그냥 죄인이라고 간단히 고백하고 물세례를 받고 나면 구원받았다고 선포하는 것은 성경이 말하는 회개도 아니고 구원도 아닙니다. 성경이 말하는 진정한 회개는 삶의 행위로 나타나야 하는 것입니다.

부자 청년

"(16) 어떤 사람이 주께 와서 이르되 선생님이여 내가 무슨 선한 일을 하여야 영생을 얻으리이까 (17) 예수께서 이르시되 어찌하여 선한 일을 내게 묻느냐 선한 이는 오직 한 분이시니라 네가 생명에 들어 가려면 계명들을 지키라 (18) 이르되 어느 계명이오니이까 예수께서 이르시되 살인하지 말라, 간음하지 말라, **도둑질하지 말라, 거짓 증언 하지 말라, (19) 네 부모를 공경하라, 네 이웃을 네 자신과 같이 사랑하라** 하신 것이니라 (20) 그 청년이 이르되 이 모든 것을 내가 지키었사온대 아직도 무엇이 부족하니이까 (21) 예수께서 이르시되 네가 온전하고자 할진대 **가서 네 소유를 팔아 가난한 자들에게 주라 그리하면 하늘에서 보화가 네게 있으리라 그리고 와서 나를 따르라** 하시니 (22) 그 **청년이 재물이 많으므로 이 말씀을 듣고 근심하며 가니라** (23) 예수께서 제자들에게 이르시되 내가 진실로 너희에게 이르노니 **부자는 천국에 들어가기가**

어려우니라 (24) 다시 너희에게 말하노니 **낙타가 바늘귀로 들어가는 것이 부자가 하나님의 나라에 들어가는 것보다 쉬우니라 하시니**"(마 19:16-26)

영원한 천국에 들어가서 영생을 살고 싶은 한 부자 청년이 예수님을 찾아왔습니다. "자기가 무슨 선한 일을 하면 영생을 얻을 수 있느냐"고 예수님께 물었습니다. 하나님께서 율법(계명)을 주신 목적은 사람들이 그 율법을 지킬 수 없다는 것을 깨닫고 자신들이 죄인임을 깨닫게 하는 것이었습니다: "**그러므로 율법의 행위로 그의 앞에 의롭다 하심을 얻을 육체가 없나니 율법으로는 죄를 깨달음이니라**"(롬 3:20) 즉 하나님께서 율법을 주신 목적은 율법을 통해서 우리 인간이 죄인임을 깨닫고 회개하도록 하기 위함이었습니다. 그와 같은 율법의 목적도 모르고 이 부자 청년은 자기가 율법을 다 지켰다고 대답했습니다. 예수님은 이 청년이 스스로 죄인임을 깨닫게 하기 위해서 "**가서 네 소유를 팔아 가난한 자들에게 주라. 그리고 와서 나를 따르라**"고 말씀하셨습니다. 이 청년은 조금 전에 "**이 모든 계명을 다 지켰다고 대답하면서 아직도 무엇이 부족합니까?**"라고 당당하게 대답을 하였었는데 이제 보니 "**네 이웃을 네 몸과 같이 사랑하라**"는 계명 하나도 지키지 못하고 있는 자신을 발견하였을 것입니다. 여기서 이 청년이 정말 천국에서 영생을 누리기를 원한다면 마땅히 자기가 죄인임을 깨닫고 회개하고 이 세상의 재물을 포기했어야 했습니다. 성경이 말하는 진정한 회개는 우리가 그토록 사랑하고 모든 힘과 시간을 다 바쳐 추구했던 이 세상을 포기하는 것입니다. 그러나 그 청년은 이 세상을 버릴 수가 없어서 결국 천국을 포기하고 근심하면서 돌아갔습니다.

오늘 우리 시대의 교회에게 예수님은 참 어리석은 목회자였습니다. 우리 시대의 교회는 저런 부자가 교회에 들어오면 쌍수를 들어 환영하고 머지않아 장로직을 주어 교회 재정을 더욱 풍성하게 만들어 건물도 크게 짓게 됩니다. 부자가 더 많이 들어올수록 교회는 더 부유해지고 더 유명한 대형 교회로 성공하게 됩니다. 유명한 대형 교회가 되면 경제적으로 성공한 거물급 인물들이 대거 교회로 몰려옵니다. 또 유명한 사회 지도자들이 몰려옵니다. 학계의 거물급들도 몰려듭니다. 정치가들도 표를 얻기 위해서 몰려옵니다. 연예계의 인물들도 자신을 더 알리기 위해서 몰려듭니다. 유명한 예술가들도 몰려옵니다. 음악계의 유명인사들도 몰려와 멋진 오케스트라도 만들고 자기들의 목소리를 뽐냅니다. 부족한 것이 없는 풍성한 교회가 되었고 이름난 교회가 되었습니다. 예수님은 이런 교회를 라오디게아 교회라고 하였습니다. 요한계시록에서 언급한 일곱 교회 중에서 라오디게아 교회는 마지막 교회이며 이 교회 이후에 바로 대환난을 기록하고 있습니다. 즉 라오디게아 교회는 말세 교회임을 보여줍니다: "(14) 라오디게아 교회의 사자에게 편지하라 아멘이시요 충성되고 참된 증인이시요 하나님의 창조의 근본이신 이가 이르시되 (15) 내가 네 행위를 아노니 네가 차지도 아니하고 뜨겁지도 아니하도다 네가 차든지 뜨겁든지 하기를 원하노라 (16) 네가 이같이 미지근하여 뜨겁지도 아니하고 차지도 아니하니 내 입에서 너를 토하여 버리리라 (17) 네가 말하기를 나는 부자라 부요하여 부족한 것이 없다 하나 네 곤고한 것과 가련한 것과 가난한 것과 눈 먼 것과 벌거벗은 것을 알지 못하는도다 (18) 내가 너를 권하노니 내게서 불로 연단한 금을 사서 부요하게 하고 흰 옷을 사서 입어 벌거벗은 수치를 보이지 않게 하고 안약을 사서 눈에 발라 보게 하라 (19) 무릇 내가 사랑하는 자를 책망하여 징계하노니 그러므로 네가 열심을 내라 회개하라 (20) 볼지어다 내가 문밖에 서서 두드리노니 누구든지 내 음성을 듣고 문을 열면 내가 그에게로 들어가 그와 더불어 먹고 그는 나와 더불어 먹으리라"(계 3:14-20)

17절을 보면 라오디게아 교회는 "나는 부자라 부요하여 부족한 것이 없다"라고 말합니다. 사람들이 많고 재정이 풍부하고 각종 프로그램이 많으니까 부자이고 부족한 것이 없다고 자랑할 만합니다. 그런데 그 교회에 대한 주님의 평가는 전혀 다릅니다. 주님은 라오디게아 교회를 "네 곤고한 것과 가련한 것과 가난한 것과 눈 먼 것과 벌거벗은 것을 알지 못하는도다"라고 말씀하셨습니다. 곤고하다(wretched)라는 말은 '비참하다'라는 뜻으로 라오디게아 교회는 비참한 교회라는 말입니다. 가련한 교회 즉 불쌍한 교회이며, 가난한 교회 즉 세상적으로는 부요한 교회이지만 영적으로는 가난한 교회라는 말입니다. 그리고 눈 먼 교회라는 말은 영적으로 눈이 멀어서 진리가 무엇인지 알지 못하는 죽은 교회라는 말입니다. 그리고 벌거벗은 교회라는 말은 의의 옷인 예수님을 입지 못한 교회로서 죄를 용서받지 못한 교회라는 뜻입니다. 즉 구원을 받지 못한 교회라는 말입니다. 그러므로 19절에서 회개하라고 말씀하고 있습니다. 진정한 회개 없이 예수님을 믿는다고 모인 사람들로 구성된 구원받지 못한 교회라는 말입니다. 그러므로 20절을 보면 예수님은 그 교회 안에 들어가실 수가 없어서 문밖에 서서 문을 두드리고 계십니다. 예수님께서 문밖에 서서 문을 두드리신다는 말씀은 대환난 전에 있게 될 일곱 번째 교회인 라오디게아 교회 즉 오늘 우리 시대의 말세 교회는 세상의 모든 좋은 것들은 다 가지고 있지만 오직 예수님만 없는 죽은 교회라는 말입니다.(라오디게아 교회가 말세 교회라는 것에 대해서 더 자세한 내용은 책 뒤에 있는 '부록 9-2'을 참고하시기 바랍니다.)

　다시 부자 청년 이야기로 돌아갑니다. 괴로워하면서 돌아가는 그 부자 청년을 보시면서 예수님은 한 술 더 떠서 이렇게 말씀하셨습니다: **"낙타가 바늘귀로 들어가는 것이 부자가 하나님의 나라에 들어가는 것보다 쉬우니라"** 이 말씀은 비단 저 청년에게만 하신 것이 아니고 세상의 모든 사람들에게 하신 말씀입니다. 재물을 많이 가진 사람만 부자가 아니기 때문입니다. 저 청년은 재물이 많아서 부자이지만 다른 사람들은 재물은 많지 않아도 지식이 많은 부자도 있고 명예가 많은 부자도 있고 쾌락이 많은 부자도 있습니다. 그들이 사랑하고 추구하는 모든 것들을 과감히 버리는 것이 성경이 말하는 회개입니다. 성경이 말하는 진정한 회개는 이 세상에서 우리를 유혹하는 안목의 정욕, 육신의 정욕, 이생의 자랑을 버리는 것입니다. 그러므로 구원을 얻기 위해서는 이 세상을 포기하라고 명령하신 것입니다: **"(15) 이 세상이나 세상에 있는 것들을 사랑하지 말라 누구든지 세상을 사랑하면 아버지의 사랑이 그 안에 있지 아니하니 (16) 이는 세상에 있는 모든 것이 육신의 정욕과 안목의 정욕과 이생의 자랑이니 다 아버지께로부터 온 것이 아니요 세상으로부터 온 것이라 (17) 이 세상도, 그 정욕도 지나가되 오직 하나님의 뜻을 행하는 자는 영원히 거하느니라"**(요일 2:15-17) 이 세상의 안목의 정욕과 육신의 정욕과 이생의 자랑을 사랑하는 사람들은 아버지의 사랑이 그 사람 안에 없다고 하셨습니다. 아버지의 사랑이란 '독생자 예수를 우리에게 주신 사랑'으로서 요한복음 3장 16절에서 언급하신 사랑입니다: **"하나님이 세상을 이처럼 사랑하사 독생자를 주셨으니 이는 저를 믿는 자마다 멸망치 않고 영생을 얻게 하려 하심이라"** 그러므로 아버지의 사랑이 그 안에 없다는 말은 우리를 구원해 주실 예수님이 그 사람 안에 없다는 말입니다.

삭개오

"(1) 예수께서 여리고로 들어가 지나가시더라 (2) 삭개오라 이름하는 자가 있으니 세리장이요 또한 부자라 (3) 그가 예수께서 어떠한 사람인가 하여 보고자 하되 키가 작고 사람이 많아 할 수 없어 (4) 앞으로 달려가서 보기 위하여 돌무화과나무에 올라가니 이는 예수께서 그리로 지나가시게 됨이러라 (5) 예수께서 그 곳에 이르사 쳐다보시고 이르시되 삭개오야 속히 내려오라 내가 오늘 네 집에 유하여야 하겠다 하시니 (6) 급히 내려와 즐거워하며 영접하거늘 (7) 뭇 사람이 보고 수군거려 이르되 저가 죄인의 집에 유하러 들어갔도다 하더라 (8) 삭개오가 서서 주께 여짜오되 주여 보시옵소서 내 소유의 절반을 가난한 자들에게 주겠사오며 만일 누구의 것을 속여 빼앗은 일이 있으면 네 갑절이나 갚겠나이다 (9) 예수께서 이르시되 오늘 구원이 이 집에 이르렀으니 이 사람도 아브라함의 자손임이로다"(눅 19:1-9)

여기에 등장하는 삭개오는 세리장이요 부자라고 하였습니다. '세리장'이란 요새 말로 하면 세금을 거두어 들이는 국세청에서 제일 높은 자리에 있는 국세청장이었습니다. 당시 세리들은 백성들에게서 거둬들인 세금을 착복하여 부자가 되어 백성들로부터 크게 원성을 사는 사람들이었습니다. 그러므로 세리장이었던 삭개오는 백성들의 피를 빨아먹는 큰 부자가 되었으므로 당연히 백성들로부터 크게 지탄을 받는 죄인이었습니다. 그런데 메시아라고 주장하는 예수님께서 이스라엘 백성이라면 누구나 다 알 만한 죄인 삭개오의 집에 가시겠다고 하니 백성들은 예수님이 죄인의 집에 거하러 들어가셨다고 수군거렸던 것입니다. 그런데 삭개오는 예수님 앞에서 이렇게 말했습니다; **"(8) 삭개오가 서서 주께 여짜오되 주여 보시옵소서 내 소유의 절반을 가난한 자들에게 주겠사오며 만일 누구의 것을 속여 빼앗은 일이 있으면 네 갑절이나 갚겠나이다"**

이 세상에서 부정축재로 막대한 부와 권세를 누렸던 삭개오는 자기가 지금까지 모은 재물의 절반을 가난한 자들에게 주겠다고 예수님 앞에서 회개하였습니다. 그리고 남에게서 속여 빼앗은 것에 대하여는 네 배로 갚겠다고 서약하였습니다. 그가 무슨 비즈니스로 재물을 모은 것이 아니고 국가공무원으로서 세금을 착복하여 모든 재물이기 때문에 나머지 절반 남은 재물도

다 네 배로 갚으면 남는 것이 하나도 없을 것입니다. 결국 그는 예수님께서 말씀하시는 구원을 받아 천국에 들어가기 위해서 그동안 그가 사랑하고 추구했던 모든 재물을 포기한 것입니다. **"한 사람이 두 주인을 섬기지 못할 것이니 혹 이를 미워하며 저를 사랑하거나 혹 이를 중히 여기며 저를 경히 여김이라. 너희가 하나님과 재물을 겸하여 섬기지 못하느니라"**(마 6:24)라고 말씀하신 예수님의 말씀 때문에 오랫동안 번민하다가 결심하고 예수님 말씀을 듣기 위해서 국세청장의 높은 지위에 있었던 사람이 체면을 다 팽개치고 뽕나무 위로 올라갔던 것입니다. 삭개오는 세상을 내려놓은 것입니다. 삭개오는 자신이 죄인임을 깨닫고 예수님 앞에서 회개를 행동으로 나타낸 것이었습니다. 예수님은 하나님이시기 때문에 삭개오의 회개가 진실된 회개임을 너무도 잘 알고 계셨습니다. 그러므로 예수님께서는 **"오늘 구원이 이 집에 이르렀으니 이 사람도 아브라함의 자손임이로다"**라고 선포하셨습니다.

예전에는 사람들이 간증한다고 하면 죄악세상의 부귀영화를 추구하며 세상에서 성공하고 출세하던 사람이 진리를 깨닫고 세상에서 누리던 것들을 다 버리고 힘들어도 십자가를 지고 주님만 따르게 되었다고 간증합니다. 사도 바울과 같은 간증이었습니다. 그러나 오늘의 교회에서 듣는 간증은 가난하고 실패하고 비참하게 살았던 사람들이 예수 믿고 났더니 잘 먹고 잘 살게 되고 성공하고 출세하게 되었다는 간증들입니다. 성경과 정반대 되는 가짜 믿음입니다. 사탄이 주는 변질된 믿음입니다. 참 안타까운 일입니다.

제자들

예수님의 제자들도 모든 것을 다 버리고 예수님을 따랐습니다: **"(27) 이에 베드로가 대답하여 이르되 보소서 우리가 모든 것을 버리고 주를 따랐사온대 그런즉 우리가 무엇을 얻으리이까 (28) 예수께서 이르시되 내가 진실로 너희에게 이르노니 세상이 새롭게 되어 인자가 자기 영광의 보좌에 앉을 때에 나를 따르는 너희도 열두 보좌에 앉아 이스라엘 열두 지파를 심판하리라"**(마 19:27-28) 내친 김에 예수님은 한마디 더 하셨습니다. 주님을 따르기 위해서 가족들과 재산을 버린 사람들이 영생을 얻게 된다고 말씀하셨습니다; **"(29) 또 내 이름을 위하여 집이나 형제나 자매나 부모나 자식이나 전토를 버린 자마다**

여러 배를 받고 또 영생을 상속하리라"(마 19:29) 이 말씀은 가족이나 재산을 주님보다 더 사랑하면 영생을 얻지 못한다는 말씀입니다. 예를 들면 한 불신자의 가족 중에서 한 사람이 예수님을 믿고 따르겠다고 선언했을 때 만약 가족들이 강력하게 반대하면서 "만약 예수님을 따라 가면 너를 호적에서 파내겠다"고 했을 때 사랑하는 가족과 재산 등 모든 것을 버리고 예수님을 따르는 사람이 영생을 얻게 된다는 말입니다. 이와 같이 예수님을 따르려면 내가 하나님보다 더 사랑했던 모든 것을 버려야 하는 것이며 그것이 바로 성경이 말하는 회개입니다.

베드로전서에서도 우리가 구원을 받아 천국에 들어가려면 우리가 육체의 욕심을 버리고 이 세상에서는 나그네처럼 살아야 한다고 말씀하고 있습니다; "사랑하는 자들아 나그네과 행인 같은 너희를 권하노니 영혼을 거스려 싸우는 육체의 정욕을 제어하라(to abstain from = 금하라, 없애라)"(벧전 2:11)

야고보에서는 세상을 사랑하는 것이 하나님과 원수 되게 하는 것이라고 경고하셨습니다; "간음하는 여자들이여 세상과 벗된 것이 하나님의 원수임을 알지 못하느냐 그런즉 누구든지 세상과 벗이 되고자 하는 자는 스스로 하나님과 원수되게 하는 것이라"(약 4:4) 또 큰 도시에 가서 대박을 터트려 부자가 되려고 하는 자들에게 무서운 경고의 말씀을 주셨습니다; "(13) 들으라 너희 중에 말하기를 오늘이나 내일이나 우리가 어떤 도시에 가서 거기서 일 년을 머물며 장사하여 이익을 보리라 하는 자들아 (14) 내일 일을 너희가 알지 못하는도다 너희 생명이 무엇이냐 너희는 잠깐 보이다가 없어지는 안개니라"(약 4:13-14) 이런 하나님의 말씀과는 정반대로 오늘 우리 시대의 교인들은 대박을 터트려 부자가 되게 해달라고 매일 새벽기도 시간에 나와서 뜨거운 눈물로 주님께 떼를 쓰며 울부짖고 있습니다. 그리고 세상을 버리라고 가르쳐야 할 목사들은 모쪼록 자기 교회 교인들이 부자가 되도록 부추기는 기복설교를 예수의 이름으로 거침없이 쏟아냅니다. 여기서 "내일 일을 너희가 알지 못하는도다 너희 생명이 무엇이냐 너희는 잠깐 보이다가 없어지는 안개니라"라는 말씀은 어리석은 부자에게 하신 말씀과 동일한 말씀입니다; "(16) 또 비유로 그들에게 말하여 이르시되 한 부자가 그 밭에 소출이 풍성하매 (17) 심중에 생각하여 이르되 내가 곡식 쌓아 둘 곳이 없으니 어찌할까 하고 (18) 또 이르되 내가 이렇게 하리라 내 곳간을 헐고 더 크게 짓고 내 모든 곡식과 물건을 거기

쌓아 두리라 (19) 또 내가 내 영혼에게 이르되 영혼아 여러 해 쓸 물건을 많이 쌓아 두었으니 평안히 쉬고 먹고 마시고 즐거워하자 하리라 하되 (20) 하나님은 이르시되 어리석은 자여 오늘 밤에 네 영혼을 도로 찾으리니 그러면 네 준비한 것이 누구의 것이 되겠느냐 하셨으니"(눅 12:16-20)

사도 바울

사도 바울은 예수 믿기 전에는 그리스 철학에 입문한 학자였으며 오늘날 미국의 상원의원에 해당하는 산헤드린 공회의 의원이었으며 백성들에게 하나님의 말씀을 가르치는 바리새인 즉 오늘날의 목사와 같은 사람이었습니다. 그러니까 그는 당시에 학문적으로나 정치적으로나 종교적으로 크게 출세한 인물이었습니다. 그러나 사도 바울은 예수님을 만난 후에는 그때까지 잘못 살아온 자기 인생의 자랑을 과감하게 다 버렸습니다. 사도 바울도 주님을 따르기 위해서 죄의 회개를 삶의 행동으로 나타내었습니다: "(7) 그러나 무엇이든지 내게 유익하던 것을 내가 그리스도를 위하여 다 해로 여길뿐더러 (8) 또한 모든 것을 해로 여김은 내 주 그리스도 예수를 아는 지식이 가장 고상하기 때문이라 내가 그를 위하여 모든 것을 잃어버리고 배설물로 여김은 그리스도를 얻고 (9) 그 안에서 발견되려 함이니 내가 가진 의는 율법에서 난 것이 아니요 오직 그리스도를 믿음으로 말미암은 것이니 곧 믿음으로 하나님께로부터 난 의라 (10) 내가 그리스도와 그 부활의 권능과 그 고난에 참여함을 알고자 하여 그의 죽으심을 본받아 (11) 어떻게 해서든지 죽은 자 가운데서 부활에 이르려 하노니 (12) 내가 이미 얻었다 함도 아니요 온전히 이루었다 함도 아니라 오직 내가 그리스도 예수께 잡힌 바 된 그것을 잡으려고 달려가노라"(빌 3:7-12) 또 고린도전서에 보면 사도 바울은 당시 세상 사람들이 부러워하는 그리스 철학에서 얻은 고등지식도 다 버리고 오직 단순하게 예수 그리스도의 십자가만 전하는 사람이 되었습니다. 어찌하든지 온갖 유식한 말과 달콤하고 유창한 언어로 사람들의 마음을 잡아보려는 오늘의 목사들과는 정반대로 그렇게 유식한 사도 바울은 그가 배운 고등지식을 이용하여 달변으로 사람들의 마음을 사로잡으려 하지 않았습니다: "(1) 형제들아 내가 너희에게 나아가 하나님의 증거를 전할 때에 말과 지혜의 아름다운 것으로 아니하였나니 (2) 내가 너희 중에서 예수 그리스도와 그가 십자가에 못 박히신 것 외에는 아무것도 알지 아니하기로 작정하였음이라 (3내) 가 너희 가운데 거할 때에 약하고 두려워하고 심히 떨었노라 (4) 내 말과 내 전도함이 설득력 있는 지혜의 말로 하지 아니하고 다만 성령의 나타나심과 능력으로 하여 (5) 너희 믿음이 사람의 지혜에 있지 아니하고 다만 하나님의 능력에 있게 하려 하였노라"(고전 2:1-5)

그는 많이 배운 지성인이었지만 사람들이 알아들을 수 있도록 쉽고 단순한 언어로 십자가 복음을 명확하게 증거하였습니다. 하나님을 두려워하는 마음이 있었기 때문에 하나님의 말씀을 변질시키지 않고 그대로 전하기 위해서 설득력 있는 인간의 지혜의 말로 전하지 않았습니다. 더 많은 사람들의 마음을 사로잡기 위해서 자기가 배운 지식의 아름답고 유창한 말로 복음을 변질시켜서 전하고 싶은 인간적인 욕망을 따라가면 오히려 자기가 버림을 받아 지옥에 던져질 것을 사도 바울은 잘 알고 두려워하였습니다; "(26) 그러므로 나는 달음질하기를 향방 없는 것 같이 아니하고 싸우기를 허공을 치는 것 같이 아니하며 (27) 내가 내 몸을 쳐 복종하게 함은 내가 남에게 전파한 후에 자신이 도리어 버림을 당할까 두려워함이로다"(고전 9:26-27)

빌립보 교회 사람들

빌립보서를 보면 빌립보 교회에는 아직도 구원받지 못하고 땅에서 잘 먹고 잘 살고 성공하고 출세하려고 교회에 나오는 사람들이 많이 있음을 알수 있습니다. 그래서 사도 바울은 자기가 모든 것을 오물처럼 버린 것을 본받으라고 하면서 여러 차례 눈물로 설교하는 것을 볼 수 있습니다; "(17) 형제들아 너희는 함께 나를 본받으라 그리고 너희가 우리를 본받은 것처럼 그와 같이 행하는 자들을 눈여겨 보라 (18) 내가 여러 번 너희에게 말하였거니와 이제도 눈물을 흘리며 말하노니 여러 사람들이 그리스도의 십자가의 원수로 행하느니라 (19) 그들의 마침은 멸망이요 그들의 신은 배요 그 영광은 그들의 부끄러움에 있고 땅의 일을 생각하는 자라"(빌 3:17-19) 빌립보 교회에 출석하는 많은 사람들은 아직도 십자가의 원수로 살아가고 있다고 사도 바울이 경고하고 있습니다. "여러 사람들이 그리스도의 십자가의 원수로 행하느니라 (19) 그들의 마침은 멸망이요" 그들의 결국은 멸망이라고 하였습니다. 즉 회개하지 않고 아직도 세상을 사랑하며 땅의 것을 추구하며 살아가는 그들은 결코 구원을 받지 못할 것이며 영원한 지옥불로 떨어지는 영원한 멸망을 당하게 될 것이라는 말입니다. 왜냐하면 **'그들의 신은 배요'** 즉 그들에게는 아직도 배불리 먹고 잘사는 것이 그들의 하나님이었기 때문이었습니다. 그들은 예수를 믿어서 배불리 잘 먹고 잘 사는 부자가 되기 위해서 교회에 열심히 출석하고 있는 사람들이기 때문입니다. 또 **"그 영광은 그들의 부끄러움에 있고 땅의 일을 생각하는 자라"** 하나님을 믿겠다고 교회에 나온 사람들이 아직도 부끄러운 세상의 영광을 추구하고 땅의 일을 생각하는 사람들이었기 때문입니다. 오늘날의 교회에서 교회의 한 멤버가 출세해서 국회의원이 된다든지 유명한 연예인이 된다든지 하면 그 교회는 하나님의 축복을 받았다고 난리를 치고 법석을 떱니다. 어떤 목회자는 자기가 할리우드 배우가 되었다고 자랑하면서 지난 한 해는 하나님의 축복이 넘치는 한 해였다는 연하장을 보내오기도 하였습니다. 오늘 우리 시대의 교회는 안목의 정욕과 육신의 정욕과 이생의 자랑을 추구하는 십자가의 원수들로 차고 넘쳐나고 있습니다. 다시 말해서 오늘 우리 시대의 교회는 죄를 회개하지 않은 교회입니다. 더욱 충격적인 것은 시간이 흐르면 흐를수록 교회들은 새로운 선교사상, 새로운 신학사상, 새로운 목회방법, 새로운 프로그램 등 새로운 유행을 만들어 내고 또 그것들을 따라가지 못하면 자기 교회는 박물관으로 전락하게 된다고 생각하는 풍조가 만연되어 있습니다. 오늘의 교회가 차라리 옛것을 간직한 박물관으로 전락할 수 있다면 오히려 성경으로 돌아갈 기회가 있을지도 모르겠는데 오늘의 교회는 이미 'Funeral Home(미국에서 사람이 죽으면 장례식 날까지 며칠 동안 시신을 보관해 주고 장례식을 할 수 있는 장소를 제공해 주는 집)'이 된 것을 알지 못하고 있습니다. 참으로 대부분의 오늘날의 교회는 성경으로부터 너무 멀리멀리 떠났기 때문에 이미 루비콘 강을 건넌 것 같아 안타까운 마음입니다.

회개에 합당한 열매

마태복음 3장 8절을 보면 **"회개에 합당한 열매를 맺으라"**고 말씀하고 있습니다. 회개에 합당한 열매를 맺으라는 말은 무엇입니까? 처음 회개할 때에 삶의 행동으로 했던 그 회개로 끝이 아니라는 뜻입니다. 회개를 했으면 계속해서 주님께서 우리를 천국으로 데려가실 그날까지 회개한 사람답게, 즉 하나님의 자녀가 된 사람답게 거룩하고 경건하고 착하고 충성되고 의롭게 살아야 한다는 말입니다. 회개는 처음 일회성 이벤트로 끝나서는 안 된다는 말입니다. 처음 회개한 이후부터는 회개했다는 그 증거를, 그 열매를 삶에서 지속적으로 나타내야 한다는 말입니다. 처음에는 일회성 회개를 통해서 삶으로 나타난 것 같았으나 그 회개의 삶이 지속되지 못해서 거룩한 삶이 열매로 나타나지 않고 아직도 세속적인 삶을 살고 있다면 그는 회개의 열매를 맺지 못한 사람이며 회개에 합당한 좋은 열매를 맺지 못하면 그는 다시 하나님으로부터 잘림을 당하고 떨어져 나가게 된다고 성경은 경고하고 있습니다. 마치 열매를 맺지 못하는 가지가 포도나무에서 잘라지는 것처럼 말입니다; "(1) 나는 참포도나무요 내 아버지는 농부라 (2) 무릇 내게 붙어 있어 열매를 맺지 아니하는 가지는 아버지께서 그것을 제거해 버리시고 무릇 열매를 맺는 가지는 더 열매를 맺게 하려 하여 그것을 깨끗하게 하시느니라"(요 15:1-2)

그러므로 예수님은 회개의 열매를 보면 그 사람이 진짜 회개를 한 사람인지 아닌지를 구별할 수 있다고 말씀하십니다; "(16) 그들의 열매로 그들을 알지니 가시나무에서 포도를, 또는 엉겅퀴에서 무화과를 따겠느냐 (17) 이와 같이 좋은 나무마다 아름다운 열매를 맺고 못된 나무가 나쁜 열매를 맺나니 (18) 좋은 나무가 나쁜 열매를 맺을 수 없고 못된 나무가 아름다운 열매를 맺을 수 없느니라 (19) 아름다운 열매를 맺지 아니하는 나무마다 찍혀 불에 던져지느니라 (20) 이러므로 그들의 열매로 그들을 알리라 (21) 나더러 주여 주여 하는 자마다 다 천국에 들어갈 것이 아니요 다만 하늘에 계신 내 아버지의 뜻대로 행하는 자라야 들어가리라"(마 7:18-21) 참으로 회개한 후에 좋은 열매를 계속 맺지 않으면 찍혀 불에 던지운다고 말씀하셨습니다. 왜냐하면 진정 회개해서 용서받고 하나님의 사람이 되었다면 계속해서 하나님의 자녀답게 좋은 열매를 맺는 거룩한 삶, 경건한 삶, 의로운 삶을 살아야 하기 때문입니다. 죄를 회개해서 깨끗해진 후에 다시 죄의 생활로 돌아가면 구원을 잃게 되어 지옥 불에 던져진다는 말씀입니다; "(20) 만일 그들이 우리 주 되신 구주 예수 그리스도를 앎으로 세상의 더러움을 피한 후에 다시 그 중에 얽매이고 지면 그 나중 형편이 처음보다 더 심하리니 (21) 의의 도를 안 후에 받은 거룩한 명령을 저버리는 것보다 알지 못하는 것이 도리어 그들에게 나으니라 (22) 참된 속담에 이르기를 개가 그 토하였던 것에 돌아가고 돼지가 씻었다가 더러운 구덩이에 도로 누웠다 하는 말이 그들에게 응하였도다"(벧후 2:21-22) 히브리서 6장에서도 회개의 합당한 열매를 맺지 못하고 다시 타락한 사람들은 불지옥에 던져질 것이라고 경고하고 있습니다; "(4) 한 번 빛을 받고 하늘의 은사를 맛보고 성령에 참여한 바 되고 (5) 하나님의 선한 말씀과 내세의 능력을 맛보고도 (6) 타락한 자들은 다시 새롭게 하여 회개하게 할 수 없나니 이는 그들이 하나님의 아들을 다시 십자가에 못 박아 드러내 놓고 욕되게 함이라 (7) 땅이 그 위에 자주 내리는 비를 흡수하여 밭 가는 자들이 쓰기에 합당한 채소를 내면 하나님께 복을 받고 (8) 만일 가시와 엉겅퀴를 내면 버림을 당하고 저주함에 가까워 그 마지막은 불사름이 되리라"(히 6:4-8) 사울 왕처럼 성령의 은사를 받았었고 성령으로 거듭났고 하나님의 말씀이 얼마나 좋은지도 경험했고 하나님이 주시는 능력까지 체험했던 사람이라도 다시 타락하여 회개하기 전의 삶으로 돌아가면 예수님을 다시 십자가에 못 박은 죄를 짓게 되는 것이라고 분명하게 말씀하고 있습니다. 거룩한 복음의 씨를 뿌렸는데 좋은 채소를 내지 못하고 가시와 엉겅퀴를 내면 그 결국은 불지옥으로 가게 된다는 것을 말씀하고 있습니다. 히브리서 10장에서도 같은 내용을 말씀하고 있습니다; "(26) 우리가 진리를 아는 지식을 받은 후 짐짓 죄를 범한즉 다시 속죄하는 제사가 없고 (27) 오직 무서운 마음으로 심판을 기다리는 것과 대적하는 자를 태울 맹렬한 불만 있으리라"(히 10:26-27)

하나님은 이와 같이 회개를 중요하게 다루십니다. 그냥 적당히 죄인이라고 입술로 고백하면 다 하나님의 자녀가 되었다고 선포하는 오늘 우리 시대의 교회와는 전혀 다릅니다. 그래서 예수님은 택하신 백성 이스라엘까지도 하나님이 원하시는 거룩하고 경건하고 의로운 열매를 맺지 못하기 때문에 천국에 가지 못하게 된다고 말씀하셨습니다. 오늘 우리 시대의 교회는 회개 없는 믿음만 가지고 있기 때문에 구원을 받은 적도 없는데 한 번 받은 구원은 영원히 잃지 않는다고 믿고 가르치고 우기고 있습니다. 물론 구원을 받은 적이 없으니까 잃을 구원이 없는 것이 사실이기는 하지만 말입니다; "그러므로 내가 너희에게 이르노니 하나님의 나라를 너희는 빼앗기고 그 나라의 열매 맺는 백성이 받으리라"(마 21:43)

이와 같이 하나님께서 우리의 믿음을 인정하고 받아들이게 하려면 먼저 우리가 죄인인 것을 깨달아야 하고 죄인임을 인정하고 회개해야 하는 것입니다. 그리고 회개는 입술로만 죄인이라고 고백하는 것이 아니고 회개했다는 것을 행동으로 증명해서 죄악을 떠나 회개의 합당한 열매를 지속적으로 맺어야 하는 것입니다.

믿음과 영접

예수님은 회개한 다음에 복음을 믿으라(막 1:15)고 말씀하셨고 회개를 한 사람에게 예수님을 보내주신다(행 3:19-20)고 말씀하셨으므로 이제부터는 믿음과 영접에 대하여 살펴보겠습니다.

믿는다는 것은 무엇을 의미합니까?

"(12) 영접하는 자 곧 그 이름을 믿는 자들에게는 하나님의 자녀가 되는 권세를 주셨으니 (13) 이는 혈통으로나 육정으로나 사람의 뜻으로 나지 아니하고 오직 하나님께로서 난 자들이니라"(요 1:12-13)

"(12) 영접하는 자 곧 그 이름을 믿는 자들에게는 하나님의 자녀가 되는 권세를 주셨으니" 이 말씀에서 우리는 '예수님을 영접한다'는 뜻과 '예수님을 믿는다'는 뜻이 같은 의미라는 것을 알 수 있습니다. 즉 우리가 흔히 '예수님을 믿는다'라고 할 때 그것은 그냥 입술로만 하는 추상적인 신념이 아니고 내 인생의 밖에 계셨던 예수님을 실제적으로 내 안으로 모셔 들여오는 것(영접)을 의미하는 것입니다. 그러니까 내가 예수님을 믿는다는 말은 내가 예수님을 내 안으로 영접하였다는 말입니다. 다시 말하면 내가 예수님을 믿기(영접) 전에는 예수님은 내 인생의 밖에 계셨기 때문에 나와 아무 상관이 없었던 분인데 내가 예수님을 믿은(영접) 후에는 예수님이 내 안에 들어오셔서 내 안에 거하신다는 뜻입니다. 내가 예수님을 믿기(영접) 전에는 내 안에 사탄이 보낸 악령들이 거하면서 나는 사탄의 통치를 받고 살았었는데 내가 예수님을 믿고(영접) 난 후에는 예수님이 내 안에 거하시면서 나를 통치하는 왕이 되신 것을 의미하는 것입니다. 그래서 우리는 예수님을 그리스도로 믿고 있는 것입니다. '그리스도'라는 말은 '메시아'라는 히브리어를 그리스어로 번역한 것입니다. 히브리어 '메시아'는 '구원자 + 왕'이라는 뜻입니다. 그러므로 우리가 '예수는 그리스도입니다'라고 말할 때 이 말은 '예수님이 나를 구원해 주신 구원자이실 뿐만 아니라 나를 구원하신 후에 내 안에 거하시면서 나를 통치하시는 왕'이라는 뜻입니다.

"(12) 영접하는 자 곧 그 이름을 믿는 자들에게는 하나님의 자녀가 되는 권세를 주셨으니" 그러니까 예수님을 영접하여 내 안에 모시고 예수님의 통치에 복종하는 사람들에게 하나님의 자녀가 되는 권세를 주신다는 말입니다. 그런데 누구든지 예수님을 메시아로 영접, 즉 예수님을 메시아로 믿을 수 있으려면 그 사람은 먼저 행동으로 죄를 회개한 사람이어야 한다는 것을 우리가 지금까지 살펴본 바입니다. 이와 같이 회개를 행동으로 나타낸 후에야 우리는 죄 용서를 받게 되고 죄 용서를 받은 후에야 하나님은 예수님을 우리에게 보내주셔서 예수님이 우리 안에 거하시게 되는 것입니다. 조금 더 정확하게 얘기하면 예수님은 예수님 대신 성령님을 우리에게 보내주셔서 실상은 성령님이 우리 안에 거하시는 것입니다. 사탄이 악령들을 보내어 우리 안에 거하게 하면서 우리를 통치했던 것처럼 하나님 아버지와 예수님은 성령님을 우리에게 보내주셔서 우리 안에 거하게 하시면서 우리를 통치하시는 것입니다. 그러므로 우리가 예수님을 믿는다고 말할 때 우리는 단순히 예수님을 구세주로만 믿는 것이 아니고 예수님을 왕으로 모시고 매일의 삶에서 그의 통치에 복종하는 삶을 사는 것입니다. 그러니까 우리가 예수님을 그리스도로 믿는다는 말은 함부로 쉽게 내뱉을 말이 아닙니다. 앞에서 살펴본 것처럼 행동으로 나타난 진정한 회개가 없이는 믿음 자체가 불가능한 것이고 또 진정으로 회개한 후에 예수님을 그리스도로 믿는다고 말하는 것도 매일의 삶에서 육신의 정욕과 안목의 정욕과 이생의 자랑을 다 버리고 왕 되신 주님의 명령에 복종하며 살아야 하는 엄청난 의무와 책임이 뒤따르기 때문에 우리가 예수님을 그리스도로 믿는다는 말을 쉽게 내뱉을 수 없는 것입니다. 그러므로 성경에서 말하는 '예수 믿는 믿음'은 아무나 지닐 수 없는 아주 어려운 말로서 성경은 아주 소수의 사람들 만이 천국에 들어갈 수 있다고 누누이 말씀하고 있습니다. 예수님께서 천국 문은 좁고 천국으로 가는 길은 좁고 협착하여 찾는 이가 적다고 하신 말씀은 오직 하나님의 양들에게만 들리는 것입니다: **"(26) 너희가 내 양이 아니므로 믿지 아니하는도다 (27) 내 양은 내 음성을 들으며 나는 그들을 알며 그들은 나를 따르느니라 (28) 내가 그들에게 영생을 주노니 영원히 멸망하지 아니할 것이요 또 그들을 내 손에서 빼앗을 자가 없느**

니라"(요 10:26-28)

지금까지는 예수님을 영접한다는 의미와 예수님을 믿는다는 의미가 동일한 것이라는 것을 살펴보았습니다. 그리고 예수님을 이렇게 영접하는 사람들에게 하나님의 자녀가 되는 권세를 주셨다는 것을 살펴보았습니다. 그러면 이제는 어떤 사람들이 하나님의 자녀가 될 수 있는지를 살펴보겠습니다. 요한복음 1장 12절을 다시 보겠습니다; "(12) **영접하는 자 곧 그 이름을 믿는 자들에게는** 하나님의 자녀가 되는 권세를 주셨으니 (13) **이는 혈통으로나 육정으로나 사람의 뜻으로 나지 아니하고 오직 하나님께로서 난 자들이니라**"(요 1:12-13)

모태 신앙? 성경에 없는 말입니다

여기서 "**혈통으로나 육정으로나 사람의 뜻으로 나지 아니하고**"는 무슨 뜻입니까? 한국 교회는 유독 모태신앙이라는 성경에 없는 용어를 만들어 믿고 있습니다. 믿음은 DNA처럼 유전인자가 아닙니다. 즉 믿음은 자손들에게 자동적으로 유전되지 않는다는 말입니다. '**혈통으로나**(not of natural descent)' 즉 유전으로 되지 않는다는 말입니다. '**육정으로나**(not of human decision)' 즉 인간의 결정으로 되는 것이 아닙니다. 아프리카 부족들 중에는 이따금 선교사가 복음을 전할 때 부족장이 예수님을 믿기로 결심하면 그 모든 부족을 불러놓고 내가 예수를 믿기로 하였으니 우리 부족은 이제부터 예수님을 믿는다 하고 말하면 그 부족의 모든 사람들이 그냥 부족장의 명령에 복종할 수밖에 없습니다. 이것이 바로 육정(human decision)으로 예수님을 믿는 것입니다. '**사람의 뜻으로**(a husband's will)' 이 말은 남편이 예수를 믿으니까 남편을 위해서 부인이 그냥 교회에 출석하면서 예수님을 믿어주는 것입니다. 이상의 말씀은 하나님의 자녀가 되는 것은 부모로부터 유전되는 것도 아니고 공동체의 결정을 따라서 하나님의 자녀가 되는 것도 아니고 남편이나 아내나 자녀 등 가족의 결정으로 하나님의 자녀가 되는 것도 아니라는 말입니다. 그러니까 부모가 아무리 훌륭한 참 믿음을 지닌 사람들이라도 그 자손들이 자동적으로 그런 믿음을 받게 되지는 않는다는 말입니다. 우리는 항상 성경에서 그 실례들을 찾아보아야 합니다. 열왕기서에는 이스라엘과 유다의 왕들의 신앙생활과 그들의 정치 치적들이 기록되어 있습니다. 왕들의 신앙생활을 잘 살펴보면 훌륭한 믿음을 가지고 하나님께 복종하는 삶을 살아간 좋은 왕들이 있는가 하면 반대로 불신앙을 가지고 하나님께 불순종하며 살아간 나쁜 왕들도 많이 있습니다. 놀라운 것은 어떤 왕은 믿음을 가지고 하나님을 잘 섬겨서 훌륭한 치적을 쌓은 왕인데 그의 아들은 아버지의 믿음을 본받지 않고 아예 정반대로 아버지가 하나님을 위해서 세운 모든 것들을 때려 부수고 우상의 제단을 많이 세워 우상을 섬기는 일에 평생을 보냅니다. 믿음이 유전되지 않는다는 것을 보여주는 예입니다. 이와는 정반대로 믿음이 없어서 우상을 섬기는 그 악한 왕에게서 태어난 아들은 아버지가 세운 모든 우상의 제단들을 때려 부수고 다시 하나님을 섬기는 훌륭한 믿음을 보여주기도 합니다. 아버지로부터 신앙교육을 받지 못한 아들이 어떻게 그렇게 하나님을 잘 섬기는 믿음의 왕이 될 수 있겠습니까? 믿음은 유전이 되는 것이 아니고 전적으로 각 개인의 문제이기 때문입니다.

열왕기하 15장 32-34절을 보기 바랍니다: "이스라엘 왕 르말랴의 아들 베가 이년에 유다 왕 웃시야의 아들 **요담이 왕이 되니** 위에 나아갈 때에 나이 이십오 세라 예루살렘에서 십육 년을 치리하니라 그 모친의 이름은 여루사라 사독의 딸이더라 **요담이 그 부친 웃시야의 모든 행위대로 여호와 보시기에 정직히 행하였으나**"(왕하 15:32-34) 여기서 보는 대로 요담은 그의 부친 웃시야처럼 여호와 보시기에 정직히 행하였습니다. 믿음이 좋은 요담 왕은 자기 자녀들에게도 하나님을 잘 믿고 순종해야 한다고 신앙교육을 잘 시켰을 것입니다. 그러나 요담의 아들이 왕이 되었을 때는 어떻게 되었는지 살펴보기 바랍니다. 요담의 아들 아하스는 아버지와는 정반대로 하나님께 불순종하고 대항하여 극렬하게 우상을 섬겼습니다; "(1) 르말랴의 아들 베가 제십칠년에 유다의 왕 요담의 아들 아하스가 왕이 되니 (2) 아하스가 왕이 될 때에 나이가 이십 세라 예루살렘에서 십육 년간 다스렸으나 그의 조상 다윗과 같지 아니하여 그의 하나님 여호와께서 보시기에 정직히 행하지 아니하고 (3) 이스라엘의 여러 왕의 길로 행하며 또 여호와께서 이스라엘 자손 앞에서 쫓아내신 이방 사람의 가증한 일을 따라 자기 아들을 불 가운데로 지나가게 하며 (4) 또 산당들과 작은 산 위와 모든 푸른 나무 아래에서 제사를 드리며 분향하였더라"

(왕하 16:1-4)

열왕기하 18장 1-6에도 같은 경우가 기록되어 있습니다. 이번에는 하나님을 대적하고 우상을 섬기는 나쁜 왕 아하스에게서 훌륭한 믿음의 사람 히스기야 왕이 태어납니다. 나쁜 왕 아하스는 하나님을 대적하며 우상을 섬기는 사람이었으므로 당연히 자기 자녀들에게도 하나님을 따르지 못하도록 우상을 섬기도록 교육하였을 것입니다. 그러나 히스기야는 자기 아버지와는 정반대로 우상을 때려 부수고 하나님을 섬기는 훌륭한 왕이 되었습니다; "**(1) 이스라엘의 왕 엘라의 아들 호세아 제삼년에 유다 왕 아하스의 아들 히스기야가 왕이 되니 (2) 그가 왕이 될 때에 나이가 이십오 세라 예루살렘에서 이십구 년간 다스리니라 그의 어머니의 이름은 아비요 스가리야의 딸이더라 (3) 히스기야가 그의 조상 다윗의 모든 행위와 같이 여호와께서 보시기에 정직하게 행하여 (4) 그가 여러 산당들을 제거하며 주상을 깨뜨리며 아세라 목상을 찍으며 모세가 만들었던 놋뱀을 이스라엘 자손이 이때까지 향하여 분향하므로 그것을 부수고 느후스단이라 일컬었더라 (5) 히스기야가 이스라엘 하나님 여호와를 의지하였는데 그의 전후 유다 여러 왕 중에 그러한 자가 없었으니 (6) 곧 그가 여호와께 연합하여 그에게서 떠나지 아니하고 여호와께서 모세에게 명령하신 계명을 지켰더라**"(왕하 18:1-6)

그러나 이렇게 훌륭한 믿음의 왕 히스기야에서 태어난 아들 므낫세는 아버지로부터 훌륭한 신앙교육을 받았을 터이지만 아버지와는 정반대로 하나님을 대항하여 아버지가 헐어버린 신당을 다시 세우고 우상을 섬기는 악한 왕이 되었습니다; "**(21) 히스기야가 그의 조상들과 함께 자고 그의 아들 므낫세가 대신하여 왕이 되니라 (1) 므낫세가 왕이 될 때에 나이가 십이 세라 예루살렘에서 오십오 년간 다스리니라 그의 어머니의 이름은 헵시바더라 (2) 므낫세가 여호와 보시기에 악을 행하여 여호와께서 이스라엘 자손 앞에서 쫓아내신 이방 사람의 가증한 일을 따라서 (3) 그의 아버지 히스기야가 헐어 버린 산당들을 다시 세우며 이스라엘의 왕 아합의 행위를 따라 바알을 위하여 제단을 쌓으며 아세라 목상을 만들며 하늘의 일월 성신을 경배하여 섬기며 (4) 여호와께서 전에 이르시기를 내가 내 이름을 예루살렘에 두리라 하신 여호와의 성전에 제단들을 쌓고 (5) 또 여호와의 성전 두 마당에 하늘의 일월 성신을 위하여 제단들을 쌓고 (6) 또 자기의 아들을 불 가운데로 지나게 하며 점치며**

사술을 행하며 신접한 자와 박수를 신임하여 여호와께서 보시기에 악을 많이 행하여 그 진노를 일으켰으며 (7) 또 자기가 만든 아로새긴 아세라 목상을 성전에 세웠더라 옛적에 여호와께서 이 성전에 대하여 다윗과 그의 아들 솔로몬에게 이르시기를 내가 이스라엘의 모든 지파 중에서 택한 이 성전과 예루살렘에 내 이름을 영원히 둘지라 (8) 만일 이스라엘이 나의 모든 명령과 나의 종 모세가 명령한 모든 율법을 지켜 행하면 내가 그들의 발로 다시는 그의 조상들에게 준 땅에서 떠나 유리하지 아니하게 하리라 하셨으나 (9) 이 백성이 듣지 아니하였고 므낫세의 꾐을 받고 악을 행한 것이 여호와께서 이스라엘 자손 앞에서 멸하신 여러 민족보다 더 심하였더라"(왕하 20:21-21:9)

　이상에서 살펴본 대로 믿음은 절대로 유전되는 것이 아닙니다. 모태신앙은 한국인이 만들어낸 비성경적 가르침입니다. 아담 하와의 후손 가인과 아벨은 둘 다 신앙교육을 부모로부터 받았으나 가인을 불신앙으로 하나님의 면전을 떠났고 아벨은 믿음으로 동물제사를 드려서 의롭다 칭함을 받았습니다. 디모데 후서는 바울이 그의 인생의 말년에 이제 후계자가 되어 계속 복음을 전해야 할 하나님의 종 디모데에게 여러가지 사역에 대하여 말하는 중에 갑자기 디모데의 외할머니와 어머니를 언급한 것은 디모데의 가정에 삼대에 걸쳐 참 믿음이 계속되고 있기 때문입니다. 그러므로 사도 바울은 디모데가 거짓 없는 참된 믿음을 가진 것을 보고 놀라워하며 이렇게 말했습니다: "5이는 네 속에 거짓이 없는 믿음이 있음을 생각함이라 이 믿음은 먼저 네 외조모 로이스와 네 어머니 유니게 속에 있더니 네 속에도 있는 줄을 확신하노라" [딤후1:5] 믿음이 유전되지 않는다는 것을 잘 알고 있는 사도 바울이 놀란 이유는 디모데의 외할머니가 그 진실한 믿음을 가진 분이었고 또 디모데의 어머니도 그런 진실한 믿음을 가지고 있었는데 삼대 째 그 가정에서 진실한 믿음을 가진 사람 디모데를 볼 때마다 신기했던 것입니다. 대개는 부모가 잘 믿는 사람이면 그 다음 세대는 믿음이 없는 사람들이 대부분인데 삼대에 걸쳐 훌륭한 믿음을 가진 사람이 한 가정에서 계속 나오는 것은 사도 바울이 보기에도 매우 드문 일이었기 때문입니다. 만약 신앙이 자동적으로 유전되는 것이었다면 사도 바울이 놀랄 이유도 없고 이렇게 귀한 서신에 그의 가족의 이름들을 언급할 이유도 없었을 것입니다.

12 영접하는 자 곧 그 이름을 믿는 자들에게는 하나님의 자녀가 되는 권세를 주셨으니 13 이는 혈통으로나 육정으로나 사람의 뜻으로 나지 아니하고 오직 하나님께로서 난 자들이니라"[요1:12-13] 자 그러면 이 말씀이 보여주듯이 하나님의 자녀가 되는 것은 유전으로도 되지 않고 가족이나 공동체가 원한다고 해서 하나님의 자녀가 되는 것이 아니라고 하시면서 "오직 하나님께로서 난 자들이니라"고 예수님이 직접 말씀하셨습니다. "오직 하나님께로서 난 자들이니라"라는 말씀은 무슨 뜻입니까?

'오직 하나님께로서 난 자들이니라'

오직 하나님께로서 난 자들이니라'라고 하셨는데 이 사람들은 어떤 사람들입니까? "볼지어다 내가 문밖에 서서 두드리노니 **누구든지 내 음성을 듣고 문을 열면 내가 그에게로 들어가 그로 더불어 먹고 그는 나로 더불어 먹으리라** [계 3:20] 이 말씀을 보면 예수님은 사람들의 문 밖에 서 계시면서 주님의 말씀을 가지고 그들의 마음 문을 두드리시면서, 즉 다른 말로 하면 그들이 주님의 음성을 듣고 마음 문을 열기를 기다리고 계십니다. 그리고 사람들이 말씀을 듣고 마음을 열면 예수님은 그 사람들 안에 들어가서 거하시기를 원하십니다. 왜냐하면 하나님의 형상을 잃어버린 죄인들을 다시 하나님의 형상으로 만드시려면 사람들의 마음 속에 들어가셔서 그 안에 새생명을 넣어주시고 그들의 존재의 중심이 되는 마음을 통치하심으로써 그들을 하나님의 형상으로 회복시킬 수 있기 때문입니다. 사람들이 사탄의 통치를 받고 사는 한 그들은 결코 하나님의 형상을 닮아갈 수 없기 때문입니다. 그래서 일단 사람들이 주님의 말씀을 듣고 마음을 열면 주님 대신에 성령님을 보내어 그들 안에 거하시게 하는 것입니다. 마음 문을 연다는 의미는 사람들이 하나님의 말씀을 듣고 마음에 찔림을 받으면 죄를 회개하게 된다는 의미입니다. 사람들이 자기 잘못을 깨달으면 닫혔던 마음을 열고 그동안 자기가 잘못한 모든 것을 털어놓는 것입니다. 그것이 바로 회개입니다. 그래서 베드로를 비롯한 사도들이 예루살렘에서 하나님의 말씀을 전할 때에 사람들은 마음에 찔림을 받았고 드디어 마음 문을 열게 되는 것입니다; "(37)저희가 이 말을 듣고 마음에 찔려 베드로와 다른 사도들에게 물어 가로되 형제들아 우리가 어찌할꼬 하거늘 (38)베드로가 가로되 너희가 회개하여 각각 예수 그리스도

의 이름으로 세례를 받고 죄 사함을 얻으라 그리하면 성령을 선물로 받으리니
[행 2:37–38]

　여기서 우리가 눈 여겨 봐야 할 것은 베드로가 '너희가 예수님을 믿으면 구원을 받을 것이라'고 말하지 않고 회개하여 죄사함을 받으라고 말했다는 점입니다. 즉 먼저 회개하여 죄사함을 받아야만 하나님께서 선물로 성령님을 보내주실 것이라고 말한 점입니다. 다시 말해서 사람들이 회개한다는 말은 마음의 문을 열었다는 뜻입니다. 그래서 그들의 죄를 용서해 주심으로 주홍같이 붉은 죄로 더러워졌던 그들의 안이 흰 눈 같이 깨끗하게 되었기 때문에 이제는 예수님이 들어가서 거하실 수가 있게 된 것입니다. 그러므로 하나님 아버지와 예수님은 성령님을 회개해서 깨끗하게 된 그들의 마음 안에 거하게 하시는 것입니다. 이것이 바로 '성령의 내주하심'[dwelling of the Holy Spirit]입니다. 죄를 회개하지 않은 더러운 마음 안에는 거룩하신 성령님이 들어가실 수가 없기 때문에 회개가 필수적으로 선행되어야 하는 것입니다. 성령님이 내 안에 들어오셔서 거하신다는 말은 다른 말로 예수님을 내 안으로 모셔 들이는 영접입니다.
　그리고 예수님을 영접한다는 말은 곧 예수님을 믿는다는 말입니다. 그러니까 성령님이 내 안에 들어오셔서 거주하신다는 말은 내가 예수님을 믿게 되었다는 말입니다. 내가 아무리 수십년 동안 교회를 다니면서 예수님을 믿는다고 하였어도 만약 성령님이 내 안에 거주하시지 안는다면 나는 아직 예수님을 믿은 것이 아닙니다.

그러면 성령님이 내 안에 들어오시면 무슨 일을 제일 먼저 하십니까?

　성령님이 내 안에 들어오시면 제일 먼저 하시는 일이 나에게 새 영을 주어 내가 새 영으로 다시 태어나게 하시는 일입니다. 이것이 바로 예수님께서 말씀하신 거듭남입니다. 예수님은 사람이 물과 성령으로 거듭나지 아니하면 하나님 나라에 들어갈 수 없다고 하셨습니다. 다른 말로 하면 사람이 물과 성령으로 다시 태어나지 아니하면 구원을 받을 수 없다는 말 즉 하나님의 자녀가 될 수 없다는 말입니다: "사람이 **물과 성령으로 거듭나지 아니하면 하**

나님 나라에 들어갈 수 없느니라[요 3:5] 거듭나지 아니하면 구원을 받을 수 없다는 말입니다. 교회를 아무리 평생을 다녀도 거듭나지 구원을 받을 수 없고 천국에 들어갈 수도 없는 것입니다. 얼마나 중요한 말씀입니까? 고린도후서 3장 6절에서도 성령님은 살리는 일을 하신다고 기록하고 있습니다; "**6 그가 또한 우리를 새 언약의 일꾼 되기에 만족하게 하셨으니 율법 조문으로 하지 아니하고 오직 영**[성령님을 의미합니다. 영어 성경에서는 대문자 Spirit을 사용하여 일반적인 영[spirit]과 구별하여 기록하고 있습니다]**으로 함이니 율법 조문은 죽이는 것이요 영**[성령님]**은 살리는 것이니라**"[고후 3:6] 또한 요한복음 6장 63절에서도 성령님은 생명을 주시는 분이라고 한번 더 확인해 주고 있습니다; "**영**[대문자 Spirit은 성령님]**은 살리는 것이니**"[The Spirit gives life]

그러면 물과 성령으로 거듭난다는 것은 무슨 뜻입니까?

물로 거듭난다는 의미는 무엇입니까?

에베소서 5장 26절을 보기 바랍니다; "이는 곧 물로 씻어 **말씀으로 깨끗하게 하사 거룩하게 하시고**" 여기서 하나님의 말씀으로 우리를 깨끗하게 하신다는 뜻은 우리가 하나님의 말씀을 들을 때 죄인임을 깨닫게 되어 회개하게 됨으로 죄용서를 받아 깨끗하게 된다는 말입니다. 한글성경은 좀 잘못 번역되었습니다. 영어성경을 보면 "to make her holy cleansing **her by the washing with water through the word.**"라고 기록되어 있습니다. 그러니까 "말씀을 통한 물"이라는 말은 "하나님의 말씀이라는 물"을 가지고 깨끗하게 씻는다 라는 뜻입니다. 보통 우리가 우리 몸을 씻을 때에는 물을 사용합니다. 그런데 그 물로는 우리의 죄를 씻어내지 못합니다. 그래서 "말씀을 통한 물"[water through the word]이라는 표현을 사용한 것으로서 정확하게 표현하자면 "말씀이라는 물"로 우리의 죄를 씻어낸다는 뜻입니다. 그러므로 오늘 우리 시대의 교회가 여기에 기록된 물을 "침례나 세례'라고 우기면서 침례나 세례를 받아야 구원을 받는다고 믿는 것은 대단히 잘못된 믿음입니다. "세례를 받아야 구원받는다, 아니다 침례를 받지 못하면 절대로 구원을 받지 못한다" 라고 교파 간에 싸우는 것은 참으로 성경을 모르는 극치를 보여주는 것입니다. 물을 사용한 침례나 세례로는 아무도 구원받지 못합니다. 침례나 세례에 대하여는 나중에 자세히 설명할 것입니다. 성경은 우리가 어떤 물을 쓸지라도 그리고 좋은 비누를 아무리 많이 쓸지라도 물로는 우리의 죄를 씻어내지 못하며 거듭나게 하지 못한다고 말씀하고 있습니다: "주 여호와 내가 말하노라 네가 잿물로 스스로 씻으며 수다한 비누를 쓸지라도 네 죄악이 오히려 내 앞에 그저 있으리니"[렘2:22] 오직 말씀이라는 물로 우리의 죄를 씻을 수 있습니다. 우리가 하나님의 말씀을 들을 때에 비로소 우리는 죄인임을 깨닫게 되고 회개하게 되어 죄사함을 받게 되고 그러면 성령님을 내 안에 모실 수 있게 되어 내가 새 영을 받아 거듭나게 되는 것입니다. 그러니까 회개가 믿음보다 먼저라는 것을 우리가 지금까지 살펴보았는데 회개하려면 먼저 하나님의 말씀을 들어야 죄인인 줄을 깨닫고 회개하게 된다는 말입니다. 예수님은 요한복음 15장 3절에서 "너희는 내가 일러준 말씀으로 이미 깨끗하였으니"라고 말씀하셨습니다. 그리고 베드로 전서 1장 23절에서도 우리가 말씀으로 거듭난다고 기록되어 있습니다: "23 너희가 거듭난 것은 썩어질 씨로 된 것이 아니요 썩지 아니할 씨로 된 것이니 살아 있고 항상 있는 하나님의 말씀으로 되었느니라" [벧전1:23] 우리가 하나님의 말씀을 들을 때에 죄인임을 깨닫고 회개하게 됨으로써 죄용서를 받아 성령님을 내 안에 영접할 수 있어서 성령님의 살려주시는 역사로 내가 새 영을 받아 거듭나게 되기 때문에 하나님의 말씀으로 거듭나게 된 것이라고 기록한 것입니다. 만약에 죄를 깨닫게 해주는 말씀을 듣지 못하였으면 나는 회개하지 않게 될 것이고 따라서 성령님이 내 안에 들어오실 수 없으므로 나는 거듭날 수가 없는 것입니다.

성령으로 거듭난다는 의미는 무엇입니까?

사도행전 2장 36-38절을 보기 바랍니다. 이제는 감이 잡힐 것입니다: "[36]그런즉 이스라엘 온 집이 정녕 알찌니 너희가 십자가에 못박은 이 예수를 하나님이 주와 그리스도가 되게 하셨느니라 하니라 (37)저희가 이 말을 듣고 마음에 찔려 베드로와 다른 사도들에게 물어 가로되 형제들아 우리가 어찌할꼬 하거늘 (38)베드로가 가로되 너희가 회개하여 각각 예수 그리스도의 이름으로 세례를 받고 죄 사함을 얻으라 그리하면 성령을 선물로 받으리니" 바로 앞에서 언급한대로 사람들이 하나님의 말씀을 들을 때에 마음에 찔림을 받고 죄를 회개하게 되는 것입니다. 그러면 이 사람들이 들은 말씀의 내용은 어떤 것이었습니까? 36절에 기록된 대로 십자가의 복음을 들은 것입니다. 즉 우리의 죄 때문에 하나님이신 예수님이 대신 십자가에서 죽음의 형벌을 받으셨다는 십자가 복음을 들은 것입니다. 그러면 자기들의 죄가 얼마나 컸으면 하나님이 오셔서 죽으셔야 했겠습니까? 그렇다면 그들의 회개는 어떤 각오로 하는 회개여야 하겠습니까? 그러므로 **"너희가 회개하여 각각 예수 그리스도의 이름으로 세례를 받고"** 즉 회개를 하되 예수의 이름으로 세례를 받으라고 하였습니다. 오늘 우리 시대의 교회는 "세례' 혹은 "침례"에 대하여 너무 많이 오해하고 있습니다. 성경에서 말하는 세례는 물을 뿌리는 세례나 물 속으로 들어갔다가 나오는 침례를 의미하지 않습니다. 성경은 세례가 무엇인지에 대하여 명확하게 설명해주고 있으나 소경이 된 오늘의 교회들은 말씀을 보아도 보지 못하고 들어도 깨닫지 못합니다; **"1 그런즉 우리가 무슨 말을 하리요 은혜를 더하게 하려고 죄에 거하겠느냐 2 그럴 수 없느니라 죄에 대하여 죽은 우리가 어찌 그 가운데 더 살리요 3 무릇 그리스도 예수와 합하여 세례를 받은 우리는 그의 죽으심과 합하여 세례를 받은 줄을 알지 못하느냐 4 그러므로 우리가 그의 죽으심과 합하여 세례를 받음으로 그와 함께 장사되었나니 이는 아버지의 영광으로 말미암아 그리스도를 죽은 자 가운데서 살리심과 같이 우리로 또한 새 생명 가운데서 행하게 하려 함이라 5 만일 우리가 그의 죽으심과 같은 모양으로 연합한 자가 되었으면 또한 그의 부활과 같은 모양으로 연합한 자도 되리라 6 우리가 알거니와 우리의 옛 사람이 예수와 함께 십자가에 못 박힌 것은 죄의 몸이 죽어 다시는 우리가 죄에게 종 노릇 하지 아니하려 함이니 7 이는 죽은 자가 죄에서 벗어나 의롭다 하심을 얻었음이라 8 만일 우리가 그리스도와 함께 죽었으면 또한 그와 함께 살 줄을 믿노니"** [롬 6:1–8] 3절과 4절에서 보는 대로 성경에서 말하는 세례[침례]는 우리의 옛 사람이 예수와 함께 죽고 예수와 함께 장사되는 것입니다. 예수님이 나의 죄 때문에 죽으셨으므로 나의 죄의 옛 사람도 예수와 함께 죽어야 하는 것입니다. 그리고 1절과 2절에서 보는 대로 회개한 후에는 절대로 죄의 옛 사람이 다시 살아서 죄 가운데 살아서는 안된다는 말입니다. 오늘 우리 시대의 교회는 하나님의 은혜를 엄청나게 오해하여 **"죄가 더한 곳에 은혜가 더욱 넘쳤나니"** [롬5:20]를 그 의미도 알지 못한 채 굳게 믿으면서 "우리가 아무리 죄를 많이 지어도 하나님의 은혜가 훨씬 더 크기 때문에 우리는 그저 하나님의 은혜에 감사하면서 살면 되는 거야'라고 무식하고 무책임하게 말합니다. 오늘의 교회는 하나님의 은혜를 더 많이 의지하면 더 훌륭한 신앙인이 된다고 굳게 믿고 있는 것입니다. 그래서 이와 같이 은혜에 대하여 잘못된 믿음을 가지고 은혜를 더 많이 의지하기 때문에 오늘날 예수 믿는다는 사람들이 죄를 짓는 일에 아무런 가책도 느끼지 않고 더 자유로워진 것입니다. 그러면서 어떤 믿는 사람들이 의롭게 살려고 노력하는 것을 보면 오히려 그들을 율법주의라고 비난하는 정도에까지 이르고 있습니다. 이런 사람들에게 하나님은 바로 로마서 6장 1절과 2절에서 명쾌하게 답변하고 계십니다; **"1 그런즉 우리가 무슨 말을 하리요 은혜를 더하게 하려고 죄에 거하겠느냐 2 그럴 수 없느니라 죄에 대하여 죽은 우리가 어찌 그 가운데 더 살리요"** 이 말씀은 오늘의 교회가 하나님의 은혜를 얼마나 엄청나게 많이 오해하고 죄를 범하고 있는지를 잘 보여주고 있는 것입니다.

성경에서 말하는 세례[침례]는 물로 하는 죽은 종교의식이 아니고 예수님과 함께 죽고 장사되는 것입니다. 죽고 장사된 옛 죄의 사람이 다시 살아서는 안된다는 말입니다. 우리의 죄가 아무리 커도 하나님의 은혜가 더 크기 때문에 회개한 사람이 다시 지어도 상관없다는 잘못된 믿음에 대하여 하나님은 **"은혜를 더하게 하려고 죄에 거하겠느냐 2 그럴 수 없느니라 죄에 대하여 죽은 우리가 어찌 그 가운데 더 살리요"** 라고 분명하고 명쾌하게 대답해 주셨습니다. 다시 말합니다. 우리의 옛 사람이 예수님과 함께 죽고 장사되는 것이 세례입니다. 그래서 **"너희가 회개하여 각각 예수 그리스도의 이름으로 세례를 받고 죄 사함을 얻으라"** 라고 말씀하신 것입니다. 그러므로 여기서 예수의 이름으로 세례를 받으라는 말씀은 물세례를 받으라는 것이 아닙니다. 먼저 과거에 지은 모든 죄들을 진심으로 회개하고 과감하게 일상의 삶에서 행동으로 죄를 떠나야 합니다. 그리고 예수님께 도움을 요청하는 기도를 해야 합니다. "나의 죄를 대신 짊어지시고 십자가에서 죽으신 예수님. 이제 나의 옛 죄의 사람은 예수님과 함께 십자가에서 죽었습니다. 나는 더 이상 죄의 옛 사람으로 살지 않겠습니다. 나를 죄에서 구원해주신 예수님께서 내 안에 들어오셔서 나를 통치하시는 왕이 되어주십시오" 라고 기도를 하면 예수님은 약속하신 성령님을 보내 주십니다. 그리고 성령님이 들어오시면 지금까지 내 안에 거하던 사탄이 보낸 악령들을 몰아내어 주시고 대신 성령님이 내 안에 거주하시게 됩니다. 그리하면 내 안에 거하시는 성령님의 도움으로 하나님의 나라 [하나님의 통치]가 내 삶에 시작되는 것입니다. 나는 이제 더 이상 사탄의 통치 아래 있지 않습니다. 나는 이제 하나님의 통치를 받고 사는 하나님의 자녀가 된 것입니다. 다른 말로 하면 나의 왕이 되신 예수님의 통치가 내 삶에 시작되는 것입니다: "26 그러나 내[예수님]가 하나님의 성령을 힘입어 귀신을 쫓아내는 것이면 하나님의 나라[하나님의 통치]가 이미 너희에게 임하였느니라 27 사람이 먼저 강한 자[사탄]를 결박하지 않고서야 어떻게 그 강한 자의 집[사탄이 왕으로 통치하는 이 세상]에 들어가 그 세간[사탄의 소유 즉 죄인 인간들]을 강탈하겠느냐 결박한 후에야 그 집을 강탈하리라" [마12:28-29] 이와 같이 예수와 함께 죽는 회개를 할 때에 우리의 죄가 용서되는 것입니다. 죄의 옛 사람이 예수와 함께 죽지 않은 사람은 물침례를 아무리 여러 번 받아도, 물세례를 아무리 여러 번 받아도 성경이 말하는 세례를 받지 못한 사람이며 결코 죄용서를 받지 못한 사람입니다. 이와 같이 죄의 옛 사람이 예수와 함께 죽고 장사되는 그런 참된 회개를 행한 사람에게만 예수님의 십자가 보혈의 공로가 적용되어 억만 죄를 용서받게 되는 것입니다. 죄의 옛 사람이 예수와 함께 죽고 장사되지 않은 사람들에게는 예수님의 십자가 보혈의 능력이 적용되지 않는 것입니다. **38)베드로가 가로되 너희가 회개하여 각각 예수 그리스도의 이름으로 세례를 받고 죄 사함을 얻으라 그리하면 성령을 선물로 받으리니"**

죄를 회개하고 예수와 함께 죽고 장사되는 세례를 받은 사람들은 죄용서를 받게 되어 주홍같이 붉은 죄가 흰 눈같이 희게 되어 그 깨끗해진 마음 속에 성령님이 임하시고 그 안에 거하시는 것입니다. 그 성령님이 들어와 내 안에 거하실 때 처음 하시는 일이 바로 나에게 새 생명을 주어 내가 거듭나게 하는 것입니다. 성령님이 내 안에 들어오셔서 내게 새 생명을 주시어 내가 새 사람으로 거듭나게 하는 것이 바로 성령 세례입니다. 그러므로 나를 거듭나게 하는 두 요소는 하나님의 말씀의 물인 십자가 복음과 새 생명을 주시는 성령님이십니다. 그래서 예수님께서 너희가 물과 성령으로 거듭나지 아니하면 천국에 들어갈 수 없다고 말씀하신 것입니다.

반쪽 구원

성령님이 들어와 내 안에 거하실 때 처음 하시는 일이 바로 나에게 새 생명을 주어 내가 거듭나게 하는 것입니다. **그러나 죄인을 하나님의 자녀로 거듭나게 하시는 하나님 계획은 두 단계에 걸쳐 완성됩니다. 그 첫째 단계는 우리의 영을 먼저 거듭나게 하시는 것입니다.** 다른 말로 하면 성령님은 우리에게 새로운 영을 태어나게 해 주시는데 그것이 바로 한국어 성경에는 "양자의 영"이라고 번역되어 있습니다. 영어 성경에는 "Spirit of sonship"입니다. 즉 "하나님의 아들이 되는 특별한 영"으로 태어난 것입니다. 그동안에는 사탄의 노예로서 사탄이 주는 "종[노예]의 영"을 받고 두려워하면서 사탄의 자녀로 살아왔었으나 이제는 회개하였기 때문에 용서를 받고 성령님의 도움으로 사탄에서 해방되어 예수님의 십자가 공로로 "하나님의 아들이 되는 특별한 영"을 받은 것입니다. 그러므로 이제부터 비로소 이 사람은 하나님을 "아바[아빠] 아버지"라고 부를 수 있게 되어 하나님을 예배할 수 있게 된 것입니다. 그러므로 오늘 우리 시대의 교회에서 거듭나지 않은 사람들이 하나님을 아버지라고 부르는 것은 그냥 허공을 치는 헛소리에 불과한 것입니다. "하나님의 아들이 되는 특별한 영 Spirit of sonship"을 받은 사람은 하나님의 자녀가 된 것이라고 성령님이 증거하시는 것입니다; **"(15)너희는 다시 무서워하는 종의 영을 받지 아니하였고 양자의 영을 받았으므로 아바 아버지라 부르짖느니라 (16)성령이 친히 우리 영으로 더불어 우리가 하나님의 자녀인 것을 증거하시나니"[롬 8:15–16]**

그리고 둘째 단계는 예수님 재림 때에 우리의 육신이 부활을 통해서 새롭고 **영원한 신령한 몸으로 거듭나는 것입니다;** "23그뿐 아니라 또한 **우리 곧 성령의 처음 익은 열매를 받은 우리까지도** 속으로 탄식하여 **양자 될 것 곧 우리 몸의 속량을 기다리느니라**" [롬 8:23] 여기 "**성령의 처음 익은 열매**"는 성령님의 역사로 우리의 영을 살리신 것 즉 거듭나게 한 것이 성령님이 이루신 첫 열매입니다. 성령님의 둘째 열매는 예수님의 재림 때에 우리의 몸이 거듭나서 부활하는 것입니다. 우리의 영을 살리신 성령님은 우리의 육신도 살아나게 하실 것입니다; "11예수를 죽은 자 가운데서 살리신 이의 영[성령님]이 너희 안에 거하시면 그리스도 예수를 죽은 자 가운데서 살리신 이가 너희 안에 거하시는 그의 영[성령님]으로 말미암아 너희 죽을 몸도 살리시리라" [롬8:11]

그러므로 재림 때 까지는 성령으로 거듭난 사람은 영만 거듭났고 육신은 아직도 거듭나지 못해서 죄 가운데 살게 됩니다; "9만일 너희 속에 하나님의 영이 거하시면 너희가 육신에 있지 아니하고 영에 있나니 **누구든지 그리스도의 영[성령님]이 없으면 그리스도의 사람이 아니라 10또 그리스도께서 너희 안에 계시면 몸은 죄로 말미암아 죽은 것이나 영은 의로 말미암아 살아 있는 것이니라**"[롬8:9-10] 여기서 그리스도의 영은 예수님이 보내신 성령을 의미합니다.[영어성경에서는 성령님을 나타낼 때는 항상 대문자 S를 사용합니다. 일반 영을 나타낼 때는 소문자 s를 사용합니다] 즉 성령님이 없는 사람은 그리스도의 사람이 아니라고 말씀하고 있습니다. 10절을 보면 너희 안에 그리스도가 거하시면, 즉 성령님이 너희 안에 거하시면 영은 살아났지만[거듭났지만] 몸은 아직도 죄로 말미암아 죽은 상태라고 말씀하고 있습니다. 그러므로 거듭난 영은 하나님의 말씀에 순종하는 삶을 살고 싶어합니다. 그러나 거듭나지 못한 육신은 사탄이 주는 세상의 부귀영화와 쾌락을 따라 살고 싶어합니다. 이 둘이 내 안에서 서로 싸우기 때문에 성령으로 거듭나는 순간부터 참 그리스도인은 영적전쟁에 휘말리게 되는 것입니다. 사도 바울도 천국에 들어가기 위해서 이 영적전쟁을 싸우면서 힘겨워 하였습니다; "**19내가 원하는 바 선은 행하지 아니하고 도리어 원하지 아니하는 바 악을 행하는도다 20만일 내가 원하지 아니하는 그것을 하면 이를 행하는 자는 내가 아니요 내 속에 거하는 죄니라 21그러므로 내가 한 법을 깨달았노니 곧 선을 행하기 원하는 나에게 악이 함께 있는 것이로다 22내 속사람[거듭난 영의 사람]으로는 하나님의 법을 즐거워하되 23내 지체[육체] 속에서 한 다른 법이 내 마음의 법과 싸워 내 지체 속에 있는 죄의 법으로 나를 사로잡는 것을 보는도다 24오호라 나는 곤고한 사람이로다 이 사망의 몸[거듭나지 못한 육체]에서 누가 나를 건져내랴 25우리 주 예수 그리스도로 말미암아 하나님께 감사하리로다 그런즉 내 자신이 마음으로는 하나님의 법을 육신으로는 죄의 법을 섬기노라**"[롬7:19-25] 사도 바울 속에 있는 구원받은 영은 하나님의 뜻대로 선하게 살고 싶어 하지만 구원받지 못한 육신은 악을 행하고 있는 것입니다. 사도 바울은 자기 속에서 구원받은 영과 구원받지 못한 육신[몸]이 서로 싸우고 있는 것을 깨닫고 "이 사망의 몸[육신]에서 누가 나를 건져내랴" 라며 고통스럽게 탄식하고 있습니다. 영적 전쟁이 쉽지 않은 전쟁임을 시사하는 말입니다. 누구든지 성령으로 거듭난 사람은 아무도 이 고통스러운 영적전쟁을 피할 수가 없습니다. 거듭난 모든 사람이 거쳐야 할 필수 과정입니다. 로마서 8장 12–14절 보기 바랍니다: "**12그러므로 형제들아 우리가 빚진 자로되 육신에게 져서 육신대로 살 것이 아니니라 13너희가 육신대로 살면 반드시 죽을 것이로되 영으로써 몸의 행실을 죽이면 살리니 14무릇 하나님의 영[성령님]으로 인도함을 받는 사람은 곧 하나님의 아들이라**" 성령님의 역사로 영이 거듭난 사람은 이제부터 하나님께 사랑의 빚을 진 사람으로서 육신에게 져서 육신의 소욕을 따라 살면 반드시 죽을 것이라고 하였습니다. "반드시 죽을 것이라"는 말은 영이 거듭나서 얻은 반쪽 구원을 다시 잃어버린다는 말입니다. 그러나 구원받은 영이 성령님의 인도하심에 복종하여 육신의 소욕을 과감히 물리치고 몸이 따라가려고 하는 나쁜 죄의 행실을 죽이면 구원받은 영이 계속 살 것이라는 말입니다. 그래서 14절에서 육신의 소욕을 물리치고 성령님의 인도하심을 따라 사는 사람은 하나님의 자녀가 된다는 말입니다. 사도 바울은 이 말씀을 뜻을 잘 알고 있었기에 성령님의 인도하심에 복종하여 죄악세상을 따라가려는 자기의 육신을 쳐서 복종시켰다고 고백하고 있습니다: "**26그러므로 나는 달음질하기를 향방 없는 것 같이 아니하고 싸우기를 허공을 치는 것 같이 아니하며 27내가 내 몸[거듭나지 못한 육신]을 쳐 복종하게 함은 내가 남에게 전파한 후에 자신이 도리어 버림을 당할까 두려워함이로다**" [고전 9:26–27] 사도 바울은 천국을 향해서 뛰는 달음질이 헛된 달음질이 되지 않도록 구원받지 못한 육신의 소욕을 과감히 물리치기 위하여 거듭나지 못한 자기 몸을 쳐서 복종시키고 있다고 간증하고 있습니다. 그렇게 하는 이유는 바울 자신이 복음을 전파하여 다른 사람들은 구원을 받게 하면서 정작 자기 자신은 육신에 져서 살다가 천국에 들어가지 못하게 될 것을 두려워하였기 때문이라고 고백하고 있습니다. 여기서 한 번 얻은 구원을 다시 잃어버릴 수 있다는 것을 사도 바울도 분명히 알고 있었음을 우리는 다시 한번 깨닫게 됩니다. 만약 사도 바울이 오늘 우리 시대의 교회처럼 한번 얻은 구원은 다시 잃어버릴 수 없는 영원한 구원이라고 믿었다면 그는 "**내가 남에게 전파한 후에 자신이 도리어 버림을 당할까 두려워함이로다**"라는 말을 할 수도 없었고 또 사도로서 해서는 안되는 말이었습니다. 그러나 사도 바울은 한번 얻은 구원이라도 자기가 육신의 소욕을 따라 세상의 부귀영화를 따라 살면 얻은 구원을 다시 잃어버린다는 것을 분명히 알고 확실히 믿었기에 심히 두려워하였던 것입니다.

그러므로 성령님의 역사로 영이 구원받은 것은 반쪽짜리 구원에 불과하며 아직 구원의 완성이 아닙니다.

우리의 영이 구원을 받았다는 것은 단지 구원의 시작일 뿐입니다. 우리의 육신까지 구원을 받아야 비로소 구원이 완성되는 것입니다. 빌립보서 2장 12절은 우리의 구원이 완성되지 않았다는 것을 분명하게 하는 경고의 말씀이 기록되어 있습니다; "그러므로 나의 사랑하는 자들아 너희가 나 있을 때뿐 아니라 나 없을 때에도 **항상 복종하여 두렵고 떨림으로 너희 구원을 이루라**"[continue to work out your salvation with fear and trembling] 여기서 한글번역 "**너희 구원을 이루라**"는 말의 뜻은 "**계속해서 너희 구원을 이루어가라**"["**continue to work out your salvation**"]는 말입니다. 이 말은 구원이 아직 완성되지 않았으며 오직 시작이라는 뜻입니다. 그리고 "**두렵고 떨림으로**"라는 말은 한번 얻은 구원을 다시 잃어버려서 지옥불에 던져질 수 있기 때문입니다. 다시는 육신의 소욕을 따라 이세상의 죄의 삶을 살지 않기 위해서 어렵고 힘들더라도 사도 바울처럼 거듭나지 못한 육신을 쳐서 복종시켜야 하는 것입니다. 다른 말로 하면 세상을 내려 놓는 것입니다. 그렇게 하기 위해서는 사도 바울이 고백한 것처럼 내가 날마다 죽어야 하는 것입니다; "**나는 날마다 죽노라**"[고전 15:31] 이것이 바로 자기를 부인하고 자기 십자가를 지고 예수님을 따르는 것입니다; "**24이에 예수께서 제자들에게 이르시되 누구든지 나를 따라오려거든 자기를 부인하고 자기 십자가를 지고 나를 따를 것이니라 25누구든지 제 목숨을 구원하고자 하면 잃을 것이요 누구든지 나를 위하여 제 목숨을 잃으면 찾으리라**"[마16:24-25] 목숨을 바칠 각오로 예수님을 따라야만 세상을 내려놓을 수 있는 것입니다.

지금까지 살펴본 대로 '믿음으로 구원을 얻는다'는 말은 죄를 매일의 삶의 행동으로 회개한 사람들에게 약속하신 성령을 보내주셔서 그들이 예수님을 영접할 때 예수님은 그들 안에 성령님을 보내어 거주하게 하심으로써 그들의 영을 다시 살려서 거듭나게 하는 것입니다. 이런 믿음을 지닌 사람들에게 성령님이 내주[indwelling]하심으로 성령님이 그들에게 하나님의 자녀가 되었다는 도장이 되신 것입니다.[you were marked with a seal, the promised Holy Spirit] 이 영어 성경 구절이 보여주듯이 거듭난 사람들에게 성령님이 무슨 도장을 찍어준다는 뜻이 아니고 성령님이 그들 안에 거주하심 자체가 그들이 하나님의 자녀가 되었다는 인증이 된다는 뜻입니다. 즉 성령님께서 그들 안에 거주하신다는 자체가 이제 그들은 더 이상 사탄의 소유가 아니고 정식으로 하나님의 소유가 되었다는 것을 보증하는 인증이라는 말입니다; "13그 안에서 너희도 진리의 말씀 곧 너희의 구원의 복음을 듣고 그 안에서 또한 믿어 약속의 성령으로 인치심을 받았으니 14이는[성령님은] 우리 기업의 보증이 되사 그 얻으신 것을 속량하시고 그의 영광을 찬송하게 하려 하심이라"[엡 1:13-14] 여기서 "이는 우리 기업의 보증이 되사"[the promised Holy Spirit who is a deposit guaranteeing our inheritance] 라는 말은 그 약속의 **성령님이 우리가 장차 천국에 들어갈 보증이 되신다**는 말입니다. 그러니까 거듭나서 구원받은 사람이 천국에 가는 보증을 받았다는 말이 아닙니다. 이것이 바로 오늘 우리 시대의 교회가 오해하여 잘못 믿고 있는 것입니다. 성경을 읽을 때 한 문장 한 문장을 주의 깊게 보고 정확하게 그 의미를 파악해야 합니다. 그냥 적당히 읽으니까 이 문장을 읽고도 거듭나서 구원받은 사람은 천국에 들어갈 보증을 받았다 라고 착각하고 그것을 평생 믿고 살다가 지옥으로 가게 되는 것입니다. 다시 한번 잘 읽어 보십시오. 그러면 성령님이 우리가 장차 천국에 들어갈 보증이 되어 주신다고 기록되어 있습니다. 그러니까 성령님이 우리 안에 계속 거주하시는 한 성령님의 도우심과 가르치심으로 우리가 천국에 들어갈 수 있다는 말입니다. 그러나 만약 영이 거듭난 후에 다시 세상의 유혹을 따라 살면 성령님은 우리를 떠나시게 되고 그러면 우리는 천국 갈 수 있는 보증을 잃어버린 것이 되는 것입니다.

그래서 **"성령을 소멸치 말라"**[살전 5:19]고 하셨습니다. 오늘날 많은 사람들이 원어를 들먹거리며 소멸한다는 뜻이 '이러저러한 뜻이라'면서 성령을 소멸치 말라는 뜻은 결코 성령님이 떠나는 것이 아니라고 우기고 있습니다. 성령님이 한번 내주하시면 성령님은 우리가 죽을 때까지 계속 우리 안에 거하시는 것이라고 잘못 알고 잘못 믿고 있는 것입니다. 성경은 분명히 성령님이 다시 떠나신다는 것을 보여주고 있습니다. 사무엘상 16장 14절을 보면 **"여호와의 신[성령님]이 사울에게서 떠나고 여호와의 부리신 악신이 그를 번뇌케 한지라"** 그러므로 거듭난 사람들은 성령님이 떠나지 않도록 두렵고 떨리는 마음으로 받은 구원을 계속해서 이루어 나가야 하는 것입니다.

이와 같이 성령님이 회개한 사람 안에 들어오셔서 영을 살려주셔서 하나님의 자녀로 다시 태어나게 되면 즉 거듭나게 하신 후에 성령님이 그 사람 안에 계속 거주하시는 동안만 그 사람이 하나님의 자녀가 되었다는 인증이 되는 것입니다. 그리고 그들이 하나님의 자녀로 인증이 된다는 것을 입증해 주는 것이 바로 생명책에 그 이름을 기록해주시는 것입니다. 그러나 구원받아서 그 이름이 생명책에 기록되었다고 하여도 그것은 성령님이 내 안에 거하시는 동안에만 그 기록이 유지됩니다. 만약 거듭나지 못한 육신의 소욕을 이기지 못하고 다시 죄악세상을 사랑하여 성령님을 근심되게 하다가 마침내 세상의 부귀영화와 쾌락을 따라 가면 성령님은 떠나시게 되고 그 사람의 이름은 생명책에서 지워집니다; **"31여호와께서 모세에게 이르시되 누구든지 내게 범죄하면 내가 내 책에서 그를 지워 버리리라"[출32:33] "28그들을 생명책에서 지우사 의인들과 함께 기록되지 말게 하소서"[시편 69:28]**

요한계시록 3장 5절에 보면 오직 이 세상 죄악을 이기는 사람에게만 그 이름을 생명책에서 지우기 아니하시겠다고 약속하고 계십니다; **"50기는 자는 이와 같이 흰 옷을 입을 것이요 내가 그 이름을 생명책에서 결코 지우지 아니하고 그 이름을 내 아버지 앞과 그의 천사들 앞에서 시인하리라"[계3:5]**

이상에서 살펴본 대로 성경에서 제시하는 구원의 조건은 대단히 까다롭고 엄격해서 그 조건을 다 만족시켜서 구원을 받아 천국에 들어갈 수 있는 사람은 아주 소수에 불과한 것입니다. 죄를 회개한다는 것 자체가 힘들기 때문입니다. 성경이 말하는 회개는 그동안 자기가 사랑하고 추구했던 이 세상을 다 포기하는 것이기 때문입니다. 그래서 오늘 우리 시대의 교회에서는 이 세상을 버리고 성령으로 거듭나서 반쪽짜리 구원을 얻은 사람들도 찾아보기 힘든 것입니다. 그래서 예수님은 천국 문은 좁다고 하셨고 또 '천국으로 가는 길이 매우 좁고 협착해서 찾는 이가 적다' 고 말씀하신 것입니다. 또 '천국 혼인잔치에 청함을 받은 사람들은 많지만 택함[뽑힘]을 입은 사람은 적다' 고 말씀하신 것입니다. 즉 신랑 되신 예수님의 신부로 초청을 받아서 온 사람들은 많지만 그 중에서 예수님의 신부로 택함을 받은 사람 즉 예수님의 신부로 합격되어 뽑힌 사람은 그 수가 적다고 하신 것입니다. 그리고 그렇게 어렵게 얻은 반쪽짜리 구원을 받은 이후에도 많은 사람들이 천국가는 과정에서 중간 탈락하고 끝까지 그 구원을 완성시켜서 천국 혼인잔치에까지 들어갈 수 있는 사람은 더욱 소수라는 것을 알 수 있습니다. 그래서 마태복음 24장은 마지막 대환난에 대하여 말씀하고 있는데 그 많은 환난을 다 견디고 **"끝까지 견디는 자는 구원을 얻으리라"**[마24:13]고 말씀하고 있습니다. 요한계시록 2장 10절에서도 같은 말씀을 하고 있습니다; **"10네가 장차 받을 고난을 두려워 말라 볼찌어다 마귀가 장차 너희 가운데서 몇 사람을 옥에 던져 시험을 받게 하리니 너희가 십일 동안 환난을 받으리라 네가 죽도록 충성하라 그리하면 내가 생명의 면류관을 네게 주리라"**어떠한 환난이 닥치더라도 목숨을 버릴 각오로 주님의 말씀에 복종하는 충성된 삶을 살아야 천국에 들어갈 수 있다는 것을 말씀하고 있습니다. 사도 바울은 그가 사랑하고 추구했던 모든 것을 오물처럼 다 버리고 반쪽짜리 구원을 얻은 이후에도 수많은 환난과 핍박 속에서 끝까지 선한 싸움을 싸우고 달려갈 길을 다 달리고 믿음을 끝까지 지켜서 마침내 저 생명의 면류관을 얻게 된 것입니다; **"6전제와 같이 내가 벌써 부어지고 나의 떠날 시각이 가까웠도다 7나는 선한 싸움을 싸우고 나의 달려갈 길을 마치고 믿음을 지켰으니 8이제 후로는 나를 위하여 의의 면류관이 예비되었으므로 주 곧 의로우신 재판장이 그 날에 내게 주실 것이며 내게만 아니라 주의 나타나심을 사모하는 모든 자에게도니라"** [딤후 4:6-8] 그러나 사도 바울과 함께 역경 속에서 천국복음을 전파하는 일에 동역자로 일해왔던 데마는 결국 세상을 사랑하는 마음을 견디지 못하여 끝까지 믿음을 지키지 못하고 사도 바울을 떠나 세상으로 돌아갔다고 기록하고 있습니다; **"데마는 세상을 사랑하여 나를 버리고 데살로니가로 갔고"** 천국은 우리가 생각하는 것처럼 그렇게 아무나 쉽게 들어 갈 수 있는 곳이 아닙니다. 이 세상에서 즐길 것 다 즐기면서 갈 수 있는 그런 곳이 아닙니다. 성경은 우리가 천국을 소유하기 원한다면 이 세상과 그 안에 있는 것들을 버려야 한다고 말씀하고 있습니다; **"15이 세상이나 세상에 있는 것들을 사랑하지 말라 누구든지 세상을 사랑하면 아버지의 사랑이 그 안에 있지 아니하니 16이는 세상에 있는 모든 것이 육신의 정욕과 안목의 정욕과 이생의 자랑이니 다 아버지께로부터 온 것이 아니요 세상으로부터 온 것이라 17이 세상도, 그 정욕도 지나가되 오직 하나님의 뜻을 행하는 자는 영원히 거하느니라"** [요일 2:15-17] 두 개를 다 소유할 수는 없다고 딱 잘라 말씀하고 있습니다; **"24한 사람이 두 주인을 섬기지 못할 것이니 혹 이를 미워하고 저를 사랑하거나 혹 이를**

중히 여기고 저를 경히 여김이라 너희가 하나님과 재물을 겸하여 섬기지 못하느니라" [마6:24]

구원에 관하여 오늘 우리 시대의 교회가 얼마나 잘못 알고 있는지 우리는 깨닫게 되었습니다. 오늘 우리 시대의 각 교파가 믿고 있는 구원교리는 성경에서 말하는 구원교리와는 전혀 다르다는 것을 깨닫게 되었고 이상에서 살펴본 성경에서의 구원교리에 따르면 오늘 우리 시대의 교회에서 구원을 받을 사람은 거의 없다는 것을 짐작할 수 있게 되었습니다. 참으로 충격적이고 고통스러운 일입니다. 그러므로 성경이 말세에는 말씀의 기근이 있을 것이라 [암 8:11-12]고 이미 구약시대에 말씀하셨고 또 사람들이 바른 교훈[바른 교리 = sound doctrine]을 받지 않고 그 귀를 진리에서 돌이켜 자기의 사욕을 좇을 거짓된 진리를 따를 것이라고 말씀하신 것입니다. [딤후 4:3-4]

오직 하나님의 은혜로

죄를 회개하여 성령님을 자기 안에 모시고 하나님의 아들이 되는 특별한 영 Spirit of sonship을 받은 사람은 비로소 하나님의 자녀가 되었고 그 때부터는 사탄의 통치가 아니고 그리스도가 그 사람을 통치하는 왕이 되신 것임으로 그 사람은 이제 사탄 안에 있지 않고 그리스도 안에 있는 새롭게 창조된 하나님의 자녀가 된 것입니다; **"그런즉 누구든지 그리스도 안에 있으면 새로운 피조물이라 이전 것은 지나갔으니 보라 새것이 되었도다"**[고후 5:17] "하나님의 아들이 되는 특별한 영"을 받아 사탄의 자녀에서 하나님의 자녀가 되기 까지는 전적으로 하나님의 은혜였습니다. 우리가 무슨 선과 의를 행해서 얻은 것이 아닙니다. 그것은 어려운 일이 아니라 불가능한 일이기 때문입니다. 그러므로 우리가 하나님의 자녀가 되기까지 우리가 해야 하는 일은 우리가 죄인임을 깨닫고 죄를 회개하고 예수님을 메시아[구세주와 왕]로 영접[믿음]하는 일뿐이었습니다. 우리가 진정으로 죄를 회개하기만 하면 우리를 사탄의 손아귀에서 해방시켜 주시고 성령님이 우리 안에 들어오셔서 우리를 하나님의 새 사람으로 태어나게 하는 일은 다 성령님께서 하시는 일입니다. 그래서 우리가 구원을 받는 일은 전적으로 하나님의 은혜로 된 것입니다; **"8너희가 그 은혜를 인하여 믿음으로 말미암아 구원을 얻었나니 이것이 너**

희에게서 난 것이 아니요 하나님의 선물이라 9행위에서 난 것이 아니니 이는 누구든지 자랑치 못하게 함이니라" [엡 2:8–9]

하나님의 은혜로 구원받은 사람의 의무

하나님의 전적인 은혜로 죄인을 구원하여 하나님의 자녀가 되게 하신 하나님은 구원받은 하나님 새 자녀에게 특별한 목적과 기대를 가지고 계십니다. 아무런 목적도 없이 죄인 인간을 그냥 구원해주신 것이 아닙니다. 하나님이 죄인 인간을 전적인 하나님의 은혜로 구원해주신 목적은 무엇입니까? 에베소서 2장 10절을 보십시오; "10우리는 그의 만드신바라 그리스도 예수 안에서 선한 일을 위하여 지으심을 받은 자니 이 일은 하나님이 전에 예비하사 우리로 그 가운데서 행하게 하려 하심이니라"[엡2:10]

"우리는 그의 만드신바라" 이 말씀은 우리는 이제 하나님께서 창조하신 새 피조물이란 말입니다. "그리스도 예수 안에서 선한 일을 위하여 지으심을 받은 자니" 이 새 피조물은 그리스도 예수 안에서 새롭게 창조된 새 사람인데 죄인을 예수님 안에서 새 사람으로 창조하신 목적은 바로 선한 일을 하게 함입니다.

새 사람으로 거듭나기 전에는 사탄의 영을 받아 악[evil]을 행하면서 살았던 우리였습니다. 그러나 선하신 하나님 예수 그리스도 안에서 새 사람으로 창조된 하나님의 자녀는 이제 선하신 하나님처럼 선을 행하는 삶을 살아야 한다는 말입니다. 왜냐하면 하나님의 자녀로 거듭난 우리는 더 이상 사탄이 통치하는 이 세상에 속한 사람이 아니고 하나님 나라에 속한 하나님 나라의 시민이 되었기 때문입니다. 그러므로 골로새서에서는 구원받은 새 사람의 의무에 대하여 기록하고 있습니다; "오직 우리의 시민권은 하늘에 있는지라 거기로서 구원하는 자 곧 주 예수 그리스도를 기다리노니"[빌 3:20] 그러므로 골로새서 3장 1–10절까지 보면 이렇게 기록되어 있습니다; "1그러므로 너희가 그리스도와 함께 다시 살리심을 받았으면 위엣 것을 찾으라 거기는 그리스도께서 하나님 우편에 앉아 계시느니라 2위엣 것을 생각하고 땅엣 것을 생각지 말라 3이는 너희가 죽었고 너희 생명이 그리스도와 함께 하나님 안에 감취었음이니라 4우리 생명이신 그리스도께서 나타나실 그 때에 너희도 그와 함께 영광 중에 나타나리라 5그러므로 땅에 있는 지체를 죽이라 곧 음란과 부정과 사욕과 악한 정욕과 탐심이니 탐심은 우상 숭배니라 6이것들을 인하여 하나님의 진노가 임하느니라 7너희도 전에 그 가운데 살 때에는 그 가운데서 행하였으나 8이제는 너희가 이 모든 것을 벗어버리라 곧 분과 악의와 훼방과 너희 입의 부끄러운 말이라 9너희가 서로 거짓말을 말라 옛 사람과 그 행위를 벗어버리고 10새 사람을 입었으니 이는 자기를 창조하신 자의 형상을 좇아 지식에까지 새롭게 하심을 받는 자니라" [골3:1~10]

우리는 전적으로 하나님의 은혜로 구원을 받아 하나님의 자녀가 되었기 때문에 하나님께 100 퍼센트 순종해야 할 의무가 생긴 것입니다. 우리가 만약 100 퍼센트 우리의 공로로 구원을 받았다면 우리는 하나님께 순종할 아무런 의무가 없습니다. 그러므로 우리는 하나님께 사랑의 빚을 진 사람으로서 하나님이 성경에 명령하신 모든 명령에 100 퍼센트 순종해야 할 의무가 있는 것입니다. 성령으로 거듭난 사람은 새로운 신분을 받은 하나님의 자녀입니다. 성령으로 거듭난 사람은 하나님 나라에 속한 하나님 나라의 백성이며 하나님의 자녀입니다. 그러므로 비록 날마다 땅을 딛고 살고 있지만 더이상 이 세상에 속한 사람이 아닙니다. 날마다 돈을 사용하고 살지만 돈에 속한 노예가 아닙니다. 그러므로 땅의 것을 생각지 말고 위에 있는 것 즉 하나님 나라를 바라보고 저 높은 곳을 향해서 날마다 나아가는 삶을 살라고 명령하고 계십니다. 더 이상 땅에 있는 것들에 미련을 두고 기웃거려서는 안된다는 말씀입니다. 땅에 있는 지체 즉 거듭나지 못한 우리 육신의 소욕을 따라 살지 말라는 것입니다. **"곧 음란과 부정과 사욕과 악한 정욕과 탐심이니 탐심은 우상 숭배니라 6이것들을 인하여 하나님의 진노가 임하느니라 7너희도 전에 그 가운데 살 때에는 그 가운데서 행하였으나 8이제는 너희가 이 모든 것을 벗어버리라"** 여기 탐심은 우상숭배라고 하였습니다. 탐심은 바로 거듭나지 못한 우리의 육신의 탐욕입니다. 이세상의 부귀영화와 쾌락을 추구하는 그 육신의 소욕을 말합니다. 안목의 정욕, 육신의 정욕, 이생의 자랑 이 모든 것들이 바로 탐심이며 이 탐심이 바로 우상숭배라고 하였습니다. 성령으로 거듭나기 전에는 사탄이 우리를 잡아두기 위하여 사용하였던 부귀, 영화, 쾌락을 탐욕스럽게 추구하였던 우상숭배자였으나 이제는 하나님의 자녀라는 새로운 신분을 받았으므로 얽매이기 쉬운 모든 죄를 벗어버리고 천국에 입성할 그 날까지 이 세상의 모든 유혹과 핍박과 환난과 싸우면서 끝까지 포기하지 않고 인내하면서 예수님만 바라보고 천국을 향하여 앞으로 달려가야 합니다: "1이러므로 우리에게 구름 같이 둘러싼 허다한 증인들이 있으니 모든 무거운 것과 얽매이기 쉬운 죄를 벗어 버리고 인내로써 우리 앞에 당한 경주를 하며 2믿음의 주요 또 온전하게 하시는 이인 예수를 바라보자 그는 그 앞에 있는 기쁨을 위하여 십자가를 참으사 부끄러움을 개의치 아니하시더니 하나님 보좌 우편에 앉으셨느니라" [히12:1-2]

사도 바울은 그가 자랑하고 추구하였던 세상적인 모든 것들을 오물처럼 버리고 성령으로 거듭나서 영은 구원받았으나 육신의 구원 즉 육신의 부활을 얻기 위하여 오직 앞을 향하여 끝까지 인내하며 달려간 사람이었습니다: "7그러나 무엇이든지 내게 유익하던 것을 내가 그리스도를 위하여 다 해로 여길뿐더러 8또한 모든 것을 해로 여김은 내 주 그리스도 예수를 아는 지식이 가장 고상하기 때문이라 내가 그를 위하여 모든 것을 잃어버리고 배설물로 여김은 그리스도를 얻고 9그 안에서 발견되려 함이니 내가 가진 의는 율법에서 난 것이 아니요 오직 그리스도를 믿음으로 말미암은 것이니 곧 믿음으로 하나님께로부터 난 의라 10내가 그리스도와 그 부활의 권능과 그 고난에 참여함을 알고자 하여 그의 죽으심을 본받아 11어떻게 해서든지 죽은 자 가운데서 부활에 이르려 하노니 12내가 이미 얻었다 함도 아니요 온전히 이루었다 함도 아니라 오직 내가 그리스도 예수께 잡힌 바 된 그것을 잡으려고 달려가노라 13형제들아 나는 아직 내가 잡은 줄로 여기지 아니하고 오직 한 일 즉 뒤에 있는 것은 잊어버리고 앞에 있는 것을 잡으려고 14푯대를 향하여 그리스도 예수 안에서 하나님이 위에서 부르신 부름의 상을 위하여 달려가노라" [빌 3:7-14]

사람이 복음을 듣고 자기가 죄인임을 깨닫게 되어 회개하고 나면 곧 성령님이 오셔서 그 사람을 사탄의 손아귀에서 해방시킨 후에 하나님의 자녀가 되는 새 영 "Spirit of sonship"을 주시고 곧 바로 예수님의 통치 안에서 살게 해 주십니다. 즉 하나님 나라[통치]가 그 사람 안에 시작된 것입니다. 그 순간 그 사람의 세계관과 가치관이 순식간에 바뀝니다. 그동안 그토록 부러워하고 추구했던 세상에서의 성공과 출세와 부귀영화와 쾌락이 순식간에 가치 없는 것으로 보이고 그렇게 번쩍이게 보였던 세상 영광이 너무도 초라하고 무가치하고 불쌍하게 보이게 됩니다. 그리고 그 안에서 아직도 번쩍이는 세상을 추구하는 사람들을 볼 때에 그들이 한없이 불쌍하게 보이게 됩니다. 그동안 세상을 추구했던 세상에 대한 모든 욕망이 한 순간에 다 사라집니다. 성령으로 거듭나는 순간 하나님에 대하여, 나 자신에 대하여, 이 세상에 대하여 새롭게 눈이 떠지는 것입니다. 이 세상의 모든 것이 새롭게 보입니다. 그러므로 삶의 목적과 방향이 180도 달라지는 것입니다. 이것이 바로 성령으로 거듭난 사람이 경험하는 새로운 세계관, 새로운 가치관입니다. 그리고 이러한 새 세계관과 새 가치관이 나의 말과 생각과 행동 등 나의 삶 전체를 변화시키는 것입니다. 성공하고 출세하려고 하고 쾌락을 추구했던 과거의 삶이 너무도 부끄럽게 느껴지게 됩니다. 명품 옷과 비싼 고급 자동차를 자랑하던 과거의 삶을 청산하고 이 세상에서는 외국인과 나그네처럼 검소하게 살아 가면서 날마다 저 높은 곳을 향하여 살아가게 되는 것입니다. 사도 바울은 바로 다메섹 도상에서 주님을 만나고 그가 그동안 잘못 살아온 것을 깨닫고 회개하여 성령으로 거듭나서 영의 구원을 얻는 체험을 한 후에 그의 눈에서 비늘같이 벗겨지고 새롭게 눈을 떴기에 그가 자랑했던 모든 것들을 오물처럼 여기고 버렸고 마지막 목표인 그의 육신의 구원[육신의 부활]을 얻기 위하여 예수 안에서 하나님이 위에서 부르신 부름의 상[천국 입성]을 위하여 달려 갔던 것입니다. 오늘 우리 시대에 예수님을 믿는 사람들이 세상을 버리지 못하는 것은 그들의 영이 거듭나지 못했기 때문이며, 그들이 거듭날 수 없는 것은 하나님이 인정하시는 진정한 회개가 없었기 때문입니다. 그들이 회개를 할 수 없었던 것은 오늘 우리 시대의 교회가 회개를 가르치지 않고 회개 없는 믿음을 전파하였기 때문입니다. 오늘의 교회가 성경에서 말하는 올바른 믿음을 전하지 못하는 이유는 예수 믿는 목적이 이 세상에서 성공하고 출세하여 잘 먹고 잘 사는 것이라고 오해하고 있기 때문입니다. 오늘의 교회는 성경을 너무 많이 오해하고 있으며 예수님을 너무 많이 오해하고 있는 것입니다. 성경은 우리가 천국에 들어가려면 이 세상과 그 안에 있는 것들을 버려야 한다고 가르치고 있는데 반하여 오늘의 교회는 이 세상에서 더 많은 것을 받고 누리기 위하여 예수님을 믿으라고 가르치고 있는 현실입니다. 그러므로 안타깝게도 오늘의 교회는 "자기를 부인하고[세상을 버리고] 예수님을 따라 '십자가를 지고 가는 사람들'을 길러내지 못하고, 오히려 이 땅에서 배불리 잘 먹고 잘 살고 부끄러운 세상의 성공과 출세의 영광을 추구하다가 멸망하는 '십자가의 원수들'을 길러내는 교회로 전락하였습니다;

"18내가 여러 번 너희에게 말하였거니와 이제도 눈물을 흘리며 말하노니 여러 사람들이 그리스도의 십자가의 원수로 행하느니라 19그들의 마침은 멸망이요 그들의 신은 배요 그 영광은 그들의 부끄러움에 있고 땅의 일을 생각하는 자라; [빌3:18–19]

이상에서 살펴본 대로 성경에서 말하는 믿음은 회개가 전제된 믿음이며 믿고 구원받은 다음에는 회개의 합당한 열매가 매일의 삶에서 행함으로 나타나야 하는 것입니다. 그러므로 야고보서 2장에서는 이렇게 말씀하고 있습니다: "17이와 같이 행함이 없는 믿음은 그 자체가 죽은 것이라 18어떤 사람은 말하기를 너는 믿음이 있고 나는 행함이 있으니 행함이 없는 네 믿음을 내게 보이라 나는 행함으로 내 믿음을 네게 보이리라 하리라 19네가 하나님은 한 분이신 줄을 믿느냐 잘하는도다 귀신들도 믿고 떠느니라 20아아 허탄한 사람아 행함이 없는 믿음이 헛것인 줄을 알고자 하느냐 26영혼 없는 몸이 죽은 것 같이 행함이 없는 믿음은 죽은 것이니라"[약2:17–20, 26]

성경에서 말하는 구원(2부)

구원이란 영생을 얻는 것을 말합니다. 그러면 영생은 무엇입니까?

"(16) 하나님이 세상을 이처럼 사랑하사 독생자를 주셨으니 이는 그를 믿는 자마다 멸망하지 않고 영생을 얻게 하려 하심이라"(요 3:16) 요한복음 5장 24절에서는 "말을 듣고 또 나 보내신 이를 믿는 자는 영생을 얻었고 심판에 이르지 아니하나니"라고 말씀하셨고 요한복음 10장 28절에서는 "내가 저희에게 영생을 주노니 영원히 멸망치 아니할 터이요 또 저희를 내 손에서 빼앗을 자가 없느니라"고 말씀하셨습니다. '예수님을 믿는 자에게 영생을 주시겠다'고 하셨는데 예수님이 '우리에게 주시겠다'고 약속하신 영생이란 무엇입니까?

요한복음 17장 3절을 보면 영생은 하나님과 예수 그리스도를 아는 것이라고 말씀하셨습니다; "(3) 영생은 곧 유일하신 참 하나님과 그의 보내신 자 예수 그리스도를 아는 것이니이다"(요 17:3) 하나님과 예수 그리스도를 아는 것이 영생이라고 하셨는데 그 뜻은 무엇입니까? 오늘날 교회를 다니는 사람들은 당연히 하나님과 예수 그리스도를 아는 사람들이라고 생각하고 있습니다. "하나님은 삼위일체 하나님이시고 천지만물을 창조하신 분이시고 예수님은 나의 죄를 위해서 이 땅에 오셔서 십자가를 지셨고 장차 재림하실 분이십니다"라고 자신 있게 하나님과 예수님을 잘 알고 있다고 대답합니다. 그런데 예수님은 이 문제에 대하여 오늘의 교회에 다니는 사람들과는 전혀 생각이 다르십니다. 마태복음 7장 21-23절을 보십시오; **"(21) 나더러 주여 주여 하는 자마다 천국에 다 들어갈 것이 아니요 다만 하늘에 계신 내 아버지의 뜻대로 행하는 자라야 들어가리라. (22) 그 날에 많은 사람이 나더러 이르되 주여 주여 우리가 주의 이름으로 선지자 노릇하며 주의 이름으로 귀신을 쫓아 내며 주의 이름으로 많은 권능을 행치 아니하였나이까 하리니 (23) 그 때에 내가 저희에게 밝히 말하되 내가 너희를 도무지 알지 못하니 불법을 행하는 자들아 내게서 떠나가라** 하리라"

예수님께서는 분명히 **"내가 너희를 도무지 알지 못하니"**라고 말씀하셨습니다. 예수님께서는 '어떤 사람들에게 너희를 도무지 알지 못하신'고 하셨습니까? **"주여 주여 우리가 주의 이름으로 선지자 노릇하며 주의 이름으로 귀신을 쫓아 내며 주의 이름으로 많은 권능을 행치 아니하였나이까"** 주의 이름으로 선지자 노릇하고 귀신을 쫓아내고 주의 이름으로 많은 권능을 행한 사람들이 누구입니까? 평신도입니까? 아닙니다. 그들은 영적 지도자들입니다. 그러니까 오늘날 교회의 영적 지도자들입니다. 주의 이름으로 평생 동안 복음을 전파하고 귀신을 쫓아내고 많은 권능을 행한 사람들입니다. 그런데 예수님은 그 사람들을 도무지 모르신다고 말씀하시면서 "불법을 행하는 자들아 내게서 떠나가라"고 명령하셨습니다. 교회의 영적 지도자들은 예수님을 안다고 생각하고 그 증거로서 그들이 주의 이름으로 많은 일을 하였다고 말했는데 예수님은 그들을 모르신다고 하면서 그들을 거절하셨습니다. 그러면 영적 지도자들과 예수님은 서로 아는 사이였습니까? 아닙니다. 쌍방 중에서 어느 한쪽이 모른다고 하면 그들은 서로 모르는 사이입니다. 더구나 거짓말하실 수 없는 하나님이신 예수님께서 그들을 모르신다고 말씀하셨으므로 그것은 아무도 부인할 수 없는 사실입니다. 그러니까 그 영적 지도자들과 예수님은 서로 모르는 사이였습니다. 디모데후서 2장 19절에서 분명히 예수님은 자기 백성을 아신다고 하셨습니다: "그러나 하나님의 견고한 터는 섰으니 인침이 있어 일렀으되 주께서 자기 백성을 아신다 하며 또 주의 이름을 부르는 자마다 불의에서 떠날지어다 하였느니라"(딤후 2:19) 다시 말해서 예수님이 그 영적 지도자들을 모르신다고 하셨다면 영적 지도자들이 예수님을 안다고 한 것은 착각이었으며 그들은 하나님의 백성이 아니라는 말입니다. 즉 예수님의 지금 이 말씀에 따르면 영적 지도자들은 예수님과 전혀 상관이 없는 사람들이었고 예수님의 백성들이 아니었습니다. 그런데 주님의 백성들이 아닌 사람들이 매 주일 강단에서 자기네들도 알지 못하는 예수님의 말씀을 전하고 있으니 이것이 얼마나 충격적인 일입니까? 그 영적 지도자들로부터 말씀을 듣고 예수님을 믿는다고 하는 우리들은 다 어떻게 되는 것입니까?

그러므로 예수님은 마태복음 7장 21절에서 **"나더러 주여 주여 하는 자마다 천국에 다 들어갈 것이 아니요 다만 하늘에 계신 내 아버지의 뜻대로 행하는 자라야 들어가리라"**고 말씀하신 것입니다. 그러면 그 영적 지도자들이 전하는 설교 말씀을 들은 사람들은 어떻게 되겠습니까? 두말할 필요도 없이 그 영적 지도자들과 함께 쫓겨나 지옥불에 던져질 것입니다. 그래서 예수님께서 **"소경이 소경을 인도하면 둘 다 구덩이에 빠진다"**(마 15:14)고 말씀하신 것입니다. 그러면 성경은 정확무오한 하나님의 말씀이라고 사람들에게 겁주면서 주일마다 설교를 유창하게 잘하시는 목사님들이 왜 예수님을 모르는 사람들이 되었습니까? 무엇이 문제였습니까?

그러면 성경이 말하는 하나님과 그리스도를 아는 사람들은 어떤 사람들입니까?

요한1서 2장 3-6절을 보면 답이 나옵니다; "⑶ **우리가 그의 계명을 지키면 이로써 우리가 저를 아는 줄로 알 것이요 ⑷ 저를 아노라 하고 그의 계명을 지키지 아니하는 자는 거짓말하는 자요 진리가 그 속에 있지 아니하되** ⑸ 누구든지 그의 말씀을 지키는 자는 하나님의 사랑이 참으로 그 속에서 온전케 되었나니 이로써 우리가 저 안에 있는 줄을 아노라 ⑹ **저 안에 거한다 하는 자는 그의 행하시는 대로 자기도 행할지니라"**(요일 2:3-6) 이 말씀은 하나님을 아는 사람들이 어떤 사람들인지를 분명하게 보여주고 있습니다. 즉 일상의 삶에서 하나님의 말씀대로 순종하는 사람들이 하나님을 아는 사람들이라는 것입니다. 다시 말해서 회개하고 믿어 하나님의 자녀가 된 사람답게 이 세상을 내려놓고 매일의 삶에서 왕 되신 주님의 말씀에 순종하여 회개의 합당한 열매를 맺어가는 행함이 있는 삶을 사는 사람들이 하나님을 아는 사람들이라는 것입니다.

결국 하나님과 그리스도를 안다는 것은 무엇입니까?

예수님이 하나님의 독생자라는 것과 그가 죄인들을 위하여 십자가를 지셨다는 것과 그가 삼 일 만에 부활하셨고 또 장차 재림하실 것이라는 것을 아는 것은 예수님을 아는 것이 아닙니다. 누가 누구를 안다고 할 때 단순히 그 사람의 이름이나 얼굴을 아는 것으로 그 사람을 안다고 할 수 없습니다. 결혼한 부부가 십 년을 살아본 후에야 서로를 겨우 알게 되었다고 말합니다. 또 수십 년을 살아본 후에는 서로를 조금 더 많이 알게 되었다고 말합니다. 사람이 사람을 알기 위해서는 그 사람과 함께하는 교제를 통해서 가능한 것입니다. 성경은 사람이 하나님을 아는 것도 하나님과 매일 동행하는 교제(사귐)의 삶을 통해서 가능한 것이라고 말씀하고 있습니다; "(3) 우리가 보고 들은 바를 너희에게도 전함은 너희로 우리와 사귐이 있게 하려 함이니 우리의 사귐은 아버지와 그 아들 예수 그리스도와 함께 함이라 (5) 우리가 저에게서 듣고 너희에게 전하는 소식이 이것이니 곧 하나님은 빛이시라. 그에게는 어두움이 조금도 없으시니라 (6) 만일 우리가 하나님과 사귐이 있다 하고 어두운 가운데 행하면 거짓말을 하고 진리를 행치 아니함이거니와 (7) 저가 빛 가운데 계신 것 같이 우리도 빛 가운데 행하면 우리가 서로 사귐이 있고 그 아들 예수의 피가 우리를 모든 죄에서 깨끗하게 하실 것이요"(요일 1:3, 5-7) 하나님은 빛이시기에 그에게는 어둠이 조금도 없으시다고 하였습니다. 그런데 하나님과 동행한다는 우리가 어둠(죄) 가운데 행하면 우리는 거짓말쟁이가 되고 하나님과 사귐이 없는 것이 드러나고 마는 것입니다. 빛이신 하나님과 동행하는 사람만이 하나님과 사귐(교제)이 있는 사람이고 오직 그런 사람들에게만 예수님의 피가 우리를 모든 죄에서 깨끗하게 하실 것이라고 성경이 말씀하고 있습니다. 예수님의 피가 교회에 나와서 예수님을 믿는다고 하는 모든 사람들의 죄를 깨끗하게 하는 것이 아니라는 말입니다. '오직 회개하고 죄용서를 받아 예수님을 메시아(구주와 왕으로)로 믿은 성령으로 거듭난 사람들이 왕이신 주님의 통치에 절대 복종하여 회개의 합당한 열매를 맺어 더 이상 어둠 가운데 살지 않고 빛 가운데 살면서 주님과 동행하는 사람들에게만 예수님의 피가 저들의 죄를 깨끗하게 해주신다'는 말입니다. 오늘의 교회는 예수님을 너무 종교적으로 믿고 있습니다. 그러나 종교는 우리를 구원하지 못합니다. 오히려 우리를 죽이는 것입니다. 이스라엘 사람들은 종교에 눈이 가려져서 그들이 수천 년 동안 기다려왔던 메시아를 알아보지 못하고 죽였습니다. 성경은 종교에 대하여 말하고 있지 않습니다. 성경은 죄로 깨어진 인간과 하나님과의 관계회복에 대하여 말씀하고 있습니다. 하나님과 나와의 개인적인 관계회복에 대하여 말씀하고 있습니다. 신약성경에 있는 히브리서는 구약성경에 기록된 종교의식을 설명하면서 그것들이 다 장차 오실 실체이신 예수 그리스도에 대한 그림자요 예표(pre-picture)라고 하면서 그런 종교의식에서 벗어나서 실체이신 예수 그리스도께 나아가야 한다고 결론을 맺고 있습니다; **"(1) 율법은 장차 올 좋은 일의 그림자일 뿐이요 참** 형상이 아니므로 해마다 늘 드리는 같은 제사로는 나아오는 자들을 언제나 온전하게 할 수 없느니라 (2) 그렇지 아니하면 섬기는 자들이 단번에 정결하게 되어 다시 죄를 깨닫는 일이 없으리니 어찌 제사 드리는 일을 그치지 아니하였으리요 (3) 그러나 이 제사들에는 해마다 죄를 기억하게 하는 것이 있나니 (4) 이는 황소와 염소의 피가 능히 죄를 없이 하지 못함이라 (5) 그러므로 주께서 세상에 임하실 때에 이르시되 하나님이 제사와 예물을 원하지 아니하시고 오직 나를 위하여 한 몸을 예비하셨도다 (6) 번제와 속죄제는 기뻐하지 아니하시나니 (7) 이에 내가 말하기를 하나님이여 보시옵소서 두루마리 책에 나를 가리켜 기록된 것과 같이 하나님의 뜻을 행하러 왔나이다 하셨느니라 (8) 위에 말씀하시기를 주께서는 제사와 예물과 번제와 속죄제는 원하지도 아니하고 기뻐하지도 아니하신다 하셨고(이는 다 율법을 따라 드리는 것이라) (9) 그 후에 말씀하시기를 보시옵소서 내가 하나님의 뜻을 행하러 왔나이다 하셨으니 그 첫째 것을 폐하심은 둘째 것을 세우려 하심이라"(히 10:1-9) 구약에 기록된 모든 동물제사는 다 장차 오실 예수님이 인류의 죄를 대신 짊어지시고 십자가에서 희생제물로 바쳐질 것을 미리 보여주는 예표요 그림자였던 것입니다. 그러므로 예수님께서 이 세상에 임하실 때에 하나님 아버지께 하신 말씀이 바로 **"하나님은 동물제사와 예물 같은 것을 원하신 것이 아니므로 번제나 속죄제 같은 동물제사를 기뻐하지 아니하셨다**고 말씀하면서 아버지여 두루마리 책(구약성경)에 기록된 것과 같이 이제 나 예수가 아버지의 뜻을 행하려고 인류의 죄를 대신 짊어지고 희생제물이 되기 위하여 하나님이 보내신 하나님의 어린양으로 여기 이 세상에 왔나이다"라고 말씀하신 것입니다; "**주께서 세상에 임하실 때에 이르시되 하나님이 제사와 예물을 원하지 아니하시고 오직 나를 위하여 한 몸을 예비하셨도다 (6) 번제와 속죄제는 기뻐하지 아니하시나니 (7) 이에 내가 말하기를 하나님이여 보시옵소서 두루마리 책에 나를 가리켜 기록된 것과 같이 하나님의 뜻을 행하러 왔나이다 하셨느니라**"(히 10: 5-7)

히브리서는 구약종교의 3대 요소인 성막과 동물제사와 대제사장 제도에 대하여 자세히 설명하면서 이런 것들은 다 장차 오실 실체이신 예수 그리스도에 대한 그림자이며 예표라고 설명하면서 이제는 실체이신 예수님이 오셨으므로 예표에 불과했던 성막 건물과 동물제사와 대제사장 제도는 이제 다 폐지되었다고 설명하고 있습니다. 그러므로 예수님은 성전건물을 허물라고 하시면서 사흘 동안에 일으키리라고 말씀하셨던 것입니다; "**(19) 예수께서 대답하여 가라사대 너희가 이 성전을 허물라 내가 사흘 동안에 일으키리라 (20) 유대인들이 이르되 이 성전은 사십육 년 동안에 지었거늘 네가 삼 일 동안에 일으키겠느냐 하더라 (21) 그러나 예수는 성전된 자기** 육체를 가리켜 말씀하신 것이라 (22) 죽은 자 가운데서 살아나신 후에야 제자들이 이 말씀하신 것을 기억하고 성경과 예수께서 하신 말씀을 믿었더라"(요 2:19-22) 그러므로 히브리서는 이 모든 종교의식들 성전 건물과 동물제사와 대제사장 제도를 다 버리고 십자가에 못 박히신 예수 그리스도께 나아가야 한다고 가르치고 있는 것입니다; "(12) 그러므로 예수도 자기 피로써 백성을 거룩하게 하려고 성문 밖에서 고난을 받으셨느니라 (13) 그런즉 우리도 그의 치욕을 짊어지고 영문 밖으로 그에게 나아가자"(히 13:12-13)

예수님께서 예루살렘 성문 밖에서 고난을 받으셨으므로 우리도 그의 십자가를 짊어지고 예루살렘 성문 밖으로 나가 예수님을 만나야 한다고 가르치고 있습니다. 십자가를 지신 예수님을 만나서 개인적인 관계를 이루기 위해서 구약종교의 중심지였던 예루살렘 성 밖으로 나아가라고 하나님은 우리에게 명령하신 것입니다. 이것은 당시 유대인들처럼 우리가 종교에 머물러 있으면 예수님을 개인적으로 만날 수가 없기 때문입니다. 그러므로 우리는 하루 속히 기독교라는 종교에서 벗어나서 예수님과 개인적인 관계를 이루어 예수님과 날마다 교제하고 동행하는 삶을 살아야 하는 것입니다. 일상의 삶이 빠진 믿음이 종교입니다. 매일의 삶에서 주님과 동행하는 삶이 없이 매 주일 모여서 찬송하고 기도하고 예배하는 이 모든 것이 종교입니다.

예수님께서 이 땅에 계실 동안에 전하신 말씀은 이 세상 사람들이 지니고 있는 세계관과 가치관에 정반대되는 말씀이었기 때문에 당시 사람들로부터 저항을 받으셨고 대부분의 사람들이 예수님을 떠나게 된 것입니다. 4복음서를 정직하게 읽어보면 참으로 예수님은 요즘 설교자들과 교인들이 가장 싫어하는 몇 가지의 주제를 가지고 제목만 바꾸어서 계속 똑같은 내용의 말씀을 되풀이하셨던 것입니다. 예수님은 사람들이 어떻게 반응을 하든 전혀 아랑곳하지 않으시고 아버지께로부터 받은 말씀을 그대로 전파하셨습니다. 처음에는 예수님이 메시아인 줄 알고 호기심에 수천 수만 명이 예수님께 왔었다가 말씀을 듣고 나서는 대부분 다 떠나고 오직 120여 명만 남아서 처음 교회로 세워졌던 것입니다. 4복음서에 기록된 예수님의 말씀은 종교에 관한 것도 아니었고 도덕 강연도 아니었고 오직 하나님과 인간과의 관계회복에 관한 말씀이었습니다. 당시 이스라엘 백성들은 그 열정적인 종교에서 헤어나지 못했기 때문에 메시아로 오신 주님을 알아보지 못하고 망할 수밖에 없었던 것입니다. 아무리 다시 읽어보아도 공관복음에 나타난 예수님의 말씀을 통해서 예수님께서 세우시려는 교회는 오늘날 우리 시대의 교회당 안에서 이루어지는 그런 종교적인 것이 아니었음을 깨닫게 됩니다. 누가복음 2장 34절에 보시면 아주 의미심장하고도 무서운 경고의 말씀이 기록되어 있습니다.

"시므온이 저희에게 축복하고 그 모친 마리아에게 일러 가로되 **보라 이 아이는 이스라엘 중 많은 사람의 패하고 흥함을 위하며** 비방을 받는 표적 되기 위하여 세움을 입었고"

제사장 시므온이 아기 예수를 보고 말한 내용을 쉽게 풀이하면 이렇습니다. **"이 예수님 때문에 이스라엘의 많은 사람들이 망하게 될 것이며 또 많은 사람들이 흥하게 될 것입니다"** 베드로전서 2장 8절에도 예수님이 부딪히는 돌과 거치는 반석이 될 것이라고 하였습니다; **"또한 부딪히는 돌과 거치는 반**

석이 되었다 하니라. 저희가 말씀을 순종치 아니하므로 넘어지나니 이는 저희를 이렇게 정하신 것이라"

그러면 당시 이스라엘 사람들 중에서 누가 예수님 때문에 망하는 사람들이었으며 또 누가 예수님 때문에 흥하는 사람들이었습니까? 두말할 필요도 없이 바리새인들과 사두개인들 즉 이스라엘의 종교지도자들과 그들의 가르침을 따랐던 이스라엘 백성들이 예수님 때문에 망하는 사람들이었습니다. 그리고 당시 사회에서 죄인이라고 지탄받던 세리들과 창녀들이 예수님 때문에 흥하는 사람들이었습니다. 그러면 왜 그토록 일생을 다 바쳐 하나님을 섬겼던 이스라엘의 종교지도자들과 백성들이 예수님 때문에 망하는 사람들이 되었습니까? 왜 예수님이 그들에게는 부딪히는 돌과 걸려 넘어지게 하는 돌이 되었습니까? 그것은 바로 구약의 종교 때문이었습니다. 종교가 그들의 눈을 가려서 메시아로 오신 예수님을 볼 수가 없었던 것입니다. 앞에서 언급한 대로 구약 종교의 3대 요소는 성전건물, 동물제사 그리고 제사장 제도 그것이었습니다. 이것들은 모두 장차 나타날 실체에 대한 그림자에 불과한 것입니다. 이것들은 모두 그리스도 예수의 삶과 십자가 안에서 다 성취되었습니다.

오늘날에도 예수님 때문에 망하는 사람들이 너무 많아 안타까운 마음입니다. 오늘의 교회들이 그리스도의 사람들을 만들어내지 못하고 기독교 종교인들을 만들어 내고 있기 때문입니다. 이스라엘 백성들이 종교에 눈이 가려져서 메시아 예수님을 만나지 못했던 것처럼 기독교 종교가 오늘의 교인들의 눈을 가려서 많은 사람들이 예수님을 만나지 못하고 있기 때문입니다.

예수님이 갈보리 동산 십자가에서 죽으심으로써 구약의 종교가 더 이상 필요 없게 되었습니다. 그래서 예수님께서는 구약종교의 중심지인 성전을 허물라고 명령하셨던 것입니다. 그러면 그림자였던 구약의 성전 건물을 허물라고 하신 주님께서 신약에 새로 세우신 실체로서의 성전은 무엇입니까? 베드로전서 2장 4-5절을 보십시오. **"사람에게는 버린 바가 되었으나 하나님께는 택하심을 입은 보배로운 산 돌이신 예수에게 나아가 너희도 산 돌 같이 신령한 집(spiritual house)으로 세워지고 예수 그리스도로 말미암아 하나님이 기쁘게 받으실 신령한 제사를 드릴 거룩한 제사장이 될지니라."** 여기서 예수님은 산 돌이라고 표현되었습니다. 산 돌(living Stone)이란 말은 생명을 주는 돌이라는 뜻입니다. 즉 예수님은 우리에게 생명을 주는 돌이십니다. 2장 5절을 보면 **"너희도 산 돌 같이 신령한 집으로 세워지고"**라고 하였습니다. 즉 예수 믿는 사람들은 산 돌이신 예수님으로부터 생명을 받아 산 돌들이 되어 하나님이 거하실 신령한 집 즉 성전으로 함께 지어져 가는 것입니다. 구약에서는 생명이 없는 죽은 벽돌로 성전을 지었는데 그것은 장차 나타날 참 성전에 대한 그림자였기 때문이었습니다. 신약에서는 생명이 없는 죽은 벽돌을 사용하는 것이 아니라, 예수님을 믿고 새 생명을 받은 성도들을, 즉 산 돌들을 재료로 하여 살아 움직이는 신령한 집을 세우신 것입니다. **"너희가 하나님의 성전인 것과 하나님의 성령이 너희 안에 거하시는 것을 알지 못하느뇨"**(고전 3:16)

그러므로 성경에서 말하는 참 교회는 그리스도를 믿고 거듭나 하나님의 자녀가 된 성도들입니다. 이런 벽돌건물은 교회가 아닙니다. 우리들도 그리스도를 영접하고 영생을 지닌 산 돌들이 되어 사도들과 선지자들이 놓은 기초 위에 한 장씩 한 장씩 쌓아 올려져야 할 것입니다. 하나님이 거하실 성전으로 함께 지어져 가야 할 것입니다. 즉 교회를 세운다는 것은 벽돌건물을 세우는 것이 아니라 죄인들을 회개시켜 그리스도의 거룩한 생명을 가진 그리스도의 사람들로 세우는 것입니다. 하나님께서 거하시기를 원하는 것은 죽은 벽돌 건물이 아니고 죄를 회개하고 깨끗해진 사람들 속에 거하시고 싶은 것입니다. 그러므로 성령으로 거듭난 사람들을 하나님이 거하실 성전이라고 하셨고 하나님의 성령이 그들 안에 거하신다고 말씀하신 것입니다. 예수님과 성령님은 저 죽은 벽돌 건물 안에 거하시지 않습니다. 그래서 예수님은 그런 성전건물을 허물라고 명령하신 것입니다. 성경에서 말하는 교회는 그리스도의 피로 값 주고 사신 그리스도의 신부라고 하였습니다. 교회당 건물은 그리스도의 신부가 될 수 없습니다. 교회당 건물은 그리스도께서 세우신 교회가 아닙니다. 교회당 건물은 하나님의 집이 아닙니다. 교회당을 하나님의 집이라고 가르치며 더 크고 더 비싸고 더 화려한 교회당을 짓는 일에 경쟁을 일삼고 있는 오늘의 교회들은 사람들을 지옥으로 보내는 장례식장(funeral home)으로 전락하였습니다. 교회당 건물은 결코 교회도 아니고 하나님의 집도 아닙니다: **"(47) 솔로몬이 그를 위하여 집을 지었느니라 (48) 그**

러나 지극히 높으신 이는 손으로 지은 곳에 계시지 아니하시나니 선지자가 말한 바 (49) 주께서 이르시되 하늘은 나의 보좌요 땅은 나의 발등상이니 너희가 나를 위하여 무슨 집을 짓겠으며 나의 안식할 처소가 어디냐 (50) 이 모든 것이 다 내 손으로 지은 것이 아니냐 함과 같으니라 (51) 목이 곧고 마음과 귀에 할례를 받지 못한 사람들아 너희도 너희 조상과 같이 항상 성령을 거스르는도다"(행 7:47-51) 성경은 이와 같이 하나님이 거하실 수 없는 사람의 손으로 지은 교회당 건물을 짓는 사람들을 목이 뻣뻣하고 마음과 귀에 할례를 받지 못해서 하나님의 말씀을 깨닫지 못하는 사람들로서 항상 성령님을 거스리는 사람들이라고 말씀하고 있습니다. 이런 말씀이 성경에 버젓이 기록되어 있는데도 오늘의 교회는 보아도 보지 못하고 들어도 깨닫지 못하는 죽은 교회가 되었습니다.

그러므로 우리는 하루 속히 종교에서 벗어나 우리 심령 속에 소유한 그리스도를 매일의 삶에서 행함으로 나타내는 경건한 삶을 살아야 합니다. 성경, 찬송가 들고 주기적으로 교회에 왔다 갔다 하면서 교리적으로는 독선자가 되고 교회 행사에는 광신적이 되면서 실제 삶에서는 경건하고 의로운 행함이 없는 그런 사람들은 바리새인과 사두개인들처럼 위선자들이요 그 종교 때문에 망하는 사람들이 됩니다. 그러므로 예수님께서 이 성전을 허물라고 말씀하신 것입니다. 이제 우리는 구약의 성전 건물을 중심으로 행해졌던 종교를 과감히 벗어버리고 십자가에 못 박히신 그리스도께 나아가는 성도들이 되어야 할 것입니다. 신약성경의 히브리서는 구약의 이 종교제도를 그림자라고 설명하면서 이제 **그리스도께서 구약의 종교제도를 다 폐지시켰음(he has made the first one obsolete)**을 선언하였습니다; "**새 언약이라 말씀하셨으매 첫것은 낡아지게 하신 것이니 낡아지고 쇠하는 것은 없어져가는 것이니라(by calling this covenant 'new', he has made the first one obsolete, and what is obsolete and aging will soon disappear)**"(히 8:13) 그러면 앞에서 언급한 대로 왜 히브리서 마지막장 12-13절에서 다음과 같이 결론을 내렸는지 이제는 분명하게 이해가 될 것입니다; "**그러므로 예수도 자기 피로써 백성을 거룩케 하려고 성문 밖에서 고난을 받으셨느니라 그런즉 우리는 그 능욕을 지고 영문 밖으로 그에게 나아가자.**"(히 13:12-13)

다시 말씀드리지만 예루살렘성 안에는 성전이 있었던 곳으로서 구약종교의 중심지였습니다. 그러므로 영문 밖으로 나아가라는 뜻은 종교의 중심지인 예루살렘성을 떠나서 실체이신 그리스도 예수께 나아가라는 말씀입니다. 이 말씀은 우리가 더 이상 기독교 종교인이 되어서는 안 된다는 말입니다. 우리는 매일의 삶 속에서 십자가를 지고 그리스도를 따르고 실천하고 그와 함께 동행하는 그리스도께 속한 사람, 그리스도를 소유한 사람, 그리스도를 나타내는 경건한 그리스도인이 되어야 하는 것입니다. 오늘 우리 시대의 교회에서 찾아볼 수가 없는 것이 바로 경건과 거룩입니다. 그러나 예수님을 구주로 믿고 하나님의 자녀가 된 사람들은 경건하고 거룩한 삶을 살아야 한다고 성경 곳곳에서 말씀하고 있습니다. 그리고 경건이 사라지고 세속화가 극에 달할 때 노아 홍수 심판이 있었고 소돔 고모라의 불심판이 있었습니다. 그리고 노아 홍수 때처럼, 소돔 고모라 때처럼 경건을 찾아볼 수 없는 세속화가 될 때에 최후의 심판과 주님의 재림이 있을 것임을 주님께서 친히 경고해 주셨습니다.(마 24:37-39)

오해하지 마십시오. 우리가 경건하고 거룩한 삶을 살아야 구원을 받는다는 말이 아닙니다. 오히려 구원을 받은 하나님의 자녀가 되었기 때문에 우리는 그 열매로서, 그 증표로서 거룩하고 경건한 삶을 살아야 한다는 말입니다. 그것도 전적으로 하나님의 은혜로 구원을 받은 우리이기 때문에 더더욱 전적으로 하나님께 순종해야 할 의무와 책임이 있는 것입니다. 만약 구원이 조금이라도 우리의 선과 의의 행실로 얻어지는 것이었다면 우리는 하나님께 순종해야 할 의무가 그만큼 줄어들겠지요. 그러나 전적으로 하나님의 은혜로만 구원을 얻은 우리는 더 이상 우리의 것이 아니고 우리의 모든 것이 다 주님의 것이며 주님의 명령에 전적으로 순종할 의무와 책임만 있는 것입니다.

그러므로 예수님을 믿고 구주로 영접한 참 하나님의 자녀들은 그 믿음에서 끝나는 것이 아니고 하나님의 자녀답게 경건한 삶을 살기 위하여 혼신의 힘을 기울여야 한다고 베드로후서 1장 3-11절까지에 기록되어 있습니다;
"(3) 그의 신기한 능력으로 생명과 경건에 속한 모든 것을 우리에게 주셨으니 이는 자기의 영광과 덕으로써 우리를 부르신 자를 앎으로 말미암음이라 (4) 이로써 그 보배롭고 지극히 큰 약속을 우리에게 주사 이 약속으로 말미암아 너희로 정욕을 인하여 세상에서 썩어질 것을 피하여 신의 성품에 참예하는 자가

되게 하려 하셨으니 (5) 이러므로 너희가 더욱 힘써 너희 믿음에 덕을, 덕에 지식을, (6) 지식에 절제를, 절제에 인내를, 인내에 경건을, (7) 경건에 형제 우애를, 형제 우애에 사랑을 공급하라 (8) 이런 것이 너희에게 있어 흡족한즉 너희로 우리 주 예수 그리스도를 알기에 게으르지 않고 열매 없는 자가 되지 않게 하려니와 (9) 이런 것이 없는 자는 소경이라 원시치 못하고 그의 옛 죄를 깨끗케 하심을 잊었느니라 (10) 그러므로 형제들아 더욱 힘써 너희 부르심과 택하심을 굳게 하라 너희가 이것을 행한즉 언제든지 실족지 아니하리라 (11) 이같이 하면 우리 주 곧 구주 예수 그리스도의 영원한 나라에 들어감을 넉넉히 너희에게 주시리라"

믿음으로 구원받은 참 하나님의 자녀들이 되었다면 믿음으로 끝나지 말고 실제의 삶에서 경건하고 거룩한 삶을 살아서 하나님의 형상을 닮아가는 성화의 삶을 사는 데에 더욱 힘써야 한다는 말입니다. 즉 구원을 받기 위해서 성화되는 삶을 살아야 한다는 것이 아니라 전적인 하나님의 은혜로 구원을 받았기 때문에 하나님의 자녀답게 살기 위해서 성화의 삶을 살아야 한다는 말입니다.

"(5) 이러므로 너희가 더욱 힘써 너희 믿음에 덕을, 덕에 지식을, (6) 지식에 절제를 절제에 인내를, 인내에 경건을, (7) 경건에 형제 우애를, 형제 우애에 사랑을 공급하라"

야고보서에서 말씀하고 있듯이 **삶이 빠진 믿음은 죽은 믿음입니다.**(약 2:26) 그리고 **삶이 빠진 예배가 바로 종교입니다.** 구원을 받기 위해서 지켜야 하는 여러 가지 규례나 행사나 조직체가 바로 죽은 종교입니다. 구원을 받기 위해서 실천해야 하는 모든 선한 행실과 섬김과 봉사가 바로 죽은 종교입니다. 예수님께서 말씀하신 삶은 하나님의 은혜로 거저 주신 구원을 받아 하나님과의 관계가 회복되었기 때문에 하나님의 자녀로서 매일의 삶에서 하나님과 교제하고 동행하는 삶에서 나타나는 선과 의와 거룩함과 경건과 철저한 헌신과 섬김과 복종입니다. **오늘 우리 시대의 교회가 당면한 가장 큰 위기는 종교화와 세속화입니다.** 그래서 주님께서는 "이 성전을 허물라 내가 사흘 동안에 일으키리라"(요 2:19)고 말씀하셨던 것입니다.

즉 주님은 십자가 대속 죽음을 통해서 성전이라는 종교를 깡그리 허물어 버리셨고 주님의 대속 죽음을 믿음으로 받아들인 성도들에게 부활의 새 생명을 주어 주님의 몸 된 교회의 지체들로 삼아 새 교회를 세우신 것입니다. 오늘 우리 시대의 교회는 하루 속히 종교에서 해방되어야 주님을 만날 수 있습니다. 그러나 안타깝게도 오늘 우리 시대의 교회는 '이 성전을 허물라'고 하신 주님의 말씀에 하등의 관심도 없습니다. 그러나 '이 성전을 허물라'고 하신 말씀의 뜻을 바로 깨닫지 못한다면 아무도 그 죽음의 종교에서 벗어나지 못할 것입니다. 바리새인들과 서기관들과 그들의 가르침을 받았던 당시의 이스라엘 백성들이 바로 그 종교에 눈이 가려져서 실체이신 예수님을 보지 못하고 망하는 사람들이 되었습니다. 그러나 당시 사회에서 죄인이라고 손가락질 당하던 부정 공무원 세리들과 과부들과 창녀들은 예수님의 말씀을 듣고 삶의 행동으로 철저하게 죄를 회개하고 예수님을 구주로 영접하였기 때문에 하나님과의 올바른 관계를 회복할 수 있었던 것입니다. 그래서 세리 삭개오는 자기가 부정으로 착취했던 것의 네 배를 갚을 정도로, 가난한 과부는 자기가 가진 전부를 드릴 정도로, 창녀는 값비싼 옥합을 깨트려 주님께 다 드릴 정도로 일상의 삶에서 마음을 다하고 목숨을 다하고 뜻을 다하여 하나님을 섬길 수 있었던 것입니다. 이 사람들과 그리고 목숨을 다 바쳐 일생 동안 복음을 전파했던 사도들이 처음 교회로 세워졌던 120여 명에 속하는 사람들이었습니다. 예수님께서는 참으로 이 적은 무리에게 천국을 주시겠다고 약속하신 것입니다. **"적은 무리여 무서워 말라. 너희 아버지께서 그 나라를 너희에게 주시기를 기뻐하시느니라"**(눅 12:32) 이와 같이 성경에 기록된 주님께서 세우신 본래의 교회는 오늘 우리 시대의 교회와는 전혀 다른 교회였던 것입니다. 하루 속히 기독교 종교에서 해방되어 저 갈보리 동산에서 십자가에 못 박히신 예수님을 만나십시오. **"그러므로 예수도 자기 피로써 백성을 거룩케 하려고 성문 밖에서 고난을 받으셨느니라 그런즉 우리는 그 능욕을 지고 영문 밖으로 그에게 나아가자"**(히 13:12-13)

그러면 이상의 말씀을 생각하면서 누가복음 2장 34절의 말씀을 다시 한 번 상기해 보시기 바랍니다: **"시므온이 저희에게 축복하고 그 모친 마리아에게 일러 가로되 보라 이 아이는 이스라엘 중 많은 사람의 패하고 흥함을 위하며 비방을 받는 표적 되기 위하여 세움을 입었고"** 당신은 아직도 매일의 삶에서 세상 풍조를 추구하며 죄 가운데 살면서 주일마다 교회에 출석하는 종교적인 기독교인이 되어 예수님 때문에 망하는 사람인지, 아니면 죄를 철저히 회개하여 세상을 내려놓고 날마다의 삶에서 십자가를 지고 주님의 말씀에 복종하며 예수님과 동행하는 삶을 살아 예수님 때문에 흥하는 사람인지 생각해 보기 바랍니다. 하나님과 예수 그리스도를 안다는 것은 죄악 세상을 내려놓고 날마다 빛 가운데서 주님과 교제하며 동행하는 경건하고 거룩한 삶이라는 것을 꼭 기억하기 바랍니다. 그리고 하나님과 예수 그리스도를 아는 이런 동행하는 교제의 삶이 영생이라는 것을 부디 명심하기 바랍니다.

이런 영생을 얻을 자는 어떤 사람들입니까?

"(16) 내가 세상에 속하지 아니함 같이 저희도 세상에 속하지 아니하였삽나이다 (17) 저희를 진리로 거룩하게 하옵소서 아버지의 말씀은 진리니이다" (요 17:16-17) 예수님께서 세상에 속하지 아니하신 것처럼 예수 믿는 우리들도 이 세상에 속한 삶을 살아서는 안 됩니다. 그렇게 하기 위해서는 진리(말씀)에 순종하여 세상을 내려놓는 거룩한 삶을 살아야 하는 것입니다. 아무리 교회를 열심히 다니고 일생을 다 바쳐 교회 일에 충성을 다하여도 이 죄악세상을 따라 살면서 거룩해질 수 있는 사람은 아무도 없습니다. 구원받은 사람은 더 이상 이 세상에 속한 사람으로 살아서는 안 됩니다. 이 세상을 따라 사는 사람은 세속적인 사람이고 하나님의 말씀을 따라 위에 것을 바라보고 사는 사람은 거룩한 사람입니다. 거룩과 세속은 정반대입니다. 세상을 내려놓지 않으면 아무도 영생을 얻을 수 없는 것입니다.

이와 같이 성경은 거룩한 삶을 사는 사람들에게만 영생을 주신다고 말씀하고 있습니다; "(19) 너희 육신이 연약하므로 내가 사람의 예대로 말하노니 전에 너희가 너희 지체(몸)를 부정과 불법에 내주어 불법에 이른 것 같이 이제는 너희 지체(몸)를 의에게 종으로 내주어 거룩함에 이르라 (22) 그러나 이제는 너희가 죄에게서 해방되고 하나님께 종이 되어 거룩함에 이르는 열매를 얻었으니 이 마지막은 영생이라"(롬 6:19, 22) 예전처럼 우리 몸을 죄에게 내주지 말고 이제는 회개한 사람답게 우리 몸을 의에게 종으로 내주어 거룩함을 이루어 가라고 성경은 분명하게 명령하고 있습니다. 이렇게 거룩한 열매를 맺어야 영생을 얻게 된다고 말씀하고 있습니다.

그러면 우리는 어떻게 거룩함을 얻을 수 있을까요?

우리가 죄를 회개하면 죄 용서를 받아 깨끗해진 후에 예수님을 메시아(구원자와 왕)로 영접(믿음)할 때에 성령님을 우리에게 보내주셔서 성령으로 거듭나게 되어 하나님의 거룩한 자녀로 태어나게 되는 것입니다. 그런데 거듭날 때 받은 이 거룩함이 그냥 저절로 계속 유지되는 것이 아닙니다. 그러므로 성경은 우리가 거룩함을 얻은 후에 계속해서 그 거룩을 유지하기 위해서 육신과 영의 온갖 더러운 것에서 자신을 깨끗해야 한다고 명령하고 있습니다: "그런즉 사랑하는 자들아 이 약속을 가진 우리가 하나님을 두려워하는 가운데서 거룩함을 온전히 이루어 육과 영의 온갖 더러운 것에서 자신을 깨끗케 하자"(고후 7:1) 만약 우리가 다시 세상을 따라 살게 되면 이 거룩함은 다시 더러워져서 하나님의 영광을 욕되게 하게 되고 받은 구원을 다시 잃어버리게 되는 것입니다: "(20) 만일 그들이 우리 주 되신 구주 예수 그리스도를 앎으로 세상의 더러움을 피한 후에 다시 그 중에 얽매이고 지면 그 나중 형편이 처음보다 더 심하리니 (21) 의의 도를 안 후에 받은 거룩한 명령을 저버리는 것보다 알지 못하는 것이 도리어 그들에게 나으니라 (22) 참된 속담에 이르기를 개가 그 토하였던 것에 돌아가고 돼지가 씻었다가 더러운 구덩이에 도로 누웠다 하는 말이 그들에게 응하였도다"(벧후 2:20-22) 그러니까 믿고 구원받아 거룩한 사람으로 거듭났다가 다시 세상을 따라 사는 사람들은 차라리 거듭나지 않았던 것이 더 나으리라고 경고하고 있습니다. 왜냐하면 **나중 형편이 처음보다 더 심할 것이기 때문입니다.** 다른 말로 하면 구원을 받은 후에 죄를 지으면 그 죄는 구원받기 전의 죄보다 더 큰 죄가 되어 지옥에서 더 큰 형벌을 받게 된다는 말입니다. 회개하고 죄를 용서받아서 예수님을 영접(믿음)할 때 성령님이 오셔서 내 안에 있는 악령들을 몰아내고 성령님이 내 안에 들어와 거주하시면서 하나님의 아들이 되는 특별한 영 즉 거룩한 영을 주셔서 하나님의 자녀로 거듭나게 되었는데 다시 세상적인 삶을 살게 되면 성령님은 탄식하시다가 마침내 나를 떠나시게 되고 그동안 깨끗해졌던 내 안이 텅 비게 되어 쫓겨났던 악령들이 다시 들어오게 될 것이라고 예수님이 직접 경고하여 주셨습니다: "(43) 더러운 귀신이 사람에게서 나갔을 때에 물 없는 곳으로 다니며 쉬기를 구하되 쉴 곳을 얻지 못하고 (44) 이에 이르되 내가 나온 내 집으로 돌아가리라 하고 와 보니 그 집이 비고 청소되고 수리되었거늘 (45) 이에 가서 저보다 더 악한 귀신 일곱을 데리고 들어가서 거하니 그 사람의 나중 형편이 전보다 더욱 심하게 되느니라 이 악한 세대가 또한 이렇게 되리라" (마 12:43-45) 이것이 얼마나 섬뜩한 경고인지 오늘의 교회는 전혀 알지도 못하고 관심도 없습니다. 성경은 이렇게 구원받은 사람이 다시 타락하게 되면 다시 회개할 수조차 없다고 경고하고 있습니다. 왜냐하면 이것은 예수님을 다시 십자가에 못 박아 하나님을 현저하게 욕보이는 것이기 때문입니다; "(4) 한 번 빛을 받고 하늘의 은사를 맛보고 성령에 참여한 바 되고 (5) 하나님의 선한 말씀과 내세의 능력을 맛보고도 (6) 타락한 자들은 다시 새롭게 하여 회개하게 할 수 없나니 이는 그들이 하나님의 아들을 다시 십자가에 못 박아 드러내 놓고 욕되게 함이라 (7) 땅이 그 위에 자주 내리는 비를 흡수하여 밭 가는 자들이 쓰기에 합당한 채소를 내면 하나님께 복을 받고 (8) 만일 가시와 엉겅퀴를 내면 버림을 당하고 저주함에 가까워 그 마지막은 불사름이 되리라"(히 6:4-8) 7절과 8절의 말씀의 뜻은 구원받아 하나님의 자녀가 된 사람들이 그들의 매일의 삶에서 하나님이 원하시는 거룩한 열매(합당한 채소)를 맺으면 천국에 들어가게 되고(하나님께 복을 받고) 만약 구원받은 사람들이 거룩한 열매를 맺지 못하고 가시와 엉겅퀴를 내면 그들은 지옥불(그 마지막은 불사름이 되리라)에 던져진다는 말입니다.

그러므로 성경은 구원받은 사람들은 천국에 들어가는 그 날까지 계속해서 거룩하고 경건하고 의롭게 살아야 한다고 분명하게 말씀하고 있습니다; "(11) 이 모든 것이 이렇게 풀어지리니 너희가 어떠한 사람이 되어야 마땅하냐 거룩한 행실과 경건함으로 (12) 하나님의 날이 임하기를 바라보고 간절히 사모하라 그 날에 하늘이 불에 타서 풀어지고 물질이 뜨거운 불에 녹아지려니와 (13) 우리는 그의 약속대로 의가 있는 곳인 새 하늘과 새 땅을 바라보도다 (14) 그러므로 사랑하는 자들아 너희가 이것을 바라보나니 주 앞에서 점도 없고 흠도 없이 평강 가운데서 나타나기를 힘쓰라"(벧후 3:11-14) 이 말씀도 거듭날 때의 거룩함이 그냥 저절로 유지되는 것이 아니라는 것을 보여줍니다. 이 거룩함을 유지하기 위해서 우리는 계속해서 '거룩한 행실과 경건하게 살아서' '주 앞에서 점도 없고 흠도 없이 평강 가운데서 나타나기를 힘쓰라'는 준엄한 명령을 받고 있습니다. '주 앞에서 점도 없고 흠도 없는' 거룩함을 이루기 위하여 힘쓰라고 하였습니다. 여기 '힘쓰라'는 말 'make every effort'는 '모든 노력을 다하여'라는 뜻으로서 믿고 구원받은 다음부터 우리는 거룩하고 의로운 삶을 행함으로 나타내기 위하여 우리의 모든 힘과 노력을 다하여야 한다는 말입니다. 처음 구원을 얻기 위해서는 우리의 행함이 필요 없이 다만 죄에서 돌이키는 진정한 회개만 있으면 영생을 얻어 하나님의 거룩한 자녀가 될 수 있었지만 구원을 얻은 이후에는 하나님의 거룩한 자녀로 살기 위해서 모든 힘과 노력을 다하여 하나님의 자녀답게 거룩하고 의롭게 살아야 할 엄청난 행함의 의무가 생긴 것입니다. 그러니까 우리는 구원을 얻기 위하여 거룩하고 의로운 삶을 살아야 하는 것이 아니고(그것은 어려운 일이 아니고 불가능한 일이기 때문입니다) 구원을 받아 하나님의 자녀가 되었기 때문에 거룩하고 의로운 삶을 살아야 하는 것입니다. 구원받은 사람들의 거룩하고 의로운 행함은 구원의 결과(열매)이어야 하는 것입니다. 그러므로 "영혼 없는 몸이 죽은 것 같이 행함이 없는 믿음은 죽은 것이니라"(약 2:26)라고 성경은 말씀하고 있는 것입니다.

의인은 믿음으로 말미암아 살리라

이상에서 우리는 믿는다는 것이 무엇을 의미하는 지를 상세히 살펴보았습니다. 죄를 행동으로 떠나는 진정한 회개 없이는 예수님을 믿는 믿음(영접)이 불가능하다는 것을 살펴보았습니다. 그리고 회개한 후 예수님을 믿은(영접) 후에도 계속해서 회개의 합당한 열매를 거룩하고 경건하고 의로운 삶을 통해서 나타내지 못하면 그 얻은 구원을 다시 잃어버린다는 것도 깨닫게 되었습니다. 그러므로 성경에서 말하는 '믿음으로 구원을 얻는다'는 말씀의 결론은 간단합니다. 하박국서 2장 4절을 보면 이렇게 기록되어 있습니다: "**보라 그의 마음은 교만하며 그의 속에서 정직하지 못하니라 그러나 의인은 그 믿음으로 말미암아 살리라**" 여기서 믿지 아니하는 사람들의 마음은 교만하다고 하였습니다. 그들은 하나님이 없다고 생각하고 자기가 아는 세상 지식과 자기가 가진 많은 것으로 한껏 높아져서 아주 교만하게 살아가는 사람들입니다. '**그의 속에서 정직하지 못하니라**'는 말씀은 영어로 'his desires are not upright'인데 그 뜻은 '**그들의 욕망은 올바르지 못하다**'는 의미로서 세상에서 성공하고 출세하고 잘 먹고 잘 살려는 그들의 욕망은 결국 탐욕 즉 우상숭배에 불과하기 때문입니다. 그러나 믿음을 가진 사람들은 그들과 전혀 다릅니다: '**그러나 의인은 그 믿음으로 말미암아 살리라**' 무슨 말입니까? 하나님을 믿는 사람들은 즉 예수님을 구주와 왕으로 믿는 사람들은 진정한 회개를 통해서 죄를 떠난 사람들이고 구주 예수님께서 구원해주신 은혜를 생각하고 왕 되신 예수님의 말씀에 절대 복종하여 살기 때문에 그들의 삶은 거룩하고 경건하고 의로울 수밖에 없는 것입니다. 그러므로 의인들은 믿음으로 사는 사람들이란 뜻입니다. 다시 말하면 오직 예수님을 구주와 왕으로 믿는 사람들만 의롭게 살 수 있는 의인이 될 수 있다는 말입니다.

히브리서 10장 38절에서도 같은 말씀을 주셨습니다; "**오직 나의 의인은 믿음으로 말미암아 살리라 또한 뒤로 물러가면 내 마음이 저를 기뻐하지 아니하리라 하셨느니라**" 여기서도 의인은 믿음으로 말미암아 사는 사람이라고 재확인해 주고 있습니다. 즉 믿는 사람들은 의롭게 경건하게 거룩하게 살아야 한다는 말씀입니다. 만약 그렇게 살지 못하고 뒤로 물러가면 즉 구원받은 하나님의 자녀답게 거룩하고 의롭게 살지 못하고 다시 죄악 세상 풍조를 따라 살게 되면 나 하나님께서 그들을 기뻐하지 아니하신다는 말씀입니다. 하나님께서 우리를 기뻐하지 아니하시면 우리는 어떻게 되는 것입니까? 그래서 그 다음 절 즉 히브리서 10장 39절을 보면 이렇게 기록되어 있습니다; "**우리는 뒤로 물러가 침륜에 빠질 자가 아니요 오직 영혼을 구원함에 이르는 믿음을 가진 자니라**" 여기서 '우리는 뒤로 물러가 침륜에 빠질 자가 아니요'라는 말은 영어에 'we are not of those who shrink back and are destroyed' 즉 침륜에 빠진다는 말은 '멸망'한다는 뜻으로서 우리는 그렇게 다시 세상 죄악으로 돌아가 멸망할 사람들이 되어서는 안 된다는 말입니다.

성경에서 말하는 믿음에 대한 아주 중요한 결론으로 로마서 1장 16-17절에서 이렇게 말씀하고 있습니다; "**(16) 내가 복음을 부끄러워하지 아니하노니 이 복음은 모든 믿는 자에게 구원을 주시는 하나님의 능력이 됨이라 첫째는 유대인에게요 또한 헬라인에게로다 (17) 복음에는 하나님의 의가 나타나서 믿음으로 말미암아 믿음에 이르게 하나니 기록된 바 오직 의인은 믿음으로 말미암아 살리라 함과 같으니라**" 여기서 '믿음으로 말미암아 믿음에 이르게 하나니(faith to faith)'라는 말은 NIV 영어성경에서 잘 표현한 것처럼 'by faith from first to last'라는 말로서 그 뜻은 '**처음부터 마지막까지 믿음으로**'라는 뜻입니다. 믿음을 처음 시작할 때부터 우리 인생을 마치는 마지막 순간까지도 계속 믿음을 유지해야 한다는 의미입니다. 처음에는 믿음으로 시작하였다가 나중에는 세상을 따라가는 종교적인 믿음으로 전락하면 하나님께서 기뻐하지 아니하신다는 말씀입니다. 갈라디아 교회에도 이런 사람들이 많이 있어서 경고를 받았습니다: "너희가 이같이 어리석으냐 성령으로 시작하였다가 이제는 육체로 마치겠느냐"(갈 3:4) 그러면서 믿음으로 의롭다 함을 받고 구원받은 참 하나님의 자녀들은 끝까지 '성령을 좇아 살아야' 한다고 명령하였습니다: "(16) 내가 이르노니 너희는 성령을 따라 행하라 그리하면 육체의 욕심을 이루지 아니하리라 (17) 육체의 소욕은 성령을 거스르고 성령은 육체를 거스르나니 이 둘이 서로 대적함으로 너희가 원하는 것을 하지 못하게 하려 함이니라 (18) 너희가 만일 성령의 인도하시는 바가 되면 율법 아래에 있지 아니하리라 (19) 육체의 일은 분명하니 곧 음행과 더러운 것과 호색과 (20) 우상 숭배와 주술과 원수 맺는 것과 분쟁과 시기와 분냄과 당 짓는 것과 분열함과 이단과 (21) 투기와 술 취함과 방탕함과 또 그와 같은 것들이라 전에 너희에게 경계한 것 같이 경계하노니 이런 일을 하는 자들은 하나님의 나라를 유업으로 받지 못할 것이요 (22) 오직 성령의 열매는 사랑과 희락과 화평과 오래 참음과 자비와 양선과 충성과 (23) 온유와 절제니 이같은 것을 금지할 법이 없느니라 (24) 그리스도 예수의 사람들은 육체와 함께 그 정욕과 탐심을 십자가에 못 박았느니라 (25) 만일 우리가 성령으로 살면 또한 성령으로 행할지니 (26) 헛된 영광을 구하여 서로 노엽게 하거나 서로 투기하지 말지니라"(갈 5:16-26) 이 말씀을 보면 우리가 예수님을 믿는다는 말은 우리 안에 보내주신 성령님의 가르치심과 인도하심을 따라 살아야 하며 아직 거듭나지 못한 육체와 함께 세상에 대한 정욕과 탐심은 버려야 한다는 말입니다. 이제는 더 이상 세상의 헛된 영광을 구하는 사람이 되어서는 안된다는 말입니다. 왜냐하면 우리가 영이 구원받은 이후에도 계속 구원받지 못한 육체의 욕심을 따라 살면 하나님 나라를 유업으로 받을 수 없기 때문입니다. 우리가 예수님을 믿는다는 말은 예수님을 신뢰한다는 말입니다. 우리가 예수님을 신뢰한다는 말은 예수님이 우리의 구원자가 되신 것과 우리의 매일의 삶을 통치하시는 왕이 되신다는 것을 믿고 받아들인다는 말입니다. 즉 예수님을 믿는다는 말은 예수님의 통치에 온전히 복종하여 주님께서 버리라고 하신 세상을 미련 없이 버리고 힘들더라도 십자가를 지고 주님을 따른다는 뜻입니다. 만약 우리가 주님께서 버리라고 명하신 세상을 따라 살면 그것은 주님을 불신하는 것이 되는 것입니다. 즉 주님의 구원자 되심과 왕 되심을 신뢰하지 않는다는 뜻이 되는 것입니다. 그러므로 우리가 예수님을 믿는다고 말할 때 그 뜻은 우리의 구원자와 왕이 되신 예수님의 명령에 복종하여 세상을 버리고 거룩하고 경건하고 의롭게 산다는 것을 의미하는 것입니다. 바로 그것이 **'의인은 믿음으로 말미암아 살리라'**는 뜻입니다.

이상에서 살펴본 대로 성경이 말하는 믿음은 오늘의 교회가 전파하는 믿음과는 180도 전혀 다른 믿음입니다. 오늘의 교회가 전파하는 믿음은 세상에서 무언가를 더 얻으려는, 세상의 복을 추구하는 믿음이지만 성경에서 말하는 믿음은 천국을 얻기 위해서 세상을 버려야 한다는 믿음입니다. 그래서 예수님은 마태복음 5장에서 하나님이 사람들에게 주시는 참 복에 대하여 말씀하셨는데 그 내용을 보면 우리가 원하는 이 세상의 복이 아니고 이 세상을 버려야 얻을 수 있는 천국에서 받을 복에 대하여 말씀하고 있습니다; "(3) 심령이 가난한 자는 복이 있나니 천국이 그들의 것임이요 (4) 애통하는 자는 복이 있나니 그들이 위로를 받을 것임이요 (5) 온유한 자는 복이 있나니 그들이 땅을 기업으로 받을 것임이요 (6) 의에 주리고 목마른 자는 복이 있나니 그들이 배부를 것임이요 (7) 긍휼히 여기는 자는 복이 있나니 그들이 긍휼히 여김을 받을 것임이요 (8) 마음이 청결한 자는 복이 있나니 그들이 하나님을 볼 것임이요 (9) 화평하게 하는 자는 복이 있나니 그들이 하나님의 아들이라 일컬음을 받을 것임이요 (10) 의를 위하여 박해를 받은 자는 복이 있나니 천국이 그들의 것임이라 (11) 나로 말미암아 너희를 욕하고 박해하고 거짓으로 너희를 거슬러 모든 악한 말을 할 때에는 너희에게 복이 있나니 (12) 기뻐하고 즐거워하라 하늘에서 너희의 상이 큼이라 너희 전에 있던 선지자들도 이같이 박해하였느니라"(마 5:3-12)

우리의 심령은 세상에 대한 온갖 탐욕으로 가득 차 있는데 이것들을 다 버려서 심령이 가난하게 되는 것은 우리가 원하는 복이 아닙니다. 그러나 그렇게 하는 사람이 복을 받아 천국을 얻게 된다는 것입니다. 애통하는 자가 복이 있다고 하였는데 우리는 애통하는 것을 복이라고 생각하지 않습니다. 그런 고통스러운 삶은 우리가 원하는 복이 아닙니다. 온유한 자는 복이 있다고 하였는데 이 험악한 세상에서 온유하게 산다는 것은 망하는 것이지 복이 아닙니다. 이 부정부패가 만연한 세상에서 의에 주리고 목마를 정도로 의롭게 정직하게 살아가지고는 아무도 사업에서 성공할 수 없고 다 망하게 됩니다. 이런 것은 우리가 원하는 복이 될 수 없습니다. 긍휼히 여기는 자가 복이 있다고 하였는데 서로 물고 뜯고 음모로 가득 찬 세상에서 그렇게 순진한 마음으로 살아가면 언제 동료에게 후배에게 짓밟힐지 모르는 매정하고 냉정한 세상입니다. 마음이 청결한 사람이 복이 있다고 하였는데 물질주의와 성공주의와 쾌락주의가 만연하고 부정부패가 만연한 이 세상에서 마음이 청결한 사람을 찾아보기도 힘들지만 만약 있다면 그런 사람들은 자기 가정 하나도 꾸려가기 힘들 정도로 가난에 찌들려 살게 될 것입니다. 우리는 이런 것을 복이라고 생각하지 않습니다. 화평케 하는 자가 복이 있다고 하였는데 여기서 화평케 하는 자는 세상 사람들의 불화를 중재하여 화평케 하는 그런 세속적인 화평이 아니고 원수 관계에 있는 인간과 하나님을 화평케 하는 복음 전파를 의미하는 것입니다: **"(18) 모든 것이 하나님께로서 났으며 그가 그리스도로 말미암아 우리를 자기와 화목하게 하시고 또 우리에게 화목하게 하는 직분을 주셨으니 (19) 곧 하나님께서 그리스도 안에 계시사 세상을 자기와 화목하게 하시며 그들의 죄를 그들에게 돌리지 아니하시고 화목하게 하는 말씀을 우리에게 부탁하셨느니라 (20) 그러므로 우리가 그리스도를 대신하여 사신이 되어 하나님이 우리를 통하여 너희를 권면하시는 것 같이 그리스도를 대신하여 간청하노니 너희는 하나님과 화목하라"**(고후 5:18-20) 지금 이 세상에서 사람들은 물론이고 심지어 복음을 전한다는 목회자들까지도 성경 말씀을 곧이 곧 대로 전하여 사람들을 구원하는 것을 복이라고 생각하지도 않고 또 원하지도 않습니다. 그렇게 해가지고는 교회에 사람들이 모여들지도 않고 목에 풀칠하기도 힘들다는 것을 잘 알고 있기 때문입니다. 그러므로 사람들을 하나님과 화목케 하는 참 복음을 전하기보다는 복음을 변질시켜서 어떻게 하든지 사람들을 기쁘게 하는 변질된 복음을 전하여 많은 사람들을 교회당으로 끌어모으기 위하여 몸부림치고 있는 것입니다. '의를 위하여 박해를 받은 자는 복이 있다'고 하였는데 의롭게 바르게 살았는데 억울하게 핍박과 환난을 당하는 것을 복이라 여기는 사람은 아무도 없습니다. '나로 말미암아 너희를 욕하고 박해하고 거짓으로 너희를 거슬러 모든 악한 말을 할 때에는 너희에게 복이 있다'고 하였는데 오늘날 예수님 때문에 억울하게 욕먹고 핍박을 당하고 모든 악한 말을 듣는 것을 복이라고 생각하는 사람은 아무도 없습니다.

예수님께서 말씀하신 이런 복들은 오늘의 교회가 전파하는 복이 아닙니다. 오늘의 교회가 전파하는 복은 잘 먹고 잘 살고 성공하고 출세하고 세상에서 만사형통하는 복입니다. 참으로 성경이 말하는 복과는 전혀 다른 복입니다. 성경은 세상 사람들이 생각하는 이런 복을 다 버려야만 천국에 들어가는 복을 받는다고 말씀하고 있습니다.

그래서 성경은 기도에 대하여 말씀하실 때에도 무엇을 먹을까 무엇을 마실까 무엇을 입을까를 구하지 말라고 하시면서 이런 것들은 다 이방인(불신자)들이 구하는 것이라고 하셨습니다. 그리고 믿는 자가 구할 것은 '그 나라와 그 의'라고 하셨습니다. '그 나라'에서 '나라'는 그리스어로 '바실레이아' 즉 '왕의 통치'라는 뜻입니다. 그러니까 '너희는 먼저 그의 나라를 구하라'는 말의 뜻은 우리의 왕 되신 하나님의 통치가 우리의 말과 생각과 행동과 가정과 비즈니스 등 우리의 삶 전체에서 이루어지도록 기도해야 한다는 뜻입니다. 그래서 주님께서 가르쳐 주신 소위 '주기도문'에서도 "나라이 임하옵시며 뜻이 하늘에서 이루어진 것같이 땅에서도 이루어지이다"라고 하였습니다. 여기서 '나라이 임하옵시며'는 '당신의 나라가 임하옵시며(Thy Kingdom come)'입니다. 즉 하나님의 왕적인 통치가 이 세상에서도 이루어지게 해달라고 기도하라는 뜻입니다. 왜냐하면 지금 이 세상은 사탄의 왕적인 통치가 사람들의 삶 속에서 이루어지고 있기 때문입니다. 그러므로 오늘날 구원받은 하나님의 자녀들이 기도할 것은 하나님의 통치가 하늘에서 이루어지고 있는 것처럼 이 땅에서도 구원받아 하나님의 백성이 된 우리들에게도 이루어지게 하여 달라는 말입니다. 즉 우리의 말과 생각과 행동과 가정과 직장과 일터에서 이루어지도록 기도하라는 말입니다. 하나님의 통치를 받고 살 때 우리는 하나님의 통치의 결과로 회개의 합당한 열매를 맺는 거룩하고 경건하고 의로운 삶을 살 수 있기 때문입니다. 그런데 오늘의 교회가 전파하는 기도는 무엇입니까? 사람들이 새벽기도에 나와서 눈물로 간구하는 기도의 내용은 무엇입니까? 한국에 휴가로 방문했을 때에 'S 대학 합격 100일 새벽기도회'라는 현수막이 걸려 있는 것을 보고 충격을 받은 적이 있었습니다. 또 사람들이 산속에 들어가서 금식기도하는 기도의 내용은 무엇입니까? 어떤 목사님의 동생은 41일 금식기도를 하다가 죽었다는 얘기를 한국에 휴가 가서 들었습니다. 도대체 40일 금식기도 하신 예수님보다 하루 더 기도해서 무얼 어떻게 하겠다는 것입니까? 아니 예수님을 이겨서 어쩌자는 것입니까? 도대체 어떤 욕심을 가지고 기도하였길래 예수님의 금식기도 기록을 깨겠다는 것입니까? 예수님은 40일 동안 금식기도하시면서 사탄이 제시한 육신의 정욕과 안목의 정욕과 이생의 자랑을 다 물리치시고 승리하셨습니다. 오늘의 교회가 새벽에 기도하고 금식하는 내용은 어떤 것들입니까? 오늘의 교회는 예수님처럼 육신의 정욕과 안목의 정욕과 이생의 자랑을 다 물리치기 위해서 새벽기도도 하고 철야기도도 하고 금식기도도 하고 있는 것입니까? 예수님은 "나의 원대로 마옵시고 아버지의 원대로 하옵소서(마 26:39)라고 기도의 정석을 보여주셨습니다. 이와 같이 성경에서 말씀하는 참 기도는 내 뜻을 관철하기 위해서 목숨까지 걸고 하나님께 떼를 쓰는 금식기도가 아니고 오히려 세속적인 나의 뜻을 포기하고 하나님의 뜻을 구하는 기도입니다. 성경에서 말하는 참 기도는 나의 꿈, 나의 계획, 나의 욕망을 포기하고 나를 향한 하나님의 소원, 하나님의 계획, 하나님의 뜻을 찾아가는 행위입니다.

우리는 지금까지 성경에서 말하는 '믿음으로 구원을 얻는다'는 것이 무엇인지를 상세히 살펴보았습니다. 오늘의 교회가 전파하는 믿음과는 너무나도 다른 믿음이라는 것을 성경의 구절들을 통하여 증명하고 확인하였습니다. 그러면 오늘의 교회에서 구원을 받을 수 있는 사람이 과연 얼마나 될까요? 성경에서 말하는 믿음과 다른 믿음을 가져도 우리는 구원을 받을 수가 있을까요? 성경이 말하는 '믿음으로 구원'이라는 말씀이 무엇을 의미하는지를 우리는 확실히 깨닫게 되었습니다. 요즘 누가 성경말씀을 그대로 전하면 그런 사람을 '천연기념물'이라고 부르면서 "지금 이 시대에 저렇게 수천 년 된 성경말씀을 순진하게 그대로 믿고 전하는 사람이 어디 있느냐?"며 그런 사람을 촌스러운 구시대의 사람으로 치부하는 시대가 되었습니다. 또 어떤 사람들은 "성경을 저 정도로 깊이 있게 다룰 수 있는 실력이면 목회자가 조금만 정치적이 되면 수천 명의 사람들이 모이는 큰 교회를 할 수 있을 텐데"라며 안타까워하는 시대가 되었습니다. 또 어떤 목사가 성경에 있는 말씀을 그대로 전하면 "오늘 목사님 설교는 나를 까는 설교였습니다. 나한테 유감 있습니까?"라며 화를 내고 덤벼드는 시대가 되었습니다. 사실은 예수님으로부터 직접 말씀을 들었던 당시의 사람들도 대부분 예수님께 극렬하게 대항하고 떠나거나 아니면 소심한 사람들은 그냥 조용히 떠났습니다. 하나님의 말씀을 변질시키지 않고 기록된 그대로 전하면 세상의 어떤 사람도 그 말씀을 듣고 찔림을 받지 않을 사람은 하나도 없습니다; **"하나님의 말씀은 살았고 운동력이 있어 좌우에 날 선 어떤 검보다도 예리하여 혼과 영과 및 관절과 골수를 찔러 쪼개기까지 하며 또 마음의 생각과 뜻을 감찰하나니"**(히 4:12) 그래서 오병이어로 떡을 나누는 자리에는 수천 수만 명의 사람들이 모여 들었으나 예수님께서 사역을 마칠 때에는 제자들과 그의 가족들과 창녀 몇 명, 세리 몇 명을 다 합쳐도 120명 정도밖에 되지 않았습니다. 그래서 이렇게 예리한 하나님의 말씀을 오늘의 말세교회는 절구에 집어넣고 아주 부드럽고 고운 가루가 되도록 빻은 다음에 설탕을 한없이 쳐 넣어 아주 부드럽고 폭신폭신 하고 달콤한 솜사탕을 만들어 듣는 사람마다 또 듣고 싶어 지게 합니다. 그래서 더 부드럽고 더 감촉이 좋고 더 달콤한 솜사탕 설교를 잘하는 목회자에게는 더 많은 사람들이 몰려드는 것입니다. 참으로 통탄할 일입니다.

그러면 오늘의 교회에서 이와 같이 성경에 기록된 진짜 하나님의 말씀을 듣고 예수님을 따라올 사람은 과연 얼마나 될까요? 이런 말씀을 듣고 예수님을 따르는 사람은 과연 어떤 사람들일까요? 예수님은 이렇게 대답하셨습니다; **"(26) 너희가 내 양이 아니므로 믿지 아니하는도다 (27) 내 양은 내 음성을 들으며 나는 그들을 알며 그들은 나를 따르느니라"**(요 10:26-27) 성경말씀을 성경에 쓰여진 그대로 전하지 않으려면 더 이상 성경을 하나님의 말씀이라며 순진한 사람들에게 겁주지 마십시오. 그리고 더 이상 제발 강단에서 함부로 하나님의 말씀인 성경을 자기의 사욕을 위하여 도용하지 마십시오. 이것이 이 시대의 교회에게 주시는 하나님의 마지막 경고입니다;

"화있을진저 외식하는 서기관들과 바리새인들이여 너희는 천국 문을 사람들 앞에서 닫고 너희도 들어가지 않고 들어가려 하는 자도 들어가지 못하게 하는 도다"(마 23:15)

"(18) 내가 이 두루마리의 예언의 말씀을 듣는 모든 사람에게 증언하노니 만일 누구든지 이것들 외에 더하면 하나님이 이 두루마리에 기록된 재앙들을 그에게 더하실 것이요 (19) 만일 누구든지 이 두루마리의 예언의 말씀에서 제하여 버리면 하나님이 이 두루마리에 기록된 생명나무와 및 거룩한 성에 참여함을 제하여 버리시리라"(계 22:18-19)

"(10) 만군의 여호와가 이르노라 너희가 내 제단 위에 헛되이 불사르지 못하게 하기 위하여 너희 중에 성전 문을 닫을 자가 있었으면 좋겠도다 내가 너희를 기뻐하지 아니하며 너희가 손으로 드리는 것을 받지도 아니하리라"(말 1:10)

성경은 세례(침례)에 대하여 무엇이라고 말하고 있는가?

오늘의 교회는 물로 세례를 주는 것을 구원의 척도로 여기고 세례를 받으면 그 자리에서 구원받은 하나님의 자녀가 되었다고 선포합니다. 중국에서 미국으로 이민 온 한 젊은 부부 의대생이 세례를 받게 해달라고 부탁을 해왔습니다. 와서 하나님의 말씀은 배우지 않으면서 세례를 받게 해달라는 것입니다. 그들은 물세례를 받으면 구원받아 나중에 천국에 가는 줄로 믿고 있었습니다. 물세례에 대하여 오늘의 교회는 너무 많이 오해하고 있습니다. 심지어 머리에 물을 뿌려주는 세례로는 구원을 받지 못하고 꼭 물 속에 잠겼다가 다시 나오는 침례를 받아야만 구원을 받는다고 주장하는 교파도 있습니다. 오늘의 교회가 얼마나 눈멀고 얼마나 변질된 말씀을 전하고 있는지를 알 수 있습니다. 예수님께서 마태복음 28장 마지막에서 "아버지와 아들과 성령의 이름으로 세례를 주라"는 말씀은 물세례를 주라는 의미가 아니었습니다. 만약에 그것이 물세례를 의미하는 것이었다면 누구보다도 사도 바울은 물세례를 주는 일에 최선을 다했을 것입니다. 그가 복음을 전한 모든 사람들에게 물세례를 주었을 것입니다. 그러나 사도 바울은 사람들에게 물세례를 주지 아니하였습니다: "(14) 나는 그리스보와 가이오 외에는 너희 중 아무에게도 내가 세례를 베풀지 아니한 것을 감사하노니 (15) 이는 아무도 나의 이름으로 세례를 받았다 말하지 못하게 하려 함이라 (16) 내가 또한 스데바나 집 사람에게 세례를 베풀었고 그 외에는 다른 누구에게 세례를 베풀었는지 알지 못하노라 (17) 그리스도께서 나를 보내심은 세례를 베풀게 하려 하심이 아니요 오직 복음을 전하게 하려 하심이로되 말의 지혜로 하지 아니함은 그리스도의 십자가가 헛되지 않게 하려 함이라"(고전 1:14-17) 하나님께서 사도 바울을 사람들에게 보내신 것은 세례를 주게 하심이 아니고 복음을 전하게 하려 하심이라고 말했습니다. 그러면 사도 바울은 왜 사람들에게 물세례를 주지 아니하였습니까? 그는 주님께서 명하신 세례가 무엇인지를 정확하게 알고 있었기 때문입니다. 로마서 6장 1-6절을 보기 바랍니다; "(1) 그런즉 우리가 무슨 말을 하리요 은혜를 더하게 하려고 죄에 거하겠느냐 (2) 그럴 수 없느니라 죄에 대하여 죽은 우리가 어찌 그 가운데 더 살리요 (3) 무릇 그리스도 예수와 합하여 세례를 받은 우리는 그의 죽으심과 합하여 세례를 받은 줄을 알지 못하느냐 (4) 그러므로 우리가 그의 죽으심과 합하여 세례를 받음으로 그와 함께 장사되었나니 이는 아버지의 영광으로 말미암아 그리스도를 죽은 자 가운데서 살리심과 같이 우리로 또한 새 생명 가운데서 행하게 하려 함이라 (5) 만일 우리가 그의 죽으심과 같은 모양으로 연합한 자가 되었으면 또한 그의 부활과 같은 모양으로 연합한 자도 되리라 (6) 우리가 알거니와 우리의 옛사람이 예수와 함께 십자가에 못 박힌 것은 죄의 몸이 죽어 다시는 우리가 죄에게 종 노릇 하지 아니하려 함이니"(롬 6:1-6)

여기서 분명하게 보여주듯이 세례란 우리의 죄의 옛사람이 예수님과 함께 죽고 함께 장사된 것을 의미하는 것입니다. 우리의 옛 죄의 사람이 예수님과 함께 죽어서 없어져야 부활하신 예수님과 함께 우리도 부활하게 된다는 것을 의미하는 것입니다. 그러므로 세례의 진정한 의미는 옛 죄의 사람은 예수님과 죽었으므로 다시는 우리가 죄의 종이 되지 않게 하기 위해 섭니다; **"우리의 옛사람이 예수와 함께 십자가에 못 박힌 것은 죄의 몸이 죽어 다시는 우리가 죄에게 종 노릇 하지 아니하려 함이니"** 그러면 우리의 옛 죄의 사람이 어떻게 예수와 함께 죽어 장사될 수 있습니까? 앞에서 살펴본 대로 우리가 죄를 회개하면 죄 용서를 받게 되고 예수님께서 성령님을 보내주셔서 우리 안에 거하고 있었던 악령들을 몰아내어 우리를 사탄의 통치에서 해방시켜 주시고 우리 안에 하나님의 자녀가 되는 특별한 영 'Spirit of sonship' 을 태어나게 해주심으로 우리의 영이 성령의 역사로 거듭나게 된다는 것을 살펴보았습니다. 여기서 우리가 죄를 회개해야만 성령이 오셔서 우리의 영을 거듭나게 하신다는 것을 우리는 알게 되었습니다. **그러면 우리가 우리 죄를 회개한다고 했을 때 그 회개는 무엇입니까? 우리의 죄를 대신 짊어지시고 예수님께서 십자가에서 죽으신 것을 인정하기 때문에 우리가 그 죄를 뉘우치는 것입니다.** 이것은 다른 말로 하면 예수님은 우리의 죄의 옛사람을 짊어지고 십자가에서 대신 죽으셨다는 말입니다. 그러면 우리의 옛사람은 어디에 있습니까? 우리의 죄의 옛사람은 십자가에서 예수님과 함께 죽었다는 말입니다. 그래서 회개했다는 말은 자기의 옛 죄의 사람이 예수님과 함께 십자가에 죽은 것을 인정하고 뉘우친 것입니다. 그러므로 죄의 옛사람이 예수와 함께 죽었기 때문에 그 사람은 예수님의 피 공로로 죄 용서함을 받게 되는 것입니다. 그래서 예수님은 그 사람에게 성령님을 보내어 그 사람 안에 있는 모든 악령들을 몰아낼 수 있는 것입니다. 왜냐하면 그 사람의 죄의 옛사람이 죽었기 때문에 사탄은 더 이상 그 사람을 볼모로 붙잡을 명분이 없어졌기 때문에 성령님이 오셔서 요구하면 사탄은 그 사람을 그냥 내어줄 수밖에 없는 것입니다. 그러나 아무리 평생을 교회를 다니며 예수님을 주라고 불렀어도 회개하지 않은 사람들은 죄의 옛사람들이 그냥 살아있기 때문에 사탄에게 볼모로 붙들려 있을 수밖에 없는 것입니다. 그러므로 사탄으로부터 해방된 그 사람 안에 이제 성령님이 거하실 수 있게 되고 부활하신 예수님과 함께 그 사람의 영을 새 영으로 부활하게 하신 것을 성령으로 거듭났다고 하는 것입니다; "(5) 만일 우리가 그의 죽으심과 같은 모양으로 연합한 자가 되었으면 또한 그의 부활과 같은 모양으로 연합한 자도 되리라" 그 사람의 죄의 옛사람이 예수님과 함께 십자가에서 죽었기 때문에 그 사람의 죽은 영도 부활하신 예수님과 함께 부활하 수 있게 된 것입니다. 그리고 성령의 역사로 거듭난 영이 계속해서 성령님의 인도하심과 가르치심에 복종하여 거듭나지 못한 육신의 소욕을 싸워 이기면 마침내 주님 재림하실 때에는 육신까지도 성령의 역사로 부활하게 되어 휴거하게 된다는 것은 이미 앞에서 상세히 살펴보았습니다.

이상에서 살펴본 대로 우리의 옛 죄의 사람이 예수와 함께 죽어 장사될 수 있는 유일한 방법은 바로 진정한 회개입니다. 왜냐하면 진정한 회개는 우리의 죄의 옛사람이 예수와 함께 죽은 것을 인정하고 받아들이는 것을 행동으로 나타내는 것이기 때문입니다. 자기의 죄의 옛사람이 예수와 함께 죽었다는 것을 인정하고 회개한 사람은 더 이상 죄의 옛사람으로 살지 않는다는 것을 일상의 삶에서 행동으로 보여야 하는 것입니다. 이와 같이 죄를 회개하고 성령으로 거듭난 사람은 비로소 예수님을 구세주와 왕으로 영접(믿음)하게 되어 예수님 안에서 살 수 있게 된 것입니다. 그는 예수와 함께 죽고 예수와 함께 살아난 사람으로서 예수님과 연합하여 하나가 된 사람입니다. 이런 사람이 바로 예수님을 옷입은 사람입니다: "누구든지 그리스도와 연합하는 [a]세례를 받은 사람은 그리스도로 옷을 입은 것입니다"(갈 3:27) 진정으로 죄를 회개하여 죄의 옛사람이 예수와 함께 죽은 사람에게 성령님의 역사로 영을 거듭나게 하는 것을 다른 말로 하면 성령으로 세례를 받는 것입니다. 그러면 사람의 영을 거듭나게 하는 것은 오직 성령님의 역사 같아 보이지만 예수님이 성령님을 우리에게 보내주시지 않으면 성령님은 우리에게 오실 수가 없습니다. 또 성부 하나님께서 예수님을 세상에 보내주지 않으시면 예수님께서 십자가에서 죽으실 수 없게 되어 우리의 죄를 용서할 근거가 없는 것입니다. 그래서 아버지와 아들과 성령의 이름으로 세례를 주라고 명하신 것입니다. 그래서 세례는 당연히 물로 주는 세례가 아니고 성령으로 주는 세례입니다. 그러므로 마태복음 3장 11-12절에는 세례에 대하여 아주 중요한 말씀이 기록되어 있습니다: **"(11) 나는 너희로 회개하게 하기 위하여 물로 세례를 베풀거니와 내 뒤에 오시는 이는 나보다 능력이 많으시니 나는 그의 신을 들기도 감당하지 못하겠노라 그는 성령과 불로 너희에게 세례를 베푸실 것이요 (12) 손에 키를 들고 자기의 타작 마당을 정하게 하사 알곡은 모아 곳간에 들이고 쭉정이는 꺼지지 않는 불에 태우시리라"(마 3:11-12)** 요한은 물로 세례를 베풀었는데 그 목적은 사람들로 하여금 죄를 회개하기 위함이라고 하였습니다. 요한을 예수님보다 먼저 보내신 목적은 예수님의 구원사역을 사전에 준비하기 위해서라고 성경은 기록하고 있습니다. 요한의 사역은 사람들을 구원하는 사역이 아니었습니다. 예수님의 길을 평탄케 하기 위하여 미리 보내주신 전령 같은 사람이었습니다. 그래서 요한은 자기가 주는 세례는 회개하라고 알려주는 물세례에 불과하다고 말하면서 예수님께서 사람들에게 주시는 세례는 두 가지 세례라고 하였습니다. 하나는 성령으로 주는 세례이고 또 하나는 불로 주는 세례입니다. 무슨 말이야 하면 이 세상 사람들은 원하든 원하지 않든 반드시 이 두 가지 세례 중에서 하나를 받게 되어 있다는 말입니다. 11절에서는 예수님께서 주시는 세례가 두 가지 세례라는 것을 보여주고 12절에서는 그 두 가지 세례가 어떤 것인지를 구체적으로 설명해 주고 있습니다.

첫째 세례는 성령으로 주시는 세례입니다. 이것은 지금까지 앞에서 살펴본 대로 죄를 회개하여 죄의 옛사람이 예수와 함께 죽은 사람들로서 성령을 받아 성령님의 역사로 영이 거듭난 사람들이 받은 성령 세례입니다. 12절에서는 성령으로 세례를 받은 사람이 어떤 사람인지를 설명하고 있습니다. 이들은 성령으로 거듭난 후에 계속 성령의 인도하심을 따라 세상을 버리고 회개의 합당한 열매를 맺는 거룩한 삶을 살았기에 알곡으로 인정된 사람들입니다. "손에 키를 들고 자기의 타작 마당을 정하게 하사 알곡은 모아 곳간에 들이고" 그래서 이들은 곳간에 들이게 된 것입니다. 즉 천국에 들어가게 된 사람들입니다. 예수님은 사람이 성령으로 거듭나지 아니하면 천국에 들어갈 수 없다고 하였습니다. 그러니까 여기서 천국에 들어간 사람들은 성령으로 세례를 받아 성령으로 거듭난 사람들입니다.

둘째 세례는 불로 주는 세례입니다. 즉 성령으로 세례를 받지 못한 사람들은 모두 불로 세례를 받게 된다는 말입니다. 성령으로 세례를 받지 못한 사람들은 거듭나지 못한 사람들입니다. 교회를 다녔든지 다니지 안았든지 아무 상관이 없습니다. 물 침례를 받았든지 물 세례를 받았든지 아무 상관이 없습니다. 성령으로 거듭나지 못한 사람들은 모두 불로 세례를 받게 됩니다. 그러면 그들이 불로 받게 될 세례는 무엇입니까? 12절에서 잘 말씀해 주고 있습니다: "쭉정이는 꺼지지 않는 불에 태우시리라" 즉 성령으로 거듭나지 못한 이 세상의 모든 사람들은 회개의 합당한 열매를 맺지 못하였기 때문에 쭉정이가 되어 불에 던져지는 것입니다. 이들은 모두 꺼지지 않는 불에 태우신다고 하셨는데 이것은 바로 영원히 꺼지지 않는 지옥불을 의미하는 것입니다. 즉 그들은 지옥에서 영원히 불로 세례를 받게 되는 것입니다. 이렇게 무서운 말씀이 분명하게 기록되어 있는데도 세상적인 복을 추구하는 오늘의 눈먼 교회의 눈에는 진리의 말씀이 보이지 않아서 물 침례냐 물 세례냐를 놓고 서로 치열하게 싸우고 있는 것입니다. 오호통재로다 오호애재로다 누가 오늘의 교회를 이 사망에서 건져내랴!

그러면 얼마나 많은 사람들이 구원을 받게 된다고 예수님이 말씀하셨습니까?

지금까지 앞에서 살펴본 대로 진정으로 회개하여 세상을 내려놓고 예수님을 믿고 성령으로 거듭난 사람이 된다는 것은 매우 어려운 일이라는 것을 우리는 깨닫게 되었습니다. 그러므로 정말 저렇게 믿고 구원받아 천국에 가는 사람들은 우리가 생각하기에도 결코 많지 않을 것입니다. 그러면 과연 예수님은 이에 대하여 무엇이라고 말씀하고 있습니까? 누가복음 13장 23-24절을 보십시오; "(23) 혹이 여짜오되 주여 구원을 얻는 자가 적으니이까 저희에게 이르시되 (24) 좁은 문으로 들어가기를 힘쓰라 내가 너희에게 이르노니 들어가기를 구하여도 못하는 자가 많으리라"(눅 13:23-24) 이 말씀을 보면 예수님의 말씀을 듣고 있었던 당시의 사람들도 예수님 말씀대로라면 정말 구원을 받을 사람들이 많지 않다는 깨달았기에 **"주여 구원을 얻는 자가 적으니이까?"**라고 질문할 수밖에 없었음을 알 수 있습니다. 이에 예수님은 구원받을 자가 적다는 것을 인정하셨기에 좁은 문으로 들어가기를 힘쓰라고 하시면서 천국에 들어가기를 힘써도 들어가지 못하는 자가 많을 것이라고 대답하신 것입니다. 또 마태복음 22장 14절에서도 예수님은 딱 잘라 말씀하셨습니다; **"(14) 청함을 받은 자는 많되 택함을 입은 자는 적으니라"(마 22:14)** 천국 복음을 듣고 초청을 받아 교회에 출석하는 사람들은 많지만 그중에서 '택함을 받은 사람(뽑힘을 받은 사람 즉 합격된 사람)'은 적다고 말씀하셨습니다. 누가복음 18장 8절에서는 특히 예수님께서 재림하실 말세에는 이 세상에서 구원받을 만한 믿음을 가진 사람들을 찾아보기 힘들 것이라고 아주 절망적으로 말씀하셨습니다; **"(8) 내가 너희에게 이르노니 속히 그 원한을 풀어주시리라 그러나 인자가 올 때에 세상에서 믿음을 보겠느냐 하시니라"(눅 18:8)** 그러므로 누가복음 12장에서는 구원받을 만한 참 믿음을 지닌 사람들은 적은 무리가 될 것이라고 말씀하셨고 그 적은 무리의 사람들이 천국에 들어가게 될 것이라고 말씀하셨습니다; **"(32) 적은 무리여 무서워 말라 너희 아버지께서 그 나라를 너희에게 주시기를 기뻐하시느니라"(눅 12:32)** 결국 예수님의 이런 말씀들을 생각해 보면 오늘 우리 시대의 교회가 생각하는 것처럼 교회에만 열심히 다니고 충성하면 다 천국에 들어가는 것이 아니라는 것을 깨닫게 됩니다. 아니 그 정도가 아니고 아주 소수의 사람들만이 천국에 가게 된다는 것을 우리는 깨닫게 됩니다.

한 번 받은 구원은 영원?

지금까지 앞에서 구원에 대하여 살펴보면서 진정으로 회개하여 구원을 받은 후에도 계속해서 회개의 합당한 열매를 맺지 아니하면 그 구원을 다시 잃게 된다는 것을 우리는 어느 정도 눈치로서 알게 되었습니다. 성경은 이 부분에 대하여 신구약 성경 여러 곳에 말씀하고 있습니다. 그러나 오늘 우리 시대의 눈먼 교회는 이 진리를 알지 못하기에 한 번 구원을 받으면 영원히 잃지 않는다고 확신하고 있기 때문에 구원의 기회를 영원히 잃어버리게 되는 것입니다. 앞에서 살펴본 구원에 관한 말씀에 의하면 오늘의 교회가 구원을 받지 못한 교회라는 것이 확실해집니다. 구원을 받지 못한 교회가 한 번 얻은 구원은 영원히 잃지 않는다고 믿는 것은 어떤 의미에서는 옳습니다. 왜냐하면 구원을 받은 적이 없으니까 다시 잃어버릴 구원이 없기 때문입니다. 오늘의 교회가 구원을 다시 잃지 않는다고 굳게 믿는 이유로 다음 구절을 예로 듭니다: **"아버지께서 내게 주시는 자는 다 내게로 올 것이요 '내게 오는 자'는 내가 결코 내어 쫓지 아니하리라"**(요 6:37) 여기서 '내게 오는 자는 내가 결코 내어 쫓지 아니하리라'고 예수님이 직접 분명히 말씀하셨기 때문에 구원받은 사람들은 결코 구원을 다시 잃지 않게 된다는 것입니다. 그러면 여기서 '내게 오는 자'는 누구입니까? 예수님은 어떤 사람을 '내게 오는 자'라고 하셨습니까? 누가복음 9장 23절을 보면 어떤 사람이 예수님께 오는 사람인지를 분명히 하고 있습니다: **"또 무리에게 이르시되 아무든지 나를 따라 오려거든 자기를 부인하고 날마다 제 십자가를 지고 나를 좇을 것이니라"**(눅 9:23) 이 말씀을 보면 '내게 오는 자' 즉 예수님을 따라오는 사람은 '**자기를 부인하고 날마다 자기 십자가를 지고 예수님을 좇아오는 사람이라**'고 하셨습니다. 다시 말해서 죄악 세상을 따라 살고 싶은 자기를 부인하고 즉 세상을 다 내려놓고, 그리고 세상을 내려놓고 사는 것이 매우 힘들지만 그 힘든 십자가를 지고 예수님을 따라오는 사람이 바로 **"내게 오는 자"**에 해당하는 사람입니다.

그래서 요한복음 10장 27-28절을 보면 이런 사람들에게 영생을 주신다고 약속하셨고 또 이런 사람들을 예수님의 손에서와 아버지의 손에서 빼앗을 자가 없다고 하셨습니다: **"(27) 내 양은 내 음성을 들으며 나는 저희를 알며 저희는 나를 따르느니라 내가 저희에게 영생을 주노니 영원히 멸망치 아니할 터이요 또 저희를 내 손에서 빼앗을 자가 없느니라 그들을 주신 내 아버지는 만물보다 크시매 아무도 아버지 손에서 빼앗을 수 없느니라"**(요 10:27-29) 이 말씀은 세상의 것을 버리고 진정으로 회개의 합당한 열매를 맺으며 사는 이런 사람들을 다른 인간이나 사탄이 빼앗아 갈 수 없다는 말입니다. 날마다의 삶에서 하나님께 잘 순종하여 회개의 합당한 열매를 맺으며 경건하고 거룩하고 의롭게 살아가는 사람들을 아무도 아버지의 손에서 예수님의 손에서 빼앗아 갈 수 없다는 말입니다. 아버지는 만물보다 크신 전능하신 하나님인데 감히 누가 이렇게 귀한 하나님의 자녀들을 하나님의 손에서 빼앗아 갈 수 있느냐는 말입니다. 어떤 악령도 사탄도 할 수 없다는 말입니다.

그러나 회개하여 구원받은 이후에 계속해서 회개의 합당한 좋은 열매를 맺지 못하고 다시 세상을 따라 살게 되면 그런 사람들은 빼앗기는 것이 아니고 하나님께서 버리시는 겁니다; "(1) 나는 참포도나무요 내 아버지는 농부라 (2) 무릇 내게 붙어 있어 열매를 맺지 아니하는 가지는 아버지께서 그것을 제거해 버리시고 무릇 열매를 맺는 가지는 더 열매를 맺게 하려 하여 그것을 깨끗하게 하시느니라"(요 15:1-2) 이 말씀에서 볼 수 있는 것처럼 회개의 합당한 열매를 맺지 아니하는 사람들을 하나님 아버지께서 버리시는 것입니다. 즉 하나님이 구원받은 사람들을 빼앗기는 것이 아니고 버리시는 것입니다. 인간도 마귀도 그 어느 누구도 감히 회개의 합당한 열매를 맺는 하나님의 자녀를 하나님의 손에서 빼앗을 수 없는 것입니다. 오직 하나님만이 우리 인간에게 구원을 주실 수 있는 분이시고 오직 하나님만이 그 구원을 다시 빼앗을 수 있는 분이십니다; "가로되 내가 모태에서 적신이 나왔사온즉 또한 적신이 그리로 돌아가올지라. 주신 자도 여호와시요 취하신 자도 여호와시오니 여호와의 이름이 찬송을 받으실지어다"(욥 1:21)

히브리서 6장 4-8절을 보십시오; "(4) 한 번 빛을 받고 하늘의 은사를 맛보고 성령에 참여한 바 되고 (5) 하나님의 선한 말씀과 내세의 능력을 맛보고도 (6) 타락한 자들은 다시 새롭게 하여 회개하게 할 수 없나니 이는 그들이 하나님의 아들을 다시 십자가에 못 박아 드러내 놓고 욕되게 함이라 (7) 땅이 그 위에 자주 내리는 비를 흡수하여 밭 가는 자들이 쓰기에 합당한 채소를 내면 하나님께 복을 받고 (8) 만일 가시와 엉겅퀴를 내면 버림을 당하고 저주함에 가까워 그 마지막은 불사름이 되리라"(히 6:4-8) 여기서 '한 번 빛을 받고 하늘의 은사를 맛보고 성령에 참여한 바 되고 하나님의 선한 말씀과 내세의 능력을 맛본 사람들'은 구원받은 사람들입니다. 이런 사람들이 타락하면 다시 회개할 기회를 주지 않는다는 말씀입니다. 그 이유는 이런 사람들은 예수님을 다시 십자가에 못 박아 하나님을 욕되게 한 죄를 범했기 때문입니다. 그러므로 7절에 기록된 대로 합당한 열매(채소)를 맺은 사람들은 구원을 받지만 8절에서처럼 나쁜 열매(가시와 엉겅퀴)를 맺으면 버림을 받고 결국에는 지옥불(불사름)에 던져지게 된다는 말씀입니다.

히브리서 10장 26-27절에도 진리를 아는 지식을 받아서 구원을 받은 다음에 다시 죄를 지으면 다시 속죄하는 제사가 없으며 그들에게는 소멸하는 맹렬한 지옥불만 있을 것이라고 분명하게 경고하고 있습니다; "우리가 진리를 아는 지식을 받은 후 짐짓 죄를 범한즉 다시 속죄하는 제사가 없고 오직 무서운 마음으로 심판을 기다리는 것과 대적하는 자를 소멸할 맹렬한 불만 있으리라"(히 10:26-27)

베드로후서 2장 20-22절을 보면 구원받은 자가 다시 죄를 짓고 버림을 받는 경우는 구원을 받기 전보다 더 무서운 형벌을 받을 것이기 때문에 이런 사람들에게는 구원을 받지 않는 것이 더 나을 것이라고 무서운 경고를 날리고 있습니다. 그리고 구원을 얻었다가 잃어버린 경우를 개가 그 토하였던 것에 돌아가는 것과 돼지가 씻었다가 다시 더러운 구덩이에 누운 것에 비유하였습니다: "(20) 만일 그들이 우리 주 되신 구주 예수 그리스도를 앎으로 세상의 더러움을 피한 후에 다시 그중에 얽매이고 지면 그 나중 형편이 처음보다 더 심하리니 (21) 의의 도를 안 후에 받은 거룩한 명령을 저버리는 것보다 알지 못하는 것이 도리어 그들에게 나으니라 (22) 참된 속담에 이르기를 개가 그 토하였던 것에 돌아가고 돼지가 씻었다가 더러운 구덩이에 도로 누웠다 하는 말이 그들에게 응하였도다"(벧후 2:20-22)

그리고 예수님은 개와 돼지처럼 다시 세상 죄악으로 돌아간 사람들에게는 하나님의 말씀을 더 이상 전하지 말라고 엄히 명령하셨습니다: "거룩한 것을 개에게 주지 말며 너희 진주를 돼지 앞에 던지지 말라 그들이 그것을 발로 밟고 돌이켜 너희를 찢어 상하게 할까 염려하라"(마 7:6)

구원을 받은 사도 바울도 아직 구원받지 못한 자기 육신 때문에 자기 안에서 구원받은 영과 구원받지 못한 육신이 서로 싸우는 것을 무척 힘들어하였습니다: "(19) 내가 원하는 바 선은 행하지 아니하고 도리어 원하지 아니하는 바 악을 행하는도다 (20) 만일 내가 원하지 아니하는 그것을 하면 이를 행하는 자는 내가 아니요 내 속에 거하는 죄니라 (21) 그러므로 내가 한 법을 깨달았노니 곧 선을 행하기 원하는 나에게 악이 함께 있는 것이로다 (22) 내 속사람으로는 하나님의 법을 즐거워하되 (23) 내 지체 속에서 한 다른 법이 내 마음의 법과 싸워 내 지체 속에 있는 죄의 법으로 나를 사로잡는 것을 보는도다

(24) 오호라 나는 곤고한 사람이로다 이 사망의 몸에서 누가 나를 건져내랴"
(롬 7:19-24)

구원을 다시 잃어버릴 수 있다는 것을 잘 알고 있는 사도 바울은 구원받은 영이 구원받지 못한 육신에게 져서 구원을 다시 잃어버리지 않도록 자기 육신(몸)을 쳐서 복종시킨다고 하였습니다: "내가 내 몸을 쳐 복종하게 함은 내가 남에게 전파한 후에 자기가 도리어 버림이 될까 두려워함이로라"(고전 9:27) 이 말씀을 보면 사도 바울도 구원받은 자기가 육신에게 지면 자기가 다시 버림을 받게 된다는 것을 분명히 알고 받은 구원을 잃을까 봐 두려워하였습니다. 만약 사도 바울이 오늘의 교회처럼 한 번 받은 구원은 영원히 잃어버리지 않는다고 믿고 있었다면 다른 사람들에게 복음을 전파한 후에 자기는 아무렇게 살아도 두려워하지 않았을 것입니다.

예수님은 택함을 받은 이스라엘 백성도 천국에 들어가지 못하고 지옥에 던져질 것이라고 하셨습니다: "(11) 또 너희에게 이르노니 동서로부터 많은 사람이 이르러 아브라함과 이삭과 야곱과 함께 천국에 앉으려니와 (12) 나라의 본 자손들은 바깥 어두운데 쫓겨나 거기서 울며 이를 갊이 있으리라"(마 8:11-12) 택하심을 받았던 이스라엘 백성들이 천국에 들어가지 못하고 지옥불에 들어가는 이유는 그들이 하나님의 백성답게 열매 맺는 삶을 살지 못했기 때문이라고 예수님께서 직접 말씀하셨습니다: "그러므로 내가 너희에게 이르노니 하나님의 나라를 너희는 빼앗기고 그 나라의 열매맺는 백성이 받으리라"(마 21:43)

히브리서 2장 1-4절에서도 우리가 받은 구원을 소홀히 하면 형벌을 피할 수 없다고 말씀하고 있습니다: "그러므로 우리는 들은 말씀에서 벗어나지 않도록 그것을 마음에 깊이 간직해야 합니다. (2) 천사들을 통해 주신 말씀도 권위가 있어서 그것을 어기거나 순종치 않았을 때 모두 공정한 처벌을 받았는데 (3) 하물며 이같이 큰 구원을 우리가 소홀히 한다면 어떻게 형벌을 피할 수 있겠습니까? 이 구원은 맨 처음 주님께서 말씀하셨고 그 말씀을 들은 사람들이 우리에게 증거해 준 것입니다.(4) 그리고 하나님께서도 놀라운 기적과 여러 가지 능력 있는 일들과 또 자신의 뜻을 따라 나누어 주신 성령님의 은혜의 선물로 그들의 증거를 뒷받침해 주셨습니다"(히 2:1-4)

아무리 구원을 받았어도 죄를 지으면 그 이름이 생명책에서 지워질 것이라고 하나님께서 직접 말씀하고 있습니다: **"여호와께서 모세에게 이르시되 누구든지 내게 범죄하면 내가 내 책에서 그를 지워버리리라"**(출3 2:33) 오직 모든 환난과 핍박과 역경 속에서도 죄악을 이기고 믿음을 지키는 자들은 구원의 흰옷을 입게 될 것이며 그 이름을 생명책에서 결코 지우지 않을 것임을 약속하셨습니다: **"이기는 자는 이와 같이 흰 옷을 입을 것이요 내가 그 이름을 생명책에서 결코 지우지 아니하고 그 이름을 내 아버지 앞과 그의 천사들 앞에서 시인하리라"**(계 3:5)

고린도후서 11장 2-3절을 보기 바랍니다: **"내가 하나님의 열심으로 너희를 위하여 열심내노니 내가 너희를 정결한 처녀로 한 남편인 그리스도께 드리려고 중매함이로다. 뱀이 그 간계로 이와를 미혹케 한 것같이 너희 마음이 그리스도를 향하는 진실함과 깨끗함에서 떠나 부패할까 두려워하노라"**(고후 11:2-3)

위의 말씀에서 보듯이 세상의 부귀영화와 쾌락을 따라 살던 우리가 회개함으로 죄를 용서받고 정결한 처녀가 되어야 신랑 되신 그리스도와 함께 어린양의 혼인잔치로 비유된 천국에 들어갈 수 있는 것입니다. 사도 바울은 이미 구원받은 성도들이 그 진실함과 깨끗함에서 떠나 다시 세상을 사랑하는 일에 빠질까 봐 심히 걱정하고 있는 모습입니다. 그러므로 예수님을 믿는다고 하면서도 아직도 우리가 세상을 사랑하는 삶을 살게 되면 우리는 다시 창녀가 되고 하나님의 원수가 되어 구원을 잃어버리게 되는 것입니다. 만약 한 번 받은 구원은 다시 잃지 않는 것이 성경적인 사실이라면 사도 바울에게 이런 염려와 두려움은 전혀 필요 없는 것입니다. 결론으로 빌립보서 2장 12절에서 우리의 구원이 아직 완성되지 않았음을 잘 보여주고 있습니다: **"두렵고 떨림으로 너희 구원을 이루어가라(work out your salvation with fear and trembling)"**(빌 2:12)

구원에 대한 간단한 결론

성경에서 구원은 오직 믿음으로만 얻을 수 있는 것이고 행함으로는 불가능하다는 그 의미가 무엇인지를 우리는 지금까지 자세히 살펴보았습니다. 성경은 우리 인간이 구원을 얻기 위하여 선과 의를 행하려는 것은 어려운 일이 아니라 불가능한 일이라고 가르쳐 주고 있습니다. 그러나 성경은 우리가 선과 의를 행하는 거룩하고 경건한 삶을 살아야 하는 이유에 대하여 말씀하고 있습니다. 그 이유는 우리가 하나님의 은혜로 이미 구원을 받아 하나님의 자녀가 되었기 때문에 구원받은 사람은 반드시 하나님의 자녀답게 선하고 의롭고 거룩하고 경건하게 살아야 할 의무가 있다고 성경은 말씀하고 있습니다: "(5) 우리를 구원하시되 우리가 행한 바 의로운 행위로 말미암지 아니하고 오직 그의 긍휼하심을 따라 중생의 씻음과 성령의 새롭게 하심으로 하셨나니 (6) 우리 구주 예수 그리스도로 말미암아 우리에게 그 성령을 풍성히 부어 주사 (7) 우리로 그의 은혜를 힘입어 의롭다 하심을 얻어 영생의 소망을 따라 상속자가 되게 하려 하심이라 (8) 이 말이 미쁘도다 원하건대 너는 이 여러 것에 대하여 굳세게 말하라 이는 하나님을 믿는 자들로 하여금 조심하여 선한 일을 힘쓰게 하려 함이라 이것은 아름다우며 사람들에게 유익하니라"(딛 3:5-8)

6. 성경은 예수님을 믿는다는 것에 대하여 무엇이라고 말하고 있는가?

예수님을 믿는다는 것은 무엇을 의미하는가?

"(20) 그러므로 율법의 행위로 그의 앞에 의롭다 하심을 얻을 육체가 없나니 율법으로는 죄를 깨달음이니라 (21) 이제는 율법 외에 하나님의 한 의가 나타났으니 율법과 선지자들에게 증거를 받은 것이라 (22) 곧 예수 그리스도를 믿음으로 말미암아 모든 믿는 자에게 미치는 하나님의 의니 차별이 없느니라 (23) 모든 사람이 죄를 범하였으매 하나님의 영광에 이르지 못하더니 (24) 그리스도 예수 안에 있는 속량으로 말미암아 하나님의 은혜로 값 없이 의롭다 하심을 얻은 자 되었느니라 (25) 이 예수를 하나님이 그의 피로써 믿음으로 말미암는 화목제물로 세우셨으니 이는 하나님께서 길이 참으시는 중에 전에 지은 죄를 간과하심으로 자기의 의로우심을 나타내려 하심이니 (26) 곧 이 때에 자기의 의로우심을 나타내사 자기도 의로우시며 또한 예수 믿는 자를 의롭다 하려 하심이라 (27) 그런즉 자랑할 데가 어디냐 있을 수가 없느니라 무슨 법으로냐 행위로냐 아니라 오직 믿음의 법으로니라 (28) 그러므로 사람이 의롭다 하심을 얻는 것은 율법의 행위에 있지 않고 믿음으로 되는 줄 우리가 인정하노라 (29) 하나님은 다만 유대인의 하나님이시냐 또한 이방인의 하나님은 아니시냐 진실로 이방인의 하나님도 되시느니라 (30) 할례자도 믿음으로 말미암아 또한 무할례자도 믿음으로 말미암아 의롭다 하실 하나님은 한 분이시니라 (31) 그런즉 우리가 믿음으로 말미암아 율법을 파기하느냐 그럴 수 없느니라 도리어 율법을 굳게 세우느니라"(롬 3:20-31)

우리는 지난 5과에서 믿음으로 구원을 얻는 것에 대해서 자세히 살펴보았습니다. 이제는 그 믿음이 무엇을 의미하는지 총정리를 해보겠습니다.

예수님을 믿는다는 것은 '죄를 회개한다'는 것을 의미합니다.

죄를 회개하지 않고는 예수님을 믿을 수(영접할 수) 없기 때문입니다: "(37) 그들이 이 말을 듣고 마음에 찔려 베드로와 다른 사도들에게 물어 이르되 형제들아 우리가 어찌할꼬 하거늘 (38) 베드로가 이르되 너희가 회개하여 각각 예수 그리스도의 이름으로 세례를 받고 죄 사함을 받으라 그리하면 성령의 선물을 받으리니"(행 2:37-38)

"(19) 그러므로 너희가 회개하고 돌이켜 너희 죄 없이 함을 받으라 이같이 하면 유쾌하게 되는 날이 주 앞으로부터 이를 것이요 (20) 또 주께서 너희를 위하여 예정하신 그리스도 곧 예수를 보내시리니"(행 3:19-20)

예수님을 믿는다는 것은 '회개의 합당한 열매를 맺는 삶을 산다'는 것을 의미합니다.

"(18) 좋은 나무가 나쁜 열매를 맺을 수 없고 못된 나무가 아름다운 열매를 맺을 수 없느니라 (19) 아름다운 열매를 맺지 아니하는 나무마다 찍혀 불에 던지우느니라 (20) 이러므로 그의 열매로 그들을 알리라 (21) 나더러 주여 주여 하는 자마다 천국에 다 들어갈 것이 아니요 다만 하늘에 계신 내 아버지의 뜻대로 행하는 자라야 들어가리라"(마 7:18-21)

"그러므로 내가 너희에게 이르노니 하나님의 나라를 너희는 빼앗기고 그 나라의 열매 맺는 백성이 받으리라"(마 21:43)

예수님을 믿는다는 것은 '예수님을 영접한다'는 것을 의미합니다.

즉 예수님을 믿는다는 말은 내 인생의 밖에 계셨던 예수님을 내 안으로 모셔 들이는 것을 의미합니다. 그러므로 믿는다는 것과 영접한다는 것은 같은 의미입니다; "(12) 영접하는 자 곧 그 이름을 믿는 자들에게는 하나님의 자녀가 되는 권세를 주셨으니 (13) 이는 혈통으로나 육정으로나 사람의 뜻으로 나지 아니하고 오직 하나님께로서 난 자들이니라"(요 1:12-13)

"볼지어다 내가 문밖에 서서 두드리노니 누구든지 내 음성을 듣고 문을 열면 내가 그에게로 들어가 그로 더불어 먹고 그는 나로 더불어 먹으리라"(계 3:20)

"내가 그리스도와 함께 십자가에 못 박혔나니 그런즉 이제는 내가 사는 것이 아니요 오직 내 안에 그리스도께서 사시는 것이라 이제 내가 육체 가운데 사는 것은 나를 사랑하사 나를 위하여 자기 자신을 버리신 하나님의 아들을

믿는 믿음 안에서 사는 것이라"(갈 2:20)

"나는 포도나무요 너희는 가지니 저가 내 안에, 내가 저 안에 있으면 이 사람은 과실을 많이 맺나니 나를 떠나서는 너희가 아무것도 할 수 없음이라"(요 15:5)

"아들이 있는 자에게는 생명이 있고 하나님의 아들이 없는 자에게는 생명이 없느니라"(요일 5:12)

예수님을 믿는다는 것은 '물과 성령으로 거듭나는 것'을 의미합니다.
"사람이 물과 성령으로 거듭나지 아니하면 하나님 나라에 들어갈 수 없느니라"(요 3:5)

"(9) 만일 너희 속에 하나님의 영(성령)이 거하시면 너희가 육신에 있지 아니하고 영에 있나니 누구든지 그리스도의 영(성령)이 없으면 그리스도의 사람이 아니라 (10) 또 그리스도께서 너희 안에 계시면 몸은 죄로 인하여 죽은 것이나 영은 의를 인하여 산 것이니라 (11) 예수를 죽은 자 가운데서 살리신 이의 영(성령)이 너희 안에 거하시면 그리스도 예수를 죽은 자 가운데서 살리신 이가 너희 안에 거하시는 그의 영(성령)으로 말미암아 너희 죽을 몸도 살리시리라"(롬 8:9-11)

예수님을 믿는다는 것은 '거듭난 영으로써 육신의 행실을 죽이는 새로운 피조물의 삶을 사는 것'을 의미합니다.
"(12) 그러므로 형제들아 우리가 빚진 자로되 육신에게 져서 육신대로 살 것이 아니니라. (13) 너희가 육신대로 살면 반드시 죽을 것이로되 영으로써 몸의 행실을 죽이면 살리니 (14) 무릇 하나님의 영으로 인도함을 받는 그들은 곧 하나님의 아들이라"(롬 8:12-14)

"누구든지 그리스도 안에 있으면 새로운 피조물이라. 이전 것은 지나갔으니 보라 새것이 되었도다"(고후 5:17)

"우리는 그의 만드신 바라 그리스도 예수 안에서 선한 일을 위하여 지으심을 받은 자니 이 일은 하나님이 전에 예비하사 우리로 그 가운데서 행하게 하려 하심이니라"(엡 2:10)

예수님을 믿는다는 것은 '세상의 부귀영화를 내려놓고 자기 십자가 고난의 삶을 사는 것'을 의미합니다.

"이에 예수께서 제자들에게 이르시되 아무든지 나를 따라 오려거든 자기를 부인하고 자기 십자가를 지고 나를 좇을 것이니라"(마 16:24)

"누구든지 자기 십자가를 지고 나를 따르지 않는 자도 능히 내 제자가 되지 못하리라"(눅 14:27)

"(16) 내가 세상에 속하지 아니함 같이 저희도 세상에 속하지 아니하였삽나이다 (17) 저희를 진리로 거룩하게 하옵소서 아버지의 말씀은 진리니이다"(요 17:16-17)

"(15) 이 세상이나 세상에 있는 것들을 사랑하지 말라 누구든지 세상을 사랑하면 아버지의 사랑이 그 안에 있지 아니하니 (16) 이는 세상에 있는 모든 것이 육신의 정욕과 안목의 정욕과 이생의 자랑이니 다 아버지께로부터 온 것이 아니요 세상으로부터 온 것이라 (17) 이 세상도, 그 정욕도 지나가되 오직 하나님의 뜻을 행하는 자는 영원히 거하느니라"(요일 2:15-17)

"제자들의 마음을 굳게 하여 이 믿음에 거하라 권하고 또 우리가 하나님 나라에 들어가려면 많은 환난을 겪어야 할 것이라 하고"(행 14:22)

"(6) 주께서 그 사랑하시는 자를 징계하시고 그의 받으시는 아들마다 채찍질 하심이니라 하였으니 (7) 너희가 참음은 징계를 받기 위함이라 하나님이 아들과 같이 너희를 대우하시나니 어찌 아비가 징계하지 않는 아들이 있으리요 (8) 계는 다 받는 것이거늘 너희에게 없으면 사생자요 참 아들이 아니니라 (9) 또 우리 육체의 아버지가 우리를 징계하여도 공경하였거든 하물며 모든 영의 아버지께 더욱 복종하여 살려 하지 않겠느냐"(히 12:6-9)

예수님을 믿는다는 것은 '구원의 시작'을 의미합니다.

믿음은 구원의 완성이 아닙니다. 다시 죄의 생활로 돌아가면 구원을 잃어 버리기 때문입니다. 그러므로 인간도 마귀도 그 어느 누구도 하나님께서 주 신 구원을 빼앗지 못합니다. 오직 하나님만이 그 구원을 다시 빼앗을 수 있 습니다.

"가로되 내가 모태에서 적신이 나왔사온즉 또한 적신이 그리로 돌아 가올지 라 주신 자도 여호와시요 취하신 자도 여호와시오니 여호와의 이름이 찬송을 받으실지니다 하고"(욥 1:21)

"한번 비췸을 얻고 하늘의 은사를 맛보고 성령에 참예한 바 되고 하나님의 선한 말씀과 내세의 능력을 맛보고 타락한 자들은 다시 새롭게 하여 회개케 할 수 없나니 이는 자기가 하나님의 아들을 다시 십자가에 못 박아 현저히 욕 을 보임이라"(히 6:4-6)

"우리가 진리를 아는 지식을 받은 후 짐짓 죄를 범한즉 다시 속죄하는 제사 가 없고 오직 무서운 마음으로 심판을 기다리는 것과 대적하는 자를 소멸할 맹 렬한 불만 있으리라"(히 10:26-27)

"(20) 만일 그들이 우리 주 되신 구주 예수 그리스도를 앎으로 세상의 더러 움을 피한 후에 다시 그 중에 얽매이고 지면 그 나중 형편이 처음보다 더 심하 리니 (21) 의의 도를 안 후에 받은 거룩한 명령을 저버리는 것보다 알지 못하는 것이 도리어 그들에게 나으니라 (22) 참된 속담에 이르기를 개가 그 토하였던 것에 돌아가고 돼지가 씻었다가 더러운 구덩이에 도로 누웠다 하는 말이 그들 에게 응하였도다"(벧후 2:20-22)

"(11) 또 너희에게 이르노니 동 서로부터 많은 사람이 이르러 아브라함과 이 삭과 야곱과 함께 천국에 앉으려니와 (12) 그 나라의 본 자손들은 바깥 어두운 데 쫓겨나 거기서 울며 이를 갈게 되리라"(마 8:11-12)

"그러므로 나의 사랑하는 자들아 너희가 나 있을 때뿐 아니라 더욱 지금 나

없을 때에도 항상 복종하여 두렵고 떨림으로 너희 구원을 이루라"(빌 2:12)

예수님을 믿는다는 것은 '세계관과 가치관이 변하는 것'을 의미합니다.

"(5) 나는 팔일 만에 할례를 받고 이스라엘 족속이요 베냐민 지파요 히브리인 중의 히브리인이요 율법으로는 바리새인이요 (6) 열심으로는 교회를 박해하고 율법의 의로는 흠이 없는 자라 (7) 그러나 무엇이든지 내게 유익하던 것을 내가 그리스도를 위하여 다 해로 여길뿐더러 (8) 또한 모든 것을 해로 여김은 내 주 그리스도 예수를 아는 지식이 가장 고상하기 때문이라 내가 그를 위하여 모든 것을 잃어버리고 배설물로 여김은 그리스도를 얻고 (9) 그 안에서 발견되려 함이니 내가 가진 의는 율법에서 난 것이 아니요 오직 그리스도를 믿음으로 말미암은 것이니 곧 믿음으로 하나님께로부터 난 의라 (10) 내가 그리스도와 그 부활의 권능과 그 고난에 참여함을 알고자 하여 그의 죽으심을 본받아 (11) 어떻게 해서든지 죽은 자 가운데서 부활에 이르려 하노니 (12) 내가 이미 얻었다 함도 아니요 온전히 이루었다 함도 아니라 오직 내가 그리스도 예수께 잡힌 바 된 그것을 잡으려고 달려가노라"(빌 3:5-12)

"한 사람이 두 주인을 섬기지 못할 것이니 혹 이를 미워하고 저를 사랑하거나 혹 이를 중히 여기고 저를 경히 여김이라 너희가 하나님과 재물을 겸하여 섬기지 못하느니라"(마 6:24)

"(6) 그러나 지족하는 마음이 있으면 경건이 큰 이익이 되느니라 (7) 우리가 세상에 아무것도 가지고 온 것이 없으매 또한 아무 것도 가지고 가지 못하리니 (8) 우리가 먹을 것과 입을 것이 있은즉 족한 줄로 알 것이니라 (9) 부하려 하는 자들은 시험과 올무와 여러 가지 어리석고 해로운 정욕에 떨어지나니 곧 사람으로 침륜과 멸망에 빠지게 하는 것이라 (10) 돈을 사랑함이 일만 악의 뿌리가 되나니 이것을 사모하는 자들이 미혹을 받아 믿음에서 떠나 많은 근심으로써 자기를 찔렀도다"(딤전 6:6-10)

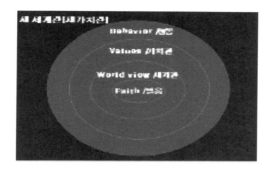

예수님을 믿는다는 것은 '거룩한 삶을 사는 것'을 의미합니다.

"(9) 불의한 자가 하나님의 나라를 유업으로 받지 못할 줄을 알지 못하느냐 미혹을 받지 말라 음란하는 자나 우상 숭배하는 자나 간음하는 자나 탐색하는 자나 남색하는 자나 (10) 도적이나 탐람하는 자나 술 취하는 자나 후욕하는 자나 토색하는 자들은 하나님의 나라를 유업으로 받지 못하리라"(고전 6:9-10)

"(5) 그러므로 땅에 있는 지체(몸)를 죽이라 곧 음란과 부정과 사욕과 악한 정욕과 탐심이니 탐심은 우상 숭배니라 (6) 이것들로 말미암아 하나님의 진노가 임하느니라 (7) 너희도 전에 그 가운데 살 때에는 그 가운데서 행하였으나 (8) 이제는 너희가 이 모든 것을 벗어 버리라 곧 분함과 노여움과 악의와 비방과 너희 입의 부끄러운 말이라 (9) 너희가 서로 거짓말을 하지 말라 옛사람과 그 행위를 벗어 버리고 (10) 새 사람을 입었으니 이는 자기를 창조하신 이의 형상을 따라 지식에까지 새롭게 하심을 입은 자니라"(골 3:5-10)

"그러나 이제는 너희가 죄에게서 해방되고 하나님께 종이 되어 거룩함에 이르는 열매를 얻었으니 이 마지막은 영생이라"(롬 6:22)

"(22) 너희는 유혹의 욕심을 따라 썩어져 가는 구습을 좇는 옛사람을 벗어 버리고 (23) 오직 심령으로 새롭게 되어 (24) 하나님을 따라 의와 진리의 거룩함으로 지으심을 받은 새 사람을 입으라"(엡 4:22-24)

"그런즉 사랑하는 자들아 이 약속을 가진 우리가 하나님을 두려워하는 가운데서 거룩함을 온전히 이루어 육과 영의 온갖 더러운 것에서 자신을 깨끗게 하

자"(고후 7:1)

"그러나 하나님의 견고한 터는 섰으니 인침이 있어 일렀으되 주께서 자기 백성을 아신다 하며 또 주의 이름을 부르는 자마다 불의에서 떠날지어다 하였느니라"(딤후 2:19)

예수님을 믿는다는 것은 '예수 그리스도를 아는 것'을 의미합니다.
"영생은 곧 유일하신 참 하나님과 그의 보내신 자 예수 그리스도를 아는 것이니이다"(요 17:3)

"(3) 우리가 그의 계명을 지키면 이로써 우리가 저를 아는 줄로 알 것이요 (4) 저를 아노라 하고 그의 계명을 지키지 아니하는 자는 거짓말 하는 자요 진리가 그 속에 있지 아니하되 (5) 누구든지 그의 말씀을 지키는 자는 하나님의 사랑이 참으로 그 속에서 온전케 되었나니 이로써 우리가 저 안에 있는 줄을 아노라 (6) 저 안에 거한다 하는 자는 그의 행하시는대로 자기도 행할지니라"(요일 2:3-6)

"(21) 나더러 주여 주여 하는 자마다 다 천국에 들어갈 것이 아니요 다만 하늘에 계신 내 아버지의 뜻대로 행하는 자라야 들어가리라 (22) 그 날에 많은 사람이 나더러 이르되 주여 주여 우리가 주의 이름으로 선지자 노릇 하며 주의 이름으로 귀신을 쫓아 내며 주의 이름으로 많은 권능을 행하지 아니하였나이까 하리니 (23) 그 때에 내가 그들에게 밝히 말하되 내가 너희를 도무지 알지 못하니 불법을 행하는 자들아 내게서 떠나가라 하리라" (마 7:21-23)

예수님을 믿는다는 것은 '주의 계명을 지키는 것'을 의미합니다.
"(3) 우리가 그의 계명을 지키면 이로써 우리가 저를 아는 줄로 알 것이요 (4) 저를 아노라 하고 그의 계명을 지키지 아니하는 자는 거짓말 하는 자요 진리가 그 속에 있지 아니하되 (5) 누구든지 그의 말씀을 지키는 자는 하나님의 사랑이 참으로 그 속에서 온전케 되었나니 이로써 우리가 저 안에 있는 줄을 아노라 (6) 저 안에 거한다 하는 자는 그의 행하시는대로 자기도 행할지니라"(요일 2:3-6)

"(21) 나더러 주여 주여 하는 자마다 다 천국에 들어갈 것이 아니요 다만 하늘에 계신 내 아버지의 뜻대로 행하는 자라야 들어가리라 (22) 그 날에 많은 사람이 나더러 이르되 주여 주여 우리가 주의 이름으로 선지자 노릇 하며 주의 이름으로 귀신을 쫓아 내며 주의 이름으로 많은 권능을 행하지 아니하였나이까 하리니 (23) 그 때에 내가 그들에게 밝히 말하되 내가 너희를 도무지 알지 못하니 불법을 행하는 자들아 내게서 떠나가라 하리라" (마 7:21-23)

예수님을 믿는다는 것은 '믿음으로 구원받은 직후부터 신의 성품을 닮아가기 위하여 최선을 다하는 성화의 삶'을 의미합니다.

"(3)그의 신기한 능력으로 생명과 경건에 속한 모든 것을 우리에게 주셨으니 이는 자기의 영광과 덕으로써 우리를 부르신 이를 앎으로 말미암음이라 (4) 이로써 그 보배롭고 지극히 큰 약속을 우리에게 주사 이 약속으로 말미암아 너희가 정욕 때문에 세상에서 썩어질 것을 피하여 신의 성품에 참여하는 자가 되게 하려 하셨느니라 (5) 이러므로 너희가 더욱 힘써 너희 믿음에 덕을, 덕에 지식을, (6) 지식에 절제를, 절제에 인내를, 인내에 경건을, (7) 경건에 형제 우애를, 형제 우애에 사랑을 더하라 (8) 이런 것이 너희에게 있어 흡족한즉 너희로 우리 주 예수 그리스도를 알기에 게으르지 않고 열매 없는 자가 되지 않게 하려니" (벧후 1:3-8)

여기에서도 볼 수 있듯이 믿음으로 얻은 구원은 구원의 완성이 아니고 오직 시작에 불과합니다: "**항상 복종하여 두렵고 떨림으로 너희의 구원을 이루어가라**"(빌 2:12)는 말씀대로 믿음으로 시작된 구원을 완성하기 위해서는 구원받은 직후부터 하나님의 성품을 본받기 위하여 피눈물 나는 엄청난 노력이 필요합니다. 8절에서 언급한대로 이러한 하나님의 성품을 흡족할 정도로 취득해야만 열매 없는 자가 되기 않게 됩니다. 다른 말로 하면 구원을 얻은 후에 하나님의 성품을 충분히 취득하지 못하면 열매 없는 자가 되어 아버지께서 열매 없는 가지를 잘라버리게 됩니다. 그래서 하나님은 구원을 얻은 사람에게는 생명(영생)만 주시는 것이 아니라 영생을 얻은 사람이 하나님을 닮아갈 수 있도록 경건하게 살아가는 데 필요한 모든 것을 주셨습니다.(3절) 여기서 '**생명(영생)과 경건하게 살아가는 데 필요한 모든 것을 주셨다**'(3절)고 기록하고 있는데 어떤 사람에게 생명(영생)과 경건하게 살아가는 데 필요한 모든 것을 주셨습니까? 1절을 보면 "예수 그리스도의 종과 사도인 시몬 베드로는 우리 하나님과 구주 예수 그리스도의 의를 힘입어 **동일하게 보배로운 믿음(참믿음)을 우리와 같이 받은 자들에게** 편지하노니"라고 기록되어 있습니다. 그렇습니다. 사도들과 동일하게 참된 믿음을 받은 자들에게 이런 것들을 주셨다고 하셨습니다. 그러니까 참된 믿음으로 구원을 얻은 사람에게는 생명(영생)만 주신 것이 아니라 경건하게 살아가는데 필요한 모든 것을 주셨다는 말입니다. 그러므로 참 믿음으로 진짜 구원을 받은 사람은 경건하게 살아갈 수 있는 능력을 받은 것입니다. 여기서 '생명'이라는 말은 성령으로 거듭날 때 얻은 '영생'을 의미합니다. 그러니까 사람이 성령으로 거듭날 때에 새 생명만 받는 것이 아니고 동시에 경건하게 살아가는 데 필요한 모든 것도 함께 받는 것입니다. 그러면 '경건'이 무엇입니까? '경건'이라는 말은 영어로 'godliness'로서 '하나님처럼 됨'을 의미합니다. 즉 '경건'이라는 말의 뜻은 '하나님을 닮아간다'는 뜻입니다. 그런데 한 가지 주의할 것은 성령으로 거듭날 때에 영생과 함께 경건을 함께 주신 것이 아니라 '경건하게 살아가는 데 필요한 모든 것'을 주셨다고 하셨습니다. 그러니까 믿음으로 영생을 얻었으니까 자동적으로 경건한 사람이 되었구나 생각하고 이제부터는 그냥 감사하면서 교회에 열심히 출석하고 충성하기만 하면 천국에 들어갈 수 있다고 생각하면 크게 오해한 것입니다. 성령으로 거듭난 사람은 영생과 함께 경건하게 살아가는 데 필요한 모든 것을 받은 것이지 경건을 받은 것은 아니라는 말입니다. 즉 새 생명을 얻었으니까 자동적으로 경건한 사람으로 변화된 것이 아니란 말입니다. 성령으로 거듭날 때 새 생명만 받은 것이 아니고 경건하게 살아갈 수 있는 모든 능력도 함께 받았기 때문에 하나님의 자녀로 거듭난 후부터는 육신의 정욕을 따라 살지 않고 하나님의 성품에 참여하는 자가 되기 위해서 피눈물나는 노력이 필요한 것입니다. **"너희가 정욕 때문에 세상에서 썩어질 것을 피하여 신의 성품에 참여하는 자가 되게 하려 하셨느니라"** (4) 다시 말해서 썩어질 세상의 부귀, 영화, 쾌락, 성공, 출세에 대한 모든 야망을 버리고 하나님의 성품에 참여하는 자가 되어야 한다는 말입니다. 구원받기 전에는 안일하게 살았지만 믿음으로 구원을 받아 하나님의 자녀가 된 후부터는 피눈물나는 노력으로 하나님의 성품을 닮아가는 성화의 삶을 살아야 합니다. 그래서 5절에 보면 믿음에서 끝나지 말고 믿음에 덕, 지식 절제, 인내, 경건, 형제 우애, 사랑 등등 하나님의 성품을 계속 더하기 위해서 '**더욱 힘쓰라**'고 하였습니다: "**(5) 이러므로 너희가 더욱 힘써 너희 믿음에 덕을, 덕에 지식을, (6) 지식에 절제를, 절제에 인내를, 인내에 경건을, (7) 경건에 형제 우애를, 형제 우애에 사랑을 더하라**"

  "**이러므로 너희가 더욱 힘써 너희 믿음에 덕을 … 더하라**" 여기서 '더욱 힘써 믿음에 덕을 더하라'는 말은 'make every effort to add faith goodness'라는 말로서 '최대한의 모든 노력을 다하여 믿음에 덕을 더하라' 라는 의미입니다. 믿음이 구원의 완성이 아니란 말입니다. 믿음은 오직 구원의 시작이라는 말입니다. 구원의 완성을 이루기 위해서는 최대한의 노력을 다하여 믿음에 덕을 더하고 덕에 지식을 더하고 지식에 절제를 더하고 절제에 인내를 더하고 인내에 경건을 더하고 경건에 형제 우애를 더하고 형제 우애에 사랑을 더하라고 하였습니다. 여기 믿음에 '덕'을 더하라고 하였는데 '덕'은 영어로 'goodness' 즉 '선함'입니다. 하나님의 성품 중에 하나는 '선하심'입니다. 우리가 구원받기 전에는 사탄의 성품인 '악함(evil)'을 가지고 살았었습니다. 그러므로 구원받은 사람은 자기 안에 있는 모든 악한 성품을 버리고 이제부터는 하나님의 성품인 '선함'에 참여하는 자가 되도록 최대한의 노력을 기울여야 하는 것입니다. 피눈물나는 노력이 없이는 이것을 성취할 수 없습니다. 이것이 바로 하나님의 성품을 닮아가는 참 성도의 삶입니다. 하나님의 성품을 닮아가면서 점점 더 구원이 완성되어가는 것입니다. 믿음에 또 더해야 할 것은 '지식'입니다. 이 지식은 세상적인 지식을 의미하는 것이 아닙니다. 하나님을 알아가는 지식, 자기 자신을 알아가는 지식, 이 세상이 무엇인지를 바로 알아가는 지식입니다. 믿음으로 구원이 완성된 것이 아니고 믿음으로 구원을 얻은 다음에는 하나님을 더 깊이 개인적으로 알아가는 지식, 자기 자신이 누구인지를 더 깊이 알아가는 지식, 이 세상이 무엇인지를 더 깊이 알아가는 지식을 통해서 구원이 점점 더 완성되어 가는 것입니다. 믿음에 또 더해야 할 하나님의 성품은 '절제'입니다. 술 중독, 마약 중독, 성 중독, 쇼핑 중독, 도박 중독, 미디어 중독… 등등 현대인은 수많은 것에 중독되어 있습니다. 이 중독은 절제 즉 'self-control'이 안 되기 때문입니다. 절제 즉 self-control을 잘할 수 있는 사람은 좌로나 우로나 치우치지 않고 하나님을 향해서 똑바로 나아갈 수 있는 사람입니다. 믿음에 또 더해야 할 하나님의 성품은 '인내'입니다. 하나님은 오래 참으시는 분이십니다. 특히 한국인은 너무 조급하기로 전 세계에 소문난 민족인데 결코 자랑스러운 것이 아닙니다. 최대한의 노력을 다하여 인내를 배워야 합니다. 인내는 많은 재앙을 막을 수 있으며 살생을 막을 수 있으며 수많은 실패도 막을 수 있습니다. 인내는 사람을 경솔, 경박하지 않고 지혜롭고 침착하고 신중하고 깊이 있는 사람으로 만들어 줍니다. 믿음에 또 더해야 할 하나님의 성품은 '경건'입니다. 경건(godliness)은 하나님처럼 되는 것 즉 하나님을 닮아가는 것입니다. 모든 말과 생각과 행동에서 하나님을 닮아가야 하는 것입니다. 하나님을 닮아가는 데 있어서 가장 중요한 것은 거룩하심과 성결하심과 죄 없으심 입니다. 믿음에 또 더해야 하나님의 성품은 '형제 우애'입니다. 성령으로 거듭나서 새 생명을 얻은 사람들은 다 그리스도의 피로 맺어진 하나님의 가족이 된 사람들입니다. 그러므로 그들은 그리스도 안에서 형제와 자매가 된 사람들로서 서로 서로를 돌보고 섬기고 사랑하는 사람들이 되어야 하는 것입니다. 육신의 피로 맺어진 형제들과 자매들은 이 세상에서 사는 동안에만 그 관계가 유지됩니다. 그러나 그리스도의 피로 맺어진 형제들과 자매들은 그 관계가 천국에서 영원히 계속되는 진짜 가족입니다. 믿음에 또 더해야 할 하나님의 성품은 '사랑'입니다. 이 사랑은 그리스어 원어로 '아가페'입니다. 남녀가 사랑하는 그런 애정(eros)을 뜻하는 사랑이 아닙니다. 아가페 사랑은 하나님이 우리에게 독생자를 주신 사랑입니다; **"(16) 하나님이 세상을 이처럼 사랑하사 독생자를 주셨으니 이는 저를 믿는 자마다 멸망치 않고 영생을 얻게 하려 하심이라 (17)** 하나님이 그 아들을 세상에 보내신 것은 세상을 심판하려 하심이 아니요 저로 말미암아 세상이 구원을 받게하려 하심이라 **(18)** 저를 믿는 자는 심판을 받지 아니하는 것이요 믿지 아니하는 자는 하나님의 독생자의 이름을 믿지 아니하므로 벌써 심판을 받은 것이니라"(요 3:16-18)

"하나님이 세상을 이처럼 사랑하사 독생자를 주셨으니 이는 저를 믿는 자마다 멸망치 않고 영생을 얻게 하려 하심이라" 신구약 성경 전체에서 요한복음 3장 16절의 말씀처럼 하나님의 위대한 사랑을 극명하게 보여주는 곳은 없습니다. 하나님께서 우리에게 보여주신 사랑 중에서 가장 숭고하고 놀라운 사랑입니다. 대천지의 주재이신 하나님께서 하찮은 인간의 죄를 사하기 위해서 십자가에서 죽으셨다면 이 우주 전체에서 이보다 더 크고 위대한 사랑은 없습니다. 또한 그토록 무한대하게 크고 위대하신 하나님이 죽으셔야만 용서될 수 있는 우리의 죄라면 우리 인간의 죄가 얼마나 크고 심각한 것인지 우리는 깨달아야 합니다. 참으로 구차한 설명이 필요 없이 요한복음 3장 16절 이 한 구절만으로도 우리는 하나님께서 우리 인간을 얼마나 사랑하시는지를 알 수 있습니다. 이 단순한 한 구절이 교회에 다니는 사람들이라면 거의 누구나 암송하고 있을 정도로 유명한 구절이 된 것은 결코 이상한 일이 아닙니다. 그러나 아이러니칼하게도 성경에서 이 구절만큼 사람들이 오해하고 무시하고 있는 구절도 없습니다. 이 구절이 시사하는 바 그 크고 놀라운 하나님의 사랑을 깨달았다면 오늘날과 같이 변질되고 타락하고 조잡하고 세속화된 교회들이 결코 생겨날 수 없기 때문입니다. 곰곰이 생각해 보십시오. 천지만물을 창조하신 대우주의 주관자이신 하나님께서 어떻게 우리 천한 인간을 죄와 사망에서 구원하시기 위해서 하나님 되심을 포기하시고 인간의 천한 육신으로 오실 수가 있으시며 또 우리 죄인들의 억만 죄악을 대신 지시고 그 무서운 형극의 십자가 죽음까지 자처하실 수 있으십니까? 우리를 향한 그 깊고 높고 넓은 진실한 사랑이 아니었다면 어떻게 이런 일이 가능하겠습니까? 형제를 위하여 목숨을 버리면 이보다 더 큰 사랑이 없다고 하셨는데 하물며 대우주의 창조주 하나님께서 미천한 인간을 위하여 목숨을 버리시는 것은 얼마나 놀라운 사랑입니까? 우리가 그 목숨까지 바친 하나님의 핏빛 사랑을 우리 인간의 제한된 언어로 어떻게 다 표현할 수 있겠습니까? 만 입이 있어도 그분의 사랑을 다 찬양할 수 없으며, 우리의 하찮은 목숨을 다 바친다 해도 존귀하신 하나님의 사랑과 은혜를 다 갚을 길이 없습니다. 우리가 그 사랑을 깨닫지도 못하고 그 사랑에 어긋나게 살아가면서 그 구절을 앵무새처럼 그냥 동요를 외우듯이 암송하는 것이 얼마나 하나님을 아프게 하는 것인지 생각해보신 적이 있으십니까? 그래서 18절에 보시면 하나님께서 베푸신 이 어마어마한 사랑을 거절하는 것은 그 자체가 벌써 스스로 심판을 받은 것이라고 말씀하고 있습니다.

　생각해 보십시오. 그분의 사랑을 깨달았다는 사람들이 어떻게 하나님보다 세상을 더 사랑할 수가 있겠습니까? 그분의 사랑을 깨달았다는 사람들이 어떻게 물질을 하나님보다 더 사랑하며, 그분의 사랑을 깨달았다는 사람들이 어떻게 쾌락을 하나님보다 더 사랑하며, 그분의 사랑을 깨달았다는 사람들이 어떻게 이 세상의 명예를 하나님보다 더 사랑하며, 그분의 사랑을 깨달았다는 사람들이 어떻게 자녀들을 하나님보다 더 사랑할 수 있겠습니까? 그분의 사랑을 깨달았다는 사람들이 어떻게 세상의 하찮은 것을 가지고 하나님 앞에서 그토록 교만하고 뻔뻔스러워질 수가 있겠습니까? 그분의 숭고한 사랑을 깨달았다면 어떻게 오늘날의 교회들이 이처럼 창녀보다 더 더럽고 시궁창보다 더 더러운 만신창이가 될 수 있겠습니까? 우리가 진정 하나님의 사랑을 제대로 깨달았다면 오늘날의 교회가 어떻게 그렇게 욕심스럽고 수선스럽고 화려하며 성공주의와 기복주의와 안일주의의 더러운 세속에 빠질 수가 있겠습니까? 우리가 진정 하나님의 사랑을 조금이라도 깨달았다면 어떻게 오늘의 교회마다 그토록 냉랭하여 서로에게 무관심하며 서로를 물고 뜯고 미워하며 싸우며 갈라질 수 있겠습니까?

우리가 진정 우리에 대한 그분의 하늘에서 땅에까지 낮아지신 그 깊은 사랑을 조금이라도 깨달았다면 이 세상의 모든 것을 다 내려놓고 그분 앞에서 감히 머리도 들지 못하고 처절하게 엎드러질 수밖에 없을 것입니다. 우리가 진정 그분의 그 높고 고상하신 사랑을 조금이라도 깨달았다면 그분 앞에서 감히 입을 열지도 못하고 소리도 내지 못하고 그냥 눈물범벅이 되어 오열할 것입니다. 우리가 진정 그분의 그 거룩하시고 티없이 성결하신 사랑을 조금이라도 깨달았다면 우리는 몸 둘 바를 모르며 모든 추악한 죄를 그분 앞에 엎드려 고백할 수밖에 없으며 다시는 그런 추악한 죄악에 빠지지 않도록 눈물로 다짐하고 또 다짐하며 평생 죄를 통회자복하며 경건하고 성결하게 살아가게 될 것입니다. 우리가 진정 하나님의 사랑을 제대로 깨달았다면 우리는 하나님께서 명령하신 대로 '네 마음을 다하고 목숨을 다하고 뜻을 다하여 주 너의 하나님을 사랑하라' 하신 계명과 '네 이웃을 네 몸과 같이 사랑하라' 하신 계명을 지키기 위해서 몸과 마음을 다 바치는 혼신의 노력을 다할 것입니다.

진정 우리는 하나님의 사랑을 너무 많이 오해하였습니다. 그분은 그분의 성육신에서부터 그의 흠이 없는 삶과 대속의 십자가 죽음과 부활과 승천에 이르기까지 우리에게 진정한 사랑이 어떤 것인지를 아주 극명하게 보여주셨습니다. 고린도전서 13장에 기록된 사랑은 바로 그리스도께서 우리에게 보여주신 하나님의 사랑입니다; **"(4) 사랑은 오래 참고 사랑은 온유하며 투기하**

는 자가 되지 아니하며 사랑은 자랑하지 아니하며 교만하지 아니하며 (5) 무례히 행치 아니하며 자기의 유익을 구치 아니하며 성내지 아니하며 악한 것을 생각지 아니하며 (6) 불의를 기뻐하지 아니하며 진리와 함께 기뻐하고 (7) 모든 것을 참으며 모든 것을 믿으며 모든 것을 바라며 모든 것을 견디느니라"(고전 13:4–7)

'사랑은 오래 참고'

주님께서 보여주신 사랑은 고난과 역경과 억울함 속에서도 참고 견디는 인내의 사랑이었습니다. 아주 강인하고 흔들리지 않는 불변의 사랑이었습니다. 어제나 오늘이나 내일이나 영원토록 믿고 의지할 수 있는 영원한 사랑이었습니다. 주님의 이 사랑은 오늘도 저 갈보리 동산의 십자가에서 영원히 빛나고 있습니다. 누구든지 나를 따라오려거든 자기를 부인하고 자기 십자가를 지고 나를 따라오라고 말씀하셨습니다. 자기를 부인하기를 거부하고 십자가를 지기를 거부하는 오늘 우리 시대의 교회들은 하나님의 이 사랑을 받아본 적이 없는 가짜 교회가 아닙니까?

'사랑은 온유하며 투기하는 자가 되지 아니하고'

주님께서 보여주신 사랑은 거칠지 않으시고 부드러우시며 성내지 아니하는 온유하심이었습니다. 우리의 악하고 추하고 거칠고 모나고 시기하고 삐뚤어진 것을 다듬고 녹여줍니다. 우리가 진정으로 마음 깊이 죄를 깨닫고 회개하고 주께 돌아오기만 하면 언제든지 두 팔을 높이 들고 우리를 안아 주시고 받아주시고 용서해 주십니다. 지금도 온유하신 주님은 죄의 회개를 요구하시며 오래 참고 기다리고 계시지만 오늘의 교회들은 문을 안으로 굳게 잠가두고 주님을 문밖에 세워두고 있습니다; "(16) 네가 이같이 미지근하여 뜨겁지도 아니하고 차지도 아니하니 내 입에서 너를 토하여 버리리라 (17) 네가 말하기를 나는 부자라 부요하여 부족한 것이 없다 하나 네 곤고한 것과 가련한 것과 가난한 것과 눈 먼 것과 벌거벗은 것을 알지 못하는도다 (18) 내가 너를 권하노니 내게서 불로 연단한 금을 사서 부요하게 하고 흰 옷을 사서 입어 벌거벗은 수치를 보이지 않게 하고 안약을 사서 눈에 발라 보게 하라 (19) 무릇 내가 사랑하는 자를 책망하여 징계하노니 그러므로 네가 열심을 내라 회개하라 (20) 볼지어다 내가 문밖에 서서 두드리노니 누구든지 내 음성을 듣고 문을

열면 내가 그에게로 들어가 그와 더불어 먹고 그는 나와 더불어 먹으리라"(계 3:16-20)

'사랑은 자랑하지 아니하며 교만하지 아니하며'

주님께서 보여주신 사랑은 하나님의 영광을 버리고 자신을 한없이 낮추신 겸손이었습니다. 그래서 오히려 그 앞에서 모든 사람을 무릎 꿇게 만드는 존귀와 위엄이 있는 엄숙한 사랑이었습니다. 하나님의 이 사랑을 깨달은 사람마다 낮아지고 겸손하여 져서 섬기는 사람으로 변화됩니다. 철학적인 설교와 도덕적인 설교와 지성적인 설교와 성공주의와 기복주의 설교로 한없이 높아진 오늘의 교회는 가난하고 낮고 겸손한 사람들이 도저히 들어갈 수 없는 문턱이 높은 교만하고 욕심스러운 교회가 되었습니다.

'무례히 행치 아니하며'

주님께서 보여주신 사랑은 조금도 무례하지 아니하고 경우에 바른 정중하심이었습니다. 철저하고 빈틈이 없고 규모 있고 절도 있고 위엄 있는 사랑이었습니다. 이 사랑을 깨닫고 이 사랑을 받은 사람마다 하나님의 성품으로 성화되어 갑니다. 빛과 소금으로 세상에 영향을 주지 못하고 오히려 세상으로부터 영향을 받아 퇴폐적인 대중문화를 따라가는 오늘의 교회에서 우리는 하나님의 성품을 찾아보지 못하게 되었습니다.

'자기의 유익을 구치 아니하며 성내지 아니하며'

주님께서 보여주신 사랑은 자기의 유익을 구하는 이기심이 아니었고 오히려 자신을 비어 우리에게 모든 것을 내어 주신 자기희생의 사랑이었습니다. 죄 없이 사형선고를 받으시면서도 성내지 아니하시고 털 깎는 자 앞에 잠잠한 양같이 그 입을 열지 아니하였습니다. 참으로 마음 속 깊이 파고 들어와 우리를 숙연하게 하는 감동적인 자기희생의 사랑이었습니다. 예수를 믿는다고 하면서도 아직도 욕심스럽고 이기적인 세계관과 가치관이 변하지 않은 오늘의 교회들은 바로 이 사랑을 받아본 적이 없는 가짜교회가 아닙니까? 하나님을 믿는다고 하면서도 세상을 하나님보다 더 사랑하는 오늘의 교회들은 주님께서 피로 값 주고 사신 주님의 교회들이 아닙니다.

'악한 것을 생각지 아니하며 불의를 기뻐하지 아니하며'

우리 인간의 죄를 사하시기 위해서 그 크고 위대하신 하나님께서 직접 목숨을 버리셔야 하실 정도로 하나님은 불의와 죄악을 미워하시는 분이십니다. 다시 말해서 하나님께서 우리에게 보여주신 사랑은 악한 것과 불의한 것은 조금이라도 용납하지 아니하시는 지극히 성결하고 깨끗한 사랑입니다. 아무리 비싼 값을 지불하고서라도 불의와 죄악을 철저히 제거하시는 그러한 사랑이십니다. 인간을 사랑하셔서 인간과 함께 영원토록 천국에서 살기 위해서는 인간에게 묻어 있는 조그마한 죄악도 철저하게 다 제거하셔야만 하셨기에 하나님은 그 값비싼 대가를 지불하시려고 친히 인간이 되셨고 또 십자가라는 극형을 마다하지 아니하셨습니다. 하나님의 사랑은 이처럼 철저하게 성결하고 깨끗하고 고결한 사랑이었습니다. 부정과 불의를 티끌만큼이라도 받아들일 수 없는 아주 선하시고 의로우시고 거룩하신 사랑입니다. 참으로 아름답고 순결하고 빛나는 사랑입니다. 하나님의 이 사랑의 빛이 우리를 비출 때에 우리의 모든 추함과 악함과 불의가 낱낱이 드러납니다. 오늘의 교회들이 빛으로 오신 주님을 따르지 않는 것은 교회들의 행위가 악하므로 빛보다 어두움을 더 사랑한 것(요 3:19)이라는 주님의 말씀이 천 번 만 번 옳습니다. 하나님의 사랑을 외치는 오늘날의 교회들이 얼마나 추함과 악함과 무례와 거침과 조잡과 불의와 탐욕과 이기심과 타협과 권모술수와 세속으로 가득 차 있습니까? 오해하지 마십시오. 하나님의 사랑은 '나더러 주여 주여 하는 자마다 다 천국에 들어갈 것이 아니요(마 7:21)'라고 딱 잘라서 말씀하실 정도로 철저하고 깐깐하고 빈틈없는 사랑입니다. 하나님의 사랑은 불의와 악을 받아주고 덮어주는 난잡하고 조잡하고 적당히 봐주는 그런 지저분한 사랑이 아닙니다. 우리 죄인을 구원하여 천국에서 함께 사시기 위해서 우리 안에 있는 죄악을 제거하시려고 하나님께서 친히 인간이 되시고 그 고귀한 목숨을 십자가에서 산산이 깨트리시기까지 하나님은 죄악을 철저하게 미워하시는 분이십니다. 그래서 하나님이 그토록 사랑하시는 하나님의 사람 다윗이 간음죄와 청부살인죄를 범했을 때에도 적당히 봐주시거나 덮어주지 아니하시고 다윗이 죽을 때까지 집요하게 그 집에 칼이 떠나지 않게 하는 무섭도록 철저한 벌(삼하 12:10-12)로 징벌하셨습니다. 전 세계 모든 민족에게 복음을 전하라고 아브라함과 그 후손 이스라엘 민족을 불러 하나님의 종의 백성, 제사장 나라로 택하여 주시고 2,000년 동안이나 선지자들을 보내시면서 명령하시고 기다려 주셨는데도 하나님의 말씀을 모든 민족에게 전파하기는커녕 오히려 이방 민족의 우상을 좇아간 이스라엘 민족을 2,000년 가까이 본토에서 쫓겨나게 하셔서 가는 곳마다 환란과 핍박을 당하게 하시고 그것도 모자라 마침내는 나치스에게 600만 명이나 살해되는 벌로 징벌하시는 분이십니다. 하나님의 사랑을 오해하지 마십시오. 모든 것을 다 받아주고 덮어주는 오냐 오냐의 부패한 사랑이 아닙니다. 하나님을 믿는다고 하면서 간음을 해도 이혼을 해도 동성연애를 해도 다 받아 주시고 참아 주시는 그런 더럽고 난잡하고 조잡한 거짓 사랑이 아닙니다. 하나님을 믿는다고 하면서도 세상의 유행과 풍조를 따라 살며 세계관도 가치관도 변하지 않고 믿지 않는 사람들처럼 살아가는 사람들을 그냥 다 받아주는 그런 싸구려 사랑이 아닙니다. 십자가에서 목숨까지 바쳐가며 구원한 성도들이 세상을 따라 살며 범죄할 때 철저하게 징계하는 그런 지엄한 사랑입니다. 히브리서 12장 6-8절까지 보십시오. "(6) 주께서 그 사랑하시는 자를 징계하시고 그의 받으시는 아들마다 채찍질하심이니라 하였으니 (7) 너희가 참음은 징계를 받기 위함이라 하나님이 아들과 같이 너희를 대우하시나니 어찌 아비가 징계하지 않는 아들이 있으리요 (8) 징계는 다 받는 것이거늘 너희에게 없으면 사생자요 참 아들이 아니니라' 하나님의 사랑은 이토록 철저하게 징벌하시고 채찍질하시는 사랑이신데 그렇게 죄악을 미워하시는 하나님의 사랑을 받았다는 우리가 구원받은 후에도 여전히 죄악세상을 사랑하며 살아갈 수 있겠습니까? 돌에 맞아 죽을 뻔했던 창녀를 용서해주시고 난 후에도 '가서 다시는 죄를 범치 말라'(요 8:11)고 주님께서는 분명하게 말씀하셨습니다. '죄가 더한 곳에 은혜가 더욱 넘쳤기에'(롬 5:20) 다시 말해서 우리의 어떤 죄악보다도 더 크신 하나님의 은혜가 넘치기 때문에 우리는 계속 죄 가운데 거하는 삶을 살아도 괜찮다는 말입니까? '그럴 수 없느니라. 죄에 대하여 죽은 우리가 어찌 그 가운데 더 살리요?'(롬 6:2)라고 주님은 명확하게 대답해 주십니다. 요한1서 3장 9절에서는 이렇게 말씀하고 있습니다; "하나님께로서 난 자마다 죄를 짓지 아니하나니 이는 하나님의 씨가 그의 속에 거함이요 저도 범죄치 못하는 것은 하나님께로서 났음이라. 이러므로 하나님의 자녀들과 마귀의 자녀들이 나타나나니 무릇 의를 행치 아니하는 자나 또는 그 형제를 사랑치 아니하는 자는 하나님께 속하지 아니하니라" 악한 것을 생각지 아니하며 불의를 기뻐하지 아니하는 이런 성결한 참 사랑을 깨달은 사도 바울도 고린도 교회 성도들에게 이렇게 말했습니다. "만일 어떤 형제라 일컫는 자가 음행하거나 탐람하거나 우상 숭배를 하거나 후욕하거나 술 취하거나 토색하거든 사귀지도 말고 그런 자와는 함께 먹지도 말라. … 외인들은 하나님이 판단하시려니와 이 악한 사람은 너희 중에서 내어 쫓으라"(고전 5:11,13) 오늘 우리 시대의 교회는 이런 사람들을 쫓아내고 있나요? 아니 그렇게 하면 모두가 다 쫓겨나야 하기 때문에 도저히 그렇게 할 수가 없는 가짜 교회라구요? 히브리서 10장 26–29절까지 보시면 하나님의 사랑으로 구원을 받은 사람이 다시 세상 사람처럼 죄를 지을 때에는 다시 속죄하는 제사도 없고 맹렬한 불심판만 기다리고 있다고 기록하고 있습니다. 왜냐하면 하나님의 은혜와 사랑으로 구원을 받은 사람이 다시 세상 사람처럼 죄를 짓고 사는 것은 하나님 아들을 밟고 자기를 거룩하게 한 언약의 피를 부정한 것으로 여긴 것이며 은혜의 성령을 욕되게 하는 것이기 때문에 그런 사람이 받을 형벌이 얼마나 더 클 것인지 생각해 보라는 무서운 말씀이 기록되어 있습니다; "(26) 우리가 진리를 아는 지식을 받은 후 짐짓 죄를 범한즉 다시 속죄하는 제사가 없고 (27) 오직 무서운 마음으로 심판을 기다리는 것과 대적하는 자를 소멸할 맹렬한 불만 있으리라 (28) 모세의 법을 폐한 자도 두 세 증인을 인하여 불쌍히 여김을 받지 못하고 죽었거든 (29) 하물며 하나님 아들을 밟고 자기를 거룩하게 한 언약의 피를 부정한 것으로 여기고 은혜의 성령을 욕되게 하는 자의 당연히 받을 형벌이 얼마나 더 중하겠느냐 너희는 생각하라"(히 10:26–29) 오오! 오늘 우리 시대의 교회들이여 제발 부탁하오니 하나님의 사랑을 함부로 떠벌이지 말아주십시오. 주님의 거룩한 십자가를 또다시 그 더러운 발로 짓밟지 말아주십시오.

'진리와 함께 기뻐하고'

주님께서 보여주신 사랑은 진리를 기뻐하는 사랑이었습니다. 거짓과 속임수와 타협이 없는 고지식하고 휘어지지 않는 강직하고 깐깐하고 성결하고 질서가 있고 규모가 있는 엄격한 사랑이었습니다. 바로 하나님의 이 사랑이 심혼골수까지 찔러 쪼개어 우리의 죄를 책망하시고 죄를 회개하게 해줍니다. 고린도전서 13장 21절에서 말씀하신 대로 '진리를 좇는 자는 빛으로 오나니 이는 그 행위가 하나님 안에서 행한 것임을 나타내려 함이라' 그렇습니다. 진리를 좇는 참 성도들은 늘 하나님 안에서 살며 행동하는 사람들입니다. 주님의 진리의 말씀이 전파되지도 않고 죄의 회개를 외치지도 않는 오늘의 교회들은 주님의 이 사랑을 받아본 적이 없는 가짜 교회임을 스스로 증거하고 있는 것입니다.

'모든 것을 참으며 모든 것을 믿으며 모든 것을 바라며 모든 것을 견디느니라'

주님께서 보여주신 사랑은 모든 것을 참으며 모든 것을 믿으며 모든 것을 바라며 모든 것을 견디는 사랑입니다. 우리의 못난 것을 참아주시며 연약한 우리를 끝까지 믿어주시며 부족한 우리에게 희망과 용기를 주시며 오래 동안 견디며 기다리시는 질기고 끈끈한 사랑입니다. 우리 죄인이 죄를 깨닫고 회개하고 돌아오기를 오래오래 기다려 주시는 그런 끈질긴 사랑이었습니다. 요한복음 3장 16절의 하나님의 사랑을 오늘의 교회들은 언제나 깨닫고 돌아올 수 있을까요? 참으로 오늘의 교회들은 요한복음 3장 16절과는 아무 상관이 없는 교회가 되었습니다. 주님께서 차마 교회 안으로 들어오실 수 없을 정도로 세상과 타협하여 세속화되고 더러워진 라오디게아 교회와 같은 오늘 우리 시대의 교회를 그냥 버리지 아니하시고 아직도 문밖에서 그 못 박히신 손으로 두드리고 계시는 참으로 오래 참으시는 주님이십니다. 주님께서 들어가실 수 없는 라오디게아 교회에 대하여 고린도전서 13장 18-20절에서 예수님은 이렇게 결론지었습니다; **"(18) 저를 믿는 자는 심판을 받지 아니하는 것이요 믿지 아니하는 자는 하나님의 독생자의 이름을 믿지 아니하므로 벌써 심판을 받은 것이니라 (19) 그 정죄는 이것이니 곧 빛이 세상에 왔으되 사람들이 자기 행위가 악하므로 빛보다 어두움을 더 사랑한 것이니라 (20) 악을 행하는 자마다 빛을 미워하여 빛으로 오지 아니하나니 이는 그 행위가 드러날까 함이요"**

주님은 아직도 '모든 것을 참으며 모든 것을 믿으며 모든 것을 바라며 모든 것을 견디며' 오늘의 교회들을 기다리고 계십니다. 지금은 때가 임박한 마지막 시간입니다. 요한복음 3장 16절의 사랑을 바로 깨닫지 못하여 그 사랑을 받아보지 못한 교회는 그리스도께서 피로 값 주고 사신 주님의 교회가 아니며 벌써 심판을 받은 죽은 교회일 뿐입니다. 요한복음 3장 16절의 독생자를 주신 사랑을 깨닫지 못한 사람은 아직 하나님의 사랑을 깨닫지 못한 사람입니다. 요한1서 3장 16절이 잘 말씀하고 있습니다. **"그가 우리를 위**

하여 목숨을 버리셨으니 우리가 이로써 사랑을 알고 우리도 형제들을 위하여 목숨을 버리는 것이 마땅하니라." 더 늦기 전에 어서 돌아오십시오. 요한복음 3장 16절의 독생자를 주신 하나님의 사랑이 바로 아가페 사랑입니다. 믿음으로 구원을 받은 후에 덕, 지식, 절제, 인내, 경건, 형제 우애, 사랑(아가페) 등 하나님의 성품을 닮아가기 위해서 평생 동안 혼신의 노력을 다하는 것이 성화의 삶입니다. 이와 같이 믿음으로 구원을 얻은 이후에 하나님의 성품을 흡족할 만큼 이룩한 사람들은 열매 없는 자가 되지 않게 된다고 말씀하고 있습니다: "(8) 이런 것이 너희에게 있어 흡족한즉 너희로 우리 주 예수 그리스도를 알기에 게으르지 않고 열매 없는 자가 되지 않게 하려니와" 열매 맺지 않는 가지는 잘라 버리신다고 요한복음 15장에서 말씀하셨는데 하나님께서 구원받은 하나님의 자녀들에게 원하시는 열매는 바로 하나님의 성품을 닮아가는 것입니다. 그래서 예수님께서 마태복음 7장 16-20절에서 이렇게 말씀하셨던 것입니다: "(16) 그들의 열매로 그들을 알지니 가시나무에서 포도를, 또는 엉겅퀴에서 무화과를 따겠느냐 (17) 이와 같이 좋은 나무마다 아름다운 열매를 맺고 못된 나무가 나쁜 열매를 맺나니 (18) 좋은 나무가 나쁜 열매를 맺을 수 없고 못된 나무가 아름다운 열매를 맺을 수 없느니라 (19) 아름다운 열매를 맺지 아니하는 나무마다 찍혀 불에 던져지느니라 (20) 이러므로 그들의 열매로 그들을 알리라"(마 7:16-20)

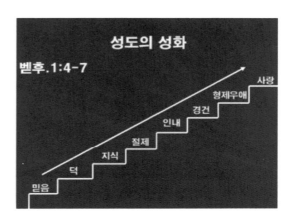

여기서 우리가 한 가지 더 생각해야 할 것은 사도들과 동일하게 참된 믿음을 받은 자들에게 '생명과 함께 경건하게 살아가는 데 필요한 모든 것을 주셨

습니다'(3절). 즉 이 말은 믿음을 지니지 못한 사람, 다시 말해서 구원을 받지 못한 사람들에게는 이런 것(생명과 경건하게 살아가는 데 필요한 모든 것)을 주시지 않았습니다. 그러므로 구원받지 못한 사람들은 그들이 아무리 노력해도 하나님의 성품을 닮아가는 성화의 삶을 살 능력이 없는 것입니다. 그들이 속세를 떠나서 평생을 산속에서 무소유의 삶을 산다고 할지라도 그들은 하나님이 주시는 생명(영생)과 경건하게 살 수 있는 모든 것을 받지 못했기 때문에 하나님을 닮아가는 성화의 삶을 살 수가 없는 것입니다. 아프리카에 가서 병원을 지어주고 학교를 지어주고 여러 가지로 평생 동안 구제사업을 한다고 하여도 그들은 하나님의 성품을 닮아가는 성화의 삶을 살아갈 수가 없는 것입니다. 왜냐하면 오직 구원받아 하나님의 자녀가 된 사람들에게만 영생과 더불어 하나님의 성품을 닮아갈 수 있는 능력을 주셨기 때문입니다.

이와 같이 믿는 자에게 구원의 완성은 성화를 통하여 남은 생애 동안에 이룩해야 할 멀고 험한 길입니다. 선한 싸움을 다 싸워야 하고 끝까지 믿음을 지켜야 하며 달려갈 길을 다 달려 골인 지점 천국 문에까지 도달해야 하는 것입니다. 결단코 믿음은 구원의 완성이 아닙니다. 믿음은 오직 구원의 시작점일 뿐입니다. 사도 바울도 자신의 구원을 완성시키기 위해서 푯대를 향하여 앞으로 나아간다고 고백하고 있습니다; "(12) 내가 이미 얻었다 함도 아니요 온전히 이루었다 함도 아니라 오직 내가 그리스도 예수께 잡힌 바 된 그것을 잡으려고 달려가노라 (13) 형제들아 나는 아직 내가 잡은 줄로 여기지 아니하고 오직 한 일 즉 뒤에 있는 것은 잊어버리고 앞에 있는 것을 잡으려고 (14) 푯대를 향하여 그리스도 예수 안에서 하나님이 위에서 부르신 부름의 상을 위하여 달려가노라"(빌 3:12-14)

그리고 믿는 이들의 성화의 최종 목표는 예수 그리스도를 닮아가는 것입니다; "그리스도의 장성한 분량이 충만한 데까지 이르는 것(attaining to the whole measure of the fullness of Christ)"(엡 4:13) 즉 "범사에 그에게까지 자랄지라 그는 머리는 곧 그리스도라(grow up to him who is the Head, that is Christ)"(엡 4:15)

예수님을 믿는다는 것은 '예수님을 내 삶 전체를 통치하시는 왕으로

모시고 그분의 통치에 절대 복종하는 삶'을 의미합니다.

　예수님을 믿는다는 것은 입술로만 믿는 것이 아닙니다. 예수님은 메시아로 오셨습니다. '메시아(그리스어로는 그리스도)'라는 단어는 '구세주와 왕'을 의미합니다. 그러므로 예수님이 메시아로 오셨다는 말은 예수님께서 죄인을 구원하신 후에 그 구원받은 사람의 삶을 통치하는 왕이 되신다는 말입니다. 따라서 우리가 죄를 회개하여 죄 용서를 받고 나면 우리는 예수님을 우리를 구원하신 구세주와 우리의 삶을 통치하시는 왕으로 모실 수 있다는 의미입니다. 성령으로 거듭난 참 그리스도인들은 예수님을 자신의 그리스도로 고백하고 매일의 삶에서 왕 되신 주님의 통치에 복종하는 삶을 사는 것입니다. 그러나 사람들이 예수님을 '주'(왕)라고 부르면서도 왕(주) 되신 예수님의 명령에 복종하지 않기 때문에 예수님은 이런 사람들에게 이렇게 말씀하셨습니다: "너희는 나를 불러 주여 주여 하면서도 어찌하여 나의 말하는 것을 행치 아니하느냐"(눅 6:46) 그러므로 예수님께서 이런 사람들을 도무지 알지 못하신다고 하신 것입니다; "(21) 나더러 주여 주여 하는 자마다 다 천국에 들어갈 것이 아니요 다만 하늘에 계신 내 아버지의 뜻대로 행하는 자라야 들어가리라 (22) 그 날에 많은 사람이 나더러 이르되 주여 주여 우리가 주의 이름으로 선지자 노릇 하며 주의 이름으로 귀신을 쫓아 내며 주의 이름으로 많은 권능을 행하지 아니하였나이까 하리니 (23) 그 때에 내가 그들에게 밝히 말하되 내가 너희를 도무지 알지 못하니 불법을 행하는 자들아 내게서 떠나가라 하리라"(마 7:21-23) 그러므로 예수님을 믿고 구원을 받은 사람들이 매일의 삶에서 최우선적으로 추구해야 할 것은 왕 되신 예수님의 명령에 순종하는 것입니다. 어떻게 하면 이 세상의 번쩍이는 유혹을 다 물리치고 왕 되신 주님의 명령에 순종하여 어제보다 더 거룩하고, 더 경건하고, 더 의롭게 살기 위해서 자신을 부인하고 십자가를 지고 날마다 주님을 따르는 삶을 추구하는 것이 우선순위가 되어야 한다는 말입니다. 그러나 안타깝게도 오늘날의 사람들이 최우선적으로 추구하는 것은 주님의 명령에 잘 순종하는 삶이 아니고 이 세상에서 더 많은 것을 얻는 것입니다. 그러므로 예수님은 이렇게 명령하셨습니다; "너희는 먼저 그의 '나라(바실레이아 = 왕의 통치)'와 그의 의를 구하라 그리하면 이 모든 것을 너희에게 더하시리라"(마 6:33) 주님께서 가르쳐 주신 기도에서도 '그의 나라(예수님의 왕 적인 통치)'가 천국에서 이루어지고 있는 것처럼 땅에 사는 사람들(구원받아서 하나님의 백성들이 된 사람들)에게도 이루어지게 해달라고 기도하라고 하셨습니다; "당신의 '나라(왕의 통치)'가 임하옵시며 뜻이 하늘에서 이룬 것 같이 땅에서도 이루어지이다"(마 6:10) 이렇게 중요한 뜻이 담긴 주기도문을 뜻을 알지도 못하면서 그냥 염불 외우듯이 외우고 있는 오늘날의 사람들을 생각하면 참 안타깝고 어이가 없습니다. 한 성경공부에서 어떤 장로님에게 "너희는 먼저 그의 나라를 구하라"는 뜻이 무엇입니까 라고 물었더니 답을 못하고 머뭇거리시더니 "아무개 집사는 알아?"라고 되묻는 것이었습니다. 오늘의 교회의 정체가 무엇인지를 적나라하게 보여주는 민망한 순간이었습니다. 결국 예수님을 믿는다는 말은 예수님의 왕 적인 통치에 전적으로 복종하는 (absolute surrender to Jesus' ruling power) 삶을 산다는 의미입니다.

예수님을 믿는다는 것은 '천국에 입성할 때까지 중간에 포기하지 않고 끝까지 달려가는 경주'를 의미합니다.

예수님을 믿는다는 것은 시작 지점에서부터 그 모든 과정과 골인 지점인 천국 문에 들어가기까지 쉬임 없이 달려가는 경주입니다. 철저한 회개로 죄를 떠나고 예수님을 구주와 왕으로 모시는 참 믿음을 지닌 사람만이 저 천국을 향하여 비상하기 위하여 그리스도인의 삶을 이룩할 수 있는 것입니다. 비행기가 창공을 날기 위해서 이륙(take off)하려면 땅에서 잡아당기는 중력보다 박차고 나가는 엔진의 힘이 더 클 때만 이륙이 가능하는 것입니다. 그리스도인의 삶도 마찬가지입니다. 구원받지 못하여 세상을 추구하려는 육신의 소욕보다 하나님의 말씀대로 순종하려는 구원받은 영의 소욕이 더 클 때에만 세상의 소욕이라는 중력을 뿌리치고 저 천국을 향하여 이륙(take off)할 수 있는 그리스도인의 삶을 시작할 수 있는 것입니다. 반대로 구원받은 영의 소욕보다 구원받지 못한 육신의 소욕이 더 클 때에는 그리스도인의 삶을 이룩하지도 못한 채 땅에서 헤매게 되는 것입니다. 세상이라는 중력을 이기지 못해서 땅에서 헤매는 오늘의 교회처럼 말입니다. 예수님을 믿는다는 것은 그리스도인의 삶을 출발점으로 해서 저 천국 문에 들어갈 때까지 주님의 통치에 복종하는 삶을 천국에 들어갈 때까지 계속 이어가야 하는 것을 의미하는 것입니다; "(23) 내가 복음을 위하여 모든 것을 행함은 복음에 **참예하고자 함이라 (24) 운동장에서 달음질하는 자들이 다 달아날지라도 오직**

상 얻는 자는 하나인 줄을 너희가 알지 못하느냐 너희도 얻도록 이와 같이 달음질하라 (25) 이기기를 다투는 자마다 모든 일에 절제하나니 저희는 썩을 면류관을 얻고자 하되 우리는 썩지 아니할 것을 얻고자 하노라 (26) 그러므로 내가 달음질하기를 향방 없는것 같이 아니하고 싸우기를 허공을 치는것 같이 아니하여 (27) 내가 내 몸을 쳐 복종하게 함은 내가 남에게 전파한 후에 자기가 도리어 버림이 될까 두려워함이로라"(고전 9:23-27)

　사도 바울은 구원받은 이후에 과감하게 모든 것을 버림으로써 세상이라는 중력을 뿌리치고 그리스도인의 삶을 이륙(take off)할 수 있었고 계속 천국까지 비상(flying upward)하기 위하여 수많은 역경과 환난 속에서도 도중에 포기하지 않고 끝까지 선한 싸움을 싸우고, 끝까지 달려갈 길을 다 마치고, 끝까지 믿음을 지켰기에 마침내 의의 면류관을 얻을 수 있었습니다: "(6) 관제와 같이 벌써 내가 부음이 되고 나의 떠날 기약이 가까왔도다 (7) 내가 선한 싸움을 싸우고 나의 달려갈 길을 마치고 믿음을 지켰으니 (8) 이제 후로는 나를 위하여 의의 면류관이 예비되었으므로 주 곧 의로우신 재판장이 그 날에 내게 주실 것이니 내게만 아니라 주의 나타나심을 사모하는 모든 자에게니라"(딤후 4:6-8) 참으로 예수님을 믿는다는 것은 '천국에 입성할 때까지 중간에 포기하지 않고 끝까지 달려가는 경주'를 의미하는 것입니다.

7. 성경은 진짜 그리스도인과 가짜 그리스도인에 대하여 무엇이라고 말하고 있는가?

진짜 그리스도인과 가짜 그리스도인

앞에서 우리는 믿는다는 것이 무엇을 의미하는지에 대하여 살펴보았습니다. 그러면 이제는 어떤 사람이 진짜 믿음을 가진 사람인지, 그리고 어떤 사람이 가짜 믿음을 가진 사람인지를 살펴볼 것입니다. 예수님은 그의 지상 사역의 처음부터 마지막까지 3년 내내 진짜 믿음과 가짜 믿음에 관하여 말씀하셨기 때문입니다. 구원은 행함으로 얻어지는 것이 아니고 오직 믿음으로 얻어지는 것이라고 성경은 말씀하고 있습니다. 그것도 전적인 하나님의 은혜로 즉 100퍼센트 하나님의 은혜로 구원을 얻는다고 성경은 말씀하고 있습니다. 그러면 예수님을 믿기만 하면 다 천국에 들어갈 수 있는 진짜 그리스도인이 되는 것일까요? 예수님은 3년 동안 말씀을 선포하실 때에 처음부터 마지막까지 계속 천국에 들어갈 진짜 그리스도인과 지옥에 들어갈 가짜 그리스도인에 대하여 말씀하셨습니다. 오늘의 교회에서 천국에 들어갈 진짜 그리스도인과 지옥에 가게 될 가짜 그리스도인에 관하여 1년에 몇 번만 설교해도 그 목사님은 교회에서 쫓겨날 것입니다. 그러나 예수님은 3년 사역하시는 동안 처음부터 마지막까지 계속해서 진짜와 가짜에 대하여 말씀하셨습니다. 사용하시는 단어만 바꾸셨지 내용은 다 진짜와 가짜에 대한 설교였습니다.

예수님께서 굳이 그렇게 하셨던 이유는 예수님께서 이 세상에 오신 목적이 죄인들을 구원하여 천국으로 데려가시기 위함이기 때문입니다; "(1) 너희는 마음에 근심하지 말라 하나님을 믿으니 또 나를 믿으라 (2) 내 아버지 집에 거할 곳이 많도다 그렇지 않으면 너희에게 일렀으리라 내가 너희를 위하여 거처를 예비하러 가노니 (3) 가서 너희를 위하여 거처를 예비하면 내가 다시 와서 너희를 내게로 영접하여 나 있는 곳에 너희도 있게 하리라"(요 14:1-3)

"(1) 그러므로 너희가 그리스도와 함께 다시 살리심을 받았으면 위의 것을 찾으라 거기는 그리스도께서 하나님 우편에 앉아 계시느니라 (2) 위의 것을 생각하고 땅의 것을 생각하지 말라 (3) 이는 너희가 죽었고 너희 생명이 그리스도와 함께 하나님 안에 감추어졌음이라 (4) 우리 생명이신 그리스도께서 나타나실 그 때에 너희도 그와 함께 영광 중에 나타나리라 (5) 그러므로 땅에 있는 지체를 죽이라 곧 음란과 부정과 사욕과 악한 정욕과 탐심이니 탐심은 우상 숭배니라"(골 3:1-5)

"(20) 그러나 우리의 시민권은 하늘에 있는지라 거기로부터 구원하는 자 곧 주 예수 그리스도를 기다리노니 (21)그는 만물을 자기에게 복종하게 하실 수 있는 자의 역사로 우리의 낮은 몸을 자기 영광의 몸의 형체와 같이 변하게 하시리라"(빌 3:20-21)

"(13) 이 사람들은 다 믿음을 따라 죽었으며 약속을 받지 못하였으되 그것들을 멀리서 보고 환영하며 또 땅에서는 외국인과 나그네임을 증언하였으니 (14) 그들이 이같이 말하는 것은 자기들이 본향 찾는 자임을 나타냄이라 (15) 그들이 나온 바 본향을 생각하였더라면 돌아갈 기회가 있었으려니와 (16) 그들이 이제는 더 나은 본향을 사모하니 곧 하늘에 있는 것이라 이러므로 하나님이 그들의 하나님이라 일컬음 받으심을 부끄러워하지 아니하시고 그들을 위하여 한 성을 예비하셨느니라"(히 11:13-16)

이와 같이 예수님뿐만 아니라 예수님으로부터 말씀을 배운 제자들도 다 같이 죄인들을 구원하여 천국으로 데리고 가는 것이 복음사역의 목적이었습니다. 만약에 예수님께서 이 세상에 오신 목적이 가난하고 억압당하는 사람들을 도와주기 위해서 그리고 학교를 지어주고 병원을 세워주고 구제사업을 하여 그 사람들도 이 세상에서 남부럽지 않게 성공하고 출세하게 하는 것이 목적이었다면 예수님은 십자가에서 그렇게 처참하게 죽으실 필요가 전혀 없으십니다. 예수님께서 십자가에서 죽으신 목적은 죄인들의 죄값을 지불하고 그들을 구원하여 천국으로 데려가는 것이었습니다. 마리아가 지극히 비싼 향유 한 근을 가져다가 예수님의 발에 부었을 때 가룟 유다가 "**이 향유를 어찌하여 삼백 데나리온에 팔아 가난한 자들에게 주지 아니하였느냐**"(요 12:3-5)고 책망하였습니다. 그러나 예수님은 "**저를 가만두어 나의 장사날을 위하여 이를 두게 하라**"라고 말씀하셨습니다. 예수님의 이 말씀은 예수님의 십자가 죽음이 구제사업보다 훨씬 더 중요하다는 것을 깨우쳐 주시려는 것이었습니다. 왜냐하면 예수님의 십자가 죽으심이 없으면 아무도 구원을 받을 수가 없기 때문입니다. 구제사업으로는 이 세상의 그 어느 누구도 구원할 수 없기 때문입니다. 그러므로 예수님께서 제자들에게 마지막으로 주신 대사명을 명하실 때에도 땅끝까지 가서 가난한 사람들을 구제하라고 하지 아니하시고 예수님께서 가르치신 모든 것을 가르쳐 지키게 하라고 하셨습니다: **"(18) 예수께서 나아와 말씀하여 이르시되 하늘과 땅의 모든 권세를 내게 주셨으니 (19) 그러므로 너희는 가서 모든 민족을 제자로 삼아 아버지와 아들과 성령의 이름으로 세례를 베풀고 (20) 내가 너희에게 분부한 모든 것을 가르쳐 지키게 하라 볼지어다 내가 세상 끝날까지 너희와 항상 함께 있으리라 하시니라"** (마 28:18-20)

참으로 예수님께서 이 세상에 오셔서 죽으신 것은 사람들의 영혼을 구원하기 위한 것이지 구제사업을 위한 것이 아니었습니다. 하나님을 믿지 않는 미국의 억만장자들이 내는 기부금은 천문학적인 숫자이며 전 세계의 교회들의 기부금을 다 합쳐도 비교가 될 수 없을 정도로 어마어마한 액수입니다. 예수님께서 이 세상에 오신 목적은 자선사업이나 병원사역이나 교육사업이 아닙니다. 그런 사역으로는 아무도 구원하지 못합니다. 한국에 복음을 전하러 온 초기 선교사들 중에는 교육사업에 중점을 둔 선교사들이 있었습니다. 그들이 세운 기독교 학교들은 지금 한국에서 명문대학교가 되었습니다. 그 학교들로 하여금 한국 사람들은 근대교육에 눈을 뜨게 되었고 한국은 지적으로 많이 발전하여 오늘날 한국을 선진국으로 만들어 놓았습니다. 그런데 이것이 과연 예수님께서 원하시는 복음 전파였습니까? 이 학교들을 졸업한 사람들은 세상적으로는 성공하였지만 세속교육으로 세뇌되어 하나님을 알지 못하며 오히려 하나님을 대항하는 삶을 추구하며 하나님을 대항하는 세력이 되었습니다. 오래 전에 들은 이야기입니다. 어떤 학생이 보수 신학교를 졸업하고 자유주의 신신학을 공부하기 위하여 바로 그 명문대학교의 신학과 대학원에 입학하였다고 합니다. 그 대학교의 신학과에는 주로 그 대학교 대학부에서 신학을 전공한 학생들이나 리버럴한 신학교를 졸업한 학생들이 입학하였습니다. 그런데 보수 신학교를 졸업한 학생이 이런 대학원에 입학한 것은 아주 보기 드문 일이었습니다. 강의 첫날에 교수님은 학생들을 익히기 위해서 일일이 호명하며 출석을 불렀습니다. 바로 그 보수 신학교 출신 학생을 호명할 때였습니다. "학생은 아직도 예수님께서 구름을 타고 재림하신다는 것을 믿습니까?"라고 야유하듯 질문하였습니다. 조용하던 교실 안은 순식간에 웃음바다가 되었고 보수 신학교 출신 학생은 순간 당황하였습니다. 웃음이 잠잠해지고 다시 교실이 조용해졌을 때 이번에는 학생이 교수님께 질문하였습니다. "그러면 교수님은 예수님께서 자전거를 타고 재림하실 거라고 믿고 있습니까?" 대박이었습니다. 교실 안은 다시 한 번 웃음바다가 되었습니다. 참 씁쓸한 이야기였습니다. 선교사가 와서 세워준 학교가 이처럼 참복음을 방해하고 저지하고 하나님의 말씀을 오히려 웃음거리와 조롱거리로 만든 것입니다. 이런 사례는 비단 한국에서만이 아니고 필자가 사역했던 아프리카 나라들에서도 어김없이 똑같이 일어나는 사례들입니다. 하나님께서 이 세상에 오셔서 십자가에서 처참하게 죽으신 목적은 가난한 사람들을 부자 되게 하고 못 배운 사람들을 교육시켜 지성인을 만드는 것이 아닙니다.

오늘의 교회는 눈먼 교회이기 때문에 성경을 보아도 보지 못하고 들어도 깨닫지 못합니다. 마태복음 25장 31–40절을 보면 예수님은 구원받은 사람들이 누구를 도와야 할지를 잘 보여주고 있습니다: "(31) 인자가 자기 영광으로 모든 천사와 함께 올 때에 자기 영광의 보좌에 앉으리니 (32) 모든 민족을 그 앞에 모으고 각각 구분하기를 목자가 양과 염소를 구분하는 것 같이 하여 (33) 양은 그 오른편에 염소는 왼편에 두리라 (34) 그 때에 임금이 그 오른편에 있는 자들에게 이르시되 내 아버지께 복 받을 자들이여 나아와 창세로부터 너희를 위하여 예비된 나라를 상속받으라 (35) 내가 주릴 때에 너희가 먹을 것을 주었고 목마를 때에 마시게 하였고 나그네 되었을 때에 영접하였고 (36) 헐벗었을 때에 옷을 입혔고 병들었을 때에 돌보았고 옥에 갇혔을 때에 와서 보았느니라 (37) 이에 의인들이 대답하여 이르되 주여 우리가 어느 때에 주께서 주리신 것을 보고 음식을 대접하였으며 목마르신 것을 보고 마시게 하였나이까 (38) 어느 때에 나그네 되신 것을 보고 영접하였으며 헐벗으신 것을 보고 옷 입혔나이까 (39) 어느 때에 병드신 것이나 옥에 갇히신 것을 보고 가서 뵈었나이까 하리니 (40) 임금이 대답하여 이르시되 내가 진실로 너희에게 이르노니 너희가 여기 내 형제 중에 지극히 작은 자 하나에게 한 것이 곧 내게 한 것이니라 하시고"(마 25:31–40)

"여기 내 형제 중에 지극히 작은 자 하나에게 한 것이 곧 내게 한 것이니라" 여기서 예수님의 형제는 누구를 가리키는 것입니까? 예수님께서 믿지 않아서 구원을 받지 못한 사람들을 '내 형제'라고 부르신 적이 단 한 번이라도 있으셨습니까? 평생을 하나님께 헌신하여 하나님의 말씀을 전파하고 있었던 당시의 바리새인들을 향해서 예수님께서 단 한 번이라도 예수님의 형제라고 부르신 적이 있었습니까? 예수님은 오히려 그들을 "독사의 새끼들아"라고 저주하셨습니다. 성경에서 과부와 고아를 돌아보라고 하고 가난한 자를 돌아보고 옥에 갇힌 자를 돌아보라고 하실 때 그것은 항상 믿음으로 구원받아 그리스도 안에서 같은 형제와 자매가 된 사람들 중에서 가난하고 고아가 되고 과부가 되고 옥에 갇힌 사람들을 의미하는 것이었습니다.

마태복음 12장 46~50절을 보면 예수님의 형제가 누구인지 분명하게 지적해 주시고 있습니다; "(46) 예수께서 무리에게 말씀하실 때에 그의 어머니와 동생들이 예수께 말하려고 밖에 섰더니 (47) 한 사람이 예수께 여짜오되 보소서 당신의 어머니와 동생들이 당신께 말하려고 밖에 서 있나이다 하니 (48) 말하던 사람에게 대답하여 이르시되 누가 내 어머니이며 내 동생들이냐 하시고 (49) 손을 내밀어 제자들을 가리켜 이르시되 나의 어머니와 나의 동생들을 보라 (50) 누구든지 하늘에 계신 내 아버지의 뜻대로 하는 자가 내 형제요 자매요 어머니이니라 하시더라"(마 12:46-50) 여기서 분명히 예수님께서 말씀하셨습니다. 예수님의 형제와 자매는 하나님의 뜻대로 살아가는 진짜 그리스도인들 즉 성령으로 거듭난 하나님의 자녀가 된 사람들입니다. 사도 바울 시대에 예루살렘에 큰 기근이 있어서 많은 사람들이 어려움을 겪었습니다; "(27) 그 때에 선지자들이 예루살렘에서 안디옥에 이르니 (28) 그 중에 아가보라 하는 한 사람이 일어나 성령으로 말하되 천하에 큰 흉년이 들리라 하더니 글라우디오 때에 그렇게 되니라 (29) 제자들이 각각 그 힘대로 유대에 사는 형제들에게 부조를 보내기로 작정하고 30이를 실행하여 바나바와 사울의 손으로 장로들에게 보내니라"(행 11:27-30) 여기에서도 분명히 알 수 있는 것은 유대에서 기근으로 고통 당하는 불신자들에게 구제금을 보내지 않았습니다. 오직 유대에 사는 믿음의 형제들에게 구제금을 보냈습니다. 하나님께 바친 헌금은 하나님의 것입니다. 우리가 맘대로 세상의 가난한 사람들 도와주고 교육시키고 병원 세우는 일에 사용해서는 안 됩니다. 그러므로 갈라디아서 6장 10

절을 보면 우리가 모든 사람들에게 선한 일을 하되 먼저 믿음의 형제들에게 하라고 말씀하고 있습니다: "그러므로 우리는 기회 있는 대로 모든 이에게 착한 일을 하되 더욱 믿음의 가정들에게 할지니라" 우리가 인간으로서 어려움을 당한 세상의 사람들을 구제하고 선을 베푸는 일은 아주 당연한 일이고 이것은 믿지 않는 모든 사람들도 당연히 해야 하는 일입니다. 그러므로 우리가 인간으로서 세상의 모든 사람들에게 선한 일을 해야 하지만 우리는 구원받은 하나님의 자녀로서 마땅히 구원받아 하나님의 자녀가 된 사람들을 구제하는 것이 최우선임을 망각해서는 안 됩니다.

여기서 우리가 한 가지 꼭 명심할 것은 구원받지 못한 세상 사람들을 구제하는 것으로는 천국에 들어갈 수 없다는 사실입니다. 예수님의 형제 중에 지극히 작은 자에게 구제하고 선을 베푼 오른쪽에 있는 양들은 의인이라는 칭호를 받고 영생에 들어가게 되었습니다: "(34) 그 때에 임금이 그 오른편에 있는 자들에게 이르시되 내 아버지께 복 받을 자들이여 나아와 창세로부터 너희를 위하여 예비된 나라를 상속받으라 (35) 내가 주릴 때에 너희가 먹을 것을 주었고 목마를 때에 마시게 하였고 나그네 되었을 때에 영접하였고 (36) 헐벗었을 때에 옷을 입혔고 병들었을 때에 돌보았고 옥에 갇혔을 때에 와서 보았느니라 (37) 이에 의인들이 대답하여 이르되 주여 우리가 어느 때에 주께서 주리신 것을 보고 음식을 대접하였으며 목마르신 것을 보고 마시게 하였나이까 (38) 어느 때에 나그네 되신 것을 보고 영접하였으며 헐벗으신 것을 보고 옷 입혔나이까 (39) 어느 때에 병드신 것이나 옥에 갇히신 것을 보고 가서 뵈었나이까 하리니 (40) 임금이 대답하여 이르시되 내가 진실로 너희에게 이르노니 너희가 여기 내 형제 중에 지극히 작은 자 하나에게 한 것이 곧 내게 한 것이니라 하시고"(마 25:31-40)

그러나 예수님의 형제 중에 지극히 작은 자에게 구제하지 않고 돌아보지 않은 왼쪽의 염소들은 마귀와 함께 영원한 지옥불에 들어간다는 사실을 간과해서는 안 됩니다: "(41) 또 왼편에 있는 자들에게 이르시되 저주를 받은 자들아 나를 떠나 마귀와 그 사자들을 위하여 예비된 영원한 불에 들어가라 (42) 내가 주릴 때에 너희가 먹을 것을 주지 아니하였고 목마를 때에 마시게 하지 아니하였고 (43) 나그네 되었을 때에 영접하지 아니하였고 헐벗었을 때에 옷 입히지 아니하였고 병들었을 때와 옥에 갇혔을 때에 돌보지 아니하였느니라 하시니 (44) 그들도 대답하여 이르되 주여 우리가 어느 때에 주께서 주리신 것이나 목마르신 것이나 나그네 되신 것이나 헐벗으신 것이나 병드신 것이나 옥에 갇히신 것을 보고 공양하지 아니하더이까 (45) 이에 임금이 대답하여 이르시되 내가 진실로 너희에게 이르노니 이 지극히 작은 자 하나에게 하지 아니한 것이 곧 내게 하지 아니한 것이니라 하시리니"(마 25:41-45)

구원받지 못한 사탄의 가족들을 구제하느냐 아니면 구원받은 하나님의 가족들을 구제하느냐가 이처럼 천국과 지옥으로 갈라지게 하는 중요한 분기점이 되는 것입니다. 이것이 중요한 것은 하나님께서 성육신 하셔서 십자가에서 처참하게 죽으신 목적은 영혼구원을 위한 것이기 때문입니다. 하나님께서 이 세상에 오셔서 그 처참한 십자가 죽음을 당하신 목적은 구제사업이나 교육사업이나 병원사역을 위한 것이 아니었습니다. 더구나 예수님을 위하여 성전 건물을 더 크게 지어달라고 오신 것은 더더욱 아닙니다. 오히려 예수님이 오신 목적은 성전 건물을 허물기 위함이었습니다; "(19) 예수께서 대답하여 가라사대 너희가 이 성전을 허물라 내가 사흘 동안에 일으키리라 (20) 유대인들이 가로되 이 성전을 사십륙 년 동안에 지었거늘 네가 삼일 동안에 일으키겠느뇨 하더라 (21) 그러나 예수는 성전된 자기 육체를 가리켜 말씀하신 것이라 (22) 죽은 자 가운데서 살아나신 후에야 제자들이 이 말씀하신 것을 기억하고 성경과 및 예수의 하신 말씀을 믿었더라"(요 2:19-22)

자 그러면 예수님이 어떻게 사흘 동안에 하나님이 거하실 새로운 성전을 지으실 수 있었는가?

그러나 오늘날 죄인들을 구원하여 천국에 데려갈 목적으로 설교하면 그 교회에는 사람들이 모여들지 아니합니다. 필자가 목회할 때에 한 점잖은 어르신께서 저에게 충고해 주셨습니다. "여기는 다 최고의 지성인들이 모이는 교회인데 제발 죄, 회개, 거듭남, 천국, 지옥 이런 말씀하지 마시고 저 남쪽 국경만 넘어가면 가난한 멕시코인들이 많이 살고 있습니다. 그 가난한 멕시코에 가서 구제사업과 단기 봉사 사역에 대해서 말씀하면 이 교회에서 기쁜 마음으로 자원봉사에 참여할 사람들 많이 있습니다." 또 어떤 자매님은 이

메일을 보내왔습니다. "목사님 설교말씀을 듣고 있으면 마치 우리 교회만 진짜 교회 같고 다른 교회들은 다 가짜교회처럼 들린다고 교인들 중에서 불평하는 사람들이 있습니다" 그래서 이메일로 답장을 보냈습니다. "예수님께서 이 세상에 오셔서 3년 내내 전하셨던 말씀을 기록한 것이 4복음서인데 4복음서의 내용은 처음부터 마지막까지 진짜와 가짜에 대한 설교로 가득 차 있습니다. 저는 한 번도 우리 교회가 진짜 교회라고 말한 적이 없습니다. 우리 교회를 진짜 교회로 만들기 위해서 예수님의 말씀을 그대로 증거하고 있을 뿐입니다. 만약에 이 교회가 진짜 교회라면 저는 이 교회에서 사역할 이유가 전혀 없습니다." 그러면 예수님은 정말 3년 내내 진짜와 가짜에 대하여 말씀하셨는지 살펴볼 것입니다. 그리고 참 믿음과 거짓 믿음은 어떻게 다른 것인지 예수님의 말씀을 살펴보겠습니다.

회개의 합당한 열매가 있느냐

"이때부터 예수께서 비로소 전파하여 가라사대 **회개하라 천국이 가까왔느니라** 하시더라"(마 4:17)

"이와 같이 **그 열매로 그들을 알리라**"(마 7:20)

"(7) 요한이 세례 받으러 나오는 무리에게 이르되 독사의 자식들아 누가 너희를 가르쳐 장차 올 진노를 피하라 하더냐 (8) 그러므로 **회개에 합당한 열매를 맺고** 속으로 아브라함이 우리 조상이라 말하지 말라 내가 너희에게 이르노니 하나님이 능히 이 돌들로도 아브라함의 자손이 되게 하시리라 (9) 이미 도끼가 나무 뿌리에 놓였으니 **좋은 열매 맺지 아니하는 나무마다 찍혀 불에 던지우리라**"(눅 3:7-9)

"(1) **나는 참포도나무요 내 아버지는 농부라** (2) **무릇 내게 붙어 있어 열매를 맺지 아니하는 가지는 아버지께서 그것을 제거해 버리시고 무릇 열매를 맺는 가지는 더 열매를 맺게 하려 하여 그것을 깨끗하게 하시느니라**"(요 15:1-2)

이상의 말씀들은 회개에 합당한 좋은 열매를 맺는 사람은 진짜 그리스도인이고 회개의 합당한 열매를 맺지 못하는 사람은 가짜 그리스도인임을 보여주고 있습니다. 가짜들 즉 회개의 합당한 열매를 맺지 못하는 사람들은 제거하여 지옥불에 던져지게 될 것이라고 말씀하고 있습니다.

알곡이냐 쭉정이냐

"손에 키를 들고 자기의 타작 마당을 정하게 하사 알곡은 모아 곡간에 들이고 쭉정이는 꺼지지 않는 불에 태우시리라"(마 3:12)

여기서는 회개의 합당한 열매라는 단어 대신 알곡과 쭉정이라는 다른 단어를 사용하셨지만 내용은 진짜 그리스도인과 가짜 그리스도인에 관한 말씀입니다. 그러면서 알곡은 천국으로 들어가게 되고 쭉정이는 지옥불에 던져진다는 것을 말씀하고 있습니다.

가라지와 곡식

"둘 다 추수 때까지 함께 자라게 두어라 추수 때에 내가 추수꾼들에게 말하기를 가라지는 먼저 거두어 불사르게 단으로 묶고 곡식은 모아 내 곳간에 넣으라 하리라"(마 13:30)

여기서는 알곡과 쭉정이 대신 가라지와 곡식이라는 단어를 사용하셨습니다. 가라지는 물론 가짜 그리스도인이고 곡식은 진짜 그리스도인임을 나타냅니다. 여기서도 가짜는 지옥불에 들어가고 진짜는 천국으로 가게 된다는 말씀입니다. 예수님은 계속 다른 단어들을 사용하셨지만 그 내용은 진짜와 가짜에 관한 말씀이었습니다.

예수냐 재물이냐

"(19) 너희를 위하여 보물을 땅에 쌓아 두지 말라 거기는 좀과 동록이 해하며 도적이 구멍을 뚫고 도적질하느니라 (20) 오직 너희를 위하여 보물을 하늘에 쌓아 두라 거기는 좀이나 동록이 해하지 못하며 도적이 구멍을 뚫지도 못하고 도적질도 못하느니라 (21) 네 보물 있는 그 곳에는 네 마음도 있느니라 (22) 눈은 몸의 등불이니 그러므로 네 눈이 성하면 온 몸이 밝을 것이요 (23) 눈이 나쁘면 온 몸이 어두울 것이니 그러므로 네게 있는 빛이 어두우면 그 어두움이 얼마나 하겠느뇨 (24) 한 사람이 두 주인을 섬기지 못할 것이니 혹 이를 미워하며 저를 사랑하거나 혹 이를 중히 여기며 저를 경히 여김이라

너희가 하나님과 재물을 겸하여 섬기지 못하느니라"(마 6:19-24)

"(7) 우리가 세상에 아무것도 가지고 온 것이 없으매 또한 아무것도 가지고 가지 못하리니 (8) 우리가 먹을 것과 입을 것이 있은즉 족한 줄로 알 것이니라 (9) 부하려 하는 자들은 시험과 올무와 여러 가지 어리석고 해로운 정욕에 떨어지나니 곧 사람으로 침륜과 멸망에 빠지게 하는 것이라 (10) 돈을 사랑함이 일만 악의 뿌리가 되나니 이것을 사모하는 자들이 미혹을 받아 믿음에서 떠나 많은 근심으로써 자기를 찔렀도다 (11) 오직 너 하나님의 사람아 이것들을 피하고 의와 경건과 믿음과 사랑과 인내와 온유를 좇으며 (12) 믿음의 선한 싸움을 싸우라 영생을 취하라 이를 위하여 네가 부르심을 입었고 많은 증인 앞에서 선한 증거를 증거하였도다"(딤전 6:7-12)

여기에서도 단어만 바꿨을 뿐 재물을 사랑하는 사람은 가짜 그리스도인이며 하나님을 섬기는 사람이 진짜 그리스도인임을 보여주는 말씀입니다. 예수님은 사도 바울을 통해서도 돈을 사랑하는 사람은 믿음에서 떠난다고 말씀하고 있습니다.

좁은 문이냐 넓은 문이냐

"(13) 좁은 문으로 들어가라 멸망으로 인도하는 문은 크고 그 길이 넓어 그리로 들어가는 자가 많고 (14) 생명으로 인도하는 문은 좁고 길이 협착하여 찾는 이가 적음이니라"(마 7:13-14)

여기에서도 자기를 부인하고 십자가를 지고 좁은 문으로 들어가는 자는 영생을 얻게 되는 진짜 그리스도인이고 이 세상에서 자기 하고 싶은 것 다하면서 세상의 풍조를 따라 쉽게 예수님을 믿는 넓은 문으로 들어가는 자는 멸망하게 되는 가짜 그리스도인임을 보여주고 있습니다. 이와 같이 예수님은 매번 사용하시는 단어만 바꾸었을 뿐 그 내용은 항상 진짜 그리스도인과 가짜 그리스도인에 관한 말씀입니다.

좋은 열매냐 나쁜 열매냐

"(15) 거짓 선지자들을 삼가라 양의 옷을 입고 너희에게 나아오나 속에는 노략질하는 이리라 (16) 그의 열매로 그들을 알지니 가시나무에서 포도를, 또는 엉겅퀴에서 무화과를 겠느냐 (17) 이와 같이 좋은 나무마다 아름다운 열매를 맺고 못된 나무가 나쁜 열매를 맺나니 (18) 좋은 나무가 뻔 열매를 맺을 수 없고 못된 나무가 아름다운 열매를 맺을 수 없느니라 **(19) 아름다운 열매를 맺지 아니하는 나무마다 찍혀 불에 던지우느니라 (20) 이러므로 그의 열매로 그들을 알리라"**(마 7:15-20)

"(1) 내가 참 포도나무요 내 아버지는 그 농부라 (2) **무릇 내게 있어 과실을 맺지 아니하는 가지는 아버지께서 이를 제해 버리시고 무릇 과실을 맺는 가지는 더 과실을 맺게 하려하여 이를 깨끗케 하시느니라"**(요 15:1-2)

"(4) 이로써 그 보배롭고 지극히 큰 약속을 우리에게 주사 이 약속으로 말미암아 너희로 정욕을 인하여 세상에서 썩어질 것을 피하여 **신의 성품에 참예하는 자가 되게 하려 하셨으니 (5) 이러므로 너희가 더욱 힘써 너희 믿음에 덕을, 덕에 지식을, (6) 지식에 절제를, 절제에 인내를, 인내에 경건을, (7) 경건에 형제 우애를, 형제 우애에 사랑을 공급하라 (8) 이런 것이 너희에게 있어 흡족한즉 너희로 우리 주 예수 그리스도를 알기에 게으르지 않고 열매 없는 자가 되지 않게 하려니와** (9) 이런 것이 없는 자는 소경이라 원시치 못하고 그의 옛 죄를 깨끗케 하심을 잊었느니라 (10) 그러므로 형제들아 더욱 힘써 너희 부르심과 택하심을 굳게 하라 너희가 이것을 행한즉 언제든지 실족지 아니하리라 (11) **이같이 하면 우리 주 곧 구주 예수 그리스도의 영원한 나라에 들어감을 넉넉히 너희에게 주시리라"**(벧후 1:4-11)

"그러므로 내가 너희에게 이르노니 **하나님의 나라를 너희는 빼앗기고 그 나라의 열매 맺는 백성이 받으리라"**(마21:43)

여기에서도 좋은 열매를 맺어 하나님의 성품을 본받아 세상의 세속을 따라가지 아니하고 거룩하신 하나님의 성품으로 성화되어가는 사람들은 진짜 그리스도인이고 하나님께서 원하시는 아름다운 열매를 맺지 아니하는 사람들은 하나님께서 그들을 제하여 버리시는 가짜 그리스도인을 의미합니다. 그러므로 하나님의 택하심을 받았던 이스라엘 백성들조차 하나님이 원하시는 거룩한 열매를 맺지 못하고 세상의 세속을 따라 살기 때문에 이스라엘 백성들은 천국에 들어가지 못하게 하신다고 예수님께서 말씀하신 것입니다.

아버지의 뜻대로 행하느냐

"(21) 나더러 주여 주여 하는 자마다 천국에 다 들어갈 것이 아니요 다만 하늘에 계신 내 아버지의 뜻대로 행하는 자라야 들어가리라 (22) 그 날에 많은 사람이 나더러 이르되 주여 주여 우리가 주의 이름으로 선지자 노릇하며 주의 이름으로 귀신을 쫓아 내며 주의 이름으로 많은 권능을 행치 아니하였나이까 하리니 (23) 그 때에 내가 저희에게 밝히 말하되 내가 너희를 도무지 알지 못하니 불법을 행하는 자들아 내게서 떠나가라 하리라 (24) 그러므로 누구든지 나의 이 말을 듣고 행하는 자는 그 집을 반석 위에 지은 지혜로운 사람 같으리니 (25) 비가 내리고 창수가 나고 바람이 불어 그 집에 부딪히되 무너지지 아니하나니 이는 주초를 반석 위에 놓은 연고요 (26) 나의 이 말을 듣고 행치 아니하는 자는 그 집을 모래 위에 지은 어리석은 사람 같으리니 (27) 비가 내리고 창수가 나고 바람이 불어 그 집에 부딪히매 무너져 그 무너짐이 심하니라"(마 7:21-27)

여기에서는 아버지의 뜻대로 행하는 자가 진짜 그리스도인으로서 천국에 들어가게 되고 아버지의 뜻대로 행하지 아니하는 자는 아무리 주여 주여 부르며 주일마다 빠지지 않고 예배를 드려도 그들은 가짜 그리스도인이기 때문에 천국에 들어가지 못하고 영원히 멸망하게 될 것이라고 예수님이 직접 말씀해 주십니다. 더 충격적인 것은 예수님께서 그들을 도무지 알지 못하는 사람들이라고 잘라 버렸습니다. 이와 같이 예수님은 항상 진짜와 가짜에 관하여 말씀하셨습니다.

가족보다도 예수님을 더 사랑하느냐

"아비나 어미를 나보다 더 사랑하는 자는 내게 합당치 아니하고 아들이나 딸을 나보다 더 사랑하는 자도 내게 합당치 아니하고"(마 10:37)

얼핏 들으면 무척 과격한 말씀처럼 들리지만 사실 생각해 보면 너무도 지당하신 말씀입니다. 나의 부모님들도 나의 자녀들도 다 하나님께서 창조하신 피조물에 불과하기 때문입니다. 그러므로 구원받아 하나님의 자녀가 된 사람들이 하나님을 피조물보다 더 사랑해야 하는 것은 아주 당연한 이치입니다. 그러므로 하나님의 말씀을 깨닫고 구원받은 사람이 자기 가족들로부터 핍박을 당하면서 하나님을 택할 것인지 가족을 택할 것인지를 강요받을 때 하나님을 택해야 하는 것은 당연한 일입니다. 만약에 이런 상황에서 육신의 가족과의 관계를 끊을 수 없어서 가족을 택하고 예수님을 버린다면 당연히 그 사람은 주님께 합당한 사람이 되지 못하여 가짜 그리스도인이 되고 구원을 잃어버리게 될 것입니다.

자기를 부인하고 자기 십자가를 지고 주님을 따르느냐

"또 자기 십자가를 지고 나를 좇지 않는 자도 내게 합당치 아니하니라"(마 10:38)

"아무든지 나를 따라오려거든 자기를 부인하고 자기 십자가를 지고 나를 좇을 것이니라"(마 16:24)

이 세상에 대한 모든 욕망을 버리고 사는 것이 자기를 부인하고 자기 십자가를 지고 가는 힘든 십자가의 삶입니다. 이렇게 세상을 내려놓고 고난의 십자가를 지고 주님을 따르는 사람은 주님께 합당한 진짜 그리스도인이고 세상을 내려놓지 않고 세상을 따라 살면서 편하게 예수님을 따라 사는 사람은 주님께 합당치 않은 가짜 그리스도인입니다. 여기서도 단어만 바꾸셨지 내용은 진짜와 가짜에 관한 말씀이었습니다.

씨뿌리는 비유

"(18) 그런즉 씨 뿌리는 비유를 들으라 (19) 아무나 천국 말씀을 듣고 깨닫지 못할 때는 악한 자가 와서 그 마음에 뿌리운 것을 빼앗나니 이는 곧 길 가에 뿌리운 자요 (20) 돌밭에 뿌리웠다는 것은 말씀을 듣고 즉시 기쁨으로 받되 (21) 그 속에 뿌리가 없어 잠시 견디다가 말씀을 인하여 환난이나 핍박이 일어나는 때에는 곧 넘어지는 자요 (22) 가시떨기에 뿌리웠다는 것은 말씀을 들으나 세상의 염려와 재리의 유혹에 말씀이 막혀 결실치 못하는 자요 (23) 좋은 땅에 뿌리웠다는 것은 말씀을 듣고 깨닫는 자니 결실하여 혹 백 배, 혹 육십

배, 혹 삼십 배가 되느니라 하시더라"(마 13:18-23)

    길가에 뿌리운 자는 천국말씀을 들어도 세상의 무신론 교육을 통하여 세상적인 세계관과 가치관으로 세뇌된 사람이기 때문에 그 마음이 길바닥같이 딱딱하게 굳어져 있어서 하나님의 말씀의 씨가 마음 밭에 떨어져도 싹을 틔울 수가 없습니다. 즉 하나님의 말씀을 들어도 마음이 이미 세상의 것들로 딱딱하게 굳어져 있어서 천국말씀에 전혀 관심도 없고 깨닫지도 못하므로 영생을 얻을 수 없는 사람입니다. 즉 그리스도인이 되지 못한 사람입니다.

    돌밭에 뿌리웠다는 것은 흙이 깊지 않은 돌밭에 천국말씀의 씨가 떨어졌기 때문에 흙이 깊지 아니하므로 곧 싹이 나왔습니다; **"더러는 흙이 얇은 돌밭에 떨어지매 흙이 깊지 아니하므로 곧 싹이 나오나 해가 돋은 후에 타져서 뿌리가 없으므로 말랐고"(마 13:5-6)** 이런 사람은 상당히 감상적이고 깊이가 없는 사람이기 때문에 회개하여야 죄용서를 받고 주님을 영접하면 영생을 얻는다는 말씀을 들을 때에 즉시 말씀을 받아들여서 회개하여 새 생명을 얻은 사람입니다. 씨를 뿌리고 나서 물을 주면 얼마 후에 떡잎이 나옵니다. 물을 계속 주면 더 많은 잎사귀가 나와서 겉에서 보면 식물이 되었습니다. 그러니까 씨가 일단 싹을 내었다는 것은 생명이 시작되었다는 것을 의미합니다. 그리고 그 상태에서 어느 정도까지는 물만 주어도 유지가 됩니다. 그러나 돌들이 많은 돌밭에는 돌 사이에 흙이 얇고 깊지 않기 때문에 햇볕이 비추이면 돌들이 뜨거워져서 결국에는 뿌리가 생기지도 못하고 그냥 그 식물이 타져서 말랐다고 하였습니다. 영어 성경에 보면 **"But when the sun came up, the plants were scorched, and they withered because they had no root."(마 13:6)** 분명히 씨뿌리는 자가 씨(seed)를 뿌렸는데 식물(plants)이 되었다고 하였습니다. 무슨 말이냐 하면 회개하고 예수님을 메시아로 영접한 후에 하나님의 말씀을 계속 들으면 떡잎에서 식물이 될 정도로 자란 것입니다. 그래서 이런 사람을 천국말씀을 듣고 즉시 기쁨으로 받는 사람이라고 예수님께서 설명하여 주셨습니다. 그러나 마음이 감상의 돌로 가득 찬 사람들은 주님을 위해서 환난과 핍박을 견디지 못하고 중간에 예수님을 버리는 사람입니다; **"(20) 돌밭에 뿌리웠다는 것은 말씀을 듣고 즉시 기쁨으로 받되 (21) 그 속에 뿌리가 없어 잠시 견디다가 말씀을 인하여 환난이나 핍박이**

일어나는 때에는 곧 넘어지는 자요"(마 13:20-21) 이런 사람은 깊이가 있는 사람이 아니기 때문에 영생을 얻는다는 말에는 금방 마음이 동요되어 예수님을 메시아로 영접했지만 주님을 계속 따라서 천국까지 가려면 주님께서 가신 십자가 고난의 길을 따라가야 하는데 그런 환난과 핍박을 견디지 못하고 쉽게 주님을 버리는 얄팍한 사람입니다. 이런 사람은 천국에서 누릴 영광만을 생각하고 주님을 따랐던 사람으로서 주와 함께 고난을 받는 것은 거부하는 사람입니다. 이런 사람이 바로 가짜 그리스도인임을 보여주는 것입니다; **"자녀이면 또한 상속자 곧 하나님의 상속자요 그리스도와 함께 한 상속자니 우리가 그와 함께 영광을 받기 위하여 고난도 함께 받아야 할 것이니라 생각하건대 현재의 고난은 장차 우리에게 나타날 영광과 비교할 수 없도다"**(롬 8:17-18) 즉 주님과 함께 고난 받기를 거부하는 모든 사람들이 다 가짜 그리스도인이라는 것을 예수님은 이 씨뿌리는 비유를 통해서 우리에게 가르쳐 주시는 것입니다. 그래서 예수님은 마태복음 24장에서 대환난에 대하여 말씀하시면서 **'끝까지 견디는 자는 구원을 얻으리라'**고 말씀하신 것입니다. 오늘 우리 시대의 교회가 장차 천국에서 누릴 영광을 얻기 위하여 오늘 이 세상을 내려놓고 십자가 고난의 길을 가야 한다고 가르치면 그 교회는 곧 문을 닫게 될 것입니다.

가시떨기에 뿌리운 자는 처음에는 죄를 회개하고 주님을 영접하여 생명의 싹을 틔어서 떡잎도 나오고 계속 자라기는 했는데 가시덤불 속에는 햇볕이 잘 들지 않고 어둡기 때문에 건강하게 자라지 못하고 콩나물처럼 아주 약하게 자란 상태를 말합니다. 그러므로 결국 꽃도 피지 못하고 열매도 맺지 못하는 것입니다. 처음에는 순진하여 회개하고 예수님을 영접하여 일단 성령으로 거듭나서 새 생명은 얻었으나 하나님을 믿는다고 평생 동안 교회에 열심히 출석하면서 어찌하든지 이 세상에서 더 잘 먹고 더 잘 살고 성공하고 출세하고자 하는 마음의 욕망과 탐심의 가시덤불 때문에 우리 영혼의 햇볕되시는 예수님으로부터 양분을 공급받지 못하고 세상을 추구하는 죄의 어둠 속에서 자라다 보니까 콩나물처럼 길게 자라면서 평생 교회를 다녔지만 꽃과 열매를 맺지 못하는 가짜 그리스도인이 되고 마는 것입니다. 이런 사람은 열매를 맺지 못하므로 아버지께서 잘라 버리시게 되는 콩나물 그리스도인 즉 가짜 그리스도인이 되는 것입니다. **"가시떨기에 뿌리웠다는 것은 말씀**

을 들으나 세상의 염려와 재리의 유혹에 말씀이 막혀 결실치 못하는 자요"(마 13:22) 그러므로 사도 바울은 이런 사람들을 '십자가의 원수'라고 표현하면서 그들은 결국 지옥으로 떨어져 멸망하게 될 것이라고 경고하였습니다. 그 이유는 그들이 예수님을 믿는 것은 잘 먹고 잘 살기 위한 것이기 때문에 그들의 하나님은 배(stomach)이며 세상에서의 성공과 출세가 그들이 추구하는 영광이며 그들은 땅에 일을 생각하고 추구하는 사람들이기 때문입니다; "(18) 내가 여러 번 너희에게 말하였거니와 이제도 눈물을 흘리며 말하노니 여러 사람들이 그리스도 십자가의 원수로 행하느니라 (19) 저희의 마침은 멸망이요 저희의 신은 배요 그 영광은 저희의 부끄러움에 있고 땅의 일을 생각하는 자라"(빌 3:18–19)

좋은 땅에 뿌리운 자는 천국 말씀을 잘 알아듣고 잘 깨닫기 때문에 세상에 대한 모든 탐욕과 욕망을 내려놓고 자기를 부인하고 지가 십자가를 지고 주님을 따르는 사람이기 때문에 하나님이 원하시는 거룩한 열매를 맺는 사람입니다. 어떤 사람은 30배, 또 어떤 사람은 60배, 또 어떤 사람은 100배나 열매를 맺게 되는 사람들로서 이 사람들이 바로 열매 맺는 진짜 그리스도인입니다. "좋은 땅에 뿌리웠다는 것은 말씀을 듣고 깨닫는 자니 결실하여 혹 백 배, 혹 육십 배, 혹 삼십 배가 되느니라 하시더라"(마 13:23)

그러니까 길가에 뿌리운 자는 아예 거듭나지 않은 불신자이고, 돌밭에 뿌리운 자는 주님을 믿고 따르기 위해서 환난과 고난의 삶을 살기 싫어하는 가짜 그리스도인이고, 가시떨기에 뿌리운 자는 세상을 탐하여 잘 먹고 잘 살기 위해서 예수를 믿는 가짜 그리스도인이라는 것을 예수님은 씨뿌리는 비유를 통해서 지적해 주신 것입니다. 그러므로 이런 내용을 성경 그대로 전하면 어느 누가 들어도 오늘 우리 시대의 교회에는 이런 사람들로 가득 차 있다는 것을 금방 깨닫게 됩니다. 그래서 요즘 목회자들은 이 말씀을 전하고 싶지 않은 것입니다. 그러므로 오늘의 교회는 이 비유에서 좋은 땅에 뿌리운 것만 생각하고 나머지는 다 잊어버리고 관심조차 갖지 말라고 가르칩니다. 어리석은 교우들은 이 말씀을 듣고 마음에 안심하게 되고 목사님을 존경하게 됩니다. 무섭고 악한 말세시대에 우리는 가짜 교회들이 어리석은 사람들을 유린하는 악한 행태를 매일 보고 있는 것입니다.

가라지 비유

"(36) 이에 예수께서 무리를 떠나사 집에 들어가시니 제자들이 나아와 가로되 밭의 가라지의 비유를 우리에게 설명하여 주소서 (37) 대답하여 가라사대 좋은 씨를 뿌리는 이는 인자요 (38) 밭은 세상이요 좋은 씨는 천국의 아들들이요 가라지는 악한 자의 아들들이요 (39) 가라지를 심은 원수는 마귀요 추수 때는 세상 끝이요 추숫군은 천사들이니 (40) 그런즉 가라지를 거두어 불에 사르는것 같이 세상끝에도 그러하리라 (41) 인자가 그 천사들을 보내리니 저희가 그 나라에서 모든 넘어지게 하는 것과 또 불법을 행하는 자들을 거두어 내어 (42) 풀무불에 던져 넣으리니 거기서 울며 이를 갊이 있으리라 (43) 그 때에 의인들은 자기 아버지 나라에서 해와 같이 빛나리라 귀 있는 자는 들으라"(마 13:36-43)

이 비유에서도 예수님은 진짜 그리스도인과 가짜 그리스도인에 관하여 말씀하고 있습니다. 인자 되신 예수님은 이 세상에 좋은 씨를 뿌리셨습니다. 그러나 원수 마귀는 이 세상에 가라지를 뿌렸습니다. 그런데 좋은 씨와 가라지는 열매를 맺기 전까지는 너무 비슷해서 구별하기가 쉽지 않아서 추수 때까지 가만 두라고 하셨습니다. 성경책과 찬송가를 들고 매주 교회에 가서 예배를 드리는 것을 겉으로 보면 누가 진짜인지 누가 가짜인지 구별하기 힘들다는 말입니다. 주여 주여 하면서 찬송하고 기도하고 말씀 듣는 것을 보면 누가 진짜인지 가짜인지 알 수가 없습니다. 그러나 추수할 때에는 좋은 씨는 진짜 그리스도인으로서 천국의 아들들이기 때문에 그 의로운 열매가 나타나서 천국에 들어가 해와 같이 빛나게 될 것입니다. 그러나 가라지는 하나님의 모든 일을 넘어지게 하고 불법을 행하는 가짜 그리스도인들이기 때문에 지옥 풀무불에 던져져서 거기서 울며 이를 갈게 될 것이라고 예수님께서 직접 말씀해 주셨습니다.

밭에 감추인 보화 비유

"천국은 마치 밭에 감추인 보화와 같으니 사람이 이를 발견한 후 숨겨 두고 기뻐하여 돌아가서 자기의 소유를 다 팔아 그 밭을 샀느니라"(마 13:44)

이 비유는 어떤 소작농이 주인의 어느 한 밭에서 일하다가 그 밭 속에 엄청난 보화가 묻혀 있음을 발견하였습니다. 그 보화를 소유하기 위해서 그 소작농은 자기의 소유를 다 팔았습니다. 자기가 그토록 소중히 여겼던 집도 땅도 세간도 다 팔았습니다. 그리고 그 밭 주인에게 가서 그 조그마한 밭을 자기에게 팔라고 부탁하여 그 밭을 거금을 주고 샀습니다. 세상 사람들에게는 전재산을 다 팔아서 그 조그마한 밭떼기를 산 소작농을 어리석다고 생각했을 것입니다. 예수님께서 이 비유를 말씀하신 목적은 저 밭에 묻힌 보화보다 훨씬 더 값진 보화 즉 천국에 들어가기 위해서는 이 세상에서 내가 소중하게 여겼던 그 모든 것을 다 버려야 한다는 것을 우리에게 가르치려는 것입니다. 즉 사도 바울과 사도들과 초대교회 성도들과 같이 예수님을 믿고 따르기 위해서는 세상의 모든 것을 내어 버린 사람들이 천국에 들어갈 진짜 그리스도인이라는 것을 말씀하시는 것입니다. 반대로 세상을 버리지 못하고 오히려 세상에서 더 많은 것을 얻기 위하여 예수님을 믿는 사람들은 가짜 그리스도인이라는 것을 보여주는 비유의 말씀입니다.

그물 비유

"(47) 또 천국은 마치 바다에 치고 각종 물고기를 모는 그물과 같으니 (48) 그물에 가득하매 물 가로 끌어 내고 앉아서 좋은 것은 그릇에 담고 못된 것은 내어 버리느니라 (49) 세상 끝에도 이러하리라 천사들이 와서 의인 중에서 악인을 갈라 내어 50풀무불에 던져 넣으리니 거기서 울며 이를 갊이 있으리라" (마 13:47-50)

라이베리아의 수도 몬로비아에 '포인트 휘'라는 동네에서 성경공부를 한 적이 있었습니다. 성경공부를 마치면 도보로 2~3분 거리에 있는 바닷가로 싱싱한 생선을 사러 가곤 하였습니다. 수십 명의 남자들이 그물을 양쪽에서 잡아당겨 해변으로 끌고 들어오면 크고 작은 물고기들이 그물에 걸려 있습니다. 그들은 좋은 물고기는 큰 그릇에 담고 작거나 자기들이 먹지 않는 물고기들은 바닷물에 던져버립니다. 여기 비유에서처럼 좋은 것은 그릇에 담고 나쁜 것은 내어 버립니다.

예수님은 그의 제자들에게 사람을 낚는 어부가 되라고 명하셨습니다. 복음 전도자는 다 사람을 낚는 어부입니다. 예수님께서 이 그물 비유를 들려주신 목적은 이 세상 끝에도 복음 전도자들이 낚은 사람들 중에서 의인과 악인을 구분하여 의인은 천국으로 악인은 풀무불 지옥에 던져 넣을 것이라고 알려주셨습니다. 예수님을 믿는다고 교회에 다니는 사람들이 다 구원받은 사람들이 아니고 정말 회개하고 죄에서 돌이켜 세상을 내려놓고 십자가를 지고 주님의 명령에 복종하며 살아가는 의인들은 천국으로 들어갈 진짜 그리스도인이고 예수를 믿는다고 하면서도 주님의 명령에 불순종하여 세상의 풍조를 따라 사는 악인들은 지옥불에 던져질 가짜 그리스도인임을 보여주는 말씀입니다. 예수님은 매번 말씀을 전하실 때마다 사용하시는 단어만 바꾸었을 뿐 내용은 항상 진짜와 가짜에 관한 내용이었습니다.

사람의 계명이냐 하나님의 계명이냐

"(8) 이 백성이 입술로는 나를 존경하되 마음은 내게서 멀도다 (9) 사람의 계명으로 교훈을 삼아 가르치니 나를 헛되이 경배하는도다 하였느니라 하시고 (10) 무리를 불러 이르시되 듣고 깨달으라 (11) 입에 들어가는 것이 사람을 더럽게 하는 것이 아니라 입에서 나오는 그것이 사람을 더럽게 하는 것이니라 (12) 이에 제자들이 나아와 가로되 바리새인들이 이 말씀을 듣고 걸림이 된줄 아시나이까 (13) 예수께서 대답하여 가라사대 심은 것마다 내 천부께서 심으시지 않은 것은 뽑힐 것이니 (14) 그냥 두어라 저희는 소경이 되어 소경을 인도하는 자로다 만일 소경이 소경을 인도하면 둘이 다 구덩이에 빠지리라 하신대"(마 15:8-14)

사람들을 기쁘게 하려고 하나님의 말씀을 변질시켜서 사람의 지혜로운 말로 전하는 말씀이 사람의 계명이고 이런 사람의 계명으로 설교할 때 그 예배는 하나님이 받으실 수 없는 헛된 예배라고 하셨습니다. 그리고 이렇게 변질된 말씀을 전하는 사람이 소경이며 이런 소경의 가르침을 좋아해서 따라가는 사람들도 소경이며 결국 이들은 다 지옥으로 던져질 것이라고 예수님께서 직접 말씀하고 있습니다. 전하는 자도 듣고 따라가는 자도 둘 다 가짜 그리스도인이기 때문에 지옥에 던져지는 것입니다. 바로 오늘 우리가 살고 있는 말세에는 전하는 자도 듣는 자도 다 진리에서 돌이켜 자기들의 개인적인 욕심을 만족시켜 줄 말씀을 좇을 것이라고 하셨습니다: "(3) 때가 이르리니 사람이 바른 교훈을 받지 아니하며 귀가 가려워서 자기의 사욕을 따를 스승을 많이 두고 (4) 또 그 귀를 진리에서 돌이켜 허탄한 이야기를 따르리라"(딤후 4:3-4) 결국 오늘의 교회는 전하는 자도 듣고 따라가는 자도 둘 다 가짜 그리스도인이기 때문에 지옥에 던져질 것이라는 말씀입니다.

"(1) 형제들아 내가 너희에게 나아가 하나님의 증거를 전할 때에 말과 지혜의 아름다운 것으로 아니하였나니 (2) 내가 너희 중에서 예수 그리스도와 그의 십자가에 못 박히신 것 외에는 아무 것도 알지 아니하기로 작정하였음이라 (3) 내가 너희 가운데 거할 때에 약하며 두려워하며 심히 떨었노라 (4) **내 말과 내 전도함이 지혜의 권하는 말로 하지 아니하고 다만 성령의 나타남과 능력으로 하여** (5) 너희 믿음이 사람의 지혜에 있지 아니하고 다만 하나님의 능력에 있게 하려 하였노라"(고전 2:1-5) 그러나 사람의 지혜와 지식으로 무장한 당시의 최고 지성인이었던 사도 바울은 하나님의 말씀을 전할 때에 하나님의 말씀을 변질시키지 않기 위해서 사람의 지혜롭고 달콤한 말로 하지 않고 오히려 두렵고 떨리는 마음으로 오직 예수 그리스도의 십자가 복음만을 전하였습니다. 그러므로 그는 천국에 들어갈 수 있었던 진짜 그리스도인이었습니다. 더 많은 사람들을 끌어들이기 위하여 성경 말씀을 변질시켜 사람의 말과 지혜의 아름다운 것으로 전하는 사람들은 다 가짜 그리스도인임을 우리는 깨달아야 합니다.

십자가의 복음이냐 다른 복음이냐

"(6) 그리스도의 은혜로 너희를 부르신 이를 **이같이 속히 떠나 다른 복음 좇는 것을 내가 이상히 여기노라** (7) 다른 복음은 없나니 다만 어떤 사람들이 너희를 요란케(혼란케) 하여 그리스도의 복음을 변하려(pervert the gospel of Christ) 함이라 (8) 그러나 **우리나 혹 하늘로부터 온 천사라도 우리가 너희에게 전한 복음 외에 다른 복음을 전하면 저주를 받을지어다** (9) 우리가 전에 말하였거니와 내가 지금 다시 말하노니 만일 누구든지 너희의 받은 것 외에 다른 복음을 전하면 저주를 받을지어다 (10) **이제 내가 사람들에게 좋게 하랴 하나님께 좋게 하랴 사람들에게 기쁨을 구하랴 내가 지금까지 사람의 기쁨을 구하는 것이었더면 그리스도의 종이 아니니라**"(갈 1:6-10)

더 많은 사람들을 끌어들이기 위해서 하나님께서 주신 성경말씀을 변질시켜서 사람들을 즐겁게 하는 다른 복음을 전하는 사람들을 저주하였습니다. 사도 바울은 만약 자신이 사람들을 즐겁게 하는 다른 복음을 전하는 사람이었다면 자기도 그리스도의 종이 아닌 가짜 그리스도인이라고 자신 있게 말했습니다. 그러면 오늘의 교회에서 전하는 복음은 과연 어떤 복음일까요? 오늘 우리는 예수님이 전해주신 복음을 그대로 전하고 있습니까? 그렇지 않다면 우리는 다른 복음, 다른 예수, 다른 영을 전하고 있는 가짜 그리스도인들입니다.

예복을 입은 자냐 입지 않은 자냐

"(1) 예수께서 다시 비유로 대답하여 가라사대 (2) 천국은 마치 자기 아들을 위하여 혼인 잔치를 베푼 어떤 임금과 같으니 (3) 그 종들을 보내어 그 청한 사람들을 혼인 잔치에 오라 하였더니 오기를 싫어하거늘 (4) 다시 다른 종들을 보내며 가로되 청한 사람들에게 이르기를 내가 오찬을 준비하되 나의 소와 살진 짐승을 잡고 모든 것을 갖추었으니 혼인 잔치에 오소서 하라 하였더니 (5) 저희가 돌아 보지도 않고 하나는 자기 밭으로, 하나는 자기 상업차로 가고 (6) 그 남은 자들은 종들을 잡아 능욕하고 죽이니 (7) 임금이 노하여 군대를 보내어 그 살인한 자들을 진멸하고 그 동네를 불사르고 (8) 이에 종들에게 이르되 혼인 잔치는 예비되었으나 청한 사람들은 합당치 아니하니 (9) 사거리 길에 가서 사람을 만나는 대로 혼인 잔치에 청하여 오너라 한대 (10) 종들이 길에 나가 악한 자나 선한 자나 만나는 대로 모두 데려오니 혼인자리에 손이 가득한지라 (11) 임금이 손을 보러 들어올새 거기서 예복을 입지 않은 한 사람을 보고 (12) 가로되 친구여 어찌하여 예복을 입지 않고 여기 들어왔느냐 하니 저가 유구무언이어늘 (13) 임금이 사환들에게 말하되 그 수족을 결박하여 바깥 어두움에 내어 던지라 거기서 슬피 울며 이를 갊이 있으리라 하니라 (14) 청함을 받은 자는 많되 택함을 입은 자는 적으니라"(마 22:1-14)

이번에도 여지없이 진짜와 가짜에 관하여 말씀하시면서 단지 사용하시는 단어만 바꾸어서 말씀을 전하십니다.

슬기 있는 다섯 처녀냐 미련한 다섯 처녀냐

"(1) 그 때에 천국은 마치 등을 들고 신랑을 맞으러 나간 열 처녀와 같다 하리니 (2) 그 중에 다섯은 미련하고 다섯은 슬기 있는지라 (3) **미련한 자들은 등을 가지되 기름을 가지지 아니하고** (4) 슬기 있는 **자들은 그릇에 기름을 담아 등과 함께 가져갔더니** (5) 신랑이 더디 오므로 다 졸며 잘새 (6) 밤중에 소리가 나되 보라 신랑이로다 맞으러 나오라 하매 (7) 이에 그 처녀들이 다 일어나 등을 준비할새 (8) 미련한 자들이 슬기 있는 자들에게 이르되 우리 등불이 꺼져가니 너희 기름을 좀 나눠 달라 하거늘 (9) 슬기 있는 자들이 대답하여 가로되 우리와 너희의 쓰기에 다 부족할까 하노니 차라리 파는 자들에게 가서 너희 쓸 것을 사라 하니 (10) 저희가 사러 간 동안에 신랑이 오므로 예비하였던 자들은 함께 혼인 잔치에 들어가고 문은 닫힌지라 (11) 그 후에 남은 처녀들이 와서 가로되 주여 주여 우리에게 열어 주소서 (12) 대답하여 가로되 진실로 너희에게 이르노니 **내가 너희를 알지 못하노라 하였느니라**"(마 25:1-12)

"**미련한 자들은 등을 가지되 기름을 가지지 아니하고**" 미련한 자들은 하드웨어(등)만 준비했고 소프트웨어(기름)을 준비하지 못했습니다. 즉 구원받지 못한 사람들은 열심히 교회에 다니면서 찬송도 잘 부르고 기도도 잘하고 예배에도 열심히 출석하기 때문에 겉으로 보면 그리스도인처럼 보이지만 사실은 성령(기름)으로 거듭나지 않은 가짜 그리스도인이기 때문에 예수님께서는 그들을 알지 못하신다고 딱 잘라 거절하시는 모습입니다. 오직 기름을 준비한즉 성령으로 거듭난 사람들만 어린양의 혼인잔치(천국)에 들어가게 된다는 말씀입니다. 여기에서도 단어만 바꾸셨을 뿐 내용은 진짜와 가짜에 대한 말씀이었습니다.

착하고 충성된 종이냐 악하고 게으른 종이냐

"(14) 또 어떤 사람이 타국에 갈 제 그 종들을 불러 자기 소유를 맡김과 같으니 (19) 오랜 후에 그 종들의 주인이 돌아와 저희와 회계할새 (20) 다섯 달란트 받았던 자는 다섯 달란트를 더 가지고 와서 가로되 주여 내게 다섯 달란트를 주셨는데 보소서 내가 또 다섯 달란트를 남겼나이다 (21) 그 주인이 이르되 잘하였도다 착하고 충성된 종아 네가 작은 일에 충성하였으매 내가 많은 것으로 네게 맡기리니 네 주인의 즐거움에 참예할지어다 하고 (22) 두 달란트 받았던 자도 와서 가로되 주여 내게 두 달란트를 주셨는데 보소서 내가 또 두 달란트를 남겼나이다 (23) 그 주인이 이르되 잘 하였도다 착하고 충성된 종아 네가 작은 일에 충성하였으매 내가 많은 것으로 네게 맡기리니 네 주인의 즐거움에 참예할지어다 하고 (24) 한 달란트 받았던 자도 와서 가로되 주여 당신은 굳은 사람이라 심지 않은데서 거두고 헤치지 않은데서 모으는 줄을 내가 알았으므로 (25) 두려워하여 나가서 당신의 달란트를 땅에 감추어 두었었나이다 보소서 당신의 것을 받으셨나이다 (26) 그 주인이 대답하여 가로되 악하고 게으른 종아 나는 심지 않은데서 거두고 헤치지 않은데서 모으는 줄로 네가 알았느냐 (27) 그러면 네가 마땅히 내 돈을 취리하는 자들에게나 두었다가 나로 돌아 와서 내 본전과 변리를 받게 할 것이니라 하고 (28) 그에게서 그 한 달란트를 빼앗아 열 달란트 가진 자에게 주어라 (29) 무릇 있는 자는 받아 풍족하게 되고 없는 자는 그 있는 것까지 빼앗기리라 (30) 이 무익한 종을 바깥 어두운데로 내어쫓으라 거기서 슬피 울며 이를 갊이 있으리라 하니라"(마 25:14-30)

여기에서도 착하고 충성된 진짜 그리스도인들은 천국에 들어가 주인의 즐거움에 참여하게 되었지만 악하고 게으른 가짜 그리스도인들은 바깥 어두운데로 쫓거나 슬피 울며 이를 갊이 있을 것이라고 대조적으로 말씀하고 있습니다. 예수님은 이와 같이 매번 단어만 바꾸었을 뿐 내용은 진짜와 가짜에 관한 설교를 3년 내내 말씀하셨습니다.

양이냐 염소냐

"(31) 인자가 자기 영광으로 모든 천사와 함께 올 때에 자기 영광의 보좌에 앉으리니 (32) 모든 민족을 그 앞에 모으고 각각 분별하기를 목자가 양과 염소를 분별하는것 같이 하여 (33) 양은 그 오른편에, 염소는 왼편에 두리라 (34) 그 때에 임금이 그 오른편에 있는 자들에게 이르시되 내 아버지께 복 받을 자들이여 나아와 창세로부터 너희를 위하여 예비된 나라를 상속하라 (35) 내가 주릴 때에 너희가 먹을 것을 주었고 목마를 때에 마시게 하였고 나그네 되었을 때에 영접하였고 (36) 벗었을 때에 옷을 입혔고 병들었을 때에 돌아보았고 옥에 갇혔을 때에 와서 보았느니라 (37) 이에 의인들이 대답하여 가로되 주여 우리가 어느 때에 주의 주리신 것을 보고 공궤하였으며 목마르신 것을 보고 마시게 하였나이까 (38) 어느 때에 나그네 되신 것을 보고 영접하였으며 벗으신 것을 보고 옷 입혔나이까 (39) 어느 때에 병드신 것이나 옥에 갇히신 것을 보고 가서 뵈었나이까 하리니 (40) 임금이 대답하여 가라사대 내가 진실로 너희에게 이르노니 너희가 여기 내 형제 중에 지극히 작은 자 하나에게 한 것이 곧 내게 한 것이니라 하시고 (41) 또 왼편에 있는 자들에게 이르시되 저주를 받은 자들아 나를 떠나 마귀와 그 사자들을 위하여 예비된 영영한 불에 들어가라 (42) 내가 주릴 때에 너희가 먹을 것을 주지 아니하였고 목마를 때에 마시게 하지 아니하였고 (43) 나그네 되었을 때에 영접하지 아니하였고 벗었을 때에 옷 입히지 아니하였고 병들었을 때와 옥에 갇혔을 때에 돌아보지 아니하였느니라 하시니 (44) 저희도 대답하여 가로되 주여 우리가 어느 때에 주의 주리신 것이나 목마르신 것이나 나그네 되신 것이나 벗으신 것이나 병드신 것이나 옥에 갇히신 것을 보고 공양치 아니하더이까 (45) 이에 임금이 대답하여 가라사대 내가 진실로 너희에게 이르노니 이 지극히 작은 자 하나에게 하지 아니한 것이 곧 내게 하지 아니한 것이니라 하시리니 (46) 저희는 영벌에, 의인들은 영생에 들어가리라 하시니라"(마 25:31-46)

예수님은 여기에서도 진짜와 가짜에 관한 말씀으로 설교하셨습니다. 양과 염소는 비슷해서 얼핏 보면 구별이 잘 안 되는 것 같지만 자세히 보면 완전히 다릅니다. 예수님께서 양과 염소의 비유로 설교하시는 목적은 예수님을 믿는다며 교회에 다니는 사람들이 겉으로 보면 다 그리스도인처럼 보이지만 실제로는 서로 다른 두 종류의 사람들로 나뉘어진다는 사실을 우리에게 알려주시기 위해 섭니다. 여기서 양은 예수님을 믿은 진짜 그리스도인들로서 천국에 들어갈 사람들을 의미하는 것이고 염소는 예수님을 믿는다며 교회에는 열심으로 다녔지만 진짜처럼 보이는 가짜 그리스도인들로서 천국에 들어가지 못하고 지옥불에 던져질 사람들을 의미하는 것입니다. 그러니까 예수 믿고 교회에 열심히 다녔다고 다 천국에 들어가는 것이 아니라는 것을 이 마지막 설교에서도 다시 한번 강조하시는 예수님이십니다. 지금까지 살펴본 대로 예수님의 처음 사역을 시작해서 지금 3년간의 사역을 마치는 이 시간까지도 진짜와 가짜에 관한 설교를 참 많이 하셨습니다. 알곡과 쭉정이, 씨뿌리는 비유, '나더러 주여 주여 하는 자마다 다 천국에 들어갈 것이 아니요' 미련한 다섯 처녀와 슬기 있는 다섯 처녀 등 진짜와 가짜에 대한 설교를 참 많이 하셨습니다. 요즘 설교자들과 교인들이 가장 싫어하는 설교를 예수님은 자주 하신 것입니다. 사실 예수님은 사람들의 반응을 아랑곳하지 않으시고 하나님의 말씀을 그대로 전파하셨습니다. 그래서 사람들로부터 항상 저항을 받으셨던 것입니다. 요즘 설교자들은 이런 설교를 하면 사람들로부터 저항을 받게 되고 사람들이 교회를 떠나기 때문에 이런 주제는 아예 설교목록에서 제외된 지 오래되었습니다. 그런데 예수님은 그동안 그렇게 여러 번 당시의 기성교회 지도자들인 바리새인들과 서기관들을 독사의 자식들, 회칠한 무덤들이라고 까는 설교를 하셨었는데도 부족하셨는지 이 마지막 순간에도 또다시 그들의 심기를 건드리는 설교를 서슴지 않으십니다.

31절을 보면 '**인자가 자기 영광으로 모든 천사와 함께 올때에 자기 영광의 보좌에 앉으리니**'라고 하셨는데 여기서 인자는 당연히 예수님 자신을 지칭하는 말로서 재림하실 때에 왕의 왕으로 오시는 영광스러운 모습을 의미하는 것입니다. 34절에 '**그 때에 임금이 그 오른 편에 있는 자들에게 이르시되 내 아버지께 복 받을 자들이여**'에서 보시듯이 인자 되신 성자 하나님 예수님께서 임금이 되어 심판의 보좌에 앉아서 성부 하나님이신 '**내 아버지께 복 받을 자들이여**'라고 말씀하고 있습니다. 32절에 보시면 그렇게 왕들의 왕으로 재림하신 예수님께서 이제 전인류를 앞에 두고 심판하는 보좌에 앉으셨습니다. 그리고 세상의 모든 사람들이 보는 앞에서 교회에 다녔던 사람들을 양과 염소로 구별하여 양은 그의 오른쪽에 그리고 염소는 그의 왼쪽에 두셨습니다. 마치 목자가 양과 염소를 구별하는 것처럼 정확하게 구별하여 내셨습니다. 우리는 교회에 다니는 사람들을 겉으로만 보기 때문에 누가 양이고 누가 염소인지 구별하기가 힘듭니다. 그러나 불꽃 같은 눈으로 살펴보시는 예수님께서는 단 하나의 실수도 없이 정확하게 가려낼 것이므로 우리는 염려할 필요가 없을 것입니다.

34절부터 보면 임금 되신 예수님께서 그 오른편에 있는 자들에게 "**내 아버지께 복 받을 자들이여 나아와 창세로부터 너희를 위하여 예비된 나라를 상속하라. 내가 주릴 때에 너희가 먹을 것을 주었고 내가 목마를 때에 너희가 마시게 하였고 내가 나그네 되었을 때에 너희가 영접해 주었고 내가 헐벗었을 때에 너희가 내게 옷을 입혀주었고 내가 병들었을 때에 너희가 나를 돌아보았고 내가 옥에 갇혔을 때에 너희가 와서 보았느니라**"라고 말씀하셨습니다. 37~39

절까지 보시면 그때에 오른쪽에 있었던 양들이 말했습니다. **"주여 우리가 어느 때에 주의 주리신 것을 보고 공궤하였으며 목마르신 것을 보고 마시게 하였나이까? 어느 때에 나그네 되신 것을 보고 영접하였으며 벗으신 것을 보고 옷 입혔나이까? 어느 때에 병드신 것이나 옥에 갇히신 것을 보고 가서 뵈었나이까?"** 사실 이 사람들은 세상에서 살 때에 예수님을 얼굴과 얼굴로 만나보지 못했던 사람들입니다. 그러니까 그렇게 질문하는 것이 당연하였습니다. 그런데 40절에서 예수님은 다음과 같이 대답하셨습니다. **"임금이 대답하여 가라사대 내가 진실로 너희에게 이르노니 너희가 여기 내 형제 중에 지극히 작은 자 하나에게 한 것이 곧 내게 한 것이니라"** 여기서 내 형제 중에 지극히 작은 자는 누구입니까? 지옥에 들어갈 불신자를 의미하는 것일까요? 예수님께서 예수님을 믿지 않아서 지옥불에 던져질 사람들을 향해서 '내 형제'라고 말씀하셨을까요? 결코 아닙니다. 그러면 예수님께서 형제라고 부르신 사람들은 누구입니까? 히브리서 2장 11절을 보십시오. **"거룩하게 하시는 자와 거룩하게 함을 입은 자들이 다 하나에서 난 지라 그러므로 형제라 부르시기를 부끄러워 아니하시고"** 그렇습니다. 예수님을 믿어 믿음으로 의롭다 함을 받아 거룩하게 된 진짜 그리스도인들을 예수님은 형제라고 부르시는 것을 부끄러워 아니하신다는 것입니다. 그리고 예수님을 구주로 믿어 구원받은 성도들끼리 교회라는 가족 공동체에 모일 때에도 서로 형제라고 불렀습니다.

고린도전서 5장 11~13절에서도 예수 믿고 그리스도인이 되어 교회라는 공동체 안에서 형제라고 부르며 지내던 사람이 죄를 지어 하나님의 교회를 더럽혔을 경우에 교회에서 쫓아내라고 말씀하셨습니다. **"(11) 이제 내가 너희에게 쓴 것은 만일 어떤 형제라 일컫는 자가 음행하거나 탐람하거나 우상 숭배를 하거나 후욕하거나 술 취하거나 토색하거든 사귀지도 말고 그런 자와는 함께 먹지도 말라 함이라 (12) 외인들을 판단하는데 내게 무슨 상관이 있으리요마는 교중 사람들이야 너희가 판단치 아니하랴 (13) 외인들은 하나님이 판단하시려니와 이 악한 사람은 너희 중에서 내어 쫓으라"**(고전 5:11-13) 즉 믿어서 형제라고 여겨졌던 사람들까지도 죄를 짓고 회개하지 않으면 더 이상 그리스도 안에서 형제로 여기지 말라는 것입니다. 마태복음 18장 15~17절에서도 같은 믿는 형제가 죄를 범했을 때 교회라는 가족공동체의 권면을 거부하고 회개하지 않으면 이방인과 세리와 같이 여기라고 예수님께서 직접 말씀하셨습니다; "(15) 네 형제가 죄를 범하거든 가서 너와 그 사람과만 상대하여 권고하라 만일 들으면 네가 네 형제를 얻은 것이요 (16) 만일 듣지 않거든 한두 사람을 데리고 가서 두세 증인의 입으로 말마다 증참케 하라 (17) **만일 그들의 말도 듣지 않거든 교회에 말하고 교회의 말도 듣지 않거든 이방인과 세리와 같이 여기라**"(마 18:15-17) 그러니까 아무리 믿고 형제라고 여겼던 사람이라도 죄를 짓고도 교회의 권면을 거부하고 회개하지 않을 때에는 믿지 않는 이방인과 세리같이 여기라는 말씀은 더 이상 그리스도 안에서 형제로 여기지 말라는 말씀입니다. 그런 예수님께서 믿지 않는 세상 사람들을 '내 형제'라고 부르시겠습니까? 여기 오늘 본문에서 예수님께서 '내 형제'라고 언급한 사람은 그리스도 안에서 구원을 받은 진짜 그리스도인을 의미하는 것입니다.

그런데 오른쪽에 있었던 양들은 예수님이 형제라고 여기는 성도가 헐벗고 굶주리고 외롭고 병들고 옥에 갇혔을 때에 돌보아 주었다는 말입니다. 누가 그렇게 돌보아 줄 수 있겠습니까? 가족들이 그렇게 돌보아 줄 수 있는 것입니다. 그래서 예수님은 교회를 하나님의 권속(가족)이라고 부르셨고 교회가 가족처럼 서로 돌보고 섬길 수 있도록 하기 위해서 수백 명 혹은 수천 명이 모이는 대형교회를 세우지 아니하셨고 오직 소수의 사람들이 모이는 가정교회를 세우셨던 것입니다. 사람들이 많이 모이는 교회에서는 가족처럼 서로 섬기고 돌볼 수가 없기 때문입니다. **요즘의 교회들은 섬기지 않는다는 비난을 피하기 위해서 각종 프로그램을 만들어서 고아원도 방문하고 선교지도 방문하면서 교인들로 하여금 봉사하게 합니다.** 그러나 안타깝게도 이런 것은 주님께서 원하시는 섬김과 봉사가 아닙니다. 첫째로 예수님께서는 예수님께서 '내 형제'라고 일컫는 그리스도인들을 돌보고 섬기기를 원하십니다. 교회가 믿지 않는 세상 사람들에게 선을 베푸는 일을 행하는 것은 권장할 만한 일이며 마땅히 해야 할 일입니다. 그러나 교회가 자선단체로 전락해서는 안 됩니다. **교회가 섬길 최우선의 사랑과 섬김과 돌봄의 대상은 교회 안에 있는 자기의 가족이여야 합니다.** 성경에 나타난 교회들은 봉사와 섬김에 대하여 철저한 원칙을 지켰습니다. 교회 안에 계속해서 매일 도움이 필요한 과부 같은 사람들에 대해서는 나름대로 규정을 정했습니다. 예를 들어서 디모데전서 5장 9~11절에 보시면 과부라고 무조건 도와주지 못하게 하였습니다. 교회가 도와주어야 할 과부는 60세 이상이어야 할 뿐만 아니라 그동안 믿는 성도로서 성도들을 잘 섬기며 어려운 일 당한 사람들을 잘 도와주어 믿음의 본이 된 사람이어야 한다고 구제의 대상을 엄격하게 제한하였습니다. 16절에 보시면 "**만일 믿는 여자에게 과부 친척이 있거든 자기가 도와주고 교회로 짐지지 말게 하라. 이는 참 과부를 도와주게 하려 함이니라**"고 하였습니다. 아무리 과부라도 친척이 있으면 그 친척이 돕게 하고 교회에 짐이 되지 않게 하라는 것입니다. 그러니까 구제 사업이라고 그냥 아무에게나 막 던져주는 것이 아니고 구제하는 사람이나 구제를 받는 사람이 다 같이 하나님 앞에서 믿음으로 순종하며 경건하게 바로 살아갈 수 있도록 도움이 되게 하는 것이었습니다. 우리는 '네 이웃을 네 몸과 같이 사랑하라'는 주님의 명령을 실천할 수 있는 가장 유일하고 가능한 장소가 바로 교회라는 것을 명심해야 합니다. 매일의 삶을 평생 동안 함께 나눌 수 있는 곳이 가족 공동체인 교회이기 때문입니다. 실제로 성경에 있는 초대교회가 그렇게 했습니다. 사실 교회 밖에 있는 세상 사람들을 날마다 평생 동안 내 몸처럼 사랑한다는 것은 불가능한 일입니다. 일 년에 한두 번 이벤트로 섬기는 것으로는 내 몸처럼 사랑할 수가 없는 것입니다. 둘째로 예수님께서 말씀하신 섬김과 돌봄은 거창한 예산을 들여 일 년에 한두 번씩 떠들썩하고 요란스럽게 치러지는 프로그램이나 이벤트가 아닙니다. 예수님께서 원하시는 섬김과 돌봄은 매일의 삶 속에서 가족처럼 날마다 서로를 섬기고 돌보며 함께 주님을 닮아가는 삶 그 자체이어야 하기 때문입니다. 그래서 예수님께서 명하신 섬김과 돌봄은 한 교회가 벌써 40~50명만 넘어서도 벌써 서로 섬기고 돌보는 것이 불가능하게 됩니다. 실제로 사도행전 4장 32절에 보시면 "**믿는 무리가 한마음과 한뜻이 되어 모든 물건을 서로 통용하고 제 재물을 조금이라도 제 것이라 하는 이가 하나도 없더라**"고 하였습니다. 누가 이렇게 할 수 있겠습니까? 오늘날의 교회들이 이렇게 할 수 있겠습니까? 이것은 어려운 일이 아니고 불가능한 일입니다. 오직 가정에서 소수의 사람들이 모였던 성경에 있는 교회들이 그렇게 할 수 있었습니다. 오늘의 현시대의 교회 체제로서는 성경에서 보여주는 성경적인 교회를 도저히 흉내조차 낼 수 없는 형편입니다. 진실로 오늘 우리 시대의 교회가 얼마나 예수님을 많이 많이 오해하고 얼마나 예수님께서 말씀하신 교회를 많이 오해하고 있는지 모릅니다.

그러면 이제 41절부터 보시기 바랍니다. "**(41) 또 왼편에 있는 자들에게 이**

르시되 저주를 받은 자들아 나를 떠나 마귀와 그 사자들을 위하여 예비된 영영한 불에 들어가라 (42) 내가 주릴 때에 너희가 먹을 것을 주지 아니하였고 목마를 때에 마시게 하지 아니하였고 (43) 나그네 되었을 때에 영접하지 아니하였고 벗었을 때에 옷 입히지 아니하였고 병들었을 때와 옥에 갇혔을 때에 돌아보지 아니하였느니라 하시니 (44) 저희도 대답하여 가로되 주여 우리가 어느 때에 주의 주리신 것이나 목마르신 것이나 나그네 되신 것이나 벗으신 것이나 병드신 것이나 옥에 갇히신 것을 보고 공양치 아니하더이까 (45) 이에 임금이 대답하여 가라사대 내가 진실로 너희에게 이르노니 이 지극히 작은 자 하나에게 하지 아니한 것이 곧 내게 하지 아니한 것이니라 하시리니 (46) 저희는 영벌에, 의인들은 영생에 들어가리라 하시니라"

　왼쪽에 있는 자들을 염소라고 하였습니다. 양과 비슷하게 생긴 염소 즉 겉모양은 성경 찬송가 들고 매주마다 열심히 교회에 드나들었던 사람들로서 진짜 그리스도인이 아니고 기독교 종교인들이었습니다. 이 염소들이 얼마나 억울하겠습니까? 그래서 예수님께 질문합니다. **"주여 우리가 어느 때에 주의 주리신 것이나 목마르신 것이나 나그네 되신 것이나 벗으신 것이나 병드신 것이나 옥에 갇히신 것을 보고 공양치 아니하더이까?"** 맞는 말입니다. 지금까지 얼마나 많은 사람들이 예수 이름으로 열심히 봉사하고 섬긴다며 자기 가족을 팽개치고 고아들을 만들어 놓으면서 먼데 고아원을 방문하고 양로원을 방문하고 전 세계 선교지를 다니면서 얼마나 많이 충성했습니까? 마태복음 7장 21~23절에 기록된 대로 이 사람들은 예수의 이름으로 선지자 노릇하면서 말씀도 전파하고 성경도 열심히 가르치고 주의 이름으로 귀신도 내어 쫓고 병도 고치고 전 세계에 선교하러 다니면서 거창한 교회당 건물과 학교 건물, 병원 건물도 많이 지어주고 가난한 사람들도 많이 도와주고 구제한 기독교 종교인들이었습니다. 그런데 예수님은 이런 사람들을 향하여 **'내가 너희를 도무지 알지 못하노라'**고 하시면서 **'불법을 행하는 자들아 내게서 떠나가라'**고 냉정하게 말씀하셨습니다. 왜 그러셨을까요? 야고보서 1장 27절에 보시면 "하나님 앞에서 **정결하고 더러움이 없는 경건**은 곧 고아와 과부를 그 환란 중에서 돌아보고 또 자기를 지켜 세속에 물들지 아니하는 이 것이니라"고 기록되어 있습니다. 여기 '정결하고 더러움이 없는 경건'이라는 말은 원어에는 '순수한 종교'라고 기록되어 있습니다. 순수한 종교의 기본 정신은 고아와 과부를 돌아보는 것이란 말입니다. 맞습니다. 세상의 일반 종교들이 지니고 있는 보편적인 기본 정신이 바로 가난하고 불우한 사람들을 돕는 것입니다. 그래서 각 종교에서 선한 일들을 통해서 구원을 얻는다고 생각하고 평생을 바쳐 선한 일을 하는 종교인들이 세상에 참 많이 있습니다. 하나님과 개인적인 관례를 맺지 못하고 종교에 빠졌던 서기관과 바리새인들도 마찬가지였습니다. 그들은 선한 행실로 구원을 얻기 위해서 율법이라는 많은 규칙과 종교의식을 지키려고 구제도 많이 하고 기도도 많이 하고 십일조도 철저하게 바쳤습니다. 그런데 이런 종교적인 선을 행해가지고는 아무도 천국에 들어갈 수가 없는 것입니다. 아무리 교회당 건물을 많이 지어주고 학교와 병원을 지어주고 가난한 고아와 과부를 평생 도와주어도 그런 선한 행실로는 구원을 받을 수가 없는 것입니다. 그래서 마태복음 5장 20절에 보시면 예수님은 이 부분에 대하여 분명하게 말씀하셨습니다. **"내가 너희에게 이르노니 너희 의가 서기관과 바리새인의 의보다 더 낫지 아니하면 결단코 천국에 들어가지 못하리라."** 그러니까 쉽게 말하면 천국에 들어가려면 최소한 바리새인의 종교적인 의의 수준을 넘어서야 한다는 말입니다. 그래서 기독교인들이 선교지에 가서 그렇게 평생 동안 불우한 사람들을 위해서 선한 일을 많이 했지만 예수님은 **'내가 너희를 도무지 알지 못하노라'**고 냉정하게 말씀하신 것입니다. 이들이 바로 왼쪽에 있는 염소들 로서 오늘날의 교회가 아니고 무엇입니까? 오늘 본문 46절에 보시면 이 사람들은 영원한 벌 즉 지옥불에 던져진다고 하였습니다.

그래서 요한복음 2장 19절에서 예수님은 죽은 종교의식과 행사로 가득한 거대한 성전을 허물라고 명령하셨고 그리고 주님의 피로 값 주고 사신 교회는 작은 가족 공동체였습니다. 성경에 보면 그 교회들은 가정집에서 모였으며 그들은 정말 그리스도 안에서 피를 나눈 형제들로서 날마다의 삶에서 서로를 가족처럼 돌보고 섬기며 희생하며 모든 것을 나눈 참 그리스도인들이었습니다. **'너희가 여기 내 형제 중에 지극히 작은 자 하나에게 한 것이 곧 내게 한 것이니라'**에 대하여 위에서도 언급하였지만 **야고보서 2장을 보시면 야고보가 언급한 '고아와 과부'도 바로 주 안에서 형제와 자매가 된 교회 안에 있는 불우한 사람들'을 지칭하는 것으로서 그들을 차별하지 않고 잘 돌보고 섬기는 것이 살아있는 믿음이라고 말씀하고 있습니다.** 야고보서 2장 15~17절을 보십시오. "일 형제나 자매가 헐벗고 일용할 양식이 없는데 너희 중에 누구든지 그에게 이르되 평안히 가라, 더웁게 하라, 배부르게 하라 하며 그 몸에 쓸 것을 주지 아니하면 무슨 이익이 있으리요. 이와 같이 행함이 없는 믿음은 그 자체가 죽은 것이라." 예수 믿고 구원받아서 함께 하나님을 섬기는 성도들 중에서 과부와 고아들처럼 가난하고 불우한 형제자매들이 바로 주님께서 언급하신 '내 형제 중에 지극히 작은 자'에 속하는 사람들입니다. 이들을 가족처럼 돌아보지 않는 사람들의 믿음은 죽은 믿음이라는 것입니다. 당신은 지금 교회에 다니는 구원받은 동료들을 가족처럼 매일매일 돌보며 심기고 있는 양입니까? 아니면 한 주일에 한 번 예배만 드리고 살짝 빠져나오는 염소입니까? 구원받지 못한 사람들로 구성된 오늘 우리 시대의 교회체제로는 도무지 불가능한 일입니다. 이것이 성경에 기록된 예수님의 말씀이요 천국과 지옥을 가르는 경고의 말씀인 데도 오늘 우리 시대의 교회들은 들은 척도 안 합니다.

'이 성전을 허물라'(요 2:19)고 명령하신 주님의 명령에 순종하여 어서 속히 거대한 교회당 건물이라는 종교에서 해방되어 가정이나 기타의 장소에서 모이는 가족 같은 소수의 모임 속에서 가족처럼 서로를 돌보며 섬기며 매일의 삶에서 하나님의 말씀으로 서로를 붙잡아주고 밀어주고 이끌어 주면서 하나님 말씀에 철저히 순종하며 살아가는 성경적인 교회로 돌아가야 할 것입니다. 다시 말하지만 거대하고 값비싼 죽은 부동산 건물인 교회당을 많이 세워 달라고 하나님께서 이 세상에 오셔서 십자가를 지신 것이 아닙니다. 하나님의 형상을 잃어버리고 죄인이 되고 사탄의 포로가 된 죄인 인간을 구원하여 그들의 삶을 통치함으로써 그들을 하나님의 형상으로 회복시키기 위해서 십자가를 지러 오신 것입니다. 다시 말해서 죽은 부동산 건물들을 세우시기 위해서 오신 것이 아니고 죄인들을 하나님의 사람들로 세우시기 위해서 오신 것입니다. 그래서 예수님을 구주로 믿고 구원받아 하나님의 자녀가 된 사람들을 이 세상의 사람들과 구별하기 위해서 따로 불러내어 모아 놓은 사람들이 바로 헬라어 원어의 '에클레시아(에크 = 밖으로, 칼레오 = '내가 부르다'의 합성어)'입니다. 이제 '교회'라는 단어가 나오면 이 에클레시아를 한국어로는 '교회', 영어로는 'church'라고 번역한 것으로서 성경에서 말하는 교회는 오늘 우리가 사용하는 부동산 건물인 교회당과는 아무 상관이 없다는 것을 꼭 기억하시기 바랍니다. 주님께서 재림하셔서 양과 염소로 나누시기 전에 우리는 하루 속히 주님이 원하시는 성경적인 참 교회로 돌아가야 할 것입니다.

이상에서 살펴본 대로 예수님은 지상에 계시는 3년 동안의 사역 처음부터 마지막까지 항상 진짜 그리스도인과 가짜 그리스도인에 관하여 말씀하셨습니다. 그때 그때마다 사용하시는 단어만 바꾸셨을 뿐 그 내용은 항상 진짜 그리스도인과 가짜 그리스도인에 관한 설교 말씀이었습니다. 오늘 우리 시대의 교회가 매 주일 전하는 말씀의 내용은 무엇입니까? 오늘 우리 시대의 교회들은 사람들이 천국에 들어갈 수 있도록 진짜 그리스도인과 가짜 그리스도인에 관하여 매 주일 말씀을 전하고 있습니까?

진짜와 가짜에 관한 결론

"(24) 이러므로 내가 너희에게 말하기를 너희가 너희 죄 가운데서 죽으리라 하였노라 너희가 만일 내가 그(메시아)인줄 믿지 아니하면 너희 죄 가운데서 죽으리라 (25) 저희가 말하되 네가 누구냐 예수께서 가라사대 나는 처음부터 너희에게 말하여 온 자니라 (26) 내가 너희를 대하여 말하고 판단할 것이 많으나 나를 보내신 이가 참되시매 내가 그에게 들은 그것을 세상에게 말하노라 하시되 (27) 저희는 아버지를 가리켜 말씀하신 줄을 깨닫지 못하더라 (28) 이에 예수께서 가라사대 너희는 인자를 든 후에 내가 그인 줄을 알고 또 내가 스스로 아무 것도 하지 아니하고 오직 아버지께서 가르치신대로 이런 것을 말하는 줄도 알리라 (29) 나를 보내신 이가 나와 함께 하시도다 내가 항상 그의 기뻐하시는 일을 행하므로 나를 혼자 두지 아니하셨느니라 (30) 이 말씀을 하시매 많은 사람이 믿더라"(요 8:24-30)

"(30) 이 말씀을 하시매 많은 사람이 믿더라" 예수님이 자신을 메시야라고 말씀하시니까 많은 사람들이 예수님을 메시야로 믿었다고 하였습니다. 그러나 예수님은 그들의 믿음이 참 믿음이 아니라는 것을 아셨습니다. 그래서 예수님을 메시야로 믿는다는 사람들에게 예수님의 말씀을 실천해야만 참 제자가 되고 죄에서 자유하게 될 것이라고 말씀하셨습니다. 그러자 그들은 예수님을 죽이려고 하였습니다. 그들의 믿음이 가짜인 것을 드러내었습니다. 계속해서 다음 말씀을 읽어보십시오; "(31) 그러므로 예수께서 자기를 믿은 유대인들에게 이르시되 너희가 내 말에 거하면 참 내 제자가 되고 (32) 진리를 알지니 진리가 너희를 자유케 하리라 (33) 저희가 대답하되 우리가 아브라함의 자손이라 남의 종이 된 적이 없거늘 어찌하여 우리가 자유케 되리라 하느냐 (34) 예수께서 대답하시되 **진실로 진실로 너희에게 이르노니 죄를 범하는 자마다 죄의 종이라** (35) 종은 영원히 집에 거하지 못하되 아들은 영원히 거하나니 (36) 그러므로 아들이 너희를 자유케 하면 너희가 참으로 자유하리라 **(44) 너희는 너희 아비 마귀에게서 났으니 너희 아비의 욕심을 너희도 행하고자 하느니라** 저는 처음부터 살인한 자요 진리가 그 속에 없으므로 진리에 서지 못하고 거짓을 말할 때마다 제 것으로 말하나니 이는 저가 거짓말장이요 거짓의 아비가 되었음이니라 **(45) 내가 진리를 말하므로 너희가 나를 믿지 아니하는도다 (59) 저희가 돌을 들어 치려 하거늘** 예수께서 숨어 성전에서 나가시니라"(요 8:31-36, 44-45, 59)

　　예수님은 자기를 메시아로 믿는다는 유대인들에게 '너희가 내 말에 거하면', 다시 말해서 너희가 정말 나를 메시아로 믿는다면 내가 전하는 말씀에 순종하라 그리하면 너희가 나의 참 제자(그리스도인)가 되고 진리를 깨닫게 될 것이고 그 진리가 너희를 죄와 사망에서부터 자유하게 할 것이라고 말씀하셨습니다. 그랬더니 유대인들이 **"우리가 아브라함의 자손이라 남의 종이 된 적이 없거늘 어찌하여 우리가 자유케 되리라 하느냐"**고 항변하였습니다. 그들은 자신들이 아브라함의 자손들이기 때문에 하나님의 택하신 백성이고 천국에 들어갈 백성이라고 굳게 믿고 있었습니다. 그들은 자신들이 죄인인 것과 그래서 메시아이신 예수님의 대속 죽음이 필요한 것을 깨닫지 못하고 있었습니다. 그러므로 예수님은 아브라함의 자손이라고 주장하는 유대인들에게 **"진실로 진실로 너희에게 이르노니 죄를 범하는 자마다 죄의 종이라"**라며 그들이 죄인임을 지적해 주셨습니다. 그들이 죄인들이라고 지적을 받자 그들은 돌을 들어 예수님을 죽이려고 하였습니다. 그들이 예수님을 메시아로 믿는다는 것이 거짓이었음을 금방 드러내는 사건이었습니다. 오늘날에도 예수님을 메시아로 믿고 교회에 다니는 사람들이 수도 없이 많이 있습니다. 그러나 그들에게 정말 예수님을 메시아로 믿는다면 예수님의 말씀에 복종하는 삶을 살아야 한다고 말하면서 먼저 철저히 죄부터 회개하여 세상을 내려놓고 십자가를 지고 주님을 따라야 영생을 얻어 죄와 사망에서부터 자유 하게 될 것이라고 말하면 대부분의 사람들은 분노합니다. "우리가 예수 믿고 구원받아 교회에 다닌 지가 수십 년 된 하나님의 백성인데 무슨 말도 안 되는 미친 소리냐?"며 강하게 반발합니다. 당신의 믿음은 어떤 믿음입니까? 예수님께서 말씀하신 진짜 그리스도인과 가짜 그리스도인 중에서 당신은 어디에 속하십니까?

8. 성경은 예수님을 믿고 따르려는 우리의 결단에 대하여 무엇이라고 말하고 있는가?

하나님께서 원하시는 결단

이제 하나님께서 요구하시는 것은 당신의 결단입니다. 그리스도 안에서 영생은 당신 앞에 다가와 있습니다. 우리 인간의 힘으로는 하나님 나라가 요구하는 저 높은 수준의 의를 행할 수 없다는 것을 하나님은 너무나 잘 알고 계십니다. 하나님 나라가 요구하는 저 높은 의를 예수 그리스도 안에 두셨습니다. 이제 하나님은 당신이 예수 그리스도를 택하든지 거절하든지 양자택일의 결단을 내라는 말입니다. 그러므로 하나님께서 우리에게 요구하시는 한 가지는 결단입니다. 우리가 그리스도를 택할 것인지 아니면 거절할 것인지의 결단을 요구하고 계신 것입니다. 지금까지 우리가 살펴본 대로 **하나님께서 우리에게 요구하시는 것은 회개하라, 죄에서 돌아서라, 예수를 구세주로 영접하고 그분을 왕으로 모시고 그분의 통치에 전적으로 굴복하는 삶을 살기로 결단하라** 입니다. 그리하여 하나님께서 제공하신 하나님의 의인 영생을 받으라는 것입니다. Eldon Ladd는 Gospel of the Kingdom of God에서 하나님께서 우리에게 요구하시는 결단에 대하여 잘 지적하였습니다.

예수님께서 요구하시는 결단은 값비싼 결단입니다

"(16) 어떤 사람이 주께 와서 가로되 선생님이여 내가 무슨 선한 일을 하여야 영생을 얻으리이까 (21) 예수께서 가라사대 네가 온전하고자 할진대 가서 네 소유를 팔아 가난한 자들을 주라 그리하면 하늘에서 보화가 네게 있으리라 그리고 와서 나를 좇으라 하시니 (22) 그 청년이 재물이 많으므로 이 말씀을 듣고 근심하며 가니라"(마 19:16-22)

하나님께서 우리에게 근본적으로 요구하시는 것은 다름 아닌 값비싼 결단입니다. 죄를 회개한다는 것은 지금까지 내가 사랑하고 추구했던 세상의 모든 것을 과감하게 버리는 것이기 때문입니다. 죄를 회개한다는 것은 '이 세상을 버리고 과감히 돌아서라'는 것입니다. 너의 재물이 네가 하늘나라에 들어가는 길을 막고 있다는 말씀입니다. 그러므로 가서 네 소유를 팔아 가난한 자들을 주라 그리고 와서 나를 좇으라고 하셨습니다. 이 젊은이에게 있어서 하나님을 따르기로 결단하는 데 있어서 장애물이 되는 것은 물질 사랑이었습니다. 물질을 하나님보다 더 사랑하기 때문에 그는 하나님을 택하는 결단을 하지 못하고 슬픈 마음으로 돌아갔습니다. 주님은 이 청년에게 하나님 나라의 생명을 얻기 위하여 이 세상의 것을 다 버려야 하는 값비싼 대가를 요구하셨습니다. 당신이 주님을 택하기로 결단하는 데 있어서 치르어야 할 대가는 어떤 것입니까? 재산입니까? 지위나 명예입니까? 아니면 세상의 쾌락입니까? 영생을 얻기 위하여 주님을 따르는 데는 값비싼 대가를 지불해야 합니다. 하나님보다 더 사랑하는 것들을 다 포기해야만 합니다. 하나님과 세상을 둘 다 소유하는 것을 하나님은 허락하시지 않습니다. 양자택일의 값비싼 대가를 하나님은 요구하십니다: **"(24) 한 사람이 두 주인을 섬기지 못할 것이니 혹 이를 미워하며 저를 사랑하거나 혹 이를 중히 여기며 저를 경히 여김이라 너희가 하나님과 재물을 겸하여 섬기지 못하느니라"**(마 6:24) 하나님과 이 세상의 부귀영화를 다 가질 수 없다고 하셨습니다. 둘 중의 하나만을 선택해야 합니다. 주님을 사랑하지 않는 사람은 하나님을 선택하지 못합니다. 다시 말해서 세상을 선택하는 사람은 주님을 사랑하지 못하는 사람입니다. 그리고 주님을 사랑하지 않는 사람은 결코 주님을 믿을 수 없는 사람입니다. 마태복음 22장 37절에 마음을 다하고 힘을 다하고 목숨을 다하여 주님을 사랑해야 한다고 주님은 명령하셨습니다.

"(25) 수많은 무리가 함께 갈새 예수께서 돌이키사 이르시되 (26) 무릇 내게 오는 자가 자기 부모와 처자와 형제와 자매와 더욱이 자기 목숨까지 미워하지 아니하면 능히 내 제자가 되지 못하고 (27) 누구든지 자기 십자가를 지고 나를 따르지 않는 자도 능히 내 제자가 되지 못하리라 **(28) 너희 중의 누가 망대를 세우고자 할진대 자기의 가진 것이 준공하기까지에 족할는지 먼저 앉아 그 비용을 계산하지 아니하겠느냐 (29) 그렇게 아니하여 그 기초만 쌓고 능히 이루지 못하면 보는 자가 다 비웃어 (30) 이르되 이 사람이 공사를 시작하고 능히 이루지 못하였다 하리라** (31) 또 어떤 임금이 다른 임금과 싸우러 갈 때에 먼저 앉아 일만 명으로써 저 이만 명을 거느리고 오는 자를 대적할 수 있을까 헤아리지 아니하겠느냐 (32) 만일 못할 터이면 그가 아직 멀리 있을 때에 사신을 보내어 화친을 청할지니라 **(33) 이와 같이 너희 중의 누구**

든지 자기의 모든 소유를 버리지 아니하면 능히 내 제자가 되지 못하리라"(눅 14:25-33)

"(44) 천국은 마치 밭에 감추인 보화와 같으니 사람이 이를 발견한 후 숨겨 두고 기뻐하며 돌아가서 자기의 소유를 다 팔아 그 밭을 사느니라"(마 13:44) 예수님과 구원과 천국이라는 보화를 발견한 사람은 이 보화를 소유하기 위하여 자기의 모든 소유를 포기할 것입니다. 예수님을 믿고 구원을 얻기 위해서는 이처럼 값비싼 대가를 지불해야 합니다.

예수님께서 요구하시는 결단은 과격한 결단입니다

"(34) 내가 세상에 화평을 주러 온 줄로 생각지 말라 화평이 아니요 검을 주러 왔노라 (35) 내가 온 것은 사람이 그 아비와, 딸이 어미와, 며느리가 시어미와 불화하게 하려 함이니 (36) 사람의 원수가 자기 집안 식구리라 (37) 아비나 어미를 나보다 더 사랑하는 자는 내게 합당치 아니하고 아들이나 딸을 나보다 더 사랑하는 자도 내게 합당치 아니하고"(마 10:34-37)

"무릇 내게 오는 자가 자기 부모와 처자와 형제와 자매와 및 자기 목숨까지 미워하지 아니하면 능히 나의 제자가 되지 못하고"(눅 14:26)

예수를 믿는 것 때문에 집안에 불화가 생길지라도 예수를 선택해야 한다는 말씀입니다. 얼마나 과격하고 radical한 요구입니까? '아비나 어미를 나보다 더 사랑하는 자는 내게 합당치 아니하고 아들이나 딸을 나보다 더 사랑하는 자도 내게 합당치 아니하다'고 하였습니다. 누가복음 14장 26절에는 이보다 더 심한 말씀도 있습니다. '무릇 내게 오는 자가 자기 부모와 처자와 형제와 자매와 및 자기 목숨까지 미워하지 아니하면 능히 나의 제자가 되지 못한다'고 하였습니다. 너무 지나치고 극단적이라고 생각되지 않습니까? 그런데 이런 말씀을 하신 분은 다름 아닌 바로 주님이십니다. 왜 주님께서 이런 말씀을 하셨습니까? 생각해 보십시오. 사람들은 돈을 벌기 위해서 혹은 출세하기 위해서라면 사랑하는 가족들도 다 버리고 생명을 걸고 먼 곳으로 가기도 합니다. 얼마나 많은 사람들이 미국에 와서 살기 위하여 사랑하는 아내와 이혼하고 미국사람과 위장결혼 하여 이민을 왔었습니까? 구소련에서 해방된 가난한 동구라파 사람들은 돈을 벌기 위해서라면 자기의 내장도 잘라 파는 사람들도 허다하다고 합니다. 한국에서는 수십 년 전에 보험금을 타기 위하여 여섯 살짜리 자기 아들의 손가락을 잘라버린 부정의 아버지도 있었습니다. 용돈을 타기 위하여 한국으로 돌아가 자기 아버지를 살해한 유학생도 있었습니다. 얼마나 radical한 사람들입니까? 이렇게 세상의 없어질 것을 얻기 위하여 소중한 가정을 희생하는 것을 아무것도 아닌 것 같이 생각하는 그런 과격한 사람들이 영생을 얻기 위해서 가족보다 영생의 주인이 되시는 하나님을 택하라는 주님의 말씀이 과격하다고 생각하십니까? 주님은 오늘 우리에게 세상의 어떤 것도 막을 수 없는 이런 radical한 결단을 요구하십니다. **왜냐하면 우리 생명의 창조주가 되시고 우리 생명의 경영자가 되시는 여호와 하나님은 나의 부모나 형제나 배우자를 창조하신 하나님이시기에 이 세상에 있는 그 누구보다도 더 중요한 분이시기 때문입니다. 그분은 우리 존재의 근원이시며 우리 인생의 주인이시기 때문입니다.**

또 "자기 십자가를 지고 나를 좇지 않는 자도 내게 합당치 아니하니라"(마 10:38)고 주님은 단호하게 말씀하십니다. 십자가를 지고 주를 따른다는 것은 주와 함께 죽을 각오가 되어있다는 말입니다. 십자가를 지고 주를 따른다는 것은 나의 생명, 나의 고집, 나의 야망, 나의 소원, 나의 계획 이 모든 것을 포기하고 주님을 따른다는 것을 의미하는 것입니다. 다른 말로 하면 갈라디아서 2장 20절에 있는 말씀처럼 '내가 그리스도와 함께 십자가에 못 박혔나니 그런즉 이제는 내가 산 것이 아니요 오직 내 안에 그리스도께서 사신 것'이라는 말씀입니다.

예수님께서 요구하시는 결단은 단호하고도 시급한 결단입니다

"(57) 길 가실 때에 혹이 여짜오되 어디로 가시든지 저는 좇으리이다 (58) 예수께서 가라사대 여우도 굴이 있고 공중의 새도 집이 있으되 인자는 머리 둘 곳이 없도다 하시고"(눅 9:57-58)

한 사람이 예수님을 따르겠다고 말했습니다. 예수님은 '아이구 잘 왔다. 아무렴 나를 따라야지'라고 환영하시지 않았습니다. 오히려 예수님은 그 사람에게 사양하듯이 냉정하게 이렇게 말씀하셨습니다. **"여우도 굴이 있고 공중**

의 새도 집이 있으되 인자는 머리 둘 곳이 없도다." 예수님은 그 사람의 결정이 너무 낭만적인 결정인 것을 잘 아시기 때문에 그렇게 말씀하셨습니다. 그 사람은 예수를 따르는 것을 가볍게 생각했습니다. 그 사람은 예수님이 죽은 자도 고치시고 병자도 고치시며 귀신도 내어 쫓고 물고기 두 마리와 떡 다섯 개로 5,000명을 먹이시는 것도 보았습니다. 그 사람은 예수님을 따르면 좋은 집에서 편안하게 잘 먹고 잘 살게 될 줄로 알았습니다. 오늘날의 기복신앙자들처럼 예수 믿으면 만사가 형통하고 모든 것이 다 잘될 줄로 알았습니다. 그래서 "주여 주께서 어디로 가시든지 저는 좇으리이다"라고 아주 헌신된 사람처럼 말했던 것입니다. 그러나 그는 예수님을 따르는 것이 세상의 모든 것을 버려야 한다는 전제조건이 있다는 것을 알지 못했습니다. 그는 예수님을 따르기 위해서는 자기 자신을 부인하고 주님의 십자가를 지고 수많은 십자가의 고통과 희생이 따른다는 것을 알지 못하고 가볍게 결정했던 것입니다. 그래서 예수님은 **"여우도 굴이 있고 공중의 새도 집이 있으되 인자는 머리 둘 곳이 없도다"**라고 냉정하게 거절하신 것입니다. "너 집을 버릴 자신이 있느냐? 너 나를 따르려면 모든 것을 다 버려야 하는데 너 정말 그렇게 할 수 있느냐? 나를 믿고 따른다는 것은 세상을 버리는 많은 희생과 고통이 따르는 것이란다." 그 말입니다. 적당히 그냥 가볍게 예수님을 영접하고 따르겠다는 그런 결정은 받아들이지 않으시겠다는 말씀입니다. 예수님은 여기서 **진지한 결단을 촉구**하고 있습니다. **한 번 결단했으면 다시 바꾸지 않는 그런 단호하고 지적인 결단**을 내리라는 말입니다.

 "또 다른 사람에게 나를 좇으라 하시니 그가 가로되 나로 먼저 가서 내 부친을 장사하게 허락하옵소서 가라사대 죽은 자들로 자기의 죽은 자들을 장사하게 하고 너는 가서 하나님의 나라를 전파하라 하시고"(눅 9:59-60)

 가볍게 결정한 그 사람을 거절하시고 예수님께서는 다른 사람에게 예수를 따르도록 촉구하셨습니다. 그러나 이 사람은 먼저 자기 부친을 장사하게 해 달라고 발뺌하고 있습니다. 주님을 따르는 것보다 더 중요한 일이 있다고 핑계를 대는 것입니다. 당시 이스라엘 사람들의 장례식은 오래 걸리는 것이었습니다. 그는 장례식을 핑계로 하여 주님 따르는 것을 먼 훗날로 미루려는 태도였습니다. 주님은 그 사람이 주님 따르는 것을 주저하고 있는 사람이라는 것을 잘 아셨습니다. 그러므로 '죽은 자들로 자기의 죽은 자들을 장사하게 하고 너는 가서 하나님의 나라를 전파하라'고 주님을 따르겠다는 결단을 내리라고 촉구하고 있습니다. **참으로 이 세상에서 주님을 믿고 따르는 일보다 더 중요하고 시급한 일은 없다는 말씀입니다. 바꿔 말하면 이 세상에서 나 하나님보다 더 중요한 것이 있다면 그리로 가라는 말씀입니다.** 오늘 우리 중에 이런 사람은 없습니까? **"지금은 사업 좀 확대시키고 돈 좀 벌어 어느 정도 자리를 잡고 그리고 아이들 다 길러 놓은 다음에 그 때 한가할 때 예수 믿지요. 지금은 너무 바빠서."** 이런 죽은 일에 빠져 있는 사람들에게 주님은 똑같은 말씀을 하십니다. "죽은 자들로 자기의 죽은 자들을 장사하게 하고 너는 가서 하나님의 나라를 전파하라."

"(61) 또 다른 사람이 가로되 주여 내가 주를 좇겠나이다마는 나로 먼저 내 가족을 작별케 허락하소서 (62) 예수께서 이르시되 손에 쟁기를 잡고 뒤를 돌아보는 자는 하나님의 나라에 합당치 아니하니라 하시니라"(눅 9:61-62) 장례식을 마치고 와서 주님을 따르겠다는 핑계는 좀 너무 심했다고 생각한 또 다른 사람이 자기는 곧 주님을 따르겠다고 결심하면서 말했습니다. "주여 나는 주를 좇겠나이다마는 나로 먼저 내 가족을 작별케 허락하소서. 잠깐이면 됩니다." 장례식을 치르고 온다는 것은 너무했습니다. 저는 빨리 가서 작별 인사만 하고 와서 주님을 따르겠습니다. 그러나 주님은 그 사람을 칭찬하시지 않았습니다. "예수께서 이르시되 손에 쟁기를 잡고 뒤를 돌아보는 자는 하나님의 나라에 합당치 아니하니라" 하셨습니다. **정말 주님을 따르는 것이 영생인 줄로 깨달았다면 주님을 따르려는 결심에는 이 세상의 그 어떤 것도 지체할 수 있는 구실이 되지 못한다는 말씀입니다.** 혹시 우리 중에 이런 사람은 없습니까? 딱 한 달만 기다려 주십시오. 딱 한 주일만 기다려 주십시오. 아니 딱 하루만 기다려 주십시오. 그러면 그때 예수님을 따르겠습니다. 하루 후에 믿을 것이라면 왜 미뤄야 하겠습니까? 아마 **그 사람이 내일 빌리언 달러를 상급으로 받는다고 하면 오늘 밤잠 못 자고 기다릴 것입니다.** 하룻밤이 아주 그토록 길게 느껴질 것입니다. 내일로 핑계를 대는 사람들은 아직도 영생의 가치를 잘 모르는 사람들입니다. 우리는 아무도 내일 일을 알지 못합니다. 내일은 영원히 오지 않을지도 모릅니다. 아니 바로 잠시 후에 무슨 일이 일어날지도 우리는 알지 못합니다. 주님은 이 사람에게 **지체하지 말고 바로 지금 시급한 결**

단을 요구하고 계십니다. 일단 주님을 따를 마음이 있으면 아무리 작은 것이라도 다시 세상에 미련을 두지 말라는 것입니다.

예수님께서 요구하시는 결단은 마음속 중심의 진정한 결단입니다

"(60) 제자 중 여럿이 듣고 말하되 이 말씀은 어렵도다 누가 들을 수 있느냐한대 (61) 예수께서 스스로 제자들이 이 말씀에 대하여 수군거리는 줄 아시고 가라사대 이 말이 너희에게 걸림이 되느냐 (62) 그러면 너희가 인자의 이전 있던 곳으로 올라가는 것을 볼것 같으면 어찌 하려느냐 (63) 살리는 것은 영이니 육은 무익하니라 내가 너희에게 이른 말이 영이요 생명이라 (64) 그러나 너희 중에 믿지 아니하는 자들이 있느니라 하시니 이는 예수께서 믿지 아니하는 자들이 누구며 자기를 팔 자가 누군지 처음부터 아심이러라 (65) 또 가라사대 이러하므로 전에 너희에게 말하기를 내 아버지께서 오게 하여 주지 아니하시면 누구든지 내게 올 수 없다 하였노라 하시니라 (66) 이러므로 제자 중에 많이 물러가고 다시 그와 함께 다니지 아니하더라"(요 6:60-66)

'내 아버지께서 오게 하여 주지 아니하시면 누구든지 내게 올 수 없다'고 예수님께서 말씀하셨습니다. 그들은 예수님의 이 말씀이 하나님께서 예정하신 사람이 아니면 아무도 구원을 받을 수 없다고 오해하였습니다. 그러므로 많은 사람들이 예수님을 떠났습니다. 오늘날에도 예정론을 오해한 사람들이 많이 있습니다. 하나님은 누가 예수님을 믿고 잘 순종하여 구원을 받을 사람인지를 창세전부터 미리 잘 아셨기 때문에 그들을 하나님의 자녀로 미리 정해 놓으신 것입니다. 이 예정에 대하여 성경은 분명하게 말씀하고 있습니다; "곧 **하나님 아버지의 미리 아심을 따라** 성령의 거룩하게 하심으로 순종함과 예수 그리스도의 피 뿌림을 얻기 위하여 **택하심을 입은 자들에게 편지하노니** 은혜와 평강이 너희에게 더욱 많을지어다"(벧전 1:2) 성경은 분명하게 하나님 아버지의 미리 아심을 따라 구원받을 사람들을 택하셨다고 기록하고 있습니다. 로마서 8장 29~30절에서도 다시 한번 확인할 수 있습니다; "(29) 하나님이 미리 아신 자들로 또한 그 아들의 형상을 본받게 하기 위하여 미리 정하셨으니 이는 그로 많은 형제 중에서 맏아들이 되게 하려 하심이니라 (30) 또 미리 정하신 그들을 또한 부르시고 부르신 그들을 또한 의롭다 하시고 의롭다 하신 그들을 또한 영화롭게 하셨느니라"(롬 8:29-30)

하나님께서 미리 아신 자들을 미리 예정하셨다고 하셨고 그들을 부르신다고 하셨습니다. 하나님께서 인간을 창조하셨을 때 하나님의 형상을 따라 인간에게 자유를 주셨습니다. 그러나 그들이 사탄의 노예가 되어서 자기들의 자유를 사용할 수가 없게 되었습니다. 사탄의 노예가 된 인간들 중에는 하나님의 복음을 들을 때에 하나님의 말씀을 믿고 따라가고 싶은 사람도 있고 거부하고 싶은 사람도 있습니다. 그러나 하나님의 말씀을 믿고 예수님을 따라가고 싶은 마음이 있어도 사탄이 허락해 주지 아니합니다. 그는 사탄의 노예로 잡혀 있기 때문에 자기가 원하는 대로 행동할 수 없습니다. 그러나 하나님은 그 사람의 속 중심을 보십니다. 그는 정말 예수님을 믿고 순종하며 살 사람이라는 것을 그 중심을 보시고 아십니다. 다윗은 형제들 중에서 막내이며 용모나 신장을 보면 별 볼일 없는 사람이었습니다. 그러나 하나님은 다윗의 혹 중심을 보셨고 다윗은 장차 하나님을 믿고 따를 귀한 믿음의 사람이 될 것을 미리 아셨습니다. 그래서 다윗을 부르셨고 크게 사용하셨습니다; **"(7) 여호와께서 사무엘에게 이르시되 그 용모와 신장을 보지 말라 내가 이미 그(엘리압)를 버렸노라 나의 보는 것은 사람과 같지 아니하니 사람은 외모를 보거니와 나 여호와는 중심을 보느니라"**(삼상 16:7) 결국 하나님은 외모가 뛰어난 엘리압을 버리고 다윗에게 기름을 부어 이스라엘의 왕이 되게 하셨습니다. 어리석은 우리 인간은 하나님께 질문합니다. "왜 엘리압 같이 용모와 신장이 뛰어난 사람을 버리시고 시나 노래를 좋아하는 여성적이고 나약한 다윗을 택하십니까?" 하나님의 대답은 간단합니다. "나를 존중히 여기는 자를 존중히 여기고 나를 멸시하는 자를 내가 경멸히 여기리라"(삼상 2:30) 그래서 하나님은 에서와 야곱이 태어나기도 전에, 그들이 무슨 선이나 악을 행하기도 전에 야곱은 하나님을 존중히 여기고 에서는 하나님께 관심이 없는 것을 미리 아시고 에서를 버리고 야곱을 택하신 것입니다. 하나님은 그들의 속중심을 보시고 인간적으로는 에서보다 좀 못한 야곱을 택하신 것입니다. 비록 에서가 더 남자답고 야곱은 남자 답지도 못하고 어머니와 합작하여 장자권을 속여서 빼앗은 사람이지만 하나님은 에서가 하나님께 관심이 없는 사람이기에 하나님을 따르겠다는 야곱을 택하셨습니다; **"(11) 그 자식들이 아직 나지도 아니하고 무슨 선이나 악을 행하지 아니한 때에 택하심을 따라 되는 하나님의 뜻이 행위로 말미암지 않고 오직 부르시는 이에게로 말미암아 서게 하려 하사 (12) 리브가에게 이르시되 큰 자가 어린 자를 섬기리라 하셨나**

니 (13) 기록된 바 내가 야곱은 사랑하고 에서는 미워하였다 하심과 같으니라 (14) 그런즉 우리가 무슨 말 하리요 하나님께 불의가 있느뇨 그럴 수 없느니라. (15) 모세에게 이르시되 내가 긍휼히 여길 자를 긍휼히 여기고 불쌍히 여길 자를 불쌍히 여기리라 하셨으니 (16) 그런즉 원하는 자로 말미암음도 아니요 달음박질하는 자로 말미암음도 아니요 오직 긍휼히 여기시는 하나님으로 말미암음이니라"(롬 9:11-16)

그러나 사탄의 노예로 잡혀 있는 인간이 아무리 하나님의 말씀을 듣고 예수님을 믿고 따라가고 싶어도 사탄이 붙들고 있기 때문에 스스로의 힘으로는 예수님을 믿고 따를 수 없는 것입니다. 그러므로 예수님은 사람의 속 중심을 보시고 그 사람이 정말 예수님을 믿고 따를 사람임을 확인하시면 성령님을 보내어 그 사람을 붙들고 감시하는 사탄이 보낸 귀신들을 쫓아내어 그 사람을 사탄의 통치에서 해방시켜 예수님을 메시아로 즉 구세주와 왕으로 영접할 수 있게 도와주는 것입니다; "(28) 그러나 내가 하나님의 성령을 힘입어 귀신을 쫓아내는 것이면 하나님의 나라가 이미 너희에게 임하였느니라 (29) 사람이 먼저 강한 자를 결박하지 않고야 어떻게 그 강한 자의 집에 들어가 그 세간을 늑탈하겠느냐 결박한 후에야 그 집을 늑탈하리라"(마 12:28-29)

그래서 예수님은 하나님이 보내주시는 성령님이 사탄의 노예가 된 사람을 사탄의 손아귀에서 해방시켜 예수님을 믿고 따르게 도와주기 때문에 '내 아버지께서 오게 하여 주지 아니하시면 누구든지 내게 올 수 없다'고 말씀하신 것입니다; "또 가라사대 이러하므로 전에 너희에게 말하기를 내 아버지께서 오게 하여 주지 아니하시면 누구든지 내게 올 수 없다 하였노라 하시니라"(요 6:65)

"(1) 너희의 허물과 죄로 죽었던 너희를 살리셨도다 (2) 그 때에 너희가 그 가운데서 행하여 이 세상 풍속을 좇고 공중의 권세 잡은 자를 따랐으니 곧 지금 불순종의 아들들 가운데서 역사하는 영이라 (3) 전에는 우리도 다 그 가운데서 우리 육체의 욕심을 따라 지내며 육체와 마음의 원하는 것을 하여 다른이들과 같이 본질상 진노의 자녀이었더니"(엡 2:1-3) 사도 바울과 그의 동료들도 모두 예수 믿기 전에는 사탄의 노예로서 육체의 욕심을 따라 살며 마음의 원하는 것을 따라 살면서 다른 모든 사람들과 같이 하나님의 진노의 대상이었습니다. 그러나 그들도 복음을 들었을 때에 하나님은 그들의 속 중심을 보시고 성령님을 보내어 그들을 사탄의 손아귀에서 건져내어 예수님을 믿고 따를 수 있게 도와주신 것입니다. 그러므로 성경에서 말하는 예정론은 하나님께서 복음을 들을 때에 누가 그 복음을 믿고 따를지를 미리 아심으로 그런 사람들을 미리 하나님의 자녀로 택해 놓으시고 때가 되면 그들을 부르시는 것입니다: "(26) 너희가 내 양이 아니므로 믿지 아니하는도다 (27) 내 양은 내 음성을 들으며 나는 저희를 알며 저희는 나를 따르느니라 (28) 내가 저희에게 영생을 주노니 영원히 멸망치 아니할 터이요 또 저희를 내 손에서 빼앗을 자가 없느니라"(요 10:26-28)

　이상에서 살펴본 대로 우리 예수님은 믿겠다고 하는 모든 사람들을 아무나 다 받아주지 않으십니다. 오직 마음 속 중심으로부터 진실하게 주님을 믿고 따르고자 하는 사람들만 받아주십니다. 그런 사람들 만이 주님의 말씀대로 모든 것을 버리고 주님을 따를 수 있기 때문입니다.

　오늘날 우리의 교회도 예수님께서 받으시는 사람만 받아야 합니다. 우리가 원하는 교회를 세워서는 안 됩니다. 교회는 주님의 보혈로 값 주고 사신 주님의 교회입니다. 교회는 우리의 교회가 아닙니다. 그러므로 주님이 원하시는 사람들로 교회를 세워야 합니다. 교회를 더 크게 하려고 아무나 다 받아주는 것은 주님의 교회가 아닙니다. 주님의 보혈을 욕되게 해서는 안 됩니다. 마태복음 7장 6절에서 예수님은 이렇게 말씀하셨습니다: "거룩한 것을 개에게 주지 말며 너희 진주를 돼지 앞에 던지지 말라. 저희가 그것을 발로 밟고 돌이켜 너희를 찢어 상할까 염려하라."

　"(20) 만일 그들이 우리 주 되신 구주 예수 그리스도를 앎으로 세상의 더러움을 피한 후에 다시 그 중에 얽매이고 지면 그 나중 형편이 처음보다 더 심하리니 (21) 의의 도를 안 후에 받은 거룩한 명령을 저버리는 것보다 알지 못하는 것이 도리어 그들에게 나으니라 (22) 참된 속담에 이르기를 개가 그 토하였던 것에 돌아가고 돼지가 씻었다가 더러운 구덩이에 도로 누웠다 하는 말이 그들에게 응하였도다"(벧후 2:20-22) 주님 말씀대로 순종하는 삶을 살지 않는 사람들에게 복음을 전하지 말라는 경고의 말씀입니다.

"엘리야가 모든 백성에게 가까이 나아가 이르되 너희가 어느 때까지 두 사이에서 머뭇머뭇 하려느냐 여호와가 만일 하나님이면 그를 좇고 바알이 만일 하나님이면 그를 좇을지니라"(왕상 18:21) 말씀이 변질되어 바알을 섬기는 오늘 우리 시대의 교회를 따를 것인지 성경에 기록된 하나님의 말씀을 따를 것인지 이제는 결단해야 할 시간입니다.

9. 성경은 교회에 대하여 무엇이라고 말하고 있는가?

구약시대의 성전은 무엇입니까?

오늘 우리 시대의 교회는 구약시대의 성전을 올바로 이해하지 못하기 때문에 아직도 건물을 지어놓고 그것을 교회 또는 성전이라고 부르고 있습니다. 요한복음 2장 19절을 보면 예수님은 충격적인 말씀을 하십니다; **"너희가 이 성전을 헐라. 내가 사흘 동안에 일으키리라"**(요 2:19) 성전을 하나님이 계신 신성한 집으로 여기고 있었던 당시 유대인들에게는 엄청난 충격이 아닐 수가 없었습니다. 그들의 모든 종교의 중심이 바로 성전이었기 때문입니다. 여호와 하나님의 명령을 따라 모세 시대에 광야에 성막을 세웠고 이스라엘 백성들이 가나안 땅에 들어간 후에는 솔로몬 왕이 천막으로 지어진 성막을 돌과 목재를 사용하여 웅장하게 다시 건축한 것이 성전의 시작이었습니다. 그런데 여호와 하나님이 보내신 예수님께서는 왜 그런 신성한 성전을 허물라고 하셨을까요? 그러면 이제부터 예수님께서 **'이 성전을 허물라. 내가 사흘 동안에 지으리라'**고 하신 말씀의 의미는 무엇이었는지를 살펴보겠습니다.

지난 3과에서 이미 언급한 대로 예수님은 구약성경이 예수님 자신에 대하여 기록한 책이라고 말씀하셨습니다. **"너희가 성경에서 영생을 얻는 줄 생각하고 성경을 상고하거니와 이 성경이 곧 내게 대하여 증거하는 것이로다"**(요 5:39) 여기서 '성경'은 당연히 구약성경을 가리킵니다. 그런데 예수님은 당시 바리새인과 서기관들이 열심히 연구하던 구약성경이 바로 예수님 자신에 대하여 증거하는 책이라고 서슴없이 주장하셨습니다. 또 부활하신 후에도 누가복음 24 장44절부터 47절에서 구약성경이 예수님에 대하여 예언한 책이라고 다시 한 번 말씀하셨습니다. 바로 여기 누가복음 44절부터 47절에 구약성경의 내용이 무엇인지를 정확히 알 수 있는 비밀의 열쇠가 숨겨져 있습니다. 구약시대에 선지자들을 통해서 성경말씀을 인간에게 주셨던 바로 그 장본인이 예수님이십니다. 즉, 태초부터 말씀으로 계셨다가 육신이 되어 인간으로 오신 예수님께서 친히 구약성경의 내용이 이것이라고 가르쳐 주셨으니 구약성경에 대한 이보다 더 정확한 해석이 어디 있겠습니까?; **"(44) 또 이**

르시되 내가 너희와 함께 있을 때에 너희에게 말한 바 곧 모세의 율법과 선지자의 글과 시편에 나를 가리켜 기록된 모든 것이 이루어져야 하리라 한 말이 이것이라 하시고 (45) 이에 저희 마음을 열어 성경을 깨닫게 하시고 (46) 또 이르시되 이같이 그리스도가 고난을 받고 제삼일에 죽은 자 가운데서 살아날 것과 (47) 또 그의 이름으로 죄 사함을 얻게 하는 회개가 예루살렘으로부터 시작하여 모든 족속에게 전파될 것이 기록되었으니"(눅 24:44-47)

누가복음 24장은 부활하신 예수님께서 낙심한 제자들에게 나타나셔서 십자가에 못 박히셨던 손과 발을 친히 보여주시고 또한 생선 한 토막까지 잡수시는 것을 보여주심으로써 자신이 유령이 아니고 부활한 예수님이심을 친히 보여주셨습니다. 여기서 '내가 너희와 함께 있을 때에 너희에게 말한 바'라는 말의 뜻은 예수님께서 십자가에 못 박히시기 전 3년 동안 제자들과 함께 있었을 때에 제자들에게 말했다는 것을 의미합니다. 다시 말해서 예수님은 십자가에 못 박히시기 전 3년 동안 다음 절에 나오는 내용을 말씀하셨다는 것입니다; **"(44) 곧 모세의 율법과 선지자의 글과 시편에 나를 가리켜 기록된 모든 것이 이루어져야 하리라 한 말이 이것이라 하시고"**

지난 3과에서 이미 상세하게 다룬 대로 여기서 예수님은 세 권의 책, 즉 (1) 모세의 율법과 (2) 선지자의 글과 (3) 시편을 언급하셨는데 이것은 바로 유대인이 지니고 있었던 구약성경 전체를 말하는 것입니다. 즉 히브리어로 된 유대인의 구약성경은 옛날이나 지금이나 모세의 책과 선지자의 책과 시가서 등 모두 세 권으로 구성되어 있습니다. 그러니까 위에서 예수님께서 언급하신 모세의 율법과 선지자의 글과 시편은 구약성경 전체, 즉 창세기부터 시작하여 말라기까지를 총괄하는 것이라는 것을 이미 말씀드렸습니다.

그런데 여기서 우리가 주목해야 할 것은 이 구약성경 전체가 '나를, 즉 예수님을 가리켜 기록되었다'는 점입니다. 44절을 다시 보면; **"곧 모세의 율법과 선지자의 글과 시편에 나를 가리켜 기록된 모든 것이 이루어져야 하리라 한 말이 이것이라 하시고"** 다시 말해서 구약성경 전체가 장차 오실 예수님에 대하여 기록한 예언서라는 말입니다. 그러니까 예수님께서 십자가에서 죽으시기 전에 3년 동안 제자들과 함께 계셨을 때에 예수님은 제자들에게 구약성경 전체가 예수님에 대하여 기록된 예언서라고 가르쳤다는 말입니다. 그리고 구약성경에 예언된 대로 모든 것이 이루어질 것이라고 제자들에게 누누이 가르쳤다는 말이다. 3년 동안 제자들에게 구약성경이 바로 예수님에 대한 예언의 책이고 그 예언들이 이루어질 것이라고 가르쳤지만 제자들은 깨닫지 못했던 것입니다.

"(46) 또 이르시되 이같이 그리스도가 고난을 받고 제삼일에 죽은 자 가운데서 살아날 것과 (47) 또 그의 이름으로 죄 사함을 얻게 하는 회개가 예루살렘으로부터 시작하여 모든 족속에게 전파될 것이 기록되었으니"

이것이 바로 구약성경을 올바로 이해할 수 있는 비밀의 열쇠입니다. 즉, 구약성경 전체의 내용은 예수님에 대한 내용이며 예수님에 대한 내용은 크게 세 가지로 기록되어 있다는 것입니다. 예수님의 말씀에 따르면 구약성경에 기록된 예수님에 대한 내용은 다음과 같습니다;

첫째, **그리스도가 고난을 받게 된다는 것**
둘째, **제삼일에 부활하신다는**
셋째는 **그의 구원의 복음(그의 이름으로 죄 사함을 얻게 하는 회개)이 예루살렘으로부터 시작하여 땅끝 모든 족속에게 전파될 세계선교에 대한 것**

예수님께서 이 세상에 육신으로 오시기 아주 오래전에 기록된 구약성경에 이런 내용이 미리 기록되었다는 것입니다. 얼마나 놀라운 일입니까! 구약성경 전체는 바로 예수님이 오셔서 죽으실 것과 사흘 만에 다시 살아나실 것과 예루살렘의 유대인으로부터 시작하여 세상 모든 민족들에게 구원의 복음이 전파될 것이라는 세계선교에 대하여 기록하고 있다는 것입니다. 지금 우리는 구약성경을 예수님께서 가르쳐 주신 대로 이해하고 있습니까? 창세기부터 말라기까지의 내용이 예수님에 대한 내용이라고 예수님이 친히 해석해 주셨습니다. 우리는 구약을 공부하는 성경공부나 구약을 내용으로 하는 설교에서 예수님을 만나고 있습니까?

자 그러면 구약성경이 예수님에 관한 말씀이라고 한다면 지금 우리가 살펴보고자 하는 구약시대의 성막과 성전도 당연히 예수님에 관한 것입니다.

그러면 성경에서 말하는 교회를 바로 이해하기 위해서 먼저 구약성경의 성막에 대해서 알아볼 필요가 있습니다. 구약성경 전체가 예수님에 대한 기록이라고 하셨으니 구약의 성막도 정말 그리스도에 대한 것인지 살펴보고자 하는 것입니다. 그러면 우리는 왜 예수님께서 **'이 성전을 허물라 내가 사흘 동안에 일으키리라'**고 하셨는지 이해하게 될 것입니다.

신약성경에 있는 히브리서는 특별히 구약성경에 기록된 성막 제도, 제사장 제도 그리고 동물제사에 대하여 자세히 언급하면서 이 세 가지는 모두 장차 오게 될 실체의 그림자일 뿐이라면서 그 실체는 그리스도라고 상세하게 설명하고 있습니다; "(1) 첫 언약(구약)에도 섬기는 예법과 세상에 속한 성소가 있더라 (2) 예비한 첫 장막이 있고 그 안에 등잔대와 상과 진설병이 있으니 이는 성소라 일컫고 (3) 또 둘째 휘장 뒤에 있는 장막을 지성소라 일컫나니 (4) 금 향로와 사면을 금으로 싼 언약궤가 있고 그 안에 만나를 담은 금 항아리와 아론의 싹난 지팡이와 언약의 돌판들이 있고 (5) 그 위에 속죄소를 덮는 영광의 그룹들이 있으니 이것들에 관하여는 이제 낱낱이 말할 수 없노라 (6) 이 모든 것을 이같이 예비하였으니 제사장들이 항상 첫 장막에 들어가 섬기는 예식을 행하고 (7) 오직 둘째 장막은 대제사장이 홀로 일 년에 한 번 들어가되 자기와 백성의 허물을 위하여 드리는 피 없이는 아니하나니 (8) 성령이 이로써 보이신 것은 첫 장막이 서 있을 동안에는 성소에 들어가는 길이 아직 나타나지 아니한 것이라 (9) 이 장막은 현재까지의 비유니 이에 따라 드리는 예물과 제사는 섬기는 자를 그 양심상 온전하게 할 수 없나니 (10) 이런 것은 먹고 마시는 것과 여러 가지 씻는 것과 함께 육체의 예법일 뿐이며 개혁할 때까지 맡겨둔 것이니라"(히 9:1-10)

여기에서 보는 대로 첫 언약, 즉 구약시대에도 하나님을 예배하는 법이 땅에 있는 거룩한 곳이 있었는데 예를 들어 2절에서 보는 대로 성막의 첫 번째 방인 성소(holy place)라는 곳에는 등잔대과 상과 진설병이 있으며 또 두 번째 방은 지성소(the most holy place)라고 부르는데 그곳에는 금향로와 언약궤가 있고 언약궤 안에는 만나를 담은 금항아리와 아론의 싹 난 지팡이와 언약의 돌판들이 있고 언약궤 위에는 속죄소가 있는데 속죄소에는 그룹들이 있다고 설명하고 있습니다. 6절을 보면 제사장들은 성소에까지만 들어가서 섬기는 예법을 행하고 7절을 보면 대사장은 지성소에까지 들어가서 동물의 피를 가지고 예배를 드리지만 성막이 존재하는 한 하늘에 있는 지성소에 들어가는 길이 열리지 않는다고 기록하고 있습니다. 그러므로 9절을 보면 성막에 관한 이런 것들은 현재까지의 비유에 불과하기 때문에 이런 예배로는 예배자를 온전하게 할 수 없는 것으로서 개혁할 때까지 즉 그리스도께서 오셔서 새 언약을 주실 때까지 먹고 마시고 하는 육체의 예식에 불과한 것이라고 말하고 있습니다. 즉 이와 같은 성막 예배로는 예배자를 구원하지 못하며 그리스도께서 오셔서 새 언약을 주실 때까지의 예식에 불과하다는 것입니다. 왜냐하면 성막과 그 안에 있는 모든 성물들과 그 안에서 섬기는 대제사장 그리고 동물제사 등등 이 모든 것들은 장차 오실 예수 그리스도께서 하실 일들을 미리 보여주는 비유와 예표와 그림자에 불과하기 때문입니다. 즉 구약의 성막은 하늘에 있는 성막이 아니고 사람이 손으로 지은 성막이며 구약의 대제사장은 장차 오실 진짜 대제사장인 그리스도를 상징하는 예표로서의 중보자이기 때문에 죄인 인간인 구약의 대제사장은 하늘에 있는 지성소에 갈 수 없어서 사람이 손으로 지은 지성소에서 하나님께 중보기도를 하는 사람에 불과하였습니다. 그리고 구약의 대제사장은 인간을 구원하실 메시아가 아니기에 자기의 피가 아닌 동물의 피를 가지고 사람이 만든 지성소에 들어가 하나님께 중보사역을 할 수밖에 없었습니다.

"(11) 그리스도께서는 장래 좋은 일의 대제사장으로 오사 손으로 짓지 아니한 것 곧 이 창조에 속하지 아니한 더 크고 온전한 장막으로 말미암아 (12) 염소와 송아지의 피로 하지 아니하고 오직 자기의 피로 영원한 속죄를 이루사 단번에 성소에 들어가셨느니라 (13) 염소와 황소의 피와 및 암송아지의 재를 부정한 자에게 뿌려 그 육체를 정결하게 하여 거룩하게 하거든 (14) 하물며 영원하신 성령으로 말미암아 흠 없는 자기를 하나님께 드린 그리스도의 피가 어찌 너희 양심을 죽은 행실에서 깨끗하게 하고 살아 계신 하나님을 섬기게 하지 못하겠느냐 (15) 이로 말미암아 그는 새 언약의 중보자시니 이는 첫 언약 때에 범한 죄에서 속량하려고 죽으사 부르심을 입은 자로 하여금 영원한 기업의 약속을 얻게 하려 하심이라"(히 9:11-15)

그러나 11절을 보면 그리스도 예수께서는 진짜 대제사장으로 오셨기 때문에 사람이 손으로 짓지 아니한 즉 창조에 속하지 않은, 다시 말해서 하늘에 있는 가장 거룩한 곳(지성소)으로 들어가시며 12절을 보면 동물의 피가 아닌 자신의 피를 가지고 하늘에 있는 진짜 지성소에 들어가셔서 하나님 아버지께 땅에 있는 죄인들을 위하여 죽은 자신의 피를 직접 보여주시면서 땅에 있는 죄인들을 위하여 중보기도하시는 진짜 대제사장이시기에 믿어서 부르심을 입은 사람들은 죄를 용서받고 구원받아 영원한 기업을 얻게 할 수 있다고 말하고 있습니다.

"(1) 율법은 장차 올 좋은 일의 그림자일 뿐이요 참 형상이 아니므로 해마다 늘 드리는 같은 제사로는 나아오는 자들을 언제나 온전하게 할 수 없느니라 (2) 그렇지 아니하면 섬기는 자들이 단번에 정결하게 되어 다시 죄를 깨닫는 일이 없으리니 어찌 제사 드리는 일을 그치지 아니하였으리요 (3) 그러나 이 제사들에는 해마다 죄를 기억하게 하는 것이 있나니 (4) 이는 황소와 염소의 피가 능히 죄를 없이 하지 못함이라 (5) 그러므로 주께서 세상에 임하실 때에 이르시되 하나님이 제사와 예물을 원하지 아니하시고 오직 나를 위하여 한 몸을 예비하셨도다 (6) 번제와 속죄제는 기뻐하지 아니하시나니 (7) 이에 내가 말하기를 하나님이여 보시옵소서 두루마리 책에 나를 가리켜 기록된 것과 같이 하나님의 뜻을 행하러 왔나이다 하셨느니라 (8) 위에 말씀하시기를 주께서는 제사와 예물과 번제와 속죄제는 원하지도 아니하고 기뻐하지도 아니하신다 하셨고 (이는 다 율법을 따라 드리는 것이라) (9) 그 후에 말씀하시기를 보시옵소서 내가 하나님의 뜻을 행하러 왔나이다 하셨으니 그 첫째 것을 폐하심은 둘째 것을 세우려 하심이라"(히 10:1-9)

10장 1절부터 보면 9장에서 언급한 율법에 기록된 이런 성막 건물과 그 안에 있는 성물들과 그 안에서 섬기는 대제사장과 동물희생은 모두 다 장차 오게 될 좋은 일에 대한 그림자일 뿐 실체가 아니라고 분명하게 설명하고 있습니다. 1절에 기록된 대로 그런 종교의식으로 드리는 예배를 해마다 드려봐도 그것이 사람들을 구원하지 못한다는 것입니다. 3절을 보면 이와 같은 종교의식은 예배를 드리는 자가 죄인이라는 것을 일깨워줄 뿐이라는 것입니다. 왜냐하면 4절에 기록된 대로 황소와 염소의 피가 사람의 죄를 없이 하지 못한다는 것입니다. 동물이 죽어가지고 어떻게 사람들의 죄가 없어질 수 있느

나는 말입니다. 그래서 5절을 보면 예수님께서 이 세상에 임하실 때에 아버지께 이렇게 말씀하셨다는 것입니다: "(5) 그러므로 주께서 세상에 임하실 때에 이르시되 하나님이 제사와 예물을 원하지 아니하시고 오직 나를 위하여 한 몸을 예비하셨도다 (6) 번제와 속죄제는 기뻐하지 아니하시나니 (7) 이에 내가 말하기를 하나님이여 보시옵소서 두루마리 책에 나를 가리켜 기록된 것과 같이 하나님의 뜻을 행하러 왔나이다 하셨느니라" 즉 하나님께서 구약의 사람들에게 성막을 지으라고 하셨고 그 성막 안에서 인간 대제사장을 세워 일하게 하셨고 또 동물들을 죽여 예배를 드리라고 하셨지만 사실은 그것들은 모두 독생자 예수님이 오실 때까지 그림자로서 예표로서 행하게 하신 것이고 실은 하나님은 그런 동물제사를 원하지 아니하셨고 독생자 예수님이 오셔서 진짜 대속제물로 바쳐지기를 원하시며 오랫동안 기다리셨다는 말입니다. 그래서 예수님은 이 세상에 오실 때에 하나님 아버지께 **"하나님이여 보시옵소서 두루마리 책(구약성경)에 나를 가리켜 기록된 것과 같이 내가 하나님의 뜻을 행하러 왔나이다"**라고 말했다는 것입니다.

그러므로 이제는 실체이신 그리스도께서 오셨으므로 성막 건물도 그 안에 있는 모든 성물들도 대제사장도 동물제사도 필요 없게 된 것입니다. 그러므로 예수님께서 **"너희가 이 성전을 헐라. 내가 사흘 동안에 일으키리라"**(요 2:19)라고 말씀하셨던 것입니다.

사도들로부터 성전과 교회의 관계를 자세히 배운 초대교회의 스테반은 동물제사를 드리기 위하여 성전 마당에서 자기의 순서를 기다리는 많은 사람들에게 뜨거운 마음으로 그리고 안타까운 마음으로 성전예배가 끝났다는 것을 열정적으로 설교하다가 마침내 돌에 맞아 순교하였습니다. 사도행전 7장을 보면 스테반의 긴 설교가 기록되어 있습니다; **"이 사람이 백성을 인도하여 나오게 하고 애굽과 홍해와 광야에서 사십 년간 기사와 표적을 행하였느니라. 이스라엘 자손을 대하여 하나님이 너희 형제 가운데서 나와 같은 선지자를 세우리라 하던 자가 곧 이 모세라. 시내산에서 말하던 그 천사와 및 우리 조상들과 함께 광야 교회에 있었고 또 생명의 도를 받아 우리에게 주던 자가 이 사람이라"**(행 7:36-38)

초대교회의 순교자 스테반은 그의 설교에서 모세가 이스라엘 백성들과 함께 광야교회에 있었다고 하였습니다. 여기 광야교회는 무엇입니까? 광야교회는 구약종교의 중심인 성막제도 속에서 장차 올 실체에 대한 상징과 그림자로서 존재하고 있었습니다. 스테반은 그의 설교에서 텐트로 지은 성막이나 돌로 지은 성전 같은 건물은 하나님이 거하시는 집이 아니라고 말했습니다. "광야에서 우리 조상들에게 증거의 장막(성막)이 있었으니 이것은 모세에게 말씀하신 이가 명하사 저가 본 그 식대로 만들게 하신 것이라. 우리 조상들이 그것을 받아 하나님이 저희 앞에서 쫓아내신 이방인의 땅을 점령할 때에 여호수아와 함께 가지고 들어가서 다윗 때까지 이르니라. 다윗이 하나님 앞에서 은혜를 받아 야곱의 집을 위하여 하나님의 처소를 준비케 하여 달라 하더니, 솔로몬이 그를 위하여 집을 지었느니라. 그러나 지극히 높으신 이는 손으로 지은 곳에 계시지 아니하시나니 선지자의 말한 바, 주께서 가라사대 하늘은 나의 보좌요 땅은 나의 발등상이니 너희가 나를 위하여 무슨 집을 짓겠으며 나의 안식할 처소가 어디뇨? 이 모든 것이 다 내 손으로 지은 것이 아니냐? 함과 같으니라. 목이 곧고 마음과 귀에 할례를 받지 못한 사람들아 너희가 항상 성령을 거스려 너희 조상과 같이 너희도 하는도다"(행 7:44-51)

스테반은 실체이신 그리스도께서 오셨기 때문에 더 이상 성막이나 성전 건물이 필요 없다고 말하였습니다. 스테반이 돌에 맞아 죽은 이유는 그리스도께서 구약의 성전제도를 폐하셨다고 선언하였기 때문이었습니다. "스테반이 지혜와 성령으로 말함을 저희가 능히 당치 못하여, 사람들을 가르쳐 말시키되 이 사람이 모세와 및 하나님을 모독하는 말 하는 것을 우리가 들었노라 하게 하고, 백성과 장로와 서기관들을 충동시켜 와서 잡아 가지고 공회에 이르러, 거짓 증인들을 세우니 가로되 이 사람이 이 거룩한 곳과 율법을 거스려 말하기를 마지 아니하는도다. 그의 말에 이 나사렛 예수가 이곳을 헐고 또 모세가 우리에게 전하여 준 규례를 고치겠다 함을 우리가 들었노라 하거늘 공회 중에 앉은 사람들이 다 스데반을 주목하여 보니 그 얼굴이 천사의 얼굴과 같더라"(행 6:10-15)

스테반 당시의 구약 지도자들은 구약의 성전과 신약교회와의 차이를 깨닫지 못했기 때문에 그들의 열렬한 종교심이 스테반을 죽일 수밖에 없었습니다. 그러면 스테반이 이해했던 광야교회의 진정한 의미는 무엇이었습니까? 광야교회를 바로 이해하는 길이 신약교회를 바로 이해하는 길이며 신약교회를 바로 이해하는 길이 오늘날 우리가 주님이 원하시는 바른 신앙을 갖게 되는 지름길입니다. 광야교회를 알기 위해서는 성막 제도를 바로 알아야 합니다. 성막 제도를 바로 알기 위해서는 우리 주님께서 구약을 어떻게 해석하셨는지를 아는 것이 중요합니다.

구약의 모든 것이 예수님을 가리키는 예표라고 주님께서 친히 말씀하셨습니다. **"너희가 성경에서 영생을 얻는 줄 생각하고 성경을 상고하거니와 이 성경이 곧 내게 대하여 증거하는 것이로다"**(요 5:39) 주님께서 이 말씀을 하실 때 제자들도 옆에서 듣고 있었으나 그들은 그 말씀의 뜻을 아직 깨달을 수가 없었습니다. 주님께서 부활하신 후에 저희들의 마음을 열어 다시 자세하게 가르쳐 주실 때까지는 그들은 들어도 깨닫지 못하는 사람들이었습니다. 그들은 3년 동안이나 주님을 따라다니며 직접 보고 듣고 배웠으나 안타깝게도 깨닫지 못하였으니 주님께서 부활하신 후에도 40일을 더 땅에 거하시며 그동안 가르치셨던 것들을 요약하고 정리하여 재확인시킬 수밖에 없으셨던 것입니다. 위에서 살펴본 대로 누가복음 24장 44~48절은 주님이 구약성경을 어떻게 이해하고 계신지를 잘 보여준다. 주님이 이해하시는 것이 올바른 이해이며, 주님이 해석하시는 것이 올바른 해석임은 두말할 나위도 없습니다. 따라서 우리도 주님이 이해하신 대로 구약성경을 이해해야 하며 주님이 해석하신 대로 구약성경을 해석하는 것이 옳은 일입니다. 참으로 그리스도 예수는 구약성경의 중심이요 모든 것이 되십니다.

구약성경을 예수님에 대해서 기록한 책으로 받아들이는 자세를 가지기만 하면 우리는 곧 구약성경 구석구석에서 예수 그리스도를 만나게 됩니다. 이 비밀을 깨닫는 것은 참으로 심오하고 흥분되는 일이 아닐 수 없습니다. 창세기에서는 하나님의 형상을 좇아 만들어진 인간이 어떻게 죄인이 되었는지를 잘 보여줍니다. 출애굽기에서는 유월절 어린양의 대속 죽음으로 죄인을 구원해 주시는 하나님의 인간구원의 역사를 볼 수 있는데 여기서 유월절 어린양은 예수 그리스도에 대한 예표요 그림자라고 고린도전서에서 잘 가르쳐주고 있습니다: **"너희는 누룩 없는 자인데 새 덩어리가 되기 위하여 묵은 누룩**

을 내어 버리라. 우리의 유월절 양 곧 그리스도께서 희생이 되셨느니라"(고전 5:7) 그들의 의로움 때문이 아니고 유월절 양이 흘린 대속의 피로 애굽에 있는 이스라엘 백성들이 구원받았다는 것은 놀라운 일입니다. 유월절 어린양의 대속 죽음으로 구원을 받은 이스라엘 백성들은 약속의 땅 가나안으로 가기 전에 성막 제도를 하나님으로부터 받습니다. 유월절 어린양의 피로 구원받은 이스라엘 백성이 이제는 성막 제도를 통하여 하나님을 만나고 교제하고 예배하는 것입니다. 구원받은 하나님의 백성들만이 하나님과 교제하며 예배할 수 있기 때문입니다. 그 성막 제도 안에는 (1) 동물제사와 (2) 제사장 제도와 그리고 동물제사와 제사장 제도를 수행할 수 있는 장소로서 (3) 성막 건물이 포함됩니다. 이 세 가지는 역시 장차 오실 그리스도에 대한 예표요 그림자요 상징으로서 장차 성도들이 그리스도를 통하여 하나님을 만나고 교제하고 예배하는 것을 미리 보여 주는 예표요 그림자였던 것입니다. 레위기에서는 동물제사가 갖는 의미를 보다 상세하게 보여주고 제사장들의 사역이 갖는 의미를 세밀하게 보여줍니다. 즉, 성막에서 드려질 동물제사는 다섯 가지인데 그것들은 모두 예수 그리스도의 구속사역을 의미를 깊이 있게 그리고 상세하게 보여주는 참으로 놀라운 예표들입니다. 그리스도께서 오시기 약 1,500년 전인 모세시대에 그리스도의 구속사역을 그처럼 상세하게 볼 수 있다는 것은 정말 놀라운 일이 아닐 수 없습니다. 그러면 이제부터 **성막제도 안에 들어 있는 구약종교의 세 가지 중심요소인 (1) 동물제사와 (2) 제사장 제도와 (3) 성막건물에 대하여 살펴볼 것입니다. 이 세 가지는 모두 장차 오실 그리스도를 가리키는 것으로서 실체이신 예수님에 대한 상징이요 그림자요 예표였습니다.**

(1) 동물제사

구약의 동물제사는 하나님이 에덴동산에서 아담과 하와의 죄를 가려주기 위해서 동물을 죽여 가죽옷을 지어 입힌 데서부터 시작하여 아벨의 동물제사와 아브라함이 이삭 대신에 바친 숫양, 그리고 애굽에서의 유월절 양에 이르기까지 모두 장차 있을 그리스도의 대속 죽음을 상징하는 예표였습니다. 그 후에 성막에서 드려진 제사는 레위기에 기록된 번제와 소제와 화목제와 속죄제와 속건제였는데 이 다섯 가지 제사는 출애굽 당시의 유월절 양을 비롯 그 전까지의 모든 동물제사의 의미를 더 세밀하게 보여주는 제사입니다. 예를 들어 유월절 양의 제사에서 우리는 그리스도께서 우리 죄를 지시고 우리 대신 십자가를 지신 죄 없으신 그리스도의 대속 죽음을 봅니다. 그러나 성막에서 드려진 다섯 가지 제사는 그리스도의 대속의 의미를 다섯 가지로 더 상세하게 구체적으로 보여주는 바, 그리스도께서 우리를 위해서 하신 일은 단순히 우리 죄를 위하여 하나님 앞에서 우리를 대신하여 죽으셨을 뿐 아니라 우리의 의를 위하여 우리를 대신하여 하나님이 요구하시는 흠 없고 온전하신 삶을 살아 주신 것입니다. 앤드류 죽스와 많은 고전적인 주석가들은 성막에서 드려진 이 다섯가지 동물제사를 대체로 다음과 같은 내용으로 해석하였습니다. 레위기에서 언급한 다섯가지 제사에 대한 그들의 해석을 대충 요약하면 다음과 같습니다. '부록 9-1'에서 보실 수 있습니다.

(2) 제사장 제도

지금까지는 동물제사가 의미하는 바를 살펴보았습니다. 그러면 이번에는 제사장 제도 역시 예수님에 관하여 기록된 것인지 살펴보도록 하겠습니다. 구약 광야교회에는 하나님과 인간 사이에서 중보해 주시는 대제사장으로 오실 그리스도를 예표 하는 그림자로서의 대제사장이 있었습니다; **"율법은 약점을 가진 사람들을 제사장으로 세웠거니와 율법 후에 하신 맹세의 말씀은 영원히 온전케 되신 아들을 세우셨느니라"**(히 7:28)

성막 제도에 있어서 제사장의 역할은 매우 중요합니다. 제사장 없이는 동물제사를 드릴 수 없었기 때문입니다. 아무나 동물을 직접 하나님께 제사로 드릴 수 없었습니다. 누구든지 동물제사를 드리기 원하는 사람은 제사장 앞에 그 제물을 가져와야 했습니다. 제사장만이 그 제물을 하나님께 드릴 수 있었습니다. **제사장이란 하나님이 임명한 사람으로서 하나님과 사람 사이에서 중보자로 일하는 사람이었습니다.** 제사장은 죄인 인간이 가져와서 희생제물로 바친 흠 없는 동물의 피를 가지고 하나님 앞에 나아가 그 죄인을 위하여 중보 하는 일을 하였습니다. 앞에서 언급한 대로 **구약시대의 제사장은 하나님이 장차 인간의 몸을 입고 오셔서 하나님과 인간 사이에서 중보의 사역을 하실 그리스도를 예표하는 특별한 사람이었습니다.** 그러므로 출애굽기 28장에는 제사장에 대한 특별한 규례를 정하고 있습니다. 그가 입는 옷과 그가 행하는 일들은 다 그리스도의 성품과 사역을 나타내는 것들이었습니다. 아무런 의미도 없이 그냥 적당히 종교적으로 아름답게 꾸미기 위해서 입는 옷이 아니었습니다. 아론과 그 아들들이 하나님 앞에서 일할 제사장 직분을 행하도록 부름 받았습니다. 그들은 우리와 똑같은 성정을 가진 죄인들이기 때문에 그리스도를 예표 할만한 자질이 없는 사람들입니다. 그래서 그리스도의 아름다우심과 그의 영광을 상징해줄 수 있는 거룩한 옷이 필요했습니다. 그러므로 하나님은 "아론을 위하여 거룩한 옷을 지어서 영화롭고 아름답게 할지니"(출 28:2)라고 명하시면서 그 양식을 치수와 색깔까지 자세하게 가르쳐 주셨습니다. 죠셉 엑셀의 《The Biblical Illustrator》에 보면 이 부분에 대하여 상세하게 정리하였습니다. 대충 간추려보면 다음과 같습니다.

(ㄱ) 제사장의 거룩한 옷
(가) 흉패(흉배)
"그들의 지을 옷은 이러하니 곧 흉패와 에봇과 겉옷과 반포 속옷과 관과 띠라 그들이 네 형 아론과 그 아들들을 위하여 거룩한 옷을 지어 아론으로 내게 제사장 직분을 행하게 할지며"(출 28:4) "아론이 성소에 들어갈 때에는 이스라엘 아들들의 이름을 기록한 이 판결흉패를 가슴에 붙여 여호와 앞에 영원한 기념을 삼을 것이니라. 너는 우림과 둠밈을 판결 흉패 안에 넣어 아론으로 여호와 앞에 들어갈 때에 그 가슴 위에 있게 하라 아론이 여호와 앞에서 이스라엘 자손의 판결을 항상 그 가슴 위에 둘지니라"(출 28:29-30)

흉패는 제사장이 가슴에 걸치는 옷인데 거기에는 이스라엘 자손들의 이름이 기록되어 있고 제사장이 여호와 앞에 들어갈 때에는 우림과 둠밈을 흉패 안에 넣게 되어 있었습니다. 흉패는 문자 그대로 가슴에 걸치는 패로서 사랑과 동정이 가득 찬 그리스도의 따뜻한 마음을 상징하는 예표입니다. 흉패에 이스라엘 자손들의 이름이 기록되어 있다는 것은 우리의 대제사장이신 그리스도께서 우리 인간에 대한 따뜻한 사랑과 동정과 관심을 지니고 있으심을 의미합니다. 그러니까 그의 어깨에는 우리의 죄를 짊어지시고 그의 가슴으로는 우리를 뜨거운 사랑으로 품어주시는 그리스도의 모습입니다. 그가 중보를 위하여 하나님 앞에 나아가실 때에는 그리스도께서 우리를 그의 가슴에 안고서 하나님 앞에 나아가시는 것입니다. 다시 말해서 우리는 항상 그의 사랑의 품 안에 거한다는 것이며 그리고 하나님께서 우리를 보실 때에는 그리스도의 사랑의 품 안에서 십자가의 피로 용서받고 의로워진 우리를 보시는 것입니다. 흉패는 또한 판결흉패로도 쓰여졌는데 이는 이스라엘 자손들을 위해 결정을 내릴 때 쓰여졌습니다. 그러니까 그리스도의 가슴은 사랑으로만 충만한 것이 아니고 거룩하심과 의로우심으로 충만한 마음이기 때문에 사랑 때문에 올바른 결정을 내리는 데 방해가 되지 않습니다. 우림과 둠밈은 제사장이 하나님의 뜻을 알기 위해서 사용되었던 성물이었습니다.(민 27:21) '우림'은 '빛'을 의미하고 '둠밈'은 '완전'을 의미하는데 제사장이 백성을 위하여 하나님의 뜻을 결정할 때에 하나님의 빛으로 살펴서 온전하고 흠없는 의로운 결정을 내린다는 뜻입니다. 이는 우리의 대제사장이신 그리스도께서 우리를 위하여 가장 좋은 것을 항상 그 마음에 계획하시고 결정하시는 것을 미리 보여주는 것이며, 그의 계획과 결정은 항상 빛나고 정확하고 의로운 것임을 나타내는 것입니다.

(나) 에봇

"(6) 그들이 금실과 청색 자색 홍색실과 가늘게 꼰 베실로 공교히 짜서 에봇을 짓되, (7) 그것에 견대 둘을 달아 그 두 끝을 연하게 하고, (8) 에봇 위에 매는 띠는 에봇 짜는 법으로 금실과 청색 자색 홍색실과 가늘게 꼰 베실로 에봇에 공교히 붙여 짤지며, (9) 호마노 두개를 취하여 그 위에 이스라엘 아들들의 이름을 새기되, (10) 그들의 연치대로 여섯 이름을 한 보석에 나머지 여섯 이름은 다른 보석에, (11) 보석을 새기는 자가 인에 새김 같이 너는 이스라엘 아들들의 이름을 그 두 보석에 새겨 금테에 물리고, (12) 그 두 보석을 에봇 두 견대에 붙여 이스라엘 아들들의 기념 보석을 삼되 아론이 여호와 앞에서 그들의 이름을 그 두 어깨에 메어서 기념이 되게 할지며"(출 28:6-12)

에봇은 세마포 위에 걸치는 것인데 앞은 짧고 뒤는 긴 연미복같이 생긴 조끼입니다. 금실과 청색 자색 홍색실은 그리스도를 나타내는 상징으로서, 금은 그리스도의 불변하심과 고귀하시고 보배로우심을 상징하는 것이며, 청색은 하늘색을 의미하는 것으로서 그리스도의 신성을 상징하고, 홍색은 그리스도께서 육신을 쓰고 오셔서 십자가에 죽으심으로 피 흘리실 것을 미리 보여주는 예표이며, 자색은 청색과 홍색을 혼합한 색으로서 장차 오실 그리스도가 신성과 인성을 모두 가지신 분이 될 것을 미리 보여주는 것입니다.

양쪽 어깨 위에 보석들은 그리스도의 탁월하신 영광과 보석처럼 찬란한 그의 아름다우심을 표현한 것이며, 보석 위에 새겨진 이스라엘 자손들의 이름은 그가 구원하신 백성들이 보석처럼 빛나게 될 것을 상징하는 것입니다. 아론이 이스라엘 자손들의 이름이 새겨진 보석을 양쪽 어깨 위에 짊어지고 여호와 앞에 나아갔다는 것은 그리스도께서 우리의 죄를 그 어깨에 짊어지시고 우리의 죄를 사하여 주신 것을 하나님 앞에서 영원히 기념하기 위한 것이며 또한 우리가 그리스도의 영광 속에서 보석처럼 찬란하게 하나님 앞에서 영원히 빛나게 될 것을 의미하는 것입니다.

(다) 겉옷

"너는 에봇 받침 겉옷을 전부 청색으로 하되"(출 28:31)

겉옷은 에봇 안쪽에 입는 옷으로서 전체가 청색으로 되었으며 옷 가장자리에는 청색, 자색, 홍색으로 수를 놓았습니다.(33절) 앞에서 언급한 대로 청색은 하늘색을 뜻하며 참 대제사장으로 오실 그리스도의 신성을 상징하는 것입니다.

(라) 반포 속옷

"너는 가는 베실로 반포 속옷을 짜고"(출 28:39)

이것은 하얀 베실로 짠 것인데 그리스도의 의와 죄 없으신 순결을 상징합니다. 그리스도의 십자가 공로로 죄사함을 받고 어린양의 혼인잔치에 들어갈 성도들이 입을 옷도 바로 이 흰 세마포인데 이는 성도들의 옳은 행실을 의미한다고 하였습니다.(계 19:7-8) 아론이 이 옷을 입고 지성소에서 대제사장으로 일하는 모습은 바로 흠 없으신 그리스도께서 하늘 보좌우편에서 우리를 위하여 대제사장으로서 중보의 일을 하시는 모습을 상징하는 것입니다.

(마) 관

"(36) 너는 또 정금으로 패를 만들어 인을 새기는 법으로 그 위에 새기되 여호와께 성결이라 하고, (37) 그 패를 청색 끈으로 관 위에 매되 곧 관 전면에 있게 하라 (38) 이 패가 아론의 이마에 있어서 그로 이스라엘 자손의 거룩하게

드리는 성물의 죄건을 담당하게 하라 그 패가 아론의 이마에 늘 있으므로 그 성물을 여호와께서 받으시게 되리라"(출 28:36-38)

관은 하얀 베실로 만들어진 원추형 모자입니다. '여호와께 성결(거룩)'이라고 쓴 정금으로 만든 패를 모자 앞면 이마 쪽에 매게 되어 있습니다. 이 패는 이스라엘 자손이 하나님 앞에 드리는 성물이 완전하지 못하기 때문에 사용하는 것입니다. 예를 들어 하나님께 바친 성물들이 하나님 받으시기에 온전하게 성결하지 못하고 흠이 많지만 아론의 이마 위에 있는 '여호와께 성결'이라고 새긴 정금으로 만든 '패' 때문에 하나님이 그 성물을 받으시는 것입니다. 다시 말해서 우리는 하나님의 자녀로서 나름대로 하나님께 우리 자신을 산제물로 드립니다. 예배와 찬송과 기도와 여러 가지 생활과 봉사로서 헌신합니다. 그러나 아무리 귀한 찬송을 드려도, 아무리 귀한 예배를 드려도, 아무리 선한 일을 많이 행할지라도 하나님 앞에서는 깨끗하지 못하고 부족하고 부끄러울 뿐입니다. 아무리 귀한 것을 드려도 우리의 헌신은 성결하지 못한 것입니다. 하나님이 받으시기에 합당하지 못한 것입니다. 그러기에 우리의 중보자이신 그리스도의 거룩하심을 통하여서만 우리의 헌신이, 우리의 바치는 예배와 기도와 찬송들이 하나님께 열납되는 것입니다. 그리스도의 거룩하심을 의지하여서만 우리가 바치는 성물들이 하나님께 열납되는 것입니다. '여호와께 성결'이라고 쓴 관은 장차 오실 참 대제사장이신 예수 그리스도의 온전하시고 거룩하심을 나타내는 그림자요 예표였던 것입니다.

(바) 띠
띠는 금실과 청색, 자색, 홍색실과 가늘게 꼰 베실로 짜였으며 에봇 위에 매는 허리띠였습니다. 띠는 그리스도께서 섬기는 종으로서의 성실하심과 의로우심을 나타내 주는 상징입니다. "공의로 그 허리띠를 삼으시며 성실 몸의 띠를 삼으리라"(사 11:5)

이상에서 살펴본 대로 구약의 제사장들이 입었던 이 거룩한 옷들도 장차 오실 그리스도의 성품과 그의 하실 일들을 상징적으로 미리 보여주는 예표요 그림자였습니다. 그들이 바쳤던 동물제사가 먼 훗날에 오실 그리스도를 상징하는 것이었듯이 그들이 입었던 옷들도 그리스도를 상징하는 것이었습니다. 실체이신 그리스도께서 오셨음으로 그림자인 동물제사가 폐지된 것처럼, 오늘날 목사들이 까운을 입는 것도 폐지된 것입니다. 지금도 목사들이 가운을 입고 강단에 서는 것은 자신들의 권위를 나타내며 성도들을 오도하고 진리를 그르치는 것입니다. 그들은 사람의 손으로 만든 가운을 입을 것이 아니요, 거듭난 사람답게 그리스도로 옷 입어야 할 것입니다. 필자가 남아공의 한 신학교에서 강의할 때 있었던 일입니다. 한 학생이 몹시 분노한 얼굴로 질문하기를 "제사장들이 입었던 성의가 그토록 그리스도의 성품과 사역을 상징하는 것이라면, 오늘날 목사들이 예배시간에 성의를 입음으로 그리스도의 성품과 사역을 성도들에게 상징적으로 잘 나타낼 수 있어서 더 바람직한 일이 아니냐?"고 하였습니다. 필자는 다음과 같이 대답해 주었습니다. "학생, 예수 그리스도를 상징적으로 나타낼 수 있는 더 좋은 방법이 있습니다. 그것은 매 주일 예배시간 한가운데에 양을 잡아 죽여 피를 강단에 뿌리는 동물제사를 드리는 것입니다." 교실은 순식간에 웃음바다가 되었습니다. 실제로 가운은 성의가 아니며 그런 옷에서 거룩함이나 의로움이나 능력이나 권위가 나오지 않습니다. 가운은 죄인 인간이 하나님과의 개인적인 관계를 발전시키는 데 도움을 주지 못하고 오히려 기독교를 오도하여 종교의식을 암암리에 부추기는 악영향을 끼칠 뿐입니다. 목사의 권위는 가운에서 나오는 것이 아니고 그의 모범 된 행실에서 나오는 것이어야 합니다. **"누구든지 네 연소함을 업신여기지 못하게 하고 오직 말과 행실과 사랑과 믿음과 정절에 대하여 믿는 자에게 본이 되어, 내가 이를 때까지 읽는 것과 권하는 것과 가르치는 것에 착념하라"(딤전 4:12-13)**

(3) 성막건물

지금까지 우리는 동물제사도 제사장 제도도 다 예수님을 미리 보여주는 예표 또는 그림자였던 것을 살펴보았습니다. 그러므로 실체이신 예수님이 오셨기 때문에 그림자나 예표는 이제 다 폐지되었다는 것을 알게 되었습니다. 자 그러면 성막 건물은 어떠합니까? 성막 건물도 예수님에 대한 예표인지 살펴보기로 하겠습니다. 광야교회에는 하나님이 거하실 처소로서의 그리스도의 몸 된 교회를 예표하는 그림자로써 하나님이 상징적으로 거하심을 보여주는 성막 건물이 있었습니다. 성막 제도와 그리스도와는 어떤 관계가 있는

지 살펴보겠습니다. 출애굽기 25장부터 31장까지 보면 하나님이 모세에게 성막을 건축할 것을 명하시며 그 성막 건축의 자세한 양식을 보여주셨습니다. 36장에서 40장까지는 하나님이 보여주신 식양 대로 성막을 짓는 모습을 보여주고 있습니다.

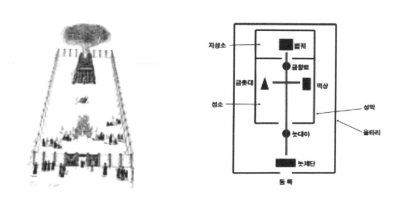

성막 평면도

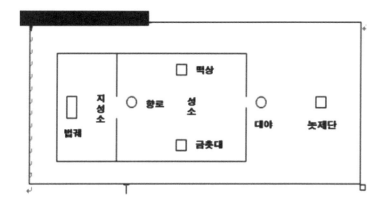

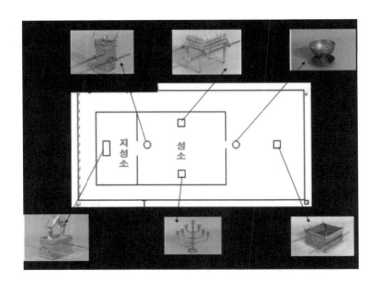

놋 제단(출 27:1-8)

이스라엘 백성들이 가져온 동물들을 여기서 죽입니다. 백성 개개인에 대한 죄의 용서는 여기서 죄 없는 동물이 대신 죽음으로써 시작됩니다. 하나님으로부터 쫓겨난 죄인이 하나님의 자녀로서의 관계를 회복하기 위해서는 먼저 죄의 문제를 해결해야만 하기 때문입니다. 그러므로 죄인의 죄를 위하여 죄 없는 동물이 여기서 대신 죽는 것이 하나님과의 관계를 회복하는 첫 번째 단계입니다. 여기서 죄인을 위하여 대신 희생당한 동물은 그리스도를 예표하는 것이고 **놋 제단은 장차 그리스도께서 죄인을 위하여 대신 죽으시는 갈보리 동산의 십자가를 미리 보여주는 예표인 것입니다.** 히브리서 10장 4절에 **"이는 황소와 염소의 피가 능히 죄를 없이하지 못함이라"**라고 하셨고, 요한1서 1장 7절에서는 **"그의 아들 예수의 피가 우리를 모든 죄에서 깨끗하게 하시느니라"**고 말씀하셨습니다. 즉 동물제사는 장차 오셔서 십자가에서 대속 죽음을 죽으실 예수님의 대속 죽음을 예표하는 그림자에 불과하였습니다. 그러므로 여기 놋 제단은 갈보리 동산에서 대속 죽음을 죽으신 예수님을 예표하는 것이었습니다.

물두멍(놋 대야 = Basin)(출 30:18-21)

놋 제단을 지나 두 번째로 거쳐야 할 곳이 물두멍입니다. 이곳은 제사장들이 성막 안에서 하나님을 섬기러 들어갈 때마다 죽음을 면하기 위하여 먼저 성결의 예식으로서 손과 발을 씻는 곳이었습니다. 성막(Tabernacle)이라는 말의 뜻은 (하나님의 거하심) 즉 'Dwelling of God'이라는 뜻입니다. 하나님이 거하시는 곳에 들어가서 거룩하시고 의로우신 하나님과 교제하려면 죄악세상에서 구별된 증거가 필요합니다. 이 물두멍은 어린양의 대속 죽음을 믿음으로 받아들여서 죄 씻음을 받고 거듭나서 중생했다는 증거를 보여주는 예표입니다. 죄인이 하나님과 교제하려면 먼저 갈보리 동산에서 십자가를 지신 예수님을 구주로 영접하고 죄 씻음을 받아 하나님의 자녀가 된 후에야 비로소 그리스도의 몸 된 교회의 지체가 되어 하나님과 교제할 수 있는 것입니다. 그것이 바로 그리스도께서 세우신 교회입니다. 다시 말하지만 교회의 지체가 되기 위해서는 먼저 죄 씻음을 받은 증거가 있어야 하는 것입니다. 교회에 이름을 등록하거나 목사 장로 집사가 된다고 해서 교회의 지체가 되는 것이 아니란 말입니다. 아무리 열심히 평생을 교회에 출석하고 봉사하였다고 하여도 그리스도의 십자가 보혈로 죄 씻음을 받고 예수님을 구주와 왕으로 영접한 성령으로 거듭난 사람이 아니고는 주님의 교회의 지체가 될 수 없는 것입니다. 다음의 말씀들이 당신에게 의미하는 바는 무엇인가를 생각해보십시오. "우리를 구원하시되 우리의 행한 바 의로운 행위로 말미암지 아니하고 오직 그의 긍휼하심을 좇아 중생의 씻음과 성령의 새롭게 하심으로 하셨나니"(딛 3: 5) "이는 곧 물로 씻어 말씀으로 깨끗하게 하사 거룩하게 하시고"(엡 5장 26절)

떡 상(The Bread on the table)(출 25:23-30)

물두멍을 지나면 바로 성막의 첫 번째 방인 성소로 들어가야 하는데 오른쪽으로는 떡 상이 있고 왼쪽으로는 금 촛대가 있는 가운데를 통과해야 합니다. 그러면 빵을 차려 놓은 이 떡 상은 무엇을 의미하는 것인가? 예수님은 이렇게 말씀하셨습니다: "예수께서 가라사대 내가 곧 생명의 떡이요 내게 오는 자는 결코 주리지 아니할 터이요 나를 믿는 자는 영원히 목마르지 아니하리라"(요 6: 35) "내가 곧 생명의 떡이로다 너희 조상들은 광야에서 만나를 먹었어도 죽었거니와 이는 하늘로서 내려오는 떡이니 사람으로 하여금 먹고 죽지 아니하게 하는 것이니라"(요 6: 48-50) "나는 하늘로서 내려온 산 떡이니 사람이 이 떡을 먹으면 영생하리라 나의 줄 떡은 곧 세상의 생명을 위한 내 살이로라 하시니라"(요 6: 51) 광야에서 이스라엘 백성들이 먹었던 양식은 만나였지만 오늘날 우리 그리스도인들의 참 양식은 말씀이신 그리스도이십니다. **"사람이 떡으로만 살 것이 아니요 하나님의 입에서 나오는 모든 말씀으로 살 것이니라"**(마 4:4) 예수님의 십자가에서의 대속 죽음을 믿고 거듭나서 구원받은 하나님의 백성들이 이제부터 하나님 나라에 들어갈 때까지 먹어야 할 양식은 하나님의 말씀입니다. 거듭난 성도는 날마다 하나님의 말씀을 먹으며 하나님 앞에 날마다 더 가까이 나아가야 합니다. 성소 안에 있는 떡 상에는 누룩 없는 떡을 매일 새것으로 갖다 놓아야 했습니다. 바로 이 누룩 없는 떡이 죄 없으신 예수님을 상징하는 예표였던 것입니다. 그러니까 성소 안에 있는 이 떡 상의 떡은 죄 씻음을 받고 하나님의 자녀가 된 성도들이 평생 동안 하나님과 교제하면서 먹어야 할 생명의 양식을 상징하는 것입니다. 다시 말해서 성소 안에 있는 떡 상의 떡은 말씀이 육신 되어 오셨다가 말씀을 성경책에 남겨놓고 가신 예수 그리스도를 상징하는 것입니다.

금 촛대(출 25:31-39)

금 촛대에는 일곱 개의 촛불을 키게 되어 있는데 일곱은 완전수를 의미하는 것으로서 금 촛대는 완전한 빛, 즉 참 빛이신 그리스도를 미리 보여주는 예표인 것입니다. 십자가 보혈로 죄 씻음을 받고 거듭난 성도는 성소, 즉 교회에 들어가서 평생 하나님을 섬기며 교제할 때 하나님의 말씀을 열심히 배워야 할 뿐 아니라 그 듣고 배운 말씀을 순종하고 실천하는 삶, 즉 빛 가운데 사는 삶을 살아야 한다는 것을 보여주는 말씀입니다. 말씀을 날마다 배우며 산다고 하여도 그 말씀대로 실천하지 않으면 빛 가운데 거하는 삶이 아닙니다. 하나님의 말씀은 우리 성도가 걸어가야 할 길을 밝혀주는 등불입니다. 이 금 촛대가 바로 우리의 갈 길을 밝혀주는 참 빛이 되신 그리스도임을 미리 보여주는 예표인 것이다. 결국 하나님을 만나러 지성소에 들어가기 위해서는 반드시 성소 안에 있는 떡 상과 금 촛대 사이로 지나가야 하는데 이는 거듭난 성도가 지성소인 천국에 들어가 하나님 앞에 나아가기 위해서는 성소 안에서 즉 그리스도 안에서 영의 양식인 말씀을 배우며 빛 가운데로 행하는 삶을 살아야 한다는 것을 미리 예표로 보여준 것입니다.

금 향단(출 30:1-10)

금 향단은 향을 태워서 아름다운 향내를 하나님께 드리는 것으로서 대제사장이 지성소에 들어갈 때에 들고 가서 죄인을 위하여 하나님께 대신 기도할 때 사용하는 것이었습니다. 이는 우리의 대제사장이며 죄 없으시고 향내나시는 예수 그리스도만이 하나님을 만날 수 있고 대제사장이신 예수님만이 죄인들을 위하여 하나님께 기도하여 하나님과 죄인들의 사이에서 죄의 문제에 대하여 중보할 수 있다는 것을 보여주는 예표입니다. 참으로 그리스도께서는 오늘 이 시간에도 하늘 보좌 우편에서 우리 성도들을 위하여 중보기도를 드리고 계십니다. "그리스도께서는 참 것의 그림자인 손으로 만든 성소에 들어가지 아니하시고 오직 참 하늘에 들어가사 이제 우리를 위하여 하나님 앞에 나타나시고"(히 9: 24)

성소와 지성소 사이에 있는 휘장

성소와 지성소 사이에는 휘장으로 막혀 있었는데 대제사장 외에는 아무도 이 휘장을 열고 지성소에까지 들어 갈 수 없는 곳이었습니다. 지성소는 문자 그대로 성막 안에서 가장 거룩한 곳으로서 대제사장만이 죄인을 대신하여 하나님을 만날 수 있는 곳으로서 하나님 나라 천국을 상징하는 곳이었습니다. 놋 제단에서 수천 수만의 동물제사를 드렸어도 그 휘장은 찢어지지 아니하였으나 그리스도께서 십자가에서 대속제물로 희생을 드렸을 때 그 휘장은 찢어져서 거듭난 성도들이 감히 하나님의 보좌 앞에 담대히 나아갈 수 있게 되었습니다. 예수님께서 우리를 대신하여 십자가에서 자신을 하나님의 어린양으로 드리셨을 때에 "성소 휘장이 위로부터 아래까지 찢어져 둘이 되었다."(마 27:51) 그러므로 구약의 대제사장의 도움이 없이 예수님을 구주와 왕으로 영접한 거듭난 성도들은 이제 하나님 앞에 담대히 나아갈 수 있게 된 것입니다. 그러므로 아직도 구약의 종교를 흉내 내어 거룩한 가운을 입고 촛불을 켜며 신부님의 중보기도로 기도해야 한다고 주장하는 교회는 얼마나 이단적입니까! 아직도 목사님의 기도를 받으려고 몸부림치는 사람들과 교회당에 와서 기도해야 하나님께 상달되는 줄 알고 꼭 교회당에 와서 기도해야 된다는 사람들은 얼마나 종교적이고 이단적입니까! 한 주일 내내 세상에서 세상 사람들처럼 자기 욕심을 따라 세속적으로 살다가 일주일에 한두 번 교회당을 하나님이 계시는 곳으로 알고 찾아와 경건하게 예배를 드리려고 하는 사람들은 얼마나 종교적이고 이단적입니까! '이 성전을 허물라'고 하신 주님의 말씀이 들리지 않습니까! "그러므로 형제들아 우리가 예수의 피를 힘입어 성소에 들어갈 담력을 얻었나니 그 길은 우리를 위하여 휘장 가운데로 열어 놓으신 새롭고 산 길이요 휘장은 곧 저의 육체니라"(히 10:19-20) 참으로 성소와 지성소 사이에 있었던 이 휘장은 장차 오셔서 십자가를 지실 예수님을 상징하는 그림자요 예표이었습니다.

법궤(출 25:10-15)

법궤는 아카시아 나무로 만들어졌고 그 위에 금으로 입혔던 상자였습니다. 아카시아 나무는 집을 짓는 건축재료로 사용되지 못하고 땔감으로 밖에 쓸 수 없었던 약하고 값이 싼 천한 나무였습니다. 그런데 그런 천하고 약한 나무에 왜 값비싼 금으로 입히라고 하셨습니까? 여기 아카시아 나무는 예수님의 인성을 예표하는 것으로서 하나님께서 장차 약하고 천한 인간의 육신을 입고 오실 것을 미리 보여주는 예표였습니다. 금은 값비싼 것으로서 당시 왕에게 선물할 때에 쓰여지는 변하지 않는 고귀함을 상징하는 것이었는데 그리스도께서 비록 인간의 천한 육신을 입고 오실 지라도 동시에 변하지 않는 하나님의 신성을 지니실 것을 보여주는 예표인 것입니다. 그러므로 법궤는 예수님의 신성과 인성을 상징하는 것이었습니다. 예수님을 상징하는 법궤 안에는 모세의 두 돌 판과 만나 항아리, 그리고 아론의 싹 난 지팡이를 넣어 두라고 하셨는데 이 모든 성물들 역시 다 장차 오실 예수님을 미리 보여주는 예표였습니다;

두 돌판(출 25:21, 히 9:4)

두 돌판은 모세가 받은 십계명을 담고 있습니다. 십계명은 성경 전체의 말씀을 열개의 계명으로 요약한 것입니다. 열 개의 계명을 다시 두 가지로 요약한 것이 바로 '마음을 다하고 목숨을 다하고 뜻을 다하여 하나님을 섬기라'는 크고 첫째 되는 계명이고 '네 이웃을 네 몸과 같이 사랑하라'는 것이 바로 둘째 계명이라고 우리 주님께서 설명해 주셨습니다. 성경 말씀 전체는 말씀이신 예수 그리스도를 나타내는 것입니다. 성부 성자 성령 하나님 중에서 성자 하나님은 성부 하나님의 말씀을 사람들에게 전해주시는 대언자로서 그 별명이 말씀이십니다. 구약시대에는 선지자들을 통해서 예수님이 성부 하나님의 말씀을 사람들에게 주셨고 신약시대에는 성자 하나님이 인간의 육신을 입고 오셔서 직접 말씀해 주신 것입니다. 그래서 요한복음 1장에 보면 태초에 말씀이 계셨는데 그가 곧 하나님이라고 하셨고 또 말씀이 육신을 입고 나타나셨으니 그분이 바로 예수님이라고 설명하고 있다. 그러므로 이 두 돌판 역시 말씀이신 그리스도를 보여주는 예표인 것입니다.

만나 항아리(히 9:4)

광야 생활에서 이스라엘 백성들이 하나님의 백성들로서 살아가는 데 필요했던 하늘에서 떨어졌던 양식이었습니다. 이것 역시 그리스도를 예표하는 것으로서 그리스도와 그의 말씀은 오늘 신약시대의 그리스도인들에게 없어서는 안 될 매일의 영의 양식입니다. 광야 같은 이 세상을 지나 저 약속의 땅 새 하늘과 새 땅에 도달할 때까지 하나님의 자녀들이 먹어야 할 하늘에서 내려온 양식, 즉 생명의 양식이신 예수 그리스도를 나타내는 예표인 것입니다. "내가 곧 생명의 떡이로다 너희 조상들은 광야에서 만나를 먹었어도 죽었거니와 이는 하늘로서 내려오는 떡이니 사람으로 하여금 먹고 죽지 아니하게 하는 것이니라. 나는 하늘로서 내려온 산 떡이니 사람이 이 떡을 먹으면 영생하리라 나의 줄 떡은 곧 세상의 생명을 위한 내 살이로라 하시니라"(요 6:48–51)

아론의 싹난 지팡이(히 9:4)

아론의 죽은 지팡이에서 싹이 났다는 것 역시 예수님을 상징하는 것으로서 그리스도께서 죽은 자 가운데서 부활하시게 될 것을 상징하는 예표입니다.

이와 같이 법궤는 그 자체와 그 안에 담고 있는 내용물들이 모두 다 그리스도를 예표 하는 것이었습니다. 그러므로 예수님께서 구약의 모든 것이 다 자신에 대하여 기록한 것이라고 말씀하셨던 것이다.

법궤 위에 있는 속죄소(출 25:17-22)

속죄소는 그리스도를 예표하는 법궤 위에 있었는데 속죄소(atonement seat)라고 하는데 'Atonement seat'라는 단어의 뜻은 **'죄를 덮어주는 자리'**라는 뜻으로서 죄인에게 **'자비를 베푸는 자리(mercy seat)'**라는 의미를 담고 있습니다. 즉 성막 뜰에 있는 놋 제단에서 대속제물로 죽은 동물의 피를 대제사장이 가지고 지성소에 들어와서 그리스도를 상징하는 법궤 앞에서 그 피를 하나님께 보이면 하나님이 말씀이 육신이 되어 죽으시고 부활하신 예수 그리스도의 십자가 공로를 상징하는 법궤 위에서 죄인에게 죄를 덮어주고 용서해 주시며 자비를 베푸시는 곳이란 뜻입니다. 그런데 하나님은 이 법궤 위에서만 죄인들을 만나 주시고 이 법궤 위에서만 그의 백성들에게 말씀하여 주신다고 기록하고 있습니다. 출애굽기 25장 21~22절을 보십시오. "속죄소를 궤 위에 얹고 내가 네게 줄 증거판을 궤 속에 넣으라. **거기서 내가 너와 만나고 속죄소 위 곧 증거궤 위에 있는 두 그룹 사이에서 내가 이스라엘 자손을 위하여 네게 명할 모든 일을 네게 이르리라.**" 다시 말해서 하나님은 예수 그리스도만을 통하여 우리를 만나 주시고 예수 그리스도만을 통하여 우리를 용서하시고 예수 그리스도만을 통하여 우리에게 말씀하여 주신다는 뜻입니다. 그래서 예수님께서 요한복음 14장 6절에서 이렇게 말씀하신 것입니다. "**예수께서 가라사대 내가 곧 길이요 진리요 생명이니 나로 말미암지 않고는 아버지께로 올 자가 없느니라.**"

이상에서 살펴본 대로 성막 안에 있는 모든 성물들 즉 동물제사를 드리는 놋 제단, 물두멍(놋대야), 떡 상, 금 촛대, 금 향단, 성소와 지성소 사이에 있는 휘장, 법궤, 속죄소, 그리고 법궤 안에 들어 있는 두 돌판, 만나, 아론의 싹난 지팡이 등등 이 모든 것들이 다 장차 예수님이 오셔서 하실 일들을 보여주는 예표(pre-picture)이며 장차 오실 실체이신 예수님에 대한 그림자였습니다. 그러므로 이런 예표이며 그림자였던 성물들은 실체이신 예수님이 오실 때까지만 예수님이 장차 하실 일들을 종교의식의 형태로 보여주시고 지키게 하셨던 것입니다. 그러나 이제 실체이신 예수님이 오셨기 때문에 이런 그림자요 예표들은 더 이상 존재 가치가 없어진 것입니다. 그러므로 예수님께서 "**너희가 이 성전을 헐라 내가 사흘 동안에 일으키리라**"(요 2:19)고 명령하셨던 것입니다. 사도들은 이 명령에 순종하여 교회당 건물을 지은 적이 전혀 없으며 가운을 입는다든지 촛불을 켠다든지 하는 일은 절대로 하지 않았습니다. 그러나 말세가 된 오늘의 교회들은 성전건물을 헐어버리라는 주님의 명령을 거역하고 건물을 지어놓고 그것을 교회라고 혹은 성전이라고 우기고 있으며 목사들은 구약의 대제사장들처럼 가운을 입고 강단에는 촛불을 커며 빵을 진열해 놓고 성물이라는 것을 비치해 놓고 있습니다. 오늘의 교회들은 아직도 구약종교에 빠져서 실체이신 예수님을 만나지 못한 죽은 교회가 된 것입니다. 2,000년 전에 바리새인들과 서기관들과 제사장들과 그들의 가르침을 받고 살았던 이스라엘 백성들이 구약종교에 눈이 가려져서 그들이 그토록 기다려 왔던 실체로 오신 메시아를 알아보지 못하고 십자가에 못 박아 죽였던 것처럼 오늘 우리 시대의 교회는 구약 종교에 눈이 가려져서 메시아로 오신 예수님을 만나지 못하고 오히려 매 주일 종교적인 예배를 통하여 예수님을 십자가에 못 박이고 있는 것입니다.

오늘 우리 시대의 교회가 생명을 얻기 원한다면 히브리서의 말씀에 귀를 기울여야 합니다; "(1) 첫 언약(구약)에도 섬기는 예법과 세상에 속한 성소가 있더라 (2) 예비한 첫 장막이 있고 그 안에 등잔대와 상과 진설병이 있으니 이는 성소라 일컫고 (3) 또 둘째 휘장 뒤에 있는 장막을 지성소라 일컫나니 (4) 금 향로와 사면을 금으로 싼 언약궤가 있고 그 안에 만나를 담은 금 항아리와 아론의 싹난 지팡이와 언약의 돌판들이 있고 (5) 그 위에 속죄소를 덮는 영광의 그룹들이 있으니 이것들에 관하여는 이제 낱낱이 말할 수 없노라 (6) 이 모든 것을 이같이 예비하였으니 제사장들이 항상 첫 장막에 들어가 섬기는 예식을 행하고 (7) 오직 둘째 장막은 대제사장이 홀로 일 년에 한 번 들어가되 자기와 백성의 허물을 위하여 드리는 피 없이는 아니하나니 (8) 성령이 이로써 보이신 것은 첫 장막이 서 있을 동안에는 성소에 들어가는 길이 아직 나타나지 아니한 것이라 (9) 이 장막은 현재까지의 비유니 이에 따라 드리는 예물과 제사는 섬기는 자를 그 양심상 온전하게 할 수 없나니 (10) 이런 것은 먹고 마시는 것과 여러 가지 씻는 것과 함께 육체의 예법일 뿐이며 개혁할 때까지 맡겨 둔 것이니라"(히 9:1-10)

히브리서는 여기서 분명하게 말씀하고 있습니다. 구약의 성막제도 안에서 드리는 종교적인 예배로는 **성소에 들어가는 길이 아직 나타나지 아니한 것이**라고 하였습니다. 그러면서 10장에서는 이 모든 성막에서 드리는 예배는 그림자이며 실체가 아니라고 하면서 이런 종교적인 예배로는 사람들을 구원할 수 없다고 하였습니다. 하나님은 이런 예배를 원하지 않으신다고 딱 잘라서 말씀하고 있습니다: "(1) 율법은 장차 올 좋은 일의 그림자일 뿐이요 참 형상이 아니므로 해마다 늘 드리는 같은 제사로는 나아오는 자들을 언제나 온전하게 할 수 없느니라 (2) 그렇지 아니하면 섬기는 자들이 단번에 정결하게 되어 다시 죄를 깨닫는 일이 없으리니 어찌 제사 드리는 일을 그치지 아니하였으리요 (3) 그러나 이 제사들에는 해마다 죄를 기억하게 하는 것이 있나니 (4) 이는 황소와 염소의 피가 능히 죄를 없이 하지 못함이라 (5) 그러므로 주께서 세상에 임하실 때에 이르시되 하나님이 제사와 예물을 원하지 아니하시고 오직 나를 위하여 한 몸을 예비하셨도다 (6) 번제와 속죄제는 기뻐하지 아니하시나니 (7) 이에 내가 말하기를 하나님이여 보시옵소서 두루마리 책에 나를 가리켜 기록된 것과 같이 하나님의 뜻을 행하러 왔나이다 하셨느니라 (8) 위에 말씀하시기를 주께서는 제사와 예물과 번제와 속죄제는 원하지도 아니하고 기뻐하지도 아니하신다 하셨고 (이는 다 율법을 따라 드리는 것이라) (9) 그 후에 말씀하시기를 보시옵소서 내가 하나님의 뜻을 행하러 왔나이다 하셨으니 그 첫째 것을 폐하심은 둘째 것을 세우려 하심이라"(히 10:1-9)

오직 실체로 오신 예수님이 사흘 동안에 세우신 교회를 통해서만 하나님은 예배를 받으시며 예배자들에게 새롭고 산길을 열어주신다고 말씀하고 있습니다; "그러므로 형제들아 우리가 예수의 피를 힘입어 성소에 들어갈 담력을 얻었나니 그 길은 우리를 위하여 휘장 가운데로 열어 놓으신 새롭고 산 길이요 휘장은 곧 저의 육체니라"(히 10:19-20)

히브리서의 마지막 장 13장에서는 히브리서의 총결론으로서 어서 속히 종교에서 벗어나서 실체이신 예수 그리스도께 나아가야 한다고 말씀하고 있습니다; "그러므로 예수도 자기 피로써 백성을 거룩하게 하려고 성문 밖에서 고난을 받으셨느니라 그런즉 우리는 그 능욕을 지고 영문(성문) 밖으로 그에게 나아가자"(히 13:12-13) 무슨 말입니까? 예루살렘은 성으로 둘러싸인 이스라엘의 수도였습니다. 예루살렘 성 안에는 성막이 있고 그 성막 안에는 제사장 제도와 동물제사가 이루어지는 구약종교의 중심지였습니다. 그러나 예수님은 예루살렘 성문 밖에 있는 갈보리 동산에서 십자가를 지심으로써 자신을 죄인 인간을 위한 대속제물로 하나님께 바치셨습니다. 하나님이 보내신 어린양으로 오신 예수님이 참 대속제물로 바쳐진 곳은 구약 종교의 중심인 성막 안에서가 아니고 예루살렘 성문 밖 갈보리 동산이라는 말입니다. 그러므로 예루살렘 성 밖으로 나오라는 말은 구약종교에서 벗어나라는 뜻입니다. 어서 속히 구약종교에서 벗어나서 참 대속제물로 바쳐지신 예수님께로 나아가야 한다는 말입니다. 한낱 그림자요 예표에 불과했던 구약종교에서 해방되어 예수님께서 지셨던 그 고난의 십자가를 짊어지고 예수님을 개인적으로 만나야 한다는 말입니다. "우리는 그 능욕을 지고 영문(성문) 밖으로 그에게 나아가자"라는 말은 지금까지 추구했던 세상의 것을 내려놓고 주님께서 지신 그 십자가를 지고 주님과 함께 동행하는 삶을 살라는 말입니다. 신구약성경 전체는 종교에 대하여 이야기하지 않고 하나님과의 개인적인 관계회복에 대하여 말씀하고 있습니다. 하나님과의 관계 회복이란 하나님과 동행하는 삶을 사는 것을 의미하는 것입니다. 매일의 삶이 빠진 믿음이 종교이며 죽은 믿음입니다. 히브리서는 성막 중심으로 이루어지는 구약종교를 그림자와 예표라고 설명하면서 결론으로 종교에서 벗어나 십자가를 지신 예수님과 동행하는 삶을 살아야 할 것을 강변하고 있습니다. 오늘 우리 시대의 교회가 진정으로 천국으로 가는 새롭고 산 길을 찾기 원한다면 하루 속히 기독교 종교에서 벗어나 예수님을 통해서 하나님과의 관계를 회복해야 하는 것입니다. 예수님과 매일 동행하는 삶을 살지 않고는 아무도 아버지께 올 자가 없는 것입니다: "예수께서 가라사대 내가 곧 길이요 진리요 생명이니 나로 말미암지 않고는 아버지께로 올 자가 없느니라"(요 14:6) 그리고 일상의 삶이 빠진 종교적인 믿음에서 벗어나지 못하면 아무도 예수님과 동행하는 삶을 살 수가 없는 것입니다: "그러므로 예수도 자기 피로써 백성을 거룩하게 하려고 성문 밖에서 고난을 받으셨느니라 그런즉 우리는 그 능욕을 지고 영문(성문) 밖으로 그에게 나아가자"(히 13:12-13)

그러면 신약성경에서 말하는 교회는 무엇입니까?

예수님께서는 "너희가 이 성전을 헐라 내가 사흘 동안에 일으키리라"(요 2:19)고 명령하셨습니다. 그러면 예표와 그림자에 불과한 성전을 허물고 예수님께서 사흘 동안에 일으키신다는 것은 무엇입니까?

이스라엘의 진 배치도

민수기 2장을 보면 이스라엘의 진 배치도를 볼 수 있는데 각 지파는 성막을 중심으로 사방으로 배치하라는 명령을 받았습니다. 하나님의 명령을 따라 성막 동편에는 유다 지파가 제일 앞에 그리고 그 다음에는 이싸갈 지파와 스불론 지파가 한 줄로 사자 깃발 아래 18만 6,000명이 진을 쳤습니다. 성막 서편에는 맨 앞에 에브라임 지파 그리고 그 다음에 므나세 지파 그리고 그 다음에 베냐민 지파가 황소 깃발 아래 10만 8,100명이 진을 쳤습니다. 그러니까 성막 서편에 제일 가까운 곳에 에브라임 지파가 있고 그다음에는 므나세 지파와 베냐민 지파가 한 줄로 배치되어 있는 것입니다. 또 성막 북쪽에는 단 지파가 성막에 가장 가까이에 그리고 그 다음으로는 아세르 지파와 납달리 지파가 한 줄로 독수리의 깃발 아래 15만 7,000명이 진을 쳤습니다. 마찬가지로 성막 남쪽에는 르우벤 지파를 필두로 시므온 지파와 가드 지파가 한 줄로 사람의 깃발 아래 15만 1,450명이 진을 쳤습니다. 그러니까 성막을 한가운데 두고 한 방향에 세 지파씩 일렬로 배치된 것이다. 세 지파의 사람들의 숫자를 생각하면서 성막을 중심으로 위의 지시대로 백성들의 천막을 배치하면 거대한 십자가 모양이 됩니다. 또 성막 안의 성물들도 십자가 모양으로 배치되어 있습니다. 예수님이 이 세상에 오시기 1,500년 전에 있었던 일입니다. 하늘에서 내려다보면 성막을 중심으로 거대한 십자가 모양인 것입니다. 참으로 놀라운 일입니다. 이런 내용이 예수님이 오셔서 십자가를 지시기 1,500년 전 모세시대에 기록되었다는 것은 얼마나 놀라운 일입니까! 성경이 정말 하나님의 말씀이라는 것을 다시 한 번 깨닫게 되는 순간입니다. 그래서 예수님은 요한복음 5장 39절에서 구약성경이 다 나를 대하여 기록한 것이라고 말씀하신 것입니다.

성막 평면도

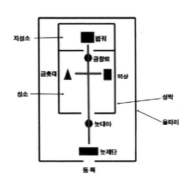

위의 그림은 십자가 모양으로 배치된 성막 안의 성물들(놋 제단, 놋 대야, 금 촛대, 떡 상, 금 향로, 법궤)
아래 그림은 이 성막의 동서남북 사방으로 세 지파씩 모두 12지파가 배치되어 있음

이스라엘의 진 배치도

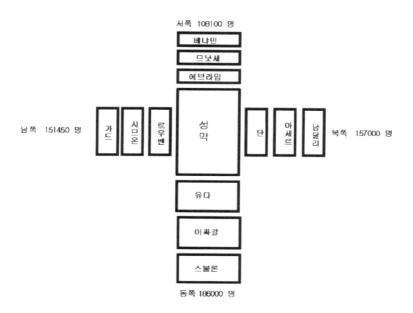

창세기는 시간과 공간의 시작, 인류의 거주지인 땅의 시작, 생명의 시작, 인류의 시작, 가정의 시작, 죄의 시작, 죽음의 시작, 구원약속의 시작, 인종의 시작, 언어의 시작, 문명의 시작, 이스라엘 민족의 시작 등 창세기는 '시작'의 책입니다. 그러나 불행하게도 창세기는 생명으로부터 시작하여 시체를 담은 '관'으로 끝을 맺고 있습니다. 다시 말해서 창세기는 인간의 실패의 역사를 기록한 책입니다. 인간이 하나님의 형상으로 시작해서 죄의 결과인 죄인의 죽음으로 끝나는 것을 보여주는 책입니다. 출애굽기에서는 죄 때문에 노예가 된 이스라엘 백성들이 유월절 어린양의 대속 죽음으로 죄의 애굽에서 해방된 사건을 기록하고 있습니다. 그리고 레위기에서는 죄에서 해방된 하나

님의 백성이 어떻게 성막에서 하나님을 예배하며 거룩하고 경건한 삶을 살아야 하는지를 보여주는 책입니다. 그래서 레위기에서는 **"너희는 거룩하라 나 여호와 너희 하나님이 거룩함이니라"**(레 19:2)고 말씀하십니다. 그 다음에 나오는 민수기에서는 성막 안에서 예배를 통하여 배운 말씀을 가지고 이 세상이라는 광야에 나가서 실제 생활에서 부딪치며 실천해야 하는 영적 싸움을 기록한 책입니다. 민수기 1장에서는 영적 전쟁을 위한 준비로서 인구조사를 통해서 전쟁에 나가 싸울 수 있는 모든 군사를 집계하였습니다. 그리고 2장에서는 영적 싸움에 나갈 군사들을 전투를 위한 전진대열로 배치시키는 모습이 보입니다. 그런데 그 진을 배치한 모습이 의미심장합니다. 즉, 성막을 중심으로 진을 사방으로 배치하여 위에서 보면 마치 거대한 십자가 모양이 되게 한 것입니다. 우리가 지금까지 살펴본 대로 구약시대의 성막은 장차 신약시대에 오실 그리스도를 미리 보여주는 예표였습니다. 그러므로 성막을 중심으로 진을 배치했다는 것은 그리스도를 중심으로 진을 배치했다는 뜻입니다. 영적 전쟁의 승리는 오직 그리스도의 십자가 보혈의 공로에 있기 때문입니다. 그리스도의 십자가 없이는 아무도 이 세상 죄악을 이길 수 없기 때문입니다. 우리의 죄의 문제는 십자가의 보혈만이 해결할 수 있기 때문입니다. 그리스도의 십자가가 없이는 우리는 죄의 포로가 될 수밖에 없기 때문입니다.

그러므로 성막을 중심으로 진을 배치했다는 것은 예수 그리스도를 중심으로 그를 영적 전쟁의 사령관으로 모시고 전쟁에 임한다는 것을 미리 보여주는 것입니다. 우리가 영적 전쟁에서 필요한 모든 명령과 정보와 지혜와 힘과 무기는 예수 그리스도로부터 공급받을 수 있는 것입니다. 그러므로 단 하루라도 예수 그리스도를 떠나서는 이 전쟁에서 이길 수 없는 것입니다. 이것이 바로 정상적인 그리스도인의 삶입니다. 우리는 날마다 그분의 용서하심이 필요합니다. 우리는 날마다 그분이 주시는 생명의 양식이 필요합니다. 우리는 날마다 그분의 가이드가 필요하고 그분의 보호하심이 필요합니다. 우리는 날마다 그분의 임재와 동행하여 주심이 필요합니다. 우리는 날마다 그분의 격려와 이끌어주심과 밀어주심과 소망 주심이 필요합니다. 예수 그리스도를 내 삶의 한가운데, 내 삶의 중심에 왕으로 사령관으로 모시고 이 영적 싸움을 싸울 때에만 비로소 나는 이 광야 같은 세상을 통과하여 저 약속의 땅에 들어갈 수 있는 그리스도인의 삶을 살 수 있는 것입니다.

구약시대의 성막은 장차 오실 그리스도의 몸 된 교회를 상징하는 그림자였습니다. 그러므로 성경적인 교회는 이 광야세상에서 영적 전쟁을 지휘하는 사령부요 군사 훈련장입니다. 그러므로 백성의 진을 성막을 중심으로 배치했다는 것은 교회를 중심으로 배치했다는 뜻을 지니고 있습니다. 에베소서는 그리스도의 몸 된 교회에 대하여 말씀하는 서신입니다. 에베소서 2장에서는 그리스도인이 어떻게 그리스도의 몸 된 교회로 함께 지어져 가고 있는지에 대하여 기록하고 있습니다. 교회는 죽은 벽돌로 세워지는 것이 아니고 성령으로 거듭난 예수의 사람들로 세워져야 한다는 것을 잘 보여주고 있습니다. 그리고 에베소서 6장에서는 교회가 싸울 영적 싸움에 대하여 언급하고 있습니다.(엡 6:10-18) 여기에 나오는 단어들은 2,000년 전에 사용되었던 로마시대의 군사적인 용어들입니다. 전신갑주(full armor - 완전무장), 진리의 허리띠(belt of truth), 의의 흉배(breast plate of righteousness), 복음의 신(shoes of Gospel), 믿음의 방패(shield of faith), 구원의 투구(helmet of salvation), 성령의 검(sword of the Spirit, the word of God) 등이 바로 그 군사 용어들입니다. 이 광야 세상에서 영적싸움을 잘 싸우고 승리하기 위해서 성도들의 교회생활이 얼마나 중요한지를 잘 보여주는 것입니다. 또한 성막을 중심으로 백성의 진을 배치하였다는 것은 교회를 떠나서는 그리스도인 개개인이 이 험한 세상에서 하나님의 자녀로 선한 싸움을 싸운다는 것은 불가능하다는 것을 보여주는 것입니다. 교회는 그리스도의 군사입니다. 다시 말해서 우리는 하나님의 자녀인 그리스도인으로서 부름 받았을 뿐 아니라 세상 죄악과 싸워 이길 그리스도의 군사로 부름 받은 것입니다. 군사는 무기가 필요합니다. 군사는 훈련이 필요합니다. 그 무기들을 공급해 주고 그 무기들을 사용하는 방법을 가르쳐주며 훈련시켜 주는 곳이 바로 교회입니다. 교회의 머리이신 그리스도께서 친히 사령관이 되시고 우리는 그의 군사들입니다. 각 지파는 성막을 중심으로 사방으로 배치하게 하였습니다. 성막을 중심으로 배치된 진의 모습은 위에서 보면 거대한 십자가 모양이 됩니다. 이 영적 전쟁에서 그리스도의 십자가가 없이는 우리는 모두 죄의 포로가 될 수밖에 없는 것입니다. 성막 안에 있는 성물들도 십자가 모양으로 배치되어 있습니다 그러므로 이스라엘 백성이 광야로 나아갈 때에 십자가가 들어 있는 성막을 둘러싸고 십자가 모양으로 행군하도록 명령하신 하나님의 명령은 참으로 놀랍고 오묘하기만 합니다. **이와 같이 구약에 기록**

된 모든 것들은 동물제사이든지 제사장 제도이든지 성막 건물이든지 다 예수님에 대한 예표요 그림자일 뿐입니다. 실체로 오신 예수님 안에서 이 모든 예표들이 다 성취된 것입니다. 그러므로 예수님께서는 '이 성전을 허물라'고 명령하신 것입니다. 이 성막 제도에 관한 모든 일들이 다 예수님이 이 세상에 오시기 1,500년 전에 있었던 사건입니다. 우리는 '구약성경에 기록된 모든 것이 다 나를 가리켜 기록한 것이니라'(요 5:39)고 하신 예수님의 말씀을 명심해야 할 것입니다.

예수님 당시에 있었던 성전은 46년이나 걸려서 지은 웅장한 성전이었습니다. 당시의 사람들은 당연히 이 성전을 하나님의 거룩한 집으로 신성하게 여기고 있었습니다. 바리새인과 사두개인과 제사장들이 지도자로 있었던 당시 유대인들에게 성전은 정말 신성한 건물이었습니다. 사도행전 6장에 보면 스데반 집사는 당시 유대인들이 하나님의 집으로 신성하게 여기던 성전을 허물라고 말씀하신 예수님의 말씀을 그대로 전하다가 돌에 맞아 죽었습니다. 유대인들이 이렇게 하나님의 집으로 신성하게 여기는 성전을 하나님의 아들이라고 자처하는 예수님이 '허물라'고 하셨으니 그들에게 얼마나 충격적이었겠습니까! 오늘날에는 어떠할까요? 수백, 수천, 수만, 수십만 명씩 모여 화려한 오케스트라와 수백, 수천 명이 되는 성가대와 일류 성악가들과 멀티미디어로 장식된 축제 같은 예배로 열정을 다해 하나님을 섬긴다고 생각하는 오늘 우리 시대의 교회들을 향하여 '이 성전을 허물라'고 하신 예수님의 말씀을 그대로 전한다면 얼마나 충격이겠습니까? 오늘 우리의 문제는 당시의 바리새인과 서기관과 제사장들은 우리와 전혀 상관이 없는 사람들로 여기고 있는 점입니다. 그러나 바리새인과 서기관과 제사장들이 남의 얘기가 아닙니다. 바로 오늘 우리들이 당시의 바리새인보다 서기관보다 제사장보다 더 종교적이고 더 위선적인 것을 깨닫지 못하고 있는 데에 우리의 비참이 있는 것입니다. 그러면 예수님은 당시 유대인들이 그토록 종교적 열심을 가지고 성전을 하나님의 집으로 신성하게 여기고 있는 줄을 다 아시면서도 어떻게 그렇게 잔인한 말씀을 하셨을까요? 유대인들이 그토록 신성시 여겨온 그 성전을 다 허물고 다시 지어야 하는 이유는 무엇입니까?

성전을 허물고 예수님께서 세우신 교회

예수님 때문에 망하는 사람들, 예수님 때문에 흥하는 사람들

누가복음 2장 34절을 보면 제사장 시므온이 아기 예수를 데리고 온 마리아에게 던진 말이 심상치 않습니다: **"시므온이 저희에게 축복하고 그 모친 마리아에게 일러 가로되 보라 이 아이는 이스라엘 중 많은 사람의 패하고 흥함을 위하며 비방을 받는 표적되기 위하여 세움을 입었고"** 제사장 시므온이 아기 예수를 보고 한 말을 쉽게 풀어서 말하면 이렇습니다. **"이 예수님 때문에 이스라엘의 많은 사람이 망하게 될 것이며 또 많은 사람이 흥하게 될 것이다"** 그러면 당시 이스라엘 사람들 중에서 누가 예수님 때문에 망하는 사람들이었으며 또 누가 예수님 때문에 흥하는 사람들이었습니까? 두말할 필요도 없이 바리새인과 서기관과 제사장 등 이스라엘의 종교지도자들과 그들을 추종했던 이스라엘 백성들이 예수님 때문에 망하는 사람들이었습니다. 그리고 사회에서 지탄을 받았던 세리들과 창녀들이 예수님 때문에 흥하는 사람들이었습니다. 그러면 왜 그토록 일생을 다 바쳐 하나님을 섬겼던 이스라엘의 종교지도자들이 예수님 때문에 망하는 사람들이 되었습니까? 왜 예수님은 그렇게 평생을 바쳐 하나님을 섬기는 훌륭한 종교지도자들을 부딪히는 돌과 걸려 넘어지게 하는 돌이 되게 하셨습니까?

그것은 바로 우리가 지금까지 살펴본 대로 구약의 종교 때문이었습니다. 종교가 그들의 눈을 멀게 한 것입니다. 종교라는 의식과 제도에 빠져서 실체로 오신 메시아를 알아볼 수 없었던 것입니다. 그러면 당시의 구약종교는 무엇이었습니까? 구약 종교의 3대 요소는 성전건물, 동물제사 그리고 제사장 제도 그것이었습니다. 이것들은 모두 장차 나타날 실체이신 예수 그리스도에 대한 그림자에 불과한 것이었다는 것을 우리가 지금까지 상세하게 살펴보았습니다.

예수님께서 갈보리 동산 십자가에서 죽으심으로써 그동안 수천 년 동안 드려오던 동물제사가 완전히 끝이 났습니다. 이제 더 이상 동물제사가 필요 없게 된 것입니다. 예수님이 우리를 위한 대제사장으로서 그의 보배로운 피를 가지시고 하나님 보좌 우편에 가셨으므로 이제 더 이상 지성소에 동물의 피를 가지고 지성소에 들어가서 중보사역을 했던 구약의 대제사장 제도는 필요 없게 된 것입니다. 그리스도 안에 있는 성도는 그리스도께서 십자가 죽음심으로 열어 놓은 새롭고 산길을 통해서 하나님 보좌 우편에 직접 나아가 하나님을 아바 아버지라고 부르게 된 것입니다. 예수님이 사흘 만에 부활하심으로써 구약의 성전건물 제도를 폐하시고 그의 부활의 몸을 그리스도의 몸 된 교회로 세우셔서 그의 몸의 지체가 된 성도들이 하나님이 거하실 성전이 되게 하심으로써 그림자였던 구약의 성전 건물은 더 이상 필요가 없게 된 것입니다. 그래서 예수님은 성전을 허물라고 말씀하신 것입니다.

그러면 그림자였던 구약시대의 성전 건물을 허물라고 하신 주님께서 신약시대에 새로 세우신 실체로서의 성전은 무엇인가? 베드로전서 2장 4~5절을 보십시오; "사람에게는 버린 바가 되었으나 하나님께는 택하심을 입은 보배로운 산 돌이신 예수에게 나아와 너희도 산 돌같이 신령한 집(spiritual house = 영적인 집)으로 세워지고 예수 그리스도로 말미암아 하나님이 기쁘게 받으실 신령한 제사(영적인 제사)를 드릴 거룩한 제사장이 될지니라." 여기서 예수님을 산 돌이라고 표현하였다. 산 돌이란 말은 영어의 리빙스톤(living stone)이라는 말로서 생명을 주는 돌(life giving stone)이라는 뜻입니다. 즉 예수님은 우리에게 생명을 주는 돌이십니다. 2장 5절에 보면 "너희도 산 돌같이 신령한 집(영적인 집)으로 세워지고"라고 하는데, 이것은 예수 믿는 사람들은 산 돌이신 예수님으로부터 생명을 받아 산 돌들이 되어 하나님이 거하실 신령한 집(영적인 집), 즉 성전으로 함께 지어져 간다는 뜻입니다. 구약에서는 생명이 없는 죽은 벽돌로 성전을 지었는데 그것은 장차 나타날 참 성전에 대한 그림자였기 때문이었습니다. 그러므로 하나님이 그 죽은 성전에 상징적으로 거하실 뿐이지 실제로는 거하지 아니하셨습니다. 사도행전 7장에 스데반 집사가 교회에 대하여 설교한 다음 내용을 보십시오; "광야에서 우리 조상들에게 증거의 장막(성막)이 있었으니 이것은 모세에게 말씀하신 이가 명하사 저가 본 그 식대로 만들게 하신 것이라 우리 조상들이 그것을 받아 하나님이 저희 앞에서 쫓아내신 이방인의 땅을 점령할 때에 여호수아와 함께 가지고 들어가서 다윗 때까지 이르니라 다윗이 하나님 앞에서 은혜를 받아 야곱의 집을 위하여 하나님의 처소를 준비케 하여 달라 하더니 솔로몬이 그를 위하여 집(성전)을 지었느니라 그러나 지극히 높으신 이는 손으로 지은 곳에 계시지 아니하시나니 선지자의 말한 바 주께서 가라사대 하늘은 나의 보좌요 땅은 나의 발등상이니 너희가 나를 위하여 무슨 집을 짓겠으며 나의 안식할 처소가 어디뇨 이 모든 것이 다 내 손으로 지은 것이 아니냐 함과 같으니라"(행 7:44-50)

47절부터 보면, 구약시대의 솔로몬 왕이 지은 성전에도 하나님이 계시지 않는다고 스데반이 잘 지적하고 있습니다. 하나님이 어떻게 사람의 손으로 지은 건물에 거하시겠느냐고 구약의 선지자도 지적했음을 언급하고 있습니다. 원래 하나님께서 모세에게 주신 것은 성전(temple)이 아니고 성막(tabernacle)이었습니다. 성막의 뜻은 'dwelling of God' 즉 '하나님의 거하심'이었습니다. 성막은 문자 그대로 천막으로 지은 건물이었습니다. 광야에서 용이하게 이동할 수 있도록 천막을 사용한 것입니다. 그러나 이스라엘 백성이 광야를 지나고 가나안 땅에 정착하였을 때 솔로몬 왕이 더 튼튼하고 견고한 건물로 짓기 위해서 천막을 사용하지 않고 돌과 목재를 사용하여 지은 것이 성전(temple)입니다. 그러므로 솔로몬이 성막을 대체하기 위하여 지은 것이 바로 성전인데 그의 의도는 하나님이 거하실 집을 더 견고하고 장엄하게 짓기 위한 것이었습니다. 그래서 사람들은 성전을 가리켜 '하나님의 거룩한 집(God's holy temple)'이라고 부르게 된 것입니다. 그런데 구약의 선지자의 말에 따르면 하나님께서 사람의 손으로 지은 건물에 거하실 수 없다고 친히 말씀하셨다는 것입니다. **"(49) 주께서 가라사대 하늘은 나의 보좌요 땅은 나의 발등상이니 너희가 나를 위하여 무슨 집을 짓겠으며"**

산 돌들로 지어지는 교회

그래서 예수님은 사람이 손으로 지은 이 성전을 허물라고 말씀하셨던 것입니다. 하나님은 사람의 손으로 지은 부동산 건물 속에 거하시기를 원치 아니하시고 하나님의 형상으로 지어진 사람 속에 거하시기를 원하시는 것입니다. 아무리 값비싼 고급 빌라를 지어드린다고 해도 생명이 없는 그런 부동산 건물에 하나님이 거하시지 않습니다. 하나님은 당신의 형상으로 만들어졌던 아름다운 인간이 죄로 말미암아 하나님과 단절되었기 때문에 하나님과의 관계를 회복하기 위하여 그들의 죄값을 십자가의 피로 지불하시고 인간의 심령 속에 들어와 거하시며 인간의 말과 생각과 행동 등 삶의 전부를 친히 통치하심으로써 인간을 하나님의 형상으로 회복시키려는 것이었습니다. 다시 말해서 하나님께서 이 땅에 오셔서 십자가를 지신 목적은 화려한 성전건물을 건축하기 위해서가 아니고 죄인들을 하나님의 거룩한 사람으로 다시 지으시기 위해서입니다. 그래서 '이 성전을 허물라 내가 사흘 안에 지으리라'고 말씀하신 것입니다. 즉 예수님께서 십자가에서 죽으시고 3일 만에 부활하심으로써 인간을 죄에서 구원하시어 하나님의 거룩하고 의로운 사람으로 완성시키기 위하여 하나님이 사람 안에 친히 거하시는 그런 새로운 성전을 지으시겠다는 것입니다. 그래서 주님은 오늘도 부동산 건물로 지은 성전의 문밖에서 두드리시는 것이 아니고 오늘 우리 인간의 심령 밖에서 문을 두드리시며 말씀하십니다: "볼지어다 내가 문밖에서 서서 두드리노니 누구든지 내 음성을 듣고 문을 열면 내가 그에게로 들어가 그로 더불어 먹고 그는 나로 더불어 먹으리라"(계 3:20) 그러니까 주님이 지으시는 성전은 벽돌로 지어지는 건물이 아니고 주님을 영접하고 십자가의 보혈로 죄 씻음을 받은 하나님의 자녀가 된 사람들로 지어지는 영적인 건물입니다. 참으로 주님이 원하시는 참 성전은 생명이 없는 죽은 벽돌을 사용하는 것이 아니라, 예수님을 믿고 새 생명을 받은 성도들을, 즉 산 돌들을 재료로 하여 살아 움직이는 신령한 집(spiritual house = 영적인 집)을 말하는 것입니다.(벧전 2장 4-5) 그러므로 오늘날 사람들이 주님이 원하시는 참된 성전을 알지 못하고 수백억 원을 들여 값비싼 벽돌과 대리석으로 아시아 제일, 세계 제일의 큰 교회 건물을 짓는 데 혈안이 되어있는 것은 오늘의 교회가 얼마나 비성경적인 교회이며 성경에 무지한 소경인지를 스스로 증거하는 것입니다. 이 얼마나 이단적이고 종교적이고 미신적인 교회인가! '이 성전을 허물라'고 하신 주님의 말씀이 정녕 들리지 않는 소경 교회라는 말입니다.

"가라사대 너희는 나를 누구라 하느냐 시몬 베드로가 대답하여 가로되 주는 그리스도시요 살아 계신 하나님의 아들이시니이다 예수께서 대답하여 가라사대 바요나 시몬아 네가 복이 있도다 이를 네게 알게 한 이는 혈육이 아니요 하늘에 계신 내 아버지시니라 또 내가 네게 이르노니 너는 베드로라 내가 이 반석 위에 내 교회를 세우리니 음부의 권세가 이기지 못하리라"(마 16:15-18)

여기서 베드로는 예수님을 하나님의 아들 그리스도로 메시아로 바르게 고백하였습니다. 그리스어 "그리스도"는 히브리어 "메시아"를 의미하는 말입니다. "메시아"는 "구세주와 왕"이라는 뜻입니다. 그러니까 베드로가 예수님을 그리스도로 믿었다는 말은 베드로가 예수님을 자기를 죄에서 구원해주신 "구세주"로 영접하고 그 후부터는 예수님을 자신의 왕으로 모셔서 자기의 모든 말과 생각과 행동 즉 자신의 삶 전체를 통치하는 왕으로 모셨다는 말입니다. 다시 말해서 자기를 구원해주신 구세주 예수님을 왕으로 모시고 그분의 통치에 전적으로 복종하여 살겠다는 말입니다. 그러므로 생명을 주러 오신 산 돌이신 예수님이 베드로에게 생명을 주사 베드로를 사도들 중에서 첫 번째 생명을 받은 산 돌[반석]이 되게 하신 것입니다. 나중에 다른 사도들도 주님을 구주로 메시아로 영접하고 새 생명을 받은 산 돌들(반석들)이 됩니다. **보배로운 산 돌이신 예수에게 나아와 너희도 산 돌같이 신령한 집(spiritual house = 영적인 집)으로 세워지고**"(벧전 2:5)

다음에 기록된 에베소서를 보면 참 성전, 즉 참 교회가 무엇인지 더욱 분명해집니다; "**그러므로 이제부터 너희가 외인도 아니요 손도 아니요 오직 성도들과 동일한 시민이요 하나님의 권속(가족)이라 너희는 사도들과 선지자들의 터(기초 돌 = 반석) 위에 세우심을 입은 자라 그리스도 예수께서 친히 모퉁이 돌이 되셨느니라 그의 안에서 건물마다 서로 연결하여 주 안에서 성전이 되어 가고 너희도 성령 안에서 하나님의 거하실 처소가 되기 위하여 예수 안에서 함께 지어져 가느니라**"(엡 2:19-22)

여기서 19절의 '너희'는 에베소 시에 살고 있는 그리스도인들입니다. 예수님의 새 생명을 받아 그리스도인이 된 이 사람들이 20절에 보면 **"사도들과 선지자들의 터 위에 세우심을 입은자라. 그리스도께서 친히 모퉁이 돌이 되셨느니라"**고 기록되었습니다. 여기서 사도들이란 베드로를 비롯한 나머지 사도들로서 예수님을 그리스도로 영접하여 산 돌들(영생을 받은 반석들)이 된 사람들입니다. 또 메시야가 오실 것을 오랫동안 예언했던 구약의 선지자들도 사도들과 함께 주님이 원하시는 참 성전을 세우는 데 영생을 얻은 기초 돌들(foundation stones)이 되었습니다. 우리가 건물을 지으려면 먼저 땅을 파고 기초 돌을 깔고 시멘트를 버무려서 단단하게 기초터를 만들어야 합니다. 그리고 그 위에 벽돌을 쌓아야 그 건물이 견고하게 세워지는 것입니다. 마찬가지로 주님이 지으시는 교회의 기초는 메시야가 오실 것을 오래 전부터 믿고 예언했던 구약의 선지자들과 메시아로 오신 예수님을 메시아로 바로 믿고 산 돌들이 된 사도들이 주님이 세우시고자 하는 성전의 견고한ㅍ 기초 터(foundation stones = 기초 돌들)가 된 것이다. 예수님은 이제 예수님을 하나님의 아들과 메시야(그리스도)로 영접하여 새 생명을 얻은 베드로와 그 나머지 제자들과 이미 메시아를 믿고 전파했던 구약의 선지자들 기초 돌로 삼아 견고한 기초터를 마련해 놓으셨습니다. 그런데 이 기초 터는 예수님이 새 생명을 주신 산 돌들로 만들어졌다고 하였으니까 예수님이 주신 새 생명이 없이는 생명이 없는 죽은 기초 터가 될 것입니다. 그러므로 20절에서 예수님을 모퉁이 머리 돌(chief cornerstone)로 표현하고 있습니다. 다시 말해서 예수님이 세우실 성전의 기초터는 예수님이 중심이 되는 것입니다. 반석(산 돌) 되신 예수님의 생명이 없이 만들어진 기초 터는 생명이 없는 부동산 건물이요 비가 와서 홍수가 날 때 무너져 버리는 모래 위에 세운 건물이 되는 것입니다. 그러므로 예수님이 세우시는 성전의 기초터는 산 돌이신 예수님을 모퉁이 머리 돌과 예수님으로부터 새 생명을 받아 산 돌들이 된 선지자들과 사도들로 만들어진 것입니다.

이제부터는 그 기초터(기초 돌들) 위에 벽돌을 하나씩 하나씩 쌓아가기만 하면 되는 것입니다. 그러니까 생명이 없는 죽은 벽돌이 아니고 그리스도의 새 생명을 받은 산 돌들이 된 하나님의 자녀들로 하나 하나씩 쌓아져 가는 것입니다. 이것이 바로 예수님께서 사흘 안에 지으시겠다던 성전 즉 그리스도의 몸 된 교회입니다. 20-22절까지를 보면 그 사도들과 선지자들과 예수 그리스도를 모퉁이의 머릿돌로 하여 사도들과 선지자들이 기초 돌이 된 그 기초 돌들 위에 에베소에서 예수님을 구주로 믿고 영접하여 산 돌들이 된 성도들이 한 사람씩 한 사람씩 산 벽돌로 쌓여져 가고 있는 것입니다. 하나님이 거하실 거룩한 성전으로 함께 세워져 가고 있다고 기록하고 있는 것입니다. 참으로 주님께서 구약의 성전을 허물고 새로 지으신 참 교회는 이렇게 죽은 부동산 건물이 아니고 예수 믿고 성령으로 거듭난 하나님의 자녀들로 세워지는 영적인 집인 것입니다. 고린도전서 3장 16절에서도 믿는 성도들이 바로 하나님이 거하시는 성전이라고 말씀하고 있습니다; **"너희가 하나님의 성전인 것과 하나님의 성령이 너희 안에 거하시는 것을 알지 못하느뇨"** 사람들이 손으로 만든 생명 없는 벽돌로 지은 교회에는 하나님이 거하시지 않습니다. 오직 성령으로 거듭나서 새 생명을 얻은 사람들이 산 돌들이 되어 지어진 교회가 진정 하나님이 거하시는 성전인 것입니다. 예수님이 세우시는 성경적인 교회는 아래 그림이 잘 보여주고 있습니다.

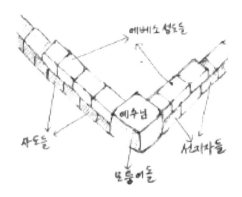

그러므로 성경에서 말하는 참 교회는 그리스도를 믿고 거듭나서 새 생명을 얻은 하나님의 자녀가 된 우리 성도들입니다. 우리가 길거리에서 보는 십자가가 걸린 거대한 벽돌건물은 성경에서 말하는 교회가 전혀 아닙니다. 그것은 생명이 없는 죽은 부동산 건물입니다. 예수님은 그런 죽은 부동산 건물을 교회라고 부르신 적도 없고 그런 죽은 건물들을 지어달라고 십자가에서 죽으신 것이 아닙니다. 예수님은 그런 죽은 부동산 건물을 허물라고 명령하신 것입니다.

오늘 우리가 진정 예수님께서 원하시는 교회로 세워지기를 원한다면 우리들도 하루 속히 죄를 회개하여 세상을 내려놓고 예수님을 구주로 영접하여 새 생명을 얻어 영생을 지닌 산 돌들이 되어 사도들과 선지자들이 놓은 기초 돌들 위에 한 장씩 한 장씩 쌓아 올려져야 할 것입니다. 새 생명을 얻은 거듭난 성도들로 지어지는 교회만이 하나님이 거하실 성전으로 함께 지어지는 것입니다. 즉 교회를 세운다는 것은 벽돌건물을 세우는 것이 아니라 죄인들을 회개시켜 그리스도의 거룩한 생명을 가진 그리스도의 사람들로 세우는 것입니다.

한 사람 한 사람에게 그리스도의 복음을 증거하여 그리스도를 만나게 해줌

으로써 그들이 예수 안에서 새 생명으로 거듭나서 세상을 버리고 하나님의 통치를 받는 사람이 될 때 그들이 차곡차곡 산 돌들로 쌓아져 가는 것입니다. 누가 하나님을 저 컴컴한 부동산 건물에 가두어 두었는가? 일주일에 한두 번씩 면회 와서 예배하는 오늘 이 시대의 교회가 아닌가! 우리 하나님은 저 어두운 부동산 건물에 계시지 않습니다. 하나님께서 거하시기를 원하시는 곳은 저 죽은 부동산 건물이 아니고 하나님의 형상을 닮게 창조된 사람들의 심령 속입니다. 예수님은 아직도 교인들의 문밖에서 마음을 열라고 두드리고 계십니다; "볼지어다 내가 문밖에서 두드리노니 누구든지 내 음성을 듣고 문을 열면 내가 그에게로 들어가 그로 더불어 먹고 그는 나로 더불어 먹으리라"(계 3:20) 그냥 잠시 방문하러 오시는 것이 아닙니다. 아예 우리 안에 거주하시면서 우리와 동거동행하시기를 원하시는 것입니다. 그러므로 진정으로 예수님을 구주로 영접한 참 그리스도인의 예배는 일주일에 한두 번 교회당이라는 곳에 모여서 종교적으로 드리는 예배로 끝나는 것이 아니라 매일의 삶에서 삶 전체를 하나님께 드리는 예배의 삶을 사는 것입니다. 이것이 바로 성전을 허물라고 하신 주님의 말씀에 순종하는 삶입니다.

하나님의 구원역사에서 보면 교회는 3단계에 걸쳐 완성되는 것을 볼 수 있습니다.

첫째는 구약시대의 성전입니다. **"내가 그들 중에 거할 성소를 그들을 시켜 나를 위하여 짓되"**(출 25:8) 구약시대에는 하나님께서 성전이라고 하는 물리적인 구조물을 통하여 상징적으로 그의 백성과 함께 하심을 보여주셨습니다. 실체이신 예수님이 오실 때까지 상징적으로 종교의식을 통해서 보여주신 것입니다. 아직 그림자와 예표의 단계일 뿐입니다. 성전이라는 본래의 뜻 **'하나님의 거하심'**이 아직 실제로 이루어지는 단계가 아닌 것입니다.

둘째는 신약시대의 성전입니다. **"너희가 하나님의 성전인 것과 하나님의 성령이 너희 안에 거하시는 것을 알지 못하느뇨"**(고전 3:16) 신약시대에는 하나님께서 성령으로 그리스도인의 심령 안에 실질적으로 함께 거하심을 보여주십니다. 구약시대에는 하나님께서 상징적으로 종교의식과 건물 속에 거하셨지만 신약시대에는 믿는 사람 한 사람 한 사람의 심령 안에 내주하시면서 실질적으로 하나님의 임재가 개개인에게 임한 것입니다. 그러나 이 단계에서도 아직 '하나님의 거하심'이 완성된 단계는 아닙니다. 왜냐하면 예수님을 구주로 영접한 사람일지라도 아직은 영만 거듭난 상태이고 육신은 거듭나지 못한 상태이기 때문입니다.

셋째는 하나님 나라의 성전으로서 예수님께서 재림하실 때에 나타날 완성된 성전입니다. "내가 들으니 보좌에서 큰 음성이 나서 가로되 보라 하나님의 장막(Tabernacle of God = 하나님의 거하심)이 사람들과 함께 있으매 하나님이 저희와 함께 거하시리니 저희는 하나님의 백성이 되고 하나님은 친히 저희와 함께 계셔서"(계 21:3) "성 안에 성전을 내가 보지 못하였으니 이는 주 하나님 곧 전능하신 이와 및 어린양이 그 성전이심이라"(계 21:22) 예수님께서 재림하실 때에는 성도들의 육신까지도 거듭나서 부활의 신령한 몸을 받게 되어 먼저 거듭나서 구원받은 영과 함께 부활한 몸이 합하여 완전한 인간으로 완성되는 것입니다. 하나님께서 인류를 창조하시기 전에 계획하셨던 대로 하나님의 형상을 닮은 인간이 완성되는 순간입니다. 이제 부활하여 하나님의 형상을 회복한 성도들을 하나님이 얼굴과 얼굴로 대하면서 영원히 함께 거하시는 것이 바로 하나님의 나라의 성전인 것입니다. 구약시대와 신약시대를 거쳐 여기서 드디어 성전이 완성되는 것입니다.

우리가 사는 시대는 두 번째 단계에 속합니다. 지금은 하나님이 성령으로 그리스도인의 심령 안에 실질적으로 함께 거하시는 시대입니다. 그러므로 우리는 종교의식에서 벗어나 우리 심령 속에 소유한 그리스도를 매일의 삶에서 행함으로 나타내는 경건하고 의롭고 거룩한 삶을 살아야 합니다. 성경 찬송가 들고 주기적으로 교회에 왔다 갔다 하면서 교리적으로는 독선자가 되고 교회 행사에는 광신적이 되면서 실제 삶에서는 세상적인 가치를 추구하고 저속한 대중문화에 빠져 사는 사람들이 바로 바리새인과 서기관들이요 종교 때문에 망하는 사람들이 되는 것입니다. 그러므로 예수님께서 이 성전을 허물라고 말씀하신 것입니다. 이제 우리는 구약의 성전 건물을 중심으로 행해졌던 종교의식을 벗어버리고 십자가에 못 박히신 그리스도께 나아가는 성도들의 삶을 살아야 하는 것입니다.

신약성경의 히브리서는 구약의 이 종교제도를 그림자라고 설명하면서 이제 그리스도 안에서 구약의 종교제도는 다 폐지되었음을 선언하고(히 8:13) 다음과 같이 결론을 내린다; **"그러므로 예수도 자기 피로써 백성을 거룩케 하려고 성문 밖에서 고난을 받으셨느니라 그런즉 우리는 그 능욕을 지고 영문 밖으로 그에게 나아가자"**(히 13:12-13)

앞에서 언급한 대로 예루살렘성은 성전이 있는 곳으로서 구약 종교의 중심지였습니다. 그러므로 영문 밖으로 나아가라는 말은 종교의 중심지인 예루살렘성을 떠나서 실체이신 그리스도 예수께 나아가라는 말입니다. 우리는 더 이상 기독교 종교인이 되어서는 안 된다는 말입니다. 우리는 생활 속에서 그리스도를 따르고 실천하고 그와 함께 동행하는 그리스도께 속한 사람, 그리스도를 소유한 사람, 그리스도를 나타내는 그리스도인이 되어야 한다는 말입니다. 그러면 영문 밖으로 나아가라는 뜻이 실제적으로 우리의 신앙생활에 어떤 의미를 부여하는지 예수님이 사흘 안에 세우시겠다는 교회를 통해서 구체적으로 살펴보겠습니다.

예수님과 교회

예수님을 떠나서는 교회는 존재할 수 없습니다. 예수님은 교회의 창시자이시기 때문입니다. 그의 새로운 교회를 세우기 위해서 예표요 그림자였던 구약의 성전을 허물라고 명령하셨습니다. 하나님의 임재의 상징에 불과했던 구약의 종교의식이나 제도를 통해서는 하나님께서 사람 속에 거하실 수가 없기 때문입니다. 성막(Tabernacle)이라는 말의 뜻은 '하나님의 거하심(dwelling of God)'인데 구약의 종교의식으로는 하나님께서 인간 속에 거할 수가 없기 때문에 성막으로서의 존재가치가 없는 것입니다. 성막은 어차피 실체인 메시아가 오실 때까지는 그림자요 예표에 불과한 상징이었을 뿐입니다. 성막(하나님의 거하심)을 세우신 그 본래의 목적을 성취하기 위해서는 하나님께서 인간 속에 들어오셔서 거하셔야 하는데 인간은 죄인이기 때문에 거룩하신 하나님께서 들어오실 수가 없는 것입니다. 이 문제를 해결하시기 위해서 하나님께서 취하신 방법이 인간의 죄를 대신 짊어지시고 그 죄값을 지불하여 인간의 죄를 씻어내는 것입니다. 그래서 하나님이 인간의 육신을 입고 오셔서 십자가를 지시고 그 보혈로 죄값을 지불하신 것입니다. 이제 누구든지 자기가 죄인임을 깨닫고 철저히 회개하며 이 예수님을 구세주와 왕으로 영접하는 사람은 죄를 용서받게 되고 예수님은 그 사람 안에 들어가 거하실 수가 있게 되는 것입니다. 그리하여 그 사람의 삶 전체를 통치하여 하나님의 사람으로 성화시키려는 것입니다. 그러니까 예수님을 믿고 영접하여 예수님을 구주와 왕으로 모시고 사는 사람들이 바로 예수님께서 사흘 동안에 세우겠다는 그 교회인 것입니다. 이제 하나님이 이스라엘 백성들에게 상징적으로 거하시는 것을 보여 주던 구약의 성전제도는 더 이상 필요가 없어진 것입니다. 예표와 그림자에 불과했던 구약시대의 동물들의 죽음으로는 사람들의 죄를 씻을 수 없기 때문에(히 10:1-4) 거룩하시고 의로우신 하나님께서 그들의 심령에 거하실 수가 없었습니다. 그러나 이제는 실체이신 그리스도께서 십자가에서 대속제물로 바쳐졌기 때문에 누구든지 자기 죄를 철저히 회개하고 예수님을 영접하고 죄 없으신 예수님과 연합하여 예수님 안에 거하기만 하면 예수님의 의로우시고 성결 하심을 입고 하나님이 거하실 수 있는 성전으로 함께 세워져 갈 수 있는 것입니다. 바로 이 새로운 성전, 즉 하나님이 상징적으로 거하시던 구약의 성전이 아닌 하나님이 실제로 사람들과 함께 거하시는 이 새로운 성전을 짓기 위해서 예수님은 이 세상에 오셔서 대속제물로 바쳐지신 것입니다. 자 그러면 예수님은 어떻게 이 새로운 성전을 지으셨습니까?

철저한 회개

회개 없이 교회는 결코 세워질 수 없습니다. 주님께서 지으시는 새 성전은 죽은 벽돌로 세우시는 것이 아니고 구원받은 사람들로 세워지는 것이기 때문에 이 새로운 성전을 지으시기 위해서 우리 주님께서 제일 먼저 요구하신 것이 바로 '회개'입니다. 회개는 구원을 향한 제일 첫 번째 단계이기 때문입니다. 세상을 내려놓지 않고는 아무도 회개할 수 없으며 회개 없이는 아무도 하나님의 사람이 될 수 없기 때문입니다. 그래서 예수님께서 사람들에게 행하신 첫 번째 설교도 **'회개하라 천국이 가까왔느니라'**였습니다. 또 땅 끝까지 나가서 모든 민족에게 전해야 할 복음도 회개의 복음입니다. 누가복음 24장 46절부터 보십시오; "(46) 또 이르시되 이같이 그리스도가 고난을 받고 제 삼일에 죽은 자 가운데서 살아날 것과 (47) **또 그의 이름으로 죄 사함을 얻게 하는 회개가 예루살렘으로부터 시작하여 모든 족속에게 전파될 것이 기록되었**

으니 (48) 너희는 이 모든 일의 증인이라 (49) 볼지어다 내가 내 아버지의 약속하신 것을 너희에게 보내리니 너희는 위로부터 능력을 입히울 때까지 이 성에 유하라 하시니라"(눅 24:46-49)

예수의 이름으로 죄 사함을 얻게 하는 회개의 복음을 예루살렘부터 시작하여 세상 모든 민족들에게 전파될 것이 구약성경에 기록되었다고 예수님께서 친히 가르쳐 주셨습니다. 참으로 신구약성경 전체는 회개를 전파하는 복음으로 가득 차 있음을 알 수 있는 것입니다. 세상을 내려놓는 진정한 죄의 회개가 없다면 아무도 십자가 복음을 바로 이해할 수도 없고 바로 받아들일 수도 없다는 말입니다. 그러니까 죄인들이 구원받기 위해서 제일 먼저 해야 할 것이 바로 회개라는 말입니다. 왜냐하면 죄 때문에 우리 인간이 하나님과 분리되었기 때문입니다. **"여호와의 손이 짧아 구원치 못하심도 아니요 귀가 둔하여 듣지 못하심도 아니라. 오직 너희 죄악이 너희와 너희 하나님 사이를 내었고 너희 죄가 그 얼굴을 가리워서 너희를 듣지 않으시게 함이니"**(사 59:1-2) 그러니까 죄의 문제를 먼저 해결함이 없이 교회에서 평생 동안 주의 이름으로 아무리 충성을 많이 하고, 아무리 봉사를 많이 하고, 아무리 찬송을 많이 하고, 기도를 많이 해도 하나님께서 만나 주시지를 않으신다는 말입니다. 그러므로 하나님과의 관계를 회복하는 데 있어서 가장 시급한 최우선의 과제는 바로 죄의 문제를 해결하는 것입니다. 그러므로 예수님께서 인간을 구원하기 위한 사역을 시작하는 제일 첫 단계로 다른 것을 요구하지 아니하시고 회개를 요구하신 것입니다.

문제는 오늘날 우리 시대의 교회들은 더 이상 회개를 전파하지 않는다는 점입니다. 회개를 전파하면 사람들이 모이지 않기 때문입니다. 그러므로 회개함이 없이 그냥 예수님을 구주로 영접하는 것입니다. 처음부터 첫 단추를 잘못 끼우고 시작하는 것입니다. 진정한 회개 없이 예수님을 영접했다는 사람들은 아직 구원받은 사람들이 아닙니다. 진정한 회개 없이는 아무도 예수님을 구주로 영접할 수가 없기 때문입니다. 너무도 성결하시고 지극히 의로우신 하나님께서는 그 성품상 티끌만 한 죄악도 결코 용납하실 수 없기 때문에 죄를 회개하지 않은 사람을 받아주실 수가 없습니다. 또한 자기 자신이 죄인인지를 깨닫지 못하면 자기 자신이 구원의 필요성을 느끼지도 못하기 때문에 진정으로 예수님을 영접할 수도 없는 것입니다. 구원의 필요성을 느끼지 못한다면 예수님을 구주로 영접할 필요가 없어지기 때문입니다. 그러므로 진정한 회개 없이 예수님을 구주로 영접했다는 사람은 아직 예수님을 영접한 사람이 아닙니다. 교회를 아무리 수십 년을 다녔어도 아직도 구원을 받지 못한 사람이 되는 것입니다. 우리의 죄 문제를 해결하여 주시려고 오신 주 예수님 앞에 나와 자기의 죄를 회개함이 없이는 아무리 평생 동안 선한 일을 많이 하고 착하게 살아도 구원을 받지 못하는 것입니다. 왜냐하면 그 선한 행실로는 죄가 씻겨지지 아니하기 때문입니다. **그러므로 진정하고 철저한 죄의 회개없이 예수님을 구주로 너무 쉽게 영접하는 오늘 우리 시대의 교회는 구원받지 못한 가짜 그리스도인들로 가득 찬 사이비 교회가 될 수밖에 없는 것입니다.**

또한 예수님을 구주로 영접한다는 것은 단순히 죄를 용서해 주시는 분으로 영접하는 것이 아닙니다. 비록 죄를 용서받은 이후에도 인간은 죄 때문에 이미 망가져 있기 때문에 스스로의 힘으로는 도저히 하나님의 자녀로 성장해 갈 수가 없습니다. 그러므로 죄를 용서받은 이후에도 주님께서 계속해서 우리 안에 거하셔서 우리의 말과 생각과 행동 전체를 통치해 주시는 주님, 왕이 되셔야 합니다. 그래서 단순히 '회개하라'라고 하지 않으시고 **'회개하라 천국이 가까왔느니라'**고 말씀하신 것입니다. 여기 '천국'이라는 말은 '하나님의 나라'라는 말인데 '나라(바실레이아)'라는 말의 뜻은 '왕으로서의 통치'를 의미합니다. 그러니까 '회개하라 천국이 가까왔느니라'라는 말씀은 '회개하라 왕 되신 하나님의 통치가 가까이 왔다' 즉 쉽게 말하면 '회개하고 하나님의 통치에 복종하라'는 뜻입니다. 왕 되신 주님께 나의 말과 생각과 행동 전체를 복종할 때에 나는 주님의 형상을 회복해 갈 수 있기 때문입니다.

회개한다는 말은 나는 죄 때문에 완전히 부서져서 도저히 나 스스로는 구원할 능력이 없는 구제불능의 인간임을 철저히 깨닫고 인정하는 것입니다. 그래서 하나님 앞에 처절하게 죄를 고백하고 나를 구원해 주실 구원자가 절실하게 필요하기 때문에 절박하게 그리고 전적으로 하나님의 도우심을 구하고 하나님께 나의 삶의 전체를 맡기고 복종하는 것입니다. 이제부터 말과 생각과 행동 전체 내 삶의 모든 부분까지 철저히 하나님의 통치 아래 굴복하겠다는 결단입니다. 이것이 진정한 회개입니다. 그러므로 회개 없는 복음은 죽은 복음입니다. 회개 없는 복음은 절대로 사람을 구원하지 못합니다. 그래서 복음을 바로 알고 있는 목사님들은 오늘 우리 시대의 교회가 구원받지 못한 사람들로 가득 차 있다고 외치고 있는 것입니다. 많은 사람들이 예수님을 구주로 영접하고 거듭났다고 말합니다. 그리고 교회에서 열심히 충성하는 사람들이 수도 없이 많습니다. 그런데 그들의 삶을 보면 자신을 부인하고 포기하고 세상을 내려놓고 하나님만 전적으로 의지하는 믿음의 삶이 보이지 않습니다. 아직도 자기가 살아있고 세상을 음란하게 추구하며 자기가 자기 삶의 왕으로 살아가는 사람들이 허다합니다. "아 누가 이 사망의 몸에서 나를 건져내랴!"라고 탄식하던 사도 바울의 고백을 이해하는가? "원하는 바 선은 행치 아니하고 원치 아니는 바 악은 행하도다"라고 탄식하던 사도 바울의 탄식이 나에게도 있는가? 그래서 나를 죄로부터 건져내고 나의 삶을 통치해주실 왕(주님)을 절대적으로 필요로 하고 있는가? 그럴 때에만 나는 예수님을 구원자로 주님으로 왕으로 영접하게 될 것입니다. 그럴 필요를 절박하게 느끼지 못하는 사람은 죄를 회개할 수도 없고 또 예수님을 주님으로 왕으로 영접할 수도 없는 것입니다. **진정으로 회개한 사람은 자신의 모든 것을 철저하게 부인하고 포기하며 주님의 도우심 만을 바라보고 의지하는 사람이 될 수밖에 없습니다. 모든 것을 주님께 맡기며 주의 통치를 받으며 살아가는 사람은 진정으로 회개한 것을 삶으로 보여주는 사람입니다.** 진정으로 회개한 사람은 사도 바울처럼 자신이 자랑하고 자기에게 유익하던 모든 것을 쓰레기로 여기고 오물로, 배설물로 여기고 버릴 수밖에 없습니다. 그러므로 진정으로 회개한 사람은 그의 세계관이 바뀌고 그의 가치관이 바뀔 수밖에 없습니다. 이러한 회개가 없는 믿음은 가짜 믿음이며 종교적인 믿음입니다.

오직 믿음

예수님과 예수님께서 하신 말씀에 대한 참된 믿음 없이 교회는 결코 세워질 수 없습니다. **"예수께서 가라사대 너희가 이 성전을 헐라 내가 사흘 동안에 일으키리라 유대인들이 가로되 이 성전은 사십육 년 동안에 지었거늘 네가 삼일 동안에 일으키겠느뇨 하더라 그러나 예수는 성전된 자기 육체를 가리켜 말씀하신 것이라 죽은 자 가운데서 살아나신 후에야 제자들이 이 말씀하신 것을**

기억하고 성경과 및 예수의 신 말씀을 믿었더라"(요 2:19-22)

　자 그러면 예수님이 어떻게 사흘 동안에 하나님이 거하실 새로운 성전을 지으실 수 있었는가? 예수님의 죽으심과 부활을 통해서였습니다. 예수님이 일으키실 새 성전은 또 다른 종교기관이나 새로운 스타일의 건물을 짓는 것이 아니었습니다. 예수님이 일으키실 새 성전은 바로 자신의 부활의 몸을 의미하는 것이었습니다. 예수님의 죽음과 부활은 다 우리를 위한 것이었습니다. 우리의 죄를 깨끗이 도말하기 위해서 우리의 옛사람과 함께 죽으셨습니다. 그리고 우리에게 영원한 새 생명을 주시기 위해서 부활의 첫 열매로 부활하셨습니다. 그래서 그분이 우리를 부르실 때에도 우리를 어느 새로운 종교단체나 교파로 초청하신 것이 아니었습니다. 그러면 그는 우리를 어디로 부르셨는가?

"이에 예수께서 제자들에게 이르시되 아무든지 나를 따라오려거든 자기를 부인하고 자기 십자가를 지고 나를 좇을 것이니라"(마 16:24)

　그는 '나를 따라오라'고 말씀하셨습니다. 예수님은 어떤 새로운 조직이나 교파를 창설하지 않으셨습니다. 예수님은 사람들을 어떤 새로운 조직의 멤버가 되라고 초청하지 않으셨습니다. 그는 부활하셔서 새 성전이 되신 그분 자신에게로 사람들을 부르셨습니다. 예수님은 사람들을 부활하신 예수님과 하나가 되는 일에 초청하신 것입니다. 예수님은 사람들이 부활하신 예수님 안으로 들어오도록 부르셨다는 말입니다. 부활하신 예수님과 동거 동행하도록 부르신 것입니다.

　예수님께서 주신 부활의 새 생명을 가지고 말과 생각과 행동에서 예수님과 연합하여 하나가 되도록 초청하신 것이다: **"(21) 아버지께서 내 안에, 내가 아버지 안에 있는것 같이 저희도 다 하나가 되어 우리 안에 있게 하사 세상으로 아버지께서 나를 보내신 것을 믿게 하옵소서 (22) 내게 주신 영광을 내가 저희에게 주었사오니 이는 우리가 하나가 된것 같이 저희도 하나가 되게 하려 함이니이다 (23) 곧 내가 저희 안에, 아버지께서 내 안에 계셔 저희로 온전함을 이루어 하나가 되게 하려 함은 아버지께서 나를 보내신 것과 또 나를 사랑**

하심 같이 저희도 사랑하신 것을 세상으로 알게 하려 함이로소이다"(요 17:21-23) 그러면 어떻게 우리 같은 죄인이 죄 없으신 예수님과 연합하여 하나가 될 수 있단 말인가? 우리같이 죄로 인하여 죽은 사람들이 어떻게 살아 계신 하나님과 연합하여 하나가 될 수 있단 말인가?

"예수께서 가라사대 나는 부활이요 생명이니 나를 믿는 자는 죽어도 살겠고 무릇 살아서 나를 믿는 자는 영원히 죽지 아니하리니 이것을 네가 믿느냐"(요 11:25-26)

"내가 그리스도와 함께 십자가에 못 박혔나니 그런즉 이제는 내가 산 것이 아니요 오직 내 안에 그리스도께서 사신 것이라 이제 내가 육체 가운데 사는 것은 나를 사랑하사 나를 위하여 자기 몸을 버리신 하나님의 아들을 믿는 믿음 안에서 사는 것이라"(갈 2:20)

그렇습니다. 오직 믿음입니다. 그의 말씀 그대로 부활이요 생명 되신 예수님을 구주와 왕으로 믿을 때에 우리는 그리스도와 하나가 되는 것입니다. 그런데 예수와 함께 새 생명으로 부활하기 위해서 우리는 먼저 예수와 함께 십자가에서 죽어야 하는 것입니다. 예수님께서는 십자가에서 혼자 죽으신 것이 아닙니다. 예수님은 죄가 없으시기 때문에 혼자서 죽으실 이유가 하나도 없으시기 때문이다. 예수님께서 죽으신 것은 우리 죄의 옛사람과 함께 죽으신 것입니다. 예수님과 함께 죽는 일이 없으면 아무도 예수님과 함께 다시 살지 못하는 것입니다. 먼저 죄의 옛사람이 예수님과 함께 십자가에서 죽어야 하는 것입니다. 예수와 함께 죽는 연합이 없이는 예수와 함께 사는 연합도 없는 것입니다. "만일 우리가 그의 죽으심을 본받아 연합한 자가 되었으면 또한 그의 부활을 본받아 연합한 자가 되리라"(롬 6:5) 부활하셔서 내게 새 생명을 주신 예수님을 믿는다면 내 죄를 대신 지시고 십자가에서 죽으신 예수님도 믿어야 합니다. 내 죄를 대신 지시고 예수님께서 십자가에서 죽으셨다는 것이 무엇을 의미하는지 묵상해 보십시오. 내 죄를 대신 짊어지시고 예수님께서 십자가에서 죽으셨는데 아직도 내 죄의 옛사람이 살아 있다면 예수님께서 나를 위해 죽으신 것이 무슨 의미가 있겠습니까? 주님께서 내 죄를 대신 지시고 십자가에 죽으실 때에는 나의 죄의 옛사람이 다시는 살지 못하게 하신 것이 아닙니까? 로마서 6장 6절을 보십시오. "우리 옛사람이 예수와 함께 십자가에 못 박힌 것은 죄의 몸이 멸하여 다시는 우리가 죄에게 종 노릇 하지 아니하려 함이니" 그러므로 부활의 예수님을 믿어 부활의 새 생명을 얻었다고 믿는 사람은 마땅히 자기의 죄의 옛사람도 예수와 함께 죽었다는 것을 믿어야 하는 것입니다.

믿음은 이론이나 교리나 지식이 아닙니다. 믿음은 선한 일도 아니고 봉사도 아닙니다. 오늘 우리 시대의 교회가 주님의 교회가 되지 못하는 것은 바로 믿음에 대한 오해 때문입니다. 예수님께서 우리에게 요구하시는 믿음은 하나님이 존재하시는 것을 믿어달라는 것이 아닙니다. 하나님은 우리가 믿든 믿지 않든 항상 존재하시는 분이시기 때문입니다. 예수님께서 우리에게 요구하시는 믿음은 하나님께서 보내주시기로 약속하신 메시아가 와서 정말 인간의 죄를 대신 짊어지시고 십자가에서 대속 죽음을 죽으셨다는 것을 믿으라는 것입니다. 인간 스스로의 힘으로는 도저히 구원을 받아 천국에 들어갈 수 없기 때문에 하나님께서 인간으로 오셔서 인간의 죄를 대신 짊어지시고 죽으심으로써 죄인 인간이 구원을 받게 되었다는 것을 믿으라는 것입니다. 그리고 그 메시아가 바로 예수님 자신이라는 것을 믿으라는 말입니다. 그러므로 자기 스스로의 힘으로는 도저히 구원받을 수 없는 죄인임을 깨달았기에, 그래서 자기의 억만 죄악을 용서해 주시고 영원한 지옥형벌에서 구원해 주실 구세주를 절박하게 필요로 할 때에만 비로소 주님이 원하시는 참다운 믿음을 가질 수 있는 것입니다. 자기가 그렇게 영원토록 지옥형벌을 받을 만한 큰 죄인이라는 것을 느끼지 못하는 사람은, 그래서 자기를 구원해 줄 구원자를 절박하게 필요로 하지 않는 사람은 예수님을 구주로 영접할 수가 없는 것입니다. 그런데 문제는 구원자이신 예수님을 절박하게 필요로 하지도 않는 사람들이 예수님을 구주로 왕으로 영접했다고 하면서 열렬하게 교회에 출석하고 있다는 점입니다. 오늘 우리 시대의 교회의 대부분이 이런 사람들로 차고 넘칩니다. 예수님을 너무 많이 오해한 사람들입니다. 성경이 말하는 믿음이 무엇인지 전혀 관심이 없는 사람들입니다. 예수님이 원하시는 교회가 무엇인지 전혀 알지 못하는 사람들입니다. 언젠가부터 교회는 사람들이 모여 서로를 즐기는 하나의 클럽이 되어버렸습니다. 노래방처럼 술집처럼 카지노처럼 혹은 자선단체처럼 교회도 종교적인 사람들이 모여서 자기네들끼리 종교프로그램을 즐기는 곳이 되어버렸습니다.

주님께서 원하시는 참 믿음을 가진 사람은 주님께 절대로 복종할 수밖에 없으며 어떠한 형편에서도 하나님께 감사할 수밖에 없는 것입니다. 그 사람은 영원토록 갚을 수 없는 사랑과 은혜에 빚진 자가 되었기 때문입니다. 자기가 받은 구원에 대하여 스스로 자랑할 것이 전혀 없는 사람입니다. 백 퍼센트 전적인 하나님의 은혜로 구원을 받았기 때문입니다. 그래서 백 퍼센트 전적으로 주님께 순종할 수밖에 없는 처지가 된 것입니다. 이제부터는 주님께 순종할 것인지 말 것인지를 결정할 결정권도 없습니다. 이제부터는 힘닿는 대로 최선을 다하여 주님이 명령하신 대로 의롭게 거룩하게 경건하게 살아야 할 의무만 남아 있는 것입니다. 그러므로 참 그리스도인이 최선을 다해 의와 선을 행하며 살아야 하는 것은 구원을 받기 위한 것이 아닙니다. 전적인 하나님의 은혜로 구원을 받았기 때문에 의와 선을 행하며 바로 살아야 할 의무가 생긴 것입니다. 참된 그리스도인에게는 자기 인생과 생명과 자기의 모든 것이 이제는 더 이상 자기의 것이 아닙니다. 참 그리스도인이라면 이제 주님께서 명령하신 대로 세상을 내려놓아야 하고 경건하고 거룩하고 의롭게 살기 위해서 있는 힘을 다해 순종하고 복종하는 삶을 사는 사람이 되어야 하는 것입니다. 예수를 믿는다고 하면서도 아직도 세상을 내려놓지 못하고 세상 사람들처럼 세상의 부귀영화와 쾌락을 추구하는 사람들은 구원받은 참 믿음의 사람이 아닙니다. 그러므로 행함이 없는 믿음은 죽은 믿음이라고 성경은 분명하게 선언하고 있습니다.(약 2:26)

이제 참 믿음의 사람의 삶에 있어서 최우선순위는 주님이 될 수밖에 없습니다. 그 사람에게 주님보다 더 귀한 것은 없습니다. 그 사람이 바로 성경에서 말하는 그리스도인이요 하나님의 자녀요 천국에 들어갈 수 있는 사람입니다. 결국 예수님께서 말씀하신 믿음은 그분을 우리 심령의 한 가운데로 모시고 내가 그 안에 그가 내 안에 사는 연합의 삶을 말합니다. 믿음이란 내가 그분을 나의 구주와 왕으로 모시고 매일의 삶에서 그분의 말씀을 순종하면서 그분을 닮아 살아가는 것입니다. 그러므로 매일의 삶이 빠진 믿음은 거짓 믿음이며 죽은 믿음이며 종교적인 믿음입니다. 예수님께서 말씀하신 믿음은 그런 종교적인 믿음이 아닙니다. 이제 내가 이 예수님께서 정말 나의 죄 때문에 대신 죽으셨다는 것을 믿고 나의 구주와 왕으로 믿었다면 이제 나는 더 이상 나의 것이 아닙니다. 그분이 피로 값 주고 나를 사서 사탄의 포로에서 해방시켜 주셨으니 나는 더 이상 나의 것이 아니고 주님의 소유이며 주님의 종인 것입니다. 그러니까 예수를 믿는다는 것은 나의 죄의 옛사람은 그리스도와 함께 십자가에서 못 박혀 죽었고 이제 내가 사는 것은 그리스도께서 주신 새 생명으로 사는 것이니 내 맘대로 사는 것이 아니고 그리스도께서 통치하시고 이끄시는 대로 순종하며 살아야 하는 것입니다. "내가 그리스도와 함께 십자가에 못 박혔나니 그런즉 이제는 내가 산 것이 아니요 오직 내 안에 그리스도께서 사신 것이라 이제 내가 육체 가운데 사는 것은 나를 사랑하사 나를 위하여 자기 몸을 버리신 하나님의 아들을 믿는 믿음 안에서 사는 것이라"(갈 2:20) 이것이 바로 예수님을 메시야(구세주와 왕)로 믿는 믿음입니다. 예수님은 베드로가 바로 메시아 신앙을 고백할 때 베드로를 반석으로 삼아 그 위에 교회를 세우신 것입니다: "(16) 시몬 베드로가 대답하여 가로되 주는 그리스도시요 살아계신 하나님의 아들이시니이다 (17) 예수께서 대답하여 가라사대 바요나 시몬아 네가 복이 있도다 이를 네게 알게 한 이는 혈육이 아니요 하늘에 계신 내 아버지시니라 (18) 또 내가 네게 이르노니 너는 베드로라 내가 이 반석 위에 내 교회를 세우리니 음부의 권세가 이기지 못하리라"(마 16:16-18)

그런데 오늘의 교회를 보면 참으로 많은 사람들이 예수님을 구세주와 왕으로 영접했다고 찬양하고 예배까지 드리지만 그들의 생활을 보면 세상을 추구하며 완전히 자기들 마음대로 살아갑니다. 부동산 건물을 하나 지어놓고 그것을 하나님의 집이라고 부릅니다. 그리고 그곳에 많은 사람들이 모여 하나님을 찬양하고 경배하고 예배합니다. 그리고 자기네가 하나님이라고 예배한 하나님을 그 건물 속에 가두어 놓고 밖에서 문을 잠급니다. 그리고는 세상에 나가서 마음껏 죄를 지으며 죄악세상을 먹고 마시며 즐기다가 주일이 되면 한 주간 동안 감옥에 갇혀 있었던 하나님을 면회하러 와서 또다시 복을 달라고 경배하며 온갖 소란을 피웁니다. 매 주일은 하나님께서 그들 때문에 견디기 힘든 날이 되었습니다; "(11) 여호와께서 말씀하시되 너희의 무수한 제물이 내게 무엇이 유익하뇨 나는 숫양의 번제와 살진 짐승의 기름에 배불렀고 나는 수송아지나 어린양이나 수염소의 피를 기뻐하지 아니하노라 (12) 너희가 내 앞에 보이러 오니 그것을 누가 너희에게 요구하였느뇨 내 마당만 밟을 뿐이니라 (13) 헛된 제물을 다시 가져오지 말라 분향은 나의 가증히 여기는 바요 월삭과 안식일과 대회로 모이는 것도 그러하니 성회와 아울러 악을 행하는 것을 내가 견디지 못하

겠노라"(사 1:11-13)

"(21) 나더러 주여 주여 하는 자마다 천국에 다 들어갈 것이 아니요 다만 하늘에 계신 내 아버지의 뜻대로 행하는 자라야 들어가리라 (22) 그 날에 많은 사람이 나더러 이르되 주여 주여 우리가 주의 이름으로 선지자 노릇하며 주의 이름으로 귀신을 쫓아 내며 주의 이름으로 많은 권능을 행치 아니하였나이까 하리니 (23) 그 때에 내가 저희에게 밝히 말하되 내가 너희를 도무지 알지 못하니 불법을 행하는 자들아 내게서 떠나가라 하리라"(마 7:21-23)

성령으로 거듭난 사람들

성령으로 거듭난 사람들 없이 교회는 결코 세워질 수 없습니다. 주님의 몸된 교회의 지체가 될 수 있는 자격은 성령으로 거듭남입니다. 주님의 교회는 우리가 지금까지 살펴본 대로 죽은 조직이나 종교단체가 아니고 생명체이기 때문입니다. 교회는 영생이신 예수님을 영접하고 예수님 안에서 생명을 공급받으며 살아가는 지체들로 구성되었기 때문입니다. 그러므로 교회는 그리스도의 몸이고 성도는 그 몸의 지체들인 것입니다. 성령으로 거듭나서 영생을 소유한 사람들이 예수 안에서 하나님이 거하실 성전으로 함께 지어져 가는 것이 교회입니다. 그래서 예수님은 요한복음 3장 3~5절에서 **사람이 물과 성령으로 거듭나지 않으면 천국에 들어갈 수 없다**고 분명하게 말씀하셨습니다. "예수께서 대답하여 가라사대 진실로 진실로 네게 이르노니 사람이 거듭나지 아니하면 하나님 나라를 볼 수 없느니라 니고데모가 가로되 사람이 늙으면 어떻게 날 수 있삽나이까 두 번째 모태에 들어갔다가 날 수 있삽나이까 예수께서 대답하시되 진실로 진실로 네게 이르노니 사람이 물과 성령으로 나지 아니하면 하나님 나라에 들어갈 수 없느니라"(요 3:3-5)

그러면 어떤 사람이 거듭나서 영생을 소유한 사람일까요? "(10) 하나님의 아들을 믿는 자는 자기 안에 증거가 있고 하나님을 믿지 아니하는 자는 하나님을 거짓말하는 자로 만드나니 이는 하나님께서 그 아들에 관하여 증거하신 증거를 믿지 아니하였음이라 (11) 또 증거는 이것이니 하나님이 우리에게 영생을 주신 것과 이 생명이 그의 아들 안에 있는 그것이니라 (12) 아들이 있는 자에게는 생명이 있고 하나님의 아들이 없는 자에게는 생명이 없느니라"(요일 5:10-12) 하나님의 아들을 믿는 자는 생명이 있습니다. 하나님이 우리에게 생명을 주셨는데 이 생명이 아들 안에 있습니다. 그러므로 이 아들 예수님을 소유한 사람들에게는 생명이 있는 것입니다. 요한복음 1장 12절에 "영접하는 자 곧 그 이름을 믿는 자들에게는 하나님의 자녀가 되는 권세를 주셨으니"라고 기록되어 있습니다. 즉 믿는다는 말과 영접한다는 말이 동격으로 강조되어 있습니다. 다시 말해서 믿는다는 말은 밖에 계셨던 예수님을 내 삶 안으로 영접하는 것입니다. 요한계시록 3장 20절에도 똑같은 내용이 기록되어 있습니다. "볼지어다 내가 문밖에 서서 두드리노니 누구든지 내 음성을 듣고 문을 열면 내가 그에게로 들어가 그로 더불어 먹고 그는 나로 더불어 먹으리라." 예수 믿는다는 말은 교리적으로 지식적으로 감성적으로 고백하는 것이 아니란 말입니다. 예수님을 내 삶의 중심 한가운데로 모셔서 내 삶을 통치하시고 주관하시는 내 인생의 왕으로 모시고 그분의 명령을 따라 사는 것을 의미하는 것입니다. 내 욕심을 따라 내 마음대로 사는 것을 포기하고 나 자신을 부인하고 주님의 뜻을 따라 주님이 원하시는 삶을 사는 것이 예수 믿는 참 의미인 것입니다. 이 일을 가능하게 하기 위해서는 우리의 옛사람을 도덕적으로 조금 수리 수선하는 것으로는 불가능합니다. 아예 옛사람은 예수와 함께 십자가에서 죽고 부활하신 예수와 함께 새 사람으로 다시 태어나야 하는 것입니다. 거듭난다는 말은 다시 태어난다는 말입니다. 한 번 죽지 않으면 다시 태어날 수 없습니다. 옛사람이 죽고 예수의 생명을 가진 새 사람으로 태어나는 것이 다시 태어나는 것 즉 거듭나는 것입니다: "(3) 무릇 그리스도 예수와 합하여 세례를 받은 우리는 그의 죽으심과 합하여 세례 받은 줄을 알지 못하느뇨 (4) 그러므로 우리가 그의 죽으심과 합하여 세례를 받음으로 그와 함께 장사되었나니 이는 아버지의 영광으로 말미암아 그리스도를 죽은 자 가운데서 살리심과 같이 우리로 또한 새 생명 가운데서 행하게 하려 함이니라 (5) 만일 우리가 그의 죽으심을 본받아 연합한 자가 되었으면 또한 그의 부활을 본받아 연합한 자가 되리라 (6) 우리가 알거니와 우리 옛사람이 예수와 함께 십자가에 못 박힌 것은 죄의 몸이 멸하여 다시는 우리가 죄에게 종노릇 하지 아니하려 함이니 (7) 이는 죽은 자가 죄에서 벗어나 의롭다 하심을 얻었음이니라"(롬 6:3-7)

그러므로 예수 믿는다는 말은 옛사람은 십자가에서 예수와 함께 죽고 부활하신 예수님과 함께 새 사람으로 다시 태어나는 것을 의미하는 것입니다. 죄의 옛사람을 포기하고 이제는 예수님의 명령을 따라 철저하게 그분이 원하시는 새로운 삶을 살기로 결심하고 지금까지 살아온 삶과는 전혀 다른 삶을 사는 것이 예수를 믿는다는 증거입니다. 예수님의 십자가 죽음이 없이는 구원이 없고 예수님의 십자가 죽음이 없이는 성도가 있을 수 없습니다. 왜냐하면 주님의 몸 된 교회는 주님께서 십자가에서 피 흘려 세우신 교회이기 때문입니다. 십자가를 지고 따르지 않는 교회는 주님의 교회가 아닙니다. 이 십자가 위에서 우리의 옛사람이 예수님과 함께 죽지 않으면 오늘 우리가 드리는 예배는 아무런 의미가 없는 것입니다. 이렇게 십자가의 피로 죄 용서함을 받고 새 생명을 받은 사람들은 더 이상 육신의 정욕을 위하여 살지 아니합니다. 오히려 자기의 육신의 사람을 십자가에 못 박히고 부활하신 주님의 통치를 받으며 변화된 삶을 사는 사람들입니다. 성경적인 세계관, 성경적인 가치관을 가지고 세상 사람들과는 정반대로 살아가는 사람들입니다. 이 사람들이 거듭난 사람들이요, 이 사람들이 그리스도인들이요, 이 사람들이 주님의 거룩한 성전이요 교회인 것입니다.

산 돌(living stone = 생명을 주는 돌)

"(4) 사람에게는 버린 바가 되었으나 하나님께는 택하심을 입은 보배로운 산 돌이신 예수에게 나아와 (5) 너희도 산 돌 같이 신령한 집(spiritual house = 영적인 집)으로 세워지고 예수 그리스도로 말미암아 하나님이 기쁘게 받으실 신령한 제사를 드릴 거룩한 제사장이 될지니라 (6) 경에 기록하였으되 보라 내가 택한 보배롭고 요긴한 모퉁이 돌을 시온에 두노니 저를 믿는 자는 부끄러움을 당치 아니하리라 하였으니"(벧전 2:4-6)

산 돌들이 없이 교회는 결코 세워질 수 없습니다. 하나님이 인간과 함께 거하실 수 있게 하기 위하여 예수님은 자신을 하나님이 거하실 집의 반석이 되어 주신 것입니다. 아주 보배롭고 요긴한 모퉁이 돌이 되어 주신 것입니다. 그 모퉁이 돌은 산 돌로서 그를 메시아로 믿는 모든 사람들에게 생명을 주어 믿는 그들도 역시 생명을 지닌 산 돌들이 되게 하여 하나님이 거하실 신령한 집(성전)으로 함께 지어져 갈 수 있게 하여 주신 것입니다. 그러므로 교회는 하나님이 거하시는 성전으로서 예수님의 생명을 가진 거듭난 성도들 즉, 생명을 지닌 산 돌들로 세워지는 영적인 집(신령한 집)인 것입니다. 생명이 없는 벽돌로 지은 교회는 예수님께서 원하시는 교회가 아닙니다. 교회는 종교에 취미를 가진 사람들의 죽은 단체가 아닙니다. 교회는 생명을 주는 산 돌(living stone)로 오신 예수님을 영접하여 하나님 나라의 생명을 소유한 산 사람들로만 세워지는 살아있는 생명체인 것입니다. 이 산 돌(living stone)로 지어진 성전에서는 생수(living water)가 흘러 넘쳐서 모든 죽은 것들에게 생명을 주며 이 물을 마시는 자는 영원히 목마르지 아니하리니 반석이신 그리스도께서 주시는 물은 그 속에서 영생하도록 솟아나는 샘물이 되는 것입니다.(요 4:14) 산 돌로 지어진 이 성전에서 흘러나오는 물이 처음에는 발목에 오르다가 점점 많아져서 물이 허리에 오르고 나중에는 그 물이 창일하여 건너지 못할 강이 되고 강 좌우편에는 나무가 심히 많아 각종 나무가 달마다 새 실과를 맺으니 그 실과는 먹을 만하고 그 잎사귀는 약 재료가 되리라(겔 47:1–12) 하였으니 산 돌이신 예수님을 모퉁이 돌로 삼고 예수님께서 주신 새 생명을 받아 산 돌들이 된 참 성도들로 예수님과 함께 세워지는 영적인(신령한) 교회만이 새 하늘과 새 땅에 이르러 **저희는 하나님의 백성이 되고 하나님은 친히 저희와 함께 계셔서 모든 눈물을 그 눈에서 씻기시매 다시 사망이 없고 애통하는 것이나 곡하는 것이나 아픈 것이 다시 있지 아니하리니 처음 것들이 다 지나갔음이러라.(계21:3–4)** 오늘 여기 주님의 교회에서 흘러나온 생명의 물은 겨우 발목까지 차오르지만 장차 저 새 하늘과 새 땅에서는 **수정같이 맑은 생명수의 강이 되어 강 좌우에 생명나무가 있어 열두 가지 실과를 맺히되 달마다 그 실과를 맺고 그 나무 잎사귀들은 만국을 소성하기 위하여 있으니 다시 저주가 없겠고 다시 밤이 없겠고 등불과 햇빛이 쓸데 없으니 이는 주 하나님이 저희에게 비취심이라. 저희가 세세토록 왕 노릇 하리로다.(계 21:1–5)**

모퉁이 돌

모퉁이 돌 없이는 교회는 결코 세워질 수도, 존재를 계속할 수도 없습니다. "(19) 그러므로 이제부터 너희가 외인도 아니요 손도 아니요 오직 성도들과 동일한 시민이요 하나님의 권속이라 (20) **너희는 사도들과 선지자들의 터 위에 세우심을 입은 자라 그리스도 예수께서 친히 모퉁이 돌이 되셨느니라**

457

(21) 그의 안에서 건물마다 서로 연결하여 주 안에서 성전이 되어가고 (22) 너희도 성령 안에서 하나님의 거하실 처소가 되기 위하여 예수 안에서 함께 지어져 가느니라"(엡 2:19-22)

여기서 예수님을 그리스도로 메시아로 고백했던 사도 베드로를 필두로 다른 사도들도 예수님을 그리스도로 고백하여 다들 산 돌들이 되었고 같은 메시야 신앙을 고백한 모든 선지자들도 산 돌들이 되어 하나님의 성전을 짓는 데 필요한 기초 반석들이 되었습니다. 그러나 이 산 돌 하나 하나는 그리스도 안에서 한 형제 자매로서 연결시켜 주는 사랑의 생명줄이 필요합니다. 그러므로 선지자와 사도라는 서로 다른 신분의 사람들 사이에서 예수님은 모퉁이 돌이 되어주셔서 사도와 선지자가 한 형제들로서 함께 하나님의 거하실 성전으로 지어져 갈 수 있게 된 것입니다. 오늘 우리들도 김씨이든지 이씨이든지 메시야 신앙으로 예수님을 구주로 모셔 들인 사람마다 다 각각 산 돌들이 되었습니다. 그러나 자라온 배경이 다르고 여러 가지 사회적 신분이 달라서 교회마다 하나가 되지 못하고 시끄러운 경우가 얼마나 많은가! 이와 같은 우리의 연약함과 죄성을 아신 예수님은 김씨와 이씨를 하나로 묶어주기 위해서 친히 모퉁이 돌이 되어 주신 것입니다. 예수님은 우리 성도들 한 사람 한 사람을 묶어주는 모퉁이 돌이 되셨습니다. 사도와 선지자 사이에 예수님이 모퉁이 돌이 되어 신분이 다른 그들을 한 형제로 묶어주신 것처럼 오늘 예수님은 예수 믿는 김씨와 이씨 사이에서 이 두 사람을 한 형제와 자매로 묶어주는 모퉁이 돌이 되신 사실을 믿고 순종해야 합니다. 예수 믿는 우리 모두들 사이에, 언어와 문화가 다른 민족과 민족 사이에 예수님이 친히 모퉁이 돌이 되셔서 우리 모두를 한 형제와 자매로 삼으신 이 놀라운 사실을 그대는 알고 있는가?

세례

서로 다른 사람들이 그리스도 안에서 한 형제와 자매가 되기 위해서는 세례라는 필수적인 과정을 거쳐야 합니다. 이런 세례가 없이 교회는 세워질 수 없습니다. 그러면 그리스도인이 거쳐야 할 세례의 참 뜻은 무엇입니까?

"(3) 무릇 그리스도 예수와 합하여 세례를 받은 우리는 그의 죽으심과 합하여 세례 받은 줄을 알지 못하느뇨 (4) 그러므로 우리가 그의 죽으심과 합하여 세례를 받음으로 그와 함께 장사되었나니 이는 아버지의 영광으로 말미암아 그리스도를 죽은 자 가운데서 살리심과 같이 우리로 또한 새 생명 가운데서 행하게 하려 함이라 (5) 만일 우리가 그의 죽으심을 본받아 연합한 자가 되었으면 또한 그의 부활을 본받아 연합한 자가 되리라 (6) 우리가 알거니와 우리 옛사람이 예수와 함께 십자가에 못 박힌 것은 죄의 몸이 멸하여 다시는 우리가 죄에게 종노릇 하지 아니하려 함이니 (7) 이는 죽은 자가 죄에서 벗어나 의롭다 하심을 얻었음이니라"(롬 6:3–7)

3절과 4절에서 기록한 대로 세례의 참뜻은 내 옛사람이 예수님과 함께 죽고 부활하신 예수님과 함께 새 사람으로 태어나는 것입니다. 옛사람이 죽어지지 않고는 아무리 신앙이 뛰어나다고 소문난 사람일지라도 함께 하나님의 거하실 성전으로 지어져 갈 수가 없는 것입니다. 옛사람이 죽어지지 않은 김씨와 이씨는 결코 그리스도 안에서 한 형제와 자매로서 하나가 될 수 없는 것입니다. 참 세례는 사람들 앞에서 물 속에 한 번 들어갔다 나오는 그런 종교적인 의식이 결코 아닙니다. 내가 예수님과 함께 죽지 않는다면 그런 것을 백만 번 해봐도 소용이 없는 것입니다. 정말 그 사람이 참으로 그리스도를 구주와 왕으로 모신 사람이라면 그 사람은 먼저 예수님과 함께 십자가에서 죽고 함께 장사된 사람이어야 가능한 것입니다. 왜냐하면 죄의 옛사람이 죽지 않고는 아무도 예수와 함께 새 사람으로 부활할 수가 없기 때문입니다. 세례를 받는다는 것은 오늘의 교회가 시행하는 단순한 종교적인 세례의식과는 전적으로 다른 것입니다. 성경이 말하는 참된 세례를 받은 사람은 그리스도와 합하여 세례를 받은 사람으로서 그리스도를 옷 입은 사람입니다.(갈 3:27) 즉 옛사람을 벗어버리고 새 사람을 입은 사람입니다. 이런 사람이 바로 그리스도와 연합한 사람인 것입니다. 그러므로 성경적인 참된 세례를 받은 사람은 이제 과거 자기 중심의 삶을 포기하고 그리스도의 명령을 따라 그리스도의 종 된 삶을 살고 있는 사람입니다. 이런 사람들 만이 하나님의 거하실 성전으로 지어져 갈 수 있는 것입니다.

한 몸

'한 몸'을 떠나서는 교회는 존재하지 못합니다. 교회는 전 세계에 하나밖에 존재하지 않기 때문입니다. 그리스도와 합하여 참 세례를 받아 예수를 옷 입은 사람들만이 그리스도의 몸 된 교회의 지체들이 되어 참된 교회를 이루는 것입니다. 그러므로 재정예산을 들여서 일 년에 몇 개의 교회를 선교지에 세웠다는 것은 성경에서 말하는 진짜 교회가 아닙니다. 주님의 교회는 결코 돈으로 세워지는 것이 아닙니다.

"우리가 유대인이나 헬라인이나 종이나 자유자나 다 한 성령으로 세례를 받아 한 몸이 되었고 또 다 한 성령을 마시게 하셨느니라"(고전 12:13)

그리스도인들은 한 성령으로 세례를 받아 한 몸이 된 교회입니다. 누구든지 예수 믿고 예수와 함께 옛사람은 장사되고 부활의 예수님과 함께 새 사람으로 거듭난 사람은 그리스도안에서 한 몸이 된 것입니다. 그리고 이 몸은 곧 교회라고 하였습니다. 그러므로 교회는 생명 없는 죽은 조직이나 교파가 아닙니다. 조직이나 교파는 생명체가 아닙니다. 교회는 그리스도의 몸으로서 영생을 가진 생명체입니다. 교회는 죽은 조직이 아니고 살아서 움직이는 사람의 몸과 같은 생명체입니다. 교회는 마치 머리와 가슴과 팔과 다리와 피와 살과 뼈와 내장으로 서로 연결되어 있는 그런 생명체라고 성경은 말하고 있습니다.(고전 12:14-27) 교회는 예수님이 창설하신 하나의 종교기관이 아닙니다. 바로 예수님 자신이 교회이기 때문입니다. 내가 아버지 안에 있고 아버지가 내 안에 계시다고 하신 예수님만이 하나님이 거하실 수 있는 거룩하신 분이십니다. 그러므로 우리가 그리스도 안에 거하고 그가 우리 안에 거하시면 하나님이 우리 안에 거하실 수 있는 성전이 되어가는 것입니다; **너희가 하나님의 성전인 것과 하나님의 성령이 너희 안에 거하시는 것을 알지 못하느냐"[고전 3:16]** 그러므로 성령으로 거듭나서 그러므로 자기 자신이 먼저 예수님과 하나로 연합된 사람들만이 그리스도의 몸 된 교회의 지체가 되어 함께 하나님이 거하실 성전으로 세워져 가는 것입니다. **'나를 따라오너라'** 하신 주님의 말씀을 상기하시기 바랍니다. 그분의 말씀을 순종하고 그분을 닮아가는 사람들이 그리스도의 교회로 함께 지어져 가는 사람들이기 때문입니다. 이들이 바로 예수님의 피로 값 주고 사신 보배로운 교회입니다. 그러므로 주님의 교회는 몇백억 원을 들여 지을 수 있는 그런 부동산 건물이 아닙니다. 선교지에 돈을 들여서 일 년에도 몇 개의 교회를 지었다는 것은 성경에서 말하는 교회가 전혀 아닙니다.

교회의 머리

"그는 몸인 교회의 머리라 그가 근본이요 죽은 자들 가운데서 먼저 나신 자니 이는 친히 만물의 으뜸이 되려 하심이요"(골 1:18)

뇌가 있는 머리는 몸의 모든 부분에 명령을 내리는 곳입니다. 그러므로 여기서 교회는 그리스도의 몸이고 예수님은 그의 머리라는 뜻은 교회는 그리스도께 속한 몸 즉 지체라는 말이고 예수님은 그 지체를 통치하시는 통치자이십니다. 성령으로 거듭나서 하나님의 자녀가 된 사람들만이 그리스도의 몸이 되는 것이고 그 몸의 여러 지체들에게 명령을 내리시는 분은 예수님이란 말입니다. 그러니까 예수님이 교회의 머리라는 말은 교회의 통치자라는 뜻입니다. 예수님 외에 교회의 통치자는 아무도 없습니다. 개교회를 말하든 세계 전체 교회를 말하든 교회의 통치자는 예수님 한 분밖에는 없으십니다. 예수님은 교회의 주인이십니다. 예수님이 피로 값 주고 사신 교회이기 때문입니다. 교회는 전적으로 예수님께 속한 것이며 예수님의 소유입니다. 교회는 목사의 전유물이 아니며 당회에 속한 것도 아닙니다. 교회는 총회에 속한 것도 아닙니다. 성경적인 교회는 당회라는 것도 없고 종파라는 것도 없기 때문에 총회라는 것도 없습니다. 교회는 생명체이며 오직 생명의 주인이신 그리스도의 것입니다. 오늘날 목사들과 장로들이 교회를 가지고 자기의 왕국을 세우기 위하여 서로 싸우는 것자체가 거짓 교회라는 것을 스스로 증거하는 것입니다. 주님의 교회에는 종파도 교파도 존재하지 않습니다. 예수님은 교파를 허락하신 적도 없고 그의 교회가 갈라지는 것을 허락하신 적이 없으십니다. 고린도 교회가 분쟁이 있었으나 주님은 그분쟁을 책망하셨고 허락지 아니하셨습니다. 고린도 교회의 분쟁의 원인은 그들이 다른 예수, 다른 복음, 다른 영을 전파하는 거짓 선지자들을 받아들였기 때문입니다. **"(4) 만일 누가 가서 우리의 전파하지 아니한 다른 예수를 전파하거나 혹 너희의 받지 아니한 다른 영을 받게 하거나 혹 너희의 받지 아니한 다른 복음을 받게 할 때에는 너희가 잘 용납하는구나 (13) 저런 사람들은 거짓 사도요 궤휼의 역군이니 자기를 그리스도의 사도로 가장하는 자들이니라"(고후 11:4, 13)** 오늘 우리 시대의 교회들이 이처럼 많은 교파로 갈라져 있다는 것 한 가지만으로도 이

시대의 교회들이 다른 예수, 다른 영, 다른 복음을 전하는 거짓 선지자들로 가득 차 있다는 것을 스스로 증거하는 것입니다. 그래서 사람들은 교파를 통합해야 한다고 주장하기도 하고 교단의 썩은 정치를 개혁해야 한다고 목소리를 높이기도 합니다. 그러나 주님의 교회는 통합이나 개혁이나 수리나 보수 공사로 세워지지 않습니다. 주님은 이 성전을 허물라고 하셨습니다. 허물고 완전히 새롭게 다시 태어나야 하는 것입니다. 예수님과 함께 옛 것은 죽고 새 것으로 다시 태어난 사람들로 세워져야 하는 것입니다. 왜냐하면 교회는 죽은 조직이 아니고 그리스도로부터 생명을 받은 생명체이기 때문입니다. 각 교회마다 산 돌이신 주님이 머릿돌이 되고 주님의 새 생명을 받은 산 돌들로 다시 세워지는 주님의 교회가 되어야 합니다. 교단을 통합한다고 죽은 교회가 살아나지 않습니다. 교회의 제도를 고치고 교회의 헌법을 고친다고 죽은 교회가 살아나지 않습니다. 문밖에 서서 두드리시는 예수님을 안으로 영접하여 각 사람의 삶을 통치하시는 왕이 되실 때 주님의 교회는 다시 세워지는 것입니다.

성경 어디를 보아도 하나님의 본질상 교파가 존재할 수 없게 되어 있습니다. 또한 성경 어디를 보아도 천주교처럼 교황을 머리로 하여 거대한 하나의 교단을 형성하라는 말씀도 없습니다. 에베소서 4장을 보십시오. **"(4) 몸이 하나이요 성령이 하나이니 이와 같이 너희가 부르심의 한 소망 안에서 부르심을 입었느니라 (5) 주도 하나이요 믿음도 하나이요 세례도 하나이요 (6) 하나님도 하나이시니 곧 만유의 아버지시라 만유 위에 계시고 만유를 통일하시고 만유 가운데 계시도다"**(엡 4:4-6)

교회들이 아무리 많아도 수직적으로는 오직 그리스도를 머리로 하여 한 예수님을 통치자로 모시며 수평적으로는 국경과 인종과 언어를 초월하여 오직 형제와 자매교회가 있을 뿐입니다. 모교회도 없고 자교회도 없습니다. 분쟁과 분파의 원인은 간단합니다. 다른 예수, 다른 영, 다른 복음 때문입니다. **오늘 우리 시대의 교회에는 없는 것이 없을 정도로 모든 것이 풍족하여 부족함이 없습니다. 하지만 오늘 우리 시대의 교회에 단 한 가지 없는 것이 있다면 그것은 예수님뿐입니다.** 예수님은 말세교회를 상징하는 부유한 라오디게아 교회의 문밖에 서서 문을 두드리며 애타게 말씀하십니다. 라오디게아 교회는 모든 것이 다 풍족하게 있었으나 예수님만 없는 교회였습니다: "(17) 네가 말하기를 나는 부자라 부요하여 부족한 것이 없다 하나 네 곤고한 것과 가련한 것과 가난한 것과 눈 먼 것과 벌거벗은 것을 알지 못하도다 (18) 내가 너를 권하노니 내게서 불로 연단한 금을 사서 부요하게 하고 흰 옷을 사서 입어 벌거벗은 수치를 보이지 않게 하고 안약을 사서 눈에 발라 보게 하라 (19) 무릇 내가 사랑하는 자를 책망하여 징계하노니 그러므로 네가 열심을 내라 회개하라 (20) 볼지어다 내가 문밖에 서서 두드리노니 누구든지 내 음성을 듣고 문을 열면 내가 그에게로 들어가 그로 더불어 먹고 그는 나로 더불어 먹으리라"(계 3:17-20) 말세 교회를 상징하는 라오디게아 교회는 세상의 더러운 모든 것으로 다 풍족하였지만 예수님만 들어갈 수 없어서 문밖에서 서서 두드리고 있는 곤고하고 가련하고 가난하고 영적으로 눈멀고 예수님을 옷 입지 못하여 벌거벗은 죽은 교회였습니다. 오늘 우리 시대의 교회가 바로 세상의 더러운 모든 것으로 풍족한 교회이지만 예수님만 못 들어가시는 예수님만 없는 죽은 교회라는 것을 보여주는 말씀입니다.

에클레시아

주님은 우리의 삶을 통치하시길 원하십니다. 죄의 포로가 되어 사탄의 통치를 받으며 사탄의 포로로 잡혀 있었던 우리를 해방시키기 위하여 그의 십자가 보혈로 우리의 죄값을 대신 지불하셨습니다. 이제는 그분이 우리를 사셨고 우리는 그분의 소유가 되었습니다. 이제는 더 이상 우리의 것이 아닙니다. 주님께서 우리의 왕이 되셨고 주인이 되셨습니다. 그러므로 주님께서 우리의 삶을 통치하심으로써 우리로 하여금 주님의 형상을 닮아 잃었던 하나님의 형상을 회복하게 하려 하심입니다. 주님은 죄인들을 하나님의 형상으로 회복시키기 위해서 하나님의 자녀가 된 사람들을 따로 모아 세상 사람들과 구분하셔서야만 하셨습니다. 그 일을 이루시기 위해서 예수님은 교회를 세우신 것입니다. 성경에 기록된 '교회'라는 단어의 원어는 그리스어 '에클레시아'라고 기록되어 있습니다. 여기서 '에크'라는 말은 영어의 'out of(밖으로)'라는 뜻을 지닌 전치사이고 '클레시아'라는 말은 영어의 'I call(내가 부르다)'라는 뜻을 지닌 일인칭 단수 동사 '칼레오'에서 비롯된 단어입니다. 이 두 단어를 합하여 만들어진 합성어가 바로 '에클레시아'이며 그 뜻은 '내가 밖으로 불러낸 사람들'입니다. 이 단어가 영어에서는 church로 번역되었고 한국어로는 '교회'라고 번역되었습니다. 그러니까 교회라는 말의 본래의 의미는 이 죄악 세상에 살고 있는 사람들 중에서 예수님을 구주와 왕으로 믿고 영접하여 하나님의 통치를 받고 살아가는 하나님의 자녀들을 불러내어 세상 사람들로부터 구별해 놓은 사람들을 칭하는 말입니다. 오늘날의 부동산 건물인 교회당과는 아무 상관이 없는 것입니다. 우리는 어려서 말을 배울 때부터 '교회'라고 하면 길모퉁이에 있는 뾰족탑 위에 십자가가 있는 건물을 교회라고 배웠습니다. 그래서 성경에서 교회라는 단어를 읽을 때에도 자연스럽게 길가에 세워진 십자가가 달린 건물을 연상하게 됩니다. 그리고 오늘의 교회들도 그런 건물을 교회라고 가르치고 있으며 그 교회가 하나님의 집이요 하나님이 계시는 거룩한 성전이라고 가르치고 있습니다. 그러나 초대 교회의 사람들은 성경에서 '에클레시아(교회)'라는 단어를 읽을 때 **내가 (하나님께서) 밖으로 불러낸 사람들**'을 연상하였습니다. 그들은 에클레시아의 뜻을 알고 있었기 때문에 당연히 건물을 생각할 수 없었고 '하나님께서 구원하셔서 세상에서 구별하여 밖으로 불러낸 사람들'을 연상할 수밖에 없었던 것입니다. 그러므로 초대교회 사람들은 교회라는 건물을 지은 적이 없으며 그들의 교회는 항상 개인 집에 있었습니다: **"아시아의 교회들이 너희에게 문안하고 아굴라와 브리스가와 및 그 집에 있는 교회(에클레시아)가 주 안에서 너희에게 간절히 문안하고"**(고전 16:19) 아굴라와 브리스가의 집에서 교회 즉 에클레시아(하나님께서 구원하셔서 세상에서 구별하여 밖으로 불러낸 사람들)가 모였던 것입니다. 골로새서 4장 15절에도 눔바라는 여자의 집에서 교회(구원받은 하나님의 사람들)가 모였습니다: **"라오디게아에 있는 형제들과 눔바와 그 여자의 집에 있는 교회에 문안하고"**(골 4:15)

이처럼 초대교회의 사도들과 성도들은 교회라는 건물을 지은 적이 없었는데 언제부터 교회라는 건물이 세워진 것일까요? 버가모 교회가 받은 책망을 살펴보면 그 해답을 찾을 수가 있습니다: **"(14) 그러나 네게 두어 가지 책망할 것이 있나니 거기 네게 발람의 교훈을 지키는 자들이 있도다 발람이 발락을 가르쳐 이스라엘 앞에 올무를 놓아 우상의 제물을 먹게 하였고 또 행음하게 하였느니라 (15) 이와 같이 네게도 니골라당의 교훈을 지키는 자들이 있도다"**(계 2:14-15) 니골라당은 예수를 믿는다고 하면서도 우상숭배와 성적 부도덕과 타협한 사람들을 지칭합니다. 헬라어 '니골라당'은 히브리어로 '발람의 사람들'이란 뜻입니다. 이방의 점성가 발람은 모압 여인들을 사용하여 이스라엘 사람들을 성적으로 유혹하여 우상을 섬기게 한 거짓 선지자였습니다. 이와 같이 니골라당은 예수를 믿는다고 자처하는 사람들인데 로마의 시민으로서 황제를 숭배하는 것이나 로마제국의 여러 종교를 따르는 것이 죄가 아니라고 생각하여 기꺼이 우상숭배에 가담했던 사람들입니다. '이 성전을 허물라'는 주님의 가르침을 받았던 주님의 제자들은 교회당이라는 건물을 지은 적이 전혀 없습니다. 앞에서 살펴본 대로 초대교회의 성도들은 가정집에서 모였고 예수님의 지체가 된 그들 자신들이 교회였습니다. 그들은 '교회'라는 말 '에클레시아'가 '내가 밖으로 불러낸 사람들'이라는 것을 잘 알고 있었습니다. 그러므로 교회라는 말의 본뜻이 멸망하는 죄악세상에 사는 사람들 중에서 예수님을 구주와 왕으로 믿고 구원받은 사람들을 따로 밖으로 불러내어 세상 죄악에 물들지 않고 거룩하게 살아가는 하나님의 자녀들이라는 것이라고 알고 있었습니다. 그러니까 초대교회 성도들에게는 교회라는 말이 처음부터 건물이 아니고 구원받은 하나님의 사람들을 의미하는 것이었습니다. 그들은 예수님께서는 **'이 성전을 허물라 내가 사흘 동안에 일으키리라'**고 하신 말씀의 뜻을 잘 이해하고 있던 사람들이었습니다. 그러므로 제자들과 초대교회 성도들은 교회당이라는 건물을 세운 적이 없었던 것입니다. 그들은 오직 하나님의 사람들을 세우는 일에 평생을 바쳤던 사람들이었습니다.

그러나 콘스탄틴 황제가 크리스찬이 된 후에 자기의 정치세력을 확장하기 위하여 당시 로마제국에 가장 널리 만연해 있었던 태양신 숭배자들을 기독교로 끌어들이기 위하여 이방종교의 거대하고 화려한 신전처럼 성당이라는 신전건물을 이곳 저곳에 많이 지어주었습니다. 라토렛 교수는 그의 저서 《기독교 역사》에서 증언하고 있습니다; Constantine erected numerous church buildings in various parts of the Empire and endowed them. (Kenneth Scott Lattourette, 《A History of Christianity》(vol.1), P 213, Prince Press) 그리고 그 교회 건물 안에는 태양신 종교의 문양으로 치장하고 태양신 종교의식을 그대로 들여와 그때부터 기독교가 우상숭배의 종교로 변질되기 시작하였는데 그것이 바로 로마 가톨릭교회의 시작이 된 것입니다. 교회당 건물이 세워지기 시작한 것이 가톨릭교회의 시작이라는 것은 바로 이 버가모 교회 시대에 마리아가 하나님의 어머니로 선포되었기 때문입니다. 버가모 교회 시대인 4세기와 5세기에는 동정녀 마리아에 대한 우상숭배가 급증하여 마침내 마리아가 '하나님의 어머니'로 선포되기에 이르렀습니다. 라토렛 교수는 이 부분도 잘 지적하고 있습니다; The Virgin Mary was early viewed with great respect, but in the fourth and fifth centuries the importance accorded her rapidly mounted and her cult increased. As we have seen, she was acclaimed as the 'Mother of God'.(Kenneth Scott Lattourette, 《A History of Christianity》(vol.1), P 209, Prince Press) **결국 에베소 공회(431년)에서는 마리아를 '하나님의 어머니'라고 선언하였고 칼세돈 공회(451년)에서는 마리아 숭배를 제정하였습니다. 사도시대부터 그 때까지는 가정에서 잘 모여왔던 지하교회들이 점차 가정교회를 이탈하여 성당이라는 건물을 짓고 마리아를 하나님의 어머니로 숭배하는 가톨릭교회들로 변질되기 시작한 것이 바로 이 버가모 교회시대입니다. 바로 여기 버가모 교회시대가 우상을 숭배하는 로마 가톨릭교회가 시작된 시점입니다.** 사탄은 자기를 광명의 천사로 위장하고 교회 안으로 들어와 로마 가톨릭교회를 만들고 사탄이 거하는 보좌로 삼기 시작한 것입니다. 그러나 이런 상황에서도 끝까지 가정교회를 포기하지 않고 순교의 믿음을 가지고 신앙의 절개를 지킨 참 성도들이 있어서 주님은 그들에게 다음과 같이 말씀하셨던 것입니다; **"(13) 네가 어디 사는 것을 내가 아노니 거기는 사단의 위(보좌)가 있는 데라 네가 내 이름을 굳게 잡아서 내 충성된 증인 안디바가 너희 가운데 곧 사단의 거하는 곳에서 죽임을 당할 때에도 나를 믿는 믿음을 저버리지 아니하였도다"(계 2:13)** 에베소 교회는 니골라당의 행위를 미워하여 음란한 우상숭배의 죄와 타협하는 행위에 절대로 가담하지 않고 자기의 성결을 지켰기에 칭찬을 받았습니다. 그러나 콘스탄틴 황제의 정치적인 야망에 미혹되어 가정교회에서 나와 크고 멋진 성당 건물에서 예배를 드리는 로마 가톨릭교회로 변질된 버가모 교회 성도들을 향해서는 '**니골라당의 유혹을 못 이기고 우상숭배에 가담하는 자**'라고 책망을 받게 된 것입니다. 그러므로 버가모 교회시대의 성도들에게는 "**버가모 교회의 사자에게 편지하기를 좌우에 날선 검을 가진 이가 가라사대(12절)**"라고 말씀하신 것입니다. 참으로 버가모 교회의 성도들은 '**좌우에 날선 검(성경말씀)을 가지신 이**'가 주신 메시지에 귀를 기울여야 했었습니다. 그래서 오늘 우리 시대의 교회들도 하나님이 주신 성경말씀을 타협하거나 변질시키지 않고 성경에 기록된 그대로 믿고 순종할 때에만 바로 알고 바로 믿고 바로 살 수 있는 것입니다;

"(3) 때가 이르리니 사람이 바른 교훈을 받지 아니하며 귀가 가려워서 자기의 사욕을 따를 스승을 많이 두고 (4) 또 그 귀를 진리에서 돌이켜 허탄한 이야기를 따르리라"(딤후 4:3-4)

가톨릭교회는 콘스탄틴 황제가 고대 바벨론제국을 일으켰던 니므롯에서 시작된 태양신 종교를 기독교에 접목할 그때부터 벌써 하나님의 말씀을 버리고 배도한 거짓교회로 출발한 이후 오늘에 이르기까지 수도 없이 하나님의 말씀을 배도하면서 자신을 광명의 천사로 가장해온 사탄의 교회입니다. 에베소 공회(431년)에서 마리아를 '하나님의 어머니'라고 선언한 것에 이어 칼세돈 공회(451년)에서는 마리아 숭배를 제정하였습니다. 니쎄안 공회(787년)에서는 죽은 성자들에게 기도하는 것이 선언되었고 라테란 공회(1215년)에서는 화체설(성찬식에서 떡과 포도주를 먹고 마실 때 그것들이 먹는 사람들 속에서 예수님의 살과 피로 변한다는 이단교리)을 선포하였습니다. 발렌시아 공회(1229년)에서는 성경을 금서로 선포하였고 리용 공회(1274년)에서는 성경에 없는 연옥설 교리를 제정하였습니다. 그리스도를 마리아의 품에 안긴 힘없는 어린 아기로 축소시키고 마리아를 하나님의 어머님으로 승격시켜 우상을 숭배하는 저 무서운 우상숭배, 성인들에게 기도하는 우상숭배, 지옥을 연옥으로 바꾸어 신도들을 속인 그 무서운 음모, 그리고 교황 자신이 하나님이라고 선포하는 그 엄청난 배도와 성경에 없는 무수한 이교의식과 가톨릭교회에 속하지 않고 가정에서 따로 모이는 가정교회의 성도들을 6,000만 명이 이상이나 잔혹하게 고문하고 처형했던 일, 히틀러 나치스를 지지하고 축복했던 가톨릭교회, 그 외에도 가톨릭교회 내에서 비밀리에 진행되는 그 수많은 음행과 비리 등등 참으로 역사상 수많은 신학자들이 교황을 적그리스도로 지목한 것은 결코 이상한 일이 아닙니다. 교황 파이우스 10세는 '교황은 단순히 그리스도의 대리자가 아니다. 오히려 교황 자신이 바로 예수 그리스도이다. 그러므로 교황이 말하는 것은 바로 예수 그리스도가 말하는 것이다'라고 말했습니다.(《Evengelical Christendom》, P.15, 1895년 1월 1일) 또 교황 요한 바오로 2세는 '용서를 받기 위해서 하나님께 가지 말고 내게로 오라'(《Los Angeles Times》, 1984년 12월 12일)고 말했고 현재 교황인 프란시스는 '예수는 나의 선생이고 목사이다. 그러나 하나님 아버지는 빛이시고 창조자이신데 바로 내가 그분이다'라고 선포하였습니다.(《La

Repubbilica〉, 2013년 9월 11일) 인류 역사에서 예수님 외에 자신을 하나님이라고 선포한 사람들은 가톨릭교회의 교황들밖에 없습니다. 데살로니까후서 2장 3-4절의 말씀이 지금까지 2,000년 교회 역사에서 끊임없이 하나님을 배도해온 가톨릭교회를 두고 한 말씀이 아니라면 그 누구가 또 있겠습니까? **"누가 아무렇게 하여도 너희가 미혹하지 말라 먼저 배도하는 일이 있고 저 불법의 사람 곧 멸망의 아들이 나타나기 전에는 이르지 아니하리니 저는 대적하는 자라 범사에 일컫는 하나님이나 숭배함을 받는 자위에 뛰어나 자존하여 하나님 성전에 앉아 자기를 보여 하나님이라 하느니라"**(살후 2:3-4) 이러한 가톨릭교회를 큰 형님 교회라고 부르는 오늘의 개신 교회들은 자신들의 정체가 누구인지를 스스로 증명하고 있는 것입니다.

성경에서 말하는 교회는 죽은 벽돌로 지어지는 부동산 건물이 아니고 그리스도의 생명을 받아 산 돌(living stone)이 된 성령으로 거듭난 하나님의 자녀들로 세워지는 영적인 집(신령한 집)으로서 하나님이 그 안에 거하시는 성전인 것입니다; **"(19) 그러므로 이제부터 너희는 외인도 아니요 나그네도 아니요 오직 성도들과 동일한 시민이요 하나님의 권속(가족)이라 (20) 너희는 사도들과 선지자들의 터 위에 세우심을 입은 자라 그리스도 예수께서 친히 모퉁잇돌이 되셨느니라 (21) 그의 안에서 건물마다 서로 연결하여 주 안에서 성전이 되어 가고 (22) 너희도 성령 안에서 하나님이 거하실 처소가 되기 위하여 그리스도 예수 안에서 함께 지어져 가느니라"**(엡 2:19-22) 하나님은 이렇게 '하나님이 거하실 처소(dwelling of God = 성막)' 즉 성령이 거하시는 성전으로 함께 지어져 가는 사람들을 세상 사람들과 구별하기 위하여 밖으로 따로 불러내신 것(에클레시아)입니다.

세상 사람들로부터 따로 구별하기 위해서 따로 불러낸 이유는 당연히 그들로 하여금 하나님의 자녀답게 경건하고 거룩하고 의로운 삶을 살게 하기 위함입니다. 마치 유월절 어린양의 피로 죽음을 면하고 구원받은 이스라엘 백성들에게 죄악세상을 상징하는 애굽에서 곧바로 떠나 약속의 땅 가나안을 향해서 출발하라고 명령하셨던 것처럼 오늘도 유월절 어린양으로 대신 희생당하신 예수님을 구주와 왕으로 영접한 사람들은 예수님을 영접하자마자 곧바로 이 죄악세상의 모든 것을 떠나서 주님께서 약속하신 하나님 나라를 향해서 출발해야 하는 것입니다. 예수님을 영접한 순간부터 이 세상의 세계관과 가치관을 버리고 약속의 땅을 향해 출발해야 하는 것입니다. 이 죄악 세상을 떠나서 약속의 땅 저 하나님 나라에 이르기 까지는 광야라고 하는 험난한 중간과정을 거쳐야 하는 것입니다. 이스라엘 백성들은 죄악세상 애굽을 떠나자마자 바로 광야를 만났고 그 광야에서 방황하게 되었습니다. 그래서 하나님께서 그들에게 주셨던 것이 바로 성막이었습니다. 그들이 광야를 지나서 하나님 나라에 도착할 수 있는 비결이 바로 성막에서 하나님을 예배하는 것이었습니다.

우리가 위에서 살펴본 대로 성막 마당에 있는 놋제단에서 자기 죄를 위해서 대신 희생당한 동물의 피를 가지고 대제사장이 자기를 대신하여 하나님 나라를 상징하는 지극히 거룩한 곳 지성소까지 들어가서 하나님을 대신 만나야 하는데 거기에 들어가기 위해서 거쳐야 할 곳이 바로 성소라고 하는 곳이었음을 우리가 살펴보았습니다. 그리고 그 성소에는 떡 상과 금 촛대가 있었는데 대제사장은 그 사이를 통과하여 지성소에 들어가게 되어있었습니다. 즉 예수님의 십자가를 상징하는 놋 제단에서 주님의 대속 죽음을 믿는 믿음을 가진 사람은 지성소에 계시는 하나님을 만나가 위해서 성소라는 곳을 통과해야만 합니다. 그 성소에서 떡 상에 놓인 생명의 떡 예수님의 말씀을 먹어야 하고 금 촛대에서 비추는 예수님의 빛을 받아야 죄악세상에 빠지지 않고 무사히 지성소에까지 들어가서 하나님을 만날 수 있게 되는 것입니다. 그러므로 이스라엘 백성들이 광야에서 받았던 구약시대의 성막은 오늘날의 교회를 미리 보여주는 예표요 그림자였던 것입니다. 그래서 **예수님께서 '이제는 나 실체가 여기 왔으니 이 성전을 허물라 내가 사흘 동안에 일으키겠다'**고 말씀하신 것입니다. 지금까지 우리가 성막의 의미를 살펴본 대로 이제 갈보리 동산에서 우리 대신 희생제물로 바쳐진 유월절 양 예수 그리스도를 영접한 참 믿음의 사람들은 진짜 지성소인 저 천국에서 하나님을 만나는 그날까지 이 광야 같은 세상에서 하늘로부터 내려오는 만나이신 산 떡 예수님의 말씀을 날마다 먹어야 하며 빛 되신 예수님의 말씀의 안내를 받아 주님의 말씀이 인도하시고 명령하시는 대로만 순종하며 따라가야 하는 것입니다. 광야는 먹을 것이 없는 곳입니다. 광야는 땅에서 먹을 것을 찾을 수가 없는 곳입니다. 하나님만 바라보고 위에서 내리는 만나를 먹고 살아야 하며 바위에서 솟아나는 생수를 마셔야 하는 곳입니다. 광야는 뱀과 전갈의 위험이 있는 곳이며 모압 여인들의 유혹이 있는 곳입니다. 광야는 하나님만 바라보고 하나님만 의지하며 나아가야 하는 곳입니다. 광야는 우리가 안일하게 거할 최종 목적지가 아니고 나그네처럼 잠시 지나가야 하는 곳입니다. 이 광야가 바로 성도들이 평생에 통과해야 할 교회 생활이다. 성도들이 이 광야를 안전하게 통과하여 저 지성소인 천국에 도달할 때까지 성도들을 먹이고 인도하고 보호하기 위해서 세우신 것이 주님의 몸 된 교회인 것입니다. 이 교회를 세우기 위해서 주님께서 기초 돌들을 놓은 것이 바로 사도들과 선지자들이었습니다.

참 포도나무

"(1) 내가 참 포도나무요 내 아버지는 그 농부라 (2) 무릇 내게 있어 과실을 맺지 아니하는 가지는 아버지께서 이를 제해 버리시고 무릇 과실을 맺는 가지는 더 과실을 맺게 하려 하여 이를 깨끗케 하시느니라 (3) 너희는 내가 일러준 말로 이미 깨끗하였으니 (4)내 안에 거하라 나도 너희 안에 거하리라 가지가 포도나무에 붙어 있지 아니하면 절로 과실을 맺을 수 없음 같이 너희도 내 안에 있지 아니하면 그러하리라 (5) 나는 포도나무요 너희는 가지니 저가 내 안에, 내가 저 안에 있으면 이 사람은 과실을 많이 맺나니 나를 떠나서는 너희가 아무것도 할 수 없음이라 (6) 사람이 내 안에 거하지 아니하면 가지처럼 밖에 버리워 말라지나니 사람들이 이것을 모아다가 불에 던져 사르느니라"(요 15:1-6)

여기서 예수님은 포도나무이고 우리는 그 가지라고 말씀하십니다. 하나님은 그 포도나무를 가꾸는 농부이시며 열매를 맺지 아니하는 가지는 잘라버리시는 분이십니다. 교회는 그리스도의 몸이고 우리들은 그 지체인데 열매를 맺지 않는 가지는 잘라진다는 말씀입니다. 그러니까 성도는 마땅히 열매를 맺어야 합니다. 포도나무 가지가 존재하는 이유는 열매를 맺어 농부를 기쁘게 하는 것입니다. 열매를 맺지 아니하는 가지는 나무의 영양분만 낭비하는 백해무익한 존재가 되는 것입니다. 그러므로 열매를 맺지 않으면 농부가 와서 가지를 잘라버리는 것은 참으로 당연한 이치입니다. 주님의 몸 된 교회의 지체된 우리들은 당연히 열매를 맺어야 합니다. 말과 생각과 모든 행실에서 우리가 하나님의 자녀로서 거룩한 의의 열매가 있어야 할 것을 하나님은 기대하고 계십니다. 그러니까 성령의 열매를 맺는 변화된 삶이 있어야 하는 것입니다. "오직 성령의 열매는 사랑과 희락과 화평과 오래 참음과 자비와 양선과 충성과 온유와 절제"(갈 5:22)라고 하시지 않았습니까! 이런 것들이 성도의 삶 속에 나타나지 않을 때 하나님은 그들을 제거해 버리신다는 것입니다. "좋은 나무가 나쁜 열매를 맺을 수 없고 못된 나무가 아름다운 열매를 맺을 수 없느니라. 아름다운 열매를 맺지 아니하는 나무마다 찍혀 불에 던지우느니라"(마 7:18–19)고 주님께서 말씀하셨습니다. 참 성도인지 거짓 성도인지는 그 열매를 보고서 알 수 있다고 말씀하십니다. 오늘 우리 시대의 교회가 맺는 열매를 보면 우리 시대의 교회가 참 교회인지 거짓 교회인지를 구별할 수 있을 것입니다. 그러면 오늘 우리 시대의 교회가 주님이 원하시는 아름다운 열매를 맺는 참된 교회가 될 수 있는 비결은 무엇인가? 아름다운 열매를 맺는 비결은 거룩하고 성결하고 경건한 삶입니다. 죄 가운데 거하는 사람은 아름다운 열매를 맺을 수가 없는 것입니다. 3절에 '너희는 내가 일러준 말로 이미 깨끗하였으니'라는 말씀은 우리가 오직 예수님의 말씀을 순종하며 살 때에만 깨끗해질 수 있음을 가르쳐 주십니다. 우리는 말씀이신 예수 그리스도를 통해서 죄 씻음을 받고 구원을 받았을 뿐 아니라 그분의 말씀을 따라 살 때에 계속해서 거룩하고 의로운 삶을 살 수 있는 것입니다. 이와 같이 거룩하고 의로운 경건한 삶을 살아갈 수 있는 비결은 내가 주님 안에 주님이 내 안에 거하는 연합뿐입니다. 그것이 교회의 본질인 '하나님의 거하심(dwelling of God = 성막)'을 이루는 길입니다. 교회가 주님을 떠나서는 아무것도 할 수 없다고 말씀하십니다: "(4) 내 안에 거하라 나도 너희 안에 거하리라 가지가 포도나무에 붙어 있지 아니하면 절로 과실을 맺을 수 없음 같이 너희도 내 안에 있지 아니하면 그러하리라 (5) 나는 포도나무요 너희는 가지니 저가 내 안에, 내가 저 안에 있으면 이 사람은 과실을 많이 맺나니 나를 떠나서는 너희가 아무것도 할 수 없음이라 (6) 사람이 내 안에 거하지 아니하면 가지처럼 밖에 버리워 말라지나니 사람들이 이것을 모아다가 불에 던져 사르느니라"(요 15:4–6)

성도로서의 열매를 맺는 유일한 비결은 그리스도와 연합하는 경건한 생활뿐입니다. 가지가 나무를 떠나서는 스스로 존재할 수 없는 것처럼 우리 개개인이 그리스도와 연합된 생명적 관계를 지속하지 못하면 그 개개인은 죽은 사람들이요, 그 생명 없는 사람들의 모임은 아무리 크고 능력이 있다고 하여도 한낱 생명이 없는 세속 클럽에 불과한 것이요, 거대한 죽은 조직이요 결코 교회가 될 수 없는 것입니다. 그리스도인의 최고의 목표는 교회를 확장하는 것이 아니고 예수 그리스도를 닮아가는 것입니다. 성경은 종교에 대하여 말하고 있지 않습니다. 성경은 하나님과의 관계회복에 대하여 말하고 있습니다.

그리스도의 신부

"(25) 남편들아 아내 사랑하기를 그리스도께서 교회를 사랑하시고 위하여 자신을 주심 같이 하라 (26) 이는 곧 물로 씻어 말씀으로 깨끗하게 하사 거룩하게 하시고 (27) 자기 앞에 영광스러운 교회로 세우사 티나 주름잡힌 것이나 이런 것들이 없이 거룩하고 흠이 없게 하려 하심이라"(엡 5:25-27)

교회는 그리스도의 신부로 비유되고 있습니다. 그러므로 교회가 지켜야 할 필수적인 덕목 중의 하나는 성결입니다. 교회는 그리스도 앞에서 항상 깨끗함을 유지해야 합니다. 성도의 삶은 마땅히 경건하고 거룩하고 정결해야 합니다. 교회는 그리스도께서 피로 값 주고 사신 그의 사랑의 대상이기 때문입니다. 자기 앞에 영광스러운 교회로 세우시기 위하여 티나 주름 잡힌 것이나 이런 것들이 없이 거룩하고 흠이 없게 하시려고 그리스도는 날마다 그의 성도들을 물로 씻어 말씀으로 깨끗하게 하고 계십니다. 그러므로 그리스도의 몸 된 교회의 지체인 성도들은 자신의 몸을 창기의 지체로 만들어서는 안 될 것입니다. "너희 몸이 그리스도의 지체인 줄을 알지 못하느냐 내가 그리스도의 지체를 가지고 창기의 지체를 만들겠느냐 결코 그럴 수 없느니라"(고전 6:15) 성도의 삶은 새 하늘과 새 땅에서 있을 어린양의 혼인잔치에서 그리스도의 신부로 나타나기 위하여 온갖 아름다움과 성결한 삶으로 준비하는 정결한 처녀로서의 삶을 살아야 합니다. 세상의 부귀영화를 추구하는 생활, 세상의 대중문화를 추구하는 생활, 불의한 생활, 음란한 생활, 쾌락을 사랑하는 방탕한 생활, 도적질하는 생활, 욕심스러운 생활, 남을 비판하고 정죄하는 생활, 당을 짓고 싸우고 갈라지는 생활과 미움과 분을 품고 서로 불평하며 원망하며 살아가는 생활에서 떠나야 합니다. 이런 사람들은 하나님의 나라에 들어갈 수가 없다고 말씀하십니다. 그렇다면 오늘날 교회에 출석하는 사람들이 수도 없이 많은데 과연 천국에 들어갈 수 있는 사람들은 얼마나 될 것인가? 교회에 다니는 그 수많은 사람들이 지옥불에 던져질 것을 생각하면 끔찍하기만 합니다: "(9) 불의한 자가 하나님의 나라를 유업으로 받지 못할 줄을 알지 못하느냐 미혹을 받지 말라 음란하는 자나 우상 숭배하는 자나 간음하는 자나 탐색하는 자나 남색하는 자나 (10) 도적이나 탐람하는 자나 술 취하는 자나 후욕하는 자나 토색하는 자들은 하나님의 나라를 유업으로 받지 못하리라"(고전 6:9-10)

"(19) 육체의 일은 현저하니 곧 음행과 더러운 것과 호색과 (20) 우상 숭배와 술수와 원수를 맺는 것과 분쟁과 시기와 분냄과 당 짓는 것과 분리함과 이단과 (21) 투기와 술 취함과 방탕함과 또 그와 같은 것들이라 전에 너희에게 경계한 것 같이 경계하노니 이런 일을 하는 자들은 하나님의 나라를 유업으로 받지 못할 것이요"(갈 5:19-21)

(22) 너희는 유혹의 욕심을 따라 썩어져 가는 구습을 좇는 옛사람을 벗어 버리고 (23) 오직 심령으로 새롭게 되어 (24) 하나님을 따라 의와 진리의 거룩함으로 지으심을 받은 새 사람을 입으라 (25) 그런즉 거짓을 버리고 각각 그 이웃으로 더불어 참된 것을 말하라 이는 우리가 서로 지체가 됨이니라 (26) 분을 내어도 죄를 짓지 말며 해가 지도록 분을 품지 말고 (27) 마귀로 틈을 타지 못하게 하라 (28) 도적질하는 자는 다시 도적질하지 말고 돌이켜 빈궁한 자에게 구제할 것이 있기 위하여 제 손으로 수고하여 선한 일을 하라 (29) 무릇 더러운 말은 너희 입밖에도 내지 말고 오직 덕을 세우는 데 소용되는 대로 선한 말을 하여 듣는 자들에게 은혜를 끼치게 하라 (30) 하나님의 성령을 근심하게 하지 말라 그 안에서 너희가 구속의 날까지 인치심을 받았느니라 (31) 너희는 모든 악독과 노함과 분냄과 떠드는 것과 훼방하는 것을 모든 악의와 함께 버리고 (32) 서로 인자하게 하며 불쌍히 여기며 서로 용서하기를 하나님이 그리스도 안에서 너희를 용서하심과 같이 하라"(엡 4:22-32)

교회 역사를 돌이켜 보면 교회를 파괴하기 위해서 사탄은 그동안 온갖 가혹한 핍박을 동원하여 물리적인 방법으로 그리스도의 교회를 맹렬하게 공격해 왔습니다. 그리스도인들을 감옥에 가두기도 하고 죽이기도 하면서 온갖 잔인하고 무서운 방법으로 핍박하고 위협하여 사람들이 그리스도인이 되는 것을 막아왔습니다. 그러나 핍박을 가하면 가할수록 사람들의 믿음은 더 굳건하여졌고 더 성결하여져서 잔혹한 로마제국의 핍박 속에서도, 러시아와 중국의 공산당 치하에서도 교회는 오히려 더 강해지고 더 순결하고 더 아름답게 믿음을 지켰습니다. 이제 사탄이 심판을 받고 지옥불에 떨어질 말세의 시간이 가까워지면서 초조해진 사탄이 취한 마지막 무기는 대중문화입니다. 이전에 교회를 가지 못하게 공포와 위협으로 막았던 방법을 완전히 바꾸어서 오히려 교회에 열심히 출석하도록 적극적으로 권장하는 전략으로 바꾼 것입니다. 교회도 마음대로 가게 하고 예배도 마음대로 드리게 하고 부흥회도 마음대로 하고 주일학교도 얼마든지 거창하게 하는 전략입니다. 대신 교회의 모든 프로그램을 아주 세속적으로 재미있게 하게 하는 것입니다. 성가대는 유명한 성악가들로 구성되게 하고 거대한 오케스트라가 협연합니다. 찬양단은 한류스타 걸그룹들 뺨치게 잘 흔들고 잘 춥니다. 그들이 믿음을 가졌는지는 아무 상관이 없습니다. 예배가 아니고 멋지고 화려한 공연입니다. 이것이 바로 열린 예배라고 합니다. 모든 죄인들에게는 열린 예배인데 우리 주님께만 닫힌 예배가 된 것입니다. 설교의 말씀도 '자기를 부인하고 자기 십자가를 지고 따라오라'는 힘들고 스트레스를 주는 십자가 복음은 아예 제거하고 세상 사람들이 들어도 신나게 즐길 수 있도록 평안하게 잘 먹고 잘 살고 성공하고 출세하는 신명나는 내용으로 하도록 가짜 목사, 가짜 장로, 가짜 집사, 가짜 신자들로 차고 넘치도록 채워놓는 전략입니다. 훌륭하고 고상한 도덕적인 설교도 좋고 교양과 지식을 위한 설교도 좋고 예수 이름을 얼마든지 사용해도 좋습니다. 다만 어찌하든지 사람들이 교회에 나와서 구원만 받지 못하도록 하면 되는 전략입니다. 그래서 겉모양만 그리스도인이지 사실은 알맹이가 없는 쭉정이 신자를 만들면 되는 전략인 것입니다. 지금까지 사탄이 사용해 왔던 전략 중에서 가장 지혜롭고 막강한 전략이었습니다. 참으로 사탄이 만들어 시행하는 이 가짜 짝퉁 그리스도인 만들기 전략에 말려들어 오늘 이 시대의 교회에 다니는 사람들은 정말 믿는 사람들인지 믿지 않는 사람들인지 전혀 구별이 안 될 정도로 세속화되었습니다. 이제는 교회를 다녀도 아무에게도 핍박을 당하지 않습니다. 그들이 하나님의 자녀가 되지 않았기 때문입니다. 예수도 없고 생명도 없고 경건과 거룩함이 없는 가짜 교회, 짝퉁 교회가 되었기 때문입니다. 예수님께서는 이 더럽고 냄새 나고 추악한 창녀를 신부로 맞이할 수 없다는 것을 사탄은 잘 알고 있는 것입니다. 신랑 되신 예수님께서 원하시는 신부는 그리스도의 십자가 보혈로 씻겨진 정결하고 거룩한 처녀인 것입니다. '경건' 이것은 그리스도의 보혈로 씻겨진 참 교회들만 지니고 있는 거룩한 속성입니다. 이것이 없는 교회는 창기요 짝퉁이요 가짜입니다.

교회는 신랑을 기다리는 열 처녀와 같다고 주님은 말씀해 주셨습니다. 등과 기름을 준비한 지혜로운 다섯 처녀들만 신랑이 올 때 혼인예식에 들어갈 수 있습니다. 등과 기름을 준비한 처녀들은 신랑이 올 때까지 물질과 쾌락을 좇아 세속을 따라가지 않고 성령의 소욕을 따라 성결하고 빛 된 깨끗한 삶을 살았던 경건한 그리스도인들입니다. 어리석은 다섯 처녀는 등만 준비했을 뿐 기름은 준비하지 못했습니다. 기름 없는 등은 빛을 발하지 못합니다. 기름 없이 등만 준비한 어리석은 다섯 처녀는 교회는 평생 다녔으나 성령을 받지 못한 사람들이기 때문에 세속의 물질과 쾌락에 빠져 성결하고 빛 된 삶을 살지 못한 가짜 그리스도인들입니다. 평생 교회를 다녔다고 하나 신랑이 오실 때에 천국의 혼인잔치에 들어갈 수 없는 어리석은 처녀들입니다. 그들은 어리석었을 뿐만 아니라 정말로 추악하고 악취를 풍기는 창기들이었습니다. 그래서 진정한 복음 전도자 사도 바울은 이렇게 말했습니다: **"내가 하나님의 열심으로 너희를 위하여 열심 내노니 내가 너희를 정결한 처녀로 한 남편인 그리스도께 드리려고 중매함이로다"**(고후 11:2)

누룩 없는 새 덩어리
"(6) 너희의 자랑하는 것이 옳지 아니하도다 적은 누룩이 온 덩어리에 퍼지는 것을 알지 못하느냐 (7) 너희는 누룩 없는 자인데 새 덩어리가 되기 위하여 묵은 누룩을 내어버리라 우리의 유월절 양 곧 그리스도께서 희생이 되셨느니라 (8) 이러므로 우리가 명절을 지키되 묵은 누룩도 말고 괴악하고 악독한 누룩도 말고 오직 순전함과 진실함의 누룩 없는 떡으로 하자 (9) 내가 너희에게 쓴 것에 음행하는 자들을 사귀지 말라 하였거니와 (10) 이 말은 이 세상의 음행하는 자들이나 탐하는 자들과 토색하는 자들이나 우상 숭배하는 자들을 도무지 사귀지 말라 하는 것이 아니니 만일 그리 하려면 세상 밖으로 나가야 할 것이라 (11) 이제 내가 너희에게 쓴 것은 만일 어떤 형제라 일컫는 자가 음행하거나 탐람하거나 우상 숭배를 하거나 후욕하거나 술 취하거나 토색하거든 사귀지도 말고 그런 자와는 함께 먹지도 말라 함이라 (12) 외인들을 판단하는 데 내게 무슨 상관이 있으리요마는 교중 사람들이야 너희가 판단치 아니하랴 (13) 외인들은 하나님이 판단하시려니와 이 악한 사람은 너희 중에서 내어 쫓으라" (고전 5:6-13)

  여기서 누룩은 죄를 의미합니다. 바리새인의 누룩을 주의하라고 주님이 말씀하셨을 때도 누룩은 죄를 의미하는 것이었습니다. 여기서 누룩 없는 새 덩어리는 유월절 어린양 예수의 피로 씻겨진 성결한 교회를 의미합니다. 누룩이 없는 경건한 새 덩어리를 계속 유지하기 위해서는 묵은 누룩을 내어버리라고 명령하십니다. 믿는다는 형제라고 하면서 세속적으로 살아가는 가짜 그리스도인들을 교회에서 제거하라고 명령하십니다; "(11) 만일 어떤 형제라 일컫는 자가 음행하거나 탐람하거나 우상 숭배를 하거나 후욕하거나 술 취하거나 토색하거든 사귀지도 말고 그런 자와는 함께 먹지도 말라 함이라" "(13) 이 악한 사람은 너희 중에서 내어 쫓으라" 주님의 신부이신 교회가 주님께서 요구하시는 성결을 유지하기 위해서 교회는 과감하게 세속적인 더러움을 잘라내야 하는 것입니다. 오늘 우리 시대의 교회는 너무 더럽고 추악합니다. 묵은 누룩이 온 덩어리에 퍼져서 부패하지 않은 곳이 없습니다. 이제는 수술을 하기에도 너무 늦었습니다. 죽고 다시 살아나는 길밖에 없습니다. 그래서 주님은 교회를 개혁하거나 수리하라고 하지 아니하시고 '이 성전을 허물라'고 명령하신 것입니다. 주님과 함께 옛사람은 십자가에 죽고 부활하신 주님과 함께 새 사람으로 다시 태어난 진짜 그리스도인들로 주님의 교회는 다시 지어져야만 합니다. 죽은 벽돌로 세워지는 교회가 아니라 산 돌이신 그리스도 안에서 산 돌들이 된 진짜 그리스도인들로 세워지는 생명을 지닌 교회로 세워져야 합니다.

네가 나를 사랑하느냐?

  "(15) 저희가 조반 먹은 후에 예수께서 시몬 베드로에게 이르시되 요한의 아들 시몬아 네가 이 사람들보다 나를 더 사랑하느냐 하시니 가로되 주여 그러하외다 내가 주를 사랑하는 줄 주께서 아시나이다 가라사대 내 어린양을 먹이라 하시고 (16) 또 두 번째 가라사대 요한의 아들 시몬아 네가 나를 사랑하느냐 하시니 가로되 주여 그러하외다 내가 주를 사랑하는 줄 주께서 아시나이다

가라사대 내 양을 치라 하시고 (17) 세 번째 가라사대 요한의 아들 시몬아 네가 나를 사랑하느냐 하시니 주께서 세 번째 네가 나를 사랑하느냐 하시므로 베드로가 근심하여 가로되 주여 모든 것을 아시오매 내가 주를 사랑하는 줄을 주께서 아시나이다 예수께서 가라사대 내 양을 먹이라"(요 21:15-17)

    부활하신 후에 예수님께서 베드로에게 부탁하시는 말씀입니다. 주님은 세 번이나 베드로에게 질문하시고 부탁하셨습니다. 주님께서 베드로에게 양을 부탁하실 때 내놓은 전제조건은 무엇입니까? 그것은 '네가 나를 사랑하느냐?'이었습니다. 주님의 양을 먹이고 돌보는 목회에 있어서 가장 중요한 전제조건이 '주님을 사랑하기 때문인가?' 하는 것입니다. 주님을 사랑하는 사람에게만 목양을 할 수 있는 자격이 주어지는 것입니다. 주님을 사랑하는 목회자는 주님께서 부탁하신 말씀만을 전하게 될 것입니다. 자기의 사상이나 사람들의 사상을 전하지 아니할 것입니다. '너희가 사람의 계명으로 가르치니 나를 헛되이 경배하는도다'라고 바리새인들을 책망하셨던 주님께서 우리들도 바리새인처럼 사람의 계명으로 가르칠까 봐 미리 전제조건을 내걸 것입니다. 주님은 십자가의 죽으심과 그의 부활하심으로써 교회의 기초를 놓으시고 그 교회의 완성을 그가 구원하신 제자들에게 부탁하신 것입니다. 주님은 이 귀중한 사명을 아무에게나 맡길 수가 없으신 것입니다. 그의 가장 사랑하시는 제자 베드로에게 맡기실 때에도 세 번씩이나 확인하시면서 맡기신 것입니다. "내가 이제 너희를 위하여 받는 괴로움을 기뻐하고 그리스도의 남은 고난을 그의 몸된 교회를 위하여 내 육체에 채우노라"(골 1:24)고 한 사도 바울처럼 주님에 대한 사랑과 열정이 분명한 사람들이 오늘 우리 시대의 목회자가 되었으면 얼마나 좋겠습니까? 그런 사람들은 결코 주님의 십자가 복음 외에는 다른 것으로 사람들에게 전하지 않을 것이기 때문입니다. "네가 나를 사랑하느냐?" 정말 주님을 사랑해서 주님께서 부탁하신 말씀만을 전할 사람들이 목회자가 되어야 할 것입니다. 주님은 주님의 수제자 베드로에게도 세 번이나 질문하셨습니다. 베드로는 세 번이나 주님을 사랑한다고 대답하였습니다. 오늘 우리 시대의 목회자들도 진정으로 주님을 사랑하는지 주님으로부터 직접 세 번씩이나 확인을 받는 과정을 거쳤으면 얼마나 좋겠습니까!

환란과 고난

"아무든지 나를 따라오려거든 자기를 부인하고 자기 십자가를 지고 나를 좇을 것이니라"(마 16:24)고 주님께서 말씀하셨습니다. 참으로 주님을 믿고 따르는 길은 십자가 고난의 길입니다. "이를 위하여 너희가 부르심을 입었으니 그리스도도 너희를 위하여 고난을 받으사 너희에게 본을 끼쳐 그 자취를 따라오게 하려 하셨느니라"(벧전 2:21) 주님을 따르는 모든 그리스도인들은 마땅히 주님의 고난의 자취를 따라가야 합니다. 고난은 우리를 망하게 하는 것이 아닙니다. 주님께서 우리에게 고난을 허락하시는 이유는 고난을 통해서 우리를 더 깨끗하고 거룩하게 다듬으시려는 것입니다. 그러므로 고난을 당하는 것을 회피하거나 이상하게 생각하지 말아야 합니다. "사랑하는 자들아 너희를 시련하려고 오는 불시험을 이상한 일 당하는것 같이 이상히 여기지 말고, 오직 너희가 그리스도의 고난에 참예하는 것으로 즐거워하라 이는 그의 영광을 나타내실 때에 너희로 즐거워하고 기쁘게 하려 함이라"(벧전 4:12-13) 왜 나에게만 이런 고난을 주시느냐고 불평하거나 원망하거나 낙심하지도 말아야 합니다. 이 세상에서 예수님을 따르는 참된 성도들은 누구나 다 이런 고난을 당한다고 말씀하십니다. "너희는 믿음을 굳게 하여 저를 대적하라 이는 세상에 있는 너희 형제들도 동일한 고난을 당하는 줄을 앎이니라 모든 은혜의 하나님 곧 그리스도 안에서 너희를 부르사 자기의 영원한 영광에 들어가게 하신 이가 잠간 고난을 받은 너희를 친히 온전케 하시며 굳게 하시며 강하게 하시며 터를 견고케 하시리라"(벧전 5:9-10) 예수 믿으면 만사가 형통한다는 기복신앙자들의 말에 속지 말아야 합니다. 그들이 기복신앙의 근거로 내세우고 있는 요한3서 1장 2절을 오해하지 말아야 합니다. "사랑하는 자여 네 영혼이 잘 됨같이 네가 범사에 잘 되고 강건하기를 내가 간구하노라"(요삼 1:2) 이 말씀이 예수 믿으면 이 세상에서 잘 먹고 잘 살고 성공하고 출세한다는 뜻입니까? 이 서신은 사도 요한이 당시의 한 교회의 지도자인 가이오에게 보낸 서신입니다. 3절에 보면 가이오는 진리 안에서 행하는 진짜 성도로서 그가 섬기는 교회에서 많은 어려움을 당하고 있었습니다; "저희 중에 으뜸되기를 좋아하는 디오드레베가 우리를 접대하지 아니하니 이러므로 내가 가면 그 행한 일을 잊지 아니하리라 저가 악한 말로 우리를 폄론하고도 유위부족하여 형제들을 접대치도 아니하고 접대하고자 하는 자를 금하여 교회에서 내어 쫓는도다"[9-10절] 이렇게 가이오의 목회를 방해하고 있는 디오드레베 때문에 가이오는 많은 어려움을 당하고 있었습니다. 그래서 사도 요한은 가이오가 신앙생활을 바로 해서 영혼이 잘되고 있는 것처럼 현재 그가 당면하고 있는 어려운 모든 일들도 잘 해결되기를 바라는 뜻에서 네가 범사에 잘되고 강건하기를 기도한다고 말한 것입니다. 우리도 주 안에서 형제 된 사람이 어려움을 당하면 모든 일이 잘 해결되도록 기도해 주지 않습니까? **이 구절 역시 가이오가 신앙생활을 올바로 하고 있는 진짜 그리스도인이기 때문에 이 세상에서는 많은 어려움을 당하고 있음을 오히려 잘 증거하고 있는 것입니다.**

가이오는 영혼이 잘된 사람이라고 하였으니 그는 예수님을 잘 믿는 사람임에 틀림없습니다. 그러면 기복신앙자들의 주장대로 가이오는 만사가 다 형통하고 환란과 고난이 없었어야 합니다. 그리고 사도 요한은 가이오를 위해서 범사가 잘되고 강건하기를 기도할 필요조차 없었을 것입니다. 이와 같이 주님을 바로 믿고 따르는 사람마다 고난을 피할 수 없다는 것을 알 수 있습니다. 오히려 가이오 같이 잘 믿어서 영혼이 잘되는 진짜 그리스도인들에게는 항상 고난이 따르는 것입니다. **"누가 우리를 그리스도의 사랑에서 끊으리요 환난이나 곤고나 핍박이나 기근이나 적신이나 위험이나 칼이랴 기록된바 우리가 종일 주를 위하여 죽임을 당케 되며 도살할 양 같이 여김을 받았나이다 함과 같으니라 그러나 이 모든 일에 우리를 사랑하시는 이로 말미암아 우리가 넉넉히 이기느니라"**(롬 8:35-37) 이 말씀이 예수 믿으면 이런 환란을 다 면제해 준다는 말씀으로 들리는가? 오히려 이 말씀 자체가 참된 그리스도인들에게는 극심한 환란이 따른다는 것을 암시해 주고 있는 것입니다. 만약 진짜 그리스도인들에게는 만사가 다 잘되고 환란과 역경이 없다면 하나님은 굳이 그리스도인들에게 이런 말씀을 주실 필요조차 없는 것이다. 도대체 예수 믿으면 환란을 면제받고 만사형통하게 된다는 말씀이 성경 어디에 있습니까? 오히려 히브리서 12장 6-8절을 보면 만약에 예수님을 믿고 따른다는 사람들 중에서 환난과 고난이 없는 사람이라면 그는 가짜 성도라고 말씀하고 있습니다. **"주께서 그 사랑하시는 자를 징계하시고 그의 받으시는 아들마다 채찍질하심이니라 하였으니 너희가 참음은 징계를 받기 위함이라 하나님이 아들과 같이 너희를 대우하시나니 어찌 아비가 징계하지 않는 아들이 있으리요 징계는 다 받는 것이거늘 너희에게 없으면 사생자요 참 아들이 아니니라"**(히 12:6-8)

히브리서 5장 8~9절에 보면 예수님조차도 고난을 통해서 순종을 배우셨다고 말씀하고 있습니다. "그가 아들이시라도 받으신 고난으로 순종함을 배워서 온전하게 되었은즉"(히 5:8-9) 그렇습니다. 예수님을 올바르게 믿는 참 성도라면 이 세상에서는 하나님께서 허락하시는 수많은 고난의 연단을 통해서 성화되어 온전하신 주님의 형상을 닮아가야 하는 것입니다. 그래서 로마서 8장 17~18절에서는 이렇게 말씀하고 있습니다. **"자녀이면 또한 후사 곧 하나님의 후사요 그리스도와 함께한 후사니 우리가 그와 함께 영광을 받기 위하여 고난도 함께 받아야 될 것이니라 생각건대 현재의 고난은 장차 우리에게 나타날 영광과 족히 비교할 수 없도다"**(롬 8:17-18) 그러므로 참된 그리스도인들은 이 세상에서 고난과 환란을 피할 길이 없는 것입니다. 아니 그리스도인들에게 주어진 고난은 오히려 과분한 영광인 것입니다. 우리같이 추악한 사람들이 감히 저 숭엄한 그리스도의 고난에 동참할 수 있게 된 것이 얼마나 영광스러운 일입니까? 십자가 고난의 자취를 따르지 않는 성도들마다 가짜 성도요 가짜 교회요 참 교회가 아닙니다.

십자가 복음

"(23) 내가 너희에게 전한 것은 주께 받은 것이니 곧 주 예수께서 잡히시던 밤에 떡을 가지사 (24) 축사하시고 떼어 가라사대 이것은 너희를 위하는 내 몸이니 이것을 행하여 나를 기념하라 하시고 (25) 식후에 또한 이와 같이 잔을 가지시고 가라사대 이 잔은 내 피로 세운 새 언약이니 이것을 행하여 마실 때마다 나를 기념하라 하셨으니 (26) 너희가 이 떡을 먹으며 이 잔을 마실 때마다 주의 죽으심을 오실 때까지 전하는 것이니라"(고전 11:23-26)

주님의 교회가 마땅히 전해야 할 복음은 십자가 복음입니다. 십자가가 빠진 복음은 예수님의 복음이 아닙니다. 오늘 우리 시대의 교회에 예수님의 말씀이 없다는 것은 바로 십자가가 없기 때문입니다. 십자가 고난 없이는 부활의 영광도 없고 구원도 없습니다. 십자가 고난 없이는 주님의 교회도 존재하지 않습니다. 주님은 십자가에서 흘리신 보혈로 그의 교회를 세우셨습니다. 십자가라는 피 묻은 반석 위에 주님의 교회가 세워진 것입니다. 십자가 복음만이 사람을 구원할 수 있는 것입니다. 그래서 '너희가 이 떡을 먹으며 이 잔을 마실 때마다 주의 죽으심을 오실 때까지 전하는 것이니라'고 말씀하신 것입니다. 주님께서 재림하실 때까지 교회가 전해야 할 복음은 바로 십자가 복음입니다. 십자가 복음에 설탕물을 타지 마십시오. 십자가 복음의 붉은 색깔을 다른 화려한 색깔로 바꾸지 마십시오. 주님께서 오늘 우리 시대의 교회에게 주시는 다음의 말씀을 명심하십시오; "(3) 때가 이르리니 사람이 바른 교훈을 받지 아니하며 귀가 가려워서 자기의 사욕을 좇을 스승을 많이 두고 (4) 또 그 귀를 진리에서 돌이켜 허탄한 이야기를 좇으리라"(딤후 4:3-4) 사도 바울이 전한 복음도 십자가 복음이었습니다. "(1) 형제들아 내가 너희에게 나아가 하나님의 증거를 전할 때에 말과 지혜의 아름다운 것으로 아니하였나니 (2) 내가 너희 중에서 예수 그리스도와 그의 십자가에 못 박히신 것 외에는 아무 것도 알지 아니하기로 작정하였음이라 (3) 내가 너희 가운데 거할 때에 약하며 두려워하며 심히 떨었노라 (4) 내 말과 내 전도함이 지혜의 권하는 말로 하지 아니하고 다만 성령의 나타남과 능력으로 하여 (5) 너희 믿음이 사람의 지혜에 있지 아니하고 다만 하나님의 능력에 있게 하려 하였노라"(고전 2:1-5) 사도 바울은 오늘 우리 시대의 목회자들처럼 사람들의 귀를 즐겁게 하는 유창하고 화려하고 듣기 좋은 사람의 계명으로 가르치지 아니하였습니다. 순도 100%의 십자가 복음을 전파하였습니다. 만일 그가 오늘 우리 시대의 목회자들처럼 사람들을 즐겁게 하는 사람의 계명으로 가르쳤다면 헬라 철학에 능통하고 율법에 능통한 그가 왜 가는 곳마다 그토록 많은 사람들로부터 저항을 받으며 수없이 많은 고난을 당하였겠습니까? 아마도 바울은 로마 제국에서 제일 큰 교회 수십만 명이 모이는 목회를 하였을 것입니다. 이단이 따로 있는 것이 아닙니다. 십자가가 없는 교회가 이단 교회입니다. 그리고 십자가를 지지 않고 예수님을 따른다는 모든 사람들이 이단입니다. '아무든지 나를 따라 오려거든 자기를 부인하고 자기 십자가를 지고 나를 좇을 것이니라'(마 16:24)는 주님의 말씀이 들리지 않는가?!

모든 민족들로 내 제자를 만들라
"(19) 그러므로 너희는 가서 모든 족속으로 제자를 삼아 아버지와 아들과 성령의 이름으로 세례를 주고 (20) 내가 너희에게 분부한 모든 것을 가르쳐 지키게 하라 볼지어다 내가 세상 끝날까지 너희와 항상 함께 있으리라 하시니라"(마 28:19-20)

하나님께서 교회에 주신 사명은 내가 섬기는 교회 내의 양들을 양육하는 데 그치지 아니합니다. 교회는 땅끝까지 나가 모든 족속에게 십자가의 복음을 전파하도록 명령을 받고 있기 때문입니다. 그러므로 지역교회는 자체의 양육을 위하여 부단히 노력함과 동시에 또한 땅끝까지 복음을 전파하는 선교사역을 감당해야 하는 것입니다. 그러므로 세계선교는 교회가 해도 되고 안 해도 되는 그런 선택과목이 아니고 하지 않으면 안 되는 필수 과목입니다. 그리스도의 생명을 가진 모든 교회는 세계선교에 동참할 것입니다. **"내가 이제 너희를 위하여 받는 괴로움을 기뻐하고 그리스도의 남은 고난을 그의 몸된 교회를 위하여 내 육체에 채우노라"**(골 1:24) 주님을 뜨겁게 사랑했던 사도 바울의 고백입니다. 그리스도의 남은 고난은 무엇인가? 아직도 그리스도에게 남은 고난이 있는가? 그리스도는 우리의 구원을 위하여 십자가에서 죽으셨고 부활하셨습니다. 그런데 그에게 아직도 남은 고난이 무엇이란 말인가? 그리스도는 그의 십자가 죽음과 부활로서 교회의 기초를 놓았습니다. 그의 남은 고난이란 전 세계에 땅끝까지 그의 교회를 세우는 일입니다. 그러면 주님의 교회를 세우는 것이 왜 고난인가? 요즘 목회자나 선교사들은 돈으로 큰 교회당을 지어 놓으면 수천 수만 수십만 명 모으는 것은 순식간인데 그까짓 교회를 세우는 것이 왜 고난이란 말인가? 북한이 통일되면 수천 개의 교회를 세우겠다는 교단 지도자들이 허다한데 교회를 세운다는 것이 왜 고난이란 말인가? 참으로 두렵기만 합니다. 남북한이 통일이 되어 북한 땅에 수천 개의 교회당이 세워지면 그동안 순교의 피로 지켜왔던 진짜 교회들마저 다 사라지고 말 것입니다. 이 나라 저 나라 다니며 엄청난 액수의 선교헌금을 걷어가지고 선교지에 가서 교회당들을 지어놓고 일 년 동안에도 여러 개의 교회들을 세웠다고 자랑하는 선교사들도 많은데 그 위대하신 대사도 바울께서는 왜 교회를 세우는 것을 고난이라고 하였는가? 교회를 세우는 것은 돈 가지고 하는 비즈니스가 아니기 때문입니다. 교회를 세우는 것은 그저 골프나 치면서 사람들과 외교나 잘하면서 사람들 귀를 긁어주는 달콤한 말로 인생을 즐기면서 쉽게 할 수 있는 사람 모으는 일이 아니기 때문입니다. 누차 말씀드리지만 교회는 죽은 벽돌로 세워지는 부동산 건물이 아닙니다. 교회를 세운다는 것은 주님의 제자를 만드는 일입니다. 죄인들에게 십자가 복음을 전파하여 그들도 죄를 회개하게 하고 예수님을 구주와 왕으로 영접하게 하여 그들이 자기를 부인하고 자기 십자가를 지고 주님을 따르는 그리스도의 제자들을 만드는 일입니다. 이 일을 위해서 예수님은 사람들을 가르치시고 전도하실 때 늘 배척을 받으시며 많은 반대와 비난과 핍박을 받으셨습니다. 이 일을 위해서 사도 바울도 온갖 고난과 핍박을 받으면서 그의 생애를 교회개척에 다 바쳤습니다. 그는 가는 곳마다 배척을 받았으며 육체적, 현실적, 재정적으로 많은 고난을 받았습니다. "힘에 지나도록 심한 고생을 받아 살 소망까지 끊어지고"(고후 1:8) 사방으로 우겨쌈을 당하는 핍박과 역경 가운데서도 굴하지 않고 그는 이렇게 말했다. "내가 이제 너희를 위하여 받는 괴로움을 기뻐하고 그리스도의 남은 고난을 그의 몸 된 교회를 위하여 내 육체에 채우노라"(골 1:24) 땅끝까지 나아가서 십자가 복음을 전하여 주님의 교회를 세우는 일에 그는 그의 전 생애와 목숨을 바친 것입니다.

위로부터 능력을 입히울 때까지

땅끝까지 나가서 주님의 제자를 만드는 일을 위하여 주님께서는 승천하시기 직전에 제자들에게 다음과 같이 분부하셨습니다. "오직 성령이 너희에게 임하시면 너희가 권능을 받고 예루살렘과 온 유대와 사마리아와 땅끝까지 이르러 내 증인이 되리라 하시니라"(행 1:8) 주님의 제자를 만들어 주님의 교회를 세우는 일은 사람의 힘과 지혜로 할 수 있는 그런 쉬운 일이 아닙니다. 그래서 주님께서 세상 끝날까지 우리와 함께 하여 주겠다고 약속하신 것입니다. 주님께서 승천하실 때에 우리를 고아와 같이 버려두지 아니하시고 성령을 보내 주겠다고 약속하셨습니다. 그리고 그 약속하신 것을 받아 능력을 입을 때까지 떠나지 말고 이 성에서 기다리라고 분부하셨습니다. "볼지어다 내가 내 아버지의 약속하신 것을 너희에게 보내리니 너희는 위로부터 능력을 입히울 때까지 이 성에 유하라 하시니라"(눅 24:49) 함부로 목회에 뛰어들지 않았으면 좋겠습니다. 함부로 선교지에 나가지 않았으면 좋겠습니다. 기도하며 기다리십시오. 주님께서 약속하신 것을 받고 위로부터 능력을 입을 때까지, 위로부터 주님의 명령이 떨어질 때까지 기도하며 기다리십시오. 오늘 우리 시대의 교회는 성령님의 말씀을 듣고 선교를 시작하는가 아니면 다른 교회들도 하니까 우리 교회도 유행을 따라 하는 것인가? 안디옥 교회가 어떻게 바울과 바나바를 선교사로 파송하였는 지를 잘 보고 배우십시오. "(1) 안디옥 교회에 선지자들과 교사들이 있으니 곧 바나바와 니게르라 하는 시므온과 구레네 사람 루기오와 분봉왕 헤롯의 젖동생 마나엔과 및 사울이라 (2) 주를 섬겨 금식할 때에 성령이 가라사대 내가 불러 시키는 일을 위하여 바나바와 사울을 따로 세우라 하시니 (3) 이에 금식하며 기도하고 두 사람에게 안수하여 보내니라"(행 13:1-3)

가정에서 모인 교회

'아버지의 약속하신 것을 너희에게 보내리니 너희는 위로부터 능력을 입히울 때까지 이 성에 유하라'라고 하신 예수님의 명령에 순종하여 기도하던 120여 명이 오순절의 성령강림을 받고 최초의 교회로 시작되었습니다.(행 2:1-47) 잘 보십시오. 여기 최초의 교회도 십자가 복음을 듣고 회개함으로써 죄사함을 받음으로써 시작되었습니다. "(36) 그런즉 이스라엘 온 집이 정녕 알지니 너희가 십자가에 못 박은 이 예수를 하나님이 주와 그리스도가 되게 하셨느니라 하니라 (37) 저희가 이 말을 듣고 마음에 찔려 베드로와 다른 사도들에게 물어 가로되 형제들아 우리가 어찌 할꼬 하거늘 (38) 베드로가 가로되 너희가 회개하여 각각 예수 그리스도의 이름으로 세례를 받고 죄 사함을 얻으라 그리하면 성령을 선물로 받으리니 (39) 이 약속은 너희와 너희 자녀와 모든 먼데 사람 곧 주 우리 하나님이 얼마든지 부르시는 자들에게 하신 것이라 하고 (40) 또 여러 말로 확증하며 권하여 가로되 너희가 이 패역한 세대에서 구원을 받으라 하니 (41) 그 말을 받는 사람들은 세례를 받으매 이 날에 제자의 수가 삼천이나 더하더라"(행 2:36-41) 그렇습니다. 십자가 복음도 없고 죄의 회개 없이 예수님을 영접하는 오늘 우리 시대의 교회와는 처음부터 완전히 다릅니다. 그러므로 들을 귀 있는 자들은 '이 성전을 허물라'고 하신 주님의 말씀을 귀 담아들어야 합니다. 그리고 어서 속히 저 종교의 소굴인 생명 없는 벽돌 건물을 허물고 예수의 피로 물든 산 돌들이 되어 머릿돌이 되신 예수와 함께 하나님이 거하실 성전으로 다시 지어져야 합니다.

41절에 보면 그날 베드로의 설교를 듣고 죄를 회개하고 예수님을 영접하여 구원받은 사람들이 3,000이나 되었다고 하였습니다. 그러면 베드로는 대형교회당을 짓고 대형교회를 목회하였는가? 아닙니다. 그들은 여러 가정 집에 모여서 사도들의 가르침을 받아 서로 교제하며 떡을 떼며 기도하기를 전혀 힘썼습니다. 가정에서 모이는 교회(에클레시아)들을 시작한 것입니다. 그들은 자기들의 소유를 서로 나누어 쓰고 있는 사람들은 재산을 팔아 가난한 사람들과 함께 나누어 썼습니다. "(42) 저희가 사도의 가르침을 받아 서로 교제하며 떡을 떼며 기도하기를 전혀 힘쓰니라 (43) 사람마다 두려워하는데 사도들로 인하여 기사와 표적이 많이 나타나니 (44) 믿는 사람이 다 함께 있어 모든 물건을 서로 통용하고 (45) 또 재산과 소유를 팔아 각 사람의 필요를 따라 나눠 주고 (46) 날마다 마음을 같이 하여 성전에 모이기를 힘쓰고 집에서 떡을 떼며 기쁨과 순전한 마음으로 음식을 먹고"(행 2:42–46) 이것이 바로 사도들이 성령의 역사로 시작한 최초의 교회들이었습니다. 가정집에서 모였으니 그들의 수자가 얼마나 되었을까? 많이 모여야 한 가정교회에 20~30명 정도였을 것입니다. 그러니 서로 가족처럼 나누어 쓰고 서로 섬기며 돌볼 수 있는 것입니다. 오늘 우리 시대의 교회로는 도저히 흉내조차 낼 수 없는 교회입니다. 그런데 46절에 보면 **"날마다 마음을 같이 하여 성전에 모이기를 힘쓰고 집에서 떡을 떼며 기쁨과 순전한 마음으로 음식을 먹고"**라고 기록되어 있습니다. 그 가정에서 모이는 성도들이 날마다 마음을 같이하여 성전에 모였다는 말은 무슨 뜻인가? 그들이 성전을 지었다는 말인가? 당시 그들은 바리새인과 서기관들과 백성들로부터 괴수 이단 예수를 추종하는 이단 집단으로 몰리고 있는 형편이었습니다.(행 24:14) 그러므로 새로운 이단 종파를 추종하는 예수쟁이들이 성전을 지을 수 있도록 허락할 수 없는 형편이었습니다. 그러면 그들이 날마다 모였다는 성전은 무엇인가? 제사장들만 들어갈 수 있는 성전에 3,000명이 들어갔다는 말인가? 아닙니다. 우리가 성막 구조를 이미 자세하게 살펴본 대로 성전 건물 안에는 3,000명이 들어갈 만한 넓은 장소도 없고 앉을 의자도 없습니다. 떡 상과 금 촛대와 금 향단이 있는 아주 좁은 공간이며 제사장들 외에는 아무도 들어갈 수가 없는 곳입니다. 그러면 그들이 날마다 모인 곳은 어디인가? 성전 마당입니다. 동물제사를 드리려고 오는 사람들이 기다리는 성전 마당입니다. 성전 마당은 이방인의 뜰과 유대인의 뜰로 구분되어 있었습니다. 먼 지방에서 많은 사람들이 동물을 가지고 와서 며칠씩 머물면서 자기 순서를 기다리는 곳입니다. 바로 얼마 전에 3,000명이 십자가 복음을 들었던 같은 장소입니다. 베드로를 비롯한 사도들과 120여 명의 성도들이 바로 그 성전 마당에 들어가서 동물제사를 드리려고 기다리는 사람들에게 복음을 전했던 곳입니다. '바로 얼마 전에 너희가 십자가에서 못 박아 죽인 그 예수님이 바로 유월절 양으로 오셔서 희생당하신 메시아 그리스도이시다. 그러니 이제는 동물제사를 멈추고 너희 죄를 회개하고 메시야 되신 예수님을 구주로 영접하라'고 설교할 때 3,000명이 회개하였던 바로 그곳입니다. 그들은 그곳 성전 마당으로 날마다 돌아가서 전도하였던 것입니다. 그리고 거기서 전도된 사람들을 자기들 개인 집으로 초대하여 집에서 떡을 떼며 기쁨과 순전한 마음으로 음식을 먹고 하나님을 찬미하며 예배하였던 것입니다. 예루살렘에 가정교회들이 이렇게 구석구석으로 파고 들어갔습니다. 당시의 종교 지도자들이 놀라고 불안해졌습니다. 베드로를 비롯한 사도들을 잡아 고문도 하고 감옥에 가두기도 해보았으나 걷잡을 수 없이 무섭게 번지고 있었습니다.

드디어 산헤드린 공회가 공식적으로 교회를 핍박하기 시작했습니다. 열심 있는 바리새인이었던 청년 사울도 믿는 사람들을 찾아내기 위해서 각 집에 들어가 가정교회(에클레시아)들을 급습하여 감옥에 잡아넣었습니다. **"(1) 사울이 그의 죽임당함을 마땅히 여기더라 그 날에 예루살렘에 있는 교회에 큰 핍박이 나서 사도 외에는 다 유대와 사마리아 모든 땅으로 흩어지니라 (2) 경건한 사람들이 스데반을 장사하고 위하여 크게 울더라 (3) 사울이 교회를 잔멸할째 각 집에 들어가 남녀를 끌어다가 옥에 넘기니라"**(행 8:1-3) 이때부터 그리스도인들이 예루살렘을 떠나 로마제국 여러 지역으로 흩어지게 된 것입니다. 그러나 이단 종교 예수교를 말살하려는 사울이라는 청년은 여전히 위협과 살기가 등등하여 대제사장으로부터 공식적인 허락을 받고 시리아의 수도 다마스커스로 출발하였습니다. 예수를 추종하는 사람이면 남녀를 막론하고 체포하여 예루살렘으로 데려오기 위함이었습니다. **"(1) 사울이 주의 제자들을 대하여 여전히 위협과 살기가 등등하여 대제사장에게 가서 (2) 다메섹 여러 회당에 갈 공문을 청하니 이는 만일 그 도를 좇는 사람을 만나면 무론남녀하고 결박하여 예루살렘으로 잡아 오려 함이라"**(행 9:1-2) 바로 그 청년 사울이 다마스커스로 가던 길에서 주님을 만나 변화되고 그 유명한 사도 바울이 된 것입니다. 누구든지 예수님을 만나기만 하면 이렇게 180도 달라지는 것입니다. 여기에는 예외가 없습니다. 오늘 우리 시대의 교회들이 정말 주님을 만나기만 한다면 엄청난 변화가 있을 것입니다. 집집마다 다니며 가정에서 모이는 교회(에클레시아)를 그토록 극렬하게 파괴했던 사도 바울이 예수님을 만나고 난 후에 로마제국 지중해 연안의 그 많은 나라들을 다니면서 십자가 복음을 전하여 세운 교회가 바로 가정에서 모이는 교회(에클레시아)였습니다. "아시아의 교회(에클레시아)들이 너희에게 문안하고 아굴라와 브리스가와 및 그 집에 있는 교회(에클레시아)가 주 안에서 너희에게 간절히 문안하고"(고전 16:19) "라오디게아에 있는 형제들과 눔바와 그 여자의 집에 있는 교회(에클레시아)에 문안하고"(골 4:15) "우리와 함께 군사된 아킵보와 네 집에 있는 교회(에클레시아)에게 편지하노니"(몬 1:2)

사도 바울은 어느 나라를 가든지 먼저 자기 동족 유대인들에게 복음을 전하려고 유대인들이 모이는 회당을 먼저 찾아가서 복음을 증거하였습니다. 회당(synagogue–시너고그)은 예배를 드리는 성전이 아니고 유대인들이 모여서 구약성경을 공부하고 자녀들에게 토라를 가르치며 유대교를 전파하는 곳이었습니다. 유대인들이 바벨론으로 70년간 유배되었을 때 유대인들이 이방 나라에 살면서 여호와 하나님을 잊어버리게 되는 것을 방지하기 위해서 회당이라는 건물을 지어 구약성경을 공부하고 자손들에게 가르치면서 시작된 제도였습니다. 나중에 그들이 본토로 귀환한 후에도 이 회당이 계속 유지되어서 예수님도 그 곳에서 말씀을 전하기도 하셨습니다.(눅 4:14–15) 사도 바울도 낯선 이방 나라에 가면 먼저 찾는 곳이 항상 유대인의 회당이었습니다. 그곳에서 자기 동족에게 먼저 복음을 전하기 위해서였습니다. 그러나 사도행전을 보면 사도 바울이 회당에서 복음을 전할 때마다 가장 극렬하게 복음을 대항하고 사도 바울을 핍박한 사람들은 다른 사람들이 아닌 유대인들이었습니다.(행 17:1–13) 고린도에서 복음을 전할 때에도 유대인들이 반대하여 결국 회당 옆에 있는 회당장의 개인 집에서 모여서 고린도 지역에도 교회(에클레시아)를 개척하게 되었습니다.(행 18:1–8) 사도 바울은 어디를 가든지 가정에서 모이는 교회를 개척하였고 가정에서 모이는 교회 지도자들을 양육하여 세웠습니다. 사도행전 20장에 보면 사도 바울이 한 가정 집에서 밤늦게까지 오랫동안 강의를 계속하였습니다. 예배 설교가 아니었음을 알 수 있습니다. 그 지역 가정에서 모이는 교회 지도자들을 양육하기 위한 특강이었습니다. 그래서 그날은 윗 다락에까지 등불을 많이 켜서 그 지역의 여러 가정에서 모이는 교회의 지도자들이나 그 후보자들이 모일 수 있게 하였습니다. 장소가 비좁아서 창에 걸터앉은 사람도 있을 정도였습니다. 사도 바울이 밤중까지 강의를 오래 계속함으로 창에 걸터앉아 있던 유두고라는 청년이 졸다가 떨어진 사건도 있었습니다. **"(7) 안식 후 첫날에 우리가 떡**

을 떼려 하여 모였더니 바울이 이튿날 떠나고자 하여 저희에게 강론할새 말을 밤중까지 계속하매 (8) 우리의 모인 윗다락에 등불을 많이 켰는데 (9) 유두고라 하는 청년이 창에 걸터 앉았다가 깊이 졸더니 바울이 강론하기를 더 오래 하매 졸음을 이기지 못하여 삼 층 누에서 떨어지거늘 일으켜보니 죽었는지라"(행 20:7-9) 이와 같이 사도들이 세웠던 교회들은 가정에서 모이는 교회들이었습니다. 성경에 있는 교회들은 죽은 건물이나 제도나 조직이 아니고 예수님의 새 생명을 받고 모든 것을 서로 나누며 가족같이 돌보고 섬기는 '**하나님의 권속(가족)**'이었습니다.

하나님의 권속(가족)

성경은 교회를 '하나님의 권속' 즉 '하나님의 가족'이라고 부릅니다. 교회가 하나님의 가족이라는 개념을 이해하기 위하여 앞에서 살펴보았던 마태복음 25장의 양과 염소의 비유를 다시 한 번 보겠습니다. 마태복음 25장 31절에 보시면 '인자가 자기 영광으로 모든 천사와 함께 올 때에 자기 영광의 보좌에 앉으리니'라고 하셨는데 여기서 인자는 당연히 예수님 자신을 지칭하는 말로서 재림하실 때에 왕의 왕으로 오시는 영광스런 모습을 의미하는 것입니다. 34절에 '**그 때에 임금이 그 오른 편에 있는 자들에게 이르시되 내 아버지께 복받을 자들이여**'에서 보시듯이 인자 되신 성자 하나님 예수님께서 임금이 되어 심판의 보좌에 앉아서 성부 하나님이신 '**내 아버지께 복받을 자들이여**'라고 말씀하고 있습니다. 32절에 보시면 그렇게 왕들의 왕으로 재림하신 예수님께서 이제 전인류를 앞에 두고 심판하는 보좌에 앉으셨습니다. 그리고 세상의 모든 사람들이 보는 앞에서 교회에 다녔던 사람들을 양과 염소로 구별하여 양은 그의 오른쪽에 그리고 염소는 그의 왼쪽에 두셨습니다. 마치 목자가 양과 염소를 구별하는 것처럼 정확하게 구별하여 내셨습니다. 우리는 교회에 다니는 사람들을 겉으로만 보기 때문에 누가 양이고 누가 염소인지 구별하기가 힘듭니다. 그러나 불꽃 같은 눈으로 살펴보시는 예수님께서는 단 하나의 실수도 없이 정확하게 가려낼 것이므로 우리는 염려할 필요가 없을 것입니다.

34절부터 보면 임금 되신 예수님께서 그 오른편에 있는 자들에게 '**내 아버지께 복받을 자들이여 나아와 창세로부터 너희를 위하여 예비된 나라를 상속**

하라. 내가 주릴 때에 너희가 먹을 것을 주었고 내가 목마를 때에 너희가 마시게 하였고 내가 나그네 되었을 때에 너희가 영접해주었고 내가 헐벗었을 때에 너희가 내게 옷을 입혀주었고 내가 병들었을 때에 너희가 나를 돌아보았고 내가 옥에 갇혔을 때에 너희가 와서 보았느니라'라고 말씀하셨습니다. 37~39절까지 보시면 그 때에 오른쪽에 있었던 양들이 말했습니다. "주여 우리가 어느 때에 주의 주리신 것을 보고 공궤하였으며 목마르신 것을 보고 마시게 하였나이까? 어느 때에 나그네 되신 것을 보고 영접하였으며 벗으신 것을 보고 옷 입혔나이까? 어느 때에 병드신 것이나 옥에 갇히신 것을 보고 가서 뵈었나이까?" 사실 이 사람들은 세상에서 살 때에 예수님을 얼굴과 얼굴로 만나보지 못했던 사람들입니다. 그러니까 그렇게 질문하는 것이 당연하였습니다. 그런데 40절에서 예수님은 다음과 같이 대답하셨습니다. **"임금이 대답하여 가라사대 내가 진실로 너희에게 이르노니 너희가 여기 내 형제 중에 지극히 작은 자 하나에게 한 것이 곧 내게 한 것이니라."** 여기서 내 형제 중에 지극히 작은 자는 누구입니까? 지옥에 들어갈 불신자를 의미하는 것일까요? 예수님께서 예수님을 믿지 않아서 지옥불에 던져질 사람들을 향해서 '내 형제'라고 말씀하셨을까요? 결코 아닙니다. 그러면 예수님께서 형제라고 부르신 사람들은 누구입니까? 히브리서 2장 11절을 보십시오. **"거룩하게 하시는 자와 거룩하게 함을 입은 자들이 다 하나에서 난지라 그러므로 형제라 부르시기를 부끄러워 아니하시고"** 그렇습니다. 예수님을 믿어 믿음으로 의롭다 함을 받아 거룩하게 된 진짜 그리스도인들을 예수님은 형제라고 부르시는 것을 부끄러워 아니하신다는 것입니다. 그리고 예수님을 구주로 믿어 구원받은 성도들끼리 교회라는 가족 공동체에 모일 때에도 서로 형제라고 불렀습니다.

고린도전서 5장 11~13절에서도 예수 믿고 그리스도인이 되어 교회라는 공동체 안에서 형제라고 부르며 지내던 사람이 죄를 지어 하나님의 교회를 더럽혔을 경우에 교회에서 쫓아내라고 말씀하셨습니다. **"(11) 이제 내가 너희에게 쓴 것은 만일 어떤 형제라 일컫는 자가 음행하거나 탐람하거나 우상 숭배를 하거나 후욕하거나 술 취하거나 토색하거든 사귀지도 말고 그런 자와는 함께 먹지도 말라 함이라 (12) 외인들을 판단하는데 내게 무슨 상관이 있으리요마는 교중 사람들이야 너희가 판단치 아니하랴 (13) 외인들은 하나님이 판단하시려니와 이 악한 사람은 너희 중에서 내어 쫓으라"**(고전 5:11-13) 즉 믿어서 형제라고 여겨졌던 사람들까지도 죄를 짓고 회개하지 않으면 더 이상 그리스도 안에서 형제로 여기지 말라는 것입니다. 마태복음 18장 15-17절에서도 같은 믿는 형제가 죄를 범했을 때 교회라는 가족공동체의 권면을 거부하고 회개하지 않으면 이방인과 세리와 같이 여기라고 예수님께서 직접 말씀하셨습니다. "(15) 네 형제가 죄를 범하거든 가서 너와 그 사람과만 상대하여 권고하라 만일 들으면 네가 네 형제를 얻은 것이요 (16) 만일 듣지 않거든 한 두 사람을 데리고 가서 두 세 증인의 입으로 말마다 증참케 하라 (17) 만일 그들의 말도 듣지 않거든 교회에 말하고 교회의 말도 듣지 않거든 이방인과 세리와 같이 여기라"(마 18:15-17) 그러니까 아무리 믿고 형제라고 여겼던 사람이라도 죄를 짓고도 교회의 권면을 거부하고 회개하지 않을 때에는 믿지 않는 이방인과 세리같이 여기라는 말씀은 더 이상 그리스도 안에서 형제로 여기지 말라는 말씀입니다. 그런 예수님께서 믿지 않는 세상 사람들을 '내 형제'라고 부르시겠습니까? 여기 오늘 본문에서 예수님께서 '내 형제'라고 언급한 사람은 그리스도 안에서 구원을 받은 진짜 그리스도인을 의미하는 것입니다.

그런데 오른쪽에 있었던 양들은 예수님이 형제라고 여기는 성도가 헐벗고 굶주리고 외롭고 병들고 옥에 갇혔을 때에 돌보아 주었다는 말입니다. 누가 그렇게 돌보아 줄 수 있겠습니까? 가족들이 그렇게 돌보아 줄 수 있는 것입니다. 그래서 예수님은 교회를 하나님의 권속(가족)이라고 부르셨고 교회가 가족처럼 서로 돌보고 섬길 수 있도록 하기 위해서 수백 명 혹은 수천 명이 모이는 대형교회를 세우지 아니하셨고 오직 소수의 사람들이 모이는 교회(에클레시아)를 세우셨던 것입니다. 사람들이 많이 모이는 교회에서는 가족처럼 서로 섬기고 돌볼 수가 없기 때문입니다. 요즘의 교회들은 섬기지 않는다는 비난을 피하기 위해서 각종 프로그램을 만들어서 고아원도 방문하고 감옥에도 방문하고 선교지도 방문하면서 교인들로 하여금 봉사하게 합니다. 그러나 안타깝게도 이런 것은 주님께서 원하시는 섬김과 봉사가 아닙니다. 첫째로 예수님께서는 예수님께서 '내 형제'라고 일컫는 그리스도인들을 돌보고 섬기기를 원하십니다. 교회가 믿지 않는 세상 사람들에게 선을 베푸는 일을 행하는 것은 권장할 만한 일이며 마땅히 해야 할 일입니다. 그러나 교회가 자선단체로 전락해서는 안 됩니다. 교회가 섬길 최우선의 사랑과 섬김과 돌봄의 대상은 교회 안에 있는 자기의 가족이어야 합니다. 성경에 나타난 교회들은 봉사와 섬김에 대하여 철저한 원칙을 지켰습니다. 그래서 교회 안에 계속해서 매일 도움이 필요한 과부 같은 사람들에 대해서도 엄격하게 규정을 정했습니다. 예를 들어서 디모데전서 5장 9~11절에 보시면 과부라고 무조건 도와주지 못하게 하였습니다. 교회가 도와주어야 할 과부는 60세 이상이어야 할 뿐만 아니라 그동안 믿는 성도로서 성도들을 잘 섬기며 어려운 일 당한 사람들을 잘 도와주어 믿음의 본이 된 사람이어야 한다고 구제의 대상을 엄격하게 제한하였습니다. 16절에 보시면 '만일 믿는 여자에게 과부 친척이 있거든 자기가 도와주고 교회로 짐지지 말게 하라. 이는 참 과부를 도와주게 하려 함이니라'고 하였습니다. 아무리 과부라도 친척이 있으면 그 친척이 돕게 하고 교회에 짐이 되지 않게 하라는 것입니다. 그러니까 구제 사업이라고 그냥 아무에게나 막 던져주는 것이 아니고 구제하는 사람이나 구제를 받는 사람이 다 같이 하나님 앞에서 믿음으로 순종하며 경건하게 바로 살아갈 수 있도록 도움이 되게 하는 것이었습니다. 우리는 '네 이웃을 네 몸과 같이 사랑하라'는 주님의 명령을 실천할 수 있는 가장 유일하고 가능한 장소가 바로 교회라는 것을 명심해야 합니다. 매일의 삶을 평생 동안 함께 나눌 수 있는 곳이 가족 공동체인 교회이기 때문입니다. 실제로 성경에 있는 초대교회가 그렇게 했습니다. 사실 교회 밖에 있는 세상 사람들을 날마다 평생 동안 내 몸처럼 사랑한다는 것은 불가능한 일입니다. 일 년에 한두 번 이벤트로 섬기는 것으로는 내 몸처럼 사랑할 수가 없는 것입니다. 둘째로 예수님께서 말씀하신 섬김과 돌봄은 거창한 예산을 들여 일 년에 한두 번씩 떠들썩하고 요란스럽게 치러지는 프로그램이나 이벤트가 아닙니다. 예수님께서 원하시는 섬김과 돌봄은 매일의 삶 속에서 가족처럼 날마다 서로를 섬기고 돌보며 함께 주님을 닮아가는 삶 그 자체이어야 하기 때문입니다. 그래서 예수님께서 명하신 섬김과 돌봄은 한 교회가 벌써 40~50명만 넘어서도 벌써 서로 섬기고 돌보는 것이 불가능하게 됩니다. 실제로 사도행전 4장 32절에 보시면 '믿는 무리가 한마음과 한뜻이 되어 모든 물건을 서로 통용하고 제 재물을 조금이라도 제 것이라 하는 이가 하나도 없더라'고 하였습니다. 누가 이렇게 할 수 있겠습니까? 오늘날의 교회들이 이렇게 할 수 있겠습니까? 이것은 어려운 일이 아니고 불가능한 일입니다. 오직 가정에서 소수의 사람들이 모였던 성경에 있는 교회들이 그렇게 할 수 있었습니다. 오늘 우리

시대의 교회체제로서는 성경에서 보여주는 성경적인 교회를 도저히 흉내조차 낼 수 없는 형편입니다. 진실로 오늘 우리 시대의 교회가 얼마나 예수님을 많이 오해하고 얼마나 예수님께서 말씀하신 교회를 많이 오해하고 있는지 모릅니다.

많은 사람들의 오해

예수 믿는다는 사람들이 예수 믿는 믿음과 교회에 대하여 대단히 오해하고 있는 것은 참으로 유감스럽고 안타까운 일입니다. 참으로 많은 사람들이 그리스도인이 되는 것에 대해서 오해하고 있습니다. 많은 사람들이 구원에 대하여 착각하고 있습니다. 많은 사람들이 예수 믿는 것에 대하여 오해하고 있습니다.

나는 남에게 해를 끼친 적이 없습니다. 나는 선한 삶을 살아왔습니다. 나는 사기 친 적도 없고 도적질 한 적도 없습니다. 나는 법을 어긴 적도 없습니다. 나는 교회에 열심히 출석하며 충성했습니다. 나는 지옥 갈 일이 없습니다. 나는 구제사업을 많이 했습니다. 나는 사회와 국가에 대해서 좋은 일을 많이 했습니다. 나는 천국에 갈 수 있습니다.

이와 같은 사람들의 오해에 대하여 하나님은 다음과 같이 말씀하십니다.
"대저 우리는 다 부정한 자 같아서 우리의 의는 다 더러운 옷 같으며 우리는 다 쇠패함이 잎사귀 같으므로 우리의 죄악이 바람같이 우리를 몰아 가나이다" (사 64:6) **"모든 사람이 죄를 범하였으매 하나님의 영광에 이르지 못하더니"** **"기록한 바 의인은 없나니 하나도 없으며"**(롬 3:23, 10) 이런 사람들은 결코 주님의 몸 된 교회의 지체가 될 수 없습니다.

(나는 하나님을 믿는다)

하나님이 살아 계시다는 것을 믿어 가지고는 구원받을 수 없습니다. 하나님은 사람들이 믿든 말든 존재하시는 분이시기 때문입니다. 사람들이 믿어준다고 해서 없던 하나님이 살아나는 것도 아니고 사람들이 믿어주지 않는다고 해서 살아 계신 하나님이 사라져 버리는 것도 아닙니다. 하나님이 살아 계시다는 것은 사탄과 귀신들도 믿고 떠는 사실입니다. **"네가 하나님은 한 분이신 줄을 믿느냐 잘하는도다 귀신들도 믿고 떠느니라"**(약 2:19) 그러므로 그런 믿음으로는 아무도 결코 주님의 몸 된 교회의 지체가 될 수 없습니다.

(나는 모태신앙으로 태어났다)

'나는 목사 가정에서 태어났습니다' '나는 3대째 믿는 가정에서 태어났습니다' 하는 것으로 구원을 받는 것이 아닙니다. **"내가 죄악 중에 출생하였음이여 모친이 죄중에 나를 잉태하였나이다"**(시 51:5) 아담·하와가 하나님께 범죄하여 죄인이 되고 에덴동산에서 쫓겨나 이 어두운 세상에 떨어져서 사탄의 노예가 되고 하나님과는 원수관계로 살게 되었습니다. 그 이후에 아담의 자손들이 태어났기 때문에 아담의 자손들은 누구나 태어날 때부터 하나님의 원수로 태어나고 사탄의 노예로 태어난 죄인이 된 것입니다. 그래서 누가 가르쳐 주지 않아도 악을 행하고 거짓을 행하는 데 아무런 어려움이 없게 되었습니다. 그러므로 요한복음 1장 13절에서 사람의 거듭나는 것은 혈통으로 되는 것이 아니라고 분명하게 밝혀 주십니다. **"이는 혈통으로나 육정으로나 사람의 뜻으로 나지 아니하고"**(요 1:13) 예수님을 개인적으로 만나서 성령으로 거듭나지 않은 사람은 아무리 교회를 오래 다녀도 구원받지 못하며 결코 주님의 몸 된 교회의 지체가 될 수 없습니다.

(나는 교회의 등록교인이다)

교회에 회원으로 등록했다고 해서 구원을 받는 것이 결코 아닙니다. **"나더러 주여 주여 하는 자마다 다 천국에 다 들어갈 것이 아니요 다만 하늘에 계신 내 아버지의 뜻대로 행하는 자라야 들어가리라"**(마 7:21) 교회에 다닌다고 다 구원받는 것 아니라는 말입니다. 하나님 말씀대로 순종하지 삶을 살지 않으면 교회를 평생 다녀도 결코 주님의 몸 된 교회의 지체가 될 수 없고 천국에 들어가지 못합니다.

(나는 세례를 받았다)

'당신은 예수님을 구주로 영접하셨습니까?'라고 물으면 '나 몇 살 때 세례 받았습니다'하고 대답하는 사람들을 종종 만나게 됩니다. 그러나 세례식을 했다고 사람이 다 구원받은 것이 아닙니다. 오늘 우리 시대의 교회가 주는 물세례로는 아무도 주님의 몸 된 교회의 지체가 될 수 없습니다. **"할례나 무할례가 아무것도 아니로되 오직 새로 지으심을 받은 자뿐이니라"**(갈 6:15) **"그**

리스도 예수 안에서는 할례나 무할례가 효력이 없되 사랑으로써 역사하는 믿음뿐이니라"(갈 5:6) 세례를 받아야만 구원을 받는다는 말은 옳은 말이 아닙니다. 사도 바울은 이렇게 말했습니다. "(14) 그리스보와 가이오 외에는 너희 중 아무에게도 내가 세례를 주지 아니한 것을 감사하노니 (15) 이는 아무도 나의 이름으로 세례를 받았다 말하지 못하게 하려 함이라 (16) 내가 또한 스데바나 집 사람에게 세례를 주었고 그 외에는 다른 아무에게 세례를 주었는지 알지 못하노라 (17) 그리스도께서 나를 보내심은 세례를 주게 하려 하심이 아니요 오직 복음을 전케 하려 하심이니 말의 지혜로 하지 아니함은 그리스도의 십자가가 헛되지 않게 하려 함이라"(고전 1:14-17)

(나는 교회에 헌금을 많이 낸다)

헌금을 아무리 많이 내었어도 그것으로 구원받지 못합니다. "(18) 너희가 알거니와 너희 조상의 유전한 망령된 행실에서 구속된 것은 은이나 금 같이 없어질 것으로 한 것이 아니요 (19) 오직 흠 없고 점 없는 어린양 같은 그리스도의 보배로운 피로 한 것이니라"(벧전 1:18-19) 구원은 결코 돈으로 살 수 없는 것이다. 천국은 요즘의 교회들처럼 그렇게 부패한 곳이 아니기 때문이다. 헌금을 아무리 많이 내어도 결코 주님의 몸 된 교회의 지체가 될 수 없습니다.

(나는 집사다, 장로다, 목사다)

집사 장로 목사가 되어 귀신을 내어 쫓고 많은 기적을 행하는 능력을 받았다고 해서 그 사람이 주님의 몸 된 교회의 지체가 될 수 없습니다. 직분이나 능력을 가지고 천국에 가는 것이 결코 아닙니다. 실제로 지금 이 시간에도 평신도들은 물론 수많은 집사 장로 목사들이 매일 지옥으로 떨어지고 있습니다. 예수님께서 이렇게 말씀하셨습니다. "(21) 나더러 주여 주여 하는 자마다 천국에 다 들어갈 것이 아니요 다만 하늘에 계신 내 아버지의 뜻대로 행하는 자라야 들어가리라 (22) 그 날에 많은 사람이 나더러 이르되 주여 주여 우리가 주의 이름으로 선지자 노릇하며 주의 이름으로 귀신을 쫓아내며 주의 이름으로 많은 권능을 행치 아니하였나이까 하리니 (23) 그 때에 내가 저희에게 밝히 말하되 내가 너희를 도무지 알지 못하니 불법을 행하는 자들아 내게서 떠나가라 하리라"(마 7:21-23)

이상에서 살펴본 대로 성경에서 말하는 교회는 오늘 우리 시대의 교회와는 전혀 다른 교회입니다. 요한계시록에 보면 성경은 교회를 일곱 시대로 구분하였고 첫째 시대 교회를 에베소 교회 그리고 일곱째 시대 교회를 대환난 전에 있을 라오디게아 교회라고 말하고 있습니다.

"(14) **라오디게아 교회의 사자에게** 편지하기를 아멘이시요 충성되고 참된 증인이시요 하나님의 창조의 근본이신 이가 가라사대 (15) **내가 네 행위를 아노니 네가 차지도 아니하고 더웁지도 아니하도다 네가 차든지 더웁든지 하기를 원하노라** (16) 네가 이같이 미지근하여 더웁지도 아니하고 차지도 아니하니 내 입에서 너를 토하여 내치리라 (17) 네가 말하기를 나는 부자라 부요하여 부족한 것이 없다 하나 네 곤고한 것과 가련한 것과 가난한 것과 눈 먼것과 벌거벗은 것을 알지 못하도다 (18) 내가 너를 권하노니 내게서 불로 연단한 금을 사서 부요하게 하고 흰 옷을 사서 입어 벌거벗은 수치를 보이지 않게 하고 안약을 사서 눈에 발라 보게 하라 (19) 무릇 내가 사랑하는 자를 책망하여 징계하노니 그러므로 네가 열심을 내라 회개하라 (20) 볼지어다 내가 문밖에 서서 두드리노니 누구든지 내 음성을 듣고 문을 열면 내가 그에게로 들어가 그로 더불어 먹고 그는 나로 더불어 먹으리라 (21) 이기는 그에게는 내가 내 보좌에 함께 앉게 하여주기를 내가 이기고 아버지 보좌에 함께 앉은 것과 같이 하리라 (22) 귀 있는 자는 성령이 교회들에게 하시는 말씀을 들을지어다"(계 3:14-22)

라오디게아 교회는 스스로 부요하다고 생각하지만 사실은 곤고하고 가련하고 가난하고 눈멀고 벌거벗은 교회라고 주님은 책망하셨습니다. 당시 부유한 도시에 살고 있던 라오디게아 교회는 물질적으로 부요해서 그것을 하나님의 축복이라고 생각하고 전혀 부족한 것이 없다고 느꼈습니다. 그러나 '네 곤고한 것과 가련한 것과 가난한 것과 눈 먼것과 벌거벗은 것을 알지 못하도다'라는 말씀을 보면 하나님이 보시기에 그들은 가난하고 헐벗고 굶주린 불쌍한 영혼들이었습니다.

그들에게 '**안약을 사서 눈에 발라 보게 하라**'는 말씀은 그들의 영적인 눈이 어두워서 하나님을 믿는 도리를 바로 알지 못하고 하나님의 선하시고 기뻐하시고 온전하신 뜻이 무엇인지 바로 깨닫지 못하기 때문입니다. 물질의 부요와 세상의 쾌락에 눈이 어두워지면 하나님의 진리를 바로 깨달을 수가 없습니다. "(18) 내가 너를 권하노니 내게서 불로 연단한 금을 사서 부요하게 하고 흰 옷을 사서 입어 벌거벗은 수치를 보이지 않게 하고" 여기서 '불로 연단한 금을 사서 부요하게 하고'라는 말씀은 세상의 물질로 부요하지 말고 자기를 부인하여 세상을 내려놓고 십자가를 지고 주님을 따르는 고난의 삶으로 부요하게 하라는 말씀입니다. "그가 나를 연단하신 후에는 내가 정금 같이 나오리라"(욥 23:10) 그리고 흰 옷을 사서 입고 벌거벗은 수치를 보이지 않게 하라는 말씀에서 '벌거벗은 수치'란 아직도 죄의 문제를 해결하지 못한 상태에 있음을 보여줍니다. 그러므로 흰 옷을 사서 입으라는 말은 그들은 그리스도를 옷 입지 못한 사람들임을 보여주는 말입니다. 즉 죄에 대한 철저한 회개로 세상을 내려놓아야 죄 용서를 받고 예수님을 구주와 왕으로 영접할 수 있는데 말세 교회인 라오디게아 교회는 세상의 부귀영화를 추구하는 사람들이었기에 하나님의 복을 받아 부요해져서 자신들은 부족한 것이 없다고 자부하는 교회이기 때문에 예수님을 옷 입지 못한 사람들이었습니다. 예수님의 옷을 입지 못한 사람들은 어린양의 혼인잔치에 초청을 받았지만 예복을 입지 않은 사람들입니다; "(10) 종들이 길에 나가 악한 자나 선한 자나 만나는 대로 모두 데려오니 혼인 잔치에 손님들이 가득한지라 (11) 임금이 손님들을 보러 들어올새 거기서 예복을 입지 않은 한 사람을 보고 (12) 이르되 친구여 어찌하여 예복을 입지 않고 여기 들어왔느냐 하니 그가 아무 말도 못 하거늘 (13) 임금이 사환들에게 말하되 그 손발을 묶어 바깥 어두운 데에 내던지라 거기서 슬피 울며 이를 갈게 되리라 하니라 (14) 청함을 받은 자는 많되 택함을 입은 자는 적으니라"(마 22:10~14) 어린양의 혼인 잔치에 들어갈 사람들이 입을 예복은 무엇입니까? "누구든지 그리스도와 합하여 세례를 받은 자는 그리스도로 옷 입었느니라"(갈 3:27) 예수 그리스도로 옷 입은 사람들만이 어린양의 혼인 잔치에 들어갈 수 있습니다. 그러므로 '흰옷을 사서 입어 벌거벗은 수치를 보이지 않게 하라'는 말씀은 죄에 대한 철저한 회개로 세상을 내려놓고 죄 용서를 받아 예수님을 구주와 왕으로 영접하라는 말씀입니다.

그러므로 이상을 종합해 보면 라오디게아 교회는 아직도 죄를 용서받지 못한 영적으로 죽은 교회라는 말입니다. "(20) 볼지어다 내가 문밖에 서서 두드리노니 누구든지 내 음성을 듣고 문을 열면 내가 그에게로 들어가 그로 더

불어 먹고 그는 나로 더불어 먹으리라" 그래서 20절에 기록된 대로 라오디게아 교회는 예수님이 들어가시지 못하고 아직도 이 교회의 문밖에서 두드리고 계시는 죽은 교회의 모습을 보여주고 있습니다. 그러니까 이 교회는 세상적인 저속한 것은 다 가지고 있는 부요한 교회인데 오직 예수님만 없는 죽은 교회입니다. 일곱 교회 중에서 가장 마지막 부분에 위치한 이 라오디게아 교회는 1900년대부터 시작된 교회시대의 마지막인 오늘의 교회를 상징하는 교회임에 틀림없습니다. 1900년에 접어들면서 즉 20세기에 들어서면서 이룩한 눈부신 과학발전과 물질문명으로 인하여 오늘의 교회는 그 어느 시대보다 외적으로 양적으로 물질적으로 풍요한 시대를 맞이하게 되었습니다. 교육프로그램도 말할 수 없이 화려하고 다양하고 풍성합니다. 재정규모도 어마어마합니다. 선교의 규모도 세계적입니다. 교회역사에서 도무지 상상할 수 없을 만큼 많은 사람들이 모이는 대형교회가 우글거리는 시대가 되었습니다. 교회역사에서 찾아볼 수 없었던 수만 명에서 수십만 명씩 모이는 대형교회(giga church) 시대가 되어 부족한 것이 없다고 스스로 자랑하고 있지만 주님께서 보실 때에는 구원받은 진짜 성도를 찾아볼 수 없는 죽은 교회가 된 것입니다. 그러므로 믿는다는 사람들과 믿지 않는 사람들의 생활이 전혀 구분이 되지 않는 시대가 되었습니다. 오늘 우리 시대의 교회는 주일 아침에 한 번 우르르 몰려왔다가 화려한 프로그램 속에서 즐기다가 우르르 세상으로 몰려 나가는 떠들썩한 무리로 전락해 가고 있습니다. 라오디게아 교회 시대는 하나님을 기쁘시게 하는 교회가 아니라 고객을 즐겁게 하는 교회가 되기 위하여 교회마다 각종 화려한 프로그램으로 풍성한 부요한 교회입니다. 20절에 기록된 대로 예수님이 들어가시지 못하고 아직도 이 교회의 문밖에서 두드리고 계시는 죽은 교회, 참으로 세상의 모든 것은 다 가졌는데 예수님만 없는 교회가 바로 오늘 우리 시대의 교회입니다. 그리고 요한계시록 2~3장에 기록된 일곱 교회 시대의 맨 끝에 있는 라오디게아 교회가 끝나면 4장부터 19장까지 대환난에 대하여 기록하고 있습니다. 즉 이 라오디게아 교회의 끝에 대환난이 시작되는 것입니다. 오늘 우리 시대의 교회는 라오디게아 교회 시대의 교회이며 성경에 기록된 교회와는 전혀 다른 죽은 교회입니다. 라오디게아 교회가 말세시대의 교회라는 것은 '부록 9-2'에서 자세히 볼 수 있습니다.

10. 성경에서 말하는 예배란 무엇인가?

구약시대의 예배

"(19) 여자가 가로되 주여 내가 보니 선지자로소이다 (20) 우리 조상들은 이 산에서 예배하였는데 당신들의 말은 예배할 곳이 예루살렘에 있다 하더이다 (21) **예수께서 가라사대 여자여 내 말을 믿으라 이 산에서도 말고 예루살렘에서도 말고 너희가 아버지께 예배할 때가 이르리라** (22) 너희는 알지 못하는 것을 예배하고 우리는 아는 것을 예배하노니 이는 구원이 유대인에게서 남이니라 (23) **아버지께 참으로 예배하는 자들은 신령과 진정으로 예배할 때가 오나니 곧 이때라 아버지께서는 이렇게 자기에게 예배하는 자들을 찾으시느니라** (24) **하나님은 영이시니 예배하는 자가 신령과 진정으로 예배할지니라** (25) 여자가 가로되 메시야 곧 그리스도라 하는 이가 오실 줄을 내가 아노니 그가 오시면 모든 것을 우리에게 고하시리이다 (26) 예수께서 이르시되 네게 말하는 내가 그로라 하시니라"(요 4:19-26)

이스라엘의 역사를 잠깐 살펴보면 사울 왕과 다윗 왕과 솔로몬 왕 때까지는 통일 왕국을 이루다가 솔로몬의 아들 때부터는 나라가 남북으로 갈라져서 북 왕국에는 10지파가 살았고 남 왕국에는 2지파가 살았습니다. 북쪽 왕국은 이스라엘이라 불렀고 남쪽 왕국은 유다라고 불렀습니다. 예루살렘은 남쪽 왕국에 있었습니다. 남쪽 왕국 즉 유다의 왕들은 북쪽에 있는 이스라엘 백성들에게 남쪽 나라에 있는 예루살렘 성전만이 하나님께 예배드릴 수 있는 유일한 성소라고 주장하였습니다. 그러나 북쪽에 있는 왕들은 자기의 백성들이 남쪽 왕국에 마음을 빼앗기지 않게 하기 위하여 북쪽 나라에 있는 한 산 그리심산이라는 곳을 성지로 정해 놓고 그곳에서 따로 예배를 드렸습니다. 이것은 두 왕국 사이에 대대로 내려오는 논쟁거리였습니다. 북쪽 왕국은 이스라엘은 예수님 오시기 722년 전에 아시리아에 의해 멸망 당했고 아시리아는 주전 612년에 바벨론에 의하여 멸망 당했습니다. 그 후 얼마 안 되어 예수님 오시기 604년 전에 바벨론의 제1차 예루살렘에 대한 공격이 있었고 많은 유대 사람들이 포로로 끌려갔습니다. 주전 597년에 제2차 공격이 감행되었고 주전 586년에는 남쪽 유대나라가 완전히 멸망하여 바벨론의 포로가 되었습니다. 모두 3차에 걸친 침략으로 예루살렘 시가지와 성전은 파괴되었습니다. 70년간의 종살이 끝에 유대 땅으로 돌아온 남쪽 유대 백성들은 포로시대에 바벨론 사람들과 혼혈이 된 소수의 사람들을 제거하고 민족의 순결을 지켜 나갔습니다. 그러나 북쪽 왕국의 사람들은 아시리아 사람들과 혼혈이 되어서 더 이상 이스라엘 자손의 순결을 지키지 못했습니다. 남쪽 유대의 사람들은 이런 북쪽의 이스라엘 사람들을 더 이상 한 민족으로 생각지 아니하고 그들을 사마리아인이라고 부르며 그들과 상종하지 아니하였습니다. 이와 같은 역사적인 배경을 이해하면서 예수님과 사마리아 여인이 주고받은 말씀을 살펴보겠습니다. 요한복음 4장 19~26절을 보면 예수님이 북쪽 왕국의 수도였던 사마리아 땅에 가서서 우물가에서 만난 한 여인에게 전도하고 계십니다.

요한복음 4장 9절에 보시면 **"사마리아 여자가 가로되 당신은 유대인으로서 어찌하여 사마리아 여자 나에게 물을 달라 하나이까 하니 이는 유대인이 사마리아인과 상종치 아니 함이러라."** 여기서 유대인과 사마리아인이 상종치 아니한다는 말씀이 바로 앞에서 언급한 역사적인 배경 때문이었습니다. 또 4장 20절에 **"우리 조상들은 이 산에서 예배하였는데 당신들의 말은 예배할 곳이 예루살렘에 있다 하더이다."** 사마리아 사람들은 그리심산에서 예배를 드려야 한다고 믿었고 남쪽 유대 사람들은 예루살렘 성전에서 예배를 드려야 한다고 믿었습니다.

구약시대의 예배는 성막이나 성전 같은 특정한 장소에서 드리는 예배였습니다. 아직 실체이신 예수님이 오시지 않았기 때문에 실체에 대한 그림자와 예표였던 종교의식으로 드리는 예배였습니다. 그러므로 그들은 성막이라는 건물과 그 안에 있는 모든 성물들과 동물제사와 제사장이 필요했던 것입니다.

성경에서 말하는 참 예배

사마리아 여인의 질문에 대한 예수님의 대답은 무엇이었습니까? **"(21) 예수께서 가라사대 여자여 내 말을 믿으라 이 산에서도 말고 예루살렘에서도 말고 너희가 아버지께 예배할 때가 이르리라 (23) 아버지께 참으로 예배하는 자들은 신령과 진정으로 예배할 때가 오나니 곧 이 때라 아버지께서는 이렇게 자**

기에게 예배하는 자들을 찾으시느니라 (24) 하나님은 영이시니 예배하는 자가 신령과 진정으로 예배할지니라"(요 4:21, 23-24)

"예수께서 가라사대 여자여 내 말을 믿으라 이 산에서도 말고 예루살렘에서도 말고 너희가 아버지께 예배할 때가 이르리라." 예수님은 여기서 참 예배는 어느 특정한 장소에서 드리는 예배가 아니라고 말씀하십니다. 참으로 예배하는 자들에게는 어느 특정한 장소가 중요한 것이 아닙니다. 하나님은 어느 특정한 곳에만 계신 분이 아니십니다. 사람이 손으로 지은 성전 건물이나 교회당 건물 안에 계신 분이 아니십니다. 사도행전 7장 47~49절을 보십시오. "솔로몬이 그를 위하여 집을 지었느니라 그러나 지극히 높으신 이는 손으로 지은 곳에 계시지 아니하시나니 선지자의 말한 바 주께서 가라사대 하늘은 나의 보좌요 땅은 나의 발등상이니 너희가 나를 위하여 무슨 집을 짓겠으며 나의 안식할 처소가 어디뇨?"

영이신 하나님은 어느 특정 장소에 계시지도 않을 뿐만 아니라 성전 건물이나 교회당 같은 어느 특정한 장소를 거룩하게 만들지도 않습니다. 그러므로 당연히 교회당 건물은 하나님이 거하시는 하나님의 집이 아닙니다. 하나님은 영이시며 인격적이신 분이시기 때문에 교회당 같은 부동산 건물에 거하기를 원하지 아니하십니다. 하나님은 하나님의 형상을 잃어버린 인간의 심령 속에 들어오셔서 인간의 속사람을 새롭게 변화시켜서 다시 인간을 하나님의 형상으로 회복시키시기를 원하십니다. 그러므로 예수를 믿는다는 말은 교리를 지식적으로 외워서 고백하는 그런 종교적인 의식이 아니고 예수님을 자기 심령 중심에 들어오시도록 영접하고 그분께 자기 삶의 통치권을 드리는 것입니다. 즉 예수님을 자기 심령에 모시고 그분을 절대 군주로 모시고 그분이 원하시는 대로 순종하며 사는 삶이 예수를 믿는 참 의미인 것입니다. 그러므로 우리의 몸이 예수 그리스도께서 거하실 성전이 되는 것입니다. 고린도전서 6장 19절에 "너희 몸은 너희가 하나님께로부터 받은 바 너희 가운데 계신 성령의 전인(Temple of the Holy Spirit) 줄을 알지 못하느냐?" 아무리 비싸고 화려한 성전건물을 지어놓고 예수님께 그곳에 들어와 사시라고 해도 예수님은 거기에 들어가시지 않습니다. 예수님은 사람들의 심령 속에 들어가서 그곳에 거하시기를 원하십니다. "볼지어다 내가 문밖에 서서 두드리노니 누구든지 내 음성을 듣고 문을 열면 내가 그에게로 들어가 그로 더불어 먹고 그는 나로 더불어 먹으리라"(계 3:20) 그러므로 참 예배의 장소는 어디입니까? 성령으로 거듭난 사람이 성령님이 거하시는 성전이기 때문에 거듭난 사람이 활동하는 모든 곳이 다 예배의 장소입니다.

'참으로 예배하는 자들은 신령과 진정으로 예배해야 할 때가 오는데 곧 이때라'고 하셨습니다. 즉 구약시대에 성전 건물 안에서 드리던 그런 상징적인 예배의 때는 이제 다 지나고 실체이신 예수님이 오셨으니까 참된 예배를 드릴 때가 되었는데 바로 이때라는 것입니다. 구약시대에는 아직 예수님이 오시지 않았기 때문에 예수님의 십자가 죽음을 상징하는 동물제사라는 형식적이고도 종교적인 의식으로 예배를 드릴 수밖에 없었습니다. 그러나 이제는 하나님의 어린양으로서 세상 사람들의 죄를 대신 지시고 십자가를 지신 예수님이 오셨기에 그와 같은 종교 의식적인 예배는 폐지되었다는 말입니다. 구약시대에는 아직 예수님이 오시지 않았기 때문에 우리의 대제사장이신 예수님을 상징하는 구약의 불완전한 인간 대제사장을 세워 여러 가지 종교 의식적인 옷을 입고 동물의 피와 종교의식을 통해 예수님께서 하실 일을 상징적으로 할 수밖에 없었습니다. 그러나 이제는 우리의 참 대제사장이신 예수님이 친히 당신의 보혈을 가지시고 하나님 보좌 우편에 가셔서 우리를 위해 중보하여 주시니 구약의 종교의식으로 드리던 예배가 폐지된 것입니다. 구약시대에는 아직 예수님이 오시지 않았기 때문에 그리스도의 몸 된 교회를 상징했던 성전건물 안에서 예배를 드릴 수밖에 없었습니다. 그러나 실체이신 예수님께서 성전과 교회로 오셨기 때문에 이제 그런 예수님을 상징했던 성전건물 안에서 드리던 시대는 다 지났다는 말입니다. 그러므로 이 성전을 허물라고 명령하셨던 것입니다. 이 새 시대에 참 예배자가 드릴 참 예배는 이 산에서도 아니고 저 예루살렘 성전건물 안에서도 아니라고 예수님께서 직접 말씀하고 있습니다. 그런 특정 장소에서 종교의식으로 예배를 드리던 시대는 지나갔다는 말입니다. 화려한 성당 건물을 지어놓고 지붕에는 뾰족탑을 달고 창에는 스테인드글라스를 끼우고 강대상에는 촛불을 켜놓고 목사들은 거룩하게 보이는 가운을 입고 수천만 원짜리 파이프 오르간을 치며 예배를 드려야 하는 시대는 이제 폐지되었다는 말입니다. 나무 밑에서도 들에서도 동굴에서도 가정집에서도 학교에서도 직장에서도 일터에서도 아무 데서나 참 예배자들은 예수의 이름으로 모여 예배드릴 수 있게 되었다는 말입니다.

> **"(23) 아버지께 참으로 예배하는 자들은 신령(in spirit)과 진정(in truth)으로 예배할 때가 오나니 곧 이 때라 아버지께서는 이렇게 자기에게 예배하는 자들을 찾으시느니라 (24) 하나님은 영이시니 예배하는 자가 신령과 진정으로 예배할지니라"(요 4:23-24)**

참 예배는 신령과 진정으로 드리는 예배라고 예수님께서 직접 말씀하고 있습니다. 여기 신령은 In spirit입니다. 즉 영으로 드리는 예배입니다. 무슨 말이냐 하면 죄 때문에 영과 육이 죽었던 우리가 이제는 예수님을 구주로 영접하여 성령의 역사로 영이 다시 태어나 거듭난 사람이 된 것입니다. 그 거듭난 영을 소유한 사람은 이제 그의 영이 하나님을 아빠 아버지라고 부르며 하나님을 예배하고 하나님과 교제할 수 있게 된 것입니다. 영이 거듭나지 않은 사람은 하나님께 예배를 드릴 수가 없는 것입니다. 왜냐하면 죄인 인간이 하나님과 교제하려면 중보자이신 예수님을 통해야만 하는데 아직 예수님을 영접하지 않아 영이 거듭나지 않았기 때문에 하나님께 기도도 할 수 없고 예배도 드릴 수 없는 것입니다. 그러므로 이제 예수님께서 이 세상에 오셨기 때문에 그런 종교의식적으로 드리는 예배는 끝이 났고 이제 예수님을 통해서 직접 하나님께 예배 드리는 때가 되었다는 말입니다.

또 진정이라는 말은 'In truth'라고 하였는데 이는 진리 안에서 드리는 예배를 말합니다. 다시 말하면 진리 안에서 즉 진리이신 예수님 안에서 예배를 드려야 한다는 말입니다. 무슨 말입니까? 십자가에서 죄값을 대신 지불해 주신 예수님 안에서만 우리 인간은 하나님을 예배할 수 있다는 말입니다. 그러니까 예수님을 통해서만 하나님께 예배할 수 있다는 말입니다. **'나는 길이요 진리요 생명이니 나로 말미암지 않고는 아무도 내 아버지께 올 자가 없느니라'**는 말씀이 바로 그 말입니다. 기도를 하든 예배를 하든 무엇을 하든 예수님을 통하지 않고는 우리가 하나님께 아무것도 할 수 없습니다. 그러므로 신령과 진정으로 예배 드린다는 말의 뜻은 진리 이신 예수 그리스도 안에서 성령으로 거듭난 참 성도들이 영으로 드리는 영적인 예배라는 말씀입니다.

참 예배의 내용

예수 그리스도 안에서 드리는 영적인 예배는 무엇입니까? 로마서 12장 1~2절을 보기 바랍니다; "(1) 그러므로 형제들아 내가 하나님의 모든 자비하심으로 너희를 권하노니 **너희 몸을 하나님이 기뻐하시는 거룩한 산 제사로 드리라 이는 너희의 드릴 영적 예배니라 (2) 너희는 이 세대를 본받지 말고 오직 마음을 새롭게 함으로 변화를 받아 하나님의 선하시고 기뻐하시고 온전하신 뜻이 무엇인지 분별하도록 하라**"(롬 12:1-2) 1절을 보면 '**우리 몸을 하나님이 기뻐하시는 산 제사로 드리는 것**'이 영적인 예배라고 하였습니다. 우리가 드려야 할 영적인 예배는 우리 몸을 산 제사로 드리는 것이라고 하였습니다. 그러면 어떻게 하는 것이 우리 몸을 하나님이 기뻐하시는 산 제사로 드리는 것입니까? 2절을 보면 '**이 세대를 본받지 말고**'라고 하였습니다. 이 세대를 본받지 말라는 뜻은 무엇입니까? 여기 이 세대는 영어로 'Pattern of this world'라는 뜻입니다. 쉽게 의역하면 이 세상의 풍조를 따라가지 말라는 뜻입니다. 오늘 이 세상의 풍조는 무엇입니까? 성공과 명예와 물질과 권력과 사치와 환락과 방탕입니다. 돈과 명예와 지위와 쾌락입니다. 그러니까 우리의 일상생활 속에서 이런 것들을 따라가지 않는 것이 우리 몸을 하나님이 기뻐하시는 산 제사로 드리는 것입니다. 즉 세상을 내려놓는 희생의 삶이 이 세상을 본받지 않는 것입니다. 이것이 우리가 드릴 영적인 예배인 것입니다. 다시 말해서 참 예배의 내용은 묵도, 찬송, 기도, 헌금, 설교 등이 아니고 세상에 대한 나의 모든 욕망을 버리고 일상의 삶으로 하나님을 예배하는 거룩하고 경건하고 의로운 삶입니다.

2절을 보면 **오직 마음을 새롭게 함으로 변화를 받으라**고 하였습니다. 어떻게 우리의 마음을 새롭게 하여 변화를 받을 수 있습니까? 돈과 명예와 지위와 쾌락을 따라가던 죄인이 어떻게 마음을 새롭게 하여 변화를 받을 수 있습니까? 우리의 마음과 정신을 조금 수리하고 보수하는 것이 아닙니다. 우리의 옛사람이 주와 함께 십자가에서 죽고 새 사람으로 다시 태어나야 하는 것입니다. 즉 예수 믿고 거듭나는 길밖에 없습니다. 그리고 날마다 거듭난 하나님의 자녀와 백성과 종으로서 하나님의 부르심에 합당한 거룩한 삶을 살아가기 위하여 날마다 말씀을 묵상하며 날마다 순종하는 삶을 살아갈 때 우리의 마음을 날마다 새롭게 할 수 있습니다. 우리는 날마다 하나님의 말씀을 읽고 깊이 묵상하고 있습니까? 우리는 날마다 시간을 할애하여 하나님께 기도하는 시간을 가지고 있습니까? 그렇게 하지 아니하면 우리는 신앙의 순결을 지키기 위하여 어떻게 날마다 마음을 새롭게 할 수 있습니까? 죄인의 마음이 새롭게 변화를 받을 수 있는 길이 예수 믿고 거듭나서 날마다 그분의 말씀을 묵상하고 기도하고 순종하는 삶을 사는 것 외에 무엇이 또 있겠습니까? 예수 믿고 성령으로 거듭나야만 인생관이 완전히 바뀝니다. 인생관이 바뀌어야 가치관이 바뀝니다. 가치관이 바뀌어야 행동이 바뀝니다. 그러니까 다시 태어나야 인생의 방향과 목적이 완전히 바뀌는 것입니다. 이 세상과 물질과 쾌락과 자기 명예를 사랑하고 그것들을 획득하기 위하여 목숨을 걸었던 사람들이 하나님의 선하시고 기뻐하시고 온전하신 뜻을 따라 모든 것을 내려놓게 됩니다. 예수 믿고 거듭나서 인생관과 가치관이 바뀌고 인생의 목적과 방향이 180도 바뀌어야 하나님의 선하시고 기뻐하시고 온전하신 뜻이 무엇인지 분별할 수 있게 됩니다. **이와 같이 이 세상을 따라가지 아니하고 날마다의 생활에서 하나님의 말씀을 따라 순종하며 사는 것이 몸을 하나님이 기뻐하시는 산 제사로 드리는 것이요 바로 우리 몸을 산 제사로 드리는 그것이 하나님께 드릴 영적인 예배라고 하였습니다. 영적인 예배는 예언이나 하고 신비한 환상이나 보는 것이 영적인 예배가 아닙니다. 영적인 예배는 매일의 생활에서 세상풍조를 따라가지 아니하고 하나님의 말씀을 따라 하나님의 통치를 받으며 하나님을 기쁘시게 하는 거룩한 삶을 말합니다.** 그러므로 이제 종교의식에서 해방되어 참 자유를 얻은 거듭난 성도들은 예배에 대한 개념이 바뀌어야 합니다. 참 예배의 시간은 언제입니까? 거듭난 그리스도인에게는 모든 날이 주님의 날이요 모든 날이 예배를 드리는 날입니다. 그래서 초대교회는 안식 후 첫날에만 모이지 않고 날마다 모였습니다. **"날마다 마음을 같이 하여 성전에 모이기를 힘쓰고 집에서 떡을 떼며 기쁨과 순전한 마음으로 음식을 먹고"**(행 2:46) 구약시대의 종교인들처럼 특정한 절기나 안식일에만 하나님께 예배를 드리는 것이 아니고 우리 참 그리스도인들은 모든 날에 모든 시간에 하나님을 예배해야 합니다. 예수를 구주와 왕으로 모신 그날 그 시간부터 예수님과 동행하는 삶을 살아야 하는 것입니다. 주일에만 하나님 앞에 나타나는 선데이 크리스천이 되어서는 안 됩니다. 골로새서 2장 16~17절을 보십시오. **"그러므로 먹고 마시는 것과 절기나 월삭이나 안식일을 인하여 누구든지 너희를 폄론하지(판단, 정죄하지) 못하게 하라. 이것들은 장래 일**

504

의 그림자이나 몸은 그리스도의 것이니라."

거듭난 우리 그리스도인들에게는 모든 날이, 모든 순간이 예배의 시간입니다. 언제 어디서나 진리 안에서 살아가는 우리의 말과 생각과 행동으로, 우리의 삶 전체를 하나님 앞에 드리는 예배가 되어야 합니다. 가정에서의 삶이 하나님 앞에 드리는 거룩한 예배가 되어야 합니다. 부부 생활이 하나님 앞에 드리는 거룩하고 아름다운 예배가 되어야 하는 것입니다. 학교에서의 생활이 하나님 앞에 드리는 아름답고 거룩한 예배가 되어야 합니다. 직장에서 일터에서의 삶이 하나님 앞에 드리는 향내나는 예배가 되어야 합니다. 이렇게 하는 것이 우리 몸을 산 제사로 드리는 것이며 이것이 우리가 드려야 할 영적예배라고 하셨습니다. 이것이 바로 신령과 진정으로 드리는 예배입니다. 일주일에 한 번 모여서 이렇게 공적으로 드리는 예배가 예배의 전부가 아닙니다. 이 공적인 예배가 끝나고 저 문을 나가는 순간부터 진짜 예배가 시작되어야 하는 것입니다. 우리의 모든 생활과 삶 전체가 하나님께 드리는 예배인 것을 깨닫고 우리의 말과 생각과 모든 행동을 항상 하나님 앞에서 바르고 경건하게 해야 합니다. 일상의 삶이 빠진 예배가 바로 종교이며 가짜 믿음이며 가짜 예배입니다. 요한1서 2장 3~6절까지 보십시오; "(3) 우리가 그의 계명을 지키면 이로써 우리가 저를 아는 줄로 알 것이요 (4) 저를 아노라 하고 그의 계명을 지키지 아니하는 자는 거짓말 하는 자요 진리가 그 속에 있지 아니하되 (5) 누구든지 그의 말씀을 지키는 자는 하나님의 사랑이 참으로 그 속에서 온전케 되었나니 이로써 우리가 저 안에 있는 줄을 아노라 (6) 저 안에 거한다 하는 자는 그의 행하시는 대로 자기도 행할지니라" 참으로 구원받은 그리스도인이라면 그가 구원받은 하나님의 자녀라는 것을 계명을 지킴으로써 실생활에서 증명해야 하는 것입니다. 구원받았다고 하면서도 일상의 삶에서 하나님의 계명을 지키지 않는 사람들은 아직도 어둠 가운데 사는 불신자라는 것을 스스로 증명하는 것입니다. 참 예배자들은 예수의 이름으로 모여 공적으로 예배를 드릴 뿐만 아니라 매일매일 말씀에 순종함으로써 일상의 삶을 하나님이 기뻐 받으시는 예배로 드리는 사람입니다.

다른 서신들과 마찬가지로 히브리서도 처음 1장부터 10장까지는 교리에 대하여 말씀하고 11장부터는 믿음이 생활 속에서 그 증거로 나타나야 할 것을 말씀하고 있습니다. 특히 다른 서신들과는 달리 히브리서에서 말하는 교리는 구약에 기록된 종교의식들이 장차 실체로 오실 예수님에 대한 예언의 말씀이기 때문에 이제 그 실체이신 예수님이 오셨으므로 그림자와 예표에 불과한 구약의 종교는 폐지된 것이라면서 종교에서 벗어나서 실체이신 예수님께로 나아가야 한다는 내용입니다. 그래서 1장에서 10장까지는 교리를 설명하고 11장부터 마지막 장까지는 실제의 삶으로서 믿음을 증명해야 한다고 말씀하고 있습니다. 그래서 11장에서는 믿음의 선조들이 그 수많은 환란 속에서 어떻게 믿음을 지켰는지를 보여주고 12장에서는 죽음을 각오하고 죄와 싸우라고 말씀하면서 하나님께서 주시는 징계를 두려워하지 말고 바르고 경건하고 거룩한 삶을 살아가야 한다고 가르치고 있습니다. 믿음이 삶으로 증명되지 않으면 주를 보지 못할 것이라고 무섭게 경고하고 있습니다: "(3) 너희가 피곤하여 낙심치 않기 위하여 죄인들의 이같이 자기에게 거역한 일을 참으신 자를 생각하라 (4) **너희가 죄와 싸우되 아직 피흘리기까지는 대항치 아니하고** (5) 또 아들들에게 권하는 것 같이 너희에게 권면하신 말씀을 잊었도다 일렀으되 내 아들아 주의 징계하심을 경히 여기지 말며 그에게 꾸지람을 받을 때에 낙심하지 말라 (6) 주께서 그 사랑하시는 자를 징계하시고 그의 받으시는 아들마다 채찍질하심이니라 하였으니 (7) 너희가 참음은 징계를 받기 위함이라 하나님이 아들과 같이 너희를 대우하시나니 어찌 아비가 징계하지 않는 아들이 있으리요 (8) 징계는 다 받는 것이거늘 너희에게 없으면 사생자요 참 아들이 아니니라 (9) 또 우리 육체의 아버지가 우리를 징계하여도 공경하였거든 하물며 모든 영의 아버지께 더욱 복종하여 살려 하지 않겠느냐 (10) 저희는 잠시 자기의 뜻대로 우리를 징계하였거니와 **오직 하나님은 우리의 유익을 위하여 그의 거룩하심에 참예케 하시느니라** (11) 무릇 징계가 당시에는 즐거워 보이지 않고 슬퍼 보이나 후에 그로 말미암아 연달한 자에게는 의의 평강한 열매를 맺나니 (12) **그러므로 피곤한 손과 연약한 무릎을 일으켜 세우고** (13) **너희 발을 위하여 곧은 길을 만들어 저는 다리로 하여금 어그러지지 않고 고침을 받게 하라** (14) **모든 사람으로 더불어 화평함과 거룩함을 좇으라 이것이 없이는 아무도 주를 보지 못하리라**"(히 12:3-14)

13장에서도 계속해서 말씀대로 바로 실천하는 삶, 즉 성도들을 열심히 돕고 섬기는 삶과 결혼을 귀히 여기는 삶, 그리고 돈을 사랑하지 말고 있는 것에 만족하며 사는 검소하고 경건하고 거룩한 삶을 살아야 한다고 강변하고 있습니다: 무엇보다도 말씀을 가르친다고 아무나 다 따라가지 말고 가르치는 사람들이 말씀대로 바로 실천하고 있는지 살펴보라면서 절대로 다른 교훈을 전하는 사람들에게 끌리지 말 것을 당부하고 있습니다: "(1) 형제 사랑하기를 계속하고 (2) 손님 대접하기를 잊지 말라 이로써 부지중에 천사들을 대접한 이들이 있었느니라 (3) 자기도 함께 갇힌것 같이 갇힌 자를 생각하고 자기도 몸을 가졌은즉 학대 받는 자를 생각하라 (4) 모든 사람은 혼인을 귀히 여기고 침소를 더럽히지 않게 하라 음행하는 자들과 간음하는 자들을 하나님이 심판하시리라 (5) 돈을 사랑치 말고 있는 바를 족한 줄로 알라 그가 친히 말씀하시기를 내가 과연 너희를 버리지 아니하고 과연 너희를 떠나지 아니하리라 하셨느니라 (6) 그러므로 우리가 담대히 가로되 주는 나를 돕는 자시니 내가 무서워 아니하겠노라 사람이 내게 어찌하리요 하노라 (7) 하나님의 말씀을 너희에게 이르고 너희를 인도하던 자들을 생각하며 저희 행실의 종말을 주의하여 보고 저희 믿음을 본받으라 (8) 예수 그리스도는 어제나 오늘이나 영원토록 동일하시니라 (9) 여러 가지 다른 교훈에 끌리지 말라 마음은 은혜로써 굳게 함이 아름답고 식물로써 할 것이 아니니 식물로 말미암아 행한 자는 유익을 얻지 못하였느니라"(히 13:1-9)

끝으로 히브리서 13장 12~17절을 보시기 바랍니다. "(12) 그러므로 예수도 자기 피로써 백성을 거룩케 하려고 성문 밖에서 고난을 받으셨느니라 (13) 그런즉 우리는 그 능욕을 지고 영문 밖으로 그에게 나아가자 (14) 우리가 여기는 영구한 도성이 없고 오직 장차 올 것을 찾나니 (15) 이러므로 우리가 예수로 말미암아 항상 찬미의 제사를 하나님께 드리자 이는 그 이름을 증거하는 입술의 열매니라 (16) 오직 선을 행함과 서로 나눠주기를 잊지 말라 이같은 제사는 하나님이 기뻐하시느니라 (17) 너희를 인도하는 자들에게 순종하고 복종하라 저희는 너희 영혼을 위하여 경성하기를 자기가 회계할 자인것 같이 하느니라 저희로 하여금 즐거움으로 이것을 하게 하고 근심으로 하게 말라 그렇지 않으면 너희에게 유익이 없느니라"

13절에서 우리는 영문 밖으로 나아가라는 주님의 명령을 듣고 있습니다. 하나님의 거저 주시는 은혜로 구원을 받은 성도들은 더 이상 종교의식에 거하지 아니합니다. 그러므로 믿음으로 참 구원을 받고 구원의 확신이 있는 성도들이 되기 위해서는 구약종교의 중심지인 예루살렘 성전이 있는 예루살렘 성을 벗어나서 세상을 내려놓고 고난의 십자가를 지고 성문 밖 갈보리 동산에서 십자가를 지신 예수님께로 나아가야 합니다. 우리는 이제 하루속히 기독교 종교에서 벗어나서 십자가를 지신 예수님과 동행하는 삶을 살아야 합니다. 우리의 구원은 갈보리 동산의 십자가에서 시작됩니다. 예루살렘 성문 안에 있는 성전의 종교의식 속에서는 아무도 구원을 받을 수 없습니다. 오늘날 예수 믿는다고 하면서도 아직도 구약의 종교의식에 빠져서 예루살렘 성문 밖으로 나아오지 못한 사람들이 많이 있는 것은 참으로 슬픈 일이 아닐 수 없습니다. 열심히 예배에 참석하고 혹은 직분을 가지고 시간과 물질을 다 바쳐 충성되게 일하며, 기도모임과 성경공부 모임에 참여하고 여러 가지로 봉사하는 일에 힘쓰는 사람이면서도 아직 성문 밖 갈보리 동산에서 십자가를 지신 예수님을 만나지 못한 사람들이 허다합니다. 참으로 안타까운 일입니다. 성문 밖으로 나아가라는 말씀은 영이신 하나님께 참 예배를 드리기 위해 섭니다. 형식적이고 종교적인 의식으로 드리는 예배는 하나님이 받지 않으십니다. 어떻게 하면 우리가 이 세대를 본받지 아니할 수 있습니까?

그러므로 예수님께서 세우신 교회는 기독교 종교에서 벗어난 성문 밖에 있습니다. 우리는 이제 성문 밖에 있는 교회로서 모이기를 폐하지 말고 공적으로는 열심히 힘을 다해 모여서 주님을 예배하고 개인적으로는 일상의 삶으로서 하나님을 예배하는 올바른 성도들이 되어야 할 것입니다. 성령으로 거듭나서 구원받은 성도들에게는 주일만 주일이 아닙니다. 구원받은 참 성도들에게는 매일매일이 주일임을 깨닫고 매일 모든 말과 생각과 행동으로 하나님을 예배해야 할 것입니다. 이것이 바로 신령과 진정으로 드리는 예배이며 성문 밖에 있는 그리스도의 피로 값 주고 사신 교회입니다. 기억하십시오. 지금도 우리 하나님은 바로 이런 예배자들을 찾고 계신다고 하셨습니다. 아직도 교회당을 하나님의 집이라고 우기면서 일주일에 한두 번 종교적으로 모였다가 흩어지는 오늘 우리 시대의 교회는 성경에서 말하는 교회가 아니며 성경에서 말하는 예배가 아닙니다. 더 많은 사람들을 모으기 위하여 사람들의 귀를 즐겁게 하기 위하여 변질된 말씀으로, 사람의 계명으로 가르치는 오늘 우리 시대의 주일 예배는 하나님을 헛되이 경배하는 것입니다; **"사**

람의 계명으로 교훈을 삼아 가르치니 나를 헛되이 경배하는도다"(막 7:7)

또한 매일의 삶으로 드리는 참 예배가 아니고 일주일에 한 번 주기적으로 드리는 삶이 빠진 예배는 매 주일 하나님을 괴롭게 하며 견딜 수 없게 하는 거짓 예배로서 하나님이 받지 아니하시는 헛된 예배입니다: "(11) 여호와께서 말씀하시되 너희의 무수한 제물이 내게 무엇이 유익하뇨 나는 숫양의 번제와 살진 짐승의 기름에 배불렀고 나는 수송아지나 어린양이나 숫염소의 피를 기뻐하지 아니하노라 (12) 너희가 내 앞에 보이러 오니 이것을 누가 너희에게 요구하였느냐 내 마당만 밟을 뿐이니라 (13) 헛된 제물을 다시 가져오지 말라 분향은 내가 가증히 여기는 바요 월삭과 안식일과 대회로 모이는 것도 그러하니 성회와 아울러 악을 행하는 것을 내가 견디지 못하겠노라 (14) 내 마음이 너희의 월삭과 정한 절기를 싫어하나니 그것이 내게 무거운 짐이라 내가 지기에 곤비하였느니라"(사 1:11-14)

"(21) 내가 너희 절기들을 미워하여 멸시하며 너희 성회들을 기뻐하지 아니하나니 (22) 너희가 내게 번제나 소제를 드릴지라도 내가 받지 아니할 것이요 너희의 살진 희생의 화목제도 내가 돌아보지 아니하리라 (23) 네 노랫소리를 내 앞에서 그칠지어다 네 비파 소리도 내가 듣지 아니하리라 (24) 오직 정의를 물 같이, 공의를 마르지 않는 강 같이 흐르게 할지어다 (25) 이스라엘 족속아 너희가 사십 년 동안 광야에서 희생과 소제물을 내게 드렸느냐 (26) 너희가 너희 왕 식굿(신당)과 기윤(별 신의 이름)과 너희 우상들과 너희가 너희를 위하여 만든 신들의 별 형상을 지고 가리라 (27) 내가 너희를 다메섹 밖으로 사로잡혀 가게 하리라 그의 이름이 만군의 하나님이라 불리우는 여호와께서 말씀하셨느니라"(암 5:21-27)

"(17) 하나님께서 구하시는 제사는 상한 심령이라 하나님이여 상하고 통회하는 마음을 주께서 멸시하지 아니하시리이다"(시 51:17)

명심하십시오. 하나님께서는 아직도 신령과 진정으로 예배하는 참 예배자들을 찾고 계십니다: "(23) 아버지께 참으로 예배하는 자들은 신령과 진정으로 예배할 때가 오나니 곧 이때라 아버지께서는 이렇게 자기에게 예배하는 자들을 찾으시느니라"(요 4:23)

11. 성경에서 말하는 그리스도인의 삶은 무엇인가?

그리스도인의 삶은 매 순간 그리스도인의 신분을 인식하는 삶

내가 과거의 죄를 모두 철저하게 회개하고 이제는 예수님을 구주와 왕으로 영접하여 성령으로 거듭난 하나님의 자녀가 되었다면 나는 매 순간 내가 하나님의 자녀인 것을 인식하고 있어야만 나의 모든 말과 생각과 행동과 비즈니스와 가정생활과 인간관계에서 실수하지 않고 하나님의 자녀답게 경건하고 거룩하고 의롭게 살아갈 수 있습니다. 성령님이 내 안에 계시는 한 내가 어디서 무엇을 하든지 하나님은 항상 나를 지켜보신다는 것을 인식하고 있으면 나는 하나님의 자녀답게 바르게 살 수 있습니다. 다음 구절들을 묵상하면서 예수님을 구주로 영접한 나는 누구인지 나의 아이덴티티(identity)를 생각하면서 말하고 생각하고 행동해야 합니다.

"(12) 영접하는 자 곧 그 이름을 믿는 자들에게는 **하나님의 자녀가 되는 권세를 주셨으니** (13) 이는 혈통으로나 육정으로나 사람의 뜻으로 나지 아니하고 **오직 하나님께로서 난 자들이니라**"(요 1:12-13)

"(18) 음행을 피하라 사람이 범하는 죄마다 몸 밖에 있거니와 음행하는 자는 자기 몸에게 죄를 범하느니라 (19) 너희 몸은 너희가 하나님께로부터 받은 바 너희 가운데 계신 성령의 전(temple = 성전)인 줄을 알지 못하느냐 너희는 너희의 것이 아니라"(고전 6:18-19)

"(1) 그러므로 사랑을 입은 자녀 같이 **너희는 하나님을 본받는 자가 되고** (2) 그리스도께서 너희를 사랑하신 것같이 너희도 사랑 가운데서 행하라 그는 우리를 위하여 자신을 버리사 향기로운 제물과 생축으로 하나님께 드리셨느니라"(엡 5:1-2)

"(2) 내가 하나님의 열심으로 너희를 위하여 열심 내노니 **내가 너희를 정결**

한 처녀로 한 남편인 그리스도께 드리려고 중매함이로다"(고후 11:2)

"(20) 오직 우리의 시민권은 하늘에 있는지라 거기로서 구원하는 자 곧 주 예수 그리스도를 기다리노니"(빌 3:20)

"(1) 그러므로 너희가 그리스도와 함께 다시 살리심을 받았으면 **위의 것을 찾으라** 거기는 그리스도께서 하나님 우편에 앉아 계시느니라 (2) **위의 것을 생각하고 땅의 것을 생각하지 말라** (3) 이는 너희가 죽었고 너희 생명이 그리스도와 함께 하나님 안에 감추어졌음이라 (4) **우리 생명이신 그리스도께서 나타나실 그 때에 너희도 그와 함께 영광 중에 나타나리라** (5) 그러므로 땅에 있는 지체를 죽이라 곧 음란과 부정과 사욕과 악한 정욕과 탐심이니 탐심은 우상 숭배니라"(골 3:1–5)

그리스도인의 삶은 순종하는 삶으로 참 믿음을 증명하는 삶

하나님의 자녀들은 이 죄악 세상에서 어떻게 살아야 합니까? 다음의 성경 구절들을 묵상하면서 매일의 삶에서 주님께 순종하는 삶으로서 당신의 믿음이 참 믿음임을 증명해야 합니다.

"(1) 그러므로 형제들아 내가 하나님의 모든 자비하심으로 너희를 권하노니 **너희 몸을 하나님이 기뻐하시는 거룩한 산 제사로 드리라** 이는 너희의 드릴 영적 예배니라 (2) 너희는 이 세대를 본받지 말고 오직 마음을 새롭게 함으로 변화를 받아 하나님의 선하시고 기뻐하시고 온전하신 뜻이 무엇인지 분별하도록 하라"(롬 12:1–2)

"(9) 사랑엔 거짓이 없나니 악을 미워하고 선에 속하라 (10) 형제를 사랑하여 서로 우애하고 존경하기를 서로 먼저 하며 (11) 부지런하여 게으르지 말고 열심을 품고 주를 섬기라 (12) 소망 중에 즐거워하며 환난 중에 참으며 기도에 항상 힘쓰며 (13) 성도들의 쓸 것을 공급하며 손 대접하기를 힘쓰라 (14) 너희를 핍박하는 자를 축복하라 축복하고 저주하지 말라 (15) 즐거워하는 자들로 함께 즐거워하고 우는 자들로 함께 울라 (16) 서로 마음을 같이 하며 높은데 마음을 두지 말고 도리어 낮은데 처하며 스스로 지혜 있는 체 말라 (17) 아무에게도 악으로 악을 갚지 말고 모든 사람 앞에서 선한 일을 도모하라 (18) 할 수 있거든 너희로서는 모든 사람으로 더불어 평화하라 (19) 내 사랑하는 자들아 너희가 친히 원수를 갚지 말고 진노하심에 맡기라 기록되었으되원수 갚는 것이 내게 있으니 내가 갚으리라고 주께서 말씀하시니라 (20) 네 원수가 주리거든 먹이고 목마르거든 마시우라 그리함으로 네가 숯불을 그 머리에 쌓아 놓으리라 (21) 악에게 지지 말고 선으로 악을 이기라"(롬 12:9-21)

"(14) 너희는 세상의 빛이라 산 위에 있는 동네가 숨기우지 못할 것이요 (15) 사람이 등불을 켜서 말 아래 두지 아니하고 등경 위에 두나니 이러므로 집안 모든 사람에게 비취느니라 (16) 이같이 너희 빛을 사람 앞에 비취게 하여 저희로 너희 착한 행실을 보고 하늘에 계신 너희 아버지께 영광을 돌리게 하라"(마 5:14-16)

"(18) 좋은 나무가 나쁜 열매를 맺을 수 없고 못된 나무가 아름다운 열매를 맺을 수 없느니라 (19) 아름다운 열매를 맺지 아니하는 나무마다 찍혀 불에 던지우느니라 (20) 이러므로 그의 열매로 그들을 알리라"(마 7:18-20)

"(18) 혹이 가로되 너는 믿음이 있고 나는 행함이 있으니 행함이 없는 네 믿음을 내게 보이라. 나는 행함으로 내 믿음을 네게 보이리라 … (26) 영혼 없는 몸이 죽은 것같이 행함이 없는 믿음은 죽은 것이니라"(약 2:18, 26)

그리스도인의 삶은 환난 속에서 승리의 삶

하나님은 믿는 성도들에게 환난을 면제하여 주신다고 약속하신 적이 없습니다. 오히려 예수님을 믿고 따르는 자들에게는 많은 환난과 핍박이 있을 것을 말씀하셨습니다. '누구든지 나를 따라오려거든 자기를 부인하고 자기 십자가를 지고 나를 따르라'고 예수님께서 말씀하셨습니다. 십자가 고난이 없이는 아무도 주님을 믿고 따를 수 없는 것입니다. 구원받은 참 성도들이 가는 천성길은 고난과 핍박과 환난이 곳곳에 도사리고 있는 좁고 험악한 길입니다. 눈물 없이 갈 수 없는 이 가시밭길을 통과하지 않고는 아무도 저 천성에 도달할 수 없습니다. 이 길이 앞서가신 신앙의 선조들이 걸어갔던 길입니다. 참된 그리스도인들이 때때로 믿지 않는 사람들이 세상에서 잘되는 것을 보고 부러워할 수 있습니다. 구원받지 못한 사람들은 당연히 사탄의 통치를 받고 살아감으로 이 세상에서 그들이 노력하는 만큼 부귀영화를 누리고 잘살 수 있습니다. 그러나 구원받은 참 하나님의 자녀들은 사탄의 원수가 되어 사탄의 방해와 핍박을 받음으로 만사가 형통하지 못하고 오히려 수많은 어려움을 당하며 살아가는 것이 정상입니다. 사도 바울도 그렇게 살았고 믿음의 조상들이 다 그렇게 환란과 핍박 속에서 살아갔습니다. 아삽이 쓴 시편 73편에도 좋은 예가 기록되어 있습니다: "(1) 하나님이 참으로 이스라엘 중 마음이 정결한 자에게 선을 행하시나 (2) 나는 거의 넘어질 뻔하였고 나의 걸음이 미끄러질 뻔하였으니 (3) 이는 내가 악인의 형통함을 보고 오만한 자를 질투하였음이로다 (4) 그들은 죽을 때에도 고통이 없고 그 힘이 강건하며 (5) 사람들이 당하는 고난이 그들에게는 없고 사람들이 당하는 재앙도 그들에게는 없나니 (6) 그러므로 교만이 그들의 목걸이요 강포가 그들의 옷이며 (7) 살찜으로 그들의 눈이 솟아나며 그들의 소득은 마음의 소원보다 많으며 (8) 그들은 능욕하며 악하게 말하며 높은 데서 거만하게 말하며 (9) 그들의 입은 하늘에 두고 그들의 혀는 땅에 두루 다니도다 (10) 그러므로 그의 백성이 이리로 돌아와서 잔에 가득한 물을 다 마시며 (11) 말하기를 하나님이 어찌 알랴 지존자에게 지식이 있으랴 하는도다 (12) 볼지어다 이들은 악인들이라도 항상 평안하고 재물은 더욱 불어나도다 (13) 내가 내 마음을 깨끗하게 하며 내 손을 씻어 무죄하다 한 것이 실로 헛되도다 (14) 나는 종일 재난을 당하며 아침마다 징벌을 받았도다 (15) 내가 만일 스스로 이르기를 내가 그들처럼 말하리라 하였더라면 나는 주의 아들들의 세대에 대하여 악행을 행하였으리이다 (16) 내가 어쩌면 이를 알까 하여 생각한즉 그것이 내게 심한 고통이 되었더니"(시 73:1-16)

1~16절에 보면 아삽은 하나님을 잘 섬기는 하나님의 사람이었습니다. 그러나 그가 믿지 않는 사람들이 만사가 형통하여 재물도 많고 고난도 없고 교만하고 악하게 강포를 행하며 살며 죽을 때까지 건강하게 잘 사는 모습을 보면서 많은 고난과 환난 속에서 살아가는 아삽 자신의 삶을 돌아보니까 그동안 하나님 믿는다고 깨끗한 마음과 깨끗한 행실로 살아온 자기의 삶이 헛

되다고 생각하였습니다.

그러나 17절부터 보면 성소에 들어가서 하나님의 말씀을 깨닫고 보니 자기가 짐승같이 우매 무지하였다고 고백하면서 다시 믿음을 고백합니다; "(17) 하나님의 성소에 들어갈 때에야 그들의 종말을 내가 깨달았나이다 (18) 주께서 참으로 그들을 미끄러운 곳에 두시며 파멸에 던지시니 (19) 그들이 어찌하여 그리 갑자기 황폐되었는가 놀랄 정도로 그들은 전멸하였나이다 … (21) 내 마음이 산란하며 내 양심이 찔렸나이다 (22) 내가 이같이 우매 무지함으로 주 앞에 짐승이오나 (23) 내가 항상 주와 함께하니 주께서 내 오른손을 붙드셨나이다 (24) 주의 교훈으로 나를 인도하시고 후에는 영광으로 나를 영접하시리니 (25) 하늘에서는 주 외에 누가 내게 있으리요 땅에서는 주 밖에 내가 사모할 이 없나이다 (26) 내 육체와 마음은 쇠약하나 하나님은 내 마음의 반석이시요 영원한 분깃이시라 (27) 무릇 주를 멀리하는 자는 망하리니 음녀 같이 주를 떠난 자를 주께서 다 멸하셨나이다 (28) 하나님께 가까이 함이 내게 복이라 내가 주 여호와를 나의 피난처로 삼아 주의 모든 행적을 전파하리이다"(시 73:17-28)

그렇습니다. 사탄에 속한 이 세상 사람들은 이 세상이 그들의 세상이므로 그들은 능력에 따라서 세상에서 잘 먹고 잘살고 출세하고 성공합니다. 사업도 잘되고 자녀들도 잘되고 건강하고 오래 살며 그들의 인생을 즐기며 살 수 있습니다. 그러나 사탄의 원수가 된 하나님의 자녀들은 이 세상에서 만사형통 하지 못하고 오히려 사탄의 방해와 핍박으로 가난하게 되며 자녀도 잘 되지 못하고 건강도 잃게 될 수 있습니다. 그러므로 예수님께서는 그가(사탄)이 나를 핍박하였은즉 너희도 핍박할 것이라고 말씀하셨던 것입니다. 하나님은 믿는 하나님의 자녀들에게 환난을 면제하여 주시겠다고 약속하신 적이 없습니다. 오직 하나님은 환난 속에서의 승리를 약속하셨으나 환난을 면제하여 주신다고 약속하신 적이 없으십니다. 만약 믿는 성도에게 환난이 없으면 그는 사생자요 하나님의 참 자녀가 아니라고 하셨습니다. 다음 구절들을 묵상하시기 바랍니다.

"(18) 세상이 너희를 미워하면 너희보다 먼저 나를 미워한 줄을 알라 (19) 너희가 세상에 속하였으면 세상이 자기의 것을 사랑할 것이나 너희는 세상에 속

한 자가 아니요 도리어 내가 너희를 세상에서 택하였기 때문에 세상이 너희를 미워하느니라 (20) 내가 너희에게 종이 주인보다 더 크지 못하다 한 말을 기억하라 사람들이 나를 박해하였은즉 너희도 박해할 것이요 내 말을 지켰은즉 너희 말도 지킬 것이라"(요 15:18-20)

"(2) 여러 가지 시험을 만나거든 온전히 기쁘게 여기라 (3) 이는 너희 믿음의 시련이 인내를 만들어 내는 줄 너희가 앎이라 (4) 인내를 온전히 이루라 이는 너희로 온전하고 구비하여 조금도 부족함이 없게 하려 함이라"(약 1:2-4)

"(5) 또 아들들에게 권하는 것같이 너희에게 권면하신 말씀을 잊었도다 일렀으되 내 아들아 주의 징계하심을 경히 여기지 말며 그에게 꾸지람을 받을 때에 낙심하지 말라 (6) 주께서 그 사랑하시는 자를 징계하시고 그의 받으시는 아들마다 채찍질하심이니라 하였으니 (7) 너희가 참음은 징계를 받기 위함이라 하나님이 아들과 같이 너희를 대우하시나니 어찌 아비가 징계하지 않는 아들이 있으리요 (8) 징계는 다 받는 것이거늘 너희에게 없으면 사생자요 참 아들이 아니니라 (9) 또 우리 육체의 아버지가 우리를 징계하여도 공경하였거든 하물며 모든 영의 아버지께 더욱 복종하여 살려 하지 않겠느냐 (10) 저희는 잠시 자기의 뜻대로 우리를 징계하였거니와 오직 하나님은 우리의 유익을 위하여 그의 거룩하심에 참예케 하시느니라 (11) 무릇 징계가 당시에는 즐거워 보이지 않고 슬퍼 보이나 후에 그로 말미암아 연달한 자에게는 의의 평강한 열매를 맺나니"(히 12:5-11)

그리스도인의 삶은 승리가 이미 확정된 삶

"(33) 이것을 너희에게 이름은 너희로 내 안에서 평안을 누리게 하려 함이라 세상에서는 너희가 환난을 당하나 담대하라 내가 세상을 이기었노라 하시니라"(요 16:33)

"(14) 항상 우리를 그리스도 안에서 이기게 하시고 우리로 말미암아 각처에서 그리스도를 아는 냄새를 나타내시는 하나님께 감사하노라"(고후 2:14)

"(4) 대저 하나님께로서 난 자마다 세상을 이기느니라 세상을 이긴 이김은 이것이니 우리의 믿음이니라"(요일 5:4)

"(35) 누가 우리를 그리스도의 사랑에서 끊으리요 환난이나 곤고나 핍박이나 기근이나 적신이나 위험이나 칼이랴 (36) 기록된 바 우리가 종일 주를 위하여 죽임을 당케 되며 도살할 양 같이 여김을 받았나이다 함과 같으니라 (37) 그러나 이 모든 일에 우리를 사랑하시는 이로 말미암아 우리가 넉넉히 이기느니라"(롬 8:35-37)

그리스도인의 삶은 피할 수 없는 영적 전쟁의 삶

"자녀이면 또한 후사 곧 하나님의 후사요 그리스도와 함께한 후사니 **우리가 그와 함께 영광을 받기 위하여 고난도 함께 받아야 될 것이니라**"(롬 8:17)

"그리스도를 위하여 너희에게 은혜를 주신 것은 다만 그를 믿을뿐 아니라 **또한 그를 위하여 고난도 받게 하심이라**"(빌 1:29)

"무릇 그리스도 예수 안에서 경건하게 살고자 하는 자는 **핍박을 받으리라**"(딤후 3:12)

"우리의 씨름은 혈과 육에 대한 것이 아니요 **정사와 권세와 이 어두움의 세상 주관자들과 하늘에 있는 악의 영들에게 대함이라**"(엡 6:12)

"사람이 감당할 시험 밖에는 너희에게 당한 것이 없나니 오직 하나님은 미쁘사 너희가 감당치 못할 시험당함을 허락지 아니하시고 시험당할 즈음에 또한 피할 길을 내사 너희로 능히 감당하게 하시느니라"(고전 10:13)

"(12) 사랑하는 자들아 너희를 시련하려고 오는 불시험을 이상한 일 당하는 것같이 이상히 여기지 말고 (13) 오직 너희가 그리스도의 고난에 참예하는 것으로 즐거워하라 이는 그의 영광을 나타내실 때에 너희로 즐거워하고 기뻐하게 하려 함이라 **(14) 너희가 그리스도의 이름으로 욕을 받으면 복 있는**

자로다 영광의 영 곧 하나님의 영이 너희 위에 계심이라 (15) 너희 중에 누구든지 살인이나 도적질이나 악행이나 남의 일을 간섭하는 자로 고난을 받지 말려니와 (16) 만일 그리스도인으로 고난을 받은즉 부끄러워 말고 도리어 그 이름으로 하나님께 영광을 돌리라"(벧전 4:12-16)

"(8) 근신하라 깨어라 너희 대적 마귀가 우는 사자 같이 두루 다니며 삼킬 자를 찾나니 (9) 너희는 믿음을 굳게 하여 저를 대적하라 **이는 세상에 있는 너희 형제들도 동일한 고난을 당하는 줄을 앎이니라** (10) 모든 은혜의 하나님 곧 그리스도 안에서 너희를 부르사 자기의 영원한 영광에 들어가게 하신 이가 잠깐 고난을 받은 너희를 친히 온전케 하시며 굳게 하시며 강하게 하시며 터를 견고케 하시리라"(벧전 5:8-10)

"(5) 더러는 흙이 얇은 돌밭에 떨어지매 흙이 깊지 아니하므로 곧 싹이 나오나 (6) 해가 돋은 후에 타져서 뿌리가 없으므로 말랐고 … (20) 돌밭에 뿌리웠다는 것은 말씀을 듣고 즉시 기쁨으로 받되 (21) 그 속에 뿌리가 없어 잠시 견디다가 **말씀으로 인하여 환난이나 핍박이 일어나는 때에는 곧 넘어지는 자요**"(마 13:5-6, 20-21)

"(9) 그 때에 사람들이 너희를 환난에 넘겨주겠으며 너희를 죽이리니 너희가 내 이름 때문에 모든 민족에게 미움을 받으리라 (10) 그 때에 많은 사람이 실족하게 되어 서로 잡아 주고 서로 미워하겠으며 (11) 거짓 선지자가 많이 일어나 많은 사람을 미혹하겠으며 (12) 불법이 성하므로 많은 사람의 사랑이 식어지리라 (13) **그러나 끝까지 견디는 자는 구원을 얻으리라**"(마 24:9-13)

그리스도인의 삶은 자기를 부인하고 자기 십자가를 지고 따르는 삶

"아무든지 나를 따라오려거든 자기를 부인하고 자기 십자가를 지고 나를 좇을 것이니라"(마 16:24)

자기를 부인한다는 말은 세상에 대한 자기의 모든 욕망을 버리고 주님을 따라 천국에 들어가기 위해서 힘들어도 십자가 고난의 삶을 사는 것입니다.

즉 누구든지 천국에 들어가길 원한다면 세상을 내려놓고 주님을 따라야 한다는 말입니다. 하나님과 재물을 둘 다 소유할 수 없다고 예수님께서 직접 말씀하셨습니다. 세상을 사랑하는 것이 일만 악의 뿌리라고 하였습니다. 사도 바울도 주님을 따라 저 천국에 들어가기 위하여 그가 세상에서 누리고 자랑하던 모든 것을 오물로 여기고 버리고 힘들지만 십자가 고난의 삶을 택했습니다.

"한 사람이 두 주인을 섬기지 못할 것이니 혹 이를 미워하고 저를 사랑하거나 혹 이를 중히 여기고 저를 경히 여김이라 너희가 하나님과 재물을 겸하여 섬기지 못하느니라"(마 6:24)

"(7) 그러나 무엇이든지 내게 유익하던 것을 내가 그리스도를 위하여 다 해로 여길뿐더러 (8) 또한 모든 것을 해로 여김은 내 주 그리스도 예수를 아는 지식이 가장 고상하기 때문이라 내가 그를 위하여 모든 것을 잃어버리고 배설물로 여김은 그리스도를 얻고 (9) 그 안에서 발견되려 함이니"(빌 3:7-9)

"(7) 우리가 세상에 아무것도 가지고 온 것이 없으매 또한 아무것도 가지고 가지 못하리니 (8) 우리가 먹을 것과 입을 것이 있은즉 족한 줄로 알 것이니라 (9) 부하려 하는 자들은 시험과 올무와 여러 가지 어리석고 해로운 욕심에 떨어지나니 곧 사람으로 파멸과 멸망에 빠지게 하는 것이라 (10) 돈을 사랑함이 일만 악의 뿌리가 되나니 이것을 탐내는 자들은 미혹을 받아 믿음에서 떠나 많은 근심으로써 자기를 찔렀도다 (11) 오직 너 하나님의 사람아 이것들을 피하고 의와 경건과 믿음과 사랑과 인내와 온유를 따르며 (12) 믿음의 선한 싸움을 싸우라 영생을 취하라 이를 위하여 네가 부르심을 받았고 많은 증인 앞에서 선한 증언을 하였도다"(딤전 6:7-12)

"(15) 이 세상이나 세상에 있는 것들을 사랑하지 말라 누구든지 세상을 사랑하면 아버지의 사랑이 그 안에 있지 아니하니 (16) 이는 세상에 있는 모든 것이 육신의 정욕과 안목의 정욕과 이생의 자랑이니 다 아버지께로부터 온 것이 아니요 세상으로부터 온 것이라 (17) 이 세상도, 그 정욕도 지나가되 오직 하나님의 뜻을 행하는 자는 영원히 거하느니라"(요일 1:15-17)

"간음한 여인들아 세상과 벗된 것이 하나님과 원수 됨을 알지 못하느냐 그런즉 누구든지 세상과 벗이 되고자 하는 자는 스스로 하나님과 원수 되는 것이니라"(약 4:4)

그러면 억만 죄를 용서받고 하나님으로부터 의롭다고 칭함을 얻은 사람들이 왜 자기를 부인해야 하고 또 자기 십자가를 지고 예수님을 따라야 하는 것입니까? 사람이 거듭나지 않으면 하나님 나라에 들어갈 수 없다고 예수님께서 말씀하셨습니다: "(3) 예수께서 대답하여 이르시되 진실로 진실로 네게 이르노니 사람이 거듭나지 아니하면 하나님의 나라를 볼 수 없느니라 (4) 니고데모가 이르되 사람이 늙으면 어떻게 날 수 있사옵나이까 두 번째 모태에 들어갔다가 날 수 있사옵나이까 (5) 예수께서 대답하시되 진실로 진실로 네게 이르노니 사람이 물과 성령으로 나지 아니하면 하나님의 나라에 들어갈 수 없느니라"(요 3:3-5) 그런데 성령으로 거듭난 사람은 영만 구원받았을 뿐 육신은 아직 구원을 받지 못했기 때문입니다. 즉 성령으로 거듭난 사람 안에는 성령님이 거하십니다. 그러므로 누구든지 그리스도의 영, 즉 성령이 없는 사람은 그리스도의 사람이 아닙니다. 즉 구원받은 사람이 아닙니다: "만일 너희 속에 하나님의 영(성령)이 거하시면 너희가 육신에 있지 아니하고 영에 있나니 누구든지 그리스도의 영(성령)이 없으면 그리스도의 사람이 아니라"(롬 8:9) 성령을 소유한 사람 안에는 그리스도께서 들어와 계십니다. 그러나 성령으로 거듭나서 그리스도께서 그 안에 들어와 계셔도 그 사람의 영만 거듭나서 구원받은 상태이고 그 사람의 육신은 아직도 거듭나지 못해서 죽은 상태입니다: "또 그리스도께서 너희 안에 계시면 몸은 죄로 말미암아 죽은 것이나 영은 의로 말미암아 살아 있는 것이니라"(롬 8:10) 그러나 성령을 소유한 사람은 그 성령으로 말미암아 죽을 육신도 거듭나게 하셔서 구원하여 주십니다: "예수를 죽은 자 가운데서 살리신 이의 영(성령)이 너희 안에 거하시면 그리스도 예수를 죽은 자 가운데서 살리신 이가 너희 안에 거하시는 그의 영(성령)으로 말미암아 너희 죽을 몸도 살리시리라"(롬 8:11) 우리의 영을 구원하여 주신 성령님께서 우리의 죽을 육신을 살려 주시는 때는 예수님께서 재림하실 때입니다: "그뿐 아니라 또한 우리 곧 성령의 처음 익은 열매를 받은 우리까지도 속으로 탄식하여 양자 될 것 곧 우리 몸의 속량을 기다리느니라"(롬 8:23) 성령의 역사로 영이 거듭나서 영의 속량(redemption = 구속), 즉 영의 구원을 받은 것이 성령님의 역사로 얻은 첫 열매입니다. 이렇게 성령의 역사로 영을 구원(속량)받은 사람들은 성령님의 역사로 그들의 육신도 속량(구원)되기를 기다립니다. 바로 주님께서 재림하실 때 그들의 육신이 부활하게 되는 것이 육신의 속량(구원)입니다.

다시 말해서 우리의 영은 우리가 죄를 회개할 때 성령님이 오셔서 우리의 영을 거듭나게 하여 우리의 영을 속량(구원)해 주시는 것입니다. 그러나 우리의 육신은 예수님께서 재림하실 때 부활(거듭남)하게 되어 공중으로 휴거하여 재림 예수님과 함께 내려온 자기의 거듭난 영을 만나서 거듭난 영과 부활(거듭난)한 육신이 결합하여 하나님의 형상을 닮은 인간으로 최종 완성되는 것입니다. 그러므로 육신까지 구원받아 하나님의 형상으로 최종 완성되는 그날까지 영만 구원받아 성령의 처음 익은 열매를 받은 우리 그리스도인들은 예수님의 재림 때에 이루어질 몸의 구원(속량)을 기다리는 것입니다.

여기서 영을 구원받은 우리 그리스도인이 우리 자신을 부인하고 십자가를 지고 주님을 따라야 하는 이유는 구원받은 우리의 영은 하나님의 말씀대로 순종하며 살려고 하지만 아직 구원받지 못한 우리의 육신은 아직도 사탄이 주는 유혹을 따라 세상의 부귀, 영화, 쾌락을 따라 살려고 하기 때문에 우리 안에는 거듭난 영의 소욕과 거듭나지 못한 육신의 소욕이 서로 싸우는 영적 전쟁이 치열하게 됩니다. 그 위대한 사도 바울 조차도 자기 안에서 일어나는 이 영적 싸움으로 힘겨워하였습니다; "(22) 내 속사람(거듭난 영의 사람)으로는 하나님의 법을 즐거워하되 (23) 내 지체(육체) 속에서 한 다른 법이 내 마음의 법과 싸워 내 지체 속에 있는 죄의 법으로 나를 사로잡는 것을 보는도다 (24) 오호라 나는 곤고한 사람이로다 이 사망의 몸(거듭나지 못한 육신)에서 누가 나를 건져내랴 (25) 우리 주 예수 그리스도로 말미암아 하나님께 감사하리로다 그런즉 내 자신이 마음(거듭난 영의 소욕)으로는 하나님의 법을 육신(거듭나지 못한 육신의 소욕)으로는 죄의 법을 섬기노라"(롬 7:22-24) 그러면 사도 바울은 이 영적 전쟁을 어떻게 이겨내었습니까? 사도 바울은 자기의 거듭나지 못한 육신의 소욕을 쳐서 물리치고 거듭난 영의 소욕을 따라 살았습니다. 그렇게 하지 않고 육신의 소욕에 져서 살게 되면 이미 얻은 영의 구원을 다시 잃어버릴 것을 알고 두려워하였다고 고백하고 있습니다. 사도 바울은 한 번 얻은 구원을 다시 잃어버릴 것을 알았기 때문에 사력을 다하여 세상을 따라 살고자 하는 육신의 소욕을 쳐서 복종시켰던 것입니다: "(26) 그러므로 나는 달음질하기를 향방 없는 것 같이 아니하고 싸우기를 허공을 치는 것 같이 아니하며 (27) 내가 내 몸(거듭나지 못한 육신)을 쳐 복종하게 함은 내가 남에게 전파한 후에 자신이 도리어 버림을 당할까 두려워함이로다"(고전 9:26-27) 그리고 그는 마침내 그의 생애의 마지막 순간에 영적 싸움에서 승리를 선언할 수 있었습니다: "(6) 전제와 같이 내가 벌써 부어지고 나의 떠날 시각이 가까웠도다 (7) 나는 선한 싸움을 싸우고 나의 달려갈 길을 마치고 믿음을 지켰으니 (8) 이제 후로는 나를 위하여 의의 면류관이 예비되었으므로 주 곧 의로우신 재판장이 그 날에 내게 주실 것이며 내게만 아니라 주의 나타나심을 사모하는 모든 자에게도니라"(딤후 4:6-8)

그리스도인의 삶은 주님의 통치에 복종하는 삶

구원받은 그리스도의 삶이란 예수님을 우리를 구원해 주신 구세주로 믿을 뿐만 아니라 예수님을 우리의 삶을 통치하시는 왕으로 모시는 삶입니다. 성령으로 거듭나서 하나님의 자녀와 백성이 된 그리스도인은 마땅히 먼저 하나님의 왕 되신 통치에 복종하는 삶을 살아야 한다고 예수님께서 직접 말씀하셨습니다: "그런즉 너희는 먼저 그의 나라(바실레이아 = 왕의 통치)와 그의 의를 구하라 그리하면 이 모든 것을 너희에게 더하시리라"(마 6:33) 예수님만이 그리스도인의 삶을 통치하시는 왕이시며 주인이 되셔야 합니다. 그리스도인의 모든 말과 생각과 행동과 비즈니스와 가정생활과 부부생활과 인간관계에서 예수님의 왕 되신 통치에 절대 복종하는 삶을 살아야 합니다. 이 세상의 그 어떤 명예도 출세도 영광도 부와 재물도 그리스도인의 삶을 주관하는 왕과 주인이 되어서는 안 됩니다. 이 세상의 그 어떤 명예와 출세와 영광과 부와 재물을 왕 되신 예수님보다 더 사랑해서는 안 됩니다: "한 사람이 두 주인을 섬기지 못할 것이니 혹 이를 미워하고 저를 사랑하거나 혹 이를 중히 여기고 저를 경히 여김이라 너희가 하나님과 재물을 겸하여 섬기지 못하느니라"(마 6:24) "(15) 이 세상이나 세상에 있는 것들을 사랑하지 말라 누구든지 세상을 사랑하면 아버지의 사랑이 그 안에 있지 아니하니 (16) 이는 세상에 있는 모든 것이 육신의 정욕과 안목의 정욕과 이생의 자랑이니 다 아버지께로부터 온 것이 아니요 세상으로부터 온 것이라 (17) 이 세상도, 그 정욕도 지나가되 오직 하나님의 뜻을 행하는 자는 영원히 거하느니라"(요일 2:15-17) "아버지나 어머니를 나보다 더 사랑하는 자는 내게 합당하지 아니하고 아들이나 딸을 나보다 더 사랑하는 자도 내게 합당하지 아니하며"(마 10:37)

그리스도인의 삶은 경건한 삶

"(3) 누구든지 다른 교훈을 하며 바른 말 곧 우리 주 예수 그리스도의 말씀과 경건에 관한 교훈에 착념치 아니하면 (4) 저는 교만하여 아무것도 알지 못하고 변론과 언쟁을 좋아하는 자니 이로써 투기와 분쟁과 훼방과 악한 생각이 나며 (5) 마음이 부패하여지고 진리를 잃어버려 경건을 이익의 재료로 생각하는 자들의 다툼이 일어나느니라 (6) 그러나 지족하는 마음이 있으면 경건이 큰 이익이 되느니라 (7) 우리가 세상에 아무것도 가지고 온 것이 없으매 또한 아무것도 가지고 가지 못하리니 (8) 우리가 먹을 것과 입을 것이 있은즉 족한 줄로 알 것이니라 (9) 부하려 하는 자들은 시험과 올무와 여러 가지 어리석고 해로운 정욕에 떨어지나니 곧 사람으로 침륜과 멸망에 빠지게 하는 것이라 **(10) 돈을 사랑함이 일만 악의 뿌리가 되나니 이것을 사모하는 자들이 미혹을 받아 믿음에서 떠나 많은 근심으로써 자기를 찔렀도다** (11) 오직 너 하나님의 사람아 이것들을 피하고 의와 경건과 믿음과 사랑과 인내와 온유를 좇으며 (12) 믿음의 선한 싸움을 싸우라 영생을 취하라 이를 위하여 네가 부르심을 입었고 많은 증인 앞에서 선한 증거를 증거하였도다"(딤전 6:3-12)

경건이란 영어 'godliness'의 뜻 그대로 하나님처럼 되는 것입니다. 즉 하나님을 닮아가는 것이 경건입니다. 구원받은 그리스도인의 삶은 하나님을 닮아가는 경건한 삶이어야 합니다. 그러므로 구원받은 그리스도인은 '**바른 말 곧 우리 주 예수 그리스도의 말씀과 경건에 관한 교훈에 착념**'해야 합니다. 그러나 누구든지 경건하게 살아야 한다는 바른 말씀에 착념하지 않고 귀에 듣기 좋은 변질된 복음을 믿고 따르면 그 사람들은 교만하여 진리를 깨닫지 못하게 되어 많은 종파를 만들어 내어 서로 자기네 교리가 옳다고 변론하며 언쟁을 일으키는 사람들이 되어 마음이 부패하게 되고 진리를 잃어버리게 됩니다. 이렇게 진리를 잃어버린 사람들이 하나님을 믿는 이 경건을 이익의 재료로 생각하여 하나님을 믿는 것을 세상에서 잘 먹고 잘 살고 성공하고 출세하는 것으로 오용하게 되는 것입니다. 성경이 말하는 그리스도인의 삶이란 죄악 세상을 버리고 하나님을 닮아가는 거룩하고 경건한 삶을 사는 것인데 경건을 이익의 재료로 생각하는 오늘 우리 시대의 교회는 예수 믿어서 세상에서 더 잘 먹고 더 잘 살고 더 성공하고 더 출세하고 더 부자가 되려고 하는 것입니다. 이렇게 경건을 이익의 재료로 생각하여 이 세상에서 더 부자가 되려고 예수를 믿는 사람들에 대하여 성경은 이렇게 경고하고 있습니다: "(9) 부하려 하는 자들은 시험과 올무와 여러 가지 어리석고 해로운 정욕에 떨어지나니 곧 사람으로 침륜과 멸망에 빠지게 하는 것이라 (10) 돈을 사랑함이 일만 악의 뿌리가 되나니 이것을 사모하는 자들이 미혹을 받아 믿음에서 떠나 많은 근심으로써 자기를 찔렀도다"(딤전 6:9-10) "7내가 두 가지 일을 주께 구하였사오니 내가 죽기 전에 내게 거절하지 마시옵소서 8곧 헛된 것과 거짓말을 내게서 멀리 하옵시며 나를 가난하게도 마옵시고 부하게도 마옵시고 오직 필요한 양식으로 나를 먹이시옵소서 9혹 내가 배불러서 하나님을 모른다 여호와가 누구냐 할까 하오며 혹 내가 가난하여 도둑질하고 내 하나님의 이름을 욕되게 할까 두려워함이니이다"[잠 30:7-9]

그러므로 예수 그리스도의 말씀을 따라서 경건하게 살아가는 사람들은 먹을 것과 입을 것이 있은 즉 족한 줄로 여기라고 명령하고 있습니다: "(6) 그러나 지족하는 마음이 있으면 경건이 큰 이익이 되느니라 (7) 우리가 세상에 아무것도 가지고 온 것이 없으매 또한 아무 것도 가지고 가지 못하리니 (8) 우리가 먹을 것과 입을 것이 있은즉 족한 줄로 알 것이니라"(딤전 6:6-8) 진정으로 구원을 받은 참 그리스도인들에게는 이렇게 말씀하셨습니다: "(11) 오직 너 하나님의 사람아 이것들을 피하고 의와 경건과 믿음과 사랑과 인내와 온유를 좇으며 (12) 믿음의 선한 싸움을 싸우라 영생을 취하라"(딤전 6:11-12)

"(5) 옛 세상을 용서치 아니하시고 오직 의를 전파하는 노아와 그 일곱 식구를 보존하시고 경건치 아니한 자들의 세상에 홍수를 내리셨으며 (6) 소돔과 고모라 성을 멸망하기로 정하여 재가 되게 하사 후세에 경건치 아니할 자들에게 본을 삼으셨으며"(벧후 2:5-6)

"(7) 이제 하늘과 땅은 그 동일한 말씀으로 불사르기 위하여 간수하신 바 되어 **경건치 아니한 사람들의 심판과 멸망의 날까지 보존하여 두신 것이니라** (8) 사랑하는 자들아 주께는 하루가 천년 같고 천년이 하루 같은 이 한 가지를 잊지 말라 (9) 주의 약속은 어떤 이의 더디다고 생각하는 것 같이 더딘 것이 아니라 **오직 너희를 대하여 오래 참으사 아무도 멸망치 않고 다 회개하기에 이르기를 원하시느니라** (10) 그러나 주의 날이 도적 같이 오리니 그 날에는 하늘이 큰 소리로 떠나가고 체질이 뜨거운 불에 풀어지고 땅과 그 중에 있는 모든 일이 드러나리로다 (11) 이 모든 것이 이렇게 풀어지리니 너희가 어떠한 사람이 되어야 마땅하뇨 **거룩한 행실과 경건함으로** (12) **하나님의 날이 임하기를 바라보고 간절히 사모하라** 그 날에 하늘이 불에 타서 풀어지고 체질이 뜨거운 불에 녹아지려니와 (13) 우리는 그의 약속대로 의의 거하는바 새 하늘과 새 땅을 바라보도다"(벧후 3:7-13)

"간음하는 여자들이여 세상과 벗된 것이 하나님의 원수임을 알지 못하느뇨 그런즉 누구든지 세상과 벗이 되고자 하는 자는 스스로 하나님과 원수되게 하는 것이니라"(약 4:4)

그리스도인의 삶은 그리스도의 군사의 삶

구원받은 그리스도인의 삶은 피할 수 없는 영적 전쟁입니다. 그리스도인은 영적 전쟁의 최전방에 투입된 그리스도의 군사입니다. 그러므로 구원받은 그리스도인은 하나님의 전신 갑주로 무장해야 합니다. 전에는 사탄의 노예였던 사람들이 구원받아 하나님의 자녀가 되었으니 사탄이 가만이 두고 보지 않습니다; "(8) 근신하라 깨어라 너희 대적 마귀가 우는 사자 같이 두루 다니며 삼킬 자를 찾나니 (9) 너희는 믿음을 굳건하게 하여 그를 대적하라 이는 세상에 있는 너희 형제들도 동일한 고난을 당하는 줄을 앎이라"(벧전 5:8-9)

"(11) 마귀의 간계를 능히 대적하기 위하여 하나님의 전신 갑주를 입으라 (12) 우리의 씨름은 혈과 육을 상대하는 것이 아니요 통치자들과 권세들과 이 어둠의 세상 주관자들과 하늘에 있는 악의 영들을 상대함이라 (13) 그러므로 하나님의 전신 갑주를 취하라 이는 악한 날에 너희가 능히 대적하고 모든 일을 행한 후에 서기 위함이라 (14) 그런즉 서서 진리로 너희 허리 띠를 띠고 의의 흉배를 붙이고 (15) 평안의 복음이 준비한 것으로 신을 신고 (16) 모든 것 위에 믿음의 방패를 가지고 이로써 능히 악한 자의 모든 불화살을 소멸하고 (17) 구원의 투구와 성령의 검 곧 하나님의 말씀을 가지라 (18) 모든 기도와 간구를 하되 항상 성령 안에서 기도하고 이를 위하여 깨어 구하기를 항상 힘쓰며 여러 성도를 위하여 구하라"(엡 6:10-18)

성령의 검, 즉 하나님의 말씀으로 무장하지 않으면 언제든지 변질된 복음에 속아 진리에서 돌이켜 허탄한 이야기를 좇아가게 됩니다: "(2) 너는 말씀을 전파하라 때를 얻든지 못 얻든지 항상 힘쓰라 범사에 오래 참음과 가르침으로 경책하며 경계하며 권하라 (3) 때가 이르리니 사람이 바른 교훈을 받지 아니하며 귀가 가려워서 자기의 사욕을 좇을 스승을 많이 두고 (4) 또 **그 귀를 진리에서 돌이켜 허탄한 이야기를 좇으리라**"(딤후 4:2-4)

하나님의 전신갑주로 무장하지 않으면 영적 전쟁에서 패하여 다시 죄 가운데 빠지게 되고 구원을 잃어버리게 됩니다: "**(26) 우리가 진리를 아는 지식을 받은 후 짐짓 죄를 범한즉 다시 속죄하는 제사가 없고 (27) 오직 무서운 마음으로 심판을 기다리는 것과 대적하는 자를 소멸할 맹렬한 불만 있으리라** (28) 모세의 법을 폐한 자도 두세 증인을 인하여 불쌍히 여김을 받지 못하고 죽었거든 (29) 하물며 하나님 아들을 밟고 자기를 거룩하게 한 언약의 피를 부정한 것으로 여기고 은혜의 성령을 욕되게 하는 자의 당연히 받을 형벌이 얼마나 더 중하겠느냐"(히 10:26-29)

"(4) 한 번 비췸을 얻고 하늘의 은사를 맛보고 성령에 참예한 바 되고 (5) 하나님의 선한 말씀과 내세의 능력을 맛보고 (6) 타락한 자들은 다시 새롭게 하여 회개케 할 수 없나니 이는 **자기가 하나님의 아들을 다시 십자가에 못 박아 현저히 욕을 보임이라** (7) 땅이 그 위에 자주 내리는 비를 흡수하여 밭 가는 자들의 쓰기에 합당한 채소를 내면 하나님께 복을 받고 (8) 만일 가시와 엉겅퀴를 내면 버림을 당하고 저주함에 가까와 그 마지막은 불사름이 되리라"(히 6:4-8)

"너희가 본래 범사를 알았으나 내가 너희로 다시 생각나게 하고자 하노라 주께서 **백성을 애굽에서 구원하여 내시고 후에 믿지 아니하는 자들을 멸하셨으며**"(유 1:5)

그리스도인의 삶은 성령 충만한 삶

창세기 1장 26절을 보겠습니다; **"하나님이 가라사대 우리의 형상을 따라 우리의 모양대로 우리가 사람을 만들고"** 여기서 하나님은 '우리'라는 복수로 기록되어 있습니다. 디모데전서 2장 5절에 보면 하나님은 한 분이십니다; **"하나님은 한 분이시요 또 하나님과 사람 사이에 중보도 한 분이시니 곧 사람이신 그리스도 예수라"** 그런데 창세기 1장 26절에서는 하나님을 '우리'라는 복수로 기록하고 있습니다. 이 문제를 풀기 위해서 성경 전체를 찾아보면 한 분이신 하나님은 '아버지 하나님'과 '아들 하나님'과 '성령 하나님'으로 나타나 있습니다. 그런데 이사야 9장 6절을 보면 장차 오실 독생자 예수님에 대하여 기록하고 있는데 그 아들 하나님과 아버지 하나님과 성령 하나님은 한 분으로 묘사하고 있습니다; **"이는 한 아기가 우리에게 났고 한 아들을 우리에게 주신 바 되었는데 그의 어깨에는 정사를 메었고 그의 이름은 기묘자라, 모사라, 전능하신 하나님이라, 영존하시는 아버지라, 평강의 왕이라 할 것임이라** (For to us a child is born, to us a son is given, and the government will be on his shoulders. And he will be called Wonderful Counselor, Mighty God, Everlasting Father, Prince of Peace.)" 잘 보시면 **'한 아들을 우리에게 주신 바 되었는데'** 이 분이 독생자 예수 그리스도입니다. 그런데 이 예수님의 이름들이 기록되어 있는데 그 이름들은 **'그의 이름은 기묘자라, 모사라, 전능하신 하나님이라, 영존하시는 아버지라, 평강의 왕이라'** 우리 한글 성경에는 '기묘자'라고 기록되어 있는데 한국 사람들도 그 뜻을 잘 이해하지 못합니다. 영어 성경에는 'Wonderful Counselor'라고 잘 나와 있습니다. '원더풀 카운셀러'는 요한복음 15장 26절에 기록된 대로 **'보혜사(the Counselor)'** 로서 '진리의 성령님'을 지칭하는 말입니다; **"내가 아버지께로부터 너희에게 보낼 보혜사 곧 아버지께로부터 나오시는 진리의 성령이 오실 때에 그가 나를 증언하실 것이요"** (요 15:26) 다음에는 **'영존하시는 아버지'** 라고 기록되어 있는데 이는 아버지 하나님을 지칭하는 말입니다. 그리고 **'평강의 왕'** 이라고 기록되어 있는데 이는 영어로 Prince of Peace, 즉 화평의 왕자로 오신 독생자 예수님을 지칭하는 말입니다. 하나님과 죄인들을 화평케 하기 위해서 오신 왕자 즉 왕이신 하나님의 아들 즉 아들 하나님 예수님을 지칭하는 말입니다. 그러니까 이사야 선지자가 예언한 장차 오실 메시아의 이름은 성령 하나님, 아버지 하나님 그리고 아들 하나님이신데 이 세 가지 이름을 지니신 분을 **'전능하신**

하나님이라'고 부르고 있습니다. 즉 한 분 하나님 안에 세 인격체가 존재하고 있습니다. 그래서 신학자들을 이것을 '삼위일체'라는 단어로 표현하고 있습니다. 그러니까 세 인격체는 서로 떨어질 수 없는 불가분의 한 분으로 존재하고 있는 것입니다. 삼차원 세계에 존재하는 우리 인간으로서는 이런 일이 어떻게 가능한지 인간의 언어로 설명할 수 없습니다. 이 세 인격체는 각자 맡은 일이 다릅니다. 인간 구원에 있어서도 아버지 하나님은 인간 구원에 대한 전체 사역을 계획하시고 주관하시고 완성하시는 분이시고 아들 하나님은 인간의 죄를 대속하기 위해서 자신을 희생제물로 바치기 위해서 하나님이 보내신 어린양으로 오셨고 성령 하나님은 아들 하나님의 지상 사역을 돕기 위해서 항상 함께해 주셨으며 죄인들을 성령으로 거듭나게 하고 거듭난 사람들 안에 거하면서 하나님의 말씀을 가르쳐주며 인도하며 보호하며 양육하는 사역을 맡으셨습니다. 요한복음 15장 26절에서 **'진리의 성령이 오실 때에 그가 나(예수님)를 증거하실 것이요'**라고 하였는데 구체적으로 무엇을 의미하는 것일까요?

성령님은 카운셀러로서 구원받은 하나님의 자녀들에게 예수님께서 가르치셨던 말씀들을 잘 깨닫게 도와주시고 구원받은 하나님의 자녀들이 하나님 뜻대로 바로 살아갈 수 있도록 도와주십니다. 성령이 충만한 사람들은 성령님께서 가르쳐 주시고 인도하실 때 성령님의 음성을 잘 알아듣고 잘 순종하게 됩니다. 그러므로 구원받은 그리스도인들은 항상 성령이 충만한 상태를 유지해야 합니다. 그러나 성령이 충만하지 못하면 죄를 짓게 되어 성령을 근심되게 하며 그런 일이 일정 기간 계속되면 성령이 소멸됩니다. 즉 성령님이 떠나시게 되어 구원을 잃어버리게 됩니다. 그러므로 에베소서 4장 30절에서 **'하나님의 성령을 근심케 하지 말라'**고 하셨고 데살로니가전서 5장 19절에서는 **'성령을 소멸치 말라'**고 명령하셨습니다.

요한복음 14장 25~27절에서 예수님은 곧 이 세상을 떠나 아버지께로 가신다고 말씀하시면서 대신 보혜사 성령님을 보내어 주시겠다고 약속하셨습니다. 그리고 그 보혜사 성령님이 그동안 예수님께서 가르쳐 주셨던 모든 말씀들을 생각나게 해주시며 예수님을 대신하여 그들을 가르쳐 주실 것이라고 약속하시면서 그들에게 세상이 줄 수 없는 하나님 나라의 평안을 주셨습니다; **"(25) 내가 아직 너희와 함께 있어서 이 말을 너희에게 하였거니와 (26)**

보혜사 곧 아버지께서 내 이름으로 보내실 성령 그가 너희에게 모든 것을 가르치시고 내가 너희에게 말한 모든 것을 생각나게 하시리라 (27) 평안을 너희에게 끼치노니 곧 나의 평안을 너희에게 주노라 내가 너희에게 주는 것은 세상이 주는 것 같지 아니하니라 너희는 마음에 근심도 말고 두려워하지도 말라"(요 14:25-27)

요한복음 16장 8~11절에서는 그 보혜사 성령님에 대하여 보다 더 자세히 말씀해 주고 계십니다. 즉 예수님은 성령님이 어떤 일들을 하실 것인지를 말씀하고 있습니다: "(8) 그가 와서 죄에 대하여, 의에 대하여, 심판에 대하여 세상을 책망하시리라 (9) 죄에 대하여라 함은 저희가 나를 믿지 아니함이요 (10) 의에 대하여라 함은 내가 아버지께로 가니 너희가 다시 나를 보지 못함이요 (11) 심판에 대하여라 함은 이 세상 임금이 심판을 받았음이니라"(요 16:8-11)

첫째로 성령님께서 하시는 일은 먼저 우리에게 죄가 무엇인지를 깨우쳐 주시는 일입니다. 그런데 9절에 보시면 '죄에 대하여라 함은 저희가 나를 믿지 아니함이요'라고 말씀하고 있습니다. 즉 성령님은 예수님을 믿지 않는 것이 죄라고 가르치십니다. 우리는 앞에서 예수님을 믿는다는 것이 무엇을 의미하는 것인지를 살펴보았습니다. 오늘날 전 세계에는 예수님을 믿는다는 사람들이 수억 명이나 됩니다. 그러나 예수 믿는다는 것이 무엇을 의미하는지를 바로 알고 믿는 사람들을 찾아보기 힘든 시대가 되었습니다. 예수를 믿는다고 말하는 사람들은 많아도 실제로 그들은 예수님을 믿는 사람들이 아닙니다. 성령을 받지 못했기 때문입니다. 철저한 회개로 죄에서 떠나지 않으면 아무도 성령님을 받을 수 없게 되어 아직도 죄 가운데 거하는 거짓 그리스도인이 되는 것입니다. 성령님의 가르치시는 음성을 들으려면 성령으로 늘 충만해야 하는 것입니다. 명심하십시오 예수님께서는 성령님이 하시는 첫 번째 일은 우리 죄인을 구원하러 오신 구주 예수님을 믿지 아니하는 것이 죄라는 것을 깨우쳐 주는 일이라고 말씀하신 것입니다.

성령님께서 하시는 두 번째 일은 무엇입니까? 10절에 보시면 이렇게 기록되어 있습니다. "의에 대하여라 함은 내가 아버지께로 가니 너희가 다시 나를 보지 못함이요." 죄에 대하여 말씀하시며 세상을 책망하신 성령님께서 하시는 그

다음 일은 의에 대하여 가르치는 일입니다. 의가 무엇인지 왜 우리 인간이 의인이 되어야 하는지를 가르치시는 일을 성령님께서 하신다는 말입니다. 앞에서 언급한 것처럼 우리 인간은 죄로 말미암아 전적으로 타락해서 완전히 망가진 존재이기 때문에 자기가 죄인인지도 모를 뿐 아니라 의가 무엇인지는 더더욱 모릅니다. 인간이 생각하는 의는 참으로 얄팍한 선입니다. 누구 조금 도와주고 친절하게 해주고 열심히 섬기기도 잘합니다. 그것도 자기 기분이 내킬 때에만 말입니다. 마음이 동할 때에는 간을 빼어줄 것같이 그렇게 친절하게 잘 섬기고 잘 대해주다 가도 상황이 바뀌면 어느새 차갑고 냉정하게 돌변하여 그렇게 헐뜯고 싸우고 갈라져서 철천지 원수가 되고 마귀가 되는 것을 오늘 우리 시대의 교회 안에서는 흔히 볼 수 있는 일입니다. 그래서 이사야 64장 6절에 보면 **우리의 의는 다 더러운 옷(더러운 걸레조각 = filthy rags) 같다**고 말씀하고 있습니다. 율법을 지키기 위해서 열심히 봉사하고 섬기고 구제하며 길거리에서 길게 기도하였던 바리새인들은 자신을 의로운 사람들이라고 착각하였습니다. 그러나 예수님은 그들을 겉만 깨끗하게 하고 속은 더럽고 썩은 위선자요 회 칠한 무덤이라고 저주하셨습니다; "**(25) 화 있을진저 외식하는 서기관들과 바리새인들이여 잔과 대접의 겉은 깨끗이 하되 그 안에는 탐욕과 방탕으로 가득하게 하는도다 (27) 화 있을진저 외식하는 서기관들과 바리새인들이여 회칠한 무덤 같으니 겉으로는 아름답게 보이나 그 안에는 죽은 사람의 뼈와 모든 더러운 것이 가득하도다**"(마 23:25, 27) 이런 서기관들과 바리새인들이 예수님을 죄인이라고 몰아부치고 예수님을 십자가에 못 박아 죽였습니다. 그래서 사람들은 예수님이 죄가 많아서 하나님께 벌을 받아 십자가에서 비참하게 죽은 것이라고 오해하였던 것입니다. 이사야 53장 4절을 보십시오; "**그는 실로 우리의 질고를 지고 우리의 슬픔을 당하였거늘 우리는 생각하기를 그는 징벌을 받아서 하나님께 맞으며 고난을 당한다 하였노라.**" 그래서 십자가에서 처참하게 피를 흘리시며 죽어 가시는 예수님을 보고 지나가는 사람들은 침을 뱉으며 머리를 흔들며 예수님을 모욕하면서 '네가 만일 하나님의 아들이라면 너 자신을 구원하여 그 십자가에서 내려와 보라'고 야유를 퍼부었습니다.(마 27:39-40) 옆에서 지켜보던 대제사장들과 서기관들과 장로들도 합세하여 예수님을 희롱하였습니다; "**저가 남은 구원하였으되 자기는 구원할 수가 없구나. 저가 이스라엘의 왕이로다. 지금 십자가에서 내려올지어다. 그러면 우리가 믿겠노라. 자기가 하나님을 신뢰하니 하나님**

이 저를 기뻐하시면 이제 구원하실지라. 제 말이 나는 하나님의 아들이라 하였 도다"(마 27:41-43) 감히 자신을 메시아라고 주장하며 자신이 바로 죄인 인 간들을 구원하러 온 하나님의 아들이라고 주장하신 예수를 마땅히 하나님 의 이름을 더럽힌 아주 불경스러운 죄인이라고 생각하였기 때문에 그들은 예수님을 이단의 괴수로 몰아부쳐 십자가에 처형하고 조금도 양심의 가책이 나 두려움도 없이 예수님을 조롱하였던 것입니다. 그들은 예수님이 이렇게 엄청난 죄인이기 때문에 하나님의 벌을 받아 십자가에서 죽을 수밖에 없었 고 이제 그가 갈 곳은 영원한 지옥불밖에 없다고 생각한 것입니다. 그들은 예수님이 하나님 보좌 우편에 가시게 되는 것을 알 길이 없었던 것입니다. 그래서 성령님은 예수님이 하나님 아버지께로 가신 것을 의의 근거로 삼은 것입니다. 즉 예수님이 영원한 지옥불에 떨어지신 것이 아니고 오히려 하나 님 아버지께로 가서 그 보좌 우편에 앉아 계신 것은 예수님이 죄인이 아니고 의인이라는 것을 증거하는 것이란 말입니다. 그러면 왜 그 의인 예수님께서 그토록 무서운 십자가 형벌을 당하도록 하나님께서는 내버려 두셨을까요? 그것은 이사야 53장에서 잘 설명하시듯이 예수님께서 우리 죄인의 죄를 대 신 짊어지시고 우리의 죄값을 지불하시고 우리를 죄에서 용서하시고 구원하 셔서 우리를 하나님의 의로운 사람들로 만드시기 위함이었습니다; **"그는 실 로 우리의 질고를 지고 우리의 슬픔을 당하였거늘 우리는 생각하기를 그는 징 벌을 받아서 하나님에게 맞으며 고난을 당한다 하였노라. 그가 찔림은 우리의 허물을 인함이요 그가 상함은 우리의 죄악을 인함이라. 그가 징계를 받음으로 우리가 평화를 누리고 그가 채찍에 맞음으로 우리가 나음을 입었도다. 우리는 다 양 같아서 그릇 행하여 가기 제 길로 갔거늘 여호와께서는 우리 무리의 죄 악을 그에게 담당시키셨도다."(사 53:4-6)** 우리는 율법을 지키려고 하면 할수 록 우리 자신이 죄인이라는 것을 깨달을 수밖에 없는 죄인으로서 우리 인간 의 의로는 도저히 스스로 구원을 받아 천국에 들어갈 수 없기 때문에 하나 님께서는 율법 외에 하나님의 한 의를 주셨는데 그분이 바로 예수님이라는 것을 로마서 3장 21절에서 잘 말씀해주고 있습니다. 하나님과 원수관계에 있었던 우리를 위하여 이 죄 없으신 의로우신 예수님을 화목제물로 세우셨 기 때문에(롬 3:25) 우리는 이제 하나님과 화평하게 되는 평화를 누리게 된 것입니다. 참으로 예수님께서 우리 죄를 위하여 십자가에서 우리 죄값을 대 신 지불해 주셨기 때문에 우리는 우리 죄를 회개하고 예수님을 구주로 믿고 영접하여 우리 죄를 용서받고 의롭다 하심을 받았기 때문에 예수님으로 말미암아 하나님과 화평을 누리게 된 것입니다.(롬 5:1) 참으로 한 사람 아담의 범죄로 말미암아 많은 사람이 죄인이 된 것처럼 한 사람 예수님께서 십자가를 지시는 의의 행동으로 말미암아 자기 죄를 회개하고 예수님을 구주로 믿는 많은 사람들이 의롭다 하심을 받게 된 것입니다.(롬 5:18) 그러므로 '의에 대하여라 함은 내가 아버지께로 가니'라는 말의 뜻은 우리 죄를 대신 지시고 십자가에서 죽으신 후에 부활하셔서 하나님 아버지의 보좌 우편에서 우리를 위하여 중보하시는 대제사장이 되신 예수님을 믿는 것이 참된 의라는 것을 성령님께서 가르쳐 주신다는 말입니다.(히 8:1)

마지막으로 11절에 보시면 성령님께서 가르치시는 일은 심판에 대한 것이라고 하셨습니다. 성령님은 이 세상의 마지막 대심판에 대하여 자세히 가르쳐 주시는 분이란 말입니다. 그러니까 이 세상은 우리 인생의 목적을 두고 살아야할 곳이 아니라는 말입니다. 이 세상은 때가 되면 반드시 마지막 심판을 받고 멸망할 세상이란 말입니다. 베드로후서 3장 7절에서도 '이제 하늘과 땅은 그 동일 말씀으로 불사르기 위하여 간수하신 바 되어 경건치 아니한 사람들의 심판과 멸망의 날까지 보존하여 두신 것이니라'고 분명하게 말씀하고 있습니다. 그래서 예수님은 처음부터 보물을 땅에 쌓아두지 말고 하늘에 쌓아두라고 명령하셨고 하나님과 재물을 겸하여 섬길 수 없다고 말씀하셨으며 부자가 천국에 들어가는 것이 낙타가 바늘귀로 들어가는 것보다 더 어렵다고 말씀하셨던 것입니다. 예수님은 처음부터 진짜와 가짜에 대하여 말씀하셨고 진짜는 천국에 가짜는 심판을 받고 지옥불에 들어가는 것에 대하여 늘 말씀하셨습니다. 여하간 이 세상은 마지막 심판을 받고 하늘이 불에 타서 풀어지면서 큰 소리로 떠나가고 땅은 그 체질이 뜨거운 불에 녹아져서 땅과 그 안에 있는 모든 일이 낱낱이 드러날 것입니다.(벧후 3:10, 12) 또 히브리서 9장 27절에 보시면 '한 번 죽는 것은 사람에게 정한 것이요 그 후에는 심판이 있으리라'고 분명하게 말씀하고 있습니다. 참으로 우리 인간이 마지막 때에는 대심판을 받고 이 세상이 종말을 고하는 것보다 더 확실한 것은 없습니다.

그런데 요한복음 16장 11절에서 보시면 '심판에 대하여라 함은 이 세상 임금이 심판을 받았음이니라'고 기록되어 있습니다. 무슨 말입니까? 심판과 이 세상 임금과는 무슨 상관이 있습니까? 잘 아시는 대로 '이 세상 임금'은 사탄을 말합니다. 우리 인간이 죄인이 되어 이렇게 심판을 받고 지옥불에 던져지게 만든 장본인이 바로 사탄입니다. 하나님은 죄를 미워하시고 조그마한 죄도 용납하실 수 없는 지극히 거룩하시고 완전하게 의로우신 분이심을 누구보다 더 잘 아는 사탄이기에 하나님이 사랑하시는 인간을 유혹하여 죄를 짓게 하면 하나님이 아무리 사랑하는 인간이라도 자기처럼 지옥불에 던질 수밖에 없다는 점을 악용한 것입니다. 하나님이 사랑하시려고 하나님의 형상대로 인간을 창조하여 천국에서 영원히 함께 살려는 하나님의 계획을 산산이 깨뜨려서 하나님에게 크나큰 고통을 안겨주어 복수하려는 것이 사탄의 전략이었습니다. 만약에 하나님께서 인간은 하나님의 형상을 닮게 창조한 특별한 존재이기 때문에 죄가 있어도 지옥불에 던지지 않고 하나님께서 그냥 천국에서 데리고 사시겠다고 하신다면 사탄은 하나님을 불의한 분이라고 떠벌리면서 정죄할 것이며 자기가 하나님을 반역했던 죄도 무죄라고 주장하면서 자기와 자기를 추종하는 모든 천사들도 지옥불에 던지지 말아야 한다고 주장하기 위하여 죄인 인간을 볼모로 잡고 하나님을 대항하고 있는 것입니다. 이와 같은 사탄의 간악한 음모를 분쇄하기 위하여 하나님은 스스로 인간의 육체를 입고 오셔서 십자가에서 대신 형벌을 받으심으로써 인간의 죄값을 사탄에게 지불하심으로 사탄의 입을 막고 죄인 인간을 위한 구원의 길을 열어 놓으신 것입니다. 사탄의 음모가 산산이 깨어진 것입니다. 사탄은 더 이상 죄인 인간을 가지고 하나님을 대항할 명분이 없어진 것입니다. 오히려 사탄과 그를 추종하는 천사들과 예수님의 십자가 대속 죽음을 거부하고 사탄을 추종하는 죄인 인간들에게는 최후의 심판이 더욱 분명하게 확정된 것입니다. 그래서 '심판에 대하여라 함은 이 세상 임금이 심판을 받았음이니라'고 말씀하신 것입니다.

사탄의 포로로 잡혀 있는 죄인들 중에서 예수님의 십자가 대속 죽음이 자기 죄 때문이라는 사실을 깨닫고 철저히 회개하여 예수님을 메시아로 즉 자기를 죄와 사망에서 구원해 주신 구세주와 자기의 삶을 통치해주실 왕으로 영접한 사람들에 대해서는 사탄이 더 이상 볼모로 잡을 수 있는 권한이 없어진 것입니다. 바로 이런 사람들이 사탄의 통치에서 해방되어 주님의 통치 아래로 들어와 하나님의 자녀로 살게 된 그리스도인입니다. 그러나 예수님의 십자가 죽으심이 자기의 죄 때문이라고 받아들이지 않는 사람들은 자기의 죄를 인정하지도 않는 사람들이며 따라서 죄를 회개하지도 않는 사람들이므로 아무리 예수님이 십자가에서 그들을 위해서 대속 죽음을 죽으셨다고 해도 그것을 받아들이지 않는 사람들에게는 예수님의 십자가 대속 죽음이 아무런 효력을 발휘하지 못하는 것입니다. 아무리 교회를 오래 다니고 아무리 교회에서 봉사를 많이 하고 열심히 섬겼다고 해도 이 십자가 사랑을 바로 깨닫지 못해서 죄를 회개하지도 않은 채 예수를 믿는다고 하는 사람들은 결코 구원받은 그리스도인이 아닙니다. 복잡한 현대사회에서 지치고 피곤해진 사람들이 죄와 회개에 대한 말을 듣기 싫어한다는 이유로 설교자들이 십자가의 복음을 바로 전하지도 않고 그래서 죄와 회개에 대하여 말하지도 않고 오히려 예수 믿으면 이 세상에서 복받아 출세하고 성공하여 편안하게 잘 먹고 잘살게 된다고 사람들 귀에 듣기 좋은 거짓 복음을 가르치는 오늘 우리 시대의 교회에는 정말 구원받은 그리스도인들이 얼마나 될까 생각해 보면 소름이 끼쳐옵니다. 사탄은 구원받지 못하여 생명책에 기록되지 못한 그런 교인들을 계속 볼모로 잡고 있다가 결국 마지막 심판 때에는 그 많은 사람들을 데리고 지옥불로 함께 던져지는 것입니다: **"또 저희를 미혹하는 마귀가 불과 유황불 못에 던지우니 거기는 그 짐승과 거짓 선지자도 있어 세세토록 밤낮 괴로움을 받으리라. 또 내가 크고 흰 보좌와 그 위에 앉으신 자를 보니 땅과 하늘이 그 앞에서 피하여 간데 없더라. 또 내가 보니 죽은 자들이 무론 대소하고 그 보좌 앞에 섰는데 책들이 펴져 있고 또 다른 책이 펴졌으니 곧 생명책이라. 죽은 자들이 자기행위를 따라 책들에 기록된 대로 심판을 받으니 바다가 그 가운데서 죽은 자들을 내어 주고 또 사망과 음부도 그 가운데서 죽은 자들을 내어 주매 각 사람이 자기의 행위대로 심판을 받고 사망과 음부도 불못에 던지우니 이것은 둘째 사망 곧 불못이라. 누구든지 생명책에 기록되지 못한 자는 불못에 던지우더라"**(계 20:10-15) 지옥불에 떨어지는 사람들은 이와 같이 세세토록 밤낮 괴로움을 당하게 될 것입니다. 하나님은 사랑의 하나님이시기 때문에 사람을 지옥에 보내지도 않으시며 지옥이라는 것을 아예 만들지도 않았다고 가르치는 거짓 교회에 속지 마십시오. 예수를 믿으면 천국에 가고 믿지 않는 사람들은 죽은 후에 그냥 없어지는 것이라고 가르치는 교회는 분명 사탄의 교회임이 틀림없습니다. 사람이 죽어서 없어지는 것이 사실이라면 왜 지옥에서 그들이 세세토록 밤낮 괴로움을 당하게 되겠습니까? 또 예수님은 지옥에 떨어지는 사람들을 표현할 때 슬피 울며 이를 갊이 있으리라고 하셨는데 사람이 죽어서 그냥 없어지는 것이 사실이라면 어떻게 그들이 슬피 울며 이를 갈겠습니까? 사람이 죽은 후에는 그냥 없어지는 것이 사실이라면 천국과 지옥에 대하여 그토록 여러 번 말씀하신 예수님은 거짓말쟁이요 사기꾼이 되는 것입니다.

"(13) 그러하나 진리의 성령이 오시면 그가 너희를 모든 진리 가운데로 인도하시리니 그가 자의로 말하지 않고 오직 듣는 것을 말하시며 장래 일을 너희에게 알리시리라 (14) 그가 내 영광을 나타내리니 내 것을 가지고 너희에게 알리겠음이니라"(요 16:13-14) 예수님께서 3년 동안 제자들에게 가르치실 때에 제자들은 예수님의 말씀을 기록하지 않았습니다. 지금까지 우리가 위에서 들은 신약성경의 모든 말씀들은 예수님께서 승천하신 후에 AD 50~90년 사이에 기록된 것입니다. 예수님께서 보내신 성령님께서 제자들의 마음에 역사하셔서 예수님께로부터 들었던 말씀들을 생각나게 하시고 기록하게 하신 것입니다. 신구약성경 전체는 사람들이 자기 개인의 생각을 쓴 것이 아닙니다. 베드로후서 1장 21절을 보십시오; "예언은 언제든지 사람의 뜻으로 낸 것이 아니요 오직 성령의 감동하심을 받은 사람들이 하나님께 받아 말한 것임이니라" 디모데후서 3장 16절에도 '모든 성경은 하나님의 감동으로 된 것이라'고 말씀하고 있습니다. 중요한 것은 여기서도 성령님은 자기의 생각이나 사상을 말하지 않고 오직 자기를 보내신 예수님의 말씀을 가르쳐 주실 것이라고 하셨습니다; "(13) 그(성령님)가 자의로 말하지 않고 오직 듣는 것을 말하시며 장래 일을 너희에게 알리시리라 (14) 그가 내 영광을 나타내리니 내 것을 가지고 너희에게 알리겠음이니라"(요 16:13-14) 예수님도 자신의 생각을 말하지 아니하시고 오직 자기를 보내신 아버지의 말씀을 전하셨다고 하신 것처럼 말입니다. 성령님은 예수님께서 이 땅에서 3년 동안 가르치셨던 모든 말씀들을 기억나게 하시고 예수님께서 가르쳐 주셨던 그 진리의 말씀으로 인도하실 것이라는 말입니다. 예수님께서 성령님께 부탁한 사역은 다른 것이 아니고 예수님이 가르치셨던 모든 말씀들을 가르치라는 것이었습니다. 다시 말해서 예수님은 성령님에게 죄에 대해서, 의에 대해서 마지막 심판에 대해서 가르치라고 부탁하신 것입니다. 그러니까 예수님께서 3년 동안 가르치셨던 모든 말씀들을 크게 나누어 보면 죄와 의와 심판에 관한 세가지 주제의 말씀이라는 것입니다. 4복음서에서 예수님이 직접 가르치셨던 말씀들만 찾아보면 알 수 있듯이 예수님은 바로 이 세 가지의 큰 주제 안에서 말씀하셨습니다. 우리가 죄인이라는 것과 죄를 회개하고 하나님께 돌아와야 된다는 것을 계속 제목만 바꾸어 말씀하셨고 그리고 의가 무엇이며 어떻게 의인이 되는지에 대해서 말씀하셨고 그리고 마지막으로는 인류의 종말에 있을 대환난과 예수님의 재림 그리고 의인은 천국으로, 회개하지 악인은 영원한 지옥불에 던져진다는 것을 계속하여 말씀해 주셨습니다. 우리가 여기서 분명히 짚고 넘어가야 할 심각한 문제는 오늘 우리 시대의 교회는 왜 이 세 가지 주제의 말씀을 전하지 않느냐 하는 것입니다. 예수님도 성령님도 다 자기를 보내신 분의 말씀을 전하셨는데 오늘 우리 시대의 교회는 왜 우리를 보내신 예수님의 말씀을 그대로 전하지 않고 사람들을 기쁘게 하기 위해서 말씀을 변질시켜 사람의 아름다운 계명으로 가르쳐 하나님을 헛되이 경배하게 하고 있느냐 하는 점입니다. 왜 오늘 우리 시대의 교회는 다른 예수, 다른 복음, 다른 영을 전파하고 있느냐 하는 것입니다. 이 세 가지 주제의 말씀을 전하지 않는 교회는 분명히 성령의 인도하심을 받는 교회가 아니며 따라서 예수님의 피로 값 주고 사신 주님의 몸 된 교회가 아닙니다. 당신과 당신이 속한 교회는 성령의 인도하심을 받고 있습니까? 그렇다면 당신은 예수님의 말씀을 그대로 받고 죄와 의와 심판에 대하여 가르쳐 주시는 성령님이 주신 말씀에 그대로 순종하며 세상을 내려놓고 성령님이 진리 가운데로 인도하시는 대로 하나님의 자녀답게 경건하고 거룩하고 의롭게 살아가고 있습니까? 당신이 성령이 인도하시는 진리를 따라 사는 사람이라면 당신은 더 이상 이 세상을 추구하거나 이 세상의 삶에 대하여 염려하거나 두려워하거나 어리석은 사람이 되지 않게 될 것입니다. 왜냐하면 13절에 기록된 대로 성령님께서는 요한계시록을 비롯하여 성경의 여러 곳에서 우리 인류의 장래에 대한 일을 상세히 보여주셨기 때문입니다. 당신이 성령의 사람이라면 오히려 당신은 죄가 무엇이며 죄의 결과가 얼마나 무서운 것인지를 잘 알고 있기 때문에, 그리고 의가 무엇이며 어떻게 의인이 되는 줄을 잘 알고 있기 때문에 그리고 이 세상은 필히 종말이 있고 최후의 심판 후에는 천국과 지옥으로 갈린다는 사실을 잘 알고 있기 때문에 더 이상 이 세상에 대하여 헛된 야망이나 꿈을 가지고 사는 어리석은 사람이 되지 않을 것입니다. 오히려 어떠한 역경 가운데서도 끝까지 참으며 기뻐하며 감사하면서 먹든지 마시든지 무엇을 하든지 당신은 하나님의 영광을 나타내는 삶을 살게 될 것이기 때문입니다. 14절에 기록된 대로 성령님은 예수님의 영광을 나타내시는 분이시기 때문입니다.

그리스도인은 성령으로 항상 충만해야 합니다. 왜냐하면 성령님은 그리스도인의 삶을 살 수 있게 도와 주시기 때문입니다; **"(16) 내가 이르노니 너희는 성령을 좇아 행하라 그리하면 육체의 욕심을 이루지 아니하리라 (17) 육체의 소욕은 성령을 거스리고 성령의 소욕은 육체를 거스리나니 이 둘이 서로 대적함으로 너희의 원하는 것을 하지 못하게 하려 함이니라 (18) 너희가 만일 성령의 인도하시는 바가 되면 율법 아래 있지 아니하리라 (19) 육체의 일은 현저하니 곧 음행과 더러운 것과 호색과 (20) 우상 숭배와 술수와 원수를 맺는 것과 분쟁과 시기와 분냄과 당 짓는 것과 분리함과 이단과 (21) 투기와 술 취함과 방탕함과 또 그와 같은 것들이라 전에 너희에게 경계한 것같이 경계하노니 이런 일을 하는 자들은 하나님의 나라를 유업으로 받지 못할 것이요 (22) 오직 성령의 열매는 사랑과 희락과 화평과 오래 참음과 자비와 양선과 충성과 (23) 온유와 절제니 이 같은 것을 금지할 법이 없느니라 (24) 그리스도 예수의 사람들은 육체와 함께 그 정과 욕심을 십자가에 못 박았느니라"(갈 5:16-24)**

그리스도인은 항상 성령으로 충만해야 합니다. 왜냐하면 성령님께서 우리에게 맡겨 주신 사명을 감당할 수 있는 능력을 주시기 때문입니다; **"볼지어다 내가 내 아버지의 약속하신 것을 너희에게 보내리니 너희는 위로부터 능력을 입히울 때까지 이 성에 유하라 하시니라"(눅 24:49)** 땅끝까지 나가서 영혼을 구원하는 사명은 말씀을 전하는 사명입니다. 말씀을 올바로 전하지 않으면 아무도 구원할 수가 없습니다. 성령의 충만을 받지 못하면 하나님의 말씀을 올바로 전하지 못합니다. 예수님조차도 성령의 충만을 받아 하나님의 말씀을 전하실 수 있었습니다; **"하나님이 보내신 이는 하나님의 말씀을 하나니 이는 하나님이 성령을 한량없이 주심이니라"(요 3:34)**

그리스도인의 삶은 주님께 헌신하는 삶

그리스도인의 삶은 매일의 삶을 거룩한 산 제물로 헌신하는 삶입니다.

"(1) 그러므로 형제들아 내가 하나님의 모든 자비하심으로 너희를 권하노

니 너희 몸을 하나님이 기뻐하시는 거룩한 산 제사로 드리라 이는 너희의 드릴 영적 예배니라 (2) 너희는 이 세대를 본받지 말고 오직 마음을 새롭게 함으로 변화를 받아 하나님의 선하시고 기뻐하시고 온전하신 뜻이 무엇인지 분별하도록 하라"(롬 12:1-2)

"너는 이스라엘 자손의 온 회중에게 고하여 이르라 **너희는 거룩하라 나 여호와 너희 하나님이 거룩함이니라**"(레 19:2)

"(15) 오직 **너희를 부르신 거룩한 자처럼 너희도 모든 행실에 거룩한 자가 되라 (16) 기록하였으되 내가 거룩하니 너희도 거룩할지어다** 하셨느니라"(벧전 1:15-16)

"(3) **하나님의 뜻은 이것이니 너희의 거룩함이라** 곧 음란을 버리고 (4) 각각 거룩함과 존귀함으로 자기의 아내 취할 줄을 알고 (5) 하나님을 모르는 이방인과 같이 색욕을 좇지 말고 (6) 이 일에 분수를 넘어서 형제를 해하지 말라 이는 우리가 너희에게 미리 말하고 증거한 것과 같이 이 모든 일에 주께서 신원하여 주심이니라 (7) **하나님이 우리를 부르심은 부정케 하심이 아니요 거룩케 하심이니**"(살전 4:3-7)

"(37) 노아의 때와 같이 인자의 임함도 그러하리라 (38) 홍수 전에 노아가 방주에 들어가던 날까지 사람들이 먹고 마시고 장가 들고 시집 가고 있으면서 (39) 홍수가 나서 저희를 다 멸하기까지 깨닫지 못하였으니 인자의 임함도 이와 같으리라"(마 24:37-39)

"(5) 옛 세상을 용서치 아니하시고 오직 의를 전파하는 노아와 그 일곱 식구를 보존하시고 경건치 아니한 자들의 세상에 홍수를 내리셨으며 6소돔과 고모라 성을 멸망하기로 정하여 재가 되게 하사 후세에 경건치 아니할 자들에게 본을 삼으셨으며(벧후 2:5-6)

그리스도인의 삶은 하나님의 영광을 위한 삶이 되도록 헌신하는 삶입니다.

"그런즉 너희가 먹든지 마시든지 무엇을 하든지 다 하나님의 영광을 위하여 하라"(고전 10:31) 사람들은 종종 '그리스도인은 술을 마시지 말라는 말씀이나 담배를 피우지 말라는 말씀이 성경에 있습니까?'라고 질문합니다. 구원받은 그리스도인은 자유인입니다. 무엇이든지 다 할 수 있습니다. 그러나 무엇을 하든지 그것이 하나님의 영광을 위한 것인지를 자문하면 답이 나옵니다. 하나님의 영광을 위해서 술을 마실 수 있으면 그렇게 하십시오. 하나님의 영광을 위해서 담배를 피울 수 있으면 그렇게 하십시오. 하나님의 영광을 위해서 마약이나 도박을 할 수 있으면 그렇게 하십시오. 고린도전서 6장 12절에서 하나님은 이렇게 답변해 주십니다; "모든 것이 내게 가하나 다 유익한 것이 아니요(Everything is permissible for me, but not everything is beneficial)"(고전 6:12)

"(13) 형제들아 너희가 자유를 위하여 부르심을 입었으나 그러나 그 자유로 육체의 기회를 삼지 말고 오직 사랑으로 서로 종 노릇 하라 (16) 내가 이르노니 너희는 성령을 따라 행하라 그리하면 육체의 욕심을 이루지 아니하리라 (17) 육체의 소욕은 성령을 거스르고 성령은 육체를 거스르나니 이 둘이 서로 대적함으로 너희가 원하는 것을 하지 못하게 하려 함이니라 (18) 너희가 만일 성령의 인도하시는 바가 되면 율법 아래에 있지 아니하리라 (19) 육체의 일은 분명하니 곧 음행과 더러운 것과 호색과 (20) 우상 숭배와 주술과 원수 맺는 것과 분쟁과 시기와 분냄과 당 짓는 것과 분열함과 이단과 (21) 투기와 술 취함과 방탕함과 또 그와 같은 것들이라 전에 너희에게 경계한 것 같이 경계하노니 이런 일을 하는 자들은 하나님의 나라를 유업으로 받지 못할 것이요"(갈 5:13, 16–21)

그리스도인의 삶은 주님의 몸 된 교회로 함께 세워져 가는 일에 헌신하는 삶입니다.

초대교회의 성도들은 이 일을 위하여 4가지 일에 헌신하였습니다; "(42) 저희가 사도의 가르침을 받아 서로 교제하며 떡을 떼며 기도하기를 전혀 힘쓰니라 (43) 사람마다 두려워하는데 사도들로 인하여 기사와 표적이 많이 나타나니 (44) 믿는 사람이 다 함께 있어 모든 물건을 서로 통용하고 (45) 또 재산과 소유를 팔아 각 사람의 필요를 따라 나눠 주고 (46) 날마다 마음을 같이하여 성전에 모이기를 힘쓰고 집에서 떡을 떼며 기쁨과 순전한 마음으로 음식을 먹고 (47) 하나님을 찬미하며 또 온 백성에게 칭송을 받으니 **주께서 구원받는 사람을 날마다 더하게 하시니라**"(행 2:42-47)

42절을 보면 한글 성경에는 "저희가 사도의 가르침을 받아 서로 교제하며 떡을 떼며 기도하기를 '**전혀 힘쓰니라**'"고 기록되어 있습니다. 영어 성경에 보면 그들은 4가지 일에 헌신하였다고 기록하고 있습니다. 그들은 자신들을 헌신하였는데(They devoted themselves to),

첫째로 사도들의 가르침에 헌신하였습니다.(to the apostles' teaching) 그들은 성경을 배우는 일에 헌신하였습니다.

둘째로 성도의 교제에 헌신하였습니다.(to the fellowship) 그들은 모든 물건을 서로 통용하고 또 재산과 소유를 팔아 각 사람의 필요를 따라 나눠 주었습니다.

셋째로 떡을 떼는 일에 헌신하였습니다.(to the breaking of bread) 그들은 예배 후에 식사하면서 주님의 죽으심을 생각하고 십자가 복음을 전파하기로 다짐하고 헌신하였습니다: "내가 너희에게 전한 것은 주께 받은 것이니 곧 주 예수께서 잡히시던 밤에 떡을 가지사 축사하시고 떼어 이르시되 이것은 너희를 위하는 내 몸이니 이것을 행하여 나를 기념하라 하시고 식후에 또한 그와 같이 잔을 가지시고 이르시되 이 잔은 내 피로 세운 새 언약이니 이것을 행하여 마실 때마다 나를 기념하라 하셨으니 너희가 이 떡을 먹으며 이 잔을 마실 때마다 주의 죽으심을 그가 오실 때까지 전하는 것이라"(고전 11:23-26)

넷째로 기도하는 일에 헌신하였습니다.(to prayer) 초대교회의 그리스도인들은 기도에 헌신한 사람들이었기에 수많은 환난과 핍박 속에서 믿음을 지킬 수 있었습니다.

그리스도인의 삶은 복음 전파에 헌신하는 삶입니다.

예수님께서 이 세상에 오신 목적은 무엇이었습니까? "**인자가 온 것은 잃어 버린 자를 찾아 구원하려 함이니라**"(눅 19:10) 그리스도인들에게 주신 대사명은 무엇입니까? "(18) 예수께서 나아와 일러 가라사대 하늘과 땅의 모든 권세를 내게 주셨으니 (19) 그러므로 너희는 가서 모든 족속으로 제자를 삼아 아버지와 아들과 성령의 이름으로 세례를 주고 (20) 내가 너희에게 분부한 모든 것을 가르쳐 지키게 하라 볼지어다 내가 세상 끝날까지 너희와 항상 함께 있으리라 하시니라"(마 28:18-20) 그러므로 그리스도인이 항상 예비하고 있어야 할 것은 무엇입니까? "너희 마음에 그리스도를 주로 삼아 거룩하게 하고 너희 속에 있는 소망에 관한 이유를 묻는 자에게는 대답할 것을 항상 예비하되 온유와 두려움으로 하고"(벧전 3:15)

복음을 전파하기 위해서 사도 바울이 사용했던 무기는 무엇이었습니까? 사도 바울은 사람들을 더 많이 얻기 위하여 사람의 말과 지혜의 아름다운 것으로 복음을 변질시키지 아니하였습니다. 그는 순수하게 십자가의 복음을 그대로 전파하였습니다: "(1) 형제들아 내가 너희에게 나아가 하나님의 증거를 전할 때에 말과 지혜의 아름다운 것으로 아니하였나니 (2) 내가 너희 중에서 예수 그리스도와 그의 십자가에 못 박히신 것 외에는 아무 것도 알지 아니하기로 작정하였음이라 (3) 내가 너희 가운데 거할 때에 약하며 두려워하며 심히 떨었노라 (4) 내 말과 내 전도함이 지혜의 권하는 말로 하지 아니하고 다만 성령의 나타남과 능력으로 하여 (5) 너희 믿음이 사람의 지혜에 있지 아니하고 다만 하나님의 능력에 있게 하려 하였노라"(고전 2:1-5)

그러면 사도 바울이 전한 복음의 내용은 무엇이었습니까? 그는 회개의 복음을 전했습니다. 그리고 회개한 다음에 구원을 받은 후에는 회개한 사람답게 회개의 합당한 삶 즉 하나님의 자녀답게 거룩한 삶, 경건한 삶, 의로운 삶을 살아야 한다고 전파하였습니다: "(20) 먼저 다메섹에와 또 예루살렘에 있는 사람과 유대 온 땅과 이방인에게까지 **회개하고 하나님께로 돌아가서 회개에 합당한 일을 행하라 선전(전파)하므로** (21) 유대인들이 성전에서 나를 잡아 죽이고자 하였으나"(행 26:20-21) 오늘 우리 시대에 이런 복음을 그대로 전하면 과연 주님을 믿고 따를 사람들이 얼마나 될까요? **"인자가 올 때에 세상에서 믿음을 보겠느냐?"**(눅 18:8) **"적은 무리여 무서워 말라 너희 아버지께서 그 나라를 너희에게 주시기를 기뻐하시느니라"**(눅 12:32) **"청함을 받은 자는 많되 택함을 입은 자는 적으니라"**(마 22:14)

그리스도인은 마땅히 성경에 있는 복음을 변질시키지 말고 성경에 기록된 그대로 다 전하는 일에 헌신해야 합니다. 정말 사람들을 구원하기를 원한다면 '당신만 옳고 다른 사람들은 다 가짜입니까?'라는 비난을 두려워하지 말아야 합니다. 사도 바울처럼 담대하게 바른 복음을 전해야 합니다: "(6) 그리스도의 은혜로 너희를 부르신 이를 이같이 속히 떠나 다른 복음 좇는 것을 내가 이상히 여기노라 (7) 다른 복음은 없나니 다만 어떤 사람들이 너희를 요란케 하여 그리스도의 복음을 변하려 함이라 (8) 그러나 우리나 혹 하늘로부터 온 천사라도 우리가 너희에게 전한 복음 외에 다른 복음을 전하면 저주를 받을지어다 (9) 우리가 전에 말하였거니와 내가 지금 다시 말하노니 만일 누구든지 너희의 받은 것 외에 다른 복음을 전하면 저주를 받을지어다 (10) 이제 내가 사람들에게 좋게 하랴 하나님께 좋게 하랴 사람들에게 기쁨을 구하랴 내가 지금까지 사람의 기쁨을 구하는 것이었더면 그리스도의 종이 아니니라"(갈 1:6-10)

"(4) 만일 누가 가서 우리의 전파하지 아니한 다른 예수를 전파하거나 혹 너희의 받지 아니한 다른 영을 받게 하거나 혹 너희의 받지 아니한 다른 복음을 받게 할 때에는 너희가 잘 용납하는구나 … (13) 저런 사람들은 거짓 사도요 궤휼의 역군이니 자기를 그리스도의 사도로 가장하는 자들이니라 (14) 이것이 이상한 일이 아니라 사단도 자기를 광명의 천사로 가장하나니"(고후 11:4, 13-14)

"(3) 우리의 권면은 간사(error)에서나 부정(impure motives)에서 난 것도 아니요 궤계(trick)에 있는 것도 아니라 (4) 오직 하나님의 옳게 여기심을 입어 복음 전할 부탁을 받았으니 우리가 이와 같이 말함은 사람을 기쁘게 하려 함이 아니요 오직 우리 마음을 감찰하시는 하나님을 기쁘시게 하려 함이라 (5) 너희도 알거니와 우리가 아무 때에도 아첨의 말(flattery)이나 탐심의 탈(a mask to cover up greed)을 쓰지 아니한 것을 하나님이 증거하시느니라"(살전 2:3-5)

"(18) 내가 이 책의 예언의 말씀을 듣는 각인에게 증거하노니 만일 누구든지 이것들 외에 더하면 하나님이 이 책에 기록된 재앙들을 그에게 더하실 터이요 (19) 만일 누구든지 이 책의 예언의 말씀에서 제하여 버리면 하나님이 이 책에 기록된 생명 나무와 및 거룩한 성에 참예함을 제하여 버리시리라"(계 22:18-19)

이와 같이 성경 말씀을 변질시키지 않고 기록된 그대로 전하면 예수님을 믿고 따라올 사람들이 거의 없습니다. 그러므로 이 마지막 시대에 영혼을 구원하여 주님의 몸 된 교회로 함께 세워져 가는 일은 매우 힘든 십자가 고난의 길입니다. 이토록 힘든 영혼 구원사역이 그리스도의 남은 고난입니다. 사도 바울은 그리스도의 남은 고난을 주님의 몸 된 교회를 위하여 자기 육체에 채우노라고 헌신하고 있습니다. 우리가 본받아야 할 헌신입니다; **"내가 이제 너희를 위하여 받는 괴로움을 기뻐하고 그리스도의 남은 고난을 그의 몸 된 교회를 위하여 내 육체에 채우노라"**(골 1:24)

그리스도인의 삶은 날마다 주님과 동행하는 삶

거듭난 그리스도인의 삶은 더 이상 자기 마음대로 살아가는 삶이 아닙니다. 갈라디아서 2장 20절에 기록된 대로 **"내가 그리스도와 함께 십자가에 못 박혔나니 그런즉 이제는 내가 산 것이 아니요 오직 내 안에 그리스도께서 사신 것이라 이제 내가 육체 가운데 사는 것은 나를 사랑하사 나를 위하여 자기 몸을 버리신 하나님의 아들을 믿는 믿음 안에서 사는 것이라"** 참 그리스도인의 삶은 그의 일상생활에서 그리스도를 왕으로 모시고 그의 통치를 받으며 살아가는 삶입니다. 그리스도를 주로 모시고 그의 통치를 받으며 하루하루 살아가는 삶이 그의 부르심에 합당한 그리스도인의 삶입니다. 이러한 삶을 살기 위해서 그리스도인은 하나님과 날마다 교제하는 삶을 살아야 합니다. 날마다 말씀을 읽고 묵상하고 기도하면서 그분과 대화가 이루어지고 그분이 명하시는 명령을 듣고 실천함으로써 말과 행동에서 생활 속에서 그분과 동거 동행하는 아름다운 교제가 이루어지는 것입니다. 이런 나날의 삶을 통해서 그리스도인의 삶이 하나님을 닮아가는 것이 바로 신앙의 성장입니다. 아무리 교리를 많이 배우고 성경지식을 많이 안다고 할지라도 또 열심을 다해 교회 일에 많이 봉사한다 할지라도 매일의 생활에서 주님과 동행하는 삶을 살지 아니하면 이 모든 경건은 헛된 것입니다. 그러므로 부르심에 합당한 삶을 살기 위하여 성도는 마땅히 예수 그리스도께서 보여주신 모범대로 경건의 시간을 가져야 합니다. 많은 사람들이 한 주일에 몇 번 교회예배에 정기적으로 출석하여 말씀을 듣는 것으로는 성도다운 삶을 살기에 역부족이라는 점을 명심해야 합니다. 성경은 생명의 양식이며 인생의 유일한 교과서이며 우리 인생을 바른길로 인도해 주는 등불입니다. "모든 성경은 하나님의 감동으로 된 것으로 교훈과 책망과 바르게 함과 의로 교육하기에 유익하니 이는 하나님의 사람으로 온전케 하며 모든 선한 일을 행하기에 온전케 하려 함이니라"(딤후 3:16–17) 매일 성경말씀을 읽지 않고도 그리스도인으로 살아갈 수 있는 그런 슈퍼맨은 이 세상에 존재하지 않습니다.

예수님께서 지상에 계실 때에 얼마나 많은 일로 하루하루를 바쁘고 피곤하게 보내셨는지 살펴보십시오. "(21) 그들이 가버나움에 들어가니라 **예수께서 곧 안식일에 회당에 들어가 가르치시매** (22) 뭇사람이 그의 교훈에 놀라니 이는 그가 가르치시는 것이 권위 있는 자와 같고 서기관들과 같지 아니함일러라 (23) 마침 그들의 회당에 더러운 귀신 들린 사람이 있어 소리 질러 이르되 (24) 나사렛 예수여 우리가 당신과 무슨 상관이 있나이까 우리를 멸하러 왔나이까 나는 당신이 누구인 줄 아노니 하나님의 거룩한 자이다 (25) 예수께서 꾸짖어 이르시되 잠잠하고 그 사람에게서 나오라 하시니 (26) 더러운 귀신이 그 사람에게 경련을 일으키고 큰 소리를 지르며 나오는지라 (27) 다 놀라 서로 물어 이르되 이는 어찜이냐 권위 있는 새 교훈이로다 더러운 귀신들에게 명한즉 순종하는도다 하더라 (28) 예수의 소문이 곧 온 갈릴리 사방에 퍼지더라 (29) **회당에서 나와 곧 야고보와 요한과 함께 시몬과 안드레의 집에 들어가시니** (30) **시몬의 장모가 열병으로 누워 있는지라** 사람들이 곧 그 여자에 대하여 예수께 여짜온대 (31) 나아가사 그 손을 잡아 일으키시니 열병이 떠나고 여자가 그들에게 수종드니라 (32) **저물어 해 질 때에 모든 병자와 귀신 들린 자를 예수께 데려오니** (33) **온 동네가 그 문 앞에 모였더라** (34) 예수께서 각종 병이 든 많은 사람을 고치시며 많은 귀신을 내쫓으시되 귀신이 자기를 앎으로 그 말하는 것을 허락하지 아니하시니라 (35) **새벽 아직도 밝기 전에 예수께서 일어나 나가 한적한 곳으로 가사 거기서 기도하시더니**"(막 1:21–34)

여기 예수님의 일과를 보면 안식일에 회당에 들어가셔서 가르치셨습니다. 그리고는 회당에서 나온 후에는 시몬의 집에 들어가서 시몬의 장모의 열병을 고쳐주셨습니다. 저물어 해질 때에는 온 동네의 병자들과 귀신들린 자들을 고쳐주셨습니다. 예수님은 하루 종일 일하셨습니다. 무척 피곤하실 터인데 그 다음날 새벽 아직 해가 뜨기 전에 예수님은 일어나셔서 한적한 곳으로 가셔서 기도로 하루를 시작하셨습니다. 주님은 하루의 피곤한 일과를 마치시면 늘 한적한 동산으로 가셔서 조용히 쉬시며 묵상하시며 하나님과 깊이 대화하는 기도의 시간을 가지셨습니다. 누가복음 21장 37절을 보면 '예수께서 낮이면 성전에서 가르치시고 밤이면 나가 감람원이라 하는 산에서 쉬시니'라고 기록하고 있습니다. 또 22장 39절에 보시면 '예수께서 나가사 습관을 좇아 감람산에 가시매'라고 기록하고 있습니다. 누가복음 6장 12절에도 '이 때에 예수께서 기도하시러 산으로 가사 밤이 맞도록 하나님께 기도하시고'라고 기록되어 있으며 마태복음 14장 23절에도 '무리를 보내신 후에 기도하러 따로 산에 올라가시다 저물매 거기 혼자 계시더니'라고 기록하고 있습니다. 누가복음 5장 16절에도 '예수는 물러가사 한적한 곳에서 기도하시니라'고 기록하고 있습니다. 우리 주님은 우리와 똑같은 성정을 가지신 인간의 몸으로 이 땅에 오셨습니다. 그분은 피곤하셔서 배에서 곤히 주무시기도 하셨고 배고픔과 목마름을 느끼신 연약한 인간이셨습니다. 다시 마가복음 1장 35절로 돌아와 보면 '새벽 오히려 미명에 예수께서 일어나 나가 한적한 곳으로 가사 거기서 기도하시더니'라고 기록하고 있습니다. 바로 그 전날의 기록을 보면 아침부터 가르치시기를 시작하여 밤늦게까지 각색 병든 많은 사람들을 고치시며 귀신을 내어 쫓으셨습니다. 그러니까 해가 진 저녁에도 밤늦게까지 병자를 고치시며 많은 일을 해야 하는 날에는 다음 날 일찍이 새벽 미명에 일어나사 기도하러 산에 올라가시곤 하셨던 것입니다. 육신적으로 몹시 피곤하실 터인 데도 그다음 날 아침 새벽 미명에 일어나사 한적한 곳으로 가사 거기서 기도하셨던 것입니다. 우리는 바쁘고 피곤해서 기도할 시간이 없다고 늘 핑계합니다. 그러면서도 친구를 만나면 시간 가는 줄 모르고 밤새도록 얘기하는 우리들이 아닙니까? 우리는 파티나 명사들이 모이는 회의장이나 술친구들이 모이는 자리나 저녁의 TV프로그램에는 아낌없이 시간을 투자하지만 주님과 대화하는 기도에는 시간을 투자하는 데 인색하기만 합니다. 연약한 육신을 입고 지상에 오신 예수님도 매일 하나님 아버지와의 대화하는 시간이 필요하였다면 더 연약한 우리 그리스도인은 얼마나 하나님과의 대화가 필요하겠습니까?

다윗이 하나님의 마음에 합한 자로서 크고 귀하게 사용된 비결은 무엇입니까? "아침에 나로 하여금 주의 인자한 말씀을 듣게 하소서 내가 주를 의뢰함이니이다 내가 다닐 길을 알게 하소서 내가 내 영혼을 주께 드림이니이다"(시 143:8) 다윗은 아침마다 하나님의 말씀을 읽고 묵상하면서 그날 자기가 가야 할 길을 찾았습니다. 다윗은 매일 아침 하나님의 말씀을 읽고 그 말씀대로 순종하며 살겠다고 결심하고 다짐하면서 하나님께 순종하는 삶을 살았습니다: "(33) 여호와여 주의 율례들의 도를 내게 가르치소서 내가 끝까지 지키리이다 (34) 나로 하여금 깨닫게 하여 주소서 내가 주의 법을 준행하며 전심으로 지키리이다 (35) 나로 하여금 주의 계명들의 길로 행하게 하소서 내가 이를 즐거워함이니이다"(시 119:33-35) 그리고 하나님의 말씀을 읽고 듣는 것뿐만이 아니고 하나님께 기도하는 시간을 가졌습니다. 즉 독백이 아니고 다윗과 하나님 쌍방이 서로 이야기하는 대화의 시간을 가졌습니다. 말씀을 읽기만 하는 것은 하나님의 말씀을 듣기만 하는 것으로서 하나님 혼자서 말씀하시는 독백이 되고 맙니다. 그러나 하나님의 말씀을 듣고 나서 하나님께 기도하는 것은 쌍방이 대화하는 것입니다. 다윗은 하나님의 말씀을 들은 후에 하나님께 기도함으로써 하나님과 대화의 시간을 가졌습니다: "(36) 내 마음을 주의 증거들에게 향하게 하시고 탐욕으로 향하지 말게 하소서 (37) 내 눈을 돌이켜 허탄한 것을 보지 말게 하시고 주의 길에서 나를 살아나게 하소서 (38) 주를 경외하게 하는 주의 말씀을 주의 종에게 세우소서 (39) 내가 두려워하는 비방을 내게서 떠나게 하소서 주의 규례들은 선하심이니이다 (40) 내가 주의 법도들을 사모하였사오니 주의 의로 나를 살아나게 하소서 (41) 여호와여 주의 말씀대로 주의 인자하심과 주의 구원을 내게 임하게 하소서 (42) 그리하시면 내가 나를 비방하는 자들에게 대답할 말이 있사오리니 내가 주의 말씀을 의지함이니이다 (43) 진리의 말씀이 내 입에서 조금도 떠나지 말게 하소서 내가 주의 규례를 바랐음이니이다"(시 119:36-43)

매일 아침 이렇게 하나님의 말씀을 읽으면서 하나님께서 내게 말씀하시는 것을 듣고 또 하나님께 기도를 통해서 하나님께 말씀드리는 것이 바로 하나님과 매일 대화하는 것입니다. 매일 아침 이렇게 하나님과 대화하는 것이 바로 하나님과 동행하는 삶을 사는 최선의 비결입니다. 매일 아침 첫 시간에 한적한 장소를 택하여 이와 같이 하나님과 대화하는 것은 그리스도인의 삶을 살아가는 데에 필수적인 것입니다. 우리는 매일 아침 가보지 않은 새로운 길을 가야 하기 때문입니다. 매일 아침 성경 말씀을 통해서 나의 나아갈 길을 물어야 하고 하나님의 도우심과 동행하심을 간구해야 합니다. 다윗은 이러한 삶을 살았기에 하나님은 다윗을 '내 마음에 합한 사람(a man after my own heart)'이라고 칭찬하셨던 것입니다; **"폐하시고 다윗을 왕으로 세우시고 증언하여 이르시되 내가 이새의 아들 다윗을 만나니 내 마음에 합한 사람이라 내 뜻을 다 이루리라 하시더니"**(행 13:22)

먼저 하나님 말씀을 듣고자 하는 마음의 준비가 필요합니다. 주님께서 어떤 말씀을 하시든지 그분의 말씀대로 순종하는 삶을 살겠다는 단호한 의지와 주님께서 나 자신을 온전히 통치하시도록 나의 마음을 텅 비워드리는 겸허한 자세가 필요합니다. 다시 말해서 이제부터는 하나님의 말씀에 귀 기울여 매일의 삶에 적용하여 실천하겠다는 하나님 앞에서의 단호한 결심이 필요합니다. 성경은 한글 킹 제임스 성경 (한영대역)을 추천합니다. 한글성경이나 영어성경이나 최신 번역판들은 본래 성경과 너무나 차이가 많이 나서 절대로 추천하지 않습니다. 하루하루의 묵상 내용이나 기도 제목들을 적어 두면 후일에 삶과 사역을 위하여 많은 도움이 되며 소중한 재산이 됩니다. 다음에는 먼저 주님과 교제하기에 가장 적합한 시간과 조용한 장소를 설정하는 것입니다. 대부분의 사람들에게는 하루를 시작하는 아침 이른 시간이 가장 좋습니다. 그러나 사람의 형편에 따라 자기가 방해받지 않고 충분한 시간을 갖기 위하여 하루 중 다른 시간을 택해도 상관없습니다. 그러나 시간을 자주 바꾸지 않고 일정한 시간에 규칙적으로 하는 것이 평생 동안 지속할 수 있는 비결입니다. 장소는 자기 집이나 사무실이나 학교 교실이나 상관없으나 외부로부터 방해를 받지 않는 골방 같은 조용한 곳을 택하는 것이 좋습니다. 이른 아침에 경건의 시간을 갖기 위해서 밤에 일찍 잠자리에 드는 것을 습관화해 두는 것은 하나의 비결입니다.

먼저 기도로 그리스도께서 당신의 주되심을 고백하고 찬양하고 감사하십시오. 간단히 그러나 간절하고 진지한 마음으로 기도하십시오. 어떠한 말씀을 주시더라도 주님의 말씀을 따라 살겠다는 각오를 가지고 오늘도 하루를 주님의 뜻을 따라 살기 원한다는 간절한 소원을 아뢰십시오. 말씀 속에서 하나님의 뜻을 깨닫고 발견하게 해달라고 기도하십시오.

그리고 말씀을 읽으십시오. 처음 시작하는 분이라면 신약성경 처음에 있는 4복음서를 여러 번 반복하십시오. 예수님께서 지상에 계실 때에 하신 말씀이 모두 4복음서에 기록되어 있습니다. 우리가 구원을 받고 하나님의 자녀로 살아가는 데 필요한 모든 말씀들이 4복음서에 기록되어 있습니다. 그후에는 신약성경의 나머지 서신들을, 그후에는 구약성경에서 처음 다섯 권(모세 오경)을 추천합니다. 매일 아침에 하는 경건의 시간에는 한 장씩 묵상하는 것이 좋습니다. 그러나 이와는 별도로 하루 중 다른 시간을 내어 신구약성경 전체를 통독하는 것이 필요합니다. 평생 동안에 성경 전체를 수십 번 통독하는 것을 목표로 정독과 다독을 하면 매일 아침 4복음서를 가지고 묵상할 때에 그 내용이 성경 전체의 내용과 서로 연결되어 성경말씀을 제대로 이해할 수 있게 되어 올바로 실생활에 적용할 수 있게 됩니다.

　본문을 세 번 정도 정독합니다. 여러 번 읽는 목적은 뜻이 잘 통할 때까지 읽기 위해서입니다. 잘 읽지 않으면 묵상이 잘 안 됩니다. 낱말의 의미를 정확히 파악하도록 해야 합니다. 서로 대조되는 내용, 반복되는 단어, 수식어, 명사, 전치사 그리고 특히 동사에 주의하면서 내용을 정확히 파악하도록 합니다. 낱말의 의미는 본문에 흐르는 전체의 의미와 상충되어서는 안 됩니다. 이 주어진 본문을 통하여 하나님이 지금 내게 말씀하고 계시다는 사실을 잊어서는 안 됩니다.

　그다음에는 읽은 말씀을 묵상하십시오. 묵상은 눈감고 명상하는 것이 아니고 하나님의 말씀 안에서 주님의 뜻을 찾아가는 훈련입니다. 깨달은 것이나 의문나는 질문 등을 노트에 기록하면서 본문에 나타난 하나님의 뜻이 무엇인지를 찾아가는 것입니다. **'모든 성경은 하나님의 감동으로 된 것으로 교훈과 책망과 바르게 함과 의로 교육하기에 유익하니 이는 하나님의 사람으로 온전케 하며 모든 선한 일을 행하기에 온전케 하려 함이니라'**(딤후 3:16–17)고 하였습니다. 여기서 교훈이란 가르침(teaching)을 의미하며 책망은 rebuking, 바르게 함은 correcting, 그리고 의로 교육한다는 것은 training in righteousness를 의미합니다. 말씀을 읽을 때 어느 말씀이든지 이 네 가지 중에서 당신에게 들려주는 말씀을 찾아야 합니다. 즉 오늘 주신 말씀이 교훈에 해당하는지 책망에 해당하는지 바르게 함에 해당하는지 또는 의로 교육함에 해당하는지 살펴서 구분하고 마음에 와 닿는 말씀, 위로, 경고와 책망, 약속과 소망, 용서와 사랑, 겸손, 경건과 인내, 절제 등 말씀에서 하나님의 나에 대한 구체적인 뜻이 무엇인지, 나에 대해서 들려주는 메시지를 찾아야 합니다. 필요한 경우에는 밑줄을 칩니다.

또한 본문의 내용으로 봐서 하나님은 어떤 분이신지를 살펴봅니다. 즉 그분의 성품, 다시 말해서 거룩하심, 의로우심, 사랑하심, 용서하심, 오래 참으심, 등등 그리고 그분의 능력, 그분의 계획과 뜻을 살펴봅니다.

마지막으로 본문의 내용에서 인간의 모습은 어떻게 나타나고 있는지 살펴봅니다. 본문에서 메시지는 항상 나에게 들려주시는 메시지를 찾아야 하므로

내가; 회개할 죄가 있는지,

붙잡을 약속의 말씀이 있는지,

피해야 할 행동이 있는지,

순종해야 할 명령이 있는지,

따라야 할 모범이 있는지를 꼼꼼하게 짚고 넘어가야 합니다.

그리고 묵상한 내용들은 꼭 노트에 간략하게 적어 두십시오.

그다음에는 말씀을 삶에 적용하십시오. 지식으로 끝나지 말고 실생활에 연결시켜야 합니다. 막연한 적용이 아니고 구체적인 적용이어야 합니다. 추상적인 적용이 아니고 실제적인 적용이어야 합니다. 내일부터가 아니고 오늘부터 실천하는 적용이어야 합니다. 우리 생활의 크고 작은 부분들, 언행심사 일거수 일투족에 관한 모든 부분에 적용해야 합니다. 사사로운 사건, 일상의 모든 희로애락과 내면의 숨은 문제에까지 적용해야 합니다. 남을 위한 일반적인 것이 아닌 바로 나 자신의 삶에 적용해야 합니다.

적용 내용을 기도할 제목과 함께 간단히 기록해 두십시오.

그다음에는 기도하십시오. 묵상한 내용을 가지고 조용히 하나님께 기도합니다. 당신 자신과 배우자, 그리고 가족들과 가정의 문제들을 위해서 우선적으로 기도하십시오. 다음은 교회와 하나님나라의 확장을 위해서 당신 주변에 당신과 관련된 사람들의 삶 속에 하나님의 통치가 이루어지도록 중보의 기도를 하십시오. 그리고 오늘 당신의 일과를 위해서 기도하십시오. 끝을 잘 마무리하는 것은 우리 인생에서 항상 중요한 일입니다. 하루를 마치고

저녁에 잠자리에 들기 전에는 하루의 생활을 돌이켜 보면서 꼭 점검하는 시간을 가지십시오. 성경말씀을 읽고 묵상하며 여러 가지 감사할 것들을 찾아 감사하고 기도의 제목들을 찾아 기도하십시오.

이와 같이 경건의 시간을 매일 가지며 주님과 동행하는 삶을 살게 되면 당신은 머지않아 주님의 놀라우신 임재를 생활 속에서 체험하게 될 것입니다. 세상 사람들이 알지 못하는 기쁨과 확신과 평안과 능력을 경험하게 될 것이며 당신은 주님의 눈과 심장으로 이 세상을 보게 될 것이며 동정과 사랑과 안타까운 마음으로 세상을 대하게 될 것입니다.

그리스도인의 삶은 저 높은 천국을 향하여 올라가는 삶

성경에서 말하는 그리스도인의 삶을 결론적으로 요약하자면 하나님의 형상을 닮아가는 성화의 삶이며 천국을 향해서 날마다 저 높은 곳을 향하여 나아가는 삶입니다. 성경에서 말하는 그리스도인의 삶은 이 세상에서 잘 먹고 잘 살고 성공하고 출세하는 것이 아닙니다. 성경에서 말하는 그리스도인의 삶은 이 세상이 목적이 아니며 하나님의 형상을 회복하는 것이 목적이며 하나님 나라에 가서 사는 것이 목적입니다. 안타깝게도 오늘 우리 시대의 교회가 이해하는 그리스도인의 삶과는 정반대로 예수님께서 이 세상에 오신 목적도 죄인들을 이 죄악 세상에서 구원하여 저 천국으로 데려가는 것입니다; "(1) 너희는 마음에 근심하지 말라 하나님을 믿으니 또 나를 믿으라 (2) 내 아버지 집에 거할 곳이 많도다 그렇지 않으면 너희에게 일렀으리라 내가 너희를 위하여 처소를 예비하러 가노니 (3) 가서 너희를 위하여 처소를 예비하면 내가 다시 와서 너희를 내게로 영접하여 나 있는 곳에 너희도 있게 하리라"(요 14:1-3)

예수님께서는 **너희는 마음에 근심하지 말라**고 하셨습니다. '우리 인간이 매일의 삶에서 늘 마음에 근심과 걱정과 두려움으로 살아가야 하는 것은 무엇 때문입니까?'라고 질문한다면 저 가난한 아프리카인들에서부터 저 부유하게 사는 미국인에 이르기까지 한결같이 '인간이 날마다 걱정하고 두려워하는 것은 기본적으로 의식주의 문제와 생로병사의 문제 때문이다'라고 대답할 것입니다. 그러나 하나님의 말씀은 '우리 인간의 죄' 때문이라고 가르쳐 주고 있습니다. 에덴동산에서 아담·하와가 죄를 범하기 전에는 의식주의 문제나 생로병사의 문제가 전혀 존재하지 않았습니다. 그러나 그들이 선악과를 따 먹으면 정녕 죽으리라고 하신 하나님의 진리의 말씀을 불신하고 '따 먹어도 죽지 않고 오히려 하나님처럼 된다'는 사탄의 거짓말을 믿고 따라가 죄인이 된 후부터 인간에게는 의식주의 문제가 가장 중대한 문제로 부상하게 되었습니다; **"(17) 아담에게 이르시되 네가 네 아내의 말을 듣고 내가 너더러 먹지 말라한 나무 실과를 먹었은즉 땅은 너로 인하여 저주를 받고 너는 종신토록 수고하여야 그 소산을 먹으리라 (18) 땅이 네게 가시덤불과 엉겅퀴를 낼 것이라 너의 먹을 것은 밭의 채소인즉 (19) 네가 얼굴에 땀이 흘러야 식물을 먹고 필경은 흙으로 돌아가리니 그 속에서 네가 취함을 입었음이라 너는 흙이니 흙으로 돌아갈 것이니라 하시니라"(창 3:17-19)**

그러니까 하나님의 말씀을 믿지 아니하고 사탄의 거짓말을 믿고 따라 감으로서 인간은 하나님과의 그 영광스러운 관계를 상실하게 되었고 에덴동산에서 쫓겨나서 공중권세를 잡은 사탄이 통치하는 이 흑암의 세계로 떨어져서 사탄의 노예로 살아가게 되었습니다. 선악과를 따 먹으면 '정녕 죽으리라'고 하셨는데 여기에서 죽음이란 '하나님과의 분리'를 의미하는 것입니다. 그래서 아담·하와가 선악과를 따 먹은 후에 그들은 하나님과 분리되어 에덴에서 쫓겨나고 이 흑암의 세계로 던져진 것이었습니다. 그러니까 우리가 살고 있는 이 세상은 인간이 하나님으로부터 첫 번째로 분리된 첫째 사망의 세계 즉, 제1단계 지옥입니다. 1단계 지옥인 첫째 사망의 세계에서 인간을 통치하는 자가 바로 사탄으로서 우리도 예수님을 믿고 구원받기 전에는 다 사탄의 통치 아래서 육체의 욕심을 따라 살다가 최후의 심판을 받고 하나님으로부터 두 번째로 분리되어 지옥불에 떨어지는 즉 둘째 사망의 세계(계 20:14)에 떨어질 사람들이었습니다; **"사망과 음부도 불못에 던지우니 이것은 둘째 사망 곧 불못이라"(계 20:14)**

에베소서 2장 1~3절을 보시면 하나님으로부터 에덴동산에서 쫓겨난 우리 인간이 제1 사망의 세계에서 사탄의 노예로 살고 있는 모습을 잘 보여주고 있습니다; **"(1) 너희의 허물과 죄로 죽었던 너희를 살리셨도다 (2) 그 때에 너희**

가 그 가운데서 행하여 이 세상 풍속을 좇고 공중의 권세 잡은 자를 따랐으니 곧 지금 불순종의 아들들 가운데서 역사하는 영이라 (3) 전에는 우리도 다 그 가운데서 우리 육체의 욕심을 따라 지내며 육체와 마음의 원하는 것을 하여 다른 이들과 같이 본질상 진노의 자녀이었더니"(엡 2:1-3) 결국 인간은 죄 때문에 하나님으로부터 쫓겨나서 이 저주받은 흑암의 땅에서 종신토록 땀 흘려 수고해야 겨우 식물을 먹고 살다가 육신이 흙으로 돌아가는 육신의 죽음으로 인생을 마감하게 되었습니다. 그때부터 인간은 먹고 마시고 입는 것과 살고 죽는 것이 인생 최대의 과제로 떠오르게 되었습니다. 그러나 죄를 범하기 전에는 그런 것들은 다 인간이 존재하는 데 필요한 기본적인 것들로서 무료로 제공되었습니다. 그때 그 낙원에서 인간이 해야 할 일은 하나님과의 영광스러운 관계를 즐기기만 하면 되는 영원한 삶이었습니다. 그러나 죄를 범한 후에는 하나님과의 영광스러운 관계는 사라지고 저주받은 땅에서 저주받은 인간이 사탄의 노예로 살면서 생존 그 자체를 위해서 종신토록 이마에 땀을 흘리는 수고를 해야 겨우 생존하는 비참한 존재로 전락하게 된 것입니다. 그 이후 인간은 의식주의 문제와 생로병사의 문제로 전전긍긍하면서 이 저주받은 땅에서라도 조금이라도 더 오래 살아보려고 몸부림치는 비참한 인간으로 전락하게 된 것입니다. 왜냐하면 이 땅에서의 비참한 삶이 끝이 나면 그다음에는 이 세상보다 더 험악한 둘째 사망의 세계인 지옥불에 떨어져서 영원히 고통받는 삶을 살아야 하기 때문입니다.

하나님께서 에덴에서 범죄한 인간을 즉시 영원한 지옥불에 던져버리지 아니하시고 1단계 지옥인 이 세상으로 보내신 것은 두 번째로 영원히 지옥불에 던져버리기 전에 인간이 하나님과의 관계를 회복하고 하나님께로 다시 돌아올 수 있는 기회를 주시기 위함이었습니다. 그래서 이 흑암의 세상에서 사탄의 통치 아래서 죄의 노예로 살아가는 죄인 인간의 죄를 대신 담당하시려고 십자가에서 대속 죽음을 죽으시려고 하나님께서 직접 인간의 육신을 입으시고 이 땅에 오셨던 것입니다. 그래서 의식주의 문제와 생로병사의 문제로 고통하고 있는 인생들에게 주님은 이렇게 말씀하셨습니다; "(31) 그러므로 염려하여 이르기를 무엇을 먹을까 무엇을 마실까 무엇을 입을까 하지 말라 (32) 이는 다 이방인들이 구하는 것이라 너희 천부께서 이 모든 것이 너희에게 있어야 할 줄을 아시느니라 (33) 너희는 먼저 그의 나라와 그의 의를 구하라 그리하면 이 모든 것을 너희에게 더하시리라"(마 6:31-33) 즉, 의식주의 문제에 연연하지 말고 하나님의 나라(나라 = 바실레이아(왕의 통치) 즉 하나님의 통치에 복종하라는 것입니다. 하나님의 통치가 자기의 일상의 삶에서 이루어지도록 구하는 사람들을 천국으로 데려가 하나님의 나라에서 영원토록 살게 하여 주시겠다는 말씀입니다. 참으로 예수님은 이 땅 위에서 잘살아보려고 '썩는 양식을 위하여 일하지 말고 저 천국에서 하나님과 함께 살기 위하여 영생하도록 있는 양식을 위하여 일하라'(요 6:27)고 말씀하십니다.

예수님은 우리 인간이 어떻게 해서든지 이 세상에서 편하게 잘 먹고 잘살아 보려고 하는 의식주의 문제와 생로병사의 문제로 염려하지 말라는 것입니다. 너희가 천지를 창조하신 여호와 하나님을 믿는다면 또 나 예수를 믿으라 그 말입니다. 왜냐하면 나 예수가 바로 이 멸망하여 없어질 세상에서 너희를 구원하여 저 영원한 천국으로 데려갈 너희의 하나님이라는 말입니다. 예수님께서 이 세상에 오셔서 그 무서운 십자가 고난을 당하신 목적은 우리를 죄에서 구원하여 하나님 나라로 데리고 가려는 것입니다. 그래서 성경 전체에서 이 세상은 악하고 헛되고 결국 하나님의 심판을 받아 멸망할 세상이라고 계속 반복하여 가르치면서 세상을 버리고 천국을 사모하며 잠시 지나가는 외국인과 나그네처럼 살라고 가르치고 있는 것입니다; "(13) 이 사람들은 다 믿음을 따라 죽었으며 약속을 받지 못하였으되 그것들을 멀리서 보고 환영하며 또 땅에서는 외국인과 나그네임을 증언하였으니 (14) 그들이 이같이 말하는 것은 자기들이 본향 찾는 자임을 나타냄이라 (15) 그들이 나온 바 본향을 생각하였더라면 돌아갈 기회가 있었으려니와 (16) 그들이 이제는 더 나은 본향을 사모하니 곧 하늘에 있는 것이라 이러므로 하나님이 그들의 하나님이라 일컬음 받으심을 부끄러워하지 아니하시고 그들을 위하여 한 성을 예비하셨느니라"(히 11:13-16) 그러나 오늘 우리 시대의 교회는 어떻든지 예수님과 함께 이 땅 위에서 잘 먹고 잘 살기 위해서 몸부림치면서 예수님을 붙잡고 늘어지는 것입니다. 그러나 예수님은 '아니다. 내 손 놓아라. 나와 너희가 함께 영생 복락을 누릴 곳은 여기 이 죄악세상이 아니고 저 찬란한 영광이 빛나는 천국이다. 내가 갔다가 다시 와서 너희를 나 있는 곳으로 데리고 가겠다'고 말씀하십니다; "(1) 너희는 마음에 근심하지 말라 하나님을 믿으니 또 나를 믿으라 (2) 내 아버지 집에 거할 곳이 많도다 그렇지 않으면 너희에게 일렀으리라 내가 너희를 위하여 처소를 예비하러 가노니 (3) 가서 너희를 위하여 처소를 예비하면 내가 다시 와서 너희를 내게로 영접하여 나 있는 곳에 너희도 있게 하리라"(요 14:1-3) 이 세상을 내려놓지 않고는 아무도 저 천국에 들어가지 못합니다. 이 세상을 내려놓는 것이 저 천국에 들어갈 수 있는 참된 그리스도인의 삶입니다: "(1) 그러므로 너희가 그리스도와 함께 다시 살리심을 받았으면 위의 것을 찾으라 거기는 그리스도께서 하나님 우편에 앉아 계시느니라 (2) 위의 것을 생각하고 땅의 것을 생각하지 말라 (3) 이는 너희가 죽었고 너희 생명이 그리스도와 함께 하나님 안에 감추어졌음이라 (4) 우리 생명이신 그리스도께서 나타나실 그 때에 너희도 그와 함께 영광 중에 나타나리라 (5) 그러므로 땅에 있는 지체 (거듭나지 못한 육신)를 죽이라 곧 음란과 부정과 사욕과 악한 정욕과 탐심이니 탐심(세상의 것을 추구하는 욕심)은 우상 숭배니라"(골 3:1-5) 거듭나지 못한 우리의 육신이 추구하는 것은 음란과 부정과 사욕과 악한 정욕과 탐심이니 탐심이라고 하시면서 탐심이란 바로 이 세상의 부귀, 영화, 쾌락을 추구하는 것이며 이것이 바로 우상숭배라고 하였습니다. 오늘 우리 시대의 교회가 이해하는 그리스도인의 삶과는 정반대로 성경에서 말하는 구원받은 그리스도인의 삶이란 세상을 버리고 영광스러운 주님의 재림을 기다리면서 의롭고 경건하고 거룩하게 주님을 닮아가는 성화의 삶을 살아서 천국에 들어가서 살 수 있는 하나님 나라의 친 백성이 되는 것입니다: "(11) 모든 사람에게 구원을 주시는 하나님의 은혜가 나타나 (12) 우리를 양육하시되 경건하지 않은 것과 이 세상 정욕을 다 버리고 신중함과 의로움과 경건함으로 이 세상에 살고 (13) 복스러운 소망과 우리의 크신 하나님 구주 예수 그리스도의 영광이 나타나심을 기다리게 하셨으니 (14) 그가 우리를 대신하여 자신을 주심은 모든 불법에서 우리를 속량하시고 우리를 깨끗하게 하사 선한 일을 열심히 하는 자기 백성이 되게 하려 하심이라"(딛 2:11-14)

그리스도인의 삶은 복 있는 삶입니다.

1여호와를 경외하며 그의 길을 걷는 자마다 복이 있도다 2네가 네 손이 수고한 대로 먹을 것이라 네가 복되고 형통하리로다 3네 집 안방에 있는 네 아내는 결실한 포도나무 같으며 네 식탁에 둘러 앉은 자식들은 어린 감람나무 같으리로다 4여호와를 경외하는 자는 이같이 복을 얻으리로다 5여호와께서 시온에서 네게 복을 주실지어다 너는 평생에 예루살렘의 번영을 보며 6네 자식의 자

식을 볼지어다 이스라엘에게 평강이 있을지로다 [시 128:1-6]

1절에서 보여주듯이 하나님의 길을 걷는 자는 복이 있다고 하셨습니다. 이 세상에서 그리스도인이 누리는 복은 자기 손이 수고한 대로 먹게 해주시겠는 것입니다. 하나님의 길을 걷는 자 즉 남을 속이지 않고 탈세하지 않고 하나님 말씀에 순종하여 세상에 대한 욕심을 버리고 경건하고 거룩하고 의롭고 정직하게 살면 자기 손이 수고한 대로 먹게 해주시겠다는 말입니다. 그리고 **네 아내는 결실한 포도나무 같으며** 라는 말은 아내가 자녀를 잘 낳게 된다는 뜻입니다. 구약시대에는 여자가 아이를 낳지 못하면 하나님께 저주받은 여자로 인식되었습니다. 그러므로 아내가 결실한 포도나무 같이 될 것이라는 말은 아내가 자녀를 주렁주렁 잘 낳게 될 것이라는 말입니다. 그리고 **네 식탁에 둘러 앉은 자식들은 어린 감람나무 같으리로다** 라는 말은 자녀들이 아직 장성하여 독립하지 않은 어린 자녀들과 함께 생활하는 행복한 모습을 나타내 줍니다. 믿음은 유전되는 것이 아니기 때문에 자녀들이 장성하여[20세 이상] 독립하면 하나님께 불순종할 수 있기 때문에 그 가정이 계속 행복할 수 없기 때문에 하나님은 여기서 어린 자녀들이 아직 부모의 품 안에 있을 때의 행복한 가정을 언급하고 있는 것입니다. 즉 사랑스런 아내와 어린 감람나무처럼 귀여운 어린 자녀들과 행복한 가정생활을 하게 해주시겠다는 말입니다. 부부간에 문제가 없고 자녀들과 화목한 이것이 복되고 형통한 아주 소박한 복입니다. 이런 소박한 복이 세상 사람들에게는 시시해 보입니다. 시편 73편에서 처럼 그들은 하나님을 믿지 않아도 엄청난 부와 성공과 출세를 누리면서 자녀들도 크게 잘되고 세상 사람들로부터 많은 부러움을 사며 행복하게 사는 사람들이 수없이 많습니다. 그리고 그런 삶을 욕심스럽게 추구하는 사람들은 오늘 우리 시대의 교회 안에도 차고 넘칩니다. 그러나 거듭난 참 그리스도인은 천국에서 누릴 영적인 복을 사모하기 때문에 이 세상에서는 나그네처럼 이와 같은 소박한 복에 만족하고 감사해야 하는 것입니다. 나그네처럼 살아야 하는 참 그리스도인들에게 이 소박한 복은 충분한 것이며 그 이상의 것은 필요 없을 뿐 아니라 오히려 대단히 위험한 것입니다. 믿음의 사람이었던 솔로몬 왕에게 하나님께서 솔로몬이 구하지 않은 세상의 어마어마한 복을 주셨더니 솔로몬 세상의 부귀영화를 즐기다가 조차도 하나님을 떠나 이방의 우상들을 섬겨서 결국 벌을 받아 이스라엘 나라를 남북으로 갈라지게 하였으며 세상의 모든 부귀영화가 다 헛된 것이라는 것을 그의 말년에야 깨닫게 되었습니다.[전도서 2장] 하나님께서 솔로몬을 지옥에 보내지 않으신 것은 솔로몬이 세상의 부귀영화를 구한 것이 아니고 하나님께서 주셨기 때문입니다. 하나님께서 솔로몬이 구하지도 않은 세상의 부귀영화를 주신 목적은 위대한 믿음의 사람 솔로몬도 이 세상의 부귀영화를 맛보게 되면 하나님을 버리고 이방 우상을 섬기게 된다는 것을 후세의 사람들에게 보여주기 위해서였습니다.

그러므로 그리스도인이 기도할 때에도 **일용할 양식을 구하라**고 예수님께서 직접 가르쳐 주셨습니다.[마6:11] 디모데 전서에서도 먹을 것과 입을 것이 있은 즉 만족하라고 하시며 그 이상의 부에 대한 탐욕은 멸망하는 길이라고 경고하고 있습니다: 6우리가 세상에 아무 것도 가지고 온 것이 없으매 또한 아무 것도 가지고 가지 못하리니 7우리가 먹을 것과 입을 것이 있은즉 족한 줄로 알 것이라 8부하려 하는 자들은 시험과 올무와 여러 가지 어리석고 해로운 욕심에 떨어지나니 곧 사람으로 파멸과 멸망에 빠지게 하는 것이라 9돈을 사랑함이 일만 악의 뿌리가 되나니 이것을 탐내는 자들은 미혹을 받아 믿음에서 떠나 많은 근심으로써 자기를 찔렀도다 [딤전 6:7–10]

예수님께서 우리에게 일용할 양식을 구하라고 가르쳐 주신 것처럼 잠언에서도 올바른 기도를 가르쳐주고 있습니다: 6내가 두 가지 일을 주께 구하였사오니 내가 죽기 전에 내게 거절하지 마시옵소서 7곧 헛된 것과 거짓말을 내게서 멀리 하옵시며 나를 가난하게도 마옵시고 부하게도 마옵시고 오직 필요한 양식으로 나를 먹이시옵소서 8혹 내가 배불러서 하나님을 모른다 여호와가 누구냐 할까 하오며 혹 내가 가난하여 도둑질하고 내 하나님의 이름을 욕되게 할까 두려워함이니이다 [잠 30:7–9]

여호와를 경외하며 그[주님]의 길을 걷는 진짜 그리스도인은 복 있는 사람입니다. 그러나 참 그리스도인이 구할 것은 이세상의 복이 아닙니다. **무엇을 먹을까 무엇을 마실까 무엇을 입을까**를 구하는 것은 **믿지 않는 이방사람들이 구하는 것이라고 주님께서 직접 말씀하셨습니다.** 하나님은 그런 것들이 우리에게 있어야 할 줄을 다 아신다고 하셨고 우리가 "**그의 나라[하나님의 통치가**

우리 삶 안에 이루어지기]를 먼저 구하면 이 모든 것을 주시겠다"고 약속하셨습니다; 31그러므로 염려하여 이르기를 무엇을 먹을까 무엇을 마실까 무엇을 입을까 하지 말라 32이는 다 이방인들이 구하는 것이라 너희 하늘 아버지께서 이 모든 것이 너희에게 있어야 할 줄을 아시느니라 33그런즉 너희는 먼저 그의 나라와 그의 의를 구하라 그리하면 이 모든 것을 너희에게 더하시리라 [마 6:31-33]

그러므로 사도 바울이 에베소 교회를 위해서 기도한 것처럼 참 그리스도인이 구할 것은 하늘에 속한 영적인 복입니다; **'찬송하리로다 하나님 곧 우리 주 예수 그리스도의 아버지께서 그리스도 안에서 하늘에 속한 모든 신령한[영적인] 복을 우리에게 주시되[엡1:3]** 참 그리스도인이 장차 받게 될 하늘에 속한 복은 영원한 생명을 받아 찬란하고 영광스럽게 빛나는 예수님의 모습으로 변화되어 그 영광스런 천국에서 하나님과 함께 영원히 살게 되는 것입니다. 참으로 여호와를 경외하며 그[주님]의 길을 걷는 진짜 그리스도인의 삶은 복 있는 삶입니다.

12. 성경은 종말에 대하여 무엇이라고 말하고 있는가?

마태복음 24장에서 예수님은 종말에 관한 질문을 받으시고 대환난에 있을 일들에 대하여 간략하게 설명하고 계십니다. 예수님은 대환난 끝에 재림과 휴거가 있을 것이라고 말씀하셨습니다: **29그 날 환난 후에 즉시 해가 어두워지며 달이 빛을 내지 아니하며 별들이 하늘에서 떨어지며 하늘의 권능들이 흔들리리라 30그 때에 인자의 징조가 하늘에서 보이겠고 그 때에 땅의 모든 족속들이 통곡하며 그들이 인자가 구름을 타고 능력과 큰 영광으로 오는 것을 보리라[환난 후에 예수님의 재림] 31그가 큰 나팔소리와 함께 천사들을 보내리니 그들이 그의 택하신 자들을 하늘 이 끝에서 저 끝까지 사방에서 모으리라[성도의 휴거][마24:29–31]** 종말과 대환난에 대한 더 자세한 내용은 "다시 보는 요한계시록"[맑은 샘]을 참고하십시오.

끝맺는 말

우리는 이제 성경의 어느 한두 구절만 가지고 믿는 모든 사람이 다 구원을 받는다고 믿어서도 안 되고 가르쳐서는 더더욱 안 된다는 것을 깨달았습니다. 오늘 우리가 성경을 기록된 그대로 전할 때 우리는 복음을 올바로 전파할 수 있게 되고, 주님이 찾으시는 참된 성도들로 구성되는 참된 교회로 함께 세워져 갈 수 있을 것입니다. 초대교회의 성도들이 세속에 물들지 않고 경건하게 신앙의 순결을 지킬 수 있었던 것은 사도 바울이 '다른 예수' '다른 복음' '다른 영'에 대하여 늘 강경하게 경고하였기 때문입니다.(고후 11:4, 13, 갈 1:6-10) 오늘 우리 시대의 교회들도 수시로 하나님의 말씀을 가지고 스스로를 경고하고 책망하면서 좌로나 우로나 곁 길로 치우치지 않고 우리의 푯대이신 주님을 향해서 끝까지 똑바로 나아가야 할 것입니다; "(4) 만일 누가 가서 우리가 전파하지 아니한 다른 예수를 전파하거나 혹은 너희가 받지 아니한 다른 영을 받게 하거나 혹은 너희가 받지 아니한 다른 복음을 받게 할 때에는 너희가 잘 용납하는구나 (13) 그런 사람들은 거짓 사도요 속이는 일꾼이니 자기를 그리스도의 사도로 가장하는 자들이니라"(고후 11:4,13)

"(6) 그리스도의 은혜로 너희를 부르신 이를 이같이 속히 떠나 다른 복음을 따르는 것을 내가 이상하게 여기노라 (7) 다른 복음은 없나니 다만 어떤 사람들이 너희를 교란하여 그리스도의 복음을 변하게 하려 함이라 (8) 그러나 우리나 혹은 하늘로부터 온 천사라도 우리가 너희에게 전한 복음 외에 다른 복음을 전하면 저주를 받을지어다 (9) 우리가 전에 말하였거니와 내가 지금 다시 말하노니 만일 누구든지 너희가 받은 것 외에 다른 복음을 전하면 저주를 받을지어다 (10) 이제 내가 사람들에게 좋게 하랴 하나님께 좋게 하랴 사람들에게 기쁨을 구하랴 내가 지금까지 사람들의 기쁨을 구하였다면 그리스도의 종이 아니니라"(갈 1:6-10)

"(18) 내가 여러 번 너희에게 말하였거니와 이제도 눈물을 흘리며 말하노니 여러 사람들이 그리스도의 십자가의 원수로 행하느니라 (19) 그들의 마침은 멸망이요 그들의 신은 배요 그 영광은 그들의 부끄러움에 있고 땅의 일을 생각하는 자라"(빌 3:18-19)

오늘 우리 시대의 교회에 만연되어 있는 '다른 예수' '다른 복음' '다른 영'

을 제거하기 위해서는 더 이상 성경말씀을 우리의 생각과 편견과 우리 교파가 주장하는 교리와 사상을 따라 해석해서는 안 됩니다. 우리가 우리의 생각과 우리의 편견과 우리의 사상을 가지고 성경을 해석하면 그것은 더 이상 하나님의 말씀이 아니고 변질된 사람의 말이 되기 때문입니다. **심지어 하나님이신 예수님조차도 이 세상에 오셨을 때 자신의 말씀을 전하지 아니하시고 자기를 보내신 아버지의 말씀만 전하셨습니다. 그런데 하물며 죄인 인간인 우리가 어떻게 감히 우리 생각대로 우리 마음대로 성경을 해석할 수 있다는 말입니까?** 예수님은 아버지 하나님과 동등이시지만 메시아의 사명을 받고 아버지로부터 보내심을 받으신 분이기 때문에 보냄을 받은 자 곧 메신저의 사명에 충실하신 것입니다. 메신저는 자기의 말을 전하는 사람이 아니고 자기를 보내신 분의 말씀을 전해야 하는 사람이기 때문입니다: "

나를 사랑하지 아니하는 자는 내 말을 지키지 아니하나니 너희의 듣는 말은 **내 말이 아니요 나를 보내신 아버지의 말씀이니라**"(요 14:24)

"예수께서 대답하여 가라사대 **내 교훈은 내 것이 아니요 나를 보내신 이의 것이니라**"(요 7:16)

그의 명령이 영생인 줄 아노라 그러므로 **나의 이르는 것은 내 아버지께서 내게 말씀하신 그대로 이르노라** 하시니라"(요 12:50)

성령님도 하나님이시지만 자신의 말씀을 전하지 않고 메신저로서 자기를 보내주신 예수님의 말씀만 전하셨습니다: "그러하나 진리의 성령이 오시면 그가 너희를 모든 진리 가운데로 인도하시리니 **그가 자의로 말하지 않고 오직 듣는 것을 말하시며** 장래 일을 너희에게 알리시리라"(요 16:13)

사도들도 예수님께서 보내신 메신저들이었기 때문에 자신들의 말을 전할 수 없었고 예수님으로부터 보고 들은 것을 그대로 전했습니다: "(1) 태초부터 있는 생명의 말씀에 관하여는 우리가 들은 바요 눈으로 본 바요 주목하고 우리 손으로 만진 바라 (2) 이 생명이 나타내신 바 된지라 이 영원한 생명을 우리가 보았고 증거하여 너희에게 전하노니 이는 아버지와 함께 계시다가 우리에게 나타내신 바 된 자니라 (3) 우리가 보고 들은 바를 너희에게도 전함은 너희로 우리와 사귐이 있게 하려 함이니 우리의 사귐은 아버지와 그 아들 예수 그리스

도와 함께 함이라"(요일 1:1-3)

"(6) 그리스도의 은혜로 너희를 부르신 이를 이같이 속히 떠나 다른 복음 좇는 것을 내가 이상히 여기노라 (7) 다른 복음은 없나니 다만 어떤 사람들이 너희를 요란케 하여 그리스도의 복음을 변하려 함이라 (8) **그러나 우리나 혹 하늘로부터 온 천사라도 우리가 너희에게 전한 복음 외에 다른 복음을 전하면 저주를 받을지어다** (9) 우리가 전에 말하였거니와 내가 지금 다시 말하노니 만일 누구든지 너희의 받은 것 외에 다른 복음을 전하면 저주를 받을지어다 (10) 이제 **내가 사람들에게 좋게 하랴 하나님께 좋게 하랴 사람들에게 기쁨을 구하랴 내가 지금까지 사람의 기쁨을 구하는 것이었더면 그리스도의 종이 아니니라**((If I were still trying to please men, I would not be a servant of Christ.)(갈 1:6-10)

여기서 보는 대로 사도 바울은 사람들을 기쁘게 하는 말씀을 전하지 않고 하나님을 기쁘시게 하는 복음을 전했다고 하면서 만약 자기도 사람들을 기쁘게 하는 거짓 복음을 전했다면 자기도 그리스도의 종이 아니라고 말하고 있습니다. 사도 바울은 당시에 그리스 철학을 공부한 내노라 하는 지성인이었습니다. 그렇지만 그가 복음을 전할 때에는 많은 사람들을 끌어모으기 위하여 그의 설득력 있는 많은 지식을 가지고 달변으로 유혹하지 않았습니다. 오히려 당시 사람들이 부러워하던 고등지식을 배설물로 여기고 과감히 던져 버리고 두렵고 떨리는 마음으로 사람들이 듣기 싫어하는 무거운 십자가의 복음을 전파하였습니다. 고린도전서 2장을 보십시오; "(1) 형제들아 내가 너희에게 나아가 하나님의 증거를 전할 때에 **말과 지혜의 아름다운 것으로 아니하였나니** (2) 내가 너희 중에서 **예수 그리스도와 그가 십자가에 못 박히신 것 외에는 아무 것도 알지 아니하기로 작정하였음이라** (3) 내가 너희 가운데 거할 때에 약하고 **두려워하고 심히 떨었노라** (4) 내 말과 내 전도함이 설득력 있는 지혜의 말로 하지 아니하고 다만 성령의 나타나심과 능력으로 하여 (5) 너희 믿음이 사람의 지혜에 있지 아니하고 다만 하나님의 능력에 있게 하려 하였노라"(고전 2:1-5)

예수님의 마지막 명령도 내게 들은 모든 것을 가르쳐 지키게 하라고 하셨습니다; "(19) 그러므로 너희는 가서 모든 족속으로 제자를 삼아 아버지와 아들과 성령의 이름으로 세례를 주고 (20) 내가 너희에게 분부한 모든 것을 가르쳐 지키게 하라 볼지어다 내가 세상 끝날까지 너희와 항상 함께 있으리라 하시니라"(마 28:19–20)

무엇보다도 성경의 맨 마지막 결론으로 요한계시록 마지막 장에서는 이 성경 말씀에 더하지도 말고 빼지도 말라고 무서운 말씀으로 경고하셨습니다; "내가 이 책의 예언의 말씀을 듣는 각인에게 증거하노니 만일 누구든지 이것들 외에 더하면 하나님이 이 책에 기록된 재앙들을 그에게 더하실 터이요 만일 누구든지 이 책의 예언의 말씀에서 제하여 버리면 하나님이 이 책에 기록된 생명나무와 및 거룩한 성에 참예함을 제하여 버리시리라"(계 22:18–19)

그러므로 우리도 성경말씀을 전할 때 내 개인의 생각을 덧붙이지 말고 즉 성경말씀을 우리의 견해나 교파의 견해로 해석하지 말고 성경에 기록된 말씀을 그대로 전해야 합니다. 개인의 생각과 해석을 덧붙이면 성경에 기록된 재앙을 더할 것이라고 경고하셨고 성경의 말씀에서 한마디라도 빼면 약속한 천국에 들어가지 못한다고 엄히 경고하신 점을 명심해야 합니다.

하나님이 주신 정확 무오하고 영원불변한 하나님의 말씀에 더하지도 않고 빼지도 않고 그대로 전하려면 우리는 무엇보다도 성경을 자세히 살펴보고 그 관계된 말씀들을 찾아서 성경으로 성경을 해석해야 합니다. 성경말씀이 올바르게 전파될 때에만 교회는 비로소 그리스도의 생명을 다시 찾게 될 것입니다. 초대교회의 사도들은 말씀과 기도에 전념한 사람들이었습니다.(행 6:4) 만약 오늘의 목회자들이 말씀과 기도에 전념하였다면 성경말씀이 올바로 전파되었을 것이며 오늘의 교회들이 이처럼 규모가 커질 수도 없고 부패할 수도 없었을 것입니다. 한국교회, 정말 이대로 괜찮은 것입니까? 지금 우리에겐 시간이 얼마 남지 않았습니다. 더 늦기 전에 어서 속히 성경으로 돌아가야 합니다.

우리는 먼저 회개하여야 성령을 받게 되고 거듭나게 됩니다. 성령을 받아야 성령님의 도우심으로 성경말씀을 깨닫게 됩니다. 회개하지 않으면 죄 용서를 받지 못하고 아직도 세상을 사랑하는 죄 가운데 거하면 바른 말씀을 가르쳐주어도 깨닫지 못하게 됩니다.

그러면 말세교회에서 우리가 하나님의 말씀을 들을 수 없게 된 이유를 성경은 무엇이라고 말씀하고 있습니까?

우리가 이 세상의 부귀영화를 누리기 위하여 물질만능주의에 빠지면 하나님은 우리의 눈을 어둡게 하여 아무리 성경을 연구해도 그 올바른 뜻을 깨닫지 못하게 됩니다: "(5) 내 백성을 유혹하는 선지자들은 이에 물 것이 있으면 평강을 외치나 그 입에 무엇을 채워 주지 아니하는 자에게는 전쟁을 준비하는도다 이런 선지자에 대하여 여호와께서 이르시되 (6) 그러므로 너희가 밤을 만나리니 이상을 보지 못할 것이요 어둠을 만나리니 점 치지 못하리라 하셨나니 이 선지자 위에는 해가 져서 낮이 캄캄할 것이라"(미 3:5-6)

지금은 성경이 예언한 그 말세지말의 고통하는 때입니다. 디모데후서 3장에 기록된 말세풍조를 따라 불경건하게 살면 아모스서에 기록된 대로 어둠을 만나 말씀을 전하는 자도 하나님을 말씀을 깨닫지 못하고 말씀을 듣는 자도 깨닫지 못하게 됩니다: "(1) 네가 이것을 알라 말세에 고통하는 때가 이르리니 (2) 사람들은 자기를 사랑하며 돈을 사랑하며 자긍하며 교만하며 훼방하며 부모를 거역하며 감사치 아니하며 거룩하지 아니하며 (3) 무정하며 원통함을 풀지 아니하며 참소하며 절제하지 못하며 사나우며 선한 것을 좋아 아니하며 (4) 배반하여 팔며 조급하며 자고하며 쾌락을 사랑하기를 하나님 사랑하는 것보다 더하며 (5) 경건의 모양은 있으나 경건의 능력은 부인하는 자니 이같은 자들에게서 네가 돌아서라"(딤후 3:1-5)

그러므로 오늘날 말세풍조를 따라 세속적으로 불경건하게 살아가는 사람들은 많이 배운 사람이나 적게 배운 사람이나 상관없이 성경은 닫힌 책이 되어 아무도 하나님의 말씀을 깨닫지 못합니다. 하나님을 믿는다고 매 주일 교회당이라는 곳에 모여 입술로는 하나님을 찬양하고 예배한다고 하지만 마음은 이 세상에서 잘 먹고 잘사는 것이 예배의 목적인 사람들에게 성경은 닫힌 책이 되어 아무도 깨닫지 못할 뿐입니다. 이 사람들이 하나님을 경외한다고 하지만 실제의 삶에서는 세상의 부귀영화를 따라 사는 이유가 영적 지도자들이 전하는 변질된 말씀 즉 사람의 계명으로 가르침을 받았기 때문이라고 이사야서 29장에서 말씀하고 있습니다: "(11) 그러므로 모든 묵시가 너희에게는 마치 봉한 책의 말이라 그것을 유식한 자에게 주며 이르기를 그대에게 청하노니 이를 읽으라 하면 대답하기를 봉하였으니 못하겠노라 할 것이요 (12) 또 무식한 자에게 주며 이르기를 그대에게 청하노니 이를 읽으라 하면 대답하기를 나는 무식하다 할 것이니라 (13) 주께서 가라사대 이 백성이 입으로는 나를 가까이하며 입술로는 나를 존경하나 그 마음은 내게서 멀리 떠났나니 그들이 나를 경외함은 사람의 계명으로 가르침을 받았을 뿐이라"(사 29:11-13)

"(9) 여호와께서 가라사대 가서 이 백성에게 이르기를 너희가 듣기는 들어도 깨닫지 못할 것이요 보기는 보아도 알지 못하리라 하여 (10) 이 백성의 마음으로 둔하게 하며 그 귀가 막히고 눈이 감기게 하라 염려컨대 그들이 눈으로 보고 귀로 듣고 마음으로 깨닫고 다시 돌아와서 고침을 받을까 하노라"(사 6:9-10)

그러면 성경말씀을 바로 깨달으려면 우리는 어떻게 해야 합니까?

하나님의 말씀인 성경을 깨달으려면 먼저 하나님을 바로 알지 못하고 세상을 따라 살았던 모든 죄를 회개하고 세상을 내려놓아야 합니다. 이와 같은 참된 회개를 하여 죄 용서를 받으면 비로소 성령을 선물로 받게 되어 성령님이 내 안에 거하게 됩니다: "(36) 저희가 이 말을 듣고 마음에 찔려 베드로와 다른 사도들에게 물어 가로되 형제들아 우리가 어찌할꼬 하거늘 (37) 베드로가 가로되 너희가 회개하여 각각 예수 그리스도의 이름으로 세례를 받고 죄 사함을 얻으라 그리하면 성령을 선물로 받으리니"(행 2:36-37)

회개하지 않고 아직도 세상풍조를 따라 사는 죄인들에게는 성령님이 임하시지 못합니다. 구원받지 못한 이런 죄인들은 사탄이 그들의 눈을 가려서 그리스도의 복음을 들어도 깨닫지 못하게 되는 것입니다; "(4) 만일 우리 복음이 가리웠으면 망하는 자들에게 가리운 것이라 그 중에 이 세상 신(사탄)

이 믿지 아니하는 자들의 마음을 혼미케 하여 그리스도의 영광의 복음의 광채가 비취지 못하게 함이니(The god of this age has blinded the minds of unbelievers, so that they cannot see the light of the gospel of the glory of Christ) 그리스도는 하나님의 형상이니라"(고후 4:4)

회개를 통해서 성령을 받은 사람들이 성령으로 거듭나게 되면 성령님의 가르치심으로 하나님께서 주신 성경말씀을 깨닫게 됩니다. 사도 바울처럼 그동안 추구했던 세상의 부귀영화를 모두 오물로 여겨 버리고 마음을 깨끗하게 비우면 닫힌 성경책이 열리고 하나님의 말씀이 보이기 시작합니다. 이런 사람이 복 있는 사람이라고 예수님께서 말씀하셨습니다; **"(8) 마음이 청결한 자는 복이 있나니 저희가 하나님을 볼 것임이요"(마 5:8)**
"(26) 보혜사 곧 아버지께서 내 이름으로 보내실 성령 그가 너희에게 모든 것을 가르치시고 내가 너희에게 말한 모든 것을 생각나게 하시리라"(요 14:26)
"(17) 우리 주 예수 그리스도의 하나님, 영광의 아버지께서 지혜와 계시의 정신(성령)[Spirit(대문자는 성령을 나타냄) of revelation]을 너희에게 주사 하나님을 알게 하시고 (18) 너희 마음눈을 밝히사 그의 부르심의 소망이 무엇이며 성도 안에서 그 기업의 영광의 풍성이 무엇이며 (19) 그의 힘의 강력으로 역사하심을 따라 믿는 우리에게 베푸신 능력의 지극히 크심이 어떤 것을 너희로 알게 하시기를 구하노라"(엡 1:17–19)

성령을 받은 사람들은 성령님의 도우심으로 죄가 무엇인지 죄를 어떻게 용서받을 것인지에 대하여 깨닫게 되고 죄를 회개하는 회개의 복음을 전파하게 됩니다. 그리고 어떻게 의를 얻게 되는지 의를 얻은 사람은 어떻게 살아야 하는지 깨닫게 되고 의의 복음을 전파하게 됩니다. 그리고 마지막 심판에 대하여 깨닫게 되고 올바른 종말론을 깨닫게 되고 종말에 대한 말씀을 전파하게 됩니다. 성령으로 거듭난 사람들은 더 이상 사람들을 많이 모으기 위하여 사람들을 즐겁게 하는 달콤한 변질된 거짓 복음을 전하지 아니합니다; **"(7) 그러하나 내가 너희에게 실상을 말하노니 내가 떠나가는 것이 너희에게 유익이라 내가 떠나가지 아니하면 보혜사(성령님)가 너희에게로 오시지 아니할 것이요 가면 내가 그를 너희에게로 보내리니 (8) 그(성령님)가 와서 죄에 대하여, 의에 대하여, 심판에 대하여 세상을 책망하시리라"(요 16:7–8)**

부록

<부록 2-1>

요한계시록에 보면 천사들이 어떻게 이 흑암의 땅으로 떨어지게 되었는지를 조금 더 소상하게 기록하고 있습니다. 먼저 요한계시록 12장 7~9절을 보시기 바랍니다; "(7) 하늘에 전쟁이 있으니 미가엘과 그의 사자들이 용으로 더불어 싸울 때 용과 그의 사자들도 싸우나 (8) 이기지 못하여 다시 하늘에서 저희의 있을 곳을 얻지 못한지라 (9) 큰 용이 내어 쫓기니 옛 뱀 곧 마귀라고도 하고 사단이라고도 하는 온 천하를 꾀는 자라 땅으로 내어 쫓기니 그의 사자들도 저와 함께 내어 쫓기니라"

하늘에서 하나님의 종들로서 하나님을 섬기던 천사들 중에 일부가 하나님께 반란을 일으켜서 하나님을 충성스럽게 따르는 천사들과 하나님을 배반한 천사들 사이에 큰 전쟁이 일어난 것입니다. 하나님을 충성스럽게 따르는 천사들 중에 우두머리는 미가엘 천사였고 하나님을 배반한 천사들 중에 우두머리는 큰 용이라고 불리우는 사탄이었습니다. 9절에서 보시는 대로 이 큰 용이 바로 그 에덴동산에서 아담·하와를 거짓말로 속였던 옛 뱀 곧 마귀라고도 하고 사단이라고도 하는 온 천하를 꾀는 자로서 땅으로 내어 쫓기니 그의 부하들도 저와 함께 내어 쫓긴 것이라고 기록하고 있습니다. 이 큰 용과 그의 부하들이 전쟁에서 패하여 더 이상 빛이 찬란한 천국에서 거하지 못하고 흑암의 땅으로 쫓겨나게 된 것입니다. 바로 이 흑암의 땅이 지금 우리가 살고 있는 이 '세상'입니다. 하나님은 이 흑암의 세상에서 사탄의 노예로 고통받고 있는 **죄인 인간을 구원하시기 위해서 독생자이신 빛 되신 예수를 보내셨으나 '빛이 어두움에 비취되 어두움이 깨닫지 못하더라'(요 1:5)고 기록하고 있습니다. 흑암에 앉은 백성이 빛을 보고도 깨닫지 못하는 것은 이 세상의 신인 사탄이 사람들의 마음을 혼미케하여 그리스도의 복음을 깨닫지 못하게 하기 때문입니다. 고린도후서 4장 4절을 보십시오; "그중에 이 세상 신이 믿지 아니하는 자들의 마음을 혼미케 하여 그리스도의 영광의 복음의 광채가**

비취지 못하게 함이니"(고전 4:4)

　사탄이 큰 용으로 불리운 데는 그 이유가 있습니다. 에덴동산에서 사탄이 아담·하와를 유혹하기 위해서 사용했던 동물이 바로 옛 뱀이라고 불리우는 큰 용이었습니다; **"(2) 용을 잡으니 곧 옛 뱀이요 마귀요 사탄이라 잡아서 천 년 동안 결박하여"**(계 20:2) 오늘 우리 시대의 사람들은 용이란 실제 존재하는 동물이 아니고 전설이나 설화에서 나오는 가상동물로 이해하고 있습니다만 사실은 그렇지 않습니다. 이 큰 용은 실제로 지구상에 존재했던 동물이었습니다. 욥기 41장 1절과 12~34절까지 주의 깊게 읽어보시기 바랍니다; "(1) 네가 능히 낚시로 악어를 낚을 수 있겠느냐 노끈으로 그 혀를 맬 수 있겠느냐 (12) 내가 **악어의 지체와 큰 힘과 훌륭한 구조에 대하여 잠잠치 아니하리라** (13) 누가 그 가죽을 벗기겠으며 그 아가미 사이로 들어가겠는고 (14) 누가 그 얼굴의 문을 열 수 있을까 그 두루 있는 이가 두렵구나 (15) 견고한 비늘은 그의 자랑이라 서로 연함이 봉한 것 같구나 (16) 이것, 저것이 한 데 붙었으니 바람도 그 사이로 들어가지 못하겠고 (17) 서로 연하여 붙었으니 능히 나눌 수도 없구나 (18) **그것이 재채기를 한즉 광채가 발하고** 그 눈은 새벽 눈꺼풀이 열림 같으며 (19) **그 입에서는 횃불이 나오고 불똥이 뛰어나며** (20) **그 콧구멍에서는 연기가 나오니** 마치 솥이 끓는 것과 갈대의 타는것 같구나 (21) **그 숨이 능히 숯불을 피우니 불꽃이 그 입에서 나오며** (22) 힘이 그 목에 뭉키었고 두려움이 그 앞에서 뛰는구나 (23) **그 살의 조각들이 서로 연하고** 그 몸에 견고하여 움직이지 아니하며 (24) 그 마음이 돌 같이 단단하니 그 단단함이 맷돌 아랫짝 같구나 (25) **그것이 일어나면 용사라도 두려워하며 경겁하여 창황하며** (26) **칼로 칠지라도 쓸데 없고 창이나 살이나 작살도 소용이 없구나** (27) 그것이 철을 초개 같이, 놋을 썩은 나무 같이 여기니 (28) 살이라도 그것으로 도망하게 못하겠고 물매 돌도 그것에게는 겨 같이 여기우는구나 (29) 몽둥이도 검불 같이 보고 창을 던짐을 우습게 여기며 (30) 그 배 아래는 날카로운 와륵 같으니 진흙 위에 타작 기계 같이 자취를 내는구나 (31) **깊은 물로 솥의 물이 끓음 같게 하며 바다로 젖는 향기름 같게 하고 (32) 자기 뒤에 광채나는 길을 내니** 사람의 보기에 바닷물이 백발 같구나 (33) 땅 위에는 그것 같은 것이 없나니 두려움 없게 지음을 받았음이라 **(34) 모든 높은 것을 낮게 보고 모든 교만한 것의 왕이 되느니라"**(욥 41:1, 12-34)

우리 한글 성경에는 악어라고 번역되어 있습니다마는 히브리어로는 'leviathan(리바이아단)'이라고 기록되어 있습니다. 하나님께서 욥에게 리바이아단에 대하여 설명하는 내용을 보십시오. 악어가 아니고 용이라는 것을 삼척동자라도 금방 알 수 있습니다. 잘 보시면 우리 조상들이 용에 대하여 그림으로 그렸던 내용과 너무나 일치하는 것입니다. 거대한 체구와 큰 힘과 뛰어난 구조, 재채기를 할 때 광채가 발하고 입에서는 횃불이 나오고 불똥이 튀고 코에서는 연기가 나오는 모습, 그것이 한 번 요동치면 천하의 용사라도 두려워하고, 칼로 찔러도 소용이 없고 창이나 화살로 쏘아도 소용이 없습니다. 깊은 바닷물로 한 번 지나가면 솥의 물이 끓는 것같이 뜨거운 김이 솟아오르고 용이 지나간 자리에는 광채가 여운처럼 번지고 이 세상의 그 어느 것도 그 장대하고 찬란한 위엄 앞에 고개를 숙여야 할 정도로 지극히 교만한 것 중에 교만한 동물의 모습입니다.

아시아를 비롯 전 세계 여러 나라에 이 용에 대한 그림들과 설화들이 존재하는 것은 이 큰 용이 실제로 실존했던 동물이었음을 증거하는 것입니다. 더 충격적인 것은 이 용이 여호와 하나님을 알지 못하는 나라의 사람들에게는 신적인 존재로 여겨지고 있다는 점입니다. 여호와 하나님을 알지 못했던 나라들, 즉 우리나라를 비롯 일본과 중국은 물론이고 동남아 어디를 가보아도 이 용이 상서로운 존재로 혹은 저들을 지켜주는 수호신으로 여겨지고 숭배의 대상이 되어왔다는 점입니다. 우리나라의 경우만 해도 결혼식장의 뒷 배경 그림에는 쌍용이 그려져 있고 심지어는 학교에서 발행하는 표창장에도 정부에서 발행하는 각종 문서에도 쌍용이 그려져 있습니다. 명절이 되면 거대한 용의 탈을 쓰고 춤을 추거나 거리를 행진하기도 합니다. 불교를 비롯한 이방 종교의 사원들의 벽화에 보면 무서운 용들이 그려져 있는 것을 어디에서나 쉽게 볼 수 있습니다. 이것은 사탄이 지금도 세상의 정치·경제·사회·문화·교육·예술·종교들을 장악하고 다스리고 있음을 보여주는 것입니다. 그러니까 거듭난 참 그리스도인은 이 세상을 버려야 한다고 할 때 '이 세상'이란 성경적인 세계관과 가치관에 배치되고 하나님을 대적하는 모든 정치·경제·사회·제도·사상·문화·과학·교육·예술·종교 등을 일컫는 말입니다. 에베소서 2장 1~2절에 기록된 대로 그 용을 이용했던 사탄이 지금도 이 세상을 통치하고 있는 악령임을 증거하는 것입니다. 그러나 기독교를 접했던 유럽의 나라들에서는 이 용이 마귀 사탄을 의미하는 존재로 무섭고 두려운 존재로 여겨져 왔습니다. 사탄은 아담·하와를 유혹하기 위해서 하나님이 창조하신 동물 중에서 가장 지혜롭고 찬란하고 위엄 있고 능력 있어 보이는 이 큰 용을 이용하였던 것입니다. 아마도 사탄이 오늘 우리가 흔히 보는 조그마한 뱀을 이용하여 아담·하와를 유혹하였다면 그들은 그런 시시한 뱀의 말에 속지 않았을 것입니다. 우스갯소리로 만약 아담·하와가 한국인이었다면 "이게 웬 떡이냐" 하면서 그들은 그 뱀을 잡아 보신용으로 뱀탕을 해먹었을 것입니다. 그리고 무엇보다도 하나님의 말씀인 성경이 에덴동산에서 아담·하와를 속였던 그 옛 뱀이 바로 용이라고 분명하게 밝혀주고 있다는 것은 용이 실제 동물이었음을 가장 확실하게 증거해 주는 것입니다.

최후의 심판이 올 때까지 바로 이 큰 용, 사탄 마귀가 온 천하를 꾀는 일을 하는 곳이 우리가 살고 있는 '이 세상'입니다. 지금도 불순종하는 사람들 속에서 역사하는 악령이 바로 이 큰 용 사탄이란 말입니다. 그래서 누구든지 그 불신자들 중에서 예수님을 구주로 영접하고 그리스도의 통치에 복종하는 참 그리스도인이 되면 사탄이 통치하고 있는 이 세상이 그를 미워하고 핍박하게 되는 것입니다.

<부록 4-1>

이스라엘에 대한 하나님의 예언은 이스라엘이 말세에 본토로 돌아와서 평안하게 산다는 것으로 끝나지 않습니다. 성경은 예수님께서 재림하실 때의 이스라엘 상황에 대하여도 예언하고 있습니다. 예수님께서 이 세상에 오시기 593년 전에 에스겔이 당시 유태인 집단 거주지인 바벨론의 그발 강가에서 이스라엘의 먼 미래에 대한 큰 환상을 보고 기록한 것이 에스겔서입니다. 에스겔은 예수님의 재림 때에 일어날 일들을 보고 기록하였습니다.

"(1) 여호와의 말씀이 내게 임하여 이르시되 (2) 인자야 **너는 마곡 땅에 있는 로스와 메섹과 두발 왕 곧 곡에게로 얼굴을 향하고 그에게 예언하여 (3) 이르기를** 주 여호와께서 이같이 말씀하시기를 **로스와 메섹과 두발 왕 곡아 내**

가 너를 대적하여 (4) 너를 돌이켜 갈고리로 네 아가리를 꿰고 너와 말과 기마병 곧 네 온 군대를 끌어내되 완전한 갑옷을 입고 큰 방패와 작은 방패를 가지며 칼을 잡은 큰 무리와 (5) 그들과 함께 한 방패와 투구를 갖춘 바사와 구스와 붓과 (6) 고멜과 그 모든 떼와 극한 북방의 도갈마 족속과 그 모든 떼 곧 많은 백성의 무리를 너와 함께 끌어내리라 (7) 너는 스스로 예비하되 너와 네게 모인 무리들이 다 스스로 예비하고 너는 그들의 우두머리가 될지어다 (8) 여러 날 후 곧 말년에 네가 명령을 받고 그 땅 곧 오래 황무하였던 이스라엘 산에 이르리니 그 땅 백성은 칼을 벗어나서 열국에서부터 모여 들어 오며 이방에서부터 나와서 다 평안히 거하는 중이라"(겔 38:1-8)

이 말씀을 잘 보면 곡에게 예언하라고 하시면서 하나님께서 **말세에 곡을 연합군의 우두머리로 세우고 로스와 메섹과 두발** 그리고 바사(페르시아 = 지금의 이란)와 구스(이디오피아)와 붓(리비아)과 고멜과 도갈마 족속을 함께 이끌어다가 여러 나라에서 돌아와 평안하게 잘 살고 있는 이스라엘을 치게 하시겠다는 내용입니다. 그런데 다음 말씀을 보면 즉 15절에 보면 곡은 극한 북방(짜폰 미야르커테이 = situated at their extreme north)에서 많은 백성들 즉 여러 나라의 능한 군대와 함께 '**내 백성 이스라엘을 치러 오리라**'고 말씀하셨습니다. 그리고 그 시점은 16절에 기록된 대로 "**곡아 끝 날에 내가 너를 이끌어다가 내 땅을 치게 하리니**"에서 알 수 있듯이 '끝 날'(베아하리트 = in the end)'입니다; "(14) 인자야 너는 또 예언하여 **곡에게 이르기를 주 여호와의 말씀에 내 백성 이스라엘이 평안히 거하는 날**에 네가 어찌 그것을 알지 못하겠느냐 (15) 네가 네 고토 극한 북방에서 많은 백성 곧 다 말을 탄 큰 떼와 능한 군대와 함께 오되 (16) 구름이 땅에 덮임 같이 내 백성 이스라엘을 치러 오리라 곡아 끝날에 내가 너를 이끌어다가 내 땅을 치게 하리니 이는 내가 너로 말미암아 이방 사람의 목전에서 내 거룩함을 나타내어 그들로 다 나를 알게 하려 함이니라"(겔 38:14-16)

그러면 여기 곡은 누구입니까? 곡과 마곡은 전설적으로 자이언트(거인)라는 뜻을 가지고 있습니다. 그런데 이 곡과 마곡이 극한 북방에 위치하고 있다고 기록되어 있으니 곡과 마곡은 러시아입니다. 러시아는 지구상에서 가장 큰 영토를 가지고 있는 자이언트 나라이며 지구에서 가장 북방에 위치하고 있는 나라입니다. 즉 인류 역사의 '끝 날'(16절)이 되면 하나님께서 극한 북방에 위치한 러시아를 그 동맹국들과 함께 끌어내어 이스라엘을 치러 오게 하신다는 말씀입니다.

창세기 10장 2절에 보면 고멜과 마곡 두발과 메섹은 다 노아의 장남인 야벳의 아들들입니다. 이 아들들의 후손들이 살고 있는 곳이 바로 러시아 주변의 동유럽 지역입니다. 발트 3국을 비롯하여 그 아래로 벨라루스, 우크라이나, 몰도바 그리고 항가리, 튀르키예 등등은 다 러시아인 곡과 형제 나라들입니다. 그런데 에스겔서에 기록된 예언의 말씀에 따르면 러시아는 끝 날에 이스라엘을 치러 오기 위해서 그의 동맹국들을 만들어야 하는 것입니다. 수년 전에 벨라루스는 자진하여 러시아의 동맹국이 되었고 이제는 친 러시아에서 친서방으로 방향을 전환하려는 우크라이나를 동맹국으로 만들기 위해서 러시아가 우크라이나를 침공하여 전쟁 중에 있는 것은 에스겔서가 말하는 그 마지막 때가 가까워 오고 있다는 것을 보여주는 사건입니다. 에스겔서에 러시아의 동맹국들로 명시된 나라들을 러시아의 동맹국으로 만드는 데 얼마나 오랜 시간이 걸릴지는 모르지만 러시아가 이미 자기의 동맹국들을 만드는 일을 시작한 것은 분명해 보입니다.

튀르키예는 나토에는 가입이 되었지만 유럽연합(EU)에는 가입이 되지 않아서 최근 러시아 쪽으로 방향을 틀고 있는 나라입니다. 최근에 이스라엘이 헤즈볼라의 공격을 받고 레바논의 수도 베이루트를 공격하겠다고 선언하자 튀르키예는 이스라엘이 레바논을 침공하면 튀르키예는 군대를 보내어 레바논을 방어하겠다고 이스라엘에 으름장을 놓았습니다. 그리고 바사(페르시아)는 현재의 이란입니다. 이란은 1970년대까지 페르시아였으나 팔레비 왕조가 무너지고 호메이니가 통치하면서 1970년대 후반부터는 국명을 이란으로 개명하였습니다. 이란은 팔레비 왕조 때까지는 이스라엘과 가까이 지내는 나라였으나 호메이니가 통치하면서부터 이스라엘과는 앙숙이 되었으며 이스라엘과 싸우는 테러 단체들을 지원하는 국가가 되었습니다. 그러므로 이란이 러시아와 한편인 것은 우연이 아닙니다. 리비아는 항상 러시아 편이며 셀라시에 황제를 무너트리고 공산혁명에 성공했던 이디오피아가 현재는 민주국가가 되어 있지만 마지막 때가 되면 성경대로 러시아와 함께 이스라엘을 침공할 것입니다.

그러므로 말세에 이스라엘이 본토로 돌아와서 지금까지 평안하게 잘 살고 있지만 머지않아 때가 되면 러시아와 그 연합군들의 공격을 받게 되고 많은 이스라엘 사람들이 죽게 될 것입니다: "(1) 여호와의 날이 이르리라 그 날에 네 재물이 약탈되어 네 가운데에서 나누이리라 (2) 내가 이방 나라들을 모아 예루살렘과 싸우게 하리니 성읍이 함락되며 가옥이 약탈되며 부녀가 욕을 당하며 성읍 백성이 절반이나 사로잡혀 가려니와 남은 백성은 성읍에서 끊어지지 아니하리라"(슥 14:1-2) 이 말씀을 보면 러시아가 그의 동맹국들과 함께 이스라엘을 침공하려고 올 때에 이스라엘의 많은 사람들이 죽거나 포로로 끌려갈 것입니다. 오직 '남은 백성'만 구원을 받게 될 것입니다. 스가랴서 14장 3절에 기록된 대로 바로 그 때가 되면 예수님께서 재림하셔서 이스라엘을 치러온 여러 나라들을 쳐서 멸하실 것입니다: "(3) 그 때에 여호와께서 나가사 그 이방 나라들을 치시되 이왕의 전쟁 날에 싸운 것 같이 하시리라 (4) 그 날에 그의 발이 예루살렘 앞 곧 동쪽 감람 산에 서실 것이요"(슥 14:3-4)

그날에 재림하신 예수님의 발이 감람 산에 서게 될 것이며 구원받고 죽었던 성도들의 영들도 예수님과 함께 내려오게 될 것입니다: "나의 하나님 여호와께서 임하실 것이요 모든 거룩한 자들이 주와 함께 하리라"(슥 14:5) 이는 데살로니가전서 4장 14절의 말씀이 성취되는 순간입니다: "우리가 예수의 죽었다가 다시 사심을 믿을진대 이와 같이 예수 안에서 자는 자들도 하나님이 저와 함께 데리고 오시리라"

에스겔서 38장 18~23절까지 보면 예수님께서 재림하셔서 이스라엘을 치러 온 여러 나라들을 어떻게 멸하시는 지도 상세하게 보여주고 있습니다. 그리고 이렇게 재림하신 예수님께서 이스라엘을 치러 온 세상의 여러 나라들을 초자연적인 방법으로 멸하시는 목적은 이 세상의 모든 나라들이 예수님이 여호와 하나님이심을 알게 하기 위함입니다: "(18) 그 날에 곡이 이스라엘 땅을 치러 오면 내 노여움이 내 얼굴에 나타나리라 주 여호와의 말씀이니라 (19) 내가 질투와 맹렬한 노여움으로 말하였거니와 그 날에 큰 지진이 이스라엘 땅에 일어나서 (20) 바다의 고기들과 공중의 새들과 들의 짐승들과 땅에 기는 모든 벌레와 지면에 있는 모든 사람이 내 앞에서 떨 것이며 모든 산이 무너지며 절벽이 떨어지며 모든 성벽이 땅에 무너지리라 (21) 주 여호와의 말씀이니라 내가 내 모든 산 중에서 그를 칠 칼을 부르리니 각 사람이 칼로 그 형제를 칠 것이며 (22) 내가 또 전염병과 피로 그를 심판하며 쏟아지는 폭우와 큰 우박덩이와 불과 유황으로 그와 그 모든 무리와 그와 함께 있는 많은 백성에게 비를 내리듯 하리라 (23) **이같이 내가 여러 나라의 눈에 내 위대함과 내 거룩함을 나타내어 나를 알게 하리니 내가 여호와인 줄을 그들이 알리라**"(겔 38:18-23)

하나님께서 이런 일을 행하시는 목적은 두 가지입니다.

첫째는 이스라엘 백성들이 예수님이 자기들의 하나님 여호와인 줄을 알게 하는 것입니다; "그 날 이후에 이스라엘 족속은 내가 여호와 자기들의 하나님인 줄을 알겠고"(겔 39:22) 이스라엘 백성은 메시아라고 주장하는 예수님을 십자가에 못 박아 죽였고 예수님을 추종하는 그리스도인들을 이단으로 정죄하고 핍박한 이래 지금까지도 유대교를 믿는 이스라엘 사람들은 기독교를 지극히 혐오하고 있습니다. 그들은 아직도 구약성경에 약속된 메시아를 기다리고 있습니다. 그러므로 감람 산에 재림하신 예수님께서 예루살렘을 치러 온 만국의 군대를 쳐서 멸하시는 것을 보고 이스라엘의 남은 백성은 그제서야 예수님이 자기들이 오랫동안 기다려왔던 메시아임을 알고 회개하게 될 것입니다.

둘째는 이스라엘 백성들이 그동안 1,900여 년 동안 전 세계에 흩어져서 고난의 삶을 살아야 했던 이유가 바로 이스라엘 백성들이 하나님을 불순종하는 죄악 때문이라는 것을 온 세상 사람들이 알게 하는 것입니다: "(21) 내가 내 영광을 여러 민족 가운데에 나타내어 모든 민족이 내가 행한 심판과 내가 그 위에 나타낸 권능을 보게 하리니 (23) **여러 민족은 이스라엘 족속이 그 죄악으로 말미암아 사로잡혀 갔던 줄을 알지라 그들이 내게 범죄하였으므로 내 얼굴을 그들에게 가리고 그들을 그 원수의 손에 넘겨 다 칼에 엎드러지게 하였으되 (24) 내가 그들의 더러움과 그들의 범죄한 대로 행하여 그들에게 내 얼굴을 가리었었느니라**"(겔 39:21, 23-24) 2차 대전 때 있었던 유태인에 대한 나치스의 잔인한 대량학살에 관한 다큐멘터리 영화를 청년 시절에 본 적이 있습니다. 그 영화에서 유럽 사람들에게 소감을 묻는 내용이 있었는데 그중에 한 청년이 이렇게 소감을 말했습니다. "유태인이 600만 명이나 잔인하게 살해당했습니다. 하나님이 살아 계시다면 어떻게 이런 일이 일어날 수 있겠습니까? 이것은 하나님이 존재하지 않는다는 것을 보여주는 확실한 증거입니다." 이 청년처럼 이 세상 사람들은 왜 유태인들이 저렇게 2,000년 가까이 전 세계에 흩어져서 수많은 환란과 핍박과 죽임을 당해야 했는지 그 이유를 알지 못하고 있습니다.

이상에서 살펴본 것같이 성경은 이스라엘 백성이 그들의 죄 때문에 가나안 땅에서 뿌리 채 뽑혀 전 세계로 흩어져서 많은 고난과 환란을 겪을 것이라고 예언하고 있을 뿐 아니라 말세가 되면 그들을 다시 본토로 데려오겠다는 것도 성경에 예언되어 있는 것입니다. 그리고 이스라엘 백성들이 본토로 돌아온 이후에도 하나님께서는 돌아오지 않다가 예수님이 재림하셔서 예루살렘을 치러 온 만국의 군대를 멸하여 이스라엘을 구원하시는 것을 본 후에야 이스라엘 백성들은 예수님을 메시아로 알아보고 회개할 것이라는 내용도 성경에 예언되어 있는 것입니다. 다음에 기록된 스가랴서 12장에서 특별히 8절부터 10절까지 주의 깊게 읽어보기 바랍니다; "(1) 이스라엘에 관한 여호와의 경고의 말씀이라 여호와 곧 하늘을 펴시며 땅의 터를 세우시며 사람 안에 심령을 지으신 이가 이르시되 (2) 내가 예루살렘으로 그 사면 모든 민족에게 취하게 하는 잔이 되게 할 것이라 예루살렘이 에워싸일 때에 유다에까지 이르리라 (3) 그 날에는 내가 예루살렘을 모든 민족에게 무거운 돌이 되게 하리니 그것을 드는 모든 자는 크게 상할 것이라 **천하 만국이 그것을 치려고 모이리라** (4) 여호와가 말하노라 그 날에 내가 모든 말을 쳐서 놀라게 하며 그 탄 자를 쳐서 미치게 하되 유다 족속은 내가 돌보고 모든 민족의 말을 쳐서 눈이 멀게 하리니 (5) 유다의 우두머리들이 마음속에 이르기를 예루살렘 주민이 그들의 하나님 만군의 여호와로 말미암아 힘을 얻었다 할지라 (6) 그 날에 내가 유다 지도자들을 나무 가운데에 화로 같게 하며 곡식 단 사이에 횃불 같게 하리니 그들이 그 좌우에 에워싼 모든 민족들을 불사를 것이요 예루살렘 사람들은 다시 그 본 곳 예루살렘에 살게 되리라 (7) 여호와가 먼저 유다 장막을 구원하리니 이는 다윗의 집의 영광과 예루살렘 주민의 영광이 유다보다 더하지 못하게 하려 함이니라 **(8) 그 날에 여호와가 예**

루살렘 주민을 보호하리니 그 중에 약한 자가 그 날에는 다윗 같겠고 다윗의 족속은 하나님 같고 무리 앞에 있는 여호와의 사자 같을 것이라 (9) 예루살렘을 치러 오는 이방 나라들을 그 날에 내가 멸하기를 힘쓰리라 (10) 내가 다윗의 집과 예루살렘 주민에게 은총과 간구하는 심령을 부어 주리니 그들이 그 찌른 바 그를 바라보고 그를 위하여 애통하기를 독자를 위하여 애통하듯 하며 그를 위하여 통곡하기를 장자를 위하여 통곡하듯 하리로다 (11) 그 날에 예루살렘에 큰 애통이 있으리니 므깃도 골짜기 하다드림몬에 있던 애통과 같을 것이라 (12) 온 땅 각 족속이 따로 애통하되 다윗의 족속이 따로 하고 그들의 아내들이 따로 하며 나단의 족속이 따로 하고 그들의 아내들이 따로 하며 (13) 레위의 족속이 따로 하고 그들의 아내들이 따로 하며 시므이의 족속이 따로 하고 그들의 아내들이 따로 하며 (14) 모든 남은 족속도 각기 따로 하고 그들의 아내들이 따로 하리라"(슥 12:1-14)

그러니까 예수님께서 재림하셔서 예루살렘을 치러 온 만국의 나라들을 무찔러 주셔야 이스라엘의 남은 백성들이 회개하고 예수님을 메시아로 알아보고 영접하게 됩니다.

그러면 예수님의 재림은 언제 있을 것이라고 성경은 말씀해 주고 있습니까? 오늘 우리 시대의 교회들은 예수님의 재림이 대환난 전에 있을 것이기 때문에 성도들도 대환난 전에 휴거하게 됨으로 성도들은 대환난을 겪지 않을 것이라고 믿고 있습니다. 그러나 우리의 구주 되신 예수님은 마태복음 24장에서 대환난 후에 예수님의 재림과 성도의 부활이 있게 될 것을 명확하게 말씀해 주셨습니다; "(21) 이는 **그 때에 큰 환난이 있겠음이라 창세로부터 지금까지 이런 환난이 없었고 후에도 없으리라** (29) 그 날 환난 후에 즉시 해가 어두워지며 달이 빛을 내지 아니하며 별들이 하늘에서 떨어지며 하늘의 권능들이 흔들리리라 (30) **그 때에 인자의 징조가 하늘에서 보이겠고 그 때에 땅의 모든 족속들이 통곡하며 그들이 인자가 구름을 타고 능력과 큰 영광으로 오는 것을 보리라**(재림) (31) **그가 큰 나팔소리와 함께 천사들을 보내리니 그들이 그의 택하신 자들을 하늘 이 끝에서 저 끝까지 사방에서 모으리라**"(성도의 휴거)(마 24:21, 29-31)

여기서 보는 대로 예수님은 21절에서 대환난을 얘기하고 있습니다. 그리고 그 대환난 후에(29절) 예수님이 구름을 타고 재림하실 것이라(30절)고 분명하게 말씀하고 있습니다. 그리고 31절에서는 큰 나팔소리와 함께 그의 택하신 자들(성도들)의 휴거가 있을 것이라고 예수님께서 직접 말씀해 주셨습니다. 그러면 정말 성경은 대환난이 언제 올 것인지도 말씀하고 있습니까? 다니엘서에 기록된 '칠십 이레(Seventy sevens)'에서 대환난이 언제 오는지를 분명하게 보여주고 있습니다.

칠십 이레(Seventy 'sevens')

다니엘서 9장은 아닥사스다 왕이 예루살렘을 중건하라는 명령이 하달될 때부터 시작하여 인류의 종말까지의 인류 역사의 시간표를 미리 보여주는 참으로 놀라운 장입니다. 당시의 역사적 배경을 살펴보면 이미 잘 알려진 바와 같이 느브갓네살 왕의 군대가 예루살렘을 완전히 훼파하였고 다니엘과 그 백성은 바벨론에 포로로 잡혀갔습니다. 이보다 앞서 선지자 예레미야는 예루살렘이 70년 간 황폐하게 될 것이라고 예언하였습니다.(렘 25:11) 다니엘서 9장 1절부터 보면 다리오 왕 원년에 다니엘은 예레미야서를 읽다가 바벨론에 의해 멸망한 자기 조국의 수도 예루살렘이 포로생활 70년이 끝나야 회복된다는 사실을 발견합니다. 그래서 다니엘은 예루살렘성과 이스라엘 백성의 장래에 빛을 비춰달라고 기도합니다. 3절부터 보면 이에 다니엘은 자기 죄와 조국의 죄를 통회자복하며 금식기도에 들어갔습니다. 20절부터 보면 그가 이렇게 죄를 자복하고 간구할 때 그의 기도가 응답되었습니다. 24절부터 27절까지 기록된 다니엘이 받은 기도 응답의 내용을 살펴보면 이렇습니다. 앞의 서론에서 언급한 것처럼 여기 칠십 이레를 살펴볼 때에도 각 교파의 신학사상이 이 부분에 대하여 어떻게 해석하고 있는지에 상관없이 그냥 성경이 말씀하는 대로 따라가는 것이 성경말씀을 바로 이해하는 유일한 비결이 될 것입니다.

"(24) 네 백성과 네 거룩한 성을 위하여 **칠십 이레로 기한을 정하였나니 허물이 마치며 죄가 끝나며 죄악이 영속되며 영원한 의가 드러나며 이상과 예언이 응하며 또 지극히 거룩한 자가 기름부음을 받으리라**

(25) 그러므로 너는 깨달아 알지니라 **예루살렘을 중건하라는 영이 날 때부**

터 기름부음을 받은 자 곧 왕이 일어나기까지 일곱 이레와 육십이 이레가 지날 것이요 그 때 곤란한 동안에 성이 중건되어 거리와 해자가 이룰 것이며

(26) 육십이 이레 후에 기름부음을 받은 자가 끊어져 없어질 것이며 장차 한 왕의 백성이 와서 그 성읍과 성소를 훼파하려니와 그의 종말은 홍수에 엄몰됨 같을 것이며 또 끝까지 전쟁이 있으리니 황폐할 것이 작정되었느니라

(27) 그가 장차 많은 사람으로 더불어 한 이레 동안의 언약을 굳게 정하겠고 그가 그 이레의 절반에 제사와 예물을 금지할 것이며 또 잔포하여 미운 물건이 날개를 의지하여 설 것이며 또 이미 정한 종말까지 진노가 황폐케 하는 자에게 쏟아지리라 하였느니라"

한 구절씩 살펴보겠습니다. '이스라엘 백성들의 허물이 마치며 죄가 끝나며 죄악이 영원히 용서되며 영원한 의가 드러나며' 여기서 이스라엘 백성들의 죄가 끝나고 죄악이 영원히 용서되고 영원한 의가 드러나는 때는 언제입니까? 그때는 당연히 인류 역사의 맨 끝 종말입니다. 인류 역사의 맨 끝에 이스라엘 백성들이 주님께 돌아오기 전까지는 아직도 이스라엘 백성들은 죄 가운데 있기 때문입니다. 로마서 11장 25~27절을 보면 이방인의 충만한 수가 차게 될 때, 즉 종말에는 이스라엘 백성의 죄를 없이하고 그들을 구원하는 때라고 말씀하고 있습니다; "(25) 형제들아 너희가 스스로 지혜 있다 함을 면키 위하여 이 비밀을 너희가 모르기를 내가 원치 아니하노니 '이 비밀은 이방인의 충만한 수가 들어오기까지 이스라엘의 더러는 완악하게 된 것이라' (26) 그리하여 온 이스라엘이 구원을 얻으리라 기록된바 구원자가 시온에서 오사 야곱에게서 경건치 않은 것을 돌이키시겠고 (27) 내가 저희 죄를 없이 할 때에 저희에게 이루어질 내 언약이 이것이라 함과 같으니"(롬11:25~27) 다시 말해서 이스라엘 백성들의 죄가 없어지고 용서받아 영원한 의가 드러나는 때는 앞에서 살펴본 대로 이스라엘 백성들이 예수님의 재림 후에 회개하고 주님께 돌아올 때입니다. 스가랴서 12장 10~11절을 보십시오; "내가 다윗의 집과 예루살렘 거민에게 은총과 간구하는 심령을 부어 주리니 그들이 그 찌른 바 그를 바라보고 그를 위하여 애통하기를 독자를 위하여 애통하듯 하며 그를 위하여 통곡하기를 장자를 위하여 통곡하듯 하리로다 그 날에 예루살렘에 큰 애통이 있으리니 므깃도 골짜기 하다드림 몬에 있던 애통과 같을 것이라"(슥12:10-11)

그리고 '이상과 예언이 응하며 또 지극히 거룩한 자가 기름부음을 받으리라'
고 하였는데 성경에 기록된 모든 이상과 예언이 이루어지는 때는 언제입니
까? 당연히 인류 역사의 맨 끝입니다. 왜냐하면 지금 현재까지도 성경에 기
록된 이상과 예언이 다 이루어지지 않은 상태입니다. 인류 역사의 끝이 되
어야 비로소 성경에 기록된 모든 이상과 예언이 이루어질 것입니다. 그 때에
'거룩한 자가 기름부음을 받는다'고 하였으니 이것은 인류 역사의 끝에 예수
님이 왕의 왕으로 재림하시는 때를 말하는 것입니다. 요한계시록 10장 7절
을 보면 **"일곱째 천사가 소리 내는 날 그 나팔을 불게 될 때에 하나님의 비밀
이 그 종 선지자들에게 전하신 복음과 같이 이루리라"**고 기록하고 있습니다.
즉 마지막 나팔을 불 때에 예수님께서 왕의 왕으로 재림하게 될 것인데 그
때가 바로 성경에 기록된 모든 이상과 예언이 이루어지는 때인 것입니다. 요
한계시록 11장 15절을 보면 마지막 나팔을 불 때에 예수님이 왕으로 재림하
시어 그리스도의 왕국이 세워진다는 것을 알 수 있습니다: **"일곱째 천사가
나팔을 불매 하늘에 큰 음성들이 나서 가로되 세상 나라가 우리 주와 그 그리
스도의 나라가 되어 그가 세세토록 왕노릇하시리로다"** 그러므로 여기서 우리
는 24절의 **'기름부음을 받은 자'**와 25절의 **'기름부음을 받은 자'**는 같은 분 예
수님을 말하고 있음을 쉽게 알 수 있습니다. 25절에 기록된 기름부음 받은
자는 육십이 이레 후에 나타났다가 끊어져 없어진다고 하였으니 이는 예수
님의 초림을 얘기하는 것이며 칠십 이레 후에 즉 성경의 모든 예언이 다 이
루어진 후에 나타날 기름부음을 받은 자는 재림의 예수님이 분명하기 때문
입니다.

그런데 성경에 기록된 모든 이상과 예언들이 이루어지고 또 지극히 거룩
한 자가 왕의 왕으로 기름부음을 받아 재림할 때까지는 모두 **'칠십 이레'**라
는 시간이 걸릴 것이라고 하였습니다. 그러면 문제는 **'칠십 이레'**라는 기간
은 과연 얼마나 긴 기간인가 하는 것입니다. 여기 '이레'라는 말은 히브리어
로 '샤부아'라고 하는데 그냥 '일곱'이라는 뜻입니다. 우리 나라말 '이레'는 7
일을 의미하기 때문에 정확한 번역이 아닙니다. 그러므로 정확한 번역은 '칠
십 이레'가 아니고 영어 성경에서처럼 **'칠십 일곱들(Seventy sevens)'**이라고
번역하는 것이 정확합니다. 그러면 칠십 일곱들이 얼마나 긴 기간인지를 알
아보려면 우리가 우리의 상상으로 해석하지 말고 성경에서 그 해석을 찾아보

는 것이 중요합니다. 창세기 29장 27절을 보시면 야곱에게 다시 7일을 채우면 라헬을 아내로 주겠다고 약속하면서 7년을 삼촌 라반을 위해서 일할 것을 요구합니다; **"(27) 이를 위하여 칠일을 채우라 우리가 그도 네게 주리니 네가 그를 위하여 또 칠년을 내게 봉사할지니라"** 그러니까 여기서 7일을 7년으로 계산한 경우를 보게 됩니다. 또 민수기 14장 34절에서도 40일을 40년으로 계산하고 있음을 볼 수 있습니다; **"(34) 너희가 그 땅을 탐지한 날수 사십 일의 하루를 일 년으로 환산하여 그 사십 년간 너희가 너희의 죄악을 질지니 너희가 나의 싫어 버림을 알리라 하셨다 하라"** 또 에스겔서 4장 6절에서도 그 동일한 예를 찾아볼 수 있습니다; **"(6) 그 수가 차거든 너는 우편으로 누워 유다 족속의 죄악을 담당하라 내가 네게 사십일로 정하였나니 일일이 일년이니라"** 이와 같이 성경에서는 1일을 1년으로 계산한 경우를 볼 수 있습니다. 그러므로 여기서 '이레'는 7년을 의미하고 '칠십 이레'는 70 X 7년 = 490년을 뜻하는 것을 쉽게 알 수 있습니다. 그러니까 칠십 이레는 그냥 상징적인 숫자로서 예수님의 초림 때까지의 기간을 의미하는 것이라고 막연하게 해석하는 신학자들의 해석은 얼마나 잘못된 것인지를 우리는 알게 됩니다. 이와 같이 칠십 이레를 숫자 그대로 받아들이기를 거부하고 상징적으로 해석하는 신학은 **'일점일획까지도 다 이루어지리라'**고 하신 예수님의 말씀을 전면적으로 부정하는 것입니다. 우리는 성경을 우리의 생각으로 해석하지 말고 성경에 쓰여진 그대로 받아들여야만 성경말씀을 가장 정확하게 이해할 수 있게 됩니다.

"칠십 이레' = 70 X 7 = 490년

'**칠십 이레**'가 490년이라는 것을 염두에 두고 다시 24절로 돌아가 보면 **"이스라엘 백성들의 허물이 마치며 죄가 끝나며 죄악이 영원히 용서되며 영원한 의가 드러나며 성경에 기록된 모든 이상과 예언들이 이루어지고 또 지극히 거룩한 자가 왕의 왕으로 기름부음을 받아 재림할 때까지는 모두 '칠십 이레'가 걸릴 것이다"**, 즉 '490년이라는 시간이 걸릴 것이다'라는 말입니다. 그러면 언제부터 계산해서 490년이 지나야 이스라엘의 모든 죄가 용서되고 영원한 의에 들어가며 거룩한 자가 왕의 왕으로 재림할 것인지를 살펴보아야 합니다. 25절을 보시기 바랍니다.

"(25) 그러므로 너는 깨달아 알지니라 **예루살렘을 중건하라는 영이 날 때부터 기름부음을 받은 자 곧 왕이 일어나기까지 일곱 이레와 육십이 이레가 지날 것이요** 그 때 곤란한 동안에 성이 중건되어 거리와 해자가 이룰 것이며"

즉 '칠십 이레'가 시작하는 시간은 '예루살렘을 중건하라는 영이 날 때부터'라고 하였습니다. 즉 예루살렘을 재건하라는 왕의 명령이 나는 날부터 계산한다는 뜻입니다. 그러면 예루살렘성을 중건하라는 왕의 명령이 떨어진 때는 언제 입니까? 느헤미야 1장 3절에 보면 아닥사스다 왕 제 이십 년에 수산 궁에서 왕을 섬기고 있던 느헤미야는 예루살렘성이 훼파되고 성문들이 불에 소화되었다는 소식을 고국을 방문했던 동료 유대인들로부터 듣습니다. 2장 5절에 보면 '**나를 유대 땅 나의 열조의 묘실에 있는 성읍에 보내어 그 성을 중건하게 하옵소서**'라고 느헤미야가 왕에게 청원하고 있습니다. 2장 8절부터 보면 왕이 조서를 내려 허락한 사실이 기록되어 있습니다. 그러면 왕이 허락한 그 때는 언제 입니까? 느헤미야 2장 1절에 보시면 그때는 아닥사스다 왕 이십년 니산월이라고 기록되어 있습니다.

"(1) **아닥사스다 왕 이십년 니산월에** 왕의 앞에 술이 있기로 내가 들어 왕에게 드렸는데 이전에는 내가 왕의 앞에서 수색이 없었더니 (2) 왕이 내게 이르시되 네가 병이 없거늘 어찌하여 얼굴에 수색이 있느냐 이는 필연 네 마음에 근심이 있음이로다 그 때에 내가 크게 두려워하여 (3) 왕께 대답하되 왕은 만세수를 하옵소서 나의 열조의 묘실 있는 성읍이 이제까지 황무하고 성문이 소화되었사오니 내가 어찌 얼굴에 수색이 없사오리이까 (4) 왕이 내게 이르시되 그러면 네가 무엇을 원하느냐 하시기로 내가 곧 하늘의 하나님께 묵도하고 (5) **왕에게 고하되 왕이 만일 즐겨하시고 종이 왕의 목전에서 은혜를 얻었사오면 나를 유다 땅 나의 열조의 묘실 있는 성읍에 보내어 그 성을 중건하게 하옵소서** 하였는데 (6) 그 때에 왕후도 왕의 곁에 앉았더라 왕이 내게 이르시되 네가 몇날에 행할 길이며 어느 때에 돌아 오겠느냐 하고 왕이 나를 보내기를 즐겨하시기로 내가 기한을 정하고 (7) 내가 또 왕에게 아뢰되 왕이 만일 즐겨하시거든 강 서편 총독들에게 내리시는 조서를 내게 주사 저희로 나를 용납하여 유다까지 통과하게 하시고 (8) 또 왕의 삼림 감독 아삽에게 조서를 내리사 저로 전에 속한 영문의 문과 성곽과 나의 거할 집을 위하여 들보 재목을 주게 하옵소서 하매 **내 하나님의 선한 손이 나를 도우심으로 왕이 허락하고 (9) 군대 장관과 마병을 보내어 나와 함께하게 하시기로 내가 강 서편에 있는 총독들에게 이르러 왕의 조서를 전하였더니**"(느 2:1~9)

대영백과사전에 의하면 아닥사스다 왕의 즉위연대를 주전 465년으로 기록하고 있습니다. 그러므로 그가 즉위한 지 이십 년이 된 해는 주전 445년 니산월입니다. 그러므로 이날을 시작으로 해서 '칠십 이레'를 계산해야 합니다.

※ 참고: 예루살렘성을 중건하라는 명령의 때가 주전 457년이라고 주장하는 잘못된 이론이 있는데 이것은 그 근거를 에스라 7장 7~13절에 두고 있습니다. 그러나 아닥사스다 왕 7년 5월에 에스라에게 주어진 조서는 예루살렘성을 중건하라는 조서가 아니고 제사장들과 레위 사람들 중에서 에스라와 함께 예루살렘으로 갈 뜻이 있는 사람들은 가도 좋다고 허락하는 조서입니다; "(11) 여호와의 계명의 말씀과 이스라엘에게 주신 율례의 학사인 학사겸 제사장 에스라에게 아닥사스다왕이 내린 조서 초본은 아래와 같으니라 (12) 모든 왕의 왕 아닥사스다는 하늘의 하나님의 율법에 완전한 학사겸 제사장 에스라에게 (13) 조서하노니 우리 나라에 있는 이스라엘 백성과 저희 제사장들과 레위 사람들 중에 예루살렘으로 올라갈 뜻이 있는 자는 누구든지 너와 함께 갈지어다"(스 7:11-13) 이 잘못된 이론은 마지막 한 이레를 예수님의 죽으심을 전후한 7년으로 해석하고 있습니다. 즉 마지막 한 이레가 말세에 대한 것이 아니라고 주장합니다. 그러나 예수님은 말세에 대하여 말씀하신 마태복음 24장 15절에서 이 마지막 한 이레가 말세에 관한 것임을 분명하게 말씀하고 있습니다; "(15) 그러므로 너희가 선지자 다니엘의 말한바 멸망의 가증한 것이 거룩한 곳에 선 것을 보거든 (읽는 자는 깨달을진저)" 다니엘서 9장 26절에 '장차 한 왕의 백성이 와서 그 성읍과 성소를 훼파하려니와'라는 구절은 주후 70년에 로마군대에 의하여 예루살렘이 멸망할 것을 말하는 것입니다. 그리고 그 사건 후부터 끝까지 (종말까지)는 전쟁이 있을 것이라고 하였고 그 후에 마지막 한 이레가 올 것이 언급되어 있습니다. 그러므로 마지막 한 이레가 예수님의 죽으심을 전후한 7년이라고 해석하는 것은 마태복음 24장 15절의 예수님의 말씀을 정면으로 부정하는 것입니다.

그러니까 주전 465년을 시작으로 해서 '칠십 이레(70 x 7년)'를 계산해 보면 기름부음을 받은 자가 왕의 왕으로 재림하는 때가 되는 것입니다. 자 다시 24절의 말씀을 보십시오. "네 백성과 네 거룩한 성을 위하여 **칠십 이레로 기한을 정하였나니** 허물이 마치며 죄가 끝나며 죄악이 영속되며 영원한 의가 드러나며 이상과 예언이 응하며 **또 지극히 거룩한 자가 기름부음을 받으리라**"

그러니까 아닥사스다 왕이 즉위한 지 20년이 되는 해 주전 445년부터 계산해서 칠십 이레(70 x 7년)가 지나면 하나님의 백성의 죄가 다 끝나고 죄악이 영원히 용서되고 영원한 의를 받게 되며 성경에 기록되었던 모든 환상과 예언이 다 이루어지고 또 지극히 거룩한 자 메시아가 왕의 왕으로 기름부음을 받고 재림하게 된다는 것입니다. 간단히 말해서 주전 445년부터 계산해서 칠십 이레가 지나면 예수님의 재림이 있게 된다는 말입니다.

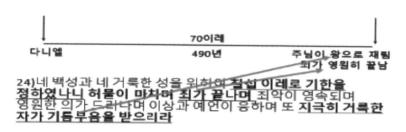

일곱 이레(7 x 7년)

자 그러면 다음 25절을 보기 바랍니다.

"**예루살렘을 중건하라는 영이 날 때부터 기름부음을 받은 자 곧 왕이 일어나기까지 일곱 이레와 육십이 이레가 지날 것이요**"(단 9:25)

여기서 기름부음을 받은 자는 왕 되신 메시야 예수 그리스도를 의미하는 것이므로 아닥사스다 왕이 예루살렘을 중건하라는 명령이 내릴 때부터 계산해서 예수 그리스도의 초림 때까지는 '**일곱 이레와 육십이 이레가 지날 것이라**'는 말입니다. 그러니까 '**일곱 이레(7 x 7)**'와 '**육십이 이레(62 x 7)**'를 합하면 모두 육십구 이레(69 x 7)가 걸린다는 뜻입니다. '일곱 이레'는 7 x 7년이니까 49년을 의미하고 '육십이 이레'는 62 x 7년이니까 434년을 의미합니다.

그러면 아닥사스다 왕이 칙령을 내릴 때부터 예수 그리스도께서 처음 오실 때까지의 기간을 육십구 이레 즉 483년이라고 하지 않고 굳이 그 사이에 49년과 434년으로 나누어 언급한 이유는 무엇일까요? 아닥사스다 왕 이십 년(주전 445년)에 칙령을 발표할 때부터 '일곱 이레' 즉 49년이 지난 때는 주전 396년입니다. 이는 구약의 마지막 선지자 말라기 시대를 가리키는 것입니다. 그러니까 칙령이 발표되고 나서 '일곱 이레'가 지나는 시점을 굳이 언급한 것은 구약의 선지자 시대가 끝나는 역사적인 시점을 짚어주려는 것입니다. 사실 구약에서 선지자들의 역할은 매우 중요한 위치를 차지하였습니다. 그 선지자 시대가 끝나는 시점이 바로 아닥사스다 왕의 칙령발표 후 일곱 이레가 지나는 시점입니다. 실제로 말라기 선지자가 사라진 후에는 약 400년 동안 선지자가 없는 침묵의 기간이 있었습니다. 그때는 유대인들이 바벨론 포로에서 돌아와 나라를 재건하기 위하여 애쓰는 기간이었으나 그리스 제국에서 갈라져 이집트 지역을 통치하던 톨레미 왕조와 시리아 지역을 통치하던 씰루쿠스 왕조의 식민통치 아래서 시달리던 시대로서 영적으로나 정치적으로나 매우 어려운 시간이었으며 그리스제국의 멸망과 함께 곧 이어서 로마제국의 식민통치 아래 시련이 계속되는 시기였습니다.

육십이 이레(62 x 7년)

"예루살렘을 중건하라는 영이 날 때부터 기름부음을 받은 자 곧 왕이 일어나기까지 일곱 이레와 육십이 이레가 지날 것이요"(단 9:25)

일곱 이레가 지난 후에는 즉 49년이 지난 후에는 또 육십이 이레가 지나야 한다고 하였는데 육십이 이레는 62 x 7년이니까 434년이 또 지나야 기름부음을 받은 자가 나타난다는 말입니다. 그런데 26절을 보면 **'육십이 이레 후에 기름부음을 받은 자가 끊어져 없어질 것이며'**라고 기록하고 있습니다. 그러니까 25절과 26절을 종합해 보면 아닥사스다 왕이 칙령을 발표한 주전 445년부터 계산하여 일곱 이레(49년)가 지나고 또 육십이 이레(434년)가 지나면 기름부음을 받은 자 곧 메시아로 오실 예수 그리스도가 끊어져 없어질 것이란 말입니다. 즉 '육십이' 이레는 그리스도께서 오셔서 공생애 사역을 모두 마치시고 승천하시게 된 시점을 가리키는 것입니다. 그러니까 말라기 이후부터 육십이 이레(434년)는 약 400년간의 침묵의 기간과 예수 그리스도

의 지상에 계셨던 기간 약 30여 년의 기간을 합한 것입니다. 그러니까 아닥
사스다 왕의 칙령 후에 일곱 이레가 지난 후에는 선지자 시대가 끝날 것을
보여준 것이며 그 후에 또 육십이 이레가 지난 후에는 그리스도가 공생애 사
역을 마치는 시점을 미리 보여준 것입니다. 얼마나 놀라운 예언의 시간표입
니까? 다니엘은 예수님보다 약 500여 년 전의 사람이었는데 메시아가 오셔
서 대속사역을 마칠 시간을 이토록 정확하게 미리 보여준 것입니다.

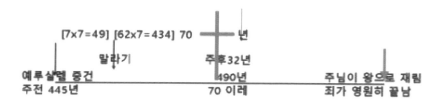

예루살렘을 중건하라는 영이 날 때부터 기름부음을 받은 자 곧 왕이
일어나기까지 일곱 이레와 육십 이 이레가 지날 것이요.[25절]

26육십 이 이레 후에 기름부음을 받은 자가 끊어져 없어질 것이며
장차 한 왕의 백성이 와서 그 성읍과 성소를 훼파하려니와 그의 종말은 홍수에
엄몰됨 같을 것이며
또 끝까지 전쟁이 있으리니 황폐할 것이 작정되었느니라

　

이스라엘의 달력을 오늘의 달력으로 환산하여 메시아의 날자를 계산해
보면 이렇습니다. 요한계시록 13장 4-7절에 보시면 대환난의 기간을 달 수
로는 '마흔두 달'이라고 표기하였고 또 요한계시록 12장 13-14절에 보면 대
환난의 기간을 날수로 1,260일이라고 기록하고 있습니다. 그러므로 당시 이
스라엘의 1개월은 30일이고 1년은 360일이었음을 알 수 있습니다. 아닥사
스다 왕이 칙령을 발표할 때부터 그리스도께서 공생애 사역을 마칠 때까지
는 일곱 이레(7 x 7년)와 육십이 이레(62 x 7년)가 걸렸습니다. 그러니까 모
두 육십 구 이레(69 x 7년 = 483년)가 걸린다는 것입니다. 이것을 오늘의
달력으로 환산해 보면 비교적 정확한 날짜를 얻을 수 있을 것입니다. 모두
483년인데 이스라엘의 1년은 360일었으니까 483년에 360일을 곱하면 17만
3,880일이 됩니다. 칠십 이레의 시작 시간이 주전 445년 니산월인데 정확한
날짜가 기록되지 않았으므로 니산월의 첫날로 가정하면 주전 445년 3월 14
일이 됩니다. 그러면 주전 445년 3월 14일부터 시작해서 17만 3,880일을 더

하면 메시아의 날자를 알 수 있게 될 것입니다. 이것을 오늘날의 1년인 365일에다가 그 안에 들어 있는 윤년의 날수까지 다 포함한 수로 나누어 계산해 보면 기름부음을 받은 자가 끊어진 때, 즉 그리스도께서 지상 사역을 마치고 승천하신 때는 우리의 달력으로 주후 32년 4월 6일이 됩니다. 참으로 놀라운 수치입니다. 주전 445년이라는 대영백과사전의 기록에 약간의 착오가 있음을 인정한다고 해도 그리고 로마 콘스탄틴 황제의 연대계산에 3~4년의 착오를 인정하더라도 주후 32년이라는 이 수치는 실제 그리스도의 날짜에 대단히 근접한 수치임에 틀림없습니다. 그러니까 일곱 이레와 육십이 이레가 끝나는 때가 바로 그리스도께서 십자가 사역을 마치시고 승천하실 때이며 그 때가 바로 주후 32년경이 된다는 말입니다. 얼마나 정확한 예언입니까?

공백 기간

"(26) 육십이 이레 후에 기름부음을 받은 자가 끊어져 없어질 것이며 장차 한 왕의 백성이 와서 그 성읍과 성소를 훼파하려니와 그의 종말은 홍수에 엄몰됨 같을 것이며 또 끝까지 전쟁이 있으리니 황폐할 것이 작정되었느니라 (27) 그가 장차 많은 사람으로 더불어 한 이레 동안의 언약을 굳게 정하겠고 그가 그 이레의 절반에 제사와 예물을 금지할 것이며 또 잔포하여 미운 물건이 날개를 의지하여 설 것이며 또 이미 정한 종말까지 진노가 황폐케 하는 자에게 쏟아지리라 하였느니라"(단 9:26-27)

26절과 27절을 주의 깊게 살펴보면 육십이 이레와 마지막 한 이레 사이에는 상당한 공백기간이 있음을 알 수 있습니다. 즉 '육십이 이레 후에 기름부음을 받은 자가 끊어져 없어질 것이며' 이는 육십이 이레의 끝에 그리스도는 십자가 죽음과 부활 승천으로 지상에서 끊어져 없어질 것이라는 말입니다. 그리고 26절에 언급한 대로 장차 한 왕의 백성이 와서 그 성읍과 성소를 훼파한다고 하였는데 이는 그리스도께서 승천하신 지 약 40년 후인 주후 70년에 로마제국의 군대(한 왕의 백성)가 예루살렘을 9개월간 포위하여 그 성읍과 성소(예루살렘과 그 성전)를 파괴한 것을 미리 보여주는 것입니다. 얼마나 정확한 예언입니까? 그리고 우리가 여기서 놓치지 말고 꼭 붙잡아야 할 중대한 사실은 '끝(이 세상의 종말)까지는 전쟁이 있으리니'라고 언급한 후에 마지막 남은 '한 이레(7년)'에 대하여 언급하고 있습니다. 다시 말해서 육십이 이레와 마지막 한 이레의 사이에는 공백기간이 있다는 사실입니다. **즉 이 공백기간 동안에 즉 마지막 한 이레(1 x 7년)가 이르기 전까지는 이 세상에 늘 전쟁이 있을 것임을 예고하는 것입니다.** 사실 역사학자들의 말에 따르면 인류역사에서 평균 매 30년마다 전쟁이 있었다고 합니다. 이 명백한 공백기간을 무시하고 육십이 이레 후에 곧 바로 한 이레를 붙여서 해석하는 신학이론은 마지막 한 이레가 주후 70년 전후에 있었던 것으로 해석하고 있습니다. 즉 그들의 해석에 의하면 한 이레의 전반부인 1,260일을 디도의 반란으로 보고 그 사건 후 즉 주후 70년 후부터 예수님의 재림까지를 한 이레의 후반부 1,260일로 보는 견해입니다. 그러면 주후 70년의 전반부는 불과 수십 년에 불과하고 후반부는 거의 2,000년에 가까운데 어떻게 한 이레의 절반이라고 할 수가 있겠습니까? 한 이레의 절반이라고 했을 때에는 전반부와 후반부의 시간적 길이가 똑같은 것임을 의미하는 것입니다. 만약 칠십 이레가 그렇게 상징적인 것이라면 왜 하나님은 칠십 이레를 군이 일곱 이레와 육십이 이레와 한 이레를 따로따로 구분하여 말씀하셨겠습니까? 여기서 우리는 지금까지 요한계시록을 올바로 이해하지 못하고 깊은 혼란 가운데 헤메이게 된 주된 원인이 바로 성경말씀을 기록된 그대로 받아들이지 아니하고 신학자들의 개인적인 생각과 무지와 고집과 편견으로 가득 찬 다양한 해석들 때문에 기인한 것임을 솔직히 인정해야 합니다.

육십이 이레와 마지막 한 이레 사이에는 분명히 공백기간이 있음을 성경 본문은 분명히 언급하고 있음을 명심해야 합니다. 다만 이 공백기간이 얼마나 오래 지속하게 될지는 아무도 모릅니다. 이 공백기간이 언제 끝이 나서 마지막 한 이레(7년)가 시작될지를 모르기 때문에 마태복음 24장 36절에서 예수님은 '**그 날과 그 때는 아무도 모른다**'고 말씀하신 것입니다. 그런데 데살로니가전서 5장 2절과 4절에 보면 '**주의 날이 밤에 도적같이 이를 줄을 너희 자신이 자세히 앎이라 … 형제들아 너희는 어두움에 있지 아니하매 그날이 도적같이 너희에게 임하지 못하리니**'라고 말씀하고 있습니다. 무슨 말씀입니까? 영적으로 잠자고 있는 사람들에게는 주의 재림이 도적같이 임하겠지만 영적으로 깨어 있는 진짜 그리스도인들에게는 도적같이 임하지 아니한다는 말입니다. 우리가 한 가지 짚고 넘어가야 할 것은 어두움에 있지 아니한 참된 그리스도인들에게는 그날이 도적같이 임하지 못한다는 말씀입니다. 즉 어둠에 있지 아니한 참된 그리스도인들은 적그리스도가 와서 평화조약을 맺게 하고 전 세계를 거짓 평화로 통치할 때 그때부터 한 이레(7년) 후에는 예수님의 재림이 있을 것이라는 것을 알 수 있기 때문입니다.

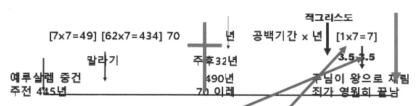

26육십 이 이레 후에 기름부음을 받은 자가 끊어져 없어질 것이며 장차 한 왕의 백성이 와서 그 성읍과 성소를 훼파하려니와 그의 종말은 홍수에 엄몰됨 같을 것이며 또 끝까지 전쟁이 있으리니 황폐할 것이 작정되었느니라

27)그가 장차 많은 사람으로 더불어 한 이레 동안의 언약을 굳게 정하겠고 그가 그 이레의 절반에 제사와 예물을 금지할 것이며 또 잔포하여 미운 물건이 날개를 의지하여 설 것이며[And **at the temple he will set up an abomination that causes desolation**, until the end that is decreed is poured out on him] 또 이미 정한 종말까지 진노가 황폐케 하는 자에게 쏟아지리라 하였느니라

한 이레

아닥사스다 왕이 칙령을 발표한 후에 예수님께서 승천하실 때까지는 일곱 이레(7 x 7년 = 49년)와 그리고 육십이 이레(62 X 7년 = 434년)가 지났습니다. 그러니까 모두 육십구 이레(69 x 7 년 = 483년)가 지난 것입니다. 그러니까 하나님의 백성이 모든 죄를 영속하고 영원한 의에 들어가고 기름부음을 받은 자(그리스도)가 왕의 왕으로 재림할 때까지는 모두 칠십 이레(70 x 7년 = 490년)가 걸릴 것이라고 하였는데 지금까지 모두 69이레가 지났으므로 이제 남은 것은 한 이레(1 x 7년 = 7년)뿐입니다. 그런데 이 한 이레(7년)는 육십구 이레 후에 긴 공백기간을 지난 다음에 도래하는 것입니다. 이것이 바로 중요한 마지막 7년입니다. 이 마지막 7년이 지난 후에 기름부음을 받은 자(그리스도)가 왕의 왕으로 재림하여 하나님의 백성들이 영원한 의에 들어가게 되는 것입니다. 즉 인류의 종말 직전에는 7년이라는 마지막 중요한 기간이 있게 된다는 것입니다.

※ 참고: 한 이레가 인류의 종말직전에 있을 7년이라는 해석을 거부하는 신학이론들은 마지막 한 이레가 주후 70년에 예루살렘이 멸망을 당함으로 다 이루어진 것이라고 주장하면서 마지막 한 이레를 세상의 종말사건으로 해석하면 안 된다는 것입니다. 그러니까 '그가 장차 많은 사람으로 더불어 한 이레 동안의 언약을 굳게 정하겠고 그가 그 이레의 절반에 제사와 예물을 금지할 것이며 또 잔포하여 미운 물건이 날개를 의지하여 설 것이며'라는 한 이레의 사건이 주후 70년에 일어난 예루살렘 멸망을 의미하는 것이지 세상 종말에 일어날 사건이 아니라는 것입니다. 그런데 마태복음 24장 3절부터 보시면 예수님의 재림과 세상 끝에 일어날 사건들을 언급하면서 15절에서는 '그러므로 너희가 선지자 다니엘의 말한 바 멸망의 가증한 것이 거룩한 곳에 선 것을 보거든 읽는 자는 깨달을진저'라고 예수님께서 직접 다니엘의 마지막 한 이레가 세상 종말에 있을 사건이라고 말씀하고 계십니다. 마지막 한 이레가 세상 종말에 있을 사건이 아니라고 주장하는 사람들은 마태복음 24장이 종말에 관한 말씀이 아니고 주후 70년에 있었던 예루살렘의 멸망이라고 주장하고 있습니다. 그러나 마태복음 24장 3절에 보시면 '또 주의 임하심(재림)과 세상 끝(종말)에는 무슨 징조가 있사오리까?'라는 제자들의 질문을 받으시고 4절부터 예수님이 세상 종말에 있을 징조들에 대하여 말씀하고 계십니다. 그리고 21절에서는 '이는 그 때에 큰 환난이 있겠음이라 장세로부터 지금까지 이런 환난이 없었고 후에도 없으리라'고 말씀하셨습니다. 또 27절에 보시면 '번개가 동편에서 나서 서편까지 번쩍임같이 인자의 임함도 그러하리라'고 분명히 예수님의 재림에 대하여 언급하셨습니다. 주후 70년 예루살렘이 멸망할 때에 예수님이 재림하신 적이 있으십니까? 또 29절부터 보시면 '그날 후에 즉시 해가 어두워지며 달이 빛을 내지 아니하며 별들이 하늘에서 떨어지며 하늘의 권능들이 흔들리리라'고 하였습니다. 주후 70년 예루살렘이 멸망할 때에 해와 달이 빛을 내지 않고 별들이 하늘에서 떨어졌습니까? 또 30절에 보시면 "그 때에 인자의 징조가 하늘에서 보이겠고 그때에 땅의 모든 족속들이 통곡하며 그들이 인자가 구름을 타고 능력과 큰 영광으로 오는 것을 보리라. 저가 큰 나팔소리와 함께 천사들을 보내리니 저희가 큰 나팔소리와 함께 천사들을 보내리니 저희가 그 택하신 자들을 하늘 이 끝에서 저 끝까지 사방에서 모으리라." 이것은 대환난의 끝부분에서 큰 나팔소리와 함께 예수님이 구름을 타고 재림하시는 것과 택하신 자들을 하늘 이 끝에서 저 끝까지 사방에서 모으는 성도들의 휴거에 대하여 말씀하고 있는 것

입니다. 그러므로 마태복음 24장에서 언급한 사건이 이 세상 종말에 관한 사건이 아니고 주후 70년에 있었던 예루살렘의 멸망사건이라는 주장은 대단히 잘못된 해석입니다. 그럼에도 불구하고 많은 사람들은 마지막 한 이레가 종말에 있을 마지막 7년이라는 해석을 거부하고 있습니다. 그것은 단순히 이 해석이 세대주의자들에 의하여 주장되기 때문입니다. 그러므로 우리가 성경을 올바로 이해하기 위해서는 인간이 만들어낸 신학교리에서 과감히 벗어나서 성경이 말하는 것을 그대로 믿고 받아들여야 합니다. 우리는 우리가 속한 교단의 교리와 신학을 버리고 예수님이 하신 말씀을 그대로 믿고 따라야 합니다. 마태복음 24장 15절에서 예수님은 분명히 다니엘이 말한 마지막 한 이레의 사건을 세상 종말에 있을 적그리스도의 출현이라고 말씀하고 계십니다. 이 예수님의 말씀에 대항하는 모든 이론들은 다 이단일 수밖에 없는 것입니다.

"(27) 그가 장차 많은 사람으로 더불어 한 이레 동안의 언약을 굳게 정하겠고 그가 그 이레의 절반에 제사와 예물을 금지할 것이며 또 잔포하여 미운 물건이 날개를 의지하여 설 것이며 또 이미 정한 종말까지 진노가 황폐케 하는 자에게 쏟아지리라 하였느니라"(단 9:27)

여기 27절을 보면 '그가 장차 많은 사람으로 더불어 한 이레 동안의 언약을 굳게 정하겠고'라고 하였습니다. 여기서 그는 누구입니까? 그는 중동분쟁 같은 국제분쟁을 능수능란하게 해결하고 평화조약을 성사시켜서 온 세상을 거짓 평화로 통치하게 될 적그리스도입니다. 마지막 때가 가까워질수록 세상에는 더 많은 지진과 기근과 역병(전염병)이 발생할 것이며 더 많은 지역에서 나라가 나라를 대항하여 일어나는 전쟁이 있을 것이며 한 나라 안에서도 민족이 민족을 대항하여 싸우는 일들이 빈번해질 것입니다. 이럴 때에 적 그리스도가 나타나서 많은 나라 사람들과 평화조약을 맺을 것입니다. 그러나 그 언약은 마지막 남은 한 이레 즉 7년이 될 것입니다. 세상 사람들은 이제 전쟁이 없어져서 정말 살기 좋은 평화의 세상이 왔다며 기뻐할 것이며 그를 평화의 왕, 참된 그리스도로 숭배하게 될 것입니다. 그러나 우리 그리스도인들은 그 평화는 거짓 평화이며 평화조약이 체결된 후부터 예수님의 재림이 있기까지는 한 이레(7년)만 남았다는 것을 깨달아야 할 것입니다.

27절을 다시 보십시오. **'그가 그 이레의 절반에 제사와 예물을 금지할 것이며 또 잔포하여 미운 물건이 날개를 의지하여 설 것이며'** 그러면 제사와 예물을 금지할 때가 언제부터입니까? 다시 말해서 적그리스도가 그리스도인들에게 하나님을 예배하지 못하게 하는 때가 언제부터입니까? 한 이레의 언약을 체결할 때부터입니까? 아닙니다. 한 이레의 절반이 될 때부터 그리스도인들은 하나님을 예배하지 못하게 되는 것입니다. 그러니까 적그리스도가 평화조약을 맺은 후에 3년 반이 되었을 때에 그는 그리스도인들이 하나님을 섬기는 것을 금지할 것이란 말입니다. 즉 평화조약을 맺은 지 3년 반이 되었을 때 그는 비로소 자기의 본색을 드러내면서 말로 하나님을 대적하고 하나님을 섬기는 성도들을 핍박하고 괴롭게 할 것입니다. 그러니까 마지막 남은 한 이레(1 x 7 = 7년) 중에서 적그리스도가 주는 거짓 평화는 3년 반 만에 끝이 나고 나머지 3년 반은 대환난의 기간이 되는 것입니다. 3년 반의 거짓 평화가 끝이 나면 미운 물건이 날개를 의지하여 설 것이라는 말처럼 적그리스도는 그리스도인들이 하나님을 예배하는 것을 금지할 뿐만 아니라 자기의 신상을 만들어 성전에 세워놓고 온 세상으로 하여금 자기를 하나님으로 섬기게 할 것입니다. 데살로니가후서에서도 적그리스도에 대하여 예수님은 사도 바울을 통해서 같은 말씀을 하셨습니다. **"(3) 누가 아무렇게 하여도 너희가 미혹하지 말라 먼저 배도하는 일이 있고 저 불법의 사람 곧 멸망의 아들이 나타나기 전에는 이르지 아니하리니 (4) 저는 대적하는 자라 범사에 일컫는 하나님이나 숭배함을 받는 자 위에 뛰어나 자존하여 하나님 성전에 앉아 자기를 보여 하나님이라 하느니라"**(살후 2:3-4)

예수님께서 마태복음 24장에서 마지막 대환난에 대하여 언급하시면서 바로 이 다니엘의 말한 마지막 한 이레를 언급하고 있는 것입니다. **"그러므로 너희가 선지가 다니엘의 말한 바 멸망의 가증한 것이 거룩한 곳에 선 것을 보거든 읽는 자는 깨달을진저"**(마 24:15) 예수님은 다니엘이 언급한 **'그 이레의 절반에 제사와 예물을 금지할 미운 물건'** 바로 대환난 때에 나타날 적그리스도임을 가르쳐주고 있습니다. 이 적그리스도가 바로 다니엘서 7장 8, 24, 25, 26절에서 언급한 작은 뿔로서 이 작은 뿔은 장차 말로 지극히 높으신 자를 대적하며 또 지극히 높으신 자의 성도를 괴롭게 할 자입니다; **"(8) 내가 그 뿔을 유심히 보는 중에 다른 작은 뿔이 그 사이에서 나더니 첫 번째 뿔 중**

의 셋이 그 앞에서 뿌리까지 뽑혔으며 이 작은 뿔에는 사람의 눈 같은 눈들이 있고 또 입이 있어 큰 말을 하였더라 (24) 그 열 뿔은 그 나라에서 일어날 열 왕이요 그 후에 또 하나(작은 뿔)가 일어나리니 그는 먼저 있던 자들과 다르고 또 세 왕을 복종시킬 것이며 (25) 그가 장차 지극히 높으신 이를 말로 대적하며 또 지극히 높으신 이의 성도를 괴롭게 할 것이며 그가 또 때와 법을 고치고자 할 것이며 성도들은 그의 손에 붙인 바 되어 한 때와 두 때와 반 때(3년 반)를 지내리라 (26) 그러나 심판이 시작되면 그는 권세를 빼앗기고 완전히 멸망할 것이요" 즉 다니엘서 7장 25절에 기록된 대로 '**그가 장차 말로 지극히 높으신 자를 대적하며 또 지극히 높으신 자의 성도를 괴롭게 할 것이며 성도는 그의 손에 붙인 바 되어 한 때와 두 때와 반 때(3년 반)를 지내리라**' 다니엘서 12장 1절을 보면 요한계시록에서 말하는 '대환난'에 대하여 언급하고 있습니다. "**그 때에 네 민족을 호위하는 대군 미가엘이 일어날 것이요. 또 환란이 있으리니 이는 개국 이래로 그때까지 없던 환란일 것이며 그때에 네 백성 중 무릇 책에 기록된 모든 자가 구원을 얻을 것이라**"

이와 같이 다니엘서 12장은 대환난에 대하여 언급하면서 7절을 보면 대환난의 기간이 한 때와 두 때와 반 때(3년 반)가 될 것이라고 기록하고 있습니다. 즉 **적그리스도는 성도의 권세가 다 깨어질 때까지 한 때와 두 때와 반 때 동안 성도를 괴롭힐 것이라고 하였습니다;** "내가 들은즉 그 세마포 옷을 입고 강물 위에 있는 자가 그 좌우 손을 들어 하늘을 향하여 영생하시는 자를 가리켜 맹세하여 가로되 **반드시 한 때 두 때 반 때를 지나서 성도의 권세가 다 깨어지기까지니 그렇게 되면 이 모든 일이 다 끝나리라 하더라**"(단 12:7) 즉 적 그리스도가 한 때와 두 때와 반 때 동안에 하나님을 믿는 온 세상의 성도들의 권세가 다 깨어지기까지 성도들을 핍박할 때가 바로 '대환난'이라는 말입니다. 그러면 요한계시록에서 말하는 대환난의 기간은 얼마나 긴 기간입니까? 요한계시록 12장 12절, 13절, 14절과 17절을 보면 **대환난 기간에 용이 여자의 남은 자손 즉 하나님의 계명을 지키며 예수의 증거를 가진 자들을 대항하여 싸우는 기간이 한 때와 두 때와 반 때라고 기록하고 있습니다;** "(12) 그러므로 하늘과 그 가운데 거하는 자들은 즐거워하라 그러나 땅과 바다는 화 있을진저 이는 마귀가 자기의 때가 얼마 못된 줄을 알므로 크게 분내어 너희에게 내려 갔음이라 하더라 (13) 용이 자기가 땅으로 내어쫓긴 것을 보고 남자를 낳은 여자를 핍박하는지라 (14) 그 여자가 큰 독수리의 두 날개를 받아 광야 자기 곳으로 날아가 거기서 그 뱀의 낯을 피하여 한 때와 두 때와 반 때를 양육 받으매 ⋯ (17) 용이 여자에게 분노하여 돌아가서 그 여자의 남은 자손 곧 하나님의 계명을 지키며 예수의 증거를 가진 자들로 더불어 싸우려고 바다 모래 위에 섰더라"(계 12:12, 13, 14, 17)

　그러므로 다니엘서 9장에서 언급한 '한 이레의 절반' 그리고 다니엘서 12장 1절과 7절에서 언급한 대환난의 기간 '한 때와 두 때와 반 때'는 바로 요한계시록에서 대환난에 대하여 기록한 '한 때와 두 때와 반 때'를 가리키는 것이 분명해졌습니다. 그러면 이 한 때와 두 때와 반 때는 얼마나 긴 기간입니까? 이 말씀의 짝을 찾아보면 그 기간이 얼마나 긴 기간인 줄을 알게 될 것입니다. 한 때와 두 때와 반 때를 모두 합하면 세 때 반이 됩니다. 그러면 우리는 한 이레의 절반이 바로 세 때 반이라는 것을 금방 알아차릴 수 있습니다. 그러면 한 이레 절반 즉 7년의 절반은 3년 반, 세 때 반입니다. 그러면 적그리스도가 지극히 높으신 자의 성도를 3년 반 동안 괴롭게 하는 기간은 언제입니까? 한 이레의 절반 중에서 전반부입니까 아니면 후반부입니까? 27절에 '한 이레의 절반에 제사와 예물을 금지할 것이라'고 하였습니다. 그러니까 한 이레에서 절반이 지나는 시점에서 제사와 예물을 금지할 것이라고 하였으니 적그리스도가 성도들의 예배를 금지하는 때는 당연히 한 이레의 후반부가 될 것입니다. 그러면 지극히 높으신 자의 성도가 3년 반 동안 적그리스도의 손에 붙여져서 괴롭힘을 당하다가 마침내는 성도의 권세가 다 깨어진다는 다니엘서 12장 7절의 내용과 일치하는 말씀은 성경 어디에서 찾아볼 수 있습니까? 요한계시록 11장 2–12절에 기록되어 있습니다. 특히 2절과 7절에 주목하여 읽어보시기 바랍니다.
　"(2) 성전 밖 마당은 척량하지 말고 그냥 두라 이것을 이방인에게 주었은즉 저희가 거룩한 성을 마흔두 달 동안 짓밟으리라 (3) 내가 나의 두 증인에게 권세를 주리니 저희가 굵은 베옷을 입고 일천이백육십 일을 예언하리라 (4) 이는 이 땅의 주 앞에 섰는 두 감람나무와 두 촛대니 (5) 만일 누구든지 저희를 해하고자 한즉 저희 입에서 불이 나서 그 원수를 소멸할지니 누구든지 해하려 하면 반드시 이와 같이 죽임을 당하리라 (6) 저희가 권세를 가지고 하늘을 닫아 그 예언을 하는 날 동안 비 오지 못하게 하고 또 권세를 가지고 물을 변하여 피 되게 하고 아무 때든지 원하는 대로 여러 가지 재앙으로 땅을 **치리로다 (7) 저희가 그 증거를 마칠 때에 무저갱으로부터 올라오는 짐승이 저희로 더불어 전쟁을 일으켜 저희를 이기고 저희를 죽일터인즉** (8) 저희 시체가 큰 성길에 있으리니 그 성은 영적으로 하면 소돔이라고도 하고 애굽이라고도 하니 곧 저희 주께서 십자가에 못 박히신 곳이니라 (9) 백성들과 족속과 방언과 나라 중에서 사람들이 그 시체를 사흘 반 동안을 목도하며 무덤에 장사하지 못하게 하리로다 (10) 이 두 선지자가 땅에 거하는 자들을 괴롭게 한고로 땅에 거하는 자들이 저희의 죽음을 즐거워하고 기뻐하여 서로 예물을 보내리라 하더라 (11) 삼 일 반 후에 하나님께로부터 생기가 저희 속에 들어가매 저희가 발로 일어서니 구경하는 자들이 크게 두려워하더라 (12) 하늘로부터 큰 음성이 있어 이리로 올라오라 함을 저희가 듣고 구름을 타고 하늘로 올라가니 저희 원수들도 구경하더라"(계 11:2-12)

그러니까 한 이레의 절반인 3년 반은 개월 수로 계산하면 **마흔두 달(42개월)**이 되고 3년 반을 날 수로 계산하면 1,260일이 된다는 것을 알 수 있습니다.(성경에서 한 달을 30일로 계산, 예를 들어 42개월 = 1,260일) 그러니까 두 증인이 하늘로부터 받은 특별한 권능을 가지고 복음을 전파하다가 짐승인 적그리스도에게 죽임을 당하여 그 권세가 다 깨어질 때까지의 기간이 1,260일 즉 3년 반이 된다는 말입니다; **"반드시 한 때 두 때 반 때를 지나서 성도의 권세가 다 깨어지기까지니 그렇게 되면 이 모든 일이 다 끝나리라 하더라"**(단 12:7) 그런데 그 두 증인은 누구입니까? 아래의 글을 참고하시면 두 감람나무와 두 촛대로서 유대인 교회와 이방인 교회임을 알 수 있습니다.

"(3) 내가 나의 두 증인에게 권세를 주리니 저희가 굵은 베옷을 입고 일천이백육십 일을 예언하리라 (4) 이는 이 땅의 주 앞에 섰는 두 감람나무와 두 촛대니"(계 11:3)

여기 두 증인들에게 권세를 주셔서 그들이 굵은 베옷을 입고 1,260일을 예언하겠다고 하였습니다. 1,260일은 마흔두 달 즉 3 년 반의 대환난 기간을 의미합니다. 여기 '두 증인'에 대하여 대부분의 주석가들은 하나님으로부터 특별한 능력을 받은 두 사람의 개인이 대환난 기간에 활동하는 것이라고 자기들의 상상을 사용하여 해석하고 있습니다. 그러니까 성경을 이렇게 배운 평신도들은 혹시 한국에서 유명한 아무개 목사님이? 혹시 미국에서 유명한 아무개 목사님 같은 분이 그 두 증인일까? 또 어떤 분들은 자기 아들들이 그 두 증인 중에 한 사람이 되게 해달고 기도하기도 합니다. 그러나 그 말씀을 인간의 생각이나 상상으로 해석하지 말고 성경을 여러 번 자세히 읽어보고 그 짝을 찾아보면 아주 쉽고 분명하게 그 두 증인들이 누구인지 깨닫게 됩니다. 요한계시록 11장 3절에 보시면 이 두 증인은 두 감람나무와 두 촛대라고 하였습니다. **"(3) 내가 나의 두 증인에게 권세를 주리니 저희가 굵은 베옷을 입고 일천이백육십일을 예언하리라 (4) 이는 이 땅의 주 앞에 섰는 두 감람나무와 두 촛대니"** 두 감람나무가 무엇인지는 로마서 11장 17~24절에서 밝히고 있습니다. 즉 하나님께서 택하셔서 구원의 복음을 땅끝 모든 백성들에게 전할 사명을 주신 이스라엘 백성을 참 감람나무로 표현하고 있습니다. 그러나 그들이 복음 전할 사명을 감당치 않고 불순종함으로써 하나님이 참 감람나무(the olive branches)로 비유된 이스라엘을 꺾어 버리시고 이방인을 택하여 참 감람나무의 그루터기(the olive root)에 접목시킨 신약시대의 이방인 교회를 돌 감람나무(a wild olive shoot)라고 표현하고 있습니다. 참 감람나무인 이스라엘 백성들 중에서 예수님을 메시아로 믿는 참 믿음을 지켜서 꺾이지 않고 남은 사람들이 그루터기입니다. 로마서 9장 27~28절을 보면 믿음을 지킨 남은 자(그루터기)들만 구원을 얻을 것이라고 하였습니다; **"(27) 또 이사야가 이스라엘에 관하여 외치되 이스라엘 뭇자손의 수가 비록 바다의 모래 같을지라도 남은 자만 구원을 얻으리니 (28) 주께서 땅 위에서 그 말씀을 이루사 필하시고 끝내시리라 하셨느니라"**(롬 9:27-28) 그러므로 여기 두 감람나무는 그루터기로 남아서 예수 그리스도를 구주로 영접한 유대인 교회와 그 그루터기에 접목된 이방인 교회인 것을 알 수 있게 됩니다. 즉 두 증인이란 14만 4,000명의 유대인 교회와 이방인 교회를 의미하는 것입니다. 유대인 교회와 이방인 교회는 모두 성령으로 인침을 받은 하나님의 사람들입니다.

그리고 이 두 증인들이 교회라는 것을 더욱 확실하게 확증하려면 짝을 더 찾아보아야 합니다. 즉 또 이 두 증인들을 두 촛대라고 하였는데 요한계시록 1장 20절을 보시면 '**일곱 촛대는 일곱 교회**'라고 기록하고 있습니다. 즉 이 두 촛대는 두 교회 즉 이스라엘 교회와 이방인 교회를 나타내는 것임을 금방 알 수 있게 됩니다. 그런데 이 두 증인이 권세를 받고 1,260일 동안 즉 3년 반 동안 대환난 기간에 예언한다고 하였으니 그 뜻을 바로 깨닫기 위해서는 인간의 생각이나 상상을 가지고 해석하지 말고 그의 짝이 되는 말씀을 또 찾아보아야 합니다. 초대교회 시대에는 초대교회의 사도들을 비롯한 영적 지도자들이 초자연적인 능력을 행하면서 복음을 전파했던 것처럼 하나님은 대환난 시대의 교회에게도 초대교회에 주셨던 그런 초자연적인 능력을 주셔서 대환난 시대의 성도들은 초자연적인 능력을 행하면서 회개의 복음을 전파하게 될 것입니다. 이것이 바로 두 증인들이 굵은 베옷을 입고 1,260일 동안을 예언한다는 뜻입니다. 사도행전을 보면 바로 이때에 성도들이 초자연적인 능력을 가지고 예언할 것이 기록되었습니다; **"(16) 이는 곧 선지자 요엘로 말씀하신 것이니 일렀으되 (17) 하나님이 가라사대 말세에 내가 내 영으로 모든 육체에게 부어 주리니 너희의 자녀들은 예언할 것이요 너희의 젊은 이들은 환상을 보고 너희의 늙은이들은 꿈을 꾸리라 (18) 그 때에 내가 내 영으로 내 남종과 여종들에게 부어 주리니 저희가 예언할 것이요 (19) 또 내가 위로 하늘에서는 기사와 아래로 땅에서는 징조를 베풀리니 곧 피와 불과 연기로다 (20) 주의 크고 영화로운 날이 이르기 전에 해가 변하여 어두워지고 달이 변하여 피가 되리라"**(행 2:16-20)

17절에 **말세**라고 하였는데 이 기간이 어떤 때인지를 20절에 보면 분명하게 명시되어 있습니다. **'주의 크고 영화로운 날이 이르기 전에'**라는 말은 '주님의 영광스러운 재림의 날이 이르기 전에'라는 뜻으로서 주님의 재림 직전에 **해가 변하여 어두워지고 달이 변하여 피가 되고 성경에 예언된 대로 하늘에서는 기사와 땅에서는 징조가 이루어지는 때입니다.** 그러니까 대환난이 시작된 때부터 해와 달이 변하여 피로 변할 때까지 마흔두 달 동안 즉 3년 반 동안의 대환난 기간을 의미하는 것입니다. 이 1,260일 동안 두 증인 즉 유대인 교회와 이방인 교회의 성도들이 담대하게 예언하며 말씀을 전파할 것입니다. 그 때에는 하나님의 영을 남종들과 여종들에게 부어 주어 1,260일 동안 예언할 것입니다. 젊은이들이 환상을 보고 늙은이들이 꿈으로 계시를 받게 되어 강하고 담대하고 그 무서운 핍박과 환난 중에서도 굴하지 않고 복음을 전파할 것입니다.

결국 이 두 증인들은 대환난 시대의 복음을 증거하는 교회의 지도자들과 성도들임에 틀림없습니다. 초대교회 시대처럼 대환난의 시대에도 많은 성도들이 초대교회의 사도들과 스데반처럼 성령의 능력을 힘입어 복음전선에서 생명을 아끼지 않고 복음을 전파하다가 사람들에게 잡혀 대환난의 도중에 순교를 당할 것입니다. 요한계시록 13장 8~10절을 보시면 여기에서도 대환난 중에 성도들이 짐승에게 잡혀 포로가 되거나 죽게 된다는 것이 기록되어 있습니다. 그러므로 성도들은 순교를 각오하는 인내와 믿음으로 대환난에서 선한 싸움을 싸워야 하는 것입니다. 대환난 전에 성도들은 다 휴거한다는 기록은 성경 어디에서도 찾아볼 수 없는 세대주의 신학의 잘못된 이론입니다. "(8) 죽임을 당한 어린양의 생명책에 창세 이후로 녹명되지 못하고 이 땅에 사는 자들은 다 짐승에게 경배하리라 (9) 누구든지 귀가 있거든 들을지어다 (10) 사로잡히게 될 자는 사로잡힐 것이요 칼로 죽임을 당하게 될 자는 칼에 죽으리니 성도들의 인내와 믿음이 여기 있느니라(NIV 번역; If anyone is to go into captivity, into captivity he will go. If anyone is to be killed with the sword, with the sword he will be killed. This calls for patient endurance and faithfulness on the part of the saints.)"(계 13:8-10) 또 요한계시록 6장 8-11절에서도 성도들이 복음을 증거하다가 짐승에게 죽임을 당하여 순교할 것을 분명하게 보여주고 있습니다; (8) 내가 보매 청황색 말이 나오는데 그 탄 자의 이름은 사망이니 음부가 그 뒤를 따르더라 저희가 땅 사분 일의 권세를 얻어 검과 흉년과 사망과 땅의 짐승으로써 죽이더라 (9) 다섯째 인을 떼실 때에 내가 보니 하나님의 말씀과 저희의 가진 증거를 인하여 죽임을 당한 영혼들이 제단 아래 있어 (10) 큰 소리로 불러 가로되 거룩하고 참되신 대주재여 땅에 거하는 자들을 심판하여 우리 피를 신원하여 주지 아니하시기를 어느 때까지 하시려나이까 하니 (11) 각각 저희에게 흰 두루마기를 주시며 가라사대 아직 잠시 동안 쉬되 저희 동무 종들과 형제들도 자기처럼 죽임을 받아 그 수가 차기까지 하라 하시더라"(계 6:8-11)

다니엘서 12장 1절에서도 대환난에 대하여 언급하면서 7절에서는 대환난의 끝인 한 때와 두 때와 반 때가 지나면 성도의 권세가 다 깨어질 것이라고 예고하면서 그 때가 되면 이 모든 일이 끝난다고 하였습니다. 즉 성도들은 주님의 재림과 함께 부활 휴거하여 이 땅 위에서의 죄인이었던 인생을 모두 끝내는 시점이기 때문입니다. "내가 들은즉 그 세마포 옷을 입고 강물 위에 있는 자가 그 좌우 손을 들어 하늘을 향하여 영생하시는 자를 가리켜 맹세하여 가로되 반드시 한때 두때 반때를 지나서 성도의 권세가 다 깨어지기까지니 그렇게 되면 이 모든 일이 다 끝나리라 하더라"(단 12:7) 그래서 예수님도 마태복음 24장 7-9절에서 대환난에 대하여 말씀하시면서 성도들이 죽임을 당할 것이라고 분명하게 말씀해 주셨습니다. 환난 전에 성도들은 다 휴거하여 대환난을 면하게 된다는 세대주의 신학을 믿지 마시기 바랍니다. 담대한 믿음을 가지고 순교할 각오로 대환난을 겪어야 할 것입니다. "(7) 민족이 민족을, 나라가 나라를 대적하여 일어나겠고 처처에 기근과 지진이 있으리니 (8) 이 모든 것이 재난의 시작이니라 (9) 그 때에 사람들이 너희를 환난에 넘겨주겠으며 너희를 죽이리니 너희가 내 이름을 위하여 모든 민족에게 미움을 받으리라" (마 24:7-9)

그러나 두 증인들이 1,260일 동안의 증거기간이 다 끝나서 이제 순교를 당할 자는 다 순교를 당하고 옥에 갇힐 자는 다 옥에 갇힘으로써 성도들의 권세가 다 깨어질 때에 사탄에 속한 세상 사람들은 자기들이 승리한 줄을 알고 축제하면서 잔치를 벌입니다. 그러나 대환난 때에 성도들이 옥에 갇히거나 순교 당하여 세상 사람들이 보기에는 다 망한 것처럼 보이지만 하나님께는 그렇지 않습니다. 바로 성도들이 1,260일 동안의 복음증거를 마치고 죽임을 당한 지 삼 일 반 후에는 휴거가 있게 되는 것입니다. 그러니까 1,260일 즉 한 때와 두 때와 반 때 즉 한 이레의 절반 동안의 대환난이 끝나는 시점에 즉 칠십 이레의 끝에 지극히 거룩한 자가 왕으로 기름부음을 받는다고 하였습니다. 즉 예수님이 왕으로 재림하시게 되는 시점에 두 증인들 즉 성도들의 부활과 휴거가 있게 되는 것입니다. 그러므로 이 두 증인들이 공중으로 올라가는 것이 바로 성도들의 휴거가 되는 것입니다. 주님의 재림은 여섯째 인을 뗄 때에 일어나는 마지막 재앙들이 있은 후에 다시 말해서 해와 달이 어두워지는 무서운 재앙들이 있은 후에 일어날 사건입니다. 그래서 일곱째 인을 뗄 때에 일곱 나팔들이 차례대로 울릴 때에 해와 달이 어두워지는 재앙 후에 마지막 일곱째 나팔이 울리면 예수님이 재림하시게 되고 성도들은 부활 휴거하게 되는 것입니다. "(11) 삼 일 반 후에 하나님께로부터 생기가 저희 속에 들어가매 저희가 발로 일어서니 구경하는 자들이 크게 두려워하더라 (12) 하늘로부터 큰 음성이 있어 이리로 올라오라 함을 저희가 듣고 구름을 타고 하늘로 올라가니 저희 원수들도 구경하더라" 예수님도 마태복음 24장에서 대환난에 대하여 말씀하시면서 주님의 재림과 성도들의 휴거가 해와 달이 어두워지는 재앙 후에 있을 것이라고 분명하게 말씀해 주셨습니다. 마태복음 24장 27절부터 보십시오; "(27) 번개가 동편에서 나서 서편까지 번쩍임같이 인자의 임함도 그러하리라 (28) 주검이 있는 곳에는 독수리들이 모일지니라 (29) 그 날 환난 후(1,260일 후)에 즉시 해가 어두워지며 달이 빛을 내지 아니하며 별들이 하늘에서 떨어지며 하늘의 권능들이 흔들리리라 (30) 그 때에 인자의 징조가 하늘에서 보이겠고 그 때에 땅의 모든 족속들이 통곡하며 그들이 인자가 구름을 타고 능력과 큰 영광으로 오는 것(주님의 재림)을 보리라 (31) 저가 큰 나팔소리와 함께 천사들을 보내리니 저희가 그 택하신 자들을 하늘 이 끝에서 저 끝까지 사방에서 모으리라(성도들의 휴거)" (마 24:27-31) 여기서도 주님의 재림과 성도들의 휴거가 해와 달이 어두워지는 사건이 있은 후에, 즉 여섯째인 재앙의 끝에서 언급한 해와 달이 어두워지는 사건이 있은 후에 주의 재림과 성도들의 휴거가 있을 것임을 보여주고 있습니다. 이상에서 살펴본 대로 대환난 중에 성도들 중에는 죽임을 당할 자들도 있지만 성도들 모두가 다 순교 당하는 것은 아닙니다. 요한계시록 13장 10절을 보시면 성도들 중에는 죽지 않고 사로 잡혀서 옥에 갇힐 자들도 있습니다. "사로잡힐 자는 사로잡히고 칼로 죽임을 당할 자는 칼로 죽임을 당할 것이니 성도들의 인내와 믿음이 여기 있느니라(NIV 번역; If anyone is to go into captivity, into captivity he will go. If anyone is to be killed with the sword, with the sword he will be killed. This calls for patient endurance and faithfulness on the part of the saints.)(계 13:10)

그러나 대환난 도중에 죽지 않고 1,260일의 끝까지 복음을 전하는 성도들도 많이 있는데 그 사람들은 특별히 초능력을 받았기 때문입니다. 요한계시록 11장 5절과 6절을 보십시오. "(5) 만일 누구든지 저희를 해하고자 한즉 저희 입에서 불이 나서 그 원수를 소멸할지니 누구든지 그들을 해하려 하면 반드시 이와같이 죽임을 당하리라 (6) 저희가 권세를 가지고 하늘을 닫아 그 예언을 하는 날 동안 비오지 못하게 하고 또 권세를 가지고 물을 변하여 피되게 하고 아무 때든지 원하는 대로 여러 가지 재앙으로 땅을 치리로다" 여기서 우리는 초대교회의 사도들과 평신도들이 성령이 주시는 많은 기적을 행하는 능력을 가지고 교회를 시작하였던 것같이 교회의 마지막 시대인 대환난의 기간에도 교회의 지도자들과 평신도들이 하나님의 크신 능력을 받아 복음전파사역을 감당하게 될 것임을 알 수 있습니다. "(28) 그 후에 내가 내 신을 만민에게 부어주리니 너희 자녀들이 장래 일을 말할 것이며 너희 늙은이는 꿈을 꾸며 너희 젊은이는 이상을 볼 것이며 (29) 그 때에 내가 또 내 신으로 남종과 여종에게 부어 줄 것이며 (30) 내가 이적을 하늘과 땅에 베풀리니 곧 피와 불과 연기 기둥이라 (31) 여호와의 크고 두려운 날이 이르기 전에 해가 어두워지고 달이 핏빛 같이 변하려니와 (32) 누구든지 여호와의 이름을 부르는 자는 구원을 얻으리니 이는 나 여호와의 말대로 시온산과 예루살렘에서 피할 자가 있을 것임이요 남은 자 중에 나 여호와의 부름을 받을 자가 있을 것임이니라"(요엘서 2:28-32) 그러나 여기 초자연적인 능력을 행하며 복음을 증거하여 3년 반의 끝인 1,260일까지 복음을 증거할 수 있었던 성도들도 역시 앞서간 복음 전도자들과 같이 순교로 끝을 맺습니다. 7절을 보십시오. "(7) 저희가 그 증거를 마칠 때에 무저갱으로부터 올라오는 짐승이 저희로 더불어 전쟁을 일으켜 저희를 이기고 저희를 죽일 터인즉 (8) 저희 시체가 큰 성 길에 있으리니 그 성은 영적으로 하면 소돔이라고도 하고 애굽이라고도 하니 곧 저희 주께서 십자가에 못 박히신 곳이라 (9) 백성들과 족속과 방언과 나라 중에서 사람들이 그 시체를 사흘 반 동안을 목도하며 무덤에 장사하지 못하게 하리로다 (10) 이 두 선지자가 땅에 거하는 자들을 괴롭게 한고로 땅에 거하는 자들이 저희 죽음을 즐거워하고 기뻐하여 서로 예물을 보내리라 하더라"(계 11:7-10)

1,260일의 마지막 순간까지 남아서 복음을 증거했던 최후의 복음의 용사들이 죽음으로써 하나님의 백성의 권세가 다 깨어지게 된 것입니다. 그들이 죽은 곳은 큰 성이라고 하였는데 이는 영적으로 소돔과 같고 애굽과 같은 이 죄악 세상 전 세계를 의미하는 곳으로서 온 세상의 죄를 위하여 예수께서 일찍이 십자가에 못 박히셨던 이 세상을 의미합니다. 불신자들은 능력을 행하던 하나님의 종들이 쓰러지자 기뻐하며 전 세계가 축제를 벌입니다. 이제 마지막 남은 교회의 막강한 복음 전도자들까지 다 죽었으므로 세상 사람들은 하나님과의 전쟁에서 이겼다고 생각하고 서로 선물을 보내며 큰 축제

를 벌이게 됩니다. 그러나 이런 일이 일어나는 것은 결코 이상한 일이 아닙니다. 다니엘서 12장 6-7절을 보시면 다니엘이 이 대환난의 끝이 언제가 될 것인지에 대하여 물을 때에 다니엘이 들은 대답은 이러하였습니다. "내가 들은즉 그 세마포 옷을 입고 강물 위에 있는 자가 그 좌우 손을 들어 하늘을 향하여 영생하시는 자를 가리켜 맹세하여 가로되 반드시 한 때 두 때 반 때를 지나서 성도의 권세가 다 깨어지기까지니 그렇게 되면 이 모든 일이 다 끝나리라 하더라"(단 12:7)

'한 때 두 때 반 때를 지나서 성도의 권세가 다 깨어지기까지니 그렇게 되면 이 모든 일이 다 끝나리라 하더라.' 즉 3년 반인 마흔두 달 즉 1,260일이 지나면 대환난 시대에 선지자로서 복음전도자로서 목숨을 걸고 담대하게 복음을 증거했던 성도들이 순교를 당하거나 옥에 갇히는 것입니다. 이 두 증인들 중에서 마지막 순간까지 남아서 복음을 증거했던 최후의 복음의 용사들까지 순교를 당함으로써 교회의 외적인 권세, 즉 성도의 권세가 다 깨어집니다. 한 때와 두 때와 반 때 즉 3년 반이 다 지났으므로 이제 대환난의 마지막이 되었고 마지막 나팔인 일곱째 나팔만 울리면 성도들은 휴거가 되고 마지막 무서운 일곱 대접 재앙이 온 땅을 뒤덮을 것입니다.

"(11) 삼 일 반 후에 하나님께로부터 생기가 저희 속에 들어가매 저희 발로 일어서니 구경하는 자들이 크게 두려워하더라 (12) 하늘로부터 큰 음성이 있어 이리로 올라오라 함을 저희가 듣고 구름을 타고 하늘로 올라가니 저희 원수들도 구경하더라 (13) 그 시에 큰 지진이 나서 성 십분의 일이 무너지고 지진에 죽은 사람이 칠천이라 그 남은 자들이 두려워하여 영광을 하늘의 하나님께 돌리더라"(계 11:11-13) 여기서 보면 두 증인들 즉 성도들이 휴거하는 사건은 세상 사람들이 보는 가운데서 이루어지는 공개적인 사건입니다. 요새 나오는 책이나 영화에 보면 그리스도인들이 갑자기 보이지 않게 사라지고 그 자리에는 옷만 가지런히 정돈되어 있어서 온 세상 사람들은 무슨 일이 일어났는지 몰라서 혼란에 빠집니다. 그러나 성도의 휴거는 세상 사람들이 보는 가운데 당당하게 이루어질 것입니다. 예수님이 재림하시는 것을 세상의 모든 사람의 눈이 다 볼 수 있는 것처럼 공중으로 재림하신 예수님을 만나러 공중으로 휴거하는 성도들의 찬란한 모습도 온 세상 사람들이 보고 두려워할

것입니다. '그 남은 자들(지진에서 살아남은 자들)이 두려워하여 영광을 하늘의 하나님께 돌리더라'

　그러니까 그 두 증인이 바로 한 이레의 절반 동안에 적그리스도의 손에 붙여져서 괴롭힘을 당하다가 그 권세가 다 깨어져서 죽게 될 성도들이라는 것을 알 수 있습니다. 그러니까 인류 역사에서 마지막 남은 한 이레 즉 7년의 기간 중에서 전반부 3년 반 동안은 거짓 평화의 기간이 될 것이고 후반부 3년 반의 기간은 적그리스도가 하나님을 대적하고 성도를 괴롭게 하는 기간이 될 것입니다. 결국 **다니엘서에서 언급한 '한 이레의 절반'인 그 3년 반의 기간이 바로 요한계시록에서 언급하고 있는 '한 때와 두 때와 반 때'와 '마흔두 달'과 '1,260일'인 것입니다. 다시 말해서 바로 한 이레의 후반부 3년 반 동안의 기간이 요한계시록 6장부터 19장에서 다루고 있는 대환난의 기간이 되는 것입니다.** 결국 다니엘서 9장에 기록된 칠십 이레에서 우리는 최소한 요한계시록에서 다루고 있는 대환난의 기간이 마지막 한 이레의 후반부에 속한다는 것을 알게 된 것입니다. 그러므로 세대주의신학이 주장하는 7년 대환난설은 잘못된 것이며 성경이 말하는 대환난의 기간은 '칠십 이레' 중에서 마지막 남은 '한 이레'의 후반부 '3년 반'입니다. 즉 다니엘서와 요한계시록이 사용하는 용어로 표현하면 '한 때와 두 때와 반 때', 또는 '마흔두 달', 또는 '1,260일'인 것입니다.

　결론적으로 이 마지막 한 이레(7년)가 끝나면 칠십 이레의 모든 기간이 끝나고 24절에 성도들에게 약속한 것 즉 죄악이 영원히 영속되며 영원한 의를 받게 되는 일이 이루어질 것입니다. 즉 '**네 백성과 네 거룩한 성을 위하여 칠십 이레로 기한을 정하였나니 허물이 마치며 죄가 끝나며 죄악이 영속되며 영원한 의가 드러나며 이상과 예언이 응하며 지극히 거룩한 자가 기름부음을 받으리라.**'여기에서 '지극히 거룩한 자가 기름부음을 받으리라'는 말은 왕의 왕으로 재림하시는 예수님을 가리키는 것이며 성경은 주님께서 재림하실 때에는 성도들의 휴거가 있을 것을 말하고 있습니다. 그러므로 두 증인이 대환난 기간인 3년 반 동안 복음을 증거하면서(계 11:2) 짐승에게 죽임을 당하다가 주님 재림 때에 공중으로 휴거하게 된다는 요한계시록 11장 2절과 7절과 12절의 말씀은 예수님의 재림과 성도의 휴거가 대환난의 맨 끝에 있게 될 것을

보여주고 있습니다: "(3) 내가 나의 두 증인에게 권세를 주리니 저희가 굵은 베옷을 입고 **일천이백육십 일을 예언하리라**"(계 11:3) "저희가 그 증거를 마칠 때에 무저갱으로부터 올라오는 짐승이 저희로 더불어 전쟁을 일으켜 저희를 이기고 저희를 죽일터인즉"(계 11:7) "하늘로부터 큰 음성이 있어 이리로 올라 오라 함을 저희가 듣고 구름을 타고 하늘로 올라가니 저희 원수들도 구경하더 라"(계 11:12)

그러니까 두 증인들이 복음증거를 다 마칠 때까지는 1,260일이 걸린다는 것을 알 수 있고 그 후에 두 증인들의 휴거가 있음을 알 수 있습니다. 그러 므로 예수님의 재림과 성도의 휴거가 대환난 전에 있을 것이라고 해석하는 세대주의 신학이론이 터무니없이 잘못된 것임을 여기서 잘 보여주고 있는 것 입니다. 그러므로 성경을 자기의 생각을 가지고 사사로이 해석하지 말고 성 경에 기록된 그대로 받아들여야 하는 것입니다. 이와 같이 성경을 사사로이 해석하지 말고 성경에서 그 해석을 찾아보면 그 뜻이 분명하고도 정확하게 드러나는 것입니다.

그러면 지금까지 위에서 살펴본 것을 토대로 인류 역사에서 요한계시록이 언급하고 있는 대환난이 다루는 기간을 도표로 그려보면 다음과 같습니다. 한 이레의 후반(1,260일)에서도 마지막 부분에 즉 대환난이 끝나는 시점에 예수님의 재림과 성도의 부활이 있게 되는 것을 알 수 있습니다.

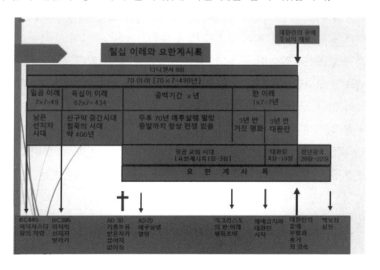

이상에서 살펴본 대로 예수님의 재림이 있기 7년 전에 적그리스도가 출현하여 많은 사람들과 한 이레(7년)의 언약(거짓 평화 약속)을 맺어야 합니다; **"그가 장차 많은 사람으로 더불어 한 이레(7년) 동안의 언약을 굳게 정하겠고 그가 그 이레의 절반에 제사와 예물을 금지할 것이며 또 잔포하여 미운 물건이 날개를 의지하여 설 것이며 또 이미 정한 종말까지 진노가 황폐케 하는 자에게 쏟아지리라 하였느니라"**(단 9:27) 그리고 그 7년의 언약을 맺은 지 3년 반이 되었을 때에 그 언약을 깨트리고 사람들이 하나님을 예배하는 것을 금지시키며 자기의 신상을 성전에 세워놓고 자기를 예배하라고 하라고 명령함으로써 나머지 3년 반 동안 대환난이 있게 되는 것입니다. 예수님은 종말에 관하여 말씀하시면서 **'다니엘이 말한 멸망의 가증한 것이 거룩한 곳에 선 것을 보거든 읽는 자는 깨달을진저'**(마 24:15)라고 말씀하심으로써 마지막 한 이레 동안의 언약을 맺는 자가 바로 적그리스도임을 넌지시 가르쳐 주신 것입니다.

그런데 성경은 적그리스도가 출현하려면 먼저 열 뿔(10대 강국)이 나타나야 한다고 말씀하고 있습니다.

"(1) 내가 보니 바다에서 한 짐승이 나오는데 뿔이 열이요 머리가 일곱이라 그 뿔에는 열 면류관이 있고 그 머리들에는 참람된 이름들이 있더라 (2) 내가 본 짐승은 표범과 비슷하고 그 발은 곰의 발 같고 그 입은 사자의 입 같은데 **용이 자기의 능력과 보좌와 큰 권세를 그에게 주었더라** (3) 그의 머리 하나가 상하여 죽게 된 것 같더니 그 죽게 되었던 상처가 나으매 온 땅이 이상히 여겨 짐승을 따르고 (4) 용이 짐승에게 권세를 주므로 용에게 경배하며 짐승에게 경배하여 가로되 누가 이 짐승과 같으뇨 누가 능히 이로 더불어 싸우리요 하더라 (5) 또 짐승이 큰 말과 참람된 말하는 입을 받고 또 마흔두 달 일할 권세를 받으니라 (6) 짐승이 입을 벌려 하나님을 향하여 훼방하되 그의 이름과 그의 장막 곧 하늘에 거하는 자들을 훼방하더라 (7) 또 권세를 받아 성도들과 싸워 이기게 되고 각 족속과 백성과 방언과 나라를 다스리는 권세를 받으니 (8) 죽임을 당한 어린양의 생명책에 창세 이후로 녹명되지 못하고 이 땅에 사는 자들은 다 짐승에게 경배하리라 (9) 누구든지 귀가 있거든 들을지어다 (10) 사로잡는 자는 사로잡힐 것이요 칼로 죽이는 자는 자기도 마땅히 칼에 죽으리니 성도들의 인내와 믿음이 여기 있느니라"**(계 13:1-10)

여기서 짐승은 과연 누구입니까? 어떤 사람들은 이 짐승을 '나라'라고 해석하기도 하고 또 어떤 사람들은 이 짐승을 '가톨릭교회'라고 해석하기도 합니다. 이 짐승을 '나라'라고 해석하는 근거는 다니엘의 꿈에 나타난 네 마리의 짐승이 각기 네 개의 제국을 나타내기 때문이라고 합니다. 그런데 4절에도 '짐승에게 경배하며'라고 기록되어 있고 특히 8절에 보면 '죽임을 당한 어린양의 생명책에 창세 이후로 녹명되지 못하고 이 땅에 사는 자들은 다 짐승에게 경배하리라'고 기록되어 있습니다. 즉 이 짐승은 창세 이후로 하나님을 믿지 않는 모든 사람들의 경배의 대상이라고 하는 것을 보면 분명히 비인격체인 '나라'나 '교회의 조직체인 가톨릭교회'가 아니고 인격을 지닌 개인임에 틀림없습니다. '나라'나 '가톨릭교회라는 조직체'는 인간이 경배할 대상이 되지 못합니다. 성경 이곳저곳에서 언급하고 있는 이 짐승은 분명히 인격체입니다. 그러므로 여기 짐승이 '나라'라는 해석도 옳지 않고 이 짐승이 '가톨릭교회'라고 하는 주장도 옳은 해석이 아닙니다. 그러니까 성경을 읽을 때 그냥 적당히 자기 생각이나 추측으로 해석하지 말아야 하고 또는 자기가 속한 교파의 신학교리에 꿰어 맞추기 위해 해석하려고 하지 말고 오직 성경 말씀 자체를 좀더 자세히 읽어보아야 합니다. 전후좌우 문맥을 잘 살펴보고 성경 전체에서 말하는 내용과 일치하는지를 생각하면서 그 구절과 관련된 다른 구절들을 성경전체에서 찾아서 그 올바른 의미를 찾아내야 합니다.

그러면 여기서 언급한 이 짐승은 과연 무엇입니까? 요한계시록 17장 3~13절을 보면 이렇게 기록되어 있습니다; "(3) 내가 보니 여자가 붉은 빛 짐승을 탔는데 **그 짐승의 몸에 참람된 이름들이 가득하고 일곱 머리와 열 뿔이 있으며** (4) 그 여자는 자주 빛과 붉은 빛 옷을 입고 금과 보석과 진주로 꾸미고 손에 금잔을 가졌는데 가증한 물건과 그의 음행의 더러운 것들이 가득하더라 (5)그 이마에 이름이 기록되었으니 비밀이라, 큰 바벨론이라, 땅의 음녀들과 가증한 것들의 어미라 하였더라 (6) 또 내가 보매 이 여자가 성도들의 피와 예수의 증인들의 피에 취한지라 내가 그 여자를 보고 기이히 여기고 크게 기이히 여기니 (7) 천사가 가로되 왜 기이히 **여기느냐 내가 여자와 그의 탄 바 일곱 머리와 열 뿔 가진 짐승의 비밀을 네게 이르리라 (8) 네가 본 짐승은 전에 있었다가 시방 없으나 장차 무저갱으로부터 올라와 멸망으로 들어갈 자니** 땅에 거하는 자들로서 창세 이후로 생명책에 녹명되지 못한 자들이 이전에 있었다가 시방 없으나 장차 나올 짐승을 보고 기이히 여기리라 (9) 지혜 있는 뜻이 여기 있으니 **그 일곱 머리는 여자가 앉은 일곱 산이요 (10) 또 일곱 왕이라 다섯은 망하였고 하나는 있고 다른 이는 아직 이르지 아니하였으나 이르면 반드시 잠간 동안 계속하리라 (11) 전에 있었다가 시방 없어진 짐승은 여덟째 왕이니** 일곱 중에 속한 자라 저가 멸망으로 들어가리라 (12) 네가 보던 열 뿔은 열 왕이니 아직 나라를 얻지 못하였으나 다만 짐승으로 더불어 임금처럼 권세를 일시 동안 받으리라 (13) 저희가 한뜻을 가지고 자기의 능력과 권세를 짐승에게 주더라"(계 17:3~13)

여기 17장에 언급된 짐승도 일곱 머리와 열 뿔을 지니고 있는 짐승으로서 13장 1절에서 언급한 바로 그 짐승입니다. 3절에 보면 이 짐승은 '붉은 빛 짐승'이며 8절에 보면 이 짐승은 '**전에 있었다가 시방은 없으나 장차 무저갱으로부터 올라와 멸망으로 들어갈 자**'라고 기록되어 있습니다. 그러면 전에 있다가 시방은 없는 짐승은 무엇입니까? 바로 11절에서 그 짐승이 무엇인지 분명하게 밝혀주고 있습니다. 즉 '**전에 있었다가 시방 없어진 짐승은 여덟째 왕이니** 일곱 중에 속한 자라 저가 멸망으로 들어가리라'라고 **성경이 너무나도 분명하게** 답해 주고 있습니다. 짐승은 여덟째 왕입니다. 그러면 짐승이 여덟째 왕인데 일곱 중에 속한 자라는 말은 무슨 말입니까? 9~10절에서 잘 대답해 주고 있습니다. "(9) 지혜 있는 뜻이 여기 있으니 **그 일곱 머리는 여자가 앉은 일곱 산이요 (10) 또 일곱 왕이라 다섯은 망하였고 하나는 있고 다른 이는 아직 이르지 아니하였으나 이르면 반드시 잠깐 동안 계속하리라**" 그러니까 일곱 중에 속한다는 말은 일곱 왕이 속해 있는 체제에 속한다는 것으로서 이 짐승이 여덟째 왕이라는 말은 이 체제에서 일곱 번째 왕 다음에 나타날 왕이라는 뜻입니다. 그러면 일곱 왕들이 속한 체제란 무엇입니까? 9절과 10절에 보면 '**그 일곱 머리는 여자가 앉은 일곱 산이요 또 일곱 왕이라 다섯은 망하였고 하나는 있고 다른 이는 아직 이르지 아니하였으나 이르면 반드시 잠간 동안 계속하리라**'라고 기록되어 있습니다. 여기 일곱 머리는 여자가 앉은 일곱 산이라고 하였고 일곱 왕이라고 하였는데 어떤 사람들은 여기 여자는 가톨릭교회이고 여기 일곱 산은 바티칸이 위치하고 있는 일곱 개의 산이라고 주장합니다. 이 해석이 잘못된 것은 어떻게 일곱 산 중에서 다섯 개의 산은 망해서 없어졌고 사도 요한이 이 계시를 받는 당시에는 산 하나가 존재해 있고 나머지 한 산은 아직 나타나지 않을 수가 있겠습니까? 그러나 그들은 현재 바티칸 지역에는 일곱 개의 산이 존재하고 있으므로 일곱 머리는 바티칸이 위치하고 있는 일곱 개의 산이라고 주장하면서 그 위에 앉아있는 여자가 가톨릭교회라고 마구 갖다 붙입니다.

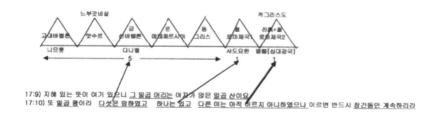

17:9) 지혜 있는 뜻이 여기 있으니 그 일곱 머리는 여자가 앉은 일곱 산이요
17:10) 또 일곱 왕이라 다섯은 망하였고 하나는 있고 다른 이는 아직 이르지 아니하였으나 이르면 반드시 잠간동안 계속하리라

그러면 일곱 머리는 무엇입니까? 일곱 머리는 일곱 산이요 일곱 왕이라고 성경이 이처럼 정확하게 가르쳐주고 있습니다. 그런데 그 일곱 왕들 중에서 다섯 왕은 망하였고 한 왕은 사도 요한이 이 글을 쓰고 있는 현재에 존재하고 있고 다른 왕 즉 일곱 번째 왕은 아직 이르지 아니하였지만 이르면 반드시 잠깐 동안 계속하리라고 하였는데 이것은 인류 역사에 나타난 거대한 제국들을 의미하는 것입니다. 즉 다섯은 망하였다는 말은 사도 요한이 살고 있던 시대 이전에 존재했던 거대한 다섯 개의 제국을 의미하는 것입니다. 인류 역사에 나타났었던 첫 번째 제국은 고대 바벨론 제국입니다. 어떤 사람들은 이 첫 번째 제국을 이집트라고 주장하는데 성경은 이집트 제국에 대하여 언급한 적이 없으며 어느 인류 역사책에서도 이집트 제국이 인류 역사에 나타난 첫 번째 제국이라고 주장한 기록이 없습니다. 성경은 인류 역사에 대해서도 가장 정확하게 기록하고 있습니다. 창세기 10장 8~12절과 11장 1~5절에 기록된 말씀을 보면 세상의 처음 영걸인 니므롯이 시날 땅 바벨론에서 거대한 문명을 일으켜 높은 바벨탑을 쌓았던 기록이 있습니다: "(8) 구스가 또 **니므롯을 낳았으니 그는 세상에 처음 영걸이라** (9) 그가 여호와 앞에서 특이한 사냥군이 되었으므로 속담에 이르기를 아무는 여호와 앞에 니므롯 같은 특이한 사냥군이로다 하더라 (10) **그의 나라는 시날 땅의 바벨론**과 에렉과 악갓과 갈레에서 시작되었으며(The first centers of his kingdom were **Babylon**, Uruk, Akkad and Kalneh, **in Shinar**.) (11) 그가 그 땅에

서 **앗수르로** 나아가 니느웨와 르호보딜과 갈라와 12및 니느웨와 갈라 사이의 레센(이는 큰 성이라)을 건축하였으며"(창 10:8-12) "(1) 온 땅의 구음이 하나이요 언어가 하나이었더라 (2) 이에 그들이 동방으로 옮기다가 **시날 평지를 만나** 거기 거하고 (3) 서로 말하되 자, 벽돌을 만들어 견고히 굽자 하고 이에 벽돌로 돌을 대신하며 역청으로 진흙을 대신하고 (4) 또 말하되 자, 성과 대를 쌓아 대 꼭대기를 하늘에 닿게하여 우리 이름을 내고 온 지면에 흩어짐을 면하자 하였더니 (5) 여호와께서 인생들의 쌓는 성과 대를 보시려고 강림하셨더라"(창 11:1-5) 이것이 바로 하무라비 법전으로 유명한 고대 바벨론 제국을 의미합니다. 이 고대 바벨론 제국을 필두로 그다음에 나타난 앗수르 제국, 느브갓네살 왕이 세운 신바벨론 제국, 메데 페르시아 제국 그리고 그리스 제국입니다. 이 다섯 개의 제국은 사도 요한이 살았던 시대 이전에 이미 망해서 없어졌습니다. 그리고 10절에 '하나는 있고'라는 말은 사도 요한이 이 글을 쓰고 있었던 당시에 존재했던 제국으로서 당연히 로마제국을 말하는 것입니다. 그러면 사도 요한 당시에는 아직 나타나지 않았지만 장차 나타나서 잠깐 동안 존재할 일곱 번째 왕 즉 일곱 번째 제국은 무엇입니까? 생각해 보십시오. 로마제국이 멸망한 이후에 전 세계를 통치하는 막강한 제국이 있었습니까? 있었다면 그 제국은 무엇입니까? 해가 지지 않는 나라 대영제국을 비롯하여 프랑스와 유럽 여러 나라들이 아시아와 아프리카와 북남미와 오세아니아 등 전 세계를 지배해 온 유럽 문명시대를 의미하는 것입니다. 이 유럽 문명의 뿌리는 로마제국입니다. 그러니까 오늘의 유럽 문명은 옛 로마제국(종아리)의 마지막 부분에 있을 발과 발가락에 해당하는 것으로서 로마제국의 후신입니다. 느브갓네살이 본 신상에서는 이 넷째 부분을 강철같이 강한 제국 로마제국을 의미하고 있습니다. 그러므로 일곱 머리는 일곱 제국이라는 말인데 아담 이후 인류의 종말까지를 일곱 개의 거대한 제국으로 표현하는 이유는 이 제국이 통치 시스템이라는 것을 말하려는 것입니다. 즉 아담이 범죄한 이후부터 예수님이 왕으로 재림하셔서 인류를 통치하시기 전까지는 짐승이 인류를 통치하고 있다는 것을 보여주려는 것입니다. 그러므로 인류 역사에서 거대한 지역을 통치했었던 대표적인 일곱 제국을 언급한 것입니다.

다니엘서 2장에서 느브갓네살 왕이 본 신상은 네 개의 제국을 보여주고 있습니다. 하나님께서 느브갓네살 왕에게 이 신상을 보여주신 목적은 느브 갓네살이 통치하던 그 시대부터 인류의 종말의 때까지는 네 개의 거대한 제 국이 있을 것을 가르쳐주려는 것입니다. 다시 말하자면 아담이 범죄한 이후 부터 그리스도께서 오셔서 사탄의 통치를 멸하고 그리스도의 통치를 시작할 때까지 인류 역사는 사탄이 통치하는 기간인데 그 기간을 느브갓네살이 왕 이 통치하던 신바벨론 제국시대부터 계산하면 크게 네 개의 통치시대로 구 분할 수 있다는 것입니다. 그러니까 신상의 머리 부분은 다니엘이 살고 있었 던 시대이고 신상의 맨 아래 끝 열 개의 발가락은 인류 역사의 맨 끝시간임 을 보여주려는 것입니다. 다시 말해서 신상의 맨 위에 있는 금으로 된 머리 부분은 느브갓네살 왕이 통치하는 신바벨론 제국(단 2:36–38) 시대를 말하 는 것이고 그다음에 나타날 것은 메데 페르시아 제국(단 2:39)시대이며 그다 음에 나타날 것은 그리스 제국(단2:39) 시대이며 그다음에 나타날 것은 강 철같이 강하여 위의 세 제국들이 정복하지 못했던 나머지 세상의 모든 나 라들까지 정복할 로마제국 시대를 의미한다는 것은 우리가 이미 다 아는 사 실입니다.(단 2:40)

"(40) 넷째 나라는 강하기가 철 같으리니 철은 모든 물건을 부서뜨리고 이기 는 것이라 철이 모든 것을 부수는 것 같이 그 나라가 뭇 나라를 부서뜨리고 빻 을 것이며 (41) 왕께서 그 발과 발가락이 얼마는 토기장이의 진흙이요 얼마는 철인 것을 보셨은즉 그 나라가 나누일 것이며 왕께서 철과 진흙이 섞인 것을 보셨은즉 그 나라가 철의 든든함이 있을 것이나 (42) 그 발가락이 얼마는 철 이요 얼마는 진흙인즉 그 나라가 얼마는 든든하고 얼마는 부서질 만할 것이며 (43) 왕께서 철과 진흙이 섞인 것을 보셨은즉 그들이 다른 인종과 서로 섞일 것이나 피차에 합하지 아니함이 철과 진흙이 합하지 않음과 같으리이다 (44) 이 열왕의 때에 하늘의 하나님이 한 나라를 세우시리니 이것은 영원히 망하지 도 아니할 것이요 그 국권이 다른 백성에게로 돌아가지도 아니할 것이요 도리 어 이 모든 나라를 쳐서 멸하고 영원히 설 것이라 (45) 왕이 사람의 손으로 아 니하고 산에서 뜬인 돌이 철과 놋과 진흙과 은과 금을 부서뜨린 것을 보신 것 은 크신 하나님이 장래 일을 왕께 알게 하신 것이라"(단 2:40–45)

그런데 이 로마제국은 다시 두 시대로 구분하여 보여주고 있음을 알아야 합니다. 로마제국 시대를 상징하는 이 신상의 네 번째 부분을 자세히 보면 종아리 부분과 발과 발가락 부분이라는 두 개의 부분으로 나뉘어져 있습니다. 그 종아리는 철로 되어 있고 발은 철과 진흙으로 되어 있습니다.(단 2:33) 여기서 철로 된 종아리 부분은 로마제국 시대로서 앞서 존재했었던 세 개의 제국들보다 훨씬 더 강력하고 응집력이 강한 제국임을 보여줍니다.(단 2:40) 그런데 이 신상의 맨 끝 부분 즉 인류 역사의 맨 끝 시대가 될 발과 발가락 부분은 철과 진흙으로 섞여 있다고 하였으므로 응집력이 강한 철로 된 종아리와는 다르게 응집력이 덜한 제국이 될 것임을 보여줍니다. 다시 말해서 철로 된 종아리는 지중해 연안의 모든 나라들을 직접 점령하여 각 나라를 식민통치 하면서 실제적으로 하나의 강력한 제국을 형성하였던 로마제국을 의미합니다. 그러나 42절에 보면 종아리 밑에 있는 발과 발가락은 철과 진흙으로 섞여 있기 때문에 그 나라가 얼마는 든든하고 얼마는 부쉬질 만한 것이라고 설명하면서 43절에서는 철과 진흙이 섞여 있다는 것이 무엇을 의미하는지 좀 더 상세하게 설명하고 있습니다. 즉 철과 진흙이 섞여 있다는 것은 그 제국의 사람들이 다른 인종과 서로 섞일 것이지만 피차에 합해지지 아니함이 철과 진흙이 섞이지 않음과 같은 것이라고 하였습니다.**(왕께서 철과 진흙이 섞인 것을 보셨은즉 그들이 다른 인종과 서로 섞일 것이나 피차에 합하지 아니함이 철과 진흙이 합하지 않음과 같으리이다)** 다시 말해서 그 제국에서는 세상의 모든 인종들이 함께 사는 국제화시대가 될 것이지만 비록 여러 민족이 한 나라에 함께 살더라도 완전히 섞이지 아니하고 같은 민족끼리 끼리끼리 모여 사는 시대가 될 것이라는 의미입니다. 바로 오늘 우리가 살고 있는 시대가 그것을 잘 보여주고 있습니다. 미국은 지상에서 제일 먼저 국제화가 된 나라로서 세상의 여러 인종들이 함께 사는 나라입니다. 그러나 여러 다른 인종이 함께 모여 살면서도 같은 인종끼리 끼리끼리 모여 살면서 인종 간의 긴장이 상존하는 사회가 되었습니다. 심지어 단일민족을 고집하던 한국까지도 이제는 세계에서 여러 인종들이 들어와서 함께 사는 국제화시대를 이루어가고 있는데 인종끼리 완전하게 섞이지 아니하고 끼리끼리 모여 사는 모양새를 피하지 못하고 있습니다. 지금 현재 지구상의 어느 나라에도 다 같은 현상이 일어나고 있습니다. 그러니까 넷째 제국은 초기에는 철로 된 종아리라는 강력한 로마제국이 나타나고 그 후에는 응집력이 조금 덜한 로마제국의 후신이 나타날 것이라는 뜻입니다. 로마제국보다 그 응집력이 덜하면서도 전 세계를 통치하는 그런 제국은 무엇입니까? 그리고 그 제국은 다양한 인종들이 함께 사는 국제화 시대입니다. 그러면 로마제국이 무너진 이후 인류 역사상 그런 제국이 언제 존재하였습니까? 징기스칸이 통치했던 몽골제국이 천하를 통치했었습니까? 아니면 천황이 통치했던 일본제국이 전 세계를 통치하였습니까? 결코 아닙니다. 위에서 언급한 대로 해가 지지 않는 나라 대영제국을 비롯하여 프랑스와 유럽 여러 나라들이 아시아와 아프리카와 북남미와 오세아니아 등 전 세계를 지배해온 유럽 문명시대가 바로 인류 역사의 끝부분인 발과 발가락으로 구성된 로마제국의 후신입니다. 강철처럼 강력하게 응집되어 도저히 무너지지 않고 영원히 지속될 것 같았던 팍스 로마나(Pax Romana)가 로마제국이 무너지면서 동로마 제국과 서로마 제국으로 갈라지면서 야만의 유럽은 로마의 문명으로 통치되었습니다. 그러므로 유럽 문명의 뿌리는 로마제국입니다. 그리고 그 후 오늘날 우리가 살고 있는 이 세상은 오대양 육대주가 온통 로마제국의 후신인 유럽 문명으로 통치되고 있음을 부인할 수 없습니다. 우리가 살고 있는 이 시대가 바로 발과 발가락에 속하는 인류 역사의 맨 끝부분이란 말입니다. 그런데 바로 이 국제화의 시대에 하나님께서 역사상에 나타났던 이 모든 제국들을 멸하시고 영원한 한 나라를 세우실 것이라고 기록하고 있음에 주의하시기 바랍니다. **"(43) 왕께서 철과 진흙이 섞인 것을 보셨은즉 그들이 다른 인종과 서로 섞일 것이나 피차에 합하지 아니함이 철과 진흙이 합하지 않음과 같으리이다 (44) 이 열왕의 때에 하늘의 하나님이 한 나라를 세우시리니 이것은 영원히 망하지도 아니할 것이요 그 국권이 다른 백성에게로 돌아가지도 아니할 것이요 도리어 이 모든 나라를 쳐서 멸하고 영원히 설 것이라"(단 2:43-44)**

34절을 보면 뜨인 돌이 나타나서 철과 진흙의 발을 쳐서 부서뜨렸더니 신상의 머리부터 전체가 다 부서져서 겨같이 되어 흔적도 없이 날아가 버렸다고 기록하고 있으며 우상을 친 돌은 큰 산을 이루어 온 세계에 가득하였다고 기록하고 있습니다. 여기서 뜨인 돌은 반석이신 예수 그리스도를 의미하며 예수님께서 국제화의 시대에 재림하셔서 신상의 맨 끝 발과 발가락을 쳐서 멸하였다는 것은 인류 역사의 맨 끝이 될 국제화 시대의 만국을 쳐서 멸하신다는 뜻이며 신상을 친 돌이 태산을 이루어 온 세상에 가득하였다는 것은 예수 그리스도의 왕국이 천하만국을 다스리는 천년왕국이 도래한다는 것을 보여주는 것입니다. "(32) 그 우상의 머리는 정금이요 가슴과 팔들은 은이요 배와 넓적다리는 놋이요 (33) 그 종아리는 철이요 그 발은 얼마는 철이요 얼마는 진흙이었나이다 (34) 또 왕이 보신즉 사람의 손으로 하지 아니하고 뜨인 돌이 신상의 철과 진흙의 발을 쳐서 부서뜨리매 (35) 때에 철과 진흙과 놋과 은과 금이 다 부서져 여름 타작마당의 겨 같이 되어 바람에 불려 간 곳이 없었고 우상을 친 돌은 태산을 이루어 온 세계에 가득하였었나이다"(단 2:32-35) 다니엘서 7장에서도 구름을 타고 재림하실 인자 같은 이에게 모든 권세와 영광과 나라들과 만국백성들을 주어 그 인자 같은 이를 섬기게 하니 그의 나라는 영원하고 그의 권세는 영원한 권세라고 함으로써 로마제국의 끝인 국제화시대에 예수님의 재림이 있을 것을 말해 주고 있습니다. "(13) 내가 또 밤 이상 중에 보았는데 인자 같은 이가 하늘 구름을 타고 와서 옛적부터 항상 계신 자에게 나아와 그 앞에 인도되매 (14) 그에게 권세와 영광과 나라를 주고 모든 백성과 나라들과 각 방언하는 자로 그를 섬기게 하였으니 그 권세는 영원한 권세라 옮기지 아니할 것이요 그 나라는 폐하지 아니할 것이니라"(단 7:13-14)

   그런데 느브갓네살이 본 신상에 보면 이 인류 역사의 맨 끝부분에 열 개의 발가락이 있다는 점을 유의해야 합니다. 즉 인류 역사의 맨 끝에는 다른 인종과 섞여서 사는 국제화의 시대가 되어 철과 진흙이 섞이지 않는 것처럼 인종이 섞이지 아니하고 각기 자기 민족끼리 모여 살게 될 것이라는 것입니다. 발과 발가락이 신체의 맨 끝 부분인 것처럼 발과 발가락에 해당하는 이 국제화시대가 바로 인류 역사의 맨 끝에 속하는 종말의 시대라는 점입니다. 그러므로 다니엘이 살았던 시대부터 보았을 때 느브갓네살 왕을 상징하는 금 머리로 시작된 신상이 철과 진흙이 섞인 열 개의 발가락으로 끝나는 것은 느브갓네살 왕이 통치하던 시절부터 인류 역사의 종말까지 보여주는 인류 역사의 통치체제를 보여주는 것입니다.

   하나님은 느브갓네살 왕이 꾼 이 신상에 대한 꿈의 해석을 다니엘에게 보여주셨고 이 꿈이 사실이라는 것을 확증하기 위해서 이번에는 다니엘에게 또 하나의 꿈을 보여주시고 그 해석까지 보여주셨습니다. 같은 내용을 다시 한번 확인하는 차원이었습니다. 다니엘서 7장과 8장에서 다니엘에게 두 번에 걸쳐 꿈으로 보여주셨는데 그 내용들은 느브갓네살 왕에게 보여주신 것을 좀더 자세하게 보여준 것입니다. 7 장에서 하나님이 다니엘에게 보여주신 꿈에서는 네 개의 큰 짐승이 나타납니다. 이것 역시 느부갓네살 왕이 통치하던 신바벨론 제국으로부터 시작하여 그 다음에는 메데 페르시아 제국이 나타나고, 그 다음에는 그리스 제국 그리고 넷째 짐승은 무섭고 강하고 철 이가 있어서 앞의 세 제국이 정복하지 못한 세상의 나머지 나라들까지 다 정복하고 삼키는 무섭고 놀라운 짐승으로서 로마제국이 나타날 것을 보여주고 있습니다. 그런데 이 넷째 짐승은 열 개의 뿔을 지니고 있다고 기록하고 있습니다. 그리고 이 열 뿔 사이에서 작은 뿔 하나가 나오더니 세 뿔이 그 앞에서 뽑히우고 그 작은 뿔에는 사람의 눈 같은 것이 있고 또 입이 있어서 큰 말을 하였다고 기록하고 있습니다: "(1) 바벨론 왕 벨사살 원년에 다니엘이 그 침상에서 꿈을 꾸며 뇌 속으로 이상을 받고 그 꿈을 기록하며 그 일의 대략을 진술하니라 (2) 다니엘이 진술하여 가로되 내가 밤에 이상을 보았는데 하늘의 네 바람이 큰 바다로 몰려 불더니 (3) 큰 짐승 넷이 바다에서 나왔는데 그 모양이 각각 다르니 (4) 첫째는 사자와 같은데 독수리의 날개가 있더니 내가 볼 사이에 그 날개가 뽑혔고 또 땅에서 들려서 사람처럼 두 발로 서게 함을 입었으며 또 사람의 마음을 받았으며 (5) 다른 짐승 곧 둘째는 곰과 같은데 그것이 몸 한편을 들었고 그 입의 잇사이에는 세 갈빗대가 물렸는데 그에게 말하는 자가 있어 이르기를 일어나서 많은 고기를 먹으라 하였으며 (6) 그 후에 내가 또 본즉 다른 짐승 곧 표범과 같은 것이 있는데 그 등에는 새의 날개 넷이 있고 그 짐승에게 또 머리 넷이 있으며 또 권세를 받았으며 (7) 내가 밤 이상 가운데 그다음에 본 네째 짐승은 무섭고 놀라우며 또 극히 강하며 또 큰 철 이가 있어서 먹고 부서뜨리고 그 나머지를 발로 밟았으며 이 짐승은 전의 모든 짐승과 다르고 또 열 뿔이 있으므로 (8) 내가 그 뿔을 유심히 보는 중 다른 작은 뿔이 그 사이에서 나더니 먼저 뿔 중에 셋이 그 앞에 뿌리까지 뽑혔으며 이 작은 뿔에는 사람의 눈 같은 눈이 있고 또 입이 있어 큰 말을 하였느니라"(단 7:1-8)

그런데 다니엘서 7장 23절부터 기록된 이 넷째 짐승에 대한 해석에 의하면 열 뿔은 이 나라에서 일어날 열 왕이라고 하였고 작은 뿔은 그 열왕 후에 나타나서 열 뿔 중에서 세 왕을 복종시킬 것이며 또 그 작은 뿔(적그리스도)은 말로 하나님을 대적하고 성도를 괴롭게 할 것이며 성도들은 한 때와 두 때와 반 때 동안 즉 3년 반 동안(마흔두 달, 1,260일) 그 작은 뿔의 손에 붙인 바 될 것이라고 기록하고 있습니다: "(23) 모신 자가 이처럼 이르되 네째 짐승은 곧 땅의 네째 나라(로마제국)인데 이는 모든 나라보다 달라서 천하를 삼키고 밟아 부서뜨릴 것이며 (24) 그 열 뿔(10대 강국)은 이 나라(로마 제국)에서 일어날 열 왕이요 그 후에 또 하나(적그리스도)가 일어나리니 그는 먼저 있던 자들과 다르고 또 세 왕을 복종시킬 것이며 (25) 그가 장차 말로 지극히 높으신 자를 대적하며 또 지극히 높으신 자의 성도를 괴롭게 할 것이며 그가 또 때와 법을 변개코자 할 것이며 성도는 그의 손에 붙인 바 되어 한 때와 두 때와 반 때(3년 반의 대환난)를 지내리라 (26) 그러나 심판이 시작된즉 그는 권세를 빼앗기고 끝까지 멸망할 것이요 (27) 나라와 권세와 온 천하 열국의 위세가 지극히 높으신 자의 성민에게 붙인 바 되리니 그의 나라는 영원한 나라이라 모든 권세 있는 자가 다 그를 섬겨 복종하리라 하여 (28) 그 말이 이에 그친지라 나 다니엘은 중심이 번민하였으며 내 낯빛이 변하였으나 내가 이 일을 마음에 감추었느니라"(단 7:1-28) 그러므로 다니엘서 2장의 신상에서 마지막 시대를 상징하는 발에 10개의 발가락이 있는 것은 철로 된 종아리 즉 로마제국이 지나고 나면 인류 역사의 맨 끝인 발에 10개의 발가락이 있는 것처럼 인류 역사의 맨 끝에 10대 강국(열 뿔)이 출현할 것을 보여주는 것입니다. 그리고 다니엘서 7장에서 로마제국을 상징하는 무섭고 놀라운 넷째 짐승이 지닌 열 뿔이 열 왕을 의미한다고 한 것도 인류 역사의 종말에 10대 강국이 출현할 것을 보여주는 것입니다.

그러므로 전 세계가 국제화시대로 가고 있는 지금 이 시대는 확실히 인류 역사의 종말의 시대라는 것을 깨달음과 동시에 이 시대에는 필연적으로 십대 강국이 출현하게 된다는 것을 깨달아야 합니다. 그러므로 우리는 작금의 세계정치의 추이를 주의 깊게 살펴보아야 합니다. 열 뿔 즉 십대강국의 조짐으로 보이는 것들이 있습니까? 1970년대에 출현한 서방선진공업국 G7이 10대 강국으로 발전할 것입니까? 한때 트럼프가 구상하고 영국이 제안했던 대한민국과 호주와 인도 아니면 브라질이 합류하여 D10이 된다면 그것이 성경에서 말하는 10대 강국이 될 것입니까? 아니면 유엔의 안전보장이사회의 회원국이 장차 10개 나라로 확대 개편되어 10대 강국으로 출현하게 될 것입니까? 지금까지의 인류 역사를 돌이켜 볼 때 전 세계의 문제를 다루기 위하여 지금처럼 G7이나 UN 같은 국제기구가 생겨난 적은 없었습니다. 지금 우리 시대에 이런 국제기구들이 생겨나기 시작한 것은 성경이 말세에 나타나기로 예언한 십대 강국 즉 열 뿔의 출현이 가까웠음을 보여주는 것입니다. 현재로서 우리는 십대강국의 정체를 정확히 파악하지 못하고 있지만 장차 십대강국이 출현하면 그다음에는 반드시 작은 뿔 즉 적그리스도가 나타날 것입니다.

그러면 요한계시록으로 다시 돌아가서 지금까지 짐승이 무엇인지에 대해서 논한 것들을 다시 한 번 간략하게 정리해 보겠습니다.

"(9) 지혜 있는 뜻이 여기 있으니 그 일곱 머리는 여자가 앉은 일곱 산이요 (10) 또 일곱 왕이라 다섯은 망하였고 하나는 있고 다른 이는 아직 이르지 아니하였으나 이르면 반드시 잠간 동안 계속하리라 (11) 전에 있었다가 시방 없어진 짐승은 여덟째 왕이니 일곱 중에 속한 자라 저가 멸망으로 들어가리라 (12) 네가 보던 열 뿔은 열 왕이니 아직 나라를 얻지 못하였으나 다만 짐승으로 더불어 임금처럼 권세를 일시 동안 받으리라 (13) 저희가 한 뜻을 가지고 자기의 능력과 권세를 짐승에게 주더라"(계 17:9-13)

9절에서 보는 대로 짐승의 일곱 머리는 일곱 산 즉 일곱 왕인데 그 중에서 다섯(구바벨론 제국, 앗수루 제국, 신바벨론 제국, 메데 페르시아 제국, 그리스 제국)은 사도 요한이 이 글을 쓰고 있었던 시대 이전에 다 망해서 없어졌고 **하나**는 사도 요한의 시대에 존재했던 철로 된 종아리에 해당하는 강력한 로마제국이었습니다. 그리고 아직 이르지 아니한 **다른 이**는 철과 진흙으로 만들어진 발과 열 발가락에 해당하는 로마제국의 맨 끝인 국제화시대로서 사도 요한 시대에는 이르지 않았지만 장차 나타나면 반드시 잠시 동안 계속하리라고 하였습니다.

그러면 이 짐승은 누구입니까? 11절에 기록된 대로 이 짐승은 여덟 번째 왕으로서 일곱 중에 속한 자라고 하였습니다. 지금까지 위에서 일곱 왕이 속한 체제가 무엇인지에 대하여 설명한 것처럼 인류 역사에 존재했던 거대한 일곱 제국, 다시 말해서 지금까지 인류 역사를 지배해 왔던 사탄의 통치체제를 말하는 것입니다. 우리는 지금 인류 역사의 맨 마지막 시대에 존재하는 로마제국의 후신 유럽문명이 전 세계를 지배하는 시대인 일곱 번째 제국에 살고 있는 것입니다. 그런데 11절에 의하면 짐승은 여덟 번째 왕이라고 하였고 일곱 중에 속한 자라고 하였습니다. 일곱 머리는 일곱 산이요 일곱 왕이라고 하였습니다. 즉 일곱 산은 인류 역사에 일어날 거대한 일곱 제국을 말하는 것으로 일곱 제국을 일곱 왕으로 표현하였습니다. 그러니까 일곱 머리는 인류 역사에서 거대한 제국을 이끌 일곱 왕으로 표현하고 있습니다. 그런데 일곱 번째 제국의 왕이 통치하는 시대 맨 끝에 십대 강국이 나타날 것인데 십대 강국이 출현하고 나면 한 작은 뿔이 즉 작은 나라에서 한 왕이 나타나게 되고 십대 강국은 모든 권세를 그 작은 뿔에게 주게 되는데 그 작은 뿔은 전 세계를 통치하는 왕일 뿐 아니라 감히 전능하신 하나님을 대항하는 인류 역사에서 가장 막강한 왕으로 나타나게 될 것입니다.[(20) 또 그것의 머리에는 열 뿔이 있고 그 외에 또 다른 뿔이 나오매 세 뿔이 그 앞에 빠졌으며 그 뿔에는 눈도 있고 큰 말하는 입도 있고 그 모양이 동류보다 강하여 보인 것이라 (21) 내가 본즉 이 뿔이 성도들로 더불어 싸워 이기었더니(단 7:20-21)] 그래서 그 작은 뿔은 비록 일곱 번째 제국에 속해서 나타나기는 했지만 그 권세는 앞의 일곱 제국의 왕 이상의 권세를 지닌 왕이 될 것이기 때문에 그를 여덟 번째 왕이라고 말하는 것입니다.

그러면 이 여덟 번째 왕은 누구입니까? 12~13절에 그 힌트가 있습니다. 12~13절에 보면 '네가 보던 열 뿔은 열 왕이니 아직 나라를 얻지 못하였으나 다만 짐승으로 더불어 임금처럼 권세를 일시 동안 받으리라 저희가 한 뜻을 가지고 자기의 능력과 권세를 짐승에게 주더라'라고 기록되어 있습니다. 10대 강국은 앞에서 살펴본 대로 로마제국의 후신인 발과 열 개의 발가락에 속하는 유럽문명이 전 세계를 지배하고 있는 오늘 우리가 살고 있는 시대에 나타날 것이라고 하였습니다. 그런데 12~13절에 보면 이 10대 강국은 짐승과 함께 일시 동안 왕과 같은 다스리는 권세를 받는다고 하였습니다. 그러니까 10대 강국은 짐승과 함께 전 세계를 통치하게 될 것이라는 것입니다. 그런데 13절에 보면 그 10대 강국이 한마음으로 모든 권세를 짐승에게 준다고 기록하고 있습니다. 이것은 전 세계를 이끌던 10대 강국이 짐승이 나타나자 그 짐승에게 모든 권세를 주어 짐승이 전 세계를 통치하는 왕이 될 것임을 보여주는 것입니다. 11절에 짐승이 여덟 번째 왕이면서 일곱 중에 속한 자라는 말이 바로 이것입니다. 이 짐승은 10대 강국으로부터 전 세계를 통치할 권세를 받아 10대 강국의 왕들을 부하로 거느리면서 자기가 전 세계를 통치하는 왕이 되는 것입니다. 10대 강국은 일곱 번째 제국에 속하는 왕들인데 여덟 번째 왕으로 나타날 짐승이 그들을 부하로 삼아 전 세계를 통치하는 왕이 된다는 말이 바로 11절에 기록된 대로 짐승이 여덟 번째 왕이지만 일곱 중에 속한다는 말입니다. 비록 일곱 번째 제국에 속하는 왕이지만 그의 권세는 마치 여덟 번째 제국의 왕처럼 막강한 권세를 지니고 있다는 말입니다. 실제로 앞의 일곱 제국들은 어느 한정된 지역만을 다스리는 제국이었으나 이 작은 뿔은 지구 땅 전 세계의 나라들을 통치하는 가장 강력한 제국이 될 것이기 때문입니다.

12절을 다시 보면 이 짐승은 10대 강국과 함께 일시 동안 왕과 같은 권세를 받는다고 하였는데 그 일시 동안은 어느 정도의 기간입니까? 요한계시록 13장 4~5절에 보면 용 즉 사탄이 이 짐승(적그리스도)에게 마흔두 달 일할 권세를 주었습니다. 마흔두 달은 한 때와 두 때와 반 때, 그리고 1,260일과 동일한 기간으로서 적그리스도가 일할 기간입니다. 그리고 5~6절에 보면 이 짐승은 큰 말과 참람된 말하는 입을 받아서 그 입을 벌려 감히 하나님을 훼방하며 하나님과 하늘에 속한 자들을 훼방하는 자라고 하였습니다. **[(5) 또 짐승이 큰 말과 참람된 말 하는 입을 받고 또 마흔두 달 일할 권세를 받으니라 (6) 짐승이 입을 벌려 하나님을 향하여 훼방하되 그의 이름과 그의 장막 곧 하늘에 거하는 자들을 훼방하더라 (7) 또 권세를 받아 성도들과 싸워 이기게 되고 각 족속과 백성과 방언과 나라를 다스리는 권세를 받으니 (8) 죽임을 당한 어린양의 생명책에 창세 이후로 녹명되지 못하고 이 땅에 사는 자들은 다 짐승에게 경배하리라(계 13:5-8)]** 그렇다면 10대 강국을 장관으로 삼고 마흔두 달 동안 전 세계를 왕으로서 통치하게 될 이 짐승은 누구이겠습니까? 답은 너무나도 뻔합니다. 이 짐승이 바로 적그리스도입니다. 7~8절에 보면 이 짐승은 권세를 받아 성도들과 싸워 이기게 되고 각 족속과 백성들과 방언들과 나라들을 다스리는 권세를 받았고 생명책에 기록되지 않은 불신자들은 다 이 짐승에게 경배한다고 하였습니다. 그러므로 이 짐승은 나라도 아니고 가톨릭교회도 아니고 마지막 제국에 인간의 육신을 입고 나타나서 10대 강국의 왕들을 부하로 삼아 전 세계를 통치하게 될 적그리스도입니다.

요한계시록 13장 1절에 보면 이 짐승이 바다에서 나왔다고 하였는데 이는 이 짐승이 인간의 육신을 입고 사람으로 나타난다는 것을 의미하는 것입니다. 여기서 바다는 많은 물을 의미하며 많은 물은 이 세상에 존재하는 백성들과 무리와 열국과 방언들이기 때문입니다. 요한계시록 17장 1절에 보면 많은 물 위에 앉은 큰 음녀가 나오는데 15절에 보면 이 많은 물은 백성들, 무리들, 나라들과 언어들이라고 기록하고 있습니다; **"또 천사가 내게 말하되 네가 본 바 음녀의 앉은 물은 백성과 무리와 열국과 방언들이니라"(계 17:15)** 그러므로 이 짐승이 바다에서 나왔다는 말은 이 짐승이 인간의 육신을 입고 사람으로 나타난다는 것을 의미하는 것입니다. 짐승이 마지막 제국 즉 일곱 번째 제국에 나타날 10대 강국의 지도자들을 장관으로 삼아 전 세계를 통치하게 될 적그리스도라면 이 짐승에게 일곱 머리가 있다는 것은 무슨 뜻입니까? 그 일곱 머리는 일곱 산이요 일곱 왕으로서 인류 역사를 지배해 온 일곱 개의 거대한 제국이라고 하였는데 그러면 짐승의 몸에 일곱 개의 제국이 붙어있다는 말은 무슨 뜻입니까? 이것은 적그리스도가 아담 이후부터 인류의 종말 때까지 이 세상을 통치하는 왕임을 의미하는 것입니다. 에베소서 2장 2절에 기록된 대로 인간이 범죄하여 에덴에서 쫓겨난 이후에는 공중권세를 잡은 자 사탄이 하나님께 불순종하는 죄인 인간들을 통치하였습니다; **"그 때에 너희가 그 가운데서 행하여 이 세상 풍속을 좇고 공중의 권세 잡은 자를 따랐으니 곧 지금 불순종의 아들들 가운데서 역사하는 영이라"(엡 2:2)** 바로 그 공중권세를 잡은 자가 마귀이며 그 마귀가 인간의 육신을 입고 나타난 것이 적그리스도입니다. 하나님께서 인간의 육신을 입고 나타나신 분이 예수 그리스도이신 것처럼 말입니다. 그러니까 적그리스도는 인류 역사의 처음 아담 때부터 역사해 온 마귀입니다. 적그리스도는 인류 역사의 마지막에만 나타나는 존재가 아닙니다. 사도 요한 시대에도 많은 적그리스도들이 활동하고 있었습니다.(요일 2:18) 그러나 그들은 다만 적그리스도의 영을 받아 일하는 대리자에 불과하였습니다. 인류의 마지막 일곱 번째 제국의 끝 10대 강국이 출현할 때에 나타나서 그들을 부하로 삼아 전 세계를 통치하게 될 적그리스도는 예수 그리스도가 육신을 입고 사람으로 나타나셨던 것처럼 자기도 인간의 육신을 입고 사람으로 나타나서 초자연적인 능력을 행하는 자가 될 것입니다.

그러면 전에는 있었다가 시방은 없으나 장차 무저갱으로부터 올라와 멸망으로 들어갈 짐승은 무엇입니까? 이 짐승이 전에 있었다는 말은 사탄이 에덴동산에서 아담에게 얼굴과 얼굴로 직접 나타나서 인류를 미혹하고 죄와 사망에 빠뜨렸던 사실을 언급하는 것입니다. 조금 더 자세히 말하자면 성부 성자 성령 하나님이 아브라함에게 세 사람으로 나타나셨던 것처럼 사탄은 아담·하와에게 얼굴과 얼굴로 직접 대면하기 위해서 뱀의 모양으로 나타난 것입니다. 그것이 바로 적그리스도였습니다. '시방은 없으나'라는 말은 에덴동산에서의 사건 이후부터는 사탄이 사람에게 얼굴과 얼굴로 직접 나타나지 아니하고 영으로 존재하면서 드러내지 않은 채 공중권세를 잡은 자로서 거대한 일곱 개의 제국을 통하여 이 세상을 배후에서 통치해 왔다는 것을 뜻하는 것입니다. 짐승의 몸에 있는 일곱 머리 즉 일곱 제국의 왕들은 짐승이 배후에서 조종하였던 적그리스도의 사람들에 불과한 것입니다. 그러나 십대 강국이 출현하는 인류 역사의 마지막이 되면 그 짐승은 다시 한 번 인간에게 자기의 모습을 드러낼 것입니다. 즉 인간의 육신을 입고 세상의 모든 사람들이 직접 눈으로 볼 수 있도록 나타난다는 말입니다. 장차 무저갱으로부터 올라와 멸망으로 들어갈 자라는 말은 사탄이 마지막 때에는 예수님처럼 사람의 몸을 입은 적그리스도를 이 세상에 보내어 사람들을 얼굴과 얼굴로 대면하면서 전 세계를 통치하다가 재림하실 그리스도에 의하여 영원히 파멸하게 될 것을 말하는 것입니다. 그러니까 이 짐승의 정체는 적그리스도입니다. 4절과 5절을 자세히 살펴보십시오. **"용이 짐승에게 권세를 주므로 용에게 경배하며 짐승에게 경배하여 가로되 누가 이 짐승과 같으뇨 누가 능히 이로 더불어 싸우리요 하더라. 또 짐승이 큰 말과 참람된 말하는 입을 받고 또 마흔 두달 일할 권세를 받으니라."** 여기 등장하는 짐승은 사탄인 용으로부터 권세를 받은 적그리스도입니다. 이 적그리스도는 사탄인 용을 경배하는 사탄의 부하입니다. 그의 입에는 하나님을 대항하는 참람된 말들을 사탄으로부터 받았습니다. 마치 예수 그리스도께서 하나님 아버지의 말씀을 받아서 그대로 전하셨던 것처럼 용인 사탄도 짐승인 그의 부하 적그리스도를 보내어 그의 말을 전하게 하는 것입니다. 13장에서는 3년 반 동안 즉 마흔두 달 동안의 대환난 기간에 활동할 적그리스도(1~10절)와 거짓 선지자들(11~18절)의 정체를 보여주고 있습니다. 여기서 우리는 사탄이 하나님 나라의 통치체계를 흉내 내고 있음을 엿볼 수 있습니다.

이상에서 살펴본 대로 적그리스도가 오려면 먼저 열 뿔 즉 십대강국이 출현해야 합니다. 우리는 지금 10대 강국이 출현하기 직전의 시대에 살고 있는 것입니다. 십대강국이 출현하면 그 후에는 멀지 않아 적그리스도가 출현할 것이 분명합니다. 그러니까 지금까지의 내용을 정리해 보면 적그리스도가 출현해서 여러 나라와 한 이레 즉 7년 동안의 언약을 맺으면 그 때부터 7년 후에 예수님의 재림이 있게 됩니다. 그런데 작은 뿔 즉 적그리스도가 출현하려면 먼저 열 뿔 즉 십대 강국이 출현해야 합니다. 지금부터 적그리스도의 출현까지의 시간과 적그리스도가 많은 나라 사람들과 언약을 체결할 때부터 7년 후에 예수님의 재림이 있게 됩니다. 지금부터 적그리스도가 와서 언약을 맺을 때까지 몇 년이 걸릴지 모르니까 x년으로 하고 **적그리스도가 언약을 체결할 때부터 7년 있으면 예수님의 재림이 있을 것이므로 지금부터 예수님의 재림까지는 7년 더하기 x년이 걸릴 것입니다.** 즉 지금부터 예수님의 재림까지는 7년 더하기 몇 년입니다. 오늘날 교회들이 "예수님이 오늘 밤에 오실지, 내일 밤에 오실지 모르니까 재림을 준비해야 합니다"라고 말하는 것은 오늘날의 교회가 하나님의 말씀을 모르는 눈먼 교회이기 때문입니다. 예수님은 오늘 밤에도 내일 밤에도 절대로 오시지 않습니다. 아니 내년에도 후년에도 절대로 오시지 않습니다. 아니 오시지 않는 것이 아니라 절대로 못 오십니다. 하나님은 성경에 기록해 놓은 시간표에 따라서 오실 것이기 때문입니다.

레위기 23장은 인간구원에 대한 하나님의 시간표를 보여주고 있습니다. 레위기는 예수님보다 약 1,500년 전에 살았던 모세에 의하여 쓰인 책입니다. 그러면 레위기를 바로 이해하기 위해서는 먼저 창세기와 출애굽기의 내용을 다시 간단하게 정리해 볼 필요가 있습니다.

창세기

창세기라는 말의 헬라어의 뜻은 기원(Origin) 또는 시작(Beginning)이라는 뜻입니다. 이 책의 타이들이 보여 주듯이 창세기는 시작의 책입니다. 창세기는 '태초에'라는 말로 시작하면서 시간의 시작에 대하여 말하고 있습니다. 또한 하늘과 별들과 땅을 창조한 사실을 얘기하면서 공간의 시작에 대하여 말하고 있습니다. 이 시간과 공간의 시작이 바로 우주의 시작입니다. 창세기는 우주 안에 충만한 생명의 시작에 대하여 말하고 있습니다. 창세기는 또 인류의 시작에 대하여 말하고 있습니다. 또 하나님의 형상을 닮게 창조된 인간이 어떻게 죄인이 되었는지 죄의 시작에 대하여 말하고 있습니다. 또한 죄의 결과로서 죽음이 시작되었음을 말해 주고 있습니다. 여기서의 죽음이란 하나님과의 분리를 의미하며 하나님과의 분리의 결과는 전쟁과 기근과 질병과 인간이 겪는 모든 고통과 육신의 죽음을 의미합니다. 그리고 죄에 빠진 인간을 구원하시겠다는 구원약속의 시작에 대하여 말하고 있습니다. 창세기는 또한 가정의 시작에 대하여 말하고 있습니다. 하나님은 일부일처제의 경건한 가정을 시작하게 하셨으나 죄를 짓고 하나님을 떠난 가인의 후손은 일부다처제의 불행하고 불 경건한 가정을 시작하였음을 말하고 있습니다. 창세기는 죄를 짓고 하나님을 떠난 가인의 후손이 인간의 문명을 발달시킨 하나님을 대항하는 인간중심의 문명과 문화의 시작에 대하여도 말하고 있습니다. 또 창세기는 바벨탑을 쌓다가 흩어져 많은 민족들의 시작과 많은 언어들의 시작에 대하여 말하고 있습니다. 창세기는 흩어진 인류를 구원하기 위해 선교사로 부름 받은 이스라엘 민족의 시작에 대하여도 말하고 있습니다. 창세기는 이처럼 시작의 책입니다. 창세기는 하나님이 시작하신 이 세상의 모든 것들의 시작에 대하여 얘기하는 책입니다. 창조를 마치신 후에 하나님은 이 모든 것이 '하나님 보시기에 좋았더라'라고 하셨습니다. 그러나 창세기 마지막 장 마지막 절을 보시면 **'요셉이 일백십 세에 죽으매 그들이 그의 몸에 향 재료를 넣고 애굽에서 입관하였더라'**라고 기록되어 있습니다. 창세기는 하나님의 형상을 닮은 거룩한 생명으로 시작해서 마지막에는 죄인의 죽음과 그의 시체를 담는 관으로 끝나고 있습니다. 인간이 하나님의 형상으로 시작해서 죄 때문에로 죽음으로 끝나는 비참한 모습을 보여주는 책이 바로 창세기입니다.

출애굽기

출애굽기는 구원의 책입니다. 창세기가 죄에 빠진 인간의 비참을 서술하고 있다면 출애굽기는 인간을 죄에서 구원하시는 하나님의 구원능력을 보여주고 있습니다. 애굽에서 종살이하던 이스라엘 백성을 유월절 어린양의 대신 죽음으로 노예에서 해방시켜 약속의 땅 가나안으로 가도록 모세를 보내주시고 애굽에서 해방된 이후에는 구원받은 이스라엘 백성이 하나님의 자녀로서 하나님과 교제할 성막을 짓게 하는 것이 출애굽기의 내용입니다.

구원의 필요성은 1장과 2장에 나타난 이스라엘 백성들의 비참한 노예생활과 그들의 부르짖음에 있습니다. 죄인을 구원하시는 하나님의 방법은 12장에 나타난 대속의 피와 14장에 나타난 하나님의 능력입니다. 백성을 구원하는 구원의 율법은 20장에 나타난 하나님이 주신 계명의 말씀과 21장에서 24장에 나타난 하나님의 언약입니다. 구원의 완성을 위한 성화의 수단은 25장에서 40장에 나타난 성막 제도와 제사장 제도입니다. 출애굽기에서 우리가 생각할 중요한 단어들은 다음과 같습니다; 애굽, 바로 왕, 종살이하던 이스라엘 백성, 유월절 어린양, 모세, 성막, 가나안 땅 등입니다.

여기서 애굽은 이 죄악 세상을 상징하고 애굽에 종살이하던 이스라엘 민족은 이 세상 죄악에 빠져 살아가는 죄인 인간들을 상징합니다. 바로 왕은 이 세상을 통치하는 사탄을 상징합니다. 사탄은 바로 왕처럼 하나님의 백성을 놓아주지 않고 그들을 자기의 노예로 부리고 싶어합니다. 그러나 유월절 어린양의 대신 죽음으로 백성을 놓아주고 다시 그 놓아준 백성을 추격하지만 홍해바다에 빠져 그와 그의 군사들이 멸망합니다. 이는 사탄이 믿는 백성들을 다시 죄의 포로로 잡기 위해 끈질긴 추격을 하지만 끝내는 하나님의 능력으로 멸망한다는 것을 미리 보여주는 말씀입니다. 이스라엘 사람들의 죄를 위해 대신 희생된 유월절 어린양은 우리 인류의 죄를 대신하여 십자가에서 희생당하신 예수 그리스도를 상징합니다. 이스라엘 백성을 애굽에서 이끌고 나와서 약속의 땅 가나안으로 백성을 인도했던 모세는 우리를 죄악 세상에서 이끌고 나오시고 계속해서 저 약속의 땅 하늘나라에 도착할 때까지 인도해 주시는 구주 되시고 선한 목자 되시는 예수 그리스도를 상징합니다. 하나님이 모세를 이스라엘의 구원자로 보내시려고 그를 이 세상에 보내셨을 때 바로 왕은 이스라엘의 어린 아기들을 다 죽이도록 명령했습니다. 하나님이 예수님을 인류의 구원자로 보내시려고 그를 이 세상에 보내셨을 때 헤롯 왕은 두 살 이하의 어린 아기를 모두 죽이도록 명령했습니다. 이 모세는 장차 오실 구세주 예수 그리스도를 상징하는 그림자였습니다. 출애굽기에서 하나님이 짓게 하신 성막은 하나님이 구원받은 이스라엘 백성과 함께 하시며 영적으로 교제하시는 도구로서 장차 오실 그리스도의 교회를 상징한다는 것을 이미 살펴보았습니다. 그리고 이스라엘 백성들이 들어갈 가나안 땅은 우리가 장차 들어 갈 하나님의 나라를 상징합니다.

레위기

그러면 레위기의 주요 내용은 무엇입니까? 출애굽기에서는 이 성막을 건축하게 하셨고 이제 우리가 들어가려는 레위기에서는 이 성막 안에서 하나님과 그의 백성들이 영적으로 교제하는 제사에 대하여 즉 오늘의 언어로 얘기하면 예배에 대하여 상세하게 말씀하고 계십니다. 창세기에서는 죄로 인해서 타락한 인간의 비참한 죽음을 보여주고 출애굽기에서는 유월절 어린양의 대속의 피로 구원을 보여주는 데 반하여 레위기에서는 구원받은 성도들이 예배를 통하여 하나님과 동행하는 거룩한 삶을 살아야 함을 보여줍니다. 출애굽기와 레위기를 비교해 보면 두 책의 내용을 훨씬 더 잘 이해할 수 있습니다. 미국의 유명한 구약 학자인 메릴 엉거 박사는 두 책의 차이를 잘 요약했습니다.

출애굽기		레위기
God's approach to us	/	Our approach to God
Begins with sinners	/	Begins with saints
People brought near to God	/	People kept near to God
The fact of atonement	/	The results of atonement
Christ presented as Savior	/	Christ operative as sanctifier
Guilt removed	/	Defilement cleansed
God as love	/	God as holiness and light
Brought into union with him	/	Introduced to communion with him
Offers pardon	/	Calls to purity
Delivered from world, flesh, and Satan	/	Seperated and dedicated to God
God speaks out of the mountain	/	God speaks out of the tabernacle
Keynote: redemption	/	keynote: separation, communion
The way of salvation	/	Provisions for holy living

이 책 레위기 11장 44~45절에 있는 '**나는 여호와 너희 하나님이라. 내가 거룩하니 너희도 몸을 구별하여 거룩하게 하라**'는 바로 이 책의 주제입니다. 레위기는 구원받은 성도가 하나님과 동행하면서 거룩한 삶을 살아가야 한다는 진리를 가르쳐 주는 책입니다.

사람이 하나님 앞에서 거룩하고 성결하게 되는 방법은:

첫째 제사를 통해서입니다. 이 책에는 다섯 가지의 제사가 나오는데 이 제사들은 모두 그리스도를 상징하는 것으로서 그리스도의 삶과 죽음을 통해서 죄인이 하나님 앞에 거룩하고 의로운 사람으로 열납 된다는 것을 보여줍니다. 앞으로 우리는 이 다섯 가지 제사, 즉 번제와 소제와 화목제와, 속죄제와 속건제에 대하여 상세하게 살펴볼 예정입니다.

둘째 하나님이 거저 주신 구원의 응답으로 우리의 몸을 드리는 산 제사를 통해서입니다. 또한 11장에서 15장까지 보시면 정한 음식과 부정한 음식, 문둥병과 유출병 등 기타 위생상 불결한 것과 정결한 것에 대하여 정한 규례에 대하여 언급하고 있습니다. 이것은 영혼을 구원받은 성도들이 육신의 몸도 거룩하고 성결하게 살아야 한다는 것을 보여주는 말씀입니다. 우리 구원받은 성도는 영적으로만 거룩할 뿐 아니라 육신적으로도 거룩하고 성결하게 살아가야 할 것을 가르쳐 주시는 말씀입니다. 구원받은 성도가 드릴 산 제사는 성화의 필수 요소입니다. 로마서 12장 1~2절에 보시면 "**그러므로 형제들아 내가 하나님의 모든 자비하심으로 너희를 권하노니 너희 몸을 하나님이 기뻐하시는 거룩한 산 제사로 드리라 이는 너희의 드릴 영적 예배니라 너희는 이 세대를 본받지 말고 오직 마음을 새롭게 함으로 변화를 받아 하나님의 선하시고 기뻐하시고 온전하신 뜻이 무엇인지 분별하도록 하라.**"

셋째 제사장의 중보 사역을 통해서입니다. 앞에서 언급한 다섯 가지의 제사를 통해서 우리는 하나님과 교제할 수 있다고 하였습니다. 그러나 아무도 하나님께 직접 제물을 드릴 수 없습니다. 사람들은 그 제물을 제사장에게 가지고 가야 하고 중보자인 제사장이 그것을 하나님께 드리게 되어 있습니다. 여기 제사장은 물론 장차 오실 예수님을 의미하는 것이었습니다. 그러므로 사람들은 예배를 통하여 하나님과 교제해야 하지만 그리스도를 통해서만 하나님과 교제하고 동행하는 삶을 살 수 있다는 것을 미리 보여 주는 구약의 가르침이 바로 레위기의 내용입니다.

결국 모세 오경이라고 불리는 창세기 출애굽기 레위기 민수기 신명기 등 구약성경의 처음 다섯 권은 신약성경의 내용을 압축적으로 거의 다 포괄하는 구약에 들어 있는 복음입니다. 이와 같이 구약 성경은 예수님이 오시기 오래전 에덴동산에서부터 예수 그리스도의 복음을 천명하는 책입니다. 그러므로 로마서 1장 2절에 보시면 '이 복음은 하나님이 선지자들로 말미암아 그의 아들에 관하여 성경에 미리 약속하신 것이라'고 하였습니다. 복음이란 예수 그리스도를 통하여 죄인인 인간에게 구원을 주신다는 좋은 소식인데 이 좋은 소식이 미리 구약성경에 약속되어 있다는 말입니다. 그러므로 우리가 믿는 예수님은 아무 예고도 없이 갑자기 나타나서 자기가 구세주라고 말하는 정신병자가 아니고 창세 때부터 하나님이 말씀하시고 오시리라고 약속해 주셨던 구원의 주 되신 예수님이십니다. 창세기에서 죄인 된 우리들을 출애굽기에서 유월절 어린양으로 구원하시고 레위기에서는 구원받은 성도들이 예배를 통하여 하나님과 교제하며 동행하는 거룩한 삶을 살 것을 가르쳐 주십니다.

그러면 이제는 레위기 23장 1~22절에 기록된 여호와의 일곱 절기에 살펴보겠습니다. '예수님은 언제 오시는가?'라는 질문은 초대교회 때부터 지금까지 그리스도인들이 가장 궁금해하고 관심있어 하는 아주 중요한 질문 중에 하나입니다. 그러므로 이 문제로 인하여 지금까지 수많은 이단들이 출몰하였습니다. 그래서 오늘의 교회들은 예수님이 언제 오시는지에 대하여 말하기를 꺼려합니다. 그러면 성경은 정말 그것에 대하여 과연 무엇이라고 말하고 있을까요? 우리 시대의 교회는 '아니다'라고 대답합니다. '그 날은 하나님 아버지 외에는 아무도 아는 자가 없다'라고 우리 시대의 교회는 굳게 믿고 있습니다. 마태복음 24장 36~39절에서 예수님께서 분명히 말씀하고 있다는 것입니다. "(36) 그러나 그 날과 그 때는 아무도 모르나니 하늘의 천사들도, 아들도 모르고 오직 아버지만 아시느니라 (37) 노아의 때와 같이 인자의 임함도 그러하리라 (38) 홍수 전에 노아가 방주에 들어가던 날까지 사람들이 먹고 마시고 장가 들고 시집 가고 있으면서 (39) 홍수가 나서 저희를 다 멸하기까지 깨닫지 못하였으니 인자의 임함도 이와 같으리라."

여기서 예수님께서 말씀하신 것은 바로 먹고 마시고 시집가고 장가가는 일에 몰두하고 있는 불신자들에게 하신 말씀입니다. 참으로 믿고 구원받은 사람들에게 하신 말씀이 아닙니다. 그러면 진짜 믿어서 구원받은 참 성도들에게는 무엇이라고 말씀하고 있습니까?

"(1) 형제들아 때와 시기에 관하여는 너희에게 쓸 것이 없음은 (2) 주의 날이 밤에 도적 같이 이를 줄을 너희 자신이 자세히 앎이라 (3) 저희가 평안하다, 안전하다 할 그 때에 잉태된 여자에게 해산 고통이 이름과 같이 멸망이 홀연히 저희에게 이르리니 결단코 피하지 못하리라 (4) 형제들아 너희는 어두움에 있지 아니하매 그 날이 도적 같이 너희에게 임하지 못하리니 (5) 너희는 다 빛의 아들이요 낮의 아들이라 우리가 밤이나 어두움에 속하지 아니하나니"(살전 5:1-5)

구원받지 못한 사람들에게는 그날이 도적같이 임하기 때문에 아무도 멸망을 피할 수가 없습니다. 그러나 참으로 믿어서 구원받은 사람들에게는 그날이 도적같이 임하지 않는다고 말씀하고 있습니다. 즉 이 말씀은 참 믿는 사람들은 예수님의 재림의 날을 알 수 있기 때문에 그날을 잘 대비할 수 있다는 말입니다. 그러면 성경은 그날이 언제인지 정말 말해 주고 있을까요?

레위기에서 우리가 한 가지 꼭 짚고 넘어가야 할 중요한 진리는 23장에 기록된 여호와의 절기입니다. 레위기 23장에 기록된 여호와의 일곱 절기가 바로 그 실마리를 제공해 주고 있기 때문입니다. 이 절기들은 모세 시대의 유월절 사건에서부터 주님 재림하신 후의 천년왕국의 시기까지 보여주는 하나님의 인간구원계획을 위한 시간표입니다. 레흐만 스라우스는 그의 저서 《God's Prophetic calendar》에서 여호와의 일곱 절기에 대하여 그 내용을 잘 설명하였습니다. 그가 '나팔절'을 예수님의 재림과 연결시킨 것까지는 아주 좋았는데 '절기'라는 단어의 히브리어 모에디(appointed time)를 규명하지 못해서 예수님의 재림이 바로 이스라엘 백성들이 지키는 '나팔절'에 이루어질 것이라는 것을 언급하지 못한 것은 아쉬움으로 남습니다.

레위기 23장에 기록된 절기들은 다음과 같습니다; 유월절, 무교절, 첫열매절, 오순절, 나팔절, 속죄절 그리고 장막절입니다. 이 절기들은 해마다 그 정해진 날짜에 지키도록 되어있습니다. 이 절기들은 우리네의 절기들처럼 먹고 마시고 즐기는 잔치가 아니고 인간을 구원하기 위하여 하나님께서 미리 짜 놓으신 시간표입니다. 예수님은 구약성경의 모든 것이 예수님을 대하여 증거하는 것이라고 말씀하셨습니다.(요 5:39) 또 골로새서에서는 구약에 기록된 절기들이 장차 오게 될 실체에 대한 그림자라고 하였습니다. 그리고 그 실체는 바로 예수님이라고 말씀하고 있습니다: **"(16) 그러므로 먹고 마시는 것과 절기나 초하루나 안식일을 이유로 누구든지 너희를 비판하지 못하게 하라 (17) 이것들은 장래 일의 그림자이나 몸은 그리스도의 것이니라"(골 2:16-17)** 여기 일곱 절기 중에서 처음 네 개의 절기들은 예수님의 초림과 관계된 것이고 나머지 세 개의 절기들은 예수님의 재림과 관계된 것입니다. 한국어 성경에서는 '절기'라고 번역되어 있으나 히브리어 원어에는 '모에디'라고 기록되어 있는데 그 의미는 '정해 놓은 시간(appointed time)'이라는 뜻입니다. 그러니까 '여호와의 일곱 절기'가 아니고 '여호와께서 정해 놓으신 일곱 시간'이라는 뜻입니다. 처음 두 개의 절기는 모세가 이 명령을 받은 때부터 지켜야 했고 나머지 다섯 개의 절기들은 40년 후인 이스라엘 백성이 가나안 땅에 들어가서 첫 수확을 거둘 때부터 지켜야 했습니다. 그러니까 이스라엘 백성들은 모세 때부터 지금까지 3,500년 동안이나 이 절기들을 지켜오고 있습니다. 그러면 이 절기들을 하나씩 살펴보면서 그 의미가 무엇인지를 알아보겠습니다.

유월절 축제

"(4) 기한에 미쳐 너희가 공포하여 성회로 삼을 여호와의 절기는 이러하니라 (5) 정월 십사일 저녁은 여호와의 유월절이요 (6) 이 달 십오일은 여호와의 무교절이니 칠일 동안 너희는 무교병을 먹을 것이요"(레 23:4-5)

출애굽기 12장을 보면 유월절이 무엇인지에 대하여 자세히 기록하고 있습니다: "(1) 여호와께서 애굽 땅에서 모세와 아론에게 일러 가라사대 (2) 이 달로 너희에게 달의 시작 곧 해의 첫 달이 되게 하고 (3) 너희는 이스라엘 회중에게 고하여 이르라 이 달 열흘에 너희 매인이 어린양을 취할지니 각 가족대로 그 식구를 위하여 어린양을 취하되 (4) 그 어린양에 대하여 식구가 너무 적으면 그 집의 이웃과 함께 인수를 따라서 하나를 취하며 각 사람의 식량을 따라서 너희 어린양을 계산할 것이며 (5) 너희 어린양은 흠 없고 일년 된 수컷으로 하되 양이나 염소 중에서 취하고 (6) 이 달 십사일까지 간직하였다가 해 질 때에 이스라엘 회중이 그 양을 잡고"(출 12:1-14)

먼저 양을 준비해야 합니다; "하나님께서 자신을 양으로 준비하실 것이라"(창 22:8)

1. 유월절
레 23:4-5
4그 어린 양에 대하여 식구가 너무 적으면 그 집의 이웃과 함께 인수를 따라서 하나를 취하며 각 사람의 식량을 따라서 너희 어린 양을 계산할 것이며 5너희 어린 양은 흠 없고 일년 된 수컷으로 하되 양이나 염소 중에서 취하고 6이 달 십 사일까지 간직하였다가 해 질 때에 이스라엘 회중이 그 양을 잡고

"(5) 너희 어린양은 흠 없고 일 년 된 수컷으로 하되 양이나 염소 중에서 취하고 (6) 이 달 십사 일까지 간직하였다가 해 질 때에 이스라엘 회중이 그 양을 잡고"

그 양은 흠이 없는 양이어야 합니다; "(18) 너희가 알거니와 너희 조상의 유전한 망령된 행실에서 구속된 것은 은이나 금 같이 없어질 것으로 한 것이 아니요 (19) 오직 흠 없고 점 없는 어린양 같은 그리스도의 보배로운 피로 한 것이니라"(벧전 1:18-19) "하나님이 죄를 알지도 못하신 자로 우리를 대신하여 죄를 삼으신 것은 우리로 하여금 저의 안에서 하나님의 의가 되게 하려 하심이니라"(고후 5:21) "저는 죄를 범치 아니하시고 그 입에 궤사도 없으시며"(벧전 2:22)

"(7) 그 피로 양을 먹을 집 문 좌우 설주와 인방에 바르고 (8) 그 밤에 그 고기를 불에 구워 무교병과 쓴 나물과 아울러 먹되 (9) 날로나 물에 삶아서나 먹지 말고 그 머리와 정강이와 내장을 다 불에 구워 먹고 (10) 아침까지 남겨 두지 말며 아침까지 남은 것은 곧 소화하라 (11) 너희는 그것을 이렇게 먹을지니 허리에 띠를 띠고 발에 신을 신고 손에 지팡이를 잡고 급히 먹으라 이것이 여호와의 유월절이니라"(출 12:7–11)

피는 뿌려져야 합니다: "(1) 예수 그리스도의 사도 베드로는 본도, 갈라디아, 갑바도기아, 아시아와 비두니아에 흩어진 나그네 (2) 곧 하나님 아버지의 미리 아심을 따라 성령의 거룩하게 하심으로 순종함과 예수 그리스도의 피 뿌림을 얻기 위하여 택하심을 입은 자들에게 편지하노니 은혜와 평강이 너희에게 더욱 많을지어다"(벧전 1:1–2)

"(12) 내가 그 밤에 애굽 땅에 두루 다니며 사람과 짐승을 무론하고 애굽 나라 가운데 처음 난 것을 다 치고 애굽의 모든 신에게 벌을 내리리라 나는 여호와로라 (13) 내가 애굽 땅을 칠 때에 그 피가 너희의 거하는 집에 있어서 너희를 위하여 표적이 될지라 내가 피를 볼 때에 너희를 넘어가리니 재앙이 너희에게 내려 멸하지 아니하리라 (14) 너희는 이 날을 기념하여 여호와의 절기를 삼아 영원한 규례로 대대에 지킬지니라"(출 12:12–14)

그 양은 대속제물이어야 합니다: "내가 받은 것을 먼저 너희에게 전하였노니 이는 성경대로 그리스도께서 우리 죄를 위하여 죽으시고"(고전 15:3) "(6) 내가 또 보니 보좌와 네 생물과 장로들 사이에 어린양이 섰는데 일찍 죽임을 당한 것 같더라 일곱 뿔과 일곱 눈이 있으니 이 눈은 온 땅에 보내심을 입은 하나님의 일곱 영이더라 (8) 책을 취하시매 네 생물과 이십사 장로들이 어린양 앞에 엎드려 각각 거문고와 향이 가득한 금 대접을 가졌으니 이 향은 성도의 기도들이라 (9) 새 노래를 노래하여 가로되 책을 가지시고 그 인봉을 떼기에 합당하시도다 일찍 죽임을 당하사 각 족속과 방언과 백성과 나라 가운데서 사람들을 피로 사서 하나님께 드리시고"(계 5:6, 8–9)

"(9) 이 일 후에 내가 보니 각 나라와 족속과 백성과 방언에서 아무라도 능히 셀 수 없는 큰 무리가 흰 옷을 입고 손에 종려 가지를 들고 보좌 앞과 어린양 앞에 서서 (10) 큰 소리로 외쳐 가로되 구원하심이 보좌에 앉으신 우리 하나님과 어린양에게 있도다 하니 (11) 모든 천사가 보좌와 장로들과 네 생물의 주위에 섰다가 보좌 앞에 엎드려 얼굴을 대고 하나님께 경배하여 (12) 가로되 아멘 찬송과 영광과 지혜와 감사와 존귀와 능력과 힘이 우리 하나님께 세세토록 있을지로다 아멘 하더라 (13) 장로 중에 하나가 응답하여 내게 이르되 이 흰옷 입은 자들이 누구며 또 어디서 왔느뇨 (14) 내가 가로되 내 주여 당신이 알리이다 하니 그가 나더러 이르되 이는 큰 환난에서 나오는 자들인데 어린양의 피에 그 옷을 씻어 희게 하였느니라"(계 7:9-14)

이상에서 살펴본 대로 유월절 양은 장차 오실 그리스도 예수에 대한 예표였습니다. "너희는 누룩 없는 자인데 새 덩어리가 되기 위하여 묵은 누룩을 내어 버리라 우리의 유월절 양 곧 그리스도께서 희생이 되셨느니라"(고전 5:7) 참으로 모세시대에 하나님께서 명하신 유월절 양은 예수 그리스도의 대속 죽음을 미리 보여주는 예표였습니다. 유월절 양의 죽음으로 이스라엘 백성들이 애굽에서 해방된 것처럼 유월절 양 되신 예수 그리스도의 대속 죽음으로 거듭난 그리스도인들은 죄와 이 죄악세상 애굽으로부터 해방된 것입니다.

무교절 축제

"(6) 이 달 십오일은 여호와의 무교절이니 칠일 동안 너희는 무교병을 먹을 것이요 (7) 그 첫날에는 너희가 성회로 모이고 아무 노동도 하지 말지며"(레 23:6-7)

2. 무교절 축제
레 23:6-8
6이 달 십오일은 여호와의 무교절이니 칠일 동안 너희는 무교병을 먹을 것이요 7그 첫날에는 너희가 성회로 모이고 아무 노동도 하지 말찌며 8너희는 칠일 동안 여호와께 화제를 드릴 것이요 제 칠일에도 성회로 모이고 아무 노동도 하지 말찌니라

유월절 무교절
1/14   15

14일에 유월절 양이 죽임을 당하고 바로 그다음 날부터 무교절을 지키라고 하였습니다. 14일 유월절과 15일 무교절 사이에 시간적으로 아무런 공백기간이 없습니다. 유월절과 무교절이 시간적인 공백 없이 곧 바로 연결되어 있습니다. 이것은 예수 그리스도의 십자가 사건을 믿음으로 받아들인 사람은 바로 그 즉시 그리스도와 동행하는 그리스도인의 성화의 삶을 시작해야 한다는 것을 가르쳐 주는 말씀입니다. 예수 믿은 사람은 믿은 그 즉시부터 주님을 따라야 하는 것입니다. 바로 예수님을 구주로 영접한 그 날 그 시부터 성화되는 삶을 살아야 하는 것입니다. 반대로 말하자면 예수님을 따라 순종하는 거룩한 삶을 살기 위해서는 먼저 갈보리 동산에서 유월절 양으로 드려지신 예수 그리스도를 영접해야 하는 것입니다. 예수님을 구주로 영접함이 없이는 아무도 주님과 동행하는 성화의 삶을 살 수가 없습니다. 그리고 예수님을 구주로 영접했으면 그 순간부터 주님과 동행하는 성화되는 삶을 살아야 하는 것입니다.

유월절은 예수님의 십자가 죽음을 상징합니다. 예수님의 죽음은 인류의 길고 긴 역사 중에서 단 하루에 시행되었습니다. 단 한 번의 사건으로 이루어졌습니다. 그의 죽음이 여러 번 되풀이되지 않았습니다. 여러 번 되풀이될 필요가 없는 단 한번으로 충분한 영 단번의 사건이었습니다. **"그의 죽으심은 죄에 대하여 단번에 죽으심이요"(롬 6:10) "이 뜻을 좇아 예수 그리스도의 몸을 단번에 드리심으로 말미암아 우리가 거룩함을 얻었노라 제사장마다 매일 서서 섬기며 자주 같은 제사를 드리되 이 제사는 언제든지 죄를 없게 하지 못하거니와 오직 그리스도는 죄를 위하여 한 영원한 제사를 드리시고 하나님 우편에 앉으사"(히 10:10-12)** 그러므로 유월절 절기행사가 14일 하루 동안에 치루어진 것은 예수님의 단 한 번의 죽으심으로 우리의 죄의 문제를 처리하셨음을 의미하는 것입니다. 그러나 무교절은 7일 동안이나 계속되었습니다. 7일은 성경에서 완전한 한 기간을 상징하는 말입니다. 즉 성도가 살게 될 생애의 전체 기간을 뜻합니다. 즉 성도의 전체 삶의 기간을 통하여 하나님과 동행하는 날마다 점점 더 성화되어가는 거룩한 성도의 삶을 살아야 한다는 뜻입니다. 예수 믿고 난 바로 그 시간부터 그의 생애가 끝나는 시점까지 주님과 동행하는 이 성화의 삶을 살아야 한다는 뜻입니다. 우리들은 예수 믿고 난 이후에 전보다 얼마나 더 성화가 되었습니까? 우리는 오늘도 계속해서 주님을 닮아가는 성화의 삶을 살아가고 있습니까?

6절에 보면 '이 달 십오일은 여호와의 무교절이니 칠일 동안 너희는 무교병을 먹을 것이요'라고 기록되어 있습니다. 무교병은 누룩이 없는 떡을 의미합니다. 여기서 누룩은 죄를 의미합니다: "예수께서 먼저 제자들에게 말씀하여 가라사대 바리새인들의 누룩 곧 외식을 주의하라"(눅 12:1) 여기서 바리새인의 누룩은 외식하는 죄입니다. 누룩은 이와 같이 죄를 상징합니다. 그런데 무교절 기간 동안에는 7일 내내 동안 누룩 없는 떡을 먹으라고 하였습니다. 누룩이 집에 있어서도 아니 되었습니다. 누룩이 들어간 어떤 음식도 먹지 말아야 했습니다. 누룩이 들어간 음식을 먹는 자는 타국인이든지 본국인이든지 이스라엘 중에서 끊쳐지리라고 했습니다: "(18) 정월에 그 달 십사일 저녁부터 이십일일 저녁까지 너희는 무교병을 먹을 것이요 (19) 칠일 동안은 누룩을 너희 집에 있지 않게 하라 무릇 유교물을 먹는 자는 타국인이든지 본국에서 난 자든지 무론하고 이스라엘 회중에서 끊쳐지리니 (20) 너희는 아무 유교물이든지 먹지 말고 너희 모든 유하는 곳에서 무교병을 먹을지니라"(출 12:18-20) 묵은 누룩을 내어 버리지 않으면 주님과 교제하는 거룩한 삶을 살 수 없습니다. 그리스도인이 하나님과의 거룩한 교제를 누리려면 마땅히 묵은 누룩을 내어 버려야 하는 것입니다. 또한 그리스도인이라고 하면서 주님과 교제하는 삶을 살지 않는 다면 그의 믿음은 죽은 믿음입니다. 누룩이 있는 삶으로는 주님과 교제할 수 없기 때문입니다. 유월절 양의 대속 죽음으로 하나님의 자녀가 되어 하나님과 동행하는 거룩한 삶을 살아가는 그리스도인은 마땅히 죄를 멈춰야 할 것입니다: "(9) 하나님께로서 난 자마다 죄를 짓지 아니하나니 이는 하나님의 씨가 그의 속에 거함이요 저도 범죄치 못하는 것은 하나님께로서 났음이라 (10) 이러므로 하나님의 자녀들과 마귀의 자녀들이 나타나나니 무릇 의를 행치 아니하는 자나 또는 그 형제를 사랑치 아니하는 자는 하나님께 속하지 아니하니라"(요일 3:9-10)

그러면 이 무교절 절기를 지켜야 할 사람은 누구입니까? "(6) 너희의 자랑하는 것이 옳지 아니하도다 적은 누룩이 온 덩어리에 퍼지는 것을 알지 못하느냐 (7) 너희는 누룩 없는 자인데 새 덩어리가 되기 위하여 묵은 누룩을 내어 버리라 우리의 유월절 양 곧 그리스도께서 희생이 되셨느니라 (8) 이러므로 우리가 명절을 지키되 묵은 누룩도 말고 괴악하고 악독한 누룩도 말고 오직 순전함과 진실함의 누룩 없는 떡으로 하자"(고전 5:6-8)

'우리의 유월절 양 곧 그리스도께서 희생이 되셨느니라. 이러므로 우리가 명절을 지키되'라고 하였습니다. 즉 유월절 양의 대속 죽음으로 구원을 받은 사람들이 이 무교절 명절을 지켜야 한다고 하였습니다. 출애굽기 12장 8절에 보면 무교절 명절을 지킨다는 의미는 유월절 양을 죽여 피를 문설주에 바른 후에 그 살을 불에 구워 무교병과 함께 먹는 것이었습니다. 유월절 양의 대속 죽음을 믿고 거듭난 사람만이 무교절을 지킬 자격이 주어지는 것입니다.

첫 열매 축제

"(9) 여호와께서 모세에게 일러 가라사대 (10) 이스라엘 자손에게 고하여 이르라 너희는 내가 너희에게 주는 땅에 들어가서 너희의 곡물을 거둘 때에 위선 너희의 곡물의 첫 이삭 한 단을 제사장에게로 가져갈 것이요 (11) 제사장은 너희를 위하여 그 단을 여호와 앞에 열납되도록 흔들되 안식일 이튿날에 흔들 것이며 (12) 너희가 그 단을 흔드는 날에 일년 되고 흠 없는 숫양을 번제로 여호와께 드리고 (13) 그 소제로는 기름 섞은 고운 가루 에바 십분 이를 여호와께 드려 화제를 삼아 향기로운 냄새가 되게 하고 전제로는 포도주 힌 사분 일을 쓸 것이며 (14) 너희는 너희 하나님께 예물을 가져오는 그날까지 떡이든지 볶은 곡식이든지 생 이삭이든지 먹지 말지니 이는 너희가 그 거하는 각처에서 대대로 지킬 영원한 규례니라"(레 23:9-14)

첫 이삭 한 단(첫 열매)은 그리스도의 부활을 기념하는 절기입니다. 여호와의 일곱 절기 중에서 세 번째 지킬 절기는 첫 열매인 곡물의 첫 이삭 한 단을 여호와 앞에 바치는 제사입니다. 여기서 우리는 '첫 열매'라는 단어와 '한 단'이라는 단어와 '안식일 이튿날'이라는 단어에 주의를 기울일 필요가 있습니다. 유월절은 1월 14일이었습니다. 그 날은 금요일이었습니다. 유월절 양이 되신 예수님께서도 금요일에 십자가에서 희생당하셨습니다. 이스라엘의 달력으로 금요일 다음은 안식일이었습니다. 안식일 다음날에 첫 열매 이삭 한 단을 바치라고 하였습니다. 여기서 첫 열매 이삭 한 단은 부활의 첫 열매 이신 예수 그리스도께서 안식 후 첫 날에 부활하실 것을 예표 하는 내용입니다. 이 일곱 절기를 지키라는 명령은 모세 시대에 이루어진 것이니까 예수님이 이 땅에 오시기보다 약 1,500년 전의 일입니다. 이 첫 열매는 앞으로 많은 열매를 수확하기에 앞서 먼저 한 단 만을 수확하여 하나님께 감사로 바치는 것을 의미하는 것으로서 예수 그리스도께서 사망에서 부활하여 우리 모두에게 부활의 첫 열매가 되어 하나님께 바쳐진 것처럼 거듭난 그리스도인들도 머지않아 예수님처럼 부활에 동참하게 되어 하나님의 나라에 들어가게 될 것을 의미하는 것입니다.

"(1) 여호와께서 애굽 땅에서 모세와 아론에게 일러 가라사대 2이 달로 너희에게 달의 시작 곧 해의 첫 달이 되게 하고"(출 12:1-2) 우리는 이 일곱 절기에서 인류를 구원하시는 하나님의 새 시간표를 읽을 수가 있습니다. 출애굽기 12장 2절에 보시면 하나님께서는 이스라엘 백성에게 유월절 양을 잡아 죽이라고 명하신 그 달을 일년의 첫 달이 되게 하라고 명령하셨습니다. 다시 말씀드리면 당시 7월이었던 달력을 바꾸어 1월이 되게 하신 것입니다. 여기서 지난 일곱 달은 인류가 창조 이후부터 그 때까지 살아온 긴 시간을 상징합니다. 아담이 범죄하여 하나님으로 분리되어 살아온 인류는 사망 가운데서 무기력할 수밖에 없는 절망의 시간이었습니다. 첫 아담이 인류에게 죄와 사망을 가져왔습니다. 그러나 하나님은 둘째 아담인 예수 그리스도를 통하여 구원과 영생을 가져왔습니다. 유월절 양의 대속 죽음을 통해서 이스라엘은 새 생명을 얻고 새로운 시간이 시작되었습니다. 그것이 7월을 첫 달로 바꾸는 의미입니다. 이것이 바로 고린도전서 15장 22절에서 '아담 안에서 모든 사람이 죽은 것같이 그리스도 안에서 모든 사람이 삶을 얻으리라'라고 말씀하신 의미입니다. 우리가 예수 믿고 거듭나면 완전히 새 사람이 되어 이전 것은 지나가고 새 것이 된 것처럼 믿는 사람은 그 순간부터 새 시대가 도래한 것입니다. 사망의 어두운 시간이 지나가고 이제는 생명의 새 시간이 도래한 것입니다. 절망과 어둠과 공포의 시간이 다 지나가고 소망과 빛과 기쁨의 새 시대가 도래한 것입니다. 죄와 죽음의 땅의 시간이 지나가고 의와 거룩과 영생의 하나님 나라의 새 시대가 도래한 것입니다. 부활의 첫 열매이신 그리스도를 통하여 우리도 저 영원한 부활의 나라에 들어갈 수 있게 되었기 때문입니다.

만약 주님께서 죽은 자 가운데서 다시 살아나심이 없었다면 갈보리 동산에서 유월절 양으로 죽으시는 것으로 그냥 끝났다면 그것은 하나님께도 영원한 비극이었을 것이며 그리스도인에게도 무의미한 잔인한 십자가의 죽음으로 끝났을 것입니다. 거듭난 그리스도인의 부활의 첫 열매이신 그리스도의 부활이 없었다면 유월절 양의 죽음이 그리스도인에게 무슨 유익이 있겠습니까? 그리스도인에게 부활의 소망이 없다면 그리스도인이 경건하고 의롭게 누룩 없는 떡을 먹는 성화의 삶을 사는 것이 무슨 의미가 있겠습니까? 그리스도인에게 부활의 소망이 없다면 유월절이나 무교절이 우리에게 무슨 의미가 있겠습니까? 예수 그리스도의 죽음과 그의 부활이 거듭난 그리스도인의 영원한 삶의 새로운 터전이 되신 것입니다. 고린도전서 3장 11절에 이렇게 기록되어 있습니다. **"이 닦아 둔 것 외에 능히 다른 터를 닦아 둘 자가 없으니 이 터는 곧 예수 그리스도라."** 정말로 예수 그리스도가 거듭난 그리스도인의 생명의 새로운 터전이 되신 것입니다.

첫 열매는 성도의 부활의 보증입니다. 레위기 23장 9~10절에 '**안식일 이튿날에 첫 열매 한 단을 하나님께 바치라**'는 이 말씀은 예수님이 부활의 첫 열매로서 안식 후 첫 날에 죽은 자 가운데서 부활하신 사실을 보여줍니다. 고린도전서 15장 3~4절에 보면 '**내가 받은 것을 먼저 너희에게 전하였노니 이는 성경대로 그리스도께서 우리 죄를 위하여 죽으시고 장사 지낸 바 되었다가 성경대로 사흘 만에 다시 살아나사**'라고 기록되어 있습니다. 여기서 예수님이 '**성경대로 사흘 만에 살아나사**'라는 말씀이 바로 여기 레위기 23장 9~10절에 **안식일 이튿날에 하나님께 드린 첫 열매 한 단을 두고 하는 말씀입니다.** 그러니까 금요일이 유월절 양이 희생당한 날이었습니다. 토요일이 안식일이었고 그다음 날이 바로 사흘이 되는 날입니다. 금요일에 유월절 양으로 희생당하신 예수님이 안식일 다음 날인 일요일에 부활하심으로써 일요일을 주의 날로 부르게 되었습니다.

이스라엘 백성이 첫 열매 한 단을 하나님께 추수 감사로 먼저 드리는 것은 곧 들에 있는 모든 곡식과 열매들을 곧 수확하게 된 것을 의미합니다. 들에 있는 모든 곡식을 추수하게 된 것을 감사하면서 먼저 그 첫 단을 하나님께 감사의 예물로 드리는 것입니다. 그러므로 첫 열매 한 단을 추수하여 하나님께 드린다는 것은 곧 모든 열매와 곡식을 추수하게 된다는 보증이 되는 것입니다. 예수님이 사흘 만에 부활하여 하나님께 들리우신 것은 우리 믿는 모든 사람들도 부활하여 하나님께 바쳐진다는 의미입니다. 그러므로 고린도전서 15장 20절에 보면 예수님의 부활이 부활의 첫 열매가 되었다고 기록하고 있습니다. **"그러나 이제 그리스도께서 죽은 자 가운데서 다시 살아, 잠자는 자들의 첫 열매가 되셨도다."** 즉 그리스도께서 죽은 자 가운데서 다시 살아나신 것은 무슨 하나님의 신비한 능력을 사람들에게 과시하려는 데 있는 것이 아니고, 사망 가운데 있는 우리 인생들에게도 부활의 새 생명을 주신다는 것을 보증하기 위하여 첫 열매로 보여주신 것입니다. 그런데 우리 죄인이 예수님처럼 부활하여 하나님과 함께 영원히 살게 되는 이 부활의 보증은 오직 그리스도 안에 있는 거듭난 그리스도인들에게만 주어진 보증입니다. 그러므로 고린도전서 15장 22절에 보면 이렇게 기록되어 있습니다. **"아담 안에서 모든 사람이 죽은 것같이 그리스도 안에서 모든 사람이 삶을 얻으리라."** 아담은 우리 인류에게 죄와 죽음을 가져온 사람입니다. 그러므로 아직도 아담 안에서 사는 모든 사람들은 아직도 사망 가운데 거하는 죽은 사람들입니다. 그러나 믿음으로 그리스도를 구주와 왕으로 모시고 날마다 그리스도 안에서 그의 통치를 받아가며 살아가는 거듭난 그리스도인들에게는 예수님의 부활이 첫 열매로서 장차 그들의 부활의 보증이 되는 것입니다. 즉 부활의 보증을 받는 조건은 사람이 그리스도 안에 있어야 하는 것입니다.

고린도전서 15장 23~24절에 보면 부활에는 순서가 있음을 보여줍니다. **"그러나 각각 자기 차례대로 되리니 먼저는 첫 열매인 그리스도요 다음에는 그리스도 강림하실 때에 에게 붙은 자요. 그 후에는 나중이니 저가 모든 정사와 모든 권세와 능력을 멸하시고 나라를 아버지 하나님께 바칠 때라."** 23절에 제일 먼저 될 부활은 첫 열매인 그리스도라고 하였습니다. 안식 후 첫날에 이루어질 그리스도의 부활이 바로 그 첫 열매라고 하였습니다. 그래서 하나님은 이러한 하나님의 계획을 따라서 일찍이 모세 시대에 벌써 레위기 23장 9-10절에 안식일 이튿날에 첫 열매를 바치는 절기를 지키게 하신 것입니다. 그리므로 그리스도의 부활이 바로 인류의 부활의 첫 열매가 되신 것입니다.

계속해서 15장 23절을 보면 첫 열매인 그리스도의 부활 다음에는 그리스도의 강림하실 때에 그에게 붙은 자요라고 하였습니다. 그리스도께서 강림하실 때에 그에게 붙은 자요라는 말씀은 예수님이 재림하실 때에 그리스도께 속한 모든 거듭난 그리스도인들이 부활한다는 말씀입니다.

이때의 상황을 자세히 보려면 데살로니가전서 4장 14~17절까지 보면 됩니다. "우리가 예수의 죽었다가 다시 사심을 믿을진대 이와 같이 예수 안에서 자는 자들도 하나님이 저와 함께 데리고 오시리라. 우리가 주의 말씀으로 너희에게 이것을 말하노니 주 강림하실 때까지 우리 살아남아 있는 자도 자는 자보다 결단코 앞서지 못하리라. 주께서 호령과 천사장의 소리와 하나님의 나팔로 친히 하늘로 좇아 강림하시리니 그리스도 안에서 죽은 자들이 먼저 일어나고 그 후에 우리 살아남은 자도 저희와 함께 구름 속으로 끌어올려 공중에서 주를 영접하게 하시리니 그리하여 우리가 항상 주와 함께 있으리라." 14절을 보면 예수님의 죽었다가 다시 사심이 거듭난 그리스도인들의 부활의 보증이 됨을 보여주고 있습니다. 즉, 예수 안에서 자는 자들이란 예수 믿고 죽은 모든 사람들을 의미하는데 예수님이 재림하실 때에 그들의 영혼을 데리고 오신다는 말씀입니다. 예수님이 그들과 함께 공중에 나타나실 때에는 그들의 죽은 몸들이 땅에서부터 부활하여 공중으로 올라가서 하늘에서 예수님과 함께 내려온 거듭난 그리스도인들의 영혼과 합하여 영화롭고 온전한 인간이 되는 것입니다. 비로소 그 때에 인간은 하나님의 형상을 닮은 인간으로 최종 완성되는 것입니다. 그러므로 지금 예수 믿고 죽는 거듭난 그리스도인들의 몸은 땅에 묻혀서 흙으로 돌아가고 거듭나서 구원받은 영혼은 낙원에서 하나님과 함께 살면서 주님 재림하셔서 부활의 새 몸을 입을 때까지는 영으로 살며 기다리는 것입니다. 이와 같이 예수 믿고 죽은 거듭난 그리스도인들의 몸이 먼저 부활하여 공중으로 올라가고 4장 17절을 보면 '그 후에 우리 살아남은 자도 저희와 함께 구름 속으로 끌어올려 공중에서 주를 영접하게 하시리니 그리하여 우리가 항상 주와 함께 있으리라'고 하였습니다. 예수님 재림 당시에 살아 있는 거듭난 그리스도인들은 죽음을 보지 않고 그 몸이 홀연히 변화하여 부활의 새 몸을 입고 공중으로 끌어 올려 거기서 주와 함께 영원히 살게 되는 것입니다.

3. 첫 열매 축제 [The feast of Firstfruits]
레 23:9-14

9여호와께서 모세에게 일러 가라사대 10이스라엘 자손에게 고하여 이르라 **너희는 내가 너희에게 주는 땅에 들어가서 너희의 곡물을 거둘 때에 위선 너희의 곡물의 첫 이삭 한 단을 제사장에게로 가져갈 것이요** 11제사장은 너희를 위하여 그 단을 여호와 앞에 열납되도록 흔들되 **안식일 이튿날에 흔들 것이며** 12너희가 그 단을 흔드는 날에 일년 되고 흠 없는 수양을 번제로 여호와께 드리고 13그 소제로는 기름 섞은 고운 가루 에바 십분 이를 여호와께 드려 화제를 삼아 항기로운 냄새가 되게 하고 전제로는 포도주 힌 사분 일을 쓸 것이요 14너희는 너희 하나님께 예물을 가져오는 그날까지 떡이든지 볶은 곡식이든지 생 이삭이든지 먹지 말찌니 이는 너희가 그 거하는 각처에서 대대로 지킬 영원한 규례니라

"피조물이 다 이제까지 함께 탄식하며 함께 고통하는 것을 우리가 아나니 이뿐 아니라 또한 우리 곧 성령의 처음 익은 열매를 받은 우리까지도 속으로 탄식하여 양자될 것 곧 우리 몸의 구속을 기다리느니라"(롬 8:22-23) 우리 인간의 죄 때문에 자연세계도 하나님의 저주 아래서 탄식하며 고통하고 있다고 하였습니다. 성령의 처음 익은 열매를 받은 우리까지도 속으로 탄식하면서 우리 몸의 구속을 기다린다고 하였습니다. 예수 믿고 구원받아 성령의 내주 하심으로 하나님의 자녀로 인침을 받은 거듭난 그리스도인이지만 거듭난 그리스도인의 영은 구원받아서 지금 죽으면 그의 영은 하나님나라에 올라가지만 그의 육신은 아직도 구원을 받지 못하고 죄 가운데 있기 때문에 흙으로 돌아가야 하는 것입니다. 로마서 8장 10절의 말씀대로 **그리스도께서 너희 안에 계시면 영은 의를 인하여 산 것이지만 몸은 죄로 인하여 죽은 것입니다.** 거듭난 그리스도인이 경주자로서 달려갈 경주의 목표지점은 부활의 몸을 입는 그 재림의 순간까지입니다. 우리의 영혼이 거듭나 구원을 얻은 것처럼 우리의 육신도 거듭나 부활의 새 몸을 얻기 위하여 우리는 이 고통과 탄식의 죄악세상에서 오늘도 주님의 재림을 기다리는 것입니다.

오순절 축제(The Feast of Pentecost)

유월절은 그리스도의 대속 죽음을 예표하는 사건이었습니다. 유월절 양이

되신 그리스도께서 십자가에서 죽으심으로 믿는 사람들에게는 죄 사함과 구원의 은혜가 주어졌습니다. 그러므로 유월절 절기는 우리의 구원을 기념하는 축제일입니다. 두 번째 축제인 무교절은 유월절 바로 다음 날에 시작되어 7일 동안 계속된다고 하였습니다. 즉 유월절에서 그리스도의 대속 죽음으로 구원받은 성도들은 곧바로 누룩 없는 떡을 먹는 무교절 축제에 들어가야 한다는 것을 배웠습니다. 누룩 없는 떡을 먹는다는 의미는 죄 없는 성결한 삶을 사는 것을 의미한다고 하였습니다. 그러므로 무교절 절기는 예수 믿고 성도가 된 사람들이 성화의 삶을 살아야 한다는 것을 일깨우기 위한 성화의 축제입니다. 세 번째 축제인 첫 열매 축제는 유월절에서 대속 죽음을 죽으신 그리스도께서 사흘만인 안식일 이튿날에 부활하여 우리의 부활의 첫 열매가 되신 것을 기념하는 축제일입니다. 이 축제가 7일 동안 계속되는 무교절 축제기간에 있는 것은 부활의 소망을 가지고 성도의 남은 생애를 살아가게 하는 데 있습니다. 그러면 네 번째 축제인 오순절 축제에 관하여 살펴보겠습니다.

오순절 축제는 첫 열매 축제로부터 50일째 되는 날에 지키는 축제입니다. 레위기 23장 15~16절에 보시면 이렇게 기록되어 있습니다. "안식일 이튿날 곧 너희가 요제로 단을 가져온 날부터 세어서 칠 안식일의 수효를 채우고 제 칠 안식일 이튿날까지 합 오십 일을 계수하여 새 소제를 여호와께 드리되." 안식일 이튿날부터 계산해서 일곱 안식일을 계산하라는 말은 주님이 부활하신 날부터 계산하여 49일(7곱하기 7)을 계산하라는 말입니다. 거기에 다시 안식일 이튿날까지 합하여 모두 50일이 되는 날에 오순절을 지키라는 말입니다. 즉 주님 부활하신 날부터 계산하여 50번째 되는 날을 기념하여 오순절을 지키라는 말입니다. 영어의 Pentecost나 한국어의 오순절이나 다 같이 그 말들의 뜻은 50일이라는 뜻입니다.

그러면 이 오순절의 의미는 무엇입니까? 주님께서 부활하신 날부터 계산하여 50일째 되는 날에 어떤 일이 실제로 일어났습니까? 주님께서 부활하신 후에 40일을 이 땅 위에 더 머무르셨습니다. 그리고 제자들에게 땅끝까지 나가서 복음을 전파하라는 명령을 주셨습니다. 그러나 땅끝까지 나가 복음을 전하기 전에 먼저 예루살렘을 떠나지 말고 기도하여 위로부터 내리는 능력을 받으라고 하였습니다. 사도행전 1장 10~15절에 이렇게 기록되어 있

습니다: "(10) 올라가실 때에 제자들이 자세히 하늘을 쳐다보고 있는데 흰 옷 입은 두 사람이 저희 곁에 서서 (11) 가로되 갈릴리 사람들아 어찌하여 서서 하늘을 쳐다보느냐 너희 가운데서 하늘로 올리우신 이 예수는 하늘로 가심을 본 그대로 오시리라 하였느니라 (12) 제자들이 감람원이라 하는 산으로부터 예루살렘에 돌아오니 이 산은 예루살렘에서 가까와 안식일에 가기 알맞은 길이라 (13) 들어가 저희 유하는 다락에 올라가니 베드로, 요한, 야고보, 안드레와 빌립, 도마와 바돌로매, 마태와 및 알패오의 아들 야고보, 셀롯인 시몬, 야고보의 아들 유다가 다 거기 있어 (14) 여자들과 예수의 모친 마리아와 예수의 아우들로 더불어 마음을 같이하여 전혀 기도에 힘쓰니라 (15) 모인 무리의 수가 한 일백이십 명이나 되더라 그 때에 베드로가 그 형제 가운데 일어서서 가로되"

이와 같이 예수님께서 승천하신 후에 약 120명이 모여 예루살렘에서 기도에 전념하고 있었습니다. 사도행전 2장 1~4절까지 보면 이렇게 기록되어 있습니다. "(1) 오순절 날이 이미 이르매 저희가 다 같이 한곳에 모였더니 (2) 홀연히 하늘로부터 급하고 강한 바람 같은 소리가 있어 저희 앉은 온 집에 가득하며 (3) 불의 혀같이 갈라지는 것이 저희에게 보여 각 사람 위에 임하여 있더니 (4) 저희가 다 성령의 충만함을 받고 성령이 말하게 하심을 따라 다른 방언으로 말하기를 시작하니라" 그러니까 예수님이 승천하신 후에 기도에 전념한 지 열흘 되던 날에 오순절이 된 것입니다. 예수님께서 부활하신 후에 40일 더 계시고 승천하신 후에 제자들이 모여서 기도한 지 열흘째 되던 날에 그러니까 부활 후부터 계산하면 모두 50일 되던 날이었습니다. 그날은 이스라엘 백성들이 오순절을 지키는 날이었고 그 날에 제자들이 성령의 큰 능력을 받고 주님의 몸 된 교회가 시작되었습니다. 이 오순절에 성령의 능력이 제자들에게 임하고 복음전파의 사역이 시작되면서 교회사역이 본격적으로 시작되었습니다. 즉 오순절은 바로 교회가 탄생한 날입니다.

이 오순절을 축제로 지키라는 명령은 모세시대에 주어진 것입니다. 그러니까 예수님이 이 세상에 오시기 약 1,500년 전에 주어진 것입니다. 다시 말하면 예수님이 이 세상에 오시기 1,500년 전에 그리스도의 몸 된 교회가 그리스도의 부활 후 50일째 되는 날에 시작될 것이라는 것을 미리 보여주는 말씀입니다. 그러니까 모세시대에 있었던 유월절도 장차 1500년 후에 오실 예수 그리스도의 대속 죽음을 미리 예표하는 사건이었으며 무교절도 예수 믿은 성도들이 믿는 즉시로 성화의 삶을 살아야 한다는 것을 미리 가르쳐 주는 말씀이며 안식일 이튿날에 바쳤던 첫 열매도 1,500년 후에나 일어날 그리스도의 삼 일 만의 부활사건을 미리 보여주는 예언적인 사건이었습니다.

오순절의 소제는 번제와 소제와 화목제와 속죄제와 함께 드리는 제사였습니다. 레위기 23장 16~18절까지 보겠습니다. "(16) 제 칠 안식일 이튿날까지 합 오십 일을 계수하여 새 소제를 여호와께 드리되 (17) 너희 처소에서 에바 십 분 이로 만든 떡 두 개를 가져다가 흔들지니 이는 고운 가루에 누룩을 넣어서 구운 것이요 이는 첫 요제로(a wave offering of firstfruits) 여호와께 드리는 것이며 (18) 너희는 또 이 떡과 함께 일 년 되고 흠 없는 어린양 일곱과 젊은 수소 하나와 숫양 둘을 드리되 이들을 그 소제와 그 전제와 함께 여호와께 드려서 번제를 삼을지니 이는 화제라 여호와께 향기로운 냄새며" 오순절 축제로서 새 소제를 드리라고 하였는데 이 소제에 대하여 알아보겠습니다. 여기서 우리가 주목해야 할 단어들은 '떡 두 개' '고운 가루에 누룩을 넣어서' '첫 요제' '이 떡과 함께 흠 없는 어린양' '여호와께 향기로운 냄새' 등입니다. 먼저 오순절 축제로서 떡 두 개를 소제로 드려야 한다는 의미는 무엇입니까? 오순절 축제는 교회의 탄생을 기념하는 축제입니다. 이 떡 두 개는 유대인과 이방인의 두 무리를 의미하는 것으로서 유월절 양으로 죽으신 그리스도의 대속 죽음 안에서 이방인이나 유대인이나 믿는 사람들은 모두가 한 몸인 그리스도의 교회가 될 것이라는 것을 미리 보여주는 예표였습니다. 에베소서 2장 12~18절까지 보면 잘 나타나 있습니다. "(12) 그 때에 너희는 그리스도 밖에 있었고 이스라엘 나라 밖의 사람이라 약속의 언약들에 대하여 외인이요 세상에서 소망이 없고 하나님도 없는 자이더니 (13) 이제는 전에 멀리 있던 너희가 그리스도 예수 안에서 그리스도의 피로 가까와졌느니라 (14) 그는 우리의 화평이신지라 둘로 하나를 만드사 중간에 막힌 담을 허시고 (15) 원수 된 것 곧 의문에 속한 계명의 율법을 자기 육체로 폐하셨으니 이는 이 둘로 자기의 안에서 한 새 사람을 지어 화평하게 하시고 (16) 또 십자가로 이 둘을 한 몸으로 하나님과 화목하게 하려 하심이라 원수 된 것을 십자가로 소멸하시고 (17) 또 오셔서 먼 데 있는 너희에게 평안을 전하고 가까운 데 있는 자들에게 평안을 전하셨으니 (18) 이는 저로 말미암아 우리 둘이 한 성령 안에서 아버지께 나아감을 얻게 하려 하심이라"

그런데 여기서 드리는 소제는 첫 열매의 곡식을 드리는 것입니다. 레위기 2장에서 보았던 소제의 재료는 그냥 곡식의 고운 가루면 되었지만 오순절 축제에서 드리는 소제의 재료는 첫 곡식(첫 열매)이어야 했습니다. 그런데 레위기 2장 12절에 보면 이렇게 기록되어 있습니다. **"(12) 처음 익은 것으로는 그것을 여호와께 드릴지나 향기로운 냄새를 위하여는 단에 올리지 말지며"** 무슨 말씀이냐 하면 소제는 향기로운 냄새로 드리는 제사라고 하였습니다. 즉 소제는 하나님을 기쁘시게 해드리는 제사입니다. 그러나 여기 오순절 축제로 드리는 소제에서는 그 곡식의 재료를 첫 곡식으로 해야 하며 또한 그것을 단에 올리지 말라 하였습니다. 왜 그렇습니까? 레위기 2장에서의 소제와 오순절 축제에서의 소제의 다른 점이 무엇인지 살펴보면 그 이유를 알 수 있습니다.

레위기 2장에서 나오는 소제는 그리스도께서 자신을 소제로 드리시는 것을 상징하기 때문에 고운 가루에 누룩을 넣지 말아야 했고 오히려 방부제인 소금을 쳐야 했으며 그 위에 향을 넣어야 했습니다. 이는 그리스도의 죄 없으심과 그의 정결케 하시는 능력과 그의 아름답고 고상하심을 나타내는 상징이었습니다. 즉 그리스도의 흠 없으시고 성결하시고 아름답고 고상한 삶이 하나님께 소제로 바쳐질 때 그 제사는 하나님을 기쁘시게 하는 향내 나는 제사가 될 수 있기 때문에 제단에 바쳐질 수 있습니다. 그러나 여기 오순절 축제 때 바쳐지는 소제는 첫 열매를 재료로 하여 드리는 소제라고 하였습니다. 여기에서의 소제는 그리스도가 자신을 드리는 그런 소제가 아닙니다. 오순절은 유월절 양의 대속 죽음의 결과로서 생긴 교회의 탄생입니다. 즉 오순절에서 드리는 소제의 재료는 그리스도가 아니고 교회 즉 성도들입니다. 그러므로 오순절에서 드리는 첫 열매는 야고보서 1장 18절에 나타난 대로 성도들입니다; **"그가 그 조물 중에 우리로 한 첫 열매가 되게 하시려고 자기의 뜻을 좇아 진리의 말씀으로 우리를 낳으셨느니라"**

그리스도는 부활의 첫 열매이지만 여기 오순절 축제에서 드려지는 첫 열매는 예수의 십자가 대속 죽음으로 생긴 첫 열매입니다. 이 첫 열매로 만들어 하나님께 드리는 것이 바로 떡 두 덩어리며 이것은 믿는 이방인과 유대인을 상징하는 성도들입니다. 레위기 2장에서 드리는 소제는 재료가 그리스도의 완전한 삶이기 때문에 제단에 올려져서 하나님께 바쳐지게 되어 있지만 오순절에 드리는 소제의 재료는 예수 믿는 성도들이기 때문에 제단에 바쳐질 수가 없는 것입니다. 왜냐하면 레위기 23장 17절을 보면 오순절에 드리는 소제에서는 **'고운 가루에 누룩을 넣어서 구우라'**고 하였기 때문입니다. 레위기 2장에서 드리는 소제는 그리스도의 흠 없는 삶을 상징하기 때문에 누룩을 넣어서는 안 되지만 오순절에 드리는 소제는 구원의 첫 열매인 성도들이기 때문에 성도가 비록 구원은 받아서 성화되어 가는 단계에는 있지만 아직 죄의 육신을 쓰고 살고 있기 때문에 첫 열매의 고운 가루에 누룩을 넣으라고 하였으며 그 누룩 때문에 오순절에서의 소제는 단에 올리지 말라고 하였습니다. 성도 스스로는 아직도 흠이 많아서 하나님께 받아들여지지 않기 때문입니다. 아무리 예수를 믿어 구원을 받아도 아무리 하나님 앞에 정직하고 성결하게 살아도 하나님 앞에 정결하고 깨끗한 사람은 이 세상에 단 한 사람도 없습니다. 우리는 첫 열매로 만든 소제이지만 죄 있는 소제이므로 제단의 불로부터 연단을 받을 때에 이겨내지 못하며 불에 태워질 때 여호와께 드리는 향기로운 냄새가 되지 못합니다. 그러므로 레위기 2장 12절에 **'처음 익은 것으로는 그것을 여호와께 드릴지나 향기로운 냄새를 위하여는 단에 올리지 말지며'**라고 하였던 것입니다.

그러면 오순절 축제에서 드리는 이 누룩 있는 떡은 어떻게 하나님께 드려질 수가 있겠습니까? 이 비밀은 레위기 23장 18~19절에 잘 나타나 있습니다. 이 누룩 있는 떡은 번제와 소제와 화목제와 속죄제와 함께 드려졌던 것입니다. 즉 그리스도를 상징하는 번제와 소제와 화목제와 속죄제와 함께 이 누룩이 든 첫 열매가 바쳐짐으로써 오순절에 드리는 소제가 하나님께 열납될 수 있었습니다. 다시 말하면 우리 성도는 우리 스스로의 삶과 예배로는 하나님께 향내 나는 제사로 바쳐지지 못합니다. 우리 성도의 모든 예배는 오직 번제와 소제와 화목제와 속죄제로 바쳐 지신 그리스도와 함께 바쳐질 때 하나님이 우리를 받아 주시는 것입니다. 우리 성도의 삶은 오직 예수 그리스도 안에 있을 때만 하나님께 향내나는 제사로 열납 되는 것입니다. 거듭난 성도(교회)는 하나님 앞에 그리스도와 함께 나아가는 것입니다. 그리스도의 온전하신 삶과 그분의 십자가 죽으심을 의지하면서 하나님 앞에 나아갈 때만 우리 성도들은 하나님께 열납 되는 것입니다. 오늘 우리의 예배도 오늘 우리의 일상생활도 전적으로 그리스도의 공로 때문에만 하나님께 열납되는 것입니다. 오늘 우리가 하나님께 열납되는 것은 전적으로 그리스도의 은혜인 것입니다.

4. 오순절 축제 [The feast of Pentecost]
레 23:15-21

안식일 이튿날 곧 너희가 요제로 단을 가져온 날부터 세어서 칠 안식일의 수효를 채우고 **제 칠 안식일 이튿날까지 합 오십 일을 계수하여** 새 소제를 여호와께 드리되. 17) 너희 처소에서 에바 십분 이로 만든 **떡 두 개를** 가져다가 흔들지니 이는 **고운 가루에 누룩을 넣어서 구운 것이요** 이는 **첫 요제로[a wave offering of firstfruits]** 여호와께 드리는 것이며 18) 너희는 또 **이 떡과 함께 일 년 되고 흠 없는 어린 양 일곱과 젊은 수소 하나와 숫양 둘을 드리되** 이들을 그 소제와 그 전제와 함께 여호와께 드려서 번제를 삼을지니 이는 화제라 **여호와께 향기로운 냄새며**

나팔절 축제(The Feast of trumpets)

"(23) 여호와께서 모세에게 일러 가라사대 (24) 이스라엘 자손에게 고하여 이르라 칠월 곧 그 달 일일로 안식일을 삼을지니 이는 나팔을 불어 기념할 날이요 성회라 (25) 아무 노동도 하지 말고 여호와께 화제를 드릴지니라"(레 23:23-25)

5 나팔절 [The feast of Trumpets]
레 23:23-25

23여호와께서 모세에게 일러 가라사대 24이스라엘 자손에게 고하여 이르라 **칠월 곧 그 달 일일로 안식일을 삼을찌니 이는 나팔을 불어 기념할 날이요 성회라** 25아무 노동도 하지 말고 여호와께 화제를 드릴찌니라

긴 시간적 공백

7월 1일에 나팔절을 지키라고 명하고 있습니다. 우리는 오순절에서 다음의 절기인 나팔절까지는 긴 시간적 공백이 있음을 보게 됩니다. 처음 네 개의 절기들은 다 일월에 그 기초를 두고 있습니다. 유월절은 일월 14일이고 무교절은 바로 그다음 날부터 7일 동안이고 첫 열매 축제는 유월절에서부터 사흘째 되는 날이고 오순절은 첫 열매 축제 때부터 계산해서 50일째 되는 날입니다. 그러니까 모든 축제들이 다 1월에 그 근거를 두고 있습니다. 그러나 나팔절은 오랜 시간이 지난 후인 7월 1일이었습니다. 7월에는 나팔절과 속죄일과 초막절 등 나머지 세 개의 절기가 들어 있습니다. 즉 일곱 개의 절기 중에서 처음 네 개는 1월을 근거로 배치되어 있고 나머지 세 개는 7월을 근거로 하여 배치되어 있음을 알게 됩니다. 성경에서 7은 완전하다는 뜻을 내포함으로 여호와의 절기를 1월에서 7월까지로 기간을 정하신 것은 인류 구원을 위한 하나님이 정하신 완전한 한 기간 전체를 나타내는 것입니다. 여기서 처음 네 개의 절기는 전부 예수님의 초림에 관계된 절기들이었습니다. 즉, 유월절에서 우리는 예수님의 대속 죽음을 보았습니다. 무교절에서 우리는 성도의 신앙생활이 시작된 것을 보았습니다. 첫 열매에서 우리는 예수님의 부활을 보았습니다. 오순절에서 우리는 그리스도의 몸인 교회의 출발을 보았습니다. 오순절 후에, 즉 교회가 시작된 후에는 긴 시간적 공백을 둔 다음에 인간 구원을 위해 하나님이 정하신 기간의 거의 끝 부분인 7월에는 세 개의 절기가 들어 있는데 이 절기들은 모두 예수님의 재림에 관계된 절기들임을 알 수 있습니다. 우리는 지금 교회가 시작된 후에 주님께서 재림하실 때까지의 사이에 있는 소위 교회시대에 살고 있는 것입니다. 교회시대가 이렇게 길고 긴 이유는 베드로후서 3장 8~9절에 잘 나타나 있습니다; **"(8) 사랑하는 자들아 주께는 하루가 천 년 같고 천 년이 하루 같은 이 한 가지를 잊지 말라 (9) 주의 약속은 어떤 이의 더디다고 생각하는 것같이 더딘 것이 아니라 오직 너희를 대하여 오래 참으사 아무도 멸망치 않고 다 회개하기에 이르기를 원하시느니라"** 네 개의 절기는 지나갔고 이제 우리에게 남은 절기는 3개뿐입니다. 3개의 남은 절기 중에서 우리가 제일 먼저 맞게 되는 절기는 나팔절입니다. 그러면 나팔절은 무엇입니까?

나팔절은 저주 아래 흩어져 있는 이스라엘 민족이 장차 하나님 앞에 다시

돌아오게 될 것을 예표하는 절기입니다. 하나님은 모세시대에 나팔을 만들라고 명령하셨고 나팔소리는 십계명을 줄 때에 혹은 전쟁을 알릴 때에 혹은 백성들을 불러모을 때에 사용되었습니다. 이 나팔은 이스라엘 백성을 마지막 시대에 다시 불러모으실 때에도 사용될 것입니다. 지금의 이 길고 긴 교회시대는 이스라엘 민족에게는 형벌의 시간입니다. 현재 이스라엘 사람들의 대부분이 그리스도를 통한 구원을 거부하고 있습니다. 그들은 예수님이 그들의 메시아임을 거부하고 있습니다. 신명기 28장 62~64절에 보면 이스라엘은 순종하지 않았기 때문에 세상 땅끝까지 흩어지게 되었습니다; **"(62) 너희가 하늘의 별같이 많았을지라도 네 하나님 여호와의 말씀을 순종치 아니하므로 남는 자가 얼마 되지 못할 것이라 (63) 이왕에 여호와께서 너희에게 선을 행하시고 너희로 번성케 하시기를 기뻐하시던 것같이 이제는 여호와께서 너희를 망하게 하시며 멸하시기를 기뻐하시리니 너희가 들어가 얻는 땅에서 뽑힐 것이요 (64) 여호와께서 너를 땅 이 끝에서 저 끝까지 만민 중에 흩으시리니 네가 그 곳에서 너와 네 열조의 알지 못하던 목석 우상을 섬길 것이라"** 누가복음 21장 24절을 보면 이방인의 때가 차기까지 예루살렘은 이방인들에게 밟힐 것입니다; **"저희가 칼날에 죽임을 당하며 모든 이방에 사로잡혀 가겠고 예루살렘은 이방인의 때가 차기까지 이방인들에게 밟히리라"** 이사야 6장 9~10절에 보면 불순종하는 이스라엘에게 내리신 벌은 나라와 국토를 빼앗길 뿐아니라 회개하여 하나님께 돌아오지 못하도록 저들의 심령을 강퍅하게 하셨습니다. 그래서 그들이 복음을 들어도 깨닫지 못하게 하신 것입니다; **"(9) 여호와께서 가라사대 가서 이 백성에게 이르기를 너희가 듣기는 들어도 깨닫지 못할 것이요 보기는 보아도 알지 못하리라 하여 (10) 이 백성의 마음으로 둔하게 하며 그 귀가 막히고 눈이 감기게 하라 염려컨대 그들이 눈으로 보고 귀로 듣고 마음으로 깨닫고 다시 돌아와서 고침을 받을까 하노라"** 또 로마서 11장 25절을 보면 심령이 강퍅해지는 이 형벌은 이방인의 구원받은 수가 다 찰 때까지입니다; **"형제들아 너희가 스스로 지혜 있다 함을 면키 위하여 이 비밀을 너희가 모르기를 내가 원치 아니하노니 이 비밀은 이방인의 충만한 수가 들어오기까지 이스라엘의 더러는 완악하게 된 것이라"**

나팔절은 예수님이 재림하실 것을 예표하는 절기입니다. 예수님의 재림과 관계된 나팔소리는 특별히 '**마지막 나팔**'이라는 점을 우리는 명심해야 합니다. 예수님은 첫 번째 나팔소리에 오시지 않습니다. 여리고 성도 첫 번째 나팔소리에는 무너지지 않았습니다. 마지막 나팔이 울릴 때에 적은 완전히 무너지고 성도의 승리가 이루어지는 것입니다. 데살로니가전서 4장 16~17절에 보면 분명히 나팔소리와 함께 주님의 재림이 묘사되어 있고 이때에 성도의 부활이 있을 것이라고 기록되어 있습니다; "**(16) 주께서 호령과 천사장의 소리와 하나님의 나팔로 친히 하늘로 좇아 강림하시리니 그리스도 안에서 죽은 자들이 먼저 일어나고 (17) 그 후에 우리 살아 남은 자도 저희와 함께 구름 속으로 끌어올려 공중에서 주를 영접하게 하시리니 그리하여 우리가 항상 주와 함께 있으리라**" 그러면 성도의 부활은 언제입니까? 고린도전서 15장 51~52절에 보면 성도의 부활은 분명히 마지막 나팔 때라고 하였습니다; "**(51) 보라 내가 너희에게 비밀을 말하노니 우리가 다 잠잘 것이 아니요 마지막 나팔에 순식간에 홀연히 다 변화하리니 (52) 나팔소리가 나매 죽은 자들이 썩지 아니할 것으로 다시 살고 우리도 변화하리라**" 또 마태복음 24장 29~31절에 보면 예수님이 재림하실 때에 큰 나팔소리와 함께 그의 택하신 자들, 즉 그의 성도들이 세상 이곳저곳에서 끌어올려 주님 앞으로 모이게 될 것입니다; "**(29) 그 날 환난 후에 즉시 해가 어두워지며 달이 빛을 내지 아니하며 별들이 하늘에서 떨어지며 하늘의 권능들이 흔들리리라 (30) 그 때에 인자의 징조가 하늘에서 보이겠고 그 때에 땅의 모든 족속들이 통곡하며 그들이 인자가 구름을 타고 능력과 큰 영광으로 오는 것을 보리라 (31) 저가 큰 나팔 소리와 함께 천사들을 보내리니 저희가 그 택하신 자들을 하늘 이 끝에서 저 끝까지 사방에서 모으리라**" 요한계시록에도 보면 일곱 나팔이 울리게 되어 있는데 마지막 일곱 번째 나팔이 울릴 때 우리 주님께서 왕 중 왕으로 재림하시는 것을 볼 수 있습니다. 요한계시록 6장에서부터 19장까지 자세히 살펴보면 다음과 같이 도표로 그려 볼 수 있습니다.

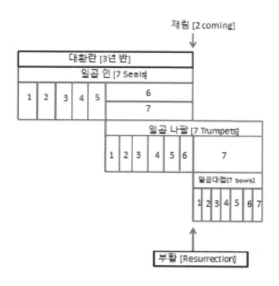

이 기간은 3년 반 동안 이 지상에 있을 대환난에 대하여 기록하고 있는데 이 기간 동안에 하나님은 3 종류의 심판으로 세상의 죄악세력을 멸하시는 내용이 기록되어 있습니다. 즉, 일곱 인 심판, 일곱 나팔 심판, 일곱 대접 심판입니다. 3년 반 동안의 대 환난은 일곱 인 심판입니다. 즉 첫 번째 인을 뗌으로써 대 환난이 시작됩니다. 이렇게 해서 여섯 번째 인을 뗄 때에는 주님께서 재림하는 모습이 나타납니다. 그러니까 여섯 번째 인이 대환난의 마지막 부분을 말하고 있는 것입니다. 그러면 일곱 번째 인은 무엇입니까? 일곱 번째 인은 여섯 번째 인의 내용을 더 상세하게 보여주는 것뿐입니다. 일곱 번째 인을 떼니까 거기서 일곱 나팔이 나옵니다. 즉 여섯 번째 인의 내용을 다시 여섯 부분으로 더 상세하게 보여주는 것이 일곱 나팔 심판입니다. 그러니까 첫 번째 나팔이 울릴 때 나타나는 내용은 여섯 부분으로 나뉘어서 보여준 대환난의 마지막인 여섯 번째 부분을 다시 여섯 부분으로 세분하여 보여주는 것입니다. 일곱 번째 나팔이 울릴 때는 일곱 대접 심판이 나타나는데 여섯 번째 나팔의 내용을 다시 일곱 부분으로 세분하여 상세하게 보여주는 것입니다.

나팔절 축제는 예수님 오시기 전 1,500년 전에 하나님의 명령으로 세워진 절기입니다. 이 절기는 예수님이 두 번째 오실 때에 비로소 이스라엘 백성들이 하나님 앞에 돌아오게 될 것을 예언적으로 보여준 말씀입니다. 이스라엘 민족은 지금도 이 절기의 올바른 뜻을 이해하지 못한 채 하나의 전통적인 명절로 지키고 있을 뿐입니다. 하나님의 형벌로 심령이 강퍅해져서 예수님을 구주로 믿지 못하고 있기 때문에 예수님의 재림 때에 자기 백성들이 영적 회복될 것이라는 이 약속의 뜻을 이해하지 못하는 것입니다. 오늘 우리는 이방인의 시대에 살고 있습니다. 우리 이방인에게 허락된 구원의 시대입니다. 교회가 땅끝까지 나가서 이방인의 구원을 이루라는 지상 대 명령을 받고 있는 것입니다. 우리는 오순절에서 나팔절 사이에 살고 있으면서 머지않아 때가 되면 천사장의 나팔소리와 함께 우리 주님이 재림하시고 성도들이 부활하며 이스라엘 민족이 주님 앞에 돌아오게 될 드라마틱하고도 영광스러운 순간을 맞이하게 될 것입니다. 거듭난 그리스도인들은 지혜로운 다섯 처녀처럼 등과 기름을 준비하고 마지막 나팔소리가 울릴 때에 자지 않고 깨어 있어서 신랑되신 주님을 맞이해야 할 것입니다.

속죄일 축제(The Feast of the Day of Atonement)

"(26) 여호와께서 모세에게 일러 가라사대 (27) 칠월 십일은 속죄일이니 너희에게 성회라 너희는 스스로 괴롭게 하며 여호와께 화제를 드리고 (28) 이 날에는 아무 일도 하지 말것은 너희를 위하여 너희 하나님 여호와 앞에 속죄할 속죄일이 됨이니라 (29) 이 날에 스스로 괴롭게 하지 아니하는 자는 그 백성 중에서 끊쳐질 것이라 (30) 이 날에 누구든지 아무 일이나 하는 자는 내가 백성 중에서 멸절시키리니 (31) 너희는 아무 일이든지 하지 말라 이는 너희가 그 거하는 각처에서 대대로 지킬 영원한 규례니라 (32) 이는 너희의 쉴 안식일이라 너희는 스스로 괴롭게 하고 이 달 구일 저녁 곧 그 저녁부터 이튿날 저녁까지 안식을 지킬지니라"(레 23:26-32)

6. 속죄절 [The feast of Atonement]
레 23:26-32

26여호와께서 모세에게 일러 가라사대 27**칠월 십일은 속죄일이니 너희에게 성회라 너희는 스스로 괴롭게 하며 여호와께 화제를 드리고 28이 날에는 아무 일도 하지 말것은 너희를 위하여 너희 하나님 여호와 앞에 속죄할 속죄일이 됨이니라** 29이 날에 스스로 괴롭게 하지 아니하는 자는 그 백성 중에서 끊쳐질 것이라 30이 날에 누구든지 아무 일이나 하는 자는 내가 백성 중에서 멸절시키리니 31너희는 아무 일이든지 하지 말라 이는 너희가 그 거하는 각처에서 대대로 지킬 영원한 규례니라 32이는 너희의 쉴 안식일이라 너희는 스스로 괴롭게 하고 이 달 구일 저녁 곧 그 저녁부터 이튿날 저녁까지 안식을 지킬찌니라

    나팔절 축제가 끝나고 나서 7월 10일에 이스라엘 백성들은 속죄절을 지켜야 합니다. 이것은 예수님이 나팔절에 재림하신 후에 이스라엘 백성들은 죄를 회개해야 한다는 의미입니다. 예수님의 재림 전까지 이스라엘 백성들은 예수님을 메시야로 인정하지 않는 죄를 범했습니다. 오히려 자기들을 구원하러 오신 메시야를 십자가에 못 박아 죽였습니다. 그러나 나팔절에 재림하신 예수님께서 그들을 러시아와 그 동맹국들의 침략에서 구원하심을 보고 나서야 이스라엘 백성들은 예수님의 그들이 기다려 왔던 메시아 임을 깨닫고 회개하게 될 것이라고 에스겔서가 예언하고 있습니다; "(18) 나 주 여호와가 말하노라 **그 날에 곡이 이스라엘 땅을 치러 오면 내 노가 내 얼굴에 나타나리라 (19) 내가 투기와 맹렬한 노로 말하였거니와 그 날에 큰 지진이 이스라엘 땅에 일어나서** (20) 바다의 고기들과 공중의 새들과 들의 짐승들과 땅에 기는 모든 벌레와 지면에 있는 모든 사람이 내 앞에서 떨 것이며 모든 산이 무너지며 절벽이 떨어지며 모든 성벽이 땅에 무너지리라 (21) 나 주 여호와가 말하노라 내가 내 모든 산 중에서 그를 칠 칼을 부르리니 각 사람의 칼이 그 형제를 칠 것이며 **(22) 내가 또 온역과 피로 그를 국문하며 쏟아지는 폭우와 큰 우박덩이와 불과 유황으로 그와 그 모든 떼와 그 함께한 많은 백성에게 비를 내리듯 하리라 (23) 이와 같이 내가 여러 나라의 눈에 내 존대함과 내 거룩함을 나타내어 나를 알게 하리니 그들이 나를 여호와인 줄 알리라**"(겔 38:18-23)

    스가랴 12장 3-14절을 보시면 이렇게 기록되어 있습니다; "**(3) 그 날에는**

내가 예루살렘으로 모든 국민에게 무거운 돌이 되게 하리니** 무릇 그것을 드는 자는 크게 상할 것이라 **천하 만국이 그것을 치려고 모이리라** (4) 여호와가 말하노라 그 날에 내가 모든 말을 쳐서 놀라게 하며 그 탄 자를 쳐서 미치게 하되 유다 족속은 내가 돌아보고 모든 국민의 말을 쳐서 눈이 멀게 하리니 (5) 유다의 두목들이 심중에 이르기를 예루살렘 거민이 그들의 하나님 만군의 여호와로 말미암아 힘을 얻었다 할지라 (6) 그 날에 내가 유다 두목들로 나무 가운데 화로 같게 하며 곡식단 사이에 횃불 같게 하리니 그들이 그 좌우에 에워싼 모든 국민을 사를 것이요 예루살렘 사람은 다시 그 본 곳 예루살렘에 거하게 되리라 (7) 여호와가 먼저 유다 장막을 구원하리니 이는 다윗의 집의 영광과 예루살렘 거민의 영광이 유다보다 더하지 못하게 하려 함이니라 (8) 그 날에 여호와가 예루살렘 거민을 보호하리니 그중에 약한 자가 그 날에는 다윗 같겠고 다윗의 족속은 하나님 같고 무리 앞에 있는 여호와의 사자 같을 것이라 (9) 예루살렘을 치러 오는 열국을 그 날에 내가 멸하기를 힘쓰리라 **(10)** 내가 다윗의 집과 예루살렘 거민에게 은총과 간구하는 심령을 부어 주리니 그들이 그 찌른바 그를 바라보고 그를 위하여 애통하기를 독자를 위하여 애통하듯 하며 그를 위하여 통곡하기를 장자를 위하여 통곡하듯 하리로다 (11) 그 날에 예루살렘에 큰 애통이 있으리니 므깃도 골짜기 하다드림몬에 있던 애통과 같을 것이라 (12) 온 땅 각 족속이 따로 애통하되 다윗의 족속이 따로 하고 그 아내들이 따로 하며 나단의 족속이 따로 하고 그 아내들이 따로 하며 (13) 레위의 족속이 따로 하고 그 아내들이 따로 하며 시므이의 족속이 따로 하고 그 아내들이 따로 하며 (14) 모든 남은 족속도 각기 따로 하고 그 아내들이 따로 하리라"

여기서 속죄절은 재림하신 예수님께서 이스라엘 백성을 러시아와 그 동맹국들의 침략으로부터 구원하신 후에 이스라엘 백성들이 회개하고 예수님을 메시야로 영접하게 될 것을 미리 보여주는 예언의 말씀임을 알 수 있습니다.

초막절(The feast of Tabernacles)

"(33) 여호와께서 모세에게 일러 가라사대 (34) 이스라엘 자손에게 고하여 이르라 **칠월 십오일은 초막절이니 여호와를 위하여 칠일 동안 지킬 것이**

라 (35) 첫날에는 성회가 있을지니 너희는 아무 노동도 하지 말지며 (36) 칠일 동안에 너희는 화제를 여호와께 드릴 것이요 제 팔일에도 너희에게 성회가 될것이며 화제를 여호와께 드릴지니 이는 거룩한 대회라 너희는 아무 노동도 하지 말지니라 (37) 이것들은 여호와의 절기라 너희는 공포하여 성회를 삼고 번제와 소제와 희생과 전제를 각각 그 날에 여호와께 화제로 드릴지니 (38) 이는 여호와의 안식일 외에, 너희의 헌물 외에, 너희의 모든 서원 예물 외에, 너희의 모든 낙헌 예물 외에 너희가 여호와께 드리는 것이니라 **(39) 너희가 토지 소산 거두기를 마치거든 칠월 십오일부터 칠일 동안 여호와의 절기를 지키되 첫날에도 안식하고 제 팔일에도 안식할 것이요 (40) 첫날에는 너희가 아름다운 나무 실과와 종려 가지와 무성한 가지와 시내 버들을 취하여 너희 하나님 여호와 앞에서 칠일 동안 즐거워할 것이라** (41) 너희는 매년에 칠일 동안 여호와께 이 절기를 지킬지니 너희 대대로의 영원한 규례라 너희는 칠월에 이를 지킬지니라 **(42) 너희는 칠일 동안 초막에 거하되 이스라엘에서 난 자는 다 초막에 거할지니 (43) 이는 내가 이스라엘 자손을 애굽 땅에서 인도하여 내던 때에 초막에 거하게 한줄을 너희 대대로 알게 함이니라 나는 너희 하나님 여호와니라** (44) 모세가 여호와의 절기를 이스라엘 자손에게 공포하였더라"(레 23:33-44)

7. 초막절 [The feast of Tabernacles]
레 23:33-44

33여호와께서 모세에게 일러 가라사대 34이스라엘 자손에게 고하여 이르라 **칠월 십오일은 초막절이니 여호와를 위하여 칠일 동안 지킬 것이라** ... 39**너희가 토지 소산 거두기를 마치거든 칠월 십오일부터 칠일 동안 여호와의 절기를 지키되 첫날에도 안식하고 제 팔일에도 안식할 것이요 40첫날에는 너희가 아름다운 나무 실과와 종려 가지와 무성한 가지와 시내 버들을 취하여 너희 하나님 여호와 앞에서 칠일 동안 즐거워할 것이라** 41너희는 매년에 칠일 동안 여호와께 이 절기를 지킬찌니 너희 대대로의 영원한 규례라 너희는 칠월에 이를 지킬찌니라 42**너희는 칠일 동안 초막에 거하되 이스라엘에서 난 자는 다 초막에 거할찌니 43이는 내가 이스라엘 자손을 애굽 땅에서 인도하여 내던 때에 초막에 거하게 한줄을 너희 대대로 알게 함이니라 나는 너희 하나님 여호와니라** 44모세가 여호와의 절기를 이스라엘 자손에게 공포하였더라

초막절은 재림하신 그리스도와 부활한 그의 성도들이 에덴동산처럼 회복

된 새 하늘과 새 땅에서 아직 부활하지 못한 지상의 사람들을 천년 동안 다스리며 인류의 지상에서의 역사를 마감하는 마지막 추수의 축제시간으로서 과거의 그리스도의 구속사역을 회상하고 기뻐하고 즐거워하는 인류 역사의 마지막 장입니다. 이것이 바로 신학자들이 말하는 '천년왕국'입니다.

천년왕국은 하늘나라가 아닙니다. 천국에서는 아무도 죽지 아니합니다. 영원히 사는 곳입니다. 성경에서 말하는 천년왕국은 하나님나라와 지상의 나라가 겹쳐 있는 시대입니다. 천년왕국은 마지막 대환난이 끝나면서 시작됩니다. 그 때 사탄은 옥에 천년 동안 갇히고 그리스도께서 왕으로 통치하는 의로운 왕국입니다. 그 때는 이리와 어린양이 함께 먹을 것이며 사자가 소처럼 짚을 먹을 것이며 만일 사람이 백세에 죽으면 어린아이가 죽은 것으로 간주됩니다: "(17) 보라 내가 새 하늘과 새 땅을 창조하나니 이전 것은 기억되거나 마음에 생각나지 아니할 것이라 (18) 너희는 나의 창조하는 것을 인하여 영원히 기뻐하며 즐거워할지니라 보라 내가 예루살렘으로 즐거움을 창조하며 그 백성으로 기쁨을 삼고 (19) 내가 예루살렘을 즐거워하며 나의 백성을 기뻐하리니 우는 소리와 부르짖는 소리가 그 가운데서 다시는 들리지 아니할 것이며 (20) 거기는 날 수가 많지 못하여 죽는 유아와 수한이 차지 못한 노인이 다시는 없을 것이라 곧 백 세에 죽는 자가 아이겠고 백 세에 못 되어 죽는 자는 저주받은 것이리라 (21) 그들이 가옥을 건축하고 그것에 거하겠고 포도원을 재배하고 열매를 먹을 것이며"(사 65:17–21) 그러면 초막절 기간 즉 천년왕국에 살게 될 사람들은 누구입니까? 레위기 23장 42~43을 보십시오; "(42) 너희는 칠일 동안 초막에 거하되 이스라엘에서 난 자는 다 초막에 거할지니 (43) 이는 내가 이스라엘 자손을 애굽 땅에서 인도하여 내던 때에 초막에 거하게 한 줄을 너희 대대로 알게 함이니라 나는 너희 하나님 여호와니라"

또 신명기 16장 13~14절을 보십시오; "(13) 너희 타작 마당과 포도주 틀의 소출을 수장한 후에 칠 일 동안 초막절을 지킬 것이요 (14) 절기를 지킬 때에는 너와 네 자녀와 노비와 네 성중에 거하는 레위인과 객과 고아와 과부가 함께 연락하되" 천년왕국에서는 두 종류의 사람들이 살게 됩니다. 하나는 예수님의 재림 후에 돌아와 회개하고 구원받은 이스라엘 백성들과 대 환난에서 남은 사람들이 회복된 지상에서 살게 됩니다. 이들은 오늘날의 우리들과 똑같은 몸을 가지고 땅에서 살게 되며 따라서 아직도 육신의 죽음을 맛보게 됩니다. 또 하나의 종류는 예수님의 재림과 함께 부활한 성도들인데 이들은 이미 하나님나라의 신분과 하나님나라의 신령한 몸으로 나타나 지상과 공중을 자유로 오가며 땅에 남은 사람들을 그리스도와 함께 통치하는 부활의 몸을 가진 성도들입니다. 따라서 그들의 몸은 다시 죽지 않으며 이미 영원한 천국에 속한 백성들입니다.

그러므로 천년왕국은 하나님나라와 지상의 나라가 겹쳐 있는 시대입니다. 이는 이 시대와 오는 시대가 겹쳐져 있는 시대로서 이 시대의 세상에 살고 있으면서 오는 시대의 하나님의 영적이고 초자연적인 세계를 함께 경험하는 시대입니다. 마치 부활하신 예수님이 40일 동안이나 이 세상에 거하시면서도 동시에 초자연적으로 하나님의 영적인 세계에 거하시는 것과 같은 경우입니다. 땅에서의 인류 역사의 마지막이면서 영적인 하나님나라의 시작이 겹쳐져 있는 시대로서 이 시대의 사람들은 과거의 인류 역사를 돌이켜보며 그리스도의 구속사역을 생각하고 기뻐하며 즐거워하는 시대입니다.

"첫날에는 너희가 아름다운 나무 실과와 종려 가지와 무성한 가지와 시내버들을 취하여 너희 하나님 여호와 앞에서 칠 일 동안 즐거워할 것이라"(레 23:40) 여기서 종려 가지와 시내 버들로 만들어진 초막은 그들로 하여금 애굽을 떠나 약속의 땅으로 가면서 살았던 광야시절을 상기시키는 것입니다. 종려나무는 죄와 사망 권세를 무너뜨리고 왕으로 오신 예수님을 환영할 때 사용되었던 나무입니다. 그러므로 이 종려나무는 그리스도께 죄의 권세를 십자가 죽으심으로 깨뜨리시고 우리 죄인들을 구원해 내신 과거의 승리를 기억하게 하실 뿐만 아니라 천년왕국에서 왕의 왕으로 오셔서 통치하시는 그리스도의 영광을 나타내는 것이기도 합니다. 또한 광야에서 그들이 살았던 초막이나 성막은 버드나무나 아카시아나무로 지었습니다. 여기서 버드나무는 그리스도의 성육신과 그가 지셨던 나무십자가를 의미합니다. 천년왕국에서 사람들은 그리스도의 승리와 영광을 기억할 때에 갈보리의 치욕의 나무십자가에 매달려 있었던 고난의 그리스도를 함께 기억하게 될 것임을 보여주는 말씀입니다.

초막절은 7일 동안 지키는 절기입니다. 초막절이 끝난 직후 제 팔일에도 성회로 지키라고 하였는데(레23:36, 39) 이는 천년 간의 그리스도의 통치가 지상에서 끝난 후에는 지상의 세상은 불에 타서 없어지고 영원한 하나님의 통치가 도래하는 것을 보여줍니다; **"그 후에는 나중이니 저가 모든 정사와 모든 권세와 능력을 멸하시고 나라를 아버지 하나님께 바칠 때라"(고전 15:24)**

지금까지 살펴본 일곱 절기를 요약해 보면;
유월절은 예수님이 유월절 양으로 희생되실 것을 미리 보여주는 예표
무교절은 믿는 사람들이 죄 없는 삶을 살아야 함을 보여주는 예표
첫열매절은 예수님이 부활의 첫열매가 될 것을 보여주는 예표
오순절은 교회가 탄생하게 될 것을 보여주는 예표
나팔절은 예수님께서 마지막 나팔에 재림하실 것을 보여주는 예표
속죄절은 예수님의 재림 후에 회개하고 돌아올 것을 보여주는 예표
초막절은 천년왕국이 도래할 것을 보여주는 예표

그런데 여기 여호와의 일곱 절기라고 했을 때 '절기'라는 말은 영어로는 'feast'라고 번역되어 있으나 히브리 원어에는 '모에드'라고 기록되어 있습니다. '모에드'라는 뜻은 '미리 정해놓은 시간' 영어로는 'appointed time'입니다. 그러니까 '여호와의 일곱 절기'라는 말을 정확하게 번역하면 '여호와께서 미리 정해놓으신 일곱 때'입니다. 다시 말해서 하나님은 인간 구원을 위해서 일곱개의 때를 미리 정해놓으셨다는 말입니다. 모세가 이 명령을 받은 후에 이스라엘 백성들은 이 일곱 절기를 지금까지 매년 지켜오고 있습니다. 그러니까 예수님께서 오시기 1,500년 전부터 이 일곱 절기들을 지켜오고 있는 것입니다.

고린도전서 5장 7절에 보면 예수님은 유월절 어린양으로 희생제물로 바쳐지셨다고 기록하고 있습니다. 그러면 예수님은 인간을 구원하기 위하여 자신을 희생제물로 바치실 때 일년 중 어느 날에 자신을 유월절 어린양으로 바쳤습니까? 그러면 예수님은 인간을 구원하기 위하여 자신을 희생제물로 바치실 때 일년 중 어느 날에 자신을 유월절 어린양으로 바쳤습니까? 마태복음 26장 17~29절까지 보면 예수님은 바로 이스라엘 백성들이 유월절을 지키는 날에 십자가에 못 박히셨습니다; **"(17) 무교절의 첫날에 제자들이 예수께 나아와서 가로되 유월절 잡수실 것을 우리가 어디서 예비하기를 원하시나이까 (18) 가라사대 성안 아무에게 가서 이르되 선생님 말씀이 내 때가 가까**

왔으니 내 제자들과 함께 유월절을 네 집에서 지키겠다 하시더라 하라 하신대 (19) 제자들이 예수의 시키신대로 하여 유월절을 예비하였더라 (20) 저물 때에 예수께서 열 두 제자와 함께 앉으셨더니 (21) 저희가 먹을 때에 이르시되 내가 진실로 너희에게 이르노니 너희 중에 한 사람이 나를 팔리라 하시니 (22) 저희 가 심히 근심하여 각각 여짜오되 주여 내니이까 (23) 대답하여 가라사대 나와 함께 그릇에 손을 넣는 그가 나를 팔리라 (24) 인자는 자기에게 대하여 기록된 대로 가거니와 인자를 파는 그 사람에게는 화가 있으리로다 그 사람은 차라리 나지 아니 하였더면 제게 좋을뻔 하였느니라 (25) 예수를 파는 유다가 대답하 여 가로되 랍비여 내니이까 대답하시되 네가 말하였도다 하시니라 (26) 저희가 먹을 때에 예수께서 떡을 가지사 축복하시고 떼어 제자들을 주시며 가라사대 받아 먹으라 이것이 내 몸이니라 하시고 (27) 또 잔을 가지사 사례하시고 저희 에게 주시며 가라사대 너희가 다 이것을 마시라 (28) 이것은 죄 사함을 얻게 하 려고 많은 사람을 위하여 흘리는바 나의 피 곧 언약의 피니라 (29) 그러나 너희 에게 이르노니 내가 포도나무에서 난 것을 이제부터 내 아버지의 나라에서 새 것으로 너희와 함께 마시는 날까지 마시지 아니하리라 하시니라" 목요일 밤 즉 해가 진 후에 유월절 음식을 준비하였습니다. 해가 졌으므로 이스라엘 달력 으로는 이제 금요일 바로 유월절이 시작된 날이었습니다. 그 유월절 음식을 드시면서 떡과 잔을 주시면서 이것이 자신의 살이며 피라고 말씀하셨고 식 후에는 게세마네 동산에서 피땀 흘려 기도를 드리신 후에 원수들에게 잡혀 서 밤새도록 심문을 받으시고 날이 밝은 후 유월절 정오에 갈보리 동산에서 유월절 어린양으로 십자가에서 희생제물로 바쳐지셨습니다.

그러니까 일년 중 아무 날에 예수님이 희생제물로 바쳐지신 것이 아니고 하나님께서 미리 정해 놓으신 그 유월절 날에 예수님은 유월절 양으로 희생 되신 것입니다. 이스라엘 백성들이 유월절을 지키는 그날에 자신을 희생제 물로 드리신 것입니다.

- 그러면 예수님은 일년 중 어느 날에 자신을 유월절 어린양으로 바치셨습니까?
- 그러니까 일년 중 아무 날에 예수님이 희생제물로 바쳐지신 것이 아니고 하나님께서 미리 정해놓으신 그 유월절 날에 예수님은 유월절 양으로 회생되신 것입니다. 이스라엘 백성들이 유월절을 지키는 그날에 자신을 회생제물로 드리신 것입니다. 바로 그날이 하나님이 미리 정해놓으신 날이기 때문입니다. [모에디].

- 그러면 예수님은 어느 날에 부활하셨습니까?

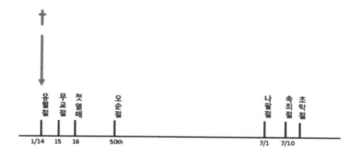

- 이스라엘 백성들은 모세 때부터 1500년 동안 유월절 축제일로 부터 사흘 되는 날에 첫열매절을 지키고 있었습니다. 이스라엘 백성들이 첫열매절로 지키는 바로 그날에 예수님이 부활의 첫열매로 부활하셨습니다. 하나님은 첫열매절을 예수님께서 부활하실 날로 이미 정해놓으셨기 때문입니다. [모에디].

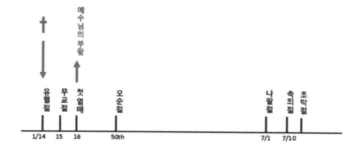

그러면 교회는 언제 탄생하였습니까?

이스라엘 백성들이 오순절로 지키는 오순절 날에 교회가 탄생하였습니다. 이스라엘 백성들은 첫열매절로 부터 50일째 되는 날을 오순절로 지켜오고 있습니다. 그러니까 오순절은 교회를 탄생시키기 위해서 하나님께서 미리 정해놓으신 시간이었습니다. [모에디]

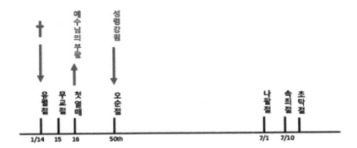

그러면 예수님은 언제 재림하실 것인지 말해보십시오.

이스라엘 백성들이 유월절을 지키는 날에 예수님이 유월절 양으로 자신을 십자가에서 희생제물로 드리셨습니다. 이스라엘 백성들이 첫열매절로 지키는 바로 그 날에 예수님은 부활의 첫열매로 부활하셨습니다. 이스라엘 백성들이 오순절로 지키는 날에 예수님은 그의 피로 값주고 사신 교회를 세우셨습니다. 그러면 예수님은 언제 재림하실까요?

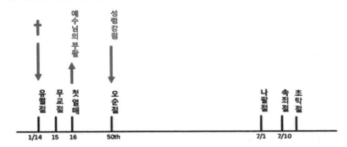

그러면 예수님은 언제 재림하실 것인지 말해보십시오.

두말할 것도 없이 이스라엘 백성들이 나팔절을 지키는 날에 재림하실 것입니다.
다만 현재로선 어느 해의 나팔절에 재림하실지를 우리는 모릅니다. 그러나 적그리스도가 나타나서 이스라엘과 많은 나라들간에 평화조약을 맺었는 날부터 7년 후에 예수님이 재림하시게 될 것이므로 그 때 그 평화조약을 맺는 시대에 살아가는 참 그리스도인들은 어느 해의 나팔절에 예수님이 재림하실 지을 분명히 알게 될 것입니다.

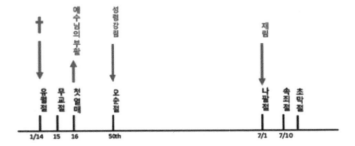

그러므로 여호와의 일곱 절기는 인간 구원을 위하여 하나님께서 미리 세

워놓으신 하나님의 시간표입니다. 하나님은 이 시간표를 오래전 구약성경의 레위기에 이미 기록해 놓으신 것입니다. 이스라엘 백성은 이 놀라운 하나님의 뜻을 못한 채 오늘날까지 이 일곱 절기를 단순히 명절로 지키고 있는 것입니다. 현대교회들 역시 이 놀라운 하나님의 계획을 깨닫지 못하고 예수님이 오늘 밤이나 내일 밤에 오실 지 모른다고 가르치고 있습니다. 그러므로 현대 교회의 교인들에게는 그 주님의 재림의 날이 도적같이 임하게 될 것입니다. 그러나 참 성도들에게는 그날이 도적같이 임하지 못한다고 데살로니가전서 5장 2-4절은 분명하게 말씀하고 있습니다; **"(2) 주의 날이 밤에 도적 같이 이를 줄을 너희 자신이 자세히 앎이라 (3) 저희가 평안하다, 안전하다 할 그 때에 잉태된 여자에게 해산 고통이 이름과 같이 멸망이 홀연히 저희에게 이르리니 결단코 피하지 못하리라 (4) 형제들아 너희는 어두움에 있지 아니하매 그 날이 도적 같이 너희에게 임하지 못하리니"(살전 5:2-4)**

그러므로 예수님의 재림에 대하여 현재 우리가 말할 수 있는 것은 7년 더하기 X년입니다. 즉 지금부터 적그리스도가 나타나서 평화조약을 맺을 때까지 몇 년 걸릴지 모르기 때문에 그 기간을 X년이라고 하면 거기에 또 7년 더해야 주님의 재림이 있게 될 것이므로 7년 더하기 X년이라고 밖에는 말할 수 없는 것입니다. 그러니까 오늘 현대교회들은 오늘 밤에 주님이 재림하실지 혹은 내일 오실지도 모른다고 말하는 것은 그들이 성경을 알지 못하기 때문에 하는 헛소리입니다. 현대교회는 이와 같이 재림에 대하여도 잘 모르지만 구원에 대해서도 잘 모르고 교회에 대해서도 잘 모릅니다. 소경이 소경을 인도하니 둘 다 구덩이에 빠질 것이라고 주님은 말씀하셨습니다.

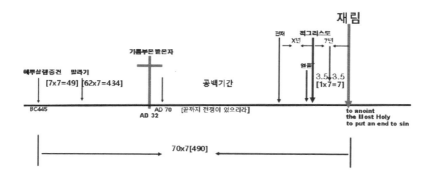

<부록 5-1>

예수님의 초상화 요셉

"(1) 야곱이 가나안 땅 곧 그 아비의 우거하던 땅에 거하였으니 (2) 야곱의 약전이 이러하니라 요셉이 십칠 세의 소년으로서 그 형제와 함께 양을 칠 때에 그 아비의 첩 빌하와 실바의 아들들로 더불어 함께하였더니 그가 그들의 과실을 아비에게 고하더라 (3) 요셉은 노년에 얻은 아들이므로 이스라엘이 여러 아들보다 그를 깊이 사랑하여 위하여 채색옷을 지었더니 (4) 그 형들이 아비가 형제들보다 그를 사랑함을 보고 그를 미워하여 그에게 언사가 불평하였더라 (5) 요셉이 꿈을 꾸고 자기 형들에게 고하매 그들이 그를 더욱 미워하였더라 (6) 요셉이 그들에게 이르되 청컨대 나의 꾼 꿈을 들으시오 (7) 우리가 밭에서 곡식을 묶더니 내 단은 일어서고 당신들의 단은 내 단을 둘러서서 절하더이다 (8) 그 형들이 그에게 이르되 네가 참으로 우리의 왕이 되겠느냐 참으로 우리를 다스리게 되겠느냐 하고 그 꿈과 그 말을 인하여 그를 더욱 미워하더니 (9) 요셉이 다시 꿈을 꾸고 그 형들에게 고하여 가로되 내가 또 꿈을 꾼즉 해와 달과 열 한 별이 내게 절하더이다 하니라 (10) 그가 그 꿈으로 부형에게 고하매 아비가 그를 꾸짖고 그에게 이르되 너의 꾼 꿈이 무엇이냐 나와 네 모와 네 형제들이 참으로 가서 땅에 엎드려 네게 절하겠느냐 (11) 그 형들은 시기하되 그 아비는 그 말을 마음에 두었더라 (12) 그 형들이 세겜에 가서 아비의 양떼를 칠 때에 (13) 이스라엘이 요셉에게 이르되 네 형들이 세겜에서 양을 치지 아니하느냐 너를 그들에게로 보내리라 요셉이 아비에게 대답하되 내가 그리하겠나이다 (14) 이스라엘이 그에게 이르되 가서 네 형들과 양떼가 다 잘 있는 여부를 보고 돌아와 내게 고하라 하고 그를 헤브론 골짜기에서 보내매 이에 세겜으로 가니라 (15) 어떤 사람이 그를 만난즉 그가 들에서 방황하는지라 그 사람이 그에게 물어 가로되 네가 무엇을 찾느냐 (16) 그가 가로되 내가 나의 형들을 찾으오니 청컨대 그들의 양 치는 곳을 내게 가르치소서 (17) 그 사람이 가로되 그들이 여기서 떠났느니라 내가 그들의 말을 들으니 도단으로 가자 하더라 요셉이 그 형들의 뒤를 따라가서 도단에서 그들을 만나니라 (18) 요셉이 그들에게 가까이 오기 전에 그들이 요셉을 멀리서 보고 죽이기를 꾀하여 (19) 서로 이르되 꿈꾸는 자가 오는도다 (20) 자, 그를 죽여 한 구덩이에 던지고 우리가 말하기를 악한 짐승이 그를 잡아먹었다 하자 그 꿈이 어떻게 되는 것을 우리가 볼 것이니라 하는지라 (21) 르우벤이 듣고 요셉을 그들의 손에서 구원하려 하여 가로되 우리가 그 생명은 상하지 말자 (22) 르우벤이 또 그들에게 이르되 피를 흘리지 말라 그를 광야 그 구덩이에 던지고 손을 그에게 대지 말라 하니 이는 그가 요셉을 그들의 손에서 구원하여 그 아비에게로 돌리려 함이었더라 (23) 요셉이 형들에게 이르매 그 형들이 요셉의 옷 곧 그 입은 채색옷을 벗기고 (24) 그를 잡아 구덩이에 던지니 그 구덩이는 빈 것이라 그 속에 물이 없었더라 (25) 그들이 앉아 음식을 먹다가 눈을 들어 본즉 한 떼 이스마엘 족속이 길르앗에서 오는데 그 약대들에 향품과 유향과 몰약을 싣고 애굽으로 내려가는지라 (26) 유다가 자기 형제에게 이르되 우리가 우리 동생을 죽이고 그의 피를 은익한들 무엇이 유익할까 (27) 자 그를 이스마엘 사람에게 팔고 우리 손을 그에게 대지 말자 그는 우리의 동생이요 우리의 골육이니라 하매 형제들이 청종하였더라 (28) 때에 미디안 사람 상고들이 지나는지라 그들이 요셉을 구덩이에서 끌어올리고 은 이십 개에 그를 이스마엘 사람들에게 팔매 그 상고들이 요셉을 데리고 애굽으로 갔더라 (29) 르우벤이 돌아와서 구덩이에 이르러 본즉 거기 요셉이 없는지라 옷을 찢고 (30) 아우들에게로 와서 가로되 아이가 없도다 나는 나는 어디로 갈까 (31) 그들이 요셉의 옷을 취하고 수염소를 죽여 그 옷을 피에 적시고 (32) 그 채색옷을 보내어 그 아비에게로 가져다가 이르기를 우리가 이것을 얻었으니 아버지의 아들의 옷인가 아닌가 보소서 하매 (33) 아비가 그것을 알아보고 가로되 내 아들의 옷이라 악한 짐승이 그를 먹었도다 요셉이 정녕 찢겼도다 하고 (34) 자기 옷을 찢고 굵은 베로 허리를 묶고 오래도록 그 아들을 위하여 애통하니 (35) 그 모든 자녀가 위로하되 그가 그 위로를 받지 아니하여 가로되 내가 슬퍼하며 음부에 내려 아들에게로 가리라 하고 그 아비가 그를 위하여 울었더라 (36) 미디안 사람이 애굽에서 바로의 신하 시위대장 보디발에게 요셉을 팔았더라"(창 37:1-36)

요셉	예수님
1. 창.37:3 절	1. 마 3 장 17 절
요셉은 노년에 얻은 아들이므로 이스라엘이 <u>여러 아들보다 그를 깊이 사랑하여 위하여 채색옷을 지었더니</u>	하늘로서 소리가 있어 말씀하시되 이는 <u>내 사랑하는 아들이요 내 기뻐하는 자라</u> 하시니라
[was the well-beloved son of his father.] Gen.37:3	[was the well-beloved Son of His Father.] Mt.3:17

2. 창 37 장 13 절
이스라엘이 요셉에게 이르되 네 형들이 세겜에서
양을 치지 아니하느냐 너를 그들에게로 보내리라
요셉이 아비에게 대답하되 내가 그리하겠나이다

2. 요 3 장 16-17 절
하나님이 세상을 이처럼 사랑하사 독생자를
주셨으니 이는 저를 믿는 자마다 멸망치
않고 영생을 얻게 하려 하심이니라
하나님이 그 아들을 세상에 보내신 것은
세상을 심판하려 하심이 아니요 저로 말미
암아 세상이 구원을 받게 하려 하심이라

3. 창 37:2 야곱의 약전이 이러하니라 요셉이 십칠
세의 소년으로서 그 형제와 함께 양을 칠 때에
그 아비의 첩 빌하와 실바의 아들들로 더불어 함께
하였더니 그가 그들의 과실을 아비에게 고하더라
[testified against his
brother's sin, and they hated him]

3. 요.7:7 세상이 너희를 미워하지 못하되 나를
미워하나니 이는 내가 세상의
행사를 악하다 증거함이라
[testified against men's sin,
and they hated Him]

4. 창 37:5 요셉이 꿈을 꾸고 자기 형들에게 고하매
그들이 그를 더욱 미워하였더라

4. 마 24:30 그 때에 인자의 징조가 하늘에
서 보이겠고 그 때에 땅의 모든
족속들이 통곡하며 그들이 인자가 구름을
타고 능력과 큰 영광으로 오는 것을 보리라
마 26:3-5 그 때에 대제사장들과 백성의
장로들이 가야바라 하는 대제사장의
아문에 모여 예수를 궤계로 잡아 죽이려고
의논하되 말하기를 민요가 날까 하노니
명절에는 말자 하더라

창 37:19-20 서로 이르되 꿈꾸는 자가
오는도다 자, 그를 죽여 한 구덩이에
던지고 우리가 말하기를 악한 짐승이
그를 잡아먹었다 하자 그 꿈이 어떻게 되는 것을
우리가 볼 것이니라 하는지라

5. 창 37:26-28 유다가 자기 형제에게 이르되 우리가
우리 동생을 죽이고 그의 피를 은익한들 무엇이
유익할까. 자, 그를 이스마엘 사람에게 팔고
우리 손을 그에게 대지 말자 그는 우리의
동생이요 우리의 골육이니라 하매 형제들이
청종하였더라. 때에 미디안 사람 상고들이
지나는지라 그들이 요셉을 구덩이에서 끌어올리고
은 이십 개에 그를 이스마엘 사람들에게 팔매
그 상고들이 요셉을 데리고 애굽으로 갔더라

5. 마 26:15 내가 예수를 너희에게 넘겨
주리니 얼마나 주려느냐 하니 그들이
은 삼십을 달아 주거늘

6 요셉은 보디발의 부인으로부터 시험을 받았으나
시험을 이겼습니다.[창.39:6-12]

6. 예수님은 사탄으로부터 시험을 받았
으나 시험을 이기셨습니다.[마.4:1-11]

7. 요셉은 거짓되게 억울하게 고소되었습니다.
[창.39:13-18]

7. 예수님은 거짓되게 억울하게 고소되
었습니다.[마.26:59-65]

8. 요셉은 이집트의 감옥, 즉 죽음의 장소에 갇혔
습니다. 왕의 두 관원장과 함께 형을 받았습니다.
[창.39:20, 40:2-3]

8. 예수님은 십자가에 즉, 죽음의 형을
받았습니다. 두 강도도 함께 형을
받았습니다.[마.15:27-28]

9. 두 죄수 중에 한 사람은 감옥에서 석방되어
왕의 궁전에서 살게 되었고 다른 한 죄수는
사형에 처해짐.[창.40:6-22]

9. 두 강도 중 한 사람은 구원 받아 하나
님 나라에 들어가고 다른 한 사람은
구원을 받지 못하고 영원한
죽음에 처해짐.[눅.23:39-43]

10. 요셉은 이집트 왕의 명령으로 그 죽음의
감옥에서 풀려나와 새 생명을 찾았습니다.
[창.41:14]

10. 예수님은 대 우주의 왕이신 하나님의
의 능력으로 죽음에서 부활하셨습니다.
[행.2:24]

11. 요셉은 이집트의 왕으로부터 모든 권세를
물려 받았습니다.[창.41:40-44]
너는 내 집을 치리하라 내 백성이 다 네 명을
복종하리니 나는 너보다 높음이 보좌뿐이니라
바로가 또 요셉에게 이르되 내가 너로 애굽
온 땅을 총리하게 하노라 하고 자기의 인장 반지를
빼어 요셉의 손에 끼우고 그에게 세마포 옷을
입히고 금사슬을 목에 걸고

11. 예수님은 하나님으로부터 모든 권세를
물려 받았습니다.[마.28:18]
예수께서 나아와 일러 가라사대 하늘과
땅의 모든 권세를 내게 주셨으니

12 요셉은 애굽 사람들을 기근에서 건져 낸 구원자가 되었습니다.[창.47:25]	**12.** 예수님은 우리 인류를 죽음에서 구원 하시는 구주가 되셨습니다. [빌.2:10-11]
13. 모든 백성이 요셉으로부터 양식을 얻게 되었습니다. [창. 41:55,57]	**13.** 모든 세상 백성이 예수 그리스도로부터 생명의 양식을 얻게 되었습니다. [요.6:51]
14. 모든 영광이 요셉에게 돌려졌고 나라의 모든 일들이 그의 통치 안에 맡겨졌습니다. [47:14-20]	**14.** 모든 영광이 예수님께 돌려졌고 왕국의 모든 일들이 그의 손에 맡겨졌습니다.[고전.15:24]
15. 형제들은 요셉을 알아보지 못했으나 요셉은 그들의 과거의 모든 죄를 알고 있었습니다.[창.43:33]	**15.** 예수님은 사람들의 마음 속에 무엇이 들어 있는지를 알고 계셨습니다. [요.2:24-25]
16. 그의 형제들이 과거의 죄를 회개할 때 요셉은 그들을 껴안고 조건 없이 용서하였습니다.[창.44:45]	**16.** 사람들이 자기들의 죄를 회개할 때 예수님은 그들의 죄를 조건 없이 용서하여주셨습니다. [요일.1:9]
17. 요셉은 그들 모두를 그가 살고 있는 나라로 초청하여 살게 하였습니다. [창.45:9-13]	**17.** 예수님은 용서받은 사람들을 그의 나라로 초청하여 살게 하십니다. [요.14:1-3]

창세기 37장부터는 요셉의 시대가 시작됩니다. 요셉의 생애는 참으로 아름답습니다. 그의 생애를 그림으로 그리면 마치 예수님의 초상화를 보는 것 같습니다. 요셉의 생애는 바로 우리 예수님의 생애를 상세하게 보여주는 예고편이었습니다. 예수님은 요한복음 5장 39절에서 구약의 모든 것이 예수님을 증거하는 것이라고 말씀하셨습니다. W.H. Griffith Thomas는 요셉과 예수님을 아래와 같이 잘 비교하였습니다. 왼쪽과 오른쪽을 비교해 보시기 바랍니다.

위에서 언급한 대로 예수님은 구약성경의 모든 것이 다 예수님 자신을 증거하는 예표라고 말씀하셨습니다.(요 5:39) 참으로 요셉은 예수님을 미리 보여주는 예표요 그림자였습니다. 요셉의 삶은 참으로 아름답습니다. 요셉의 삶을 그림으로 그려보면 예수님의 초상화가 나옵니다. 그의 삶이 그리스도의 삶을 닮았기 때문입니다. 우리의 삶은 어떠합니까? 우리가 지금까지 살아온 삶을 그림으로 그려본다면 어떤 모습이 나올까요? 오늘 우리 시대의 교회를 그림으로 그려보면 과연 예수님의 초상화가 나올까요? 요셉은 형제들에게 팔리고 노예가 되었고 그런 어려운 역경에서도 하나님 앞에서 신앙의 순결을 지켰고 그로 인하여 더 억울한 죽음의 감옥살이를 하게 되는 환난의 연속이었으나 그는 단 한마디의 불평도 없이 처한 그 상황에서 항상 신실하였고 최선을 다해 살았습니다. 마침내 하나님께서 그를 들어 애굽의 통치자로 삼아 주셨으나 그는 그를 죽이려 하고 그를 종으로 팔아넘긴 그의 형제들을 볼 때 보복하지 아니하고 오히려 뜨거운 마음으로 눈물 흘리며 형제들을 용서하고 그들을 기근에서 구원하여 애굽에서 함께 살도록 초청하는 모습은 참으로 감동적일 뿐입니다.

요셉에게 절한 형제들

"(1) 때에 야곱이 애굽에 곡식이 있음을 보고 아들들에게 이르되 너희는 어찌하여 서로 관망만 하느냐 (2) 야곱이 또 이르되 내가 들은즉 저 애굽에 곡식이 있다 하니 너희는 그리로 가서 거기서 우리를 위하여 사오라 그리하면 우리가 살고 죽지 아니하리라 하매 (3) 요셉의 형 십인이 애굽에서 곡식을 사려고 내려갔으나 (4) 야곱이 요셉의 아우 베냐민을 그 형들과 함께 보내지 아니하였으니 이는 그의 말이 재난이 그에게 미칠까 두렵다 함이었더라 (5) 이스라엘의 아들들이 양식 사러간 자 중에 있으니 가나안 땅에 기근이 있음이라 (6) 때에 요셉이 나라의 총리로서 그 땅 모든 백성에게 팔더니 요셉의 형들이 와서 그 앞에서 땅에 엎드려 절하매 (7) 요셉이 보고 형들인줄 아나 모르는 체하고 엄한 소리로 그들에게 말하여 가로되 너희가 어디서 왔느냐 그들이 가로되 곡물을 사려고 가나안에서 왔나이다 (8) 요셉은 그 형들을 아나 그들은 요셉을 알지 못하더라 (9) 요셉이 그들에게 대하여 꾼 꿈을 생각하고 그들에게 이르되 너희는 정탐들이라 이 나라의 틈을 엿보려고 왔느니라 (10) 그들이 그에게 이르되 내 주여 아니니이다 종들은 곡물을 사러 왔나이다 (11) 우리는 다 한 사람의 아들로서 독실한 자니 종들은 정탐이 아니니이다 (12) 요셉이 그들에게 이르되 아니라 너희가 이 나라의 틈을 엿보러 왔느니라 (13) 그들이 가로되 주의 종 우리들은 십 이 형제로서 가나안 땅 한 사람의 아들들이라 말째 아들은 오늘 아버지와 함께 있고 또 하나는 없어졌나이다 (14) 요셉이 그들에게 이르되 내가 너희에게 이르기를 너희는 정탐들이라 한 말이 이것이니라 (15) 너희는 이같이 하여 너희 진실함을 증명할 것이라 바로의 생명으로 맹세하노니 너희 말째 아우가 여기 오지 아니하면 너희가 여기서 나가지 못하리라 (16) 너희 중 하나를 보내어 너희 아우를 데려오게 하고 너희는 갇히어 있으라 내가 너희의 말을 시험하여 너희 중에 진실이 있는지 보리라 바로의 생명으로 맹세하노니 그리하지 아니하면 너희는 과연 정탐이니라 하고 (17) 그들을 다 함께 삼 일을 가두었더라 (18) 삼 일 만에 요셉이 그들에게 이르되 나는 하나님을 경외하노니 너희는 이같이 하여 생명을 보전하라 (19) 너희가 독실한 자이면 너희 형제중 한 사람만 그 옥에 갇히게 하고 너희는 곡식을 가지고 가서 너희 집들의 주림을 구하고 (20) 너희 말째 아우를 내게로 데리고 오라 그리하면 너희 말이 진실함이 되고 너희가 죽지 아니하리라 그들이 그대로 하니라 (21) 그들이 서로 말하되 우리가 아우의 일로 인하여 범죄하였도다 그가 우리에게 애걸할 때에 그 마음의 괴로움을 보고도 듣지 아니하였으므로 이 괴로움이 우리에게 임하도다 (22) 르우벤이 그들에게 대답하여 가로되 내가 너희더러 그 아이에게 득죄하지 말라고 하지 아니하였느냐 그래도 너희가 듣지 아니하였느니라 그러므로 그의 피 값을 내게 되었도다 하니 (23) 피차간에 통변을 세웠으므로 그들은 요셉이 그 말을 알아 들은줄을 알지 못하였더라 (24) 요셉이 그들을 떠나가서 울고 다시 돌아와서 그들과 말하다가 그들 중에서 시므온을 취하여 그들의 목전에서 결박하고 (25) 명하여 곡물을 그 그릇에 채우게 하고 각인의 돈은 그 자루에 도로 넣게 하고 또 길 양식을 그들에게 주게 하니 그대로 행하였더라" (창 42:1-25)

　바로 앞장 맨 마지막 절을 보면 **'각국 백성도 양식을 사려고 애굽으로 들어와 요셉에게 이르렀으니 기근이 온 세상에 심함이었더라'**라고 기록하고 있습니다. 창세기 42장 1절을 보면 때에 야곱이 애굽에 곡식이 있음을 보고 아들들에게 이르되 '너희는 어찌하여 서로 관망만 하느냐?'고 아들들에게 재촉하고 있습니다. 야곱의 아들들도 사람들이 애굽에 가서 곡식을 사오는 것을 알고는 있었지만 자기들이 애굽에 가기를 꺼려한 이유가 있었습니다. 그것은 자기들이 동생 요셉을 애굽에 노예로 팔았기 때문에 애굽을 생각하면 늘 죄책감이 있었습니다. 사람이 죄를 지으면 두려움이 생기게 됩니다. 곡식을 사러 애굽에 갔다가 꼭 벌을 받아 죽게 되거나 아니면 노예로 잡혀 영원히 돌아오지 못할 것 같은 두려움이 있었을 것입니다. 야곱은 그러한 사정도 모르고 아들들에게 곡식을 사오라고 성화입니다. 그러나 기근은 계속되고 양식은 다 떨어지고 아들들도 이제는 '죽느냐 사느냐'의 한계상황에 도달했습니다. 곡식을 사오지 않으면 다 죽게 될 상황이었습니다. 3절을 보면 결국 열 명의 형제들이 곡식을 사러 가게 되었습니다. 야곱은 요셉의 아우 베냐민을 보내지 아니하였습니다. 라헬에게서 낳은 사랑하는 요셉을 형들에게 보내었다가 잃은 아픈 경험 때문에 역시 라헬에게서 낳은 막내 베냐민을 먼

애굽까지 보낼 용기가 나지 않았습니다. 4절에서 보는 대로 베냐민에게 무슨 재난이 미칠까 두려워하였습니다.

6절을 보면 기막힌 장면이 연출됩니다. 형들이 노예로 팔았던 요셉은 애굽의 총리로 나타나고 곡식을 사러 간 형들은 총리 요셉 앞에서 땅에 엎드려 절을 하는 장면이 펼쳐집니다. 요셉은 17살에 노예로 팔려서 30세에 총리가 되었고 총리가 된 후에는 곡식창고와 관계수로 건설을 위하여 수년을 보냈을 것이며 그 후 7년은 풍년이 들어서 곡식을 창고에 모았고 지금은 흉년이 시작된 지 2년이 되었다고 하였으니 요셉의 나이는 최소한 39세 플러스 수년이 되었을 것임으로 40대 중반이나 그 이상이 되었을 것입니다. 그러니까 약 30년 전에 형들은 요셉을 노예로 팔았습니다. 요셉은 자기 앞에 땅에 엎드려 절하고 있는 형들을 보면서 얼마나 놀랐겠습니까? 어린 시절에 자기가 꾸었던 꿈이 생각나지 않을 수 없는 순간이었습니다. 37장 6~7절을 보기 바랍니다.

"(6) 요셉이 그들에게 이르되 청컨대 나의 꾼 꿈을 들으시오 (7) 우리가 밭에서 곡식을 묶더니 내 단은 일어서고 당신들의 단은 내 단을 둘러서서 절하더이다"

하나님의 약속은 반드시 이루어진다는 이 사실 앞에서 아마도 요셉 자신이 하나님 앞에서 더 두려워지는 순간이었을 것입니다. 성경이 완성되기 전의 구약시대에는 하나님께서 그의 종들에게 꿈으로 혹은 환상으로 혹은 음성으로 하나님의 말씀을 전하여 주셨습니다. 참으로 요셉은 하나님이 쓰시는 하나님의 종들 중에 한 사람이었습니다. 하나님은 요셉을 귀히 여기시고 하나님이 쓰시는 종으로 삼아주셨지만 요셉의 형들은 요셉을 하나님이 쓰시는 종으로 귀히 여기지 아니하였습니다. 오히려 그가 꾼 꿈 때문에 요셉을 더욱 미워하였습니다. 하나님께 귀하게 쓰임 받는 사람은 하나님께 쓰임을 받지 못하는 사람들에게 항상 미움을 받게 되어있습니다. 37장 8절에 보기 바랍니다.

"(8) 그 형들이 그에게 이르되 네가 참으로 우리의 왕이 되겠느냐 참으로 우리를 다스리게 되겠느냐 하고 그 꿈과 그 말을 인하여 그를 더욱 미워하더니"

요셉의 형들은 요셉의 꿈의 내용이 의미하는 바가 무엇인가를 잘 알고 있었습니다. 꿈에 따르면 요셉은 자기들의 왕이 되고 자기들을 다스리는 통치자가 된다는 것이었습니다. 그들은 보잘것없는 어린 동생에 불과한 요셉이 자기들의 왕이요 통치자가 된다는 것을 전혀 믿을 수가 없었고 또 그렇게 되기를 바라고 싶지도 않았기에 그들은 요셉이 꾼 꿈을 조롱하였습니다. 그리고 안 그래도 평소에 아버지의 사랑을 독차지하는 요셉을 시기하고 질투하고 있었는데 왕이 되는 꿈까지 꾸었으니 그들은 요셉을 더욱 미워하게 되었습니다. 그래서 요셉의 형들의 태도는 어떠하였습니까? 37장 18~20절을 보시기 바랍니다.

"(18) 요셉이 그들에게 가까이 오기 전에 그들이 요셉을 멀리서 보고 죽이기를 꾀하여 (19) 서로 이르되 꿈 꾸는 자가 오는도다 (20) 자, 그를 죽여 한 구덩이에 던지고 우리가 말하기를 악한 짐승이 그를 잡아먹었다 하자 그 꿈이 어떻게 되는 것을 우리가 볼 것이니라 하는지라"

요셉의 형들은 요셉이 멀리서 오는 것을 보고 요셉을 죽이려고 음모하였습니다. 얼마나 시기하고 미워하였기에 자기들의 동생을 죽이려고까지 하였겠습니까? 요셉의 꿈에 대하여 얼마나 민감하게 반응하였으면 요셉의 꿈이 이루어지지 않게 하기 위하여 요셉을 죽여 없애려고 하였겠습니까? **"저 꿈 꾸는 자 요셉을 죽여버리자. 그러면 과연 그 꿈이 어떻게 될 것인지 우리는 보게 될 것이다."** 그들은 인간의 힘과 꾀로 하나님의 계획을 무산시킬 수 없다는 것을 알지 못했습니다. 성경에 기록된 모든 예언은 하나님의 정하신 시간을 따라 다 이루어질 것입니다. 오늘 본문에서 그들은 지금 자기들의 어린 동생 요셉 앞에서, 자기들이 노예로 팔아버린 요셉 앞에서 땅에 엎드려 절하고 있는 사실조차도 모르고 있습니다. 7~8절을 보기 바랍니다.

"(7) 요셉이 보고 형들인 줄 아나 모르는 체하고 엄한 소리로 그들에게 말하여 가로되 너희가 어디서 왔느냐 그들이 가로되 곡물을 사려고 가나안에서 왔나이다 (8) 요셉은 그 형들을 아나 그들은 요셉을 알지 못하더라"

최소한 22년에서 30여 년 전 열일곱 살의 어린 요셉을 마지막으로 본 그들이 지금 화려한 총리 옷까지 입고 애굽 언어를 사용하고 있는 사십대의 요셉을 알아볼 리가 없습니다. 그러나 요셉은 그들을 금방 알아차릴 수가 있었습니다. 형들은 나이가 많아서 자기가 오래전에 노예로 팔릴 때에도 이미 성년이 되어 있었으므로 그때 얼굴이나 지금 얼굴이나 별로 변함이 없기 때문에 쉽게 알아볼 수 있었습니다. 그리고 그들은 애굽 언어를 사용하지 않고 히브리 언어를 사용하였기 때문에 요셉은 형들을 쉽게 알아볼 수 있었습니다. 요셉은 그 비정하고 악한 형들을 볼 때 그 무섭고 아픈 과거가 생각났었겠지만 예전에 꾼 꿈이 이루어진 것을 생각하고 요셉은 그 형들을 보복하고 싶지 않았습니다. 오히려 아버지를 포함하여 그 형제들의 가족 전부를 하루속히 애굽에서 모시고 싶었던 것입니다. 그러나 그렇다고 지금 이 자리에서 자기가 요셉인 것을 밝히면 그 형들은 겁이 나서 다 도망하고 다시는 애굽 땅에 나타나지 않을지도 모른다는 생각이 들었을 것입니다. 요셉은 매사에 하나님을 의지하는 사람인고로 하나님께서 그에게 지혜를 주셨습니다. 그것은 그 형제들 중에 한 사람을 인질로 잡아두는 것이었습니다. 그래서 요셉은 형들을 정탐꾼으로 몰아 부치고 감옥에 3일 동안 가두게 하였습니다.

"(9) 요셉이 그들에게 대하여 꾼 꿈을 생각하고 그들에게 이르되 너희는 정탐들이라 이 나라의 틈을 엿보려고 왔느니라 (10) 그들이 그에게 이르되 내 주여 아니니이다 종들은 곡물을 사러 왔나이다 (11) 우리는 다 한 사람의 아들로서 독실한 자니 종들은 정탐이 아니니이다 (12) 요셉이 그들에게 이르되 아니라 너희가 이 나라의 틈을 엿보러 왔느니라 (13) 그들이 가로되 주의 종 우리들은 십 이 형제로서 가나안 땅 한 사람의 아들들이라 말째 아들은 오늘 아버지와 함께 있고 또 하나는 없어졌나이다 (14) 요셉이 그들에게 이르되 내가 너희에게 이르기를 너희는 정탐들이라 한 말이 이것이니라 (15) 너희는 이같이 하여 너희 진실함을 증명할 것이라 바로의 생명으로 맹세하노니 너희 말째 아우가 여기 오지 아니하면 너희가 여기서 나가지 못하리라 (16) 너희 중 하나를 보내어 너희 아우를 데려오게 하고 너희는 갇히어 있으라 내가 너희의 말을 시험하여 너희 중에 진실이 있는지 보리라 바로의 생명으로 맹세하노니 그리하지 아니하면 너희는 과연 정탐이니라 하고 (17) 그들을 다 함께 삼 일을 가두었더라"

죄를 깨닫는 형제들

"(18) 삼일 만에 요셉이 그들에게 이르되 나는 하나님을 경외하노니 너희는 이같이 하여 생명을 보전하라 (19) 너희가 독실한 자이면 너희 형제 중 한 사람만 그 옥에 갇히게 하고 너희는 곡식을 가지고 가서 너희 집들의 주림을 구하고 (20) 너희 말째 아우를 내게로 데리고 오라 그리하면 너희 말이 진실함이 되고 너희가 죽지 아니하리라 그들이 그대로 하니라"

　요셉이 그들을 3일간 가둔 것은 그들에게 복수하려는 것이 아니었고 그 가족들을 구원하기 위한 그의 전략이었습니다. 요셉은 3일 만에 형제들에게 나타나서 말했습니다. '나는 하나님을 경외하는 사람이다'라고 밝혔습니다. 요셉의 신앙은 항상 일상생활에서 자연스럽게 나타나는 참 신앙이었습니다. 그는 보디발의 처가 유혹할 때에도 '내가 어찌 이 큰 악을 행하여 하나님께 득죄하리이까?'라고 말하고 실천했습니다. 감옥에 갇힌 동료 죄수의 꿈을 해석할 때에도 '해석은 하나님께 있지 아니하니이까?'라고 말하고 꿈을 해석하였습니다. 바로 왕의 꿈을 해석할 때에도 '이는 내게 있는 것이 아니라 하나님이 바로에게 평안히 대답을 하시리이다'고 말했습니다. 아들들의 이름을 지을 때에도 '하나님이 나로 나의 모든 고난과 나의 아비의 온 집 일을 잊어버리게 하셨다'는 뜻으로 장자의 이름을 므낫세라고 하였습니다. '하나님이 나로 나의 수고한 땅에서 창성하게 하셨다'는 의미로 차자의 이름을 에브라임이라고 하였습니다.

　이와 같이 요셉은 항상 매사에 하나님을 생각하며 하나님을 순종하며 하나님과 동행하는 삶이었습니다. 일주일에 한 번 교회에 나와서 하나님을 부르는 종교적인 가짜 신앙이 아니었습니다. 요셉은 형들 앞에서 자기는 하나님을 경외하는 사람이라고 밝혔습니다. 자기는 하나님을 두렵고 떨리는 마음으로 섬기는 신앙의 사람이라고 밝힘으로써 자기는 하나님 앞에서 정직하게 약속을 지키겠다고 선언한 것입니다. "너희가 여기서 죽지 않고 살아서 나가고 싶으면 너희가 지금 내게 말한 것이 사실인지를 증명하여 너희가 정탐꾼이 아니라는 것을 증명하여야 한다. 그러므로 너희 형제 중에 한 사람만 이곳에 남고 나머지는 곡식을 가지고 가서 너희 가족들을 구하고 말째 아우를 내게로 데리고 오라. 그리하면 너희가 한 말이 거짓이 아님을 내가 알게 되고 너희가 정탐꾼이 아님을 증명하게 될 것이다." 애굽의 총리답게 권위를 가지고 호령하였습니다.

형제들은 총리의 발언에 오금이 떨렸습니다. 더구나 요셉이 하나님을 경외하는 사람이라는 말을 들을 때 그들의 양심은 하나님이라는 말 앞에서 부르르 떨었을 것입니다. 하나님을 잊어버리고 형식적인 신앙으로 살아오던 형제들이 이제 애굽에 와서 이렇게 무서운 일을 당하면서 하나님을 생각하니 수십 년 전에 살려달라고 몸부림치던 어린 요셉을 그렇게 잔인하고 무정하게 애굽에 노예로 팔았던 일이 견딜 수 없는 고통으로 사무쳐 왔습니다. 그러므로 이 애굽 땅에 와서 지금 고통을 받는 이 모든 일이 자기들이 과거에 요셉에게 저지른 죄의 대가라는 것을 깨닫게 된 것입니다.

"(21) 그들이 서로 말하되 우리가 아우의 일로 인하여 범죄하였도다 그가 우리에게 애걸할 때에 그 마음의 괴로움을 보고도 듣지 아니 하였으므로 이 괴로움이 우리에게 임하도다 (22) 르우벤이 그들에게 대답하여 가로되 내가 너희더러 그 아이에게 득죄하지 말라고 하지 아니하였느냐 그래도 너희가 듣지 아니하였느니라 그러므로 그의 피 값을 내게 되었도다 하니"

죄라는 것은 시간이 아무리 많이 지나도 없어지지 아니합니다. 다만 죄를 잊을 수는 있지만 하나님 앞에서 서면 다시 그 죄는 낱낱이 드러나게 되어있습니다. 사람들이 지금 많은 죄를 지으면서도 뻔뻔스럽고 담대하게 살아갈 수 있는 것은 그들이 하나님을 알지 못하기 때문에 죄를 인식하지 못하고 살아가는 것뿐입니다. 그러나 그들이 마지막 심판 날에 하나님 앞에 서면 하나님의 빛이 그들을 비추어 죄가 낱낱이 다 드러나게 되는 것입니다. 간음한 여인을 잡아끌고 와서 돌로 치려고 했던 그 군중들은 '죄 없는 자가 먼저 돌로 치라'는 예수님의 말씀이 하나님의 빛으로 그들 영혼을 비추자 그들 자신이 정수리에서부터 발바닥까지 더러운 죄로 가득 차 있는 사실을 발견하고 어른부터 어린아이에 이르기까지 모두 돌을 땅에 떨어트리고 말없이 돌아갈 수밖에 없었습니다.

"(21) 그들이 서로 말하되 우리가 아우의 일로 인하여 범죄하였도다" 과거에는 요셉을 '꿈꾸는 자'라고 조롱하는 조로 불렀는데 이제 회개할 때는 '아우'라고 '동생'이라고 부르고 있습니다. 진정한 회개는 사람을 변하게 합니다. 요새는 예수를 믿어도 진정한 회개 없이 믿기 때문에 삶에 참된 변화가 이루어지지 않습니다. 오늘날에 교회 다니는 사람들이 그렇게 미워하고 싸우고 저주하고 갈라지고 사회에서나 가정에서나 부정부패하고 타락했으면서도 회개가 없습니다. 여전히 교회에 와서 그 저주하고 욕하고 비난하던 입으로 찬송하며 기도합니다. 회개가 없으므로 삶에 변화가 일어나지 않습니다. 마지막 때가 가까운 징조일 뿐입니다.

21절 하반절을 보십시오. **"그가 우리에게 애걸할 때에 그 마음의 괴로움을 보고도 듣지 아니 하였으므로 이 괴로움이 우리에게 임하도다."** 마음이 죄로 완악해진 상태에서는 다른 사람의 아픔을 생각하지 않고 잔인하게 짓밟고 할 말 못할 말 다 퍼붓습니다. 그러나 자기가 그런 고통을 겪어봐야 자기가 남을 아프게 한 것을 깨닫게 되는 것입니다. 그러므로 하나님은 사랑하는 사람들에게 징계를 주어 죄를 깨닫게 하시고 구원하십니다. 남에게 악하게 하고도 평생에 아무런 징계를 받지 않는 사람은 마지막 심판에서 징계를 받고 지옥에 가게 되는 사람들로서 그들은 사탄에 속한 사람들입니다. 하나님께 속한 사람들은 범죄할 때에 반드시 징계를 받게 되어 있습니다. 히브리서 12장 7~8을 보십시오.

"(7) 너희가 참음은 징계를 받기 위함이라 하나님이 아들과 같이 너희를 대우하시나니 어찌 아비가 징계하지 않는 아들이 있으리요 (8) 징계는 다 받는 것이거늘 너희에게 없으면 사생자요 참 아들이 아니니라"

"(23) 피차 간에 통변을 세웠으므로 그들은 요셉이 그 말을 알아들은 줄을 알지 못하였더라 (24) 요셉이 그들을 떠나 가서 울고 다시 돌아와서 그들과 말하다가 그들 중에서 시므온을 취하여 그들의 목전에서 결박하고 (25) 명하여 곡물을 그 그릇에 채우게 하고 각인의 돈은 그 자루에 도로 넣게 하고 또 길 양식을 그들에게 주게 하니 그대로 행하였더라"

그들은 요셉이 자기들의 말을 알아듣지 못하는 줄 알고 서로 죄를 고백하였습니다. 그러나 요셉은 형들이 죄책감으로 괴로워하는 모습을 보고 견딜 수 없어 그 자리를 떠나 다른 방에 가서 울었습니다. 요셉은 자기를 죽이려고 했고 자기를 노예로 팔아버린 형들을 진심으로 사랑하고 있는 모습입니다. 그러나 요셉은 여기서 형들을 용서할 수는 없었습니다. 왜냐하면 진정한 회개는 일상의 삶에서 행동으로 나타나야 하기 때문입니다. 요셉은 형들이 회개하는 것을 행동으로 보여줄 때까지 더 기다릴 수밖에 없었습니다. 요셉은 형들이 이제는 정말 형제들을 아끼고 서로 사랑하는지를 테스트해 보고 싶었습니다. 자기의 막내 동생 베냐민을 정말 사랑하고 있는지 테스트해 보고 싶었습니다. 그래서 감정을 억제하고 다시 돌아와서 그들이 보는 가운데 시므온을 취하여 결박하였습니다. 그들의 형제 시므온을 인질로 잡을 때 형들은 과연 어떤 행동을 보일지 보고 싶었습니다. 시므온은 레위와 함께 세겜 성을 공격한 주도자였으며 아마도 그 과거의 전과를 봐서 요셉을 죽이고 팔아넘기는 일에도 역시 주동자였을 가능성이 높습니다. 야곱이 임종 전에 자식들을 위해 축복기도를 해줄 때에도 시므온에 대해서는 좋은 말을 해주지 않았습니다. 요셉이 많은 형제 중에서 시므온을 택하여 결박한 것도 형제들로 하여금 하나님을 두려워하는 바른 신앙을 가지고 새 사람들이 되게 하기 위해서였습니다. 열 명의 형제들 중에서 주동자 시므온이 뽑혀서 결박을 당하는 것을 보면서 형제들은 하나님의 역사는 정확하고 무섭다고 생각하였을 것입니다.

25절을 보십시오. **"명하여 곡물을 그 그릇에 채우게 하고 각인의 돈은 그 자루에 도로 넣게 하고 또 길 양식을 그들에게 주게 하니 그대로 행하였더라."** 여기서 보는 대로 요셉의 진심은 그들을 복수하려는 것이 아닙니다. 요셉은 형들을 진심으로 사랑하고 있었기 때문에 어떻든지 그들을 돕고 그들을 구원하기 위한 것입니다. 요셉은 자기에게 억울하게 고난을 준 형제들을 지극한 마음으로 사랑하고 있습니다. 요셉은 장차 오실 예수님을 미리 보여주는 예표라고 앞에서 언급한 대로 하나님께서 요셉 이야기를 성경에 기록하신 목적은 요셉을 통해서 하나님이 죄인 인간을 얼마나 사랑하시며 회개할 때까지 죄를 추궁하시며 죄의 회개를 일상의 삶에서 행동으로 나타낼 때까지 오래 참고 기다리시는 것을 보여주기 위해 섭니다.

야곱의 아들들의 문제
"(26) 그들이 곡식을 나귀에 싣고 그곳을 떠났더니 (27) 한 사람이 객점에서 나귀에게 먹이를 주려고 자루를 풀고 본즉 그 돈이 자루 아구에 있는지라 (28) 그가 그 형제에게 고하되 내 돈을 도로 넣었도다 보라 자루 속에 있도다 이에

그들이 혼이 나서 떨며 서로 돌아보며 말하되 하나님이 어찌하여 우리에게 이 일을 행하셨는고 하고 (29) 그들이 가나안 땅에 돌아와 그 아비 야곱에게 이르러 그 만난 일을 자세히 고하여 가로되 (30) 그 땅의 주 그 사람이 엄히 우리에게 말씀하고 우리를 그 나라 정탐자로 여기기로 (31) 우리가 그에게 이르되 우리는 독실한 자요 정탐이 아니니이다 (32) 우리는 한 아비의 아들 십 이 형제로서 하나는 없어지고 말째는 오늘 우리 아버지와 함께 가나안 땅에 있나이다 하였더니 (33) 그 땅의 주 그 사람이 우리에게 이르되 내가 이같이 하여 너희가 독실한 자임을 알리니 너희 형제중 하나를 내게 두고 양식을 가지고 가서 너희 집들의 주림을 구하고 (34) 너희 말째 아우를 내게로 데려 오라 그리하면 너희가 정탐이 아니요 독실한 자임을 내가 알고 너희 형제를 너희에게 돌리리니 너희가 이 나라에서 무역하리라 하더이다 하고 (35) 각기 자루를 쏟고 본즉 각인의 돈뭉치가 그 자루 속에 있는지라 그들과 그 아비가 돈뭉치를 보고 다 두려워하더니 (36) 그 아비 야곱이 그들에게 이르되 너희가 나로 나의 자식들을 잃게 하도다 요셉도 없어졌고 시므온도 없어졌거늘 베냐민을 또 빼앗아 가고자 하니 이는 다 나를 해롭게 함이로다 (37) 르우벤이 아비에게 고하여 가로되 내가 그를 아버지께로 데리고 오지 아니하거든 나의 두 아들을 죽이소서 그를 내 손에 맡기소서 내가 그를 아버지께로 데리고 돌아오리이다 (38) 야곱이 가로되 내 아들은 너희와 함께 내려가지 못하리니 그의 형은 죽고 그만 남았음이라 만일 너희 행하는 길에서 재난이 그 몸에 미치면 너희가 나의 흰 머리로 슬피 음부로 내려가게 함이 되리라"(창 42:26-38)

지난 내용의 끝부분을 잠시 살펴보면 이렇습니다. "너희가 여기서 죽지 않고 살아나가고 싶으면 너희가 지금 내게 말한 것이 사실인지를 증명하여 너희가 정탐꾼이 아니라는 것을 증명하여야 한다. 그러므로 너희 형제 중에 한 사람만 이곳에 남고 나머지는 곡식을 가지고 가서 너희 가족들을 구하고 말째 아우를 내게로 데리고 오라. 그리하면 너희가 한 말이 거짓이 아님을 내가 알게 되고 너희가 정탐꾼이 아님을 증명하게 될 것이다." 요셉은 형제들과 부모님을 애굽으로 모셔 오기 위하여 이렇게 인질로 한 사람을 잡아두려고 하였습니다. 그러나 그동안 하나님을 잊어버리고 형식적인 신앙으로 살아오던 형제들이 이제 애굽에 와서 이렇게 무서운 일을 당하고 보니 약 30년 전에 살려달라고 몸부림치던 어린 요셉을 그렇게 잔인하고 무정하게 애굽에 노예로 팔았던 일이 생각나서 자기들이 지금 이렇게 죄의 대가를 받는 것이라며 과거의 자기들의 죄를 깨닫고 괴로워하고 있었습니다. 요셉은 형들이 이와 같이 과거의 죄를 뉘우치고 괴로워하며 참회하는 모습을 보고 견딜 수 없어 그 자리를 떠나 다른 방에 들어가서 울었습니다. 그리고 감정을 억제하고 다시 돌아와서 그들이 보는 가운데 시므온을 취하여 결박하였습니다. 그리고 요셉은 하인들에게 명하여 곡물을 그 자루에 채우게 하고 각인의 돈은 그 자루에 도로 넣게 하고 또 길 양식을 그들에게 주게 하였습니다. 참으로 요셉의 진심은 그들을 복수하려는 것이 아니었고 어떻든지 그들을 돕고 그들을 구원하기 위한 것이었습니다. 요셉은 자기에게 억울하게 고난을 준 형제들을 용서하며 지극한 마음으로 사랑하고 있었습니다.

오늘 본문에 보시면 형제들은 이제 곡식을 나귀에 싣고 떠났습니다. 먼 여행 길을 가다가 밤에 자고 가기 위하여 한 여관에서 쉴 때에 형제 중에 하나가 나귀에게 먹이를 주려고 자루를 풀고 보니 자기가 가져간 돈이 그 자루에 그대로 있었습니다. 자루에 돈이 그대로 들어있는 것을 보고 형제들은 모두 두려워하였습니다. **'하나님이 어찌하여 우리에게 이런 일을 행하셨는고!'** 그들은 모두 공포에 떨었습니다. 애굽의 총리가 자기들에게 엄하게 대하면서 자기들의 막내 동생 베냐민을 데려오라는 것이라든지 자기들을 정탐군으로 몰아부치는 일이라든지 자기 형제 시므온을 인질로 잡아두고 있는 점 등을 생각할 때 애굽 총리를 다시 만나는 일이 안그래도 두려운 판인데 이제는 자기네가 가져간 돈까지 받지 않고 다시 자루에 넣었으니 이것은 분명히 우리를 정탐꾼으로 몰아 우리 모두를 체포하여 애굽의 노예로 삼으려는 계략과 경고가 아니겠는가 하는 공포에 질렸을 것입니다. 애굽의 군대가 언제 자기들 뒤에 나타나 자기들 모두를 체포해 갈지 모르는 공포와 두려움에 사로잡혔을 것입니다. 이 모든 것이 다 요셉을 애굽에 노예로 팔았기 때문에 하나님이 주시는 벌로 생각하여 몹시 괴롭고 두려웠을 것입니다. 인간은 아무리 자기의 죄를 깨닫고 회개한다고 해도 자기가 남에게 준 그 고통의 깊이는 잘 모릅니다. 항상 자기가 당한 고통만 크게 생각합니다. 그래서 자기들이 노예로 판 요셉이 받았을 고통이 얼마나 깊은 것인가는 생각도 않고 자기들이 지금 당하는 고통만 크게 생각하고 **'하나님이 어찌하여 우리에게 이런 일을 행하셨는고!'**라고 뻔뻔스럽게 말하는 것입니다.

그들의 고향으로 돌아가는 길은 그런 두려움과 염려와 괴로움으로 가득 찬 길고 두려운 길이었습니다. 시므온을 인질로 잡혀두고 왔으니 아버지에게 어떻게 설명할 것인가! 막내 동생 베냐민을 애굽으로 데려가야 하는데 그 완고한 아버지가 얼마나 노발대발하실 것인가! 이 자루에 든 돈 문제는 어떻게 해결할 것인가! 형제들은 애굽의 총리를 만나는 일만 두려운 것이 아니라 아버지를 만나는 것도 또한 두려운 일이었습니다. 그 무서운 애굽의 총리와 완고한 아버지의 사이에서 형제들은 진퇴양란에 빠졌습니다. 그렇다고 현재까지 일어난 일을 아버지에게 숨기고 넘어갈 길이 없는 상황이었습니다.

29절부터 보시면 형제들은 할 수 없이 아버지 야곱에게 고통스럽지만 그동안 있었던 일을 모두 얘기할 수밖에 없었습니다.

"(29) 그들이 가나안 땅에 돌아와 그 아비 야곱에게 이르러 그 만난 일을 자세히 고하여 가로되 (30) 그 땅의 주 그 사람이 엄히 우리에게 말씀하고 우리를 그 나라 정탐자로 여기기로 (31) 우리가 그에게 이르되 우리는 독실한 자요 정탐이 아니니이다 (32) 우리는 한 아비의 아들 십이 형제로서 하나는 없어지고 말째는 오늘 우리 아버지와 함께 가나안 땅에 있나이다 하였더니"

그들은 애굽의 총리가 자기들에게 엄하게 대했다는 것과 그가 자기들을 정탐자로 의심하였기에 우리는 한 아버지의 아들 12형제들인데 하나는 없어지고 말째는 아버지와 함께 있다고 말했다고 하였습니다. 이 형제들은 애굽의 총리가 요셉인 줄 모르고 총리 앞에서는 자기들이 요셉을 애굽에 노예로 판 죄를 깨닫고 참회하며 괴로워하였지만 정작 아버지 앞에서는 아직도 자기들의 죄를 회개하지 않고 숨기고 있습니다. 동생 요셉을 애굽의 노예로 팔아넘기고도 아버지에게는 요셉이 야생동물에 물려 죽은 것처럼 속였던 그 죄를 회개하지 않고 있는 것입니다. 많은 사람들이 죄를 짓고 때가 되어 자기가 잘못한 것을 하나님 앞에서는 인정하고 회개하면서도 정작 자기가 죄를 지어 상처를 입힌 당사자에게는 끝까지 회개하지 않는 것과 마찬가지입니다. 이것은 진정한 회개가 아닙니다. 그래서 주님은 마태복음 5장 23-24절에서 이렇게 말씀하셨습니다.

"(23) 그러므로 예물을 제단에 드리다가 거기서 네 형제에게 원망 들을만한 일이 있는 줄 생각나거든 (24) 예물을 제단 앞에 두고 먼저 가서 형제와 화목

하고 그 후에 와서 예물을 드리라"

눈에 보이는 형제에게 먼저 회개하지 않으면 하나님께 회개하는 것을 받아주시지 않겠다는 말씀입니다. 여하튼 요셉의 형제들은 자기들이 지은 죄를 깨달았으면서도 정작 피해를 당한 당사자 앞에서는 회개하지 않은 사람들이었습니다. 그러니까 그것은 진정한 회개가 아닙니다. 그러니 그들에게 평안이 있을 수 없습니다. 그들은 공포 가운데서 말을 계속합니다. 막내 동생 베냐민을 애굽으로 데려가야 시므온을 구해올 수 있고 계속 곡물을 사올 수 있다고 아버지 앞에서 정말 꺼내기 어려운 말을 떨리는 음성으로 말했을 것입니다.

"(33) 그 땅의 주 그 사람이 우리에게 이르되 내가 이같이 하여 너희가 독실한 자임을 알리니 너희 형제 중 하나를 내게 두고 양식을 가지고 가서 너희 집들의 주림을 구하고 (34) 너희 말째 아우를 내게로 데려 오라 그리하면 너희가 정탐이 아니요 독실한 자임을 내가 알고 너희 형제를 너희에게 돌리리니 너희가 이 나라에서 무역하리라 하더이다 하고 (35) 각기 자루를 쏟고 본즉 각인의 돈뭉치가 그 자루 속에 있는지라 그들과 그 아비가 돈뭉치를 보고 다 두려워하더니"

아버지에게 가장 말하기 어려운 말 막내 베냐민을 데려가야 한다고 말하고 나서 각기 자루를 쏟아 보니 이게 웬일입니까! 이번엔 각인의 돈뭉치가 각 자루 속에 그대로 있었습니다. 그들과 그 아비가 돈뭉치를 보고 다 두려움에 떨었습니다. 애굽에 돌아갈 일이 더욱 두려워졌습니다. 기대했던 대로 아버지의 노발대발은 이만저만이 아니었습니다. 애굽에는 돌아가야 하는데 아버지까지 이러시니 일은 점점 더 어렵게 되었습니다. 이와 같이 형제들이 고통을 당해야 하고 일마다 더 어렵게 꼬이는 것은 그들이 죄를 깨닫고도 깨끗이 회개하지 않고 숨기고 있기 때문입니다.

야곱의 문제
"(36) 그 아비 야곱이 그들에게 이르되 너희가 나로 나의 자식들을 잃게 하도다 요셉도 없어졌고 시므온도 없어졌거늘 베냐민을 또 빼앗아 가고자 하니 이는 다 나를 해롭게 함이로다 (37) 르우벤이 아비에게 고하여 가로되 내가 그를 아버지께로 데리고 오지 아니하거든 나의 두 아들을 죽이소서 그를 내 손에 맡기소서 내가 그를 아버지께로 데리고 돌아오리이다 (38) 야곱이 가로되 내 아들은 너희와 함께 내려가지 못하리니 그의 형은 죽고 그만 남았음이라 만일 너희 행하는 길에서 재난이 그 몸에 미치면 너희가 나의 흰 머리로 슬피 음부로 내려가게 함이 되리라"

아들들은 워낙 신앙으로 제대로 자라지 못해서 그렇다고 치십시다. 그러면 야곱의 문제는 무엇입니까? 벧엘에 돌아와서 회개하고 새 생활을 시작한 이후에는 야곱에 대한 기록이 별로 없어서 그동안 신앙이 많이 성장했는가 싶었는데 오늘 본문을 보니까 아직도 옛날의 그 말투 그 생각 그 인간적인 불신앙이 여전합니다. "너희가 나로 나의 자식들을 잃게 하도다 요셉도 없어졌고 시므온도 없어졌거늘 베냐민을 또 빼앗아 가고자 하니 이는 다 나를 해롭게 함이로다." 좀 믿음의 사람이 되었는가 싶었는데 아직도 불신앙의 말을 거침없이 내뱉습니다. 모든 것을 아들들의 탓으로 돌리고 원망합니다.

38절을 보면 '야곱이 가로되 내 아들은 너희와 함께 내려가지 못하리니 그의 형은 죽고 그만 남았음이라 만일 너희 행하는 길에서 재난이 그 몸에 미치면 너희가 나의 흰 머리로 슬피 음부로 내려가게 함이 되리라.' 야곱은 어려운 현실을 만날 때마다 인간적인 측면에서만 보고 항상 부정적으로 보았던 사람입니다. 야곱은 장자에게 약속하신 하나님의 복을 다 차지하려고 형의 장자권까지 속임수로 빼앗았던 사람이었고 하나님이 그에게 항상 동행해 주시겠다고 친히 약속까지 해주셨고 지금까지도 그렇게 약속을 지켜주셨건만 어려움이 닥치면 하나님을 전혀 믿지 않는 사람처럼 말하고 행동합니다. 하나님의 사람답게 믿음의 눈을 가지고 하나님의 입장에서 보려고 하지 않았습니다. 믿음이 연약한 야곱은 자기가 지금 망하고 있는 것으로 알고 있습니다. 야곱은 이 모든 일이 다 자기를 망하게 하는 것이라고 거침없이 망언을 하고 있습니다. 이것이 야곱의 문제였습니다.

믿음이 없는 것이 항상 우리를 두렵게 하고 불행하게 하는 것입니다. 이제 조금만 있으면 하나님이 준비하신 놀라운 복을 누리게 될 것인데 믿음이 없는 야곱과 죄를 회개하지 않은 아들들은 다 불안과 공포 속에서 지내야만 했습니다. 야곱은 요셉이 죽었다고 하였지만 사실 요셉은 죽지 않았습니다. 오히려 애굽의 총리가 되어 지금 야곱과 그의 온 가족들을 풍성한 애굽 땅으로 모셔 오려고 작업하고 있는 중입니다. 야곱은 시므온도 없어졌다고 하였지만 사실 시므온은 지금 애굽에서 누구보다 더 안전하게 잘 지내고 있습니다. 야곱은 '**베냐민을 또 빼앗아 가고자 하니 이는 다 나를 해롭게 함이로다**'라고 말했지만 사실은 야곱의 가족 모두를 애굽으로 모셔오기 위한 요셉의 전략이었습니다. 결코 야곱을 해롭게 하려는 것이 아니었고 오히려 야곱을 복되게 하기 위해서였습니다. 야곱과 아들들은 돈뭉치를 보고 두려움에 떨었지만 사실 그 돈뭉치는 요셉이 형들과 아버지에 대한 사랑의 표현이었습니다. 하나님은 지금 야곱과 그 아들들의 모든 가족들을 위하여 가장 좋은 길로 인도하고 계십니다. 그러나 야곱과 그 아들들이 하나님의 인도하시는 가장 좋은 길에서도 기뻐하지 못하고 모두 이렇게 두려움과 염려와 괴로움에 사로잡힌 이유는 무엇입니까? 아들들은 자기 죄를 깨닫고도 회개하지 않았기 때문이며 야곱은 하나님을 믿는 믿음이 부족했기 때문입니다. 그래서 하나님이 축복을 베푸시는 데도 거침없이 원망과 불안과 두려움과 불평과 비난으로 서로를 찔러 아프게 하고 서로에게 씻을 수 없는 깊은 상처를 주고 있습니다. 믿음이 없는 야곱과 죄를 회개하지 않은 그 아들들은 다 불안과 공포 속에서 지내야만 했습니다.

야곱의 딜레마

"(1) 그 땅에 기근이 심하고 (2) 그들이 애굽에서 가져온 곡식을 다 먹으매 그 아비가 그들에게 이르되 다시 가서 우리를 위하여 양식을 조금 사라 (3) 유다가 아비에게 말하여 가로되 그 사람이 엄히 우리에게 경계하여 가로되 너희 아우가 너희와 함께하지 아니하면 너희가 내 얼굴을 보지 못하리라 하였으니 (4) 아버지께서 우리 아우를 우리와 함께 보내시면 우리가 내려가서 아버지를 위하여 양식을 사려니와 (5) 아버지께서 만일 그를 보내지 않으시면 우리는 내려가지 아니하리니 그 사람이 우리에게 말하기를 너희 아우가 너희와 함께하지 아니하면 너희가 내 얼굴을 보지 못하리라 하였음이니이다 (6) 이스라엘이 가로되 너희가 어찌하여 너희에게 오히려 아우가 있다고 그 사람에게 고하여 나를 해롭게 하였느냐 (7) 그들이 가로되 그 사람이 우리와 우리의 친족에 대하여 자세히 힐문하여 이르기를 너희 아버지가 그저 살았느냐 너희에게 아우가 있느냐 하기로 그 말을 조조이 그에게 대답한 것이라 그가 너희 아우를 데리고 내려오라 할줄을 우리가 어찌 알았으리이까 (8) 유다가 아비 이스라엘에게 이르되 저 아이를 나와 함께 보내시면 우리가 곧 가리니 그러면 우리와 아버지와 우리 어린 것들이 다 살고 죽지 아니하리이다 (9) 내가 그의 몸을 담보하오리니 아버지께서 내 손에 그를 물으소서 내가 만일 그를 아버지께 데려다가 아버지 앞에 두지 아니하면 내가 영원히 죄를 지리이다 (10) 우리가 지체하지 아니하였더면 벌써 두번 갔다 왔으리이다 (11) 그들의 아비 이스라엘이 그들에게 이르되 그러할진대 이렇게 하라 너희는 이 땅의 아름다운 소산을 그릇에 담아가지고 내려가서 그 사람에게 예물을 삼을지니 곧 유향 조금과 꿀 조금과 향품과 몰약과 비자와 파단행이니라 (12) 너희 손에 돈을 배나 가지고 너희 자루 아구에 도로 넣어 온 그 돈을 다시 가지고 가라 혹 차착이 있었을까 두렵도다 (13) 네 아우도 데리고 떠나 다시 그 사람에게로 가라 (14) 전능하신 하나님께서 그 사람 앞에서 너희에게 은혜를 베푸사 그 사람으로 너희 다른 형제와 베냐민을 돌려보내게 하시기를 원하노라 내가 자식을 잃게 되면 잃으리로다 (15) 그 사람들이 그 예물을 취하고 갑절 돈을 자기들의 손에 가지고 베냐민을 데리고 애굽에 내려가서 요셉의 앞에 서니라"(창 43:1-15)

애굽에서 돌아온 아들들의 보고를 듣고 야곱은 두려움과 절망뿐이었습니다. 아들들의 보고에 의하면 애굽의 총리는 매우 엄하고 악한 사람처럼 보이고 야곱의 아들들을 스파이로 몰아 부친 무서운 사람이었습니다. 거기에다가 애굽 총리는 아들들 중에 시므온을 현재 인질로 잡고 있으며 야곱의 막내 아들 베냐민을 애굽으로 데려와서 아들들이 스파이가 아니라는 것을 증명해 보이라고 으르렁대고 있습니다. 그렇다고 막내 아들 베냐민을 보내자니 그 무섭고 악한 애굽 총리를 믿을 수가 없었습니다. 거기에다가 아들들이 가져온 쌀자루마다 돈뭉치가 다 그대로 있는 것을 보니 아무래도 애굽 총리의 무서운 함정에 걸려든 것만 같았습니다. 아들들의 보고를 듣고 나서 쌀자루에 돈뭉치를 보는 순간 야곱의 간담이 써늘하였습니다. 이제 베냐민을 보낸다면 나머지 아들들마저 모두를 잃어버릴 것만 같았습니다. 그렇다고 막내 아들 베냐민을 안 보내면 인질로 잡혀 있는 시므온을 구할 길이 없고 야곱은 그야말로 진퇴양난에 빠졌습니다. 그러므로 야곱은 대책도 없이 발악에 가까운 억지를 씁니다.

"(36) 그 아비 야곱이 그들에게 이르되 너희가 나로 나의 자식들을 잃게 하도다 요셉도 없어졌고 시므온도 없어졌거늘 베냐민을 또 빼앗아 가고자 하니 이는 다 나를 해롭게 함이로다. (38) 야곱이 가로되 내 아들은 너희와 함께 내려가지 못하리니 그의 형은 죽고 그만 남았음이라 만일 너희 행하는 길에서 재난이 그 몸에 미치면 너희가 나의 흰 머리로 슬피 음부로 내려가게 함이 되리라"

우리 삶에도 이런 위기가 예고 없이 찾아옵니다. 이러지도 저러지도 못할 암담한 상황에 직면하게 됩니다. 여기서 야곱의 문제는 무엇입니까? 지금 이 절박한 상황에서 야곱에게 안타까운 점은 그에게 하나님이 전혀 없는 것처럼 행동하는 것입니다. 지금까지 많은 위기에서 그토록 야곱을 신실하게 인도하시고 지켜주신 하나님을 까맣게 잊어버리고 하나님을 전혀 믿지 않는 사람처럼 행동하고 있는 것입니다. 지금의 상황은 야곱을 망하게 하는 상황이 아닙니다. 하나님은 오히려 야곱을 기근이라는 위기에서 구하시고 야곱과 그 가족에게 가장 좋은 길을 준비해 놓으시고 계십니다. 야곱이 그토록 사랑하는 요셉을 애굽의 통치자로 만들어 놓으시고 지금까지 야곱이 전혀 생각지도 못한 생애 최고의 복을 주시기 위함이었습니다.

창세기 43장 1~2절을 보십시오; "(1) 그 땅에 기근이 심하고 (2) 그들이 애굽에서 가져온 곡식을 다 먹으매 그 아비가 그들에게 이르되 다시 가서 우리를 위하여 양식을 조금 사라" 애굽에 인질로 잡혀 있는 아들 시므온과 애굽으로 보내야 할 베냐민을 생각하면 애굽에서 사온 곡식이 제대로 넘어가지 않았을 것입니다. 손자 손녀들까지 포함하면 목구멍만 70개인데 그들과 함께 있는 하인들과 가축까지 포함하면 하루에 소비되는 식량은 어마어마한 것이었습니다. 애굽에서 가져온 식량은 벌써 바닥이 났습니다. 10절에 '우리가 지체하지 아니하였더면 벌써 두 번 갔다 왔으리이다'라는 말을 보면 야곱과 아들들은 베냐민을 데리고 가는 문제를 놓고 오랫동안 논쟁을 거듭한 것 같습니다.

유다의 리더십

야곱은 견딜 수 있는 데까지 버텨 보았으나 날이 갈수록 어린아이들은 배고픔을 견디지 못해 울어댑니다. 삼 일 굶어 도둑질 안 하는 사람이 없다는 말도 있듯이 지금 모든 식구들이 죽을 지경입니다. 야곱은 자기 힘으로 끝까지 버티고 버티다가 더 이상 견딜 수 없는 상황이 되니까 할 수 없이 다시 가서 양식을 사오라고 개미만 한 목소리로 말합니다. 믿음이 부족한 야곱의 목소리는 다 죽어가는 비참한 목소리였습니다. 그것도 베냐민은 안 보내고 그냥 양식만 사오라는 의도가 뻔하였습니다. 완고한 아버지의 의도를 알아차린 유다가 나서서 말합니다: "(3) 유다가 아비에게 말하여 가로되 그 사람이 엄히 우리에게 경계하여 가로되 너희 아우가 너희와 함께하지 아니하면 너희가 내 얼굴을 보지 못하리라 하였으니 (4) 아버지께서 우리 아우를 우리와 함께 보내시면 우리가 내려가서 아버지를 위하여 양식을 사려니와 (5) 아버지께서 만일 그를 보내지 않으시면 우리는 내려가지 아니하리니 그 사람이 우리에게 말하기를 너희 아우가 너희와 함께하지 아니하면 너희가 내 얼굴을 보지 못하리라 하였음이니이다" 야곱이 되받아칩니다: "(6) 이스라엘이 가로되 너희가 어찌하여 너희에게 오히려 아우가 있다고 그 사람에게 고하여 나를 해롭게 하였느냐" 이번에는 형제들이 다같이 합창을 하듯 대꾸합니다: "(7) 그들이 가로되 그 사람이 우리와 우리의 친족에 대하여 자세히 힐문하여 이르기를 너희 아버지가 그저 살았느냐 너희에게 아우가 있느냐 하기로 그 말을 조조이 그에게 대답한 것이라 그가 너희 아우를 데리고 내려오라 할 줄을 우리가 어찌 알았으리이까" 완고하고 답답한 노인 아버지와의 언쟁에 지친 표정입니다. '우리가 지체하지 아니하였더면 벌써 두 번 갔다 왔으리이다'라는 말을 보면 아버지와의 논쟁으로 시간이 오래 지체되었음을 알 수 있습니다. 날마다 계속되는 이 긴 논쟁에서 유다의 리더십이 단연 돋보입니다. 애굽에서 아들들이 막 돌아왔을 때는 장남 르우벤이 리더쉽을 발휘했었습니다. 42장 37절을 보십시오; "르우벤이 아비에게 고하여 가로되 내가 그를 아버지께로 데리고 오지 아니하거든 나의 두 아들을 죽이소서 그를 내 손에 맡기소서 내가 그를 아버지께로 데리고 돌아오리이다"라고 아버지에게 당당하게 말했었습니다. 그러나 이제 양식이 다 떨어지면서 양식을 사러 다시 애굽에 돌아가야 한다고 형제들이 아버지와 논쟁할 때 르우벤은 전혀 앞에 나서지 않습니다. 아마도 그 무서운 애굽 총리를 생각해 보니 겁이 난 것이 분명합니다. 아버지한테

섣불리 자기 두 아들을 죽이라고 말했던 것이 두려웠을 것입니다. 아니 자루 속에 있던 돈뭉치들을 생각해 보면 이번에 애굽에 다시 간다면 장자인 자기가 인질로 잡힐 것만 같았습니다. 르우벤의 성격을 보면 짐작이 갑니다. 그는 형제들이 요셉을 죽여 구덩이에 던지자고 할 때에도 그 생명은 상하지 말고 구덩이에만 던지자고 제안했었습니다. 그렇게 한 이유는 나중에 그가 요셉을 구덩이에서 구원하여 아버지에게로 돌리려는 계획이었다고 37장 22절에 기록되어 있습니다. 그러나 르우벤은 책임감이 약한 사람이었습니다. 착한 마음이 동할 때 순간적으로 한마디 던져 놓고는 실행에는 옮기지 못하는 그런 사람이었습니다. 정말 요셉을 구하기로 하였다면 그런 위기에서 끝까지 요셉 근처에 있으면서 형제들이 자리를 비울 때 요셉을 구해내야 하는데 르우벤은 즉흥적인 착한 마음으로 한 마디 말해놓고는 그 다음에는 행동으로 이어지지 않았습니다. 오히려 르우벤은 그 자리를 떠나 딴 곳으로 가 있는 동안에 형제들은 요셉을 애굽으로 가는 상인들에게 팔아 넘겼습니다. 42장 21~22절을 보십시오; **"(21) 그들이 서로 말하되 우리가 아우의 일로 인하여 범죄하였도다 그가 우리에게 애걸할 때에 그 마음의 괴로움을 보고도 듣지 아니 하였으므로 이 괴로움이 우리에게 임하도다 (22)르우벤이 그들에게 대답하여 가로되 내가 너희더러 그 아이에게 득죄하지 말라고 하지 아니하였느냐 그래도 너희가 듣지 아니하였느니라 그러므로 그의 피 값을 내게 되었도다 하니"**

애굽 총리 앞에서 형제들이 자기들의 죄를 깨닫고 서로 죄를 고백할 때 르우벤은 자기의 책임감을 통감하지 못하고 **'그 봐라 내가 뭐라고 그랬느냐 그때 내가 너희에게 그렇게 하지 말라고 하지 않았느냐?'**라며 책임을 형제들에게 전가하였습니다. 이와 같이 르우벤은 순간적이고 즉흥적이며 책임감이 없는 얄팍한 감정과 동정에 움직이는 사람이었습니다. 이런 사람은 리더로 적합하지 않습니다. 르우벤이 자기 두 아들을 죽이라고 한 것도 너무 경솔하고 즉흥적인 발상에서 나온 말입니다. 자기 생명을 담보로 한다면 몰라도 자기의 어린 아들들을 담보로 하면 야곱의 마음이 편할 수 있을까요! 르우벤은 책임지지 못할 무서운 말을 해놓고 이제는 두려워서 앞에 나서지 못하고 있는 것입니다. 양식은 다 떨어져 가고 양식을 사러 애굽에 다시 가서 시므온도 데려와야 하는데 애굽의 무서운 총리를 생각하면 아무도 다시 가자고 강하게 주장하는 사람이 없었습니다. 애굽으로 가려면 베냐민을 데리고 가야 하는데 완고한 아버지의 고집을 꺾을 수가 없으니 그냥 애굽으로 간다면 자기들이 다 스파이로 몰려 애굽의 노예로 잡힐 판이니 누가 감히 나서겠습니까? 그래서 자기 두 아들을 죽여도 좋다고 주장하던 장남 르우벤이 이제는 입을 꼭 다물고 있는 것입니다. 이렇게 모두다 서로 눈치만 보고 있을 때 유다가 나선 것입니다: **"(8) 유다가 아비 이스라엘에게 이르되 저 아이를 나와 함께 보내시면 우리가 곧 가리니 그러면 우리와 아버지와 우리 어린 것들이 다 살고 죽지 아니하리이다 (9) 내가 그의 몸을 담보하오리니 아버지께서 내 손에 그를 물으소서 내가 만일 그를 아버지께 데려다가 아버지 앞에 두지 아니하면 내가 영원히 죄를 지리이다"** 온 가족이 당장 굶어 죽을 위기에 처해있음을 알면서도 완고한 아버지와 그 무서운 애굽의 총리 사이에서 아무도 감히 나서는 자가 없을 때 유다는 상황이 시급함을 역설하면서 시급하게 행동하지 않으면 아버지를 비롯한 온 가족이 죽음에 직면하게 된다는 점을 지적하고 용감하게 자기의 몸을 담보로 내놓음으로써 위기에서 리더십을 발휘하였습니다. 유다의 단호한 리더십에 감동한 야곱은 드디어 자신의 고집을 포기하고 베냐민을 내주면서 그 지역의 특산품까지 챙겨주었습니다. 유다가 자기의 목숨을 걸고 그 무서운 애굽의 총리에게 다시 가겠다는 단호한 결단 앞에서 용기를 얻은 야곱은 '내가 자식을 잃게 되면 잃으리라' 하면서 할 수 없이 베냐민을 내줍니다: **"(13) 네 아우도 데리고 떠나 다시 그 사람에게로 가라 (14) 전능하신 하나님께서 그 사람 앞에서 너희에게 은혜를 베푸사 그 사람으로 너희 다른 형제와 베냐민을 돌려보내게 하시기를 원하노라 내가 자식을 잃게 되면 잃으리로다"**(창 43:14) 야곱이 믿음이 있어서 한 말입니까? 결코 아닙니다. 왜 야곱은 진작에 이런 믿음의 말을 할 수 없는 사람이었을까요! 그러면 그동안 그렇게 많은 공포와 염려에 시달리지 않았어도 되었을 텐데···. 참 안타깝습니다. 믿음이 없는 야곱은 이와 같이 인간적으로 견딜 수 있는 데까지 견뎌보고 발버둥칠 수 있을 때까지 쳐보다가 도저히 다른 방도가 없을 때 자포자기하듯이 내뱉는 말입니다. 두려움과 걱정에 가득 차 있으면서도 **'전능하신 하나님'**이라는 단어는 습관적으로 사용합니다. 그런 성경의 용어를 사용하면서도 실제로는 하나님이 자기를 구원하신다고 믿지 않습니다. 많은 사람들이 성경의 용어들은 사용하면서도 실제로는 믿지 않고 있습니다. 무슨 '전능하신 하나님' '신실하신 하나님'이라는 단어를 사용하면서도 자기 삶에 실제로 적용하지 않습니다. 믿음이 없는 사울 왕도 그랬습니다. 거인 골리앗이 이스라엘을 조롱하고 위협할 때 자기는 무서워서 싸우러 나가지 못하고 벌벌 떨고 있으면서 어린 다윗이 골리앗을 대항하여 싸우러 가겠다고 할 때에는 **'여호와 하나님이 너와 함께 하시기를 원하노라'** 하면서 보냅니다. 왜 자기는 그 전능하신 하나님이 자기와 동행해 주시는 것은 믿지 못했을까요? 오늘날도 많은 사람들이 성경의 용어는 사용하면서도 자기들이 사용하는 그 말씀들을 실제로 믿지 않고 살기 때문에 사울처럼 실패하고 다윗처럼 승리하지 못하는 것입니다.

진퇴양난에 빠진 야곱의 가족을 위기에서 구원한 유다의 리더십이 단연 돋보입니다. 사실 유다는 자기의 며느리를 범한 부끄러운 죄인이었습니다. 그럼에도 불구하고 야곱이 후 일에 그가 임종하기 직전에 자기 아들들을 하나하나 축복할 때에 유다를 리더가 되도록 축복한 것은 유다의 리더십이 자기의 온 가족을 구원하였다는 사실을 나중에 깊이 알게 되었기 때문이었을 것입니다: **"(8) 유다야 너는 네 형제의 찬송이 될지라 네 손이 네 원수의 목을 잡을 것이요 네 아비의 아들들이 네 앞에 절하리로다 (9) 유다는 사자 새끼로다 내 아들아 너는 움킨 것을 찢고 올라 갔도다 그의 엎드리고 웅크림이 수사자 같고 암사자 같으니 누가 그를 범할 수 있으랴 (10) 홀이 유다를 떠나지 아니하며 치리자의 지팡이가 그 발 사이에서 떠나지 아니하시기를 실로가 오시기까지 미치리니 그에게 모든 백성이 복종하리로다"** 야곱은 '유다가 형제들의 찬송이 될지라'고 하였고 홀이 즉 왕적 리더십이 유다를 떠나지 아니하고 치리자 즉 통치자의 지팡이가 그 발 사이를 떠나지 아니할 것이라고 축복하였습니다. 그 축복이 그대로 이루어져서 이스라엘 백성은 오늘날까지 유다인 즉 유태인으로 불리우고 있으며 하나님은 인류의 구세주 예수님도 유다 지파에서 탄생하게 하셨습니다. 오늘 우리 시대는 그 어느 시대보다도 더 가정적으로나 교회적으로나 국가적으로 믿음 있는 리더를 필요로 하는 시대가 되었습니다. 유다처럼, 다윗처럼, 모세처럼, 여호수아처럼 역경 가운데서 담대한 믿음을 가지고 확실한 방향과 목표를 제시할 수 있는 비전을 가진 리더가 필요한 시대입니다. 야곱같이 인간적이고 부정적이고 믿음이 약해서 계속 붙들고 잡아당겨 못하게 하고 하나님의 역사를 방해하고 지체시키는 인물이 되지 말아야 합니다. 비록 과거에 문제가 있었어도 회개하고 유다처럼 믿음으로 사는 사람들을 하나님은 귀하게 사용하십니다.

요셉의 연민

"(15) 그 사람들이 그 예물을 취하고 갑절 돈을 자기들의 손에 가지고 베냐민을 데리고 애굽에 내려가서 요셉의 앞에 서니라 (16) 요셉이 베냐민이 그들과 함께 있음을 보고 그 청지기에게 이르되 이 사람들을 집으로 인도해 들이고 짐승을 잡고 준비하라 이 사람들이 오정에 나와 함께 먹을 것이니라 (17) 그 사람이 요셉의 명대로 하여 그 사람들을 요셉의 집으로 인도하니 (18) 그 사람들이 요셉의 집으로 인도되매 두려워하여 이르되 전일 우리 자루에 넣어 있던 돈의 일로 우리가 끌려드도다 이는 우리를 억류하고 달려들어 우리를 잡아 노예를 삼고 우리의 나귀를 빼앗으려 함이로다 하고 (19) 그들이 요셉의 청지기에게 가까이 나아가 그 집 문앞에서 그에게 고하여 (20) 가로되 내 주여 우리가 전일에 내려와서 양식을 사가지고 (21) 객점에 이르러 자루를 풀어본즉 각인의 돈이 본수대로 자루 아구에 있기로 우리가 도로 가져왔고 (22) 양식 살 다른 돈도 우리가 가지고 내려왔나이다 우리의 돈을 우리 자루에 넣은 자는 누구인지 우리가 알지 못하나이다 (23) 그가 이르되 너희는 안심하라 두려워 말라 너희 하나님 너희 아버지의 하나님이 재물을 너희 자루에 넣어 너희에게 주신 것이니라 너희 돈은 내가 이미 받았느니라 하고 시므온을 그들에게로 이끌어 내고 (24) 그들을 요셉의 집으로 인도하고 물을 주어 발을 씻게 하며 그 나귀에게 먹이를 주더라 (25) 그들이 여기서 먹겠다 함을 들으므로 예물을 정돈하고 요셉이 오정에 오기를 기다리더니 (26) 요셉이 집으로 오매 그들이 그 집으로 들어가서 그 예물을 그에게 드리고 땅에 엎드리어 절하니 (27) 요셉이 그들의 안부를 물으며 가로되 너희 아버지 너희가 말하던 그 노인이 안녕하시냐 지금까지 생존하셨느냐 (28) 그들이 대답하되 주의 종 우리 아비가 평안하고 지금까지 생존하였나이다 하고 머리 숙여 절하더라 (29) 요셉이 눈을 들어 자기 어머니의 아들 자기 동생 베냐민을 보고 가로되 너희가 내게 말하던 너희 작은 동생이 이냐 그가 또 가로되 소자여 하나님이 네게 은혜 베푸시기를 원하노라 (30) 요셉이 아우를 인하여 마음이 타는듯 하므로 급히 울곳을 찾아 안방으로 들어가서 울고 (31) 얼굴을 씻고 나와서 그 정을 억제하고 음식을 차리라 하매 (32) 그들이 요셉에게 따로 하고 그 형제들에게 따로 하고 배식하는 애굽 사람에게도 따로 하니 애굽 사람은 히브리 사람과 같이 먹으면 부정을 입음이었더라 (33) 그들이 요셉의 앞에 앉되 그 장유의 차서대로 앉히운 바 되니 그들이 서로 이상히 여겼더라 (34) 요셉이 자기 식물로 그들에게 주되 베냐민에게

는 다른 사람보다 오배나 주매 그들이 마시며 요셉과 함께 즐거워하였더라"(창 43:15-34)

형제들이 드디어 베냐민을 데리고 애굽으로 가서 다시 요셉 앞에 섰습니다. 그 완고한 아버지 야곱을 가까스로 설득하여 다시 애굽의 총리 앞에 온 것입니다. 지난번 곡식 자루 속에서 발견된 돈뭉치들 때문에 이번에는 갑절의 돈을 가져왔고 그것도 모자라 고향의 특산물을 예물로 가져왔지만 그들의 마음은 공포에 질린 채 아무 말도 하지 못한 채 애굽 총리의 분부만 기다리고 있습니다. 본문 16절을 보면 요셉은 자기의 친 동생 베냐민이 형제들과 함께 있는 것을 보았습니다. 얼마나 오랜만이었습니까? '이게 꿈인가 생시인가? 내 동생 베냐민을 다시 보게 되다니…! 애굽에 노예로 팔려 억울하게 종살이까지 하다가 나중에는 감옥에까지 내려가 가족들과는 영원히 다시 만나지 못할 줄 알았는데….'

베냐민을 보는 순간에 요셉은 베냐민의 얼굴에 포개지는 아버지 야곱의 수많은 얼굴들과 그 돌아가신 어머니 라헬의 그리운 모습들이 수없이 교차하는 것을 보았습니다. 그리고 넋을 잃고 뚫어져라 보고 있는 베냐민의 얼굴 속에서 형들과 함께 뛰놀며 다투며 자랐던 그 어린 시절들이 주마등처럼 그의 뇌리에 스쳐갑니다. 요셉의 가슴은 순간 뜨거워지고 코가 찡해옵니다. 그의 눈에는 축축한 습기가 어리는 순간이었습니다. 형제들과 요셉이 마주 보고 있는 그 순간 시간도 잠시 멈추었습니다. 모든 것이 침묵 속에 고요하였습니다. 형제들은 두려움 때문에 침묵할 수밖에 없었고 요셉은 타는 듯한 마음을 억제하기 위하여 침묵할 수밖에 없었습니다. 마음 같아서는 당장 사랑하는 베냐민과 형제들을 와락 끌어안고 마음껏 울고 싶었습니다. 그러나 끝내 요셉은 그들에게 단 한마디 말도 하지 못했습니다. 예수님의 초상화인 요셉은 형제들이 진정 죄를 깨닫고 회개할 때까지는 그들을 용서할 수 없기 때문이었습니다.

여기서 우리는 요셉의 성품을 엿볼 수 있습니다. 요셉은 참으로 따뜻한 사람입니다. 남을 미워하고 정죄하며 마음속에 복수심을 품고 살아가는 그런 악하고 옹졸한 사람이 아닙니다. 그는 선악 간에 어떤 일에든지 자기 혈기를 못 이겨 앞장서서 사람들을 선동하는 타입의 사람도 아닙니다. 그는 달면 삼키고 쓰면 내뱉는 경박하고도 얄팍한 사람이 아닙니다. 그는 자기에게 잘해줄 때는 쉽게 간을 빼어 줄 듯이 친절하고 상냥하다가도 또 자기에게 조금이라도 섭섭하게 대하면 갑자기 돌변하여 원수가 되고 저주를 퍼붓는 그런 경박하고 천한 저질의 사람이 아닙니다. 요셉은 참으로 생각이 깊은 사람입니다. 그는 행동하기 전에 많이 생각하고 많이 기도하는 사람임에 틀림없습니다. 그는 참으로 조용한 성품의 사람입니다. 그는 사람들을 깊이 이해할 줄 아는 사람이기에 그 깊은 생각에서 우러나오는 그의 사랑도 수선스럽거나 경박하거나 요란하지 않습니다. 형제들에 대한 그의 사랑은 그의 마음 깊은 곳에서 모든 미움과 원망과 억울함과 아픔을 오래 동안 삭이고 걸러낸 후에 아주 곱게 정제된 순수하고 보배로운 연민입니다. 이제 요셉은 그의 깊은 마음 속에서 가까스로 자기 감정을 억누르고 돌아서서 그의 하인에게 이 사람들을 자기의 집으로 인도해 들이고 짐승을 잡고 식사를 준비하라고 명령합니다. 17절에 보시면 형제들은 하인의 인도를 받아 요셉의 집으로 들어갔습니다. 18~19절을 보십시오; **"(18) 그 사람들이 요셉의 집으로 인도되매 두려워하여 이르되 전일 우리 자루에 넣어 있던 돈의 일로 우리가 끌려드도다 이는 우리를 억류하고 달려들어 우리를 잡아 노예를 삼고 우리의 나귀를 빼앗으려 함이로다 하고"** 죄를 지은 사람들 속에는 항상 두려움이 있게 마련입니다. 요셉은 형제들을 그 기근의 땅에서 구원하여 이곳 애굽으로 모셔 와서 함께 살기 위하여 이제 형제들을 자기 집으로 초대하여 좋은 음식으로 대접하려는 것입니다. 그러나 동생 요셉을 애굽에 노예로 팔아버렸던 죄책감 때문에 공포에 질린 이 형제들의 마음속에는 평안이 없었습니다. 자루 속에서 발견된 그 돈뭉치들도 사실은 요셉이 형들을 사랑하기 때문에 돌려보낸 것이었습니다. 그러나 죄를 지은 형제들에게는 그 돈뭉치들이 자기들을 애굽의 노예로 잡기 위한 함정이라고 생각하고 두려워할 수밖에 없었습니다. **"우리를 총리의 집으로 끌고 들어가는 것을 보니 우리는 이제 꼼짝없이 잡혔다. 이는 우리를 억류하고 달려들어 우리를 잡아 노예를 삼고 우리의 나귀를 빼앗으려 함이로다"** **"동생을 애굽에 노예로 판 죄값으로 마침내 우리가 애굽에 노예로 잡히는구나"** 무슨 말입니까? 이 애굽 사람은 우리가 누구인지 어떤 죄를 지었는지 알지 못하고 행하지만 하나님은 우리의 죄를 너무도 잘 아시고 이제 우리에게 형벌하여 우리를 노예로 잡히게 하시는구나. 그 말입니다. 그들은 살아계신 하나님을 인식하고 두려워 떨고 있는 것입니다. 진작에 하나님을 두려워하는 사람들이었다면 동생에게 그런 죄를 짓지 않았을 것입니다; **"(19) 그들이 요셉의 청지기에게 가까이 나아가 그 집 문 앞에서 그에게 고하여 (20) 가로되 내 주여 우리가 전일에 내려와서 양식을 사 가지고 (21) 객점에 이르러 자루를 풀어본즉 각인의 돈이 본 수대로 자루 아구에 있기로 우리가 도로 가져왔고 (22) 양식 살 다른 돈도 우리가 가지고 내려왔나이다 우리의 돈을 우리 자루에 넣은 자는 누구인지 우리가 알지 못하나이다"** '이 돈은 우리가 훔쳐간 돈이 아닙니다. 우리의 돈을 우리 자루에 넣은 자가 누구인지 우리는 알지 못합니다. 그래서 그 돈을 다시 가져왔고 이번에 곡식 살 돈은 여기 따로 가져왔습니다. 우리는 도둑이 아닙니다. 우리의 돈을 우리 자루에 넣은 자가 누구인지 우리는 정말 모릅니다. 한 번만 봐주십시오.' 그 말입니다.

요셉이 자기들을 얼마나 사랑하는지도 모르고 자기들의 죄로 인하여 공포 가운데 질려 있는 이 형제들은 얼마나 불쌍하고 비참한 인생들입니까? 죄는 이렇게 무서운 것이며 인간을 이토록 비참하게 만드는 것입니다. 그래도 이 사람들은 죄책감을 느끼고 하나님 앞에서 두려워하는 마음이 있으니 그나마 불행 중 다행입니다. 오늘 우리 시대의 교회는 죄를 짓고도 양심이 화인 맞아 하나님 두려운 줄을 모르고 뻔뻔스럽게 살아갈 때가 얼마나 많습니까? 우리가 지난번에 42장 21~22절에서 본 대로 이 형제들은 이미 지난번에 애굽에 왔을 때 자기들 앞에 있는 애굽 총리가 요셉인 줄도 모르고 그 총리 앞에서 자기들의 죄를 서로 통회자복한 바 있습니다. 이렇게 자기들의 죄를 깨닫고 하나님을 두려워하는 이 형제들을 하나님은 긍휼히 여겨주십니다. 창세기 43장 23절 보십시오; **"(23) 그가 이르되 너희는 안심하라 두려워 말라 너희 하나님 너희 아버지의 하나님이 재물을 너희 자루에 넣어 너희에게 주신 것이니라 너희 돈은 내가 이미 받았느니라 하고 시므온을 그들에게로 이끌어 내고"** 요셉의 청지기인 애굽 사람의 입을 통해서 주님이 말씀해 주시는 것입니다. 죄를 깨닫고 하나님을 두려워하는 사람에게는 언제 어디서나 이와 같은 하나님의 위로와 긍휼의 말씀을 듣게 됩니다. 아직도 회개하지 않은 죄가 있다면 더 늦기 전에 하나님을 두려워하는 마음으로 통회하고 자복하십시오. 그리하면 긍휼에 풍성하신 하나님이 한없는 용서와 하늘의 평안을 주시며 공포와 형벌로부터 영원히 해방시켜 주실 것입니다. 창세기 43장

26~28절을 보십시오; "(26) 요셉이 집으로 오매 그들이 그 집으로 들어가서 그 예물을 그에게 드리고 땅에 엎드리어 절하니 (27)요셉이 그들의 안부를 물으며 가로되 너희 아버지 너희가 말하던 그 노인이 안녕하시냐 지금까지 생존하셨느냐 (28) 그들이 대답하되 주의 종 우리 아비가 평안하고 지금까지 생존하였나이다 하고 머리 숙여 절하더라"

야곱은 적어도 요셉에게만은 아주 좋은 아버지였습니다. 야곱이 모든 자녀들에게 그렇게 사랑하였다면 야곱은 모든 자녀들에게 잊을 수 없는 좋은 아버지가 될 수 있었을 것입니다. 그러나 야곱은 요셉만을 편애하였기 때문에 다른 자녀들에게는 평생 지울 수 없는 깊은 상처를 남겨주었습니다. 그러나 요셉에게 있어서 야곱은 영원히 잊을 수 없는 좋은 아버지였습니다. 자기에게 더할 나위 없는 사랑을 보여준 아버지를 요셉은 잊을 수가 없었습니다. 애굽의 그 고통스러운 노예생활과 감옥생활에서도 그리고 지금 애굽의 총리가 된 이 순간에도 그의 아버지에 대한 요셉의 마음은 각별한 것이었습니다. 요셉은 아들로서 아버지가 아직도 살아계시며 건강하신지의 여부를 물으면서 시종 그의 눈을 뗄 수 없는 것은 바로 그의 친동생 베냐민이었습니다. 아버지 야곱이 아직도 살아계시고 건강하시다며 자기에게 엎드려 절하는 형들의 말을 귓전으로 들으면서 요셉의 눈은 베냐민의 얼굴 속에 포개지는 아버지의 생생한 얼굴을 보게 됩니다. 그의 마음은 감사와 기쁨과 당장에 만나 보고싶은 소망에 불타는 듯하였습니다. 속에서 타오르는 자기 감정을 더 이상 절제할 수 없어 요셉은 급히 방을 나가 안방으로 들어가 마음껏 울었습니다; "(31) 얼굴을 씻고 나와서 그 정을 억제하고 음식을 차리라 하매 (32) 그들이 요셉에게 따로 하고 그 형제들에게 따로 하고 배식하는 애굽 사람에게도 따로 하니 애굽 사람은 히브리 사람과 같이 먹으면 부정을 입음이었더라 (33) 그들이 요셉의 앞에 앉되 그 장유의 차서 대로 앉히운 바 되니 그들이 서로 이상히 여겼더라 (34) 요셉이 자기 식물로 그들에게 주되 베냐민에게는 다른 사람보다 오배나 주매 그들이 마시며 요셉과 함께 즐거워하였더라" 한참을 울다 보니 이게 꿈인지 생시인지…. 도무지 믿어지지가 않았습니다. 요셉은 얼굴을 씻고 다시 그 감정을 억제하고 형제들이 있는 방으로 돌아가 보았습니다. 베냐민과 그 형제들은 꿈이 아닌 현실 속에서 아직도 분명히 거기에 그대로 있었습니다. 요셉은 음식을 차리게 하고 그 장유의 차서대로 형제들을 앉히고 궁중의 최고급 요리를 그들에게 풍성히 베풀었습니다. 형제들을 나이순서 대로 앉혔지만 둔한 형제들은 아직도 애굽의 총리가 자기들의 동생 요셉인 줄을 알 리가 없었습니다.

요셉이 아버지의 사랑을 독차지하는 바람에 형제들은 많은 상처를 받았습니다. 또한 요셉은 형제들로부터 받은 미움과 버림 때문에 그 인생에서 지울 수 없는 큰 상처를 받았습니다. 그들은 모두 서로서로 상처를 주고받은 피해자들이며 또한 가해자들입니다. 알고 보면 우리 인생은 알게 모르게 이런 모양으로 혹은 저런 모양으로 다 각기 서로서로 상처를 주고받은 피해자들이며 가해자들입니다. 요셉의 형들은 뒤늦게나마 자기들의 죄를 깨닫고 뉘우쳤으며 하나님 앞에서 두려워하였습니다. 요셉은 형제들 때문에 당한 그 많은 고난과 역경 가운데서도 형들을 미워하거나 원망하거나 복수의 칼을 갈지 않고 하나님이 주신 그 꿈이 성취될 그 날까지 믿음으로 맡기고 매일매일 자기에게 맡겨진 일에 최선을 다하는 삶을 살았습니다.

요셉이 어려서 꾼 꿈 그대로 마침내 형들은 요셉에게 엎드려 절할 수밖에 없었습니다. 자기를 괴롭히는 사람들에게 일일이 대항하지 않고 그들을 다 하나님의 능하신 손에 맡긴 요셉은 결국 최후의 승리자가 되었습니다. 그리고 요셉은 참 승리자답게 그를 괴롭혔던 모든 사람들을 너그럽게 용서할 준비가 되어 있었습니다. 형들이 진실로 죄를 깨닫고 회개할 때까지 기다리고 있는 것뿐입니다. 우리가 죄인임을 깨닫고 죄를 회개하기만 하면 우리의 악한 죄까지 다 용서하시는 예수님처럼 말입니다. 물론 진정으로 용서하기 위해서는 많은 아픔이 필요합니다. 주님은 우리를 용서하시기 위하여 십자가를 지시는 아픔을 통과해야 하셨습니다. 요셉은 형제들을 용서하기 위해서 그 마음속에 깊이 뿌리 박힌 아픔을 억누르고 있는 것입니다.

마지막 테스트

"(1) 요셉이 그 청지기에게 명하여 가로되 양식을 각인의 자루에 실을 수 있을 만큼 채우고 각인의 돈을 그 자루에 넣고 (2) 또 내 잔 곧 은잔을 그 소년의 자루 아구에 넣고 그 양식값 돈도 함께 넣으라 하매 그가 요셉의 명령대로 하고 (3) 개동시에 사람들과 그 나귀를 보내니라 (4) 그들이 성에서 나가 멀리 가기 전에 요셉이 청지기에게 이르되 일어나 그 사람들의 뒤를 따라 미칠 때에 그들에게 이르기를 너희가 어찌하여 악으로 선을 갚느냐 (5) 이것은 내 주인이 가지고 마시며 늘 점치는 데 쓰는 것이 아니냐 너희가 이같이 하니 악하도다 하라 (6) 청지기가 그들에게 따라 미쳐 그대로 말하니 (7) 그들이 그에게 대답하되 우리 주여 어찌 이렇게 말씀하시나이까 이런 일은 종들이 결단코 아니하나이다 (8) 우리 자루에 있던 돈도 우리가 가나안 땅에서부터 당신에게로 가져왔거늘 우리가 어찌 당신 주인의 집에서 은, 금을 도적질하리이까 (9) 종들 중 뉘게서 발견되든지 그는 죽을 것이요 우리는 우리 주의 종이 되리이다 (10) 그가 가로되 그러면 너희 말과 같이 하리라 그것이 뉘게서든지 발견되면 그는 우리 종이 될 것이요 너희에게는 책망이 없으리라 (11) 그들이 각각 급히 자루를 땅에 내려놓고 각기 푸니 (12) 그가 나이 많은 자에게서부터 시작하여 나이 적은 자에게까지 수탐하매 잔이 베냐민의 자루에서 발견된지라 (13) 그들이 옷을 찢고 각기 짐을 나귀에 싣고 성으로 돌아오니라 (14) 유다와 그 형제들이 요셉의 집에 이르니 요셉이 오히려 그곳에 있는지라 그 앞 땅에 엎드리니 (15) 요셉이 그들에게 이르되 너희가 어찌하여 이런 일을 행하였느냐 나 같은 사람이 점잘 칠 줄을 너희가 알지 못하느냐 (16) 유다가 가로되 우리가 내 주께 무슨 말을 하오리이까 무슨 설명을 하오리이까 어떻게 우리의 정직을 나타내리이까 하나님이 종들의 죄악을 적발하셨으니 우리와 이 잔이 발견된 자가 다 내 주의 종이 되겠나이다 (17) 요셉이 가로되 내가 결코 그리하지 아니하리라 잔이 그 손에서 발견된 자만 나의 종이 되고 너희는 평안히 너희 아버지께로 도로 올라갈 것이니라"(창 44:1-17)

하나님은 형제들의 죄를 깨닫게 하시려고 예수님을 닮은 요셉을 통하여 형제들을 마지막으로 테스트하고 있습니다. 1절을 보면 요셉은 청지기에게 명하여 양식을 형제들의 자루에 실을 수 있을 만큼 가득히 채우게 하고 가져온 돈도 모두 자루에 넣어주게 하였습니다. 요셉은 형제들을 지극히 사랑하기 때문에 모든 것을 주되 값없이 풍성하게 채워 주었습니다. 요셉의 계획은 이제 그 형제들과 그들의 모든 가족들을 애굽에 데려와 자기와 함께 살게 하려는 것입니다. 그러나 그렇게 하기 위하여 한 가지 꼭 선행해야 할 일이 있었습니다. 그것은 자기와 형제들 사이에 있는 문제를 해결해야 하는 것이었습니다. 그것은 형제들의 진실된 회개와 요셉의 용서입니다. 우리가 하나님과 함께 천국에서 영원히 살려면 우리 죄인들의 진실된 회개와 하나님의 용서가 필요한 것처럼 말입니다. 만약 형제들이 아직도 요셉을 시기하고 미워하고 죽이고 싶은 그런 마음을 가지고 있다면 그들과 함께 사는 것은 불가능한 것이기 때문입니다. 우리 죄인은 본래 하나님을 믿지 않으려 하고 하나님을 무시하고 미워하면서 자기 맘대로 살려고 하는 뿌리 깊은 죄성이 있습니다. 우리 죄인이 하나님에 대한 이런 불신과 미움을 회개하지 않으면 하나님이 우리와 함께 천국에서 사는 것은 결코 불가능한 것입니다. 그래서 하나님은 우리들의 죄값을 지불하기 위하여 우리 대신 친히 십자가를 지심으로 우리의 죄를 용서하실 만반의 준비를 해놓고 계십니다. 이제 우리가 할 일은 우리가 죄인임을 깨닫고 하나님 앞에 돌아가 진실하게 회개하면 되는 것입니다.

마찬가지로 요셉도 형제들의 죄 때문에 요셉 자신이 그동안 많은 고난을 겪었습니다. 그러나 형제들을 보는 순간 요셉은 형제들이 죄를 깨닫고 진실하게 회개할 그날을 기다리면서 이미 마음속으로는 형제들을 용서할 준비를 해놓은 상태입니다. 그래서 그는 매번 형제들을 볼 때마다 양식을 공급하되 풍성하게 무료로 공급할 수 있었고 그들을 모두 애굽으로 데려오기 위하여 지금까지 안타까운 마음으로 기다리고 있었습니다. 그러나 요셉이 형들을 용서할 준비는 다 되어 있지만 그것으로 요셉과 형제들이 함께 살 수 있도록 모든 것이 해결된 것은 아니었습니다. 요셉의 편에서는 용서를 해줄 준비가 되었지만 용서를 받는 형제들에게는 자기들의 죄를 깨닫고 뉘우치는 회개가 있어야만 했습니다. 마치 하나님께서 친히 십자가를 지심으로 우리의 죄값을 지불해 놓으셨지만 죄인인 우리가 죄를 회개하지 않으면 주님의 십자가 대속 죽음의 효력이 우리에게 발효되지 않는 것처럼 말입니다. 하나님은 독생자 예수를 보내어 십자가에서 우리의 죄값을 대신 담당하게 하셨지만 회개하지 않는 사람에게는 아무런 효력이 발효되지 않습니다. 우리는 정말 죄를 깨닫고 회개하고 예수님을 구주와 왕으로 영접하였습니까? 하나님은 스스로 인간으로 오셔서 십자가를 대신 져주실 만큼 우리 인간을 사랑하시는 하나님이십니다. 그러나 자기 죄를 회개하지 않고 예수님을 영접하지 않는 모든 세상사람들을 지옥불에 던지시는 무서운 하나님이십니다. 그것도 한 달도 아니고 일 년도 아니고 영원토록 지옥불에 던지시는 그런 무서운 하나님이십니다. 하나님의 사랑은 이렇게 절도 있고 규모 있고 철저한 사랑입니다. 우리가 죄를 철저하게 회개하고 그 죄에서 떠나지 않으면 절대로 용서하지 않으시는 깨끗한 사랑입니다. 조그마한 죄도 절대로 용납해 주시지 않는 그런 성결하고 고결하고 의롭고 엄격하고 준엄한 사랑입니다. 하나님의 사랑은 우리가 생각하는 대로 모든 죄를 그냥 다 받아주시고 덮어주시는 그런 난잡하고 조잡한 사랑이 아닙니다. 우리 인간의 죄를 용서하시기 위하여 하나님이 오셔서 죽으실 만큼 하나님은 우리 인간의 죄를 심각하게 다루셨습니다. 다시 말해서 하나님이 죽으셔야만 우리 인간의 죄가 용서된다는 것은 우리 인간의 죄가 대단히 심각한 수준이라는 것을 우리는 깨달아야 합니다. 그런데 오늘 우리 시대의 교회가 죄의 문제를 심각하게 다루지 않고 있는 것은 참으로 심각한 문제입니다. 그러므로 죄에 대한 철저한 회개 없이 시작한 모든 믿음이 다 거짓된 믿음이며 구원이 없는 믿음입니다. 그래서 죄에 대한 철저한 회개가 없는 오늘 우리 시대의 교회가 대부분 다 구원이 없는 가짜 교회로 전락한 것입니다. 그러므로 예수님께서 먼저 회개하고 복음을 믿으라고 명령하신 것입니다.

예수님의 초상화인 요셉은 형제들을 진심으로 용서할 준비를 하였으나 이제 형들이 요셉이 제공한 용서를 받으려면 자신들의 죄를 철저히 깨닫고 회개하는 일이 남았습니다. 그래서 요셉은 그것을 확인하기 위하여 형들을 테스트하지 않을 수 없었습니다. 그러므로 우리는 여기서 형제들을 그냥 적당히 받아주지 않고 저렇게 잔인할 정도로 형제들을 힘들게 하면서 집요하게 테스트하는 요셉을 깐깐하다고 생각해서는 안 됩니다. 여기 요셉은 예수님의 사랑이 얼마나 철저하고 정확하고 완전한 사랑인지를 우리에게 잘 보여주고 있는 것입니다. 만약 요셉이 오늘 우리와 같았다면 그가 처음으로 형제들을 보는 순간에 그냥 감정을 억제하지 못하고 처음부터 얼싸안고 형제들을 무조건 용서한다고 얄팍하게 행동했을 것입니다. 그러나 하나님이 성경에서 보여주신 사랑은 우리가 죄를 철저히 회개하고 회개의 합당한 열매를 맺은 사람들에게만 용서와 구원을 주시는 그런 완전하고 철저한 사랑입니다. 성경 어디를 찾아보아도 죄를 회개하지 않아도 그냥 다 용서하시고 구원해 주신다는 말씀이 없습니다. 죄의 철저한 회개 없이는 아무도 주님이 원하시는 참된 믿음을 가질 수 없고 참된 믿음이 없이는 아무도 구원을 받을 수 없습니다. 그래서 요셉은 형제들이 진실로 죄를 깨닫고 회개하고 있는지를 확인하기 위하여 한 번 더 테스트합니다; **"(2) 또 내 잔 곧 은잔을 그 소년의 자루 아구에 넣고 그 양식 값 돈도 함께 넣으라 하매 그가 요셉의 명령대로 하고"** 요셉은 자기의 은잔을 그 소년 즉 베냐민의 자루에 넣게 하였습니다. 형들을 테스트하기 위하여 요셉은 왜 자기를 팔아먹는 일에 참여하지도 않았던 죄 없는 막내 베냐민을 끌어들인 것일까요? 아무 죄 없는 베냐민을 왜 희생양으로 잡는 것일까요? 요셉의 의도는 무엇입니까? 베냐민은 라헬이 낳은 아들로서 자기의 친동생이었습니다. 야곱의 12 아들 중에서 막내입니다. 아버지 야곱은 라헬에게서 낳은 사랑하는 아들 요셉을 잃었기 때문에 이제는 요셉 대신 베냐민이 가장 사랑하는 아들이 되었을 것입니다. 요셉은 지금 바로 그 점을 이용하여 형들을 테스트하고 있는 것입니다. 아버지 야곱이 가장 사랑하는 베냐민을 노예로 잡아두겠다고 할 때 과연 형제들은 어떻게 반응할 것인가를 보려는 것입니다.

아버지의 사랑을 독차지했던 요셉을 형제들이 시기하고 미워하여 요셉을 없애 버리려고 애굽에 노예로 팔아먹었던 형들이 이제도 변하지 않고 아버지의 사랑을 독차지하고 있는 베냐민을 노예로 남겨 두고 자기들만 떠날 것인지 테스트해보고 싶었습니다. 그래서 바로 앞장 맨 마지막 절에서도 요셉은 고의적으로 베냐민에게 다른 형제들보다 다섯 배나 더 많은 음식을 주어 베냐민에 대한 그들의 시기심을 건드려 보았습니다. 바로 이런 것이 예수님께서 우리를 테스트하시는 방식입니다. 우리 속에 구석진 곳에 아직 우리가 깨닫지 못했던 부분까지 다 들춰내어 우리의 죄를 일일이 들어내는 것입니다. 또한 베냐민을 노예로 잡아둠으로써 형들로 하여금 그 옛날 자기들이 요셉을 노예로 팔아먹었던 사건을 기억하게 하려는 의도가 있었습니다. 만약 형들이 옛날 요셉을 팔아먹은 것에 대하여 죄책감을 느끼고 있었다면 이번에 베냐민 사건을 통하여 크게 찔림을 받고 회개할 것이기 때문입니다. 또한 아버지 야곱이 가장 사랑하는 베냐민을 죄인으로 뒤집어 씌우고 노예로 잡아둠으로써 형들이 아버지 야곱에 대하여 어떤 태도를 가지고 있는지를 알아볼 수 있는 좋은 기회이기도 하였습니다. 만약 형들이 다음과 같이 말한다면 형들이 아버지에 대하여 어떤 마음을 가지고 있는지 금방 알 수 있기 때문입니다; **"아버지가 편애하였던 라헬이 낳은 자식들은 다 저렇게 노예**

로 살아가게 되는구나. 여러 형제들 중에서 하필이면 베냐민에게 은잔이 발견된 것만 봐도 알 수 있어. 보라고 이것은 다 아버지가 여러 부인들 중에서 라헬만 사랑하였기 때문에 하나님의 벌을 받는 것이라구. 요셉이 애굽의 노예가 된 것도 우연이 아니었고 베냐민이 애굽의 노예가 되는 것도 우연이 아니라구. 이게 다 아버지 때문에 일어난 일이라구. 어린 베냐민에게는 안 되었지만 우리라도 빨리 돌아가자. 여기 애굽의 총리도 베냐민만 남고 우리는 돌아가라고 하지 않는가? 고향에서 양식을 기다리는 가족들도 생각해야지… 여기서 더 이상 지체할 수 없다.” 결국 베냐민을 노예로 잡아둠으로써 형들이 배다른 어린 동생 베냐민에 대하여 어떤 태도를 가지고 있는지 그리고 옛날에 저지른 요셉에 대한 죄의 문제를 어떻게 처리하는지 그리고 아버지에 대해서는 어떤 태도로 살아가고 있는지를 알 수 있는 절호의 기회였습니다. 그래서 요셉은 베냐민의 자루에 자기의 은잔을 넣게 하고 형제들을 떠나보냈습니다. 그리고 그들이 얼마 가지 않았을 때 자기의 종을 보내어 은잔을 찾아오게 하면서 다른 형제들은 다 보내주고 은잔을 훔쳐간 베냐민만 노예로 잡아오도록 명령하였습니다: “(8) 우리 자루에 있던 돈도 우리가 가나안 땅에서부터 당신에게로 가져왔거늘 우리가 어찌 당신 주인의 집에서 은, 금을 도적질하리이까 (9) 종들 중 뉘게서 발견되든지 그는 죽을 것이요 우리는 우리 주의 종이 되리이다 (10) 그가 가로되 그러면 너희 말과 같이 하리라 그것이 뉘게서든지 발견되면 그는 우리 종이 될 것이요 너희에게는 책망이 없으리라 (11) 그들이 각각 급히 자루를 땅에 내려놓고 각기 푸니 (12) 그가 나이 많은 자에게서부터 시작하여 나이 적은 자에게까지 수탐하매 잔이 베냐민의 자루에서 발견된지라 (13) 그들이 옷을 찢고 각기 짐을 나귀에 싣고 성으로 돌아오니라 (14) 유다와 그 형제들이 요셉의 집에 이르니 요셉이 오히려 그곳에 있는지라 그 앞 땅에 엎드리니”

형제들의 반응

형제들은 자기들이 애굽에 거하는 동안에 총리의 은잔을 훔친 일이 없는 것을 확신하고 있었기 때문에 아주 자신 만만하게 말할 수 있었습니다: “(8) 우리 자루에 있던 돈도 우리가 가나안 땅에서부터 당신에게로 가져왔거늘 우리가 어찌 당신 주인의 집에서 은, 금을 도적질하리이까 (9) 종들 중 뉘게서 발견되든지 그는 죽을 것이요 우리는 우리 주의 종이 되리이다” 도적질 안 한 것이 너무도 분명하기 때문에 '종들 중 뉘게서 발견되든지 그는 죽을 것이요 우리는 우리 주의 종이 되리이다'라고 자신 있게 말할 수 있었습니다. 그러나 요셉의 하인은 이렇게 말합니다. '아 그럴 필요 없다. 은잔이 발견된 사람만 우리의 종이 될 것이고 나머지 사람들은 무죄한 것으로 하겠다' 하면서 그들의 자루를 다 조사해 보았습니다. 결국 요셉의 각본대로 베냐민의 자루에서 은잔이 나왔습니다. 형제들은 어이가 없었습니다. 하고 많은 형제들 중에서 하필이면 아버지가 제일 걱정하시고 절대 보내지 않겠다고 끝까지 내주시지 않았던 그 사랑하는 아들 베냐민이 애굽의 노예로 잡히게 된 것입니다; **"(13) 그들이 옷을 찢고 각기 짐을 나귀에 싣고 성으로 돌아오니라 (14) 유다와 그 형제들이 요셉의 집에 이르니 요셉이 오히려 그곳에 있는지라 그 앞 땅에 엎드리니 (15) 요셉이 그들에게 이르되 너희가 어찌하여 이런 일을 행하였느냐 나 같은 사람이 점 잘 칠 줄을 너희가 알지 못하느냐"** 베냐민만 노예로 잡혀가도록 하지 않고 형제들 모두가 돌아와서 애굽 총리 앞에 와서 땅에 엎드렸습니다. 굉장한 발전입니다. 10절에 보시면 은잔이 발견되는 자만 노예로 남고 나머지는 책망이 없을 것이라고 하였습니다. 그런데도 그들이 다 옷을 찢고 각기 성으로 돌아왔다고 하였습니다. 베냐민을 그냥 두고 가자느니 아니 그러면 안 된다느니 하고 형제들 간에 의견이 나뉘지도 않았습니다. 단 한 사람의 반대도 없이 모두가 한마음이 되었습니다. 베냐민을 애굽의 노예로 두고 갈 수 없다는 것입니다. 그리고 또 유다가 나서서 대표로 말했습니다; **"(16) 유다가 가로되 우리가 내 주께 무슨 말을 하오리이까 무슨 설명을 하오리이까 어떻게 우리의 정직을 나타내리이까 하나님이 종들의 죄악을 적발하셨으니 우리와 이 잔이 발견된 자가 다 내 주의 종이 되겠나이다"** '어떻게 우리의 정직을 나타내리이까?' 여기서 유다가 말하려는 것은 분명히 자기들은 은잔을 훔친 일이 없는 정직한 사람들이라는 것입니다. 그리고 베냐민이 절대로 그 은잔을 훔치지 않았다는 것을 말하려는 것입니다. 왜냐하면 지난번에 곡식을 사 갈 때에도 형들의 자루 속에 돈이 그대로 들어 있었던 것을 그는 기억하고 있습니다. 엄하게 위협하면서 곡식을 파는 애굽 사람들이 자기들에게 돈을 다시 넣었을 리도 없을 터인데 돈이 자기들 자루 속에 있었습니다. 이번에도 자기들이 가져간 돈이 베냐민의 자루 속에서 나왔습니다. 이것은 분명히 자기들을 노예로 삼으려고 하는 어떤 다른 사람의 음모가 분명한데 도무지 애굽 총리 앞에서 그것을 증명할 길이 없는 것입니다. 그리고 하필이면 베냐민의 자루에서 은잔이 발견된 것입니다. 베냐민이 누구입니까? 43장 8~9절을 보면 '**아버지, 베냐민을 나와 함께 애굽에 가게 해 주십시오. 내가 그의 몸을 담보하겠습니다. 만약 내가 베냐민을 안전하게 데려오지 아니하면 내가 영원히 죄를 지리이다**'라고 아버지께 간청해서 형제들이 이곳 애굽까지 와서 곡식을 살 수 있게 되었던 것입니다. 그런데 바로 그 베냐민이 노예로 잡히다니… 이것은 분명히 하나님께서 자기들의 죄를 드러내는 사건이라고 생각한 것입니다. 과거에 자기들이 요셉을 애굽의 노예로 팔아먹은 그 죄 때문에 하나님이 이렇게 역사하신 것이라고 생각한 것입니다. 그래서 16절에 '**하나님이 종들의 죄악을 적발하셨으니**'라고 말하고 있는 것입니다. 그래서 자기들은 정말 은잔을 훔치지 않은 정직한 사람들이지만 과거에 자기들이 동생을 노예로 팔아먹은 죄를 하나님이 이런 식으로 적발하여 우리를 벌하시려는 것이라고 깨달았기 때문에 더 이상 변명할 말이 없다는 것입니다. '우리가 죄 없는 요셉을 노예로 팔아먹었기 때문에 하나님이 이제 우리를 애굽의 노예로 만드시는 것이구나'라고 깨달은 것입니다. 그래서 16절에 '하나님이 종들의 죄악을 적발하셨으니 우리와 이 잔이 발견된 자가 다 내 주의 종이 되겠나이다'라고 말할 수밖에 없었습니다. 죄의 대가로 자신들이 애굽의 노예가 되는 것이 마땅하다고 생각한 것입니다. 그렇습니다. 이것이 진정한 회개입니다. 오늘 우리도 하나님 앞에서 진정으로 회개한 사람이라면 입술로만 고백할 것이 아니고 죄에서 돌이켰다는 것을 매일의 삶 속에서 실제행동으로 나타내야 하는 것입니다. '**하나님이 우리의 죄악을 적발하셨는데 어떻게 우리가 정직하다고 할 수 있겠습니까?**' 그들은 애굽 총리 앞에서 무릎을 꿇은 것이 아니라 사실은 하나님 앞에서 무릎을 꿇은 것입니다: "**(17) 요셉이 가로되 내가 결코 그리하지 아니하리라 잔이 그 손에서 발견된 자만 나의 종이 되고 너희는 평안히 너희 아버지께로 도로 올라갈 것이니라**"

하나님의 이름을 들먹거리면서 모두 돌아와서 노예가 되겠다고 하는 것을 보니 형들이 과거에 자기들이 저지른 죄악으로 자책하고 괴로워하고 있다는 사실을 요셉은 감지할 수 있었습니다. 그러나 요셉은 형들이 '하나님이 종들의 죄악을 적발하셨다'는 막연한 말보다는 좀 더 구체적으로 듣고 싶었습니다. 참으로 회개는 구체적인 것이어야 합니다. '그냥 막연히 잘못했습니다'가 아닙니다. 무엇을 어떻게 잘못했는지 구체적으로 밝혀야 하는 것입니다. 그리고 베냐민에 대한 형들의 사랑과 관심이 얼마나 확고한 것인지도 확실히 알고 싶었습니다. 그래서 요셉은 시치미를 떼고 은잔이 발견된 베냐민만 노예가 되고 나머지는 다 돌아가라고 명령합니다.

굉장한 유혹이었습니다. 만약 형들이 진정으로 죄를 뉘우치는 마음이 없었다면 애굽 총리의 명령이라면서 못 이기는 체하고 베냐민만 노예로 남겨두고 돌아갈 수도 있었습니다. 그러나 30~31절을 보면 그들은 동생 베냐민과 함께 돌아가지 아니하면 자기들도 돌아갈 수 없음을 확고히 하고 있습니다. 과거에 요셉을 생각해도 그렇고, 베냐민을 생각해도 그렇고, 고향에 계신 아버지를 생각해도 그렇고, 절대로 자기들만 돌아가서는 안 된다고 생각했습니다. 그들은 과거에 동생 요셉에게 지은 죄에 대하여, 그리고 아버지께 지은 죄에 대하여 철저하게 회개하는 마음을 이제 행동으로 보여주고 있는 것입니다. 이것이 바로 문제해결의 실마리였습니다. 회개는 말로만이 아니라 행동으로 나타내야 하는 것입니다. 하나님께서 우리에게 원하시는 회개가 바로 이런 회개입니다. 그리고 이것이 바로 오늘 우리 시대의 교회가 풀어야 할 가장 시급하고 중대한 문제입니다. 행동으로 나타나는 진정한 회개 없이는 아무도 예수님을 구주로 영접할 수가 없기 때문입니다. 요셉의 형제들은 이제 아버지와 요셉에 대하여 진심으로 회개하고 있다는 것을 행동으로 보여줌으로써 요셉의 용서를 받을 자격을 획득한 것입니다. 이제 그들은 요셉이 준비한 애굽에서 부와 영광을 누리며 함께 살 수 있게 된 것입니다.

하나님은 회개와 함께 회개의 열매를 요구하고 계십니다. 말로도 회개해야 하지만 행동으로 그것을 보여주어야 합니다. 하나님과의 관계이든지 사람과의 관계이든지 행동으로 나타난 진정한 회개 없이 참된 관계회복은 도저히 불가능합니다. 오직 행동으로 나타난 참된 회개를 통해서만 하나님과의 끊어진 관계를 회복할 수 있는 것입니다. 하나님은 우리의 억만 죄악을 용서하시기 위하여 사람의 몸으로 이 땅에 오셔서 십자가를 대신 지셨습니다. 하나님은 이와 같이 예수 그리스도 안에서 우리의 죄를 용서하실 만반의 준비를 해놓으셨습니다. 그러나 우리가 우리의 죄를 인정하고 하나님 앞에서 회개할 때만 하나님이 우리를 용서하신 그 용서가 효력을 발휘하는 것입니다. 하나님이 아무리 우리의 죄값을 대신 지불하려고 십자가를 지셨어도 우리가 죄인임을 인정하고 회개하지 않으면 하나님의 십자가는 무효가 되는 것입니다. 그래서 하나님께서 오셔서 이미 십자가를 지셨지만 믿지 않는 세상 사람들을 다 지옥으로 보내시는 것입니다. 회개가 없는 그들에게는 예수님의 십자가가 아무 효력을 발휘할 수 없기 때문입니다. 왜냐하면 하나님은 죄인을 위하여 십자가를 지셨기 때문입니다. 즉 예수님의 십자가는 오직 죄인들을 위한 것이기 때문입니다. 마태복음 9장 12~13절에서 예수님이 하신 말씀이 바로 이 말씀입니다: **"(12) 예수께서 들으시고 이르시되 건강한 자에게는 의원이 쓸데 없고 병든 자에게라야 쓸데 있느니라 (13) 너희는 가서 내가 긍휼을 원하고 제사를 원치 아니하노라 하신 뜻이 무엇인지 배우라 내가 의인을 부르러 온 것이 아니요 죄인을 부르러 왔노라 하시니라"** 그러므로 누구든지 자기가 죄인임을 깨닫지 못하고 회개하지 않는 사람들에게는 주님의 십자가가 아무 효력이 없는 것입니다. 주님은 죄인을 용서하시기 위하여 오셨습니다. 그러므로 자기가 죄인임을 인정하지 아니하는 사람에게는 주님의 십자가가 해당이 되지 않습니다. 죄의 회개 없이 예수님을 구주로 믿으라는 오늘 우리 시대의 교회에는 구원이 있을 수 없습니다. 회개의 열매를 요구하실 만큼 행동으로 나타난 철저한 회개를 구원의 조건으로 요구하신 반석이신 예수님 위에 세워지지 않은 교회는 다 모래 위에 세운 교회요 비가 오고 창수가 날 때 무너지는 가짜 교회인 것입니다.

변화된 유다

"(18) 유다가 그에게 가까이 가서 가로되 내 주여 청컨대 종으로 내 주의 귀에 한 말씀을 고하게 하소서 주의 종에게 노하지 마옵소서 주는 바로와 같으심이니이다 (19) 이전에 내 주께서 종들에게 물으시되 너희는 아비가 있느냐 아우가 있느냐 하시기에 (20) 우리가 내 주께 고하되 우리에게 아비가 있으니 노인이요 또 그 노년에 얻은 아들 소년이 있으니 그의 형은 죽고 그 어미의 끼친 것은 그 뿐이므로 그 아비가 그를 사랑하나이다 하였더니 (21) 주께서 또 종들에게 이르시되 그를 내게로 데리고 내려와서 나로 그를 목도하게 하라 하시기로 (22) 우리가 내 주께 말씀하기를 그 아이는 아비를 떠나지 못할지니 떠나면 아비가 죽겠나이다 (23) 주께서 또 주의 종들에게 말씀하시되 너희 말째 아우가 너희와 함께 내려오지 아니하면 너희가 다시 내 얼굴을 보지 못하리라 하

시기로 (24) 우리가 주의 종 우리 아비에게로 도로 올라가서 내 주의 말씀을 그에게 고하였나이다 (25) 그 후에 우리 아비가 다시 가서 곡물을 조금 사오라 하시기로 (26) 우리가 이르되 우리가 내려갈 수 없나이다 우리 말째 아우가 함께하면 내려 가려니와 말째 아우가 우리와 함께함이 아니면 그 사람의 얼굴을 볼 수 없음이니이다 (27) 주의 종 우리 아비가 우리에게 이르되 너희도 알거니와 내 아내가 내게 두 아들을 낳았으나 (28) 하나는 내게서 나간고로 내가 말하기를 정녕 찢겨 죽었다 하고 내가 지금까지 그를 보지 못하거늘 (29) 너희가 이도 내게서 취하여 가려한즉 만일 재해가 그 몸에 미치면 나의 흰머리로 슬피 음부로 내려가게 하리라 하니 (30) 아비의 생명과 아이의 생명이 서로 결탁되었거늘 이제 내가 주의 종 우리 아비에게 돌아갈 때에 아이가 우리와 함께하지 아니하면 (31) 아비가 아이의 없음을 보고 죽으리니 이같이 되면 종들이 주의 종 우리 아비의 흰머리로 슬피 음부로 내려가게 함이니이다 (32) 주의 종이 내 아비에게 아이를 담보하기를 내가 이를 아버지께로 데리고 돌아오지 아니하면 영영히 아버지께 죄를 지리이다 하였사오니 (33) 청컨대 주의 종으로 아이를 대신하여 있어서 주의 종이 되게 하시고 아이는 형제와 함께 도로 올려 보내소서 (34) 내가 어찌 아이와 함께하지 아니하고 내 아비에게로 올라 갈 수 있으리이까 두렵건대 재해가 내 아비에게 미침을 보리이다"(창 44:18-34)

온 가족이 당장 굶어 죽을 위기에 처해 있으면서도 베냐민을 내줄 수 없다고 버티는 완고한 아버지와 그 무서운 애굽의 총리 사이에서 아무도 곡식을 사러 다시 애굽에 가야 한다고 감히 나서는 자가 없을 때 유다는 상황이 시급함을 역설하면서 시급하게 행동하지 않으면 아버지를 비롯한 온 가족이 죽음에 직면하게 된다는 점을 지적하고 용감하게 자기의 몸을 담보로 내놓음으로써 위기에서 리더십을 발휘하였습니다. 이와 같은 유다의 단호한 리더십에 감동한 야곱은 드디어 자신의 고집을 포기하고 베냐민을 내주었습니다. 큰소리치던 장남 르우벤은 두려워서 감히 나서지 못하고 있는데 유다가 자기의 목숨을 걸고 그 무서운 애굽의 총리에게 다시 가겠다는 단호한 결단 앞에서 용기를 얻은 야곱은 '내가 자식을 잃게 되면 잃으리로다' 하면서 할 수 없이 베냐민을 내주어서 두 번째로 애굽에 다시 오게 된 것입니다. 베냐민을 데리고 옴으로서 인질로 잡혀 있었던 시므온도 풀려나게 되었고 애굽 총리의 자택에 초대까지 받으면서 극진한 대접도 받았고 곡식도 풍부하게 사갈 수 있게 되어 모든 일이 순조롭게 잘 풀리는 듯하였습니다. 그러나 느닷없이 일이 꼬여 베냐민이 도둑으로 몰려 애굽의 노예로 잡히게 된 것입니다. 참으로 믿음의 리더가 된다는 것이 쉽지 않다는 것을 절감하였을 것입니다. 유다는 자기가 아버지에게 약속한 대로 책임을 져야 할 위기에 서 있는 것입니다. 여기서 유다는 베냐민을 구해내야 할 책임을 통감하게 되었습니다. 과연 유다는 이 어려운 문제를 어떻게 풀어갈 것인지 살펴보려고 하는 것입니다.

유다의 변론

16~17절을 보면 형제들이 베냐민뿐만 아니라 연대책임을 지고 모든 형제들이 다 애굽의 노예가 되겠다고 하였지만 애굽의 총리는 그 제안을 거절하고 은잔이 발견된 장본인 베냐민만 노예로 남고 나머지 형제들은 다 돌아가라고 명령하였습니다. 큰 일입니다. 이 문제를 시급히 해결하지 않으면 베냐민을 영원히 잃어버리게 되고 아버지는 기절하여 세상을 떠날 것이 분명합니다. 애굽 총리의 단호한 명령 앞에서 형제들이 어찌할 바를 몰라 우물쭈물하고 있을 때 유다가 또다시 재빨리 나섰습니다: "(18) 유다가 그에게 가까이 가서 가로되 내 주여 청컨대 종으로 내 주의 귀에 한 말씀을 고하게 하소서 주의 종에게 노하지 마옵소서 주는 바로와 같으심이니이다" 총리의 명령이라고 그 권위에 압도되어 우물쭈물 넘어가면 베냐민을 구할 기회가 영원히 없어질 것입니다. 그래서 유다는 얼른 나서서 총리의 명령이 바로의 명령과 같은 권위 있는 명령이라고 치켜세우면서 변론할 기회를 구하였습니다. 리더는 많이 생각하고 충분한 시간을 두고 신중하게 결정해야 하지만 어떤 때는 이와 같이 시급하게 순간적으로 결정해야 할 때도 있는 것입니다. 아무튼 유다는 총리의 권위를 한없이 치켜세운 다음 시간을 주지 않고 곧바로 변론을 시작하였습니다: "(22) 우리가 내 주께 말씀하기를 그 아이는 아비를 떠나지 못할지니 떠나면 아비가 죽겠나이다 (23) 주께서 또 주의 종들에게 말씀하시되 너희 말째 아우가 너희와 함께 내려오지 아니하면 너희가 다시 내 얼굴을 보지 못하리라 하시기로 (24) 우리가 주의 종 우리 아비에게로 도로 올라가서 내 주의 말씀을 그에게 고하였나이다 (25) 그 후에 우리 아비가 다시 가서 곡물을 조금 사오라 하시기로 (26) 우리가 이르되 우리가 내려갈 수 없나이다 우리 말째 아우가 함께 하면 내려 가려니와 말째 아우가 우리와 함께 함이 아니면 그

사람의 얼굴을 볼 수 없음이니이다 (27) 주의 종 우리 아비가 우리에게 이르되 너희도 알거니와 내 아내가 내게 두 아들을 낳았으나 (28) 하나는 내게서 나간 고로 내가 말하기를 정녕 찢겨 죽었다 하고 내가 지금까지 그를 보지 못하거늘 (29) 너희가 이도 내게서 취하여 가려한즉 만일 재해가 그 몸에 미치면 나의 흰머리로 슬피 음부로 내려가게 하리라 하니 (30) 아비의 생명과 아이의 생명이 서로 결탁되었거늘 이제 내가 주의 종 우리 아비에게 돌아갈 때에 아이가 우리와 함께하지 아니하면 (31) 아비가 아이의 없음을 보고 죽으리니 이같이 되면 종들이 주의 종 우리 아비의 흰머리로 슬피 음부로 내려가게 함이니이다"

유다의 변론을 살펴보면 유다는 여기서 베냐민이 은잔을 훔치지 않았다는 식으로 변론하지 않았습니다. 그런 변론이 여기서 먹힐 리가 없기 때문이었습니다. 지난번에 곡식을 사갔을 때도 그렇고 이번에도 그렇고 돈과 은잔이 자기들의 곡식자루에서 발견되었는데 베냐민의 무죄를 변론한다는 것은 설득력이 없다는 것을 유다는 잘 알고 있었습니다. 그러므로 무죄를 변론하는 것보다는 자신들이 처한 현실을 사실 그대로 진술함으로써 총리의 마음을 움직여 보려는 시도입니다. 자기들이 왜 베냐민을 데리고 와야 했으며 베냐민과 아버지의 관계가 어떤 관계이며 그래서 베냐민을 다시 아버지에게 데려가지 않을 경우 아버지에게 어떤 일이 발생할 것인지에 대하여 자기들 가족이 당면한 어려운 사정을 총리에게 사정함으로써 총리의 마음을 감동시켜서 베냐민을 풀어내어 보려는 시도였습니다. 즉 "지난번에 우리가 곡식을 사러 왔을 때에 총리께서 우리의 부친에 대하여 물으셨으며 우리의 말째 아우를 데려오지 아니하면 우리를 다시 만나주지 않겠다고 하셨기 때문에 우리가 가서 우리의 부친에게 그대로 말씀드렸습니다. 그러나 우리의 부친은 사랑하는 부인으로부터 두 아들이 있었는데 그중 하나는 요셉이라고 하는데 부친께서 지극히 사랑하는 아들이었습니다. 어느 날 부친께서 그 요셉을 형들에게 보냈는데 들에서 동물에게 찢겨 죽었다 하시면서 모든 위로를 거절하시고 지금까지 슬픔 중에 괴로운 세월을 보내고 계십니다. 그런데 그의 동생 베냐민까지도 가서 돌아오지 못하면 부친께서 너무 슬퍼서 살지 못하고 죽을 것이라고 말씀하시면서 베냐민을 내어 주시지 않았습니다. 그러나 여기서 사간 곡식이 다 떨어져서 다시 곡식을 사러 와야 하는데 총리께서 이 말째 아우를 데려오지 아니하면 우리를 만나주시지 않겠다고 하셨기 때문에 제가 이 아이의 몸을 담보하고 어렵게 여기까지 다시 오게 된 것입니다. 여기 베냐민은 우리 부친이 극진히 사랑하는 아들로서 이 아이의 생명이 우리 부친의 생명과 결탁되어 있습니다. 만약 우리가 이 아이를 데리고 가지 못하면 우리가 우리 부친을 죽이는 것이 됩니다.” 유다는 베냐민의 무죄를 변론하지 않고 자기들이 저지른 과거의 죄로 인하여 가족들이 당면한 안타까운 현실을 그대로 진술함으로써 총리의 마음을 움직여 보려고 하였습니다. 그런데 그것이 바로 적중하여 총리의 마음을 움직였던 것입니다.

자기희생을 자원함

“(32) 주의 종이 내 아비에게 아이를 담보하기를 내가 이를 아버지께로 데리고 돌아오지 아니하면 영영히 아버지께 죄를 지리이다 하였사오니 (33) 청컨대 주의 종으로 아이를 대신하여 있어서 주의 종이 되게 하시고 아이는 형제와 함께 도로 올려보내소서 (34) 내가 어찌 아이와 함께하지 아니하고 내 아비에게로 올라 갈 수 있으리이까 두렵건대 재해가 내 아비에게 미침을 보리이다”

유다는 며느리를 범한 부끄러운 죄인이었으나 철저히 회개한 사람이었습니다. 그는 자기 며느리가 자기보다 더 의롭다고 하면서 자기의 죄를 공개적으로 인정하고 고백하고 회개하였던 사람이었습니다. 그리고 다시는 그런 죄에 빠지지 않았습니다. 유다는 하나님과의 관계를 회복한 사람이었습니다. 43장 8절을 보면 유다는 만약 베냐민을 안전하게 다시 데려오지 못하면 자기 몸을 담보로 하겠다고 아버지 야곱에게 자신있게 약속하였습니다. 유다는 하나님과의 관계를 회복하였기 때문에 이제는 자신을 하나님께 바칠 수 있는 담대한 믿음이 있었습니다. 하나님께서 베냐민을 안전하게 다시 데려오게 해 주실 것으로 믿었지만 만약 그렇지 않더라도 베냐민을 위해 자신을 바칠 각오가 되어 있었던 것입니다. 과거의 죄를 뉘우치고 유다는 이제 더 굳건한 참 믿음 가운데 서 있게 되었습니다. 다니엘의 세 친구 사드락, 메삭, 아벳느고는 우상 앞에 절하지 아니하였기 때문에 풀무불 가운데 떨어지게 되었습니다. 그때 그들은 왕에게 말했습니다. ‘하나님이 우리를 극렬히 타는 풀무불 가운데서 건져내실 것입니다. 그러나 하나님이 우리를 풀무불에서 건지지 아니하실지라도 절대로 우상에게 절하지 않겠다’고 선언하였습니다. 참 믿음은 하나님께 완전히 맡기는 것입니다. 유다는 베냐민 문제를 완전히 하나님께 맡기고 담대하게 애굽으로 갔던 것입니다.

베냐민을 데리고 애굽에 왔을 때 과연 모든 일이 순조롭게 잘 되었습니다. 인질로 잡혀 있었던 시므온도 풀려났고 애굽의 총리는 자기들을 총리 관저로 초대하여 과분하게 대우하여 주었습니다. 모든 것이 믿은 대로 순조롭게 잘 되어갔습니다. 곡식도 푸짐하게 사고 베냐민을 데리고 집으로 돌아가는 길이었는데 갑자기 일이 틀어지고 하필이면 자기 몸을 담보한 베냐민이 노예로 애굽에 잡히게 된 것입니다. 믿음으로 밀고 나갔는데 하나님이 역사해 주시지 않았습니다. 이제 유다는 자기가 약속한 대로 자기 몸을 담보로 내놓아야 할 순간이 되었습니다. **'차라리 자기 형제들처럼 나서지 않고 가만히 있었으면 안전하게 집으로 돌아갈 수 있었는데 왜 믿음으로 행한 자기는 이렇게 노예로 잡히게 되는 것인가! 하나님은 어떤 분이신가! 아니 하나님은 살아계신가?'** 어떤 때는 하나님이 이해가 안 되는 때가 있습니다. 유다는 순간적으로 마음의 동요가 있었을지도 모릅니다. 왜 이런 일이 일어나는 것일까요? 히브리서 11장 33~37절을 보면 어떤 사람들은 믿음으로 불의 세력을 멸하기도 하며 칼날을 피하기도 하며 연약한 가운데서 강하게 되기도 하며 전쟁에 용맹되어 이방 사람들의 진을 물리치기도 하였지만 또 어떤 사람들은 믿음으로 행하였는데도 악형을 받았고 희롱과 채찍질과 결박과 옥에 갇히는 일과 심지어 돌로 치는 것과 톱으로 켜는 것과 시험과 칼에 죽는 것을 당하고 양과 염소의 가죽을 입고 광야와 산중과 암혈과 토굴에 유리하여 궁핍과 환란과 학대를 받았다고 하였습니다.

믿고 행한다고 해서 모든 것이 이 세상에서 다 이루어지는 것이 아닙니다. 믿음으로 산다는 것은 결코 쉬운 일이 아닙니다. 유다에게는 참으로 어려운 순간이었습니다. 이제 총리 앞에서 자기가 베냐민 대신 노예로 남겠다고 선언하면 자기 말에 책임을 져야 하는 순간입니다. 그러나 유다는 이 어려운 시간에 참 믿음을 행동으로 보여주었습니다. 베냐민 대신 자기를 노예로 있게 하고 베냐민과 형제들을 고향으로 돌아가게 해달라고 간청하였습니다. 참으로 회개한 사람답게 행동하였습니다. 아주 감동적인 변론이었습니다. 입으로만 번드르하게 약속하는 것이 아닙니다. 직접 총리 앞에서 말한 것이니까 유다는 정말 베냐민 대신 노예로 남겠다고 선언한 것입니다. 유다는 리더로서 책임감 있게 하나님 앞에서와 자기 아버지 앞에서와 형제들 앞에서

한 약속을 지킨 것입니다.

이와 같은 유다의 자기희생에서 총리는 유다가 아버지를 얼마나 사랑하고 있는지를 알 수 있었고 동생 베냐민을 얼마나 사랑하고 있는지를 충분히 알 수 있었을 것입니다. 함께 머리를 숙이고 있는 형들을 보면서 애굽 총리 요셉은 형들이 정말로 회개하고 변화되었다는 것을 알게 되는 순간이었습니다. 이제는 형들이 아버지를 이렇게 극진히 사랑하고 과거의 잘못을 뼈저리게 뉘우치고 있는 모습을 보게 된 것입니다. 그리고 동생 베냐민이 노예로 잡혔는데도 그냥 버리고 돌아가지 않고 다 함께 돌아와 자기 앞에 엎드려서 동생을 풀어달라고 간청하는 애절한 모습을 보게 된 것입니다. 이렇게 형들의 변한 모습을 보니 요셉의 마음은 견딜 수가 없었습니다. 다음 장 처음을 보시면 요셉은 감정을 억제하지 못하고 방성대곡하였다고 기록하고 있습니다.

요셉의 용서

"(1) 요셉이 시종하는 자들 앞에서 그 정을 억제하지 못하여 소리질러 모든 사람을 자기에게서 물러가라 하고 그 형제에게 자기를 알리니 때에 그와 함께한 자가 없었더라 (2) 요셉이 방성대곡하니 애굽 사람에게 들리며 바로의 궁중에 들리더라 (3) 요셉이 그 형들에게 이르되 나는 요셉이라 내 아버지께서 아직 살아 계시니이까 형들이 그 앞에서 놀라서 능히 대답하지 못하는지라 (4) 요셉이 형들에게 이르되 내게로 가까이 오소서 그들이 가까이 가니 가로되 나는 당신들의 아우 요셉이니 당신들이 애굽에 판 자라 (5) 당신들이 나를 이곳에 팔았으므로 근심하지 마소서 한탄하지 마소서 하나님이 생명을 구원하시려고 나를 당신들 앞서 보내셨나이다 (6) 이 땅에 이년 동안 흉년이 들었으나 아직 오년은 기경도 못하고 추수도 못할지라 (7) 하나님이 큰 구원으로 당신들의 생명을 보존하고 당신들의 후손을 세상에 두시려고 나를 당신들 앞서 보내셨나니 (8) 그런즉 나를 이리로 보낸 자는 당신들이 아니요 하나님이시라 하나님이 나로 바로의 아비를 삼으시며 그 온 집의 주를 삼으시며 애굽 온 땅의 치리자를 삼으셨나이다 (9) 당신들은 속히 아버지께로 올라가서 고하기를 아버지의 아들 요셉의 말에 하나님이 나를 애굽 전국의 주로 세우셨으니 내게로 지체말고 내려오사 (10) 아버지의 아들들과 아버지의 손자들과 아버지의 양과 소와 모든 소유가 고센 땅에 있어서 나와 가깝게 하소서 (11) 흉년이 아직 다섯 해가 있으니 내가 거기서 아버지를 봉양하리이다 아버지와 아버지의 가속과 아버지의 모든 소속이 결핍할까 하나이다 하더라 하소서 (12) 당신들의 눈과 내 아우 베냐민의 눈이 보는바 당신들에게 이 말을 하는 것은 내 입이라 (13) 당신들은 나의 애굽에서의 영화와 당신들의 본 모든 것을 다 내 아버지께 고하고 속히 모시고 내려오소서 하며 (14) 자기 아우 베냐민의 목을 안고 우니 베냐민도 요셉의 목을 안고 우니라 (15) 요셉이 또 형들과 입 맞추며 안고 우니 형들이 그제야 요셉과 말하니라"(창 45:1-15)

요셉은 어떻게 자기를 죽이려 하고 끝내는 자기를 애굽의 노예로 팔아먹은 비정하고 악한 형제들을 용서할 수 있었을까요? 형제들 때문에 그토록 오랜 세월을 낯선 이방나라에서 노예로 살면서 험하고 어려운 많은 억울한 일들을 겪었었는데 형제들을 관대하게 용서할 수 있었습니까? 그 비결은 무엇입니까?

형들의 진정한 뉘우침을 보았기 때문입니다. 그동안 요셉은 아픈 마음으로 형들을 여러 번 테스트해 보았습니다. 요셉은 베냐민을 노예로 잡아둠으로써 형들이 배다른 어린 동생 베냐민에 대하여 어떤 태도를 가지고 있는지 테스트해 보았습니다. 베냐민을 노예로 잡아둠으로써 형들로 하여금 그 옛날 자기들이 요셉을 노예로 팔아먹었던 것에 대하여 죄책감을 느끼고 있는지를 테스트해 보았습니다. 또한 아버지가 가장 사랑하는 베냐민을 노예로 잡아둠으로써 형들이 아버지 야곱에 대하여 어떤 태도를 가지고 있는지도 테스트해 보았습니다. 은잔이 발견되는 자만 노예로 남고 나머지는 책망이 없을 것이라고 하였는데도 베냐민만 노예로 잡혀가도록 내버려 두지 않고 형제들 모두가 돌아와서 애굽 총리 앞에 와서 땅에 엎드렸습니다. 단 한 사람의 반대도 없이 모두가 한마음이 되었습니다. 절대로 베냐민을 애굽의 노예로 두고 자기들만 돌아갈 수 없다는 것입니다. 그리고 유다의 변론내용 속에는 아버지를 사랑하는 마음과 동생 베냐민을 사랑하는 마음이 짙게 배어있었습니다.

그리고 '하나님이 종들의 죄악을 적발하셨으니'라는 말은 자기들이 과거에 요셉을 팔아먹은 죄 때문에 이렇게 하나님 앞에 벌을 받고 있다고 고백하는 말입니다. 자기들이 죄 없는 요셉을 노예로 팔아먹었기 때문에 하나님이 이제 자기들을 애굽의 노예로 만드시는 것이라고 고백하고 있는 것입니다. 그래서 16절에 '하나님이 종들의 죄악을 적발하셨으니 우리와 이 잔이 발견된 자가 다 내 주의 종이 되겠나이다'라고 말하고 있는 것입니다. 그들은 요셉에게 잘못한 것에 대하여 하나님 앞에서 진정으로 깊이 뉘우치고 있으며 이제 그 어떠한 대가라도 달게 받겠다는 굳은 각오로 엎드려 있는 것입니다. 참으로 진정한 회개요 뉘우침이었습니다. 요셉은 형제들의 진정한 회개를 보면서 가슴이 뜨거워졌을 것입니다; "(32) 주의 종이 내 아비에게 아이를 담보하기를 내가 이를 아버지께로 데리고 돌아오지 아니하면 영영히 아버지께 죄를 지리이다 하였사오니 (33) 청컨대 주의 종으로 아이를 대신하여 있어서 주의 종이 되게 하시고 아이는 형제와 함께 도로 올려보내소서 (34) 내가 어찌 아이와 함께하지 아니하고 내 아비에게로 올라갈 수 있으리이까 두렵건대 재해가 내 아비에게 미침을 보리이다"

감정을 억제하고 있는 요셉을 마침내 통곡하도록 감동시킨 것은 유다가 베냐민 대신에 노예로 남겠다는 것입니다. 베냐민과 형제들을 다 돌려보내라는 것입니다. 동생 베냐민과 고향에 계신 늙은 아버지와 형제들을 사랑하는 극진한 마음입니다. 여기 유다의 변론에서 총리는 유다가 아버지를 얼마나 사랑하고 있는지를 알 수 있었고 동생 베냐민을 얼마나 사랑하고 있는지를 충분히 알 수 있었을 것입니다. 모두가 노예가 되겠다고 돌아와서 한마음으로 함께 머리를 숙이고 있는 형들을 보면서 애굽 총리 요셉은 형들이 정말 변화되었다는 것을 알게 되는 순간이었습니다. 이제는 형들이 아버지를 이렇게 극진히 사랑하고 과거의 잘못을 뼈저리게 뉘우치고 있는 모습을 보게 된 것입니다. 그리고 동생 베냐민이 노예로 잡혔는데도 그냥 버리고 돌아가지 않고 다 함께 돌아와 자기 앞에 엎드려서 동생을 풀어달라고 간청하는 애절한 모습을 보게 된 것입니다. 이렇게 형들의 변한 모습을 보면서 마침내 요셉은 쌓였던 감정을 억제하지 못하고 방성대곡하였습니다.

요셉의 용서

"(1) 요셉이 시종하는 자들 앞에서 그 정을 억제하지 못하여 소리질러 모든 사람을 자기에게서 물러가라 하고 그 형제에게 자기를 알리니 때에 그와 함께 한 자가 없었더라 (2) 요셉이 방성대곡하니 애굽 사람에게 들리며 바로의 궁중에 들리더라 (3) 요셉이 그 형들에게 이르되 나는 요셉이라 내 아버지께서 아직 살아 계시니이까 형들이 그 앞에서 놀라서 능히 대답하지 못하는지라 (4) 요셉이 형들에게 이르되 내게로 가까이 오소서 그들이 가까이 가니 가로되 나는 당신들의 아우 요셉이니 당신들이 애굽에 판 자라"

요셉이 드디어 감정을 억제하지 못하고 방성대곡하였습니다. 애굽 사람에게 들리며 바로의 궁중에 들릴 정도로 방성대곡하였습니다. 죄를 회개하고 변화된 형들을 보면서 감사함과 반가움과 그리움과 함께 그동안 형들에 대한 미움과 원망, 그리고 그가 지금까지 노예로서 겪었던 말 못 할 억울함과 고통과 외로움이 한꺼번에 북받쳐 울음으로 폭발한 것입니다. 바로의 궁중에게까지 들릴 정도로 큰 소리로 울었다는 것은 그가 지금까지 겪은 고통과 설움과 상처가 얼마나 크고 깊고 쓰라린 것이었는지를 잘 보여주는 것입니다. 그가 무슨 도사라고 자기를 미워하는 사람들을 항상 다 용서하여 마음에 고통이 하나도 없어서 지금까지 불평도 원망도 없이 지나온 것이 아닙니다. 요셉도 형들이 자기를 죽이려 할 때에 무척 두려워하였고 자기를 노예로 팔아 넘길 때 미움과 원망과 설움으로 잠 못 자고 고통하였으며 노예로 일하면서 당한 모든 비난과 설움, 간음죄로 고발당할 때의 그 억울함과 수치심으로 고통할 수밖에 없었던 우리와 똑같은 성정을 가진 연약한 사람이었습니다. 그가 고통도 없고 미움도 없어서 말없이 지낸 것이 아닙니다. 다만 그 심한 역경 속에서도 요셉은 그 모든 설움과 아픔을 가슴에 묻어두고 하나님만 바라보면서 말없이 참고 견디어 온 것입니다.

지금까지 가슴 깊숙이 묻어두었던 그 모든 아픔과 원망과 미움과 설움이 이제 한꺼번에 밖으로 표출되면서 형제들을 진정으로 용서할 수 있게 된 순간입니다. 진정한 용서란 이와 같이 마음 깊숙이 묻어 두었던 모든 원망과 미움을 밖으로 멀리 내어 버리는 것입니다. 마음속에 응어리 진 모든 것들을 다 밖으로 내어 버리지 않으면서 입으로만 용서한다는 것은 진정한 용서가 아닙니다. 요셉은 이제 마음속에 응어리 진 모든 미움과 원망의 고통에서 벗어남으로써 진정한 자유와 치유를 맛본 것입니다. 진정한 용서는 자기가 고통의 굴레에서 벗어나는 해방이요 치유입니다. 요셉은 형들을 진정으로 용서함으로써 오히려 자기 자신이 고통에서 해방되고 치유된 것입니다; **"(3) 요셉이 그 형들에게 이르되 나는 요셉이라 내 아버지께서 아직 살아 계시니이까 형들이 그 앞에서 놀라서 능히 대답하지 못하는지라 (4) 요셉이 형들에게 이르되 내게로 가까이 오소서 그들이 가까이 가니 가로되 나는 당신들의 아우 요셉이니 당신들이 애굽에 판 자라"** 요셉은 통곡하면서 그동안의 모든 미움과 원망과 아픔을 눈물 속에 다 쏟아내고 나서야 자기가 요셉이라고 밝힙니다. **"형들이 그 앞에서 놀라서 능히 대답하지 못하는지라"** 형들이 얼마나 놀랐겠습니까? 전혀 상상할 수 없었던 일이라서 말문이 막혀 어찌할 바를 모르는 형들에게 **'당신들이 애굽에 판 당신들의 아우 요셉이라'**고 다시 한 번 밝힙니다. 요셉을 구덩이에 던질 때에 그 공포에 질렸던 어린 요셉의 얼굴과 노예로 팔 때에 몸부림치며 살려달라고 아우성치던 어린 요셉의 모습이 그들의 뇌리와 가슴을 찔러대는 순간입니다. 그리고 그들의 머릿속에는 순간 요셉이 어렸을 때에 꾸었던 꿈 이야기가 주마등처럼 스쳐갔을 것입니다. 요셉이 그들의 우두머리가 된다는 꿈이 이루어지지 않게 하기 위해서 죽여 없애 버리려고 노예로 팔아버렸는데 그가 이제 애굽의 총리가 되어 있다니…. 그들은 동생 요셉 앞에서 도저히 머리를 들 수 없는 죄인이 된 것입니다. 그들은 공포에 질린 채 머리를 숙이고 아무 말도 할 수 없는 처지였습니다; **"(5) 당신들이 나를 이곳에 팔았으므로 근심하지 마소서 한탄하지 마소서 하나님이 생명을 구원하시려고 나를 당신들 앞서 보내셨나이다 (6) 이 땅에 이 년 동안 흉년이 들었으나 아직 오년은 기경도 못 하고 추수도 못할지라 (7) 하나님이 큰 구원으로 당신들의 생명을 보존하고 당신들의 후손을 세상에 두시려고 나를 당신들 앞서 보내셨나니 (8) 그런즉 나를 이리로 보낸 자는 당신들이 아니요 하나님이시라 하나님이 나로 바로의 아비를 삼으시며 그 온 집의 주를 삼으시며 애굽 온 땅의 치리자를 삼으셨나이다"**

자기를 노예로 팔아 공포에 질려 머리를 들지 못하고 자기에게 엎드려 절하는 형들에게 요셉은 통쾌하게 여기거나 복수하기 위하여 협박하거나 윽박지르지 아니하였습니다. '보시오. 형들은 나를 죽이려고 하였으나 나는 이렇게 애굽의 총리가 되었습니다. 당신들은 나를 꿈쟁이라고 놀리고 미워하였으나 나는 이렇게 당당하게 애굽의 총리가 되었습니다. 당신들이 지금 궁하다고 이제 내게 와서 도움을 요청할 수가 있습니까?' 요셉은 그렇게 복수하는 말로 찌르지 않았습니다. 요셉은 그동안 많은 고통과 역경 속에서 왜 이런 어려움이 계속 자기에게 닥쳐오는지 도무지 이해할 수 없었습니다. 그러나 하나님만 바라보고 모든 역경을 견디고 여기까지 와서 보니까 왜 하나님이 자기에게 그런 꿈을 미리 보여주셨고 왜 그토록 긴 세월 동안 이해할 수 없는 많은 환란을 허락하셨는지 이제 깨닫게 된 것입니다. 자기 앞에 엎드려 있는 저 형들을 보면서 하나님이 왜 자기를 노예로 먼저 이 애굽에 보내셨는지를 이제 깨닫게 된 것입니다. 이제 그동안의 모든 일들이 하나님의 섭리 아래 있었던 것임을 깨닫게 되었습니다. **"당신들이 나를 이곳에 팔았으므로 근심하지 마소서 한탄하지 마소서 하나님이 생명을 구원하시려고 나를 당신들 앞서 보내셨나이다…. 그런즉 나를 이리로 보낸 자는 당신들이 아니요 하나님이시라 하나님이 나로 바로의 아비를 삼으시며 그 온 집의 주를 삼으시며 애굽 온 땅의 치리자를 삼으셨나이다."**

주님을 믿고 따르는 진정한 그리스도인들은 누구나 다 이런 고난과 환란을 겪게 됩니다. 그리고 이런 고난 속에서 요셉처럼 하나님의 자녀로 다듬어지고 성숙한 신앙인격으로 성장하게 되는 것입니다. 앞이 보이지 않는 고난이 계속될 때에는 왜 이런 무서운 일이 일어나는지 도무지 이해가 되지 않지만 이 고난의 터널이 다 지나고 나면 모든 것이 합력하여 선을 이루게 하시는 하나님의 찬란한 역사를 깨닫게 되는 것입니다. 요셉은 하나님의 뜻을 깨달은 사람답게 고난 속에서 다듬어진 성숙한 자세로 형들을 용납하고 위로하고 있습니다; **"(9) 당신들은 속히 아버지께로 올라가서 고하기를 아버지의 아들 요셉의 말에 하나님이 나를 애굽 전국의 주로 세우셨으니 내게로 지체말고 내려오사 (10) 아버지의 아들들과 아버지의 손자들과 아버지의 양과 소와 모든 소유가 고센 땅에 있어서 나와 가깝게 하소서 (11) 흉년이 아직 다섯 해가 있으니 내가 거기서 아버지를 봉양하리이다 아버지와 아버지의 가속과 아버지의 모든 소속이 결핍할까 하나이다 하더라 하소서 (12) 당신들의 눈과 내 아우 베냐민의 눈이 보는바 당신들에게 이 말을 하는 것은 내 입이라 (13) 당신들은 나의 애굽에서의 영화와 당신들의 본 모든 것을 다 내 아버지께 고하고 속히**

모시고 내려오소서 하며"

주님께서 우리에게 보여주신 모범은 우리의 죄를 용서하는 것으로 끝나지 않고 용서 위에 사랑을 더하는 것이었습니다. 주님은 우리의 추악한 죄를 용서하여 주셨을 뿐 아니라 천국에서의 영생을 허락해 주셨습니다. 예수님을 닮은 요셉도 여기 형들의 과거의 죄를 용서할 뿐 아니라 형들에게 애굽에서의 삶을 제공하고 있습니다. 아버지를 비롯 형들의 모든 가족들까지 애굽에 와서 살도록 초청하였습니다. 이것이 진정한 용서의 절정입니다; **"(14) 자기 아우 베냐민의 목을 안고 우니 베냐민도 요셉의 목을 안고 우니라 (15) 요셉이 또 형들과 입맞추며 안고 우니 형들이 그제야 요셉과 말하니라"** 요셉과 그 형제들은 이제 그 쓰라리고 아픈 지난날을 다 청산하고 하나님 앞에서 다시 하나가 되어 하나님이 택하신 백성 이스라엘의 열두 지파에게 주신 원대한 사명을 이루기 위하여 새롭게 출발하는 아름답고 감동적인 순간입니다.

이상에서 살펴본 대로 요셉은 장차 오실 예수님에 대한 예표이며 그림자였습니다. 진정한 회개 없이는 용서가 있을 수 없다는 것을 하나님은 구약성경을 통하여 자세히 그 실례를 우리에게 보여주고 있는 것입니다. 오늘 우리 시대의 교회는 회개에 대하여도 대단히 오해하고 있습니다. 누가 죄를 지으면 그냥 다 용서하라는 것입니다. 그것이 하나님의 사랑이라는 것입니다. 그러니까 하나님의 사랑에 대해서도 엄청나게 오해하고 있는 것입니다. 그래서 죄를 지은 사람이 죄를 회개하지도 않았는데 그냥 용서하고 받아주는 것입니다. 죄를 회개하지 않은 사람들을 교회만 나오면 다 용서하고 받아줍니다. 그래서 오늘 우리 시대의 교회는 용서받지 못한 죄인들로 차고 넘치는 것입니다. 골로새서 3장 13절을 보면 이렇게 기록되어 있습니다; **"누가 뉘게 혐의가 있거든 서로 용납하여 피차 용서하되 주께서 너희를 용서하신 것과 같이 너희도 그리하고"** 즉 주님께서 우리를 용서하신 것과 같이 우리도 그렇게 용서하라고 하셨습니다. 그러면 예수님께서 우리를 어떻게 용서하셨습니까? 우리가 죄를 회개하지 않았는데도 주님은 그냥 우리의 죄를 다 용서해 주셨습니까? 예수님은 세상 모든 사람들의 죄를 위하여 십자가를 지셨습니다. 그러면 회개하지도 않은 이 세상 사람들을 다 용서하셔서 이 세상 사람들도 다 천국에 들어갑니까? 그러면 이 세상에서 지옥에 갈 사람은 아무도 없습니다. 예수님은 분명히 처음 설교하실 때부터 '회개하라 천국이 가까웠느니라' 하셨고 '회개하고 복음을 믿으라'고 하셨습니다. 예수님은 분명히 우리가 죄를 진실로 회개하고 회개의 합당한 열매를 행실로 맺어야 용서를 받는다고 말씀하고 있습니다. 인간이 진실 되게 죄를 회개할 때 용서하시는 분이 주님이십니다. 우리도 주님께서 하신 그대로 우리에게 죄를 지은 사람이 죄를 회개할 때 용서하라는 것입니다. 또 에베소서 4장 32절에서도 같은 내용을 기록하고 있습니다; "서로 인자하게 하며 불쌍히 여기며 서로 용서하기를 하나님이 그리스도 안에서 너희를 용서하심과 같이 하라" 무슨 말입니까? 우리가 죄인임을 깨닫고 우리 죄를 진실로 회개하고 행동으로 회개한 삶을 살 때에 예수님의 십자가 공로로 우리의 죄가 용서되었다는 말입니다. 우리도 하나님이 우리를 용서하신 그 방법대로 우리에게 죄를 지은 사람이 진실로 회개할 때만 용서하라는 것입니다. 누가복음 17장 3~4절을 보면 예수님은 더 분명하게 회개가 용서의 조건임을 밝히고 있습니다; "너희는 스스로 조심하라. 만일 네 형제가 죄를 범하거든 경계(책망)하고 회개하거든 용서하라. 만일 하루 일곱 번이라도 네게 죄를 얻고 일곱 번 네게 돌아와 내가 회개하노라 하거든 너는 용서하라 하시더라" 예수님께서 우리에게 가르쳐 주신 용서는 회개할 때 용서하라는 것입니다. 아무나 다 교회만 열심히 다니면 다 용서받아 하나님의 자녀가 되었다고 외치는 오늘 우리 시대의 교회는 용서받지 못한 죄인들로 가득 찬 가짜 교회임을 잘 보여주고 있습니다. 성경이 말하는 진정한 교회는 회개하여 죄를 용서받은 성결하고 거룩한 성도들로 구성된 그리스도의 신부입니다. 하나님은 이미 구약성경을 통해서 예수님의 예표인 요셉을 통해서 우리 죄인들이 죄를 어떻게 용서받는지에 대하여 수천년 전부터 자세히 가르쳐 주시고 있으나 보아도 보지 못하고 들어도 깨닫지 못하는 눈 멀고 귀먹은 오늘 우리 시대의 교회는 하나님께서 우리 죄인을 어떻게 용서하시는지에 대하여 전혀 알지 못하고 있습니다. 그러므로 예수님께서 요한복음 5장 39절에서 이렇게 말씀하셨던 것입니다; "너희가 성경(구약성경)에서 영생을 얻는 줄 생각하고 성경을 상고하거니와 이 성경(구약성경)이 곧 내게 대하여 증거하는 것이로다"

<부록 9-1>

성막에서의 다섯 가지 제사

"(1) 여호와께서 회막에서 모세를 부르시고 그에게 말씀하여 이르시되 (2) 이스라엘 자손에게 말하여 이르라 너희 중에 누구든지 여호와께 예물을 드리려거든 가축 중에서 소나 양으로 예물을 드릴지니라 (3) 그 예물이 소의 번제이면 흠 없는 수컷으로 회막 문에서 여호와 앞에 기쁘게 받으시도록 드릴지니라 (4) 그는 번제물의 머리에 안수할지니 그를 위하여 기쁘게 받으심이 되어 그를 위하여 속죄가 될 것이라 (5) 그는 여호와 앞에서 그 수송아지를 잡을 것이요 아론의 자손 제사장들은 그 피를 가져다가 회막 문 앞 제단 사방에 뿌릴 것이며 (6) 그는 또 그 번제물의 가죽을 벗기고 각을 뜰 것이요 (7) 제사장 아론의 자손들은 제단 위에 불을 붙이고 불 위에 나무를 벌여 놓고 (8) 아론의 자손 제사장들은 그 뜬 각과 머리와 기름을 제단 위의 불 위에 있는 나무에 벌여 놓을 것이며 (9) 그 내장과 정강이를 물로 씻을 것이요 제사장은 그 전부를 제단 위에서 불살라 번제를 드릴지니 이는 화제라 여호와께 향기로운 냄새니라 (10) 만일 그 예물이 가축 떼의 양이나 염소의 번제이면 흠 없는 수컷으로 드릴지니 (11) 그가 제단 북쪽 여호와 앞에서 그것을 잡을 것이요 아론의 자손 제사장들은 그것의 피를 제단 사방에 뿌릴 것이며 (12) 그는 그것의 각을 뜨고 그것의 머리와 그것의 기름을 베어낼 것이요 제사장은 그것을 다 제단 위의 불 위에 있는 나무 위에 벌여 놓을 것이며 (13) 그 내장과 그 정강이를 물로 씻을 것이요 제사장은 그 전부를 가져다가 제단 위에서 불살라 번제를 드릴지니 이는 화제라 여호와께 향기로운 냄새니라 (14) 만일 여호와께 드리는 예물이 새의 번제이면 산비둘기나 집비둘기 새끼로 예물을 드릴 것이요 (15) 제사장은 그것을 제단으로 가져다가 그것의 머리를 비틀어 끊고 제단 위에서 불사르고 피는 제단 곁에 흘릴 것이며 (16) 그것의 모이주머니와 그 더러운 것은 제거하여 제단 동쪽 재 버리는 곳에 던지고 (17) 또 그 날개 자리에서 그 몸을 찢되 아주 찢지 말고 제사장이 그것을 제단 위의 불 위에 있는 나무 위에서 불살라 번제를 드릴지니 이는 화제라 여호와께 향기로운 냄새니라"(레 1:1–17)

먼저 **번제**의 의미를 살펴보겠습니다. 우리 인간은 '**네 마음을 다하고 목숨을 다하고 뜻을 다하여 주 너의 하나님을 사랑하라**'(마 22:37)는 계명을 받고

711

있습니다. 그러나 죄인이 된 우리 인간은 아무도 이 계명을 지킬 수가 없습니다. 우리의 온전하지 못한 불의한 삶으로는 하나님의 이러한 숭고한 요구를 이루어 드리는 것이 불가능하기 때문이다. 우리는 보통 예수님의 희생제사라고 하면 우리 죄를 위하여 십자가에 죽으신 '죽음'만을 생각합니다. 그러나 여기 번제는 그리스도의 죽음을 의미하는 제사가 아닙니다. 여기 번제가 의미하는 것은 장차 메시아(헬라어로는 그리스도)가 오셔서 **'온전하신 삶'**으로 드리는 산제사를 의미하는 것입니다. 그래서 이 번제를 향내나는 제사라고 하였습니다. 우리 인간은 죄인이기 때문에 우리가 움직이고 말하고 생각할 때마다 악취를 풍겨 하나님을 기쁘시게 하지 못합니다. 그러나 번제에서는 메시아가 오셔서 온전하신 삶을 살아 주심으로써 향내를 풍겨 하나님을 기쁘시게 하십니다. 즉, 죄인인 우리 인간은 흠 없고 완전한 삶을 살 수가 없습니다. 그래서 우리 불완전한 인간은 우리의 삶으로는 도저히 하나님을 기쁘시게 할 수가 없습니다. 그래서 그리스도가 오셔서 흠 없고 온전하신 삶을 대신 살아주심으로써 우리 대신 그리스도께서 하나님을 기쁘게 해주시는 것이 바로 향내나는 제사 번제인 것입니다. 다시 한 번 말하지만 **번제는 그의 '죽음'을 통해서 드리는 제사가 아니고 그의 '온전하신 삶'을 통해서 드리는 제사입니다.**

번제의 내용을 잘 보면 이 사실을 확인할 수가 있습니다. 번제에서는 '머리'와 '기름'과 '정갱이'와 '내장'을 단위에 벌려놓고 불살라야 합니다. 여기서 머리는 생각의 상징이며, 기름덩어리는 힘을 나타내며, 정갱이(다리)는 걸음을 나타내고 내장은 속 중심을 나타내는 것으로 신학자들은 이해해 왔습니다. 그러니까 이 번제는 분명히 그리스도께서 그의 마음을 다하고 목숨을 다하고 뜻을 다하여 하나님을 사랑하는 온전하신 삶을 삶으로써 그의 삶을 거룩한 산제사로 드리실 것을 미리 보여주는 예표였던 것입니다. 또 내장은 완전히 불살라졌다고 하였는데 이것은 장차 오실 메시아가 속마음 중심을 다 바쳐서 완전히 하나님을 위하여 사실 것을 미리 보여주는 예표인 것입니다. 또한 기름과 머리를 불살라 드렸다고 하였는데 이것은 그분이 목숨을 다하고 뜻과 생각을 다하고 힘을 다하여 하나님을 위해 사실 것을 보여주는 것입니다. 우리는 하나님을 사랑한다고 하면서도 우리의 생각 속에는 얼마나 욕심스럽고 이기적인 많은 것들로 가득 차 있습니까? 참으로 그리스도의 온전하신 삶을 상징하는 번제에서는 '머리'와 '기름'과 '정갱이'와 '내장'이 단위에서 온전히 불살라졌습니다. 다시 말해서 그리스도의 삶은 그분의 삶 전체를 전적으로 하나님께 굴복시키는 번제였습니다. 우리의 부끄럽고 추악하고 불의한 삶으로는 도저히 이루어 드릴 수 없는 하나님에 대한 요구를 그리스도께서 그의 흠 없고 온전하신 삶을 통해 우리를 대신하여 이루신 것이 바로 이 번제입니다. '너희 몸을 산제사로 드리라'는 하나님의 요구를 그리스도께서 우리를 대신하여 성취하신 것입니다. 그리스도께서 우리를 대신하여 십자가에서 죽으신 대속의 제사밖에 알지 못하는 우리에게 번제는 얼마나 놀라운 제사입니까? 그러므로 주님께서 '이 모든 성경(구약성경)이 나를 대하여 기록한 것이니라'(요 5:39)고 말씀하셨던 것이다.

소제의 의미는 무엇입니까? '네 마음을 다하고 목숨을 다하고 뜻을 다하여 주 너의 하나님을 사랑하라'(마 22:37)는 계명이 인간이 하나님께 대하여 지켜야 할 계명이라면 '너는 네 이웃을 네 몸과 같이 사랑하라'는 이 계명은 인간이 인간에 대하여 지켜야 할 계명입니다. 10계명을 보면 처음 네 가지 계명은 인간이 하나님께 지켜야 할 것을 요구하는 계명이고 나머지 여섯 가지 계명은 인간이 인간에게 지켜야 할 것을 요구하는 계명입니다. 그러니까 하나님은 성경 전체의 말씀을 통해서 크게 두 가지의 계명을 우리 인간에게 요구하신 것입니다. 그러나 우리는 죄인이기 때문에 이 두 가지 계명을 다 완전하게 지킬 수가 없는 것입니다. 그래서 그리스도께서 인간으로 오셔서 우리 인간을 대신하여 마음을 다하고 목숨을 다하고 뜻을 다하여 하나님을 사랑하는 삶을 보여주신 것이 바로 번제입니다. 다시 말해서 예수님의 30여 년간의 삶 전체가 번제로서 하나님께 드려진 것입니다. 그런데 우리의 이기적이고 불완전한 삶으로는 하나님께서 요구하시는 이 두 번째 요구조차도 이루어 드리는 것이 불가능한 것입니다. 그래서 이 두 번째 계명도 우리 인간을 대신하여 그리스도께서 대신 지켜주신 것이 바로 소제인 것입니다. 그러니까 그리스도께서 소제의 내용이 상징하는 그런 삶을 살아주심으로써 우리를 대신하여 하나님을 기쁘시게 하신 것입니다.

소제의 내용을 잘 살펴보면 장차 오실 메시아는 그의 온전하신 삶을 통해서 하나님이 요구하시는 인간에 대한 요구를 대신 충족시키실 것을 미리 보여주십니다. 소제 역시 메시아가 죽음으로써 드리는 제사가 아니고 그의 온전하신 삶으로 드리는 제사이기에 향내나는 제사라고 하였습니다. 소제의 재료를 잘 보면 번제에서 쓰이는 재료와 다릅니다. 소제에서는 가루가 되도록 빻아진 곡식이나 기름이나 소금 같은 재료를 사용합니다. 이것은 소제가 인간에 대한 요구를 충족시켜 주시는 그리스도의 온전하신 삶의 모습을 보여주는 것입니다. 가루가 되도록 빻아진 곡식은 떡을 만드는 데 사용됩니다. 그런데 여기서 가루가 되도록 빻아진 곡식으로 만든 떡은 장차 생명의 떡으로 오실 그리스도가 빻아진 가루처럼 부수어지실 분이 될 것임을 미리 보여주는 예표입니다. 가루가 되도록 빻아진 곡식은 장차 오실 그리스도께서 겪으실 고난의 삶을 의미하는 것입니다. 하나님이신 그리스도는 그분이 창조한 사람들로부터 참을 수 없는 모욕을 받으시고 말할 수 없는 곤욕을 당하셨습니다. 그는 사람들을 죄와 사망에서 구원하려고 오셨지만 오히려 사람들에게 배척을 당하시고 그가 구원하려는 사람들에게 멸시와 핍박을 당하셨습니다. 여기서 빻아진 그 떡가루는 단순히 적당히 크고 작게 부서진 가루가 아니고 **'아주 곱게 정제된 고운 가루'**였습니다. 그러니까 모든 가루가 완전히 부서져서 아주 작게 골고루 일정한 크기의 가루가 되었기 때문에 모든 가루의 크기가 다 일정한 것입니다. 다시 말해서 크기가 일정한 아주 고운 가루의 의미는 어떠한 비난과 핍박을 당하더라도 한결같이 변함이 없으신 예수님의 변함없는 일정한 태도를 보여주시는 것입니다. 참으로 예수님은 언제나 한결같으시며, 언제나 변함없으시며, 어떤 환경에서도 변함없이 동일하셨습니다. 어느 날에는 잘 참으시다가 갑자기 어느 날에는 못 참으시고 그 인격의 결함을 보이신 적이 없으셨습니다. 그분은 언제나 단호하시고 언제나 분명하신 그 강하고 굳센 의지를 보이시면서도 언제나 온유하시고 겸손하시고 사랑이 넘치시는 따뜻하신 분이셨습니다. 우리는 얼마나 변덕스럽고 쉽게 변하기 잘하고 감정의 기복이 심한 사람들입니까? 어느 때는 물불 가리지 않고 열정적이다가도 또 어느 한순간에는 심히 낙심되고 식어지고 냉랭하여질 때가 얼마나 많습니까? 어느 때는 그렇게 친절하고 사랑이 넘치고 용서를 하다가도 또 어느 때는 그토록 무관심하고 냉랭하고 미워하는 때가 얼마나 많습니까? 또한 소제에서는 고르게 빻아진 고운 가루에 '기름'을 붓습니다. 기름은 성령님의 역사를 나타냅니다. 그러니까 장차 오실 메시아는 성령으로 충만하실 것을 미리 보여주는 예표입니다. 실제로 예수님은 지상에 계실 때에 늘 성령으로 충만하셨습니다. 그러므로 사람들에게 늘 훼방을 당하시고 휘둘림을 당하시고 핍박과 비난을 당하셨지만 주님은 그의 고상한 품위나 위엄이나 능력을 잃으시는 일이 한 번도 없으셨습니다. 우리는 어떠합니까? 조금만 마음이 상해도 너무 아파하고 낙담하고 누가 조금만 건드려도 쉽게 쓰러지고 좌절하지 않습니까? 주님의 일을 한다고 하면서도 우리는 성령으로 충만하지 못하고 우리의 지혜와 우리의 능력으로 행하기 때문입니다. 고르게 빻아진 고운 가루에는 또한 '소금'을 쳤는데 소금은 부패방지를 의미합니다. '너희 말을 항상 은혜 가운데서 소금으로 고르게 함같이 하라'(골 4:6)는 말씀은 그리스도인이 하나님의 자녀답게 항상 말과 생각과 행실에서 부패하지 않고 성결하고 거룩한 삶을 살아야 한다는 뜻입니다. 매일의 삶이 빠진 예배가 바로 위선이고 종교입니다. 예수님은 우리에게 종교인이 되라고 가르치신 적이 없으십니다. 예수님은 우리가 하나님과의 올바른 관계를 회복하도록 가르치셨습니다. 그러므로 우리의 언행심사 일거수일투족이 항상 고르게 나타나야 하는 것입니다. 그러나 우리가 가끔 그렇게 할 수 있으나 항상 그렇게 하지는 못합니다. 그렇게 때문에 항상 그렇게 할 수 없는 우리 죄인을 대신하여 그리스도께서 온전하신 삶을 살아 주심으로써 소제로 바쳐지신 것입니다. 세상의 빛과 소금이 되신 예수님만이 항상 부패되지 아니하시고 오히려 그분이 접촉하는 모든 것을 성결하게 하시고 깨끗하게 하시는 정화의 능력이 있으시기 때문입니다. 이와 같이 그리스도는 스스로를 소제로 바침으로써 그리스도는 이웃을 사랑하시는 그의 온전하신 삶을 통해서 하나님이 우리 인간에게 요구하시는 인간에 대한 우리의 의무를 우리 대신 수행해 주신 것입니다. 이 소제도 예수님에 대한 예표이니 것을 예수님은 아셨기에 다음과 같이 말씀하셨던 것입니다: "너희가 (구약)성경에서 영생을 얻는 줄 생각하고 성경을 상고하거니와 이 (구약)성경이 곧 내게 대하여 증거하는 것이로다"(요 5:39)

화목제의 의미는 무엇입니까? 화목제에서는 제물을 드리는 사람과 제사장과 하나님 모두가 함께 제물을 먹습니다. 다시 말해서 하나님과 제사장과 인간 모두가 이 제물로서 만족을 누리는 것입니다. 번제나 소제에서는 볼 수 없는 모습입니다. 번제는 모든 것이 하나님께만 드려지고 소제에서는 하나님과 제사장들만이 나눌 수 있습니다. 이 두 제사에서 하나님은 만족하시지만 제물을 드리는 인간은 아무것도 차지하지 못하는 것입니다. 번제와 소제에서는 우리가 하나님과 사람에게 대한 의무를 다하지 못한 것을 그리스도께서 대신 이행해 주심으로써 하나님을 기쁘시게 해주었지만 인간으로서는 다만 송구스럽고 미안하고 부끄러울 뿐입니다. 그러므로 번제와 소제에서는 인간이 하나님과 함께 기뻐할 처지가 되지 못하는 것입니다. 그러나 화목제에서는 하나님과 제사장(그리스도)과 인간 모두가 함께 제물을 먹습니다. 이것은 화목제가 바로 하나님과 인간을 화목케 하는 것이 그 목적이기 때문입니다. 그러므로 화목제에서는 제사장의 자녀들까지도 드리는 자와 더불어 제물을 함께 먹을 수 있습니다. 여기서 제사장은 그리스도를 상징합니다. 따라서 그의 자녀들은 당연히 그의 몸 된 교회를 가리키는 성도들입니다. 그러므로 화목제에서 제사장의 자녀들이 함께 식물을 먹을 수 있다는 것은 교회, 즉 성도들이 그리스도의 사역으로 말미암아 하나님과 함께 영적교제를 나눌 수 있게 된 것을 의미하는 것입니다. 죄인 인간이 제사장이신 그리스도께서 드리신 화목제사로 말미암아 하나님과 함께 식탁에 둘러앉아 교제를 나누며 즐거워하는 모습이 바로 화목제입니다. 하나님도 인간도 그리고 제사장이신 그리스도도 다 함께 즐거워하는 이 화목제사를 향내 나는 제사라고 하는 것은 참으로 당연한 것입니다.

속죄제의 의미를 살펴보겠습니다. 지금까지 살펴본 대로 번제와 소제와 화목제는 모두가 그리스도의 온전하신 삶을 통하여 하나님을 기쁘시게 하고 하나님께 열납되기 위한 향기로운 제사들이었습니다. 그러나 속죄제와 속건제는 그리스도께서 사람의 죄를 대신 짊어지시고 우리를 대신하여 심판을 받고 우리를 위하여 저주를 받고 십자가에서 죽으시는(갈 3:13) 모습을 보여줍니다. 그러니까 번제와 소제와 화목제는 그리스도의 흠 없고 온전하신 삶으로 드리는 제사였고 속죄제와 속건제는 그리스도의 죽음을 통해서 드리는 제사였습니다. 그래서 속죄제는 번제와 마찬가지로 흠이 없는 제물이기는 하지만 향기로운 제사는 되지 못한다고 하였습니다. 성자 예수님이 죄인 인간의 죄를 대신 지시고 십자가의 죽으심으로 고통하고 계신데 어찌 성부 하나님께서 성자의 고통을 즐거워하시고 기뻐하실 수가 있겠습니까? 그러므로 속죄제는 향내나는 제사가 되지 못한다고 하신 것입니다.

속죄제의 특징은 성막의 제단에서 불살라지지 못하고 진 밖에서 불살라졌습니다. 다시 말해서 번제와 소제와 화목제는 제단 위에서 제물이 완전히 불살라짐으로써 하나님은 제물을 드리는 자를 열납하시는 것을 보여줍니다. 그러나 속죄제에서는 제물이 제단에서 불살라지는 것이 아니고 진 밖으로 나가서 불살라졌습니다.(레 4:11-12) 즉 속죄제물을 드리는 자가 그의 제물로서 하나님의 심판을 받는 것을 나타내며, 저주를 받아 하나님의 백성들이 살고 있는 진 밖으로 밖으로 쫓겨나는 것을 보여주는 것입니다. 그러니까 장차 오실 메시아가 인간의 죄를 대신 지시고 속죄제물로 바쳐질 때 그가 인간 대신 저주를 받아 하나님의 백성들이 살고 있는 예루살렘성 밖으로 쫓겨나서 버림을 받을 것을 미리 보여주는 예표인 것입니다. 이것은 '그러므로 예수도 자기 피로써 백성을 거룩케 하려고 성문 밖에서 고난을 받으셨느니라'(히 13:12)에서 정확하게 이루어졌습니다. 위에서 언급한 세 가지 향내나는 제사들은 '그는 우리를 위하여 자신을 버리사 향기로운 제물로 하나님께 드리셨느니라'(엡 5:2)에서 이루어졌고 여기 속죄제는 '우리 죄를 위하여 자기 몸을 드리셨으니'(갈 1:4)와 '죄를 알지도 못하신 자로 우리를 대신하여 죄를 삼으셨으니'(고후 5:21)에서 이루어진 것입니다.

마지막으로 **속건제**는 무엇입니까? 앞의 속죄제에 있어서는 죄의 어떠한 행위에 대한 아무런 언급이 없이 그냥 어떤 사람이 죄인으로서 죄를 고백하며 서 있는 모습입니다. 그러나 속건제에서는 어떤 구체적인 죄의 행위들은 언급되어 있지만 사람 자신은 나타나지 않습니다. 그러니까 속죄제에서는 대속을 필요로 하는 사람이 나타나 있지만 속건제에서는 대속을 필요로 하는 죄목들이 나타나 있는 것입니다. 그러니까 속죄제에서는 인간이 죄인 됨을 인하여 드리는 제사이고 속건죄에서는 인간이 저지른 죄의 행위, 즉 허물을 위하여 드리는 제사라는 말이다. 허물이란 인간이 하나님께 잘못 행한 일, 혹은 이웃에게 잘못 행한 일들을 말합니다. 즉 살인이나 간음이나 도적질하는 일이나 거짓말이나 거짓 증거하는 일들로 인하여 다른 사람이 손해를 입게 되는 악한 행위를 총칭하는 말입니다. 속죄제에서는 속죄제물로 바쳐진 자가 하나님께 열납되었지만 속건제에서는 하나님께 대속의 제물을 드리기 전에 먼저 보상을 요구하는 점이 속죄제와 다른 점입니다. "그러므로 예물을 제단에 드리다가 거기서 네 형제에게 원망들을 만한 일이 있는 줄 생각나거든 예물을 제단 앞에 두고 먼저 가서 형제와 화목하고 그 후에 와서 예물을 드리라"(마 5:23-24) 이웃에 대한 잘못된 행동이 바로 하나님께 범죄하는 것입니다. 우리가 이웃에게 그릇 행할 때 그들에게 정신적 물질적 손해를 입힘과 동시에 하나님께 죄를 짓는 것입니다. "내가 주께만 범죄하여 주의 목전에 악을 행하였사오니 주께서 말씀하실 때에 의로우시다 하고 판단하실 때에 순전하시다 하리이다"(시 51:4) 그러므로 사람이 죄 용서를 받기 위하여 예수 그리스도를 영접하기 전에 먼저 회개가 앞서야 함을 보여주는 것입니다. 그리고 그 회개는 자기의 죄가 하나님과 사람에게 끼친 손해를 보상하는 것을 포함해야 합니다. 사람에게 손해를 끼친 죄에 대해서는 삭개오처럼 먼저 보상을 지불해야 합니다. 다윗이 우리아의 아내를 범했을 때 그가 회개함으로써 장차 오실 그리스도의 대속사역으로 죄를 용서받고 하나님께서 다시 다윗을 받으셨으나 그의 죄가 끼친 허물에 대해서는 보상해야 했으므로 그의 남은 생애에 칼이 그 집을 떠나지 아니하였습니다.(삼하 12:10)

또한 속건제에서는 제사장의 판정에 따라 그 손해를 성소의 세겔로 환산하여 피해자에게 남김없이 지불하게 하였습니다.(레 5:15) 그러니까 속건제에서는 허물이 징벌을 당할 뿐 아니라 피해를 입은 자가 충분하게 보상을 받는 것입니다. 그 보상은 성소의 세겔로 지불되는데 이는 하나님의 기준에 의하여 허물을 측량하여 피해자에게 지불하는 의미가 있는 것입니다. 하나님은 사람의 허물로 인하여 손해보신 것을 그리스도께서 드리신 속건제를 통하여 보상받으시고, 사람도 역시 사람들의 허물로 인하여 손해본 것을 그리스도께서 드리신 속건제를 통하여 보상받게 됩니다. 인간은 죄 때문에 완전하게 보상해 줄 수 없는 치명적인 손실을 서로 주고받아 왔습니다. 그런데 그리스도께서 속건제사로 자신을 드리심으로써 원래 범한 과실보다 5분의 1을 덧붙여서 보상을 받게 되는 점이 특이합니다. 그러니까 그리스도께서 드리신 속건제로 말미암아 하나님과 사람은 사람으로부터 빼앗긴 것보다 더 많은 것을 되돌려받게 되는 것입니다. 하나님은 사람의 죄로 말미암아 사랑하는 인간을 에덴동산에 쫓아내야 하는 손실을 입으셨지만, 그리스도의 속건제사로 말미암아 보상을 받아 잃었던 인간을 다시 찾게 될 뿐 아니라 에덴동산보다 더 낮은 천국에서 그것도 원래의 인간보다 더 의롭고 거룩해진 그리스도의 의로 덧입혀지고 완전한 부활의 몸을 지닌 인간과 함께 영원히 살게 된 것입니다. 인간 또한 죄로 말미암아 하나님을 잃어버리고 에덴에서 쫓겨나는 손실을 입었지만 그리스도의 속건제사로 말미암아 보상을 받아 영생을 얻고 더 온전한 하나님의 사람이 되어 하나님 나라에 들어가 하나님과 함께 영원히 살게 된 것입니다. 그리스도께서 죽음으로 드리신 속건제사로 말미암아 단순히 우리 죄를 용서하고 죄를 없이하여 주는 것뿐 아니라, 거기에 원래 범한 과실보다 5분의 1을 덧붙여 보상을 받았기 때문입니다.

　이상에서 살펴본 대로 구약 레위기에 나타난 다섯 가지 제사도 장차 오실 메시아가 그의 삶과 죽음을 통해서 이루실 대속사역을 상세하게 미리 보여 주는 예표였던 것입니다. 로마서 5장 1절에 보면 **'그러므로 우리가 믿음으로 의롭다 하심을 얻었은즉'**이라고 기록하고 있습니다. 우리는 앞에서 믿음의 전제조건이 회개라는 것을 살펴보았습니다. 회개함으로써 죄 용서를 받게 됩니다. 단순히 죄를 용서받았다고 해서 의롭게 되는 것이 아닙니다. 죄 용서를 받은 후에 예수님을 구주와 왕으로 믿게(영접) 되는 것입니다. 그 믿음으로 우리는 비로소 '의롭다'하심을 얻게 되는 것입니다. 우리가 죄 용서를 받고 거기에 의롭다 하심까지 얻게 되는 것은 그리스도께서 드리신 다섯 가지 제사가 있었기 때문입니다. 즉 지금까지 살펴본 대로 번제와 소제는 우리를 대신하여 예수님께서 그의 흠 없으시고 완전하시고 의로우신 삶을 살아 주심으로써 드리신 제사였습니다. 그리고 속죄제와 속건제는 우리를 대신하여 예수님께서 십자가에서 죽으심으로써 드리신 제사였습니다. 그의 십자가의 죽으심[속죄제와 속건제]으로써 우리의 죄를 용서하셨습니다. 그러나 예수님의 십자가 대속 죽음은 우리의 죄를 용서해주시는 근거가 되지만 우리를 거룩하고 의롭게 해주지는 못합니다. 왜냐하면 죄를 용서받았다고 해서 우리가 의인이 되는 것은 아니기 때문입니다. 그래서 예수님은 죄인 인간을 대신하여 거룩하고 의로운 삶을 살아 주셨습니다. 그것이 바로 예수님의 번제와 소제의 삶입니다. 그러므로 예수님께서 우리의 죄를 대신 짊어지시고 십자가에 대신 죽으셨으므로 우리가 죄를 회개하면 우리는 죄를 용서받게 됩니다. 그러나 죄는 용서받았지만 아직 의롭게 되지는 않았습니다. 그래서 우리를 대신하여 거룩하고 의로운 삶[번제와 소제]을 살아 주신 예수님을 영접[믿음]함으로써 예수님의 의가 우리에게 전가되어 비로소 우리가 의롭게 되는 것입니다. 그러니까 예수님께서 우리를 대신하여 십자가에서 죽으심과 우리를 대신하여 33년 간의 거룩하고 의로운 삶을 살아 주심으로써 우리의 죄가 용서되고 죄가 용서된 다음에는 우리를 의로운 사람으로 만들어 주실 수 있는 것입니다.

결론적으로 회개를 통해서 예수님의 속죄제와 속건제가 우리의 죄를 용서하여 주시고 예수님을 믿음[영접]으로써 예수님의 번제와 소제가 우리를 거룩하고 의롭게 만들어 주는 것입니다. 그러므로 로마서 5장 1절에서 **"그러므로 우리가 믿음으로 의롭다 하심을 얻었은즉"**이라고 기록하고 있는 것입니다. 이와 같이 회개와 믿음으로 우리가 의롭게 되는 것입니다. 이와 같이 죄인이 죄를 용서받고 의롭게 된 후에는 예수님의 화목제를 통하여 우리가 하나님과 화목하게 되어 하나님의 원수였던 우리가 하나님의 자녀가 될 수 있는 것입니다. 다시 말하지만 우리 죄인이 의롭게 되고 하나님의 자녀가 될 수 있는 것은 단순히 십자가의 대속 죽음[속죄제와 속건제] 때문 만이 아니고 그의 번제와 소제를 통해서 완전하시고 흠 없으시고 의로우신 삶을 사심으로써 우리를 의롭게 만드신 것입니다. 이것이 바로 믿음으로 의롭게 되었다는 말씀의 뜻입니다. 그래서 예수님은 믿음 보다 먼저 회개를 요구하신 것입니다. 이와 같이 회개와 믿음의 과정을 거쳐서 우리가 의롭게 되고 예수님의 화목제를 통하여 하나님의 자녀로 입양된 것입니다. 회개를 통해서 죄를 용서받고 예수님을 영접[믿음]함으로써 의롭다고 칭함을 받은 여기 까지가 우리가 믿음으로 얻을 수 있는 구원입니다. 그러나 이것은 구원의 완성이 아닙니다. 구원의 시작일 뿐입니다. 이 구원을 최종 완성시키기 위해서는 **"두렵고 떨리는 마음으로 우리의 구원을 이루어가야"**[빌2:12] 합니다. 다시 말해서 구원받아 하나님의 자녀가 된 다음에는 즉 믿음으로 의롭다 합을 얻은 후에는 하나님의 자녀로 계속해서 하나님을 닮아가는 성화의 삶을 살아야 할 의무가 우리에게 주어진 것입니다. 회개와 믿음[영접]으로 의롭다 함을 받고 구원을 받은 이런 사람에게 하나님은 영생만 주신 것이 아니라 하나님을 닮아가는데 필요한 모든 것을 주셨다고 말씀하고 있습니다; **"그의 신기한 능력으로 생명[영생]과 경건[godliness-하나님처럼 되는 것]에 속한 모든 것을 우리에게 주셨으니"**[벧후1:3] 그렇습니다. 회개로 죄 용서를 받고 믿음[영접]으로 의롭게 된 구원받은 하나님의 자녀들은 영생뿐만 아니라 하나님을 닮아가는 데 필요한 모든 것을 받았기 때문에 믿음으로 구원을 얻은 후에는 **"더**

욱 힘써서[make every effort-모든 노력을 다하여] 믿음에 덕을, 덕에 지식을 지식에 절제를, 절제에 인내를, 인내에 경건을, 경건에 형제 우애를, 형제 우애에 사랑을 더하라"[벧후 1:5-7]는 명령을 받고 있는 것입니다. 구원을 얻기 위해서는 회개하고 믿기만[영접]하면 되었지만 구원을 얻은 다음부터는 있는 힘을 다하여 엄청난 노력으로 하나님을 닮아가는 성화의 삶을 살아야 하는 것입니다. 즉 구원을 받기 위해서 회개하고 영접[믿음]하는 것보다도 구원받은 후의 삶이 더 어려운 것입니다. 왜냐하면 믿음으로 얻은 구원이 최종 완성이 아니고 오직 저 천국에 들어가기 위해서 첫 걸음을 내딛은 작은 시작에 불과하기 때문입니다. 저 천국에 입성하기 위해서는 사탄이 쳐 놓은 뿌리칠 수 없는 수많은 세상적인 유혹을 자기부인[self-denial]으로 과감히 물리쳐야 하고 끊임없이 도전해오는 환난과 핍박과 싸우는 선한 싸움을 끝까지 싸워 승리해야 하기 때문입니다. 그러므로 **"두렵고 떨림으로 너희 구원을 이루어가라"**[빌2:12]고 말씀하신 것입니다. 구원이 아직 이루어지지 않았다는 말입니다. 이상에서 살펴본 레위기의 이 다섯가지 제사는 장차 오실 메시아 예수님께서 그의 삶과 죽음을 통해서 드리실 다섯가지의 대속제사에 대하여 미리 상세하게 보여준 것입니다. 그러므로 예수님은 구약의 모든 것이 자신을 위하여 기록된 것이라고 말씀하셨던 것입니다; **"너희가 성경에서 영생을 얻는 줄 생각하고 성경을 상고하거니와 이 성경이 곧 내게 대하여 증거하는 것이로다"**[요.5:39]

<부록 9-2>

대환난 전에 있는 일곱 교회 시대

"(1) 예수 그리스도의 계시라 이는 하나님이 그에게 주사 반드시 속히 될 일을 그 종들에게 보이시려고 그 천사를 그 종 요한에게 보내어 지시하신 것이라 (2) 요한은 하나님의 말씀과 예수 그리스도의 증거 곧 자기의 본 것을 다 증거하였느니라 (3) 이 예언의 말씀을 읽는 자와 듣는 자들과 그 가운데 기록한 것을 지키는 자들이 복이 있나니 때가 가까움이라 (4) 요한은 아시아에 있는 일곱 교회에 편지하노니 이제도 계시고 전에도 계시고 장차 오실 이와 그 보좌 앞에 일곱 영과 (5) 또 충성된 증인으로 죽은 자들 가운데서 먼저 나시고 땅의 임금들의 머리가 되신 예수 그리스도로 말미암아 은혜와 평강이 너희에게 있기를 원하노라 우리를 사랑하사 그의 피로 우리 죄에서 우리를 해방하시고 (6) 그 아버지 하나님을 위하여 우리를 나라와 제사장으로 삼으신 그에게 영광과 능력이 세세토록 있기를 원하노라 아멘 (7) 볼지어다 구름을 타고 오시리라 각 인의 눈이 그를 보겠고 그를 찌른 자들도 볼터이요 땅에 있는 모든 족속이 그를 인하여 애곡하리니 그러하리라 아멘 (8) 주 하나님이 가라사대 나는 알파와 오메가라 이제도 있고 전에도 있었고 장차 올 자요 전능한 자라 하시더라 (9) 나 요한은 너희 형제요 예수의 환난과 나라와 참음에 동참하는 자라 하나님의 말씀과 예수의 증거를 인하여 밧모라 하는 섬에 있었더니 (10) 주의 날에 내가 성령에 감동하여 내 뒤에서 나는 나팔 소리 같은 큰 음성을 들으니 (11) 가로되 너 보는 것을 책에 써서 에베소, 서머나, 버가모, 두아디라, 사데, 빌라델비아, 라오디게아 일곱 교회에 보내라 하시기로 (12) 몸을 돌이켜 나더러 말한 음성을 알아보려고 하여 돌이킬 때에 일곱 금 촛대를 보았는데 (13) 촛대 사이에 인자 같은 이가 발에 끌리는 옷을 입고 가슴에 금띠를 띠고 (14) 그 머리와 털의 희기가 흰 양털 같고 눈 같으며 그의 눈은 불꽃 같고 (15) 그의 발은 풀무에 단련한 빛난 주석 같고 그의 음성은 많은 물 소리와 같으며 (16) 그 오른손에 일곱 별이 있고 그 입에서 좌우에 날선 검이 나오고 그 얼굴은 해가 힘있게 비취는것 같더라 (17) 내가 볼때에 그 발앞에 엎드러져 죽은 자 같이 되매 그가 오른손을 내게 얹고 가라사대 두려워 말라 나는 처음이요 나중이니 (18) 곧 산 자라 내가 전에 죽었었노라 볼지어다 이제 세세토록 살아 있어 사망과 음부의 열쇠를 가졌노니 (19) 그러므로 네 본 것과 이제 있는 일과 장차 될 일을 기록하라 (20) 네 본 것은 내 오른손에 일곱 별의 비밀과 일곱 금 촛대라 일곱 별은 일곱 교회의 사자요 일곱 촛대는 일곱 교회니라"(계 1:1-19)

먼저 1장을 살펴보면 1절에서 이 요한계시록은 예수 그리스도의 계시라고 선포하시면서 반드시 속히 될 일을 아시아에 있는 일곱 교회에 편지한다고 하였습니다. 그리고 7절에서는 예수님의 재림을 언급하면서 13절부터는 재림하시는 예수님의 모습이 간략하게 묘사되어 있고 예수님의 오른손에는 일곱 별과 일곱 촛대가 있는데 일곱 별은 일곱 교회의 사자들이고 일곱 촛대는 일곱 교회라고 설명하면서 19절에 보시면 '그러므로 **네 본 것**과 **이제 있는 일**과 **장차 될 일**을 기록하라'고 기록되어 있습니다. 바로 여기 19절에서 보듯이 요한계시록은 세 개의 서로 다른 시대를 다루고 있음을 알 수 있습니다. 세 개의 서로 다른 시대란 즉 **사도 요한이 이미 보아온 과거의 일들과 사도 요한이 이 계시를 받을 당시에 직접 보고 있는 당시의 일들과 그리고 사도 요한이 아직 보지 못한 장래에 이루어질 일들을** 기록하라는 것입니다. 사도 요한은 사도들 중에서 가장 장수한 사도였습니다. 다른 사도들은 주후 70년 전후로 모두 죽었습니다. 그러나 사도 요한은 주후 90년경까지 살았고 이 요한계시록을 밧모섬에서 받은 시점도 주후 90년경입니다. 그러면 사도 요한이 이미 보아온 과거의 일은 주후 90년 전의 일들이어야 합니다. 그러니까 19절의 '**네가 본 것**'은 주후 90년경 이전에 있었던 사건을 의미하는 것입니다. 그리고 '**이제 있는 일**'은 사도 요한이 주후 90년경 당시에 보고 있는 일들을 의미하는 것입니다. 그리고 '**장차 될 일**'은 주후 90년경 이후에 일어날 미래의 사건들을 의미하는 것입니다. 여기서 우리는 **요한계시록이 다루고 있는 기간이 주후 90년 전의 사건들부터 시작하고 있다는 확실한 증거를 확보할 수 있게 된 것입니다.** 그리고 사도 요한이 주후 90년경에 이 요한계시록을 받을 당시에 일어나는 일들과 그리고 주후 90년경 이후에 일어날 일들을 다루고 있다는 것을 깨닫게 됩니다. 그러면 6장부터 19장까지는 마지막 한 이레의 후반부 3년 반 동안의 대환난의 사건들을 다루고 있다는 것을 염두에 두고 생각해 보면 요한계시록 1장부터 19장까지는 **주후 90년경 전에 일어났던 사건들부터** 시작하여 대환난이 끝나는 부분까지 다루고 있다는 것을 확인할 수 있게 됩니다.

일곱 교회 시대의 시간대별 위치
2-3장 <일곱 교회 시대>

에베소 교회 시대: 주후 30~70년경
"(1) 에베소 교회의 사자에게 편지하기를 오른손에 일곱 별을 붙잡고 일곱 금 촛대 사이에 다니시는 이가 가라사대 (2) **내가 네 행위와 수고와 네 인내를 알고 또 악한 자들을 용납지 아니한 것과 자칭 사도라 하되 아닌 자들을 시험하여 그 거짓된 것을 네가 드러낸 것과** (3) 또 네가 참고 내 이름을 위하여 견디고 게으르지 아니한 것을 아노라 (4) **그러나 너를 책망할 것이 있나니 너**

의 처음 사랑을 버렸느니라 (5) 그러므로 어디서 떨어진 것을 생각하고 회개하여 처음 행위를 가지라 만일 그리하지 아니하고 회개치 아니하면 내가 네게 임하여 네 촛대를 그 자리에서 옮기리라 (6) 오직 네게 이것이 있으니 **네가 니골라당의 행위를 미워하는도다 나도 이것을 미워하노라** (7) 귀 있는 자는 성령이 교회들에게 하시는 말씀을 들을지어다 이기는 그에게는 내가 하나님의 낙원에 있는 생명나무의 과실을 주어 먹게 하리라"(계 2:1-7)

에베소 교회에 관하여 읽을 때 놓치지 말아야 할 것은 **에베소 교회는 사도들이 세웠던 사도시대의 교회라는 점입니다. 사도라는 말은 예수님의 열두 제자들을 일컫는 말입니다.** 이 사도들은 직접 예수님으로부터 말씀을 배운 사람들입니다. 이 사도들 중에서 맨 마지막까지 교회사역을 했던 사도가 바로 사도 요한입니다. 사도들이 죽고 난 다음에는 사도들로부터 말씀을 배운 사람들이 교회를 개척하며 섬겼습니다. 그 사람들은 예수님을 본 적도 없고 예수님의 열두 제자가 아닌 사람들입니다. 사도들이 죽은 다음에는 더 이상 사도들은 없었기 때문에 그 후의 교회들은 사도라는 명칭을 사용하지 않았습니다. 그러니까 2장 2절에 '에베소 교회가 **자칭 사도라 하되 아닌 자들을** 시험하여 그 거짓된 것을 네가 드러냈다'는 말은 에베소 교회가 **가짜 사도들이 살았던 시대에 있었던 사도시대의 교회라는 것을 보여줍니다.** 실제로 사도 바울은 고린도 교회가 '**다른 예수**' '**다른 복음**' '**다른 영**'을 따라갈 때에 신랄하게 그들을 책망하면서 **그 사람들의 정체를 '거짓 사도'라고 분명하게 밝혔습니다.** 고린도후서 11장 4절과 13절을 보십시오; "**(4) 만일 누가 가서 우리의 전파하지 아니한 다른 예수를 전파하거나 혹 너희의 받지 아니한 다른 영을 받게 하거나 혹 너희의 받지 아니한 다른 복음을 받게 할 때에는 너희가 잘 용납하는구나**" "**(13) 저런 사람들은 거짓 사도요 궤휼의 역군이니 자기를 그리스도의 사도로 가장하는 자들이니라.**" 이와 같이 다른 예수 다른 복음 다른 영을 전파하는 사람들을 **거짓 사도**라고 맹렬하게 비난하면서 복음 진리를 바로잡았던 교회는 사도들이 세웠던 초대교회였습니다. 즉 '**자칭 사도라 하되 아닌 자들**'을 시험하여 그 거짓된 것을 네가 드러낸 에베소 교회가 바로 사도들이 세웠던 초대교회를 말하는 것입니다. **그러므로 사도시대에 속한 초대교회들이 바로 계시록에서 말하는 에베소 교회였던 것입니다.** 그러니까 에베소 교회는 대략 주후 30~70년대 전후 사이에 있었던 사도들이 개척하고 목회했던 사도시대의 교회들을 말하는 것입니다. 이것이 바로 1장 19절에서 '그러므로 네 본 것과 이제 있는 일과 장차 될 일을 기록하라'에서 '네가 본 것(what you have seen)' 즉 이미 지나간 과거부터 그 당시까지 사도 요한이 보아왔던 교회입니다. 즉 사도 요한이 요한계시록을 기록한 시점에서 볼 때 이미 지나간 과거에 속하는 교회가 바로 에베소 교회입니다. 대부분의 사도들은 주후 60년대 중반에 시작된 네로 황제의 핍박 때부터 사도 바울과 베드로의 죽음으로 시작하여 대략 주후 70년대 전후에 죽었으나 사도 요한은 주후 90년대까지 살아남았던 장수한 사도였습니다. 그러므로 사도 요한은 예수님 승천 이후부터 최소한 약 40여 년 동안 사도들이 개척하고 섬겼던 사도시대의 교회를 보아왔었습니다. **그러므로 에베소 교회는 '네가 본 것'에 해당하는 사도시대의 교회라는 점을 놓치지 말아야 합니다.**

서머나 교회 시대: 주후 70~300년경

"(8) 서머나 교회의 사자에게 편지하기를 처음이요 나중이요 죽었다가 살아나신 이가 가라사대 (9) 내가 네 환난과 궁핍을 아노니 실상은 네가 부요한 자니라 자칭 유대인이라 하는 자들의 훼방도 아노니 실상은 유대인이 아니요 사단의 회라 (10) 네가 장차 받을 고난을 두려워 말라 볼지어다 마귀가 장차 너희 가운데서 몇 사람을 옥에 던져 시험을 받게 하리니 너희가 십일 동안 환난을 받으리라 네가 죽도록 충성하라 그리하면 내가 생명의 면류관을 네게 주리라 (11) 귀 있는 자는 성령이 교회들에게 하시는 말씀을 들을지어다 이기는 자는 둘째 사망의 해를 받지 아니하리라"(계 2:8-11)

8절을 보면 과거부터 지금까지 고난을 당해 온 서머나 교회를 주님은 칭찬해 주셨습니다. 그러나 그렇다고 고난이 이제 다 끝났다는 것이 아닙니다. 오히려 지금까지 받아온 환란과 고난은 작은 시작에 불과하고 이제부터 본격적인 환란이 닥쳐올 것이라는 뜻입니다. 앞으로도 십 일간이나 더 마귀의 역사가 있을 것을 예고해 주고 계십니다. 그러므로 십 일이란 서머나 교회가 대략 주후 70년대 전후부터 300년대까지 계속되었던 황제들의 핍박 중에서도 그리스도인들을 가장 심하게 핍박했던 10명의 황제시대를 상징하는 것으로 여겨집니다. 즉 서머나 교회가 상징하는 시대는 사도시대가 끝난 다음 시대로서 특히 로마제국의 10대 악명 높은 황제들로부터 그리스도인들이 극심한 핍박을 받았던 시대였습니다. 도미시안 황제(주후 90년), 트라얀 황제(98), 하드리안 황제(117), 마르크스 아우렐리우스 황제(161), 셉티미우스 세베레스 황제(202), 막시민 황제(235), 데시우스 황제(249), 발레리안 황제(254), 아우렐리안 황제(270), 디오클레시안 황제(284) 등 이들은 로마제국 전역에 흩어진 그리스도인들을 혹독하게 핍박한 황제들로 악명 높은 황제들이었습니다. 사도 요한은 다른 사도들이 죽고 나서도 20년에서 30년 이상 더 장수하면서 사도들이 세워놓았던 교회들이 로마제국으로부터 가혹한 핍박을 당하는 것을 직접 보아왔었습니다. 그리고 그 핍박과 환란은 사도 요한이 이 계록을 쓰고 있는 주후 90년경 그 당시에도 계속되고 있었습니다. 그러므로 서머나 교회는 계시록 1장 19절에서 '그러므로 **네 본 것과 이제 있는 일과 장차될 일을** 기록하라'에서 **'이제 있는 일'에 속하는 교회인 것입니다.** 사도 요한은 바로 십일 동안 환란을 받게 될 이 서머나 교회시대의 초기에 있었던 사람입니다. "**(10) 네가 장차 받을 고난을 두려워 말라 볼지어다 마귀가 장차 너희 가운데서 몇 사람을 옥에 던져 시험을 받게 하리니 너희가 십일 동안 환난을 받으리라"**

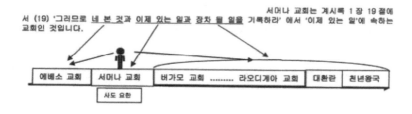

버가모 교회 시대: 주후 300~600년경

"**(12) 버가모 교회의 사자에게** 편지하기를 좌우에 날선 검을 가진 이가 가라사대 **(13) 네가 어디 사는 것을 내가 아노니 거기는 사단의 위가 있는 데라** 네가 내 이름을 굳게 잡아서 내 충성된 증인 안디바가 너희 가운데 곧 사단의 거하는 곳에서 죽임을 당할 때에도 나를 믿는 믿음을 저버리지 아니하였도다 **(14) 그러나 네게 두어가지 책망할 것이 있나니 거기 네게 발람의 교훈을 지키는 자들이 있도다 발람이 발락을 가르쳐 이스라엘 앞에 올무를 놓아 우상**

의 제물을 먹게 하였고 또 행음하게 하였느니라 (15) 이와 같이 네게도 니골라당의 교훈을 지키는 자들이 있도다 (16) 그러므로 회개하라 그리하지 아니하면 내가 네게 속히 임하여 내 입의 검으로 그들과 싸우리라 (17) 귀 있는 자는 성령이 교회들에게 하시는 말씀을 들을지어다 이기는 그에게는 내가 감추었던 만나를 주고 또 흰 돌을 줄터인데 그 돌 위에 새 이름을 기록한 것이 있나니 받는 자 밖에는 그 이름을 알 사람이 없느니라"(계 2:12-17)

버가모 교회가 받은 칭찬

"네가 내 이름을 굳게 잡아서 내 충성된 증인 안디바가 너희 가운데 곧 사단의 거하는 곳에서 죽임을 당할 때에도 나를 믿는 믿음을 저버리지 아니하였도다"(계 2:13)

황제숭배를 강요하는 정치적인 압력과 하나님을 대항하는 그리스 철학이 주도하는 교육과 문화와 종교 속에서 자기들 나름대로 논리적인 교리를 다룰 줄 알고 주장하고 논쟁할 수 있는 이런 이교 지성인 사회에서 버가모 교회가 성경말씀을 바로 붙잡고 믿음을 지키는 일은 쉽지 않았을 것입니다. 그러나 주님은 버가모 교회에 안디바 같은 충성된 증인이 있어서 사단이 거하는 곳에서 목숨을 바쳐 끝까지 주님을 믿는 믿음을 저버리지 아니하였다고 칭찬하고 있습니다. 즉 버가모 교회는 안디바처럼 목숨을 걸고 로마 황제숭배를 거부했으며 어떠한 그럴듯한 철학과 이교의 교리와도 타협하지 아니하였습니다. 그러므로 주님은 이런 어려운 환경에서도 예수의 이름을 굳게 잡고 예수 믿는 믿음을 저버리지 아니하였다고 버가모 교회를 칭찬하였던 것입니다.

앞에서 언급한 대로 에베소 교회는 주후 30년경 오순절에서 시작된 초대교회 때부터 약 주후 70년대 전후까지 사도들이 목회했던 사도교회시대를 상징합니다. 서머나 교회는 열두 사도들이 거의 사라져가는 주후 70년경부터 300년경까지 로마의 악명 높은 10대 황제들이 교회를 핍박했던 교회박해 시대를 상징합니다. 버가모 교회는 주후 약 300년경부터 600년경에 있었던 교리논쟁의 시대를 상징한다고 보여집니다. 300년경에서 600년경까지의 교회시대를 살펴보면 콘스탄틴 황제가 즉위하면서 교회는 정부의 특혜와 후원을 받아 외적인 핍박과 박해에서는 벗어났으나 교회 내부적으로는 교리적 논쟁으로 혼란의 와중에 휩싸이게 되었던 시대였습니다.

사탄은 교회가 200여 년 동안 심한 박해를 받고도 와해되지 않고 오히려 교회가 더욱 단단히 뭉쳐 하나가 되니까 이번에는 평화로운 시대를 이용하여 이단 교리를 만들어 왜곡된 진리로 성도들을 혼란시켜서 교회를 쓰러트리려고 시도하는 것입니다. 박해가 거의 끝나갈 무렵에 알렉산드리아의 장로 아리우스는 하나님만이 시작이 없는 영원하신 분이고 아들 되신 예수는 시작이 있는 피조물이라고 주장하여 예수는 완전한 하나님이 아니라고 이단교리를 퍼트리기 시작하였습니다. 사탄은 아리우스 이단을 이용하여 예수 그리스도는 육체라는 점을 들어서 예수는 신이 아니고 인간이기 때문에 인간이 인간을 구원할 수 없다는 그런 속임수로 교회를 쓰러트리려고 하였던 것입니다. 이에 대항하여 알렉산드리아의 감독 알렉산더는 신학자들을 소집하여 대회를 열고 아리우스의 이단설을 정죄하였습니다. 교회에서 추방당한 아리우스는 동방으로 진출하여 자기의 이단교리를 널리 전파하였고 로마의 황제 콘스탄틴은 주후 325년 5월 20일에 역사적으로 황제가 소집하는 첫 번째 성경교리 회의인 니케아 회의를 소집하였습니다. 하나님의 말씀을 올바로 해석하여 교회를 이단의 공격에서 보호하기 위한 첫 번째 국가적인 시도였습니다. 약 300명의 감독들이 참가하였는데 성경을 놓고 독생자 예수 그리스도에 대하여 심도있게 학자들이 토론을 벌인 끝에 알렉산더 감독의 후임으로 들어선 아다나시우스의 성부와 성자는 동질이며 따라서 성자 예수 그리스도는 영원하신 하나님이라는 해석이 인정을 받고 아리우스 일파는 이단으로 정죄되고 추방되었습니다.

그러나 사탄은 여기서 쉽게 물러서지 않았습니다. 이번에는 정반대의 교리를 퍼트리는 이단을 앞세워 또다시 교회를 공격하였습니다. 즉, 지난번 아리우스 이단 때에는 예수의 신성을 부인하다가 참패를 당한 점을 고려하여 이번에는 예수의 신성만 주장하여 예수의 인성을 부인하려는 전략이었습니다. 라오디게아의 감독 아폴리나리우스를 이용하여 예수가 사람의 육신을 가졌다면 죄를 짓지 않을 수 없다는 논리를 전개하여 예수의 신성만 강조하고 인성은 부인하여 사실상 십자가의 대속 죽음을 부인하려는 속임수였습니다. 그러므로 두 번째 성경교리 대회가 주후 381년에 개최되었는데 이것이 바로 콘스탄티노플 대회입니다. 이 대회에서 아폴리나리우스의 이단설이 정 죄되고 예수께서 신성과 인성을 다 함께 공유하신 분임을 확인하였습니다. 이와 같이 성자론 그리고 성령론, 인간론 등 여러 분야에서 사탄은 이단 교리를 가지고 교회를 공격해 왔으나 381년 콘스탄티노플 대회에서 성자론과 함께 성령론도 다루어졌고 그 후에도 칼타고 회의(412)와 에베소 회의(431)에서는 인간의 죄는 아담에서 그치고 후손에게는 미치지 않음으로 구원은 율법이나 복음이 없이도 가능하다는 펠라기우스의 이단 교리가 어거스틴의 원죄설에 밀려 이단으로 정죄되었습니다. 그 후에도 칼세돈 회의(451), 콘스 탄티노플 회의(553) 등을 거쳐 성자론 교리가 정통 교리로 채택되어야 할 정 도로 주후 300년경부터 600년경까지는 사탄이 하나님의 말씀을 집요하게 헐뜯고 진리를 혼란케 하여 성도들로 하여금 올바른 믿음을 갖지 못하게 하려고 시도하였던 시대였습니다.

오늘 본문의 버가모 교회는 바로 300년경에서 600년경까지의 교회시대를 상징하는 교회로서 '사탄의 보좌가 있는 곳에서 끝까지 예수의 이름을 굳게 붙잡고 믿음을 지킨 교회'라고 주님은 버가모 교회를 칭찬하고 있습니다. 그 러나 사탄의 공격은 집요합니다. 이단 교리로 교회를 쓰러트리려는 그의 계 획이 실패하자 이제는 발람을 사용하여 우상숭배로 교회를 공격하였습니다.

버가모 교회가 받은 책망

"(14) 그러나 네게 두어 가지 책망할 것이 있나니 거기 네게 발람의 교훈을 지키는 자들이 있도다 발람이 발락을 가르쳐 이스라엘 앞에 올무를 놓아 우상의 제물을 먹게 하였고 또 행음하게 하였느니라 (15) 이와 같이 네게도 니골라당의 교훈을 지키는 자들이 있도다"(계 2:14~15)

앞에서도 언급한 것처럼 니골라당은 예수를 믿는다고 하면서도 우상숭배와 성적부도덕과 타협한 사람들을 지칭합니다. 헬라어 '니골라당'은 히브 리어로 '발람의 사람들'이란 뜻입니다. 이방의 점성가 발람은 모압 여인들을 사용하여 이스라엘 사람들을 성적으로 유혹하여 우상을 섬기게 한 거 짓 선지자였습니다. 이와 같이 니골라당은 예수를 믿는다고 자처하는 사람들인데 로마의 시민으로서 황제를 숭배하는 것이나 로마제국의 여러 종교를 따르는 것이 죄가 아니라고 생각하여 기꺼이 우상숭배에 가담했던 사람들입니다. **'이 성전을 허물라'**는 주님의 가르침을 받았던 주님의 제자들은 교회당이라는 건물을 지은 적이 전혀 없습니다. 성경을 자세히 보면 초대교회의 성도들은 가정 집에서 모였고 예수님의 지체가 된 그들 자신들이 교회였습니다; **"아시아의 교회들이 너희에게 문안하고 아굴라와 브리스가와 및 그 집에 있는 교회가 주 안에서 너희에게 간절히 문안하고"**(고전 16:19) **"라오디게아에 있는 형제들과 눔바와 그 여자의 집에 있는 교회에 문안하고"**(골 4:15) 원래 '교회'라는 말의 헬라어 원어는 '에클레시아'로서 전치사 '에크(밖으로)'와 '칼레오(내가 부르다)'라는 1인칭 단수 동사의 합성명사로서 그 의미는 '내가 밖으로 불러낸 사람들'입니다. 그러므로 교회라는 말의 본 뜻은 멸망하는 죄악세상에 사는 사람들 중에서 예수님을 구주와 왕으로 믿고 사는 사람들을 밖으로 불러낸 사람들입니다. 그러니까 교회라는 말이 처음부터 건물이 아니고 구원받은 하나님의 사람들을 의미하는 것입니다. 그러므로 예수님께서는 성전이라는 건물을 허물라고 하시면서 내가 사흘 안에 다시 세우겠다고 하신 것입니다; **"예수께서 대답하여 가라사대 너희가 이 성전을 헐라 내가 사흘 동안에 일으키리라"**(요 2:19) 그러므로 제자들과 초대교회 성도들은 교회당이라는 건물을 세운 적이 없었던 것입니다. 그들은 오직 하나님의 사람들을 세우는 일에 평생을 바쳤던 사람들이었습니다. 그러나 콘스탄틴 황제가 크리스찬이 된 후에 자기의 정치세력을 확장하기 위하여 당시 로마제국에 가장 널리 만연해 있었던 태양신 숭배자들을 기독교로 끌어들이기 위하여 이방종교의 거대하고 화려한 신전처럼 성당이라는 신전건물을 이곳저곳에 많이 지어주었습니다. 라토렛 교수는 그의 저서 《기독교 역사》에서 증언하고 있습니다; "Constantine erected numerous church buildings in various parts of the Empire and endowed them."(Kenneth Scott Lattourette, 《A History of Christianity》(vol.1), P. 213, Prince Press) 그리고 그 성당 안에는 태양신 종교의 문양으로 치장하고 태양신 종교의식을 그대로 들여와 그때부터 기독교가 우상숭배의 종교로 변질되기 시작하였는데 그것이 바로 로마 가톨릭교회의 시작이 된 것입니다. 또 바로 이 버가모 교회 시대인 4세기와 5세기에는 **동정녀 마리아에 대한 우상숭배가 급증하여 마침내 마리아가 '하나님의 어머니'로 선포되기에 이르렀습니다.** 라토렛 교수는 이 부분도 잘 지적하고 있습니다; "The Virgin Mary was early viewed with great respect, but in the fourth and fifth centuries the importance accorded her rapidly mounted and her cult increased. As we have seen, she was acclaimed as the 'Mother of God'."(Kenneth Scott Lattourette, 《A History of Christianity》(vol.1), P. 209, Prince Press) 결국 에베소 공회(431년)에서는 마리아를 '하나님의 어머니'라고 선언하였고 칼세돈 공회(451년)에서는 마리아 숭배를 제정하였습니다. 사도시대부터 그때까지는 가정에서 잘 모여왔던 지하교회들이 점차 가정교회를 이탈하여 성당이라는 건물을 짓고 마리아를 하나님의 어머니로 숭배하는 가톨릭교회들로 변질되기 시작한 것이 바로 이 버가모 교회 시대입니다. 바로 여기 버가모 교회시대가 우상을 숭배하는 로마 가톨릭교회가 시작된 시점입니다. 사탄은 자기를 광명의 천사로 위장하고 교회 안으로 들어와 로마 가톨릭교회를 만들고 사탄이 거하는 보좌로 삼기 시작한 것입니다. 그러나 이런 상황에서도 끝까지 가정교회를 포기하지 않고 순교의 믿음을 가지고 신앙의 절개를 지킨 참 성도들이 있어서 주님은 그들에게 다음과 같이 말씀하셨던 것입니다; "(13) 네가 어디 사는 것을 내가 아노니 거기는 사단의 위(보좌)가 있는 데라 네가 내 이름을 굳게 잡아서 내 충성된 증인 안디바가 너희 가운데 곧 사단의 거하는 곳에서 죽임을 당할 때에도 나를 믿는 믿음을 저버리지 아니하였도다."

에베소 교회는 니골라당의 행위를 미워하여 음란한 우상숭배의 죄와 타협하는 행위에 절대로 가담하지 않고 자기의 성결을 지켰기에 칭찬을 받았습니다. 그러나 콘스탄틴 황제의 정치적인 야망에 미혹되어 가정교회에서 나와 크고 멋진 성당 건물에서 예배를 드리는 로마 가톨릭교회로 변질된 버가모 교회 성도들을 향해서는 '니골라당의 유혹을 못이기고 우상숭배에 가담하는 자'라고 책망을 받게 된 것입니다. 그러므로 버가모 교회시대의 성도들에게는 '버가모 교회의 사자에게 편지하기를 좌우에 날선 검을 가진 이가 가라사대(12절)'라고 말씀하신 것입니다. 참으로 버가모 교회의 성도들은 '좌우에 날선 검(성경말씀)을 가지신 이'가 주신 메시지에 귀를 기울여야 했었습니다. 그래서 오늘 우리 시대의 교회들도 하나님이 주신 성경말씀을 바로 알고 바로 믿고 바로 사는 것이 그토록 중요한 것입니다; "(11) 주 여호와께서 가라사대 보라 날이 이를지라 내가 기근을 땅에 보내리니 양식이 없어 주림이 아니며 물이 없어 갈함이 아니요 여호와의 말씀을 듣지 못한 기갈이라 (12) 사람이 이 바다에서 저 바다까지, 북에서 동까지 비틀거리며 여호와의 말씀을 구하려고 달려 왕래하되 얻지 못하리니 (13) 그 날에 아름다운 처녀와 젊은 남자가 다 갈하여 피곤하리라"(암 8:11-13)

두아디라 교회 시대: 주후 600~1500년경

"(18) 두아디라 교회의 사자에게 편지하기를 그 눈이 불꽃 같고 그 발이 빛난 주석과 같은 하나님의 아들이 가라사대 (19) 내가 네 사업과 사랑과 믿음과 섬김과 인내를 아노니 네 나중 행위가 처음것보다 많도다 (20) 그러나 네게 책망할 일이 있노라 자칭 선지자라 하는 여자 이세벨을 네가 용납함이니 그가 내 종들을 가르쳐 꾀어 행음하게 하고 우상의 제물을 먹게 하는도다 (21) 또 내가 그에게 회개할 기회를 주었으되 그 음행을 회개하고자 아니하는도다 (22) 볼지어다 내가 그를 침상에 던질터이요 또 그로 더불어 간음하는 자들도 만일 그의 행위를 회개치 아니하면 큰 환난 가운데 던지고 (23) 또 내가 사망으로 그의 자녀를 죽이리니 모든 교회가 나는 사람의 뜻과 마음을 살피는 자인 줄 알지라 내가 너희 각 사람의 행위대로 갚아 주리라 (24) 두아디라에 남아 있어 이 교훈을 받지 아니하고 소위 사단의 깊은 것을 알지 못하는 너희에게 말하노니 다른 짐으로 너희에게 지울 것이 없노라 (25) 다만 너희에게 있는 것을 내가 올 때까지 굳게 잡으라 (26) 이기는 자와 끝까지 내 일을 지키는 그에게 만국을 다스리는 권세를 주리니 (27) 그가 철장을 가지고 저희를 다스려 질그릇 깨뜨리는 것과 같이 하리라 나도 내 아버지께 받은 것이 그러하니라 (28) 내가 또 그에게 새벽 별을 주리라 (29) 귀 있는 자는 성령이 교회들에게 하시는 말씀을 들을지어다"(계 2:18-29)

두아디라 교회는 가난한 산업도시에 위치해 있으면서 사업과 사랑과 믿음과 섬김과 인내로서 칭찬을 받은 것은 이 교회가 주후 대략 600년경에서 1500년경까지의 중세교회의 특징을 보여주는 것입니다. 주후 300년에서 600년경 사이의 교리 논쟁으로 외부적인 사업을 할 수 없었던 버가모 교회 시대를 막 벗어나서 두아디라 교회는 유럽 전역에 복음을 확산시켰던 600년경에서 약 1500년경 사이의 중세교회 전반시대를 상징한다고 볼 수 있습니다. 이 중세교회 전반시대에는 유럽 대륙선교의 시작과 수도원 개혁운동 등 외적으로 많은 업적과 사랑의 수고가 있었고 소위 르네상스 시대를 준비하는 시대였습니다. 그러므로 중세교회를 상징하는 두아디라 교회가 산업도시에 있었다는 것은 결코 우연의 일치가 아니었습니다. 중세교회는 사회봉사, 가난한 사람을 구제하는 일, 선교 그리고 많은 젊은이들이 세속을 버리고 수도원에 들어가 금욕적인 생활과 기도생활에 힘쓰는 신부들과 수녀들이 되어 사회 구석구석에서 봉사활동을 펴며 가난하고 사회에서 소외된 병든 자들이나 고아 구제에 힘써 사랑과 믿음과 섬김과 인내를 실천하였던 교회였습니다. 주님은 중세교회가 이렇게 선한 일을 하는 것을 기뻐하시고 칭찬하셨습니다. 그러나 이와 같이 가난한 사람들을 돌보며 그들에게 사랑과 봉사와 섬김에 힘썼던 두아디라 교회가 책망을 받은 것은 자칭 선지자라 하는 여자 이세벨을 용납하여 그가 하나님의 종들을 가르쳐 꾀어 행음하게 하고 우상의 제물을 먹게 하는 것이었습니다. 두아디라 교회가 거짓 선지자의 가르침을 받아들인 것을 '여자 이세벨'에 비유하였는데 이세벨은 구약 북이스라엘 왕국의 왕후로서 악한 왕 아합을 조정하여 백성으로 하여금 하나님을 멀리하고 바알 우상숭배에 빠지게 하였던 가장 악한 왕후였습니다.(왕상 16:31-33, 19:1-2, 21:1-15, 왕하 9:7-10, 30-37) 여기서 거짓 선지자 이세벨을 두아디라 교회가 용납했다는 것은 교황의 권위를 성경보다 더 높였던 부패한 중세교회 전반부시대를 상징하는 것입니다. 그래서 24절에서 두아디라 교회가 사탄의 깊은 것을 알지 못한다고 책망하셨습니다. 참으로 중세교회는 유럽 전역에 대한 해외선교와 가난한 사람들에 대한 사랑과 봉사라는 미명하에 사탄의 깊은 것을 알지 못하고 백성들을 잘못된 믿음의 깊은 흑암으로 인도하고 있었던 것입니다. 사랑과 봉사라는 이름으로 진리를 왜곡하고 타협하는 것을 진리이신 주님께서는 결코 용납하실 수 없는 것입니다. '또 내가 그에게 회개할 기회를 주었으되 그 음행을 회개하고자 아니하는도다'라고 말씀하고 계십니다. 주님은 중세교회에 다른 어떤 교회시대보다 더 많은 시간을 주어 회개하기를 기다리셨습니다. 그러나 중세교회는 회개하지 아니하였습니다. 그러므로 또 22~23절에 보시면 **'볼지어다 내가 그를 침상에 던질 터이요 또 그로 더불어 간음하는 자들도 만일 그의 행위를 회개치 아니하면 큰 환난 가운데 던지고 또 내가 사망으로 그의 자녀를 죽이리니. 모든 교회가 나는 사람의 뜻과 마음을 살피는 자인 줄 알지라 내가 너희 각 사람의**

행위대로 갚아 주리라'라고 경고하고 있습니다. 그러니까 겉으로 나타난 사랑과 봉사에 속지 아니하시고 사람의 뜻과 마음을 살피시는 하나님이시라고 경고하고 있음을 우리는 놓치지 말아야 합니다. 이와 같은 두아디라 교회에 말씀하신 주님은 **'그 눈이 불꽃 같고 그 발이 빛난 주석과 같은 하나님의 아들**'로 묘사하고 있습니다. 그 눈이 불꽃 같은 주님으로 묘사한 것은 중세교회가 겉으로는 사랑과 봉사와 섬김으로 위장하고 있으나 하나님은 그들의 속 중심에 있는 뜻과 생각을 감찰하시는 분으로서 하나님을 속일 수 없다는 뜻입니다. 그 발이 빛난 주석과 같다는 말씀은 주석은 '인내와 심판'을 상징하는 말로서 주님은 범죄한 중세교회가 회개하기를 인내로 기다리시며 회개하지 않을 때는 심판의 발로 짓밟으신다는 무서운 경고의 의미가 담겨져 있는 것입니다.

사데 교회 시대: 1500~1700년경

"(1) **사데 교회의 사자에게 편지하기를 하나님의 일곱 영과 일곱 별을 가진 이가 가라사대 내가 네 행위를 아노니 네가 살았다 하는 이름은 가졌으나 죽은 자로다** (2) 너는 일깨워 그 남은바 죽게 된 것을 굳게 하라 내 하나님 앞에 네 행위의 온전한 것을 찾지 못하였노니 (3) 그러므로 네가 어떻게 받았으며 어떻게 들었는지 생각하고 지키어 회개하라 만일 일깨지 아니하면 내가 도적 같이 이르리니 어느 시에 네게 임할는지 네가 알지 못하리라 (4) **그러나 사데에 그 옷을 더럽히지 아니한 자 몇 명이 네게 있어 흰 옷을 입고 나와 함께 다니리니** 그들은 합당한 자인 연고라 (5) 이기는 자는 이와 같이 흰 옷을 입을 것이요 내가 그 이름을 생명책에서 반드시 흐리지 아니하고 그 이름을 내 아버지 앞과 그 천사들 앞에서 시인하리라 (6) 귀 있는 자는 성령이 교회들에게 하시는 말씀을 들을지어다"(계 3:1-6)

1절에 '**내가 네 행위를 아노니 네가 살았다 하는 이름은 가졌으나 죽은 자로다**'라고 기록한 말씀을 놓치지 말아야 할 것입니다. '네 행위를 아노니'라고 한 점을 미루어볼 때 사데 교회는 교회로서 예배의 형태를 갖추고 정기적으로 모이며 말씀의 가르침과 선한 구제 사업 등 교회가 해야 할 일들을 흉내 낸 것은 분명한 것 같은데 주님 보시기에는 거듭난 생명이 없는 단지 종교적으로 모이는 형식주의 신앙만을 유지한 죽은 사람들이었습니다. 이러한 사데 교회의 특징적인 모습을 교회역사에서 찾아보면 주후 약 1500년에서 1700년경까지의 중세의 암흑시대를 연상하게 해줍니다. 이는 중세교회시대 전반기였던 600년경에서부터 1500년경까지 말씀에 기초한 믿음 없는 사랑과 봉사로 겉만 화려하고 속은 생명이 없이 죽어가던 전반부 중세교회의 부패가 점진적으로 진행되다가 1500년경부터는 교황의 권위가 하늘 극에 달했던 부패할 대로 부패한 중세교회 말기시대를 상징하는 것입니다. 중세교회 시대의 교황절대주의는 중세교회를 죽음과 암흑 속에 빠트리는 결과를 초래하였습니다. 참으로 가톨릭교회의 권세가 절정에 달한 때였습니다. 당시 가톨릭교회에 등록하지 않고 가정에서 모이는 성도들을 무참히 고문하고 살해하는 일도 극에 달하였습니다. 당시에 가톨릭에 의하여 순교당한 가정교회 성도들의 수가 2차 대전 때에 죽은 사람들의 수를 능가하였다고 합니다. 성경에는 목사(장로)와 집사의 두 가지 직밖에는 하나님이 주신 직분이 없습니다. 그러나 가톨릭교회에는 성경에 없는 교황이라는 직분에서부터 말단 신부 사이에 수없이 많은 계급 직분들을 만들어 내고 신부들이 더 높은 계급으로 승진하기 위하여 말로 다 할 수 없는 부정부패가 중세교회 내부에서 발생하였습니다. 유럽 각국의 왕들은 교황의 통치 아래 절대 복종하면서 종교세를 로마 교황청에 보내야 했으며 유럽 여러 나라에 새로운 성당을 지을 때마다 백성들의 피를 빨아 교황청에 바쳐야 했었습니다. 그러므로 주님께서 '**내가 네 행위를 아노니 네가 살았다하는 이름은 가졌으나 실상은 네가 죽은 자**'라고 말씀하실 수밖에 없는 것입니다.

그러나 이와 같이 책망을 받은 죽은 사데 교회에도 한 가지 희망이 있었습니다. 4절에서 보는 대로 '**그러나 사데에 그 옷을 더럽히지 아니한 자 몇 명이 네게 있어 흰 옷을 입고 나와 함께 다니리니 그들은 합당한 연고라**'고 기록하고 있습니다. 이는 로마 교황청에 반기를 들고 일어난 용감한 개혁자들이 있었기 때문입니다. 지난 수백 년 동안 도미니크, 위클리프, 성 프란시스, 존 후스 등 몇몇 개혁자들이 지하에서 개혁운동을 해온 덕분에 그동안 순수신앙을 지켜온 지하 가정교회 성도들이 힘을 얻을 수 있었던 것입니다.

필라델피아 교회 시대: 1700~1800년대

"(7) **빌라델비아 교회의 사자에게** 편지하기를 거룩하고 진실하사 다윗의 열쇠를 가지신 이 곧 열면 닫을 사람이 없고 닫으면 열 사람이 없는 그이가 가라사대 (8) 볼지어다 **내가 네 앞에 열린 문을 두었으되 능히 닫을 사람이 없으리라 내가 네 행위를 아노니 네가 적은 능력을 가지고도 내 말을 지키며 내 이름을 배반치 아니하였도다** (9) 보라 사단의 회 곧 자칭 유대인이라 하나 그렇지 않고 거짓말 하는 자들 중에서 몇을 네게 주어 저희로 와서 네 발 앞에 절하게 하고 내가 너를 사랑하는 줄을 알게 하리라 (10) 네가 나의 인내의 말씀을 지켰은즉 내가 또한 너를 지키어 시험의 때를 면하게 하리니 이는 장차 온 세상에 임하여 땅에 거하는 자들을 시험할 때라 (11) 내가 속히 임하리니 네가 가진 것을 굳게 잡아 아무나 네 면류관을 빼앗지 못하게 하라 (12) 이기는 자는 내 하나님 성전에 기둥이 되게 하리니 그가 결코 다시 나가지 아니하리라 내가 하나님의 이름과 하나님의 성 곧 하늘에서 내 하나님께로부터 내려오는 새 예루살렘의 이름과 나의 새 이름을 그이 위에 기록하리라 (13) 귀 있는 자는 성령이 교회들에게 하시는 말씀을 들을지어다"(계 3:7-13)

8절에 보면 **'볼지어다 내가 네 앞에 열린 문을 두었으되 능히 닫을 사람이 없으리라. 내가 네 행위를 아노니 네가 적은 능력을 가지고도 내 말을 지키며 내 이름을 배반치 아니하였도다.'** 놀라운 칭찬입니다. 필라델피아 교회는 지하에서 모이는 가정교회들로서 죽은 거대한 조직 가톨릭교회에 비하면 아주 작은 교회였습니다. 세상의 화려함과 먹고 마시고 흥청대는 이런 도시에서 참으로 믿는 사람들을 찾기가 쉽지 않습니다. 그러므로 성도의 숫자도 많지 않은 교회로서 숫자적으로나 재정적으로나 능력이 없는 작은 교회였지만 화려하고 번쩍이는 세상에 빠지지 않고 하나님 말씀을 철저히 지키며 주의 이름을 배반하지 않았다고 칭찬을 받았습니다. 더구나 종교개혁 운동으로 가톨릭에서 탈퇴한 사람들까지 가정교회에 합세하였기에 가정교회는 힘을 더 얻을 수 있었습니다. **"내가 네 행위를 아노니 네가 적은 능력을 가지고도 내 말을 지키며 내 이름을 배반치 아니하였도다."** 이 말씀은 필라델피아 교회의 성도들이 정말 그들의 삶에서 세상의 번쩍이는 것을 사랑하지 않고 주님의 말씀만 믿고 순종하면서 살아간 정말 거룩하고 진실한 성도들이었습니다. 그리고 주님은 이렇게 거룩하고 진실한 필라델피아 교회에게 세계를 선교할 수 있는 전도의 문을 열어주셨습니다. 8절에 보면 **'볼지어다 내가 네 앞**

에 열린 문을 두었으되 능히 닫을 사람이 없으리라'고 하셨습니다. 사람들은 교회가 대형화되어야 재정이 풍부해서 세계선교를 할 수 있다고 생각합니다. 그러나 하나님은 소수의 사람들이 모인 적은 능력을 가진 필라델피아 교회를 세계선교에 사용하셨습니다. 그들이야 말로 환란과 핍박 속에서도 가톨릭교회와 타협하지 않고 목숨을 걸고 끝까지 하나님의 말씀을 굳게 지켜낸 거룩하고 참된 성도들이기 때문입니다. 하나님은 그들에게 이 복음 전도의 문을 열어주신 것입니다. 바로 이 시대에 진젠돌프(1700년)를 비롯하여 조지 휘트필드(1714년), 인도선교의 아버지 윌리암 캐리 등 수많은 사람들이 유럽의 여러 나라들과 아프리카와 아시아와 미국 등지에 선교를 시작하여 복음이 전 세계로 전파되기 시작하였습니다.

세상의 화려함과 먹고 마시고 흥청대는 유흥산업도시에서 필라델피아 교회는 힘없는 작은 교회이었지만 화려하고 번쩍이는 이 세상을 추구하지 않고 오직 하나님 말씀을 철저히 지키며 주의 이름을 배반하지 않고 세계선교를 수행하였습니다. 주님은 그들에게 복음의 문을 활짝 열어주셔서 순수한 열정으로 복음을 전파하여 유럽에서부터 북미와 아프리카와 아시아로 뻗어나갈 수 있었습니다. 열면 닫을 사람이 없고 닫으면 열 사람이 없는 주님께서 18~19세기의 연약한 개신교회들에게 세계선교의 문을 활짝 열어주셨던 것입니다. 이처럼 적은 능력을 가지고도 선교에 열중했던 필라델피아 교회를 교회역사에 비추어 보면 주후 1700년에서부터 1900년대까지 이르는 '세계선교시대'를 상징하는 것으로 이해됩니다. 이제 막 가톨릭교회의 박해에서 살아남은 개신교회는 적은 능력을 가지고도 전 세계로 나아가 하나님의 말씀을 순수하게 전파하는 세계선교를 시작하였던 것입니다.

라오디게아 교회 시대: 1900~현재

"(14) 라오디게아 교회의 사자에게 편지하기를 아멘이시요 충성되고 참된 증인이시요 하나님의 창조의 근본이신 이가 가라사대 (15) 내가 네 행위를 아노니 네가 차지도 아니하고 더웁지도 아니하도다 네가 차든지 더웁든지 하기를 원하노라 (16) 네가 이같이 미지근하여 더웁지도 아니하고 차지도 아니하니 내 입에서 너를 토하여 내치리라 (17) 네가 말하기를 나는 부자라 부요하여 부족한 것이 없다 하나 네 곤고한 것과 가련한 것과 가난한 것과 눈 먼것과 벌거벗은 것을 알지 못하도다 (18) 내가 너를 권하노니 내게서 불로 연단한 금을 사서 부요하게 하고 흰 옷을 사서 입어 벌거벗은 수치를 보이지 않게 하고 안약을 사서 눈에 발라 보게 하라 (19) 무릇 내가 사랑하는 자를 책망하여 징계하노니 그러므로 네가 열심을 내라 회개하라 **(20) 볼지어다 내가 문 밖에 서서 두드리노니 누구든지 내 음성을 듣고 문을 열면 내가 그에게로 들어가 그로 더불어 먹고 그는 나로 더불어 먹으리라** (21) 이기는 그에게는 내가 내 보좌에 함께 앉게 하여주기를 내가 이기고 아버지 보좌에 함께 앉은 것과 같이 하리라 (22) 귀 있는 자는 성령이 교회들에게 하시는 말씀을 들을지어다"(계 3:14-22)

　라오디게아 교회는 스스로 부요하다고 생각하지만 사실은 곤고하고 가련하고 가난하고 눈멀고 벌거벗은 교회라고 주님은 책망하셨습니다. 당시 부유한 도시에 살고 있었던 성도들이니까 분명히 라오디게아 교회가 물질적으로는 부요해서 그것을 하나님의 축복이라고 생각하고 전혀 부족한 것이 없다고 느꼈을지는 몰라도 영적으로는 하나님이 보시기에 그들은 가난하고 헐벗고 굶주린 불쌍한 영혼들이었습니다. 그들에게 안약을 사서 바르라는 말씀은 그들의 영적인 눈이 어두워서 하나님을 믿는 도리를 바로 알지 못하고 하나님의 선하시고 기뻐하시고 온전하신 뜻이 무엇인지 바로 깨닫지 못하기 때문입니다. 물질의 부요와 세상의 쾌락에 눈이 어두워지면 하나님의 진리를 바로 깨달을 수가 없습니다. 흰 옷을 사서 입고 벌거벗은 수치를 보이지 않게 하라는 말씀에서 '**벌거벗은 수치**'란 아직도 죄의 문제를 해결하지 못한 상태에 있음을 의미합니다. 그러므로 흰 옷을 사서 입으라는 말은 그리스도를 확실하게 구주로 영접하고 죄 용서받은 거듭난 성도가 되라는 말씀입니다. 그러므로 이상을 종합해 보면 라오디게아 교회는 아직도 죄를 용서받지 못한 영적으로 죽은 교회라는 말입니다. 그래서 20절에 보면 예수님이 들어가시지 못하고 아직도 이 교회의 문밖에서 두드리고 계시는 죽은 교회의 모습을 보여주고 있습니다. 그러니까 이 교회는 세속적으로는 아주 부유한 교회인데 오직 예수님만 없는 교회입니다. 일곱 교회 중에서 가장 마지막 부분에 위치한 이 라오디게아 교회는 1900년대부터 시작된 교회시대의 마지막인 현대교회를 상징하는 교회임에 틀림없습니다. 1900년에 접어들면서 즉 20

세기에 들어서면서 이룩한 눈부신 과학발전과 물질문명으로 인하여 현대교회는 그 어느 시대보다 외적으로 양적으로 물질적으로 풍요한 시대를 맞이하게 되었습니다. 교육프로그램도 말할 수 없이 화려하고 다양하고 풍성합니다. 재정 규모도 어마어마합니다. 선교의 규모도 세계적입니다. 교회역사에서 도무지 상상할 수 없을 만큼 많은 사람들이 모이는 대형교회가 우글거리는 시대가 되었습니다. 교회 역사에서 찾아볼 수 없었던 수만 명에서 수십만 명씩 모이는 'giga church' 시대가 되어 부족한 것이 없다고 스스로 자랑하고 있지만 주님께서 보실 때에는 구원받은 진짜 성도를 찾아볼 수 없는 교회가 된 것입니다. 그러므로 믿는다는 사람들과 믿지 않는 사람들의 생활이 전혀 구분이 되지 않는 시대가 되었습니다. 현대교회는 주일 아침에 한 번 우르르 몰려왔다가 화려한 프로그램 속에서 즐기다가 우르르 세상으로 몰려 나가는 떠들썩한 무리로 전락해 가고 있습니다. 라오디게아 교회 시대는 하나님을 기쁘시게 하는 교회가 아니라 고객을 즐겁게 하는 교회가 되기 위하여 교회마다 각종 화려한 프로그램으로 풍성한 부요한 교회입니다. 20절에 기록된 대로 예수님이 들어가시지 못하고 아직도 이 교회의 문밖에서 두드리고 계시는 죽은 교회, 참으로 세상의 모든 것은 다 가졌는데 예수님만 없는 교회가 바로 오늘 우리 시대의 교회입니다. 그리고 이 라오디게아 교회의 끝에 적그리스도가 나타날 것이고 그 후에 대환난이 시작되는 것입니다. 요한계시록 2장과 3장에서 일곱 교회 시대를 언급한 후에 4장과 5장에서는 **"이 후에 마땅히 될 일을 내가 네게 보이리라 하시더라"(4:1) 즉 '이 후에'**라는 말은 이 **'일곱 교회 시대 후에'** 일어날 일을 보여주겠다는 말입니다. 즉 라오디게아 교회 후에 대환난의 상황을 보여주겠다는 말입니다. 사도 요한에게 대환난 직전의 천국의 상황을 보여주고 6장부터 19장까지는 3년 반 동안에 있을 대환난에 대하여 상세하게 보여주고 있습니다. 그러므로 라오디게아 교회는 바로 대환난 직전에 있는 말세시대의 교회입니다.

4-5장 <대환난 직전 천국의 상황>

"(1) 이 일 후에 내가 보니 하늘에 열린 문이 있는데 내가 들은바 처음에 내게 말하던 나팔소리 같은 그 음성이 가로되 이리로 올라오라 이 후에 마땅히 될 일을 내가 네게 보이리라 하시더라 (2) 내가 곧 성령에 감동하였더니 보라 하늘에 보좌를 베풀었고 그 보좌 위에 앉으신 이가 있는데 (3) 앉으신 이의 모양이 벽옥과 홍보석 같고 또 무지개가 있어 보좌에 둘렸는데 그 모양이 녹보석 같더라 (4) 또 보좌에 둘려 이십사 보좌들이 있고 그 보좌들 위에 이십사 장로들이 흰 옷을 입고 머리에 금 면류관을 쓰고 앉았더라 (5) 보좌로부터 번개와 음성과 뇌성이 나고 보좌 앞에 일곱 등불 켠 것이 있으니 이는 하나님의 일곱 영이라 (6) 보좌 앞에 수정과 같은 유리 바다가 있고 보좌 가운데와 보좌 주위에 네 생물이 있는데 앞뒤에 눈이 가득하더라 (7) 그 첫째 생물은 사자 같고 그 둘째 생물은 송아지 같고 그 셋째 생물은 얼굴이 사람 같고 그 넷째 생물은 날아가는 독수리 같은데 (8) 네 생물이 각각 여섯 날개가 있고 그 안과 주위에 눈이 가득하더라 그들이 밤낮 쉬지 않고 이르기를 거룩하다 거룩하다 거룩하다 주 하나님 곧 전능하신 이여 전에도 계셨고 이제도 계시고 장차 오실 자라 하고 (9) 그 생물들이 영광과 존귀와 감사를 보좌에 앉으사 세세토록 사시는 이에게 돌릴 때에 (10) 이십사 장로들이 보좌에 앉으신 이 앞에 엎드려 세세토록 사시는 이에게 경배하고 자기의 면류관을 보좌 앞에 던지며 가로되 (11) 우리 주 하나님이여 영광과 존귀와 능력을 받으시는 것이 합당하오니 주께서 만물을 지으신지라 만물이 주의 뜻대로 있었고 또 지으심을 받았나이다 하더라"(계 4:1-11)

"(1) 내가 보매 보좌에 앉으신 이의 오른손에 책이 있으니 안팎으로 썼고 일곱 인으로 봉하였더라 (2) 또 보매 힘 있는 천사가 큰 음성으로 외치기를 누가 책을 펴며 그 인을 떼기에 합당하냐 하니 (3) 하늘 위에나 땅 위에나 땅 아래에 능히 책을 펴거나 보거나 할 이가 없더라 (4) 이 책을 펴거나 보거나 하기에 합당한 자가 보이지 않기로 내가 크게 울었더니 (5) 장로 중에 하나가 내게 말하되 울지 말라 유대 지파의 사자 다윗의 뿌리가 이기었으니 이 책과 그 일곱 인을 떼시리라 하더라 (6) 내가 또 보니 보좌와 네 생물과 장로들 사이에 어린양이 섰는데 일찍 죽임을 당한것 같더라 일곱 뿔과 일곱 눈이 있으니 이 눈은 온 땅에 보내심을 입은 하나님의 일곱 영이더라 (7) 어린양이 나아와서 보좌에 앉으신 이의 오른손에서 책을 취하시니라 (8) 책을 취하시매 네 생물과 이십 사 장로들이 어린양 앞에 엎드려 각각 거문고와 향이 가득한 금 대접을 가졌으니 이 향은 성도의 기도들이라 (9) 새 노래를 노래하여 가로되 책을 가지시고 그 인봉을 떼기에 합당하시도다 일찍 죽임을 당하사 각 족속과 방언과 백성과 나라 가운데서 사람들을 피로 사서 하나님께 드리시고 (10) 저희로 우리 하나님 앞에서 나라와 제사장을 삼으셨으니 저희가 땅에서 왕노릇 하리로다 하더라 (11) 내가 또 보고 들으매 보좌와 생물들과 장로들을 둘러 선 많은 천사의 음성이 있으니 그 수가 만만이요 천천이라 (12) 큰 음성으로 가로되 죽임을 당하신 어린양이 능력과 부와 지혜와 힘과 존귀와 영광과 찬송을 받으시기에 합당하도다 하더라 (13) 내가 또 들으니 하늘 위에와 땅 위에와 땅 아래와 바다 위에와 또 그 가운데 모든 만물이 가로되 보좌에 앉으신 이와 어린양에게 찬송과 존귀와 영광과 능력을 세세토록 돌릴지어다 하니 (14) 네 생물이 가로되 아멘 하고 장로들은 엎드려 경배하더라"(계 5:1~14)

4장과 5장을 보면 땅의 일을 보여주는 것이 아니고 사도 요한을 하늘로 불러올려서 하늘에서 이루어지고 있는 일을 보여주고 있습니다. 즉 4장 1절을 보시면 '이 일 후에 내가 하늘을 보니'라고 기록되어 있고 '이리로 올라오라 이후에 마땅히 될 일을 내가 네게 보이리라'고 기록되어 있습니다. '이 일 후에'라는 말은 사도 요한이 일곱 교회 시대에 관한 일은 다 본 후에 하늘을 보았더니 '이리로 올라오라'라는 음성을 들었습니다. 그래서 사도 요한은 이제 하늘로 올라가서 하늘에서 벌어지는 일을 보고 있는 것입니다. '이 후에 마땅히 될 일을 내가 네가 보이리라'라는 말은 사도 요한에게 일곱 시대의 교회가 어떤 모습일지를 다 보여준 후에 즉 마지막 일곱 번째 교회인 라오디게아 말세 교회가 끝나고 난 후에 이루어질 일들을 보여주겠다는 뜻입니다. 4장과 5장은 창조주이시면서 장차 오실 자로 묘사된 예수님을 '일찍 죽임을 당하사 각 족속과 방언과 백성과 나라 가운데서 사람들을 피로 사서 하나님께 드리신 분'으로 묘사하면서 찬양을 받으시는 모습이 기록되어 있습니다. 그러므로 4장과 5장은 교회역사에서 맨 마지막에 있을 말세교회가 끝나는 시점에서 곧 대환난이 시작되기 직전에 하늘에서 이루어지는 일을 보여준 것입니다. 그리고 6장부터는 땅에서 이루어질 일곱 인 환란으로부터 3년 반의 대환난이 시작하여 19장에서 예수님의 재림하시는 모습으로 대환난이 끝나는 것을 기록하고 있습니다. 그러니까 라오디게아 교회 후에는 곧 바로 일곱 인 환란을 필두로 대환난이 시작되는 것입니다. 다시 말해서 라오디게아 교회는 대환난 직전의 말세교회 시대를 보여주는 것이 분명합니다.

성경 까놓고 보기

초판 1쇄 인쇄 2025년 01월 02일
초판 1쇄 발행 2025년 01월 13일
지은이 류종재

펴낸이 김양수
펴낸곳 도서출판 맑은샘
출판등록 제2012-000035
주소 경기도 고양시 일산서구 중앙로 1456 서현프라자 604호
전화 031) 906-5006
팩스 031) 906-5079
홈페이지 www.booksam.kr
블로그 http://blog.naver.com/okbook1234
페이스북 facebook.com/booksam.kr
이메일 okbook1234@naver.com
ISBN 979-11-5778-680-0 (03230)